Thomas Hieke
Levitikus 1–15

Herders Theologischer Kommentar
zum Alten Testament

Begründet von

Erich Zenger †

Herausgegeben von

Ulrich Berges, Christoph Dohmen,
Ludger Schwienhorst-Schönberger

HERDER

FREIBURG · BASEL · WIEN

Levitikus

Erster Teilband: 1–15

Übersetzt und ausgelegt von

Thomas Hieke

HERDER

FREIBURG · BASEL · WIEN

MIX
Papier aus verantwortungsvollen Quellen
FSC® C106847
FSC
www.fsc.org

www.herder.de
Umschlaggestaltung: Finken & Bumiller, Stuttgart
Satz: SatzWeise, Föhren
Herstellung: fgb · freiburger graphische betriebe
www.fgb.de
Printed in Germany
ISBN 978-3-451-26806-9

Inhalt

Erster Teilband: Lev 1–15

Einleitung

Kommentierung

Zweiter Teilband: Lev 16–27

Vorwort

Einer der bekanntesten Sätze der Bibel stammt aus dem Buch Levitikus: »Du sollst deinen Nächsten lieben wie dich selbst« (Lev 19,18). Weniger vertraut ist die Tatsache, dass nur einige Verse später dieselbe Liebe gegenüber dem Fremden gefordert wird (Lev 19,33–34). Für viele Menschen ist das dritte Buch der Tora des Mose mit seinen Ausführungen zum Opfergottesdienst, den Reinheitsvorschriften und ethischen Forderungen eine *terra incognita.* Und doch hat Levitikus durch die darin verborgenen Idealvorstellungen von Gott, von den Beziehungen zwischen Gott und Mensch sowie zwischen Mensch und Mensch sowohl Kultur als auch Werte der westlichen Welt weitreichend geprägt. Im Judentum wird es an zehn Schabbaten im Jahr hintereinander auf Hebräisch in der Synagoge vorgelesen und zahlreiche Vorschriften der Halacha (des jüdischen Religionsgesetzes) beziehen sich darauf. Im Christentum wird so gut wie nie daraus gelesen oder darüber gepredigt, trotzdem stammen zentrale Aspekte christlicher Theologie aus Konzepten, die ihre Grundlegung in Levitikus erhalten.

Für diejenigen, die sich in die innere Logik dieses antiken Buches, das zwei Weltreligionen als »kanonisch«, maßgeblich und heilig ansehen, hineindenken wollen, möchte der vorliegende Kommentar Hilfestellungen und neue Lesevorschläge geben. Vieles ist aus bisherigen Kommentierungen zusammengetragen, kritisch gesichtet und bewertet; manches ist neu und wird als Empfehlung für eine so noch nicht unternommene Lektüre und Verständnisweise unterbreitet.

Die *Einleitung* des Kommentars behandelt u.a. den Gesamtaufbau des Levitikus-Buches, seine mutmaßliche Entstehungsgeschichte sowie seine Fachterminologie und seine theologischen Konzeptionen in einem umfangreichen Glossar. Dazu gehören die Elemente und die Bedeutung der einzelnen Opferarten, die Grundkategorien kultischer »Reinheit« und »Unreinheit«, die Unterscheidung von »Heilig« und »Profan«, das Konzept des Erwirkens von Versöhnung (»Sühne«, *kipper*), weitere Spezialbegriffe und geprägte Wendungen sowie die spezifische Ausgestaltung des Priesterdienstes in diesem Buch.

Die wesentlichen Elemente des eigentlichen *Kommentars* sind neben einer gezielten Auswahl von Literaturangaben eine neue Übersetzung aus dem Hebräischen ins Deutsche, Erläuterungen zum hebräischen Text und zur Übersetzung, eine Analyse der Themen der Kapitel, ihres Aufbaus und ihrer Entstehungsgeschichte, eine versweise Erklärung der Details und schließlich Überlegungen zur Bedeutung und Auszüge aus der Rezeptionsgeschichte des Textes.

Der Kommentar erscheint in zwei Teilbänden mit durchgehender Seitenzählung. Die Trennung ist dabei buchtechnisch bedingt und macht keine Aussage über die Textgliederung oder die Entstehungsgeschichte des dritten Buches der Tora. – Das Projekt wird im Internet fortgesetzt. Unter der Adresse http://lev.thomashieke.de werden Sekundärliteratur und Korrekturen ergänzt, Möglichkeiten zur Rückmeldung eröffnet und weiterführende Aspekte diskutiert.

Viele haben zur Entstehung dieses Kommentars beigetragen, ihnen allen spreche ich meinen Dank aus. Der viel zu früh verstorbene Erich Zenger hat mir vor vielen Jahren die Kommentierung des Buches Levitikus für die von ihm initiierte und herausgegebene Reihe »Herders Theologischer Kommentar zum Alten Testament« anvertraut. Christoph Dohmen als Nachfolger in der Herausgeberschaft für den Bereich der Tora setzt dieses Vertrauen in meine Arbeit fort. Beiden gilt mein tief empfundener Dank. Dr. Matthias Ederer, Regensburg, hat spezielle Hilfe im judaistischen Bereich geleistet. In Mainz haben Dr. Benedikt Hensel und Dipl.-Theol. Monika Müller sowie Dipl.-Theol. Benedict Schöning wertvolle inhaltliche Hinweise gegeben. Letzterer hat mit Grafiken und Tabellen Wesentliches zur Visualisierung der Überlegungen beigetragen. Die Hilfskräfte Constanze Weiler, Matthias Jendrek, Anke Schwalbenhofer, Gregor Naumann und Aaron Torner (zeitliche Reihenfolge) haben viel Literatur beschafft. Als Korrekturleserinnen arbeiteten Anne-Katrin Kleinschmidt, Ruth Nientiedt, Katharina Pultar und Rebekka Stolz (alphabetische Reihenfolge). Dr. Andrea Klug hat mit ihrer Sachkompetenz in vielerlei Hinsicht zu wichtigen Verbesserungen beigetragen. Alle etwaigen verbleibenden Fehler gehen allein zu meinen Lasten. Dr. Jean Urban Andres von SatzWeise danke ich für die umsichtige satztechnische Realisation.

Der Unterstützung der VolkswagenStiftung mit ihrem »opus magnum«-Förderprogramm einschließlich meiner Freistellung von der Lehre im Studienjahr 2012/2013 und deren Übernahme durch PD Dr. Stephanie Ernst ist es schließlich zu verdanken, dass ich dieses Buch in der Schlussphase mit der nötigen Konzentration fertigstellen konnte. Besonders aber danke ich meiner Familie, die mir Zeit und Freiräume zum Arbeiten gewährte, aber auch für die nötige Ablenkung sorgte, um neue Gedanken fassen zu können.

Mainz, im März 2014 Thomas Hieke

Abkürzungsverzeichnis

1. Allgemeine und grammatikalische Abkürzungen

†	alle Belege des betreffenden Wortes oder der Wendung sind angeführt
Aufl.	Auflage
Bde.	Bände
bis	in Versaufzählungen: zwei Belege in einem Vers
c	communis
ders.	derselbe
dies.	dieselbe
ebd.	ebenda
ePP	enklitisches Personalpronomen
et al.	et alii/aliae/alia
Frag.	Fragment
FS	Festschrift
H.i.O.	Hervorhebung im Original
Hs(s)	Handschrift(en)
Lit.!	Literatur – Da innerhalb eines Kommentars der Platz zum Verweis auf weiterführende Literatur begrenzt ist, wird mit dem Kürzel »Lit.!« angedeutet, in welchen Werken ergiebige Listen mit Sekundärliteratur zu finden sind.
Ndr.	Nachdruck (reprinted)
par.	parallel
PK	Präfixkonjugation
s.	siehe
sg	Singular
SK	Suffixkonjugation
sPP	selbständiges Personalpronomen
s. v.	sub voce (unter dem Stichwort)
Üs.	Übersetzung
u. ö.	und öfter
z. St.	zur Stelle

2. Texte, Übersetzungen

Die vollständigen bibliographischen Angaben finden sich in der Literaturliste unter »Textausgaben und Übersetzungen«.

ANEP	*Pritchard, J. B.* (ed.), The Ancient Near East in Pictures Relating to the Old Testament
ANET	*Pritchard, J. B.* (ed.), Ancient Near Eastern Texts Relating to the Old Testament

ARN A/ARN B	Avot de Rabbi Natan A/B
BHS	Biblia Hebraica Stuttgartensia
BHt	*Richter, W.* (Hg.), Biblia Hebraica transcripta
Buber/Rosenzweig	*Buber, M./Rosenzweig, F.*, Die Schrift. Verdeutscht von Martin Buber, gemeinsam mit Franz Rosenzweig
Can.	Canon (des CIC)
CD	Damaskusschrift
CIC	Codex Iuris Canonici
E	Elohist
EÜ	Einheitsübersetzung 1980
ELB	Revidierte Elberfelder Übersetzung 1993
H	Heiligkeitsgesetz (Lev 17–26) oder »Holiness School«; s. die Einleitung, Entstehungsgeschichtliche Hypothesen
HTAT	*Weippert, M.* (u.a.), Historisches Textbuch zum Alten Testament
J	Jahwist
JE	Jehowist
Jub	Jubiläenbuch
KTU	*Dietrich, M./Loretz, O.* (Hg.), Die keilalphabetischen Texte aus Ugarit, einschließlich der keilalphabetischen Texte außerhalb Ugarits; s. auch: *Dietrich, M./Loretz, O./Sanmartín, J.* (ed.), The Cuneiform Alphabetic Texts from Ugarit, Ras Ibn Hani and Other Places (CAT/KTU^2)
KUB	Keilschrifturkunden aus Boghazköi
LevR	Levitikus Rabba
Luther 1984	Revidierte Lutherbibel 1984
LXX	Septuaginta (in der Regel die Ausgabe von Rahlfs)
LXX^{Gö}	Septuaginta. Vetus Testamentum Graecum Auctoritate Academiae Scientiarum Gottingensis editum, vol. II, 2, ed. J. W. Wevers
LXX-D	Septuaginta Deutsch. Das griechische Alte Testament in deutscher Übersetzung (Kursivdruck in LXX-D-Passagen zeigt Abweichungen der Septuaginta vom hebräischen/masoretischen Text an.)
MT	Masoretischer Text
NRSV	New Revised Standard Version
P	Priesterschrift oder priesterlicher Verfasser (im Unterschied zu H); s. die Einleitung, Entstehungsgeschichtliche Hypothesen
Peš	Pešiṭta (Peschitta)
PesR	Pesiqta Rabbati
PsSal	Psalmen Salomos
RTAT	*Beyerlin, W.* (Hg.), Religionsgeschichtliches Textbuch zum Alten Testament
SAM	Samaritanus; s. auch die englische Übersetzung des SAM von *B. Tsedaka*, The Israelite Samaritan Version of the Torah
TestNN	Die Testamente der Zwölf Patriarchen
Tg	Targum(im)
TgJ	Targum Pseudo-Jonatan/Targum Jeruschalmi I
TgNeofI	Targum Neofiti I
TgOnq	Targum Onqelos
TUAT	*Kaiser, O.* (Hg.), Texte aus der Umwelt des Alten Testaments
TUAT-NF	*Janowski, B./Wilhelm, G./Schwemer, D.* (Hg.), Texte aus der Umwelt des Alten Testaments, Neue Folge
Vg	Vulgata
ZB	Zürcher Bibel 2007/2008

3. Zeitschriften, Publikationsreihen, Lexika etc.

Die vollständigen bibliographischen Angaben finden sich in der Literaturliste unter »Einzelstudien und sonstige Sekundärliteratur«.

ABD	The Anchor Bible Dictionary
AnBib	Analecta Biblica
AOAT	Alter Orient und Altes Testament
ATD	Das Alte Testament Deutsch
AThANT	Abhandlungen zur Theologie des Alten und Neuen Testaments
ATSAT	Arbeiten zu Text und Sprache im Alten Testament
BBB	Bonner Biblische Beiträge
BBKL	Biographisch-Bibliographisches Kirchenlexikon
BDB	*Brown, F./Driver, S. R./Briggs, C. A.,* Hebrew and English Lexicon
BEATAJ	Beiträge zur Erforschung des Alten Testaments und des antiken Judentums
BET(h)L	Bibliotheca Ephemeridum Theologicarum Lovaniensium
Bib./Bibl	Biblica
BiKi	Bibel und Kirche
BiLi	Bibel und Liturgie
BIS	Biblical Interpretation Series
BKAT	Biblischer Kommentar zum Alten Testament
BN	Biblische Notizen (NF: Neue Folge)
BThSt	Biblisch-theologische Studien
BWANT	Beiträge zur Wissenschaft vom Alten und Neuen Testament
BZ	Biblische Zeitschrift
BZAR	Beihefte zur Zeitschrift für Altorientalische und Biblische Rechtsgeschichte
BZAW	Beihefte zur Zeitschrift für die alttestamentliche Wissenschaft
CAT	Commentaire de l'Ancien Testament
CB.OT	Coniectanea Biblica. Old Testament Series
CBQ	The Catholic Biblical Quarterly
CE	Cahiers Evangile
DDD	Dictionary of Deities and Demons in the Bible
DJD	Discoveries in the Judaean Desert
DSD	Dead Sea Discoveries
EBR	Encyclopaedia of the Bible and Its Reception
EJ	Encyclopaedia Judaica (printed edition 1972; CD-ROM-Edition 1997)
EJ^2	Encyclopaedia Judaica, 2nd edition, 2007
EKK	Evangelisch-katholischer Kommentar zum Neuen Testament
EThL	Ephemerides Theologicae Lovanienses
ETR	Etudes Théologiques et Religieuses
EvQ	The Evangelical Quarterly
FAT	Forschungen zum Alten Testament
FRLANT	Forschungen zur Religion und Literatur des Alten und Neuen Testaments
fzb	Forschungen zur Bibel
Ges-K	*Gesenius, W./Kautzsch, E.,* Hebräische Grammatik
HALAT	*Koehler, L./Baumgartner, W.,* Hebräisches und aramäisches Lexikon zum Alten Testament
HAT	Handbuch zum Alten Testament
HBS	Herders biblische Studien
HCOT	Historical Commentary on the Old Testament
HdO	Handbuch der Orientalistik/Handbook of Oriental Studies
HThKAT	Herders theologischer Kommentar zum Alten Testament
HTR	Harvard Theological Review
HUCA	Hebrew Union College Annual

IATG	*Schwertner, S. M.*, Internationales Abkürzungsverzeichnis für Theologie und Grenzgebiete, 2. Aufl.
Interp.	Interpretation
JAOS	Journal of the American Oriental Society
JBL	Journal of Biblical Literature
JBQ	Jewish Bible Quarterly
JBTh	Jahrbuch für Biblische Theologie
JHS	The Journal of Hebrew Scriptures (www.jhsonline.org)
JJS	Journal of Jewish Studies
JNSL	Journal of Northwest Semitic Languages
JPSTC	Jewish Publication Society – The JPS Torah commentary
JSHRZ	Jüdische Schriften aus hellenistisch-römischer Zeit
JSJ	Journal for the Study of Judaism in the Persian, Hellenistic and Roman Periods
JSJ.S	Supplements to the Journal for the Study of Judaism
JSOT	Journal for the Study of the Old Testament
JSOT.S	Journal for the Study of the Old Testament. Supplement Series
KUSATU	Kleine Untersuchungen zur Sprache des Alten Testaments und seiner Umwelt
LHB/OTS	The Library of Hebrew Bible/Old Testament Studies
MARG	Mitteilungen für Anthropologie und Religionsgeschichte
MSU	Mitteilungen des Septuaginta-Unternehmens der Akademie der Wissenschaften in Göttingen
NBL	*Görg, M./Lang, B.* (Hg.), Neues Bibel-Lexikon
NCBC	The New Century Bible Commentary
NEA	Near Eastern Archaeology (formerly: Biblical Archaeologist)
NEB	Neue Echter Bibel
NIDOTTE	New International Dictionary of Old Testament Theology and Exegesis
NSK.AT	Neuer Stuttgarter Kommentar. Altes Testament
NT	Novum Testamentum
NTS	New Testament Studies
OBO	Orbis Biblicus et Orientalis
OLA	Orientalia Lovaniensia analecta
OTEs	Old Testament Essays
PEQ	Palestine Exploration Quarterly
RB	Revue Biblique
RGG[4]	Religion in Geschichte und Gegenwart, 4. Aufl.
RHPhR	Revue d'Histoire de Philosophie Religieuses
RTL	Revue théologique de Louvain
SBAB	Stuttgarter Biblische Aufsatzbände
SBL	Society of Biblical Literature
SBL.DS	Society of Biblical Literature – Dissertation Series
SBS	Stuttgarter Bibelstudien
SC	Sources Chrétiennes
SESB	Stuttgarter Elektronische Studienbibel
SJLA	Studies in Judaism in Late Antiquity
SJOT	Scandinavian Journal of the Old Testament
SR	Studies in Religion/Sciences Religieuses
StANT	Studien zum Alten und Neuen Testament
STDJ	Studies on the Texts of the Desert of Judah
StGB	Strafgesetzbuch (Bundesrepublik Deutschland)
THAT	*Jenni, E./Westermann, C.* (Hg.), Theologisches Handwörterbuch zum Alten Testament
ThQ	(Tübinger) Theologische Quartalschrift
ThWAT	*Botterweck, G. J./Ringgren, H.* (Hg.), Theologisches Wörterbuch zum Alten Testament

TSAJ	Texts and Studies in Ancient Judaism/Texte und Studien zum antiken Judentum
TRE	Theologische Realenzyklopädie
UF	Ugarit-Forschungen
VT	Vetus Testamentum
VT.S	Supplements to Vetus Testamentum
WBC	Word Biblical Commentary
WO	Die Welt des Orients
WMANT	Wissenschaftliche Monographien zum Alten und Neuen Testament
WUNT	Wissenschaftliche Untersuchungen zum Neuen Testament
ZAH	Zeitschrift für Althebraistik
ZAR	Zeitschrift für altorientalische und biblische Rechtsgeschichte
ZAW	Zeitschrift für die alttestamentliche Wissenschaft
ZDPV	Zeitschrift des Deutschen Palästina-Vereins
ZLThK	Zeitschrift für die (gesammte) lutherische Theologie und Kirche
ZNW	Zeitschrift für die neutestamentliche Wissenschaft und die Kunde von der älteren Kirche

4. Benennung jüdischer Gelehrter

Raschi	Rabbi Salomo Ben Isaak, 1040–1105, Frankreich und Deutschland
Raschbam	Rabbi Samuel Ben Meir, 1085–1174, Frankreich
Ibn Esra	Rabbi Abraham Ibn Esra, 1089–1164, Spanien, Italien, Frankreich, England
Rambam	Rabbi Mose Ben Maimon (Maimonides), 1138–1204, Spanien, Palästina, Ägypten
Ramban	Rabbi Mose Ben Nachman (Nachmanides), 1194–1270, Spanien, Italien, Palästina
Abrabanel	Don Isaak Abrabanel (auch: Abarbanel), 1437–1508, Portugal, Spanien, Italien

Die Abkürzungen rabbinischer Schriften (Mischna, Talmud) erfolgt nach dem $IATG^2$.

Allgemeines Literaturverzeichnis

1. Textausgaben und Übersetzungen

Accordance 10 für Windows, OakTree Software, Inc. 2013.

Aristeasbrief, Übersetzung: *Meisner, N.,* Aristeasbrief (JSHRZ II/1), Gütersloh 1973.

Avot de Rabbi Natan A/B: Neusner, J., The Fathers According to Rabbi Nathan. An Analytical Translation and Explanation, Atlanta 1986 (A); *Saldarini, A. J.,* The Fathers According to Rabbi Nathan Version B. A Translation and Commentary, Leiden 1975 (B).

Babylonischer Talmud, zitiert nach der Ausgabe von *L. Goldschmidt,* Haag 1933ff.

Beyerlin, W. (Hg.), Religionsgeschichtliches Textbuch zum Alten Testament (RTAT), 2. Aufl., Göttingen 1985.

BibleWorks 9, BibleWorks, LLC 2013.

Biblia Hebraica Stuttgartensia, cooperantibus H. P. Rüger et J. Ziegler ediderunt K. Elliger et W. Rudolph, 5. Aufl., Stuttgart 1997 (BHS).

Buber, M./Rosenzweig, F., Die Schrift. Verdeutscht von Martin Buber, gemeinsam mit Franz Rosenzweig, 4 Bde., Heidelberg 1976/80 (= 1954/62).

von Gall, A. (Hg.), Der hebräische Pentateuch der Samaritaner, Giessen 1918 (Nachdruck 1966).

García Martínez, F., The Dead Sea Scrolls Translated. The Qumran Texts in English, 2nd ed., Leiden/Grand Rapids 1996.

Janowski, B./Wilhelm, G./Schwemer, D. (Hg.), Texte aus der Umwelt des Alten Testaments, Neue Folge (TUAT-NF), Gütersloh 2004ff.

Jerusalem Crown (כתר ירושלים). The Bible of the Hebrew University of Jerusalem, Jerusalem 2000.

Jubiläenbuch, Übersetzung: *Berger, K.,* Das Buch der Jubiläen (JSHRZ II), Gütersloh 1981.

Kaiser, O. (Hg.), Texte aus der Umwelt des Alten Testaments (TUAT), 3 Bde., Gütersloh 1982–1994.

Der Koran, Übersetzung: *Paret, R.,* 7. Aufl., Stuttgart/Berlin/Köln 1996.

Levitikus Rabba (Midrasch), Kritische Ausgabe: *Margulies, M.,* Midrash Wayyikra Rabbah. A Critical Edition based on Manuscripts and Genizah Fragments with Variants and Notes, 5 Bde., Jerusalem 1953–1960.

Levitikus Rabba, Übersetzung: *Wünsche, A.,* Der Midrasch Wajikra Rabba, das ist die haggadische Auslegung des dritten Buches Mose, mit Noten und Verbesserungen von J. Fürst (Bibliotheca Rabbinica V), Leipzig 1884, Ndr. Hildesheim 1967.

Levitikus Rabba, Übersetzung: *Israelstam, J./Slotki, J. J.,* Midrash Rabbah Leviticus, London 1939, 3rd edition 1983.

Lohse, E. (Hg.), Die Texte aus Qumran. Hebräisch und Deutsch, Darmstadt 1971.

Mendelsohn, M., Buch der Friedenspfade. Die Tora nach der Übersetzung Moses Mendelsohns mit den Prophetenlesungen im Anhang, hg. im Auftrag des Abraham-Geiger-Kollegs und des Moses-Mendelsohn-Zentrums Potsdam von A. Böckler, Berlin 2001.

Die Mischna, ins Deutsche übertragen, mit einer Einleitung und Anmerkungen von *D. Correns*, Wiesbaden 2005.

Numeri Rabba (Midrasch), Übersetzung: *Wünsche, A.*, Der Midrasch emidbar Rabba, das ist die allegorische Auslegung des vierten Buches Mose, mit Noten und Verbesserungen von J. Fürst (Bibliotheca Rabbinica V), Leipzig 1885.

Origène, Homélies sur le Lévitique, Tome I + II (SC 286 + 287; tr. M. Borret), Paris 1981.

Pesiqta Rabbati, Discourses for Feasts, Fasts, and Special Sabbaths, translated by W. G. Braude, 2 vols., New Haven/London 1968.

Peshiṭta Institute, Leiden (ed.), The Old Testament in Syriac According to the Peshiṭta Version, I,2 + II,1b. Leviticus (D. J. Lane), Numbers (A. P. Hayman), Deuteronomy (W. M. van Vliet, based on material collected by J. H. Hospers and H. J. W. Drijvers), Joshua (J. E. Erbes), Leiden 1991.

Pritchard, J. B. (ed.), Ancient Near Eastern Texts Relating to the Old Testament, 3rd ed., Princeton, NJ 1969.

Pritchard, J. B. (ed.), The Ancient Near East in Pictures Relating to the Old Testament, 2nd edition with supplement, Princeton, NJ 1969.

Richter, W., Biblia Hebraica transcripta: BHt; das ist das ganze Alte Testament transkribiert, mit Satzeinteilungen versehen und durch die Version tiberisch-masoretischer Autoritäten bereichert, auf der sie gründet. 2. Exodus, Levitikus (ATSAT 33.2), St. Ottilien 1991.

Samaritanus (englische Übersetzung): *Tsedaka, B.*, The Israelite Samaritan Version of the Torah (s. u.).

Septuaginta. Vetus Testamentum Graecum Auctoritate Academiae Scientiarum Gottingensis editum, vol. II, 2, ed. J. W. Wevers, Göttingen 1986.

Septuaginta. Id est Vetus Testamentum graece iuxta LXX interpretes, 2 Bde., ed. A. Rahlfs, 8. Aufl., Stuttgart 1965.

Septuaginta Deutsch. Das griechische Alte Testament in deutscher Übersetzung, hg. von W. Kraus und M. Karrer, Stuttgart 2009, 2. Aufl. 2010.

Septuaginta Deutsch. Erläuterungen und Kommentare zum griechischen Alten Testament, hg. von M. Karrer und W. Kraus, 2 Bde., Stuttgart 2011.

Servert, M. J. de Azcárraga, Las masoras del libro de Levítico: Códice M1 de la Universidad Complutense de Madrid, Madrid 2004.

Sifra. Halachischer Midrasch zu Levitikus, Übersetzung: *Winter, J.*, 2 Bde., Breslau 1938.

Sifra. An Analytical Translation by J. Neusner, 3 vols., Atlanta 1988.

Stuttgarter Elektronische Studienbibel (SESB), Stuttgart 2000–2004.

Targum Neofiti I: McNamara, M./Hayward, R., Targum Neofiti 1: Leviticus (The Aramaic Bible 3), Edinburgh 1994 (s. u., Targum Pseudo-Jonatan).

Targum Onqelos: Sperber, A., The Bible in Aramaic. 1. The Pentateuch according to Targum Onkelos, 2. Aufl., Leiden 1992.

Targum Onqelos: Grossfeld, B., The Targum Onqelos to Leviticus and the Targum Onqelos to Numbers (The Aramaic Bible 8), Edinburgh 1988.

Targum Pseudo-Jonatan: Maher, M., Targum Pseudo-Jonathan: Leviticus (The Aramaic Bible 3), Edinburgh 1994 (s. o., Targum Neofiti I).

Testamente der zwölf Patriarchen, Übersetzung: *Becker, J.*, Die Testamente der zwölf Patriarchen (JSHRZ III/1), Gütersloh 1974.

Tsedaka, B., The Israelite Samaritan Version of the Torah. First English Translation Compared with the Masoretic Version, Grand Rapids, MI 2013.
Tur-Sinai, N. H., Die Heilige Schrift, Jerusalem 1954; 3. Aufl., Neuhausen-Stuttgart 1997.
Weippert, M. (u.a.), Historisches Textbuch zum Alten Testament (HTAT), Göttingen 2010.
Zunz, L., Die 24 Bücher der Heiligen Schrift, Basel 1995.

2. Bibliographien

Luciani, D., Sainteté et pardon. Tome 2: Guide technique (BEThL 185), Leuven 2005, 551–646.
Mills, W. E., Leviticus (Bibliographies for Biblical Research Old Testament Series 3), Lewiston, NY 2001.
Naef, T., Auf der Suche nach dem gefundenen Gesetz. Betrachtungen zur Erforschung des sogenannten Heiligkeitsgesetzes – mit einer ausführlichen Bibliographie zu Lev 17–26, Norderstedt 2005.
Rosset, V., Bibliographie 1969–1991 zum Opfer in der Bibel, in: Schenker, A./Rosset, V. (Hg.), Studien zu Opfer und Kult im Alten Testament (FAT 3), Tübingen 1992, 107–151.
Sabourin, L., A Bibliography of Sacrifice in the Bible and the Ancient Near East, in: Lyonnet, S./Sabourin, L. (ed.), Sin, Redemption, and Sacrifice. A Biblical and Patristic Study (Analecta biblica, 48), Rome 1970, 297–333.

Neben den hier genannten Bibliographien finden sich vor allem in den mit »Lit.!« gekennzeichneten folgenden Kommentaren zahlreiche Hinweise auf weitere Sekundärliteratur zum Buch Levitikus.

3. Kommentare zum Buch Levitikus

Bailey, L. R., Leviticus-Numbers (Smyth & Helwys Bible Commentary), Macon, GA 2005.
Balentine, S., Leviticus (Interpretation), Louisville 2002.
Budd, P. J., Leviticus (NCBC), London/Grand Rapids 1996.
Carasik, M. (ed.), The Commentator's Bible: The JPS Mikra'ot Gedolot. Leviticus ויקרא, Philadelphia 2009.
Deiana, G., Levitico. Nuova versione, introduzione e commento (I libri biblici: Primo Testamento 3), Milano 2005.
Elliger, K., Leviticus (HAT 4), Tübingen 1966.
Gerstenberger, E. S., Das 3. Buch Mose. Leviticus (ATD 6), Göttingen 1993.
Gorman, F. H., Divine Presence and Community: A Commentary on the Book of Leviticus (International Theological Commentary), Grand Rapids 1997.
Grabbe, L. L., Leviticus (Old Testament Guides), Sheffield 1993.

Harrison, R. K., Leviticus (The Tyndale Old Testament Commentaries), Downers Grove 1980.

Hartley, J. E., Leviticus (WBC 4), Dallas, TX 1992 (Lit.!).

Hirsch, S. R., Leviticus, Frankfurt a. M. 1911.

Hoffmann, D., Das Buch Leviticus, 2 Bde., Berlin 1905/1906 (jüdische Auslegung im Sinne der Halacha).

Ibn Ezra's Commentary on the Pentateuch: Leviticus (Va-Yikra), translated and annotated: Strickman, H. N./Silver, A. M., New York 2004.

Kiuchi, N., Leviticus (Apollos Old Testament Commentary), Nottingham/Downers Grove, IL 2007.

Kleinig, J. W., Leviticus (Concordia Commentary), St. Louis 2003.

Kornfeld, W., Levitikus (NEB), Würzburg 1983.

Levine, B. A., Leviticus (JPSTC), Philadelphia/New York/Jerusalem 1989.

Lienhard, J. T., Exodus, Leviticus, Numbers, Deuteronomy (Ancient Christian Commentary on Scripture 3), Downers Grove, IL 2001.

Martin, G. S., Exodus, Leviticus, Numbers (Holman Old Testament Commentary), Nashville 2002.

Marx, A., Lévitique 17–27 (CAT IIIb), Genève 2011 (Lit.!).

Milgrom, J., Leviticus 1–16 (The Anchor Bible 3), New York et al. 1991 (pp. 1–1163) (Lit.!).

Milgrom, J., Leviticus 17–22 (The Anchor Bible 3A), New York et al. 2000 (pp. 1267–1892).

Milgrom, J., Leviticus 23–27 (The Anchor Bible 3B), New York et al. 2001 (pp. 1895–2714) (Lit.!).

Noth, M., Das dritte Buch Mose. Leviticus (ATD 6), 5. Aufl., Göttingen 1985.

Péter-Contesse, R., Lévitique 1–16 (CAT IIIa), Genève 1993 (Lit.!).

Plaut, W. G. (Hg.), Die Tora in jüdischer Auslegung Band III: Wajikra/Levitikus, herausgegeben von *B. J. Bamberger*; Übersetzung, Bearbeitung und Gestaltung von A. Böckler, Gütersloh 2001.

Ramban (Moses Nachmanides), Commentary on the Torah: Leviticus, Brooklyn 1974.

Raschbam: Rashbam's Commentary on Leviticus and Numbers. An Annotated Translation, edited and translated by M. I. Lockshin (Brown Judaic Studies 330), Providence 2001.

Raschis Pentateuchkommentar, vollständig ins Deutsche übertragen und mit einer Einleitung versehen von S. Bamberger, 3. Aufl., Basel 1975.

Radner, E., Leviticus (Brazos Theological Commentary on the Bible), Grand Rapids, MI 2008.

Rendtorff, R., Leviticus 1, 1–10, 20 (BKAT 3/1), Neukirchen-Vluyn 2004 (Lit.!).

Rooker, M. F., Leviticus (New American Commentary 3A), Nashville 2000.

Staubli, T., Die Bücher Levitikus, Numeri (NSK-AT), Stuttgart 1996.

Watts, J. W., Leviticus 1–10 (HCOT), Leuven 2013 (Lit.!).

Wenham, G. J., The Book of Leviticus (NICOT 3), Grand Rapids 1979.

Willis, T. M., Leviticus (Abingdon Old Testament Commentaries), Nashville 2009.

4. Einzelstudien und sonstige Sekundärliteratur

Achenbach, R., Die Vollendung der Tora. Studien zur Redaktionsgeschichte des Numeribuches im Kontext von Hexateuch und Pentateuch (BZAR 3), Wiesbaden 2003.

Achenbach, R., Das Heiligkeitsgesetz und die sakralen Ordnungen des Numeribuches im Horizont der Pentateuchredaktion, in: Römer, T. (ed.), Leviticus and Numbers (2008), 145–175.

Achenbach, R., Zur Systematik der Speisegebote in Leviticus 11 und in Deuteronomium 14: ZAR 17, 2011, 161–209.

Achenbach, R., *gêr – nåkhrî – tôshav – zâr.* Legal and Sacral Distinctions regarding Foreigners in the Pentateuch, in: Achenbach, R./Albertz, R./Wöhrle, J. (ed.), Foreigner (2011), 29–51.

Achenbach, R./Albertz, R./Wöhrle, J. (ed.), The Foreigner and the Law. Perspectives from the Hebrew Bible and the Ancient Near East (BZAR 16), Wiesbaden 2011.

Albertz, R., Religionsgeschichte Israels in alttestamentlicher Zeit (ATD Ergänzungsreihe 8), Göttingen 1992.

Albertz, R., From Aliens to Proselytes. Non-Priestly and Priestly Legislation Concerning Strangers, in: Achenbach, R./Albertz, R./Wöhrle, J. (ed.), Foreigner (2011), 53–69.

Anderson, G. A., From Israel's Burden to Israel's Debt. Towards a Theology of Sin in Biblical and Early Second Temple Sources, in: Chazon, E. G./Dimant, D./Clements, R. A. (ed.), Reworking the Bible. Apocryphal and Related Texts at Qumran, Leiden 2005, 1–30.

Augustin, P., A Critical Note on the Formula *ʾnj jhwh* in the Holiness Code: ZAH 21–24, 2008–2011, 1–8.

Auld, A. G., Leviticus at the Heart of the Pentateuch?, in: Sawyer, J. F. A. (ed.), Reading Leviticus (1996), 40–51.

Auld, A. G., Leviticus: After Exodus and before Numbers, in: Rendtorff, R./Kugler, R. A. (ed.), Leviticus (2003), 41–54.

Baden, J. S./Moss, C. R., The Origin and Interpretation of *ṣāraʿat* in Leviticus 13–14: JBL 130, 2011, 643–662.

Baker, D. W., Division Markers and The Structure of Leviticus 1–7, in: Livingstone, E. A. (ed.), Studia Biblica 1978 (JSOT.S 11), Sheffield 1979, 9–15.

Baker, D. W., Leviticus 1–7 and the Punic Tariffs: A Form Critical Comparison: ZAW 99 (1987) 188–197.

Bar, S., The Punishment of Burning in the Hebrew Bible: OTEs 25, 2012, 27–39.

Barbiero, G., Der Fremde im Bundesbuch und im Heiligkeitsgesetz: Zwischen Absonderung und Annahme, in: ders. (Hg.), Studien zu alttestamentlichen Texten (SBAB 34), Stuttgart 2002, 221–254.

Baskin, J./Gibson, S./Kotlar, D., Art. »Mikveh«: EJ² 14, 2007, 225–230.

Batmartha (Petermann), I. J., Machen Geburt und Monatsblutung die Frau »unrein«? Zur Revisionsbedürftigkeit eines mißverstandenen Diktums, in: Schottroff, L./Wacker, M.-T. (Hg.), Von der Wurzel getragen. Christlich-feministische Exegese in Auseinandersetzung mit Antijudaismus (BIS 17), Leiden 1996, 43–60.

Bechmann, U., Duft im Alten Testament, in: Kügler, J. (Hg.), Die Macht der Nase (SBS 187), Stuttgart 2000, 49–98.

Bender, C., »Darstellung von Sünde« oder »Entsündigung«? Überlegungen zum sog. privativen Pi'el, in: Hartenstein, F./Pietsch, M. (Hg.), »Sieben Augen auf einem Stein« (Sach 3,9). Studien zur Literatur des Zweiten Tempels. Festschrift für Ina Willi-Plein, Neukirchen-Vluyn 2007, 43–55.

Ber, V., The Social Dimension of Atonement in the Torah: Ex Auditu 26, 2010, 110–124.
Bergen, W. J., Reading Ritual: Leviticus in Postmodern Culture (JSOT.S 417), London/New York 2005.
Bernat, D. A., Sign of the Covenant. Circumcision in the Priestly Tradition (Society of Biblical Literature: Ancient Israel and Its Literature 3), Atlanta 2009.
Bibb, B. D., Ritual Words and Narrative Worlds in the Book of Leviticus (LHB/OTS 480), London 2007.
Blaschke, A., Beschneidung: Zeugnisse der Bibel und verwandter Texte (TANZ 28), Tübingen 1998.
Blenkinsopp, J., An Assessment of the Alleged Pre-Exilic Date of the Priestly Material in the Pentateuch: ZAW 108, 1996, 495–518.
Boda, M. J., A Severe Mercy: Sin and Its Remedy in the Old Testament (Siphrut: Literature and Theology of the Hebrew Scriptures 1), Winona Lake, IN 2009.
Bodendorfer, G., Der Horizont einer Exegese des Buches Levitikus in den rabbinischen Midraschim, in: Fabry, H.-J./Jüngling, H.-W. (Hg.), Levitikus (1999), 343–371.
Bodendorfer, G., אני יהוה: God's Self-Introductory Formula in Leviticus in Midrash *Sifra*, in: Rendtorff, R./Kugler, R. A. (ed.), Leviticus (2003), 403–428.
Botterweck, G. J./Ringgren, H. (Hg.), Theologisches Wörterbuch zum Alten Testament, Stuttgart 1973ff.
Brandt, S., Hat es sachlich und theologisch Sinn, von »Opfer« zu reden?, in: Janowski, B./Welker, M. (Hg.), Opfer (2000), 247–281.
Brandt, S., Opfer als Gedächtnis. Auf dem Weg zu einer befreienden theologischen Rede von Opfer (ATM 2), Münster 2001.
Brichto, H. C., On Slaughter and Sacrifice, Blood and Atonement: HUCA 47, 1976, 19–55.
Braulik, G., Weitere Beobachtungen zur Beziehung zwischen dem Heiligkeitsgesetz und Deuteronomium 19–25, in: ders., Studien zum Buch Deuteronomium (SBS 24), Stuttgart 1997, 183–223.
Brown, F./Driver, S. R./Briggs, C. A., Hebrew and English Lexicon, Oxford 1907.
Büchner, D., »You Shall Not Give of Your Seed to Serve an Archon«. Lev 18,21 in the Septuagint, in: Ausloos, H./Cook, J./García Martínez, F./Lemmelijn, B./Vervenne, M. (ed.), Translating a Translation. The LXX and its Modern Translations in the Context of Early Judaism (BEThL 213), Leuven 2008, 183–196.
Büchner, D., The *Thysia Soteriou* of the Septuagint and the Greek Cult: Representation and Accomodation, in: Ausloos, H./Lemmelijn, B./Vervenne, M. (ed.), Florilegium Lovaniense. Studies in Septuagint and Textual Criticism in Honour of Florentino García Martínez (BEThL 224), Leuven 2008, 85–100.
Büchner, D., Ἐξιλάσασθαι: Appeasing God in the Septuagint Pentateuch: JBL 129, 2010, 237–260.
Büchner, D., Some Reflections on Writing a Commentary on the Septuagint of Leviticus, in: Hiebert, R. J. V. (ed.), Translation is Required. The Septuagint in Retrospect and Prospect (SBL: Septuagint and Cognate Studies, 56), Atlanta 2010, 107–117.
Buis, P., Le Lévitique. La Loi de sainteté (CE 116), Paris 2001.
Bultmann, C., Der Fremde im antiken Juda. Eine Untersuchung zum sozialen Typenbegriff *ger* und seinem Bedeutungswandel in der alttestamentlichen Gesetzgebung (FRLANT 153), Göttingen 1992.
Burkert, W., Anthropologie des religiösen Opfers. Die Sakralisierung der Gewalt, München 1984.

Burkert, W., Homo necans: Interpretationen altgriechischer Opferriten und Mythen, 2. Aufl., Berlin/New York 1997.
Cancik-Lindemaier, H., Tun und Geben. Zum Ort des sogenannten Opfers in der römischen Kultur, in: Janowski, B./Welker, M. (Hg.), Opfer (2000), 58–85.
Cardellini, I., I sacrifici dell'antica alleanza. Tipologie, rituali, celebrazioni, Milano 2001.
Carmichael, C. M., Law, Legend, and Incest in the Bible. Leviticus 18–20, Ithaca, NY 1997.
Carmichael, C. M., Illuminating Leviticus. A Study of Its Laws and Institutions in the Light of Biblical Narratives, Baltimore 2006.
Cazeaux, J., La contre-épopée du désert. Essai sur Exode – Lévitique – Nombres, Paris 2007.
Cholewiński, A., Heiligkeitsgesetz und Deuteronomium. Eine vergleichende Studie (AnBib 66), Rom 1976.
Christiansen, B., Reinheitsvorstellungen und Entsühnungsriten der Hethiter und ihr möglicher Einfluss auf die biblische Überlieferung: BN 156, 2013, 131–153.
Cothey, A., Ethics and Holiness in the Theology of Leviticus: JSOT 30, 2005, 131–151.
Crüsemann, F., Art. Heiligkeitsgesetz: NBL 2, 1995, 93–96.
Daniel, S., Recherches sur le vocabulaire du culte dans la Septante, Paris 1966.
Dahm, U., Opferkult und Priestertum in Alt-Israel. Ein kultur- und religionswissenschaftlicher Beitrag (BZAW 327), Berlin/New York 2003.
Dahm, U., Art. Opfer: Das wissenschaftliche Bibellexikon im Internet (www.wibilex.de), Juli 2006.
Dahmen, U., Leviten und Priester im Deuteronomium. Literarkritische und redaktionsgeschichtliche Studien (BBB 110), Bodenheim 1996.
Davies, D., An Interpretation of Sacrifice in Leviticus: ZAW 89, 1977, 387–399.
Destro, A., The Witness of Times: An Anthropological Reading of *Niddah*, in: Sawyer, J. F. A. (ed.), Reading Leviticus (1996), 124–138.
Diesel, A. A., »Ich bin Jahwe«. Der Aufstieg der Ich-bin-Jahwe-Aussage zum Schlüsselwort des alttestamentlichen Monotheismus (WMANT 110), Neukirchen-Vluyn 2006.
Dietrich, M./Loretz, O. (Hg.), Die keilalphabetischen Texte aus Ugarit, einschließlich der keilalphabetischen Texte außerhalb Ugarits (KTU), Kevelaer/Neukirchen-Vluyn 1976.
Dietrich, M./Loretz, O./Sanmartín, J. (ed.), The Cuneiform Alphabetic Texts from Ugarit, Ras Ibn Hani and Other Places (CAT/KTU^2), Münster 1995.
Dohmen, C., Exodus 19–40 (HThKAT), Freiburg i. Br. 2004. – Soweit nicht anders gekennzeichnet, folgen Zitate aus dem Buch Exodus immer der Übersetzung in dieser Kommentierung.
Dorival, G., L'originalité de la Bible Grecque des Septante en matière de sacrifice, in: Georgoudi, S. et al. (ed.), La cuisine (2005), 309–315.
Douglas, M., Reinheit und Gefährdung. Eine Studie zu Vorstellungen von Verunreinigung und Tabu, Frankfurt a. M. 1985/1988; Originalausgabe: Purity and Danger: An Analysis of Concepts of Pollution and Taboo, London 1966.
Douglas, M., The Forbidden Animals in Leviticus: JSOT 59, 1993, 3–23.
Douglas, M., Poetic Structure in Leviticus, in: Wright, D. et al. (ed.), Pomegranates (1995), 239–256.
Douglas, M., Sacred Contagion, in: Sawyer, J. F. A. (ed.), Reading Leviticus (1996), 86–106.
Douglas, M., Justice as the Cornerstone: An Interpretation of Leviticus 18–20, Interpretation 53, 1999, 341–350.
Douglas, M., Leviticus as Literature, Oxford 1999, reprinted 2002.

Driver, G. R., Birds in the Old Testament I: Birds in Law / II: Birds in Life: PEQ 87, 1955, 5–20.129–140.
Driver, G. R., Three Technical Terms in the Pentateuch: JSSt 1, 1956, 97–105.
Eberhart, C., Beobachtungen zum Verbrennungsritus bei Schlachtopfer und Gemeinschafts-Schlachtopfer: Biblica 83, 2002, 88–96.
Eberhart, C., Studien zur Bedeutung der Opfer im Alten Testament. Die Signifikanz von Blut- und Verbrennungsriten im kultischen Rahmen (WMANT 94), Neukirchen-Vluyn 2002.
Eberhart, C. A., A Neglected Feature of Sacrifice in the Hebrew Bible: Remarks on the Burning Rite on the Altar: HTR 97, 2004, 485–493.
Eberhart, C. A., Characteristics of Sacrificial Metaphors in Hebrews, in: Gelardini, G. (ed.), Hebrews. Contemporary Methods, New Insights (Biblical Interpretation Series 75), Leiden/Boston 2005, 37–64.
Eberhart,C., Art. Schlachtung/Schächtung: Das wissenschaftliche Bibellexikon im Internet (www.wibilex.de), Dezember 2006.
Eberhart,C., Art. Sühne: Das wissenschaftliche Bibellexikon im Internet (www.wibilex.de), Februar 2007.
Eberhart,C., Art. Qorban: Das wissenschaftliche Bibellexikon im Internet (www.wibilex.de), Januar 2010.
Eberhart, C., Art. Atonement. I. Hebrew Bible/Old Testament; II. New Testament: EBR 3, 2011, 24–42.
Eberhart, C. (ed.), Ritual and Metaphor. Sacrifice in the Bible (Resources for Biblical Study 68), Atlanta 2011.
Eberhart, C., Opfer und Kult in kulturanthropologischer Perspektive: VF 56, 2011, 4–16.
Eberhart, C., Art. Blood. I. Ancient Near East and Hebrew Bible/Old Testament: EBR 4, 2012, 201–212.
Eberhart, C., Das Opfer als Gabe. Perspektiven des Alten Testaments: JBTh 27, 2012, 93–120.
Eggebrecht, A., Schlachtungsbräuche im Alten Ägypten und ihre Wiedergabe im Flachbild bis zum Ende des Mittleren Reiches, München 1973.
Ego, B., Reinheit und Schöpfung. Zur Begründung der Speisegebote im Buch Leviticus: ZAR 3, 1997, 131–144.
Ego, B., Art. Reinheit/Unreinheit/Reinigung (AT): Das wissenschaftliche Bibellexikon im Internet (www.wibilex.de), April 2007.
Ego, B., Purity Concepts in Jewish Traditions of the Hellenistic Period, in: Frevel, C./ Nihan, C. (ed.), Purity (2012), 477–492.
Eilberg-Schwartz, H., The Savage in Judaism. An Anthropology of Israelite Religion and Ancient Judaism, Bloomington 1992.
Ellens, D. L., Women in the Sex Texts of Leviticus and Deuteronomy: A Comparative Conceptual Analysis (LHB/OTS 458), London/New York 2007.
Elliott, M. W., Engaging Leviticus. Reading Leviticus Theologically with Its Past Interpreters, Eugene, OR 2011.
Enger, P. A., Die Adoptivkinder Abrahams. Eine exegetische Spurensuche zur Vorgeschichte des Proselytentums (BEATAJ 53), Frankfurt a. M. 2006.
Erbele-Küster, D., Der Dienst der Frauen am Eingang des Zeltheiligtums (Exodus 38:8) – Kultisch-religiöse Verortungen von Frauen in Exodus und Leviticus, in: Roukema, R. (ed.), The Interpretation of Exodus. Studies in Honour of Cornelis Houtman, Leuven 2006, 265–281.

Erbele-Küster, D., Körper und Geschlecht. Studien zur Anthropologie von Leviticus 12 und 15 (WMANT 121), Neukirchen-Vluyn 2008.
Erbele-Küster, D., Die Körperbestimmungen in Leviticus 11–15, in: Berlejung, A./Dietrich, J./Quack, J. F. (Hg.), Menschenbilder und Körperkonzepte im Alten Israel, in Ägypten und im Alten Orient (Orientalische Religionen in der Antike), Tübingen 2012, 209–223.
Fabry, H.-J./Jüngling, H.-W. (Hg.), Levitikus als Buch (BBB 119), Berlin u. a. 1999.
Fabry, H.-J., Das Buch Levitikus in den Qumrantexten, in: Fabry, H.-J./Jüngling, H.-W. (Hg.), Levitikus (1999), 309–341.
Feder, Y., On *kuppuru, kippēr* and Etymological Sins that Cannot be Wiped Away: VT 60, 2010, 535–545.
Feder, Y., Blood Expiation in Hittite and Biblical Ritual. Origins, Context, and Meaning, Atlanta 2011.
Feld, G., Levitikus: Das ABC der Schöpfung, in: Schottroff, L./Wacker, M. T. (Hg.), Kompendium feministische Bibelauslegung, 2. Aufl., Gütersloh 1999, 40–53.
Feldmeier, R./Spieckermann, H., Der Gott der Lebendigen (Topoi Biblischer Theologie/ Topics of Biblical Theology 1), Tübingen 2011.
Feucht, C., Untersuchungen zum Heiligkeitsgesetz, Berlin 1964.
Finkelstein, I., Geographical Lists in Ezra and Nehemiah in the Light of Archaeology: Persian or Hellenistic?, in: Grabbe, L. L./Lipschits, O. (ed.), Judah between East and West. The Transition from Persian to Greek Rule (ca. 400–200 BCE), London/New York 2011, 49–69.
Fleishman, J., Father-Daughter Relations in Biblical Law, Bethesda 2011.
Flint, P. W., The Book of Leviticus in the Dead Sea Scrolls, in: Rendtorff, R./Kugler, R. A. (ed.), Leviticus (2003), 323–341.
Freedman, D. N./Mathews, K. A., The Paleo-Hebrew Leviticus Scroll (11QpaleoLev), Winona Lake, IN 1985.
Frevel, C., Kein Ende in Sicht? Zur Priestergrundschrift im Buch Levitikus, in: Fabry, H.-J./Jüngling, H.-W. (Hg.), Levitikus (1999), 85–123.
Frevel, C., Mit Blick auf das Land die Schöpfung erinnern. Zum Ende der Priestergrundschrift (HBS 23), Freiburg i. Br. 2000.
Frevel, C., »Und Mose hörte (es), und es war gut in seinen Augen« (Lev 10, 20). Zum Verhältnis von Literargeschichte, Theologiegeschichte und innerbiblischer Auslegung am Beispiel von Lev 10, in: Müllner, I./Schwienhorst-Schönberger, L./Scoralick, R. (Hg.), Gottes Name(n). Zum Gedenken an Erich Zenger (HBS 71), Freiburg i. Br. 2012, 104–136.
Frevel, C./Nihan, C. (ed.), Purity and the Forming of Religious Traditions in the Ancient Mediterranean World and Ancient Judaism (Dynamics in the History of Religions 3), Leiden/Boston 2012.
Frevel, C., Purity Conceptions in the Book of Numbers in Context, in: Frevel, C./ Nihan, C. (ed.), Purity (2012), 369–411.
Frymer-Kensky, T., Pollution, Purification, and Purgation in Biblical Israel, in: Frymer-Kensky, T. (ed.), Studies in Bible and Feminists Criticism, Philadelphia 2006, 329–350.
Gane, R. E., Cult and Character: Purification Offerings, Day of Atonement, and Theodicy, Winona Lake, IN 2005.
Gennep, A. van, Übergangsriten (Les rites de passage), Frankfurt a. M./New York 1999 (französisches Original von 1909).
Georgoudi, S./Koch Piettre, R./Schmidt, F. (ed.), La cuisine et l'autel: Les sacrifices en questions dans les sociétés de la Méditerranée ancienne, Turnhout 2005.

Gerlitz, P., Art. Opfer I. Religionsgeschichtlich: TRE 25, 1995, 253–254.
Gerstenberger, E. S., »Er soll dir heilig sein.« Priester und Gemeinde nach Lev 21,1–22,9, in: Crüsemann, F., Was ist der Mensch ... ? (FS Hans Walter Wolff), München 1992, 194–210.
Gese, H., Die Sühne, in: ders., Zur biblischen Theologie. Alttestamentliche Vorträge, 2. Aufl., Tübingen 1983, 85–106.
Gesenius, W./Kautzsch, E., Hebräische Grammatik, 28. Aufl., Leipzig 1909, Ndr. Hildesheim 1983.
Gilbert, A. S., The Native Fauna of the Ancient Near East, in: Collins, B. J. (ed.), A History of the Animal World in the Ancient Near East (HdO 64), Leiden/Boston/Köln 2002, 3–75.
Gilders, W. K., Blood Ritual in the Hebrew Bible. Meaning and Power, Baltimore/London 2004.
Gilders, W. K., Blood as Purificant in Priestly Torah: What Do We Know and How Do We Know It?, in: Schwartz, B. J. et al. (ed.), Perspectives on Purity (2008), 43–64.
Gilders, W. K., Anthropological Approaches. Ritual in Leviticus 8, Real or Rhetorical?, in: LeMon, J. M./Richards, K. H. (ed.), Method Matters. Essays on the Interpretation of the Hebrew Bible in Honor of David L. Petersen (Society of Biblical Literature Resources for Biblical Study 56), Atlanta 2009, 233–250.
Ginsburskaya, M., Leviticus in the Light of the Dead Sea Scrolls: Atonement and Purification from Sin, in: Lange, A./Tov, E./Weigold, M. (ed.), The Dead Sea Scrolls in Context. Integrating the Dead Sea Scrolls in the Study of Ancient Texts, Languages, and Cultures (Volume 1, VT.S 140/1), Leiden/Boston 2011, 263–277.
Girard, R., Das Heilige und die Gewalt, Zürich 1987.
Gladigow, B., Opfer und komplexe Kulturen, in: Janowski, B./Welker, M. (Hg.), Opfer (2000), 86–107.
Görg, M., Das Zelt der Begegnung. Untersuchung der sakralen Zelttraditionen Altisraels (BBB 27), Bonn 1967.
Görg, M., Einige Beobachtungen zur Kultterminologie in Lev 7,28–36, in: Ernst, S./Häusl, M. (Hg.), Kulte, Priester, Rituale. Beiträge zu Kult und Kultkritik im Alten Testament und Alten Orient. Festschrift für Theodor Seidl zum 65. Geburtstag (ATSAT 89), St. Ottilien 2010, 121–131.
Gorman, F. H., The Ideology of Ritual. Space, Time and Status in the Priestly Theology (JSOT.S 91), Sheffield 1990.
Grabbe, L. L., The Book of Leviticus: Currents in Research: Biblical Studies 5, 1997, 91–110 (Lit.!).
Grabbe, L. L., The Priests in Leviticus – Is the Medium the Message?, in: Rendtorff, R./Kugler, R. A. (ed.), Leviticus (2003), 207–224.
Greenberg, M., Ezechiel 1–20 (HThKAT), Freiburg i. Br. 2001.
Greenberg, M., Ezechiel 21–37 (HThKAT), Freiburg i. Br. 2005.
Grohmann, M., Biblical and Rabbinic Ideas of Female Semen? An Intertextual Reading of Lev 12,2: SJOT 24, 2010, 39–52.
Gruber, M. I., Women in the Cult According to the Priestly Code, in: Neusner, J./Levine, B./Frerichs, E. (ed.), Judaic Perspectives on Ancient Israel, Philadelphia 1987, 35–48.
Gruenwald, I., Rituals and Ritual Theory in Ancient Israel (The Brill Reference Library of Ancient Judaism), Leiden 2003.
Grünwaldt, K., Das Heiligkeitsgesetz Leviticus 17–20. Ursprüngliche Gestalt, Tradition und Theologie, Berlin/New York 1999.

Gunneweg, A. H. J., Leviten und Priester. Hauptlinien der Traditionsbildung und Geschichte des israelitisch-jüdischen Kultpersonals (FRLANT 89), Göttingen 1965.

Gurtner, D. M., Καταπέτασμα: Lexicographical and Etymological Considerations on the Biblical ›Veil‹: Andrews University Seminary Studies 42, 2004, 105–111.

Haas, V., Geschichte der hethitischen Religion (HdO 15), Leiden/New York/Köln 1994.

Haran, M., Art. Priests and Priesthood: EJ^2 16, 2007, 513–523.

Harlé, P./Pralon, D., Le Lévitique (La Bible d'Alexandrie 3), Paris 1998.

Harrington, H. K., Interpreting Leviticus in the Second Temple Period: Struggling With Ambiguity, in: Sawyer, J. F. A. (ed.), Reading Leviticus (1996), 214–229.

Harrington, H., The Rabbinic Reception of Leviticus, in: Rendtorff, R./Kugler, R. A. (ed.), Leviticus (2003), 383–402.

Harrington, H. K., The Purity Texts (Companion to the Qumran Scrolls 5), London/New York 2004.

Harrington, H. K., What Is the Purpose of Ritual Ablutions in Ancient Judaism?: Journal of Asia Adventist Seminary 12, 2009, 1–17.

Hartenstein, F., Zur symbolischen Bedeutung des Blutes im Alten Testament, in: Frey, J./ Schröter, J. (Hg.), Deutungen des Todes Jesu im Neuen Testament (WUNT 181), Tübingen 2005, 119–137.

Hayes, J. H., Atonement in the Book of Leviticus: Interp. 52, 1998, 5–15.

Heger, P., The Development of Incense Cult in Israel (BZAW 245), Berlin/New York 1997.

Heller, R. M./Heller, T. W./Sasson, J. M., Mold: »tsara'at,« Leviticus, and the history of a confusion: Perspectives in Biology and Medicine 46 (4), 2003, 588–591.

Herr, B., »Deinem Haus gebührt Heiligkeit, Jhwh, alle Tage«. Typen und Funktionen von Sakralbauten im vorexilischen Israel (BBB 124), Berlin 2000.

Hieke, T., Psalm 80 – Praxis eines Methodenprogramms. Eine literaturwissenschaftliche Untersuchung mit einem gattungskritischen Beitrag zum Klagelied des Volkes (ATSAT 55), St. Ottilien 1997.

Hieke, T., Die Genealogien der Genesis (HBS 39), Freiburg i. Br. 2003.

Hieke, T., Das Alte Testament und die Todesstrafe: Biblica 85, 2004, 349–374.

Hieke, T., Die Bücher Esra und Nehemia (NSK.AT 9/2), Stuttgart 2005.

Hieke, T., Endogamy in the Book of Tobit, Genesis, and Ezra-Nehemiah, in: Xeravits, G. G./Zsengellér, J. (ed.), The Book of Tobit. Text, Tradition, Theology (JSJ.S 98), Leiden/Boston 2005, 103–120.

Hieke, T., Kult und Ethos. Die Verschmelzung von rechtem Gottesdienst und gerechtem Handeln im Lesevorgang der Maleachischrift (SBS 208), Stuttgart 2006.

Hieke, T., Die Unreinheit der Leiche nach der Tora, in: Nicklas, T./Reiterer, F. V./Verheyden, J. (ed.), Deuterocanonical and Cognate Literature Yearbook 2009: The Human Body in Death and Resurrection, Berlin/New York 2009, 43–65.

Hieke, T., Der Kult ist für den Menschen da. Auf Spurensuche in Levitikus 1–10: BiKi 64, 2009, 141–147.

Hieke, T., Warum Christen etwas vom Buch Levitikus wissen sollten ...: BiLi 86, 2013, 19–30.

Hieke, T./Nicklas, T. (ed.), The Day of Atonement. Its Interpretations in Early Jewish and Christian Traditions (Themes in Biblical Narrative 15), Leiden/Boston 2012.

Himbaza, I., Textual Witnesses and Sacrificial Terminology in Leviticus 1–7, in: Goldman, Y. A. P./Kooij, A. van der/Weis, R. D. (ed.), Sôfer Mahîr. Essays in Honour of Adrian Schenker Offered by Editors of *Biblia Hebraica Quinta* (VT.S 110), Leiden/ Boston 2006, 95–111.

Himbaza, I., Le Lévitique dans la Nouvelle Biblia Hebraica (BHQ), in: Römer, T. (ed.), Leviticus and Numbers (2008), 373–381.

Himmelfarb, M., Sexual Relations and Purity in the Temple Scroll and the Book of Jubilees: DSD 6, 1999, 11–36. Ndr. in: *Himmelfarb, M.*, Temple (2013), 111–133.

Himmelfarb, M., »Found written in the Book of Moses«. Priests in the Era of Torah, in: Schwartz, D. R./Weiss, Z. (ed.), Was 70 CE a Watershed in Jewish History? On Jews and Judaism Before and After the Destruction of the Second Temple, Leiden 2012, 23–41. Ndr. in: *Himmelfarb, M.*, Temple (2013), 93–108.

Himmelfarb, M., Between Temple and Torah. Essays on Priests, Scribes, and Visionaries in the Second Temple Period and Beyond (TSAJ 151), Tübingen 2013.

Hogewood, J. C., The Speech Act of Confession. Priestly Performative Utterance in Leviticus 16 and Ezra 9–10, in: Boda, M. J./Falk, D. K./Werline, R. A. (ed.), Seeking the Favor of God (Early Judaism and its Literature 21), Atlanta 2006, 69–82.

Hoss, S., Baths and Bathing. The culture of bathing and the baths and thermae in Palestine from the Hasmoneans to the Moslem Conquest with an appendix on Jewish ritual baths (miqva'ot) (British Archaeological Reports: International Series 1346), Oxford 2005.

Hundley, M. B., Keeping Heaven on Earth. Safeguarding the Divine Presence in the Priestly Tabernacle (FAT II/50), Tübingen 2011.

Hurvitz, A., Once Again: The Linguistic Profile of the Priestly Material in the Pentateuch and Its Historical Age. A Response to J. Blenkinsopp: ZAW 112, 2000, 180–191.

Instone Brewer, D., Traditions of the Rabbis from the Era of the New Testament. Volume 2A: Feasts and Sabbaths: Passover and Atonement, Grand Rapids 2011.

Irsigler, H., Einführung in das Biblische Hebräisch. I. Ausgewählte Abschnitte der althebräischen Grammatik (ATSAT, 9/I), St. Ottilien 1978 (Ndr. 1981).

Jackson, B. S., Talion and Purity: Some Glosses on Mary Douglas, in: Sawyer, J. F. A. (ed.), Reading Leviticus (1996), 107–123.

Jacob, B., Das Buch Exodus (hg. im Auftrag des Leo-Baeck-Instituts von Sholomo Mayer unter Mitwirkung von Joachim Hahn und Almuth Jürgensen), Stuttgart 1997.

Janowski, B., Sühne als Heilsgeschehen (WMANT 55), Neukirchen-Vluyn 1982; 2. Aufl. 2000.

Janowski, B./Koch, K./Wilhelm, G. (Hg.), Religionsgeschichtliche Beziehungen zwischen Kleinasien, Nordsyrien und dem Alten Testament (OBO 129), Freiburg (CH)/Göttingen 1993.

Janowski, B./Welker, M. (Hg.), Opfer. Theologische und kulturelle Kontexte, Frankfurt a. M. 2000.

Janzen, D., The Social Meanings of Sacrifice in the Hebrew Bible. A Study of Four Writings (BZAW 344), Berlin/New York 2004.

Jenni, E./Westermann, C. (Hg.), Theologisches Handwörterbuch zum Alten Testament, München 1971–1976, 2. Aufl. 1979.

Jenni, E., Die hebräischen Präpositionen. Band 3: Die Präposition Lamed, Stuttgart 2000.

Jenson, P. P., Graded Holiness: A Key to Priestly Conception of the World (JSOT.S 106), Sheffield 1992.

Jenson, P. P., The Levitical Sacrificial System, in: Beckwith, R. T./Selman, M. J. (ed.), Sacrifice in the Bible, Carlisle 1995, 25–40.

Joosten, J., People and Land in the Holiness Code. An Exegetical Study of the Ideational Framework of the Law in Leviticus 17–26 (VT.S 67), Leiden 1996.

Joosten, J., La persuasion coopérative dans le discours sur la loi. Pour une analyse de la rhétorique du Code de Sainteté, in: Lemaire, A. (ed.), Congress Volume. Ljubljana 2007 (VT.S 133), Leiden 2010, 381–398.

Jüngling, H.-W., Das Buch Levitikus in der Forschung seit Karl Elligers Kommentar aus dem Jahre 1966, in: Fabry, H.-J./Jüngling, H.-W. (Hg.), Levitikus (1999), 1–45 (Lit.!).

Jürgens, B., Heiligkeit und Versöhnung. Levitikus 16 in seinem literarischen Kontext (HBS 28), Freiburg i. Br. 2001.

Jürgens, B., Wiederherstellung der Schöpfungsordnung. Levitikus (Teile 1–4): BiLi 75 (2002) 55–59.133–137.200–204.301–305.

Kaufmann, Y., The Religion of Israel. From Its Beginnings to the Babylonian Exile, Chicago 1960; London 1961.

Katz, H., »He Shall Bathe in Water; then He Shall Be Pure:« Ancient Immersion Practice in the Light of Archaeological Evidence: VT 62, 2012, 369–380.

Kazen, T., Explaining Discrepancies in the Purity Laws on Discharges: RB 114, 2007, 348–371; nachgedruckt als Kapitel 3 in: *Kazen, T.*, Issues (2010), 41–61.

Kazen, T., Dirt and Disgust: Body and Morality in Biblical Purity Laws, in: Schwartz, B. J. et al. (ed.), Perspectives on Purity (2008), 43–64.

Kazen, T., Issues of Impurity in Early Judaism (Coniectanea biblica 45), Winona Lake, IN 2010.

Kazen, T., Emotions in Biblical Law: A Cognitive Science Approach (Hebrew Bible Monographs 36), Sheffield 2011.

Keel, O., Die Welt der altorientalischen Bildsymbolik und das Alte Testament, 4. Aufl., Zürich/Einsiedeln/Köln/Neukirchen-Vluyn 1984.

Kessler, R., Identität und Fremdheit und das Rein-unrein-Paradigma: Evangelische Theologie 68, 2008, 414–429.

Kilian, R., Literarkritische und formgeschichtliche Untersuchung des Heiligkeitsgesetzes (BBB 19), Bonn 1963.

Kim, E.-W., An Exegetical Study of the Peace Offering (Lev 3): Chongshin Theological Journal 5, 2000, 3–16.

Kimuhu, J. M., Leviticus. The Priestly Laws and Prohibitions from the Perspective of Ancient Near East and Africa (Studies in Biblical Literature 115), New York 2008.

King, T. J., The Realignment of the Priestly Literature: The Priestly Narrative in Genesis and Its Relation to Priestly Legislation and the Holiness School, Eugene, OR 2009.

Kiuchi, N., The Purification Offering in the Priestly Literature. Its Meaning and Function (JSOT.S 56), Sheffield 1987.

Kiuchi, N., A Study of Ḥāṭā' and Ḥaṭṭāṯ in Leviticus 4–5 (FAT II/2), Tübingen 2003 [s. dazu die Rezension von *Achenbach, R.*, Review of Biblical Literature, www.bookreviews.org].

Klawans, J., Impurity and Sin in Ancient Judaism, Oxford 2000.

Klawans, J., Purity, Sacrifice, and the Temple. Symbolism and Supersessionism in the Study of Ancient Judaism, New York 2006.

Klingbeil, G. A., Bridging the Gap: Ritual and Ritual Texts in the Bible (Bulletin for Biblical Research Supplements 1), Winona Lake, IN 2007.

Klopper, F., The rhetoric of conflicting metaphors: A fountain desired in the Song of Songs but abhorred in Leviticus: OTEs 15, 2002, 675–686.

Klostermann, A., Ezechiel und das Heiligkeitsgesetz: ZLThK 38, 1877, 401–445 = *Klostermann, A.*, Der Pentateuch I, Leipzig 1893, 368–418.

Knierim, R. P., Text and Concept in Leviticus 1:1–9 (FAT 2), Tübingen 1992.

Knohl, I., The Sanctuary of Silence. The Priestly Torah and the Holiness School, Minneapolis 1995.

Koch, K., Die Priesterschrift von Exodus 25 bis Leviticus 16. Eine überlieferungsgeschichtliche und literarkritische Untersuchung (FRLANT 71), Göttingen 1959.

Koch, K., Alttestamentliche und altorientalische Rituale, in: Die Hebräische Bibel und ihre zweifache Nachgeschichte, FS Rolf Rendtorff zum 65. Geburtstag, Neukirchen-Vluyn 1990, 75–85.
Koch, K., Some Considerations on the Translation of *kappōret* in the Septuagint, in: Wright, D. et al. (ed.), Pomegranates (1995), 65–75.
Koehler, L./Baumgartner, W., Hebräisches und aramäisches Lexikon zum Alten Testament (HALAT), 3. Aufl., Leiden 1967–1990.
Körting, C., Der Schall des Schofar. Israels Feste im Herbst (BZAW 285), Berlin/New York 1999.
Körting, C., Theology of Atonement in the Feast Calendar of the Temple Scroll: Some Observations: SJOT 18, 2004, 232–247.
Kohlschein, F., Die Vorstellung von der kultischen Unreinheit der Frau, in: Berger, T./Gerhards, A. (Hg.), Liturgie und Frauenfrage (Pietas Liturgica 7), St. Ottilien 1990, 269–288.
Konkel, M., Architektonik des Heiligen. Studien zur zweiten Tempelvision Ezechiels (Ez 40–48) (BBB 129), Berlin 2001.
Kornfeld, W., Studien zum Heiligkeitsgesetz (Lev 17–26), Wien 1952.
Kreinath, J./Snoek, J./Stausberg, M. (Hg.), Theorizing Rituals: Issues, Topics, Approaches, Concepts, Annotated Bibliography, 2 vols. (Numen Book Series, 114.1–2), Leiden/Boston 2006.
Kügler, J. (Hg.), Die Macht der Nase. Zur religiösen Bedeutung des Duftes: Religionsgeschichte – Bibel – Liturgie (SBS 187), Stuttgart 2000.
Kugler, R. A., Holiness, Purity, the Body, and Society. The Evidence for Theological Conflict in Leviticus: JSOT 76, 1997, 3–27.
Kugler, R. A., Rethinking the Notion of »Scripture« in the Dead Sea Scrolls: Leviticus as a Test Case, in: Rendtorff, R./Kugler, R. A. (ed.), Leviticus (2003), 342–357.
L'Hour, J., L'Impur et le Saint dans le Premier Testament à partir du livre du Lévitique. Partie I: L'Impur et le Pur: ZAW 115, 2003, 524–537; Partie II: Le Saint et sa Rencontre avec L'Impur et Le Pur: ZAW 116, 2004, 33–54.
Lane, D. J., The Peshiṭta of Leviticus (Monographs of the Peshiṭta Institute Leiden 6), Leiden 1994.
Lane, D. J., The Reception of Leviticus: Peshitta Version, in: Rendtorff, R./Kugler, R. A. (ed.), Leviticus (2003), 299–322.
Lang, B., Art. Ritual/Ritus: Handbuch religionswissenschaftlicher Grundbegriffe 4, 1998, 442–458.
Lawrence, J. D., Washing in Water: Trajectories of Ritual Bathing in the Hebrew Bible and Second Temple Literature, Atlanta/Leiden 2006.
Leach, E., The Logic of Sacrifice, in: Lang, B. (ed.), Anthropological Approaches to the Old Testament, Philadelphia/London 1985, 136–150.
Lemardelé, C., Étymologie et signification des sacrifices *šlm(y)m:* RB 117, 2010, 481–490.
Lenhard, H., Die kultischen Anordnungen Gottes im Zusammenhang mit den übrigen Gesetzen des Alten Testaments: ZAW 97, 1985, 414–423.
Leuchter, M., The Politics of Ritual Rhetoric. A Proposed Sociopolitical Context for the Redaction of Leviticus 1–16: VT 60, 2010, 345–365.
Levine, B. A., In the Presence of the Lord, Leiden 1974.
Levine, B. A., Leviticus: Its Literary History and Location in Biblical Literature, in: Rendtorff, R./Kugler, R. A. (ed.), Leviticus (2003), 11–23.
Lieber, E., Old Testament »Leprosy«, Contagion and Sin, in: Conrad, L. I./Wujastyk, D. (ed.), Contagion. Perspectives from Pre-modern Societies, Aldershot 2000, 99–136.

Lipka, H., Sexual Transgression in the Hebrew Bible, Sheffield 2006.
Lipka, H., Profaning the Body. חלל and the Conception of Loss of Personal Holiness in H, in: Kamionkowski, S. T./Kim, W. (ed.), Bodies, Embodiment, and Theology of the Hebrew Bible (LHB/OTS 465), New York 2010, 90–113.
Liss, H., Kanon und Fiktion. Zur literarischen Funktion biblischer Rechtstexte: BN 121, 2004, 7–38.
Liss, H., Ritual Purity and the Construction of Identity: The Literary Function of Laws of Purity in the Book of Leviticus, in: Römer, T. (ed.), Leviticus and Numbers (2008), 329–354.
Liss, H., TANACH – Lehrbuch der jüdischen Bibel, 2. Aufl., Heidelberg 2008.
Luciani, D., Sainteté et pardon. Tome 1: Structure littéraire du Lévitique. Tome 2: Guide technique (BEThL 185), Leuven 2005.
Luciani, D., Le Lévitique: pause ou temps mort?: RTL 36, 2005, 72–88.
Luciani, D., Structure et théologie en Lv 1,1–3,17, in: Römer, T. (ed.), Leviticus and Numbers (2008), 319–327.
Lutterbach, H., Sexualität im Mittelalter. Eine Kulturstudie anhand von Bußbüchern des 6. bis 12. Jahrhunderts, Köln 1999.
Lyons, M., From Law to Prophecy. Ezekiel's Use of the Holiness Code (LHB/OTS 507), London 2009.
Magonet, J., »But if it is a girl, she is unclean for twice seven days …«. The Riddle of Leviticus 12.5, in: Sawyer, J. F. A. (ed.), Reading Leviticus (1996), 144–152.
Malina, B. J., Rituale der Lebensexklusivität. Zu einer Definition des Opfers, in: Janowski, B./Welker, M. (Hg.), Opfer (2000), 23–57.
Marx, A., Sacrifice de Réparation et Rites de Levée de Sanction, ZAW 100, 1988, 183–198.
Marx, A., Sacrifice pour les péchés ou rite de passage? Quelques réflexions sur la fonction du *ḥaṭṭā't*: RB 96, 1989, 27–48.
Marx, A., Les offrandes végétales dans l'Ancien Testament: du tribut d'hommage au repas eschatologique (VT.S 57), Leiden 1994.
Marx, A., Les sacrifices de l'Ancien Testament (CE 111), Paris 2000.
Marx, A., Opferlogik im alten Israel, in: Janowski, B./Welker, M. (Hg.), Opfer (2000), 129–149.
Marx, A., The Theology of the Sacrifice According to Leviticus 1–7, in: Rendtorff, R./Kugler, R. A. (ed.), Leviticus (2003), 103–120.
Marx, A., Art. Opfer II.1. Alter Orient und Altes Testament: RGG[4] 6, 2003, 572–576.
Marx, A., Les systèmes sacrificiels de l'Ancien Testament. Formes et fonctions du culte sacrificiel à Yhwh (VT.S 105), Leiden/Boston 2005.
Marx, A., Les recherches sur le *Lévitique* et leur impact théologique: RHPhR 87, 2007, 415–433.
Marx, A., Le système sacrificiel de P et la formation du Pentateuque, in: Römer, T. (ed.), Leviticus and Numbers (2008), 285–303.
McClymond, K., Beyond Sacred Violence. A Comparative Study of Sacrifice, Baltimore 2008.
McConville, J. G., ›Fellow Citizens‹: Israel and Humanity in Leviticus, in: McConville, J. G./Möller, K. (ed.), Reading the Law. Studies in Honour of Gordon J. Wenham (LHB/OTS 461), New York 2007, 10–32.
McNamara, M., Reception of the Hebrew Text of Leviticus in the Targums, in: Rendtorff, R./Kugler, R. A. (ed.), Leviticus (2003), 269–298.
Meissner, B., Babylonien und Assyrien, Band 2, Heidelberg 1925.

Melcher, S. J., The Holiness Code and Human Sexuality, in: Brawley, R. L. (ed.), Biblical Ethics and Homosexuality. Listening to Scripture, Louisville 1996, 87–102.

Melcher, S. J., Visualizing the Perfect Cult: The Priestly Rationale for Exclusion, in: Eiesland, N. L./Saliers, D. E. (ed.), Human Disability and the Service of God. Reassessing Religious Practice, Nashville 1998, 55–71.

Metso, S./Ulrich, E., The Old Greek Translation of Leviticus, in: Rendtorff, R./Kugler, R. A. (ed.), Leviticus (2003), 247–268.

Metso, S., Evidence from the Qumran Scrolls for the Scribal Transmission of Leviticus, in: Kloppenborg, J. S./Newman, J. H. (ed.), Editing the Bible. Assessing the Task Past and Present, Atlanta 2012, 67–79.

Meyer, E. E., Leviticus 17 as a Bridge between P and H, with a Twist of D?: Journal for Semitics 21, 2012, 106–124.

Michel, A., Gott und Gewalt gegen Kinder im Alten Testament (FAT 37), Tübingen 2003.

Milgrom, J., The Changing Concept of Holiness in the Pentateuchal Codes with Emphasis on Leviticus 19, in: Sawyer, J. F. A. (ed.), Reading Leviticus (1996), 65–78.

Milgrom, J., The Dynamics of Purity in the Priestly System, in: Poorthuis, M. J. H. M./ Schwartz, J. (ed.), Purity and Holiness (2000), 29–32.

Milgrom, J., H_R in Leviticus and Elsewhere in the Torah, in: Rendtorff, R./Kugler, R. A. (ed.), Leviticus (2003), 24–40.

Milgrom, J., Covenants: The Sinaitic and Patriarchal Covenants in the Holiness Code (Leviticus 17–27), in: Cohen, C./Hurvitz, A./Paul, S. M. (ed.), Sefer Moshe: The Moshe Weinfeld Jubilee Volume, Winona Lake, IN 2004, 91–102.

Milgrom, J., Leviticus: A Book of Ritual and Ethics (A Continental Commentary), Minneapolis 2004 (Kurzfassung des Kommentars in der Anchor Bible).

Milgrom, J., The Preposition מן in the חטאת Pericopes: JBL 126, 2007, 161–163.

Milgrom, J., The Case for the Pre-Exilic and Exilic Provenance of the Books of Exodus, Leviticus and Numbers, in: McConville, J. G./Möller, K. (ed.), Reading the Law. Studies in Honour of Gordon J. Wenham (LHB/OTS 461), New York 2007, 48–56.

Milgrom, J., The Desecration of YHWH's Name: Its Parameters and Significance, in: Cohen, C. et al. (ed.), Birkat Shalom. Studies in the Bible, Ancient Near Eastern Literature, and Postbiblical Judaism Presented to Shalom M. Paul on the Occation of His Seventieth Birthday, Winona Lake, IN 2008, 69–81.

Modéus, M., Sacrifice and Symbol: Biblical Šělāmîm in a Ritual Perspective (CB.OT 52), Stockholm 2005.

Moberly, R. W. L., Whose Justice? Which Righteousness? The Interpretation of Isaiah V 16: VT 51, 2001, 55–68.

Morgenstern, M., Nachwort: Zur Aktualität und zu den medizingeschichtlichen Hintergründen des Talmudtraktates Nidda, in: Nidda – Die Menstruierende, Übersetzung des Talmud Yerushalmi VI/1, Tübingen 2006, 173–202.

Naef, T., Auf der Suche nach dem gefundenen Gesetz. Betrachtungen zur Erforschung des sogenannten Heiligkeitsgesetzes – mit einer ausführlichen Bibliographie zu Lev 17–26, Norderstedt 2005.

Neu, R., Art. Tabu: Das wissenschaftliche Bibellexikon im Internet (www.wibilex.de), September 2012.

Neuenfeldt, E. G., Menstruação, parto e impureza no Levítico. Controle de corpos e líquidos das mulheres: Estudos bíblicos 66, 2000, 29–35.

Neusner, J., The Idea of Purity in Ancient Judaism (Studies in Judaism in Late Antiquity 1), Leiden 1973.

Neusner, J./Chilton, B. D./Levine, B. A. (ed.), Torah Revealed, Torah Fulfilled. Scriptural Laws in Formative Judaism and Earliest Christianity, New York 2008.

Nielsen, K., Incense in Ancient Israel (VT.S 38), Leiden 1986.

Nihan, C., The Holiness Code between D and P: Some Comments on the Function and Significance of Leviticus 17–26 in the Composition of the Torah, in: Otto, E./Achenbach, R. (Hg.), Das Deuteronomium zwischen Pentateuch und Deuteronomistischem Geschichtswerk, Göttingen 2004, 81–122.

Nihan, C., From Priestly Torah to Pentateuch: A Study in the Composition of the Book of Leviticus (FAT II/25), Tübingen 2007.

Nihan, C., Resident Aliens and Natives in the Holiness Legislation, in: Achenbach, R./ Albertz, R./Wöhrle, J. (ed.), Foreigner (2011), 111–134.

Nihan, C., Forms and Functions of Purity in Leviticus, in: Frevel, C./Nihan, C. (ed.), Purity (2012), 311–367.

Nissinen, M., Homoeroticism in the Biblical World. A Historical Perspective, Minneapolis 1998.

Nutton, V., Ancient Medicine, London 2004.

O'Grady, K., The Semantics of Taboo. Menstrual Prohibitions in the Hebrew Bible, in: de Troyer, K. et al. (ed.), Wholly Woman (2003), 1–28.

Olyan, S. M., The Biblical Prohibition of the Mourning Rites of Shaving and Laceration: Several Proposals, in: Olyan, S. M./Culley, R. C. (ed.), »A Wise and Discerning Mind«. Essays in Honor of Burke O. Long (Brown Judaic Studies 325), Providence, RI 2000, 181–189.

Otto, E., Das Heiligkeitsgesetz Leviticus 17–26 in der Pentateuchredaktion, in: Mommer, P./Thiel, W. (Hg.), Altes Testament. Forschung und Wirkung. Festschrift für Henning Graf Reventlow, Frankfurt a. M. 1994, 65–80.

Otto, E., Theologische Ethik des Alten Testaments, Stuttgart 1994.

Otto, E., Innerbiblische Exegese im Heiligkeitsgesetz Leviticus 17–26, in: Fabry, H.-J./ Jüngling, H.-W. (Hg.), Levitikus (1999), 125–196.

Otto, E., Das Ende der Toraoffenbarung: Die Funktion der Kolophone Lev 26,46 und 27,34 sowie Num 36,13 in der Rechtshermeneutik des Pentateuch, in: Beck, M./ Schorn, U. (Hg.), Auf dem Weg zur Endgestalt von Genesis bis II Regum. Festschrift Hans-Christoph Schmitt zum 65. Geburtstag (BZAW 370), Berlin 2006, 191–201.

Otto, E., Das Buch Levitikus im Pentateuch: Theologische Rundschau 74, 2009, 470–479.

Otto, E., The Holiness Code in Diachrony and Synchrony in the Legal Hermeneutics of the Pentateuch, in: Shectman, S./Baden, J. S. (ed.), The Strata of the Priestly Writings. Contemporary Debate and Future Directions (AThANT 95), Zürich 2009, 135–156.

Otto, E., Deuteronomium 1,1–4,43; Deuternomium 4,44–11,32 (HThKAT), Freiburg i. Br. 2012.

Quaegebeur, J. (ed.), Ritual and Sacrifice in the Ancient Near East (OLA 55), Leuven 1993.

Paschen, W., Rein und Unrein. Untersuchungen zur biblischen Wortgeschichte (StANT 24), München 1970.

Péter-Contesse, R., Quels animaux Israël offrait-il en sacrifice? Etude de lexicographie hébraïque, in: Schenker, A. (Hg.), Studien zu Opfer und Kult im Alten Testament (FAT 3), Tübingen 1992, 67–77.

Péter-Contesse, R., Le sacerdoce, in: Rendtorff, R./Kugler, R. A. (ed.), Leviticus (2003), 189–206.

Petropoulou, Maria-Zoe, Animal Sacrifice in Ancient Greek Religion, Judaism, and Christianity, 100 BC–AD 200 (Oxford Classical Monographs), Oxford 2008.

Pfeiffer, H., Bemerkungen zur Ritualgeschichte von Lev 16, in: Richter, T./Prechel, D./ Klinger, J. (Hg.), Kulturgeschichten (FS Volkert Haas), Saarbrücken 2001, 313–336.

Philip, M., Leviticus in Hebrews. A Transtextual Analysis of the Tabernacle Theme in the Letter to the Hebrews, Oxford et al. 2011.

Philip, T. S., Menstruation and Childbirth in the Bible. Fertility and Impurity (Studies in Biblical Literature 88), New York 2006.

Pola, T., Die ursprüngliche Priesterschrift. Beobachtungen zur Literarkritik und Traditionsgeschichte von P^g (WMANT 70), Neukirchen-Vluyn 1995.

Poorthuis, M. J. H. M./Schwartz, J. (ed.), Purity and Holiness. The Heritage of Leviticus (Jewish and Christian Perspectives Series 2), Leiden 2000.

Preuß, H. D., Art. Heiligkeitsgesetz: TRE 14, 1985, 713–718.

Radde-Antweiler, K., »Study the Ritual, not the Belief«? Ritualtheoretische Analysen alttestamentlicher Texte: WdO 39, 2009, 234–246.

Radebach-Huonker, C., Opferterminologie im Psalter (FAT II/44), Tübingen 2010.

Rainey, A. F., The Order of Sacrifices in Old Testament Ritual Texts: Bib. 51, 1970, 485–498.

Rattray, S., Marriage Rules, Kinship Terms and Family Structures in the Bible: SBL Seminar Papers 26, 1987, 537–544.

Rau, M., Im Blut ist das Leben! Eine kritische Nachfrage nach der biblischen Begründung des theologischen Denkmusters vom »stellvertretenden Sühnetod«: Deutsches Pfarrerblatt 102, 2002, 121–124.

Rendtorff, R., Die Gesetze der Priesterschrift. Eine gattungsgeschichtliche Untersuchung (FRLANT 62), 2. Aufl., Göttingen 1963.

Rendtorff, R., Studien zur Geschichte des Opfers im Alten Israel (WMANT 24), Neukirchen-Vluyn 1967.

Rendtorff, R., Die sündige *næfæš*, in: Crüsemann, F. u. a. (Hg.), Was ist der Mensch …? Beiträge zur Anthropologie des Alten Testaments. FS H. W. Wolff zum 80. Geburtstag, München 1992, 211–220.

Rendtorff, R., Is it Possible to Read Leviticus as a Separate Book?, in: Sawyer, J. F. A. (ed.), Reading Leviticus (1996), 22–35.

Rendtorff, R., Theologie des Alten Testaments, 2 Bde., Neukirchen-Vluyn 1999/2001.

Rendtorff, R., Priesterliche Opfertora in jüdischer Auslegung, in: Janowski, B./Welker, M. (Hg.), Opfer (2000), 178–190; zitiert nach dem Ndr. in: Rendtorff, R., Der Text in seiner Endgestalt, Neukirchen-Vluyn 2001, 213–225.

Rendtorff, R., Die Herausführungsformel in ihrem literarischen und theologischen Kontext, in: ders., Der Text in seiner Endgestalt. Schritte auf dem Weg zu einer Theologie des Alten Testaments, Neukirchen-Vluyn 2001, 226–252.

Rendtorff, R., Leviticus 16 als Mitte der Tora: Biblical Interpretation 11, 2003, 252–258.

Rendtorff, R./Kugler, R. A. (ed.), The Book of Leviticus. Composition and Reception (VT.S 93), Leiden 2003.

Reventlow, H. Graf, Das Heiligkeitsgesetz formgeschichtlich untersucht (WMANT 6), Neukirchen-Vluyn 1961.

Reventlow, H. Graf, Rituelle Überlieferungen in Lev 1–4 als kanaanäisches Erbe, in: Kämmerer, T. R. (Hg.), Studien zu Ritual und Sozialgeschichte im Alten Orient. Studies on Ritual and Society in the Ancient Near East. Tartuer Symposien 1998–2004 (BZAW 374), Berlin/New York 2007, 291–302.

Reventlow, H. Graf, Die Speisevorschriften in Leviticus 11. Ein Rätsel für die moderne Bibelwissenschaft, in: Kämmerer, T. R. (ed.), Identities and Societies in the Ancient

East-Mediterranean Regions. Comparative Approaches. Henning Graf Reventlow Memorial Volume (AOAT 390/1), Münster 2011, 219–226.

Riegner, I. E., The Vanishing Hebrew Harlot. The Adventures of the Hebrew Stem ZNH (Studies in Biblical Literature 73), New York 2009.

Römer, T. (ed.), The Books of Leviticus and Numbers (BEThL 215), Leuven 2008.

Römer, T., De la périphérie au centre: Les livres du Lévitique et des Nombres dans le débat actuel sur le Pentateuque, in: Römer, T. (ed.), Leviticus and Numbers (2008), 3–34.

Römer, T./Macchi, J.-D./Nihan, C. (Hg.), Einleitung in das Alte Testament, Zürich 2013.

Rouwhorst, G., Leviticus 12–15 in Early Christianity, in: Poorthuis, M. J. H. M./ Schwartz, J. (ed.), Purity and Holiness (2000), 181–193.

Ruane, N. J., Sacrifice and Gender in Biblical Law, Cambridge 2013.

Ruwe, A., »Heiligkeitsgesetz« und »Priesterschrift«: Literaturgeschichtliche und rechtssystematische Untersuchungen zu Leviticus 17,1–26,2 (FAT 26), Tübingen 1999.

Ruwe, A., The Structure of the Book of Leviticus in the Narrative Outline of the Priestly Sinai Story (Exod 19:1–Num 10:10*), in: Rendtorff, R./Kugler, R. A. (ed.), Leviticus (2003), 55–78.

Ruwe, A., Das Reden und Verstummen Aarons vor Mose. Leviticus 9–10 im Buch Leviticus, in: Lubs, S./Jonker, L./Ruwe, A./Weise, U. (Hg.), Behutsames Lesen. Alttestamentliche Exegese im interdisziplinären Methodendiskurs. Christof Hardmeier zum 65. Geburstag (Arbeiten zur Bibel und ihrer Geschichte 28), Leipzig 2007, 169–196.

Sawyer, J. F. A. (ed.), Reading Leviticus: A Conversation with Mary Douglas (JSOT.S 227), Sheffield 1996.

Sawyer, J. F. A., The Language of Leviticus, in: Sawyer, J. F. A. (ed.), Reading Leviticus (1996), 15–20.

Schaper, J., Priester und Leviten im achämenidischen Juda. Studien zur Kult- und Sozialgeschichte Israels in persischer Zeit (FAT 31), Tübingen 2000.

Schenker, A. (Hg.), Studien zu Opfer und Kult im Alten Testament. Mit einer Bibliographie 1969–1991 zum Opfer in der Bibel (FAT 3), Tübingen 1992.

Schenker, A., Die Anlässe zum Schuldopfer Ascham, in: ders. (Hg.), Studien zu Opfer und Kult im Alten Testament (FAT 3), Tübingen 1992, 45–66.

Schenker, A., Keine Versöhnung ohne Anerkennung der Haftung für verursachten Schaden. Die Rolle von Haftung und Intentionalität in den Opfern von חטאת und אשם, in: ders., Recht und Kult im Alten Testament. Achtzehn Studien (OBO 172), Freiburg (CH)/Göttingen 2000, 113–122.

Schenker, A., Der Unterschied zwischen Sündopfer חטאת und Schuldopfer אשם im Licht von Lev 5,17–19 und 5,1–6, in: ders., Recht und Kult im Alten Testament. Achtzehn Studien (OBO 172), Freiburg (CH)/Göttingen 2000, 104–112.

Schenker, A., Art. Sühne II: Theologische Realenzyklopädie 32, 2001, 335–338.

Schenker, A., What Connects the Incest Prohibitions with the Other Prohibitions Listed in Leviticus 18 and 20?, in: Rendtorff, R./Kugler, R. A. (ed.), Leviticus (2003), 162–185.

Schenker, A., Why does the Mosaic Law Forbid the Practice of Homosexual Love (Leviticus 18 and 20)? The Reasons for and the Importance of a Biblical Rule of Life, in: Himbaza, I./Schenker, A./Edart, J.-B., The Bible on the Question of Homosexuality, Washington, D.C. 2012, 45–71.

Schiffman, L. H., Exclusion from the Sanctuary and the City of the Sanctuary in the Temple Scroll: Hebrew Annual Review 9, 1985, 301–320.

Schmidt, B. B., Israel's Beneficent Dead. Ancestor Cult and Necromancy in Ancient Israelite Religion and Tradition (FAT 11), Tübingen 1994.

Schmitt, R., »Zu unterscheiden zwischen rein und unrein ...«. Sakraler und profaner Sprachgebrauch im Buch Leviticus, in: Dietrich, M. L. G. u. a. (Hg.), Religiosität und Sprache I: Alltagssprache und sakrale Sprache (MARG 18), Münster 2006, 121–132.
Schreiner, S., Art. Sühne III: Theologische Realenzyklopädie 32, 2001, 338–342.
Schreiner, S., Wo man Tora lernt, braucht man keinen Tempel. Einige Anmerkungen zum Problem der Tempelsubstitution im rabbinischen Judentum, in: Ego, B./Lange, A./Pilhofer, P. (Hg.), Gemeinde ohne Tempel. Community without Temple. Zur Substituierung und Transformation des Jerusalemer Tempels und seines Kults im Alten Testament, antiken Judentum und frühen Christentum (WUNT 118), Tübingen 2007, 335–356.
Schwartz, B. J., The Prohibition Concerning the ›Eating‹ of Blood in Leviticus 17, in: Anderson, G. A./Olyan, S. M. (ed.), Priesthood and Cult in Ancient Israel, Sheffield 1991, 34–66.
Schwartz, B. J., The Bearing of Sin in the Priestly Literature, in: Wright, D. et al. (ed.), Pomegranates (1995), 3–21.
Schwartz, B. J., Israel's Holiness: The Torah Traditions, in: Poorthuis, M. J. H. M./ Schwartz, J. (ed.), Purity and Holiness (2000), 47–59.
Schwartz, B. J./Wright, D. P./Stackert, J./Meshel, N. S. (ed.), Perspectives on Purity and Purification in the Bible (LHB/OTS 474), New York 2008.
Schweiker, W., Heilige Gewalt und der Wert der Macht. René Girards Opfertheorie und die Theologie der Macht, in: Janowski, B./Welker, M. (Hg.), Opfer (2000), 108–125.
Schwertner, S. M., Internationales Abkürzungsverzeichnis für Theologie und Grenzgebiete, 2. Aufl., Berlin/New York 1992.
Seidl, T., Tora für den ›Aussatz‹-Fall. Literarische Schichten und syntaktische Strukturen in Levitikus 13 und 14 (ATSAT 18), St. Ottilien 1982.
Seidl, T., *t'rūmā* – die »Priesterhebe«? Ein angeblicher Kultterminus – syntaktisch und semantisch untersucht: BN 79, 1995, 30–36.
Seidl, T., Art. Levitikus: NBL 2, 1995, 627–630.
Seifert, E., Tochter und Vater im Alten Testament. Eine ideologiekritische Untersuchung zur Verfügungsgewalt von Vätern über ihre Töchter, Neukirchen-Vluyn 1997.
Selman, M. J., Sacrifice in the Ancient Near East, in: Beckwith, R. T./Selman, M. J. (ed.), Sacrifice in the Bible, Carlisle 1995, 88–104.
Siegert, F., Die Synagoge und das Postulat eines unblutigen Opfers, in: Ego, B./Lange, A./ Pilhofer, P. (Hg.), Gemeinde ohne Tempel. Community without Temple. Zur Substituierung und Transformation des Jerusalemer Tempels und seines Kults im Alten Testament, antiken Judentum und frühen Christentum (WUNT 118), Tübingen 2007, 335–356.
Sklar, J., Sin, Impurity, Sacrifice, Atonement: The Priestly Conceptions, Sheffield 2005.
Sklar, J., Sin and Impurity: Atoned or Purified? Yes!, in: Schwartz, B. J. et al. (ed.), Perspectives on Purity (2008), 18–31.
Smith, C. R., The Literary Structure of Leviticus: JSOT 70, 1996, 17–32.
Stackert, J., Rewriting the Torah: Literary Revision in Deuteronomy and the Holiness Legislation (FAT 52), Tübingen 2007.
Stackert, J., The Sabbath of the Land in the Holiness Legislation: Combining Priestly and Non-Priestly Perspectives: CBQ 73, 2011, 239–250.
Stamm, J. J., Erlösen und Vergeben im Alten Testament, Bern 1940.
Stegemann, W., Zur Metaphorik des Opfers, in: Janowski, B./Welker, M. (Hg.), Opfer (2000), 191–216.
Stemberger, G., Einleitung in Talmud und Midrasch, 9. Aufl., München 2011.

Stern, P. D., The Biblical *Ḥerem.* A Window on Israel's Religious Experience (Brown Judaic studies 211), Atlanta 1991.

Stewart, D. T., Does the Priestly Purity Code Domesticate Women?, in: Schwartz, B. J. et al. (ed.), Perspectives on Purity (2008), 65–73.

Stökl Ben Ezra, D., The Impact of Yom Kippur on Early Christianity. The Day of Atonement from Second Temple Judaism to the Fifth Century (WUNT 163), Tübingen 2003.

Theodoret of Cyrus, The Questions on the Octateuch, Vol. 2: On Leviticus, Numbers, Deuteronomy, Joshua, Judges, and Ruth (Greek text revised by J. F. Petruccione; English translation by R. C. Hill), Washington, D.C. 2007.

Tov, E., 4QLev^{c,e,g} (4Q25, *26a, 26b*), in: Wright, D. et al. (ed.), Pomegranates (1995), 257–266.

Trevaskis, L. M., Holiness, Ethics and Ritual in Leviticus (Hebrew Bible Monographs 29), Sheffield 2011.

Troyer, K. de/Herbert, J. A./Johnson, J. A./Korte, A.-M. (ed.), Wholly Woman, Holy Blood. A Feminist Critique of Purity and Impurity, Harrisburg, PA 2003.

Troyer, K. de, Blood: A Threat to Holiness or Toward (Another) Holiness?, in: de Troyer, K. et al. (ed.), Wholly Woman (2003), 45–64.

Troyer, K. de, From Leviticus to Joshua. The Old Greek Text in Light of Two Septuagint Manuscripts from the Schøyen Collections: Journal of Ancient Judaism 2, 2010, 29–78.

Tzvetkova-Glaser, A., Pentateuchauslegung bei Origenes und den frühen Rabbinen (Early Christianity in the Context of Antiquity 7), Frankfurt a. M. 2010.

Vahrenhorst, M., Levitikon. Leviticus / Das dritte Buch Mose, in: Septuaginta Deutsch. Erläuterungen und Kommentare, Band I, Stuttgart 2011, 325–430.

Vahrenhorst, M., Die Übersetzung kultischer Begriffe am Beispiel der תנופה, in: Kreuzer, S./Meiser, M./Sigismund, M. (Hg.), Die Septuaginta – Entstehung, Sprache, Geschichte (WUNT 286), Tübingen 2012, 203–212.

Venter, P. M., Atonement through blood in Leviticus: Verbum et ecclesia 26, 2005, 275–292.

Visotzky, B. L., Golden Bells and Pomegranates. Studies in Midrash Leviticus Rabbah (TSAJ 94), Tübingen 2003.

Wagner, V., Zur Existenz des sogenannten »Heiligkeitsgesetzes«: ZAW 86, 1974, 307–316.

Wagner, V., Profanität und Sakralisierung im Alten Testament (BZAW 351), Berlin/New York 2005.

Wagner, V., Zwei Beobachtungen im Buch Leviticus: BN 136, 2008, 5–16.

Waltke, B. K./O'Connor, M., An Introduction to Biblical Hebrew Syntax, Winona Lake, IN 1990.

Warning, W., Literary Artistry in the Book of Leviticus (BIS 35), Leiden 1999.

Wasserfall, R. R. (ed.), Women and Water. Menstruation in Jewish Life and Law (Brandeis Series on Jewish Women), Hanover, NH 1999.

Watts, J. W., The Rhetoric of Ritual Instruction in Leviticus 1–7, in: Rendtorff, R./Kugler, R. A. (ed.), Leviticus (2003), 79–100 (reprinted in *J. W. Watts,* Ritual and Rhetoric [2007], 37–62).

Watts, J. W., ʿōlāh: The Rhetoric of Burnt Offerings: VT 56, 2006, 125–137 (reprinted in *J. W. Watts,* Ritual and Rhetoric [2007], 63–78).

Watts, J. W., Ritual and Rhetoric in Leviticus: From Sacrifice to Scripture, Cambridge 2007.

Watts, J. W., Ritual Rhetoric in the Pentateuch: The Case of Leviticus 1–16, in: Römer, T. (ed.), Leviticus and Numbers (2008), 305–318.

Wegner, J. Romney, »Coming Before the Lord«: The Exclusion of Women From the Public Domain of the Israelite Priestly Cult, in: Rendtorff, R./Kugler, R. A. (ed.), Leviticus (2003), 451–465.
Wells, B., The Law of Testimony in the Pentateuchal Codes (BZAR 4), Wiesbaden 2004.
Wendebourg, D., Die alttestamentlichen Reinheitsgesetze in der frühen Kirche: Zeitschrift für Kirchengeschichte 95, 1984, 149–174.
Wenham, G. J., The Theology of Old Testament Sacrifice, in: Beckwith, R. T./Selman, M. J. (ed.), Sacrifice in the Bible, Carlisle 1995, 75–87.
Werrett, I. C., Ritual Purity and the Dead Sea Scrolls (STDJ 72), Leiden 2007.
Wetz, C., Art. Reinheit/Unreinheit/Reinigung (NT): Das wissenschaftliche Bibellexikon im Internet (www.wibilex.de), September 2011.
Wevers, J. W., Text History of the Greek Leviticus (MSU 19), Göttingen 1986.
Wevers, J. W., Notes on the Greek Text of Leviticus, Atlanta 1997.
Whitekettle, R., Levitical Thought and the Female Reproductive Cycle: Wombs, Wellsprings, and the Primeval World: VT 46, 1996, 376–391.
Wilhelm, G., Reinheit und Heiligkeit. Zur Vorstellungswelt altanatolischer Ritualistik, in: Fabry, H.-J./Jüngling, H.-W. (Hg.), Levitikus (1999), 197–217.
Willi-Plein, I., Opfer und Kult im alttestamentlichen Israel (SBS 153), Stuttgart 1993.
Willi-Plein, I., Opfer und Ritus im kultischen Zusammenhang, in: Janowski, B./Welker, M. (Hg.), Opfer (2000), 150–177.
Willi-Plein, I., Some Remarks on Hebrews from the Viewpoint of Old Testament Exegesis, in: Gelardini, G. (ed.), Hebrews. Contemporary Methods, New Insights (Biblical Interpretation Series 75), Leiden/Boston 2005, 25 35.
Willi-Plein, I., Ein Blick auf die neuere Forschung zu Opfer und Kult im Alten Testament: VF 56, 2011, 16–33.
Wold, D., The *kareth* Penalty in P: Rationale and Cases: Society of Biblical Literature Seminar Papers 1, 1979, 1–45.
Wolff, H. W., Anthropologie des Alten Testaments, 3. Aufl., München 1977.
Wright, D. P., The Disposal of Impurity, Atlanta 1987.
Wright, D. P., The Spectrum of Priestly Impurity, in: Anderson, G. A./Olyan, S. M. (ed.), Priesthood and Cult in Ancient Israel, Sheffield 1991, 150–181.
Wright, D. P., Holiness in Leviticus and Beyond. Differing Perspectives: Interpretation 53, 1999, 351–364.
Wright, D./Friedman, D. N./Hurwitz, A. (ed.), Pomegranates and Golden Bells. Studies in Biblical, Jewish and Near Eastern Ritual, Law and Literature in Honor of Jacob Milgrom, Winona Lake, IN 1995.
Zenger, E., Art. Priesterschrift: TRE 27, 1997, 435–446.
Zenger, E., Das Buch Levitikus als Teiltext der Tora/des Pentateuch. Eine synchrone Lektüre mit kanonischer Perspektive, in: Fabry, H.-J./Jüngling, H.-W. (Hg.), Levitikus (1999), 47–83.
Zenger, E. (u. a.), Einleitung in das Alte Testament, Stuttgart u. a.: 7. Aufl. 2008; 8. Aufl. hg. von C. Frevel 2012.
Zenger, E./Frevel, C., Die Bücher Levitikus und Numeri als Teile der Pentateuchkomposition, in: Römer, T. (ed.), Leviticus and Numbers (2008), 35–74.
Zipor, M. A., The Greek Version of Leviticus: Bib. 79, 1998, 551–562.
Zipor, M. A., The Peshitta Version of Leviticus, Jerusalem 2003 (Ivrit).
Zipor, M. A., Some Textual and Lexical Notes to the Peshitta of Leviticus: EThL 81, 2005, 468–476.

Zwickel, W., Räucherkult und Räuchergeräte. Exegetische und archäologische Studien zum Räucheropfer im Alten Testament (OBO 97), Freiburg (CH)/Göttingen 1990.
Zwickel, W., Der Tempelkult in Kanaan und Israel. Studien zur Kultgeschichte Palästinas von der Mittelbronzezeit bis zum Untergang Judas (FAT 10), Tübingen 1994.
Zwickel, W., Der Hörneraltar auf Siegeln aus Palästina/Israel, in: Bickel, S./Schroer, S./ Schurte, R./Uehlinger, C. (ed.), Bilder als Quellen. Images as Sources. Studies on ancient Near Eastern artefacts and the Bible inspired by the work of Othmar Keel (OBO Sonderband), Freiburg (CH)/Göttingen 2007, 269–292.
Zwickel, W., Priesthood and the Development of Cult in the Books of Kings, in: Lemaire, A./Halpern, B. (ed.), The Books of Kings. Sources, Composition, Historiography and Reception (VT.S 129), Leiden 2010, 401–426.

Abbildungsverzeichnis

Einleitung

Vorbemerkungen

Torat Kohanim

Im altjüdischen Schulsystem begann der Unterricht mit dem Buch Levitikus. In der jüdischen Tradition (R. Assi in LevR 7,3; Üs. *A. Wünsche,* 49) wurde dies so begründet: Die Kinder und die Opfer sind rein, und Reine sollen sich mit Reinem beschäftigen (s. z. B. *H.-W. Jüngling,* Levitikus, 11). Diese Tradition »bestimmt bis heute den orthodoxen Schulunterricht« (*G. Bodendorfer,* Horizont, 343). Was Levitikus aber eigentlich ist, zeigt die Bezeichnung, die in Palästina im rabbinischen Judentum für den halachischen Midrasch, den Kommentar zu Levitikus (*Sifra,* »das Buch«), üblich geworden ist: *Torat Kohanim,* »Priesterweisung« (*G. Stemberger,* Einleitung, 288). Dieser Begriff wurde auch für Levitikus selbst verwendet. Im Grunde ist das Buch Levitikus Literatur von Priestern für Priester, also von Fachleuten für Fachleute. Zugleich aber beginnt es mit der Aufforderung JHWHs an Mose, das Folgende *den Israeliten* (also *allen*) mitzuteilen (Lev 1,1–2) – es handelt sich demnach nicht um eine esoterische Geheimlehre, die nur einem erwählten Kreis von Priestern zugänglich wäre. Selbst wenn einige der im weiteren Verlauf des Buches enthaltenen Redeeinleitungen speziell »Aaron und seine Söhne« (also die Priester, z. B. Lev 6,1–2) oder nur Aaron (als den idealtypischen Hohepriester, Lev 16,2) ins Auge fassen, so soll doch die ganze Gemeinde Israels die Inhalte kennen, auch diejenigen Angelegenheiten, die an sich nur die Priester betreffen.

Literarisches Konzept

Die Redeeinleitungen zeigen im Übrigen das literarische Konzept des Buches: Es versteht sich vom narrativen Rahmen her als Gottesrede an Mose, die dieser unverkürzt an die jeweiligen Adressaten (Israeliten [primär Männer, aber auch Frauen, s. Neh 8,2–3], Priester) weitersagen soll. Levitikus ist also kein »Gesetzbuch« im engeren (heutigen) Sinn (s. *H. Liss,* Kanon und Fiktion, 12), sondern die Erzählung eines göttlichen Offenbarungsvorgangs, durch den der Wille Gottes mitgeteilt wurde und dessen oberstes Ziel darin besteht, dass die Menschen, die die Weisung befolgen, »leben« werden (Lev 18,5 als Schlüsselvers). Levitikus – die Weisung zu einem gelingenden Leben: Geht man mit dieser hochgesteckten Erwartung unvoreingenommen an den Text heran, könnte sich eine gewisse Enttäuschung einstellen. Wie helfen detaillierte Weisungen zum Brandopfer (Lev 1) oder über den Umgang mit Hautanomalien (Lev 13) zu einem gelingenden Leben? Sicherlich nicht direkt, aber in Levitikus stehen auch noch andere Dinge, deren Auswirkungen auf das menschliche Leben leichter zu ermitteln sind (so etwa die ethischen Weisungen der Liebe zum Nächsten und zum Fremden, der Achtung vor älteren Menschen, der Gerechtigkeit vor Gericht und bei den Hohl- und Gewichtsmaßen, s. Lev 19). Der Weg zum Leben aus dem heiligen Buch führt also nicht ohne die Mühe des Verstehens, Nachvollziehens und Übertragens zu seinem Ziel.

Vom Rand ins Zentrum

Der Kommentar will in erster Linie dazu verhelfen, einer heutigen Leserschaft ein Verständnis dieser Texte zu erschließen. Die zahlreichen Vorurteile (insbesondere von christlicher Seite) gegen speziell dieses Buch seien hier gar nicht erst wiederholt; häufig resultieren sie aus bewusster oder unbewusster Ablehnung des Judentums bei gleichzeitiger Höherwertung des Neuen Testaments, aus Unwissenheit, Hochmut oder unangebrachter Auslegung. Die neuere Forschung zum Buch Levitikus zeigt, dass es sich eben um unberechtigte Vorurteile handelt, die keine Substanz haben. Vielmehr ist das Buch Levitikus mittlerweile dorthin gelangt, wo es hingehört: »de la périphérie au centre« (*T. Römer*, De la périphérie; *Marx*, 9). Gemeint ist damit einerseits, dass das Buch in das Zentrum des Forschungsinteresses gerückt ist; andererseits zeigen die Strukturuntersuchungen zur Tora, dass das Buch vom Gesamtaufbau der »fünf Bücher Mose« her die Mitte bildet (s. u., Aufbau). Statt also den Text leichtfertig als irrelevant aufzugeben, sei der Versuch unternommen, die innere Logik, die Strukturen und Konzepte soweit als möglich nachzuvollziehen – auch aus Respekt vor den damaligen Autoren (s. u., Entstehungsgeschichtliche Hypothesen) und der ersten Leserschaft, die mit dem Buch sehr wohl etwas anfangen konnte. Auch die vielfältige Rezeption in Judentum und Frühchristentum, die nur ansatzweise angedeutet werden kann, zeigt, dass die damaligen Menschen das Buch und seine Inhalte sehr schätzten. Schon allein Respekt und Neugier motivieren eine nähere Beschäftigung mit dem dritten Buch Mose. Im Zuge dessen wird man entdecken, dass viele in diesem Text ausgedrückte Konzepte keineswegs veraltet sind, sondern Grundfragen behandeln, die bis heute ihre Relevanz nicht verloren haben. Sicher sind die Lösungen des Buches Levitikus nicht 1:1 in die Gegenwart zu übertragen, doch der Impuls, erneut über die gleichen Probleme nachzudenken und heutige Lösungen zu entwickeln, die dem Grundanliegen der göttlichen Weisung entsprechen, birgt eine echte Herausforderung – als Beispiel sei das Jobeljahr von Lev 25 genannt, das auf das Problem der Verarmung größerer Teile der Bevölkerung zugunsten weniger reicher Menschen, die alle Ressourcen an sich binden, reagieren will.

Levitikus für Christen

Es sollte nicht vorschnell geurteilt werden, dass für Christen die meisten Vorschriften des Buches Levitikus obsolet seien. Die christliche Kirche hat sich von jeher dafür entschieden, die gesamte jüdische Heilige Schrift als ersten Teil ihrer christlichen Bibel zu übernehmen. Davon willkürlich unliebsame oder unverständliche Teile einfach zu ignorieren, nimmt die gestellte Herausforderung nicht ernst. Die Mühe des Verstehen-Wollens bleibt auch den Christinnen und Christen nicht erspart. Im Übrigen teilen sie mit den Menschen jüdischen Glaubens das Phänomen, dass viele Punkte des Buches Levitikus nicht realisiert werden können, weil es seit 70 n. Chr. in Jerusalem keinen Tempel mehr gibt, an dem die Opfer dargebracht und die Riten vollzogen werden könnten. Beide Religionsgemeinschaften stehen vor der Aufgabe, die Texte dennoch zu studieren und darin Gottes Willen zu finden, der zum Leben führt (Lev 18,5). Christentum und Judentum haben diese Herausforderung angenommen und im Laufe der Jahrhunderte ganz bemerkenswerte Vorschläge vorgelegt. Der Kommentar versucht, einen Einblick in diese vielen Bemühungen zu geben und da und dort einen eigenen Vorschlag zum Verstehen zu machen.

1. Anlage des Kommentars

Aufbau der Einleitung

Die *Einleitung* hat zwei Hauptteile: (I) eine *Einführung* zu Name, Aufbau und Entstehungsgeschichte des Buches Levitikus und (II) ein *Glossar* wichtiger Termini des Buches Levitikus. Das dritte Buch Mose ist durch eine relativ eindeutig identifizierbare Fachsprache gekennzeichnet, in der bestimmte Begriffe häufig wiederkehren und deren inhaltliche Füllung (Bedeutung) weitgehend als bekannt vorausgesetzt wird. Diese Fachsprache vernetzt auch die einzelnen Teile des Buches. Damit der Kommentar von permanenten Rückverweisen entlastet wird und in der Kommentierung das *Spezifische* des Wortes oder der Wendung *an der jeweiligen Stelle* besser hervortritt, werden die allgemeinen Erläuterungen dieser Fachbegriffe der eigentlichen Kommentierung vorausgeschickt.

Aufbau der Kommentierung

Die *Kommentierung* selbst beginnt nach einer Literaturauswahl zum jeweiligen Abschnitt mit einer *deutschen Übersetzung* des hebräischen (masoretischen) Textes. Diese Übersetzung ist nach Redesituationen abgestuft: Auf der ersten Ebene findet sich der erzählerische Grundrahmen (die fiktive Situation der Offenbarung der Tora am Berg Sinai). Die zweite Ebene ist die Gottesrede, die den Auftrag an Mose formuliert. Auf der dritten Ebene steht der meiste Text, nämlich die Gottesrede, die Mose an die in der zweiten Ebene genannten Adressaten (das Volk, Aaron, Aaron und seine Söhne) vermitteln soll (zur Gliederung nach Kommunikationsebenen s. auch *A. Ruwe,* Heiligkeitsgesetz, 58). Die vierte Ebene betrifft dann Unterfälle oder sinnvolle Untergliederungen der dritten Ebene. Die Einrückungen beziehen sich nicht wie in manchen exegetischen Werken auf literarische Schichtungen oder diachrone Entscheidungen. Ein Beispiel soll die Gestaltung verdeutlichen (Lev 1,1–3):

1[1]Und er rief Mose zu, und JHWH sprach zu ihm vom Zelt der Begegnung her:

[2]Sprich zu den Israeliten und sag ihnen:

Wenn ein Mensch von euch für JHWH eine Darbringung vom Vieh darbringen möchte, sollt ihr vom Rindvieh und vom Kleinvieh eure Darbringung darbringen.

[3]Wenn nun seine Darbringung ein Brandopfer vom Rindvieh (ist), …

Der Abschnitt *Zur Übersetzung* behandelt textkritische Probleme, schaut auf die antiken Versionen (u.a. Septuaginta, Vulgata), gibt lexikalische Erläuterungen und begründet bestimmte Entscheidungen für diese oder jene deutsche Übersetzung.

Unter *Analyse* werden das Thema (oder die Themen), die Komposition und der Aufbau (Gliederung) des jeweiligen Abschnittes behandelt, seine Abgrenzung und seine Zusammenhänge mit dem Vorausgehenden. Auch entstehungsgeschichtliche Einzelfragen werden hier erörtert.

Die *Auslegung* wendet sich dann Vers für Vers dem Text zu und kommentiert ihn. Hier finden sich Sacherläuterungen zu Einzelfragen, Erklärungen des Zusammenhangs und Vorschläge für ein Verständnis des Textes.

Im Bereich *Rezeption und Bedeutung* soll es zum einen um eine Zusammenfassung der Bedeutung (der Verstehensmöglichkeiten) des Abschnittes gehen, aber auch um dessen Aussage- und Wirkabsicht (Pragmatik) sowie seine Bedeutsamkeit (Relevanz). Der letzte Punkt wird unterstützt durch einen exemplarischen Blick auf die Rezeptionsgeschichte. Angesichts einer weit über zweitausend Jahre währenden Auslegungstradition in Judentum und Christentum können hier nur einige Schlaglichter gesetzt werden.

2. Methodik

Reflektierte Lektüre – leserorientiert und textzentriert

Die Kommentierungsmethode lässt sich als eine begleitete und reflektierte Lektüre beschreiben, die leserorientiert und textzentriert vorgeht. Erstes Ziel ist nicht die Erarbeitung der Entstehungsgeschichte des Buches in seinen einzelnen Schichten, sondern die Entwicklung eines Vorschlags zur Lektüre und zum Verstehen des Textes. Im Blick auf die Voraussetzungen, die der Text von seinen potentiellen Rezipientinnen und Rezipienten einfordert, ist freilich die geschichtliche Entstehungssituation mit einzubeziehen. Daher wird auch in der Einleitung (s. u.) sowie zu einzelnen größeren Abschnitten eine entstehungsgeschichtliche Hypothese vorgeschlagen; der grobe Zeitrahmen, in dem das Buch Levitikus im Wesentlichen entstanden ist, kann mit dem späten 6. und dem 5. Jh. v.Chr. angegeben werden. Die kulturelle, religiöse, wirtschaftliche und sozialgeschichtliche Situation (die »Enzyklopädie«) dieser Zeit schwingt also bei der Erarbeitung der Sinndimensionen bzw. Verstehensmöglichkeiten des Textes im Hintergrund mit. Eine reflektierte Lektüre untersucht dann die Strategien, die in der Anlage des Textes stecken und das Verständnis in eine bestimmte Richtung leiten. Zu diesen Textstrategien gehören neben dem Aufbau und der Wortwahl auch die Vernetzungen mit anderen Texten, die Personenkonstellationen, die Sprechhandlungen und Sprechrichtungen, die Redestruktur, poetische und rhetorische Stilmittel und anderes mehr. Im Zentrum steht also der Text in seinen syntaktischen, semantischen und pragmatischen Dimensionen (»textzentriert«). Das erkenntnisleitende Interesse ist die Frage nach den Sinndimensionen, die eine reflektierte Lektüre, die sich die Mühe der Vertiefung von Verständnisfragen und des Nachgehens intertextueller Vernetzungen macht, erheben kann (»leserorientiert«). Eng damit verbunden ist die Frage nach der Aussage- und Wirkabsicht des Textes: Was will er mitteilen und wohin will er seine potentiellen Rezipienten führen? Im Rahmen dieser Untersuchungen wird auch die Frage nach den Verfasser- und Trägerkreisen dieser Texte bzw. dieses Buches begegnen: Welche Gruppen stehen hinter diesen Aussagen und Wirkversuchen, und welche Interessen verfolgen sie? Auf dieser produktionsorientierten Frage nach der *Welt hinter dem Text* soll aber nicht das Hauptaugenmerk liegen; auch die Untersuchung der historischen Wirksamkeit bzw. der Rezeption des Buches und seiner Abschnitte in Judentum und Christentum *(die Welt nach dem Text)* kann nur exemplarisch durchgeführt werden. Das Hauptaugenmerk der Kommentierung liegt auf *der Welt des Textes:* auf seinen Strategien und Zielen, seinen Sinndimensionen, seinen Herausforderungen und Impulsen.

3. Zum Umgang mit der Sekundärliteratur in diesem Kommentar

Milgrom, Rendtorff, Levine, Gerstenberger, Marx, Eberhart, Nihan

Bei der Lektüre des Kommentars wird deutlich, dass ich in vielen Dingen auf die wertvollen Auslegungen und Erläuterungen von *Jacob Milgrom* und *Rolf Rendtorff* sowie *Baruch A. Levine* und *Erhard S. Gerstenberger* zurückgegriffen habe. Hinsichtlich der theologischen Deutung insbesondere der Opfer, aber auch der anderen Rituale sei neben den schon Genannten auf die Publikationen von *Alfred Marx* und *Christian A. Eberhart* verwiesen. Für diachrone Fragen nach der Entstehungsgeschichte folge ich v. a. den Studien von *Christophe Nihan* (s. u.). Darüber hinaus ist die Sekundärliteratur nicht mehr zu überschauen. Ich habe versucht, mich mit wichtigen aktuellen Ansätzen auseinanderzusetzen, aber auch das kann nur ansatzweise in Form von Literaturbelegen dokumentiert werden. Ein lückenloser Nachweis *aller* Belege in *allen* Titeln der Sekundärliteratur hätte das Format des Kommentars gesprengt. Die Belegstellen innerhalb des Kommentartextes stellen also eine zugegebenermaßen subjektive Auswahl dar, und ich bitte um Nachsicht, wenn die eine oder andere Position nicht oder nicht ausführlich genug mit Belegen bedacht wurde.

Mittelalterliche jüdische Kommentierung

Als Beispiele für die mittelalterliche jüdische Kommentierung des Buches Levitikus wurde nach Möglichkeit versucht, die Kommentare von Raschi und seinem Enkel Raschbam sowie von Ramban (Nachmanides) und Ibn Esra in Gestalt der im Literaturverzeichnis angegebenen deutsch- oder englischsprachigen Übersetzungen mit zu berücksichtigen. Einen guten Einblick liefert die 2009 von *M. Carasik* herausgegebene Ausgabe der Miqra'ot Gedolot der Jewish Publication Society (JPS), die neben dem hebräischen Text [JPS Hebrew-English Tanakh 1999] und zwei englischen Übersetzungen [JPS Tanakh 1917 and 1985] die Fragen von Abrabanel [Abarbanel] und die Kommentare von Raschi [Rashi], Raschbam [Rashbam], Ibn Esra [Ibn Ezra] und Ramban (Nachmanides [Nahmanides]) und eine Auswahl aus weiteren jüdischen Kommentaren enthält. Die reiche jüdische Auslegungstradition kann allenfalls angedeutet werden; sie verdient eine eigene Erforschung. Für die Konsultierung der rabbinischen Literatur (*Sifra, Sifre, Levitikus Rabba*, Mischna, Talmud) sowie der Qumrantexte und der Werke von Philo und Josephus wurde auf die angegebenen deutsch- und englischsprachigen Übersetzungsausgaben zurückgegriffen.

Frühe christliche Auslegungen

Punktuell wird auch auf die frühen christlichen Auslegungen eingegangen (unter Benutzung von Übersetzungen). Ebenso wie die jüdische ist die christliche Rezeptionsgeschichte des Buches noch ein weites Forschungsfeld. Einen ersten Einblick bietet der Band »Exodus, Leviticus, Numbers, Deuteronomy« in der Reihe »Ancient Christian Commentary on Scripture« (ed. *J. T. Lienhard*). Gelegentlich wird für die frühchristliche Auslegung zusammenfassend auf diese Zitatensammlung verwiesen; dort finden sich dann nähere Quellenhinweise.

Literaturangaben

Die Literaturangaben im vorliegenden Kommentar erfolgen nach folgender Konvention: Kommentare (Punkt 3 im allgemeinen Literaturverzeichnis) werden nur mit dem Namen des Verfassers und der Seitenzahl zitiert (z.B. *Milgrom*, 365). Alle weitere Sekundärliteratur erhält zusätzlich den Kurztitel (z.B. *R. Achenbach*, Systematik, 196). Titel, die sich mit dem ganzen Buch Levitikus oder mit mehreren Kapiteln befassen, werden im allgemeinen Literaturverzeichnis angegeben (Punkt 4: Einzelstudien und sonstige Sekundärliteratur). Spezielle Literatur zu den einzelnen Kapiteln findet sich im Kommentar »vor Ort«, d.h. vor der jeweiligen Übersetzung des Kapitels. Sind dort nur Kurztitel genannt, erhält man die vollständige Bibliographie im allgemeinen Literaturverzeichnis.

I. Das Buch Levitikus

1. Name

Der Name »Levitikus« für das dritte Buch des Pentateuchs hat weder etwas mit der umgangssprachlichen Redewendung »jemandem die Leviten lesen« noch mit den Leviten der Hebräischen Bibel bzw. des Alten Testaments zu tun. Vielmehr bezeichnet der Begriff »Leviten« in hellenistischer Zeit die »Priester« – und die sind gemeint, wenn die Septuaginta das Buch mit ΛΕΥΙΤΙΚΟΝ und die Vulgata mit LEVITICUS überschreibt (*Milgrom*, 1): »priesterliches Gesetzbuch«. Philo bezeugt den griechischen Titel mit der Wendung ἐν Λευιτικῇ βίβλῳ in *De Plantatione* 26. Diese Buchtitel sind das Äquivalent zur rabbinischen Benennung *Torat Kohanim:* »Handbuch (oder Gesetzbuch) der Priester« (*Levine*, xi); »Priesterweisung«. Dieser Titel ist in der Mischna (*mMegilla* 3,5; *mMenahot* 4,3) bezeugt. Der halachische Midrasch zu Levitikus, *Sifra*, wird ebenfalls als *Torat Kohanim* bezeichnet, und umgekehrt kann *Sifra*, was zunächst einfach der aramäische Ausdruck für »das Buch« ist, auch das Buch Levitikus selbst angeben, denn mit diesem Buch (also »dem Buch schlechthin«) begann – wie eingangs erwähnt – im altjüdischen Schulsystem der Unterricht (*G. Stemberger*, Einleitung, 288; *A. Böckler* in *Plaut*, 6). Levitikus

Der Grundstock von *Sifra*, dem halachischen Midrasch zu Levitikus, wird von *G. Stemberger*, Einleitung, 288–294, vor der Mischna datiert, die Anfang des 3. Jh. n. Chr. redigiert wurde. Mit einer ersten großen Erweiterung von *Sifra*, die aus Mischna und Tosefta zitiert, ist im 3. Jh. n. Chr. zu rechnen. – Das dritte große rabbinische Werk neben den Mischnatraktaten und *Sifra*, das auf dem biblischen Buch Levitikus beruht, ist *Levitikus Rabba* (*Wa-yiqra Rabba;* LevR). Es gehört zu den Homilien-Midraschim und erfuhr seine Endredaktion zwischen 400 und 500 n. Chr. (*G. Stemberger*, Einleitung, 319–323). *Levitikus Rabba* beruht auf den Prinzipien von Levitikus und anderen Teilen der Schrift, die durch entsprechende Auslegung (wie in der Mischna und in *Sifra*) ermittelt und weiterentwickelt werden. Dabei betonen die Predigten in LevR vor allem die ethische Seite der Heiligung. Ausführliche Untersuchungen zu Inhalt, Struktur, Stil, Ziel und Redaktion von LevR bietet z. B. *B. L. Visotzky*, Golden Bells (s. v. a. 173–180). – Zur rabbinischen Rezeption des Buches Levitikus gibt es zahlreiche Studien (s. z. B. *H. Harrington*, Rabbinic Reception, 383–401; *G. Bodendorfer*, Formula, 403–428; *ders.*, Horizont, 343–371; *Watts*, 75–77). Im Sammelband von *J. Neusner/B. D. Chilton/B. A. Levine*, Torah Revealed, Torah Fulfilled (2008), werden zu wichtigen Themen (u. a. Schabbat/Sonntag, Speisegebote, sexuelle Reinheit, Lex talionis) jeweils die biblische Grundlegung (vornehmlich aus der Tora, insbesondere Levitikus) sowie die rabbinische (v. a. Mischna, Tosefta, *Sifra*, *Sifre*) und die frühchristliche Auslegung (Neues Testament, Apokryphen und Pseudepigraphen, Kirchenväter) in Auswahl präsentiert. Sifra, LevR

Der Buchtitel »Liber leviticus« verwischt den Unterschied, der in vielen biblischen Texten zwischen »Leviten« und »Priestern« gemacht wird (*Gersten-* Die Leviten *berger*, 1, der auf Num 4; Dtn 18,1–8; 1 Chr 23–26; 2 Chr 35,1–19 verweist; s. ferner u.a. Ez 44,4–16; 2 Chr 29,16), und dies zeigt, dass diese Bezeichnung spät und im Nachhinein erfolgte, als der Unterschied keine Rolle mehr spielte und vom Ideal überlagert wurde, dass alle Priester »Leviten« im allgemeinen Sinne von »Angehörige des Stammes Levi« sind (Dtn 17,9.18; 18,1). Die »Leviten« im speziellen Sinne, die von den Priestern unterschieden werden, werden im Buch Levitikus nur am Rande in Lev 25,32–34 in einem nicht-kultischen Kontext erwähnt. Die Aufteilung der Belege hat thematische Gründe (*Milgrom*, 1): Während das Buch Exodus die Konstruktion des Heiligtums beschreibt, vermittelt Levitikus die Szenerie des praktizierten Kults am Heiligtum, der von den Priestern ausgeführt wird. In Numeri hingegen wird die Wanderung Israels mit dem Heiligtum beschrieben – und hier haben die Leviten ihre Aufgaben beim Transport und der Bewachung der heiligen Dinge. Daher werden die kultischen Vorschriften für die Leviten im Buch Numeri mitgeteilt (s. auch das Glossar, »Priester«).

Wenn auch Levitikus als die Priesterweisung *(Torat Kohanim)* gilt, so betreffen doch nur wenige Vorschriften allein die Priester (z.B. Lev 6,1–7,21; 10,8–15; 16,2–28). Das Buch enthält viele verschiedene Themen und Bereiche (Opfer- und Speisevorschriften, Fragen der rituellen bzw. kultischen Reinheit, legitime und illegitime Geschlechtsbeziehungen, sozialethische Gebote, Festkalender usw.), die das Volk Israel als Ganzes bzw. die einzelne Israelitin/den einzelnen Israeliten betreffen. Daher sind die Vorschriften des Buches Levitikus zum weitaus überwiegenden Teil an »ganz Israel« adressiert (s. zu Lev 1,1–2; ferner *L. L. Grabbe*, Priests, 221; *M. Himmelfarb*, Priests, 30–31). Das bedeutet letztlich auch, dass es keine Geheimlehre und Arkandisziplin gibt.

Wajjikra

In der jüdischen Tradition werden die Bücher der Tora nach ihren Anfangsworten benannt. Das dritte Buch heißt demnach Wajjikra (von ויקרא, *wa-yiqrā'*, »und er rief«; s. die Auslegung zu Lev 1,1). Der damit beginnende Toraabschnitt von Lev 1,1 bis 5,26 trägt den gleichen Namen.

2. Textgrundlage

Hebräischer Text

»The text of Leviticus is in an excellent state of preservation« (*Milgrom*, 2; s. auch *Hartley*, xxix). Die Varianten in der masoretischen Textüberlieferung sind gering und in den allermeisten Fällen unerheblich. – In den *Qumranfunden* ist das Buch Levitikus mit 15 Handschriften gut vertreten. Der hebräische Text ist in Fragmenten mit althebräischer (1QpaleoLev, 2QpaleoLev, 6QpaleoLev, 11QpaleoLev^{a}) sowie mit Quadratschrift (4QExod-Lev^{f}, 4QLevNum^{a}, 4QLev$^{b-e, g}$, 11QLev^{b}) belegt; es gibt zwei griechische Handschriften (4QLXXLev^{a}; 4QpapLXXLev^{b}) und eine aramäische

(4Q156). Bisweilen begegnen darin durchaus eigenständige Lesarten, so dass anzunehmen ist, dass der genaue hebräische Textbestand noch im Fluss war (s. *R. A. Kugler,* Rethinking, 348–350; *G. Deiana,* 13–17; s. auch *E. Tov,* 4QLev[c,e,g], 257–266; von besonderer Bedeutung sei hier 11QpaleoLev[a], s. *S. Metso,* Evidence, 70–71; *D. N. Freedman/K. A. Mathews,* The Paleo-Hebrew Leviticus Scroll). Details zur Bezeugung des Buches Levitikus in den in Qumran gefundenen Handschriften stellen u. a. *H.-J. Fabry,* Buch Levitikus, 314–318, und *P. W. Flint,* Leviticus, 323–341, zusammen. Flint zeigt, dass Lev in der Beliebtheitsskala nach Ps, Dtn, Jes, Gen, Ex den sechsten Rang einnehme; auch zitiere die nicht-biblische Literatur, die in Qumran gefunden wurde, Lev häufig oder spiele zumindest darauf an. So zitiert oder paraphrasiert etwa die *Tempelrolle* Partien aus 23 Kapiteln, und mehr als die Hälfte der Weisungen in dem halachischen Kommentar *4QMMT* (*miqṣat ma'ăśē ha-tōrā,* »einige Werke der Tora«) befasst sich mit Fragen ritueller Reinheit aus Levitikus (s. auch *H.-J. Fabry,* Buch Levitikus, 318–321, der Levitikus als das »in Qumran am vierthäufigsten verwendete Buch der Hebräischen Bibel« ansieht). Zu den genannten Qumranfunden kommen noch zwei Handschriften aus Masada hinzu (MasLev[a]; MasLev[b]; ferner Cave Arugot Leviticus; s. *K. de Troyer,* Leviticus, 53–54). Flint stellt die Fragmente vor, datiert sie und ordnet sie den Texttypen zu. Im Wesentlichen zeigt sich, dass der Textbestand des Levitikusbuches in der späteren Zeit des Zweiten Tempels vergleichsweise homogen erschien (*P. W. Flint,* Leviticus, 333; *S. Metso/E. Ulrich,* Old Greek Translation, 258.267; *S. Metso,* Evidence, 68–69; *Watts,* 10–12). – Zur Verfolgung der (für Levitikus vergleichsweise geringen) inhaltlichen Abweichungen zwischen dem masoretischen Text und der *samaritanischen Fassung der Tora* (Pentateuch der Samaritaner: SAM) ist die englische Übersetzung des SAM durch *B. Tsedaka* (s. Literaturverzeichnis, Textausgaben und Übersetzungen) hilfreich: SAM und MT werden jeweils in englischer Übersetzung synoptisch gegenübergestellt; Abweichungen sind durch Fettdruck gekennzeichnet.

Griechischer Text

Die griechische Übersetzung bildet ihre hebräische Vorlage, die in weiten Teilen mit dem proto-MT übereingestimmt haben dürfte, im Großen und Ganzen sehr genau ab. Sie nimmt nur sehr behutsam Änderungen vor, »wobei sie in vielen Fällen vom Willen zu einheitlicher Formulierung geleitet zu sein scheint« (*M. Vahrenhorst,* Levitikon, 326–327). Ähnlich formuliert es *D. Büchner,* Reflections, 111: »it can be seen that it was important for the Leuitikon translator that his produced text reflects Hebrew syntax as far as standard usage allowed for it, rather than stylish Greek.« La Bible d'Alexandrie konstatiert: »le *Lévitique* grec était, dans le Pentateuque, le livre qui sans doute manifestait le plus haut degré de fidélité à ce qui avait été son modèle« (*P. Harlé/D. Pralon,* Lévitique, 24).

Septuaginta Für Untersuchungen zum griechischen Text (Septuaginta) des Buches Levitikus ist auf die kritische Ausgabe (ed. *J. W. Wevers,* 1986) innerhalb des Göttinger Septuaginta-Unternehmens und auf Wevers' »Text History of the Greek Leviticus« (1986) und seine »Notes on the Greek Text of Leviticus« (1997) zu verweisen; ferner u.a. auf die Studien von *S. Daniel,* Recherches, 363–400; *K. Koch,* Considerations, 65–76; *P. Harlé/D. Pralon,* Lévitique; *M. A. Zipor,* Greek Version, 551–562; *S. Metso/E. Ulrich,* Old Greek Translation, 247–268; *G. Dorival,* L'originalité, 309–315; *I. Himbaza,* Textual Witnesses, 99–103; *D. Büchner, Thysia Soteriou,* 85–100; *ders.,* Ἐξιλάσασθαι, 237–260; *ders.,* Reflections, 107–117; *M. Vahrenhorst,* Levitikon, 325–430; *S. Metso,* Evidence, 73–76. Der »Old Greek Text« wurde schon sehr bald Revisionen unterzogen, allermeist in Richtung einer Anpassung an den proto-masoretischen Text (zu einem Beispiel s. *K. de Troyer,* Leviticus, 29–57.76–78).

Targumim Die aramäischen Übertragungen (Targumim) gehen z.T. bis in die frühchristliche Zeit zurück, stammen aber im Wesentlichen aus der Spätantike und dem Frühmittelalter. Für Levitikus sind das Targum Onqelos (Babylon), das Targum Neofiti (Neophyti) I, das Targum Pseudo-Jonathan (Targum Jeruschalmi I) und das Fragmententargum (Targum Jeruschalmi II) (jeweils Palästina) einschlägig. Auf folgende Übersetzungen (Literaturverzeichnis: Textausgaben und Übersetzungen: Targum) und Studien ist zu verweisen: *A. Sperber,* Targum Onkelos; *B. Grossfeld,* Targum Onqelos; *M. McNamara/R. Hayward,* Targum Neofiti 1: Leviticus; *M. Maher,* Targum Pseudo-Jonathan to Leviticus; *M. McNamara,* Reception, 269–298; *I. Himbaza,* Textual Witnesses, 103–106.

Peschitta Die syrische Übersetzung der Peschitta (Pešiṭta) ist bis heute die kanonische Ausgabe der das Altsyrische als Liturgiesprache verwendenden orientalischen Christenheit. Details zu ihrer Verwendung, Entstehung, Geschichte, Erforschung und zu ihrem Charakter finden sich bei *D. J. Lane,* Peshitta Version, 299–322. Die wissenschaftliche Standardtextausgabe ist die des Leidener *Peshiṭta Institute* (1991). In seiner Monographie von 1994 (*D. J. Lane,* Peshiṭta) stellt *Lane* die Ausgangshandschrift für die Leidener Ausgabe, 7a1 (7. Jh. n. Chr.), vor und vergleicht sie mit den anderen Handschriften. Ferner diskutiert er ihren Charakter als Übersetzung und/oder Targum und bespricht die Entstehungsgeschichte der Leidener Ausgabe sowie Grundzüge der Textgeschichte. Die Grundlage der syrischen Übersetzung ist zweifellos »the pre-Masoretic Hebrew bible text tradition« (*D. J. Lane,* Peshitta Version, 309). Es ist auffällig, dass nicht genau entschieden werden kann, ob die syrische Übersetzung von Levitikus jüdische oder christliche Ursprünge hat; für den Pentateuch spricht mehr für eine jüdische Herkunft. Gebrauch und Überlieferung erfolgte dann aber hauptsächlich in der »syrischen« Christenheit; so zeigt z.B. die fragmentarische Handschrift 6k2 in einer Randnotiz, dass Lev 16 an einem Tag in der Osterwoche zu lesen sei (ebd., 311–312; zur Opferterminologie s. *I. Himbaza,* Textual Witnesses, 106–108; s. ferner *M. A. Zipor,* Peshitta Version; *ders.,* Notes, 468–478).

Technische Hinweise Varianten innerhalb des hebräischen Textes und Unterschiede zur Septuaginta (LXX) sowie zum Pentateuch der Samaritaner (SAM) werden im Kommentar zur jeweiligen Stelle (Rubrik »Zur Übersetzung«) diskutiert. Die Textgrundlage für die Übersetzung und die Kommentierung ist der masoretische Text nach der Biblia Hebraica Stuttgartensia (BHS). – Die Satzabgrenzung mit Kleinbuchstaben bei Versangaben folgt im Wesentlichen *W. Richter,* Biblia Hebraica transcripta (BHt). Grundsätzlich erhält dabei jede neue Satzaussage (Prädikat) einen neuen Kleinbuchstaben; Ersparungskonstruktionen werden berücksichtigt und als eigene Sätze gezählt. Die hier verwendete Transkription entspricht nicht BHt, sondern ist nur ein pragmatisches Hilfsmittel ohne sprachwissenschaftlichen Anspruch. Pro- und Enklitika werden nach Möglichkeit durch Bindestrich abgetrennt; die masoretische Verdopplung bei Proklitika (Artikel, Konjunktionen) wird nicht ausgewiesen.

3. Aufbau

Anfang und Schluss

Lev 1,1 ist ein betonter Neuanfang: Der Anruf durch Gott an Mose (ויקרא אל משה, *wa-yiqrāʾ ʾæl Mošæ*, »und er rief Mose zu«) »findet sich in der kultischen Gesetzgebung nur hier und verleiht der folgenden Verkündigung der Opfervorschriften einen besonderen Rang« (*Rendtorff*, 263). Zugleich ist ein deutlicher Rückbezug auf den Bundesschluss in Ex 24 festzustellen (Ex 24,15–16; s. die Auslegung zu Lev 1,1): Mit der gleichen Wendung ruft dort Gott Mose *aus der Wolke* zu sich. Hier, in Lev 1,1, ruft Gott *vom Zelt der Begegnung* her – und ebenso geschieht dies in Num 1,1, wo zugleich noch *die Wüste Sinai* erwähnt ist: Neuanfang Num 1,1

Lev 1,1	Num 1,1
ויקרא אל משה וידבר יהוה אליו מאהל מועד	וידבר יהוה אל משה במדבר סיני באהל מועד
Und er rief Mose zu, und JHWH sprach zu ihm vom Zelt der Begegnung her …	Und JHWH sprach zu Mose in der Wüste Sinai im Zelt der Begegnung …

Durch die Parallelität der Gestaltung und die Anreicherung der Einleitungen für die Gottesreden durch Ortsangaben sind die Sätze besonders markiert und damit als Bucheinleitungen qualifiziert. Zugleich macht Num 1,1 mit dem Verweis auf den Sinai deutlich, dass das Buch Levitikus als einziges der fünf Bücher des Pentateuchs ausschließlich am Sinai *und* am/im Zelt der Begegnung angesiedelt ist. Die Ortsverhältnisse stellen sich im Erzählfaden so dar: In der zweiten Hälfte des Buches Exodus kommt das Volk am Sinai an (Ex 19,1) und nach Erwählung und Bundesschluss (Ex 19,5–6; Ex 24) bekundet JHWH seine Absicht, in einem Heiligtum inmitten des Volkes zu wohnen (Ex 25,8). Nach schmerzhaften Konflikten (Abfall des Volkes von JHWH durch Verehrung des Goldenen Kalbes, Ex 32) wird das Thema des »Wohnens Gottes inmitten seines Volkes« so gelöst, dass das Zeltheiligtum als Offenbarungsort (nicht mehr als Wohnort) Gottes errichtet wird (Fertigstellung in Ex 40 als Zelt der Begegnung). Lev 1,1 setzt diesen Ort bereits voraus. Von einer Ortsveränderung wird im Buch Levitikus nicht erzählt; alle Weisungen gelten als »am Sinai« als dem idealtypischen Offenbarungsort erteilt (s. die Auslegung zu Lev 25,1). Die erste Hälfte des Buches

Numeri (bis Num 10) bereitet dann den Aufbruch vom Sinai zur Wüstenwanderung vor (s. *C. R. Smith*, Literary Structure, 18–19).

Abschluss

Lev 26–27

Ganz deutlich kommen in Lev 26, insbesondere in V 3–13, mehrere Bögen und Linien der Pentateucherzählung zu einem Haltepunkt oder Brückenpfeiler: vom Land ist die Rede, von zahlreicher Nachkommenschaft, vom Bund (Stichwort »Abraham«), ferner vom Wohnen Gottes in der Mitte des Volkes (s. Ex 19–40) sowie von der Herausführung aus der Knechtschaft Ägyptens (s. Ex 1–18). Die wenigen Verse komprimieren und rekapitulieren die wesentlichsten Punkte des bisherigen Erzähl- und Mitteilungsverlaufs des Pentateuchs. Diese Themen sind damit aber nicht beendet, sondern werden in der Tora weiterverfolgt. In formaler Weise beenden sowohl Lev 26,46 als auch 27,34 jeweils mit dem Verweis auf Satzungen, Vorschriften, Weisungen und Gebote, die *am Sinai* ergangen sind, die Offenbarung der Weisung JHWHs *am Sinai:* Die Gebotsmitteilung am besonderen Offenbarungsort ist nun zu Ende. Sowohl von der Gestaltung von Anfang und Schluss als auch von der Gesamtstruktur des Pentateuchs her erweist sich Levitikus als dessen *Mitte*. Die Bücher Exodus und Numeri bilden einen inneren Rahmen, Genesis und Deuteronomium einen äußeren Rahmen (s. *E. Zenger*, Das Programm der pentateuchischen Endkomposition, in: ders., Einleitung, 2008, 68–69, 8. Aufl. 2012, 77–80; ferner *C. Nihan*, Priestly Torah, 71–75). Bemerkenswert ist auch die Rahmung des Buches Levitikus mit Hilfe von Datumsangaben im inneren Rahmen (Exodus, Numeri), die im Buch Levitikus selbst fehlen (nach *C. Nihan*, Priestly Torah, 74):

Ex 19,1	*Ex 40,17*	*Levitikus*	*Num 1,1*	*Num 10,11*
3. Monat des *1. Jahres* nach dem Exodus	*1. Tag* des **1. Monats** des *2. Jahres*	[1. Monat des 2. Jahres]	*1. Tag* des **2. Monats** des *2. Jahres*	*20. Tag* des **2. Monats** des *2. Jahres*
Ankunft am Sinai	Errichtung des Heiligtums am Berg Sinai	Instruktionen an Mose aus dem Zeltheiligtum am Berg Sinai	Instruktionen an Mose in der Wüste Sinai	*Aufbruch* vom Sinai

Das gesamte Buch Levitikus »spielt« damit innerhalb eines Monats, des ersten Monats des zweiten Jahres nach dem Exodus (*A. Ruwe*, Structure, 60; *W. Warning*, Artistry, 2). Diese Beobachtungen sprechen für eine redaktionelle Tätigkeit, die das Buch Levitikus als separate Einheit, als eigenes *Buch*, herausstellen und es als Zentrum einer fünfteiligen Tora mit einem inneren Rahmen aus Exodus und Numeri sowie einem äußeren Rahmen aus Genesis und Deuteronomium verstanden wissen will (s. u.a. *E. Zenger/C. Frevel*, Bücher, 36–37; *R. Rendtorff*, Leviticus 16, 252–255; *C. R. Smith*, Literary

Structure, 19; *Gorman*, 4; zur narrativen Einbettung s. auch *A. G. Auld*, Heart, 43–51; *ders.*, Leviticus: After Exodus and before Numbers, 41–54; *A. Ruwe*, Structure, 59–67; *B. D. Bibb*, Ritual Words, 18–22; *D. Luciani*, Le Lévitique, 78–87).

Gliederungsmerkmale im Buch Levitikus

Narrative Großstruktur – Reden im Einzelnen

Das Buch Levitikus ist in den erzählenden Rahmen des Pentateuchs eingebettet, denn von seiner Großstruktur her ist es als Erzählung zu klassifizieren: »Leviticus ist durch und durch Erzähltext« (*A. Ruwe*, Reden, 171). Diese Erzählung formt den Rahmen für die mitgeteilten Weisungen und besteht zum größten Teil aus Redeeinleitungen. Im Einzelnen handelt es sich um erzählte Gottesreden, die wörtlich zitiert werden. Diese Gottesreden richten sich in den meisten Fällen zunächst an Mose (Anredeformel, s. u.), der jedoch die Aufforderung erhält, den gehörten Inhalt an andere (die Israeliten, Aaron, die Priester) weiterzugeben (Weitergabeformel, s. u.). Der Wechsel der Adressaten ist als ein Hinweis für die Textgliederung zu beachten.

Redeeinleitungen

Die gestuften Redeeinleitungen sind ein auffälliges Gliederungsmerkmal, z. B. in Lev 1, 1–2 oder 4, 1–2a: »Und JHWH sprach zu Mose: Sprich zu den Israeliten:« (s. die Auslegung zu Lev 1, 2ab). Diese Wendungen haben trennenden (gliedernden) Charakter, weil sie weder syntaktisch noch inhaltlich mit dem Vorausgehenden verbunden sind und auch nicht inhaltlich vorwegnehmen, was im Folgenden kommt (s. *D. W. Baker*, Division Markers, 9–10; *W. Warning*, Artistry, 38–42, unterscheidet so 37 »divine speeches«; s. ferner *H.-W. Jüngling*, Levitikus, 18–23; *A. Ruwe*, Reden, 172–176).

Demonstrativpronomen

Ein weiteres Gliederungsmerkmal (»division marker«) enthält das Demonstrativpronomen (Lev 6–7): »Das (ist) die Weisung für das X-Opfer« (X זאת תורת). Eine Zusammenstellung der Gliederungsformeln in Lev 1–7 erarbeitet *D. W. Baker*, Division Markers, 14–15. *E. Zenger*, Teiltext, 65–66, zeigt deutlich, dass an diesen Formeln und ihrer jeweils leicht unterschiedlichen Gestaltung die gesamte Kompositionsstruktur des Buches Levitikus sichtbar wird. Zunächst sind insgesamt 36 Gottesredeneröffnungen festzustellen. Doch nicht alle sind in gleicher Weise strukturrelevant (s. u., Kompositionsstruktur).

Endnotizen

Neben den Abschnittseinleitungen sind als Gliederungsmerkmale auch die deutlich als solche erkennbaren Endnotizen heranzuziehen (z. B. die so genannte »Toraformel«, s. u., Glossar; Abschlussparänesen, z. B. Lev 22, 31; Ausführungsberichte, z. B. Lev 16, 34bc). Eine Variante einer Endnotiz besteht in einer summarischen Zusammenfassung dessen, worüber in den vorausgehenden Kapiteln gesprochen wurde (z. B. 7, 37–38 oder 15, 32–33; *C. R. Smith*, Literary Structure, 21). Eine andere Möglichkeit sind paränetische Abschnitte, die nach den Details der Einzelbestimmungen die Einhaltung aller Gebote Gottes grundsätzlich einschärfen und das besondere Verhältnis zwischen JHWH und Israel betonen (s. jeweils das Ende von Lev 20; 22 und 26).

Weitere gliedernde Elemente

Als weitere Gliederungsmerkmale (insbesondere im Heiligkeitsgesetz Lev 17–26) sind für die Grob- und Feinstruktur (Makro- und Mikrostruktur) die folgenden Elemente zu nennen (s. *A. Ruwe,* Heiligkeitsgesetz, 64–78): Paränesen und paränetische Wendungen (z.B. Lev 19, 19a.37; s. auch die erwähnten Endnotizen); Rechtssatzformen (z.B. in kasuistischer »wenn-dann«-Formulierung); die *'anī YHWH ('ælohē-kæm)*-Aussagen (»Ich [bin] JHWH, [euer Gott]; so v.a. in Lev 19); Ausführungsberichte (z.B. Lev 21, 24; 23, 44).

D. Luciani, Sainteté, unternimmt eine ausführliche Analyse der Makro- und Mikrostruktur. Er unterteilt das Buch Levitikus in 36 »discours divins«. Nach deren Einzeluntersuchung stellt er zehn verschiedene Strukturierungsmöglichkeiten, die in der Sekundärliteratur vorgeschlagen werden, vor. Seine eigene Strukturierung illustriert er in Form von Übersichten und gegliederten französischen Übersetzungen (355–481). Eine Konkordanz (483–538), ein französisch-hebräisches Wörterbuch (539–549) sowie eine umfassende Literaturliste ab 1900 (551–646) bieten weitere Hilfsmittel zur Untersuchung der Sprache des Buches Levitikus. Aus den ausgefeilten Strukturierungen schließt *Luciani,* dass das Buch Levitikus in gleicher Weise sowohl zum Lesen als auch zum Hören gestaltet sei, zumal in der Antike laut gelesen wurde. Die ausgestaltete Schriftlichkeit ermögliche eine Wiederholbarkeit und damit Lernbarkeit der Inhalte (339–340). Dabei erinnere der narrative Rahmen der 36 Redeeinleitungen die Leser- und Hörerschaft immer wieder daran, dass die Weisungen als von Gott gegeben gelten (341; s. die Auslegung zu Lev 1, 1–2 und 4, 1). Das an der Makrostruktur sichtbare theologische »Herz« des Buches sei der Gedanke der Vergebung und der Barmherzigkeit Gottes (Lev 16, der große Versöhnungstag), und damit sei das Buch trotz seiner bisweilen sehr technisch und pragmatisch wirkenden Form ein Buch der Hoffnung (349–350).

Die Großkomposition des Buches Levitikus

Inhaltliche Grobgliederung

Eine an inhaltlichen Fragen orientierte Grobgliederung ergibt folgende, sehr unterschiedlich lange Teile:

Lev 1–10: Opferbestimmungen und Einsetzung der Priester
Lev 11–15: Bestimmungen über »rein« und »unrein« (Speisevorschriften, Teilnahme am Kult, Beurteilung außergewöhnlicher Phänomene)
Lev 16: Der Versöhnungstag
Lev 17: Allgemeine Opferbestimmungen mit Sanktionen
Lev 18: Bestimmungen zu Ehe und Geschlechtsverkehr
Lev 19: Soziale und kultische Einzelbestimmungen

Lev 20: Sanktionen
Lev 21–22: Einzelbestimmungen für die Priester
Lev 23: Festkalender
Lev 24,1–9: Leuchter und Brote
Lev 24,10–23: Lehrerzählung über die Lästerung des Gottesnamens
Lev 25: Schabbatjahr und Jobeljahr
Lev 26: Segen und Fluch
Lev 27: Anhang: Auslösung von Gelübden

Eine solche Segmentierung nach inhaltlichen Gesichtspunkten kann noch nicht die Kompositionsstruktur aufzeigen. Dazu sind die genannten Gliederungsmerkmale stärker zu berücksichtigen. Eine geläufige Grobgliederung des Buches Levitikus geht von zwei großen Teilen aus: Lev 1–16 betreffen die Rolle der Priester als Amtsträger im offiziellen Kult und bei den Reinigungsriten. Lev 17–27 behandeln die Fragen der Heiligkeit im Kult und im privaten und öffentlichen Leben Israels. Der erste Teil richte sich an die Priester (Tora für die Priester), der zweite sei Weisung der Priester für das Volk (so z.B. *B. A. Levine*, Art. Leviticus, 312; ähnlich *Staubli*, 39). Damit wird als These vorausgesetzt, dass Lev 17–26 als so genanntes »Heiligkeitsgesetz« (s.u.) eigenständig und unabhängig entstanden sei. Solche textgenetischen Thesen dürfen aber nicht für die Beschreibung der Struktur des Endtextes herangezogen werden, außerdem gibt es starke »Querverbindungen« zwischen Lev 16 und 17 (*E. Zenger*, Teiltext, 64–65).

Zwei Teile?

Um die Kompositionsstruktur klarer zu erkennen, ist eine Gewichtung der Gliederungsmerkmale vorzunehmen. Setzt man mit *E. Zenger* bei den Gottesredeeinleitungsformeln (Anrede- und Weitergabeformel, s. das Glossar) an, so ist deren jeweilige Fortsetzung für die Struktur entscheidend (s. *E. Zenger*, Teiltext, und *E. Zenger/C. Frevel*, Bücher, 38–45). (1) Die Anredeformeln in Lev 1–7 werden jeweils mit einem *verbum dicendi* (1,1–2; 4,1–2; 6,1–2; 6,17–18; 7,22–23; 7,28–29), einem Konditionalsatz (5,14–15.20–21) oder einem Nominalsatz (6,12–13) fortgeführt. (2) Demgegenüber ist Lev 8,1–2 ein deutlicher Einschnitt, da hier die Fortsetzung mit dem Imperativ eines Aktionsverbs (קַח, *qaḥ*, »nimm!«) erfolgt. Bei der zweiten Einleitung innerhalb von Lev 8–10 wird Aaron allein direkt angesprochen (10,8). (3) Die Einleitung in Lev 11,1–2 stellt etwas Neues dar, weil jetzt zum ersten Mal in Levitikus Mose *und* Aaron gemeinsam angesprochen sind (so auch in 13,1; 14,33 und 15,1). 11,1–2 und 15,1–2 korrespondieren einander als Rahmen, insofern in beiden Einleitungskomplexen Mose *und* Aaron durch ein pluralisches »sprecht zu den Israeliten« gemeinsam zur Weitergabe der offenbarten Bestimmungen aufgefordert werden. (4) Die Einleitung von Lev 16,1–2 ist in mehrfacher Hinsicht erweitert (zwei *verba dicendi;* narrativer Rückblick auf Lev 10), so dass dadurch das besondere Gewicht der folgenden Gottesrede deutlich wird. Sowohl bei der Einleitung zu

Kompositionsstruktur

Redeeinleitungen

Lev 16 als auch zu Lev 17 wird in der Weitergabeformel *Aaron* als Adressat genannt (in Lev 17, 2 zusätzlich noch seine Söhne und alle Israeliten). Das ist ein erster Hinweis auf die Zusammengehörigkeit von Lev 16 und 17. (5) Die nächsten drei Einleitungskomplexe sind sehr ähnlich gestaltet und nennen in der Weitergabeformel als Adressaten jeweils die Israeliten. Damit sind Lev 18–20 zusammenzufassen. (6) In Lev 21, 1 wird die Redeeinleitung (Anredeformel) nicht mit דבר, *DBR*, sondern mit אמר, *'MR*, gebildet, ebenso die Weitergabeformel. Damit ist zunächst ein Neuansatz gegenüber Lev 18–20 markiert. Die nächsten Formeln, die wieder mit דבר gestaltet werden, nennen bei der Weitergabeformel als Adressaten *Aaron* (bzw. mit der Erweiterung »und zu seinen Söhnen«, »und zu seinen Söhnen und zu allen Israeliten«). 22, 26 hat keine Weitergabeformel; durch die Schlussnotiz 22, 31–33 wird aber angezeigt, dass auch die Verse 22, 26–30 noch zum Vorausgehenden gehören, so dass sich als sechster Abschnitt Lev 21–22 ergibt. (7) Ab Lev 23 richtet sich die Weitergabeformel, die meist (aber nicht immer) als zweiter Einleitungsteil vorkommt, immer und nur an die Israeliten. Somit sind auch die Kapitel 23 bis 27 als Gruppe zusammenzufassen.

Schlussmarkierungen

Die sich bisher ergebenden sieben Abschnitte werden in den meisten Fällen durch korrespondierende Schlussmarkierungen bestätigt. So werden (1) Lev 1–7 und (3) Lev 11–15 durch summarische Zusammenfassungen formal abgerundet. Die Abschnitte (5) Lev 18–20, (6) Lev 21–22 und (7) Lev 23–26(27) enthalten am Ende grundsätzliche Paränesen zur Einschärfung der Einhaltung der Gebote und zur Bewusstwerdung des besonderen Gottesverhältnisses Israels. Damit ergibt sich folgende Übersicht über die Siebener-Struktur (nach *E. Zenger*, Teiltext):

(1) Lev 1–7: Opferbestimmungen
(2) Lev 8–10: Einsetzung der Priester als Träger der Heiligkeit
(3) Lev 11–15: Reinheit im Alltag
(4) Lev 16–17: Der Versöhnungstag und die kultische Versöhnung als Gottes Gnadengeschenk
(5) Lev 18–20: Heiligkeit im Alltag
(6) Lev 21–22: Einzelbestimmungen für die Priester und Opfer zum Erhalt der Heiligkeit
(7) Lev 23–26(27): Zusammenleben mit Gott und untereinander

Zentrum

Als *Zentrum* dieser Siebener-Struktur erscheint »mit Lev 16–17 die Botschaft vom versöhnungswilligen Gott, der ganz Israel die Gabe bzw. die Gnade kultischer Versöhnung geschenkt hat« (*E. Zenger*, Teiltext, 71; *D. Luciani*, Sainteté, 349). Für die übrigen Teile ist eine spiegelbildliche Anordnung festzustellen. Der innere Rahmen wird durch (3) Lev 11–15 und (5) Lev 18–20 gebildet, die zwei sehr ähnlich formulierte theologische Deutesätze gemeinsam haben (Lev 11, 44–45 und 20, 25–26). Sie machen deut-

Spiegelbildliche Anordnung

lich, dass es in beiden Abschnitten (3) und (5) um Reinheit bzw. Heiligkeit im täglichen Zusammenleben geht, um eine »göttliche Hausordnung für den Alltag« (*E. Zenger*, Teiltext, 72). Der mittlere Rahmen fokussiert mit (2) Lev 8–10 und (6) Lev 21–22 auf die Priester und ihre Rolle als Verkörperung und Medium der Heiligkeit, die vom heiligen Gott seinem auserwählten Volk beim Exodus zugesprochen wurde (Ex 19, 5–6). Der äußere Rahmen (1) Lev 1–7 und (7) Lev 23–26(27) befasst sich mit dem Kult als Mittel zur Gottesbegegnung: Lev 1–7 regeln detailliert die einzelnen Opferarten, die Darbringungsweise, die Anlässe und die Priesteranteile; Lev 23–26(27) schildern Rahmenbedingungen für die Opfer: heilige Zeiten (Festkalender), Leuchter und Brote als bisher nicht behandelte Teile des Heiligtums, Sabbat und Jobeljahr usw. Die besondere Rolle von Lev 26 in diesem Zusammenhang (s. *E. Zenger*, Teiltext, 74–76) wird im Kommentar zu diesem Kapitel erläutert.

Eine sehr ähnliche Siebener-Struktur schlägt *C. R. Smith*, Literary Structure, 22–32, vor, indem er drei aufeinander anspielende *narrative* Passagen identifiziert und als strukturprägend ansieht: Lev 8–10; 16; 24, 10–23. Die *gesetzgebenden* (»law« bzw. »legal«) Passagen dagegen befassen sich mit Opfern (Lev 1–7), Reinheit (Lev 11–15), Heiligkeit (Lev 17, 1–24, 9) und »redemption« (»Lösung/Erlösung«; Lev 25–27). Problematisch an diesem Ansatz sind jedoch die nicht überzeugende Unterscheidung von »law« und »narrative«, die Einstufung von Lev 16 als »narrative« und die fehlende Berücksichtigung der Verbindungen zwischen Lev 16 und Lev 17.

Strukturübersicht

Aufgrund der genannten Überlegungen zu den Gliederungsmerkmalen wird nun eine Strukturübersicht vorgestellt, an der sich auch die Gliederung des Kommentars orientiert. Feinere Untergliederungen der einzelnen Kapitel finden sich im jeweiligen Abschnitt »Analyse, Aufbau«. Die Bezeichnung »Redeeinleitung« bezieht sich dabei auf die Anredeformel (»Und JHWH sprach zu Mose«), die in der Regel mit der Weitergabeformel (»Sprich zu den Israeliten«) kombiniert ist (s. u., Glossar, Formeln und geprägte Wendungen). Die angesprochenen Personen werden angeführt (z. B. »Mose → Israeliten«); fehlt eine Angabe mit Pfeil (z. B. 5, 14.20), so findet sich im Text keine Weitergabeformel.

Lev 1–7: Opferbestimmungen

1, 1–3, 17 Darbringung
- 1, 1–2b *Redeeinleitung: Mose → Israeliten*
- 1, 2c–17 Brandopfer
- 2, 1–16 Speiseopfergabe
- 3, 1–17 Heilsgemeinschaftsopfer

- 4,1–5,26 Entsündigung und Entschuldigung
  - *4,1–2a Redeeinleitung: Mose → Israeliten*
  - 4,2b–5,13 Entsündigungsopfer
    - 4,2b Grundsatz
    - 4,3–35 Abstufung nach Personen und Rang
    - 5,1–13 Sonderfälle
  - 5,14–26 Entschuldigungsopfer
    - *5,14 Redeeinleitung: Mose*
    - 5,15–19 Fallbestimmungen (religiös-kultische Verstöße)
    - *5,20 Redeeinleitung: Mose*
    - 5,21–26 Fallbestimmungen (unsoziales Verhalten)
- 6,1–7,21 Die Weisungen für die Opfer
  - *6,1–2a Redeeinleitung: Mose → Aaron und seine Söhne*
  - 6,2b–6 Brandopfer
  - 6,7–16 Speiseopfergabe
    - 6,7–11 Speiseopfergabe (Ritus, Priesteranteil)
    - *6,12 Redeeinleitung: Mose*
    - 6,13–16 Speiseopfergabe des gesalbten Priesters
  - *6,17–18a Redeeinleitung: Mose → Aaron und seine Söhne*
  - 6,18b–23 Entsündigungsopfer
  - 7,1–7 Entschuldigungsopfer
  - 7,8–10 Einkommen der Priester
  - 7,11–21 Heilsgemeinschaftsopfer
- 7,22–27 Grundsatzbestimmungen
  - *7,22–23a Redeeinleitung: Mose → Israeliten*
  - 7,23b–27 Verbot von Fett- und Blutgenuss (mit Sanktion)
- 7,28–36 Weisungen an die Israeliten zum Heilsgemeinschaftsopfer
  - *7,28–29a Redeeinleitung: Mose → Israeliten*
  - 7,29b–36 Das Heilsgemeinschaftsopfer und der Priesteranteil
- 7,37–38 Narrative Zusammenfassungen
  - 7,37 Zu 6,1–7,36 (Opfer und Gaben)
  - 7,38 Zu 1,1–7,36 (Darbringung)

Lev 8–10: Die Umsetzung der Opferweisungen

- 8,1–36 Die Vorbereitungen für die ersten Opfer (mit Einsetzung der Priester)
  - 8,1–5 Exposition
    - *8,1 Redeeinleitung: Mose*
    - 8,2–3 Gottesrede (Anordnung)
    - 8,4–5 Ausführung durch Mose, Versammlung

	8,6–13	Vorbereitende Riten	
	8,14–29	Entsündigungsopfer, Brandopfer, Einsetzungsopfer	
	8,30–36	Ausdeutende Riten und Vollzugsformel	
9,1–24	Die ersten Opfer und ihre Annahme durch Gott		
	9,1–7	Anordnungen durch Mose, Vorbereitungen	
	9,8–21	Der Opfervollzug durch Aaron	
	9,22–23	Segen durch Mose und Aaron, Erscheinung JHWHs	
	9,24	Annahme der Opfer durch JHWH und Lobpreis des Volkes	
10,1–20	Gefahren und Aufgaben des Priesterdienstes		
	10,1–5	Erste Störung: Der Fall von Nadab und Abihu	
	10,6–7	Anweisungen des Mose zur Trauer	
	10,8–11	Anweisungen JHWHs an Aaron zu den Aufgaben der Priester	
		10,8	*Redeeinleitung: Aaron*
		10,9	Verbot von Rauschgetränken
		10,10–11	Unterscheidung und Unterweisung
	10,12–15	Anweisungen des Mose zum Verzehr der Priesteranteile	
	10,16–20	Aarons Entscheidung und Moses' Billigung	

Lev 11–15: Reinheit im Alltag

11,1–47	Speisebestimmungen und unreine Tiere		
	11,1–2a	*Redeeinleitung: Mose und Aaron → Israeliten*	
	11,2b–23	Speisebestimmungen	
	11,24–40	Unreinheit durch Kontamination mit Aas	
	11,41–44	Wimmelndes Kleingetier	
	11,45	Grundsatz zur Heiligkeit Gottes und des Volkes	
	11,46–47	Kapitelabschluss mit Toraformel	
12,1–8	Die kultische Reintegration einer Frau nach der Geburt eines Kindes		
	12,1–2a	*Redeeinleitung: Mose → Israeliten*	
	12,2b–5	Geburt eines Jungen bzw. eines Mädchens	
	12,6–7	Abschluss des Status der Purifikation	
	12,8	Nachtrag: Abstufung im Fall von Armut	
13,1–59	Ungewöhnliche Anzeichen an Oberflächen		
	13,1–44	Sieben Fälle von Hautkrankheiten	
		13,1	*Redeeinleitung: Mose und Aaron*
		13,2–8	I: Aussatz (unrein) und Grindflechte (rein)
		13,9–17	II: Aussatz (unrein) und Pigmentstörung (rein)

- 13,18–23 III: Geschwür
- 13,24–28 IV: Brandwunde
- 13,29–37 V: Hautpilzerkrankung (Tinea)
- 13,38–39 VI: Weißfleckenerkrankung (Vitiligo)
- 13,40–44 VII: Kahlköpfigkeit

- 13,45–46 Grundsatzbestimmungen für Aussätzige
- 13,47–58 Analoger Fall: Oberflächenphänomene an Textilien und Leder
- 13,59 Abschließende Toraformel für 13,47–58

14,1–57 Kultische Reintegration

- 14,1–32 Kultische Reintegration geheilter Menschen
  - *14,1 Redeeinleitung: Mose*
  - 14,2a Toraformel
  - 14,2b–8 Der Ritus am ersten Tag – 1. Stufe
  - 14,9 Das Vorgehen am siebten Tag – 2. Stufe
  - 14,10–32 Der Ritus am achten Tag – 3. Stufe
- 14,33–53 Kultische Reintegration renovierter Häuser
  - *14,33 Redeeinleitung: Mose und Aaron*
  - 14,34–36 Symptome an einem *Haus;* Vorbereitungen
  - 14,37–42 Der Normalfall
  - 14,43–45 Der schwere Fall
  - 14,46–47 Reinigungsvorschriften für kontaminierte *Personen* während der Sperrung
  - 14,48–53 Der Reinigungsritus für das *Haus*
- 14,54–57 Zusammenfassende Toraformel für Lev 13–14

15,1–33 Kultische Beurteilung von Ausflüssen aus den Genitalien

- *15,1–2b Redeeinleitung: Mose und Aaron → Israeliten*
- 15,2c–17 Ausflüsse beim Mann
  - 15,2c–15 Abnormale (krankhafte) Ausflüsse
  - 15,16–17 Normaler Samenerguss
- 15,18 Geschlechtsverkehr zwischen Mann und Frau
- 15,19–30 Ausflüsse bei der Frau
  - 15,19–24 Normale Menstruation
  - 15,25–30 Abnormale (krankhafte) Blutungen
- 15,31 Begründung, Hintergrunderläuterung, Motivation
- 15,32–33 Zusammenfassende Toraformel für Lev 15

Lev 16–17: Der Versöhnungstag und die kultische Versöhnung als Gottes Gnadengeschenk

16,1–34 Der Versöhnungstag
- 16,1 *Redeeinleitung* und Szenerie: narrativ-zeitliche Verortung
- *16,2ab* *Redeeinleitung: Mose → Aaron, dein Bruder*
- 16,2c–5 Vorbereitung der Materialien und Schutzmaßnahmen
- 16,6–22 Das Reinigungs- und Entsündigungsritual
- 16,23–25 Opfer auf dem Altar
- 16,26–28 Nachbereitung
- 16,29–34a Israels Selbst-Purifikation
- 16,34bc Feststellung der Ausführung gemäß dem Gebot JHWHs

17,1–16 Allgemeine Opferbestimmungen mit Sanktionen
- *17,1–2b* *Redeeinleitung: Mose → Aaron und seine Söhne, alle Israeliten*
- 17,2c Gebotsformel
- 17,3–7 Verbot der Profanschlachtung
- 17,8–9 Verbot von Opfern, die nicht für JHWH sind
- 17,10–12 Verbot des Blutverzehrs (Zentrum)
- 17,13–14 Grenzfall: Die Jagd auf zu essen erlaubte Wildtiere
- 17,15–16 Grenzfall: Verzehr von Aas oder gerissenen Tieren

Lev 18–20: Heiligkeit im Alltag

18,1–30 Bestimmungen zu Ehe und Geschlechtsverkehr
- *18,1–2b* *Redeeinleitung: Mose → Israeliten*
- 18,2c–5 Rahmenermahnung
- 18,6–23 Die Verbote im Einzelnen
  - 18,6–18 Inzestverbote
  - 18,19–23 Weitere Verbote
- 18,24–30 Rahmenermahnung

19,1–37 Soziale und kultische Einzelbestimmungen
- *19,1–2b* *Redeeinleitung: Mose → die ganze Gemeinde der Israeliten*
- 19,2cd Ruf zur Heiligkeit
- 19,3–18 Gebote und Verbote aus Kult, Dekalog und Gesellschaft
- 19,19a Allgemeine Paränese zur Gebotsbefolgung
- 19,19b–36 Gebote und Verbote aus Kult und Gesellschaft
- 19,37 Allgemeine Paränese zur Gebotsbefolgung

20,1–27 Sanktionen
- *20,1–2a* *Redeeinleitung: Mose → Israeliten*
- 20,2b–5 Verbot der Übergabe von Kindern an »Molech«

- 20,6 Verbot von Nekromantie und Divination
- 20,7–8 Ruf zur Heiligkeit
- 20,9–21 Die Verbote und ihre Sanktionierung
- 20,22–26 Rahmen; Unterscheidung und Heiligung
- 20,27 Verbot von Nekromantie und Divination

Lev 21–22: Einzelbestimmungen für die Priester und Opfer zum Erhalt der Heiligkeit

- 21,1–24 Die Priester und ihre Heiligkeit
  - *21,1a–c Redeeinleitung: Mose → Priester (Söhne Aarons)*
  - 21,1d–15 Verhalten der Priester zur Bewahrung der Heiligkeit
    - 21,1d–9 Bestimmungen für die normalen Priester
    - 21,10–15 Bestimmungen für den Hohepriester
  - *21,16–17a Redeeinleitung: Mose → Aaron*
  - 21,17b–23 Eignung der Priester für ihren Dienst
    - 21,17b–21 Bestimmungen für die normalen Priester
    - 21,22 Grundsatzbestimmung zur Versorgung
    - 21,23 Bestimmung für den Hohepriester
  - 21,24 Narrative Zusammenfassung
- 22,1–33 Die heiligen Gaben
  - *22,1–2a Redeeinleitung: Mose → Aaron und seine Söhne*
  - 22,2b–16 Umgang der Priester mit den heiligen Gaben
  - *22,17–18b Redeeinleitung: Mose → Aaron und seine Söhne, alle Israeliten*
  - 22,18c–25 Eignung der Tiere für das Opfer
    - 22,18c–21 Gebot: Fehlerlosigkeit von Opfertieren
    - 22,22–25 Umgang mit Tieren mit körperlichem Schaden
  - 22,26–33 Abschließende Formulierungen
    - *22,26 Redeeinleitung: Mose*
    - 22,27–28 Umgang mit jungen Opfertieren
    - 22,29–30 Umgang mit dem Fleisch eines Dankopfers
    - 22,31–33 Grundsätzliche Paränese

Lev 23–26(27): Zusammenleben mit Gott und untereinander

- 23,1–44 Die Festzeiten JHWHs
  - *23,1–2b Redeeinleitung: Mose → Israeliten*
  - 23,2c–8 Überschriften, Schabbat und Pessach
  - *23,9–10b Redeeinleitung: Mose → Israeliten*
  - 23,10c–22 Erntefeste: Fest der ersten Garbe und Wochenfest
  - *23,23–24a Redeeinleitung: Mose → Israeliten*
  - 23,24b–25 Ruhetag mit Signalblasen

	23,26	*Redeeinleitung: Mose*	
	23,27–32	Versöhnungstag	
	23,33–34a	*Redeeinleitung: Mose → Israeliten*	
	23,34b–43	Laubhüttenfest und Allgemeines	
	23,44	Weitergabe der Bestimmungen an die Israeliten	
24,1–23	Israel vor JHWH, JHWH im Alltag Israels		
	24,1–2a	*Redeeinleitung: Mose → Israeliten*	
	24,2b–9	Die symbolische Präsenz der Israeliten im Zelt der Begegnung	
		24,2b–4	Das Öl-Opfer: Olivenöl auf dem Leuchter
		24,5–9	Das Brot der Präsenz: Weizenfeinmehl-Kuchen auf dem Tisch
	24,10–23:	Die Präsenz JHWHs im Alltag der Israeliten	
		24,10–12	Fallschilderung und Anfrage an JHWH
		24,13	*Redeeinleitung: Mose*
		24,14	Antwort JHWHs auf den Fall
		24,15–22	Weitere Folgebestimmungen JHWHs
		24,23	Rahmen: Ausführung der Anordnung JHWHs
25,1–55	Schabbatjahr, Jobeljahr, Auswege aus dauerhafter Verarmung		
	25,1–2b	*Redeeinleitung: Mose → Israeliten*	
	25,2c–22	Schabbatjahr und Jobeljahr	
		25,2c–7	Schabbatjahr
		25,8–22	Jobeljahr
	25,23–55	Auswege aus dauerhafter Verarmung	
		25,23–34	Verarmung Stufe 1: Verkauf von Landbesitz
		25,35–38	Verarmung Stufe 2: Zinslose Darlehen
		25,39–55	Verarmung Stufe 3: Schuldsklaverei
26,1–46	Segen und Fluch – und Gottes Gedenken des Bundes		
	26,1–2	Kultische Verbote und Gebote	
	26,3–13	»Segen«: Verheißungen für das Einhalten der Gebote Gottes	
	26,14–39	»Fluch«: Warnungen und Drohungen für den Fall der Missachtung der Gebote	
	26,40–45	Gottes Gedenken des Bundes: Die Chance zur Umkehr	
	26,46	Abschlusswendung (ähnlich der Toraformel)	
27,1–34	Einkünfte für das Heiligtum (Gelübde und anderes)		
	27,1–2b	*Redeeinleitung: Mose → Israeliten*	
	27,2c–13	Gelübde von Personen und Vieh	
	27,14–24	Gelübde von Immobilien	

27,25	Grundsatzbestimmung über den Schekel als Bezugsgröße
27,26–33	Sonderfälle
27,34	Abschlusswendung (ähnlich der Toraformel)

Gliederung unter narrativen Gesichtspunkten

Eine alternative Gliederungsmöglichkeit des Buches Levitikus ergibt sich, wenn man die narrative Linie stärker betont und sie mit den umliegenden Pentateucherzählungen vernetzt (s. dazu *C. Nihan*, Priestly Torah, 109). Im Blick auf die Entwicklung der Gottesbeziehung Israels sind drei große Abschnitte anzusetzen.

(1) Lev 1–10: Die Regeln für die durch den Kult angezeigte Gottesbeziehung werden etabliert und das Geschehen durch eine öffentliche Theophanie vor dem Begegnungszelt abgeschlossen (Lev 9–10). Während Ex 25–40 den *Bau* des *literarischen* Heiligtums beschreibt, liefert Lev 1–10 eine ausgefeilte *Systematisierung* des Lebens und der idealisierten Gemeinschaft an diesem literarischen Heiligtum.

(2) Lev 11–16: Die Kategorien von »rein« und »unrein« definieren ein detailliertes Klassifizierungssystem für die Teilnahme am Kult und für die Stufungen der kultischen Reintegration nach bestimmten Vorfällen. Abgeschlossen wird dies durch die kultische Generalreinigung am großen Versöhnungstag (Lev 16) mit der Erscheinung Gottes auf der ›Kapporet‹ (s. Lev 16,2: Zur Übersetzung) im Allerheiligsten. Nach der *Institutionalisierung* des Kultes in Lev 1–10 geht es in Lev 11–16 um die *Aufrechterhaltung* und *Wiederherstellung* des Kultes nach mehr oder minder gravierenden Störungen.

(3) Lev 17–26(27): Die im Kult etablierte Gottesbeziehung soll sich nun in den Alltag der Israeliten hinein fortsetzen, indem diese den Weisungen Gottes gehorchen und im Konzept der Heiligkeit die Gerechtigkeit Gottes nachahmen. So wird Gott selbst inmitten der Israeliten wohnen (Lev 26,12). Nach der *Wiederherstellung des Kultes* (Lev 16) ist die *Heiligung von ganz Israel an JHWH* das große Ziel, damit die ursprüngliche Gottesbeziehung vom Anfang der Schöpfung wiederhergestellt wird.

Mit diesen drei Schritten ist Israel in die Nähe Gottes initiiert worden und hat alle göttlichen Weisungen gelehrt bekommen. Auf dieser Basis kann der Weg ins Gelobte Land fortgesetzt werden.

Der hier skizzierte Vorschlag von C. Nihan liest das Buch Levitikus in angemessener Weise vor dem Hintergrund der durchlaufenden Erzähllinie des Pentateuchs und zeigt damit die großen Linien auf, die kaum dem Zufall, sondern bewusster redaktioneller Gestaltung zu verdanken sind. – Das Buch Levitikus beschreibt also und regelt das Leben und Handeln einer Gemeinschaft von Menschen in der Gegenwart des heiligen Gottes und in Beziehung zu diesem Gott, der seine Nähe in heilvoller, aber auch gefährlicher Weise schenkt. So sieht auch *Gorman*, 1, das Buch Levitikus als »a book of and about community, and what it means to be a community confronted daily with the promise and warning of divine presence«.

Ein weiterer mehrfach diskutierter Vorschlag zur Strukturierung des Buches Levitikus stammt von Mary Douglas (z. B. *M. Douglas,* Leviticus as Literature, 192–193; *dies.,* Poetic Structure, 253; *dies.,* Forbidden Animals, 11; modifiziert aufgegriffen z. B. von *J. Milgrom,* H_R, 27; s. ferner auch *R. Rendtorff,* Separate Book, 29–32). Demnach sei Levitikus als »Ring« zu sehen, bei dem die Kapitel so angeordnet werden, dass sich einander thematisch entsprechende Teile gegenüberstehen (z. B. Lev 1–9 und Lev 25: Dinge und Personen, die JHWH gehören; Lev 10 und Lev 24: Entweihung des Heiligtums/des Namens JHWHs; Lev 11–15 und Lev 21–22: Hautkrankheiten und körperliche Fehler bei Priestern und Opfertieren; Lev 18 und Lev 20: Sexualität). Ferner versucht *M. Douglas,* Leviticus as Literature, 218–240, die Kapitel des Buches auf den Bauplan des Heiligtums zu projizieren und so die übergreifende Struktur zu erklären; manche Auslegung wirkt dabei eher gezwungen. – Ähnlich zu beurteilen ist der Versuch von *D. Luciani,* Le Lévitique, 77, eine palindromische Struktur des Buches mit Lev 16 als Zentrum und vier »Ringen« (Lev 1–7/25–27; 8–10/23–24; 11–12/22,17–33; 13–15/17,1–22,16) anzusetzen: Manche Parallelisierungen sind verblüffend und gut nachvollziehbar (etwa die zwischen Lev 10,1–7 und Lev 24,10–23 bzw. Lev 8–10 und Lev 23–24, s. ebd., 75–76), manche eher fraglich (v. a. die zwischen Lev 13–15 und Lev 17,1–22,16). Ringstruktur

4. Entstehungsgeschichtliche Hypothesen

Vermutungen über die Entstehungsgeschichte des Buches Levitikus sind immer auch Teil einer nicht mehr überschaubaren, seit Jahrhunderten andauernden Diskussion über die Genese des Pentateuchs bzw. Hexateuchs (s. die umfangreiche Forschungsübersicht dazu im Blick auf das Buch Deuteronomium in dieser Kommentarreihe: *E. Otto,* Deuteronomium 1,1–4,43, 62–282). Folgende Titel befassen sich mit Levitikus und Numeri innerhalb der aktuellen Pentateuchdebatte (in chronologischer Reihenfolge; Auswahl): *L. L. Grabbe,* Book (1997); *C. Frevel,* Ende (1999); *H.-W. Jüngling,* Levitikus (1999); *B. A. Levine,* Literary History (2003), 11–23; *J. Milgrom,* H_R (2003), 32–40; *A. Ruwe,* Structure (2003), 55–78; *J. Milgrom,* Case (2007), 48–56; *R. Achenbach,* Heiligkeitsgesetz (2008), 145–175; *T. Römer,* De la périphérie (2008), 14–22; *C. Frevel,* Mose (2012), 104–114; *Watts* (2013), 39–72.

Die *Entstehung* des Buches Levitikus ist nicht die Hauptfragerichtung dieser Kommentierung und dient auch nicht als primärer Ausgangspunkt der Interpretation. Dennoch ist eine grundsätzliche – wenngleich auch immer nur mutmaßliche – historische Verortung sinnvoll, um die »Enzyklopädie« (die kulturelle Wissenssumme) einschätzen zu können, die der Text aus seiner Entstehungssituation heraus als Voraussetzung für die Lektüre und das Verstehen einfordert.

Zwei Konzeptionen – P und H

Eine unvoreingenommene Gesamtlektüre des Levitikusbuches legt es nahe, zwei ähnliche, aber doch markant unterschiedliche Konzeptionen zu vermuten, deren Grenze wohl zwischen Lev 16 und Lev 17 verläuft und die auf unterschiedliche Verfasserkreise zurückgehen dürften. Die bisherige Forschung, die hier nicht im Einzelnen aufgearbeitet werden muss, weil dies z. B. jüngst Christophe Nihan (s. u.) getan hat, bezeichnet die beiden Blöcke als (Teil der) »Priesterschrift« (Lev 1–16) bzw. als »Heiligkeitsgesetz« (Lev 17–26) und gibt ihnen die Siglen »P« und »H«. Innerhalb der Priesterschrift wird häufig zwischen der so genannten »Priestergrundschrift« (»P^G« oder »P^g«) und den »sekundären« Erweiterungen (bzw. dem Supplement: »P^S« oder »P^s«) unterschieden.

Priesterschrift

Der Beginn der »Priesterschrift« (Priestly Code, Code sacerdotal) wird meist in Gen 1 angesetzt, ihr Ende und damit auch die eventuelle Aufteilung auf »Grundschrift« und »Supplement« sind sehr umstritten. Bekannte Vorschläge für das Ende von P (bzw. P^G) sind etwa Ex 40 (z. B. *T. Pola*, Priesterschrift, 298), Lev 9 (z. B. *E. Zenger*, Art. Priesterschrift, 438–439), Lev 16 (z. B. *C. Nihan*, Priestly Torah, 379) oder Dtn 34 (z. B. *C. Frevel*, Ende, 96 117; *ders.*, Blick, 6–210). In aller Regel wird die Priesterschrift in die Zeit des Babylonischen Exils oder die frühnachexilische Zeit datiert (Ende 6. Jh. v. Chr., 5. Jh.). Während diese zeitliche Ansetzung in der Frühphase der Pentateuchforschung von J. Wellhausen vorgeschlagen wird, optiert Y. Kaufmann in der ersten Hälfte des 20. Jh. stark für ein vorexilisches Entstehungsdatum von P (Religion, 175–200). *J. Blenkinsopp*, Assessment, 495–518, stellt die Argumentation Kaufmanns dar und setzt sich kritisch damit auseinander; auch widerlegt er die Beweisführungen weiterer Vertreter einer vorexilischen Datierung der priesterlichen Texte (u. a. A. Hurvitz, der noch einmal auf Blenkinsopp antwortet: *A. Hurvitz*, Linguistic Profile, 180–191). Blenkinsopp selbst verweist auf die »two centuries of Persian control of Judah« als die sozialgeschichtlich plausibelste Konstellation für die Entstehung der Priesterschrift (Assessment, 517; zur Kritik an Kaufmann s. auch *H. C. Brichto*, Slaughter, 36–40).

Eine gewisse Extremposition vertritt *Milgrom*, 3–34 (u. ö.), der für ein hohes Alter von P argumentiert: Die Opferbestimmungen wurzeln z. T. noch in der Zeit des Heiligtums von Schilo (11./10. Jh. v. Chr.). Nach ihm ist das Buch Levitikus aus den Quellen P und H zusammengesetzt, wobei H eine Redaktion von P darstellt und hauptsächlich die Texte Ex 31,12–17; Lev 11,43–45; 17–26; Num 15,37–41 umfasst. Zeitlich setzt Milgrom die H-Redaktion von P an das Ende des 8. Jh. v. Chr. (z. B. *Milgrom*, 1361–1364). Milgroms Argumente basieren hauptsächlich auf dem Sprachgebrauch bestimmter Vokabeln. Eine solche Argumentation leidet immer unter dem Problem, dass es für die angesetzten Zeiten viel zu wenige biblische Texte und außerbiblische Quellen gibt, die eine diachrone Aufschlüsselung des Sprachgebrauchs über mehrere Jahrhunderte hinweg erlauben würden. Mithin sind Milgroms Ausführungen nicht überzeugend. Dies gilt jedoch nur für seine Schlussfolgerungen bzw. Hypothesen zur Entstehungsgeschichte, nicht für seine Auslegungen der Texte, die einen ungeheuren Reichtum auf- und erschließen und für die die Entstehungsgeschichte in den seltensten Fällen Voraussetzung ist. – Hinsichtlich der These, dass H eine Redaktion von P darstellt, schließt sich Milgrom in seinem Kommentar im Wesentlichen an die Thesen von *I. Knohl,* Sanctuary, 209, an. Knohl betont, dass die literarische Aktivität der von ihm »PT« (»Priestly Torah«) genannten priesterlichen Verfasserkreise erst mit dem salomonischen Tempel begonnen habe (ebd., 226). Knohl unterscheidet sehr scharf zwischen »PT« und »HS« (»Holiness School«) (ebd., 124–198) und überbetont dabei die sicher vorhandenen Unterschiede zu fast unversöhnlichen Gegensätzen. Die »Wende« in der priesterlichen Einstellung setzt Knohl im letzten Viertel des 8. Jh. v. Chr. unter König Hiskija an (ebd., 209). Als »Priesterschrift« (»P«) sieht er die literarische Verbindung von PT und HS in späterer Zeit, durchaus auch nach dem Exil, an. – *T. J. King,* Realignment, führt die Ansätze von Milgrom und Knohl fort und optiert für eine vorexilische Ansetzung von P (ebd., 28–73) und eine Redaktion von P durch H in der Zeit von König Hiskija (ebd., 152–173). – Wenham verzichtet ausdrücklich auf die Einbeziehung einer entstehungsgeschichtlichen Hypothese in die Auslegung, hält aber eine Entstehung in der Königszeit für wahrscheinlicher als eine nachexilische Datierung (*Wenham,* 13). – *R. Rendtorff,* Opfertora, 213–214, äußert sich vorsichtig: Die Texte in Levitikus »stammen aus dem Bereich des Tempelkults in Jerusalem. Über die Frage des Alters können wir hingegen gar nichts sagen«. Mit dem »Tempelkult in Jerusalem« meint Rendtorff aber den Zweiten Tempel (eingeweiht 515 v. Chr.). *Gerstenberger,* 2, tendiert dazu, die Texte insgesamt ins 5. Jh. v. Chr. zu datieren und sieht darin die Lebensumstände der nachexilischen Zeit gespiegelt (s. auch *M. Leuchter,* Politics of Ritual Rhetoric, 351–355; *M. Douglas,* Leviticus as Literature, 7; *Kornfeld,* 6–7; *Budd,* 5; *C. Frevel,* Ende, 87; *A. Marx,* Les sacrifices, 7, und viele andere).

Heiligkeitsgesetz

Der Name »Heiligkeitsgesetz« (Holiness Code, Code de Sainteté) für Lev 17–26 stammt von *A. Klostermann,* Ezechiel und das Heiligkeitsgesetz (1877) (s. *R. Rendtorff,* Separate Book, 27–28; zur Forschungsgeschichte s. u. a. *Marx,* 10–16; *M. Lyons,* Law, 19–46; *J. Stackert,* Rewriting, 5–18; *B. Jürgens,* Heiligkeit, 126–143; *H.-W. Jüngling,* Levitikus, 29; *A. Ruwe,* Heiligkeitsgesetz, 5–35; *J. Joosten,* People and Land, 5–16; *E. Otto,* Theologische Ethik, 234–237; *Hartley,* 251–260; *E. E. Meyer,* Leviticus 17). In diesen Kapiteln sei »der Gedanke der Heiligkeit Jahwes wie seines Volkes ein beherrschendes Thema« (*H. D. Preuß,* Heiligkeitsgesetz, 713). Tatsächlich erweist sich der Vers Lev 19,2: »Ihr sollt heilig sein, denn heilig (bin) ich, JHWH, euer Gott« als ein zentraler Schlüsselvers für das Verstehen dieser Abschnitte. Klassischerweise wird das »Heiligkeitsgesetz« H ähnlich wie das »Bundesbuch« B (Ex 20,23–23,33, im Englischen »covenant code«: CC), das »deuteronomische Kerngesetz« D (Dtn 12–26) oder auch der Dekalog (Ex 20 bzw. Dtn 5) als ein eigenständiges, selbständig überliefertes und in den narrativen Kontext eingesetztes Rechtskorpus angesehen (z. B. *K. Grünwaldt,* Heiligkeitsgesetz, 130). Diese Ansicht wird jedoch mittlerweile mit guten Gründen in Frage gestellt: Das Herauslösen dieser Texte, insbesondere des »Heiligkeitsgesetzes«, aus ihrem Kontext und die Rekonstruktion eines eigenständigen Rechtskorpus schafft größere Probleme und ist damit unwahrscheinlicher als die Annahme, der Gesamtzusammenhang sei aus überlieferten Einzelmaterialien und redaktionellen Bildungen eigens auf seinen jetzigen narrativen Kontext hin komponiert und gestaltet worden (s. u.; *F. Crüsemann*, Heiligkeitsgesetz, 94; *Elliger*, 16).

Ein kompositions- und redaktionsgeschichtlicher Gesamtentwurf

Die vielen Vorschläge zur genaueren Entstehungsgeschichte des Buches Levitikus können hier nicht gesichtet und ausgewertet werden. Auch ist diese Arbeit schon verschiedentlich getan worden (s. z. B. *T. Naef*, Suche, 13–65, zum Heiligkeitsgesetz), in besonders intensiver Weise in dem kompositions- und redaktionsgeschichtlichen Gesamtentwurf von *Christophe Nihan* (From Priestly Torah to Pentateuch, 2007). Nihans Ausführungen erweisen sich als schlüssig und nachvollziehbar, zugleich behutsam im Umgang mit dem Text, indem der kompositionellen Einheit der Vorzug gegeben wird gegenüber einer oft vorschnellen und auf zweifelhaften Kohärenzkriterien fußenden Literarkritik, die den Text stark fragmentiert. Der Ansatz von Nihan sei im Folgenden kurz vorgestellt und im Kommentar grundsätzlich vorausgesetzt, wenngleich er nicht immer in aller Ausführlichkeit erwähnt werden kann. Der synchrone Kommentierungsdurchgang, aus dem aus methodischen Gründen keine unmittelbaren entstehungsgeschichtlichen Schlüsse gezogen werden können, hat zumindest keine Beobachtungen hervorgebracht, die diesen Ansatz im Ganzen oder in Teilen in Frage stellen würden (zur Würdigung des Ansatzes von Nihan s. auch *E. Otto*, Buch, 479).

C. Nihan: From Priestly Torah to Pentateuch (2007)

Am Ende seiner Untersuchungen zur Priesterschrift kommt C. Nihan zu dem Ergebnis, dass Lev 16, das Kapitel über den großen Versöhnungstag *(yōm ha-kippurīm)*, das Ende des priesterschriftlichen Erzählfadens, der mit Gen 1 beginnt, darstelle (*C. Nihan*, Priestly Torah, 379). Man muss diese weitreichende These nicht unbedingt in ihrer vollen Tragweite übernehmen; sicher ist, dass innerhalb von Levitikus nach Kapitel 16 etwas anderes kommt, das »nicht P« ist.

Lev 1–16

Innerhalb von Lev 1–16 rechnet Nihan die Kapitel 1–3; 8–9 und 11–16 zum integralen Bestandteil von P. Der priesterliche Verfasser habe ein Handbuch zu den Opferweisungen (Lev 1–3), eine Sammlung von Weisungen für priesterliche Spezialisten über reine und unreine Tiere (Lev 11,2–23) und über verschiedene durch Körperflüssigkeiten bedingte Unreinheiten (Lev 12–15) aus der Tradition übernommen und redigiert sowie mit zwei Texten über die *Einrichtung* des Opferkults (Lev 8–9) und dessen *Wiederherstellung* (Lev 16,2–28) gerahmt (ebd., 380; s. auch 609–614). Als wahrscheinlichste Zeit für diesen Vorgang sei die frühnachexilische Periode (»the return from exile and the first decades of the Persian period«, 383) anzunehmen. Das P-Dokument wurde später innerhalb von Lev 1–16 durch die Hinzufügung von Lev 4–5 und Lev 6–7 ergänzt (ebd.,

614–615). Lev 4–5, die Vorschriften über das Entsündigungs- und das Entschuldigungsopfer, stellen eine bereits detailliert ausgearbeitete Verschmelzung von individueller bzw. kollektiver Sühne für unabsichtliches Fehlverhalten einerseits und einer kultischen Reinigung von heiligen Dingen bzw. Kompensationsleistungen (Schadensersatz) andererseits dar. Wiederum ein anderer Verfasser hat nach der Etablierung der Opfervorschriften von Lev 1–5 diese durch spezielle Hinweise auf den Umgang mit dem, was vom Opfer übrigbleibt, vertieft. Bestimmte Abschnitte (z. B. Lev 6, 12–16; 7, 22–27; 7, 28–36; 11, 44–45; 16, 29–34a sowie die Begriffe »Frevel« und »Sünden« in 16, 16a.21) seien dabei redaktionelle Zusätze, die bereits Lev 17–26 (H) voraussetzen. – Die Endredaktion von Lev 1–16 könnte nach *M. Leuchter,* Politics of Ritual Rhetoric, 363, in zeitlicher Nähe zu Nehemia (Mitte des 5. Jh. v. Chr.) angesetzt werden: Gegen die Tendenz des Nicht-Priesters Nehemia, die *Leviten* als Lehrer und Amtsträger zu etablieren, betone die Kultgesetzgebung in Lev 1–16, dass ausschließlich die Aaroniden die legitimen Vermittler religiöser Tradition seien.

Lev 17–26

Wie bereits angedeutet, tendiert die neuere Forschung dazu, das »Heiligkeitsgesetz« (H; Lev 17–26) nicht mehr als ursprünglich selbständiges Rechtskorpus anzusehen (s. u. a. *J. Stackert,* Rewriting; *C. Nihan,* Holiness Code). Auch die Analysen von C. Nihan kommen zu diesem Ergebnis: »Lev 17–26 never existed as a separate document prior to its insertion in Leviticus« (*C. Nihan,* Priestly Torah, 546; 616). Der Buchstabe »H« steht nun nicht mehr für eine »Quelle«, sondern markiert einen bestimmten Literaturbereich, eben Lev 17–26. Der Name »Heiligkeitsgesetz« kann durchaus beibehalten werden, wenn man ihn nicht mehr im Sinne eines »Gesetzbuches« versteht, sondern als in Lev 17–26 eingeflossene Konzeption, die die Heiligung der Gemeinde anstrebt, und dies zum Schlüssel für die Verbindung mit P und die Einbettung in den Pentateuch wird (*C. Nihan,* Priestly Torah, 550; *A. Ruwe,* Heiligkeitsgesetz, 4; *T. J. King,* Realignment, 125–151). Die Analysen Nihans zeigen, dass H die Priesterschrift P (Gen 1–Lev 16) voraussetzt und diese korrigieren und revidieren will. Auch der deuteronomische Kernbereich Dtn 12–26, genannt »D«, wird von H reinterpretiert (*C. Nihan,* Priestly Torah, 546–547; 616; s. auch *J. L'Hour,* L'Impur II, 51–53; *C. Nihan,* Holiness Code, 83, mit Verweis auf *A. Cholewiński,* Heiligkeitsgesetz, und weitere Literatur) und mit dem »priesterlichen Tetrateuch« ausgeglichen (*E. Otto,* Heiligkeitsgesetz, 75). Es geht H nicht darum, die älteren Texte zu ersetzen, sondern sie zu ergänzen. Die Idee der Heiligung der Gemeinde als Weg zur Gottesbegegnung (Lev 19, 2) ersetzt nicht den Gottesdienst am Heiligtum (also die Opferdarbringung), sondern ergänzt oder vollendet sie (*C. Nihan,* Priestly Torah, 551; *R. A. Kugler,* Holiness, 27). Die Heiligkeit und Reinheit der Opfer, der Priester, des Altares usw. soll – so die Konzeption von H – auf den Alltag der Israelitinnen und Israeliten abfärben, hineindringen, auf dass ganz Israel (nicht nur das Heiligtum in Jerusalem!) die Heiligkeit JHWHs in der Welt abbilde (*I. Knohl*, Sanctuary, 190; *B. D. Bibb*, Ritual Words, 152–153). Die H-Konzeption steht vermutlich in zeitlicher Nähe zur Erstellung einer ersten Auflage der Tora, wahrscheinlich, so C. Nihan, in der zweiten Hälfte des 5. Jh. v. Chr. (nach Nehemia, *C. Nihan*, Priestly Torah, 575; ähnlich *K. Grünwaldt*, Heiligkeitsgesetz, 379). Es wäre aber auch denkbar, dass das Esra-Nehemia-Buch mit der Ansetzung der Esra-Mission ab dem Jahr 458 v. Chr. ein plausibles Geschichtsbild abgibt: Esra hätte dann als Schreiber und Priester aus vorgegebenen Materialien und in Zusammenarbeit mit priesterlichen Kreisen eine erste Auflage der Tora zusammengestellt, ja verfasst und in der kleinen persischen Provinz Jehud (Jerusalem und Umgebung) so implementiert, dass nach dem Stadtmauerbau Nehemias (445 v. Chr.) das Gemeinwesen sowohl über eine religiös-politische Verfassung als auch über eine Befestigung zur Umsetzung der Vorschriften verfügt hätte (s. *T. Hieke*, Die Bücher Esra und Nehemia, 62–63; nach *I. Finkelstein*, Lists, 55, ist der Stadtmauerbau archäologisch nicht greifbar). Beweisbar ist es nicht, es bleibt eine interessante Spekulation. Greifbarer sind die textlichen Spuren: Die Idee der Heiligkeit und der Heiligung der Gemeinde hat ein Tora-Redaktor auch an wichtigen Stellen im Buch Deuteronomium eingefügt: Dtn 26,19; 28,9. Damit wird das Deuteronomium in eine umfassende Konzeption der Heiligkeit eingebunden, so dass sich aus dieser literarisch-theologischen Perspektive Lev 17–26, das Heiligkeitsgesetz, als Zentrum der Tora erweist (*C. Nihan*, Priestly Torah, 557).

Trägerkreise von H

Dieses eigene literarische und theologische Profil des Heiligkeitsgesetzes legt die Vermutung nahe, dass dahinter eine eigene Trägergruppe aus priesterlich-schriftgelehrten Kreisen steht (s. dazu ebd., 559–562). Deren spezifische, sonst kaum noch begegnende Auffassungen zeigen sich beispielsweise in der Ablehnung jeglicher Tierschlachtung *außerhalb* eines Heilsgemeinschaftsopfers am Heiligtum und der damit zusammenhängenden Konzeption des Tieropfers in Lev 17 (s. die Auslegung dort), in der besonderen Sicht der Priester, ihrer Aufgaben und Verantwortlichkeiten in Lev 21–22 oder in der Konzipierung Israels als Tempel-Gemeinde in Lev 25: Sie verlässt sich so bedingungslos auf den Segen Gottes, dass sie es sich leisten kann, in jedem siebten Jahr auf jegliche landwirtschaftliche Betätigung zu verzichten (Schabbatjahr) und in jedem 50. Jahr die Besitzverhältnisse hinsichtlich der landwirtschaftlichen Fläche auf den Ausgangspunkt zurückzusetzen (Jobeljahr). Dieser religiös reglementierte Ackerbau beruht auf einem spirituellen Verständnis des Landes als Eigentum JHWHs, das ebenso wie das Heiligtum durch kultisches und ethisches Fehlverhalten verunreinigt werden kann. Dies geht so weit, dass das Land geradezu personifiziert wird, so dass es seine Bewohner »ausspeit« (Lev 18,24–30; 20,22; s. *J. Joosten*, La persuasion, 393). Damit ist auch – anders als in P – die Gegenwart Gottes nicht auf das Heiligtum beschränkt, sondern sie erstreckt sich auf das gesamte Land Israel und den Alltag der Israelitinnen und Israeliten (s. z. B. die Auslegung zu Lev 24,10–23). Der eigenen theologischen Konzeption (s. dazu auch *Milgrom*, 1368–1443; *J. Joosten*, People and Land, 193–200) entspricht eine eigene Begrifflichkeit, wie sie sonst kaum noch in der Tora, bisweilen aber in Ezechiel vorkommt (s. die Zusammenstellungen bei *C. Nihan*, Priestly Torah, 561; *M. Lyons*, Law, 162–186; *Milgrom*, 1325–1344; *I. Knohl*, Sanctuary, 106–110). Darunter fallen etwa Wendungen wie »Ich (bin) JHWH, euer Gott«, »eine ewige Satzung (sei dies) für eure Generationen (an allen euren Wohnsitzen)« (Generationenformel, s. das Glossar), die Kombination von »Fremder« und »Einheimischer« (s. die Auslegung zu Lev 16,29), »der Fremde, der in eurer Mitte wohnt«, die systematische Verwendung der 1. Person in den Gottesreden, insbesondere des Possessivpronomens in »meine Schabbate« (Lev 19,3 u. ö.), »meine Vorschriften«, »meine Satzungen« (18,4 u. ö.), »meine Gebote« (22,31 u. ö.), »ich bin JHWH, der euch/sie heiligt« (20,8 u. ö.), »ein Schabbat völliger Ruhe« (16,31 u. ö.), der »Mitbürger« (18,20 u. ö.). Diese Beobachtungen lassen auf eine eigene »Schule« priesterlichen Ursprungs schließen, die zeitgleich mit anderen Zirkeln zusammenarbeitet und doch ihr eigenes sprachliches und theologisch-konzeptionelles Gepräge hat. In der Forschung wird dafür der Name »Holiness School« (*I. Knohl*, Sanctuary, 6; *C. Nihan*, Priestly Torah, 562; 617) vorgeschlagen, also »Heiligkeitsschule«. Ihre redaktionelle Tätigkeit zeigt sich auch verschiedentlich außerhalb von Lev 17–26 (s. ebd., 562–575), so etwa in Ex 12,14–20 (s. zu Lev 23,5–8); Ex 12,43–49 (s. Lev 24,22); Ex 31,12–17 (die Heiligung »meiner Schabbate, ... damit man erkennt, dass ich, JHWH, es bin, der euch heiligt«; »ein Schabbat völliger Ruhe, heilig für JHWH«); Lev 3,17 (Verbot von Fett- und Blutgenuss als »eine ewige Satzung ... für eure Generationen an allen euren Wohnsitzen«); 7,22–27.28–36 (Verbot von Fett- und Blutgenuss; Erweiterungen zu 7,11–21); 11,43–45 (»ihr sollt heilig werden, denn ich bin heilig«); 16,29–34a (die Reinigung des *Volkes* [nicht nur des Heiligtums!] von allen Sünden am Schabbat völliger Ruhe, am *yōm ha-kippurīm*). In 16,16a und 16,21 sind die Wendungen »und wegen ihrer Frevel, also all ihrer Sünden« sowie »und alle ihre Frevel, also alle ihre Sünden« nachgetragen (s. zu Lev 16, Analyse, Entstehungsgeschichtliche Fragen), um so zu einer konzeptionellen Durchdringung und Vernetzung von P und H zu gelangen.

Die Lektüre der genannten Stellen in Exodus und Levitikus erinnert konzeptionell und begrifflich stark an Lev 17–26; das Ergebnis dieser vermutlich redaktionellen Angleichungen der »Holiness School« für die Lektüre besteht darin, dass das Konzept von H mit dem Gedanken der umfassenden Heiligkeit auf die älteren Vorschriften gleichsam aufgepfropft wird und diese im Lichte der Heiligkeitstheologie gelesen werden.

Der Fall von Numeri ist komplex und die Entstehung des Buches vermutlich später als P und H anzusetzen (ca. spätes 5., frühes 4. Jh. v. Chr.; *C. Nihan*, Priestly Torah, 570–572; *ders.*, Holiness Code, 120–122; *R. Achenbach*, Vollendung, 629). Genannt sei noch die These von *J. Milgrom*, Case, 48–56: Er identifiziert neben den oben aufgeführten Stellen noch weitere Passagen in Exodus, Levitikus und Numeri, die der von ihm »H_R« genannten Redaktion zuzuschreiben seien. Da H_R exilisch zu datieren sei, müsse das von ihm redigierte Material (also JE, P und H) vorexilisch sein; H_R sei der Endredaktor der drei Bücher Exodus, Levitikus und Numeri (s. auch *J. Milgrom*, H_R).

Priesterliche Verfasserkreise

Die Träger- und Verfasserkreise des Buches Levitikus kommen insgesamt aus dem priesterlichen Bereich. Das macht es auch sehr unwahrscheinlich, dass Frauen unter den Autoren sind; dafür sprechen auch inhaltliche Erwägungen. Es zeigen sich keine »female voices« (Hinweise auf weibliche Autorschaft), vielmehr wird auch dort, wo es um Themen geht, die ausschließlich Frauen betreffen, deutlich eine männliche Perspektive eingenommen (s. z. B. zu Lev 12 oder Lev 15; *G. Feld*, Levitikus, 44.47–51). Diese Androzentrik ist zu bedenken, bedeutet aber nicht automatisch eine Abwertung von Frauen. Für den Kult gilt, dass das, was von den männlichen Laien (Nicht-Priestern) durchgeführt wird, auch von Frauen gemacht werden kann. Insbesondere die Verwendung der Begriffe אדם, *ʾādām*, »Mensch«, und נפש, *næpæš* (Aussprache: *näfäsch*), »Seele, jemand, Person«, sind geradezu Hinweise auf eine bewusst gender-neutrale Sprache (»nonsexist neutral language«, *M. I. Gruber*, Women, 39). Die Genderthematik und -problematik ist somit differenziert zu erheben. – Die priesterlichen Verfasser sind Theologen, die ihrer vorfindlichen Welt Ordnung und Bedeutung abgewinnen wollen und damit ihren Adressaten Sicherheit und Vertrauen in Gott, den Schöpfer aller Dinge, vermitteln wollen. Zur Aufrechterhaltung der kosmischen Ordnung dienen die Rituale (u. a. die Opfer) und die Bewahrung der kultischen Reinheit (s. u. a. *F. H. Gorman*, Ideology, 229–230). Während die Verfasser des ersten Teils des Buches Levitikus (Lev 1–16) dabei verstärkt das Heiligtum (den Tempel) und seine Einrichtungen und deren Reinheit in den Blick nehmen, versuchen andere priesterliche Kreise in der zweiten Hälfte des Buches (Lev 17–26), diese Heiligkeit (und damit Ordnung, Stabilität und Unterschiedenheit von der übrigen Welt) in das Volk hineinzutragen, in seinen Alltag, seine Ethik (Lev 19!), seine Zeit (Festkalender) und seinen Raum (das Land). Die priesterliche Perspektive und die priesterlichen Interessen werden dabei aber nie verlassen. Einkommen und Auskommen, Status und Würde der Priester werden immer wieder festgeschrieben und als göttliche Einrichtung (JHWH-Rede!) gesichert – dabei ist jedoch zu beachten, dass dies nicht in unbotmäßiger oder unverhältnismäßiger Weise und mit finanzieller Übervorteilung des Laien-Volkes geschieht: Schließlich sind das Buch Levitikus und seine einzelnen Abschnitte keine Geheimlehre, die ausschließlich einer überlegenen Priesterkaste gilt.

Vielmehr soll das Volk alles wissen und auch diejenigen Dinge kennen, die nur die Priester betreffen – insofern haben die »Laien« auch eine Kontrollfunktion: Sie kennen die Höhe der priesterlichen Anteile und wissen um die priesterlichen Befugnisse – Kompetenzüberschreitungen seitens der Priester, etwa, dass sie zu viel von den Opfermaterialien für sich reklamieren, sind so (zumindest theoretisch) nicht möglich. Zu bedenken ist aber der idealtypische Charakter aller Vorschriften, der keinen direkten Rückschluss auf die sozialgeschichtliche Realität erlaubt: Der Text des Buches Levitikus ist zunächst »nur« ein Programm, eine priesterlich konzipierte Utopie über die Abläufe am Heiligtum und das zwischenmenschliche Zusammenleben, das die angestrebte Heiligkeit als *imitatio Dei* und Repräsentanz Gottes in der Welt widerspiegeln soll. Wie viel von diesen priesterlichen Idealen tatsächlich umgesetzt wurde, muss im Einzelnen gefragt werden (zur Problematik s. *J. W. Watts,* Ritual and Rhetoric, 27–32).

Laien?

Die Annahme von *K. Grünwaldt,* Heiligkeitsgesetz, 384–385, als »Verfasser des Heiligkeitsgesetzes hat man sich also einen Laien oder eine Laiengruppe vorzustellen«, erscheint demgegenüber weniger plausibel. Es ist unwahrscheinlich, dass sich in der sehr kleinen nachexilischen Gemeinde von Jerusalem und Umgebung (s. dazu z. B. *I. Finkelstein,* Lists, 53) eine weitere Bildungselite (eben »Laien«) unabhängig vom Tempel herausgebildet habe. Eher ist anzunehmen, dass die Priesterschaft neben dem Opfergottesdienst auch verschiedene Bildungsaufgaben und Traditionssicherung durch Aufschreiben übernommen hat. Dass es dabei zu unterschiedlichen Schwerpunktsetzungen, Konzeptionen und Schulbildungen kam, ist nicht weiter verwunderlich. – Im Übrigen sei auf die sehr hilfreiche Zusammenfassung zur Theologie des Heiligkeitsgesetzes bei *K. Grünwaldt,* Heiligkeitsgesetz, 386–413, verwiesen.

Lev 10 und Lev 27

Auf der letzten Ebene der Entstehung des Buches Levitikus sind die Kapitel 10 und 27 hinzugekommen (*C. Nihan,* Priestly Torah, 617–618). Lev 27 ist bereits durch die gedoppelte Schlussformel (s. Lev 26,46 und Lev 27,34) als Anhang erkennbar. Das Kapitel behandelt eine neue, bisher nicht besprochene, aber sich logisch erschließende Frage: Wie können Dinge, Tiere und Menschen, die bereits für den Kult vorgesehen (bzw. versprochen, »gelobt«) und damit geheiligt wurden, in die Welt des Profanen zurückgeführt werden und gegen einen Geldbetrag, der dem Tempelbetrieb zugutekommt, ausgelöst werden? Insofern korrespondiert Lev 27 den ersten Kapiteln über die Opfer, Lev 1–3. Lev 10 reflektiert die besondere Rolle der Priester und insbesondere ihre Kompetenz der eigenständigen Auslegung der Tora. Das Fehlverhalten der älteren Aaron-Söhne Nadab und Abihu bildet den Aufhänger für grundsätzliche Ausführungen über die Pflichten der Priester, aber auch für eine neue Bühne Aarons: Als seine beiden jüngeren Söhne Eleasar und Itamar von Mose angeklagt werden, einen Verstoß gegen bestimmte kultische Vorschriften begangen zu haben, erweist Aaron als oberster Priester (später: Hohepriester) seine schriftgelehrte Kompetenz, indem er eine plausible Erklärung für das in diesem besonderen Fall von der Norm abweichende Verhalten gibt (Näheres s. die Auslegung zu Lev 10). Die Platzierung erfolgt bewusst an dieser Stelle: rückverweisend auf die Opferbestimmung und die Einrichtung des Opferkultes (Lev 1–9), vorausverweisend auf die Aufgaben der Priester, über rein (Kultteilnahme möglich) und unrein (Kultteilnahme nicht möglich) zu entscheiden (Lev 11–15). Der Rückverweis in Lev 16,1 auf Lev 10 ist dann ebenfalls auf der Ebene der Endredaktion des Buches anzusetzen. Die Pragmatik der Einfügung von Lev 10 besteht darin, mitten in den Pentateuch hinein eine Legende zu platzieren, die die Autorität der priesterlichen Schriftgelehrten, die ganze Tora zu interpretieren und zu kommentieren, stärkt (*C. Nihan*, Priestly Tora, 618; *C. Frevel*, Mose, 130–133; zur Diskussion s. auch *Watts*, 509–511, der sich inhaltlich an Nihan anschließt, aber skeptisch hinsichtlich der literarhistorischen Spätdatierung von Lev 10 ist).

Eine weitergehende Auseinandersetzung mit den Ansätzen der älteren Literarkritik unterbleibt, um den Kommentar zu entlasten. Auch aus methodischen Gründen ist dies gerechtfertigt, da das Ziel nicht die vollständige Rekonstruktion der Entstehungsgeschichte des Buches, sondern primär dessen Verstehen ist. Aus heutiger Sicht erscheinen die literarkritischen Ausführungen der älteren Sekundärliteratur bisweilen problematisch (so urteilt z. B. auch *F. Crüsemann*, Heiligkeitsgesetz, 95). Aufgrund dieser Überlegungen werden folgende Werke (und die darin aufgeführte noch ältere Literatur) nur eingeschränkt berücksichtigt: *W. Kornfeld*, Studien (1952); *K. Koch*, Priesterschrift (1959); *H. Graf Reventlow*, Heiligkeitsgesetz (1961); *R. Kilian*, Untersuchung (1963); *R. Rendtorff*, Gesetze (1963); *C. Feucht*, Heiligkeitsgesetz (1964); *K. Elliger*, Leviticus (1966) [s. dazu *H.-W. Jüngling*, Levitikus, 23–27]; *A. Cholewiński*, Heiligkeitsgesetz (1976); *M. Noth*, Das dritte Buch Mose (^{5}1985).

Heutige Ansätze, das Buch Levitikus bzw. seine Inhalte »in die Zeit des Mose« und damit ins 2. Jahrtausend v. Chr. zu datieren, sind selten (z. B. *Harrison*, 23; *Rooker*, 39; *Martin*, 162; *Kiuchi*, 18; zur Diskussion s. auch *Wenham*, 8–9; *Hartley*, xxxv–xliii). Dagegen ist zu bedenken, dass die Vorschriften eine sesshafte Gesellschaft mit einer wechselvollen Tradition an landwirtschaftlichen Festen voraussetzen sowie eine organisierte, von der Zusammenarbeit von Land- und Stadtbevölkerung mit einem etablierten Heiligtum geprägte Kultur bezeugen (*Kornfeld*, 6).

5. Stellung im Kanon

Erzähllinie des Pentateuchs/ der Tora

Innerhalb der Erzähllinie der Tora ist Israels Aufenthalt am Sinai ein konzeptionelles Innehalten mit dem Ziel, die Grundlagen für die Existenz Israels innerhalb der Welt und für die Gottesbeziehung Israels zu legen (s. zum Folgenden *E. Zenger*, Teiltext, 76–80; ferner *R. Rendtorff*, Separate Book, 24–27; *Watts*, 20–24). Die Urgeschichte in Gen 1–9 entwirft den welt- und menschheitsgeschichtlichen Gesamthorizont: die Welt als Lebenshaus für

Menschen, Tiere, Pflanzen, gestaltet von einer Gottheit, die alle Lebewesen liebt und daher die Menschen auch in ihrem Scheitern nicht fallen lässt. Dieser Schöpfergott erwählt sich in Abraham eine paradigmatische Figur, um die göttliche Zuwendung personal zu gestalten. Durch die Gottesbeziehung Abrahams sollen alle Menschen (»die Völker«) zu Gott finden (Gen 12,3). Die Geschichte dieser Beziehung wird durch die Erwählung des Volkes Israel fortgesetzt: Israel hat als »priesterliches Königreich« (Ex 19,5–6) eine Brückenfunktion und Vermittlungsaufgabe zwischen Gott und den Menschen. So ist Israel einerseits ausgesondert und zur Heiligkeit berufen, andererseits aufgerufen, diese von Gott verliehene Heiligkeit innerhalb der Welt zu verwirklichen. Die am Sinai ergangenen Gebote kultischer und ethischer Art sollen zur Realisierung dieser Aufgabe anhalten und dabei helfen. Das ganze Buch Levitikus, auch die oft bis ins kleinste Detail gehenden Weisungen zu Opfern, zu Reinheiten und Unreinheiten, zu Festzeiten und zur Finanzwirtschaft, all das dient dem großen Ziel: dass Israel die lebensförderliche Weisung (Tora) Gottes treu verwirklicht und beispielhaft aus der Gnade Gottes heraus ein gelingendes Leben führt. Dabei ist das Volk nicht allein, denn Gott will ja »in seiner Mitte wohnen« (Ex 29,46). »Was dies für Israel bedeutet, was ihm damit geschenkt ist und wie dieses Geschenk bewahrt werden kann, reflektiert das Buch Levitikus« (*E. Zenger*, Teiltext, 78–79; *P. P. Jenson*, The Levitical Sacrificial System, 37). Daher pausieren die Bewegung des Volkes und der Erzählfortschritt zugunsten des Empfangs langer Gottesreden, die Mose dem Volk und den Priestern (Aaron und seinen Söhnen) mitteilen soll. Vieles wird in der Erzähllogik vorweggenommen, was später für das Leben im Land gelten soll – oder, aus entstehungsgeschichtlicher Perspektive formuliert, die priesterlichen Weisungen für die Umsetzung des theologischen Konzepts einer beispielhaften Existenz Israels inmitten der und für die Völker werden an den Ur-Anfang am Sinai zurückverlagert, um die Identität Israels in seinen geschichtlichen Wurzeln zu verankern. Die narrative Einbettung hat also kein historiographisches Interesse (im Sinne eines »so war es damals«), sondern verfolgt ein paränetisches Ziel (s. z. B. *J. Joosten*, People and Land, 194–196): In der Rezeption der Weisungen, in der Lektüre des Levitikusbuches, soll Israel beständig seines Anfangs und damit seiner Berufung und Mission gedenken. Die im Buch Levitikus beschriebenen Riten sollen dieses Gottesverhältnis Israels am Leben erhalten und immer wieder aktualisieren, damit aus dieser Gottesbeziehung heraus Israel das Leben gestalten und damit vorbildhaft für alle Menschen (»die Völker«) werden kann. Für diesen Vorgang der »Kanonisierung« ist es geradezu notwendig, dass die Texte des Buches Levitikus in der späteren Rezeption nicht als konkrete, wörtlich umzusetzende Handlungsanweisungen zu verstehen sind (die mit Wegfall des Heiligtums obsolet geworden wären). Vielmehr handelt es sich um fiktionale Literatur (s. dazu v. a. *H. Liss*, Kanon und Fiktion, 7–38), die vorgegebene Rechtstexte,

Die Kraft der Literatur

handbuchartige Checklisten und kultische Institutionen mittels einer »konsequenten Verfremdung« zu einem »*Kultus im Text*« gestaltet: »Kultische Einrichtungen und darin die Begegnung mit YHWH werden so gleichsam aus ihrem Geschichtsraum heraus in einen ›Text-Raum‹ hinein transponiert, weil nur durch die Aufgabe des Konzeptes eines ›Gottes in der Geschichte‹ Israel seinem Gott nicht *in* der Geschichte, sondern (weiterhin!) *trotz* der Geschichte begegnen kann. Eben darin wird das eröffnet, was ich einen ›Auslegungs-Raum‹ nennen möchte, für den der ›Kanon‹ zwingend notwendig ist. Gottes ›Sich-treffen-Lassen‹ findet im Text statt. Der Text sichert das Überleben aller beteiligten Figuren oder *dramatis personae* in diesem ›theologischen Bühnenstück‹. Es ist dieser ›Auslegungs-Raum‹ als Zukunfts-Raum der Tradition, der in den priesterlichen Texten begründet wird« (ebd., 32–33, H.i.O.). Genau hier setzt die reiche Auslegungsgeschichte des Buches Levitikus innerhalb des Judentums an. Durch die schon im biblischen Text selbst angelegten Transformationen und impliziten Aufforderungen zur Auslegung wird die im Kult indexierte Gottesbegegnung zu einem geistig-geistlichen Geschehen in der Imagination derer, die die Texte hören, lesen und studieren. In dieser Zeit und Raum übersteigenden Universalisierung liegt eine identitätsbildende Kraft, die die bleibende Validität des Buches Levitikus ausmacht. So kann Levitikus als Teiltext der Tora integraler Bestandteil der religiösen und sozialen Identität des Judentums werden und bleiben.

Levitikus im Christentum

Das Buch Levitikus ist aber auch unverzichtbarer Bestandteil der zweieinen christlichen Bibel Alten und Neuen Testaments. Sein Grundthema – die Kommunikation mit Gott, der sich den Menschen zuwendet – ist ein Kerninhalt des Christentums (s. z. B. *A. Marx,* Opferlogik, 146–147). Für viele grundlegende Felder christlicher Theologie liefert das Buch Levitikus zentrale konzeptionelle Einsichten:

- Ohne die wichtigsten Dimensionen des »Großen Versöhnungstages« *(yōm ha-kippurīm)* ist die Rede vom Sühnetod Jesu nicht verstehbar (Lev 16).
- Die zentrale Rolle des Blutes im Sühne- bzw. (besser) Versöhnungsgeschehen nach der Konzeption des »Entsündigungsopfers« (s. u., Glossar und zu Lev 4–5) und die im biblischen Text bereits angedeuteten Transformationen eröffnen wesentliche Einblicke in die Realsymbolik der Eucharistie, des Abendmahls.
- Wie im Judentum so gehen auch im Christentum Kult und Ethos ein unauflösbares Ineinander ein: Rechter Gottesdienst und gerechtes Verhalten im Alltag bedingen einander gegenseitig – ein Beispiel für diese Verschmelzung ist etwa Lev 19.
- Die Abfolge von Opfervorschriften (Lev 1–9), Gefährdung von Gottesdienst (Lev 10) und Heiligkeit (Lev 11–15) sowie die Reinigung und Versöhnung (Lev 16) entspricht der Idee geschenkter, gefährdeter und

wiederhergestellter Gottesnähe. Auch das ist ein Kerninhalt des Christentums, in dem Liebe, Scheitern und Versöhnung im Christusgeschehen paradigmatisch und im Heilsdienst der Kirche sakramental verankert sind.
- Die Berufung Israels zur Heiligkeit im Alltag als *imitatio Dei* und bewusster Gegenentwurf zu den inhumanen Realitäten dieser Welt (Lev 17–26) gilt auch dem Christentum: Das Leben nach der Weisung Gottes, insbesondere nach dem Liebesgebot (Lev 19,18.34), ist eine bleibende Herausforderung für die Gestaltung des Alltags und der gesellschaftlichen Verhältnisse zu jeder Zeit.

Diese Reihe ließe sich fortsetzen, und in der Auslegung wird versucht, immer wieder herauszuarbeiten, welche Impulse vom Buch Levitikus für heutige Fragestellungen und Lebensverhältnisse ausgehen (s. auch *T. Hieke*, Christen, 19–30). Weder im Judentum noch im Christentum ist – aufgrund der geänderten religiösen wie gesellschaftlichen Verhältnisse – eine 1:1-Umsetzung des Textes möglich: Es gibt kein zentrales Heiligtum mehr und nur wenige leben im »Heiligen Land«. Dennoch gilt die Verheißung, dass der Mensch, der nach Gottes Weisung handelt, leben wird (Lev 18,5). Möglich wird dies durch die Auslegung der Heiligen Schrift, die den Menschen aufgegeben ist: Die Tora ist zur Auslegung gegeben (Jerusalemer Talmud, Megilla 1,1,70a).

Überblicke zur Auslegungsgeschichte des Buches Levitikus in Judentum und Christentum finden sich u.a. bei *W. Yarchin* in dem Exkurs »The History of the Exposition of Leviticus« in *Hartley*, xliii–lvi, bei *M. W. Elliott*, Engaging Leviticus, und bei *Watts*, 74–86.

6. Leseordnungen (in Auswahl)

Übersicht über die Paraschijot (Toraabschnitte; Wochenlesungen am Schabbat)

Lev 1,1–5,26: Wajjikra (»und er rief«)
Lev 6,1–8,36: Zaw (»Gebiete!«)
Lev 9,1–11,47: Schemini (»am achten [Tag]«)
Lev 12,1–13,59: Tasria (»wenn eine Frau ein Kind bekommt«)
Lev 14,1–15,33: Mezora (»der Aussätzige«)
Lev 16,1–18,30: Achare Mot (»nach dem Tod« [von Nadab und Abihu])
Lev 19,1–20,27: Qedoschim (»heilig« bzw. »Heilige«)
Lev 21,1–24,23: Emor (»Sag!«)
Lev 25,1–26,2: Behar Sinai (»auf dem Berg Sinai«)
Lev 26,3–27,34: Bechuqqotai (»meine Satzungen«)

Details finden sich z.B. im Kommentar von *Plaut/Bamberger*, z.St.

Ordo Lectionum Missae (Katholische Leseordnung; Sonn- und Festtage)

Lev 19,1–2.17–18: 7. Sonntag im Jahreskreis des Lesejahres A
Lev 13,1–2.43ac.44ab.45–46: 6. Sonntag im Jahreskreis des Lesejahres B

Revised Common Lectionary

Leviticus 19:1–2,9–18: Seventh Sunday after the Epiphany [Proper 2, Ordinary/Lectionary 7]
Leviticus 19:1–2,15–18: Proper 25A, Ordinary/Lectionary 30

Ordnung der Predigttexte (OPT)

Lev 19,1–3.13–18: Marginalreihe für den 21. Sonntag nach Trinitatis

II. Glossar

1. Einführung

Vorgehensweise

Das *Glossar* zu den Fachbegriffen und Spezialwendungen des Buches Levitikus behandelt zunächst die verschiedenen Begriffe für die Opferarten, sodann weitere Spezialbegriffe sowie schließlich geprägte Wendungen und Formeln. Die Reihung erfolgt nach dem Alphabet nach den deutschen Übersetzungen der Fachtermini, wie sie in der Arbeitsübersetzung des Kommentars begegnen. Zu jedem Begriff bzw. zu jeder Wendung werden der hebräische Terminus sowie eine vereinfachte Umschrift genannt, ebenso die griechische Übersetzung, sofern es ein Standardäquivalent gibt. Unter »Vorkommen« werden die wichtigsten Stellen genannt. Sodann wird die deutsche Übersetzung erläutert und begründet (zur Grundsatzproblematik der Übersetzung vieler Spezialbegriffe in Levitikus s. *Watts,* 4–9). Schließlich wird der Terminus bzw. die Wendung sachlich erklärt.

Ritual

Der Begriff des »Rituals« erfährt in der Forschung viel Aufmerksamkeit aus verschiedenen Disziplinen (Kulturanthropologie, Sozialgeschichte, Religionswissenschaft, Theologie), eine genaue, alle Aspekte zufriedenstellend erfassende Definition ist daher schwierig. Im Folgenden wird der Begriff eher sparsam (es gibt kein Äquivalent in der biblischen Sprache) und pragmatisch verwendet: als Sammelbezeichnung für regelmäßig wiederkehrende symbolische Handlungen von Menschen zur Bewältigung wiederkehrender Widerfahrnisse, sei es zur Stabilisierung einer als stützend erfahrenen Ordnung von Zeit und Raum (regelmäßige Opfer, Feste), sei es zur »Normalisierung« und Integration von außergewöhnlichen Ereignissen (z. B. Geburt, Heilung) und Empfindungen (z. B. Schuldbewusstsein, Dankbarkeit) oder sei es zur Wiedergewinnung des Normalzustands nach regelmäßigen oder unregelmäßigen Störungen des physiologischen Ablaufs (Reinigungsriten). Ziel der Rituale ist in aller Regel die Kommunikation zwischen menschlicher und göttlicher Welt und die Vermittlung zwischen abstrakten Vorstellungen und konkreter Welt (s. u. a. *R. E. Gane,* Cult and Character, 15). Diese Rituale werden auf die eine oder andere Weise mit der Gottheit in Verbindung gebracht; für Levitikus markant ist die rhetorische Grundanlage, dass sie als ausschließlich von JHWH eingesetzt gelten und über Mose vermittelt werden. Zu beachten ist ferner, dass die vorliegenden Texte keine Beschreibungen konkret ausgeführter Rituale und keine Begründungen die- Ritual ser Rituale sind (es gibt davon allenfalls wenige Spuren), sondern in der Hauptsache präskriptive Texte, d.h. sie schreiben vor, in bestimmten Fällen bestimmte Handlungen vorzunehmen. Ob dies alles so praktiziert wurde, ist eine ganz andere Frage (zur Problematik s. z.B. *M. B. Hundley,* Heaven, 17–37; *W. K. Gilders,* Anthropological Approaches, 235–236; *R. E. Gane,* Cult and Character, 22–24; *K. McClymond,* Beyond Sacred Violence, 39; zur Definition von Ritual s. u.a. *B. Lang,* Art. Ritual/Ritus; er schlägt vor, mit »Ritus« die kleinsten Bestandteile heiliger Handlungen zu bezeichnen, den Begriff »Ritual« für das sich aus Riten aufbauende Gesamtgeschehen vorzubehalten; ebd., 444; s. auch im Folgenden die Literaturauswahl zu 2. Die Opferbegriffe).

Vergleich Im religionsgeschichtlichen und kulturanthropologischen Vergleich zu den anderen Religionen in Israels Umfeld ist bemerkenswert, dass eine ganze Reihe von gängigen Institutionen und Praktiken völlig fehlt, teils stillschweigend übergangen, teils dezidiert ausgeschlossen wird (s. dazu *M. Douglas,* Leviticus as Literature, 2–5): Es ist klar, dass sämtliche Rituale, insbesondere die Opfer, nur einer einzigen Gottheit, JHWH, gelten (Monolatrie). Der König, der in anderen Religionen neben den Priestern eine wichtige Rolle im Kult spielt, wird nicht erwähnt. Orakel (Divination, Horoskope) und Magie werden kategorisch abgelehnt (z.B. Lev 19,26.31; 20,6.27; s. ebd., 109–124). Es gibt keine Ahnenverehrung, keinen Totenkult (s. ebd., 98–104) und keine Furcht vor Dämonen (s. ebd., 10–11; in Lev 17,7 werden die Bocksdämonen verächtlich erwähnt). Heiler (Therapeuten) spielen keine Rolle (in Lev 13 werden detailliert Hautkrankheiten diagnostiziert, aber keinerlei Ansätze von Heilungen erwähnt), Bilder (Kultbilder der Gottheit) sind verboten (Lev 26,1). Damit ist das Inventar an rituellen Handlungen bereits beträchtlich reduziert und die Abgrenzung von den Praktiken der Umwelt deutlich angezeigt (s. dazu auch *Y. Kaufmann,* Religion, 101–121).

2. Die Opferbegriffe

Opfertheorie (Literaturauswahl) und Opferbegriff

Literatur Überblicke über kulturanthropologische und exegetische Studien zu Opfer, Kult und Ritual geben u.a. *C. Eberhart,* Opfer und Kult; *K. Radde-Antweiler,* Study; *Watts,* 55–64; *I. Willi-Plein,* Blick. Solche einschlägigen Studien sind z.B. (in alphabetischer Reihenfolge der Verfasser/innen): *S. Brandt,* Sinn (systematisch-theologische Reflexion des Opferbegriffs); *S. Brandt,* Opfer (u.a. Aufarbeitung der Opfertheorien von R. Girard und W. Burkert; Neuvorschlag zur christlich-theologischen Fassung des Opferbegriffs); *H. Cancik-Lindemaier,* Tun (zum »Opfer« in der antiken römischen Kultur); *I. Cardellini,* I sacrifici (Opferarten, Rituale, Theologie); *U. Dahm,* Opferkult (Studien zur Geschichte des Priestertums und der Ritualanweisungen in Lev 1–7); *U. Dahm,* Art. Opfer; *D. Davies,* Interpretation (Opfer als Wiederherstellung der rechten sozialen und religiösen Verhältnisse, die die Vollkommenheit Gottes widerspiegeln sollen); *C. Eberhart,* Studien (v.a. 187–381: Überblick über die traditionellen Opfertheorien; Neuansatz: die große Bedeutung der kultischen Verbrennung und das Opfer als Gabe für JHWH); *C. Eberhart* (ed.), Ritual and Metaphor (Opfertheorien; Kultterminologie; Rezeption im Neuen Testament); *C. Eberhart,* Opfer als Gabe (Überblick über die kultischen Opfer, ihre Begrifflichkeit und Multivalenz im Alten Testament; der Gabeaspekt als gemeinsamer Nenner); *R. E. Gane,* Cult and Character (Ritualtheorien; theologischer Deutungsvorschlag zum »purification offering« = Entsündigungsopfer; detaillierte Studien zu Lev 16, dem Ritual des *yōm hakippurīm*); *S. Georgoudi/R. Koch Piettre/F. Schmidt* (ed.), La cuisine (Studien zu Theorie und Praxis des kultischen Opfers im antiken Mittelmeerraum); *P. Gerlitz,* Art. Opfer I. (Überblick über religionsgeschichtliche Theorien und Typologien des Opfers); *B. Gladigow,* Opfer (die Komplexität der Opfersysteme in der hellenistisch-römischen Antike); *F. H. Gorman,* Ideology, 13–60 (Ritualtheorien und priesterliches Denken im AT); *I. Gruenwald,* Rituals and Ritual Theory (»rituals are an autonomous form of expression of the human mind«); *P. Heger,* Development (Entwicklung des Rauchopfers); *B. Janowski/M. Welker* (Hg.), Opfer (Aufsätze verschiedener Autorinnen und Autoren zu Opfertheorien in der Kulturwissenschaft, zu den Opfern im alten Israel und deren Auslegung im Frühjudentum und Frühchristentum sowie zu Opfern in der Umwelt des Urchristentums, ferner zu systematisch-theologischen Fragestellungen); *D. Janzen,* Social Meanings, 1–87 (Opfer- und Ritualtheorien; Rhetorik und Theorie des Rituals); *B. Herr,* Haus (Geschichte der Opfer; Archäologie; Tempelarchitektur); *P. P. Jenson,* Graded Holiness, 148–165 (gestuftes Opfersystem); *P. P. Jenson,* The Levitical Sacrificial System (Überblick zu Lev 1–7); *J. Klawans,* Purity, Sacrifice, and the Temple (Aufarbeitung neuzeitlicher Opfertheorien von W. R. Smith bis M. Douglas; konzeptionelle Analyse der *Verbindung* von Opferkult und Reinheitsvorstellungen; Rezeptionsgeschichte); *G. A. Klingbeil,* Bridging (ritualtheoretische Untersuchungen und Kategorisierungen); *J. Kreinath/J. Snoek/M. Stausberg* (Hg.), Theorizing Ritual (religionswissenschaftliche Studien und eine kommentierte Bibliographie zu Fragestellungen, Themen, Zugangsweisen und Konzepten von Ritualen); *E. Leach,* Logic (das Opfer als logische Symbolhandlung und Metapher); *B. J. Malina,* Rituale (Theorie und Klassifikation der biblischen Opfer); *A. Marx,* Les offrandes végétales (detaillierte Untersuchungen zur Speiseopfergabe in P und anderen Teilen der Hebräischen Bibel); *A. Marx,* Les sacrifices (Übersicht über die Opfervorschriften in Lev 1–7; Vergleich der Opferarten; die Opfer in den erzählenden Teilen der Bibel; die prophetische Opferkritik); *A. Marx,* Opferlogik (zum Verständnis der biblischen Opfervorschriften anhand des Altargesetzes Ex 20,22–26 und der Zusage der Gegenwart Gottes Ex 29,38–46); *A. Marx,* Art. Opfer; *A. Marx,* Les systèmes sacrificiels (grundlegende Untersuchung zu den Opfersystemen in den nicht-priesterlichen Texten, in der Priesterschrift, der Chronik und bei Ezechiel 40–48; Neuansatz: das Opfer als rituelles Gemeinschaftsmahl mit der Gottheit); *K. McClymond,* Beyond Sacred Violence (Opfertheorien; polythetischer Ansatz); *M. Modéus,* Sacrifice (Ritualtheorie); *M.-Z. Petropoulou,* Animal Sacrifice (Tieropfer in der antiken griechischen Religiosität sowie im Judentum, v.a. in der Sicht von Philo, Josephus und der Mischna, ferner die Stellungnahmen der frühen christlichen Autoren zu Tieropfern); *J. Quaegebeur* (ed.), Ritual and Sacrifice (Studien zum Opfer im Alten Orient und zu archäologischen Befunden); *C. Radebach-Huonker,* Opferterminologie im Psalter (s. die Auslegung zu Lev 7,12–15); *R. Rendtorff,* Studien, 235–260 (hypothetische Rekonstruktion der Geschichte der einzelnen Opferarten, des israelitischen Opferkultes und der Opfervorstellungen); *R. Rendtorff,* Opfertora (Systematik, Verständnis und Wirkungsgeschichte der priesterlichen Opfertexte aus der Zeit des Zweiten Tempels); *N. J. Ruane,* Sacrifice and Gender (Untersuchung des Zusammenhangs zwischen der Geschlechterrolle der Opfernden und dem Geschlecht der Opfertiere); *A. Schenker* (Hg.), Opfer und Kult; *W. Schweiker,* Heilige Gewalt (zur Opfertheorie von R. Girard); *M. J. Selman,* Sacrifice in the Ancient Near East; *W. Stegemann,* Metaphorik (das »Opfer« als Metapher in heutiger Sprache, im Neuen Testament und der antiken Umwelt); *J. W. Watts,* Ritual and Rhetoric, 1–36 (Überblick und Bewertung der Ritual- und Opfertheorien von J. Milgrom und M. Douglas sowie weiterer Ansätze: B. D. Bibb, F. H. Gorman, R. Gane, J. H. Hayes, A. Marx, E. S. Gerstenberger, S. M. Olyan, W. K. Gilders, W. J. Bergen); 37–172 (rhetorische Analyse der Opfervorschriften in Lev 1–10 und 16 sowie der Institution des aaronidischen Priestertums); 173–192 (moderne Opfer- und Ritualtheorien); *G. J. Wenham,* Theology (Aspekte einer Opfertheologie); *I. Willi-Plein,* Opfer und Kult; *I. Willi-Plein,* Opfer und Ritus (Überblicksartikel über den sozial- und kultgeschichtlichen Kontext des alttestamentlichen Opfers); *W. Zwickel,* Räucherkult.

Opfer Das deutsche Wort »Opfer« leitet sich etymologisch vom lateinischen *operari* (spätlat. *operare*) her: »tätig sein«; damit wird »angedeutet, dass die Essenz des Ritus eine Ausführung von Handlungen (medialer Qualität) ist« (*U. Dahm,* Art. Opfer, 1.). Das englische Wort »offer« kommt vom lateinischen *offerre;* zudem unterscheidet das Englische zwischen dem Opfer als Handlung (offering; sacrifice) und dem Opfergegenstand (victim). Einen vergleichbaren Oberbegriff gibt es im Hebräischen nicht; allenfalls ist an die »Darbringung« und das »Feueropfer« (s. u.) zu denken (*I. Willi-Plein,* Opfer und Kult, 25). Grundsätzliche Erwägungen zum Opfer finden sich auch unter 1.1 Levitikus 1,1–3,17: Darbringung sowie zu 1.1.1 Levitikus 1,1–17: Brandopfer, Rezeption und Bedeutung.

Brandopfer

Begriffe עלה, *ʿolā* – griech. ὁλοκαύτωμα »was ganz verbrannt wird«; ὁλοκαύτωσις »vollständige Verbrennung«; ὁλοκάρπωμα »was ganz geopfert wird«; ὁλοκάρπωσις »vollständige Opferung«; oder auch nur κάρπωμα »Frucht(opfer)« (s. *S. Daniel,* Recherches, 239–258; *C. Eberhart,* Studien, 18–19; zu den Opfertermini in LXX s. auch *J. W. Wevers,* Notes, 484–487).

Vorkommen Lev 1,3f.6.9f.13f.17; 2,12; 3,5; 4,7.10.18.24f.29f.33f; 5,7.10; 6,2f.5.18; 7,2.8.37; 8,18.21.28; 9,2f.7.12ff.16f.22.24; 10,19; 12,6.8; 14,13.19f.22.31; 15,15.30; 16,3.5.24; 17,8; 22,18; 23,12.18.37. Die genaue Beschreibung eines »Brandopfers« erfolgt in Lev 1. Es ist die im AT am häufigsten genannte Opferart (*C. Eberhart,* Studien, 16).

Bei »Vorkommen« werden zunächst nur die Belege innerhalb des Buches Levitikus genannt; sollten weitere Belege in der Tora oder der weiteren Hebräischen Bibel einschlägig sein, werden diese gesondert aufgeführt. Werden *alle* vorkommenden biblischen Belege genannt, wird das Zeichen »†« verwendet. Die Konkordanzarbeit erfolgte mit den elektronischen Programmen *BibleWorks 9* und *Stuttgarter Elektronische Studienbibel 3.0 (SESB)*; stichprobenartige Überprüfungen wurden mit *Accordance 10 für Windows* getätigt.

Zur Übersetzung

»Die gebräuchliche Übersetzung ›Brandopfer‹ bringt zutreffend das wesentliche Charakteristikum der *ʿola* zum Ausdruck: Sie wird ganz verbrannt, ohne daß Teile des Opfertieres zu anderen Zwecken verwendet werden. (Nur das Fell steht als Anteil den Priestern zu, vgl. Lev 7,8.)« (*Rendtorff*, 26). LXX setzt daher meist den Wortbestandteil ὁλο- zu den üblichen Opferbegriffen hinzu (von ὅλος, »ganz, vollständig«; zur LXX-Übersetzung s. *M. Vahrenhorst*, Levitikon, 336–337; *S. Daniel*, Recherches, 240).

Aus dem lateinischen *holocaustum* wurde das englische »holocaust« für Massenvernichtung und die Bezeichnung »Holocaust« für den Massenmord der Nationalsozialisten an den europäischen Juden im englischen (siehe z. B. das Stichwort in der EJ) wie im deutschen Sprachgebrauch. Aufgrund der religiösen Konnotationen sollte diese Begrifflichkeit vermieden und durch die jüdische Bezeichnung *Schoah* (שואה, Verwüstung, Untergang, Katastrophe) ersetzt werden (s. *Staubli*, 52).

Erläuterung

Eine genaue etymologische Ableitung des Wortes עלה ist nicht unproblematisch. Gemeinhin wird es der Wurzel עלה, *ʿLY*, »hinaufsteigen«, zugeschrieben. Dabei ist zu fragen, was hinaufsteigt: das Opfer auf den Altar oder der Rauch zur Gottheit? Beides geschieht auch bei anderen Opfern, macht also nicht das Charakteristikum der *ʿolā* aus. Einen außerbiblischen Beleg für das Wort gibt es bisher nicht. Dennoch ist es sinnvoll, das Substantiv עלה vom Verb »hinaufsteigen« abzuleiten, da bei diesem Opfer eine Reihe von »Aufstiegen« zu notieren sind: der »Aufstieg« des Opfers zum Altar, des Priesters auf die Opferplattform, des Rauches zur Gottheit (*Levine*, 5; *C. Eberhart*, Studien, 17–18). Buber/Rosenzweig übersetzen mit »Darhöhung«, *Watts*, 184 (und öfter) mit »rising offering«. Das Brandopfer dient auch dazu die Aufmerksamkeit der Gottheit zu gewinnen und eine (wie auch immer geartete) Antwort zu erhalten: So bereiten Elija und die Baalspriester in 1 Kön 18 ihre Brandopfer, und Elija erklärt: »Der Gott, der mit Feuer antwortet, ist der wahre Gott« (18,24). Die heilvolle Kommunikation mit der Gottheit ist das erklärte Ziel allen Opferns, insbesondere des Brandopfers (vgl. *Levine*, 6; *C. A. Eberhart*, Neglected Feature of Sacrifice, 485; *Kornfeld*, 13; *U. Dahm*, Art. Opfer, 6.).

Das Opfertier beim Brandopfer muss immer männlich sein (außer bei den Tauben, siehe zu Lev 1,14–17) – diese Bestimmung passt zur sozioökonomischen Realität, dass in einer Vieh züchtenden Landwirtschaft die männlichen Tiere immer entbehrlicher sind als die weiblichen, deren Milchproduktion die Menschen ernährt und deren Geburten den Bestand erhalten bzw. vermehren (*Milgrom*, 174, der auch außerbiblische Parallelbegriffe und -belege anführt; s. ferner *N. J. Ruane*, Sacrifice and Gender, 40–76). – Einen lexikalischen Überblick über die im Alten Testament verwendeten Begriffe für Opfertiere bietet *R. Péter-Contesse*, Quels animaux, 67–77; s. auch *C. Eberhart*, Studien, 19–21; *A. Marx*, Les systèmes sacrificiels, 52–88. – In späterer Zeit und deren Literatur (1/2 Chr; Esra-Nehemia usw.) ist ein Bedeutungswandel zu beobachten: Der Begriff עלה, *ʿolā*, wird zum Sammelbegriff für alle Opferarten und akzentuiert den Aspekt der kultischen Verbrennung; so wird der Terminus אשה, *ʾiššæh*, »Feueropfer« (s. u.) obsolet (*C. Eberhart*, Studien, 313–318; zur kultischen Verbrennung im späteren jüdischen Kult und als Metapher im Neuen Testament s. ebd., 382–398).

Darbringung

Begriffe

קרבן, *qorbān* – griech. δῶρον: »Geschenk, Gabe, Opfer«; s. *S. Daniel*, Recherches, 119–125.

Vorkommen

Lev 1,2f.10.14; 2,1.4f.7.12f; 3,1f.6ff.12.14; 4,23.28.32; 5,11; 6,13; 7,13ff.29.38; 9,7.15; 17,4; 22,18.27; 23,14; 27,9.11. Neben den 40 Belegen in Levitikus, von denen 32 auf die Kapitel 1–7 entfallen, sind noch 38 in Numeri zu nennen sowie zwei in Ezechiel (20,28; 40,43). Anders vokalisiert erscheint es in Neh 10,35 und 13,31 *(qurban)*, wo es um die Lieferung (»Darbringung«?) von Brennholz geht (vgl. HALAT s. v.; *C. Eberhart*, Opfer als Gabe, 103–105).

Zur Übersetzung

Etymologisch ist an die Wurzel קרב, *QRB*, zu denken, deren Grundbedeutung mit »(sich) nähern« umschrieben werden kann. Dabei wird der Grundstamm *(qal)* vor allem auch für das Herannahen im Kult verwendet. Im H-Stamm *(hifil)* ändert sich die Bedeutung kausativ zu »(nahe) bringen«. Die Verwendung beschränkt sich weitgehend auf die kultisch-priesterliche Sprache und bezeichnet dort meist das Darbringen eines Opfers. Von קרב *hifil* sind 177 Belege zu zählen, davon entfallen 89 (50 %) auf Lev, 50 (28 %) auf Num, je 8 (5 %) auf Ex und Ez. Wenn das Verb קרב in Verbindung mit dem Substantiv קרבן in einer *figura etymologica* auftritt, wird das in der deutschen Übersetzung nachgeahmt: »eine Darbringung darbringen«.

Erläuterung

Es handelt sich um einen umfassenden Dach- oder Oberbegriff für »Opfer«, dessen Gebrauch offenbar eng auf die kultisch-priesterliche Sprache beschränkt ist (*C. Eberhart*, Art. Qorban, 1.; *R. Rendtorff*, Studien, 113). Der Inhalt des »Opfers« ist dabei nicht auf Tiere beschränkt – in Num 7,3–10 können sogar Lastkarren (Planwagen) dargebracht werden, wenn sie kultisch verwendet werden. Auch die Brennholzlieferungen für den Brandopferaltar in Neh 10,35; 13,31 sind letztlich *qorbān/qurban* (LXX prägt den Sonderbegriff ξυλοφορία). Archäologische Ausgrabungen haben u.a.

auch in Jerusalem und Umgebung Gegenstände mit der Aufschrift קרבן, *qorbān*, zu Tage gefördert – diese Inschrift zeigt an, dass diese Gegenstände bzw. ihr Inhalt zur Opferdarbringung bestimmt waren (*J. A. Fitzmyer*, The Aramaic Qorbān Inscription from Jebel Ḫallet eṭ-Ṭûri and Mark 7,11 / Matt 15,5: JBL 78, 1959, 60–65; *B. Mazar*, The Excavations in the Old City of Jerusalem. Preliminary Report of the First Season, 1968, Jerusalem 1969, 15–16; plate X, no 5; s. *Watts*, 181). Ein ganz wesentliches, wenn nicht *das* konstitutive Element der in Lev 1–7 beschriebenen »Darbringungen« ist das Verbrennen von Teilen aus der dargebrachten Materie auf dem Altar: Die Wurzel קרב beschreibt eine dynamische Bewegung durch den heiligen Raum hin zum Zentrum des Heiligtums und damit ein Herannahen an Gott selbst – der Höhepunkt dieser Bewegung besteht im Verbrennen der Opfermaterie des Einzelnen oder der Gemeinschaft auf dem Altar, wobei die Materie transformiert wird und in Form von Rauch zum Himmel emporsteigt (*C. Eberhart*, Studien, 289–331; *ders.*, Neglected Feature of Sacrifice, 491–493; *ders.*, Art. Qorban).

Entschuldigungsopfer

Begriffe

אשם, *'āšām* – griech. πλημμελέω, πλημμέλεια, urspr. »falsche Note spielen« (Musik), dann auch »sündigen, sich vergehen«; »Irrtum, Sünde, Kränkung«; das Substantiv wird auch für den Opferbegriff verwendet; auch ἁμαρτία, »Sünde« (s. *S. Daniel*, Recherches, 299–316).

Vorkommen

אשם im Sinne von »Schuld, die bewusst wird«: z. B. Gen 26,10; in diesem Sinne wird v. a. das Verb verwendet: Lev 4,3.13.22.27; 5,2.3.4.5.17.19.23.24. – אשם (Substantiv) als Opferterminus: Lev 5,6.7.15.16.18.19 (Klassifikationsformel); 5,25; 6,10; 7,1.2.5 (Klassifikationsformel); 7,7.37; 14,12.13.14.17.21.24.25.28; 19,21.22. – Die Vorkommen außerhalb von Levitikus untersuchen u. a. *Milgrom*, 340–342; *A. Marx*, Sacrifice de Réparation, 186–198.

Zur Übersetzung

Das Verb אשם, *'ŠM*, begegnet überwiegend an Stellen, an denen es darum geht, dass den Menschen bewusst wird, dass etwas vorgefallen ist, das die heilvolle Beziehung zu Gott stört bzw. das von Gott trennt. Insofern ergeben sich enge Beziehungen zum Verb חטא, »sündigen« (s. u., Entsündigungsopfer). Das von Gott Trennende wird »Schuld« genannt, d. h. das Verb kann in der Regel mit »die Schuld wird bewusst« wiedergegeben werden (s. die Auslegung zu Lev 4,3). Das Substantiv אשם fungiert in den meisten Fällen als Opferterminus (*Rendtorff*, 149), d. h. als Bezeichnung für ein Verfahren, das von Seiten Gottes angeboten wird, um durch eine kultische Handlung die Trennung aufzuheben. Bisweilen steht das Wort auch für die Opfermaterie, das Opfertier. Der Gedanken des Aufhebens steckt in der deutschen Vorsilbe »ent-«, so dass hier für die Opferbezeichnung die Wortneubildung »Entschuldigungsopfer« vorgeschlagen wird. Sie erscheint etwas aussagekräftiger als die u.U. missverständliche Wortkombination »Schuldopfer«.

Erläuterung

Die Wurzel אשם hat in ihrer Mehrdeutigkeit eine Analogie zum deutschen Wort »Schuld«. Auch dieses impliziert sowohl die moralische Schuld aufgrund einer Verfehlung mit böser Absicht, als auch die tragische Schuld, die durch eine Verkettung unglücklicher Umstände entsteht (»unschuldig schuldig werden«), als auch die materielle Schuld (»Schulden«), die z.B. aus der Verpflichtung zum Schadensersatz entsteht (selten, z.B. Num 5,7). In der Mehrzahl der Fälle v.a. in Levitikus, wo 42 der 103 Belege der Wurzel auftreten, geht es um einen religiösen Kontext, also um eine Schuld gegenüber Gott. Doch ist dabei stets eingeschlossen, dass ein materieller Schaden, der durch ein menschliches Fehlverhalten entstanden ist, kompensiert (ersetzt) werden muss (Lev 5,23–24). Der Aspekt der Kompensation zeigt sich auch in einem Beleg außerhalb der priesterlichen Tradition: In 1 Sam 6,3.4.8.17 geben die Philister bei der Rückgabe der Lade an Israel einen אשם, *'āšām* (EÜ: Sühnegeschenk, Luther: Sühnegabe), in Form goldener Nachbildungen der Pestbeulen und Mäuse, die sie geplagt hatten, mit (*Rendtorff*, 214; *Gerstenberger*, 54–55; *A. Schenker*, Keine Versöhnung, 115–116; *B. A. Levine*, Presence, 92–93). Den Gedanken der Kompensation betont v.a. auch *Milgrom*, 319ff.339ff, der daher die englische Übersetzung »reparation offering« vorschlägt (s. auch *A. Marx*, Theology, 118). Das Problematische an dieser Übersetzung ist die Vermischung von zwei an sich getrennten, aber doch eng aufeinander bezogenen Bereichen und Vorgängen: Auf der einen Seite steht der von Menschen an Dingen oder Menschen angerichtete materielle Schaden, der entsprechend ersetzt werden muss (»reparation«). Auf der anderen Seite geht es um die »Beschädigung« des heilvollen Verhältnisses zu Gott, für dessen Kompensation von Seiten Gottes ein kultisches Verfahren (Opferritual) angeboten wird. Nur letzteres wird als אשם, »Entschuldigungsopfer«, bezeichnet. Die zwischenmenschliche und die kultische Seite bleiben getrennt, aber so eng aufeinander bezogen, dass es das eine nicht ohne das andere gibt. Bemerkenswert ist, dass nach Lev 5,20–26 das unsoziale, den anderen Menschen schädigende Verhalten nicht nur einen materiellen Schaden anrichtet, der ersetzt werden muss, sondern auch eine trennende Barriere zu Gott hin aufrichtet (»Schuld«), die nur durch ein »Entschuldigungsopfer« abgetragen werden kann.

Bewusst werden

Entscheidend ist natürlich, dass das Fehlverhalten bewusst und die gegenüber Gott vorliegende »Schuld« erkannt werden. Daher wird beim Verb אשם der Aspekt der Bewusstwerdung in der Übersetzung betont (s. u.a. *M. J. Boda*, A Severe Mercy, 64; *C. Eberhart*, Studien, 118–119). Bei אשם wie bei חטא ist jedoch immer mit zu bedenken, dass der Tatbestand nicht auf eine moralische Schuld eingegrenzt werden kann. »Schuld« entsteht nicht nur aus böser Absicht, sondern auch objektiv durch Verkettung unglücklicher

Umstände, durch mangelndes Wissen, fehlende Vorsicht usw. (in biblischer Sprache: בשגגה, *bi-šᵉgāgā*, »unabsichtlich«). Die Einsicht in den von Gott trennenden Tatbestand führt zu Erschrecken und zur tiefen Verunsicherung der Menschen, zumal der Mensch die eingetretene Schuld nicht aus eigener Kraft beseitigen kann. Daher wird das Ritual des »Entschuldigungsopfers« (und auch des »Entsündigungsopfers«, s. u.) *von Gott* bereitgestellt (man beachte immer die narrative Einbettung der Vorschriften als Gottesrede an Mose!), um das trennende Hindernis auf kultischem Wege zu beseitigen und »die Bedingungen des Segens JHWHs wiederherzustellen« (*A. Marx*, Art. Opfer, 575; *ders.*, Opferlogik, 145).

Anlässe in Lev 5

Die Anlässe, die ein Entschuldigungsopfer notwendig machen, werden in Lev 5,14–26 dargelegt (s. die Auslegung dort). Ein אשם ist v. a. bei einer Versündigung durch die Verletzung von etwas »Heiligem« (»Sakrileg«) darzubringen, worunter heilige Dinge (s. auch Num 5,5–8), aber auch ein falscher Eid fallen können. Die Ritualanweisung des Entschuldigungsopfers wird nicht in Lev 5,14–26 mitgeteilt, sondern erst in Lev 7,1–5. Das Ritual unterscheidet sich signifikant vom Entsündigungsopfer und hat mehr mit dem Heilsgemeinschaftsopfer gemeinsam. Allerdings ist es – anders als das Heilsgemeinschaftsopfer (s. u.) – etwas »Hochheiliges« (s. u.). Was das Entschuldigungsopfer mit dem Entsündigungsopfer gemeinsam hat, zeigt Lev 7,7: *Eine* Tora (Weisung) gilt für beide, und ihr Fleisch gehört dem Priester, der die *Versöhnung erwirkt* hat (s. u. im Glossar). Diese beiden Opfer sowie die Speiseopfergabe gelten nach Num 18,9 als etwas »Hochheiliges«: Nur bei diesen Opfern gehört das, was nicht verbrannt wird, nicht den Opfernden, sondern allein dem Priester.

Weitere Anlässe

Weitere Anlässe für ein Entschuldigungsopfer sind folgende (s. auch *A. Schenker*, Anlässe, 65; *A. Marx*, Sacrifice de Réparation, 184–186): (1) Ein Widder ist als אשם darzubringen, wenn ein Mann mit einer Sklavin schläft, die einem anderen Mann versprochen ist, aber noch nicht losgekauft oder freigelassen ist (Lev 19,20–22). (2) Nach Num 6,12 muss der Nasir, der sich durch Berühren einer Leiche unrein gemacht hat, sein Gelübde mittels eines Entschuldigungsopfers erneuern. Hier geht es auch um die kultische Reinigung, ebenso wie beim vom Aussatz Geheilten (3) in Lev 14,10–20. Der Grund dafür, warum hier ein »Entschuldigungsopfer« darzubringen ist, kann kaum durchschaut werden (*Rendtorff*, 216) – sollte es vielleicht darum gehen, dass auch beim Aussätzigen eine Versündigung am Heiligen (»Sakrileg«) stattgefunden haben könnte, von der niemand etwas weiß? Nach 2 Chr 26,16–19 wird König Usija aufgrund eines unerlaubten Opfers zur Strafe aussätzig. So könnte der Aussatz als Folge eines bisher unentdeckt gebliebenen Sakrilegs angesehen werden – dann geht man nach der Heilung des Aussätzigen mit einem Entschuldigungsopfer auf Nummer Sicher, um einen möglichen Trennungsgrund von Gott zu beseitigen (*Milgrom*, 363–364.856–857).

Kein regelmäßiges Opfer

Anders als das Entsündigungsopfer (s. u.) ist das Entschuldigungsopfer kein regelmäßiges, an Kalenderfesten wiederkehrendes Opfer. Vielmehr ist es nur für Individuen in außergewöhnlichen Situationen vorgesehen.

Entsündigungsopfer

Begriffe

חטאת, *ḥaṭṭāʾt* – griech. περὶ (τῆς) ἁμαρτίας oder τῆς ἁμαρτίας, »(Für)-die-Sünde« – s. *M. Vahrenhorst,* Levitikon, 352–353; *D. Büchner,* Reflections, 109; *S. Daniel,* Recherches, 299–316.

Vorkommen

חטאת als Opferbegriff im Buch Levitikus: Lev 4,3.8.14.20.21.24.25.29.32.33.34; 5,6.7.8.9.11.12; 6,10.18.23; 7,7.37; 8,2.14; 9,2.3.7.8.10.15.22; 10,16.17.19; 12,6.8; 14,13.19.22.31; 15,15.30; 16,3.5.6.9.11.15.25.27; 23,19. Als Opferbegriff begegnet חטאת nur in den priesterlichen Pentateuchtexten, in Ez 40–48 sowie in Esra/Nehemia und 1/2 Chr (*Rendtorff,* 209; *A. Marx,* Rite de passage, 27–48; *C. Eberhart,* Studien, 113–115).

Zur Übersetzung

Die Besonderheit, die schon bei der Wurzel אשם notiert wurde (s. o., Entschuldigungsopfer), gilt auch für die Wurzel חטא, *ḤṬʾ*: Die Nominalbildung חטאת, *ḥaṭṭāʾt,* steht sowohl für den Tatbestand als auch für die Aufhebung desselben (bzw. dessen Konsequenzen; s. *Elliger,* 69: »vom Pielstamm חִטֵּא mit privativer Bedeutung«). Die traditionelle Übersetzung ist »Sünde« für den Tatbestand und »Sündopfer« für den rituellen Vorgang, der zur Aufhebung der »Sünde« bzw. ihrer Folgen führt (und teilweise auch für die Opfermaterie, das Opfertier, das auch als חטאת bezeichnet werden kann; *Rendtorff,* 148). *Watts,* 307–316, arbeitet heraus, dass diese wortspielartige Gleichheit der Bezeichnungen (חטאת: »Sünde« und »Sündopfer« bzw. אשם: »Schuld« und »Schuldopfer«) eine rhetorische Strategie ist: Damit werden die Dringlichkeit und Bedeutung der Opfer und des priesterlichen Tuns unterstrichen. Da »Sündopfer« eine wenig aussagekräftige Wortverbindung im Deutschen ist, wird hier der Vorschlag unterbreitet, den Aufhebungsvorgang durch die deutsche Vorsilbe »ent-« zu kennzeichnen, so dass – in Analogie zum Entschuldigungsopfer – die Begriffsneubildung »Entsündigungsopfer« entsteht (s. auch *S. R. Hirsch,* 115 u. ö.). Da in diesem Wort immer noch der Stamm »sünd-« enthalten ist (s. auch *Rendtorff,* 221), muss aber auch für die Vorstellung von »Sünde« ein breiteres, von jeglicher moralischen Engführung befreites Verständnis angesetzt werden (s. u., Erläuterung; *Watts,* 333). Mit »Entsündigungsopfer« versucht die deutsche Übersetzung auch der Erkenntnis Rechnung zu tragen, die sich in der englischen Wiedergabe »purification offering« (vgl. v. a. *Milgrom,* 253, s. u.) niederschlägt: Milgrom weist mit Recht auf die Fälle hin, in denen ein חטאת stattfindet, ohne dass auch nur im Entferntesten an eine moralische Verfehlung aus böser Absicht (»Sünde« im engeren Sinn) zu denken ist (z. B. bei der »Reinigung« der Frau nach der Geburt in Lev 12). Daher stellt er den Gedanken der kultischen Reinigung in den Vordergrund. Leider löst auch diese Übersetzung (z. B. »Reinigungsopfer«) nicht die Problematik, dass bei Leserinnen und Lesern, die mit der biblischen Kultbegrifflichkeit und Kulttheologie noch nicht vertraut sind, dennoch negative Assoziationen wachgerufen werden: Die berechtigte Frage steht im Raum, warum bei dem normalen Vorgang einer Geburt eine »kultische Reinigung« erforderlich sein soll, wieso also ein natürlicher Vorgang »befleckt« (s. die Auslegung zu Lev 12). Es lässt sich nicht vermeiden, dass die Assoziation moralischer Schuld hereinspielt, was berechtigten Protest auslöst. Insofern bleibt es unerlässlich und die beste Übersetzung kann es nicht ersparen, sich mit dem biblischen Denken, das hinter חטאת steht und das durch die Betrachtung aller Kontexte durchschaubar wird, vertraut zu machen.

Erläuterung

Die Grundbedeutung von חטא kann versuchsweise mit »fehlgehen, verfehlen« angegeben werden (auch *N. Kiuchi*, Study, 15, sieht »going astray« als ein semantisches Element von חטא an). In der Mehrzahl der Belege ist von einem »Fehlgehen« vor Gott, von einem »Sich verfehlen« gegenüber Gott die Rede, so dass es sich um einen religiös bzw. theologisch geprägten Fachbegriff handelt, der seine Entsprechung im deutschen Wort »sündigen« hat (*Plaut/Bamberger*, 50). Damit ist aber nicht notwendigerweise immer eine moralische Engführung verbunden, wie das vom deutschen Begriffsfeld »sündigen« impliziert sein mag. Vielmehr kann der Begriff von der Grundbedeutung her in seinem Bedeutungsspektrum erweitert werden: »alles, was (in irgendeiner Weise und aus irgendeinem Grund) von Gott trennt«. Zum einen ist darunter sicher Fehlverhalten aus böser Absicht einzuschließen (Jes 59, 2), zum anderen können aber auch Handlungen einbezogen werden, hinter denen an sich keine moralisch verwerfliche böse Absicht seitens des Menschen steckt, die aber dennoch zu einer Trennung zwischen Gott und Mensch, zu einer Störung des heilvollen Kommunikationsverhältnisses führen (*I. Willi-Plein*, Opfer und Kult, 97). Der Schlüsselbegriff dafür ist בשגגה, *bi-šᵉgāgā*, »unbeabsichtigt«. Unbeabsichtigt ist etwas geschehen, ist vom Menschen etwas getan worden oder durch einen natürlichen Vorgang (z. B. die Geburt) mit dem Menschen etwas geschehen, das von Gott trennt: Es wirkt sich belastend, störend, in gewisser Weise »tödlich« auf die Beziehung zu Gott aus (z. B. in Lev 12 das unvermeidliche Austreten von Blut bei der Geburt eines Kindes). Dieser Hintergrund ist mit zu bedenken, wenn hier dennoch mit »sündigen« und »Sünde« übersetzt wird. Es geht dann also weniger um die böse Gesinnung, die in diesem Zusammenhang aufgrund des Begriffs בשגגה, »unbeabsichtigt«, gar nicht gegeben ist, sondern eher um die starke Verunsicherung seitens des Menschen, wenn ein Tatbestand oder ein Ereignis (die »Sünde«) unabweisbar im Raume steht. Das Kommunikationsverhalten des Menschen hat (unbeabsichtigt!) das Ziel, Gott, verfehlt und damit eine Störung ausgelöst, die der Mensch alleine nicht beseitigen kann (vgl. *Gerstenberger*, 53). Daher wird in einer Gottesrede von Seiten Gottes ein Verfahren angeboten, das die Störung, die als חטאת, »Sünde«, bezeichnet wird, neutralisiert. Dieses Verfahren erhält den gleichen Namen חטאת, der nun zur Verdeutlichung im Deutschen mit »Entsündigungsopfer« wiedergegeben wird. *Gerstenberger*, 49, betont (wie die hier vorgelegte Auslegung) die Perspektive auf den Menschen und spricht mit Recht von einer »therapeutischen Funktion« der Darbringung; *Staubli*, 61, spricht von »Psychohygiene«.

Reinigung (purification offering)

Im Grunde geht diese Übersetzung und Auslegung aber auch weit in die Richtung, die *Milgrom*, 254 u.ö., vehement forciert: Er betont beim חטאת noch stärker den Aspekt der kultischen Reinigung des Heiligtums (ähnlich *Staubli*, 63; *J. H. Hayes*, Atonement, 7–10), was auch vor dem altorientalischen Hintergrund, wo es eine Vielzahl von Reinigungsriten für Menschen und Gebäude gibt, angemessen sei. Dies korrespondiere mit dem Ziel des vorgeschriebenen Blutritus (s. zu Lev 4): Objekt der Reinigung ist nicht der Opfernde, für den das Entsündigungs- oder Reinigungsopfer (חטאת) dargebracht wird, sondern das Heiligtum mit seinen Altären! Die (unbeabsichtigte) Verfehlung des Menschen hat das Heiligtum (und damit den Kommunikationsweg mit Gott) in Unordnung gebracht (»befleckt«, wenn man so will). Für diese Konsequenz seiner Tat (nicht für die Tat an sich) braucht der Betroffene Gottes Vergebung, damit die heilvolle Kommunikation mittels des »heiligen« Heiligtums wieder möglich ist (*Milgrom*, 256). Die Verletzung der Heiligkeit des Heiligtums erfolgt nach verschiedenen Schweregraden: (1) Das unbeabsichtigte Fehlverhalten oder die kultische Unreinheit des Einzelnen betrifft den Brandopferaltar im Vorhof des Heiligtums, der durch den »kleinen« Blutritus (s. zu Lev 4,22–35), die Applikation von Blut an die Hörner des Brandopferaltares, wieder »gereinigt« wird. (2) Das unbeabsichtigte Fehlverhalten des Hohepriesters oder der ganzen Gemeinde reicht weiter und »verunreinigt« das Heiligtum selbst: Daher wird das Blut ins Heiligtum gebracht und vor die ›Parochet‹ (den Vorhang, der das »Allerheiligste« abtrennt) gespritzt und an den Rauchopferaltar angebracht (»großer« Blutritus; s. zu Lev 4,3–21). (3) Die bewusst begangene Sünde jedoch dringt mit ihrer »verunreinigenden Kraft« bis ins Allerheiligste mit der Bundeslade und der ›Kapporet‹, dem Erscheinungsort Gottes (Lev 16,2), vor. Daher müssen das Allerheiligste und seine Gegenstände am Versöhnungstag *(yōm ha-kippurīm)* durch den Blutritus von Lev 16,14–16 einmal im Jahr »gereinigt« werden (*Milgrom*, 257–258; *Y. Feder*, Blood Expiation, 98–99; zu dessen Kritik an der Übersetzung »purification offering« s. ebd., 99–108, sowie *Watts*, 332–333; eine differenzierte Kritik am Ansatz von Milgrom formuliert *R. E. Gane*, Cult and Character, 106–143, und kommt zum Schluss, dass in den meisten Fällen von Entsündigungsopfern bzw. »purification offerings« doch das Übel von den Opfernden, nicht vom Heiligtum [so Milgrom] entfernt wird).

Sich verbergen vor JHWH

Auch der Vorschlag von *N. Kiuchi*, Study, 24–27, die hebräische Wurzel

חטא mit »to hide oneself (against the Lord)« zu übersetzen, hat interessante Aspekte, da sie möglicherweise irre- oder engführende Assoziationen des Begriffs »sündigen« vermeiden will. *Kiuchi* versteht den Zusammenhang so: Die betroffene Person präsentiert sich bei ihrer Opferdarbringung vor JHWH (der kultische Begriff קרב heißt ja primär »sich nähern«) und überwindet damit ihre bisherige Trennung von Gott (חטא). Dabei legt *Kiuchi* den Schwerpunkt nicht auf das menschliche Verhalten, sondern auf die Bewusstseinsvorgänge (»what happens in the human heart and mind«, ebd., 30). Diese spezifische Übersetzungsweise ist jedoch auch nicht unproblematisch und bedarf wiederum der Erläuterung, so dass an dem Begriff »sündigen« (im Sinne einer grundsätzlichen »Trennung von Gott«; ohne moralisierende Engführung) festgehalten wird. Bei der Bezeichnung der Opferbegriffe folgt *Kiuchi* der Wiedergabe von *Milgrom*, also »purification offering« und »reparation offering«. Diese englischen Übersetzungen sind mittlerweile weit verbreitet (*P. P. Jenson*, The Levitical Sacrificial System, 29–30).

Anlässe

Die Anlässe, die ein Entsündigungsopfer notwendig machen, sind u. a. in Lev 4,1–5,13 dargelegt (s. die Auslegung dort; *Watts*, 314–315). Dabei handelt es sich um Opfer, die nur von Fall zu Fall aufgrund eines bestimmten Vorfalls dargebracht werden. Dieser Anlass kann allgemein als »*Versündigung*« (Wurzel חטא) bezeichnet werden. Andere Gründe sind »*Verunreinigungen*«, d. h. Ereignisse, die eine Teilnahme am Kult unmöglich machen (z. B. die Frau nach der Geburt Lev 12, der Aussätzige Lev 14, der an irregulären Ausflüssen Leidende in Lev 15). Zur Wiedereingliederung in die Kultgemeinschaft ist u. a. ein »Entsündigungsopfer« nötig. In der Regel kommen andere Opfer (z. B. das Brandopfer) hinzu. Eine dritte Gruppe von Anlässen sind *Weihehandlungen*, z. B. die Einsetzung Aarons und seiner Söhne als Priester (Ex 29). Bemerkenswert ist, dass nur in Lev 4–5 (und in Num 15,22–31) ausdrücklich eine Versündigung (חטא) den Grund für ein »Entsündigungsopfer« bildet – ansonsten haben die Anlässe nichts mit »Sünde« im weitesten Sinne zu tun. Auch steht außerhalb von Lev 4–5 das Entsündigungsopfer fast nie allein, sondern meist in Verbindung mit dem Brandopfer (und der damit wiederum eng verbundenen Speiseopfergabe). Insofern ist das Entsündigungsopfer von Lev 4–5 von den anderen Belegen dieses Begriffs zu einem gewissen Grade zu unterscheiden. Dies gilt auch deshalb, weil nur bei den Texten, die von einer Versündigung als dem Anlass eines Entsündigungsopfers sprechen (also Lev 4–5 und Num 15,22–31) die *kipper*-Formel (»der Priester erwirke für ihn Versöhnung, und es wird ihm vergeben werden«) auftritt (s. u., Versöhnung erwirken, Versöhnungs- und Vergebungsformel). Diese Formel begegnet nie, wenn das Entsündigungsopfer in Verbindung mit anderen Opfern (Brandopfer, Speiseopfergabe) genannt wird (*Rendtorff*, 210–212). – Weitere Fälle (insbesondere aus dem Buch Numeri, z. B. Num 19, und die Vorstellungen in Ez 40–48) erläutert *Milgrom*, 269–288.

Feine Unterscheidung

Regelmäßige Anlässe

Das Entsündigungsopfer begegnet auch in Kontexten, die von kalendarisch wiederkehrenden Festen sprechen. Dabei ist vor allem Lev 16 zu nennen, das große Ritual am zehnten Tag des siebten Monats, dem Tag, der in Lev 23,27 *yōm ha-kippurīm*, »Versöhnungstag«, genannt wird. Hier steht das Entsündigungsopfer zunächst allein, es begegnet auch die *kipper*-Wendung, allerdings ohne den Folgesatz »es wird ihm vergeben werden«. Insofern hat das Entsündigungsopfer in Lev 16 eine Sonderstellung (s. auch Num 29,7–11). Dies gilt auch insofern, als am Ende der Riten um die Entsündigung und den Sündenbock noch ein Brandopfer erwähnt wird, das die gleiche *kipper*-Formel erhält. Der große Opferkalender in Num 28–29 nennt für jedes regelmäßig wiederkehrende Opferfest (außer für das tägliche Opfer und den Schabbat) immer auch ein Entsündigungsopfer, und zwar an letzter Stelle (s. die Auslegung zu Lev 23,8). Die Opfermaterie ist jedes Mal ein Ziegenbock. Die Ausführungen zum zehnten Tag des siebten Monats in Num 29,7–11 setzen das Ritual von Lev 16 voraus und bestätigen zugleich, dass das Entsündigungsopfer von Lev 16 zu unterscheiden ist von den regelmäßig mit jedem Festopfer verbundenen Entsündigungsopfern.

Lev 16

Num 28–29

Feueropfer

Begriffe

אשה, *ʾiššæh* – griech. meist κάρπωμα (und Derivate): »Frucht(opfer)« (?) und θυσία (und Derivate): »Opfer« (allgemein); s. *S. Daniel*, Recherches, 156–161.

Vorkommen

Lev 1,9.13.17; 2,2.3.9.10.11.16; 3,3.5.9.11.14.16; 4,35; 5,12; 6,10.11; 7,5.25.30.35; 8,21.28; 10,12.13.15; 21,6.21; 22,22.27; 23,8.13.18.25.27.36.37; 24,7.9. Die überwiegende Mehrzahl der Belege findet sich in Lev und Num, dazu vier Belege in Ex. Die drei Belege in Dtn 18,1; Jos 13,14; 1 Sam 2,28 beziehen sich alle auf die Bestimmung, dass das Einkommen der Leviten bzw. der Priester in den Anteilen an den Feueropfern JHWHs besteht (s. u.). – Der Begriff steht häufig in Verbindung mit oder gleichsam synonym für »Duft der Beruhigung« (s. u.).

Zur Übersetzung

Die geläufige Übersetzung lautet »Feueropfer«, da das Wort gewöhnlich von אש, *ʾēš*, »Feuer«, abgeleitet wird. Doch schon die Wiedergabe in LXX zeigt, dass diese Identifizierung problematisch ist: Die LXX-Äquivalente haben nicht direkt etwas mit Feuer zu tun, sondern sind eher allgemeine Begriffe für »Opfer« (s. aber *M. Vahrenhorst*, Levitikon, 338, und *C. Eberhart*, Opfer als Gabe, 107, der darauf hinweist, dass die LXX-Äquivalente durchaus Konnotationen mit »Feuer« ausdrücken). Die Targumim verwenden eine Umschreibung in Richtung »eine Darbringung, die mit Wohlgefallen empfangen wird vor dem Herrn« (Details bei *Rendtorff*, 63; *Milgrom*, 162). Bei den jüdischen Auslegern des Mittelalters begegnet dann die Ableitung von אש, so übersetzt *Raschi*, 280, mit »Feuergabe«. In den neueren Lexika wird meist die Ableitung von אש, »Feuer«, als unsicher bezeichnet. Gerne wird der Bezug zum ugaritischen *ʾiṯt*, »Gabe« (oder auch zum arabischen *ʾaṯâtu*, »Gut, Besitz«), angeführt und dann eine Übersetzung vorgeschlagen, die das Wort »-gabe« enthält (oder nur »Gabe«) (zur Diskussion s. u. a. *U. Dahmen*, Leviten, 271; *C. Eberhart*, Studien, 40–48; *ders.*, Opfer als Gabe, 105–109). *M. Görg*, Beobachtungen, 124–125, macht eine phonetische Ähnlichkeit zum altägyptischen Nomen *jḫt/jšt*, »Gabe (an die Gottheit)« geltend und optiert ebenfalls für die unspezifische Übersetzung »Gabe« für אשה.

Doch diese etymologischen Versuche bleiben Spekulationen, so dass für die Übersetzung »Feueropfer« zwei Überlegungen sprechen: (1) Es ist fraglich, ob etymologische Feinheiten von nur des Hebräischen kundigen Laien verstanden werden können – schon LXX setzt vergleichsweise allgemeine Begriffe für »Opfer« ein (*J. W. Wevers*, Notes, 7). Näher als jede Ableitung aus dem Ugaritischen liegen innerhebräische Assoziationen, auch wenn sie vielleicht sprachwissenschaftlich als »Volksetymologie« zu bezeichnen sind: Hier ist das Derivat von אש, »Feuer«, sehr nahe liegend (*Levine*, 7–8). (2) Dies gilt umso mehr, als im unmittelbaren Kontext der Belege immer vom Verbrennen die Rede ist. Solches trifft auch für die von *Milgrom*, 161, als problematisch angeführten Stellen zu: In Lev 7,30.35–36 geht es um die Anteile der Priester *von* den Feueropfern; natürlich werden diese Portionen nicht verbrannt, aber sie haben symbolisch teil an dem Opfer. Ähnlich ist es in Lev 24,7.9: Nicht die Schaubrote werden verbrannt, sondern ein Gedächtnisanteil zusammen mit dem ganzen Weihrauch – das ist das Feueropfer, an dem aber die Brote teilhaben, und auch die Priester, wenn sie diese Brote verzehren. In Num 15,10 ist zwar unmittelbar vom Weinopfer (Libation) die Rede, doch der Begriff »Feueropfer« in diesem Vers bezieht sich zusammenfassend auch auf das Brandopfer von 15,8. Aus diesen Überlegungen heraus bleibt die Kommentierung bei der Übersetzung »Feueropfer« (s. auch *C. Dohmen*, Exodus 19–40, 232–234, zu Ex 29,18.25.41; 30,20). Wie die folgende Erläuterung zeigen wird, steht dabei nicht das Feuer bzw. das Verbrennen im Vordergrund, sondern die *Gabe an JHWH* – dieser Aspekt muss beim Begriff »Feueropfer« immer im Bewusstsein bleiben (vgl. z. B. *Raschi*, 280: »Feuergabe«, ebenso *C. Eberhart*, Studien, 47.334–360; Buber/Rosenzweig: »Feuerspende«; *Watts*, 210: »fire offering«).

Erläuterung

Die etymologische Ableitung des Begriffes אשה bleibt zwar unklar, doch die Verwendung lässt sich beschreiben, und sie passt (gegen *Milgrom*, 161; *E.-W. Kim*, Peace Offering, 11–12) auch zur Übersetzung mit »Feueropfer«. Zunächst bezeichnet das Feueropfer das tatsächlich für JHWH verbrannte (»geopferte«) Opfermaterial (Tiere, Speise, Weihrauch), so v. a. beim Brandopfer/Ganzopfer (Lev 1,9). Davon ausgehend kann »Feueropfer« auch zu einem umfassenden Begriff für »Opfer« schlechthin werden: das, was man JHWH übergibt (Lev 22,22.27; 23,27; s. auch *Rendtorff*, 65). Das Feueropfer wird nämlich im Unterschied etwa zum Brandopfer, zur Speiseopfergabe oder zum Heilsgemeinschaftsopfer *nicht* explizit erläutert (es erhält kein eigenes Kapitel). Von da her ist es plausibel, hinter dem Terminus eine Art Dachbegriff oder Oberkategorie für die *freiwilligen* Opfer (Lev 1–3: Brandopfer, Speiseopfergabe, Heilsgemeinschaftsopfer) und die Opfer an den Feiertagen (Lev 23,8.13.18.25.27.36.37 in Verbindung mit Num 28–29) zu vermuten: Es ist keine eigene Opferart, sondern fasst diese Opferarten zusammen. Das erklärt, dass der Begriff mehrfach in zusammenfassenden Passagen zum Abschluss eines Abschnittes begegnet, meist nach dem siebten (bzw. jeweils letzten) Akt: »in Rauch aufgehen lassen« (z.B. Lev 1,9; 3,5.11.16; 5,12; 7,5). Vom Gebrauch als Dachbegriff her ist es auch plausibel, dass LXX den Aspekt des Feuers nicht in den Vordergrund stellt und stattdessen allgemeine Opfertermini wie θυσία verwendet. »Feueropfer« bezeichnet also alle Opfer, die *eigentlich* JHWH gehören. Dann aber kann JHWH von eben diesen ihm übereigneten Feueropfern den Priestern Anteile abgeben (z.B. Lev 6,10): Die Priester – und nur sie (Lev 6,11) – dürfen von den Speiseopfergaben essen (Lev 2,3.10; 10,12–13), von den Heilsgemeinschaftsopfern gehören ihnen Bruststück und Schenkelkeule (Lev 7,29–36). Es ist klar, dass alles, was JHWH als Opfer übergeben wird, hochheilig (s.u.) wird, und insofern sind diese Anteile der Priester an den Feueropfern hochheilig (Lev 2,10; 6,10; 10,12; 24,9) – mit entsprechendem Respekt sind sie zu behandeln und nur im heiligen Bereich zu verzehren. »Feueropfer« ist damit ein umfassenderer Begriff als »Brandopfer«, denn das Brandopfer wird wirklich ganz verbrannt, während als »Feueropfer« auch Opfergaben bezeichnet werden können, von denen nur ein Teil (z.B. der Gedächtnisanteil bei der Speiseopfergabe oder das Fett beim Heilsgemeinschaftsopfer) verbrannt wird. Es ist gerade das Verbrennen auf dem Altar, das allen in Lev 1–7 erwähnten Opfern gemeinsam ist und daher diese von Materie und Ablauf des Rituals sonst so unterschiedlichen Opferarten zusammenfasst – insofern ist es sinnvoll, den zusammenfassenden Oberbegriff durchaus mit »Feueropfer« wiederzugeben (*C. A. Eberhart,* Neglected Feature of Sacrifice, 489). Selbst wenn es, wie bei der Speiseopfergabe (מנחה, *minḥā*) nur eine Handvoll Getreide ist, die verbrannt wird, kommt es doch gerade darauf an. Wird nur ein Teil der Opfermaterie auf dem Altar ins Feuer gegeben, so geht der Rest (meist der größere Anteil) an die Priester als ihr Einkommen. Dieses »Einkommen« steht ihnen aber nicht zur freien Verfügung, da es nicht ihr Eigentum ist, sondern *eigentlich* JHWH gehört und somit hochheilig ist. Sie dürfen es nicht außerhalb des Heiligtums bringen und dort veräußern o.ä. – auch wenn dies nicht ausdrücklich gesagt wird, steckt dies hinter der Bestimmung, dass diese Anteile an den Feueropfern »am heiligen Ort« zu verzehren sind. Auf sehr subtile Weise werden religiöses Ideal (Opfer für JHWH) und Unterhalt der Priester miteinander verknüpft und gleichzeitig einem Missbrauch durch willkürliche Fehlinterpretation vorgebeugt.

Heilsgemeinschaftsopfer

Begriffe

זבח (ה)שלמים (auch nur שלמים), *zæbaḥ (ha-)šelāmīm* – griech. meist θυσία σωτηρίου: Heil bringende/s Opfer/gabe (LXX-D: »Rettungsopfer«); auch θυσία εἰρηνική: Friedensopfer, v.a. Sam/Kön; zur griechischen Übersetzung s. *D. Büchner, Thysia Soteriou,* 85–100; *S. Daniel,* Recherches, 273–297.

Vorkommen

זבח שלמים: Ex 29,28; Lev 3,1.6; 7,18.29.32.34; 10,14; 17,5; 19,5; 22,21; 23,19; Num 6,17; 10,10; Jos 22,23; 1 Sam 10,8; 2 Chr 30,22; 33,16; Spr 7,14.†

זבח השלמים: Lev 3,3.9; 4,10.26.31.35; 7,11.20.21.37; Lev 9,18; Num 6,18; 7,17.23.29.35.41.47.53.59.65.71.77.83.88; 1 Kön 8,63.†

Nur שלמים: Ex 20,24; 24,5 (זבחים שלמים); 32,6; Lev 6,5; 7,13.14.15.33; 9,4.22; Num 6,14; 15,8; 29,39; Dtn 27,7; Jos 8,31; 22,27; Ri 20,26; 21,4; 1 Sam 11,15 (זבחים שלמים); 13,9; 2 Sam 6,17.18; 24,25; 1 Kön 3,15; 8,64 (bis); 9,25; 2 Kön 6,13; Ez 43,27; 45,15.17; 46,2.12 (bis); 1 Chr 16,1.2; 21,26; 2 Chr 7,7; 29,35; 31,2.†

Zur Übersetzung

Die Wortfügung זבח שלמים, *zæbaḥ šelāmīm,* ist ein schwieriger Begriff (s.u., Erläuterung). Viele Übersetzungen folgen LXX und sprechen von einem »Heilsopfer«, »Rettungsopfer« o.ä. (θυσία σωτηρίου). »The resulting combination must have presented to Greeks something of a cultural oddity« (*D. Büchner,* Reflections, 115). Im hebräischen Bestandteil זבח steckt zum einen das »Schlachtopfer« (s.u.), zum anderen der Aspekt der Gemeinschaft und des Mahles (HALAT s.v.; s. Gerstenbergers Übersetzung: »Mahlopfer«). Der zweite Teil (שלמים) ist in seiner Ableitung umstritten (s.u.). Eine Zurückführung auf שלום, *šalōm,* »Friede«, wird z.B. von *Rendtorff,* 126–127, ausdrücklich abgelehnt. Dennoch ist es möglich, die Wurzel שלם *qal,* »heil, unversehrt sein«, als Hintergrund heranzuziehen, zumal LXX mit ihrer Wiedergabe σωτήριος wohl in die gleiche Richtung weist.

Will man die genannten Aspekte zusammenführen, bleibt nichts anderes übrig, als einen neuen Fachterminus zu prägen, zumal auch der hebräische Doppelausdruck ein solcher ist. Man kann vom Motiv der Gemeinschaft ausgehen (Bible de Jérusalem: »sacrifice de communion«; s. *A. Marx,* Les systèmes sacrificiels, 21; *Péter-Contesse,* 61): Es handelt sich um eine Gemeinschaft der Menschen untereinander und mit Gott. Diese Gemeinschaft wiederum ist eine Heilsgemeinschaft, d.h. sie zielt auf Frieden und Wohlergehen. Die Gemeinschaft wird auch durch das gemeinsame Essen betont. Die Neuprägung »Heilsgemeinschaftsopfer« kann auf zwei Weisen gelesen werden: Heilsgemeinschafts-Opfer = das Opfer der Heilsgemeinschaft, einer Gemeinschaft, die im Heil, das von Gott kommt, zusammengeführt ist; und Heils-Gemeinschaftsopfer = Opfer der Gemeinschaft, das allen zum Heile und Frieden dient.

Auch *A. Marx,* Les systèmes sacrificiels, 89, spricht sich stark für den Aspekt des Gemeinschaftsmahles als Kern der Opfersysteme aus. *Watts,* 267 u.ö., prägt die neue Wortbildung »amity slaughter offering«. – Gegen die Auffassung als »Gemeinschaftsopfer« wendet sich *U. Dahm,* Opferkult, 183, da sie das Mahl, bei dem das Fleisch des Opfertieres verzehrt wird, als eigenständiges Element und nicht als Teil des Opferritus ansieht. Bei ihr werden alle hier angesprochenen Begriffe zu nahezu synonymen und sehr allgemeinen Bezeichnungen für jedwede Art von »Schlachtopfern«, die als Gabe an Gott zu verstehen seien.

Da die Übersetzung von שלמים (ohne זבח) umstritten ist, wird für Levitikus eine Hilfskonstruktion vorgeschlagen: Wenn der Begriff זבח nicht dabei steht, also שלמים alleine vorkommt, steht bei der Übersetzung »Heilsgemeinschaftsopfer« das Wort »(opfer)« in Klammern. Wie bei der »Speiseopfergabe« wird auch beim »Heilsgemeinschaftsopfer« nur ein Teil der Opfermaterie verbrannt. Dennoch wird in der Übersetzung nicht der Zusatz »-gabe« angebracht, um zum einen die Parallelität in der Darstellung zum Brandopfer nicht zu verschleiern (Lev 3 hat mehr mit Lev 1 als mit Lev 2 zu tun) und um zum anderen einen wesentlichen Unterschied zur Speiseopfergabe aufzuzeigen: Bei letzterer gehört der »Rest« als »Hochheiliges« allein den Priestern, während beim Heilsgemeinschaftsopfer nur ein Teil des »Restes« den Priestern gehört (s. Lev 7,14.31–35) und das Meiste im Opfermahl von den Darbringenden (also den »Laien«) verspeist wird.

Erläuterung

Wie aus der Übersicht über das Vorkommen von זבח (ה)שלמים, *zæbaḥ (ha-)šelāmīm,* deutlich wird, findet sich dieser Doppelausdruck bis auf wenige Ausnahmen nur in den kultischen Anordnungen von Levitikus und Numeri. Die beiden Bestandteile kommen dort nur selten alleine vor – umgekehrt ist es außerhalb dieses Literaturbereichs: Dort begegnen sie weitgehend getrennt voneinander in z.T. erheblich unterschiedlichen Zusammenhängen (s. *B. A. Levine,* Presence, 21–52). Nun ist umstritten, ob die Begriffe זבח, »Schlachtopfer«, זבח (ה)שלמים, »Heilsgemeinschaftsopfer«, und שלמים, »Heilsgemeinschafts(opfer)« – die Übersetzungen sind zunächst als reine Hilfskonstruktionen zu verstehen – unterschiedliche Opfertypen bezeichnen oder ein und dasselbe Opfer ansprechen. Mit *Rendtorff,* 119–129 (s. auch *ders.,* Studien, 119–168), erscheint es sinnvoll, die Begriffe zunächst getrennt zu betrachten.

(1) In erzählenden Texten begegnet der Begriff זבח, »Schlachtopfer (mahl)« (*B. A. Levine,* Presence, 115–117; *I. Willi-Plein,* Opfer und Kult, 71–79; *Watts,* 276–278), für das Vollziehen einer kultischen Schlachtung mit anschließendem Mahl (z.B. Gen 31,54; Ex 18,12; 1 Sam 1,21; 9,13; 16,3) – meist scheint dies aber Sache einer begrenzten Gemeinschaft in einem nicht-öffentlichen Rahmen zu sein. Das Mahl ist offenbar das entscheidende Element beim זבח, das bisweilen selbst Objekt des Essens sein kann (z.B. Ex 34,15; Ps 106,28). Zu diesem Mahl wird ausdrücklich eingeladen (קרא, »rufen«: Gen 31,54; Ex 34,15; Num 25,2; Dtn 33,19; 1 Sam

16,3.5; 2 Kön 10,19). Die erzählerische Beschreibung eines Schlachtopfermahles findet sich außerhalb von Levitikus am ausführlichsten in 1 Sam 9,12.14.19.22–25 (*Levine*, 15).

Auch nicht-israelitische Opfer an andere Götter werden als זבח bezeichnet, so dass das Wort keine israelitische Besonderheit bezeichnet. Nicht selten geht es sogar um illegitime Opfer an fremde Götter. Als Übersetzung für זבח bietet sich »Schlachtopfer« an, denn das Verb זבח hat immer die Bedeutung »schlachten«, und zwar meist im kultischen Sinne (Ausnahme: Dtn 12,15.21). Dabei geht es aber nicht um das Töten/Schlachten des Tieres allein oder an sich, sondern immer um den gesamten rituellen Vorgang, in dessen Zentrum die Darbringung durch das Verbrennen auf dem Altar steht (s. *C. Eberhart*, Studien, 330–331; *ders.*, Characteristics, 43–47; *K. McClymond*, Beyond Sacred Violence, 56–64). In den priesterlichen Opfertexten steht für »schlachten« immer das Verb שחט (s. *N. Snaith*, The Verbs zābaḥ and šāḥaṭ: VT 25, 1975, 242–246; *Milgrom*, 713–718).

(2) Der zweite Ausdruck, שלמים, *šᵉlāmīm*, begegnet ohne זבח fast immer im Zusammenhang mit dem Wort עלה, meist im Plural על(ו)ת, *ʿolōt*, »Brandopfer« (z. B. Ex 20,24; 32,6; Dtn 27,5–7; Jos 8,31; Ri 20,26; 21,4). Die Texte lassen eine enge Verbindung zwischen עלה und שלמים vermuten, und meist geht es um öffentliche Angelegenheiten wie die Errichtung eines Altares (Ex 20,24; Dtn 27,5–7; Jos 8,30f.; Ez 43,27 usw.), öffentliche Klagefeiern eines ganzen Stammes (Ri 20,26; 21,4), die Einholung der Lade nach Jerusalem (2 Sam 6,17) oder die Neuordnung des Kultes unter Hiskija (2 Chr 31,2). *M. Modéus*, Sacrifice, 80, spricht von einem »flexible, multipurpose sacrifice«. Herkunft und Übersetzung des Begriffs שלמים sind seit alters her (schon seit LXX!) umstritten (*Levine*, 15). Zwar begegnet der Begriff *(šlm[m])* auch in Zeugnissen aus der Umwelt Israels (in ugaritischen Texten, s. *B. A. Levine*, Presence, 3–20, sowie phönizisch-punischen Quellen, ebd., 118–122; *C. Lemardelé*, Étymologie, 484–485), doch helfen diese Parallelen wenig für die Erhellung der Bedeutung des hebräischen שלמים. Es ist eher unwahrscheinlich, dass ein ugaritischer oder phönizischer Hintergrund bei der Formulierung von Levitikus bzw. bei den potentiellen Adressaten präsent war. Eher dominiert der Fachterminus als solcher, ohne dass dessen Etymologie diskutiert wird oder bewusst ist. Fragt man dennoch nach einer möglichen Herleitung, so trifft man auf die zugrunde liegende Wurzel שלם, *ŠLM*, die ein breites semantisches Spektrum hat (zur Diskussion s. *Milgrom*, 220–221). Ein Blick auf die griechische Bibel zeigt folgenden Befund: LXX versteht im Pentateuch den Plural שלמים als einen Abstraktbegriff mit singularischer Bedeutung und übersetzt daher mit dem substantivierten Neutrum des Adjektivs σωτήριος, meist im Genitiv in der Verbindung θυσία σωτηρίου, »Heil (Rettung) bringendes Opfer«, bisweilen auch mit dem Plural τά σωτήρια (Ex 20,24; 29,28; Num 10,10; 29,39). – In Ri 20,26 steht in Codex B ὁλοκαυτώσεις καὶ τελείας, »Brandopfer und

vollständige Opfer« (s. auch 2 Chr 29, 35LXX), wobei hier der hebräische Begriff שלמים offenbar mit dem hebräischen Adjektiv שָׁלֵם, »ganz, vollständig«, in Verbindung gebracht wird. *R. Rendtorff,* Studien, 133, sieht darin einen Hinweis auf die Bedeutung »vollenden« der Wurzel שלם, *ŠLM,* im D-Stamm *(piel)* und optiert daher für die Übersetzung »Schlussopfer«. – Eine dritte Wiedergabe von שלמים ist in den Samuel- und Königsbüchern belegt: εἰρηνικός (z.B. 1 Sam 10, 8: θυσίας εἰρηνικάς, »Friedensopfer«). Diese Übersetzung dürfte der Tendenz geschuldet sein, dass εἰρήνη zum eigentlichen Äquivalent für das hebräische Wort שלום, »Friede«, wird (ähnlich in der Vg, die שלמים immer mit *pacifica* übersetzt).

Die Wiedergabe von שלמים bzw. זבח שלמים im Deutschen (bzw. Englischen) schwankt u.a. zwischen »Dankopfer« (von שלם *piel,* »erstatten, ersetzen, bezahlen, vergelten«: שִׁלֻּם, »Vergeltung«; dies passt gut zu Spr 7, 14, s. *Raschbam,* 22; *U. Dahm,* Art. Opfer, 3.12.; *U. Dahm,* Opferkult, 177–179; *M. Modéus,* Sacrifice, 358, betont mit »remuneration sacrifice« den Aspekt der Bezahlung der Priester), »Friedens(mahl)opfer« bzw. »peace offering« (von שלם *qal,* »unversehrt sein, Frieden halten«; שלום, *šalōm,* »Frieden«, z.B. *Raschi,* 284; *S. R. Hirsch,* 76 u.ö.), ähnlich »Heilsopfer« (nach LXX; s. z.B. Milgroms Übersetzung: »well-being offering«; *Elliger,* 47–53: »Heilsmahlopfer«); auch »Gemeinschaftsopfer«, »Gemeinschafts-Schlachtopfer« (*C. Eberhart,* Studien, 91–92) oder »Bundesopfer« (zur Diskussion der Übersetzungen s. u.a. *E.-W. Kim,* Peace Offering, 4–5; *C. Lemardelé,* Étymologie, 482).

Von ugaritischen und akkadischen Parallelen her schließt *Levine,* 15, auf »Tribut, Begrüßungsgabe«, wie auch das hebräische Wort *Schalom* zum Grußwort wurde. Im Kult gehe es darum, mit der Gabe Gott zum heiligen Mahl zu begrüßen. Daher rührt sein Übersetzungsvorschlag »the sacred gift of greeting« für *zæbaḥ š^e lāmīm* (s. auch *B. A. Levine,* Presence, 26). *C. Lemardelé,* Étymologie, 489, geht in eine ähnliche Richtung und sieht den Ursprung des Opfers in der Gegen-Gabe an Gott, die die Erfüllung eines Gelübdes darstellt. So übersetzt er mit »sacrifice d'accomplissement«. Wenig wahrscheinlich ist die These von *M. Modéus,* Sacrifice, dass der Begriff שלמים, *š^e lāmīm,* an *allen* Belegstellen durch *einen* nach den Chronikbüchern anzusetzenden Glossator mit dem Interesse der Legitimation des Kultes nachgetragen worden sei (s. z. B. ebd., 201–202). Eine derart intensive Redaktionstätigkeit lässt sich diachron kaum verorten und hätte wohl deutlichere Spuren hinterlassen (s. die Kritik an dieser These in der Rezension zu *Modéus'* Buch von *J. W. Watts,* Review of Biblical Literature 07/2006, www.bookreviews.org; zur Geschichte und Auslegungsgeschichte des »Heilsgemeinschaftsopfers« s. *Watts,* 272–276).

(3) Versucht man eine vorsichtige Differenzierung der Terminologie, so kann זבח, *zæbaḥ,* »Schlachtopfer«, als weiterer, übergeordneter Begriff angesehen werden, während שלמים, *š^e lāmīm,* »Heilsgemeinschafts(opfer)«, eine nähere Spezifikation darstellt (zur Diskussion s. *C. Nihan,* Priestly Torah, 225–228). In Ex 24, 5 bringen »die Jünglinge der Israeliten« in priester-

licher Funktion זבחים שלמים, *z^e^baḥim š^e^lāmīm*, dar (»Mahlopfer«; *C. Dohmen*, Exodus 19–40, 196). In dieser selten begegnenden Appositionsverbindung *z^e^baḥim š^e^lāmīm* ist das zweite Element als nähere Spezifikation des ersten zu verstehen, also: »Schlachtopfer, d.h. *š^e^lāmīm*« oder »Schlachtopfer, die in *š^e^lāmīm* bestehen«. Damit ist *š^e^lāmīm* eine besondere Form des (allgemeinen) Schlachtopfers. Die Verbindung tritt auch in 1 Sam 11,15 auf, und beide Male geht es um Ereignisse von öffentlichem bzw. nationalem Rang (Bundesschluss am Sinai bzw. Einsetzung Sauls zum König). Die Constructus-Verbindung *zæbaḥ š^e^lāmīm* ist kaum anders zu verstehen: Auch hier ist *š^e^lāmīm* eine nähere Bestimmung des allgemeinen *zæbaḥ* (ähnlich זבח משפחה, *zæbaḥ mišpaḥā*, »Schlachtopfer der Verwandtschaft/ Sippe« in 1 Sam 20,29 oder זבח תודה, *zæbaḥ tōdā*, »Schlachtopfer zum Dank« in Lev 7,12; 22,29; Ps 107,22; usw.). Bis auf wenige Ausnahmen dominiert in der priesterlichen Kultliteratur der Doppelausdruck זבח שלמים, *zæbaḥ š^e^lāmīm*. Bemerkenswert ist auch die klare Sprachregelung in Lev 17,5. Zunächst werden alle Schlachtungen von Stier, Schaf und Ziege außerhalb des Zeltes der Begegnung als illegitim bezeichnet, da es sich um ein unerlaubtes Vergießen von Blut (also Töten) handelt: »Daher sollen die Israeliten ihre Opfer (זבחיהם) bringen, die sie (bisher noch) auf dem freien Feld opfern, und sie sollen sie für JHWH zum Eingang des Zeltes der Begegnung zum Priester bringen, und sie sollen sie als Heilsgemeinschaftsopfer (זבחי שלמים) für JHWH opfern.« Lev 17,7 betont nochmals, dass die Opfer außerhalb des Heiligtums illegitim sind, weil sie den »Bocksdämonen« gelten. Die Forderung nach der ausschließlich kultischen Schlachtung am Heiligtum ist hier mit der Unterscheidung zwischen זבח, »Schlachtopfer« und זבח שלמים, »Heilsgemeinschaftsopfer« verbunden: Nur das kultisch legitimierte und am Heiligtum durch den Priester dargebrachte Heilsgemeinschaftsopfer ist das richtige Schlachtopfer – der geprägte Spezialbegriff aus zwei Termini ermöglicht so einen präzisen Sprachgebrauch (s. auch *R. Rendtorff*, Studien, 163–165). Ganz konsequent wird dieser aber nicht durchgehalten (s.o., Verteilung), da bisweilen auch שלמים ohne זבח vorkommt (meist in syntaktischen Wortfügungen, bei denen die Verwendung des Doppelausdrucks nicht möglich ist). Hingewiesen sei noch darauf, dass in den kultischen Bestimmungen von Ez 40–48 der Doppelausdruck nicht auftritt.

Über die Hintergründe für die Verbindung der beiden Opferarten kann man nur Vermutungen anstellen. Vielleicht war der Ritus sehr ähnlich (Verbrennen, also »opfern«, von Fett), vielleicht war שלמים das öffentliche Pendant zum eher in privaten Zusammenhängen (ohne Priester) auftretenden זבח. Diese Unterscheidung ist dann hinfällig, so dass das »Heilsgemeinschaftsopfer« (Doppelausdruck) sowohl bei individuellen Anlässen (Erfüllung eines Gelübdes, freiwillige Gabe: Lev 22,21) als auch bei öffentlichen Opfern (Lev 23,19) begegnet. Bemerkenswert ist die Reihe von Opfern in

Jos 22,23: Mit עולה, מנחה und זבחי שלמים entspricht sie genau der Abfolge von Lev 1 (עולה), Lev 2 (מנחה) und Lev 3 (זבח שלמים). Der Ablauf des Heilsgemeinschaftsopfers wird bei der Auslegung von Lev 3 beschrieben.

Die Funktion des Heilsgemeinschaftsopfers besteht darin, Fleisch rituell korrekt als Nahrung zu ermöglichen: Wenn jegliche Schlachtung außerhalb des Heiligtums als illegitim angesehen wird (s. o.), muss es für das Schlachten von Tieren und das Zubereiten ihres Fleisches einen Anlass geben, der mit einer entsprechenden Feier am Heiligtum verbunden ist. Der Anlass für ein Heilsgemeinschaftsopfer ist immer ein freudiger (*Staubli,* 58). Die Fleischmenge eines Tieres war in der Regel für eine Kernfamilie zu viel (von Konservierung ist keine Rede!), so dass der größere Familienkreis oder Clan mit einbezogen wurde (*Milgrom,* 221), der dann die eher seltenen Fleischgerichte genossen hat (*Gerstenberger,* 44). Die Heilsgemeinschaftsopfer waren vermutlich die häufigste Art der Tieropfer: »They provide a major source of income for priests and a source of protein for laity« (*Watts,* 269). Aus dem Ablauf des Opfers ergibt sich auch, dass Vögel für das Heilsgemeinschaftsopfer nicht vorgesehen sind: Das Fett eines Vogels (etwa einer Taube) wäre für ein Feueropfer eine verschwindend geringe Menge. Vögel werden daher, was Schlachten und Essen betrifft, offensichtlich als »Wild« eingestuft, für das kein förmliches Heilsgemeinschaftsopfer erforderlich ist (*Milgrom,* 222; *E.-W. Kim,* Peace Offering, 14). Mit der kultischen Vorschrift zur ausschließlichen Schlachtung am Heiligtum und dem entsprechenden Sprachgebrauch (Doppelausdruck *zæbaḥ šelāmīm*) machen sich die Priester letztlich unentbehrlich: »Die Priester sind die unerläßlichen Vermittler des Heils für die Gemeinde (vgl. Lev 8–10)« (*Gerstenberger,* 45). In Abwandlung der Zentralisierung der Schlachtungen am Heiligtum führt Dtn 12,13–19 die Profan-Schlachtung zur Fleischgewinnung an jedem beliebigen Ort ein und unterscheidet damit klar zwischen diesen rein säkularen Akten, an denen kultisch Reine wie Unreine teilnehmen dürfen, einerseits und den kultischen Schlachtungen andererseits, die nur am zentralen Heiligtum als Opfer (nach den entsprechenden Vorschriften) stattfinden dürfen. Die Gründe bzw. Motive für die Darbringung eines Heilsgemeinschaftsopfers sind nur indirekt aus Lev 7,11–20 zu erfahren (siehe dazu die Analyse bei Lev 3; *M. Modéus,* Sacrifice, 47–81).

Speiseopfergabe

Begriffe מנחה, *minḥā* – griech. meist θυσία: »Opfer(gabe)«, auch δῶρον: »Geschenk, Gabe, Opfer«; in nichtkultischen Zusammenhängen: μαναα (als Transliteration von מנחה), »Geschenk, Tribut« (s. *S. Daniel,* Recherches, 201–223).

Vorkommen Lev 2,1.3ff.13ff; 5,13; 6,7f.13f.16; 7,9f.37; 9,4.17; 10,12; 14,10.20f.31; 23,13.16.18.37. – 62 (29 %) der 211 Belege in der Hebräischen Bibel finden sich im Buch Numeri, 36 (17 %) im Buch Levitikus, 15 (7 %) bei Ezechiel und 11 (5 %) in 1/2 Chronik; es gibt zwei aramäische Belege (Dan 2,46; Esra 7,17). Die grundsätzliche Behandlung der Speiseopfergabe erfolgt in Lev 2, weitere Vorschriften finden sich in Lev 6–7, bei der kultischen Reintegration des geheilten Aussätzigen (Lev 14) und im Festkalender (Lev 23).

Zur Übersetzung

Die Grundbedeutung von מנחה, *minḥā*, ist »Geschenk«, meist an eine höhergestellte Persönlichkeit (z.B. 1 Kön 10,25; 2 Kön 20,12; 2 Chr 17,5; Ps 72,10; *A. Marx*, Les offrandes végétales, 1, zählt 33 »profane« Belege). Von hierher ist der Weg in die kultische Sprache hin zu »Opfer«, »Gabe« nicht weit (s. schon Gen 4,3–5), und der Begriff fungiert ähnlich wie קרבן, *qorbān*, »Darbringung« (s.o.) als Dachbegriff. In spezifischerer Verwendung bezeichnet er die vegetabile Opfergabe von nicht-fleischlichen Nahrungsmitteln, traditionell mit »Speiseopfer« übersetzt (weitere Details bei *A. Marx*, Les offrandes végétales, 1–28; s. auch *Watts*, 249–250: »commodity offering«). Hier wird in der Übersetzung das Wort »-gabe« hinzugesetzt: »Speiseopfergabe«. Damit soll ausgedrückt werden, dass im Unterschied zum Brandopfer bei dieser Opferart nur ein Bruchteil der Nahrungsmittel tatsächlich (durch Feuer) vernichtet wird: der so genannte »Gedächtnisanteil« (אזכרה von זכר »gedenken«, s.u.). Der Hauptanteil steht dagegen den Priestern als »Einkommen« zu. Ebenso werden die »Erhebungs*gabe*« (תרומה) und die »Emporhebungs*gabe*« (תנופה) von den Priestern gegessen. Bemerkenswert ist auch, dass die vegetabilen Naturprodukte nie in unverarbeiteter (roher) Form geopfert werden, sondern eine oder zwei Stufen der Transformation seitens der Menschen vollzogen werden (s. ebd., 43): So werden nie einfach nur geerntete Körner dargebracht; sie werden mindestens zu Mehl gemahlen, besser noch zu Feinmehl gemahlen und gesiebt. Die zweite Stufe ist die Zubereitung von Gebäck (Kuchen).

Erläuterung

Die Speiseopfergabe wird zwar ganz geopfert, aber nicht ganz verbrannt. Gelöst wird dies über den »Gedächtnisanteil« (s.u.), der bei der Speiseopfergabe aus einer Handvoll von den Nahrungsmitteln (Feinmehl bzw. gebackene Kuchen) und dem mit der Nahrungsmittelspende verbundenen Weihrauch besteht (*K. Nielsen*, Incense, 73–78) – das wird verbrannt (»in Rauch aufgehen lassen«). Der »Rest«, also der überwiegende Teil steht den Priestern als Einkommen zu. Allerdings sollen sie dies nicht als gewöhnliche Speise ansehen, sondern als etwas Hochheiliges (s.u.), das *eigentlich* JHWH zusteht und von JHWH den Priestern gegeben wird. Mit entsprechendem Respekt ist es zu behandeln: Man soll so etwas nur an einem heiligen Ort (gemeint ist wohl innerhalb des Heiligtums) essen, also nicht außerhalb des heiligen Bezirks bringen oder gar verkaufen.

Die Formulierung mit »Gedächtnisanteil« verrät ein weit entwickeltes Denken in Symbolen und Abstraktionen: Hier ist bereits grundgelegt, dass ein Opfer nicht immer in einer vollständigen Vernichtung bestehen muss, sondern dass es Stellvertretungen in Form von Symbolen geben kann. Die

Speiseopfergabe zählt vor JHWH als ein vollständiges Opfer, das ganz für JHWH dargebracht wird, auch wenn der größte Teil davon von den Priestern als ihrem Einkommen verzehrt wird. – Einen anderen (weiteren) Grund für diese Praxis führt *Milgrom*, 201–202, aus: In den Kulten in Israels Umwelt war es wahrscheinlich üblich, ein Speiseopfer ganz zu verbrennen, und es gibt Hinweise, dass Israel dies auch praktizierte und dabei (neben JHWH) auch andere Götter verehrte. Jer 7,18 beklagt, dass die Frauen Teig kneten, um der »Himmelskönigin« (Ischtar) Opferkuchen zu machen, die dann nach Jer 44,19 wohl auch verbrannt wurden (Opferkuchen: כונים, *kawwānīm*, vgl. das akkadische Wort *kamānu*/*kamānātu*, das die süßen Kuchen bezeichnet, die den Göttern geopfert wurden). Auch bei den Hethitern habe es die Praxis privater Getreideopfer auf den Hausdächern gegeben, bei denen die Opfermaterie jeweils ganz verbrannt wurde. Insofern wende sich laut Milgrom die Vorschrift, nur einen (kleinen) Teil zu verbrennen und den Rest von den Priestern essen zu lassen, gegen die volkstümliche Praxis in Israel, im Privatkult für andere Götter Speisen ganz zu verbrennen (so auch *Staubli*, 54). Diese Vorschrift sei in Lev 2,3.10 dezidiert eingetragen worden. Dies erkläre, dass der Priesteranteil nur bei der Speiseopfergabe direkt erwähnt werde, während bei den anderen Opfern von Lev 1–5 die Priesteranteile erst in Lev 6–7 angesprochen werden. Dass also die *Priester* den größten Teil der Speiseopfergabe als Hochheiliges am heiligen Ort verzehren, wende sich polemisch gegen die Praxis privater Speiseopfer, die *außerhalb* des Tempels verbrannt worden seien. Solche Opfer werden unterbunden, denn wer JHWH eine Speiseopfergabe darbringen wolle, müsse sich an den Tempel wenden.

Sprachgebrauch

In sprachlicher Hinsicht gibt es keine Verbalwurzel, von der מנחה abgeleitet werden könnte, so dass von einem Primärnomen auszugehen ist (*C. Eberhart*, Studien, 78; anders *Levine*, 10, der eine Ableitung von נחה, *naḥāh*, »führen, leiten«, vorschlägt, also: »was vor die Gottheit/den Herrscher gestellt wird«).

Außerhalb des kultischen Sprachgebrauchs bedeutet מנחה in politischen Zusammenhängen »Tribut« (z. B. Ri 3,15.17.18; 1 Kön 5,1) oder »Geschenk (als Huldigung)« (z. B. Gen 32,14; 33,10; 2 Kön 8,8). Dieses Spektrum überträgt sich auch in den religiösen Bereich, wenn מנחה außerhalb der priesterlichen Texte als sehr allgemeiner Begriff für »Opfer« verwendet wird, und zwar meist als Huldigungsgabe an JHWH (z. B. Ps 96,8; Jes 66,20). Wie ein Huldigungsgeschenk an einen mächtigen Menschen das Wohlwollen des Empfängers bewirken soll, so hat auch die Opfergabe an JHWH dieses Ziel (*Milgrom*, 196–197; *Staubli*, 56). Dies zeigt schon die Urerzählung von den ersten Opfern der Menschheit an Gott in Gen 4: Kains Opfer von den Feldfrüchten und Abels Opfer von den Herdentieren werden jeweils als מנחה bezeichnet (*Levine*, 9). Somit kann der Begriff auch Tieropfer bezeichnen, z. B. in der Maleachischrift, wo es um die korrekten (fehlerfreien) Opfertiere geht (Mal 1,10.11.13; Mal 1,8 parallelisiert das Opfer mit den Abgaben an den persischen Statthalter). Die Kombination von מנחה mit זבח, »Schlachtopfer«, kann den Opferkult als Ganzen bezeichnen (z. B. 1 Sam 3,14; Jes 19,21; Am 5,25; Ps 40,7; Dan 9,27; in Ps 20,4 mit עלה, »Brandopfer«). An anderen Stellen macht der Kontext deutlich, dass מנחה ein Opfer aus pflanzlichen Produkten bezeichnet (z. B. 1 Chr 21,23; 23,29), und insbesondere dort, wo im Zusammenhang Weihrauch erwähnt wird (z. B. Jes 43,23; Jer 17,26; 41,5; Neh 13,5.9), steht deutlich das Mehlopfer von Lev 2,1 im Hintergrund. Opfer von pflanzlichen Speisen sind mit מנחה auch überall dort gemeint, wo der Begriff relativ eindeutig als Zusatzopfer zu Tieropfern steht (z. B. Jos 22,23.29; 1 Kön 8,64; 2 Kön 16,13.15). In den *priesterlichen* Texten schließlich ist מנחה ein spezieller Opferterminus, der eindeutig Opfer aus *pflanzlichem* Material bezeichnet (*Milgrom*, 197). Diese Opferart ist hier in aller Regel *Zusatzopfer* zu den Tieropfern (z. B. 1 Sam 1,24; 3,14; 10,3; 1 Kön 8,64; 2 Kön 16,13.15; Jes 19,21; Jer 14,12). Num 15,1–16 bestimmt sogar ausdrücklich, dass zu jedem Tieropfer eine entsprechende מנחה, »Speiseopfergabe«, sowie ein נסך, »Trankopfer« (Libation), darzubringen sind (s. *K. McClymond*, Beyond Sacred Violence, 95–96). Zur Libation (נסך, *næsæk*) gibt es keine ausdrücklichen Darbringungsvorschriften (in Levitikus nur in 23,13.18.37; v. a. in Num 28–29; s. *mMenahot* 8,6–7). Die מנחה als Zusatzopfer begegnet auch bei der Ausführung des Heiligtumsbaus in Ex 40,29: »Und den Brandopferaltar stellte er [Mose] an den Eingang der Wohnung des Zeltes der Begegnung, und er ließ darauf das Brandopfer und die Speiseopfergabe opfern – so, wie JHWH es dem Mose befohlen hatte«. Dieser engen Beziehung von Brandopfer (עלה) und Speiseopfergabe (מנחה) entspricht die Abfolge von Lev 1 und 2 sowie die formale und inhaltliche Anlehnung von Lev 2 an Lev 1 (s. Analyse und Auslegung zu Lev 2,1). Man könnte vermuten, dass eine ursprüngliche Gabe, bei der die Naturalien nur vor die Gottheit gestellt wurden (wie die »Schaubrote« in Lev 24,5–6 oder die Erntegaben in Dtn 26,1–4) allmählich an das Brandopfer angeglichen wurde und daher ein kleiner Teil tatsächlich auch verbrannt wurde (so *Levine*, 10).

Die eigenständige Speiseopfergabe ist für folgende Fälle belegt (*Milgrom*, 200): die verschiedenen Varianten in Lev 2; das Entsündigungsopfer des armen Mannes (Lev 5,11); die tägliche Speiseopfergabe des Hohepriesters (Lev 6,12–16; sie wird als Ganzopfer verbrannt); das Dankopfer (als Heilsgemeinschaftsopfer) von ungesäuerten Kuchen (Lev 7,11–14); die Priesterweihe (Lev 8,26–27); die »neue« Speiseopfergabe am Wochenfest (Lev 23,15–17); die Präsentation der Brote vor JHWH (Lev 24,5–9); der Fall der des Ehebruchs verdächtigten Ehefrau (Num 5,15: Gerste!); die Auslösung beim Nasiräer-Gelübde (Num 6,19–21). Bisweilen ist nicht genau zu unterscheiden, ob es sich um ein eigenständiges Opfer neben den Tieropfern oder um eine Begleitgabe handelt. Ist die Speiseopfergabe *vor* den Tieropfern genannt, ist sie sicher eigenständig (z. B. Num 18,9–14). Ist sie danach erwähnt, ist es wahrscheinlich, dass sie ein begleitendes Opfer ist. So erwähnt z. B. Lev 23,13 »seine« Speiseopfergabe – gemeint ist damit die begleitende Gabe zum Brandopfer des einjährigen Lammes, das anlässlich der Erhebung der ersten Garbe, des עמר, *ʿomær*, geopfert wird. Diese erste Garbe in zeitlicher Nähe zum Pessach kann aufgrund der Reifung des Getreides nur Gerste sein.

Die regelhafte Durchführung der Speiseopfergabe mit Weizenfeinmehl wird in Lev 2 beschrieben, doch gibt es davon eine Reihe von Ausnahmen (s. auch *A. Marx*, Les offrandes végétales, 73–84). Wenn es bei der *ʿomær*-Darbringung von Lev 23,9–14 eine Speiseopfergabe von Erstlingserträgen gab, die in 2,14–16 beschrieben ist (wie *Milgrom*, 200, vermutet), dann besteht diese Gabe aus *Gerste* (2,14–16 kann aber auch auf das Wochenfest und damit die Erstlingsdarbringung vom Weizen, Lev 23,15–17, bezogen werden, s. die Auslegung zu 2,14–16). Auch die Speiseopfergabe im Falle einer des Ehebruchs verdächtigen Frau muss mit *Gerste* erfolgen (Num 5,15). Die Darbringung der ersten Erträge vom Weizen erfolgt nach Lev 23,15–17 (gegen die übliche Vorschrift von Lev 2,11–12) in *gesäuerter* Zubereitung. Insgesamt ist dieser Befund ein faszinierendes Zeugnis ritueller Ausdifferenzierung, bei der eine Grundsymbolik je nach Anlass variiert wird, um der Vielfalt des Lebens, der Jahreszeiten etc. auch kultisch Rechnung zu tragen (s. auch *A. Marx*, Les offrandes végétales, 49). Die verschiedenen Rollen der Speiseopfergabe im priesterlichen Opfersystem, im regelmäßigen Kult wie bei den fallweisen Opfern, erörtert A. Marx ebd., 85–124; zur Bedeutung innerhalb der Chronik und in Ez 40–48 s. ebd., 124–130. In seinen weiteren Untersuchungen stellt Marx fest (s. ebd., 166–167), dass in auffälliger Weise in den nicht-priesterlichen Teilen des Tetrateuch, im Deuteronomium (kein Beleg von מנחה!), bei Hosea und Ez 1–39 die Speiseopfergabe bzw. allgemein vegetabile Opfer überhaupt keine Rolle spielen. Dagegen nehmen diese Opfer in verschiedenen Varianten in der Priesterschrift (bzw. der priesterlichen Literatur, v. a. Lev und Num) einen zentralen Platz ein: als eigenständiges Opfer, »ein Feueropfer zum Duft der Beruhigung für JHWH«, oder als Begleitopfer zum Brandopfer oder als zusätzliche Speise beim Heilsgemeinschaftsopfer; fallweise oder als regelmäßiges Opfer am Morgen und Abend und zu Festen; als Mehlopfer oder in Form von Gebäck, das im Ofen, auf einer Pfanne oder in einem Topf zubereitet wird. Auch in der Chronik und in Ez 40–48 zeigt sich die Pluralität dieses Opfersystems. – Die Mischna widmet der Speiseopfergabe ein eigenes Traktat im V. Seder, »Qodaschim«, »Heiliges«: Menachot (*mMenahot*, s. *Raschbam*, 20; zur Rezeption in der frühjüdischen Literatur s. *Watts*, 237–238).

Mischna

3. Weitere Spezialbegriffe

Duft der Beruhigung

ריח ניחח, *rēaḥ nīḥoaḥ* – griech. ὀσμὴ εὐωδίας, »Duft des Wohlgeruchs«, s. *S. Daniel*, Recherches, 175–194. Begriffe

Lev 1,9.13.17; 2,2.9.12; 3,5.16; 4,31; 6,8.14; 8,21.28; 17,6; 23,13.18; 26,31 (zu Lev 26,31LXX s. dort zur Übersetzung). Die Constructus-Verbindung ist eine geprägte Wendung, die schwerpunktmäßig in der kultisch-priesterlichen Sprache von Lev (17 Belege) und Num (18) vorkommt (Ex: 3; Ez: 4; in Gen 8,21 ist die Wendung mit Artikel determiniert). Zu beachten ist, dass sie fast ausschließlich beim Brandopfer, bei der Speiseopfergabe und beim Heilsgemeinschaftsopfer auftritt, nicht aber beim Entschuldigungsopfer. Beim Entsündigungsopfer kommt sie nur in 4,31 vor. – Die Wendung steht häufig in Verbindung mit oder gleichsam synonym für »Feueropfer« (s. o.; zur Syntax s. u., Erläuterung). Vorkommen

Die Wendung ריח ניחח besteht aus den Bestandteilen ריח, »Geruch, Duft« (sowohl in der konkret-sinnlichen Bedeutung, z. B. Gen 27,27; Hos 14,7, als auch in der Metaphorik des Liebesliedes, z. B. Hld 1,3.12; 2,13 etc.) und ניחח, das als selbständiges Nomen von der Wurzel נוח, *NūḤ*, »ruhen«, abgeleitet wird und daher mit »Behagen, Beschwichtigung, Beruhigung« wiederzugeben ist (zu Ex 20,11, Gottes Schabbatruhe, s. u.). Die Übersetzung bleibt bei der wörtlichen Wiedergabe »Duft der Beruhigung« (s. auch *C. Eberhart*, Studien, 48–50). Der Aspekt des »Wohlgefallens« sollte dabei hinzugedacht werden (s. *U. Bechmann*, Duft, 61–63; *W. Zwickel*, Räucherkult, 266). *C. Dohmen*, Exodus 19–40, 232–233, übersetzt die Wendung in Ex 29,25.41 mit »Wohlgeruch«. Diese Belege (mit -ל, *l*-) weichen von der im Folgenden genannten, für Levitikus und Numeri typischen doppelten Constructus-Verbindung syntaktisch ab. Zur Übersetzung

Der Zusammenhang mit dem Begriff »Feueropfer« und das formelhafte Vorkommen in deklaratorischen Abschlusswendungen weisen den Weg zum Verständnis dieser Wortverbindung, ebenso die Belege des Wortes רוח *hifil*, »riechen«, mit JHWH als Subjekt (Gen 8,21; Lev 26,21; 1 Sam 26,19). In den Abschlusswendungen wird ein bestimmtes Opfer als אשה ריח ניחח, »Feueropfer zum Duft der Beruhigung für JHWH«, klassifiziert und qualifiziert (Lev 1,9.13.17; 2,2.9; 3,5; 23,18, ferner Num 15,10.13.14; 28,8.24; 29,13.36†). Syntaktisch handelt es sich dabei um eine doppelte Constructus-Verbindung, wobei אשה, »Feueropfer«, als *nomen regens* im Status Constructus (C) die zweite Constructusverbindung ריח ניחח, »Duft der Beruhigung«, als *nomen rectum* oder »Genitiv« (G) regiert. In der Terminologie von *B. K. Waltke/M. O'Connor*, Biblical Hebrew Syntax, 146, handelt es sich hier um den »genitive of effect«: Die Beziehung zwischen *nomen regens* und *nomen rectum* ist eine kausative, oder kurz: C verursacht G. Als Erläuterung

Beispiel wird u.a. Jes 11,2 genannt: רוח חכמה ובינה, *rūaḥ ḥokmā u-bīnā,* »ein Geist der Weisheit und der Erkenntnis«, d.h. ein Geist, der Weisheit und Erkenntnis verursacht bzw. bewirkt. Darum geht es auch bei der doppelten Constructus-Verbindung אשה ריח ניחח, »ein Feueropfer zum Duft der Beruhigung«, d.h. das Feueropfer bewirkt oder verursacht einen Duft der Beruhigung. Auch der »Duft der Beruhigung« ist ein »genitive of effect«: Der »Duft« des Opfers bewirkt (auf der Basis von Hoffnung seitens der Menschen und der Zusage auf Seiten Gottes) die »Beruhigung« der Gottheit.

Dabei zeigt das Wort »Feueropfer« die menschliche Seite an: Es ist eine Gabe, die JHWH übergeben wird und damit JHWH gehört. Hingegen signalisiert die Verbindung »Duft der Beruhigung« die Reaktion JHWHs, also wie diese Gabe bei JHWH »ankommt« (*Rendtorff,* 68; anders *R. P. Knierim,* Text, 69–70). Als der »lebendige Gott« kann JHWH – im Gegensatz zu den als »tot« geltenden Götterbildern – den Duft des Opfers auch riechen (*U. Bechmann,* Duft, 96). In Gen 8,21 heißt es, dass JHWH beim Brandopfer des Noach den Duft der Beruhigung roch und daraufhin versprach, die Erde nicht noch einmal zu vernichten (ebd., 66; *G. J. Wenham,* Theology, 80–81). Das genaue Gegenteil findet sich in der Fluchandrohung Lev 26,21: JHWH wird, wenn das Volk nicht auf ihn hört, nicht mehr den Duft der Beruhigung riechen – dies steht metaphorisch dafür, dass die Opfer nicht mehr angenommen werden und somit die Kommunikation zwischen Mensch und Gott, die für den Menschen Heil und Rettung darstellt, unterbrochen wird (so auch Am 5,21). Der »Duft der Beruhigung« ist damit eine Umschreibung für ein erfolgreiches Opfer, also ein korrekt durchgeführtes Opfer, das auch von JHWH angenommen wird und so die Kommunikation zwischen Mensch und Gott (wieder)herstellt (vgl. auch die Auslegung zu Lev 1,3–4; *C. Eberhart,* Studien, 52; *ders.,* Neglected Feature of Sacrifice, 485.490; *A. Marx,* Le système, 287; *Kornfeld,* 13). Die korrekte Durchführung des Opfers symbolisiert auch, dass sich die Menschen insgesamt an die Weisung JHWHs halten – und dies führt zur Beruhigung des göttlichen Zornes, zum Wohlgefallen JHWHs, der seine Weisung ausgesprochen hat und dessen Wille seitens der Menschen erfüllt wurde (*Raschi,* 280). Dieses Wohlgefallen JHWHs besteht terminologisch in der »Beruhigung«, also in dem Zustand der Ruhe, in dem sich JHWH nach der Vollendung seiner Schöpfung befand (vgl. Ex 20,11: וינח ביום השביעי, »und er ruhte am siebten Tag«, gleiche Wurzel נוח, s.o.). Dabei ist festzuhalten, dass es nicht um einen Automatismus geht (gegen *I. Knohl,* Sanctuary, 135), gleichsam als bewirke der durch das Opfer erzeugte »Duft der Beruhigung« automatisch und von sich aus eine wohlgefällige Reaktion JHWHs – Gott kann vom Menschen nicht gezwungen und manipuliert werden. Die Annahme oder Ablehnung des »Duftes der Beruhigung« bleibt allein die freie und souveräne Entscheidung JHWHs (darauf legt v.a. *R. P. Knierim,* Text, 69–71, mit Recht besonderen Wert).

In der Wendung »ein Feueropfer zum Duft der Beruhigung für JHWH« ist der Kern und das Ziel der Opferpraxis enthalten, wie *C. Eberhart*, Studien, 401, zusammenfassend zeigt: »Der Ritualschritt der kultischen Verbrennung ist in dieser Form und mit diesem Hintergrund das Ziel der verschiedenen kultischen Opferarten. Er wird in den priesterlichen Texten mit der doppelt interpretierenden Wendung ›Feuergabe des Wohl-/Beruhigungsgeruchs für JHWH‹ (אִשֵּׁה רֵיחַ נִיחוֹחַ לַיהוָה) umschrieben. Diese Wendung bringt ihrerseits zum Ausdruck, daß JHWH Empfänger der auf dem Brandopferaltar zu verbrennenden Teile und damit das Ziel der sich zum Heiligtum hin entwickelnden Dynamik des Opferrituals ist. In dieser Weise steht JHWH am Ende der Opfer im Alten Testament.«

Die griechische Übersetzung ὀσμὴ εὐωδίας, »Duft des Wohlgeruchs«, wird im Neuen Testament in metaphorischer Weise rezipiert: Paulus dankt der Gemeinde in Philippi für ihre Gaben, mit denen sie ihn unterstützt; sie sind für ihn ὀσμὴ εὐωδίας, ein Gott wohlgefälliges, angenehmes Opfer (Phil 4,18). Im Epheserbrief (Eph 5,2) wird das Opfer Christi als ὀσμὴ εὐωδίας bezeichnet (dazu und zu weiteren frühchristlichen Rezeptionen in dieser Richtung s. *Watts*, 212–214).

Emporhebungsgabe

Begriffe

תנופה, *t^enūpā* – griech. δόμα: »Gabe«, auch ἀπόδομα; ἀφόρισμα: spezielles Opfer; ἀφαίρεμα: besonderer Anteil; ἀπαρχή: erster Opferanteil; ἐπίθεμα: Aufgesetztes (Deckel, Kapitell), Hebopfer? (mehrere der griechischen Begriffe werden auch für תרומה verwendet, s.u.; s. *M. Vahrenhorst*, Übersetzung, 203–212; *J. W. Wevers*, Notes, xi).

Vorkommen (Opferbegriff)

Ex 29,24.26–27; 35,22; 38,24.29; Lev 7,30.34; 8,27.29; 9,21; 10,14–15; 14,12.21.24; 23,15.17.20; Num 6,20; 8,11.13.15.21; 18,11.18.†

Zur Übersetzung

Bei *t^enūpā* (Aussprache: *tenufa*) handelt es sich um einen Fachbegriff mit unklarer Übersetzung. Die verbreitete Wiedergabe mit »Schwingopfer« bzw. »hin- und herschwingen« (Verb נוף, *NūP*) weckt in heutiger Zeit fragliche Assoziationen, wirkt seltsam und dürfte insgesamt unzutreffend sein (*Plaut/Bamberger*, 73; *G. R. Driver*, Terms, 100). Da das Verb נוף eine Tätigkeit des Priesters beschreibt, geht es um einen Darbringungsgestus. Verb und Substantiv stehen wiederum in enger Beziehung zu dem Substantiv תרומה, *t^erūmā* (Verb: רום, *RūM*), dessen Semantik klarer ist: Hier geht es um ein Erheben, aber nicht im Sinne eines kultischen Gestus, sondern um das Abheben einer Ab-Gabe von einem größeren Ganzen. Die genauere Unterscheidung der beiden Begriffe dürfte bald in den Hintergrund getreten sein. LXX hat für תנופה keine einheitliche Übersetzung, offenbar konnte oder wollte man keinen analogen griechischen Fachbegriff verwenden oder prägen (auch die anderen antiken Versionen zeigen keinen differenzierten

Sprachgebrauch, vgl. *G. R. Driver,* Terms, 101). Die verwendeten Termini weisen in die Richtung des Emporhebens und Aussonderns als besonderen Anteil. Die rabbinische Literatur spricht von Bewegungen des Stücks nach oben und unten sowie vorne und hinten und deutet diese Bewegungen spirituell als Präsentation vor Gott, dem Himmel und Erde sowie die vier Himmelsrichtungen gehören (*bMenahot* 61b–62a; *mMenahot* 5,6). Vielleicht kommt die merkwürdige Übersetzung »schwingen« von diesen Überlegungen her (so *Staubli,* 78–79; s. auch *Milgrom,* 461). *M. Görg,* Beobachtungen, 125–129, erläutert, wie es zu der geläufigen Übersetzung »Web(e)opfer« gekommen ist und macht dann den Vorschlag, das Wort *t^{e}nūpā (tenufa)* etymologisch aus dem Altägyptischen zu rekonstruieren: *t=nufe,* »die vollkommene (sc. Gabe)«. Görg versteht seine Vermutung als »Tastversuch«.

Sieht man innerhebräisch auf die Belege des Verbs נוף, so liegt die Bedeutung »schwingen« eher fern. (1) In Verbindung mit Eisenwerkzeugen (beim Altarbau: Ex 20,25; Dtn 27,5; Jos 8,31; Sichel: Dtn 23,26; Säge: Jes 10,15) ist es sinnvoller, statt von »schwingen« von »aufheben, in die Hand nehmen, verwenden« zu sprechen. (2) Generell steht oft das Wort »Hand« im Kontext: In 2 Kön 5,11 hofft Naaman, der Prophet Elischa würde die Hand über seiner kranken Haut bewegen (kaum »schwingen«), in Jes 13,2 geht es um ein Handzeichen (winken). Das Erheben der Hand oder Faust als Drohgebärde begegnet mehrfach (Jes 10,32; 11,15; 19,16; Sach 2,13; Ijob 31,21). Die charakteristische Bewegung ist nicht ein Hin- und Herschwingen, sondern das Emporheben (Elevation; s. *Milgrom,* 469–470). Der Unterschied zu רום, »erheben«, war wohl nur sehr gering (*Plaut/Bamberger,* 73). Daher wird als Übersetzung für נוף »emporheben« und für תנופה »Emporhebungsgabe« vorgeschlagen (s. z. B. *Milgrom,* 381.472: »elevation offering«; *Hartley,* 91; *Watts,* 423: »raised offering«).

Wie bei der »Speiseopfergabe« (s. o.) wird bei der Übersetzung der Begriff »-gabe« hinzugefügt um anzudeuten, dass es nicht um eine Vernichtung im Feuer (also um ein tatsächliches *Opfer*) geht, sondern um einen Anteil, der von den Priestern verzehrt wird, mithin ihr Einkommen darstellt. Es ist damit keine beliebige Speise, sondern etwas Heiliges, das *eigentlich* JHWH zusteht.

Erläuterung

Die Elevation (das »Emporheben«) der Opfer*gabe,* die nicht zur Vernichtung im Feuer (als *Opfer* an JHWH) bestimmt ist, macht sinnenfällig deutlich, dass der Mensch eine Gabe an Gott darbringt und dann die Gottheit diese Gabe an die Menschen, speziell an die Priester, wieder zurückgibt. Aus Lev 7,34 wird diese theologische Konstruktion in der Gottesrede besonders deutlich: »Denn das Bruststück der Emporhebungsgabe und die Schenkelkeule der Erhebungsgabe habe ich von den Israeliten, von ihren Heilsgemeinschaftsopfern genommen, und ich habe sie dem Priester Aaron und seinen Söhnen gegeben«. Auch an den anderen Belegstellen in kultischen

Zusammenhängen geht es darum, dass bestimmte Dinge zunächst durch einen Ritus (»Elevation« im weitesten, auch symbolischen Sinne) JHWH gewidmet werden, dann aber nicht vernichtet, sondern für den vorgesehenen kultischen Zweck verwendet werden. Ebensolches gilt für Menschen, die symbolisch an JHWH übergeben werden und dann priesterliche Aufgaben wahrnehmen. Bisweilen erscheint hier die freiere Übersetzung mit »weihen« nicht unangebracht. Es geht dabei ausschließlich um Dinge, die nicht von vorne herein schon JHWH gehören – somit gibt es keine »Emporhebungsgabe« von den hochheiligen Speisen und von den Erstlingsgaben (sie gehören JHWH ja schon von ihrer Definition her). (1) Die Emporhebung betrifft also nur Dinge, die den Menschen gehören, die sie aber JHWH übereignen wollen – und dann erhalten sie die Priester zurück. Im übertragenen Sinne ist das auch für die »Leviten« in Num 8,13–15 denkbar: Sie werden von den Israeliten ausgesondert und für den Dienst am Heiligtum eingesetzt. (2) Ein zweites Prinzip der Emporhebungsgabe als Ritus (s. u.) besteht darin, dass sie dann erforderlich ist, wenn Dinge dargebracht werden, die nicht den normalen Opferregeln entsprechen (z. B. die Speiseopfergabe der des Ehebruchs verdächtigten Frau in Num 5,25) (Details zur תנופה bei *Milgrom*, 463–473; *Kleinig*, 177–178).

Mit der Emporhebungsgabe ist ein Ritus verbunden, denn die תנופה wird fast immer »*vor* JHWH« (לפני יהוה) dargebracht (Ausnahmen: Ex 35,22; Num 8,13), während die Erhebungsgabe (תרומה) »*für* JHWH« (ליהוה) erfolgt (*G. R. Driver*, Terms, 104–105). Die Wendung »vor JHWH« impliziert aber immer ein kultisches Handeln im Heiligtum (*Milgrom*, 415.461–462).

Erhebungsgabe

Begriffe תרומה, *t*ᵉ*rûmā* – griech. z. B. ἀπαρχή: erster Opferanteil; ἀφαίρεμα: besonderer Anteil (mehrere der griechischen Begriffe werden auch für תנופה verwendet, s. o.); εἰσφορά: Abgabe, Steuer.

Vorkommen 76 Belege, davon in Levitikus: Lev 7,14.32.34; 10,14–15; 22,12.

Zur Übersetzung Sowohl vom zugrunde liegenden Verb רום, *RûM*, »sich erheben, hoch werden/sein«, *hifil:* »erheben, erhöhen«, als auch von den Belegstellen ist die Übersetzung und Bedeutung von תרומה relativ klar: Es geht um »Erhebungen« im Sinne von Abgaben; nicht immer, aber häufig im kultischen Zusammenhang. Dominant ist die nominale Fügung mit (ל)יהוה, »Abgabe JHWHs/für JHWH«, wobei mit תרומה »die Überführung des genannten Gegenstands aus dem profanen in den sakralen Bereich umschrieben wird« (*T. Seidl, t*ᵉ*rûmā*, 33). Die Belege in Levitikus betreffen ausschließlich die Priesteranteile am Heilsgemeinschaftsopfer, namentlich die (rechte) Schenkelkeule. Da der Begriff in enger Analogie zu תנופה, »Emporhebungsgabe« (s. o.) steht, sei der Übersetzungsvorschlag »Erhebungsgabe« ähnlich formuliert. Der Zusatz »-gabe« erinnert wieder daran, dass es nicht um ein Opfer geht, das verbrannt, sondern um einen Anteil, der abgegeben und dann (z.B. von Gott an seine Priester) weitergegeben wird (zur normalen Verwendung, z.B. zum Verzehr).

Erläuterung Die תרומה ist die Abgabe oder Erhebung im weitesten Sinne. Da die Erhebungsgabe nicht »vor JHWH«, sondern »für JHWH« erfolgt (s.o.; *Milgrom,* 474), steckt kein Ritus dahinter. Das Wort ist nie Objekt eines rituellen Elevationsvorgangs (*T. Seidl, t'rūmā,* 35). Vielmehr es geht grundsätzlich um das Abheben (Separieren) eines Teils von einem größeren Ganzen als eine »Abgabe« (*Staubli,* 77). Diese »Abgabe«, also das Absondern für eine kultische Darbringung, geht der »Emporhebungsgabe« als Ritus immer voraus und ist damit auch von ihr zu unterscheiden (*Milgrom,* 476; *M. Görg,* Beobachtungen, 129–130).

Gedächtnisanteil

Begriffe אזכרה, *'azkārā* – griech. meist μνημόσυνον: »Gedenken, Erinnerung, Denkmal«; Lev 24,7LXX: ἀνάμνησις, »Erinnerung« (s. *S. Daniel,* Recherches, 225–237).

Vorkommen Ausschließlich in Lev 2,2.9.16; 5,12; 6,8; 24,7; Num 5,26.†

Zur Übersetzung Das Thema »Gedenken, Erinnerung« steckt mit der Wurzel זכר, *ZKR,* im Begriff *'azkārā.* Das Objekt des Gedenkens ist die Opfergabe als Ganze (s.o. zur Speiseopfergabe): Der »Gedächtnisanteil« repräsentiert das ganze Opfer (u.a. *Levine,* 10; *Milgrom,* 182). Wenn also der »Gedächtnisanteil« verbrannt wird, wird damit symbolisch die gesamte Speiseopfergabe an JHWH übereignet. Entsprechend »hochheilig« ist der nicht verbrannte »Rest«, der somit eigentlich JHWH gehört, dann aber den Priestern als Einkommen oder Unterhalt zusteht und von ihnen in gebührender Weise zu verzehren ist (siehe auch oben zur »Speiseopfergabe«).

Erläuterung Diese Erklärung ist wohl dem Sachverhalt am meisten angemessen (vgl. dazu u.a. *G. R. Driver,* Terms, 99–100; nach *S. Daniel,* Recherches, 225–237, auch für die griechische Fassung). In der rabbinischen Tradition wird zum Teil ein etwas anderer Weg beschritten. Hier geht es um das göttliche Gedenken, das dem Darbringenden zuteilwird: »dadurch wird des Besitzers zum Guten und zum Wohlgefallen gedacht« (*Raschi,* 282; das Passiv ist ein *passivum divinum,* d.h. Gott ist der Gedenkende). Zu Lev 2,9 hingegen sagt *Raschi,* 283: »*den Gedenkteil,* das ist die Handvoll«. *Raschbam,* 19, verweist mit Blick auf Lev 24,7 auf das Verbrennen des Weihrauchs. – Eine komplexere Argumentation legt *W. Schottroff* vor (»Gedenken« im Alten Orient und im Alten Testament. Die Wurzel zākar im semitischen Sprachkreis [WMANT 15], Neukirchen-Vluyn 1964, ²1967, 337): Bei der Nominalform handle es sich um eine Kausativbildung vom H-Stamm *(hifil)* der Wurzel

זכר, »erwähnen, nennen [den göttlichen Namen]«, so dass *'azkārā* mit »(Namens)anrufung« wiederzugeben sei (s. auch *U. Bechmann*, Duft, 70). Dem entspricht zwar der Sprachgebrauch in Talmud und Midraschim, allerdings nicht im Kontext der Speiseopfergabe (s. o.). Aufgrund der deutlichen Zuordnung der *'azkārā* zur *minḥā* durch das Personalpronomen (»*ihr* Gedächtnisanteil«) bleibt es plausibler anzunehmen, dass die *'azkārā* tatsächlich die gesamte Speiseopfergabe repräsentiert (so auch *Milgrom*, 181–182, der die Diskussion kurz referiert).

Hochheiliges

Begriffe

קדשׁ קדשׁים, *qodæš qodāšīm* – griech. ἅγιον τῶν ἁγίων, »Hochheiliges«, »Allerheiligstes«.

Vorkommen

Ex 26,33.34; 29,37; 30,10.29.36; 40,10; Lev 2,3.10; 6,10.18.22; 7,1.6; 10,12.17; 14,13; 21,22; 24,9; 27,28; Num 4,4.19; 18,9.10; 1 Kön 6,16; 7,50; 8,6; 1 Chr 6,34; 23,13; 2 Chr 3,8.10; 4,22; 5,7; 31,14; Esra 2,63; Neh 7,65; Ez 41,4; 42,13; 43,12; 44,13; 45,3; 48,12; Dan 9,24.†

Die Exodusstellen befassen sich mit der Ausstattung des Zeltheiligtums (so auch 1/2 Kön und 1/2 Chr). Num 18,9 bezieht sich zusammenfassend auf die Bestimmungen in Levitikus. Die Ezechielbelege betreffen sowohl die hochheiligen Opfergaben (nach Lev 2) als auch das zentrale Territorium des visionären Heiligtums.

Zur Übersetzung

Die Wurzelparonomasie (Verdoppelung der Verbalwurzel קדשׁ, *QDŠ*) steigert die Heiligkeit, so dass der Doppelausdruck bei verschiedenen Stufen von Heiligkeit die höchste bezeichnet (s. z. B. *R. Schmitt*, Zu unterscheiden, 125). Im Deutschen wird dies mit »hochheilig« wiedergegeben. Wenn es sich um den besonderen Ort im Heiligtum handelt, der durch einen Vorhang (die ›Parochet‹) abgetrennt ist, empfiehlt sich die geläufige Bezeichnung »Allerheiligstes«.

Erläuterung

Die Basis des Ganzen ist die grundlegende Unterscheidung und Trennung von Heilig und Profan (vgl. u. a. *C. Dohmen*, Exodus 19–40, 66–67). »Heilig« (קדשׁ, *qodæš*) im kultischen Sinne bezeichnet die Unterscheidung und Absonderung von allem Profanen (*Rendtorff*, 102). Innerhalb des bereits für den Gottesdienst (Kult) Abgesonderten gibt es dann eine weitere Unterscheidung, die z. B. auch in der Heiligtumsarchitektur von Ex 26,33 sichtbar wird: »Trennen soll die ›Parochet‹ für euch zwischen dem Heiligen und zwischen dem Allerheiligsten«. Nicht nur dieser besondere Raum, der die Bundeslade mit der ›Kapporet‹ enthält und so als innerster Tempelbezirk und »Allerheiligstes« fungiert, wird mit dem charakteristischen Doppelausdruck bezeichnet, sondern auch der Brandopferaltar (Ex 29,37; 40,10) und der Räucheraltar (30,10). Ähnliche Stufungen finden sich in den Konzeptionen der Ezechielvisionen (Ez 40–48). Wenn nun die nicht verbrannten Teile der

Speiseopfergabe in Lev 2 sowie die zu verspeisenden Anteile des Entsündigungs- und Entschuldigungsopfers (Lev 4–5; 6,18.22; 7,1.6), die »Schaubrote« (Lev 24,9) und das durch Bann geweihte Gut (Lev 27,28–29) als »hochheilig« bezeichnet werden, so erhalten sie den höheren Rang der Heiligkeit wie der Brandopferaltar und das Allerheiligste (*D. P. Wright,* Holiness, 359; *Kleinig,* 77). Dies bestimmt entscheidend die weitere Verwendung der entsprechenden Opfermaterie: Die Opfergaben müssen an einem heiligen Ort gegessen werden (Lev 6,9.19; 7,6), also an einem für kultische Zwecke ausgewiesenen Platz; alles andere muss am Heiligtum Verwendung finden.

Priester

Begriffe

כהן, *kohēn;* Plural: כהנים, *kohanīm* – griech. ἱερεύς, »Priester«. Die Etymologie des hebräischen Begriffs ist unklar (*M. Haran,* Art. Priests, 513).

Vorkommen

Mit 194 Belegen kommt der Begriff am häufigsten in Levitikus (26 % aller Belege) vor, am zweithäufigsten in 2 Chr (89, 12 %), am dritthäufigsten in Num (69, 9 %). Insgesamt gibt es 750 Belege des Substantivs in der Hebräischen Bibel, dazu acht in den aramäischen Teilen des Esrabuches. Es sind damit ausschließlich männliche Personen bezeichnet. *J. Romney Wegner,* Exclusion, 451–465, verweist auf die weitreichenden Folgen des Ausschlusses von Frauen vom priesterlichen (kultischen) Dienst in Judentum (rabbinische Literatur) und Christentum (Patristik) bis in die heutige Zeit.

Zur Übersetzung

Die Übersetzung mit »Priester« ist an sich unproblematisch, solange man bereit ist, die näheren Besonderheiten *dieser* Art von Priestertum kennen zu lernen. Ein Blick in die Religionswissenschaft zeigt, dass der Begriff je nach Religion (z. B. auch in Naturreligionen) sehr unterschiedlich inhaltlich gefüllt ist. Allein schon diese Beobachtung legt es nahe, die Priester im Buch Levitikus nicht vorschnell und unreflektiert mit heutigen Konnotationen und Assoziationen zu »Priester« (insbesondere auch dem katholischen Amtspriestertum) auf eine Ebene zu stellen. Es ist nicht von der Hand zu weisen, dass beide Arten von Priestertum miteinander irgendwie zu tun haben, doch der Weg dazwischen ist lang und komplex – die zahlreichen Transformationen können hier nicht nachgezeichnet werden. Für die Auslegung und insbesondere die Verwendung von Levitikus-Texten in heutiger christlicher Predigt und Katechese ist diese semantische Differenz unbedingt zu berücksichtigen. Zugleich aber ist bemerkenswert, wie viele Elemente (der Altar, die heiligen Zeiten wie Feiertage und der heilige Tag in der Woche, die Rede vom »Opfer«, Weihrauch, Leuchter – und eben auch das »Priestertum«) in bisweilen heftig transformierter, aber doch immer noch erkennbarer Form in christliche religiöse Praxis hinübergegangen sind (zur Problematik s. u. a. *Gerstenberger,* 14).

Erläuterung

An dieser Stelle soll ein kurzer Überblick darüber gegeben werden, was aus den Vorschriften des Buches Levitikus über die israelitischen (jüdischen) Priester abstrahiert werden kann. Dabei ist grundsätzlich vorauszuschicken, dass die Erzählsituation der Kultetablierung im Zeltheiligtum am Sinai daraufhin durchsichtig gelesen wird, dass hier eine Rückprojektion aus der Zeit des Zweiten Tempels (persische Zeit, ca. 5. Jh. v. Chr., s. o., Entstehungsgeschichtliche Hypothesen) vorliegt. Dass die Ansetzung des Buches Levitikus in die nachexilische Zeit (persische Periode) zutrifft, zeigt auch ein kleines Detail: Während z. B. das Buch Deuteronomium in erzählenden Partien als wichtige Aufgabe der »levitischen Priester« das Tragen der Bundeslade anführt (Dtn 10,8; 31,9.25; *M. Haran*, Art. Priests, 518), erwähnt Levitikus diese Tätigkeit mit keinem Wort. Das ist insofern nachvollziehbar, als es im Zweiten Tempel der Nachexilszeit keine Bundeslade mehr gab.

Die Anfänge des Priestertums im alten Israel, die Belege in den geschichtlichen Büchern und die Entwicklung bis zur Reform des Joschija und zum Untergang des Ersten Tempels analysiert *W. Zwickel*, Priesthood, 401–426. In seiner Studie »Der Tempelkult in Kanaan und Israel« bringt Zwickel die archäologischen Belege der Mittel- und Spätbronzezeit sowie der Eisen-I- und Eisen-II-Zeit in Verbindung mit der vorexilischen Kultterminologie – die Levitikustexte spielen hier bezeichnenderweise keine Rolle (was erneut für die perserzeitliche Ansetzung des Buches spricht). – Die besondere Sicht des Deuteronomiums auf Leviten und Priester analysiert *U. Dahmen*, Leviten, in einem detaillierten Blick auf die literarhistorische Binnendifferenzierung der Schichten im fünften Buch Mose. – Für die Perserzeit sei insbesondere auf die Arbeit von *J. Schaper*, Priester und Leviten, verwiesen. Die biblischen Priestergenealogien, insbesondere der Zadokiden in 1/2 Sam, 1/2 Kön und Esra-Nehemia, untersucht *U. Dahm*, Opferkult, 20–107. – Die Entwicklung des Priestertums in der hellenistischen Zeit bis zur Zerstörung des Zweiten Tempels skizziert z. B. *M. Stern*, Art. Priests and Priesthood. From the Beginning of the Hellenistic Era Until the Destruction of the Temple: EJ², 2007, 523–524; s. z. B. auch *J. W. Watts*, Ritual and Rhetoric, 143–151; *Watts*, 107–119.

Berufung – Ordination

Der israelitische (jüdische) Priester kommt in sein Amt nicht durch eine göttliche Berufung (etwa im Unterschied zu heutigen Priestern und Pastor/inn/en christlicher Prägung), sondern ist Objekt einer kollektiven Berufung in Form seiner Abstammung aus einer priesterlichen Linie: seine Herkunft ist auf den Stamm Levi zurückzuführen, und darin auf einen bestimmten Familienzweig (s. dazu *R. Péter-Contesse*, Le sacerdoce, 189–190; *M. Himmelfarb*, Priests, 37–38). Nach der Konzeption der Priesterschrift (P), auf jeden Fall aber nach dem Buch Levitikus ist es essentiell, dass die Priester Aaroniden sind, also Nachkommen Aarons; Levitikus bezeichnet die Priesterschaft in der narrativen Fiktion des Textes als »Aaron und seine Söhne« (s. *A. H. J. Gunneweg*, Leviten, 143). Das Priesteramt ist somit erblich und wird vom Vater auf den Sohn weitergegeben. Die paradigmatische Erst-Einsetzung des Priestertums (»Aaron und seine Söhne«) wird in

Lev 8–9 erzählt (s. die Auslegung dort) – die Ordination hat den Charakter eines *rite de passage:* Es wird der Übergang aus dem normalen, alltäglichen Bereich hin zum Dienst am Bereich des Göttlichen, am Heiligtum beschrieben (*L. L. Grabbe,* Priests, 213; *P. P. Jenson,* Graded Holiness, 119–121).

Hierarchie

In der nachexilischen Zeit etabliert sich das Amt des »Hohepriesters« (הכהן הגדול, *ha-kohēn ha-gādōl,* z. B. Hag 1, 1; Sach 3, 8; 2 Chr 34, 9). Auch wenn dieser Begriff in Levitikus nicht verwendet wird, finden sich dennoch Spuren einer priesterlichen Hierarchie (*P. P. Jenson,* Graded Holiness, 121–123). So spricht Lev 4, 3.5.16 vom »gesalbten Priester« und Lev 21, 10 vom »Priester, der unter seinen Brüdern den höchsten Rang einnimmt, auf dessen Kopf das Salböl gegossen worden ist«. In der literarischen Fiktion ist Aaron der erste »Hohepriester«, seine »Söhne« sind die anderen Priester, und diese Hierarchie aus einem obersten Priester und allen weiteren Priestern setzt sich fort. In Lev 8 wird in differenzierter Weise von einer Weihe durch Salbung von Kultgegenständen, Gewändern und des einen Priesters berichtet (nur *Aarons* Kopf wird in Lev 8, 12 gesalbt; in Lev 8, 30 werden Aaron und seine Söhne mit Salböl und Blut besprengt; s. die Auslegung dort; *M. Haran,* Art. Priests, 516). Da es in der nachexilischen Zeit keinen (gesalbten!) König in Israel mehr gibt, tritt der gesalbte Priester (auch: der Hohepriester) an die Stelle des Königs und wird mehr und mehr zur politischen Führungsinstanz. Das Buch Levitikus selbst teilt dem »gesalbten Priester« zwei besondere Aufgaben zu: (1) das Darbringen des Entsündigungsopfers für die ganze Gemeinde (s. zu Lev 4, 13–21); (2) das Durchführen der zentralen Riten des Versöhnungstages (Lev 16). Zunächst spricht Lev 16, 2ff von »Aaron«, doch diese Chiffre meint auch den jeweiligen Nachfolger Aarons, wie dann aus Lev 16, 32 (»der Priester, den man salbe«) deutlich wird. Einmal im Jahr betritt dieser besondere Priester (der Hohepriester) das Allerheiligste, um die vorgeschriebenen Riten durchzuführen; er stemmt beide Hände auf den ausgewählten Ziegenbock, der dann in die Wüste getrieben wird (s. die Auslegung zu Lev 16).

Die priesterlichen Aufgaben

Levitikus teilt den Priestern vor allem zwei Rollen zu: (1) der Dienst im Kult (am Altar) und (2) das Unterscheiden und Belehren.

Diese zwei Rollen arbeitet u. a. *R. Péter-Contesse,* Le sacerdoce, 193, heraus. Er nennt als eine »dritte« Aufgabe das Orakelwesen im Blick auf die ›Urim‹ und ›Tummim‹ von Lev 8, 8. Doch hier handelt es sich wahrscheinlich nicht um Orakelinstrumente, sondern um Repräsentationen der Weisung Gottes (s. die Auslegung zu Lev 8, 8). S. auch *M. Haran,* Art. Priests, 517–520.

Der Dienst am Altar bzw. Heiligtum

(1) Die Vorschriften zu den Opfern in Levitikus tendieren dazu, bestimmte Schlüsselaufgaben, insbesondere das Handhaben des Blutes der Opfertiere, das Herannahen an den Altar und den Umgang mit dem Opferfeuer ausschließlich den Priestern vorzubehalten. Damit machen sich die priesterlichen Verfasser selbst unentbehrlich (*Watts,* 96–100.326–327 u. ö.) – als Ver-

mittler zwischen dem Opfernden und der Sphäre des Heiligen, dem Ort der Präsenz der Gottheit. Dies wird u.a. aus der Beschreibung des Brandopfers in Lev 1 (s. die Auslegung dort) deutlich. Zum kultischen Tun des Priesters gehört auch die Darbringung des Entsündigungsopfers und des Entschuldigungsopfers (s.o. und zu Lev 4–5). Dabei wird das rituelle Handeln mit dem Ausdruck כפר, *kippær*, zusammengefasst: »Der Priester erwirke Versöhnung (für ...)« (s.u., Versöhnungs- und Vergebungsformel) – »the responsibility of the priest is to ensure the survival of the relationship between God and the people« (*B. D. Bibb*, Ritual Words, 85). Der zentrale Punkt dieser Riten ist die Applikation von kleinen Mengen des Blutes des Opfertieres auf den Brandopferaltar bzw. den Vorhang vor dem Allerheiligsten. Auf das vermittelnde Handeln des Priesters (*kipper*-Ritual) folgt dann (in einem zweiten Schritt!) die Zusage »es wird ihm/ihr/ihnen vergeben werden«, wobei hinter dem Passiv als Agens die Gottheit steht. Es bleibt Gott unbenommen, in souveräner Weise die Vergebung zu gewähren (oder eben nicht, wenn die Voraussetzungen nicht erfüllt sind – das Ritual, das priesterliche Tun allein sind keine Magie und kein Automatismus). Das große Versöhnungsritual mit dem Dienst des Hohepriesters am Jom Kippur wird in Lev 16 beschrieben. – Zum Dienst am Heiligtum nach Levitikus gehört auch das regelmäßige Ölopfer, also das Versorgen des Leuchters im Bereich vor der ›Parochet‹ (Lev 24,1–4) sowie das wöchentliche Wechseln der »Schaubrote« (Lev 24,5–9).

Unterscheiden und Belehren

(2) Der zweite Kernauftrag der Priester ist das Unterscheiden und Belehren (s. dazu auch *Watts*, 517–520). Lev 10,10–11 formulieren ausdrücklich als wesentliche Aufgabe der Priester: »auf dass ihr unterscheiden könnt zwischen heilig und profan und zwischen unrein und rein und auf dass ihr die Israeliten in allen Satzungen unterweisen könnt, die JHWH zu euch durch Mose gesprochen hat«. Zahlreiche Vorschriften in Levitikus kennzeichnen Bereiche, Geräte, Gewänder, Opfergaben als »heilig« (oder sogar »hochheilig«): Kernaufgabe der Priester ist es, damit in verantwortungsvoller Weise umzugehen und die Grenzen sorgfältig zu beachten. Bei »rein« und »unrein« geht es um die Frage, ob ein Gegenstand, ein Tier oder ein Mensch für die Teilnahme am Kult disponiert ist oder nicht, also z.B. ob ein dargebrachtes Tier für das Opfer geeignet ist (Lev 11; Lev 22,17–33) oder ob ein Mensch mit einer Hautanomalie (»Aussatz«) am Kult teilnehmen darf oder nicht (Lev 13). Die Bestimmungen zur kultischen Unreinheit durch Berühren einer Leiche finden sich in Num 19 (s. *T. Hieke*, Unreinheit der Leiche). In allen diesen Bereichen ist aber immer auch die Kompetenz der Laien gefragt (z.B. bei den Ausflüssen aus den Geschlechtsteilen in Lev 15, die gerade nicht von Priestern begutachtet werden), was bedeutet, dass die Priester auch die Aufgabe des Belehrens und Instruierens haben: wie man Opfer darbringt, welche Dinge unrein machen und damit die Teilnahme am Kult unmöglich machen, welche Tiere für das Opfer geeignet sind usw.

Auch die kultische Reintegration nach der Feststellung einer Heilung von »Aussatz« sowie bei der Renovierung eines Hauses erfolgt unter Assistenz und Anleitung eines Priesters (s. zu Lev 14, insbesondere zu Lev 14,33–57, Rezeption und Bedeutung).

Mal 2

Das Ideal der priesterlichen Lehre wird in Mal 2,6–7 unter der Chiffre des Stammvaters Levi, mit dem JHWH einen Lebens- und Friedensbund geschlossen hat (Mal 2,4–5), in folgenden Worten umschrieben (s. *Levine*, xii): »[6]Eine Weisung von Wahrheit war in seinem Mund, und kein Unrecht fand sich auf seinen Lippen, in Frieden und Aufrichtigkeit ging er mit mir, und viele veranlasste er zur Umkehr von Schuld. [7]Denn die Lippen eines Priesters bewahren Erkenntnis, und Weisung sucht man von seinem Mund. Denn Bote von JHWH Ṣaba'ōt (ist) er« (Mal 2,6–7). Mit dem Begriff »Bote JHWHs« (מלאך יהוה, *mal'ak YHWH*) ist an anderen Stellen der »Engel Gottes« (Gen 16,7; 21,17; 1 Kön 19,7 u. ö.), der helfend und lebensrettend eingreift, bezeichnet. Damit sind Ansehen und Autorität der Priester an dieser Stelle sehr hoch angesetzt; entsprechend hart ist die prophetische Kritik an diesem Anspruch (s. *T. Hieke*, Kult und Ethos, 32.37–40).

Leviten

Die Aufgabe des Belehrens über die Vorschriften, die tatsächlich mehr und mehr schon in Schriftform als »Tora« vorliegen, übernehmen auch die Leviten (s. z. B. Neh 8,7–9; 2 Chr 17,7–9; 35,3). Von ihnen ist in Levitikus ganz am Rande die Rede (Lev 25,32–34) und das Verhältnis zu den Priestern wird nicht thematisiert. Nur bestimmte Familien aus dem Stamm Levi sicherten sich als »Priester« den Dienst am Altar (und die damit verbundenen Privilegien und politischen Einflussmöglichkeiten) – im Wesentlichen die »Zadokiden« (zum Folgenden s. v. a. *J. Schaper*, Priester und Leviten, 303–308, ferner *T. Hieke*, Esra und Nehemia, 83–88). Es waren die aus dem Exil heimgekehrten Priesterfamilien, deren Vorfahren schon vor dem Exil die Tempelverwaltung dominierten und daher als priesterliche Oberschicht auch von den Babyloniern deportiert wurden. Die auf die Babylonier folgende persische Oberherrschaft griff dann auf diese erfahrenen Priesterfamilien zurück und unterstützte ihre Reetablierung der Tempelhierarchie nach dem Wiederaufbau des Tempels ab 515 v. Chr. Die eher auf dem Lande ansässigen übrigen Angehörigen des Stammes Levi gerieten damit zunächst ins Hintertreffen, wurden zu »a sort of second-class clergy« (*L. L. Grabbe*, Priests, 213; *A. H. J. Gunneweg*, Leviten, 139; s. dazu und zu Ez 44,9–16 *C. Eberhart*, Studien, 180–182). Erst durch die Reformen Nehemias und Esras verbesserte sich die Stellung der Leviten wieder, die als Lehrer und Richter besondere Aufgaben wahrnahmen und so auch ihre materielle Versorgung sicherten. In der spätpersischen Zeit sind damit »Priester« und »Leviten« als gesellschaftlich-religiöse Gruppen mit je eigenen Aufgaben konsolidiert. Während die Priester die kultische Vormachtstellung stets innehatten, erreichen die Leviten ihre Schlüsselstellung in Form der Schriftauslegung, die nach und nach ihre Domäne wurde (*J. Schaper*, Priester und Leviten, 306). Diese Tradition der Schriftauslegung führte zu einer folgenreichen Transformation der israelitisch-jüdischen Religion, die letztlich das Überleben des Judentums nach der Zerstörung des Tempels 70 n. Chr. und dem Ende jeder kultisch-priesterlichen Tätigkeit sicherte. Der Streit zwischen Priestern und Leviten ging über in die religiös-politischen »Parteien« der Spätzeit des Tempels (Sadduzäer vs. Pharisäer); den Untergang des Tempels überdauert hat die religionsgeschichtlich »flexiblere« Gruppe, die mehr an der Schrift und weniger am Tempel hing: die levitisch-pharisäische Tradition, die von den frühen »Soferim« über die Pharisäer bis zu den Rabbinen reicht (ebd., 307).

Segnung

Eine dritte Aufgabe der Priester, die Levitikus nur ganz am Rande anspricht (Lev 9,22–23), ist die Segnung des Volkes (Num 6,22–27; Dtn 10,8; s. *M. Haran*, Art. Priests, 518). Dabei ist bemerkenswert, dass Num 6,23 zunächst sagt »So sollt ihr die Israeliten segnen!«, dann aber Num 6,27 betont, dass die Priester »nur« den Namen JHWHs auf die Israeliten legen und JHWH sie selbst segnet (»ich werde sie segnen«).

Die Priester als Vermittler und Stellvertreter

Will man die Rolle der Priester auf den Punkt bringen, so sind sie Vermittler und Stellvertreter (*Péter-Contesse*, 169). Als Vermittler sorgen sie für die Kommunikation zwischen Gott und seinem Volk Israel (*A. Marx*, Les systèmes sacrificiels, 133), wobei die »Repräsentanz« eine doppelte Aufgabe umfasst. In ihrer Rolle als Unterscheidende und Belehrende, in der sie Gottes Weisung (»Tora«) dem Volk mitteilen, sind sie Stellvertreter Gottes. Bei ihrem Dienst am Altar dagegen, wenn sie die Opfergaben der Israelitinnen und Israeliten darbringen, stehen sie am heiligen Altar oder im Heiligtum (oder der Hohepriester im Allerheiligsten) als Stellvertreter Israels vor Gott (*R. Péter-Contesse*, Le sacerdoce, 199). Damit haben die Priester in diesem System eine bemerkenswert hohe Verantwortlichkeit, aber auch hohe Privilegien – ihre Führung wird jedoch dadurch kontrolliert, dass *alle* Israelitinnen und Israeliten, das ganze Volk, die Ritualvorschriften kennen (*B. D. Bibb*, Ritual Words, 98; *A. Ruwe*, Reden, 193).

Heiligkeit

Für diese Rollen und Aufgaben muss die Priesterschaft in besonderer Weise disponiert sein, und dies wird durch die Chiffre der »Heiligkeit« ausgedrückt (s. u. a. *M. Haran*, Art. Priests, 520; *D. P. Wright*, Holiness, 354; *P. P. Jenson*, Graded Holiness, 128–130). Für die Priester gelten spezielle Einschränkungen, damit sie ihre kultische Reinheit sicherer bewahren, z. B. beim Umgang mit einer Leiche (Trauerriten), mit dem eigenen Bart und dem Körper sowie bei der Eheschließung; für den Hohepriester gelten noch weitere Restriktionen (Lev 21,1–15). Ein männlicher Angehöriger einer Priesterfamilie, der einen körperlichen Schaden *(mûm)* hat, erhält zwar das übliche Einkommen der Priester (und hat den Status der »Heiligkeit«), darf jedoch selbst keinen Dienst am Altar tun (Lev 21,16–24). Dabei ist auffällig, dass die körperliche Unversehrtheit ganz in Analogie zur Schadensfreiheit der Opfertiere (Lev 22,17–33) formuliert wird. Während ihres Dienstes (sowohl beim Kult als auch bei der Belehrung!) dürfen die Priester keinen Alkohol (berauschende Getränke) zu sich nehmen (Lev 10,8–9; Ez 44,21). Aus all dem wird ersichtlich, dass die besondere Heiligkeit der Priester nicht allein auf den Kult oder das Ritual beschränkt, sondern auch mit den Erwartungen der Gemeinde hinsichtlich eines bestimmten sozialen Verhaltens verknüpft ist (*B. D. Bibb*, Ritual Words, 161–162).

Das Einkommen der Priester

Levitikus hält ferner fest, wie der Dienst am Heiligtum und an der Belehrung entlohnt werden soll, wobei hier nicht die Präzision heutiger Gehaltstabellen und Tarifverträge assoziiert werden darf. Dennoch ist das Einkommen relativ klar geregelt, und von jedem der verschiedenen Opfer steht den Priestern ein bestimmter Anteil zu (s. auch *B. D. Bibb*, Ritual Words, 86–88). Dabei ist zwischen den einfachen »Anteilen« und den ihnen als »heilige Speise« qua Ritual zustehenden Portionen zu unterscheiden. Zu den »hochheiligen« Nahrungsmitteln, die nur von den Priestern im Bereich des Heiligtums verzehrt werden dürfen, gehören die Speiseopfergabe (genauer: das, was nach dem Abheben des Gedächtnisanteils für JHWH übrig bleibt, s. o. und zu Lev 2), das Fleisch des Entsündigungs- und Entschuldigungsopfers (s. o. und zu Lev 6,17–7,7) und die wöchentlich zu wechselnden »Schaubrote« (Lev 24,5–9). Die einfachen »Anteile«, die die Priester auch weiterverwerten können (z. B. für ihre Familien), sind beim Brandopfer die Haut des Opfertieres (Lev 7,8) und beim Heilsgemeinschaftsopfer das Bruststück und die rechte Schenkelkeule (Lev 7,31–36). Es ist klar, dass diese symbolischen Abgaben allein nicht ausreichen, um einen größeren Stab von Priestern samt ihren Familien sowie den zugehörigen Betrieb zu unterhalten. Daher entwickelt das Anhangskapitel Lev 27 ein System, wie freiwillige Opfergaben, Danksagungen und Gelübde des Volkes, die aus »Naturalien« (Personen, Vieh, Immobilien) bestehen, durch ein Tarifsystem in »bare Münze« umzurechnen sind und so anstelle der tatsächlichen Gegenstände, Tiere oder Personen durch »Auslösung« ein Geldbetrag an das Heiligtum gezahlt wird. Dieses Einkommen sowie die Erträge durch Erstlingsabgaben (Lev 27,26–27), Banngut (Lev 27,28–29) und Verzehntung (Lev 27,30–33) sichern die finanzielle Basis des Tempelbetriebs. Wieder wird jedoch (wie bei den Opferbeschreibungen) deutlich, dass viele Details offen bleiben und sehr wahrscheinlich durch mündlich weitergegebenes Traditionswissen oder Konvention ergänzt wurden (s. *L. L. Grabbe*, Priests, 214–215; *B. D. Bibb*, Ritual Words, 96). Manches davon ist wohl in die Mischna eingegangen, doch dies ist kaum von dem zu unterscheiden, was in der Mischna durch »akademische« Schriftauslegung jenseits des untergegangenen Tempeldienstes ergänzt wurde. – Die spätere Rezeption der in Levitikus und der priesterlichen Literatur innerhalb der Bibel grundgelegten Vorstellungen vom »Priester« in den Ausprägungen des (spät)antiken Judentums (z. B. Qumran, die rabbinischen Auslegungen) und im Christentum von der Spätantike bis heute ist eine ganz andere, eigene Geschichte (s. dazu allgemein *J. W. Watts*, Ritual and Rhetoric, 151–172; speziell z. B. zu Origenes *A. Tzvetkova-Glaser*, Pentateuchauslegung, 316–338).

»Rein« und »unrein«, »heilig« und »profan«

Begriffe

Die Begriffe »rein« und »unrein« sowie »heilig« und »profan« bilden zwei Begriffspaare, die in einer komplexen Beziehung zueinander stehen. In Lev 10,10 begegnen sie in einem Vers und bezeichnen die Bereiche, zwischen denen die Priester unterscheiden (בדל *hifil*) sollen:

»Rein«: טהור, *ṭāhōr* – griech. καθαρός; »rein«

»Unrein«: טמא, *ṭāmē'* – griech. ἀκάθαρτος, »unrein«; zur griechischen Terminologie s. *M. Vahrenhorst,* Levitikon, 366–368

»Heilig«: קדש, *qōdæš* (»Heiligkeit«); קדוש, *qādōš* (»heilig«) – griech. ἅγιος, »heilig«

»Profan«: חל, *ḥol* – griech. βέβηλος, »gewöhnlich«, »profan«.

Vorkommen

Die Terminologie hat in der gesamten hebräischen Bibel deutliche Schwerpunkte: die Tora und das Buch Ezechiel. In der Tora wiederum sind es die Bücher Levitikus und Numeri, die diese Begriffe gehäuft aufweisen. Einen allgemeinen Überblick zum Konzept der Reinheit im Buch Leviticus gibt *C. Nihan,* Forms; für das Buch Numeri s. *C. Frevel,* Purity. Eine nach Lev 1–16 und Lev 17–26 getrennte Analyse der Belege für טמא, »unrein«, und קדש, »heilig (sein)«, unternimmt *R. A. Kugler,* Holiness, 10–27 (s. ferner *J. L'Hour,* L'Impur I+II; *B. Ego,* Art. Reinheit; *W. Paschen,* Rein und Unrein, 19–30). Im Einzelnen stellt sich der wortstatistische Befund so dar:

Das Adjektiv טהור (»rein«; 95 Belege) hat sein Hauptvorkommen in der Tora (73 %; Genesis: 6 Belege; Exodus: 28; Levitikus: 21, v.a. Kapitel 11–15; Numeri: 8; Deuteronomium: 6). – Von der Wurzel *ṬHR* sind ferner ein Verb (94 Belege, davon Levitikus: 43, 46 %; Numeri: 10, 11 %) und drei Substantive abgeleitet (טְהָר: Ps 89,45; טֹהַר: Ex 24,10; Lev 12,4.6; טָהֳרָה: Lev 12,4.5; 13,7.35; 14,2.23.32; 15,13; Num 6,9; Ez 44,26; 1 Chr 23,28; 2 Chr 30,19; Neh 12,45).

Das Adjektiv טמא (»unrein«; 88 Belege) begegnet vor allem in den Büchern Levitikus (47 Belege, 53 %; schwerpunktmäßig in den Kapiteln 11 bis 15), Numeri (11, 13 %) und Deuteronomium (8, 9 %), vereinzelt noch in der prophetischen Literatur (Jesaja: 6 Belege; Ezechiel: 5). – Als Verb begegnet die Wurzel טמא in 162 Belegen, die nahezu vollständig auf Levitikus (85, 52 %), Numeri (24, 15 %) und Ezechiel (30, 19 %) entfallen. Ähnlich stellt sich der Befund für das Substantiv טמאה, *ṭum'ā,* »Unreinheit« dar (36 Belege, davon Levitikus: 18, 50 %; Ezechiel: 8, 22 %).

Die Wurzel קדש, »heilig (sein)«, begegnet in verschiedenen Ausprägungen und Kontexten sehr häufig (842 Belege der Wurzel *QDŠ* im hebräischen Bereich, einschließlich der 75 Vorkommen des Substantivs מקדש, *miqdāš,* »Heiligtum«). Schwerpunkte sind die Tora (Genesis: 4 Belege; Exodus: 102, 12 %; Levitikus: 152, 18 %; Numeri: 80, 9,5 %; Deuteronomium: 17, 2 %), Ezechiel (105, 12 %), die Chronik (87, 10 %), Jesaja (73, 9 %) und die Psalmen (65, 8 %). Im aramäischen Bereich begegnet nur das Adjektiv קדיש, *qaddīš,* mit 13 Belegen im Buch Daniel.

Vergleichsweise selten kommt das Wort חל, *ḥol,* »profan«, vor (nur Lev 10,10; 1 Sam 21,5–6; Ez 22,26; 42,20; 44,23; 48,15) und bildet von daher (außer in Lev 10,10) nicht direkt den Gegenbegriff zu »heilig«. Diese Aufgabe übernimmt weitgehend die Wurzel טמא, »unrein (sein)«. Dieses Verhältnis ist jedoch ein sehr komplexes (s. die Erläuterung). Weitergehende Untersuchungen zur Wurzel *ḤLL* finden sich z. B. bei *J. L'Hour,* L'Impur II, 43–46; *H. Lipka,* Profaning the Body, 90–113.

Zur Übersetzung

Die Übersetzung der vier Begriffe ist an sich unumstritten, trifft jedoch auf gravierende Probleme im Blick auf die heutige Verwendung der Wiedergaben in der deutschen Alltagssprache (s. *Staubli,* 89–95, Lit.!; zum Englischen s. *Bailey,* 123–127). Die Wörter »heilig« und »profan« sind völlig in den religiösen Bereich abgedrängt worden und spielen im täglichen Sprachgebrauch kaum mehr eine Rolle (wenn, dann nur im Sinne von »heilig« = »wichtig«: »Das ist mir heilig/wichtig«; oder »profan« = »unbedeutend«). Die Konzepte von »rein« und »unrein« sind Spezialtermini im medizinischen Bereich; »unrein« kommt außerhalb davon nicht vor. »Rein« assoziiert drei Alltagsbereiche: »sauber« (im Sinne von »hygienisch einwandfrei«, frei von Schmutz); »moralisch integer« (ein »reines« Gewissen haben); »unvermischt« (»reiner« Wein; auch im metaphorischen Sinne; »reine« Seide). Mit diesen Assoziationen kommt es im Blick auf die biblischen Texte, insbesondere die ausführliche Behandlung der Thematik in Lev 11–15, zu Konflikten, die sich aber nicht durch Alternativübersetzungen vermeiden lassen. Daher muss man die biblischen Konzepte dieser Begriffe aus den Kontexten erheben. Dabei sei auch darauf hingewiesen, dass diese Konzepte zunächst nur die Reinheitsideale der priesterlichen Verfasser des Buches auf literarischer Ebene widerspiegeln; ein direkter Zugang zur sozialgeschichtlichen Wirklichkeit, d. h. zu den konkreten Praktiken ist nicht ohne weiteres möglich, wenngleich vieles dafür spricht, dass sich in den Regelungen tatsächliche Kultanweisungen niedergeschlagen haben (s. *C. Nihan,* Forms, 312–314).

Die heutige Begrifflichkeit bzw. die Alltagssprache kennt das Wort »Tabu«, das von James Cook (1728–1779) aus dem Polynesischen eingeführt wurde: »intensive Vermeidung« bzw. »Abgrenzung«. Die damit verbundenen Vorstellungen überschneiden sich teilweise mit den biblischen Konzepten (s. *R. Neu,* Art. Tabu, 4.: Das Hochheilige ist ebenso wie das Unreine zu meiden, unberührbar, eben »tabu«). Die kulturanthropologische Forschung zu allen diesen Begriffen ist komplex und kann hier nicht nachgezeichnet werden. Ältere Forschungsansätze, die von einem »evolutionistischen« Modell ausgehen, halten oftmals die Kategorien »rein« und »unrein«, »heilig« und »profan« für Merkmale »primitiver« (um nicht zu sagen »barbarischer«) Kulturen und Religionen; im Übergang zur Neuzeit seien sie obsolet geworden. Hinter solchen Darstellungen steckt bisweilen ein latenter pseudo-»christlicher« Kulturchauvinismus. Angemessener ist daher eine »an Strukturen und Symbolbildung orientierte Erklärung des Rein-unrein-Paradigmas« (*R. Kessler,* Identität, 422), die vorfindliche Zeugnisse respektvoll zu beschreiben versucht und dabei vor allem die Identität der jeweiligen Religion und Kultur als Leitkategorie versteht. In diesem Sinne ist das Folgende als Beschreibung der im Levitikusbuch begegnenden Text- und Denkwelt gedacht; als Hilfe, die damit aufscheinende Identität – bei aller zuzugebenden Fremdheit gegenüber heutigen Vorstellungen – zu verstehen (s. *R. Kessler,* Identität, 414–423; zum nachexilischen Diskurs in der Prophetie und im Buch Esra-Nehemia s. ebd., 423–428).

Erläuterung

Das Konzept »rein« bezieht sich insbesondere im Blick auf Lev 11–15 auf die Beurteilung der Frage, ob ein Gegenstand oder ein Mensch am Kult teilnehmen darf. Grundsätzlich ist die kultische Reinheit der Normalzustand (*Wenham,* 19; *B. Ego,* Art. Reinheit, 2.1.). Beim Begriff der Reinheit ist also nicht die Frage der Sauberkeit oder der Gesundheit primär im Blick, sondern die Kultfähigkeit. »Kultisch rein sein bedeutete für den antiken Menschen, sich in der physischen und geistlichen Verfassung zu befinden, die ihm den Zugang zum Heiligen ermöglichte« (*Gerstenberger,* 117; s. auch *W. Paschen,* Rein und Unrein, 42–43). Wer »unrein« ist, kann entsprechend nicht am Kult teilnehmen bzw. von dem im Kult dargebrachten Heilsgemeinschaftsopfer essen (Lev 7,19–21); was »unrein« ist, kann nicht für kultische Verrichtungen verwendet werden bzw. verhindert, dass der durch den Kult intendierte Zweck, die Kommunikation mit Gott, erreicht wird (*D. P. Wright,* Disposal, 167). Sauberkeit und Gesundheit spielen jedoch insofern eine Rolle, als Schmutz die reguläre Ordnung stört und Krankheit (insbesondere sichtbare Hauterkrankungen oder pathologische Ausflüsse aus Körperöffnungen) normale Lebensabläufe verunmöglicht. Derartige Störungen lösen tiefgreifende Unsicherheiten aus, die den Menschen in einen Status versetzen, in dem er der Gottheit nicht gegenübertreten kann, da eine solche Begegnung immer ein Gefährdungspotential in sich birgt und daher eine sorgfältige Disposition seitens des Menschen erforderlich ist (vgl. Ex 19,10–15; Lev 16,2–3) (s. auch *R. Schmitt,* Zu unterscheiden, 130; *Gerstenberger,* 257). Die gestörte Ordnung und der damit verbundene temporäre Ausschluss vom Kult sind jedoch in keinerlei Hinsicht zwingend mit einem moralischen Problem oder gar mit Sünde verbunden (s. u., Ritual and Moral Impurity). »Unreinheit« kann auch durch Alltäglichkeiten und wiederkehrende Ereignisse verursacht werden (z. B. Menstruation, Samenerguss, Geschlechtsverkehr) – hier ist keinerlei Fehlverhalten festzustellen und kein moralischer Makel zu konstatieren (*T. Frymer-Kensky,* Pollution, 336; *M. Douglas,* Sacred Contagion, 97; *J. L'Hour,* L'Impur I, 535). Nach einer Zeit der »Quarantäne« (meist der Rest des Tages bis zum Abend, da ab dann der neue Tag gezählt wird) und einfachen Reinigungsriten (Waschung) ist der Normalzustand der Reinheit (im Sinne der Kultfähigkeit) wiederhergestellt (zur »Waschung« s. u. a. *J. D. Lawrence,* Washing; *H. K. Harrington,*

Rein: Kultteilnahme möglich

Ritual Ablutions; *S. Hoss,* Baths). Diese Waschungen waren zunächst (zur Zeit des ersten Tempels) Wassergüsse über die Körperglieder aus einem Gefäß; in spätnachexilischer Zeit entwickelt sich der Brauch des vollständigen Eintauchens, denn erst ab dann sind auch die dafür nötigen Installationen archäologisch belegt (Tauchbäder, Miqwaot; s. dazu u. a. *H. Katz,* He Shall Bathe, 377–380; *J. Baskin/S. Gibson/D. Kotlar,* Art. »Mikveh«, 225–230; s. ferner zu Lev 15, Rezeption und Bedeutung).

Quellen der Unreinheit

Wie es zur Unreinheit kommen kann, wird v. a. in Lev 11–15 dargestellt; im Grunde kann man drei Quellen unterscheiden, die einen gemeinsamen, entscheidenden Aspekt aufweisen: (1) Tieraas (Lev 11) und menschliche Leichen (Num 19,11–22); (2) pathologische Ausflüsse aus Körperöffnungen, Wochenfluss, Menstruationsblut, Samenflüssigkeit (Lev 12; 15); (3) Hautkrankheiten und andere Anomalien an Oberflächen (Lev 13–14) (s. auch die Übersicht bei *T. Frymer-Kensky,* Pollution, 334–335; *R. Achenbach,* Systematik, 162–163; *C. Nihan,* Forms, 322–325; *H. K. Harrington,* Purity Texts, 11; *R. A. Kugler,* Holiness, 11–15; *J. Neusner,* Idea, 18–22).

Sphäre des Todes

Allen drei Quellen ist gemeinsam, dass sie der Sphäre des Todes nahe stehen (*Milgrom,* 733.1001–1002.1720–1721; *Gorman,* 15; *H. Eilberg-Schwartz,* Savage, 184–185; *P. P. Jenson,* Graded Holiness, 79–80; *G. Feld,* Levitikus, 42; *J. L'Hour,* L'Impur I, 531–532; *W. Paschen,* Rein und Unrein, 56–63; zur Diskussion s. auch *N. J. Ruane,* Sacrifice and Gender, 148–193): Auch das Ausfließen von Menstruationsblut und Samen ist grundsätzlich ein Anzeichen für die Gefährdung des Lebens (insbesondere unter dem Aspekt der Unkenntnis anatomischer Zusammenhänge sowie problematischer Hygieneverhältnisse zur Entstehungszeit der Texte). Anomalien an Oberflächen, insbesondere der menschlichen Haut, können zu Krankheit und Tod führen – das wusste man aus Erfahrung, auch wenn man die medizinischen und biologischen Zusammenhänge (Viren, Bakterien, Pilze, Flechten usw.) nicht durchschauen konnte (und die Phänomene in den seltensten Fällen zu therapieren wusste). In der Regel wird die Unreinheit gewissermaßen als »ansteckend« angesehen, d. h. sie gilt als durch Berührung übertragbar, so dass die betroffene Person sich von anderen und vor allem von den heiligen Dingen fernzuhalten hat (*T. Frymer-Kensky,* Pollution, 329–330). Man kann die differenzierte »Übertragbarkeit« der kultischen Unreinheit vom »Vater«, also der Quelle der Unreinheit, durch Berührung, Anwesenheit im gleichen Raum, »Überschattung« usw. in Form von Baumdiagrammen (»genealogischen Stemmata«) darstellen (s. dazu die Versuche von *D. P. Wright,* Disposal, 179–219, die im Kommentar von Milgrom immer wieder aufgegriffen werden, z. B. *Milgrom,* 953–957). Der Grund dafür, dass hier genaue Regeln aufgestellt werden und die betroffenen Personen und Dinge in gradueller Abstufung zeitweilig ausgeschlossen werden, liegt darin, dass sich die »Unreinheit« nicht ausbreiten soll und nicht eine größere Anzahl von Personen damit von den heiligen Dingen bzw. der Gottesbegegnung im

Kult ausgeschlossen werden sollen – oder umgekehrt, dass nicht durch eine größere Anzahl kultisch unreiner Personen die Gefahr besteht, dass doch das »Unreine« mit dem »Heiligen« in Kontakt tritt (*D. P. Wright,* Disposal, 227–228). – Sieht man nun die Nähe der Todessphäre als gemeinsamen Nenner des Konzepts »unrein«, so erklärt sich auch die Symbolik des Waschens, insbesondere des vollständigen Untertauchens in »lebendigem« (also nicht »stehendem«) Wasser (s. zu Lev 14,5; *mMiqwa'ot* 1,1–8), wie es in der rabbinischen Literatur präzisiert wird: Es ist ein Ritus des Übergangs vom »Tod« (Nähe der Todessphäre aufgrund bestimmter Phänomene, keine Kultteilnahme) zum »Leben« (Normalzustand, Teilnahme am Kult; s. dazu u.a. *H. K. Harrington,* Ritual Ablutions, 7–8). Waschen

J. D. Lawrence, Washing, 23–42, analysiert die Texte der Hebräischen Bibel, die von rituellen Waschungen (priesterliche Literatur) oder in metaphorischer Weise von Waschungen (z.B. Jes 4,3–4; Jer 4,14; Ps 26,6; Ps 51,9) sprechen, und kommt zu dem Ergebnis, dass die rituelle Waschung zur »Purifikation«, zur kultischen Reinigung, frühestens in der nachexilischen Zeit (Perserzeit) in die entstehende Tora eingetragen wurde (ebd., 41). Die in der Hebräischen Bibel angelegten Hinweise auf rituelle Waschungen werden in der frühjüdischen Literatur (Second Temple Literature; Qumran) auf ganz unterschiedliche Weise fortgeführt und ausgebaut (s. ebd. 43–154). Die frühesten archäologisch nachweisbaren Hinweise für eigene Ritualbäder (»Mikwe«, »Mikwaot«) in Palästina sind auf Mitte bis Ende des 2. Jh. v.Chr. zu datieren (rechteckige, verputzte, mit Stufen versehene Becken, »stepped pools«; s. ebd., 155–183). Die meisten der als »Mikwen« identifizierten Anlagen datieren in die Hasmonäerzeit und in die herodianische Periode bis 70 n.Chr. und befinden sich in Jerusalem und Judäa, während in Samaria, Galiläa, im Golan und in Transjordanien nur wenige Belege vorhanden sind. Lawrence skizziert ferner eine Vermutung zur zeitlichen Entwicklung der rituellen Waschung (ebd., 192–202; s. auch Lev 15, Rezeption und Bedeutung).

Eine Alternative zum Verständnis von »rein« und »unrein« unter dem Paradigma der Todessphäre bietet *C. Nihan,* Forms, 326–338, an: Mit Ausnahme des Geschlechtsverkehrs (Lev 15,18) haben die Quellen für »physical impurity« gemeinsam, dass das Biologische unvorhergesehen oder unabwendbar in das soziale Leben eindringe und zu einem Verlust an Kontrolle durch die Menschen führe: »the more a phenomenon identified as a source of pollution exemplifies the loss of social control over human bodies and domestic artifacts, the more severe the degree of contamination ascribed to it, and the more significant the ritual measures that need to be taken by the individual in order to eliminate that pollution and recover a state of purity« (ebd., 330; im Original kursiv). Kontrollverlust

Das Konzept »heilig« ist eine Extension der Natur Gottes, »it is the agency of his will« (*Milgrom,* 730; *ders.,* Changing Concept, 65; s. auch *D. P. Wright,* Holiness; *D. Janzen,* Social Meanings, 99). Diese Eigenschaft Gottes kann sich (unter Vorbehalt bzw. bis auf Widerruf von Seiten Gottes) auf Heilig: was der Gottheit eignet anderes beziehen, was der Gottheit eigen ist (*Staubli*, 91), was Gott geweiht (»geheiligt«) und damit für andere Vorgänge und Tätigkeiten nicht mehr verfügbar ist. Dieses Konzept bezieht sich auf Zeiten (Festtage), Orte (das Land; das Heiligtum; auch »Immobilien«), Gegenstände (Möbel, Geräte, Gefäße, Speisen) und Personen (in der Regel die Priester, die geweiht/geheiligt werden; aber auch das ganze Volk: Ex 19,6; s. auch *R. A. Kugler*, Holiness, 10–11). Es geht dabei nicht nur *via negativa* um eine Absonderung von Zeiten, Orten, Gegenständen und Personen für die Gottheit, sondern auch im *positiven* Sinne um eine Bereitstellung für bzw. Nachahmung von Gott: »Holiness means *imitatio Dei* – the life of godliness« (*Milgrom*, 731). Wenn also Heiligkeit in die Nähe Gottes ruft – was gilt es nachzuahmen? Auf der Suche nach einer biblischen Antwort trifft man auf die enge Verknüpfung von kultisch-rituellen Vorschriften und ethisch-sozialen Geboten in der Tora – diese zu beachten ist das Hören auf die Stimme Gottes und das Halten des Bundes, für das Ex 19,5–6 die Heiligkeit der ganzen Nation (Israel) verheißt. Ps 24,3–4 stellt genau die Frage »Wer darf hinaufziehen zum Berg JHWHs, und wer darf stehen an seiner heiligen Stätte (במקום קדשו)?« und beantwortet sie mit ethischen Anforderungen: »Der reine Hände hat und ein lauteres Herz, der nicht betrügt und keinen Meineid schwört«. Das »Leben in Heiligkeit« ist also nicht auf den Kult (oder gar auf die Priester) beschränkt, sondern ein Anspruch, der für jeden glaubenden Israeliten gilt. Die Suche nach Heiligkeit betrifft auch den Alltag, und zwar nicht nur unter der Hinsicht, wie das tägliche Verhalten den Kult vom Heiligtum nachzubilden versucht, sondern auch und vor allem unter ethischem Aspekt (s. *C. Nihan*, Priestly Torah, 478–479; *L. M. Trevaskis*, Holiness, 230–237; *D. P. Wright*, Holiness, 353; *B. J. Schwartz*, Israel's Holiness, 55.59).

Imitatio Dei

Heiligkeit als *imitatio Dei* erstreckt sich auch auf das dem Wesen Gottes entsprechende sittliche Verhalten: Gottes Gerechtigkeit soll durch die Gerechtigkeit Israels auf Erden realisiert werden, und so wird sich der heilige Gott in Gerechtigkeit (und zwar in der konkret von Israel realisierten Gerechtigkeit) als heilig erweisen (so die plausible Deutung von Jes 5,16 durch *R. W. L. Moberly*, Justice, 55–68; *I. Knohl*, Sanctuary, 214; *Gorman*, 100; s. auch die Auslegung zu Lev 19,2 sowie zu Lev 19, Rezeption und Bedeutung).

Reinheit – Heiligkeit

Wie, warum und zu welchem Zweck aber ist dieses Konzept von »Heiligkeit« so eng mit dem Ritual und dem Kult und so mit dem Konzept »Reinheit« verknüpft (s. u. a. *B. J. Malina*, Rituale, 29–32; *R. Neu*, Art. Tabu, 4.; *P. P. Jenson*, Graded Holiness, 40–55)? Auf der Suche nach dem Antonym zu »heilig« (קדש) stößt man auf eine bemerkenswerte Begriffsvernetzung: Was außerhalb des Heiligtums (lat. *fanum*) ist, ist »vor« dem *fanum*, also »pro-fan«, »weltlich« oder »gewöhnlich« (engl. common). Wie aber schon aus der Übersicht über die Verteilung deutlich wurde, ist nicht das hebräische Wort für »profan« (חל) der Gegenbegriff für »heilig«, sondern

»unrein«. Die beiden Konzepte stehen parallel auf gegeneinander leicht verschobenen Schienen, so dass sich drei mögliche Fälle und ein völlig ausgeschlossener Fall ergeben: (1) bis (4). Grafisch lässt sich das so darstellen (mit *Staubli,* 94, nach *Milgrom,* 616.732.977.1721; *J. Milgrom,* Dynamics, 29):

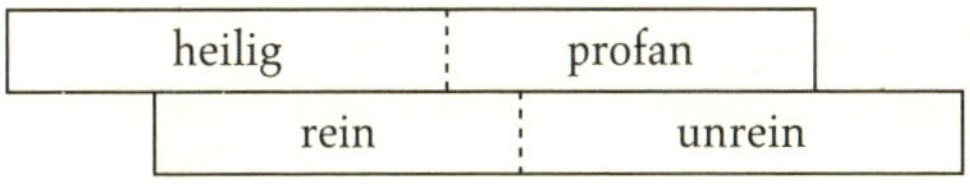

Drei mögliche Zustände

Die drei möglichen Zustände sind so zu beschreiben: (1) Der/das Heilige ist auch kultisch rein, z. B. der geweihte Priester, der im Stand kultischer Reinheit ein Opfer darbringt. (2) Der/das Profane ist kultisch rein, z. B. der Nicht-Priester, der im Stand der kultischen Reinheit (Normalzustand) am Heilsgemeinschaftsopfer teilnimmt und von den »heiligen« Gaben isst. (3) Der/das Profane ist kultisch unrein, d. h. eine Person oder ein Gegenstand ist temporär (Normalfall) oder dauerhaft (außergewöhnlich) vom Kult ausgeschlossen. Auch dieser Zustand ist kein Problem, solange nicht der vierte Fall eintritt, der in der Grafik bewusst keinen Platz findet, weil er nicht vorkommen darf: »unrein« und »heilig« dürfen nicht in Kontakt zueinander kommen. Ein Beispiel dafür ist der Fall, dass jemand im Stand der (temporären) kultischen Unreinheit vom Fleisch des Heilsgemeinschaftsopfer isst (s. die Auslegung zu Lev 7,19–21). Falls dies unbeabsichtigt geschieht, greifen die Vorschriften von Lev 4–5 zum Entsündigungsopfer und Entschuldigungsopfer. Gerade das Entschuldigungsopfer (s. die Auslegung zu Lev 5,14–19) zeigt an, dass eine unabsichtliche Profanierung des Heiligen relativ problemlos geregelt werden kann: Wenn etwa jemand versehentlich ein Tier, das zum Opfer bestimmt worden war (also »geheiligt«, ausgesondert wurde), noch einmal zum Arbeiten hernimmt oder anderweitig verwendet, dann kann er den finanziellen Schaden nach dem vorgesehenen Richtwert ersetzen (mit 20 % Aufschlag als »Buße« oder Gebühr) und ein Entschuldigungsopfer darbringen – damit ist die Angelegenheit geregelt. Auch können für den Tempel (das »Heiligtum«) gelobte (»geweihte«, »geheiligte«, ausgesonderte) Personen, Tiere, Häuser oder Grundstücke nach Lev 27 (außer bei Banngut, s. die Auslegung zu Lev 27,29) gegen finanzielle Bezahlung (und einen Aufschlag von 20 %) wieder ausgelöst werden. Insofern gibt es eine Durchlässigkeit zwischen »heilig« und »profan« (gestrichelte Linie in der Grafik), ebenso eine zwischen »rein« und »unrein«: Der Unreine kommt durch Waschung und Abwarten einer bestimmten Frist, meist »bis zum Abend« (bei schwereren Unreinheiten nach einer längeren Zeit und durch ein Opfer) wieder in den Stand der Reinheit (*J. Milgrom,* Dynamics, 30). Die Übergänge (s. dazu auch *J. Sklar,* Sin, 105–136) lassen sich mit der zugehörigen Begrifflichkeit so darstellen:

	auslösen ⟶		verunreinigen, sich unrein machen ⟶	
HEILIG *qādōš*		REIN/PROFAN *ṭāhōr/ḥol*		UNREIN *ṭāmē'*
	⟵ (sich) heiligen (Salbung, Gebote halten)		⟵ reinigen (Waschung und Zeit- ablauf, evtl. Opfer)	

Was nicht eintreten darf

Anders ist es bei »heilig« und »unrein«: Diese Konzepte stehen in totalem Gegensatz und dürfen sich nicht berühren (*T. Frymer-Kensky*, Pollution, 333; *Wenham*, 19–22). So muss beispielsweise das Heiligtum immer im Status der kultischen Reinheit sein – sollte etwas eintreten, was diesen Status beeinträchtigt (z. B. ein Versehen des gesalbten Priesters, s. zu Lev 4), muss ein Reinigungsritual (das Entsündigungsopfer) durchgeführt werden. In bekannten Fällen eines unabsichtlichen Gebotsverstoßes genügen *ad-hoc*-Opfer, gestaffelt nach dem Rang des Verstoßenden; für alles Weitere ist das Reinigungsritual des großen Versöhnungstages, das Entsündigungsopfer am *Jom Kippur* (s. zu Lev 16) relevant. Auch das Land ist heilig und soll nicht dadurch verunreinigt werden, dass Israel die Bräuche der Voreinwohner (insbesondere hinsichtlich des Sexualverhaltens und der Ernährung!) übernimmt und so gegen die Weisung JHWHs verstößt (Lev 18,24–30; 20,23). Falls Israel Gottes Gebot zuwiderhandelt, verunreinigt es das Land, und das heilige Land wird das unheilige Volk »ausspeien« – ein kultsymbolisch interpretiertes Deutemuster zur Erklärung des Exils.

Ritual and Moral Impurity

Damit ergibt sich die Notwendigkeit zu einer Unterscheidung, für die J. Klawans die Begrifflichkeit »ritual and moral impurity« vorschlägt (s. *J. Klawans*, Impurity and Sin, 21–42). Die Wörter sind schon im Englischen problematisch, wie Klawans selbst betont (ebd., 22), daher seien sie gar nicht erst ins Deutsche übersetzt: Hinter den Begriffen der modernen Alltagssprachen stehen mitunter andere assoziative Konzepte, so dass keine Übersetzung es ersparen kann, die biblische Vorstellungswelt umschreibend nachzuvollziehen. Hat man aber die den Texten inhärente Idee durchschaut, sind die auf den ersten Blick anstößigen Begriffe nur noch brauchbare Hilfsetiketten, die auf eine komplexe Vorstellungswelt verweisen. Mit dem Etikett »ritual impurity« können die in Lev 11–15 und Num 19 behandelten Aspekte bezeichnet werden: Es geht primär um den Kultausschluss, der grundsätzlich zeitlich begrenzt und durch Gründe bedingt ist, die der einzelne Mensch nicht zu verantworten hat, sondern die meist aufgrund von naturbedingten »Störungen« oder Abweichungen von der normalen Erfahrungswelt oder durch den direkten oder indirekten Kontakt mit Phänomenen gegeben sind, die in die Nähe der Sphäre des Todes führen (s. o., die Quellen der Unreinheit; *C. Nihan*, Forms, 321, nennt dies »physical impurity/pollution«) – in diesem Zustand ist eine Begegnung mit dem lebendigen Gott im Kult nicht ratsam (s. *H. Eilberg-Schwartz,* Savage, 185). Mit diesem vorübergehenden Kultausschluss ist keinerlei moralische Wertung verbunden. Zugleich aber gibt die betroffene Person den Status der »Unreinheit« durch Kontakt an andere Personen und Gegenstände weiter, und diese Kette muss durch Absonderung, rituelle Reinigung (Waschung) und Abwarten von Zeitspannen unterbrochen werden. »Sünde« als moralische Trennung von Gott und im Sinne sittlicher Verantwortung entsteht erst dann, wenn die betroffene Person die geforderten Reinigungsrituale bewusst und mit Absicht unterlässt (s. dazu Num 19; *D. P. Wright,* Spectrum, 161). In diesem Fall wird die Person zum Rebellen gegen die gesellschaftlichen und religiösen Normen und damit zum Verräter an der sozialen Struktur, so dass die Ordnung des Gemeinwesens gefährdet ist (ebd., 178). Die Abgrenzung zur »moral impurity« ist nicht absolut trennscharf; die Ideen schließen sich nicht gegenseitig aus, und es gibt konzeptuelle Überschneidungen, was nicht zuletzt auch an dem gemeinsamen Terminus »Unreinheit« (impurity; hebräisch טמא) sichtbar wird (zur Diskussion s. auch *T. Kazen,* Dirt and Disgust, 43–64; *ders.,* Emotions, 24–26; *M. J. Boda,* A Severe Mercy, 51–60; *C. Nihan,* Forms, 339–350; *D. Janzen,* Social Meanings, 104–105; *J. Sklar,* Sin, 139–159; *D. P. Wright,* Spectrum, 150–181 [tolerated/prohibited impurity]). Folgende Bereiche werden mit dem Etikett »moral impurity« belegt: Verstöße gegen die Inzestverbote und andere sexuelle Tabus (z. B. Lev 18), Fremdgötterverehrung (z. B. Lev 19, 31; 20, 1–3), Blutvergießen/Mord (z. B. Num 35, 33–34) (s. dazu auch *Sifra,* Achare mot, Üs. Winter, 458). Bei diesen Dingen begegnet auch der Begriff »Gräuel« (תועבה, *tō ʿēbā*) – ein solches Tun bewirkt eine »Verunreinigung« des Sünders (z. B. Lev 18, 24), des Landes (z. B. Lev 18, 25; Ez 36, 17) oder des Heiligtums (z. B. Lev 20, 3). Zur »ritual impurity« gibt es fünf gravierende Unterschiede: (1) Es geht hier um bewusst begangene Sünden im Sinne von moralischen Verstößen. (2) Diese Art der Unreinheit wird nicht durch Kontakt mit der betroffenen Person weitergegeben, ist also nicht »ansteckend« und erfordert auch keine rituellen Waschungen oder dergleichen. (3) Die »moral impurity« ist zeitlich nicht begrenzt und führt zu einer dauerhaften Trennung von Gott oder einer Gottesstrafe. Ist das Land so »verunreinigt«, »speit es seine Bewohner aus« (so Lev 18, 24–30 in drastisch-metaphorischer Sprache). (4) Von »moral impurity« kann man sich nicht durch Reinigungsriten befreien, sondern nur durch Strafe (z. B. in Form des Exils) oder Sühne (im Sinne des großen Versöhnungstages; *B. J. Schwartz,* Bearing of Sin, 21). (5) Die besondere Begrifflichkeit der »moral impurity« besteht in der Verwendung der Begriffe »Gräuel« (תּוֹעֵבָה) und »entweihen« (חנף; Num 35, 33), die nicht bei der »ritual impurity« vorkommen. Aus der programmatischen Formulierung in Lev 18, 24–30 wird deutlich, dass es hier wirklich um eine anders gelagerte Form von »Unreinheit« geht als etwa in Lev 11–15. Die

»moral impurity« wirkt von den Sündern auf das Land, das wiederum in personifizierender Redeweise seine sündhaften Bewohner ins Exil schickt. »Moral impurity is best understood as a potent force unleashed by certain sinful human actions. The force unleashed defiles the sinner, the sanctuary, and the land, even though the sinner is not ritually impure and does not ritually defile. Yet … the sinner *is* seen as morally impure« (*J. Klawans,* Impurity and Sin, 29; s. auch *B. J. Schwartz,* Bearing of Sin, 5). Man könnte fragen, ob die »moral impurity« *nur* eine semantische Übertragung der »ritual impurity« auf die moralischen Sünden im Sinne einer Metapher ist – aber eine Metapher sollte nie in abwertender Perspektive betrachtet werden, denn hinter ihr steht immer eine durchaus »reale« Vorstellung, die die Realität prägt und gestaltet. Beide Bereiche von »Unreinheit« sind so metaphorisch wie real – dass sie ineinander übergehen, zeigt etwa Ps 51: »[4]Wasch meine Schuld von mir ab und mach mich rein von meiner Sünde! [5]Denn ich erkenne meine bösen Taten, meine Sünde steht mir immer vor Augen. … [9]Entsündige mich mit Ysop, dann werde ich rein; wasche mich, dann werde ich weißer als Schnee«. Das Stichwort »Ysop« stammt aus dem kultischen Ritual, das die Reinigung des genesenen Aussätzigen dokumentiert (Lev 14,4 u. ö.; s. auch Ex 12,22), die Waschungen spielen auf die bei »ritual impurity« nötigen Rituale an – und doch ist in Ps 51 an moralische Schuld und die erforderliche Versöhnung des Sünders mit Gott gedacht (*J. Klawans,* Impurity and Sin, 35; s. auch *M. Ginsburskaya,* Leviticus, 271).

Wenngleich die beiden »Systeme« von Unreinheit unterschieden werden müssen, hängen sie möglicherweise in einer tieferen Hinsicht zusammen. Der »Unreine« darf dem »Heiligen« (dem lebendigen Gott im Kult) nicht nahen, sei es, weil der Unreine durch eine nicht von ihm zu verantwortende, natürlich bedingte Störung vorübergehend nicht entsprechend disponiert ist (»ritual impurity«), sei es, weil er durch einen bewusst begangenen Verstoß gegen die ethische Weisung Gottes einen unmoralischen Akt (näherhin einen sexuellen Tabubruch, Fremdgötterverehrung oder Mord) gesetzt hat und diese Tat eine Begegnung mit dem heiligen Gott *vor* einer sühnenden Handlung nicht ratsam erscheinen lässt (»moral impurity«). J. Klawans optiert jedoch mit gewissem Recht dafür, die Konzepte nicht vorschnell zu einem einheitlichen System zu verbinden, sondern für die textgemäße Auslegung grundsätzlich von zwei getrennten Symbolkomplexen auszugehen (*J. Klawans,* Impurity and Sin, 38). Dies gilt umso mehr, als sie aus unterschiedlichen literarischen Bereichen stammen (»P«/Lev 1–16 vs. »H«/Lev 17–26). Wenn sie auf kompositionell-synchroner Ebene im Buchganzen von Levitikus nebeneinander stehen, kann die Gefahr aufziehen, dass die Bereiche vermischt werden und es zu Missverständnissen kommt. So erklärt sich beispielsweise das heutige Unbehagen mit Texten wie Lev 12 und Lev 15,19–24 (»Unreinheit« der Frau bei Geburt und Menstruation; s. die jeweilige Auslegung dort): Sobald hier Gedanken der »moral impurity« eingetragen werden, werden die Texte in unerträglicher Weise fehlinterpretiert – der temporäre Kultausschluss ist hingegen auf der Ebene der »ritual impurity« überhaupt kein moralisches Problem, und das gesamte Ritual ein Weg, die durch die natürlichen Vorgänge ausgelösten Verunsicherungen und die gefühlte Nähe des Todes zu überwinden und so Orientierung und Sicherheit zurückzugewinnen.

Eine spirituelle Deutung der Begriffe »rein« und »unrein« in Verbindung mit dem Anspruch der »Heiligkeit«, die die Vorschriften (doch wieder) über eine postulierte Nähe zu Gen 3 in Verbindung zur Sündhaftigkeit der Menschen bringt, wie das *Kiuchi*, 39–40, in seinem Konzept vorschlägt, überzeugt nicht und führt zu rigoristischen Auslegungsweisen (s. z. B. ebd., 47, und die fragwürdige Verbindung von Gen 3 und Lev 13 ebd., 242–245).

C. Nihan, Forms, 350, optiert dafür, »physical and moral pollution« weniger als Gegensätze, sondern mehr als komplementär anzusehen, insbesondere da beide Arten der »Unreinheit« das Heiligtum betreffen, so dass dieses – neben den Entsündigungs- und Entschuldigungsopfern von Lev 4–5 – einmal im Jahr von »allen Sünden« (Lev 16,16) gereinigt werden muss. Die Reinheitsvorschriften für die »physical / ritual impurity« *und* der Gedanke der »moralischen« Unreinheit aufgrund bestimmter Verfehlungen bilden insgesamt einen »Zaun« um das Heiligtum, der vor allem dazu dient, Israelitinnen und Israeliten davor zu bewahren, das Heiligtum zu verunreinigen und dadurch selbst Schaden zu nehmen. Das komplexe System dient aber auch dazu, die Kompetenzen von Priestern und Nicht-Priestern (»Laien«) ins Verhältnis zu setzen (ebd., 356–363): Während die Purifikation »leichterer« Unreinheiten (»physical / ritual impurities«) den Laien zugestanden wird (und sie dafür durch die Priester auch ausgebildet werden sollen, s. Lev 10,10–11), bleiben die schweren Fälle, in denen Entsündigungs- und Entschuldigungsopfer dargebracht werden müssen, den Priestern vorbehalten (besonders schwere Fälle sogar nur dem Hohepriester am Versöhnungstag).

Das System und die Realität

Alle Stufen der Reinheit bzw. Unreinheit (korrespondierend dazu die jeweilige »Heiligkeit«) bilden ein gemeinsames, hierarchisch strukturiertes System. Mit dem zunehmenden Einfluss des Hohepriesters (und der Priesterschaft) auf politische und soziale Belange in der Provinz Yehud in der Perserzeit des 4. Jh. v. Chr. wurde die Gestaltung des gesellschaftlichen Lebens mehr und mehr vom Tempel aus geprägt, so dass die zentralen Begriffe von »rein« und »unrein«, »heilig« und »profan« zu bestimmenden Faktoren wurden: »Leviticus will slowly emerge as the normative discourse on such matters in Second Temple Judaism, laying the basis for the development of concepts of pollution and purification among virtually all Jewish groups of that period« (ebd., 363).

Qumran Insbesondere in der Qumran-Literatur spielt der Gedanke der kultischen Reinheit und der Reinigung eine herausragende Rolle: Die biblischen Texte werden strenger ausgelegt; Vorschriften, die nur für Priester gelten, werden auf alle Mitglieder der Gemeinschaft angewandt, da sich die Gemeinschaft als Ersatz für den (aus ihrer Sicht korrumpierten) Jerusalemer Tempel verstand. Zugleich verstand man die religiöse Heiligung als göttliche Schutzkraft für die Gemeinschaft (s. *H. K. Harrington*, Purity Texts, 7–67, und *I. C. Werrett*, Ritual Purity, zum Reinheitskonzept der Qumran-Literatur; s. ferner *J. D. Lawrence*, Washing, 81–154; *H.-J. Fabry*, Buch Levitikus, 313–314; *W. Paschen*, Rein und Unrein, 83–152).

Die Qumran-Literatur zeigt ferner eine terminologische und damit konzeptionelle *Verbindung* der Begriffe »Reinigung«, »Versöhnung (atonement)« (s. u., Versöhnung erwirken) und »Vergebung« (s. zum Folgenden *M. Ginsburskaya*, Leviticus, 272–277). 1QS 11,14–15 erwähnt das Erwirken von Versöhnung (*kipper*, s. u.) für alle Sünden in einem Gedankengang mit der Reinigung *(ṬHR)* von der Unreinheit *(niddā)* des Menschen und von der Sünde *(ḥaṭṭā't)* der Menschenkinder. 1QH^{a} 12,37 preist Gott in folgender Weise: »… denn du [Gott] erwirkst Versöhnung für Sündenlast und reinigst den Menschen von Schuld in deiner Gerechtigkeit« *(tkpr ʿwwn wlṭh[r] 'nwš m'šmh bṣdqtkh)*. Weitere Belege in dieser Richtung sind CD 2,4–5; 3,17–18; 11Q5 19,13–14. In den kultischen Texten (Levitikus, Qumran) ist es der Priester, der Versöhnung erwirkt (der Priester als Subjekt des Verbs *kipper*), während Gott als Handelnder in der Passivkonstruktion *w^{e}-nislaḥ* (»und es wird ihm/ihr vergeben werden«) verborgen ist (s. u., Versöhnungs- und Vergebungsformel). In den nicht-kultischen Texten der Qumran-Literatur ist hingegen häufig Gott das grammatische Subjekt der Verben *KPR piel* (»Versöhnung erwirken«), *ṬHR* (»reinigen«) und *SLḤ* (»vergeben«). Konzeptionell steht aber der gleiche Gedankengang dahinter.

Neues Testament Das Neue Testament greift den Sprachgebrauch von »rein/unrein« zur Beschreibung moralischen Verhaltens auf und verwendet bisweilen »Unreinheit« als Symbolbegriff für (moralische) Sünde bzw. Fehlverhalten, von dem es sich zu reinigen gilt bzw. von dem Jesus oder das Wort Gottes reinigt (z. B. Mk 7,14–23; Mt 15,17–20; Röm 1,24–25; 6,19; 2 Kor 7,1; 12,21; Eph 4,19; 5,3.5; 1 Thess 4,7; 1 Joh 1,7.9; s. *Hartley*, 147; *C. Wetz*, Art. Reinheit).

Fiktionalität Im Blick auf die Praktikabilität des Reinheitssystems ist festzustellen, dass in den Texten von vorneherein die theologische Vorstellungswelt in ihrer Geschlossenheit und Logik und die geistige Imagination viel stärker im Vordergrund stehen als konkrete kultische Verhaltensfragen, die nach Art eines Handbuchs gelöst werden: Es geht mehr um die Vorstellung der Reinheit des Heiligtums in den Köpfen der Menschen als um den konkreten Gang zum Tempel (der immer nur einer Minderheit möglich war). Insofern entwerfen die Texte eine fiktive »Als-ob«-Welt – aber nicht als Glasperlenspiel zum Selbstzweck, sondern um den Raum des Heiligen in der Welt vorstellbar zu machen. Das sichert auch das Überleben der Texte nach der Zerstörung des konkreten Heiligtums (etwa des »Zweiten Tempels« 70 n. Chr. durch die Römer). Das Heiligtum oder das Heilige (und das Reine) wird aufgehoben in das Reich der Literatur, des Geschriebenen, der »Heiligen Schrift« – und in dieser Vorstellungswelt bleibt das System von Rein und

Unrein, Heilig und Profan vor dem geistigen Auge der Leserinnen und Leser lebendig und weckt die anregende Imagination des Göttlichen (Heiligen, Reinen) in dieser Welt. Nur durch die Aufhebung in die geistige Welt der kultischen Literatur konnte die grundsätzliche Idee des Heiligen inmitten des Profanen die Tempelzerstörungen überleben und seine Faszination behalten (s. zu diesen Gedanken *H. Liss*, Ritual Purity, 353–354; *dies.*, Kanon und Fiktion, 7–38; ferner *L. L. Grabbe*, Priests, 222–223; *M. Himmelfarb*, Priests, 40–41).

Versöhnung erwirken

Begriffe

כפר, *kippær* – griech. ἐξιλάσκομαι, »sühnen«, »Versöhnung erwirken«; »gnädig stimmen«; s. *D. Büchner*, Reflections, 112–115; *ders.*, 'Ἐξιλάσασθαι, 237–260; *D. Stökl Ben Ezra*, Impact, 104–105; *Watts*, 324.

Vorkommen

Lev 1,4; 4,20.26.31.35; 5,6.10.13.16.18.26; 6,23; 7,7; 8,15.34; 9,7; 10,17; 12,7.8; 14,18.19.20.21.29.31.53; 15,15.30; 16,6.10.11.16.17.18.20.24.27.30.32.33.34; 17,11; 19,22; 23,28. Mehr als die Hälfte aller Belege des Verbs כפר im D-Stamm *(piel)* (49 von 92; 53 %) entfallen auf das Buch Levitikus, gefolgt von Numeri: 15 (16 %) und Exodus: 7 (8 %) (detaillierte lexematische Untersuchungen bei *B. Janowski*, Sühne, passim; s. auch *A. Schenker*, Art. Sühne II, 335; *B. A. Levine*, Presence, 55–77.123–127; ferner *C. Eberhart*, Art. Sühne; *N. Kiuchi*, Purification Offering, 87–109; *R. E. Gane*, Cult and Character, 106–143; *J. Sklar*, Sin; *J. W. Watts*, Ritual and Rhetoric, 130–141).

Zur Übersetzung

Eine Durchsicht der Belege ergibt zunächst, dass es sich in den allermeisten Fällen um einen kulttheologischen Fachbegriff handelt (*B. Janowski*, Sühne, 13.107). Insofern wäre der gerne verwendete deutsche Fachbegriff »sühnen« nicht unpassend. Allerdings ist dieser deutsche Begriff in einer Weise konnotativ und assoziativ belastet, wie es dem hebräischen Sachverhalt nicht gerecht wird: »Im heutigen Sprachgebrauch sind die (seit dem 17. Jh. umgangssprachlich kaum mehr verwendeten) Begriffe ›Sühne‹ und ›sühnen‹, gemäß ihrer Herkunft aus westgermanischer Sprach- und Rechtstradition (althochdeutsch *suona* ›Gericht, Urteil; Versöhnung, Friedensschluß‹, *suonen* ›Gericht halten, richten; sühnen, versöhnen‹; mittelhochdeutsch *suone, süenen*, u. a.), ausschließlich auf den Bereich strafrechtlicher Tatfolgeregulierungen bezogen. Sühne bedeutet in diesem Zusammenhang ›Ersatzleistung, Genugtuung für ein begangenes Unrecht‹« (*B. Janowski*, Sühne, 3). Die deutschen Begriffe »Sühne« und »sühnen« erfassen damit kaum den Aussagegehalt des biblischen Konzepts von כפר *(kippær*, im Folgenden in vereinfachter Umschrift: *kipper)*. Dieser Begriff »setzt zumeist eine Störung des Gottesverhältnisses im weitesten Sinn« (*H. Gese*, Sühne, 87) voraus, eine Störung, die von Seiten des Menschen allein nicht beseitigt werden kann (ob deswegen gleich die Existenz des Menschen »verwirkt« ist, wie H. Gese das ausdrückt, muss nicht angenommen werden). Wenn eine Beziehung zwischen Menschen durch irgendeinen Vorfall gestört oder zerbrochen ist, kann sie nur durch ein versöhnendes Geschehen geheilt werden, zu dem notwendig Handlungen *beider* Parteien gehören: Die unter der Störung leidende Seite muss ein Zeichen setzen, das die andere Seite annehmen oder ablehnen kann. Beispielhaft ist dafür die Versöhnung zwischen Jakob und Esau in Gen 32,21: Mit seinen Geschenken versucht Jakob, von seinem Bruder Esau Versöhnung zu erwirken. Es geht hier keinesfalls um ein Beschwichtigen, denn das würde einen (weiteren) Manipulationsversuch Jakobs insinuieren, und an einen solchen kann nicht gedacht werden, da er angesichts der Position Esaus völlig verfehlt wäre. Vielmehr ist Jakob auf Gedeih und Verderb auf die Versöhnung mit Esau angewiesen, die Jakob aber selbst nicht »machen« kann: Gen 32,21

»Ich will vor *seinem Angesicht* Versöhnung erwirken
(אכפרה פניו, *'akappᵉrā pānā-w*)
durch das Geschenk, das vor *meinem Angesicht (lᵉ-pānā-y)* hergeht;
danach erst will ich *sein Angesicht (pānā-w)* sehen,
vielleicht erhebt er *mein Angesicht (pānā-y)*«.

Diese sehr wörtliche Übersetzung von Gen 32,21 versucht, das Wortspiel mit dem vierfachen Vorkommen von פנים, *panīm*, »Angesicht« mit je unterschiedlichem Personalpronomen nachzuahmen. Das Tun Jakobs *('akappᵉrā* von *kipper,* כפר *piel)* ist das Ersuchen um Annahme bei seinem Gegenüber – mit ungewissem Ausgang (»vielleicht« ...; vgl. Ex 32,30).

Das »Angesicht erheben« ist bildhafte Sprache für die erhoffte versöhnliche Annahme durch Esau. »D.h. diese Gaben konnten, wenn der Bruder bereit war, sie anzunehmen, die Saat für eine neue Beziehung, für neue Lebensverhältnisse darstellen« (*S. Brandt,* Opfer, 136; s. auch *V. Ber,* Social Dimension, 119–120).

In Spr 16,14 besteht die Weisheit des weisen Mannes gerade darin, den König nicht einfach zu beschwichtigen, sondern die Sachlage so zu beeinflussen, dass der König wirklich versöhnt ist: »Die Erregung des Königs gleicht Todesboten; doch ein weiser Mann kann für sie Versöhnung erwirken«.

Versöhnung erwirken

In Analogie zu dieser menschlichen Konstellation, die zugleich das erste Vorkommen von *kipper* in der Tora ist, wird auch für die Belege in Levitikus die Übersetzung »Versöhnung erwirken« vorgeschlagen (s. auch die Auslegung zu Lev 1,4). Zugleich ist zu betonen, dass durch die folgenden Überlegungen zu einem breiteren Verständnis des Fachbegriffs vorzudringen ist. Janowskis programmatische Arbeit trägt mit Recht den Titel »Sühne als Heilsgeschehen« – es geht bei *kipper* in der Tat um ein (für den Menschen) heilvolles Kommunikationsgeschehen mit dem lebendigen Gott. Sühne ist im biblischen Sinne (כפר, *kipper*) als *»die von Gott her ermöglichte,* im kultischen Geschehen Wirklichkeit werdende und hier dem Menschen zugutekommende *Aufhebung des Sünde-Unheil-Zusammenhangs*« zu beschreiben (*B. Janowski*, Sühne, 359 [H.i.O.]; s. auch *A. Schenker*, Art. Sühne II, 337; *H. Gese*, Sühne, 87). Um diesen heilvollen, dem Menschen zugutekommenden Charakter der so verstandenen »Sühne« versuchsweise in die Übersetzung einfließen zu lassen, wird nach Möglichkeit auf den Begriff »Sühne/sühnen« verzichtet – zugunsten des positiver konnotierten Terminus »Versöhnung«, wobei dies wiederum nicht als »Beschwichtigung« Gottes missverstanden werden darf (*A. Marx*, Opferlogik, 144; *V. Ber*, Social Dimension, 123–124). Vielmehr geht es bei der »Sühne«, beim »Erwirken von Versöhnung«, um die »Gemeinschaft Gottes mit dem Menschen« (*E. Otto*, Theologische Ethik, 229).

Die Tätigkeit *kipper* übt in der Regel ein Mensch aus, wiederum in überwiegender Mehrheit ein Priester. Nur in relativ wenigen Fällen außerhalb der priesterlichen Literatur ist Gott Subjekt von *kipper* (Dtn 21,8; 32,43; 2 Chr 30,18; Ps 65,4; 78,38; 79,9; Jer 18,23; Ez 16,63). Dabei geht es darum, dass Gott Sünden vergibt (s. *B. Janowski*, Sühne, 133–137). Erläuterung

Die vorgeschlagene Grundbedeutung »(Sünden) zudecken« (s. *J. J. Stamm*, Erlösen, 61–63; *Kornfeld*, 14) wird von *B. J. Schwartz*, Prohibition, 54–55, abgelehnt. Eine ausführliche Untersuchung der Wurzel *KPR* in den semitischen Sprachen unternimmt *B. Janowski*, Sühne, 15–102 (s. auch *Milgrom*, 1080). Den mesopotamischen Hintergrund und die Etymologie beleuchtet *Y. Feder*, On *kuppuru*, 535–545, und lehnt den bisweilen (z.B. von *B. A. Levine*, Presence, 56–63.123–127) angenommenen Zusammenhang zwischen dem akkadischen Terminus *kuppuru* für »reinigen, abwischen« und hebräisch *kipper* ab. Letzteres beziehe sich auf den abstrakten Effekt des Rituals. Vielfach wird *kipper* als Denominativum von כֹּפֶר, *kopær*, »Loskauf, Auslösung, Lösegeld, Kompensation« (englisch »ransom, composition«) angesehen (s. den Überblick bei *J. Sklar*, Sin, 44–79; zur Kritik s. *B. Janowski*, Sühne, 174). In metaphorischer Verwendung beschreibt dann das davon abgeleitete Verb *kipper* ein rituelles menschliches Tun, das Gott selbst vorgibt und bei korrekter Ausführung akzeptiert, auf dass die negativen Folgen einer aufgetretenen Störung, die durch menschliches Fehlverhalten bedingt oder nicht vom Menschen zu verantworten ist, nicht eintreten. Die heilvolle Beziehung zwischen Mensch und Gott wird so wiederhergestellt (s. auch die Auslegung zu Lev 17,11). – Das englische Pendant zum theologisch aufgeladenen Begriff der »Sühne« ist »atonement«. Einen kurzen Überblick über »atonement theories« bieten u. a. *C. Eberhart*, Art. Atonement, 30–31 (Lit.), und *Watts*, 344–347. Old English »atonement« setzt sich aus »at« + »one« + »ment« (Suffix) zusammen und bezeichnet daher den Status, miteinander »at one«, also »in eins« oder »überein« zu kommen (*Bailey*, 49, der als modernen englischen Begriff »to reconcile« vorschlägt; *J. H. Hayes*, Atonement, 5). Dieser Gedanke drückt treffend aus, was mit *kipper* gemeint ist: »Versöhnung erwirken« im Sinne von »mit Gott überein kommen, eins werden«, aber auch »mit der Kultgemeinde (wieder) eins werden«. Letzteres passt gut zum Entsündigungsopfer (s. o.) bei der kultischen Reintegration der Wöchnerin (Lev 12,6–7) oder des geheilten Aussätzigen (Lev 14,19). *Watts*, 345–347 u. ö., schlägt als englische Übersetzung »mitigate, mitigation« vor: Durch das unverzichtbare vermittelnde Handeln der Priester werde die Sünde (bzw. ihre unheilvolle Konsequenz) gemildert und gelindert.

In die Richtung der Sündenvergebung durch Gott weisen die Belege in Levitikus (v.a. Lev 4–5), die an die formelhafte Tätigkeitsbeschreibung der Priester mit *kipper* die geprägte Wendung »und es wird ihnen/ihm vergeben werden« (ונסלח להם/לו) anhängen. Dieses Passiv ist als *passivum divinum* aufzulösen (*J. J. Stamm,* Erlösen, 129; s. auch die Auslegung zu Lev 4, 20), so dass sich ein Wendungspaar (»Versöhnungs- und Vergebungsformel«; s.u.) ergibt, das den gleichen Vorgang aus zwei Perspektiven, d.h. mit zwei Subjekten beschreibt (*J. Sklar,* Sin, 80–82): einerseits die Tätigkeit des Priesters (»Versöhnung erwirken«), andererseits die Tätigkeit Gottes (»vergeben« im Sinne einer Wiederherstellung der gebrochenen Gottesbeziehung). Beide Tätigkeiten wirken ineinander, sind aber nicht notwendig kausal verknüpft: Das Tun des Priesters kann die Vergebung Gottes nicht erzwingen, vielmehr handelt es sich (wie auch beim Brandopfer, s.o.) um eine verheißungsvolle Zusage Gottes: Nach korrekter und aufrichtiger Ausübung des Rituals wird Gott auch die erhoffte Folge, nämlich Vergebung, Versöhnung und neue heilvolle Kommunikation (wieder) gewähren (s. u.a. *Milgrom,* 245). Gottes Souveränität und Unabhängigkeit bleiben davon unberührt (ebd., 1084; *Bailey,* 50). Vielmehr erscheint das Ritual als ein Gnadengeschenk Gottes, das er den Menschen zur Verfügung stellt, damit sie im Falle von bestimmten Verfehlungen, aber auch bei anderen Störungen des regelhaften Lebensablaufs, mit Gott wieder »ins Reine« kommen können (*B. Janowski,* Sühne, 359). Lev 17, 11 betont eigens, dass dafür das Blut der Opfertiere vorgesehen ist, das damit nicht nur ein besonderer Lebenssaft ist, sondern auch der zentrale Weg, um die Kommunikation mit Gott (wieder) herzustellen (*G. Feld,* Levitikus, 43). Insofern sind der rituell korrekte Umgang mit dem Blut und das strikte Verbot des Blutverzehrs unabdingbare Voraussetzungen.

Der Kontext von menschlicher Verfehlung (חטאת, »Sünde« und »Entsündigungsopfer«; s.o. und zu Lev 4–5) ist jedoch nur *ein* Zusammenhang für das Wort *kipper,* von dem es sich auch lösen kann (ohne die Vergebungsformel mit ונסלח), so dass ein eigenständiges, relativ weites semantisches Feld entsteht, das die Standardübersetzung »Versöhnung erwirken« mitunter sprengt (*Rendtorff,* 218: In Lev 16 »wird deutlich, daß es das *kipper* selbst ist, worum es geht«; s. auch *M. B. Hundley,* Heaven, 189–192). Die Tätigkeit des *kipper,* »Versöhnung erwirken«, wird zu einer kultischen Notwendigkeit, die erfolgen muss, damit Menschen überhaupt in Kontakt zu Gott treten können. Es geht nicht mehr um etwaige Verfehlungen, sondern um den viel weiter gefassten Gedanken der grundsätzlichen Trennung zwischen dem Heiligen und dem Profanen, zwischen Gott und Mensch – soll hier eine Begegnung stattfinden, so sind kultisch-rituelle Maßnahmen zum

Schutze des Menschen erforderlich (*C. Eberhart*, Art. Atonement, 24). Im Zuge dieser Maßnahmen können auch Gegenstände besonders hergerichtet und ausgezeichnet werden, die für diese Begegnung wesentlich sind: Insofern kann für den Altar (Ex 29,36–37; Lev 8,15; 16,18; Ez 43,20) und das ganze Heiligtum (Lev 16,16.20.33) »Versöhnung erwirkt werden«, jetzt aber in einem breiteren Verständnis: Durch das Ritual wird alles, was diese Gegenstände in den Augen Gottes (und der Menschen) für die Begegnung zwischen dem Heiligen und dem Profanen untauglich oder störend erscheinen lassen könnte, beseitigt (s. z.B. *A. Marx*, Theology, 117; *I. Willi-Plein*, Opfer und Kult, 98; *C. Eberhart*, Studien, 167–169). *W. K. Gilders*, Blood Ritual, 137–138 (u.ö.), übersetzt daher *kipper* mit »removal«, ähnlich *T. Kazen*, Emotions, 157; *M. B. Hundley*, Heaven, 188–189 (u.ö.) schlägt »clearing« vor; *I. Willi-Plein*, Blick, 32, spricht von einer »Deblockade«; *R. E. Gane*, Cult and Character, 194, betont: »it signifies the removal of some impediment to the divine-human relationship«.

Was für Gegenstände gilt, gilt umso mehr für Menschen: »Versöhnung erwirken« heißt dann auch, Menschen (wieder) in die Lage zu versetzen, mit Gott zu kommunizieren. Das muss der Hohepriester (Aaron) zunächst und zuerst für sich tun (Lev 16,6.11), allerdings auch nur einmal im Jahr im Allerheiligsten, um dann andere (das Volk) ebenso rituell zur Begegnung mit Gott vorzubereiten. In Lev 16, dem Ritual des »Versöhnungstages«, stehen beide bisher genannten Vorstellungen von »Versöhnung« nebeneinander: die konkrete Lösung und Vergebung von Verfehlungen und die grundsätzliche »Reinigung« und Vorbereitung zur Kommunikation mit Gott. »Gott entspricht dem menschlichen Wunsch nach Neuschöpfung. Er gibt neues, reines Leben. Er gibt es zur Sühne, d.h. zur Entsündigung und Heiligung der menschlichen Gemeinschaft, des Orts kultischer Gottesgegenwart sowie der Gottesbeziehung. Gott selbst gibt reines Leben als Saat neuer Gottes- und Gemeinschaftsbeziehung« (*S. Brandt*, Opfer, 139). Damit wird die einzigartige Stellung von Lev 16 und die Besonderheit der חטאת (»Entsündigungsopfer«) am Versöhnungstag *(yōm ha-kippurīm)* betont (s. *Rendtorff*, 219; *B. J. Schwartz*, Bearing of Sin, 7; *R. E. Gane*, Cult and Character, 129).

Der Gedanke der Verfehlung tritt in einer Reihe von Belegen von *kipper* völlig in den Hintergrund: »Versöhnung« muss auch dann erwirkt werden, wenn von Seiten des Menschen keinerlei Fehlverhalten vorliegt. Das gilt für die Frau, die eben entbunden hat (die »Wöchnerin«; Lev 12) ebenso wie für den Aussätzigen, der geheilt wurde, oder das Haus, das von Schimmelpilzen gereinigt wurde, oder die Menschen, die von unerklärlichen und abnormen »Ausflüssen« geheilt wurden (Lev 13–15). In all diesen Fällen geht es um Vorgänge und Phänomene, die von der Norm des Alltags abweichen und insofern eine Störung und Verunsicherung für Menschen darstellen, insbesondere für Menschen früherer Zeiten, denen die naturwissenschaftlichen Gesetze und Abläufe, die dahinter stehen, nicht bekannt und durchschaubar sind. Man kannte weder die genaue Physiologie der Frau noch die Existenz von Bakterien, Viren oder Haut- bzw. Schimmelpilzen. Das Ritual, das hier nie nur aus einem »Entsündigungsopfer« (חטאת), sondern immer auch aus einem Brandopfer (עלה) und/oder weiteren Opfern besteht (vgl. *Rendtorff*, 217), ermöglicht es, die Verunsicherung über das Irreguläre aufzufangen und die betroffenen Menschen wieder in den Kult zu integrieren, sobald das störende und irritierende Phänomen verschwunden ist. *Milgrom*, 255.1079–1084 (u.ö.), plädiert daher dafür, den Aspekt der Reinigung ganz in den Vordergrund zu stellen und כפר, *kipper*, auch (bzw. nur) mit »reinigen« (engl. *purge* oder *purify*) zu übersetzen. Die Versöhnungsformel deklariert somit die *Reinigung im kultisch-rituellen Sinne* als vollzogen (*Rendtorff*, 222). »Versöhnung erwirken« (כפר, *kipper*) ist also sehr weit zu verstehen: die (Re)integration von Menschen und Gegenständen in den Alltag und ihre grundsätzliche Befähigung, (wieder) am Kult der Gemeinschaft und damit an der heilvollen Kommunikation mit Gott teilzuhaben (s. dazu u.a. auch *J. Sklar*, Sin and Impurity, 18–31; *ders.*, Sin, 7.105–136).

Übersetzung der Präpositionen

Bisweilen steht bei der Versöhnungsformel (»Der Priester erwirke Versöhnung«) noch der »Grund«, weswegen oder wofür »Versöhnung erwirkt« wird, was also an Störung entfernt wird (die »Sünde« oder die »Unreinheit«). Dafür werden im Hebräischen in gleicher Bedeutung die Präpositionen מן, *min* (wörtlich: »von«), oder על, *ʿal*, »wegen«, verwendet (s. z.B. Lev 4,26 und Lev 4,35). Das privative »von« (hebräisch *min*) hat im Grunde seine Berechtigung, da es um die Entfernung einer Störung (die Lösung *von* der Sünde etc.) geht; andererseits findet das *kipper*-Ritual insgesamt »für« oder »wegen« der Störung statt (zur Diskussion s. *J. Milgrom*, Preposition, 161–163, der bei *min* gegen die englische Übersetzung »from« argumentiert und stattdessen »for« bzw. »on behalf of« vorschlägt). Auch im Deutschen ist die Verwendung von »für« oder »wegen« in diesem Zusammenhang bedeutungsgleich: ELB schreibt »Sühnung erwirken wegen«, ZB »Sühne erwirken für«. Daher wird – zur Markierung der unterschiedlichen Präpositionen im hebräischen Text – bei *min* mit »wegen« (z.B. bei Lev 4,26), bei *ʿal* mit »für« (z.B. bei Lev 4,35) übersetzt, ohne damit einen Bedeutungsunterschied anzuzeigen. Wenn *ʿal* Personen oder Gegenstände markiert, zu deren Gunsten Versöhnung erwirkt wird, steht im Deutschen »für« (z.B. Lev 5,6; 16,33).

4. Formeln und geprägte Wendungen

Strenggenommen sind »Formeln« und »geprägte Wendungen« dahingehend zu unterscheiden, dass Formeln in unterschiedlichen literarischen

Entstehungskontexten begegnen, mithin von verschiedenen Verfassergruppen eigenständig verwendet werden können, während geprägte Wendungen typisch für einen bestimmten Verfasserkreis (eine bestimmte literarische Schicht) sind. Im Alltagssprachgebrauch wird diese feinsinnige Unterscheidung jedoch meist nicht nachvollzogen. Da die genauen Entstehungsverhältnisse des Buches Levitikus nur vermutungsweise erhellt werden können, wird hier der Einfachheit halber nur der Begriff »Formeln« verwendet, auch wenn man bisweilen präziser von einer »geprägten Wendung« sprechen müsste, wenn die Vermutung nahe liegt, dass die Phrase auf einen bestimmten Verfasserkreis zurückgeht.

Anredeformel

»Und JHWH sprach zu Mose:« (וידבר יהוה אל משה לאמר, *wa-yiddabēr YHWH ʾæl Mošæ lē-ʾmor*); s. die Auslegung zu Lev 1,1–2 und 4,1. Die Anredeformel hat (insbesondere in der Verbindung mit der Weitergabeformel, s. u.) deutlich gliedernden Charakter und ist für die Oberflächenstruktur des Buches Levitikus ein entscheidendes Kriterium. Die Varianten (z. B. in der/den jeweils angeredeten Person/en) korrespondieren dem jeweiligen Inhalt (s. z. B. *A. Ruwe*, Heiligkeitsgesetz, 58–64).

Gebotsformel

»– so, wie JHWH es dem Mose geboten hatte« (כאשר צוה יהוה את משה, *ka'ašær ṣiwwā YHWH ʾæt Mošæ*); s. die Analyse zu Lev 8. Die Formel weist auf frühere Anweisungen, die sich in Ex 25–40 finden, zurück. Neben dieser Funktion, die Texte auf der Oberfläche miteinander zu vernetzen sowie eine klare Entsprechung zwischen göttlichem Gebot und menschlicher Ausführung zu konstatieren (*B. Jürgens*, Heiligkeit, 193: »Übereinstimmungsformel«), hat die Gebotsformel gliedernde (zäsurierende) Funktion.

Generationenformel

»Eine ewige Satzung (sei dies) für eure (bzw. ihre) Generationen« (חקת עולם לדרתיכם/לדרתם, *ḥuqqat ʿōlām l^e-dōrōtē-kæm/l^e-dōrōt-ām*). Mit dieser Wendung wird die Gültigkeit der meist voranstehenden Weisungen zeitlich entschränkt und der Blick aus der fiktiven narrativen Verortung in der Mosezeit am Sinai in die Geschichte und die Gegenwart gelenkt. Dies gilt besonders bei der Anordnung von Festzeiten, daher begegnet die Wendung gehäuft in Lev 23 (23,14.21.31.41). Sie scheint als »geprägte Wendung«

typisch für das Heiligkeitsgesetz (bzw. die »Holiness School«) zu sein (*I. Knohl*, Sanctuary, 46–55) und begegnet dort noch in Lev 17,7 und 24,3. Wo sie außerhalb von H auftritt, handelt es sich um Zusätze zu P durch H oder eine spätere Redaktion im Stile von H: Lev 3,17 (mit zusätzlicher *räumlicher* Entgrenzung: בכל מושבתיכם, *b^{e}-kol mōšbotē-kæm*, »an allen euren Wohnsitzen«; s. die Auslegung); 7,36 (7,22–36 sind insgesamt redaktionelle Zusätze); 10,9 (Lev 10 wird der Endredaktion des Buches zugeschrieben, s.o., Entstehungsgeschichtliche Hypothesen); 16,29.31.34 (ohne לדרתיכם, daher eigentlich keine »Generationenformel«; 16,29–34a ist Zusatz zu P im Sinne von H, s.o. und zu Lev 16, Analyse, Entstehungsgeschichtliche Fragen). Außerhalb von Levitikus kommt die Formel noch in Ex 27,21; Num 10,8; 15,15 und 18,23 vor; in Varianten auch in Ex 12,14.17.

Herausführungsformel

Die Wendung lautet »der (ich) euch aus dem Land Ägypten herausgeführt hat (habe)« (Lev 19,36; 23,43; 25,42.55; 26,13; in Lev 11,45; 22,33; 25,38; 26,45 mit dem bundestheologischen Zusatz »um euer (ihr) Gott zu sein«). Ein Beispiel ist Lev 22,33: המוציא אתכם מארץ מצרים להיות לכם לאלהים, *ha-mōṣīʾ ʾæt-kæm mē-ʾæræṣ miṣrayim li-hyōt lā-kæm lē-ʾlohīm*. Die Wendung ist für die zweite Hälfte des Buches Levitikus (H) typisch. Der Beleg in Lev 11,45 geht auf eine Bearbeitung des P-Textes durch H zurück (s.o., Entstehungsgeschichtliche Hypothesen). Warum in Lev 11,45 in abweichender Weise von der *Herauf*führung (Partizip *hifil* von עלה, *ʿLY*) gesprochen wird, lässt sich erklären (s. die Auslegung dort). Die Befreiung aus dem Sklavenhaus Ägypten (s. die Präambel des Dekalogs in Ex 20,2 und Dtn 5,6) ist die Grundvoraussetzung aller Gebotsbefolgung: Die von JHWH geschenkte Freiheit ist der Ermöglichungsgrund eines gelingenden Lebens unter Einhaltung der Gebote, die wiederum die geschenkte Freiheit bewahren helfen und vor erneuten Abhängigkeiten (von fremden Göttern und wirtschaftlichen Zwängen) schützen sollen (s. Lev 18,5 und die Auslegung zu Lev 19,36; zur Herausführungsformel insgesamt s. v.a. *R. Rendtorff*, Herausführungsformel, 226–252).

Klassifikationsformel

»Ein X-Opfer (ist) es«, z.B. »ein Brandopfer (ist) es« (עלה הוא, *ʿolā hūʾ*, Lev 1,13.17); s. die Auslegung zu Lev 1,9 und *C. Eberhart*, Studien, 40. Durch die ausdrückliche Verbindung eines bestimmten Vorgangs (eines Rituals) mit einem bestimmten Opferterminus erfolgt eine Klassifikation dieses Vorgangs als »X-Opfer« nach Art einer Definition. Das ist besonders dann interessant, wenn unterschiedliche Vorgänge mit dem gleichen Opferbegriff versehen werden: So wird etwa in Lev 5,12 das Opfer des Armen als »Entsündigungsopfer« klassifiziert und damit als vollgültiges Opfer definiert bzw. deklariert – obwohl das sonst für das Entsündigungsopfer konstitutive Blut nicht vorkommt (s. die Auslegung zu Lev 5,11–13).

Reinheitsformel

»… und er/sie wird rein« (וטהר/וטהרה, *w^e–ṭāhēr/w^e–ṭāharā*): Vor allem in den Kapiteln über die kultische Reinheit (Lev 11–15) konstatiert diese Wendung den erfolgreichen Abschluss eines Prozesses der »Reinigung«. Trotz der Beobachtung, dass es bei diesem Vorgang meist um das Eintauchen in Wasser geht (sei es, dass der betroffene Gegenstand eingetaucht bzw. gewaschen wird, sei es, dass eine betroffene Person sich wäscht), steht nach der hier verwendeten Bedeutung von »Reinheit« nicht die Hygiene oder die Sauberkeit im Vordergrund, sondern die Reintegration in den Kult nach einer zeitlich begrenzten Phase der Unreinheit (= des Ausschlusses vom Kult). Die Feststellung »… und er/sie wird rein« ermöglicht bei Gegenständen deren erneute normale Verwendbarkeit bzw. bei Personen deren volle Reintegration in die Gottesdienstgemeinschaft. Bisweilen steht die Wendung in Kombination mit der Versöhnungsformel (s. u.: »der Priester erwirke Versöhnung«) und damit an Stelle der Vergebungsformel (s. die Auslegung zu Lev 12,7–8; Lev 14,20.53).

Toraformel

»Dies (ist) die Weisung (תורה, *tōrā*) für …«: Mit dieser Formel werden größere Abschnitte eingeleitet (z. B. Lev 6,2.7.18; 7,1.11; 14,2) oder zusammenfassend abgeschlossen (7,37; 11,46; 12,7; 13,59; 14,32.54.57; 15,32). Die inhaltliche Füllung der Toraformel bringt mit entsprechenden Fachbegriffen das Thema und Ziel des jeweiligen Abschnitts auf den Punkt.

Versöhnungs- und Vergebungsformel

»Und der Priester erwirke Versöhnung für sie, und es wird ihnen vergeben werden« (וכפר עלהם הכהן ונסלח להם, *w^e-kippær ʿalē-hæm ha-kohēn w^e-nislaḥ lā-hæm*); s. die Auslegung zu Lev 4,20. Die zweigliedrige Versöhnungs- und Vergebungsformel bildet (mit geringfügigen Abweichungen) meist den Abschluss bestimmter Abschnitte. Die zwei Teile der Formel bezeichnen das Tun des Priesters und das Tun Gottes (s. *B. Janowski*, Sühne, 250–254; *M. J.*

Boda, A Severe Mercy, 70–72; *C. Eberhart,* Studien, 171–172). (1) Der Priester vollzieht das *kipper,* er »erwirke Versöhnung« (s. o.). Damit ist in ritualtechnischer Hinsicht das ganze Handeln des Priesters bei den Opfern von Lev 4–5 zusammengefasst. (2) Das Tun Gottes ist indirekt mit Hilfe einer Passivkonstruktion *(passivum divinum)* ausgedrückt. Das Verb סלח, *SLḤ,* steht in der hebräischen Bibel nur im Passiv *(nifal)* oder mit Gott als Subjekt – von daher ist es deutlich, dass auch bei der passivischen Vergebungsformel Gott die handelnde Person ist. Zu betonen ist somit, dass zwischen der Sühnehandlung und der Vergebung ein Unterschied im Subjekt gemacht wird: In der Hand des Priesters liegt die kultische Handlung als eine Vorbedingung der Vergebung – die eigentliche Vergebung erfolgt durch Gott in dessen ungebrochener Souveränität. »Sühne ist deshalb kein vom Menschen ausgehender Akt der ›Selbsterlösung‹ (oder gar der Versöhnung, Beschwichtigung Gottes), sondern *die von Gott her ermöglichte,* im kultischen Geschehen Wirklichkeit werdende und hier dem Menschen zugutekommende *Aufhebung des Sünde-Unheil-Zusammenhangs«* (*B. Janowski,* Sühne, 359 [H.i.O.]; s. auch *M. B. Hundley,* Heaven, 146; *B. A. Levine,* Presence, 66; *A. Marx,* Opferlogik, 144). – Die Verbindung der beiden Formeln findet sich nur in Lev 4–5 und in verwandten Texten (Lev 19,22; Num 15,25–26.28). – Bisweilen steht an der Stelle der Vergebungsformel die Reinheitsformel (s. o.).

Weitergabeformel

»Sprich zu den Israeliten« (bzw. zu Aaron ...): (דבר אל בני ישראל לאמר, *dabbēr ʼæl bᵉnē Yiśrāʼēl lē-ʼmor*); s. die Auslegung zu Lev 4,2. Die Weitergabeformel begegnet in verschiedenen Varianten und mit unterschiedlichen »Adressaten«, an die die folgende Gottesrede durch Mose ausgerichtet werden soll. Die Kombination aus Anredeformel und Weitergabeformel ergibt eine gestufte Einleitung, die die Mittlerrolle des Mose deutlich vor Augen treten lässt: Gott spricht mit Mose und beauftragt ihn zugleich, das Gehörte an die Israeliten (bzw. Aaron und dessen Söhne) weiterzugeben. Die Weitergabeformel impliziert zugleich, dass die göttliche Weisung keine Geheimlehre ist, sondern vermittelt und allgemein bekannt gemacht werden soll. In theologischer Hinsicht ist zu betonen, dass durch diese Darstellungsform deutlich gemacht wird, dass die vielen Anordnungen und Regelungen des Kultbetriebes keine menschlichen Erfindungen oder willkürliche, beliebig zu ändernde und zu erweiternde Bestimmungen, sondern von Gott selbst angeordnete und bereitgestellte Wege der Kommunikation mit dem Göttlichen sind (s. u. a. *Hartley,* xxxii; *H. Lenhard,* Anordnungen, 421). Aus den priesterlichen Ritualanweisungen wird so das Wort Gottes (*S. Metso,* Evidence, 71).

Kommentierung

1. Levitikus 1–7: Opferbestimmungen

Einführung

Seit es Menschen gibt, fragen sie nach dem Göttlichen, das sie in einem Wesen oder mehreren Gottheiten ansprechen – eng verbunden mit dieser Gottesfrage ist die Suche nach Wegen der Kommunikation mit dem Göttlichen, nach heilvoller Verbindung mit dem oder den höheren Wesen. »Religion« und »Gottesdienst« im weitesten Sinne sind damit so alt wie die Menschheit. Das »Opfer« – wiederum im weitesten Sinne – ist wohl eines der ersten Mittel, diese Kommunikation herzustellen (*C. Eberhart*, Studien, 187). Ausgewählte Dinge, die dem Menschen wertvoll waren, z. B. Tiere oder Nahrung, werden der Gottheit übergeben, meist durch Verbrennen im Feuer. Das alte Israel bildet hier keine Ausnahme, setzt aber doch eigene Akzente, die im genauen Studium der oft als wenig attraktiv angesehenen Texte über Opfer und Priester deutlich werden. Dabei geht es um strukturelle Grundfragen: Wie ist die Begegnung mit dem ganz Anderen, dem großen Gott, überhaupt möglich? Wie kann der Mensch vor diesem Gott bestehen? Welche Mittel stellt Gott seinerseits zur Verfügung, um seine Zuwendung und sein Heil zu zeigen? Was kann getan werden, wenn die Kommunikation gestört ist: durch moralisches Fehlverhalten der Menschen, durch unbeabsichtigte Unachtsamkeiten im Umgang mit »dem Heiligen«, durch Naturphänomene, die den Menschen in Unruhe und Angst versetzen, da er deren Zusammenhänge (noch) nicht durchschauen kann? Es ist wohl irreführend, in moderner, womöglich noch christlich verbrämter Überheblichkeit zu glauben, diese Fragen überwunden zu haben (s. *J. Klawans*, Purity, Sacrifice, and the Temple, 247–248). Menschen suchen auch heute noch nach dem Göttlichen, die Antworten sind anders und vielleicht vielfältiger, doch die Grundfragen sind dieselben. Auch wenn die Opfervorschriften des Buches Levitikus im Judentum wie im Christentum keinen konkreten Praxisbezug mehr haben, so ist es doch aufschlussreich zu lernen, wie Menschen früherer Generationen ihren Gottesbezug gestaltet haben, welche Erfahrungen probater Wege sie gemacht haben und wie sie das in Rituale gekleidet haben. Es wird sichtbar werden, dass wir Heutigen – obwohl sich nach außen hin alles geändert hat – dennoch auf den Schultern dieser Generationen stehen. Die ersten zehn Kapitel des Buches Levitikus befassen sich – in zugegeben sehr technischem Stil – mit den konkreten Fragen des Vollzuges von Opfern und Ritualen sowie der Einsetzung und des Dienstes der damit hauptamtlich betrauten Menschen, also der Priester (s. auch die Einleitung, II. Glossar, Opferbegriffe).

Überblick über Lev 1–7

»Die Kapitel Lev 1–7 enthalten Vorschriften für die Darbringung und den Vollzug der Opfer. Sie bilden den größten zusammenhängenden Textkomplex innerhalb des Alten Testaments, der von Opfern handelt. Ihr Interesse ist jedoch nicht auf grundsätzliche Fragen nach dem Wesen und der Bedeutung der Opfer im Allgemeinen oder der einzelnen Opferarten gerichtet. Sie haben vielmehr eine ganz spezifische Absicht: Anweisungen zu geben über die Art und Beschaffenheit des Opfermaterials, über die Durchführung der jeweiligen Opferhandlung sowie über weitere mit dem Opfervollzug zusammenhängende praktische, kultrechtliche und kulttheologische Fragen« (*Rendtorff*, 1).

Damit ist klar und präzise zusammengefasst, was das Thema von Lev 1–7 ist – und was für die Interpretation dieser Kapitel immer beachtet werden muss: Es geht nicht um die Reflexion der Fragen nach dem Warum und Wozu, die heutige Bibelleserinnen und -leser interessieren, also nach dem Grund und dem Sinn der Opfer an sich, sondern um die nach Art eines Handbuchs erfolgte Niederschrift der für einen ordnungsgemäßen und erfolgreichen Vollzug der Opfer zu beachtenden Details (s. *D. W. Baker*, Leviticus 1–7, 196–197; *C. A. Eberhart*, Characteristics, 39; *C. Nihan*, Priestly Torah, 229: *aide-mémoire*). Hinzu kommt, dass die priesterlichen Verfasser ihre Leserschaft davon überzeugen wollen, dass das vorgestellte System notwendig, wichtig, ausschließlich gültig und durch eine präzise und geschlossene Logik jedem anderen rituellen und religiösen System überlegen ist (*M. B. Hundley*, Heaven, 202–203; *A. Marx*, Le système, 287: »parfaite cohérence«; *ders.*, Les systèmes sacrificiels, 156). Was eine Darbringung, ein Brandopfer etc. ist und wann man Gott Derartiges übergibt, setzt der Text als bei seinen Adressaten vorhandene Kenntnis voraus (*R. P. Knierim*, Text, 13.29). Ein klarer Abschluss von Lev 1–7 ist in 7,37–38 konstatiert (*Rendtorff*, 8), wo die einzelnen Opfertermini (siehe dazu das Glossar) nochmals aufgezählt werden und für die vorausgehenden Vorschriften zusammenfassend der Begriff »Weisung«, »Tora« (תורה) verwendet wird. Mit *U. Dahm*, Opferkult, 192–198, ist daran zu erinnern, dass die Grundstruktur der Darstellung von Lev 1–7 eine erzählende ist: Die Ritualanweisungen sind als Gottesreden, die Mose als Offenbarungsmittler an die Priester und das Volk weitergeben soll, in eine Erzählung eingebettet.

Gliederung von Lev 1–5

Innerhalb von Lev 1–7 ist zunächst zwischen 1–5 und 6–7 zu unterscheiden: Die einzelnen Opferarten werden in 1–5 beschrieben, und diese Kapitel sind vor allem an die Israeliten im Allgemeinen gerichtet (s. u., Analyse zu Lev 1).

Drei Grundtypen

Lev 1–3 beschreiben die drei Grundtypen des Opfers: Brandopfer (עלה, *ʿolā*), Speiseopfergabe (מנחה, *minḥā*) und Heilsgemeinschaftsopfer (זבח שלמים, *zæbaḥ š*^{e}*lāmīm*) (zu den Bezeichnungen s. das Glossar und die jeweilige Auslegung). Diese Grundarten können zu verschiedenen Anlässen vollzogen und auch kombiniert werden; es handelt sich grundsätzlich um (freiwillige) Gaben an die Gottheit zur (Wieder-)Herstellung der Kommunikation (*A. Marx*, Le système, 287: »d'établir, ou de restaurer, des relations harmonieuses avec YHWH«). Die Symbolik des aufsteigenden Rauches (Hinwendung zu Gott, Verbindung von Erde und Himmel) und des Feuers (Ort der Präsenz Gottes) im konkreten Opferritus, dessen gemeinsamer Schlüssel die kultische Verbrennung der Opfergaben ist, unterstreicht diese Deutung, die im Wesentlichen auch für die verpflichtenden Opfer gilt (*C. Eberhart*, Studien, 361–365).

Entsündigung und Entschuldigung

Lev 4–5 beschreiben verpflichtende Opfer, die in Fällen notwendig sind, in denen eine unabsichtliche, ohne Vorsatz begangene Übertretung der Gebote Gottes stattgefunden hat: Ohne dass der Mensch die Intention dazu hatte, hat er etwas getan oder es ist etwas geschehen, was die reguläre Kommunikation mit Gott erheblich stört. Das Ritual schafft hier Abhilfe und überwindet die Unsicherheit des verstörten Menschen. Die Tora gestattet den Israeliten jedoch nicht, mittels Ritual und Opfer sich von Sünde und Schuld zu befreien, die intentional und vorsätzlich begangen wurden: Vorsätzlich begangene Verbrechen gegen das Eigentum oder das Leben anderer Menschen oder gegen Gott werden mit direkter Sanktion versehen – es bedarf des Schadensausgleichs, der Kompensation, und nicht des Rituals. Das Missverständnis, man könne kriminelle Taten mit kultischen Opfern ungeschehen machen, wird von den Propheten immer wieder heftig kritisiert (z. B. Jes 1,11; 66,3; Jer 7,21–23; 11,15; Hos 4,8; 8,13; Mal 1,10). Sollte aber ein vernünftiger Zweifel daran bestehen, dass die Verfehlung absichtlich geschah, kann das Ritual einen Weg aus der unabsichtlich entstandenen, aber dennoch real vorhandenen Schuld weisen (s. *Levine*, 3; ferner das Glossar zu Entsündigungs- und Entschuldigungsopfer). Lev 6–7 behandeln alle Opferarten nochmals unter anderem Blickwinkel: als *Tora*, als Weisung, mit einer Reihe zusätzlicher Details v. a. aus der Perspektive der Priester: Adressaten sind Aaron und seine Söhne.

Einsetzung der Priester und erste Opfer

Über die einzelnen Opferarten, die in Lev 1–7 beschrieben werden, hinaus sind die Kapitel 8–10 sachlich mit in den Blick zu nehmen: Lev 8 beschreibt die Einsetzung der Priester, wie sie in Ex 29 angeordnet und beschrieben wird. In Lev 9 werden dann in exemplarischer Weise die ersten Opfer durchgeführt und beschrieben. Lev 10 schließt daran die Schilderung eines ersten Krisenfalles an, eine massive Gefährdung der Ordnung – und wie diese Krise beispielhaft bewältigt und die Ordnung wiederhergestellt wird. Der Bogen von Theorie und Praxis der Opfer ist damit vollendet.

Narrative Einbettung in den Gesamtzusammenhang

Zugleich ist die narrative Einbettung dieser Kapitel in den Gesamtzusammenhang der Tora zu beachten: Sie sind Bestandteil der so genannten »Sinaiperikope«, die von Ex 19,1 bis Num 10,11 reicht (*C. Dohmen*, Exodus 19–40, 42). Innerhalb dieser Sinaiperikope finden sich zahlreiche kultische Anweisungen und Vorschriften – sie beginnen mit den Zehn Geboten und dem Altargesetz (Ex 20) sowie den Anweisungen zur Errichtung eines Heiligtums (מקדש, *miqdāš*) in Ex 25–31. Dieses Heiligtum wird zunächst als »Wohnung« (משכן, *miškān*) für JHWH konzipiert (Ex 25,9), wird dann aber auch als »Zelt der Begegnung« (אהל מועד, *'ohæl mō'ēd;* Ex 27,21; 28,43 u. ö.; EÜ: Offenbarungszelt, Luther: Stiftshütte) bezeichnet. Nach dem Bundesbruch und der Bundeserneuerung wird der Auftrag ausgeführt, und am Ende des Buches Exodus nimmt JHWH Besitz von diesem Zelt, das somit den Sinai als Offenbarungsort ablöst und zu einem »wandernden Sinai« wird (*C. Dohmen,* Exodus 19–40, 398, unter Rückverweis auf *B. Jacob,* Exodus, 1032; s. auch *B. Janowski,* Sühne, 314.328–339.448; *M. Görg,* Zelt, 46–50). Genau hier, am »Zelt der Begegnung«, am »Offenbarungszelt«, ruft JHWH Mose am Beginn des Buches Levitikus an. Mithin erfolgt der Aufbruch mit dem transportablen Heiligtum und Offenbarungsort Gottes nicht sofort, vielmehr wird der Erzählzusammenhang unterbrochen, um in Anlehnung an die Vorschriften für den Heiligtums*bau* nun die Vorschriften für die Heiligtums*ordnung* mitzuteilen, wie eben der Kult mit den im Heiligtum darzubringenden Opfer auszusehen hat. – Zugleich ist damit im Blick auf die literarische Gattung zu bedenken, dass die Anordnungen eben keine reinen Ritualtexte an sich (mehr) sind, sondern durch ihre Einbettung in einen größeren Erzählzusammenhang und die gestuften Redeeinleitungen (s. die Anrede- und Weitergabeformeln [Glossar] und die Auslegung zu Lev 1,1–2) im Ganzen die erzählte Promulgation kultischer Vorschriften: »narrativized ritual« (so *B. D. Bibb,* Ritual Words, 35). »The point is that the ritual aspect does not survive as an identifiable ritual text, and that the narrative itself bears ritual significance within and beyond story-telling. Therefore, interpretation of Leviticus must integrate analysis of its ritual dynamics and of its narrative structuring« (zu dieser Problematik s. ebd., 34–69; *U. Dahm,* Opferkult, 192).

Welche kultischen Wirklichkeiten diese Anweisungen widerspiegeln, lässt sich heute nicht mehr mit Sicherheit sagen. Die Annahme, dass derartige Vorgänge in der Wüstenregion der Sinai-Halbinsel tatsächlich am Ende des 2. vorchristlichen Jahrtausends stattgefunden haben, dürfte sehr unrealistisch sein. Mithin ist anzunehmen, dass es sich um eine fiktive Rückprojektion bestimmter Kulte am Jerusalemer Tempel in die ideale Anfangszeit der Wüstenwanderung handelt, um die aktuellen Gegebenheiten dort zu verankern, wo Israel im kulturellen Gedächtnis des Volkes seinen Anfang nahm: nach der Befreiung aus dem Sklavenhaus Ägypten, nach der Erwählung zum Gottesvolk und der Begegnung mit dem lebendigen Gott am Sinai (Theophanie) – da liegt der ideale Ur-Anfang Israels, da wird auch die Kultordnung des Heiligtums literarisch-narrativ verankert. *Welche* Kultepoche des Jerusalemer Heiligtums rückprojiziert wird, muss weitgehend offen bleiben. Es spricht Einiges dafür, dass »die jetzt vorliegende Fassung der Texte im wesentlichen die kultische Praxis im nachexilischen

Tempel widerspiegelt« (*Rendtorff*, 6). Man kann in diesen Texten Spuren einer stufenweisen Entstehung und wiederholten Bearbeitung feststellen, so dass natürlich nicht auszuschließen ist, dass auch Rituale aus vorexilischer Zeit erhalten geblieben sind. Die priesterlich-kultische Sprache hat ihr unverwechselbares Eigenprofil, das sie auch deutlich von den Erzähltexten der Bücher Genesis und Exodus, aber auch von den Rechtstexten in Ex 20–23 und im Deuteronomium absetzt. Das Alter aber oder gar der Zeitpunkt der Entstehung dieser kultischen Sprache ist nicht näher einzugrenzen (*Rendtorff*, 7). Vermutlich geben diese Kapitel im Großen und Ganzen den Opferkult wieder, wie er zur Zeit der Endfassung und der Kanonisierung dieser Texte praktiziert wurde, da es umgekehrt sehr unwahrscheinlich ist, dass Weisungen über einen archaischen Kult tradiert wurden, der nicht mehr mit der praktizierten Realität übereinstimmt (*R. Rendtorff*, Opfertora, 217–218).

1.1 Levitikus 1,1–3,17: Darbringung

Kontext und Komposition

Freiwillige Opfer

Die ersten drei Kapitel des Buches Levitikus vereint der Gedanke des »freiwilligen« Opfers: »Wenn ein Mensch eine Darbringung darbringen möchte« – damit bildet nach der Beschreibung der Szenerie in 1,1 der zweite Vers den Obersatz, der zumindest Kapitel 1 und 3 zusammenbindet, da sich 3,1 deutlich auf 1,2 bezieht (Details s. u.). Es geht um »Darbringungen« vom Vieh, um das Opfern von Tieren in zwei Varianten: als Ganzopfer, bei dem das ganze Tier verbrannt wird (Brandopfer: Lev 1), und als Heilsgemeinschaftsopfer (Lev 3), bei dem das Tier von einer feiernden Gemeinschaft verzehrt wird, nachdem bestimmte Teile als »Feueropfer« für JHWH verbrannt worden sind. Dazwischen steht – ebenfalls als »freiwillige« Gabe und ideell wie liturgisch eng dem Brandopfer verbunden – die Speiseopfergabe (Lev 2), bei der Nahrungsmittel pflanzlicher Herkunft, also Mehl, Öl, Brot, *der Konzeption nach* als Ganzes JHWH geopfert werden – doch faktisch verbrannt wird nur ein kleiner, symbolischer Anteil (der »Gedächtnisanteil«), während der überwiegende Rest als »Hochheiliges« von den Priestern als Einkommen verzehrt wird. Details zu den internen Bezügen zwischen den Kapiteln werden jeweils im Abschnitt »Analyse« zum entsprechenden Kapitel zusammengetragen (s. ferner das Glossar zu den Opferbegriffen). Somit steht das große, feierliche Ganzopfer, das Brandopfer am Anfang einer Reihe von Opfervarianten, die ihrerseits durch »Unterfälle« ausdifferenziert werden, so dass ein relativ breites Spektrum gottesdienstlicher Praxis entsteht. Die unterschiedlichen eingesetzten Materialien und deren hohe Bandbreite an ökonomischer Wertigkeit – zwischen einem guten Rindvieh und einem Eimer Mehl – werden aber vereint durch den gemeinsamen Zweck bzw. das Ziel oder den Effekt des Opfers, der unabhängig vom ökonomischen Wert des Materials erreicht wird: heilvolle Kommunikation mit Gott, der die Zusage heilvoller Zuwendung gibt, sofern das Opfer in aufrichtiger Gesinnung dargebracht wird. Diese Gesinnung wird wiederum manifest in der korrekten Durchführung und der Fehlerlosigkeit des Materials. Die Wirkung des Opfers wird in der mehrfach wiederkehrenden Chiffre »Duft der Beruhigung für JHWH« ausgedrückt: Das Ziel ist der Idealzustand der göttlichen Ruhe am siebten Schöpfungstag, als alles »sehr gut« war. Seither treten viele »Störungen« dieser Ruhe und des idealen Verhältnisses zwischen Mensch und Gott auf. Daher unternehmen Gott und Mensch Anstrengungen, diesen Idealzustand wiederherzustellen: Gott gibt Weisungen (Tora), was geschehen soll – in narrativer Hinsicht sind die Opferanweisungen als über Mose an das Volk zu vermittelnde Gottesreden gestaltet. Und der Mensch tut gut daran, diese Weisungen zu befolgen. Damit werden die beschriebenen Opfer und die Handlungen der Israeliten und ihrer Priester zu einem ersten Weg, zu einer ersten Brücke zwischen Mensch und Gott. Die Vorschriften sind somit als »Geschenk göttlicher Gnade an die Menschen« zu verstehen, »um deren Bedürfnisse zu befriedigen, nicht weil etwa Gott den Kult zu seiner eigenen Existenzsicherung benötigen würde« (*Kornfeld*, 13; *T. Hieke*, Der Kult, 141–147).

Heilvolle Kommunikation mit Gott

Hinsichtlich eines möglichen Entstehungsdatums der Komposition von Lev 1–3 verweist *C. Nihan*, Priestly Torah, 220–231, darauf, dass die Hinzufügung von Weihrauch zur Speiseopfergabe (Lev 2,1 u.ö.) erst möglich ist, wenn entsprechende Handelsbeziehungen den Import des kostbaren Weihrauchs (von der arabischen Halbinsel und dem nördlichen Somalia; nach Jer 6,20 und Jes 60,6 aus »Saba«) gewährleisten. Dies sei nicht vor der späten neuassyrischen Zeit gegeben (ca. 8./7. Jh. v. Chr.). Sodann zeige die Konzeption des Heilsgemeinschaftsopfers (s. das Glossar und Lev 3), dass nicht mehr der König zu besonderen Gelegenheiten *š^e lāmīm*-Opfer darbringe, sondern dass die Verantwortung für die Heilsgemeinschaftsopfer auf die gesamte Gemeinde übergegangen sei. Daher schlägt C. Nihan die ersten Jahrzehnte der persischen Zeit (nach 538 v. Chr.) als mögliches Entstehungsdatum vor (zur Kritik an Nihan s. *Watts*, 241).

Entstehungsgeschichtliche Fragen

1.1.1 Levitikus 1,1–17: Brandopfer

Literatur *Eberhart, C.*, Studien, 16–76. – *Hepner, G.*, The Sacrifices in the Covenant Between the Pieces Allude to the Laws of Leviticus and the Covenant of the Flesh: BN 112, 2002, 38–73. – *Himbaza, I.*, The Rite of the Blood on the Altar and the Hierarchy of Sacrifices: Qumran Texts, Septuagint and Mishnah as Witnesses to a Law in Evolution, in: de Troyer, K./Lange, A. (ed.), The Qumran Legal Texts Between the Hebrew Bible and Its Interpretation (Contributions to Biblical Exegesis and Theology 61), Leuven 2011, 17–26. – *Hundley, M. B.*, Before YHWH at the Entrance of the Tent of Meeting: A Study of Spatial and Conceptual Geography in the Priestly Texts: ZAW 123, 2011, 15–26. – *Jürgens, B.*, Heiligkeit, 366–410. – *Knierim, R. P.*, Text. – *Lipiński, E.*, Burnt Offering of Head, *Peder*, and Kidneys, in: Cohen, C. et al. (ed.), Birkat Shalom. Studies in the Bible, Ancient Near Eastern Literature, and Postbiblical Judaism Presented to Shalom M. Paul on the Occasion of His Seventieth Birthday, Winona Lake, IN 2008, 59–68. – *Rendtorff, R.*, Studien, 74–118. – *Rost, L.*, Bemerkungen zu dibbär, in: ders., Studien zum Alten Testament (BWANT 101), Stuttgart 1974, 39–60. – *Rüger, H. P.*, »Dann entfernt er seinen Kropf samt dessen Federn«. Zur Auslegungsgeschichte von Lev 1,16, in: Gese, H./Rüger, H. P. (Hg.), Wort und Geschichte (FS K. Elliger) (AOAT 18), Kevelaer/Neukirchen-Vluyn 1973, 163–172. – *Sagiv, Y.*, Leviticus 1 and 6: from contextual to extra-textual exegesis: Journal of Jewish Studies 63, 2012, 49–61. – *Schmid, K.*, The Canon and the Cult: The Emergence of Book Religion in Ancient Israel and the Gradual Sublimation of the Temple Cult: JBL 131, 2012, 289–305. – *T. Staubli*, Hühneropfer im Alten Israel. Zum Verständnis von Lev 1,14 im Kontext der antiken Kulturgeschichte, in: Römer, T. (ed.), The Books of Leviticus and Numbers (BEThL 215), Leuven 2008, 355–369. – *Trevaskis, L. M.*, Holiness, 172–207. – *Viviano, B. T.*, Study As Worship. Aboth and the New Testament, Leiden 1978. – *Watts, J. W.*, Ritual and Rhetoric, 63–78.

Text

Übersetzung *1 [1]Und er rief Mose zu, und JHWH sprach zu ihm vom Zelt der Begegnung her:*

[2]Sprich zu den Israeliten und sag ihnen:

Wenn ein Mensch von euch für JHWH eine Darbringung vom Vieh darbringen möchte, sollt ihr vom Rindvieh und vom Kleinvieh eure Darbringung darbringen.

[3]Wenn nun seine Darbringung ein Brandopfer vom Rindvieh (ist), bringe er ein männliches fehlerloses (Tier) dar; zum Eingang des Zeltes der Begegnung hin bringe er es dar – ihm zum Wohlgefallen vor JHWH. [4]Und er stemme seine Hand auf den Kopf des Brandopfers, und (es) wird als wohlgefällig für ihn angenommen werden, um für ihn Versöhnung zu erwirken. [5]Und er schlachte das Stück Rindvieh vor JHWH, und die Söhne Aarons, die Priester, sollen das

Blut darbringen. Sie sollen das Blut ringsum an den Altar aussprengen, der am Eingang des Zeltes der Begegnung (steht). [6]*Und er ziehe dem Brandopfer die Haut ab und zerstückle es in seine Stücke.* [7]*Und die Söhne Aarons, die Priester, sollen Feuer auf den Altar geben und Holz auf dem Feuer anordnen.* [8]*Und die Söhne Aarons, die Priester, sollen die Stücke, (dazu) den Kopf und das Nierenfett auf dem Holz, das auf dem Feuer (ist), das auf dem Altar (ist), anordnen.* [9]*Und seine Innerei und seine Beine wasche er mit Wasser, und der Priester lasse das Ganze auf dem Altar in Rauch aufgehen – ein Brandopfer (ist es), ein Feueropfer zum Duft der Beruhigung für JHWH.*

[10]*Wenn aber seine Darbringung für das Brandopfer vom Kleinvieh (ist), von den Schafen oder Ziegen, bringe er ein männliches fehlerloses (Tier) dar.* [11]*Und er schlachte es an der Nordseite des Altars vor JHWH, und die Söhne Aarons, die Priester, sollen sein Blut ringsum an den Altar aussprengen.* [12]*Und er zerstückle es in seine Stücke und (dazu) seinen Kopf und sein Nierenfett. Und der Priester ordne sie (diese Teile) auf dem Holz an, das auf dem Feuer (ist), das auf dem Altar (ist).* [13]*Und die Innerei und die Beine wasche er mit Wasser, und der Priester bringe das Ganze dar und lasse es auf dem Altar in Rauch aufgehen – ein Brandopfer (ist) es, ein Feueropfer zum Duft der Beruhigung für JHWH.*

[14]*Wenn aber seine Darbringung für JHWH ein Brandopfer von den Vögeln (ist), dann bringe er von den Turteltauben oder von den Haustauben seine Darbringung dar.* [15]*Und der Priester bringe sie auf dem Altar dar, und er knicke ihren Kopf ab und lasse (ihn) auf dem Altar in Rauch aufgehen, und ihr Blut soll gegen die Wand des Altars ausgedrückt werden.* [16]*Und er entferne ihren Kropf zusammen mit dessen Gefieder und werfe ihn neben dem Altar nach Osten an den Ort der Fettasche.* [17]*Und er reiße sie an ihren Flügeln ein, (aber) er trenne (sie) nicht (ganz) ab. Und der Priester lasse sie in Rauch aufgehen auf dem Altar, auf dem Holz, das auf dem Feuer (ist) – ein Brandopfer (ist) es, ein Feueropfer zum Duft der Beruhigung für JHWH.*

Zu Text und Übersetzung

1 Für den Gottesnamen, den die Hebräische Bibel als Tetragramm יהוה schreibt, wird in dieser Kommentarübersetzung immer »JHWH« *geschrieben* (in Transkriptionen *YHWH*). Aus Respekt vor der jüdischen Tradition, den heiligen Namen nicht auszusprechen, sei vorgeschlagen, beim Vorlesen die geläufigen Aussprachetraditionen (Adonai, »der Herr«; Elohim, »Gott«; Ha-Shem, »der Name« o.ä.) zu verwenden. Die klassische Stelle für die biblische Deutung des Tetragramm-Namens ist Ex 3,14. Die griechische Übersetzung (LXX) ist κύριος, »Herr«, die lateinische (Vg) *Dominus*.

2 Nach der masoretischen Akzentsetzung müsste der Terminus »vom Vieh« in die Apodosis gesetzt werden: »Wenn ein Mensch … darbringen möchte, sollt ihr *vom*

Vieh, d. h. (Vg fügt sogar ein klärendes *id est* ein) vom Rindvieh und vom Kleinvieh ... darbringen« (so auch *Rendtorff,* 16). Durch diese Aufteilung wird es möglich, die *Vögel* ab 1, 14 mit unter die Brandopfer-Darbringung zu fassen, denn 1, 14 beginnt nicht mit dem einen neuen Hauptfall einleitenden כי, *kī,* sondern mit dem einen weiteren Unterfall einführenden ואם, *w^eʾim,* so dass sich das Problem ergibt, dass die Vögel als dritte Gruppe neben Rindvieh und Kleinvieh unter »Vieh« (בהמה, *b^ehēmā*) subsumiert werden. Der nächste reguläre, also mit כי eingeleitete Oberfall einer Darbringung ist die Speiseopfergabe ab 2, 1. »Vieh« in 1, 2 bezeichnet jedoch eigentlich nur vierfüßige, reine und unreine Tiere, so dass wahrscheinlich in Lev 1 zuerst nur an Opfertiere vom Rind- und Kleinvieh gedacht war und der Abschnitt über die Vögel (1, 14–17) nachträglich hinzugesetzt wurde (siehe die Auslegung). Lev 1, 2 will also zunächst die Darbringung vom Vieh spezifizieren, nämlich als Rind- und Kleinvieh, um so insbesondere andere, unreine vierfüßige Tiere (z. B. den Esel) auszuschließen (*Milgrom,* 145–146.166). Dieser Gedanke liegt der obigen Übersetzung zugrunde.

3 Der Hauptfall wird im Hebräischen in 1, 2 mit כי, *kī* eingeleitet: Es geht um die Darbringung (קרבן, *qorbān*) als Oberbegriff. In 1, 3 folgt dann der erste Unterfall, der mit אם, *ʾim,* angezeigt wird. Dieser erste Unterfall einer Darbringung betrifft das Rindvieh (בקר, *bāqār*), der zweite ab 1, 10 das Kleinvieh (צאן, *ṣōʾn;* Schafe und Ziegen), eingeleitet mit ואם, der dritte ab 1, 14 das Geflügel (עוף, *ʿōp*), wieder mit ואם, *w^eʾim,* eingeführt. Die Struktur כי – אם – ואם – ואם gliedert das erste Kapitel. In der Übersetzung wird das mit der Sequenz »wenn« – »wenn nun« – »wenn aber« – »wenn aber« dargestellt.

4 Kopf des Brandopfers: Hier steht der Opferterminus (עלה) für das konkrete Opfertier, das nicht mehr als »Tier« aufgefasst wird, sondern bereits als »Opfermaterie« (siehe dazu die Auslegung). Ähnlich wird auch in Lev 3, 2 formuliert, wo für das Opfertier der Begriff »Darbringung« steht (s. u., Zur Übersetzung).

5 Im MT steht hier (wie in 1, 11a) der Singular (»er«), was sich nur auf den Darbringenden selbst beziehen kann: Dann würde also der Mensch aus dem Volk, der eine Darbringung opfern will, die Schlachtung selbst vollziehen. In LXX ist diese Vorstellung beseitigt: Dort steht der Plural, der sich auf die im folgenden Satz erwähnten Priester (die Söhne Aarons) bezieht (siehe auch die Auslegung; *I. Himbaza,* Lévitique, 374; *J. W. Wevers,* Notes, 4–5). – Die Wendung בן בקר wird hier mit »das Stück Rindvieh« übersetzt, weil sie das einzelne Rind im Unterschied zur Gattungsbezeichnung anspricht. Es geht nicht um eine Altersangabe etwa im Sinne eines »Jungrindes« o. ä. (*Rendtorff,* 50).

6 Das Problem von 1, 5 hinsichtlich des unterschiedlichen Numerus beim Verb besteht weiter: Auch in 1, 6 wie in 1, 9 hat MT den Singular, der die Tätigkeit des Abziehens der Haut und des Zerteilens sowie das Waschen dem einzelnen Opfernden zuschreibt. LXX setzt jeweils den Plural und vereinheitlicht dadurch: Alle Handlungen am Opfertier werden von den Priestern durchgeführt (*I. Himbaza,* Lévitique, 374).

7 Der MT lautet wörtlich: »Die Söhne Aarons, des Priesters, ...«. Diese Wendung ist ungewöhnlich und problematisch. Es liegt nahe, mit wenigen Handschriften, SAM, LXX und Peš den Plural zu lesen: »Die Söhne Aarons, die Priester, ...« (*Milgrom,* 157; *J. W. Wevers,* Notes, 5; *Watts,* 202). Anders *Rendtorff,* 57, der hier eine Ausnahme annimmt und »Söhne Aarons« und »Priester« als nebeneinander stehen gelassene Alternativlesarten ansieht. Dass der Singular »der Priester« stehen blieb, sei im Blick auf Lev 6, 1–6 geschehen, wo auch *ein* Priester für das Bewahren des Brandopferfeuers zuständig sei.

7 Die Wortfolge »Altar« + »anordnen« + »Holz« ähnelt sehr stark Gen 22,9: »... und Abraham baute dort den Altar und ordnete das Holz an ...« (siehe dazu auch die Auslegung).

8 Mit »Nierenfett« wird das seltene hebräische Wort פדר, *pædær*, übersetzt, das nur in Lev 1,8.12; 8,20 vorkommt; s. HALAT s.v. LXX verwendet στέαρ, »Fett«, das Standardäquivalent für חלב ab Lev 3. Zur Begründung der Übersetzung mit »Nierenfett« s. die Auslegung. Auf einer etymologischen Herleitung aus dem Ugaritischen beruht der Vorschlag von *E. Lipiński*, Burnt Offering, 63, hinter *pædær* den Penis des Opfertieres zu vermuten. – Lev 1,8 weist eine komplizierte Schachtelung von Relativsätzen auf, die gleichsam versucht, die Anordnung plastisch vor Augen zu führen und möglichst präzise zu beschreiben. Von oben nach unten ergibt sich folgende Schichtung: Fleischstücke – Holz – Feuer – Altar.

9 siehe zu 6. – »*Auf dem Altar* (in Rauch aufgehen lassen)« wird im Hebräischen fast immer mit der Form המזבחה, *ha-mizbēḥ-ā(h)*, ausgedrückt, also mit dem so genannten ה *locale* (Ges-K §90c.d). Diese Form tritt charakteristischerweise bei der Wendung »in Rauch aufgehen lassen« auf und stellt damit einen spezifischen Ausdruck der Opfersprache dar, da sie nur in Opferritualen und verwandten Texten steht (*Rendtorff*, 61). Dieser Sprachgebrauch begegnet 29 Mal in Ex, Lev und Num (*Milgrom*, 161). Beim Aussprengen des Blutes, beim Anlegen des Feuers und beim Anordnen der Teile des Opfertieres wird hingegen die Form על המזבח, *ʿal ha-mizbeaḥ*, verwendet. – In Analogie zu 1,13.17 steht in wenigen Handschriften und in SAM auch in 1,9c ein הוא, entsprechend in LXX ein ἐστιν, so dass sich ein ganzer Satz ergibt: »ein Brandopfer (ist) es«. Es ist wahrscheinlich, dass das הוא in 1,9 versehentlich ausgelassen wurde (*Rendtorff*, 17.61; *Milgrom*, 161).

10 Aufgrund der Parallelität und Analogie des Textes zu 1,3–4 fügen SAM und LXX Teile aus diesen Versen auch in 1,10 ein. Hier zeigt sich sowohl in SAM als auch in den Versionen – jeweils unabhängig voneinander und auf verschiedene Weise – eine Tendenz zur Vereinheitlichung der Rituale (*Rendtorff*, 17).

11 siehe zu 5. – Nordseite: Von Osten über den Altar zur Lade im Allerheiligsten nach Westen blickend, ist die Nordseite die rechte Seite des Ganzopferaltars (s.u., Abb. 1, die Skizze zum Heiligtum, Seite 164).

13 Zur Vokalisation des sPP הוא in der »deklaratorischen Wendung« (siehe die Auslegung zu 1,9): Die masoretische Punktation von הוא wechselt auffällig: Beim Brandopfer (עלה) steht immer die maskuline Vokalisation (הוּא), bei der Speiseopfergabe (מנחה) die feminine (הִוא), beim Entsündigungsopfer (חטאת) wechselt die Punktation. *Rendtorff*, 61, schlägt vor, als Bezugswort für das Genus des sPP nicht das grammatische Genus der Opfer*art* (עלה wäre mask., מנחה wäre fem., חטאת wäre mask.), sondern das grammatische Genus des jeweiligen Opfer*materials* anzunehmen. Beim Brandopfer ist das Opfertier immer männlich, also steht das maskuline sPP הוּא. Bei der Speiseopfergabe ist die Opfermaterie das feminine Wort סלת »Weizenfeinmehl« (2,6) bzw. die מנחת בכורים (»Speiseopfergabe der Erstlingsfrüchte«) in 2,14–15, so dass auch hier das feminine sPP הִוא plausibel ist. Beim Entsündigungsopfer sind unterschiedliche Opfermaterialien möglich, daher rührt der Wechsel beim Genus des sPP. Bei der Übersetzung gehen diese Feinheiten verloren, da nicht immer ein deutsches Äquivalent mit dem gleichen grammatischen Genus gefunden werden kann. Daher bleibt die deutsche Übersetzung der deklaratorischen Wendung bei dem allgemeinen, aber auch passenden »ein/e ...opfer(gabe) (ist) es/das«.

Analyse

Anschluss an Ex 40 Lev 1,1 schließt mit dem Begriff »Zelt der Begegnung« (אהל מועד, *ʾohæl mōʿēd*) deutlich an den Abschluss des Heiligtumsbaus von Ex 35–40 an: Was die Herrlichkeit JHWHs in Ex 40 feierlich bezogen hat, ist nun der neue Offenbarungsort für die Vorschriften des Gottesdienstes. Als Oberbegriff für diesen »Gottesdienst« fungiert die kultische Fachvokabel »Darbringung« (קרבן; siehe das Glossar) in Lev 1,2 – zunächst erfolgt diese *freiwillige* Darbringung »vom Vieh«, was dann näher in Rind- und Kleinvieh spezifiziert wird. Auch ist zu betonen, dass es nicht um die regelmäßig (vielleicht nach gleichem Ritus) im Tempel stattfindenden »offiziellen« Opfer geht, sondern um »Privatopfer«, wobei jedoch nicht geklärt wird, warum und unter welchen Umständen jemand mit seinem Tier zu einem solchen Opfer zum Tempel kommt, welche Beweggründe er hat, welche begleitenden Handlungen (Texte, Gesänge, Bekenntnisse) hinzu kommen usw. (*Gerstenberger*, 23). Was dagegen im Vordergrund steht, sind die essentiell notwendigen Handlungen, die für ein vorschriftsgemäß dargebrachtes Opfer erforderlich sind: Was tut man mit dem Tier, wer vollzieht die Handlungen, wo sollen sie geschehen?

Aufbau Ein Pendant zu der Aufteilung in Rindvieh und Kleinvieh findet sich in Lev 3, womit die Spur zum parallelen Aufbau von Lev 1 und Lev 3 gelegt ist. Lev 1 betrifft das Brandopfer (עלה), Lev 3 das Heilsgemeinschaftsopfer (זבח שלמים):

A	1,2:	Wenn ein Mensch … eine Darbringung darbringen möchte …		
B	1,3:	Wenn nun seine Darbringung ein Brandopfer	3,1:	Und wenn seine Darbringung ein Heilsgemeinschaftsopfer
C		vom Rindvieh (ist), bringe er ein männliches fehlerloses (Tier) dar …		… vom Rindvieh … ein männliches oder ein weibliches (Tier), bringe er ein fehlerloses (Tier) vor JHWH dar.
C	1,10:	Wenn aber seine Darbringung vom Kleinvieh (ist), von den Schafen oder Ziegen, bringe er ein männliches fehlerloses (Tier) dar.	3,6:	Und wenn seine Darbringung … vom Kleinvieh (ist), bringe er ein männliches oder ein weibliches fehlerloses (Tier) dar.
D			3,7:	Wenn er ein Schaf …
D			3,12:	Und wenn seine Darbringung eine Ziege (ist) …
C	1,14:	Wenn aber seine Darbringung … ein Brandopfer von den Vögeln (ist) …		

Eine ähnliche Übersicht zeigt *Rendtorff*, 18, in seinem Kommentar; Ähnlichkeiten im Aufbau aller drei Kapitel Lev 1–3 spricht *D. Luciani*, Structure, 324, an. Der »Hauptfall« wird in 1,2 im Hebräischen mit כי, *kī*, die einzelnen »Unterfälle« werden mit אם, *ʾim*, bzw. ואם, *wᵉ-ʾim*, gekennzeichnet (im Deutschen: »wenn«, »wenn nun/aber«, »und wenn«). Diese Untergliederung sowie die Varianten in der Syntax der Einleitungsformeln untersucht *Watts,* 159–165, in detaillierter Weise. Nach ihm sind die unterschiedlichen Muster zum einen mnemotechnische Merkhilfen, zum anderen modulierende Abwechslungen wie in einem Musikstück mit wiederkehrenden Motiven, die sich jedoch nie exakt identisch wiederholen.

In vorstehender Tabelle bezeichnet Element A die generelle Überschrift (Thema: »Darbringung«), Element B spezifiziert die Opferart. Sodann dokumentiert Element C die Opfermaterie (Rindvieh, Kleinvieh, Vögel), die beim Heilsgemeinschaftsopfer in Element D nochmals differenziert wird (Schaf, Ziege). Innerhalb dieser Abschnitte werden die einzelnen Schritte des Opfervorgangs dargelegt, und auch das erfolgt weitgehend parallel. Dabei ist das Brandopfer von den Vögeln jedoch ein Sonderfall (s. die Auslegung).

Verbalstil

Der Verbalstil wird dabei von der hebräischen Verbalform *w-qatal* (*w*-SK) am Satzanfang (also *w-qatal-x*) dominiert. Syntaktisch äquivalent ist dazu *x-yiqtol* (Langform). Beide Formen können im Deutschen nicht unterschieden werden. Für die deutsche Übersetzung wird der Konjunktiv I als Ausdruck des Wunsches und der Aufforderung (DUDEN-Grammatik, 4. Aufl., 1984, 157 [*H. Gelhaus*]) gewählt, der aus ähnlich gelagerten Anweisungstexten bekannt ist (z. B. aus Anleitungen und Rezepten: »man nehme«). Diese Übersetzungsweise hat gewisse Vorteile gegenüber dem »Allerweltspräsens«, das im Deutschen so viele Funktionen hat, dass es schon wieder unpräzise ist. Es geht ja inhaltlich um Anweisungen, wie etwas herzurichten und zu vollziehen ist, und vor allem darum, dass diese Handlungen und Verrichtungen *immer wieder* und immer wieder genau gleich durchzuführen sind (s. auch *Watts,* 8–9). Diese funktionale Analogie zu einem »Rezept« sollte nicht davon abhalten, für diese »Rituale« eben die gleiche Form des auffordernden Konjunktivs (Konjunktiv I) im Deutschen zu verwenden. Wenn diese Form im Deutschen nicht gebildet werden kann (in der 2. Person und im Plural), wird die Ersatzbildung mit »sollst, sollen« gewählt.

In diesem Zusammenhang ist erwähnenswert, dass das Buch Levitikus im Vergleich mit den anderen biblischen Büchern den Imperativ auffällig selten verwendet. Nach *J. F. A. Sawyer,* Language, 16–17, gibt es nur 42 Vorkommen und damit nur 35 auf 10.000 Wörter (Zahlen nach BibleWorks 9.0 und SESB: 41 Vorkommen). In den Psalmen dagegen ist die Häufigkeit gerechnet auf 10.000 Wörter mit 354 mehr als zehn Mal so hoch. Auch bei der Zahl der Narrativformen *wayyiqtol* (wa + PK) und der korrespondierenden *qatal*-Form gehört Levitikus zu den Schlusslichtern. Bei den *w-qatal*-Formen hingegen weist Levitikus eine drei Mal höhere Rate auf als der Durchschnitt.

Sawyer folgt den Angaben in *F. I. Anderson/A. D. Forbes,* The Vocabulary of the Old Testament, Rom 1989 (corrected reprint 1992), 23. Nach der morphologischen Datenbank von *BibleWorks 9* (WTM: Groves-Wheeler Westminster Morphology and Lemma Database) weichen die Werte ab, da die Gesamtzahl der Wörter in einem

Buch anders ermittelt wird. Am Verhältnis ändert sich jedoch nichts. In folgender Tabelle sollen einige signifikante Beispiele das oben Ausgeführte illustrieren, wobei die gerundete Berechnung auf 10.000 Wörter (jeweils in Klammern) als Standardisierung den Vergleich bei unterschiedlichen Buchlängen sinnvoller macht:

Verbalform	*Belege in Lev (auf 10.000 Wörter)*	*Belege in Ps, Gen und Dtn (auf 10.000 Wörter)*		
Imperativ	41 (**24**)	Ps: 698 (**274**)	Gen: 298 (103)	Dtn: 112 (55)
wayyiqtol	189 (110)	Ps: 332 (130)	Gen: 2105 (802)	Dtn: 254 (125)
(x-)qatal	196 (113)	Ps: 1411 (554)	Gen: 897 (311)	Dtn: 545 (268)
w-qatal	719 (**418**)	Ps: 49 (19)	Gen: 208 (72)	Dtn: 631 (310)

Die Statistik basiert auf folgenden Suchstrings (command line) in BibleWorks 9: .*@v?v* [Imperativ], .*@v?w* [*wayyiqtol*], .*@v?p* [*(x-)qatal*], .*@v?q* [*w-qatal*] (jeweils nur Ketib-Formen; »% hits in bk/words in bk« im »Stats«-Fenster).

In *Accordance 10 für Windows*, das auch auf der Groves-Wheeler Westminster Morphology beruht, wird die Gesamtzahl der Wörter pro Buch durch separate Zählung der enklitischen Pronomina höher angesetzt. Auch wird gegenüber BibleWorks 9 (»waw consec perfect«) die Zuordnung der SK-Belege *(qatal)* zum »perfect consecutive« in Accordance 10 etwas abweichend vorgenommen. Damit ergeben sich für obige Tabelle leicht andere Werte:

Verbalform	*Belege in Lev (auf 10.000 Wörter)*	*Belege in Ps, Gen und Dtn (auf 10.000 Wörter)*		
Imperativ	*41 (22)*	*Ps: 698 (232)*	*Gen: 298 (93)*	*Dtn: 112 (48)*
wayyiqtol	*189 (101)*	*Ps: 332 (110)*	*Gen: 2105 (653)*	*Dtn: 254 (110)*
(x-)qatal	*239 (128)*	*Ps: 1415 (470)*	*Gen: 926 (287)*	*Dtn: 636 (275)*
w-qatal	*676 (362)*	*Ps: 44 (15)*	*Gen: 179 (56)*	*Dtn: 540 (234)*

Das Gesamtergebnis wird aber auch durch Accordance 10 bestätigt: Levitikus weist eine auffallend niedrige Rate an Imperativen, dafür eine bemerkenswert hohe Anzahl von *w-qatal*-Formen auf.

Ritualstil – Gattung

Den für Levitikus typischen Stil mit der dominierenden Verbalform *w-qatal-x* nennt *Rendtorff*, 18–19, »Ritualstil« und spricht insofern auch von der Gattung des »Rituals« (*R. Rendtorff*, Gesetze, 12; s. auch *K. Koch*, Rituale, 77–84, mit Verweis auf babylonische Parallelen). Allerdings sind mit dieser »Gattung« keine formgeschichtlichen Rückschlüsse und literarkritische Rekonstruktionen älterer Ritualformen möglich. Die Funktion der literarischen Textsorte »Ritual« ist es dabei nicht, Grund, Wesen und Zweck der Opfer zu reflektieren oder sie zu begründen, sondern vielmehr geht es um die Einzelheiten der Durchführung und die Differenzierung der Varianten.

Im Fokus stehen der einzelne Opfernde und das einzelne Opferritual, und somit geht es auch nicht um regelmäßige Opfer nach dem Festkalender, sondern nur um die Beschreibung dessen, was zu tun ist, *wenn* ein Opfer vollzogen wird. *C. Nihan,* Priestly Torah, 219, sieht hinter Lev 1–3 »cultic ›aide-mémoires‹ (*memoranda,* check-lists)«. – Die Begriffe »Ritualstil« und »Ritual« werden u.a. von *R. P. Knierim,* Text, 91–94, kritisiert. Ein Stil charakterisiere noch keine Gattung; der Stil der Verwendung der 3. Person Singular werde nicht nur für die Beschreibung oder das Vorschreiben von Ritualen verwendet. Er fasst die Diskussion zusammen (94–97) und optiert dafür, die »basic form« des Textes im kasuistischen Recht zu suchen, das von den Priester-Autoren für die Beschreibung ihrer speziellen Opfer-Fälle gattungstechnisch adaptiert und transformiert worden sei. – Rendtorff und Knierim werden wiederum von *J. W. Watts,* Ritual Instruction, 82, darin kritisiert, dass sie die »Gattung« der Texte unabhängig von ihrer rhetorisch-narrativen Einbettung her beschreiben wollen. Seine eigenen Vergleiche von Lev 1–7 mit altorientalischer Ritualliteratur zeigen, dass die Levitikustexte einen gemischten Charakter hinsichtlich ihrer Gattungen aufweisen und durch den narrativen Rahmen (s. Lev 1,1–2 und die anderen Redeeinleitungen) auf Überzeugung hin ausgerichtete (»persuasive«) Passagen sind, die ihre Hörerschaft zu einem bestimmten Verhalten anleiten und davon überzeugen wollen, dass diese Vorschriften normativ sind (ebd., 96.100). Watts betont zudem: *»texts are not rituals and rituals are not texts«* (*J. W. Watts,* Ritual and Rhetoric, 29; H.i.O.). Damit macht er mit Recht darauf aufmerksam, dass das, was zur Untersuchung vorliegt, Texte sind, und von diesen aus ein unmittelbarer Rückschluss auf tatsächlich stattgefundene Rituale nicht ohne weiteres möglich ist. Die Bedeutung des Textes ist nicht identisch mit der Bedeutung des Rituals, die Beschreibung steht nicht automatisch für eine exakt so durchgeführte Praxis. Umgekehrt benötigen Rituale nicht zwangsläufig eine konkrete oder symbolische Beschreibung in Textform oder eine Begleitung durch vorgetragene Texte. Aller Wahrscheinlichkeit nach wurden bei den Opfern von Lev 1–10 gerade keine (deutenden, begleitenden) Texte rezitiert. Rituale als Handlungen lassen sich ohnehin nicht auf *eine* Intention oder Bedeutung reduzieren; die Texte, die sie beschreiben, haben allermeist nicht die Aufgabe, ihre Bedeutung zu erläutern, sondern einen korrekten Ablauf zu sichern und die Adressatenschaft zu überzeugen, diese Rituale auch zu praktizieren (s. dazu auch umfassend *Watts,* 86–154).

Laien als Adressaten

Damit stellt sich die Frage, für wen solche Texte niedergeschrieben wurden. Handelt es sich um liturgische Bücher (Agenden) für Priester? Das Problem bei dieser Annahme ist, dass die opfernde Person offensichtlich ein Laie ist (Lev 1,2: »Wenn ein Mensch [אדם, *ʾādām*] von euch …«). Es ist plausibel anzunehmen, dass es vornehmlich darum geht, Laien, die ein Opfer darbringen wollen (oder, ab Lev 4–5, darbringen müssen), zu unterrichten, was sie zu tun haben bzw. was die Priester dabei tun. Gerade die straffe, einprägsame Formulierung der Rituale lässt auf ihre Verwendung zur Laienbelehrung schließen (*Rendtorff*, 21; *ders.*, Opfertora, 218; *ders.*, Gesetze, 23; *Levine*, xii und 3; *J. W. Watts*, Ritual Instruction, 99; problematisiert von *R. P. Knierim*, Text, 98–101). Im Übrigen sei bemerkt, dass der Begriff »Laie« hier unabhängig und losgelöst von allen heutigen Konnotationen im kirchlichen und umgangssprachlichen Bereich lediglich als Bezeichnung

Sicherung der Tradition

bzw. Umschreibung für »Nicht-Priester« dient. – *R. P. Knierim*, Text, 101–106, nimmt seinen Ausgangspunkt bei der Beobachtung, dass es sich um einen durchweg literarischen Text in einer literarischen Komposition handelt, also nicht um das Protokoll eines tatsächlichen Vorgangs. Es geht um eine konzeptionalisierte und systematisierte Darstellung des Opferkultes. Ein Bedürfnis für etwas Derartiges könnte im Exil entstanden sein, wo die Tradition der verschiedenen Opfertypen und -rituale für einen Neubeginn gespeichert werden musste. Belehrung kann dabei durchaus eine Rolle spielen: Instruktion der Gemeinde, des Opfernden vor seinem Opfer, der jungen Priester. Die Belehrung an sich ist aber nicht das primäre Ziel, vielmehr geht es darum festzuhalten, wie in Zukunft die Opferprozeduren ablaufen sollen.

Auslegung

Anrufung des Mose

JHWH ruft Mose vom Zelt der Begegnung her an – dies ist dadurch bedingt, V 1
dass Mose nach Ex 40, 35 das Zelt der Begegnung nicht betreten konnte, weil es von der Wolke bedeckt und von der Herrlichkeit JHWHs (כבוד יהוה, *k^e^bōd YHWH*) erfüllt war (*Levine*, 4; *Milgrom*, 134; *B. Janowski*, Sühne, 313–314). Somit schließt Lev 1, 1 ganz deutlich ans Ende des Buches Exodus an. Damit aber wird auch das Sinaierlebnis, wo Mose sogar in die Wolke hineingehen konnte (Ex 24, 18), zu einem einmaligen, unwiederholbaren Ereignis. Hier, am Ende von Ex 40 und am Beginn von Levitikus, kann Mose nicht in das Heiligtum eintreten, und er muss sich die Opfervorschriften von Lev 1ff im Vorhof des Zeltheiligtums anhören. Dies ist ja auch der Ort, wo sich die meisten vorgeschriebenen Handlungen zutragen werden (*Staubli*, 47). Zugleich wechselt damit der Offenbarungsort vom Berg Sinai zum Zelt der Begegnung. Konzeptuell bedeutet dieser Wechsel vom Berg zum Zelt einen Wechsel vom Sinai zum zentralen Heiligtum, also dass das Heiligtum (in der realen Welt der Jerusalemer Tempel) zum zentralen Ort göttlicher Offenbarung wird (s. *R. P. Knierim*, Text, 6). – Zum Zeltheiligtum/Zelt der Begegnung s. die Kommentierung zu Ex 25–31 durch *C. Dohmen*, Exodus 19–40, v. a. 240–281, ferner *Milgrom*, 139–143; siehe auch die Skizze unten, Abb. 1, Seite 164.

Satzstellung

Die Satzstellung von Lev 1, 1 ist ungewöhnlich, denn das lexikalisch ausgedrückte Subjekt »JHWH« wird erst im zweiten Satz genannt (so auch LXX). Dadurch erhält der erste Satz »Und er rief Mose zu« eine betonte Spitzenstellung, die aufhorchen lässt. Mit der Verwendung der Wurzel קרא, »rufen«, die in den Redeeinleitungen des Levitikusbuches singulär ist, wird so die Bucheröffnung markiert (*E. Zenger*, Teiltext, 56; *A. G. Auld*, Heart, 42–43). Zugleich lenkt diese Gestaltung den Blick auf eine analoge Konstruktion in Ex 24,15–16 und 25,1, wo wesentliche Elemente des Übergangs von Ex 40 zu Lev 1,1 schon vorgezeichnet sind: (1) die Wolke JHWHs als Zeichen der göttlichen Gegenwart (Ex 24,15–16//40,34–38), (2) die Anrufung des Mose mit identischem Wortlaut (ויקרא על משה, Ex 25,16//Lev 1,1), bei der das Subjekt nicht genannt und aus dem Zusammenhang »die Herrlichkeit JHWHs« als Subjekt zu erschließen ist (Ex 24,16//Ex 40,35), und (3) die nahezu unmittelbar darauf folgende Wendung »dann sprach JHWH zu ihm/Mose ... folgendermaßen« (וידבר יהוה אל ... לאמר), die JHWH als Subjekt explizit nennt (Ex 25,1//Lev 1,1). Eine Übersicht der Texte zeigt die Parallelen:

Ex 24,15	Dann stieg Mose auf den Berg. Die *Wolke* bedeckte den Berg.	Ex 40,34f.	Dann bedeckte die *Wolke* das Zelt der Begegnung,
Ex 24,16	Dann wohnte die *Herrlichkeit JHWHs* auf dem Berg Sinai,		und die *Herrlichkeit JHWHs* erfüllte die Wohnung. [35]Nicht aber konnte Mose das Zelt der Begegnung betreten, weil die
	die *Wolke* bedeckte ihn sechs Tage,		*Wolke* in ihm wohnte und die *Herrlichkeit JHWHs* die Wohnung erfüllte. (...)
	und er rief Mose zu am siebten Tag mitten aus der Wolke. ...	Lev 1,1	*Und er rief Mose zu,*
Ex 25,1	*Und JHWH sprach zu Mose*		*und JHWH sprach zu ihm* vom Zelt der Begegnung her
	folgendermaßen:		*folgendermaßen:*

Analogien zum Heiligtumsbau (Ex 25)

Während in Ex 25 die Anweisungen zum Heiligtumsbau folgen, schließen sich in Lev 1ff die Opferanweisungen für das Heiligtum an – diese Parallelgestaltung (also Ex 24,15–16+25,1 // Ex 40,34–38+Lev 1,1) zeigt an, auf welcher Ebene die folgenden Opferanweisungen zu lesen sind, nämlich als Analogien zu den Anordnungen für den Heiligtumsbau (s. *Rendtorff*, 22; *Milgrom*, 136–137).

Das Gewicht der Worte

Ez 9 Die Gestaltungsweise »Herrlichkeit (כבוד) JHWHs« als implizites Subjekt zu »und er rief ... an« + »und JHWH sprach zu ihm« mit JHWH als direktem Subjekt kehrt in Ez 9,3–4 wieder. In allen drei Fällen (Ex 24/25; Ex 40/Lev 1; Ez 9) werden »Herrlichkeit JHWHs« und »JHWH« miteinander identifiziert und das Gewicht der folgenden Worte besonders betont: In Ez 9 geht es immerhin um die Tötung derer, die an den in Jerusalem begangenen Gräueln schuld sind (s. *M. Greenberg*, Ezechiel 1–20, 206–207).

Die ungewöhnliche Satzstellung könnte auch literarkritisch ausgewertet werden. Die Kommentierung versucht aber, den vorliegenden Text zu verstehen – und der vorgelegte Vorschlag erscheint plausibel, auch wenn daraus nicht zwangsläufig zu schließen ist, der Text habe von Anfang an so gelautet (siehe dazu auch *Rendtorff*, 22–23).

Gestufte Einleitung

Lev 1,1b+2a(b) bilden die typische »gestufte Einleitung«, die ein markantes Gliederungsmerkmal im Buch Levitikus darstellt. Das erste Element befindet sich noch auf der narrativen Ebene: (1) »Und JHWH sprach zu Mose«; das zweite Element ist bereits Teil der Gottesrede: (2) »Sprich zu den Israeliten und sag ihnen (bzw. folgendermaßen לאמר):« (Anrede- und Weitergabeformel, s. *L. Rost*, dibbär, 56–57). Was dann auf der dritten Ebene (s. die Einrückungen bei der Übersetzung) folgt, ist die von bzw. durch Mose zu vermittelnde JHWH-Rede. Wenn aber der literarischen Form nach Mose die JHWH-Rede mitteilt, dann realisiert diese stereotype Einleitungsgestaltung die theologische Grundkonzeption der Rolle des Mose als Offenbarungsmittler. Diese Darstellung beginnt schon in Ex 19,9 (Mose überbringt die Worte des Volkes an JHWH) und setzt sich in 19,19 fort: Gott antwortet auf das Sprechen des Mose – in dieser Zusammenschau ergibt sich die besondere Stellung des Mose, nämlich dass Mose in einen Dialog mit Gott eintreten kann (s. *C. Dohmen*, Exodus 19–40, 72). Die Konzipierung Moses als Offenbarungsmittler erfährt dann ihre entscheidende Schlüsselszene in Ex 20,19, wo das Volk nach der erschreckenden Theophanie um die Mittlerschaft durch Mose bittet: »Da sagten sie (die Israeliten) zu Mose: ›Sprich du mit uns, und wir wollen hören; aber nicht soll Gott mit uns sprechen, damit wir nicht sterben‹.« »Die Rolle des Offenbarungsmittlers hält sich von Ex 20 an entlang der pentateuchischen Erzählungen durch und bestimmt letztlich die Autorität des Mose, aus der heraus dann alle Gesetze legitimiert werden« (*C. Dohmen*, Exodus 19–40, 130). Die Figur des Mose als *Vermittler* löst somit das theologische Problem der Offenbarung der Tora (s. *L. Rost*, dibbär, 58), das in der Grundfrage wurzelt, wie sich das Heilige (Gott) und das Profane (Mensch) begegnen können. Hier bedarf es stets eines Mediums, einer Mittlerschaft: sei es ein brennender Dornbusch, wenn der lebendige Gott mit dem Menschen Mose spricht, sei es Mose selbst als Empfänger und Transmitter göttlicher Offenbarung. Die »gestufte Einleitung« im Buch Levitikus trägt dieser Konzeption in geradezu idealer Weise Rechnung.

V 2ab

Mose als Offenbarungsmittler

Aus Menschenwort wird Gotteswort

Zugleich ist hinsichtlich der Entstehungsgeschichte zu beachten, dass durch diese Gestaltung die Priester, die aller Wahrscheinlichkeit nach diese Sammlung von Weisungen gestaltet haben, einen *hermeneutical shift* erreicht haben: Aus ihren menschlichen Instruktionen werden durch ihre Konzeption JHWHs eigene Weisungen, aus ihrer traditionellen Autorität als Priester wird die Autorität des Mose am Berg Sinai, der das göttliche Wort vermittelt. Die Priester sind nicht mehr Gesetzgeber oder Lehrer, sondern Vermittler des Gotteswortes vom Sinai (s. *R. P. Knierim*, Text, 6). Dabei haben die Priester ihre Interessen hinter der Promulgation in Form einer Gottesrede verborgen, wobei Gott die konventionelle Rolle eines wohlwollenden Königs spielt. Wie auch die Priester anderer altorientalischer oder griechischer Kulturen haben die aaronidischen Priester es vermieden, mit eigener Stimme zu sprechen – stattdessen gründen sie ihre rituelle Legitimität auf die alten Edikte eines göttlichen Königs und seines legendären Propheten. Das Endergebnis, der geschriebene Text, führt zur Legitimation der Priesterschaft, und das vorliegende Dokument erreicht eine größere Autorität als je ein Text zuvor hatte. Hier liegt im Grunde der paradigmatische Prototyp einer neuen religiösen Kraft vor: die Idee der *»Heiligen Schrift«* (s. *J. W. Watts*, Ritual Rhetoric, 317–318; *B. D. Bibb*, Ritual Words, 73–95).

Adressaten: Israeliten

Bei der gestuften Redeeinleitung ist für ihre Auswertung als Gliederungssignal zu beachten, wer der jeweilige Adressat ist. Hier in Lev 1,2 sind es die Israeliten, und diese Redesituation hält sich durch bis einschließlich Kapitel 5 (s. 4,1–2a). In Lev 6,1–2a wechseln sowohl das Verb (צו, *ṣaw*, »gebiete« statt דבר, *dabbēr*, »sprich«) als auch die Adressaten: In Lev 6–7 sind Aaron und seine Söhne, also die Priester angesprochen. Für den Gesamtaufbau des Buches Levitikus ist die jeweilige Adressatensituation besonders zu beachten (s. die Einleitung). Ferner ist beachtenswert, dass die Israeliten als Adressaten das ganze Volk darstellen und somit die kultischen Anweisungen kein Geheimwissen von wenigen Eingeweihten sind, das von einer Priestergilde gehütet wird. Vielmehr ist das »Priesterhandbuch« Gegenstand öffentlicher Verkündigung und Teilhabe, ein Schulbuch für ganz Israel. Hier gibt es keine Arkandisziplin, vielmehr sind die Weisungen JHWHs allen bekannt. Auch dort, wo Abschnitte damit beginnen, dass bestimmte Weisungen an Aaron und seine Söhne gerichtet sind (Lev 6–7; 16; 21), schließen sie damit, dass diese Weisungen an ganz Israel gerichtet sind. Das hebt Israel z. T. sehr deutlich von seiner Umwelt ab (*Milgrom*, 143–144).

Kein Geheimwissen

V 2cd Der erste große Schlüsselbegriff des Buches Levitikus ist קרבן, *qorbān*, »Darbringung« (siehe auch das Glossar). Er fungiert hier als der einleitende Oberbegriff für die in Lev 1–7 geschilderten Opfer. Gliederungsfunktion hat *qorbān* für die Kapitel 1–3, die drei Arten der Darbringung unterscheiden: Brandopfer, Speiseopfergabe und Heilsgemeinschaftsopfer. Auch bei Unterdifferenzierungen taucht der Terminus wieder auf (s. o., Analyse).

Darbringung

Die Wiedergabe im Deutschen mit »möchte« soll die Freiwilligkeit aller dieser Opfer (Lev 1–3) unterstreichen. Es ist nicht so, dass die Opfer von JHWH verpflichtend vorgeschrieben werden. Das Verständnis der Anordnungen läuft anders herum: Wenn von Seiten der Menschen ein Bedürfnis

Wenn er möchte

nach einem Opfer da ist, soll es so und so (nach Gottes Weisung) ablaufen. Diese Auffassung korrespondiert mit den zunächst anstößig klingenden Ausführungen von Jeremia und Amos, Israel habe bei der Wüstenwanderung keine Heilsgemeinschaftsopfer, Brandopfer und Speiseopfergaben dargebracht, weil JHWH nichts dergleichen angeordnet habe (Jer 7,21–22; Am 5,22.25). Tatsächlich verpflichtet JHWH hier nicht, derartige Opfer durchzuführen – sie sind freiwillig. Die Kritik der Propheten bezieht sich auch nicht auf den Opferkult an sich, sondern auf bestimmte Missverständnisse, etwa dass der Kult für sich allein genüge und ein moralisch aufrichtiges Leben in Gerechtigkeit nicht nötig sei. Doch wenn rechter Gottesdienst und gerechtes Handeln nicht zusammengehen, insbesondere wenn es an sozialer Gerechtigkeit fehlt, dann erheben die Propheten von Jesaja bis Maleachi ihre Stimme zu deutlicher Kritik (*A. Marx*, Les sacrifices, 31–38). Es geht dabei um die Opferpraxis der Einzelnen bei freiwilligen Opfern. Das tägliche, regelhaft stattfindende Opfer (Tamid) ist nicht im Blick (*Milgrom*, 482–485).

Direkte Anrede

Auffälligerweise wechselt Lev 1,2 kurzzeitig in die direkte Anrede in 2. Person Plural: »... sollt ihr ... darbringen«. Von der Redesituation her spricht hier Mose direkt die Israeliten an. Diese Situation hat ein Pendant am Ende von Kapitel 3 (3,17), wodurch sich eine textliche Klammer und Abrundung ergibt. Die 2. Person begegnet auch in Lev 2 bei der Speiseopfergabe (meist im Singular, seltener im Plural). »Hier zeigen sich unterschiedliche Stadien in der Überlieferungs- und Redaktionsgeschichte dieses Textkomplexes, ohne daß wir diese im einzelnen genauer bestimmen könnten« (*Rendtorff*, 25). Verständnisschwierigkeiten ergeben sich jedoch durch den Wechsel von 3. und 2. Person nicht. Der Plural der 2. Person kann z. B. so gedeutet werden, dass »zwei gemeinsam ein Ganzopfer geloben können« (*Raschi*, 278). Aus der Leserperspektive ergibt sich durch den Stil der direkten Anrede ein Impuls zur Aktualisierung: »Die 2. Pers. der Anrede ans Volk spiegelt also den Versuch wider, die geltenden kultischen Vorschriften in der fernen Vergangenheit und in der Wüstenzeit Israels zu verankern, sie aber gleichzeitig ganz aktuell sein zu lassen« (*Gerstenberger*, 25). Dem entspricht das Konzept des Offenbarungsmittlers Mose: Nicht Aaron, der Priester, soll die Opfervorschriften vermitteln, sondern der Nichtpriester Mose. Die Betonung der Figur des Mose zeigt, dass hier nicht nur rein priesterliche Interessen am Werk sind – und zugleich deutet das Konzept der wortgetreuen *Vermittlung* (s. o., Gestufte Einleitung) an, dass bereits schriftliche Texte im Spiel sind, die den idealen (aber fiktiven) Brückenschlag ermöglichen von der Gründungs- und Erwählungszeit Israels in der Wüste zur Gegenwart der Adressaten, die direkt angesprochen werden: Wahrscheinlich werden die Opfervorschriften bereits als geheiligte Offenbarungen der Mosezeit der Gemeinde vorgelesen, womöglich in gottesdienstlichen Feiern: »Diese Bestimmungen sind ursprünglich an Mose ergangen und gelten unverändert für ›euch‹ alle, d. h. für die Gemeinde der nachexilischen Zeit« (*Gerstenberger*, 25).

Ein Mensch

Die Person des Opfernden wird mit einem sehr allgemeinen Begriff eingeführt: »ein Mensch« (אדם). Trotz des grammatikalisch als maskulin einzustufenden Genus bezeichnet das Wort eine beliebige Person, sei sie ein Mann oder eine Frau. Diese Personenbezeichnung ist ebenso wie die in Lev 2,1; 4,2; 5,1 u. ö. mit »jemand« (נפש) »gender-inclusive« (*R. P. Knierim*, Text, 14). Es spielt nicht nur das Geschlecht des/der Opfernden keine Rolle, auch wird nicht angegeben, ob er/sie einer bestimmten Gruppe, Schicht oder sozialen Klasse angehören muss. Diese grundsätzliche Beobachtung kollidiert mit dem weiteren Verlauf des Textes, wo – zumindest grammatikalisch – immer von einem männlichen Opfernden die Rede ist. Da der Text die Geschlechterfrage nicht weiter thematisiert, können nur Vermutungen angestellt werden: Geht es nur um eine Sprachvereinfachung, d. h. die Einbeziehung von Frauen unter die grammatikalisch maskuline Verbalform? Oder waren es aus praktischen oder anderen Gründen immer Männer, die diese Tätigkeiten ausgeführt haben? Solange keine andere Evidenz vorliegt, muss grundsätzlich davon ausgegangen werden, dass Frauen wie Männer an derartigen »Darbringungen« beteiligt waren (*M. I. Gruber*, Women, 39; skeptischer ist *N. J. Ruane*, Sacrifice and Gender, 37–39).

Opfermaterial

Als Opfermaterial wird in Lev 1,2 zunächst als allgemeiner Begriff das »Vieh« (בהמה, *bᵉhēmā*) genannt. Grundsätzlich bezeichnet der Begriff »Tiere« im Unterschied zu »Menschen«, meint aber dann meist die gezähmten Tiere als »Haustiere« im Unterschied zu den »wilden Tieren« (s. Gen 2,20: »Und der Mensch rief mit Namen alles Vieh und alle Vögel des Himmels und alle wilden Tiere des Feldes«). Hier ist »Vieh« der Oberbegriff zu Rindvieh (בקר, *bāqār*) und Kleinvieh (צאן, *ṣōʾn*). Als Opfertiere sind mithin nur diejenigen Nutztiere genannt, die auch zum Verzehr zugelassen sind – dabei scheidet das wichtigste Lasttier, nämlich der Esel (חמור, *ḥamōr*), sowohl für den menschlichen Verzehr als auch als Opfermaterial aus. Als Einhufer gehört der Esel nicht zu den essbaren Tieren (s. Lev 11,3; Dtn 14,6), seine Erstgeburt muss ersatzweise durch ein Schaf ausgelöst werden oder muss nichtkultisch getötet werden (s. Ex 13,13; 34,20), darf jedenfalls nicht JHWH übereignet werden (*Rendtorff*, 26). Da hier nur vom »Vieh« im Sinne von Rind- und Kleinvieh die Rede ist, ab V 14 jedoch auch »Vögel« als Opfermaterie hinzutreten, ist es plausibel anzunehmen, dass das Brandopfer der Vögel nachträglich hinzugetreten ist und auch vom Verständnis der Endfassung her einen gewissen Sonderfall darstellt.

Brandopfer vom Rindvieh

V 3 Der erste konkrete Unterfall (Lev 1,3–9) spezifiziert sowohl die Opferart als auch das Opfermaterial: Es geht um ein *Brandopfer* vom *Rindvieh*. Pendants zur Opferart sind die Speiseopfergabe in Lev 2 und das Heilsgemeinschaftsopfer in Lev 3 (s. auch jeweils das Glossar). Pendants zum Rindvieh sind das Kleinvieh (ab V 10) und die Vögel (ab V 14). Die Beschreibung des

Brandopfers vom Rindvieh in Lev 1,3–9 ist die ausführlichste Darlegung eines solchen Opfervorgangs.

Rindvieh

Das Rind ist das dominierende Opfermaterial im Alten Testament. Das gilt sowohl für die erzählende (z.B. Ri 6,25; 2 Sam 24,22; 1 Kön 18,21–33) als auch für die prophetische (Mi 6,6) Literatur. In den Opfervorschriften wird die Reihe der Opfertiere bei den Festen (Num 28–29) immer mit Stieren (פר בן בקר, *par bæn bāqār*) begonnen. Wohl handelt es sich beim Stier um ein sehr wertvolles Opfertier, so dass von diesem Gedanken her die Spitzenstellung des Rindviehs begründet ist (s. *Gerstenberger*, 21.26). Allerdings ist בקר, *bāqār*, ein sehr allgemeiner Ausdruck, der weder das Alter noch das Geschlecht näher spezifiziert. Damit ist die Bezeichnung auch offen für die verschiedenen Opferarten: Beim Brandopfer ist ein männliches Rind gefordert (Lev 1,3), beim Heilsgemeinschaftsopfer kann es ein männliches oder weibliches Tier sein (3,1). Die Konkretisierung in 1,5 mit בן בקר bezeichnet das einzelne Opfertier (»das Stück Rindvieh«) gegenüber der Gattung.

Eigenschaften

Die mit אם eingeleitete Protasis in V 3 wird durch eine doppelte Apodosis fortgeführt. Zwei Mal steht das Wort יקריב, »er bringe dar«, in der Verbalform *x-yiqtol* (Langform) mit Objektspronomen (einmal ePP am Verb, einmal nota objecti + ePP). In der ersten Apodosis werden die Eigenschaften des Opfertieres näher qualifiziert: männlich, fehlerlos. Die zweite Apodosis nennt den Ort, an den das Opfertier gebracht werden soll: zum Eingang des Zeltes der Begegnung.

Männlich

Das Opfertier für das Brandopfer ist männlich, und diese Festlegung gilt auch für Brandopfer vom Kleinvieh (Lev 1,10). *Milgrom*, 147, vermutet, dass das männliche Tier aus ökonomischen Gesichtspunkten eher entbehrlich sei als das weibliche, das Milch und Nachwuchs liefere (s. auch *Watts*, 184; *N. J. Ruane*, Sacrifice and Gender, 62). Das Brandopfer von Kühen (פרות, feminin) in 1 Sam 6,14 ist eine außergewöhnliche Situation, und das Opfer findet auch nicht am regulären Ort statt.

Fehlerlos

Was »fehlerlos« im Einzelnen bedeutet, ist in Lev 22,17–25 geregelt (siehe die Auslegung dort). Das Tier muss frei von einem körperlichen Schaden (מום, *mūm*) sein, wobei dieser Schaden von Geburt an bestehen kann (z.B. Blindheit, Auswuchs) oder durch eine Verletzung (gebrochenes Glied, verstümmelter Schwanz) oder durch eine Krankheit (Ausschlag, Flechte) nachträglich hinzugekommen sein kann. Derartige körperliche Schäden mindern den Verkehrswert des Tieres erheblich. Daher war die Versuchung groß, nicht einwandfreie Tiere, die man schlecht verkaufen konnte, als Opfertiere zu verwenden. Das ökonomische Denken drohte so den Kultbetrieb zu überschatten. Dass ein solches Treiben zumindest in der wirtschaftlich äußerst angespannten nachexilischen Zeit gang und gäbe war, dafür ist Mal 1,8–14 ein deutlicher Zeuge: »[8]Und wenn ihr ein blindes Tier als Schlachtopfer darbringt, (sagt ihr:) ›Das ist nicht schlecht.‹ Und wenn ihr ein lahmes oder krankes Tier darbringt, (sagt ihr:) ›Das ist nicht schlecht.‹ Biete das einmal deinem Statthalter an! Wird er wohl Gefallen an dir haben, oder wird er wohl dein Angesicht erheben? Gesprochen hat JHWH Saba'ōt. … [14]Und verflucht ist ein Betrüger! Und es gibt in seiner Herde ein männliches Tier, und er gelobt es, aber er schlachtet ein verdorbenes (Tier) für den Herrn!« Der Prophet wirft seinen Landsleuten und insbesondere den Priestern vor, dass sie – gegen die Weisung der Tora – Tiere mit körperlichen Schäden als »nicht schlecht«, also als rein und für den Kult geeignet deklarieren. Sie würden es nicht wagen, dem persischen Statthalter derart minderwertige Tiere als Abgaben zu bringen – aber für den Gottesdienst taugten die Tiere! Und Mal 1,14 kritisiert eine weitere Ausflucht: Da ist einer in einer Notlage und gelobt ein Tieropfer – als er dann aus der Not wieder herauskommt, will er die Sache mit nur geringen ökonomische Einbußen hinter sich bringen und opfert ein fehlerhaftes Tier. Die Tora schiebt solchen Praktiken einen klaren Riegel vor: Für die Brandopfer sind nur fehlerlose, d.h. wertvolle Tiere geeignet (*C. Eberhart*, Studien, 179).

Eingang des Offenbarungszeltes

Das männliche fehlerlose Tier soll »an den Eingang des Zeltes der Begegnung« gebracht werden – hinter dieser Wendung stecken mindestens zwei Gedanken. (1) Im Blick auf Lev 17 fallen dort Bestimmungen auf, die denjenigen streng bestrafen, der eine Schlachtung vollzieht und das Tier *nicht* an den Eingang des Zeltes der Begegnung bringt, um es *für JHWH* darzubringen (17,3–4.8–9). Dieser Mensch entzieht das Opfertier, die damit verbundenen religiösen Zusammenhänge und damit letztlich sich selbst der Solidargemeinschaft – und muss daher mit dem Ausschluss rechnen, weil er die Schlachtung nicht *für JHWH* bzw. *vor JHWH* (לפני יהוה) durchführt. Der »Eingang des Zeltes der Begegnung« ist damit der formal korrekte Ort der Übergabe der Opfertiere an JHWH (*Rendtorff*, 29) – alles, was außerhalb davon stattfindet, ist illegitim. (2) Als Ortsangabe bezeichnet der »Eingang des Zeltes der Begegnung« den noch für Laien zugänglichen Raum des Heiligtums vor dem Brandopferaltar (*M. B. Hundley*, Before YHWH, 26). Dabei ist ein Konzept der gestuften Heiligkeit vorausgesetzt (z.B. *P. M. Venter*, Atonement, 277; *A. Marx*, Theology, 108; *D. P. Wright*, Holiness, 356; *Hartley*, lvii; *P. P. Jenson*, Graded Holiness, 36–39.89–114), wobei ein bestimmter Bereich des Heiligtums nur den Priestern vorbehalten ist (s. die folgende Skizze): Während das Allerheiligste mit der Lade und der ›Kapporet‹ hinter der ›Parochet‹ für JHWH allein gedacht ist (das einmal im Jahr vom Hohepriester betreten werden darf), ist das Zelt vor der ›Parochet‹ mit Räucheraltar, Leuchter und Schaubrottisch das nur für die Priester vorgesehene Areal. Der Hof davor ist der Raum für Priester und Laien und ihre gemeinsamen Opferhandlungen mit den je spezifischen Tätigkeiten: Der »Brandopfer-Altar, der am Eingang des Zeltes der Begegnung (steht)« (V 5) ist in dem Bereich angesiedelt, wo diejenigen Opferhandlungen vollzogen werden, an denen der opfernde Laie beteiligt ist (Details bei *Milgrom*, 147–

149). Die Herstellung des Brandopferaltares aus Akazienholz, das mit Kupfer überzogen ist, wird in Ex 27,1–8 beschrieben (s. *C. Dohmen*, Exodus 19–40, 260f). Es handelt sich hier um eine theoretische Rückprojektion des Stein-Erde-Altares aus dem Jerusalemer Tempel auf die Erfordernisse der Wüstenwanderung. Praktisch ist das aber eine nicht durchzuführende Sache: »In Wirklichkeit könnte ein noch so gut mit Kupferplatten überzogener Holzrahmen die Hitze eines Brandopfers nicht aushalten« (*Gerstenberger*, 29). Daher ist in Lev 1–7 auch nur vom »Altar«, nicht vom »Altar aus Akazienholz« die Rede (hebräisch מִזְבֵּחַ, *mizbeaḥ*, LXX: θυσιαστήριον, s. *S. Daniel*, Recherches, 15–32).

Die folgende Skizze (Abb. 1) veranschaulicht die Konzeption des Zeltheiligtums (des Zeltes der Begegnung) nach Ex 25–40. Dabei ist der »Brandopferaltar« mit dem »Ganzopferaltar« identisch und faktisch die gesamte rechte Hälfte als »Eingang des Zeltes der Begegnung« für die opfernden Laien zugänglich.

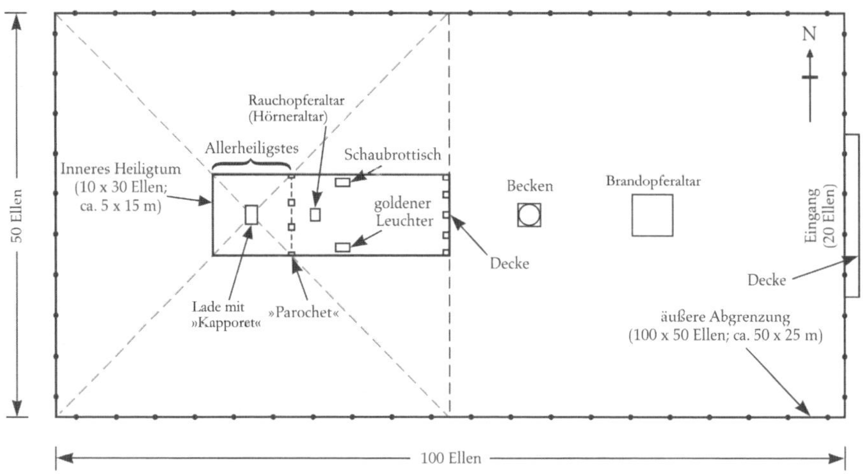

Abb. 1: Skizze des Zeltheiligtums (nach: *C. Dohmen*, Exodus 19–40, 243; siehe auch *B. Janowski*, Sühne, 223; *Kleinig*, 48).

Wohlgefallen

Mit zwei weiteren Angaben schließt V 3: Die Darbringung erfolgt »ihm zum Wohlgefallen – vor JHWH«. Der Terminus »ihm zum Wohlgefallen« (לִרְצֹנוֹ, *li-rṣon-ō*) ist typisch für die kultisch-priesterliche Sprache und wird v.a. in Lev 22,17–30 entfaltet. Betrachtet man die Belege, dann geht es um den positiven Status des Menschen vor Gott, um eine geglückte Kommunikation und Beziehung zwischen Mensch und Gott (z.B. Ps 19,15; 30,6.8; 40,9; 106,4; Spr 8,35; 10,32 u.ö.). Erreicht wird diese geglückte Beziehung u.a. durch korrekt durchgeführte Opfer, so dass der Begriff »Wohlgefallen« anzeigt, dass das Opfer erfolgreich war. Das Gegenteil ist z.B. in Mal 2,13 der Fall, wo konstatiert und beklagt wird, dass Gott die Opfer *nicht mehr* zum Wohlgefallen entgegennimmt – die Gründe dafür werden im prophetischen Schuldaufweis dann genannt (z.B. Mal 2,14–16). In Lev 22,17–30 werden die wichtigsten Kriterien aufgeführt, dass ein Opfer »erfolgreich« ist, d.h. dass der Mensch Wohlgefallen vor Gott findet. Dazu gehören v.a. fehlerlose Tiere, denn jedes Opfertier, das einen körperlichen Schaden hat, wird zu einem erfolglosen Opfer führen (22,20.25). Beim Heilsgemeinschaftsopfer ist für die erfolgreiche Durchführung u.a. ausschlaggebend, dass das geopferte Tier noch am selben Tag bzw. am Tag darauf verzehrt wird, keinesfalls jedoch am dritten Tag – sonst würde das ganze Opfer nicht zum Wohlgefallen führen (Lev 19,5–8). »Wohlgefallen« ist also die Folge eines erfolgreichen Opfers, das rituell korrekt durchgeführt wurde. Da die Kriterien »männlich, fehlerlos« von Lev 22,19 auch in Lev 1,3 genannt werden, ist der Zusammenhang deutlich: Es geht um das korrekte, erfolgreiche Opfer.

Vor JHWH

Die Angabe »vor JHWH« (לפני יהוה, *lipnē YHWH*) ist daher nicht auf das Motiv des »Wohlgefallens« zu beziehen, denn »Wohlgefallen« kann absolut als Qualifikation eines erfolgreichen Opfers gebraucht werden. Vielmehr wird im Gesamtkontext von Lev 1–5 »vor JHWH« immer als Ortsangabe verwendet, z.T. in enger Verbindung mit dem »Eingang des Zeltes der Begegnung« (4,4) oder geradezu austauschbar damit (*Rendtorff*, 31). Im Blick auf das oben Ausgeführte ist also ein weiteres Kriterium für ein erfolgreiches Opfer, dass es »vor JHWH/am Eingang des Zeltes der Begegnung« dargebracht wird und damit JHWH übergeben wird. Die Elemente von V 3 sind also so aufeinander zu beziehen:

ein männliches, fehlerloses Tier	→	zum Wohlgefallen
zum Eingang des Zeltes der Begegnung	→	vor JHWH

Hier und in V 4 zeigt sich – ganz am Anfang und sehr knapp im Vergleich zu den zahlreichen technischen Anweisungen – »die religiöse Bedeutung der Opfer« (*Rendtorff*, 31): Es geht immer um die Wiederherstellung der Kommunikation zwischen Gott und Mensch (Stichwort »Wohlgefallen«), die natürlich nur dann erfolgreich sein kann, wenn das Opfertier fehlerlos ist (und nicht krank oder missgebildet und damit von minderem Wert). Zugleich kann diese Kommunikation nicht irgendwo stattfinden, sondern nur am vorgesehenen Ort: »vor JHWH«, und dieser Ort der Übereignung des Opfers an JHWH ist »am Eingang des Zeltes der Begegnung«. Andernfalls besteht die Gefahr, dass jemand mit einem privaten Opfer sich aus der Solidargemeinschaft ausklinkt (s. Lev 17,1–9). Damit wenden sich diese Bestimmungen zum einen gegen eine Ökonomisierung des kultisch-religiösen Tuns, also dagegen, dass man seine religiösen Pflichten ohne finanziellen Aufwand hinter sich bringt, zum anderen gegen eine Privatisierung des Religiösen außerhalb der Solidargemeinschaft des Gottesvolkes.

Gegen Ökonomisierung und Privatisierung

H. Graf Reventlow, Rituelle Überlieferungen, 301–302, nimmt an, dass hinter Lev 1–4 eine »urtümliche« Fassung stehe, die durch »Ausscheiden der vielen Zusätze« rekonstruiert werden könne. Diese Fassung spreche nur von einem anonymen Priester und zwei freistehenden Altären; auch die zahlreichen Erwähnungen des JHWH-Namens, insbesondere die »Floskel לפני יהוה« seien spätere Zusätze. Daraus schließt *Reventlow,* dass »das Kanaanäertum« die kultischen Rituale bereitgestellt habe; insbesondere die Anonymität, was Priester und Gottheit betreffe, stamme aus dem polytheistischen Hintergrund. Auch wenn diese Übernahme durchaus denkbar wäre, so sind doch die literarkritischen Abtrennungen der vermeintlichen Zusätze ebenso wie die religionsgeschichtlichen Schlussfolgerungen sehr spekulativ.

Erster Akt – Handaufstemmung

V 4 Die Schilderung des Rituals beginnt in V 4 mit der so genannten »Handaufstemmung«, die den *ersten Akt* der Opferhandlung darstellt (סמך יד, *sāmak yād;* s. u.a. *B. Janowski,* Sühne, 199–221.430–431; *C. Eberhart,* Studien, 25–26). Das verwendete hebräische Verb סמך bedeutet in anderen Zusammenhängen »stützen«, auch im Sinne von »unterstützen«. Daher wird die Übersetzung »aufstemmen« vorgeschlagen, zumal in der rabbinischen Literatur erörtert wird, dass dieses Aufstützen »mit aller Kraft« zu geschehen habe. In *bChagiga* 16b wird das Problem diskutiert, dass ein Aufstemmen mit aller Kraft »Arbeit« sei, und gerade die sei ja mit Tieren, die für das Opfer ausersehen sind, verboten (s. Dtn 15,19). Frauen wird im Übrigen freigestellt, ob sie den Ritus der Handaufstemmung vollziehen wollen. Es scheint nicht die Größe der Kraft ausschlaggebend zu sein, sondern es geht darum, dass der Gestus mit ganzem innerem Nachdruck sowie deutlich sichtbar zu erfolgen hat. Um diesen Nachdruck auch in der Übersetzung kenntlich zu machen, wird die übliche Wendung »die Hand auflegen« durch »aufstemmen« ersetzt. Sie soll anregen, die Ernsthaftigkeit des Geschehens und den kultischen Horizont immer mit zu berücksichtigen. Alle näher beschriebenen Rituale für Tieropfer enthalten diesen Akt des Handaufstemmens, der in der Endfassung der Texte offenbar integral zu jedem Tieropfer hinzugehört. Diese Tendenz wird in der rabbinischen Auslegung fortgeführt, wenn dort betont wird, dass dies der einzige Akt der Opferhandlung ist, bei der der Opfernde weder durch seinen Sklaven noch durch seinen Vertreter noch durch seine Frau vertreten werden kann, d.h. der Akt ist buchstäblich »eigenhändig« zu vollziehen (*bMenahot* 93b).

Herkunft der Handaufstemmung

In seinem Exkurs »Zur Bedeutung der Handaufstemmung bei den Opfern« diskutiert Rendtorff die Frage, ob dieser Akt von einer bestimmten Opferart (dem Entsündigungsopfer חטאת) hergeleitet werden kann und verneint diese Annahme (*Rendtorff,* 38–39; s. auch den Exkurs bei *Hartley,* 19–21). Letztendlich sei die Frage kaum zu beantworten.

Bedeutung der Handaufstemmung

Übertragung?

Da die Herkunft des Gestus nicht geklärt sei, sei es auch schwer, seine Bedeutung zu umschreiben, schlussfolgert Rendtorff (40). Im biblischen Text fehlt eine Erklärung fast völlig. In seinem Exkurs fasst Rendtorff drei Theorien dafür zusammen: (1) Die Übertragung in Analogie zur Übertragung der Autorität des Amtsträgers durch Handauflegung auf seinen Nachfolger. Diese Theorie greift jedoch nicht bei der kultischen Sühne, da es um eine gleichsam »materielle« Übertragung der »Sünde« allenfalls beim Sündenbockritus (Lev 16) geht, nicht aber beim Tieropfer. »Versöhnung« (כפר) funktioniert hier auf andere Weise (s. u.). Ferner ist zu beachten, dass beim Gedanken der »Übertragung« meist von *beiden* Händen die Rede ist (z. B. Lev 16,21: vermutlich eine Dualform; Num 8,10; 27,23; anders 27,18), hier aber nur von *einer* Hand, was darauf schließen lässt, dass eine Analogie zur Amtsübertragung oder Sündenübertragung auf den Sündenbock beim Brandopfer ausscheidet (s. *B. Janowski*, Sühne, 216). (2) Die Identifikation von Opferndem und Opfertier besagt, dass der Tod des Opfertieres anstelle des Opfernden alles entfernt, was an Trennendem zwischen dem Opfernden und der Gottheit steht. Das Opfertier werde zum Stellvertreter des Opfernden, der Sühneakt bestehe in der Lebenshingabe des Tieres, auf das das Subjekt des Opfernden übertragen wurde (nähere Details und die Diskussion der Forschungslage bei *Rendtorff*, 41–43; s. auch *B. Janowski*, Sühne, 215–221; *G. J. Wenham*, Theology, 79–80). Auch gegen diese Interpretation sind Bedenken zu erheben (s. *A. Marx*, Les recherches, 417–418): Es ist nicht nachvollziehbar, dass es, wann immer eine Störung des Kommunikationsverhältnisses zwischen Mensch und Gott auftritt, gleich um den Tod geht bzw. dass *nur* der Tod eines Tieres als Symbolisierung des *Todes des Opfernden* jegliche Störungen (auch leichtere!) in der Kommunikation mit der Gottheit beseitigen kann. Ferner tritt die Handaufstemmung auch beim Heilsgemeinschaftsopfer auf, und da ist es gänzlich unverständlich, dass der Opfernde das Fleisch eines Tieres isst, das seinen eigenen Tod symbolisieren soll. Daher ist nach einer anderen Erklärung zu suchen. (3) Soll womöglich die Handaufstemmung des Opfernden nur das Bekenntnis anzeigen, dass dieses Opfertier aus dem Besitz des Opfernden stammt? Damit wäre der Gestus nonverbaler Ausdruck von »Das ist *mein* Tier, das ich der Gottheit opfere« (z. B. *Milgrom*, 152, der sich sehr dezidiert für diese These ausspricht und hethitische und akkadische Parallelen anführt; s. auch *Staubli*, 50). Zwar bereitet diese Erklärung die wenigsten Schwierigkeiten, doch wirkt sie insgesamt sehr rational und zugleich etwas banal (*Rendtorff*, 43–44). Im Prinzip aber weist dieser Erklärungsversuch in die richtige Richtung.

Identifikation?

Besitzanzeige?

(4) Eine vierte Theorie vertritt *R. P. Knierim*, Text, 39, der die Handaufstemmung in enger Verbindung mit der Tötung sieht und darauf hinweist, dass sie der Tötung immer unmittelbar vorausgeht. Somit sei die Handaufstemmung ein sichtbarer und deutlicher Ausdruck der Entscheidung des Opfernden, dieses Tier jetzt der rituellen Tötung für das Opfer zu übergeben: »ein Akt der Übergabe an den Opfertod«. Dabei symbolisiere die Festigkeit des Aufstemmens der Hand die Legalität des folgenden Tötens. Da-

Übergabe an den Opfertod?

mit stelle diese Handlung nicht einen magischen, sondern einen juridischen Akt dar.

Opfereffekt

Von diesen Interpretationen erweisen sich Übertragung und Identifikation als unzutreffend und unpassend, aber auch die Annahme, dass es um die Besitzanzeige geht, legt den Schwerpunkt auf außertextliche – und damit wenig greifbare – Sachverhalte und Voraussetzungen. Zunächst einmal ist vom Gestus selbst her festzuhalten, dass die Handaufstemmung ganz allgemein einen Zusammenhang zwischen Mensch und Tier herstellt. Von daher ist zu fragen, wozu dieser Zusammenhang dienen soll. Dabei ist auf den folgenden Satz zu achten, der den Effekt des Opfers umschreibt: »(es) wird als wohlgefällig für ihn angenommen werden (ונרצה לו, *w*^{e}*-nirṣā l-ō*), um für ihn Versöhnung zu erwirken (לכפר עליו, *l*^{e}*-kappēr ʿālā-w*)«. Zieht man heran, was oben zu V 3 unter »Wohlgefallen« ausgeführt wurde, so hat ein korrekt durchgeführtes Opfer eine bestimmte Wirkung: das Wohlgefallen der Gottheit, oder, weniger metaphorisch ausgedrückt, die Wiederherstellung der Kommunikation zwischen Mensch und Gott. Dazu muss das, was trennend zwischen Mensch und Gott steht, aufgehoben werden – das ist der Sinn von כפר, »Versöhnung erwirken«. כפר *piel, kipper,* ist ein weiterer, ganz wesentlicher Schlüsselbegriff des Buches Levitikus, zu dem im Verlauf des Kommentars noch mehr ausgeführt werden muss (v.a. zu Lev 4–5; 16; s. das Glossar unter »Versöhnung erwirken«). Von der bisherigen Lektüre der Tora her begegnet כפר *piel* an der signifikanten Stelle Gen 32,21: Jakob tritt nach all den Jahren seinem Bruder Esau gegenüber und versucht »Versöhnung« zu erwirken (אכפרה, *ʾakapp*^{e}*rā*), indem er ein Geschenk vorausschickt (wörtlich: »durch die Gabe [מנחה], die vor mir hergeht«; s. *B. Janowski,* Sühne, 110–111). Nicht nur die Jahre der Entfremdung, sondern auch das »betrügerische« Handeln Jakobs stehen trennend zwischen Jakob und Esau, und mit dem Geschenk versucht Jakob, die Trennung aufzuheben – was letztendlich gelingt, die Familienbande können wiederhergestellt werden. So könnte man auch das deutsche Wort »Versöhnung« volksetymologisch deuten, nämlich dass die Sohnschaft, die Familienzusammengehörigkeit wiederhergestellt wird. (Etymologisch gesehen kommt das deutsche Wort »Versöhnung« freilich von »Sühne« und importiert damit die jüdischen und christlichen theologischen Vorstellungen.) Die Belege im Buch Exodus sind eher technischer Art (kultisch-priesterliche Sprache in Ex 29,36f; 30,10.15f). Sehr eindrucksvoll ist hingegen das Tun des Mose in Ex 32,30 (s. dazu u.a. *V. Ber,* Social Dimension, 120–123). Nach der großen Sünde des Volkes, das von JHWH abgefallen ist, indem es die Befreiungserfahrung des Exodus auf das Goldene Kalb übertragen hat (*C. Dohmen,* Exodus 19–40, 300), will Mose auf den Berg zu JHWH hinaufsteigen, um Fürbitte zu leisten: »vielleicht – ich will Sühne erwirken (אכפרה, *ʾakapp*^{e}*rā*) für eure Sünde«. Für »Sühne« kann auch »Versöhnung« gesetzt werden: Mose will versuchen, die gestörte (zerstörte?) Beziehung zwischen dem

Versöhnung erwirken

Volk und JHWH wiederherzustellen. Dieser Gedanke wird dann breit ausgefaltet – und am Beginn des Buches Levitikus kehrt das Verb כפר, *kipper*, wieder und bezeichnet damit die Wirkung des Opfers. An die Stelle einer außergewöhnlichen Interzession durch den Menschen und Offenbarungsmittler Mose (so exemplarisch in Ex 32–34) tritt nun das (wiederholbare) Opfer, durch das Versöhnung erwirkt wird. Fasst man zusammen, so besteht – sehr allgemein gesagt – die Wirkung des Opfers darin, dass eine Beziehung zwischen Mensch und Gott (wieder) hergestellt wird und alles, was auch immer trennend dazwischen stand, aufgehoben ist. Die Frage ist dann (mit *R. P. Knierim*, Text, 43–44) nur, wie dem Opfernden bewusst wird, dass das Opfer angenommen und die Beziehung mit Gott wiederhergestellt ist: Gibt es einen (hier nicht erwähnten) verbalen Akt, einen Zuspruch seitens der Priester? Gibt es eine Gewissheit seitens des Menschen, dass ein vorschriftsmäßig dargebrachtes Opfer immer angenommen wird? Der Text hat an diesen Fragen kein Interesse, setzt aber wohl voraus, dass die Annahme des Opfers in irgendeiner Weise deutlich wird.

Zueignung des Opfereffekts ad personam

Damit aber ist das Opfer kein unpersönlich-allgemeiner ritueller Akt, sondern eine sehr persönliche Angelegenheit: Versöhnung kann nur zwischen konkreten Personen stattfinden, eben zwischen dem personalen Gott JHWH und dem einzelnen Menschen (bzw. dem Volk als Einheit in Ex 32–34). Die versöhnende Wirkung eines Opfers betrifft also immer einen bestimmten Menschen: Das Brandopfer von Lev 1 wird nicht »an sich« dargebracht, sondern um eines bestimmten Menschen willen, zugunsten des Opfernden und seiner Gottesbeziehung. Um nun genau zu spezifizieren, zu wessen Gunsten und um wessentwillen dieses konkrete Opfertier geschlachtet wird – wer also der Empfänger von Wohlgefallen und Versöhnung ist –, muss *per Handaufstemmung* der Zusammenhang zwischen Mensch und Tier, zwischen der Opfermaterie und der menschlichen Person, um deren Gottesbeziehung es geht, hergestellt werden (*W. K. Gilders*, Blood Ritual, 81: »The hand-pressing indexes a relationship between offerer and animal«; s. auch *R. E. Gane*, Cult and Character, 56; *C. Körting*, Schall, 182–183; *Watts*, 192).

Aufgrund der *ad-personam*-Zueignung der Opferwirkung ist – so hält es die rabbinische Auslegung auch fest (s. o.) – eine Vertretung durch andere Personen nicht möglich. Können alle anderen Handlungen von Vertretern, viele Akte standesgemäß von den Priestern übernommen werden, so ist die Herstellung des Zusammenhangs zwischen dem einzelnen Menschen und dem *für ihn* (für seine Versöhnung) dargebrachten Opfertier mit der entsprechenden Wirkung eine so persönliche Sache, dass sie nur »eigenhändig« erfolgen kann.

Fehlanzeige beim Kleinvieh?

Die Behauptung, das Handaufstemmen sei integraler Bestandteil eines jeden Brandopfers, könnte durch das Fehlen des Gestus beim Kleinvieh (V 10–11) in Frage gestellt werden. Doch ist zu beachten, dass in V 4 nicht die Tierart spezifiziert wird, sondern viel abstrakter gar nicht vom Kopf des Tieres, sondern vom »Kopf des Brandopfers« gesprochen wird (ähnlich ist es in V 6 beim Häuten). Damit ist aber festzuhalten, dass diese Bestimmungen generell für eine jegliche *ʿolā* gelten und daher beim Kleinvieh nicht wiederholt werden müssen (so auch *Raschi*, 279). – Da die Handaufstemmung bei jedem Opfer erfolgt, wird zugleich deutlich, dass auf der Endtextebene (und damit in nachexilischer Zeit) der Sinn des Opferkultes in der Versöhnung zwischen Gott und Mensch (Israel) besteht (s. auch *H. Gese*, Sühne, 95).

Zweiter Akt – Schlachtung

V 5 Da das *Schlachten* des Opfertieres ein selbstverständlicher und notwendiger Abschnitt beim Opfer ist, wird es in der erzählenden Literatur bisweilen gar nicht erwähnt (z. B. 1 Kön 18,23, wo bestimmte Details, nicht aber das Schlachten genannt sind). Wo jedoch in der kultisch-priesterlichen Literatur Einzelheiten des Brandopferrituals mitgeteilt werden, ist das Schlachten immer genannt (Ex 29,16; Lev 8,19; 9,12; Ez 40,39.42; 44,11). Im masoretischen Text von Lev 1,5 ist es der einzelne Opfernde, der den zweiten Akt in der Ritualschilderung, die Schlachtung (שחט, *šāḥaṭ*), vornimmt (*W. K. Gilders*, Blood Ritual, 63). In der großen Ezechielvision sind es in Ez 44,11 die *Leviten*, die die Schlachtungen beim Brandopfer durchführen sollen – von hierher liegt die Annahme nahe, dass es die Sitte gab, dass die Leviten bzw. die Priester diese Aufgabe übernommen haben und dieser Gedanke hinter dem Plural der LXX an dieser Stelle steht. Da das Schlachten eines Tieres gelernt sein will, liegt es nahe, dass allmählich Fachleute diese Aufgabe übernommen haben. Durch das deutliche Zeichen der Handaufstemmung war die Beziehung der opfernden Person zu ihrem Opfertier und damit der Empfänger der Wirkungen des Opfers auf den Menschen ausreichend markiert, so dass die Schlachtung nicht zwingend persönlich erfolgen muss. Allerdings setzt Josephus (*Ant.* 3,226) wiederum voraus, dass der Opfernde selbst die Schlachtung durchführt. Wahrscheinlich gab es zu unterschiedlichen Zeiten unterschiedliche Praktiken, wobei nur festzuhalten ist, dass (im Gegensatz zu anderen Tätigkeiten) das Schlachten kein Privileg der Priester (Leviten) war (siehe auch *Raschi*, 279; *Milgrom*, 154; *Watts*, 196). Damit ist es klar, dass diesen Schritt im Ritual auch Frauen durchführen können, da sie in den allgemeinen Personenbegriffen אדם, *ʾādām*, und נפש, *næpæš*, meist mit »jemand« oder »eine Person« übersetzt, mit eingeschlossen sind (s. *D. Erbele-Küster*, Dienst, 272–275; s. o. die Auslegung zu Lev 1,2cd, »Ein Mensch«). *A. Marx*, Les sacrifices, 17, macht mit Recht darauf aufmerksam, dass die Schlachtung vorbereitenden Charakter hat und kein zentraler Akt ist. Die Suche nach Bedeutung und Theologie des Opfers sollte daher nicht bei der Schlachtung bzw. Tötung des Tieres ansetzen.

Durchführung

Über die Durchführung der Schlachtung verliert der Text kein Wort, offenbar war das ein allgemein bekannter und selbstverständlicher Vorgang. Da im Folgenden das Blut eine ganz wesentliche Rolle spielt, scheint die Schlachtung nach der Weise des später so genannten »Schächtens« (שחיטה,

šᵉḥīṭā) vorgenommen worden zu sein: Mit einem sehr scharfen Messer werden mit *einem* Schnitt Luftröhre und Halsschlagader durchtrennt, und das herausströmende Blut wird aufgefangen. Das altägyptische Schächtverfahren beschreibt *A. Eggebrecht,* Schlachtungsbräuche, 34–37, sehr detailliert. Anschließend analysiert er das ikonographische Material zur Tierschlachtung vom Alten bis zum Mittleren Reich. Als Beispiel aus dem mesopotamischen Bereich sei die Abbildung eines Schlachtungsvorgangs auf einem Relief des Palastes des assyrischen Königs Sanherib (704–681 v. Chr.) angeführt (siehe Abb. 2). In der Regel liegt das Tier auf dem Rücken mit gefesselten Gliedmaßen; der Kopf wird nach hinten (unten) überstreckt, damit Kehle und Hals für den entscheidenden Schnitt freiliegen.

Abb. 2: Schlachtung (Relief, Palast Sanheribs, aus: *O. Keel,* Bildsymbolik, 307, Abbildung 439a)

Auch die Schlachtung wird lokalisiert: »vor JHWH«. In der Parallele beim Kleinvieh wird die Angabe durch »an der Nordseite des Altares« ergänzt (V 11). Daraus wird auch deutlich, dass »vor JHWH« als *Ortsangabe* tatsächlich den Vorhof des Heiligtums mit dem Brandopferaltar meint (s. o., Abb. 1, Seite 164) und Schlachtungen eines Opfertieres an anderen Orten ausschließt. Als *theologische* Aussage ist damit die Übereignung des Opfertieres an JHWH verbunden, d. h. es handelt sich um eine *rituelle* Schlachtung, nicht um eine profane. Dafür spricht auch die Verwendung des Verbs שחט, *šāḥaṭ,* das in der kultisch-priesterlichen Sprache als Fachbegriff für das zeremonielle Schlachten dient und von dem sich der deutsche Begriff »schächten« herleitet (HALAT s. v.; *C. Eberhart,* Art. Schlachtung/Schächtung, 1.). Für das Heilsgemeinschaftsopfer ist nach Lev 3,2 ein anderer Ort vorgesehen (»am Eingang des Zeltes der Begegnung«), während das Entsündigungsopfer ausdrücklich am gleichen Ort wie das Brandopfer geschlachtet werden soll (4,29).

V 5bc Der dritte Akt des Opferns ist der *Blutritus,* der jetzt von den Priestern durchgeführt wird. Im masoretischen Text wechselt also das Subjekt vom

Dritter Akt – Blutritus

Opfernden (Singular), der die Schlachtung durchführt, zum Plural-Subjekt »die Söhne Aarons, die Priester«. »Söhne« (בני) hat dabei einerseits die konkrete Bedeutung »leibliche Söhne«, da in der narrativen Welt der Tora es tatsächlich die Söhne Aarons sind, die die Opfer durchführen (Lev 9); andererseits hat der Begriff auch zuordnende Funktion und bezeichnet so die Priester aus Aarons Geschlecht, die »Aaroniden«.

Singular – Plural

LXX setzt ab V 5 das Subjekt (den Handlungsträger) immer in den Plural, so dass die griechische Version offenbar davon ausgeht, dass alle Opferakte von den Priestern durchgeführt werden (*C. Eberhart*, Studien, 53). In ähnlicher Weise ordnet Josephus (*Ant.* 3,226–227) alle Handlungen ab dem Blutritus den Priestern zu. Allerdings äußert er sich zum »Dankopfer« (gemeint ist das Heilsgemeinschaftsopfer) sehr vage, so dass unklar ist, wie er sich den Ablauf genau vorstellt. Wenig hilfreich ist es auch, aus dem Wechsel von Singular und Plural im masoretischen Text literarkritische Schlussfolgerungen zu ziehen. Der Text ist gut verstehbar, und es liegt nahe anzunehmen, dass überall dort, wo der Singular steht, der Opfernde das Subjekt ist (mit Ausnahme von V 9, wo »der Priester« im Singular steht), während bei den Pluralformen in der Regel auch die »Söhne Aarons, die Priester« lexikalisch genannt sind. Dabei ist es nicht zwingend, dass nur der Opfernde diese Akte vollzieht – bis auf das Handaufstemmen (s. o.) kann auch jeder beliebige Vertreter diese Handlungen verrichten (*Milgrom*, 160 u. ö.).

Ausgießen des Blutes

Eine genauere Beschreibung des Blutritus findet sich nirgends. Ausgedrückt wird er mit zwei Verbalsätzen in der für den Ritualstil üblichen Form *w-qatal-x*. Die Priester sollen das Blut »darbringen« (והקריבו) – es wird das gleiche Verb wie beim »Opfern« verwendet (*QRB hifil*). Es führt etwas in die falsche Richtung, wenn man hier eine Unterscheidung in »darbringen« (bei den Opfern) und »herbeibringen« (beim Blut) treffen wollte. Zwar ist dies vom Bedeutungsspektrum von קרב, *QRB*, her möglich, banalisiert aber die Aussage unnötigerweise. Wenn die Priester das Blut »darbringen« sollen, heißt dies, dass das Blut menschlicher Verwendung entzogen und der Gottheit übergeben wird. Diese Übergabe geschieht im zweiten Verbalsatz durch das »Aussprengen« (זרק, *ZRQ*) rings um den Altar. Dieses Verb unterscheidet sich von der Schilderung des Blutritus beim Entsündigungs- und Entschuldigungsopfer in Lev 4–5, und diese beiden Riten haben auch nichts miteinander zu tun (*Rendtorff*, 53; zur Behandlung dieser Frage in der Tempelrolle, der Septuaginta und der Mischna s. *I. Himbaza*, Rite, 19–25). Das Aussprengen des Blutes aus der Auffangschale an den Altar beim Brandopfer wird nicht mit einer sühnenden Wirkung (כפר) in Verbindung gebracht, sondern erinnert eher an die Vorschrift bei der Profanschlachtung in Dtn 12,16.24; 15,23: An diesen Stellen ist der Umgang mit dem Blut ganz von einem Opfervorgang gelöst. Man soll das Blut »wie Wasser« auf die Erde schütten. Hier scheint auch der Schlüssel für das Verständnis von Lev 1,5 zu liegen: Es geht darum, das Blut auf rituelle Weise dem menschlichen Verzehr zu entziehen. Mehrfach wird im Buch Levitikus das Verbot des Blutgenusses betont (3,17; 7,26f; 17,10–14; siehe die Auslegung dort). Damit das beim Schlachten (Schächten) aufgefangene Blut keinen Anlass gibt, dieses Verbot zu übertreten, wird der Umgang damit klar geregelt (weitere Details bei *W. K. Gilders*, Blood Ritual, 65–71). *C. Eberhart*, Studien, 28–31, verweist (u.a. mit Rückgriff auf *W. Zwickel*, Tempelkult) auf die archäologischen Belege von Abflusseinrichtungen an Altären und Altarsockeln sowie die Wasseranlagen und Abflusssysteme im Areal des Jerusalemer Tempels.

Dem Genuss entzogen

Eine vielleicht noch präzisere Deutung des Blutritus könnte in folgender Überlegung bestehen: Das Blut als Träger des Lebens (s. Lev 17,14; Dtn 12,23) gehört bereits Gott (von Anfang des Lebens an und damit immer schon). Daher kann es keinesfalls als Opfer auf dem Altar verbrannt werden. Also wird es an den Brandopferaltar, den Ort der besonderen Gegenwart Gottes beim Opfervorgang, ausgesprengt und so Gott übergeben. Der Blutritus hat daher nichts mit dem eigentlichen Opfer zu tun – und logischerweise geht diese Rückgabe des Blutes (= des Lebens) an JHWH dem Opferakt des Verbrennens voraus (*R. P. Knierim*, Text, 57).

Übergabe des Blutes an den eigentlichen Besitzer

Eine dritte plausible Deutung des Blutritus beim Brandopfer könnte in der Verweisfunktion (Index-Funktion) des Blutes liegen: Durch die Handaufstemmung (s.o. zu V 4) wird eine Beziehung zwischen dem Opfernden und dem Tier hergestellt. Durch die Schlachtung des Tieres steht das Blut zur Verfügung, das als Blut des indizierten Tieres an den Altar gegossen wird und so letztlich eine indizierte Beziehung zwischen dem Opfernden und dem Altar (zu dem nur die Priester Zutritt haben) herstellt: »the application of blood to the altar indexes a relationship between the offerer and the altar, a relationship mediated by the animal and its blood« (*W. K. Gilders*, Blood Ritual, 81). Der Altar wiederum gilt als der Ort der göttlichen Gegenwart, so dass die Beziehung zum Altar letztlich eine Beziehung zu Gott herstellt. – Schließlich indiziert das Blut, das ja durch die Priester an den Altar appliziert wird, auch deren Beziehung zum Altar. Somit ergibt sich eine Dreiecksbeziehung zwischen dem Opfernden, dem Altar (der für Gottes Gegenwart steht) und den Priestern – sie wird durch die Handhabung des Opferblutes etabliert und durch die folgende Verbrennung (Opferung) des Tieres verstärkt (ebd., 82).

Indizierung einer Beziehung

V 6a An die Schlachtung und die kultische Applikation des Blutes schließt sich als vierter Akt das *Abziehen der Haut* an. An sich ist auch dies ein notwendiger Vorgang zur Vorbereitung der Verbrennung. Noch ist nicht klar, was mit der abgezogenen Haut geschehen soll – erst in Lev 7,8 wird klargestellt, dass die Haut dem Priester gehört, der das Brandopfer für jemanden darbringt. Damit diese Bestimmung erfüllt werden kann, muss im Ritual des Brandopfers das Abhäuten erwähnt werden. Wieder wird (wie in V 4a) for-

Vierter Akt – Abziehen der Haut

muliert, dass »dem Brandopfer« die Haut abgezogen wird – nicht dem Rind im Besonderen. Daher gilt die Bestimmung des Häutens auch für den nächsten Abschnitt über das Kleinvieh mit – oder, wie *Raschi*, 280, betont, um »alle Ganzopfer zum Abziehen und Zerlegen hinzuzufügen«.

Fünfter Akt – Zerteilen

Mit einer *figura etymologica* wird der fünfte Akt formuliert: »er zerstückle es in seine Stücke« (ונתח אתה לנתחיה, *w*^{e}*-nittaḥ ʾot-āh li-ntaḥæ-hā*). Mit *Raschi*, 280, ist es plausibel anzunehmen, dass mit »*seine* Stücke« gemeint ist, dass die Zerteilung in die natürlichen Bestandteile des Tieres erfolgen soll, »aber nicht seine Stücke nochmals in Stücke«. V 6b

Nebenhandlung: Feuer und Holz

Die Ritualbeschreibung wird durch einen erneuten Subjektswechsel für eine Zwischenbemerkung unterbrochen: die Vorbereitung des Altarfeuers durch die Priester. Zwei Überlegungen unterstreichen die Annahme, dass es sich um eine nicht als eigenen Akt zu zählende Notiz handelt: Zum einen ist die Reihenfolge unpassend, nämlich erst das Tier zu zerteilen und dann den Altar herzurichten – es geht also in V 7 nicht um die Reihenfolge der Schritte. Zum anderen ist in der Erzählabfolge das Altarfeuer noch nicht entzündet, soll dann aber, wenn es einmal entzündet ist, nicht mehr verlöschen (Lev 6,1–6). Damit aber ist im normalen Ablauf des Brandopfers ein Anfeuern des Altares nicht nötig, da das Feuer ja schon brennt und auch das Holz beständig vorhanden ist. Denkt man aber an ein »erstes« Brandopfer, dann ist es angebracht, hier (und nur hier) Feuer und Holz zu erwähnen (anders *Milgrom*, 157f.163, der hier vom *Nachlegen* neuen Holzes ausgeht und somit einen regelmäßig wiederkehrenden Akt annimmt; zur Diskussion von Lev 1,7–8 in der frühjüdischen und rabbinischen Literatur s. *Y. Sagiv*, Leviticus 1 and 6, 49–61). V 7

Abraham

Darüber hinaus schlägt das Anordnen des Holzes auf dem Altar eine Brücke zu Gen 22,9, wo die gleiche Kombination der drei Stichworte »Altar«, »Holz«, »anordnen« vorkommt: Noch bevor also die Tora über das Brandopfer durch Mose offenbart wurde, hat Abraham sie schon bei der Vorbereitung seines Brandopfers berücksichtigt. Daraus wird im Judentum der Grundsatz abgeleitet, dass Abraham die ganze Tora ausgeübt habe, noch bevor sie offenbart worden war (*mQiddushin* 4,14; *bQiddushin* 82a; *bYoma* 28b). Spielt man umgekehrt bei der Lektüre von Lev 1,7 die Abrahamsgeschichte aus Gen 22,9 ein, erhält die scheinbar banale Holz-Feuer-Anordnung auf dem Altar ein rituelles Gewicht, da die »Tradition« gewissermaßen auf Abraham selbst zurückgeführt wird. Im Jubiläenbuch (*Jub* 21,12–13) ist es auch Abraham, der in seiner Abschiedsrede an Isaak zusammenstellt, welche Hölzer für das Brandopfer geeignet sind (Zypresse, Lorbeer, Mandelbaum, Fichte, Pinie, Zeder, Wacholder, Feige, Olive, Myrthe, Rooibos [Asphalatus]) und dass das Holz sauber und frisch sein soll (also keine alten, dunklen, zersplitterten Hölzer). Die Jubiläenbuchstelle zeigt exemplarisch, wie wichtig in späterer Diskussion und Praxis das Holz des Opferfeuers geworden ist (weitere Details aus der tanaaitischen Literatur bei *Milgrom*, Gen 22,9

158f). Die Praxis der Holzlieferung, für die per Losentscheid die priesterlichen, levitischen und die Laien-Familien eingeteilt werden, wird in Neh 10,35; 13,31 beschrieben (s. *T. Hieke*, Esra und Nehemia, 231–232; s. auch *C. Eberhart*, Studien, 35).

V 8 Als sechster Akt schließt das *Anordnen der Stücke* direkt an V 6 an, wobei aber für »anordnen« das gleiche Verb wie in V 7 für das Holz verwendet wird (ערך). Zudem entspricht die Reihenfolge der Schichten (s. o., Zur Übersetzung) in dem komplizierten Relativsatzgefüge genau den Anweisungen in V 7: Fleischstücke – Holz – Feuer – Altar (von oben nach unten). Damit ist auch V 7, die Anweisung über das Altarfeuer, ganz integriert (*Rendtorff*, 57).

Sechster Akt – Anordnen der Stücke

Neben den »Stücken« des Opfertieres werden noch zwei Teile besonders erwähnt. Einmal ist dies der *Kopf*, der offensichtlich aus praktischen Gründen vor dem Häuten des Tieres abgeschnitten wurde und nun, damit es wirklich ein *Ganzopfer* wird, eigens erwähnt wird (*Raschi*, 280). Zum zweiten ist es das seltene Wort פדר (s. o., Zur Übersetzung). In Richtung »Fett« läuft die Deutung wohl auch durch die LXX (στέαρ). Offensichtlich dient das besondere Wort zur Kennzeichnung eines bestimmten Teiles des Fettes. In der rabbinischen Tradition (*mTamid* 4,3) wird darin die Fetthaut gesehen, mit der beim Herbeibringen des Kopfes die Schnittstelle am Hals bedeckt wird, um die blutige Stelle vor Gott aus Gründen der Ehrfurcht (*bYoma* 26a) zu verhüllen (s. auch *Ramban*, 17–18). Es könnte dafür das Fettnetz geeignet sein, das die Eingeweide vom Magen ausgehend umhüllt, und daher wird (in Anlehnung an HALAT) die Übersetzung »Nierenfett« vorgeschlagen. Mehr als eine plausible Spekulation ist diese Deutung aber nicht.

Besonderheiten

V 9a Auch in V 9a wird – wie schon in V 7 – eine an sich wichtige Handlung außerhalb der praktikablen Reihenfolge nachgetragen und als solcher Nachtrag durch die abweichende (aber syntaktisch-semantisch äquivalente) Verbalform *x-yiqtol* (Langform) gekennzeichnet. Wenn eine längere Reihe von *w-qatal-x*-Formen durch die Äquivalenzform unterbrochen wird, ist dies mitunter schon als Stilmittel zu verstehen (*Rendtorff*, 59; s. auch *K. Koch*, Rituale, 77–78). Es geht um das *Waschen der Innereien und der Beine*, das vom praktischen Ablauf *vor* dem Aufschichten der Teile auf dem Brandopferaltar erfolgen muss. Damit wird dieses Waschen zu einer vorbereitenden Nebenhandlung außerhalb der eigentlichen Opferakte. – Eine andere mögliche Perspektive wäre die Annahme, dass die Innereien und die Beine als die am wenigsten wichtig angesehenen Teile erst zuletzt aufgelegt werden, nachdem »die Stücke« (also vor allem die zerteilte Masse des Körpers) bereits auf dem Feuer arrangiert sind. Dann sei dieser Akt keine Neben-, sondern eine Haupthandlung (so *R. P. Knierim*, Text, 58–64). – »Beine« könnte im Übrigen auch ein Euphemismus für die Geschlechtsteile des Tieres sein (*M. Douglas*, Leviticus as Literature, 77–78).

Nebenhandlung: Waschen

Ausspülen der Därme

Was wird eigentlich gewaschen und warum ist das Waschen erforderlich?

קרב, *qæræb*, hat die allgemeine Bedeutung »Inneres«, kann dann aber auch die Eingeweide und die Verdauungsorgane bezeichnen (z. B. Gen 41, 21; Ijob 20, 14). Letzteres ist hier wohl gemeint, denn der dickflüssige Magen- und Darminhalt könnte nur sehr schwer verbrannt werden, so dass es nahe liegt, diesen Kot zu entfernen, also die Därme zu spülen. Beim Zerteilen und Auswaschen des Tieres dürfte diese Masse auch auf die Beine geraten, so dass auch sie gewaschen werden müssen.

Siebter Akt – In Rauch aufgehen lassen

V 9b Der siebte und letzte Akt der Opferhandlung ist die vollständige Verbrennung »des Ganzen« (את הכל), die etwas bildhafter mit »in Rauch aufgehen lassen« ausgedrückt wird (קטר, *QṬR hifil*). Dieser Ausdruck ist die Standardbezeichnung für alle Opfer, die ganz oder teilweise verbrannt werden (*U. Bechmann*, Duft, 64). Beim Brandopfer steht als Charakteristikum »das Ganze«, so dass das Brandopfer auch das *Ganzopfer* ist: Alles (bis auf die Haut, die dem Priester gehört) wird verbrannt (*Milgrom*, 161). Bei den anderen Opfern wird eigens genannt, was genau in Rauch aufgeht. – Die Wendung zeigt an, dass nicht die Zerstörung im Vordergrund steht, sondern die Transformation des Opfers hin zu einem Signal (»Index«) für die Kommunikation mit dem Göttlichen (s. z. B. *M. Douglas*, Leviticus as Literature, 68–69). *C. Eberhart*, Studien, 39, optiert daher für die Übersetzung »kultisch verbrennen« und betont die große Bedeutung der kultischen Verbrennung für das Opfergeschehen (ebd., 291–331): Alle Opferarten sind durch den Ritualakt der kultischen Verbrennung miteinander verbunden (301).

Der Priester

Diesen eigentlichen Höhepunkt des Opfers vollzieht ausdrücklich »*der* Priester« (Singular). Damit ist wieder eine *persönliche* Zuordnung erreicht: Wie schon das einzelne Opfertier zugunsten einer bestimmten Einzelperson, die als Begünstigte durch das Handaufstemmen klar angezeigt ist, dargebracht wird, so vollzieht den eigentlichen Opferakt auch ein einzeln identifizierbarer Priester. Zum einen ist diese Identifizierbarkeit nötig, weil es dieser einzelne Priester ist, der nach Lev 7, 8 die Haut des Opfertieres (als Einkommen) erhält. Zum anderen unterstreicht der Singular, dass das Opfern ein durch und durch personales Geschehen ist: Der individuelle Opfernde bringt *sein* Opfertier zu *dem* Priester als Mittelsperson, der es dem personalen Gott, dem einen und einzigen Gott JHWH *zugunsten* der Person des Opfernden darbringt. Im Grunde entsteht so über den Materialeinsatz des Tieres hinaus eine individuelle spirituelle Beziehung des Opfernden über den Priester zu JHWH als dem Empfänger des Opfers. Bei allem Gewicht, das dem Opfermaterial und dem technischen Vollzug des Opfers in diesen handbuchartigen Texten zugemessen wird, bleibt doch die religiöse Tiefendimension des Opfergeschehens als (Wiederherstellung der) Kommunikation zwischen Mensch und Gott deutlich erkennbar.

Ein personaler Vorgang

Abschließende Deklarationen

V 9c Der Abschnitt schließt mit einer dreifachen Deklaration: Das Opfer wird rückblickend als (1) (ordnungsgemäßes) »Brandopfer«, als (2) »Feueropfer« zum (3) »Duft der Beruhigung für JHWH« bezeichnet. (1) »Ein Brandopfer (ist es)« schließt den Bogen zu 1,3 und rahmt so die Schilderung der Vorbereitungen und der sieben Opferakte des Brandopfers. Die Formulierung mit dem sPP הוא in unterschiedlicher Punktation (nur hier in V 9 ist es aufgrund eines Schreibversehens ausgefallen; s. aber 1,13.17 u.ö.; zur Vokalisation s.o., Zur Übersetzung) ist eine geprägte Wendung, die deklaratorische Funktion hat und als »priesterliche Klassifikationsformel« bezeichnet werden kann (*B. Janowski*, Sühne, 222; *Elliger*, 35: »deklaratorische Formel«). Gerade im Blick auf den Adressatenkreis – die Opfervorschriften dienen ja der Laienbelehrung, s.o. – erscheint es sehr sinnvoll, gegen die Gefahr des Verwechselns und Vermischens der Vorschriften und Riten die Opferart am Anfang und am Ende klar zu benennen. Insofern ist die Wendung keine bloße Feststellung, sondern dient der didaktischen Festigung des eben »Gelernten«: *Das* ist ein Brandopfer, *das* ist eine Speiseopfergabe (2,6.15), etc. Die Bedeutung des *Namens* eines Opfers in der rabbinischen Literatur arbeitet *Rendtorff*, 62, heraus.

Feueropfer

(2) »Feueropfer« ist die geläufige (und auch zu rechtfertigende) Übersetzung für אִשֶּׁה (s. das Glossar). Syntaktisch ist die Anreihung wohl so aufzufassen, dass das Brandopfer als Untergruppe der Feueropfer gerechnet wird: »Ein Brandopfer (ist es; es ist) ein Feueropfer (= gehört zu den Feueropfern)«.

Duft der Beruhigung

(3) Der »Duft der Beruhigung für JHWH« ist Umschreibung dafür, dass das Opfer korrekt durchgeführt und von JHWH angenommen wurde (s. das Glossar). Die deklaratorische Formulierung legt somit fest, dass ein Brandopfer, das aus einer korrekten Opfermaterie (männlich, fehlerlos) besteht und entsprechend den sieben Akten der Opferhandlung dargebracht wird, auch das göttliche Wohlgefallen findet und so der erwünschte Effekt des Opfers (Versöhnung: 1,4) für die durch die Handaufstemmung spezifizierte Person eintritt. Erneut wird – nach aller »Opfertechnik« und äußeren Details – eine theologische Tiefendimension deutlich: All das beschriebene Tun hat seinen Grund, seinen Sinn, sein Ziel und seinen Zweck darin, ein gutes Einvernehmen, eine geglückte Beziehung, eine stabile Kommunikation zwischen Mensch und Gott herzustellen. Es gehören von Seiten der Menschen aller Aufwand und alle Ernsthaftigkeit in jeglichen Details dazu – aber JHWH bleibt auch letztlich frei und souverän, JHWH kann nicht zur Annahme gezwungen werden. Wenn das Volk nicht auf JHWH und seine Weisung hören will, dann wird JHWH den Duft der Beruhigung nicht mehr riechen (Lev 26,21; Am 5,21) und damit die Kommunikation abbrechen – was für den Menschen Unheil und Gericht bedeutet. Positiv ist festzuhalten, dass der Mensch also die Chance hat, mit Gott in Kontakt zu treten, wenn er die Voraussetzungen erfüllt: die Befolgung der Weisung Gottes, und zwar sowohl hinsichtlich der technischen Details für den Kult (Opferhandlungen) als auch hinsichtlich eines friedlichen Zusammenlebens der Menschen in sozialer Gerechtigkeit und in gesellschaftlicher Ordnung. Gerade das Buch Levitikus zeigt in seinem Gesamtaufbau (siehe die Einleitung), dass in der

Weisung JHWHs religiös-kultische und gesellschaftlich-soziale Bestimmungen integral zusammengehören.

Die Akte der Opferhandlung

Im Rückblick auf Lev 1,3–9 lassen sich die wesentlichen Elemente der Opferhandlung und vor allem die sieben Akte (*C. Eberhart,* Studien, 24–53) in einer Übersicht darstellen: V 3–9

V 3	Opferart	Brandopfer vom Rindvieh	
	Opfermaterial	fehlerloses, männliches Tier	
	Ziel/Effekt	Wohlgefallen JHWHs, Versöhnung	
V 4	**Erster Akt:**	**Handaufstemmung**	**(der Opfernde)**
V 5	**Zweiter Akt:**	**Schlachtung**	**(der Opfernde)**
	Dritter Akt:	**Blutritus**	**(die Priester)**
V 6	**Vierter Akt:**	**Abziehen der Haut**	**(der Opfernde)**
	Fünfter Akt:	**Zerteilen des Tieres**	**(der Opfernde)**
V 7	(Nebenhandlung:	Feuer und Holz auf d. Altar)	(die Priester)
V 8	**Sechster Akt:**	**Anordnen der Stücke**	**(die Priester)**
V 9a	(Nebenhandlung:	Waschen)	(der Opfernde)
V 9b	**Siebter Akt:**	**in Rauch aufgehen lassen**	**(*der* Priester)**
V 9c	Deklaratorische Schlusswendungen zur Klassifikation:		
	Opfername	Brandopfer	
	Opfergattung	Feueropfer (Gabe des Menschen für JHWH)	
	Ziel/Effekt	Duft der Beruhigung für JHWH	

Rein quantitativ steht damit schon der technische Ablauf des äußeren Rituals im Vordergrund. Doch im Blick auf die Struktur wird auch deutlich, dass die theologische Tiefendimension des Opfervollzugs die Szenerie rahmt (in der Übersicht mit »Ziel/Effekt« bezeichnet). Der ganze Aufwand hat nicht seinen Sinn und seinen Zweck in sich, sondern ist äußere Ausdrucksform eines personalen, spirituellen Geschehens: die Wiederherstellung der Kommunikation mit JHWH, die Manifestation oder der Zuspruch des göttlichen Wohlgefallens als Grundlage für das Wohlergehen der Menschen. Dabei kann von Seiten der Menschen nichts erzwungen werden, denn bei aller »Technik« ist das Geschehen kein Automatismus. Hinter der auf Wiederholbarkeit ausgelegten Ritualsprache steht vielmehr die göttliche Offenbarung, dass von Seiten JHWHs ein Weg eröffnet und geschenkt wird, wie eine dauerhafte und erfolgreiche Beziehung zu JHWH zu realisieren ist (s. auch *A. Marx,* Opferlogik, 146). Insofern handelt es sich um eine göttliche Zusage, denn man bedenke dazu auch die narrative Einbettung als Gottesrede an Mose: Es geht um die Zusage JHWHs, bei Befolgung der Weisung die heilvolle Zuwendung des göttlichen Angesichtes zu gewähren. Dabei bleibt jeder einzelne Opferakt, der die Annahme JHWHs findet, ein freies, souveränes Geschenk Gottes; von Seiten des Menschen bleibt die Hoffnung auf eine wohlgefällige Annahme durch Gott (*R. P. Knierim,* Text, 70).

Brandopfer vom Kleinvieh

V 10–13 Der zweite konkrete Unterfall des Brandopfers spezifiziert eine andere Opfermaterie: das Kleinvieh (צאן, *ṣōʾn*). Das Begriffspaar בקר und צאן (Rindvieh und Kleinvieh, meist in dieser Reihenfolge) begegnet mehrfach als zusammenfassende Bezeichnung für Opfertiere (s. Ex 20,24; Lev 22,21; Num 15,3; 22,40; Dtn 16,2; 1 Sam 15,15.21; 1 Kön 1,9; 8,5.63; 2 Chr 5,6; 7,5; 15,11; Ez 43,23.25). Damit fungiert צאן als Sammelterminus für die Haustiere, die kleiner als das Rindvieh sind und in einer gemeinsamen Herde gehalten werden. Der Dachbegriff wird dann näher erläutert: Es geht um Schafe oder Ziegen. Diese Tiere sind weniger wertvoll als das Rindvieh, häufiger anzutreffen und wichtiger Bestandteil des Haushalts und des Wirtschaftens der »kleinen Leute«. »Ganz eindeutig sind damit die unterschiedlichen Lebensformen und wirtschaftlichen Möglichkeiten der Opferherren angedeutet. Nur der recht wohlhabende Bauer oder Großgrundbesitzer kann ein Rind opfern. Weniger Begüterte müssen auf die Kuh des kleinen Mannes, Schaf oder Ziege, zurückgreifen, nach 2 Sam 12,1.4 kostbarster Besitz des Armen« (*Gerstenberger*, 27). Das Wort כבש, *kæbæś*, das auch in der Variante כשב, *kæśæb* (Vertauschung von 2. und 3. Konsonant: Metathesis bzw. transpositio, s. Ges-K §19n), auftritt, hat zunächst die allgemeine Bedeutung »Schaf« (beide Geschlechter), vor allem dort, wo es um die Unterscheidung von Tiergattungen (insbesondere von der Ziege) geht. In Lev 5,6 und 14,10 begegnet jeweils die grammatikalisch feminine Form (כשבה und כבשה). Als Opfertier wird bisweilen ein *einjähriges* Lamm (כבש בן שנתו) vorgeschrieben (Lev 9,3; 12,6; 14,10; 23,12.18.19; Num 6,12 u.ö.). Vermutlich ist als Opfertier immer an ein Lamm gedacht, da das ausgewachsene männliche Tier (איל, »Widder«) davon zu unterscheiden ist (z.B. Lev 5,15ff; 8,2ff; 9,2ff). So empfiehlt sich im Kontext von Opfern die Übersetzung mit »Lamm«; wenn es um die Unterscheidung von »Ziegen« geht, liegt »Schaf« näher. In den priesterlichen Texten ist das männliche, höchstens ein Jahr alte, fehlerlose Tier das Opferlamm schlechthin. Da etwa 10% männliche Tiere den Herdenbestand sichern, stehen männliche Tiere als überzählig für den Verzehr und/oder Opfer zur Verfügung (*C. Dohmen*, Art. כֶּבֶשׂ: ThWAT 4, 1984, 45–54, bes. 52f.). Ob man sagen kann, dass es sich beim Schaf um die »ältere, ursprünglichere Gabe« handelt (so *Gerstenberger*, 28), sei dahingestellt. In jedem Fall ist das Schaf das häufigste Brandopfertier (*Milgrom*, 163).

Kleinvieh

Schaf/Lamm

Ziege

Die Ziege (עז, *ʿēz*) wird als Opfertier seltener erwähnt. Meist bezeichnet der Plural die Gattung; einzelne Exemplare werden mit Umschreibungen markiert: שעיר עזים, *ś^{e}ʿīr ʿizzīm*, »Ziegenbock« (Lev 4,23; 9,3; 16,5; 23,19; Num 7,16 u.ö.), oder eben שעירת עזים, *ś^{e}ʿīrat ʿizzīm*, »(weibliche) Ziege« (Lev 4,28; 5,6). Auffälligerweise steht in Num 7 der Ziegenbock immer beim Entsündigungsopfer (חטאת). Die Ziege bzw. der Ziegenbock kann aber auch für das Brandopfer (עלה) oder als freiwillige Opfergabe (נדבה) (s. z.B.

Fehlerlos, männlich

Lev 22,18–19) herangezogen werden. Das Opfertier vom Kleinvieh muss wie das Rindvieh in V 3 männlich und fehlerlos sein.

Analoge Gestaltung

Der Abschnitt über das Kleinvieh ist ganz analog zum ersten Unterfall (V 3–9) gestaltet, was schon an V 10 erkennbar ist: Nach dem Beginn mit ואם zur Einleitung des Unterfalles folgt die Wendung »von (מן) + Opfermaterie«, um sofort den Unterschied zu V 3 zu zeigen: In V 3 steht das »Brandopfer« (עלה) im Vordergrund, weil dies die Opferart ist, um die es dann geht. In V 10 dagegen steht die neue Opfermaterie im Vordergrund, um den neuen Unterfall zu charakterisieren. Daher steht צאן, »Kleinvieh«, an erster Stelle nach der Konjunktion ואם. Ansonsten teilen sich V 10 und V 3 ebenso wie V 14, der den dritten Unterfall einleitet, die Begriffe עלה, »Brandopfer«, קרבן, »Darbringung«, die Konjunktion אם und die Nennung der (jeweils unterschiedlichen) Opfermaterie. Auf die Einleitung folgen dann auch die nahezu gleich lautende Qualifizierung des Opfertieres (»fehlerlos, männlich«) und die Opferhandlungen im Ritualstil. Wie schon in V 9a wird auch in V 13a die Nebenhandlung des Waschens mit einer zwar äquivalenten, aber formal vom Ritualstil mit *w-qatal-x* abweichenden Verbformation (*x-yiqtol*-Langform) eingeführt. Auch die Schlussdeklarationen in V 13 entsprechen ganz V 9.

Unterschiede

Bei einer derartig analogen Gestaltung fallen natürlich die Unterschiede besonders auf. Es fehlen der erste (die Handaufstemmung) und der vierte Akt (die Abhäutung). Wie aber schon im Abschnitt V 3–9 deutlich wurde, wird bei genau diesen Akten nicht ein Begriff für die Tierart (Rindvieh, Stier o.ä.) verwendet, sondern die Bezeichnung עלה, »Brandopfer«, als genereller Terminus. Dieser Sprachgebrauch macht deutlich, dass Handaufstemmung und Häutung für jedes Brandopfer, gleich von welchem Tier, gelten (*Milgrom*, 163). Bei den Vögeln erfolgen dagegen aufgrund der völlig anderen Anatomie gesonderte Vorschriften. Der Text ist damit plausibel verstehbar – dennoch wäre es denkbar, dass die Rituale bzw. ihre Beschreibung sukzessive gewachsen sind. Möglicherweise ist der Gedanke der Häutung nachträglich hinzugekommen und wurde dann nur einmal, und zwar am Anfang, als Grundsatz eingetragen. Denkbar wäre, dass die Sicherung des Anspruches des Priesters auf die Tierhaut (s. Lev 7,8) zu dieser Einfügung Anlass gab (so vermutet dies z.B. *Rendtorff*, 69–70). Diese Erklärung passt aber nicht ganz zur Handaufstemmung. Doch an der Handaufstemmung hängt eine ganze Reihe von theologischen Deutungen des Opfervorgangs (s.o. zu V 4), und vielleicht wollte man die hier nicht auch noch wiederholen. Man kann darüber spekulieren, wird aber keine letztlich überzeugende *Erklärung* finden. *Verstehen* kann man den Text problemlos: Die Handaufstemmung findet sich bei allen Tieropfern (beim אשם, »Entschuldigungsopfer«, ist kein detailliertes Ritual ausgeführt), und insofern heißt das Fehlen der Handaufstemmung in V 10 nicht, dass dieser Gestus nicht beim Kleinvieh auszuführen sei.

V 11 Das Ziel des Brandopfers (s. V 3), die wohlgefällige Annahme durch Gott, wird im zweiten Unterfall nicht mehr erwähnt und auch nicht mehr die damit verbundene Handaufstemmung. Beides wird stillschweigend vorausgesetzt. Das Ritual in V 11 beginnt bereits mit der Schlachtung (zweiter Akt, s.o. zu V 9). Eine sonst nicht auftretende Besonderheit ist die Ortsangabe »an der Nordseite des Altars«. Dieser Bereich ist zu lokalisieren (s. die Skizze zum Heiligtum, Abb. 1, Seite 164): das Areal zwischen dem Ganzopferaltar und der Nordwand des Vorhofes. Dies entspricht der Auffassung in der rabbinischen Literatur (*Rendtorff*, 71). Doch die Frage ist, worin die Funktion dieser lokalen Eingrenzung besteht. Es wäre denkbar, hier eine Beziehung zur Beschreibung des Tempels im visionären Entwurf Ezechiels anzusetzen. In Ez 40,35–43 wird das Nordtor zum Tempelvorhof dadurch ausgezeichnet, dass hier die Vorrichtungen für das Brandopfer stehen: ein Raum zum Abspülen des Brandopfers sowie Tische zum Schlachten der Tiere (*Milgrom*, 165; *M. Konkel*, Architektonik, 45–46).

Das Ritual

Nordseite

Ez 40,35–43

Die Lokalisierung des Schlachtortes für das Brandopfer »an der Nordseite« in den Entwürfen von Lev 1,11 und Ez 40 entspricht sich jeweils. Die Texte stehen in einer intertextuellen Beziehung, die zu einer wechselseitigen Bestätigung und Bekräftigung führt. Beide Stellen sind Konzeptionen und damit zunächst auf rein literarischer Ebene zu verstehen. Ob hier historisch greifbare Wirklichkeiten liturgischer Praxis des Jerusalemer Tempels dahinter stehen, bleibt reine Vermutung.

Ähnlich wie Angaben aus dem Abschnitt über das Rindvieh-Brandopfer für das Kleinvieh-Brandopfer gelten, so dürfte umgekehrt die Spezifizierung der Nordseite des Altars beim Kleinvieh rückwirkend auch für das Rindvieh gelten. Dass die Rinder an einem anderen Ort geschlachtet werden sollen, ohne dass dies irgendwie angedeutet oder geklärt wird, ist sehr unwahrscheinlich (gegen die Vermutungen von *Rendtorff*, 72, und *Milgrom*, 164). Zu fragen wäre noch, warum die Nordseite als Schlachtungsort ausgewählt wurde. Praktische Gründe liegen nahe: Im Osten liegt nach Lev 1,16 der Ort der Fettasche (s.u., zu V 16). Im Westen steht das Becken für die Waschungen mit Wasser (s. Ex 40,30 und die Skizze zum Heiligtum, Abb. 1, Seite 164). Im Süden befindet sich nach rabbinischer Tradition ein Aufgang oder eine Rampe (*mMiddot* 3,3; *bZevahim* 62b) zum Altar hin (32 Ellen lang, 16 Ellen breit; eine Elle sind ca. 45 cm). Damit bleibt als Platz für das Schlachten nur die Nordseite übrig (*Milgrom*, 164). – Eine spirituelle Deutung der Altarseiten bzw. Himmelsrichtungen legt *S. R. Hirsch*, 30–35, vor. So betrachtet er etwa die Südseite als Seite der Menora und damit des Lichtes und des Geistes; die dort befindliche Zugangsrampe deute damit an, dass die »Annäherung an Gott … im Gebiete des Geistes und der Erkenntnis liegt«.

Nicht nur für das Kleinvieh-Brandopfer

Warum die Nordseite?

Es wurde schon festgestellt, dass der zweite Unterfall knapper formuliert als der erste. Das gilt auch für den Blutritus (V 11b), bei dem – anders als in

Blutritus

V 5 (s.o.) – nur ein Verb (»aussprengen«) verwendet wird. Lev 1,10–13 setzt die Kenntnis des Rindvieh-Brandopfers (V 3–9) voraus und tippt nur die wichtigsten Stichworte an, um den analogen Ablauf anzudeuten. Diese Beobachtung gilt auch für die folgenden Verse 12–13.

Zerteilen und Anordnen Der vierte Opferakt, das Abziehen der Haut, wird in V 12 weggelassen V 12
bzw. aus V 6 vorausgesetzt (s.o.). Somit folgen fünfter und sechster Akt
Die Stücke ohne die Unterbrechung durch die Nebenhandlung des Feuermachens (V 7). V 12a
Auf das V 6 entsprechende Zerstückeln des Opfertieres folgt ohne recht elegante syntaktische Anbindung die Erwähnung von Kopf (ראש) und Nierenfett (פדר). Im ersten Unterfall (s. oben zu V 8) werden diese besonderen Teile beim Aufschichten (sechster Akt) genannt. Sollte es sich jedes Mal um eine nachträgliche Einflechtung im Sinne einer Präzisierung handeln? Das wäre denkbar, doch bei dieser diachronen Erklärung ist zu fragen, warum dann spätere Redaktoren nicht für eine elegantere Einbettung gesorgt haben. Das Verständnis des Textes ist hingegen unproblematisch: Die Unebenheit lässt sich als Hinweis deuten, dass dem Kopf und dem Nierenfett
Die Anordnung stets besondere Aufmerksamkeit gewidmet werden sollen. Die Knappheit V 12b
des Stils zeigt sich bei der Anordnung erneut, denn als Objekt für das Verb וערך genügt das selbständige Personalpronomen אתם »sie« (nämlich diese Teile). Die Schichtung Holz – Feuer – Altar wird aus V 8 übernommen.

Waschen, Darbringen, in Rauch aufgehen lassen Das Waschen der Innereien und der Beine als Nebenhandlung des Op- V 13
fernden entspricht V 9a, auch in der syntaktisch-formalen Abhebung durch den Wechsel zur semantisch äquivalenten Verbalform *x-yiqtol* (s.o.). Der siebte Akt wird im zweiten Unterfall zweigliedrig formuliert: Anders als in V 9b, wo bei *dem* Priester (Singular) nur ein Verb (»in Rauch aufgehen lassen«) steht, findet sich hier zusätzlich der allgemeine Begriff »darbringen« (קרב *hifil*). Eine Analogie zu dieser Zweigliedrigkeit begegnet im Blutritus von V 5. Es könnte sein, dass man das zentrale und verbindende Stichwort »darbringen« auch im zweiten Unterfall unterbringen wollte und es an dieser Stelle tat, um festigend und wiederholend festzustellen, dass auch das
Bestätigende Deklarationen Kleinvieh-Brandopfer eine »Darbringung« ist (*Milgrom*, 166). Die bestätigenden Deklarationen (s.o. zu V 9) kehren hier wortgleich wieder und stellen damit das Kleinvieh-Brandopfer auf eine Stufe mit dem Rindvieh-Brandopfer: es ist die gleiche Opferart, die insgesamt zu den »Feueropfern« gehört, und das Ziel ist der »Duft der Beruhigung für JHWH« (siehe jeweils das Glossar), also die gelingende Kommunikation und Beziehung zwischen Mensch und Gottheit. Diese Klassifikation des Kleinvieh-Brandopfers ist theologisch äußerst bemerkenswert: Obwohl sich Rindvieh und Kleinvieh von ihrem materiellen Wert erheblich unterscheiden, beeinflusst dieser äu-
Gleichwertige Ganzopfer ßere Unterschied nicht die Qualität und den Effekt des Opfers. Mithin kann festgehalten werden, dass das Opfer eines reichen Menschen, der sich das Ganzopfer eines wertvollen Rindes leisten kann, genauso viel wert ist und bewirkt wie das Opfer des »kleinen Mannes«, der sich allenfalls leisten

kann, ein männliches Schaf oder einen Ziegenbock zu erübrigen. Auf der religiösen Ebene des Opfers als Weg zur gelingenden Beziehung zwischen Mensch und Gott spielen offensichtlich materielle Wertunterschiede sowie menschliche Klassenunterschiede keine Rolle.

V 14–17 Der dritte Unterfall beginnt wie der zweite mit ואם und verwendet die gleichen Begriffe (»Darbringung«, »Brandopfer«), doch die Opfermaterie sind nun Vögel (עוף, *ʿôp;* kollektiver Singular). Das passt nicht ganz zur übergreifenden Einleitung in V 2, wo zunächst vom »Vieh« (בהמה) die Rede ist. Von daher wäre denkbar, dass der Abschnitt über die Vögel nachträglich hinzugetreten ist. Dabei hat man ihn ganz in Anlehnung an die vorausgehenden Unterfälle des Brandopfers gestaltet, jedoch die besondere Anatomie der Vögel (im Unterschied zu den Vierbeinern) berücksichtigt. Wie schon bei den anderen Brandopfern wird auch hier nicht erklärt, aus welchem Anlass heraus ein solches Ganzopfer durchzuführen und unter welchen Voraussetzungen welche Opfermaterie zu wählen sei. Vielmehr konzentriert sich der Text auf die technische Durchführung der Opfer und lässt nur an wenigen Stellen durchscheinen, welche tiefere theologische Dimension hinter den äußeren Riten liegt. Brandopfer von den Vögeln

V 14 Der Begriff עוף erstreckt sich eigentlich auf alle fliegenden Lebewesen, auch auf Insekten und fliegende Kleinsäuger (s. z. B. Lev 11,20). Doch trotz der Weite des Begriffs werden nur zwei Arten von Tauben als für das Opfer geeignet genannt. Diese beiden Arten sind die einzigen Vögel, die im Alten Testament als Opfertiere aufgeführt werden – abgesehen von Gen 8,20, Noachs Opfer »von allen reinen Vögeln«. Als Grund dafür vermutet *Rendtorff,* 74, dass Tauben die einzigen fliegenden Tiere waren, die in biblischer Zeit in Israel domestiziert werden konnten und somit neben die Haus- und Herdentiere als Opfermaterie treten konnten. Die eine der beiden Taubenarten (lateinischer Name der Familie: *Columbidae*) wird gerne mit der Turteltaube identifiziert. Das hebräische Wort תור, *tōr,* findet sich als lautmalerisches Element (s. *G. R. Driver,* Birds, 129–130), das den Ruf der Tiere imitiert, im lateinischen Tiernamen wieder: *turtur* (LXX: τρυγών). Die Gattung der Turteltauben, in der es eine ganze Reihe von Arten gibt, heißt *Streptopelia. Streptopelia turtur,* die eigentliche Turteltaube, hat einen charakteristischen schwarz-weißen Halsstreif und dunkelrote Augenränder; sie ist im Alten Testament positiv konnotiert (Ps 74,19; Hld 2,12; Jer 8,7; *R. Achenbach,* Systematik, 193). Eine mögliche Zuordnung des hebräischen תור wäre auch die Türkentaube (*Streptopelia decaocto;* s. *Staubli,* 51) mit dunklen Handschwingen und einem schmalen schwarzen Nackenband. Vögel als Opfertiere; Tauben

T. Staubli, Hühneropfer, 355–369, vermutet, dass das hebräische Wort תור ursprünglich für das gejagte Wildhuhn oder auch das gezüchtete Huhn steht. Er verweist auf den akkadischen Begriff *darru, tarru* für Wildhühner (Frankolin, Chukarhuhn, Persisches Sandhuhn) und das ugaritische Wort *tr,* das in einer Opferweisung »Huhn« bedeuten kann. Der hebräische Begriff תור bezeichne also primär das Wildhuhn (lokal z. T. auch domestiziert), sekundär erst die Turteltaube. Auch ornithologische Argumente werden angeführt, z. B. dass die Turteltaube nicht züchtbar sei, in den Opferweisungen aber immer domestizierte Tiere angegeben werden. Lev 1,14 unterstelle ferner, dass mehrere Vogelarten gemeint seien, neben den Tauben (יונה, *yōnā*) also auch die Hühner. In nachexilischer Zeit habe der Begriff תור dann eine Bedeutungsänderung in Richtung »Turteltaube« erfahren, da das anders bezeichnete Haushuhn (auch Bankivahuhn) aus dem Osten die lokal gezüchteten Hühner und die Wildhühner verdrängt habe. Die nachexilische Schriftgelehrsamkeit hielt Hühner nicht für opferbar und interpretierte תור daher als Turteltaube, so dass nur noch Tauben als mögliche Vogelopfer galten. Nur die Karäer im Mittelalter haben wieder darauf verwiesen, dass תור eigentlich »Huhn« bedeute. Wenn Staubli am Ende das Problem aufwirft, wie denn nun zu übersetzen sei, »Huhn« nach der ursprünglichen Bedeutung oder »Turteltaube« nach der nachexilisch-sekundären, so ist auf die Endfassung der Texte zu schauen, die zweifellos in die nachexilische Zeit fällt: Somit ist die Wiedergabe mit Turteltaube gerechtfertigt. – *Watts*, 219–221, diskutiert Staublis Vorschlag und den Befund der Übersetzungen ausführlich und kommt zu dem Ergebnis, dass der Begriff תור mehrdeutig bleibe. Da es um die Unterscheidung von zwei Arten domestizierten Geflügels gehe, liege es nahe, von Hühnern und Tauben auszugehen.

Die andere Taubenart heißt im Hebräischen יונה, *yōnā*, eigentlich die gewöhnliche Taube (LXX: περιστερά). In den Wörterbüchern wird sie gerne mit der von der Felsentaube abstammenden Haustaube (Art: *Columba livia;* mit weißem Bürzel und im Flug mit zwei schwarzen Binden auf dem Flügel) identifiziert. Darauf bezieht sich auch die vorgeschlagene Übersetzung. Es wäre jedoch vermessen, anhand der hebräischen Begriffe exakte Zuordnungen zur entsprechenden Art und Unterart durchzuführen. Es liegt gar nicht im Interesse des Textes, eine spezielle Taubenart zu spezifizieren, vielmehr scheint gerade die Nennung zweier exemplarischer Tiernamen einen gewissen Spielraum anzudeuten: Gemeint sind die gebräuchlichen, allgemein verbreiteten Tauben, die man sich üblicherweise hält. *Milgrom*, 168, führt aus, dass nur *Columba livia* und *Streptopelia decaocto* (Collared Turtledove; Türkentaube) domestiziert waren und es sich daher um diese Arten handeln könnte, die im biblischen Text bezeichnet seien. Falls auch andere Taubenarten gemeint seien, wären dies die einzigen wild lebenden Tiere, die für das Opfer erlaubt wären. Im Einzelfall muss ohnehin der jeweils amtierende Priester entscheiden, ob das Tier als Opfermaterie geeignet ist oder nicht.

Haustaube

Die traditionelle Übersetzung für בני יונה lautet »junge Tauben« (auch LXX fügt an den anderen Stellen meist νεοσσός, »Jungtier« hinzu). Der Talmud (*bChullin* 22a.b) setzt diese Auffassung voraus und entfaltet eine Diskussion darüber, dass Turteltauben ausgewachsen, die anderen Tauben aber Jungtiere sein müssen, um als Opfertiere geeignet zu sein (und umgekehrt: junge Turteltauben und ausgewachsene andere Tauben sind ungeeignet, s. auch *Raschi*, 280; *Ramban*, 26–27). Doch eine eigentliche Begründung gibt es dafür nicht. Wahrscheinlicher ist, dass בני יונה in Analogie zu בן בקר das einzelne Tier im Unterschied zur Gattung meint, also individuelle Haustauben bezeichnet sind. Das hebräische Wort בן, *ben*, Plural בני, heißt dann eben nicht »Sohn«, sondern ist Bezeichnung für das Individuum aus der Gattung (*Rendtorff*, 74; anders *Milgrom*, 168).

Männlich, fehlerlos?

Von den bisherigen Unterfällen des Brandopfers würde man eine Vorschrift erwarten, dass die Tauben »männlich« und »fehlerlos« sein müssen. Es wäre grundsätzlich denkbar, dass diese Vorschrift zu ergänzen wäre, allerdings macht sie praktisch wenig Sinn: Die Unterscheidung der Geschlechter bei Tauben fällt dem Menschen sehr schwer. Ferner dürfte der Wert von männlichen und weiblichen Tieren gleich (und im Vergleich zu Rind und Schaf nicht sehr hoch) sein (*Milgrom*, 167). Tauben mit erkennbaren »Fehlern« kommen wohl nicht oft vor, da sie im normalen Alltag nur geringe Überlebenschancen haben. In der rabbinischen Auslegung gibt es keine derartige Vorschrift beim Tauben-Brandopfer (*Rendtorff*, 75).

Darbringung

V 15 Die Anatomie des Opfertieres »Taube« erfordert gewisse Modifikationen des normalen Ablaufs des Brandopfers. Zunächst wird jedoch in V 15a mit dem Verb »darbringen« (קרב *hifil*) betont, dass das Tauben-Brandopfer eine Darbringung wie jede andere ist (s. zu V 13). Allerdings ist hier das Subjekt immer der Priester, der alle Tätigkeiten ausübt. Von einer »Handaufstemmung« durch den Opfernden ist auch keine Rede, da der Opfernde die Tauben ja ohnehin in seiner Hand herbeibringt und so die individuelle Zuordnung der Opfertiere *ad personam* gewährleistet ist.

Abkneifen des Kopfes

V 15b Der Priester »schlachtet« die Tauben auch nicht, sondern kneift den Kopf ab. Die rabbinische Diskussion betont, dass dies mit bloßen Fingern (Fingernägeln) zu geschehen habe, ohne Zuhilfenahme eines Messers o.ä. (*bZevahim* 65a–66a; die Ausführungen dort sind auffallend detailliert, s. ebenso *Raschbam*, 16–17). Auf diesen Vorgang folgt die Aussage »er lasse in Rauch
V 15c aufgehen« (והקטיר, *w^{e}-hiqṭîr*), ohne dass ein Objekt genannt ist, so dass sich zwei Auslegungsmöglichkeiten ergeben: (1) Das Objekt ist der abgekniffene (und ganz abgetrennte) Kopf der Taube. Das ist praktisch, weil der Priester dann die Hand frei hat, um den folgenden Blutritus durchzuführen. Der Nachteil dieser Deutung ist, dass man dann zwei Stufen der Verbrennung annehmen muss: Erst wird der Kopf verbrannt, dann kommen weitere Handlungen am Rumpf und Gefieder der Taube, und erst dann folgt die Verbrennung des restlichen Tieres (V 17). Im Prinzip kann (und muss) man den Text im Wortsinne wohl so verstehen und die kleine Abweichung vom üblichen Ritual in Form der zwei Verbrennungen in Kauf nehmen (*Ramban*, 28). LXX formuliert ebenfalls ohne explizites Objekt, von der Syntax liegt aber nahe, τὴν κεφαλήν, »den Kopf«, aus dem vorausgehenden Satz zu ergänzen. (2) Die Alternative wäre, als Objekt die ganze Taube anzunehmen und dann davon auszugehen, dass hier nicht die genaue Reihenfolge der Schritte aufgezählt wird (*Raschi*, 281). Die Wendung »in Rauch aufgehen lassen« steht dann als Oberbegriff für den gesamten Opfervorgang, der im

Anschluss daran ausgefaltet wird (»und zwar so:«). Mit V 17 ergibt sich dann eine Rahmung der gesamten Prozedur.

Blutritus

Typisch für das Brandopfer ist der Blutritus, der – weil bei einer Taube wesentlich weniger Blut anfällt – entsprechend modifiziert wird. Das Blut wird gegen die Altarwand ausgepresst (LXX: an den Fuß, βάσις, des Altars; dazu *Milgrom*, 169; *J. W. Wevers*, Notes, 10–11; *I. Himbaza*, Rite, 22–23). Wie auch immer man sich den Vorgang genau vorzustellen hat, geht es darum, das Blut so vollständig wie irgend möglich an den Altar heranzubringen und jeder anderen Verwendung zu entziehen (s. o. zu V 5). V 15d

Nebenhandlung

Analog zum Waschen der Innerei und der Beine bei Rind- und Kleinvieh steht in V 16 eine Nebenhandlung, die jedoch nicht mit *x-yiqtol*, sondern mit dem üblichen *w-qatal-x* formuliert ist. Dennoch geht es inhaltlich nicht um einen Opferakt, sondern um die Abtrennung eines bestimmten Körperteils: Der Kropf der Taube wird dem Verbrennen des Ganzopfers auf dem Altar entzogen und auf den Platz für die Asche (östlich des Altars) geworfen (zur detaillierten Diskussion der philologischen Aspekte und der Auslegungsgeschichte s. *H. P. Rüger*, Kropf, und im Anschluss daran *Rendtorff*, 76–77; zu Einzelheiten siehe auch *Milgrom*, 170, und *Watts*, 223–224, die eher für die unteren Verdauungsorgane plädieren). Die Interpretationen laufen mehr oder weniger entschieden darauf hinaus, dass es bei dieser Handlung darum geht, den unreinen Inhalt der Verdauungsorgane zu beseitigen (so auch *Staubli*, 51). »Unrein« ist hier (wie an allen anderen Stellen im Levitikus-Buch) nicht im landläufigen Sinne (»Unrat, Ekelerregendes« o. ä.) zu verstehen, sondern als »nicht für den Kult (bzw. das Opfer) geeignet« (s. das Glossar). Den Grund dafür, warum der Kropf mit den Eingeweideinhalten der Taube nicht für den Kult geeignet ist, gibt *Raschi*, 281, mit deutlichem Verweis auf das Waschen der Eingeweide von Rind- und Kleinvieh an: Das Rind- und Kleinvieh frisst nur an der Krippe seines Herrn, so dass man weiß, dass es nichts zu sich genommen hat, was Menschen geraubt oder erpresst haben. Hier genügt also das Waschen. Die Tauben dagegen fressen überall, so dass sie sich auch von etwas Geraubtem oder Erpresstem ernährt haben könnten, und das darf nicht auf den Altar Gottes kommen (s. auch *Levitikus Rabba* 3,4 [Üs. Wünsche, 20f.]; *Raschbam*, 17). Das Heraustrennen des Kropfes mit dem unreinen Inhalt soll nach *bZevahim* 65a mit einem Messer erfolgen, das den Kropf »wie ein Fenster« herausschneidet. »Zusammen mit dessen Gefieder« deutet an, dass der Vogel zum Brandopfer nicht gerupft werden muss, sondern nur der Kropf zusammen mit den ihn bedeckenden Federn zu entfernen ist. (*Milgrom*, 171, und *Watts*, 224, haben entsprechend eine andere Vorstellung: die Entfernung der Verdauungsorgane mit den Exkrementen zusammen mit dem gefiederten Schwanz). Der Kropf soll »weggeworfen« werden: Das hebräische Wort שׁלך, *ŠLK hifil*, »(weg)werfen«, hat die Nebenkonnotation »etwas/jemanden loswerden« (s. z. B. Gen 37,20.22.24; Ex 1,22); auch soll das Fleisch von Tie- V 16

Kropf: unrein

Wegwerfen

ren, die auf dem Feld von Raubtieren gerissen wurden, nicht gegessen oder geopfert, sondern den Hunden vorgeworfen werden (Ex 22,30). Dieser Hintergrund zeigt, dass der Kropf der Taube demonstrativ vom kultischen Bereich abgesondert werden soll (*Rendtorff*, 78). Östlich des Altars ist ein Platz vorgesehen, wo die Asche des Brandopfers (die »Fettasche«, also die Mischung aus den Verbrennungsrückständen der Tierkörper und der Holzasche) gesammelt wird, wenn der Altar für ein neues Opfer hergerichtet wird (מקום הדשן, »Ort der Fettasche«). Von dort aus werden diese Überreste nach draußen vor das Lager gebracht (s. Lev 6,3–4), wo es einen »reinen Ort« (also einen für kultische Zwecke ausgewiesenen und abgesonderten Ort) gibt, der »Schuttplatz der Fettasche« (שפך הדשן) genannt wird. Dort soll im Übrigen auch der Stier des Entsündigungsopfers (bzw. das, was von dem Stier keine kultische Verwendung gefunden hat) verbrannt werden (Lev 4,12). Ort der Fettasche

V 17ab Wiederum eine Analogie zu den Akten des Rind- und Kleinviehbrandopfers ist das Einreißen der Flügel: Es entspricht dem Zerstückeln der anderen Opfertiere (s. V 6.12). Ein vollständiges Zerteilen einer Taube wäre aber übertrieben, daher soll es nur bei der Andeutung (durch Einreißen) bleiben. Es soll mit der Hand erfolgen, betont *Raschi*, 281, und verweist dazu auf Simsons Zerreißen des Löwen (Ri 14,6 – neben dem nur schwer verständlichen Beleg 1 Sam 24,8 das einzige Vorkommen des Verbs für »einreißen«: שסע *piel*). Zum anderen eröffnet das nicht vollständige Zerteilen der Vögel einen Bezug zum Opfer des Abram in Gen 15,9–10: Abram zerteilt die anderen Tiere, nicht aber die Vögel. Die fünf Tiere, die Abram für sein Bundesopfer heranziehen soll, ähneln der Staffelung in Lev 1: Rind (עגלה, junge Kuh), Ziege (עז), Widder (איל, nicht כשב), Turteltaube (תור), Jungtaube (גוזל, nicht יונה). Auch wenn sich die Begriffe nicht völlig entsprechen, ist es doch bezeichnend, dass Abram/Abraham Dinge vorwegnimmt, die im Erzählverlauf erst nach seiner Epoche als Weisung geoffenbart werden (s.o. zum Holz bei V 7). Die Verbindungen zwischen Levitikus und Gen 15 werden in *Genesis Rabba* 44,14 ausgefaltet (s. *G. Hepner*, Sacrifices, 41–42). Einreißen

V 17cd Am Ende stehen die üblichen Abschlusswendungen, wobei beim »in Rauch aufgehen lassen« noch die aus den anderen beiden Unterfällen bekannte Schichtung von Holz und Feuer auf dem Altar nachgetragen wird (V 8.12). Beim Thema »Duft« wird *Raschi*, 281, sehr konkret und stellt die berechtigte Frage, wie man das Verbrennen von Gefieder, das an sich zu einem Ekel erregenden Gestank führt, mit Wohlgeruch assoziieren kann: »siehe, es gibt nicht einmal einen gewöhnlichen Menschen, der den Geruch von verbrannten Federn nicht unangenehm empfände, und warum heißt der Vers, daß man sie darbringe? Damit der Altar auch mit dem Opfer des Armen gesättigt und geschmückt werde« (mit Verweis auf *Levitikus Rabba* 3,5 [Üs. Wünsche, 21]). So hat *Raschi* bereits den Schlüssel zur Beantwortung der Frage geliefert, was das Tauben-Brandopfer hier soll (s. das Folgende). Üblicher Abschluss

Warum Vögel?

Ein Grund für die Ergänzung der Opfervorschriften um ein Vogelopfer wird nicht angegeben und muss aus dem Kontext erschlossen werden. An anderen Stellen wird deutlich gesagt, dass ein Vogel-Opfer statthaft ist (und letztlich genauso viel bewirkt), wenn sich der Opfernde kein größeres Opfertier leisten kann (s. Lev 5,7–10; 12,8; 14,21–31). Das Tauben-Brandopfer, das durch die formale Gestaltung mit den gleich lautenden Abschlussdeklarationen mit dem Rind- und Kleinviehbrandopfer qualitativ auf einer Stufe steht, ermöglicht es also auch den ärmsten Bevölkerungsschichten, mit einem Ganzopfer am Kult teilzuhaben. »Undoubtedly, this graduated system was intended to enable Israelites of modest means to participate in religious life by presenting offerings at the sanctuary« (*Levine*, 9; siehe auch *Milgrom*, 167). Wiederum sei *Raschi* zitiert: »Beim Geflügel steht, zum lieblichen Duft, und beim Vieh steht, zum lieblichen Duft, um dir zu sagen, daß es gleich ist, ob der eine (der Reiche) viel und der andere (der Arme) wenig gibt, nur wende er dabei sein Herz dem Ewigen zu« (s. *bMenahot* 110a). Vor Gott zählt der Reiche mit seinen wertvollen Opfern nicht mehr (und nicht weniger) als der Arme – dieses kultische Grundprinzip kann wohl nicht deutlich genug herausgestrichen und betont werden. Auch Jesus muss es eigens thematisieren, wenn er das »Opfer der Witwe« als bedeutsam und als »mehr als alle anderen« qualifiziert (Mk 12,41–44/Lk 21,1–4). Der Levitikus-Text an sich spricht dieses Grundprinzip nicht direkt und ausdrücklich an – doch es wird im Gesamtzusammenhang des ersten Kapitels mehr als deutlich, denn die sachliche und nüchterne Sprache behandelt die drei Opfermaterien (die drei Unterfälle) im Blick auf ihren Zweck völlig gleichwertig (gegen die Ausführungen von *Gerstenberger*, 27–28, die kaum nachvollziehbar und – wie er selbst andeutet – »unbegründete Spekulationen« sind). Lev 1 spiegelt sehr wohl »eine soziale Stufenleiter wider« (*Gerstenberger*, 27), denn der Text erkennt realistisch und ohne weitere Diskussion an, dass es Menschen gibt, die es sich leisten können, ein ganzes Rind buchstäblich zu opfern (zu vernichten), während andere diese Wirtschaftskraft nie erreichen. Aber das Besondere ist, dass gerade diese Armen, die sich allenfalls ein paar Tauben halten können, nicht aufgrund ihrer begrenzten Mittel vom Kult ausgeschlossen werden, sondern ebenfalls ihr Brandopfer darbringen können: Ihre Taube wird genauso als Brandopfer, das zu den Feueropfern gehört, und als »Duft der Beruhigung für JHWH« deklariert (V 17). Das Ziel des Opfers ist das Gleiche: Die Wiederherstellung der heilvollen Kommunikation mit Gott wird auch durch das – vielleicht in Menschenaugen weniger wertvolle – Opfer einer Taube erreicht.

Teilnahme der Ärmsten am Kult

Vor Gott sind Arme und Reiche gleich

Offene Fragen

Damit bleiben natürlich eine Reihe von Fragen offen: Ab welchem Einkommen ist jemand so arm, dass ein Taubenopfer genügt? Wie reich muss jemand sein, dass er anständigerweise besser ein Schaf oder gar ein Rind darbringt? Zu welchem Anlass und aus welchem Grund überhaupt ist ein Ganzopfer erforderlich oder angebracht? Diese Fragen beantwortet der Text (zumindest noch) nicht. Vielleicht kann man sie letztlich nicht beantworten, weil es eben nicht um fest taxierbare Abgaben geht, sondern um eine auf dem freien Willen basierende, ganz individuelle und persönliche (personale) Gottesbeziehung (man denke an die wichtige Geste der Handaufstemmung). Bis heute bleibt die Entscheidung dem Reichen und dem Armen selbst überlassen, was und wie viel er »opfert«. Festzuhalten bleibt, dass es sich bei den Brandopfern von Lev 1 um Opfer von Privatleuten handelt, nicht um regelmäßige Opfer des »offiziellen« Kultus mit festem Turnus (*Gerstenberger*, 23).

Rezeption und Bedeutung

Opfer

Opfer gehören zu den grundlegenden Elementen religiösen Verhaltens der Menschen und sind an sich nichts Neues, auch im Erzählverlauf der Tora nicht: Schon Kain und Abel bringen von ihren Erträgen Opfer dar (Gen 4,3–4), Noach opfert nach der Sintflut entsprechend vorgesehene »reine« (für den Kult geeignete) Tiere (Gen 8,20–21). Die Patriarchen bauen Altäre und bringen Opfer dar. Anweisungen für den Bau von Opferaltären finden sich schon in Ex 20,24–26. Was aber nun in Lev 1 neu ist, sind die *Ordnungen* für die Opfer. Daran hat der Text sein Hauptinteresse, doch hinter der stereotypen Sprache wird immer wieder auch die theologische Tiefendimension sichtbar. Die Tora präsentiert das Tieropfer als das von JHWH selbst angewiesene Mittel, durch das eine kommunikative Beziehung zwischen Mensch und Gott hergestellt oder auch nach einer Störung *wiederhergestellt* werden kann (ähnlich *Gerstenberger*, 23; *Staubli*, 42). Und trotz der bleibenden Souveränität Gottes wird implizit von JHWH die Zusage erteilt, dass das Opfer als »Duft der Beruhigung« angenommen werden wird und eine heilvolle Zuwendung erfolgen wird, wenn es korrekt und weisungsgemäß durchgeführt wird. Es liegt kein Automatismus im Sinne einer Manipulierbarkeit der Gottheit vor, sondern eine verbindliche Zusage JHWHs, seiner Bundesverpflichtung nachzukommen, wenn sich die von ihm erwählten Menschen, das Volk Israel, an die ergangene Weisung halten. Dabei – und das ist sozialgeschichtlich und für die heutige Auslegung besonders wichtig – soll das jeweilige Einkommen und die finanziellen Möglichkeiten der Menschen keine Rolle spielen: Auch das armselige Taubenopfer der Ärmsten wird Wohlgefallen finden.

Ordnungen

Zusage Gottes

Kein Automatismus

Ganzopfer

Das Charakteristikum des Brandopfers in Lev 1 ist die Darbringung *als Ganzes*. Daher kommt auch die Bezeichnung »Ganzopfer«, hebräisch כליל, z. B. Ps 51,21; griechisch: ὁλοκαύτωμα; lateinisch: *holocaustum:* Alles wird verbrannt, nichts davon wird gegessen. *Milgrom*, 173, vermutet eine geschichtliche Entwicklung von der ursprünglichen Bezeichnung »Ganzopfer«

zu »Brandopfer«, weil die Bezeichnung »Ganzopfer« als nicht mehr passend angesehen wurde, da die Haut nicht mit verbrannt wurde, sondern dem Priester zustand. Das Brandopfer ist das feierlichste und vollkommenste Opfer der biblischen Zeit, es wird am häufigsten genannt und steht in Auflistungen von verschiedenen Opferarten fast immer am Anfang (*J. W. Watts,* Burnt Offerings, 125). Die Erzählungen erwähnen es bei großen Ereignissen (z.B. 1 Sam 6,14: Rückkehr der Lade; 7,9: Versammlung in Mizpa; 2 Sam 6,17: Überführung der Lade nach Jerusalem; 1 Kön 8,64: Tempelweihe usw.; s. *Gerstenberger,* 22). »Es ist *Gabe* an Gott … Genauer gesagt: es ist *Rückgabe* dessen, was der Opfernde zuvor von Gott empfangen hat. … Der Mensch bringt zurück, was er von Gott empfangen hat, oder doch einen Anteil davon, um seine Dankbarkeit auszudrücken« (*Rendtorff,* 79; ähnlich *Gerstenberger,* 20). Man kann sich vorstellen, dass ein solches Opfer, das ja auch die aktive Mitwirkung des Opfernden erfordert, ein sehr bewegendes Ereignis war (*Wenham,* 55) – und daher, insbesondere bei den großen Tieren, eher selten praktiziert wurde. Viel häufiger dürften die Heilsgemeinschaftsopfer (Lev 3) vorgekommen sein, bei denen sich die Priester und die opfernde Familie (Gemeinschaft) das Fleisch teilten und für JHWH ein bestimmter Anteil verbrannt wurde.

Geschichte

Über die geschichtliche Verwirklichung des Brand- oder Ganzopfers können nur Vermutungen angestellt werden (solche Spekulationen entwickelt z.B. *Milgrom,* 174–177; s. ferner *Watts,* 172–175). Nach Esra 3,3.5 gab es – zumindest in nachexilischer Zeit – ein regelmäßiges Brandopfer (Ex 29,42: עלת תמיד, *ʿolat tāmīd,* »beständiges Brandopfer«) am Tempel, und zwar am Morgen und am Abend (s. *R. Rendtorff,* Opfertora, 214–217) – zugunsten des gesamten Volkes. Es wird wohl aufgrund des gleichen Namens (עלה) nach der hier genannten Ordnung durchgeführt worden sein (ebd., 218), doch eigentlich geht es in Lev 1 nicht um eine regelmäßige gottesdienstliche Begehung einer Gruppe, mithin nicht um das Tamid-Opfer, sondern um das private Opfer des einzelnen Israeliten. Damit ist sowohl die Herkunftsfrage als auch die Frage nach konkreter Praktizierung offen zu lassen; vielmehr ist es sinnvoll, nach der theologischen Bedeutung der Texte zu suchen (mit

Theologische Bedeutung

Gerstenberger, 32). Das Brandopfer als vollständige Darbringung des Tieres an Gott (ohne weiteren wirtschaftlichen Nutzen des Tieres als Mahlzeit o.ä.) symbolisiert als Ideal eine ganzheitliche Hingabe an JHWH (*J. W. Watts,* Burnt Offerings, 133). Die rhetorische Spitzenstellung des Brandopfers in vielen Aufzählungen und auch in Lev 1 (sowie Lev 6) bewirkt in der Rezeption eine Verschiebung des Opferbegriffs und der Opfervorstellung: Opfer ist nun nicht mehr primär – wie in den altorientalischen und altägyptischen Kulturen häufig anzutreffen – eine Speisung der Götter, sondern ein Ausdruck der Ganzhingabe an Gott, die sich in der »Übergabe« (realiter: Zerstörung) von etwas sehr Wertvollem zeigt. Selbstlose Hingabe an die Gottheit wird zum religiösen Ideal (ebd., 137). Von hier aus startet der Begriff des »Opfers« in Judentum, Christentum (und auch im Islam) eine beispiellose Karriere der sprachlichen und metaphorischen Umdeutung und theologisch-religiösen Füllung mit Inhalten, die bis heute in diesem Begriff noch mitschwingen. – Zugleich steht das Brandopfer auch beispielhaft für das Zusammenwirken von Priestern und Laien und für die individuelle Beziehung des Einzelnen zu JHWH. Gerade die Geste der Handaufstemmung bewirkt die Zuordnung des Opfertieres *ad personam* des Opfernden und stiftet so über die personalisierte Darbringung des Tieres eine individuelle Beziehung zwischen JHWH und dem Opfernden. Hat man nachvollzogen, dass diese personale Begegnung zwischen JHWH und dem Opfernden das geistige Zentrum des Brandopfers ist, können andere Ausdrucksformen dafür gesucht und gefunden werden, so dass auf das Tier als Opfermaterie grundsätzlich verzichtet werden kann. So wird es möglich, Israelit und Jude auch fern von Jerusalem zu sein und diese Religion auch nach dem Wegfall des konkreten Tempels auf dem Zion ausüben zu können (s. u.; s. *J. Klawans*, Purity, Sacrifice, and the Temple, 103–211). – Doch zur Zeit der Abfassung von Levitikus und der Endfassung der Tora ist der Tempel die zentrale Einrichtung und der Dienst der Priester ein wesentliches Element. Das wird durch die feste Etablierung der priesterlichen Dienste beim Brandopfer, insbesondere beim Blutritus, klar demonstriert. Ein Interesse des Textes liegt auch darin, die Institution des Priesteramtes zu legitimieren, ihre vielfältigen Aufgaben zu beschreiben und damit ihre Existenz zu sichern. Dies ist insofern notwendig, als in nachexilischer Zeit von den in die Weite der Diaspora verstreuten Juden die Frage gestellt werden könnte, wie denn der Kult in Jerusalem zu rechtfertigen sei, wenn nur ein Bruchteil aller Juden daran teilnehmen kann. Der Text beantwortet diese Frage nicht ausdrücklich, stellt aber durch die narrative Einbettung der Anordnungen als Offenbarung von JHWH über Mose an das Volk klar, dass das Tun der Priester am Jerusalemer Tempel (als spätere Realisierung des Wüstenheiligtums) eine göttliche Einrichtung ist, die insofern nicht weiter zu hinterfragen ist. – Dabei haben die Priester gerade durch die rhetorische Vorordnung des Brandopfers als »Ganzhingabe an JHWH« ihre Eigeninteressen hintangestellt, zumindest aber verschleiert: Vom Brandopfer haben die Priester materiell sehr wenig (nur die Haut); von Speiseopfergaben und Heilsgemeinschaftsopfern gehen ihnen weitaus größere Teile zu. Diese ökonomischen Interessen der Priesterschaft werden aber dadurch etwas kaschiert, dass das selbstlose Ideal des Brandopfers als Ganzhingabe rhetorisch an der Spitze steht (*J. W. Watts*, Burnt Offerings, 133; *Watts*, 158.390).

Priester

Ein Weg zu Gott

Die für alle, ob nah oder fern, ableitbare Botschaft des Brandopfers mit theologischer Tiefenwirkung bis heute lässt sich vielleicht so formulieren: Hinter dem Text steht die Grundoffenbarung, dass es bei aller Unterschiedenheit zwischen dem heiligen Gott, dem Schöpfer des Himmels und der Erde, und dem sterblichen, sündigen Menschen einen Weg des Menschen zu Gott *gibt*. Weg und Brücke nach Lev 1 ist das korrekt durchgeführte Brandopfer, doch es gibt noch andere Möglichkeiten, wie schon die Variationsbreite der Opfer in den folgenden Kapiteln zeigt. Ist aber erst einmal festgehalten, dass eine individuelle Beziehung des Menschen, des Einzelnen, zu Gott auf verschiedene Weisen und gegebenenfalls auch ohne das Medium des Opfers möglich ist, so wird das Opfer nicht die ausschließliche Brücke bleiben, und der Weg zu anderen Kommunikationsweisen zwischen Mensch und Gott ist grundsätzlich offen.

Zerstörung des Tempels

Seit der Zerstörung des Zweiten Tempels durch die Römer 70 n. Chr. gibt es im Judentum keine Tieropfer mehr; das aufkeimende Christentum hat trotz der Übernahme der Heiligen Schrift Israels keinen eigenen Tieropferkult entwickelt.

Zur Bedeutung der Tempelzerstörung für die jüdische Geschichte s. z. B. den Sammelband *Schwartz, D. R./Weiss, Z.* (ed.), Was 70 CE a Watershed in Jewish History? On Jews and Judaism Before and After the Destruction of the Second Temple (Ancient Judaism and Early Christianity 78), Leiden 2012.

Opfer als Metapher

Im Judentum wie im Christentum konnte der Grundgedanke des Opfers auf je eigene Weise in die Metapher überführt und spirituell gedeutet werden (z. B. Sir 35; *F. Siegert*, Synagoge, 339; *A. Marx*, Les sacrifices, 39–46; *M.-Z. Petropoulou*, Animal Sacrifice, 240–251.274–279; *A. Tzvetkova-Glaser*, Pentateuchauslegung, 339–358). Dies musste nicht schlagartig geschehen, sondern hat bereits zahlreiche Ansatzpunkte in der Heiligen Schrift Israels selbst, insbesondere in den Prophetenschriften. Wenn Hos 6,6 sagt »Denn an Güte habe ich Wohlgefallen, nicht an Schlachtopfern, und an Gotteserkenntnis statt an Brandopfern«, so ist der entsprechende Weg gewiesen (im NT Mt 9,13; 12,7). Die prophetische Opferkritik, die freilich nicht die Opfer an sich, sondern die falsche Einstellung dazu verurteilt und hervorhebt, worauf es eigentlich ankommt (*Plaut/Bamberger*, 33), kann als Brücke zu einem gottgefälligen Verhalten ohne kultische Tieropfer führen (Jes 1,1–17; Jer 7,21–23; Am 5,21–27; Mi 6,6–8). »Es ist dir gesagt worden, Mensch, was gut ist und was JHWH von dir erwartet: Nichts anderes als dies: Recht zu tun, Güte zu lieben, in Einsicht den Weg gehen mit deinem Gott« (Mi 6,8). Auch die Psalmen betonen, dass das Befolgen der Weisung (Tora) JHWHs Schlacht- und Brandopfer weit übertrifft (Ps 40,7–10; 50,7–15; 51,18–19): »Wer Opfer des Dankes bringt, ehrt mich; wer (sein Herz) auf den (rechten) Weg setzt, dem werde ich das Heil Gottes zeigen« (Ps 50,23).

Tugend

Philo, *De specialibus legibus* 1,271f, betont in diesem Sinne, dass nicht Hekatomben (Opfer von vielen Tieren) Gott Freude bringen, sondern fromme Gesinnung und frommer Lebenswandel; und wer nichts bringt als die vollkommene Erfüllung der Gebote der Tugend, bringt das beste Opfer dar.

Studium der Opfertexte

In der rabbinischen Diskussion ersetzt das Studium der Tora (mit den Opferbestimmungen) das tatsächliche Ausführen der Opfer, das ja in Ermangelung eines Tempels nicht möglich ist (z. B. *bMenahot* 110a: »Wer die Brandopfer- und Speiseopfergesetze studiert, wird angesehen, als ob er die Opfer selbst im Tempel dargebracht hätte«; so auch *bMegilla* 31b; ARN A 4 [9b]: »Einem Weisen, der sitzt und [die Tora] auslegt in der Gemeinde, dem rechnet es die Schrift an, als ob er Fett und Blut auf dem Altar geopfert hätte«; Übersetzungen: *S. Schreiner,* Tora, 382; s. auch *K. Schmid,* Canon, 295.304; *G. Bodendorfer,* Horizont, 369; *B. T. Viviano,* Study As Worship, 145). Schon vor der rabbinischen Zeit dürfte die Mangelsituation in der Diaspora fern vom Jerusalemer Tempel, in der viele Detailbestimmungen der Tora des Mose nicht erfüllbar waren, dazu geführt haben, dass man die Tora in den Synagogen wenigstens las, und zwar öffentlich, im profanen Bereich und ohne eine abgesonderte sakrale Sphäre (*F. Siegert,* Synagoge, 344). Mithin haben diese Texte eine eigenartige, aber durchaus verständliche und sehr lebhafte Rezeption erfahren: Sie werden nicht mehr buchstäblich umgesetzt, aber umso intensiver studiert und durchdiskutiert. Gerade die knappe, sachliche Sprache, die nur bestimmte Handlungsabfolgen vorstellt, sonst aber vieles als bekannt voraussetzt bzw. eine Fülle von Fragen offen lässt, löst akademische Debatten über viele Detailfragen aus (s. z. B. das Traktat *Zevahim,* »Schlachtopfer«) – Ziel ist dabei immer, dem Text Qualität und Relevanz zu verleihen und so eine deutende Aussage zu erreichen, auch wenn und gerade weil der Wortsinn nicht mehr praktizierbar ist.

Gebet

Eine andere Art der Stellvertretung erfolgt durch das Gebet *(ha-Tefilla).* So wird das tägliche Brandopfer (Tamid) durch das Gebet ersetzt: Dem Opfer am Morgen entspricht die *Schacharīt* (Morgengebet), dem abendlichen das *Mincha*-Gebet. Für zusätzliche Opfer tritt ein *Musaf*-Gebet (»zusätzliches Gebet«) ein (*R. Rendtorff,* Opfertora, 224). Der Lobpreis Gottes gilt als Äquivalent für das Darbringen von Opfern. In einem in Qumran gefundenen Lobpsalm wird dies zum Ausdruck gebracht: »Einen Menschen, der den Höchsten [Gott] rühmt (ואדם מפאר עליון), nimmt er [Gott] an wie jemanden, der eine Speiseopfergabe (מנחה), Ziegenböcke und Stiere darbringt, wie jemanden, der den Altar mit vielen Brandopfern (ברוב עולות) fett macht; wie Räucherwerk [zum Duft] der Beruhigung aus der Hand von Gerechten« (11Q5 [= 11QPs^{a}] 18,7–10[1] = Ps 154/syrPs II, 17–21; DJD IV, 39.64–70; *B. T. Viviano,* Study As Worship, 144–145). In Hos 14,3 findet sich die schwierige Wendung נְשַׁלְּמָה פָרִים שְׂפָתֵינוּ »wir bringen dir anstelle von Stieren unsere Lippen dar«; die Opfer sollen also durch das Bekenntnis zur Umkehr ersetzt werden. LXX liest statt »Stiere« (פרים) eine Constructus-Verbindung (פרי): »Früchte unserer Lippen« (καρπὸν χειλέων ἡμῶν). Diese Wendung wird zum Bild für Gebet und Lobpreis Gottes und ist mehrfach belegt (z. B.

[1] In Zeile 9 ist zwischen den Worten כקטורת (»wie Räucherwerk«) und ניחוח (»Beruhigung«) eine Lücke; möglicherweise ist das Wort für »Duft« (רֵיחַ) ausradiert worden.

1QH 1, 28 [1QH[a] Col. IX 28]; 1QS 9, 4–5; 9, 26; 10, 13–15 [ואברכנו תרומת מוצא שפתי, ich werde ihn (Gott) preisen mit der Erhebungsgabe, die von meinen Lippen ausgeht]; PsSal 15, 3; Hebr 13, 15 [θυσίαν αἰνέσεως διὰ παντὸς τῷ θεῷ, τοῦτ᾽ ἔστιν καρπὸν χειλέων ὁμολογούντων τῷ ὀνόματι αὐτου, ein Opfer des Lobes allezeit für Gott, das heißt die Frucht der Lippen, die seinen Namen bekennen]; *TestLevi* 3, 6; *A. Marx*, Les sacrifices, 40; s. auch zu Ps 50, ebd., 42–46). – Damit sind *Gebet, gute Werke* und das *Lernen der Tora* der Ersatz für die Opfer in der Zeit ohne Tempel (*H. Liss*, TANACH, 109) (s. auch zu Lev 5, 14–26, Rezeption und Bedeutung).

1.1.2 Levitikus 2, 1–16: Speiseopfergabe

Literatur

Dahm, U., Opferkult, 208–212. – *Eberhart, C.*, Studien, 77–88. – *Marx, A.*, Les offrandes végétales. – *Mazar, A./Panitz-Cohen, N.*, It Is the Land of Honey: Beekeeping at Tel Reḥov: NEA 70, 2007, 202–219. – *Mazar, A./Panitz-Cohen, N.*, Das Land, das von Milch und Honig überfließt: Welt und Umwelt der Bibel 4/2008, 65. – *Rendtorff, R.*, Studien, 169–198. – *Riede, P.*, Art. Biene: Das wissenschaftliche Bibellexikon im Internet (www.wibilex.de), August 2007.

Text

Übersetzung

2[1]Und wenn jemand die Darbringung einer Speiseopfergabe für JHWH darbringen möchte, sei die Darbringung aus Weizenfeinmehl; darauf gieße er Öl, und darauf gebe er Weihrauch. [2]Und er bringe sie zu den Söhnen Aarons, den Priestern, und er nehme davon seine Hand voll, von ihrem (der Speiseopfergabe) Weizenfeinmehl und von ihrem Öl mit ihrem ganzen Weihrauch, und der Priester lasse ihren Gedächtnisanteil auf dem Altar in Rauch aufgehen – ein Feueropfer zum Duft der Beruhigung für JHWH. [3]Und der Rest von dem Speiseopfer (ist) für Aaron und seine Söhne – ein Hochheiliges von den Feueropfern JHWHs.

[4]Und wenn (jemand) als Darbringung einer Speiseopfergabe etwas mit dem Ofen Gebackenes darbringen möchte, (sei sie aus) Weizenfeinmehl: ungesäuerte Kuchen, die mit Öl vermischt sind, und ungesäuerte Brotfladen, die mit Öl bestrichen sind.

[5]Wenn nun deine Darbringung eine auf einer Pfanne (zubereitete) Speiseopfergabe (ist), sei sie aus Weizenfeinmehl, das mit Öl vermischt ist, ungesäuert. [6]Und (du sollst) sie in Brocken zerbröckeln und Öl auf sie gießen – eine Speiseopfergabe (ist) das.

[7]Wenn aber deine Darbringung eine in einem Topf (zubereitete)

Speiseopfergabe (ist), werde sie aus Weizenfeinmehl mit Öl gemacht.

[8]Und du sollst die Speiseopfergabe, die aus diesen (Dingen) gemacht worden ist, zu JHWH bringen, und man bringe sie dem Priester dar, und er wird sie zum Altar darreichen. [9]Und der Priester hebe von der Speiseopfergabe ihren Gedächtnisanteil ab und lasse (ihn) auf dem Altar in Rauch aufgehen – ein Feueropfer zum Duft der Beruhigung für JHWH. [10]Und der Rest von der Speiseopfergabe (ist) für Aaron und seine Söhne – ein Hochheiliges von den Feueropfern JHWHs.

[11]Jede Speiseopfergabe, die ihr für JHWH darbringen wollt, soll nicht mit Gesäuertem gemacht werden, denn weder Sauerteig noch Honig sollt ihr als Feueropfer für JHWH in Rauch aufgehen lassen. [12]Als Erstlingsdarbringung sollt ihr sie (Sauerteig und Honig) für JHWH darbringen, aber auf dem Altar sollen sie nicht zum Duft der Beruhigung aufsteigen.

[13]Jede Darbringung deiner Speiseopfergabe sollst du mit Salz salzen, und du sollst nicht das Salz des Bundes deines Gottes auf deiner Speiseopfergabe fehlen lassen. Bei jeder deiner Darbringung(en) sollst du Salz darbringen.

[14]Wenn du nun eine Speiseopfergabe der Erstlingsfrüchte für JHWH darbringst, sollst du frische, reife Ähren, die am Feuer geröstet worden sind, (und) Grütze aus jungem Korn als Speiseopfergabe deiner Erstlingsfrüchte darbringen. [15]Und du sollst auf sie (die Speiseopfergabe) Öl geben, und du sollst auf sie Weihrauch setzen. Eine Speiseopfergabe (ist) das. [16]Und der Priester lasse ihren Gedächtnisanteil von ihrer Grütze und von ihrem Öl mit ihrem ganzen Weihrauch in Rauch aufgehen – als Feueropfer für JHWH.

Zu Text und Übersetzung

1 In Lev 1,2 lautet die allgemeine Bezeichnung »ein Mensch« (אדם, *ʾādām*), in 2,1 ist es das vieldeutige Wort נפש, *næpæš*. Das Bedeutungsspektrum reicht von »Kehle, Atem« über »Seele, Leben, Wesen, Mensch« bis hin zu »Selbst«. Hier dient das Wort als unbestimmter Begriff: »jemand«, »ein beliebiger Mensch« (Frau oder Mann). Das grammatikalische Geschlecht von נפש ist das Femininum, das Wort kann aber auch mit einem maskulinen Verb verbunden werden (*Milgrom*, 178). – Zur Übersetzung von סלת, *solæt*, mit »Weizenfeinmehl« s. die Auslegung zu V 1. – Analog zu 2,6.15 steht in SAM und LXX auch hier am Versende noch: »Dies (ist) eine Speiseopfergabe« (s. *I. Himbaza*, Lévitique, 375–376).

2 Anstelle des etwas offenen »davon« (משם, wörtlich: »von dort«) im hebräischen Text formulieren SAM (ממנה) und LXX (ἀπ᾽ αὐτῆς) klarer: »von ihr«, d.h. von der Speiseopfergabe. Aber auch im hebräischen Text ist der Bezug durch das folgende feminine Pronomen klar: »ihr« Weizenfeinmehl und »ihr« Öl kann sich nur auf die vorausgehend erwähnte Speiseopfergabe (grammatikalisch ebenfalls feminin) beziehen (*Milgrom*, 181, verweist auf eine analoge Bedeutung von משם, »davon«, in 2 Kön 7,19 und Ez 5,3). Zu alternativen Deutungen von משם siehe die Auslegung. – Die Präposition על bedeutet hier nicht »auf«, sondern »zusammen mit« (*Levine*, 10).

3 Mit »Rest« wird eine feminine Abstraktbildung aus dem Partizip von יתר, »übrig bleiben«, übersetzt; *Milgrom*, 182, vermutet hierin einen Fachbegriff der Priestersprache.

4 Der nächste Fall wird mit dem beiordnenden וכי (nicht mit dem einen Unterfall einleitenden אם) eingeführt, d. h. es beginnt ein neuer Hauptfall. Aufgrund der starken wörtlichen Parallele zu V 1 wird תקרב (mit LXX: προσφέρῃ) als 3. Person Singular feminin angesehen und als Subjekt aus V 1 נפש, »jemand«, ergänzt (aufgrund der Übersetzung des femininen Wortes נפש mit »jemand« steht im Deutschen jeweils eine maskuline Verbalform). Vielfach wird aber die Verbform als 2. Person Singular maskulin analysiert und entsprechend wiedergegeben: »Und wenn du als Darbringung einer Speiseopfergabe etwas mit dem Ofen Gebackenes darbringen möchtest …« (s. auch *Watts*, 256). – Der Ofen ist allgemein die Feuerstelle, auf oder mit der etwas gebacken wird. Zwei folgende »Unterfälle« (s. u., Analyse) spezifizieren das Backinstrument: Pfanne oder Topf.

5 Mit ואם wird der erste Unterfall eingeleitet: das Backen auf der Pfanne. Die »Pfanne« (מחבת, *maḥabat*) ist dabei eher eine Art Backblech oder eine Metallplatte über dem Feuer, auf der der Kuchen gebacken wird. Ab V 7 beginnt der zweite Unterfall: das Backen in einem Topf (מרחשת, *marḥæšæt*).

6 und du sollst sie in Brocken zerbröckeln – die Wendung »Du sollst« ergibt sich aus dem Kontext, denn im hebräischen Text steht »nur« ein Infinitivus absolutus; s. Ges-K §113bb.

8 Die passive Verbalform im Relativsatz ist maskulin, während das eigentlich regierende Subjekt feminin ist (die Speiseopfergabe); s. Ges-K §145o. Die Übersetzung der LXX mit ἂν ποιῇ (Rahlfs) könnte als unpersönliche Wiedergabe eines Passivs verstanden werden: »die man … macht« (*Rendtorff*, 82). *J. W. Wevers*, Notes, 18, optiert mit $LXX^{Gö}$ für den Aorist (ποιήσῃ).

11 Anstelle des Passivs »gemacht werden« hat LXX die 2. Person Plural aktiv: »sollt ihr nicht machen«. – Statt »in Rauch aufgehen lassen« (קטר, *QṬR*) haben wenige Handschriften und SAM »darbringen« (קרב, *QRB*). Das wäre eine Verallgemeinerung und damit Verschärfung: Gesäuertes und Honig wären dann nicht nur nicht für ein Feueropfer geeignet, sondern auch nicht für jede andere Art der Darbringung (*Rendtorff*, 82).

12 Nach »zum Duft der Beruhigung« fügt LXX κυρίῳ ein, was im Hebräischen ליהוה, »für JHWH«, entsprechen würde. Das Gleiche geschieht in 2, 14 und 3, 1.

13 Bei den Verben hat LXX durchgehend die 2. Person Plural; beim ersten Verb (»sollst du mit Salz salzen«) hat LXX das Passiv (ἁλισθήσεται). – »Salz des Bundes deines Gottes«: anstelle von »deines Gottes« hat LXX κυρίου (entspricht »JHWH«). Ebenso fügt LXX den Adressaten für die Salzdarbringung am Ende des Verses hinzu: »für den Herrn, euren Gott« (κυρίῳ τῷ θεῷ ὑμῶν).

14 Frische, reife Ähren – damit sind Ähren mit Körnern gemeint, die zwar schon ausgebildet sind, aber so frisch, dass sie noch weich sind. Die »Grütze« ist die Bezeichnung für »Grobgemahlenes«, also grob geschnittene, geschälte Getreidekörner als Nahrungsmittel.

15 Die Wendung »eine Speiseopfergabe (ist) das« ist grammatikalisch ein Nominalsatz aus Substantiv (hier: מנחה) und Demonstrativpronomen (hier: הוא, punktiert als feminine Form היא). Sie hat bestätigenden und deklarativen Charakter: So ist das mit der Speiseopfergabe. Diese Gestaltungsweise kehrt im Buch Levitikus mehrfach am Ende von Abschnitten wieder (s. o. die Auslegung zu Lev 1, 9c).

Analyse

Schon in der Analyse zu Lev 1 (s. o.) wurde deutlich, dass Lev 1 und Lev 3 eng miteinander verknüpft sind und einen annähernd parallelen Aufbau zeigen. Lev 2 unterscheidet sich davon in formaler Hinsicht durch eine abweichende Struktur (s. u.), vor allem aber in inhaltlicher Hinsicht durch das andere Opfermaterial: Lev 1 und 3 behandeln Opfer von Tieren, während Lev 2 die Getreideopfergabe mit dem Weihrauchopfer thematisiert (s. dazu die detaillierte Beschreibung bei *A. Marx,* Les offrandes végétales, 32–49). Dabei wird auch nur ein Bruchteil der Materie tatsächlich verbrannt (vernichtet), während der größere »Rest« von den Priestern verzehrt wird. Dieser Unterschied soll im Deutschen durch die Hinzufügung von »-gabe« kenntlich gemacht werden, so dass der hebräische Terminus מנחה, *minḥā,* mit »Speiseopfergabe« wiedergegeben wird, was auch den Vorteil hat, dass sich damit eine Entsprechung zum grammatikalischen Genus (feminin) ergibt. Trotz dieser Besonderheit zählt die Speiseopfergabe als vollständiges Opfer (s. die Einleitung, Glossar).

Unterschiede zu Lev 1 und 3

Lev 2 zeigt aber auch eine Reihe von Gemeinsamkeiten mit den umgebenden Kapiteln. Die Strukturierung erfolgt wie in Lev 1 und 3 nach dem Fall-Unterfall-Schema mittels beiordnender (כי, »wenn«; V 1.4) und unterordnender (ואם, »wenn nun; wenn aber«; V 5.7.14) Konjunktionen (zum Aufbau s. u.). Ferner begegnen auch in Lev 2 deklarative Formulierungen, so etwa die »Klassifikation« (s. o. die Auslegung zu Lev 1,9c) in 2,6.15: »eine Speiseopfergabe (ist) das«, die zur deutlichen Kennzeichnung der gerade behandelten Opferart dient. Auch die Deklarierungen als אשה, »Feueropfer« zum »Duft der Beruhigung (für JHWH)« sind zu finden (V 2.9) – damit wird auch deutlich, dass die Speiseopfergabe auf die gleiche Ebene wie das Brandopfer gehört und trotz der Materie von vermeintlich geringerem Wert und deren gegenüber den Tieropfern andersartiger Verwendung bzw. Verwertung ein »gleichwertiges« Opfer darstellt (s. *A. Marx,* Les offrandes végétales, 25). Eine weitere formale Gemeinsamkeit mit Lev 1 und 3 unterstreicht diesen Eindruck: Lev 2 entwickelt den gleichen »Ritualstil« (*w-qatal-x* in 3. Person), der im Deutschen mit dem Konjunktiv I wiedergegeben wird. Häufiger jedoch als in Lev 1 tritt die 2. Person Singular auf. Dies und der Aufbau aus wechselnden Thematiken (s. u.) zeigen, dass sich hier die Merkmale einer allmählichen Entstehung und Sammlung stärker erhalten haben (*Rendtorff,* 84). Auf kompositorischer Ebene bildet Lev 2 mit 1 und 3 eine Einheit, insofern diese Kapitel eine gemeinsame Gottesrede bilden und erst in Lev 4,1 eine neue Redeeinleitung erfolgt.

Gemeinsamkeiten mit Lev 1 und 3

Aus diesen Beobachtungen heraus stellt sich die Frage, weshalb die Angaben über die Speiseopfergabe zwischen die Tieropfer in Lev 1 und 3 gestellt wurden. (1) Eine mögliche Erklärung schließt sich an die Überlegungen zu Lev 1,14–17 an: Wie schon das Tauben-Brandopfer eine Darbringung von

Ort zwischen Lev 1 und 3

Armenopfer sehr armen Menschen ist, so ist die Speiseopfergabe ein »Armenopfer«. Auf diese Weise deutet z. B. *Raschi*, 281, das Wort »Seele« (נפש) in V 1, das hier mit »jemand« übersetzt wird, aber auch »Leben« heißen kann: »*Wenn eine Seele darbringt*, bei keinem der freiwilligen Opfer steht Seele außer dem Speiseopfer; wer pflegt ein Speiseopfer zu geloben? Der Arme; darum spricht der Heilige, gelobt sei Er, ich rechne es ihm an, als hätte er sein Leben [נפש] dargebracht« (siehe auch *bMenahot* 104b). Erneut wird deutlich, dass die jüdische Auslegung nicht müde wird, die Gleichwertigkeit der Opfer von Reichen und Armen zu betonen. (2) Eine zweite Erklärung ergibt sich daraus, dass die Speiseopfergabe häufig als Zusatzopfer zu den Tieropfern erwähnt wird bzw. in Num 15,1–4 sogar gefordert ist. Dahinter wäre eine Opferpraxis zu vermuten, bei der sich die Speiseopfergabe unmittelbar an das Brandopfer angeschlossen hätte – leider kann dies nur vermutet werden, weil sich die Texte über Anlässe und praktische Abfolgen der Opferliturgien weitgehend ausschweigen. Beiden möglichen Erklärungen ist gemeinsam, dass die Abfolge Lev 1 (Brandopfer) – Lev 2 (Speiseopfergabe) eine enge Beziehung zwischen diesen beiden Opferarten herstellt bzw. konstatiert (siehe auch *Milgrom*, 196).

Zusatzopfer

Aufbau Im Blick auf den Aufbau von Lev 2 sind vier große Teile zu unterscheiden. (1) Der erste Teil bringt grundsätzliche Ausführungen zur Opfergabe von Weizenfeinmehl. In diesen Versen werden die einzelnen Opferakte genannt (s. u., Auslegung), es erfolgt die Klassifikation als »Speiseopfergabe« und die Deklaration als »Feueropfer« zum »Duft der Beruhigung für JHWH«. Damit ist die Thematik im Grundsatz abgeschlossen. (2) Der zweite Abschnitt befasst sich dann mit Varianten der Feinmehlopfergabe, die im Wesentlichen darin bestehen, dass aus dem Weizenfeinmehl etwas zubereitet worden ist (Kuchen, Fladen). V 4 steht dabei parallel zu V 1, während V 10 mit V 3 wörtlich übereinstimmt, so dass sich zwei einander entsprechende Rahmungen ergeben. Die erste Zubereitungsart betrifft das Backen (V 4). Darauf folgen zwei Varianten (5–6 und 7), die aufgrund der Einleitung mit ואם formal als »Unterfälle« anzusehen, stilistisch und inhaltlich jedoch anders zu bewerten sind: Die Verbalform wechselt in die 2. Person Singular (»Du«-Anrede), und als Zubereitungswerkzeuge sind nicht mehr der »Ofen«, sondern »Pfanne« und »Topf« genannt (s. Zur Übersetzung und die Auslegung). Mithin sind 5–6 und 7 als zwei ergänzende Bestimmungen aufzufassen, die vermutlich (in abweichendem Stil) eingefügt wurden (*Rendtorff*, 83). V 8–10 wiederholen für alle drei Varianten die Angaben aus V 2–3, einschließlich von Klassifikation und Deklaration. (3) Offenbar »aus gegebenem Anlass« (also durch Unsicherheiten in der Praxis veranlasst, s. *Gerstenberger*, 36) werden zwei Grundsatzbestimmungen zwischengeschoben: (a) Gesäuertes bzw. Sauerteig sowie Honig werden von der *Speiseopfergabe* ausgeschlossen (nicht aber von der Erstlingsdarbringung, s. die Auslegung zu V 12). (b) Die zusätzliche, verpflichtende Begleitgabe von

V 1–3

V 4–10

V 11–13

Salz wird auf *jede* Darbringung ausgeweitet, so dass auch die Tieropfer eingeschlossen sind und der Text somit grundsätzliche Tiefe erreicht. Das bewusste *Ausschließen* von Gesäuertem und Honig einerseits und das kategorische *Einschließen* von Salz andererseits dürften als intendierte Kontrastsetzung das leitende Kompositionsprinzip gewesen sein.

V 14–16

(4) Der vierte Teil kehrt als »Unterfall« zur Speiseopfergabe zurück und behandelt die Besonderheit der Gabe von den Erstlingsfrüchten (Korn). Auch hier werden wie bei den Varianten in Teil (2) (V 4–10) die Grundsatzbestimmungen aus V 2–3 wiederholt. Die Abschlussdeklaration »als Feueropfer für JHWH« betont die Vollwertigkeit und Ebenbürtigkeit der Speiseopfergabe trotz ihrer Abweichungen hinsichtlich der Verwendung der Opfermaterie.

Wechsel von Grundsätzlichem und Details

Damit ergibt sich im Aufbau von Lev 2 ein zweimaliger Wechsel vom Grundsätzlichem zum Detail: Auf die allgemeinen Bestimmungen zur Speiseopfergabe (V 1–3) folgt die Variante des *zubereiteten* Mehls (V 4–10; mit eingeschobenen Zusätzen V 5–7), dann werden wieder allgemeine Hinweise zur »Darbringung« (v.a. hinsichtlich des Salzes) eingeflochten (V 11–13), und ein weiterer besonderer Fall (Erstlingsgaben) bildet dann den Abschluss (V 14–16). Dass dieser Text aus den Notwendigkeiten der Opferpraxis heraus gewachsen ist, scheint unverkennbar (s. *U. Dahm*, Opferkult, 208–212). Jedoch sind genauere Rückschlüsse auf die Entstehungssituation oder -zeit nicht möglich.

Jeweils drei Typen

Dass die Speiseopfergabe ein eigenständiges Opfer eigenen Rechts ist, wird auch dadurch deutlich gemacht, dass bei ihr wie beim Brandopfer und beim Heilsgemeinschaftsopfer *drei Typen* unterschieden werden (s. *A. Marx*, Les offrandes végétales, 47):

Lev 1: Brandopfer	*Lev 2: Speiseopfergabe*	*Lev 3: Heilsgemeinschaftsopfer*
Großvieh (Rindvieh)	Gemahlenes Mehl	Großvieh (Rindvieh)
Kleinvieh (Schafe, Ziegen)	Im Ofen Gebackenes	Kleinvieh (Schafe)
Tauben	Mit Pfanne oder Topf Zubereitetes	Kleinvieh (Ziegen)

Das System der priesterlichen Opfervorschriften ist nicht nur komplex, sondern auch präzise und von bestechender Logik gekennzeichnet (für einen zusammenfassenden Überblick zur Materie der Speiseopfergabe und deren symbolische Bedeutung s. ebd., 53–69).

Auslegung

Verbindungslinien

V 1

Zwar knüpft das einleitende »und« in V 1 an Lev 1 an, doch schon die anders lautende Bezeichnung des Opfernden (nicht אדם, »Mensch«, wie in 1,2, sondern נפש, »jemand«, s.o., Zur Übersetzung) macht darauf aufmerksam, dass das Folgende – die Ausführungen zur Speiseopfergabe (s. das Glossar) – aus einem anderen Blickwinkel zu sehen ist. Die Einführung mit נפש כי, »wenn jemand« findet sich auch am Anfang der Kapitel 4 und 5 über das Entsündigungs- und Entschuldigungsopfer (חטאת bzw. אשם), wo es um »Versündigung« und »Verunreinigung« geht (weitere Stellen zu diesen Themenkomplexen führt *Rendtorff*, 85, an). Die Verbindung zur Speiseopfergabe ergibt sich erst auf den zweiten Blick, dann aber deutlich: Bei allen drei Opferarten (מנחה, חטאת und אשם) werden die den Priestern zum Essen zugewiesenen Anteile als »hochheilig« (קדש קדשים, *qodæš qodāšīm*) bezeichnet (Lev 2,3.10; 6,10.18.22; 7,1.6; 10,12.17; 14,13), wobei Lev 6,10 ausdrücklich den Zusammenhang der drei Opferarten betont. In ähnlicher Weise fasst Num 18,9–10 die Priesteranteile dieser Opfer unter dem Begriff »Hochheiliges« zusammen (mit der מנחה an erster Stelle). Die Gemeinsamkeit ist das kultische Essen von Opfergaben durch die Priester als integraler Bestandteil des Opfervorgangs (*Rendtorff*, 86). Wie z.B. aus Lev 6,9.17; 7,15–20 deutlich wird, kommt es entscheidend darauf an, den richtigen Teil zur richtigen Zeit am richtigen Ort zu essen, um das Opfer »erfolgreich« sein zu lassen und eine gelungene Kommunikation mit der Gottheit zu erreichen (*Levine*, 11).

Zu Lev 4 und 5

Zu Lev 1

Ansonsten ist Lev 2,1 relativ parallel zu Lev 1,2 (Brandopfer) aufgebaut:

Lev 1,2 אדם כי־יקריב מכם קרבן ליהוה מן־הבהמה
Wenn ein Mensch von euch für JHWH eine Darbringung vom Vieh darbringen möchte …

Lev 2,1 ונפש כי־תקריב קרבן מנחה ליהוה
Und wenn jemand die Darbringung einer Speiseopfergabe für JHWH darbringen möchte …

Diese Gestaltung rückt die Speiseopfergabe auf die Ebene des Brandopfers von Lev 1. Da allerdings 1,2 als Obersatz für zwei Unterarten (Rindvieh und Kleinvieh) fungiert, fehlt hier noch die Bezeichnung »Brandopfer«, während in 2,1 gleich die Darbringungsart genannt wird, so dass sich die nur hier (V 1.4.13) begegnende Constructus-Verbindung »Darbringung einer Speiseopfergabe« (קרבן מנחה) ergibt. Trotz der auffälligen Konstruktion weicht der Sprachgebrauch nicht von den üblichen Bedeutungen ab.

Speiseopfergabe

Der Begriff מנחה, *minḥā* (zur sprachlichen Herleitung s. das Glossar), bezeichnet in den priesterlichen Texten stets ein Opfer mit vegetabilischem (pflanzlichem) Material: »Weizenfeinmehl« (s.u.), Olivenöl und Weihrauch, und dies unterscheidet die *minḥā* auch von allen anderen Opferarten

(*C. Eberhart*, Studien, 81). Es kann sich um selbständige Opfer handeln, wie sie z.B. für das Wochenfest in Lev 23,16 und Num 28,26 (eine »neue Speiseopfergabe«: מנחה חדשה) vorgeschrieben sind. Meist aber ist die Speiseopfergabe ein Zusatzopfer zu den Tieropfern (Lev 23,13.18; Num 28 etc.). Die Vorgehensweise dürfte jeweils die gleiche sein. Gerade die Stellung von Lev 2 zwischen Lev 1 (Brandopfer) und Lev 3 (Heilsgemeinschaftsopfer) zeigt beide Möglichkeiten an: Formal wird die Speiseopfergabe z.B. mit dem Brandopfer auf eine Stufe gestellt, doch die unmittelbare Nachordnung nach den Bestimmungen zum Brandopfer lässt sich auch von der Opferpraxis her deuten, nach der die Speiseopfergabe unmittelbar auf das Tieropfer folgte.

Weizenfeinmehl

Die erste Materie der Speiseopfergabe wird in V 1 als סלת, *solæt*, »Weizenfeinmehl« (LXX: σεμίδαλις, feines Weizenmehl) bezeichnet. *Rendtorff*, 90–95, referiert die breite Diskussion um die Schwierigkeiten der präzisen Bestimmung der Bedeutung von סלת und der Unterscheidung vom zweiten Begriff, den die Hebräische Bibel ebenfalls für »Mehl« verwendet: קמח, *qæmaḥ*. Als wichtigste Aspekte seien daraus folgende Punkte festgehalten:

Kultisches Mehl

(1) סלת steht überwiegend in kultischen Kontexten, stets bei der Speiseopfergabe (מנחה). קמח steht nur in Num 5,15 in einem kultischen Zusammenhang, dort aber bei der so genannten »Eifersuchts-Speiseopfergabe«, die durch diesen Spezialterminus, das andere Mehl und das Verbot, Öl und Weihrauch zu applizieren deutlich von der Speiseopfergabe von Lev 2 unterschieden ist.

Das wertvollere Mehl

(2) Nach 1 Kön 5,2 werden als täglicher Bedarf für den Königshof Salomos 30 Kor *solæt* und 60 Kor *qæmaḥ* angegeben, was darauf schließen lässt, dass *solæt* als das Wertvollere gilt. In Ez 16,13 gilt *solæt* als Luxusnahrung. In Gen 18,6 steht die ungewöhnliche Wortverbindung קמח סלת, *qæmaḥ solæt*, bei der *solæt* vermutlich einen Zusatz darstellt: Damit soll im Interesse der priesterlichen Opferweisungen sichergestellt werden, dass Abraham das kultisch korrekte und kein gewöhnliches Mehl seinen Gästen vorsetzt, die sich später als Boten JHWHs bzw. JHWH selbst erweisen.

Vom Weizen

(3) In Ex 29,2 wird *solæt* mit Weizen (חטים, *ḥiṭṭīm*) verbunden, in Num 5,15 steht *qæmaḥ* mit Gerste (שערים, *śeʿorīm*) und in 2 Kön 7,1 muss *solæt* etwas von Gerste Unterschiedenes sein, so dass auch in 1 Kön 5,2 (s.o.) wohl zwei verschiedene Getreidearten angesprochen sind. Von diesen Überlegungen her ist *solæt* zunächst als wertvolles Weizenmehl (im Unterschied zum gewöhnlichen Gerstenmehl *qæmaḥ*) aufzufassen (s. auch *Milgrom*, 179). In der rabbinischen Tradition heißt es zudem: Selbst wenn jemand sagen würde »Ich gelobe eine Speiseopfergabe von der Gerste«, müsste er Weizenfeinmehl darbringen (*mMenahot* 12,3; *bMenahot* 103a).

Mahlgrade und Sieben

(4) Auch in der Antike ist Mehl nicht gleich Mehl, da es verschiedene Mahlgrade und Siebstufen gibt (heute werden die so entstehenden unterschiedlichen Mehltypen nach ihrem Mineralstoffgehalt gemäß DIN 10355 typisiert). Vor allem in der rabbinischen Literatur steht bei סלת (Nomen und Verb) das Sieben des fei-

nen Mehls aus einer großen Masse groben Mehls im Vordergrund, gerade auch in metaphorischem Gebrauch. Die Reinhaltung und Absonderung der jüdischen Gemeinde durch Esra vor der Rückkehr nach Jerusalem wird so beschrieben: »Esra zog nicht aus Babel herauf, bis er sie [die jüdische Gemeinde in Babylon] wie reines *solæt* (כסולת נקיה) gemacht hatte« (*bQiddushin* 69b). Von diesen Überlegungen her steckt in *solæt* auch der Gedanke des Siebens und Auslesens, der dem Stoff weiteren Wert verleiht. *Milgrom,* 179, optiert mit Belegen aus der rabbinischen Literatur für Weizengrieß (*semolina;* s. auch *Bailey,* 52). Exakte Abstufungen und genaue Beschaffenheiten der Mehlsorten (nach DIN, z. B. »Weizenmehl Type 405«) sind natürlich heute nicht aus den Texten zu entnehmen. Doch festzuhalten bleibt, dass *solæt* als ein besonders wertvolles Weizenprodukt gilt. Daher wird hier als Übersetzung die deutsche Wortzusammensetzung »Weizenfeinmehl« vorgeschlagen, um alle diese Aspekte annähernd einzubeziehen.

Erster Akt – Zufügung von Öl

Der erste Akt der Darbringung einer Speiseopfergabe besteht in der Hinzufügung von Öl (שמן, *šæmæn*). Es handelt sich um Olivenöl. Nur bei der Speiseopfergabe ist Öl zu verwenden, bei den anderen Opfern kommt dies nicht vor. Hat das Öl eine besondere kultische Funktion? In kultischen Kontexten werden z. B. eine Massebe (Gen 28,18; 35,14) oder das Heiligtum (Ex 40,9; Lev 8,10), vor allem aber Menschen (1 Sam 10,1; 1 Kön 1,39: Amtseinsetzung als König) mit Öl gesalbt. Insofern könnte die Zufügung von Öl zum Weizenfeinmehl eine gewisse Analogie zur »Salbung« von Menschen und Kultgegenständen als rituelle Bereitstellung für die Begegnung mit Gott im Kult haben (*K. McClymond,* Beyond Sacred Violence, 95). Darüber hinaus ist Öl ein notwendiger Bestandteil einer Mahlzeit: Ohne Öl wäre das trockene Weizenfeinmehl eine kaum genießbare Speise. Dabei kann einerseits die alte Vorstellung im Hintergrund stehen, dass das Opfer eine Speisung der Gottheit sei (z. B. Ez 44,7; *Gerstenberger,* 39; *M. Modéus,* Sacrifice, 185–186), andererseits ist auch daran zu denken, dass der Großteil der Speiseopfergabe zur Ernährung der Priester dient – sie können das Weizenfeinmehl auch erst mit Öl als Mahlzeit genießen. Nähere Angaben über das Ausgießen und die genauen Mengen werden hier nicht gemacht, insofern ist Levitikus kein Kochbuch – aus dem Kontext ist zu schließen, dass es jeweils angemessene Mengen sein müssen, die ein essbares Produkt ergeben sollen. Aus Lev 14,21, wo von einer Speiseopfergabe eines Armen anlässlich seiner Heilung vom Aussatz gesprochen und ein Zehntel ›Efa‹ Weizenfeinmehl (ca. 2,2 Liter) genannt wird, schließt man darauf, dass eine Speiseopfergabe nie weniger als ein Zehntel ›Efa‹ Weizenfeinmehl sein soll (*Raschi,* 282; s. auch Num 15,4; *A. Marx,* Les offrandes végétales, 37).

Salbung

Mahlzeit

Zweiter Akt – Zufügung von Weihrauch

Der zweite Akt der Darbringung betrifft die Hinzufügung von Weihrauch (לבונה, לבנה, *lᵉbōnā*). Es handelt sich um den »reinen Weihrauch« von Ex 30,34, der für das Räucherwerk herangezogen wird: Es ist ein Gummiharz, das durch Einschneiden der Baumrinde der Arten *Boswellia carteri* oder *fre-*

reana aus der Familie der *Burseraceae* (meist Somalia; ca. 4–6 Meter hoher Baum oder Strauch) gewonnen wird. Heute diskutiert man vor allem die Heilwirkung des Weihrauchs – davon ist in den biblischen Texten nicht die Rede. Weihrauch in biblischer Sicht gilt als besonders kostbar, in Jes 60,6 steht er neben Gold (Details bei *Milgrom*, 180). Unvermischt tritt er neben der Speiseopfergabe noch bei den vor JHWH auszulegenden Broten (Lev 24,7) auf. Die Menge des zu verwendenden Weihrauchs ist zwar nicht angegeben, dürfte aber nicht sehr groß gewesen sein. Das ist aus dem Folgenden zu schließen, wenn eine Handvoll von der Speiseopfergabe zusammen mit dem ganzen Weihrauch verbrannt werden soll. Die rabbinische Tradition deutet dabei die Wiederholung der Präposition עליה »auf, darauf« in V 1 in folgender Weise: Das erste Vorkommen von »darauf« beim Öl bezieht sich auf die *ganze Menge*, so dass das Öl mit dem gesamten Mehl vermischt wird. Das zweite Vorkommen der gleichen Präposition beim Weihrauch bezieht sich *nur auf den Teil*, der tatsächlich verbrannt wird. *Raschi*, 282, formuliert diese hermeneutische Regel so: »Weil in der Thora die zweite, wenn zwei Hinzufügungen nacheinander stehen, verringert (hier עליה).« Aber auch ohne diese exegetischen Überlegungen macht die Logik der weiteren Vorgehensweise deutlich, dass man das Öl mit der ganzen Mehlmenge verrührt, während der Weihrauch nur einer Handvoll vom Öl-Mehl-Teig zugefügt und mit diesem Teil der Gabe verbrannt wird (siehe auch *bSota* 14b).

Besonders kostbar

Menge

Der Grund für die Hinzufügung von Weihrauch wird im Text nicht genannt. Zu beachten ist, dass Weihrauch nur bei den *nicht* zubereiteten Speiseopfergaben (V 1–3 und 14–16) verwendet wird, während bei den gebackenen Speisen der Weihrauch nicht erwähnt (und wahrscheinlich auch nicht verwendet) wird. Somit könnte die Funktion des Weihrauchs hier darin bestehen, die nicht zubereitete Speiseopfergabe, also das nicht weiter behandelte Öl-Mehl-Gemisch von den gebackenen Speisen zu unterscheiden (*Milgrom*, 180–181). Diese Unterscheidung wird in Lev 7,9–10 wichtig: Die *zubereitete* Speiseopfergabe gehört dem Priester, der sie darbringt (7,9), während die *unbehandelte* Öl-Mehl-Mischung (oder auch das trockene Mehl) allen Nachkommen Aarons gehören soll (7,10). Dahinter stehen wohl praktische Fragen der Verteilung, Weiterverwendung und Konservierung, denn die unbehandelten Zutaten bieten den Priestern die Möglichkeit der individuell angemessenen Zubereitung. Insofern erscheint es plausibel, den Weihrauch als unterscheidendes Kriterium aufzufassen (s. auch die Auslegung zu den *gebackenen* Speiseopfergaben). – Zu Weihrauch im alten Israel und seiner altorientalischen Umwelt s. u.a. *K. Nielsen*, Incense; *W. Zwickel*, Räucherkult, und *Watts*, 238–244.

Warum Weihrauch?

V 2 Die Übergabe an die Priester wird hier nicht mit קרב *hifil*, »darbringen«, formuliert, sondern mit dem allgemeineren בוא *hifil*, »herbeibringen«. Die Handlungen vorher sind von Laien durchführbar; ab hier übernehmen die Priester den weiteren Vollzug des Opfers (*bMenahot* 9a – hier wird fest-

Dritter Akt – Übergabe an die Priester

gestellt, dass ein Nicht-Priester die Mischungen durchführen kann, aber es ist umstritten, ob diese innerhalb des Tempelvorhofes stattfinden müssen, oder ob dies auch außerhalb erfolgen kann). In Lev 2,2 werden die Priester, die Söhne Aarons, im Plural und in der vollen Formulierung eingeführt; dann aber steht in Lev 2 nur der amtierende Priester im Singular. Weitere Einzelheiten der Übergabe, insbesondere die Verwendung bestimmter Gefäße, diskutiert *bSota* 14b.

Vierter Akt – Abheben einer Handvoll

Der Priester hebt nun eine »Handvoll« von dem Mehl und dem Öl ab. Diese Maßangabe ist unpräzise genug, um in der rabbinischen Literatur eine Diskussion über die genaue Vorgehensweise auszulösen. In *bMenahot* 11a wird definiert, dass zum Abmessen einer Handvoll die drei mittleren Finger zur Handfläche gebogen werden (s. auch *bYoma* 47a; *Raschi*, 282; *Raschbam*, 19). Das Wort »davon« (משם) heißt wörtlich »von dort«. Da nun das Objekt des Abgreifens der Handvoll im Folgenden noch einmal genau spezifiziert wird (Mehl, Öl und dazu die gesamte Weihrauchmenge), wäre es eigentlich überflüssig. Da aber nach rabbinischem Verständnis kein Buchstabe der Tora überflüssig ist, wird auch dazu eine andere Verstehensmöglichkeit entwickelt: משם wird als Ortsangabe aufgefasst. Im Unterschied zum Brandopfer, das an der Nordseite des Altars geschlachtet werden soll, gibt es bei der Speiseopfergabe keine Festlegung des Ortes: »Dort« ist dann der Ort, wo der Nichtpriester, der sie darbringt, steht. Das kann überall im Vorhof des Heiligtums sein, so dass das Abheben der Handvoll überall stattfinden kann. Was da abgehoben wird, wird im nächsten Akt als »Gedächtnisanteil« bezeichnet (s. das Glossar).

Ortsangabe?

Fünfter Akt – in Rauch aufgehen lassen

Der fünfte und letzte Akt der Darbringung der Speiseopfergabe entspricht formal ganz dem Brandopfer (Lev 1,9). Doch es wird nicht das Ganze verbrannt, sondern eben nur die abgehobene Handvoll von Mehl und Öl sowie der Weihrauch. Dieser »Teil« wird אזכרה, *ʾazkarā*, »Gedächtnisanteil« genannt. Die Ableitung von der Wurzel זכר, »gedenken«, ist auch aufgrund der LXX (μνημόσυνον: »Gedenken, Erinnerung, Denkmal«) klar – diskutiert wird aber, wessen da gedacht wird (zu Details s. das Glossar). Am wahrscheinlichsten ist die folgende Deutung: Der Idee nach wird die Speiseopfergabe als Ganze für JHWH geopfert, und darin entspricht sie dem Brandopfer. Tatsächlich wird aber nur ein kleiner Teil verbrannt, der als Stellvertreter (eben »Gedächtnisanteil«) für die ganze Speiseopfergabe steht. Der große Rest bleibt etwas Hochheiliges, das als Anteil den Priestern zufällt (s. zu V 3). Das kultische Verzehren dieser hochheiligen Speise ausschließlich durch die Priester gehört damit zur Speiseopfergabe dazu – ganz im Unterschied zum Heilsgemeinschaftsopfer (s. zu Lev 3), bei dem der nicht geopferte (verbrannte) Teil von den darbringenden Laien gegessen wird.

Gedächtnisanteil

Priesteranteil

Der überwiegende Teil der Speiseopfergabe (der »Rest«) gehört den Priestern (den Söhnen Aarons). Eine solche Zuweisung von Priesteranteilen unterbleibt bei den anderen Opfern in Lev 1–5 und wird erst in Lev 6–7 an- V 3 geschlossen. Hier, bei der Speiseopfergabe in Lev 2, wird der Priesteranteil sofort beschrieben – vor allem deshalb, weil betont wird, dass er etwas »Hochheiliges« (קדש קדשים) ist. Damit erhält er einen Stellenwert wie das Allerheiligste (mit Bundeslade und ›Kapporet‹) oder der Brandopferaltar. Diese Speise ist so in höchstem Maße kultisch »kontaminiert« und von jeglicher profanen Verwendung ausgeschlossen. Sie darf nur von den Priestern und ihren männlichen Angehörigen (Lev 6,11) an einem heiligen Ort (also im Vorhof des Heiligtums) verzehrt werden.

Von den Feueropfern JHWHs

Der den Priesteranteil noch näher bestimmende Zusatz »von den Feueropfern JHWHs« unterstreicht ein weiteres Mal die Idee, dass die Speiseopfergabe eigentlich als Ganze JHWH gehört und die Priester nur Anteil an diesem Hochheiligen erhalten (zu »Feueropfer« s. das Glossar).

Die Akte der Opferhandlung

V 1–3 Im Rückblick auf Lev 2,1–3 lassen sich die wesentlichen Elemente der Opferhandlung bei der Speiseopfergabe in folgender Übersicht darstellen:

V 1	Opferart	Speiseopfergabe	
	Opfermaterial	Weizenfeinmehl	
	Erster Akt	**Zufügung von Öl**	**(der Opfernde)**
	Zweiter Akt	**Zufügung von Weihrauch**	**(der Opfernde)**
V 2	**Dritter Akt**	**Übergabe an die Priester**	**(der Opfernde)**
	Vierter Akt	**Abheben einer Handvoll**	**(der Priester)**
	Fünfter Akt	**in Rauch aufgehen lassen**	**(der Priester)**
	Opfergattung	Feueropfer (Gabe des Menschen für JHWH)	
	Ziel/Effekt	Duft der Beruhigung für JHWH	
V 3	Priesteranteil	Zuweisung des »Restes« als »Hochheiliges« an die Priester	

Zubereitete Speiseopfergabe

V 4–10 Der Abschnitt V 4 bis 10 befasst sich mit einer auf dreierlei Weisen zubereiteten Speiseopfergabe. Dabei folgt der Gesamtaufbau im Wesentlichen den zu V 1–3 vorgestellten Opferakten. Die Einleitung in V 4 ist ganz parallel zu V 1 gestaltet (s. o., Zur Übersetzung) und setzt daher das Subjekt נפש, »jemand«, voraus. Vom Er-Stil weichen dann V 5–7 ab (2. Person Singular). V 8–10 sind parallel zu V 2–3 gestaltet. Das Material für die drei Zubereitungsweisen ist wieder סלת, »Weizenfeinmehl« (s. o. zu V 1), ebenso gemeinsam ist die Hinzufügung von Öl in allen drei Varianten. Bei den ersten beiden Varianten wird betont, dass sie ungesäuert als מצה, *maṣṣā*, gebacken werden. Der kostbare Weihrauch wird nicht erwähnt und ist wohl bei der zubereiteten Speiseopfergabe auch nicht darzubringen – dies ist als Zugeständnis an die Armen zu werten, die sich Weihrauch nicht leisten können (*Milgrom*, 187.198).

Im Ofen Gebackenes

V 4 Die erste Variante ist »im Ofen Gebackenes«. Die Zubereitungsweise kann z. T. bis heute im Vorderen Orient (z. B. in Syrien) auf dem Land beobachtet werden: Der »Ofen« (תנור, *tannūr*) ist eine sich nach oben verjüngende Röhre aus gebranntem Ton in Form eines Kegelstumpfes, die in einen stützenden Erdhaufen eingelassen ist. An der unteren Öffnung wird ein Feuer (Holz, getrockneter Dung) geschürt, das die Wände des Tonkegelstumpfes innen aufheizt. Der Teig wird zubereitet, ausgezogen und auf ein Kissen gelegt. Mit diesem Kissen wird der Teigfladen durch die obere Öffnung an die heiße Innenwand der Tonröhre geklatscht. Nach kurzer Backzeit ist der Tonfladen gut von der Wand zu lösen und muss im rechten Moment wieder nach oben herausgenommen werden (Abbildungen zu *tannūr* und *maḥabat*, »Pfanne«, finden sich u. a. bei *Staubli*, 381; *Plaut/Bamberger*, 43; *Bailey*, 53).

Zwei Gebäckarten

Für das im Ofen Gebackene werden zwei Arten unterschieden: חלה, *ḥallā*, übersetzt mit »Kuchen«, sowie רקיק, *rāqīq*, übersetzt mit »Brotfladen«. Diese Übersetzungsversuche sind Notbehelfe, und man muss sich in etwa klar machen, worin die Unterschiede bestehen könnten. Beide Begriffe beziehen sich offenbar auf Brotsorten. (1) חלה begegnet nur einmal in einem profanen Zusammenhang: In 2 Sam 6,19 lässt David Rationen austeilen, und zwar einen Laib Brot (חלת לחם), einen Dattel- und einen Rosinenkuchen. Sonst tritt das Wort nur in kultischen Kontexten auf. Die etymologische Ableitung ist unsicher: Von חלל/חול, »drehen, kreisen«, her könnte an ein rundes Brot gedacht werden, aber von חלל II, »durchbohren«, her liegt die Vorstellung eines Ringbrotes bzw. eines durchstoßenen Brotes nahe. Um das Brot vor Ungeziefer und Mäusen zu schützen, wurde das Ring- oder Lochbrot auf einen »Brotstab« (מטה לחם) gesteckt – wenn nun Gott »den Brotstab zerbricht« (so wörtlich in Lev 26,26; Ps 105,16), dann bringt er als Strafe eine Hungersnot über das Land (Ez 4,16; 5,16; 14,13). Deutlich ist bei der ›Challa‹, dem Brotkuchen, dass der Teig schon vor dem Backen mit Öl vermischt ist (בלולת בשמן). (2) רקיק ist ein rein kultischer Begriff, der (außer in 1 Chr 23,28) immer in Verbindung mit חלה auftritt. Von רקק, »dünn sein«, her könnte an dünne Brotfladen gedacht sein (*Milgrom*, 184). Der Unterschied in der Zubereitung besteht darin, dass die Fladen mit Mehl und Wasser hergestellt und dann erst mit Öl bestrichen werden (משחים בשמן).

›Challa‹

Raqiq

Alternativen?

In der rabbinischen Literatur wird diskutiert, ob diese zwei Gebäcksorten Alternativen sind (so z. B. *Raschi*, 282: entweder – oder) oder ob sie auch je zur Hälfte für eine Speiseopfergabe dargebracht werden können (so z. B. *bMenahot* 63a-b, wo die Diskussion referiert wird).

Auf einer Pfanne

Die Übersetzungsproblematik betrifft auch die Werkzeuge, die bei den V 5
nächsten beiden Varianten zum Einsatz kommen: Für sie gibt es keine Entsprechungen im mitteleuropäischen Raum, und somit können die deutschen Begriffe nur Annäherungen sein (s. o., Zur Übersetzung). Von den heutigen Beduinen kennt man eine Metallschale, die mit der offenen Seite über ein Feuer gestülpt wird. Auf der heißen Wölbung wird dann das Brot gebacken. So ähnlich muss man sich wohl auch den Vorgang in V 5 vorstellen. Das Öl wird wie bei dem »Kuchen« (חלה) schon vor dem Backen ins Mehl gemengt.

Zerteilen

Die Übersetzung »in Brocken zerbröckeln« versucht im Deutschen eine V 6

Wurzelgleichheit (Paronomasie) nachzuahmen. Dieser Vorgang hat keine Analogie in V 1–3, könnte aber einen gewissen Anklang an das Zerteilen des Tieres beim Brandopfer bieten. Zusätzlich zum Öl, das in den Teig gemengt wurde, müssen noch die Brocken oder Stücke mit Öl begossen werden, was wiederum V 1c (Speiseopfergabe vom unbehandelten Mehl) entspricht. Dieser Akt des Begießens (erster Akt nach obiger Liste zu V 1–3) macht aus dem zerbröckelten Brot eine Speiseopfergabe – so wird es aus der klassifizierenden Formel von V 6c deutlich: *das* ist eine Speiseopfergabe.

V 7 Der Unterschied zur »Pfanne« besteht darin, dass der (tiefere) Topf einen Deckel hat (*mMenahot* 5,8). Auch die Präpositionen in Lev 7,9 (»im« Topf und »auf« einer Pfanne) unterstützen die Vorstellung, dass der »Topf« ein tieferes (mit Deckel abschließbares) Gefäß ist (weitere Details bei *Milgrom*, 185). In einem Topf

V 8–10 Das weitere Verfahren bezieht sich auf alle drei Varianten, wie aus der Formulierung »die aus diesen (Dingen) gemacht worden ist« deutlich wird. »Aus diesen (Dingen)« (מאלה) fasst die oben beschriebenen Vorgänge zusammen, meint also: »mit solchen Zutaten und Werkzeugen und auf solche Weise« (*Raschi*, 283; *Levine*, 10). – LXX verwendet schon in V 8a die dritte Person, MT kehrt erst mit V 8b zum Ritualstil in der 3. Person zurück. In V 8b begegnet auch wieder das vertraute Verb für das Darbringen (קרב *hifil*). Das Darreichen auf den Altar wird eigens ausgedrückt (נגש *hifil;* s. *Rendtorff*, 106). Das Weitere entspricht V 2–3. Weiteres Verfahren

V 1–10 Aus Lev 2 selbst werden keine Gründe dafür ersichtlich, dass es unterschiedliche Arten von Speiseopfergaben gibt. In Verbindung mit anderen Texten, die von solchen Opfern sprechen, lässt sich eine Vermutung aufstellen (s. *Rendtorff*, 106–108). In Num 15,1–10 werden nicht nur Mengenangaben für Speiseopfergaben und Trankopfer als Zusatzopfer zu den Tieropfern bereitgestellt, sondern auch Anlässe für diese Opfer genannt (15,3): zur Erfüllung eines Gelübdes (נדר, *nædær*), als freiwillige Gabe (נדבה, *n^e^dābā*), anlässlich von Festen (מעדים, *mo'adīm*). Die ersten beiden Anlässe betreffen Opfer von individuellen Einzelpersonen, während die Festopfer öffentliche Opfer der Gemeinschaft sind. Von hier her ergibt sich eine Spur für die Unterscheidung, wenn man Lev 7,7–12 heranzieht und die Angaben über die Priesteranteile auswertet. In Lev 7,12 sind beim Heilsgemeinschaftsopfer, das eindeutig ein Individualopfer einer einzelnen Person ist, als zusätzliche Speiseopfergabe »Kuchen«, »Brotfladen« und eine dritte (in Lev 2 nicht erwähnte) Art (s. u. zu 7,12) genannt – also jeweils *zubereitete* Speisen. Beim Entsündigungs- und beim Entschuldigungsopfer (s. Lev 4–5), die ebenfalls Individualopfer sind, gehören die nicht verbrannten Teile dem darbringenden Priester (7,7), beim Brandopfer gehört ihm die Haut des Tieres (7,8) – und in diesem Duktus geht es weiter: Die im Ofen gebackene oder im Topf oder auf der Pfanne zubereitete Speiseopfergabe gehört dem Priester, der sie darbringt (7,9). Insofern scheint es sich bei den *zubereiteten* Gründe für die Varianten · Num 15,1–10 · Lev 7,7–12

Individualopfer

Speiseopfergaben immer um Individualopfer zu handeln. Mit anderen Worten: Wenn einzelne Israeliten für sich als Individuum ein Opfer darbringen, ist die zugehörige Speiseopfergabe *zubereitet* und gehört genau dem Priester, der das individuelle Opfer darbringt. Der Vorgang ist insgesamt personalisiert: Der einzelne Israelit bringt in seinem eigenen Anliegen (Gelübde, freiwillige Gabe) sein Opfertier und seine eigens zubereitete Speiseopfergabe einem bestimmten Priester, der das Opfer für ihn vollzieht und die nicht verbrannten Teile erhält. Anders sieht es in Lev 7,10 aus: Jede Speiseopfergabe, die mit Öl vermengt ist und (jede) trockene gehört *allen* Söhnen Aarons. Hier handelt es sich vermutlich um die in Lev 2,1–3 beschriebene, *nicht* zubereitete Speiseopfergabe. Im Unterschied zum Individualopfer liegt es nun nahe, hier an die von der Gemeinschaft dargebrachten öffentlichen Opfer (vornehmlich anlässlich von Festen) zu denken. Dass die Speiseopfergabe nicht zubereitet ist und allen Nachkommen Aarons (also allen männlichen Angehörigen der Priesterfamilien, Lev 6,11) gehört, ermöglicht eine leichtere Verteilung des nicht verbackenen Mehls (*Rendtorff*, 107). Zwar steht sowohl bei der nun als *öffentliche* Speiseopfergabe verstandenen Darbringung von V 1–3 als auch bei den *individuellen* Gaben von V 4–10 die gleiche Formel, nämlich dass der Rest für Aaron und seine Söhne sei. Doch diese Wendung soll vor allem diesen Rest als »hochheilig« qualifizieren und ermöglicht trotz gleicher Formulierung die Annahme einer Differenzierung.

Opfer der Gemeinschaft

Grundsätzliche Bestimmungen

Auf die Ausführungen zu den Details der Speiseopfergabe folgen in V 11–13 zwei Grundsatzbestimmungen, die sich generell auf die Speiseopfergaben oder sogar auf die Opfer im Allgemeinen beziehen. Sie sind nicht im Ritualstil wiederkehrender Handlungen gehalten, sondern schlagen den Ton prinzipieller Weisungen an. Einen analogen Stil findet man z. B. in Lev 7,22–27. Prägend ist dafür die Vorstellung des jeweiligen Sachverhaltes mit כל, »jeder/jede/jedes, alles«: »jede Speiseopfergabe« (V 11); »jede Darbringung deiner Speiseopfergabe«, »bei keiner deiner Darbringungen« (V 13); »jegliches Fett von Stier und Schaf und Ziege« (Lev 7,23); »jeder, der Fett … isst« (7,25); »keinerlei Blut« (7,26). V 11–13

Verbot von Gesäuertem

Wenn in V 11a die Verwendung von »Gesäuertem« (חמץ, *ḥāmeṣ*) für die Speiseopfergabe ausgeschlossen wird, so wiederholt dies zunächst die Anordnungen von V 4 und 5, die Gebäckstücke ungesäuert (מצה, *maṣṣā*) herzustellen. Diese Weisung fehlt aber bei der Speiseopfergabe von V 1–3 ebenso wie bei der Zubereitung im Topf (V 7). Das könnte Missverständnisse provozieren, und so wird – vermutlich aus gegebenem Anlass – klargestellt, dass *jede* Speiseopfergabe ungesäuert zuzubereiten ist. Weil man gerade bei grundsätzlichen Fragen ist, wird auch gleich noch der Honig von der Speiseopfergabe ausgeschlossen. דבש, *d^ebaš*, kann Bienenhonig bezeichnen (Ri 14,8–9), aber auch sirupartige Süßungsmittel aus Früchten wie Datteln, Feigen und Trauben. Wenn in V 12 Sauerteig und »Honig« für die V 11

Verbot von Honig

Darbringung von Erstlingsfrüchten als geeignet erklärt werden, dann betrifft dies zunächst den »Honig« als ein Erzeugnis von Baum- oder Feldfrüchten, die vom Menschen gezielt angebaut werden und daher unter das Gebot fallen, von den Erzeugnissen des Landes die ersten Früchte Gott darzubringen (z. B. Ex 23,19; 34,26; Lev 23,10; Dtn 26,1–11). Wenn hier auch *Bienenhonig* mitgemeint ist, so muss man annehmen, dass es in biblischer Zeit bereits gezielte Bienenzucht und Imkerei zur Bienenhoniggewinnung gab und so auch der vom Menschen erwirtschaftete Ertrag von der Imkerei unter das Gebot der Darbringung der Erstlingsfrüchte fällt. Da Bienenzucht bereits seit dem 3. Jahrtausend in Ägypten und seit dem 14. Jh. v. Chr. in Kleinasien bezeugt ist (*A. S. Gilbert,* Native Fauna, 39), ist es plausibel anzunehmen, dass es auch in Israel/Palästina Imkerei gab. »Jüngste Funde von aus Stroh und Lehm bestehenden Bienenstöcken in Tel Rehov im Beth-Schean-Tal belegen […], dass Bienenzucht in Palästina/Israel schon um 900 v. Chr. vorausgesetzt werden kann« (*P. Riede,* Biene). In Tel Reḥov fand man mindestens 75 Bienenstöcke und muss wohl mit mehr, etwa 180 Völkern, rechnen; der Ertrag von ca. 500 kg Honig und 70 kg Bienenwachs übersteigt den Eigenbedarf des Ortes bei weitem, daher ist von einer Vermarktung auszugehen (s. *A. Mazar/N. Panitz-Cohen,* Land, 65; *dies.,* Land of Honey, 202–219). In 2 Chr 31,5 wird Honig *neben* den Erträgen des Feldes genannt und könnte so vielleicht den Ertrag aus dem Bienenstock bezeichnen (s. *P. Maiberger,* Art. Honig: NBL 2, 1995, 193). Aufgrund der unsicheren Bezeugung von Bienenzucht in Israel/Palästina in biblischer Zeit argumentiert *Rendtorff,* 108, dass in V 11 *nicht* in erster Linie an Bienenhonig gedacht sei. *Staubli,* 54, hält Bienenhonig für falsch und spricht von Fruchtsirup; *Raschi,* 283, und *Raschbam,* 20–21, verweisen auf die klassische halachische Meinung, die an Fruchtextrakt aus Datteln denkt (*Raschi,* 172, auch: Feigen [zu Ex 13,5]). *Levine,* 12, zieht zunächst den Fruchtsirup vor, bezieht dann aber die Vorschrift auf Sirup und Bienenhonig. Er sieht in dem Verbot von »Honig« auf dem Altar eine Ablehnung heidnischer Kultpraktiken, in denen Honig eine wichtige Rolle gespielt habe (anders *Milgrom,* 190). Gelegentlich wird auch angenommen, dass der Grund für das Verbot, Honig als Speiseopfergabe zu verwenden, darin bestehen könnte, dass Honig (sei er ein Bienen- oder ein Pflanzenprodukt) bei einem zu hohen Wasseranteil gären und so seine Integrität und Reinheit verlieren kann (z. B. *J. P. J. Olivier,* Art. Honey: NIDOTTE CD-ROM, 1997/2001; *Gorman,* 29). Ähnliches könnte man auch vom Sauerteig annehmen (*Milgrom,* 188–189; *Staubli,* 54; *M. Douglas,* Leviticus as Literature, 163–166). Doch aus den biblischen Texten selbst ist keine Begründung für das Verbot von Gesäuertem und Honig für die Speiseopfergabe zu entnehmen, so dass man mit Spekulationen vorsichtig sein muss.

V 12 Gesäuertes und Honig sind jedoch nicht generell vom Kult ausgeschlossen, vielmehr betont V 12, dass von beidem die Erstlingsdarbringung (s. o. Als Erstlingsdarbringung erlaubt zu V 11) erfolgen soll. Die Wortkombination קרבן ראשית, *qorban rēʾšīt*, findet sich nur hier. ראשית kann dabei sowohl im Sinne von »der/die/das Erste« als auch »der/die/das Beste« verstanden werden. Die ersten Erträge von der menschlichen Wirtschaftsweise (Ackerbau, Viehzucht) stehen JHWH zu. Aber diese »Erstlinge« werden von den in Lev 1–3 beschriebenen Opfern scharf abgetrennt, und so sind Gesäuertes und Honig zwar für den Erstlingskult zugelassen, aber sie dürfen nicht auf den Altar, um als »Duft der Beruhigung (für JHWH)« aufzusteigen. Diese Wendung taucht bei allen Opfern auf und schließt damit Gesäuertes und Honig von allen Opfern aus.

Salz

Der *Ausschluss* bestimmter Materialien vom Opfer gibt offenbar den Anlass, als Gegensatz dazu die unbedingte *Hinzufügung* einer Substanz kategorisch nachzutragen. Die ersten beiden Sätze (V 13ab) beziehen sich auf die Speiseopfergabe, die generell »mit Salz (מלח, *mælaḥ*) gesalzen« werden soll. Der Anschluss mit כל, »jede«, knüpft an V 11 an, die 2. Person Singular erinnert an den Stil von V 5–7. Mithin ist es nicht unwahrscheinlich, dass es sich wieder um Nachträge handelt. Vom Verständnis des vorliegenden Textes her könnte man fragen, warum das Salz nicht schon vorher, bei der detaillierten Beschreibung der Opferakte (z. B. V 1–3), erwähnt wurde. Stellt sich ein Leser diese Frage, so wird sie durch die Stellung der Grundsatzbestimmung beantwortet: Nachdem alle Varianten besprochen wurden, wird gleich einem Summenstrich bestimmt, was für *alle* Unterarten ohne Unterschied gilt. V 13

Salz auch bei den Tieropfern

Ferner ist auffällig, dass in V 13c die Hinzufügung von Salz auf *jede Darbringung* (כל קרבנך) ausgeweitet wird und damit auch für die Tieropfer gilt. Das Salz bei den Tieropfern spricht auch Ez 43,24 an, und Num 18,19 nennt die Anordnungen, die die Anteile der Priester an den Tieropfern bestimmen, einen »Salzbund« (ברית מלח, *beʳīt mælaḥ*). Insofern ist klar, dass das Salz zu allen Opfern und nicht nur zur Speiseopfergabe gehört. Die Bedeutung des Salzes war offenbar so deutlich bekannt, dass sie nicht erklärt werden musste, und die Zugehörigkeit zu jedem Opfer war auch so selbstverständlich, dass das Salz nicht bei jedem Opfer eigens erwähnt werden musste, sondern eine einmalige Grundsatzbestimmung ausreichte. Esra 6,9 und 7,22 ordnen u. a. Salzlieferungen an den nachexilischen Jerusalemer Tempel an.

Warum Salz?

Die Stellung der Grundsatzbestimmung über das Salz bei den Speiseopfergaben weist den Weg zu *einer* möglichen Erklärung: Salz ist für jede vollständige und gute Mahlzeit unerlässlich. Umgekehrt ist ein Essen ohne Salz (nicht nur) für den antiken Menschen im Vorderen Orient eine unerträgliche Vorstellung (Ijob 6,6). So etwas kann man der Gottheit nicht vorsetzen – damit klingt hier wiederum die alte Idee vom Opfer als Speisung der Gottheit an. Wie also Salz ganz selbstverständlich zum Essen gehört, so gehört es auch zum Opfer (*A. Marx*, Art. Opfer, 575–576). Da aber Essen immer auch Gemeinschaft stiftet, liegt der Gedanke des »Salzbundes« nicht fern: Das Salz fungiert dann als materielle Realisation und Symbol des Bundesgedankens.

Salz als Bundeszeichen

Außerhalb des kultischen Kontextes von Opfern begegnet das Salz als Symbol für einen Bund auch bei der Dynastiezusage an David in 2 Chr 13,5. König Abija von Jerusalem muss dies gegenüber Jerobeam I. von Israel als politisches Argument ins Feld führen. Die Hintergründe, warum ausgerechnet Salz erwähnt wird, werden nicht deutlich, vielmehr scheint es selbstverständlich zu sein, einen Bund mit Salz zu besiegeln. Ähnlich beiläufig erscheint die politische Funktion des Salzes in Esra 4,14: In einem Protestbrief gegen den Wiederaufbau von Stadt und Tempel in Jerusalem betonen die Briefschreiber ihre enge Verbundenheit mit dem angesprochenen persischen König mit der Wendung: »Weil wir nun das Salz des Palastes essen …« (= einen Salzbund mit dem Königshof eingegangen sind bzw. vom König abhängig sind). Die konservierende Kraft des Salzes war bereits bekannt und könnte den Ausschlag für die metaphorische Verwendung gegeben haben (*Wenham*, 71): Salz symbolisiert Dauerhaftigkeit und Beständigkeit. Ferner hat das Salz reinigende Kraft (Neugeborene werden mit Salz eingerieben: Ez 16,4) und gilt als Synonym für Reinheit und Heiligkeit (Ex 30,35). Diese metaphorische Qualität des Salzes im kultischen wie im politischen Bereich wird nirgends ausdrücklich thematisiert, ist aber implizit immer vorhanden und wird bei den Lesern als selbstverständlich bekannt vorausgesetzt. – In der frühchristlichen Auslegung wird bisweilen auf diese Stelle verwiesen, wenn die stimulierende und reinigende Kraft des Salzes allegorisch auf die Herausforderungen der Versuchungen für die Seele bzw. die Reinigung der Seele gedeutet wird (s. dazu *Lienhard*, 165).

Dauerhaftigkeit

V 14–16 Die Einleitung mit ואם könnte formal zunächst an einen »Unterfall« zu V 4 denken lassen, wo das letzte כי als den Hauptfall einleitende Konjunktion steht. Doch schon in V 5–7 ging es nicht eigentlich um »Unterfälle«, sondern um Varianten. Mehr noch ist hier vom Inhalt her ein Sonderfall der Speiseopfergabe angesprochen. Dies führt dann z.B. bei *Raschi*, 283, zu Überlegungen, dass das אם hier die Bedeutung von כי habe, weil es nicht um eine freiwillige Speiseopfergabe gehe, sondern um eine Pflicht.

Sonderform

Die eigenartige, nur hier vorkommende Fügung »Speiseopfergabe der Erstlingsfrüchte« (מנחת בכורים, *minḥat bikkūrīm*) ruft mit dem Begriff »Erstlingsfrüchte« eine Reihe von Stellen auf den Plan, die zusammengenommen eine Identifikation des Gemeinten erlauben. In Num 28,26 wird der »Tag der Erstlingsfrüchte« mit »eurem Wochenfest« *(Schavuot)* verbunden – und an diesem Festtag (mit gebotener Arbeitsruhe) ist eine *neue* Speiseopfergabe (מנחה חדשה, *minḥā ḥadāšā*) darzubringen. Vom Wochenfest her kommt man zum Festkalender in Ex 34,22, wo das Wochenfest das Fest der »Erstlinge der Weizenernte« genannt wird. Von einem solchen Erntefest mit Erwähnung der ersten Erträge ist auch in Ex 23,16 die Rede, aber der Begriff »Wochenfest« fehlt hier. In Dtn 16,10 dagegen ist vom Wochen-

Erstlingsfrüchte

Num 28,26

Wochenfest

fest die Rede (und von einer freiwilligen Gabe), nicht aber von den »Erstlingsfrüchten«. Die Beschreibung des »Wochenfests« bzw. »Erntefests« folgt in den Festkalendern von Ex 23,14–17 und 34,18–23 unmittelbar auf die Erwähnung des Mazzot-Fests (ungesäuerte Brote) bzw. des Pessach-Fests. Im Kalender von Lev 23,4–22 werden Pessach auf den 14. und Mazzot auf den 15. des ersten Monats datiert. Darauf folgt die Darbringung der ersten Garbe der Ernte (עמר ראשית קצירכם, *ʿomær rēʾšīt* q^{e}*ṣīr-kæm*) mit Brandopfer und Speiseopfergabe (23,9–14). Von der Abgabe des *ʿomær* sollen sieben Wochen gezählt werden, dann soll eine »neue« Speiseopfergabe
Lev 23,16 dargebracht werden. Das Fest nach sieben Wochen ist das Wochenfest, auch wenn in Lev 23 der Begriff nicht auftaucht. Es liegt nun nahe, von Lev 23 her in Verbindung mit Num 28,26 (»Tag der Erstlingsfrüchte«, »neue Speiseopfergabe«, »Wochenfest«) auch für Lev 2,14 das Wochenfest anzusetzen, d.h. die »Speiseopfergabe der Erstlingsfrüchte« von V 14 ist identisch mit der »neuen Speiseopfergabe« am Wochenfest von Lev 23,16–17 und Num 28,26. Diese Identifikation der Speiseopfergabe der Erstlingsfrüchte von Lev 2,14 mit der »neuen« Speiseopfergabe von 23,16 ist jedoch insofern problematisch, als 23,17 die Anwendung von Sauerteig anordnet, während nach 2,11 Gesäuertes und Honig von den Feueropfern ausgeschlossen sind. Vielleicht liegt hier der Grund für 2,12 und die vorliegende Komposition: 2,12 erlaubt Gesäuertes und Honig für die Erstlingsdarbringung – und dann erst folgt der Sonderfall der Speiseopfergabe der Erstlingsfrüchte, die dann wohl mit Gesäuertem (nach Lev 23,16–17) durchzuführen ist. Die Mischna widmet ein ganzes Traktat der Darbringung von Erstlingsfrüchten (*Bikkurim;* 11. Traktat der 1. Ordnung).

Alternative: *ʿomær*

Ein etwas anderes Verständnis von V 14 vertritt die rabbinische Literatur, die die »Speiseopfergabe der Erstlingsfrüchte« auf die Abgabe des *ʿomær* (Lev 23,9–14) deutet (*Sifra,* Wajikra, Üs. Winter, 76; *Raschi,* 283). Da zur Zeit des *ʿomær* unmittelbar nach Pessach noch kein Weizen reif ist, wohl aber die Gerste, muss nach dieser Deutung als Opfermaterial *Gerste* für die Speiseopfergabe von V 14 verwendet werden (zur Diskussion s. auch *Levine,* 13–14). *Milgrom,* 192–193, führt dazu Folgendes aus: Die *ʿomær*-Darbringung von Lev 23,9–11, die im jetzigen Text keine Speiseopfergabe erwähnt, sei in rabbinischer Zeit ein öffentliches, jährliches Opfer am 16. Nisan gewesen (Josephus, *Ant.* 3,250–251). Lev 2,14–16 spricht aber von einer freiwilligen Gabe. Beides gehe nach Milgrom insofern zusammen, als mit der *ʿomær*-Darbringung, die in Lev 23,9–11 nicht detailliert beschrieben ist, ursprünglich doch eine Speiseopfergabe verbunden gewesen sei, und zwar die Darbringung der ersten Erträge der *Gerste.* Die Beschreibung dafür finde sich eben in Lev 2,14–16. Insofern sei V 14–16 eine Speiseopfergabe von der Gerste anlässlich der *ʿomær*-Darbringung unmittelbar nach Pessach. In der jüdischen Tradition ist die Darbringung der Erstlingsfrüchte vor allem mit dem Wochenfest verbunden und konnte bis Sukkot

(Laubhüttenfest; dann mit Deklaration von Dtn 26,1–11) oder gar bis Chanukka (zwischen Sukkot und Chanukka ohne Deklaration) erfolgen (s. *B. A. Levine*, Art. »First Fruits«: EJ^2 7, 2007, 48–49).

Frisches Material

In V 14 ist die Getreidesorte für die Speiseopfergabe der Erstlingsfrüchte nicht spezifiziert, wohl aber wird betont, dass die Ähren und Körner (s. o., Zur Übersetzung) frisch sein sollen. Dies soll wohl unterstreichen, dass man wirklich Erstlingsfrüchte (und nicht altes Getreide, gar vom Vorjahr) darbringt. Diese Materialangabe unterscheidet nochmals die V 14–16 deutlich von der Speiseopfergabe von V 1–3; 4–10 (zu den Reifestadien des Korns s. auch die Auslegung zu Lev 23,14).

Öl und Weihrauch

V 15 Trotz des anderen Materials bleibt es, wie V 15 deklariert, eine Speiseopfergabe, und um diese Klassifikation der Opferart zu unterstreichen, werden die charakteristischen Hinzufügungen, nämlich Öl und Weihrauch, an-
V 16 gemerkt. – Analog zu den Bestimmungen von V 2 und 9 werden auch hier ein Gedächtnisanteil von Grütze und Öl sowie der gesamte Weihrauch verbrannt (V 16). Abschließend erfolgt die Klassifikation als »Feueropfer« (s. das Glossar), wobei dieser Terminus nun schon einen sehr weiten Oberbegriff für die Gaben an JHWH darstellt. Auffälligerweise fehlt die oft beim Feueropfer stehende Wendung »Duft der Beruhigung für JHWH« – das erklärt sich plausibel von V 12 her: Gesäuertes und Honig sind als Erstlingsopfer möglich (und erforderlich), sollen aber nicht als »Duft der Beruhigung« aufsteigen. Wenn die Speiseopfergabe der Erstlingsfrüchte mit der von Lev 23,16–17 identisch ist, dann ist sie gesäuert zuzubereiten, und dann ist sie auch keine freiwillige Gabe, sondern ein Pflichtopfer. Ein solches hat einen anderen Charakter und eine andere Zielsetzung als die bisher besprochenen Opfer, für die »Duft der Beruhigung« (s. das Glossar) eine charakteristische Chiffre für Ziel und Effekt des Opfers ist. Insofern ist die Speiseopfergabe der Erstlingsfrüchte inhaltlich deutlich von den Opfergaben von Lev 1–10 zu unterscheiden, aufgrund des sehr ähnlichen technischen Ablaufs ist jedoch die Einordnung als מנחה, Speiseopfergabe, an dieser Stelle durchaus gerechtfertigt.

Gedächtnisanteil

Rezeption und Bedeutung

Kein blutiges Opfer

Die Speiseopfergabe in Lev 2 zeigt eine andere Struktur, ein anderes Material und eine andere Gewichtung des Opferkultes als das Brandopfer von Lev 1. Es geht nicht um ein Tieropfer und die Applikation von Blut, sondern um ein Opfer von dem elementaren Grundnahrungsmittel des Menschen im Vorderen Orient: Getreide. Das zeigt, dass der Begriff und das Phänomen »Opfer« nicht notwendig an Bedeutungssphären wie »Blut« und »Töten« gebunden ist (s. z. B. *K. McClymond*, Beyond Sacred Violence, 65–91). Die heilvolle Kommunikation mit Gott – Chiffre dafür ist der »Duft der Beruhigung« – ist auf vielerlei Weise möglich. Israel kann seine Dankbarkeit JHWH gegenüber und seinen Ernst bei der gottesdienstlichen Darbringung auch durch die Speise des Alltags, Brot und andere Getreideprodukte, dokumentieren. Zugleich sind die grundlegenden Erwerbsbereiche des Menschen der biblischen Welt, Ackerbau und Viehzucht, mit den Opferarten von Lev 1 und 2 angesprochen – wie sie paradigmatisch schon in der Urgeschichte, im Opfer von Kain und Abel begegnen. Und ebenso wird dort zum Ausdruck gebracht, dass die Annahme des Opfers ein vom Menschen nicht zu beeinflussender oder zu manipulierender souveräner Akt der Gottheit allein ist, der auch nicht begründet oder sonst irgendwie rationalisiert wird. Die Annahme des menschlichen Opfers bleibt freie Gnadenzuwendung Gottes.

Gleiche Wertigkeit

Zu betonen ist, dass die Vielfalt der Opfermöglichkeiten keine abstufende Wertigkeit mit sich bringt, auch wenn in ökonomischer Hinsicht ein Tier grundsätzlich mehr wert ist als eine bestimmte Menge Getreide oder Brot. In beiden Kapiteln werden die Opfer als »Feueropfer« zum »Duft der Beruhigung für JHWH« bezeichnet: Wert und Wohlgefälligkeit des Opfers sind weder vom Wert des eingesetzten Materials abhängig noch davon, ob Blut geflossen ist oder nicht. Insofern ist die Speiseopfergabe ein eigenständiges Opfer, das im »Rang« dem Brandopfer ebenbürtig ist (*Milgrom*, 197).

Opfer der Armen

Bedenkenswert sind noch zwei Aspekte der Speiseopfergabe: (1) Sie spielt auch unter ökonomischen Aspekten eine wichtige Rolle, denn sie ermöglicht den Ärmsten eine Teilhabe und Teilnahme am Kult – und die rabbinische Literatur betont, dass Gott das Opfer des Armen annimmt, als hätte er Gott sein Leben dargebracht (*bMenahot* 104b; s. o.). Insgesamt ist es so, dass in rabbinischer Tradition die Speiseopfergabe das »Brandopfer des kleinen Mannes« ist (s. *Levitikus Rabba* 8,4 [Üs. Wünsche, 53]; ähnlich Philo, *De specialibus legibus* 1, 271f). Doch auch schon im Alten Orient gelten Opfergaben vom Getreide als wohlgefällige Darbringungen von Armen (*Milgrom*, 196). Weiterhin spricht das Weglassen des teuren Weihrauchs bei der zubereiteten Speiseopfergabe (V 4–10) dafür, dass es darum geht, dass auch die Ärmsten, die sich keinen Weihrauch leisten können, am Kult teilnehmen können.

Die Priester

(2) Der zweite Aspekt betrifft die Priester: Ihr Einkommen besteht in den Darbringungen der Israeliten. Nur beim Brand- oder Ganzopfer wird das ganze Tier verbrannt – und da gehört dem darbringenden Priester die Haut. Bei der Speiseopfergabe ist es zwar auch so, dass die ganze Gabe der Idee nach JHWH gehört, doch es wird nur ein (kleiner) Teil verbrannt (der »Gedächtnisanteil«), und der Rest gehört den Priestern. Auf diese Weise wird deutlich, dass die Priester von ihrem Dienst leben (sollen und können) (s. *Gerstenberger*, 40).

Zerstörung des Tempels

»Im opferlosen Gottesdienst der Synagoge nach der Zerstörung des Zweiten Tempels wurde aus dem *minchah*-Opfer das *minchah*-Gebet, das am

Nachmittag gebetet wird und von den nicht am Opferkult beteiligten frommen JüdInnen schon früher zu dieser Zeit gebetet wurde« (*Staubli*, 56). Das »*mincha*-Gebet« ist eines der drei täglichen Gebete der jüdischen Liturgie (siehe schon Dan 6,11). Der Name geht wohl auf die Anrufung Gottes durch Elija »zur Zeit, da man die Speiseopfergabe darzubringen pflegte« (1 Kön 18,36) zurück. Die übliche Zeit ist der Nachmittag (nach sechseinhalb Stunden »Tagzeit«) oder Abend bis vor den Sonnenuntergang (am Ende der »zwölften Stunde« des Tages). – Im Christentum wird bisweilen das »Brotopfer« als Vorausdeutung auf die Eucharistie gesehen (z.B. Justin, *Dialog mit dem Juden Tryphon* 41, oder die *Bible moralisée*, Wien, Österreichische Nationalbibliothek cod. 1179, fol. 44r; s. dazu *Watts*, 244–248). Christentum

1.1.3 Levitikus 3,1–17: Heilsgemeinschaftsopfer

Literatur

Dahm, U., Opferkult, 173–183. – *Eberhart, C.*, Beobachtungen, 93–96. – *Eberhart, C.*, Studien, 89–112. – *Kim, E.-W.*, Peace Offering. – *Kiuchi, N.*, Spirituality in Offering a Peace Offering: Tyndale Bulletin 50, 1999, 23–31. – *Levine, B. A.*, Presence, 1–52. – *Loretz, O.*, Opfer- und Leberschau in Israel. Philologische und historische Aspekte, in: Janowski, B./Koch, K./Wilhelm, G. (Hg.), Beziehungen (1993), 509–529. – *Märtin, R.-P.*, Jenseits des Horizonts. Raum und Wissen in den Kulturen der Alten Welt (herausgegeben vom Exzellenzcluster Topoi und den Staatlichen Museen zu Berlin), Stuttgart 2012; online: www.jenseits-des-horizonts.de/begleitbuch/ (zuletzt aufgerufen am 13.10.2013). – *Marx, A.*, Tuer, donner, manger dans le culte sacrificiel de l'Ancien Israël, in: Georgoudi, S. et al. (ed.), La cuisine (2005), 3–13. – *Meyer, J.-W.*, Die Eingeweideschau im vor- und nachexilischen Israel, in Nordsyrien und Anatolien, in: Janowski, B./Koch, K./Wilhelm, G. (Hg.), Beziehungen (1993), 531–546. – *Modéus, M.*, Sacrifice. – *Rendtorff, R.*, Studien, 119–168 – *Rost, L.*, Der Leberlappen: ZAW 79, 1967, 35–41. – *Vos, A. de*, Die Lebermodelle aus Boğazköy, Wiesbaden 2013.

Text

Übersetzung

3 [1]*Und wenn seine Darbringung ein Heilsgemeinschaftsopfer (ist),*
wenn er (sie) vom Rindvieh darbringen will, sei es ein männliches
oder ein weibliches (Tier), bringe er ein fehlerloses (Tier) vor JHWH
dar. [2]*Und er stemme seine Hand auf den Kopf seiner Darbringung,*
und er schlachte sie am Eingang des Zeltes der Begegnung, und die
Söhne Aarons, die Priester, sollen das Blut ringsum an den Altar
aussprengen. [3]*Und er bringe (einen Teil) von dem Heilsgemein-*
schaftsopfer als Feueropfer für JHWH dar: das Fett, das die Innerei
bedeckt, und das ganze Fett, das an der Innerei ist, [4]*und die beiden*

Nieren und das Fett, das an ihnen (und) an den Lenden (ist), und den Lappen an der Leber, (den) er an den Nieren abtrenne. [5]Und die Söhne Aarons sollen es (das Fett etc.) auf dem Altar auf dem Brandopfer, das auf dem Holz (liegt), das auf dem Feuer (liegt), in Rauch aufgehen lassen – als Feueropfer zum Duft der Beruhigung für JHWH.

[6]Und wenn seine Darbringung für das Heilsgemeinschaftsopfer für JHWH vom Kleinvieh (ist), bringe er ein männliches oder ein weibliches fehlerloses (Tier) dar.

[7]Wenn er ein Schaf als seine Darbringung darbringen will, dann bringe er es vor JHWH dar, [8]und er stemme seine Hand auf den Kopf seiner Darbringung, und er schlachte es vor dem Zelt der Begegnung, und die Söhne Aarons sollen sein Blut ringsum an den Altar aussprengen. [9]Und er bringe von dem Heilsgemeinschaftsopfer als Feueropfer für JHWH sein Fett dar: den gesamten Fettschwanz, den er dicht beim Schwanzwirbel abtrenne, und das Fett, das die Innerei bedeckt, und das ganze Fett, das an der Innerei (ist), [10]und die beiden Nieren und das Fett, das an ihnen (und) an den Lenden (ist), und den Lappen an der Leber, (den) er an den Nieren abtrenne. [11]Und der Priester lasse es (das Fett etc.) auf dem Altar in Rauch aufgehen – als Speise des Feueropfers für JHWH.

[12]Und wenn seine Darbringung eine Ziege (ist), bringe er sie (die Darbringung) vor JHWH. [13]Und er stemme seine Hand auf ihren Kopf, und er schlachte sie vor dem Zelt der Begegnung, und die Söhne Aarons sollen ihr Blut ringsum an den Altar aussprengen. [14]Und er bringe davon seine Darbringung als Feueropfer für JHWH dar: das Fett, das die Innerei bedeckt, und das ganze Fett, das an der Innerei (ist), [15]und die beiden Nieren und das Fett, das an ihnen (und) an den Lenden (ist), und den Lappen an der Leber, (den) er an den Nieren abtrenne. [16]Und der Priester lasse diese (Teile) auf dem Altar in Rauch aufgehen – als Speise des Feueropfers für den Duft der Beruhigung. Alles Fett (ist) für JHWH.

[17]Eine ewige Satzung (sei dies) für eure Generationen an allen euren Wohnsitzen: Kein Fett und kein Blut sollt ihr essen!

Zu Text und Übersetzung

1 Durch die Erwähnung einer neuen Opferart (»Heilsgemeinschaftsopfer«) ist hier trotz der normalerweise einen Unterfall einleitenden Konjunktion ואם kein weiterer Unterfall der Speiseopfergabe (מנחה) anzunehmen, sondern Bestimmungen, die auf der Ebene der Speiseopfergabe (2,1) bzw. der Darbringung vom Vieh (1,2) anzusiedeln sind. – Zum Begriff »Heilsgemeinschaftsopfer« siehe das Glossar.

1 Die Wendung »wenn …, sei es … oder …« wird im Hebräischen jeweils mit אם ausgedrückt.

2 Bei der Handaufstemmung hat LXX in Abweichung von der Übersetzung in Lev 1,4 den Plural (τὰς χεῖρας; so auch in V 8 und V 13). Diese Variante lässt sich »allerdings nur als Ungenauigkeit in der Übersetzung verstehen« (*C. Eberhart*, Studien, 94).

2 Kopf seiner Darbringung: Hier steht der an sich abstrakte (übergeordnete) Opferbegriff קרבן für das konkrete Opfertier selbst. Das heißt, dass es aus der Perspektive des Textes nicht mehr um Tiere als solche geht, sondern um »Opfermaterie« (s. auch die Auslegung zu Lev 1,4).

2 LXX präzisiert die Angabe »an den Altar« durch ἐπὶ τὸ θυσιαστήριον τῶν ὁλοκαυτωμάτων, »an den Brandopferaltar«. Aus dem Kontext ergibt sich jedoch keine Verwechslungsmöglichkeit mit dem Rauchopferaltar im Inneren des Zeltes.

3 Und er bringe … dar: LXX und Vg haben hier den Plural, der sich dann wohl auf die Priester bezieht (s. *D. Büchner, Thysia Soteriou*, 92). Nach dem MT ist derjenige, der das Opfertier darbringt, im Blick (*Rendtorff*, 116). Das kann auch ein Laie sein (s. das Problem bei Lev 1,5.6.9).

3 Das Fett, das die Innerei bedeckt: Es handelt sich um das *Omentum majus*, das »große Netz«, das als Verdoppelung des Bauchfells als fettreiches Gewebe die Eingeweide umhüllt (*Rendtorff*, 130). Der Name »Netz« geht darauf zurück, dass es von zahlreichen größeren und kleineren Blut- und Lymphgefäßen durchzogen ist. Zugleich ist das *Omentum majus* ein wichtiger Fettspeicher, da zwischen das Bindegewebe Fettgewebsstränge eingelagert sind (englischer Begriff: caul, s. *Milgrom*, 205). LXX spricht allgemein von »Fett« (στέαρ; zu Details s. *D. Büchner, Thysia Soteriou*, 93), während Josephus (*Ant.* 3,228) den Fachbegriff ἐπίπλους gebraucht. Da griechischer und hebräischer Text keine ausdrücklichen Fachtermini verwenden, empfiehlt sich der Einsatz solcher Begriffe in der Übersetzung nicht. – »Das ganze Fett, das an der Innerei ist«: Das ist das Darmgekröse (*Mesenterium*, engl. *mesentery*), das den Dünndarm umgibt und auch reichlich Fettgewebe enthalten kann (*Rendtorff*, 131). *Milgrom*, 207, betont, dass diese Fettteile nicht essbar sind (s. auch *Ramban*, 40; anders *Watts*, 281, der mit Verweis auf V 17 betont, dass dieses Fett potentiell verzehrbar sei).

4 Bei יתרת על הכבד, *yotæræt ʿal ha-kābēd*, handelt es sich um einen Spezialbegriff für das Fett zwischen Leber und Zwölffingerdarm (*Lobus caudatus*; s. *L. Rost*, Leberlappen, 35–41). »Lappen an der Leber« ist ein feststehender Begriff. Der *Lobus caudatus* ist besonders bei Schaf und Ziege deutlich von den übrigen Teilen der Leber unterscheidbar. In *mTamid* 4,3 (*bTamid* 31a) wird das Teil »Finger der Leber« (אצבע הכבד, *'eṣbaʿ ha-kābēd*) genannt. Eine plausible Erklärung für die Verbrennung gerade dieses Teils könnte darin bestehen, dass dieser »Finger der Leber« eine wichtige Rolle in den babylonischen Leberorakeln (Hepatoskopie) gespielt hat (s. Ez 21,26; s. *W. Zwickel*, Räucherkult, 276; *Milgrom*, 208; *E.-W. Kim*, Peace Offering, 10; *Kornfeld*, 19; *O. Loretz*, Opfer- und Leberschau, 521–522; *J.-W. Meyer*, Eingeweideschau, 531–546). Für diese Eingeweide- bzw. Leberschau gibt es Tonmodelle mit Beschriftungen der Leberteile (s. *Staubli*, 57 mit Abbildung S. 382; *Milgrom*, 209; *Bailey*, 55–56; *R.-P. Märtin*, Jenseits, 127–128, jeweils mit Abbildungen; zur Leberschau im Alten Orient s. auch *B. Meissner*, Babylonien und Assyrien 2, 267–278; Abb. S. 269; der ins Deutsche übersetzte Text eines solchen beschrifteten Lebermodells findet sich in TUAT-NF 4, 2008, 20–23 [*R. Pientka-Hinz*, Omina und Prophetien]; s. auch *A. de Vos*, Lebermodelle, mit Texten, Übersetzungen, Fotos, Umzeichnungen und Erläuterungen des Orakelvorgangs).

Abb. 3: Tonmodell einer Leber zur Hepatoskopie (Umzeichnung von Constanze Weiler auf der Basis der Abbildung in ANEP Nr. 594, S. 196; Beschreibung: S. 321)

Wenn nun der Leberlappen durch das »Opfern« (Verbrennen) dem menschlichen Zugriff entzogen wird, verhindert das einen Missbrauch für illegitime Divination (Wahrsagerei), denn eine Leber ohne diesen *lobus caudatus* war dafür unbrauchbar (so *L. Rost,* Leberlappen, 40). – Das Abtrennen des Leberlappens »an den Nieren« (על) ist schwer vorstellbar, da diese Organe nicht unmittelbar benachbart sind. Daher übersetzt LXX mit σύν: »zusammen mit«. Wahrscheinlich ist gemeint, dass der Leberlappen »zusammen mit« den oder »ebenso wie« die Nieren abzulösen ist, und zwar von der Leber.

7 Der hier vorkommende Begriff für »Schaf, Lamm«, כשב, *kæśæb,* ist der seltenere (v.a. Gen 30,32–40; Lev [7 Belege]; Num 18,17; Dtn 14,4). Weitaus häufiger ist כבש, *kæbæś* (ca. 100 Belege, v.a. in Ex, Lev, Num, Ez). S. die Auslegung zu Lev 1,10–13.

11 Anstelle der Abwandlung »als Speise des Feueropfers für JHWH« hat LXX (wie in V 16) die übliche Formel ὀσμὴ εὐωδίας, »Duft des Wohlgeruchs« (s. das Glossar unter »Duft der Beruhigung«). Damit kommt LXX der griechischen Opferauffassung entgegen, dass die Gottheit über den Geruch am Opfer teilnimmt (*D. Büchner, Thysia Soteriou,* 98). Nach *J. W. Wevers,* Notes, xxiii, vermeidet LXX konsequent die Rede von der »Speise [wörtlich: Brot] Gottes«, um Analogien zu heidnischen Bräuchen (v.a. im Ägypten der ptolemäischen Zeit) auszuschließen.

13 Im Hebräischen stehen hier durchweg maskuline Pronomina (bei »ihr Kopf«, »sie«, »ihr Blut«). Sie beziehen sich zurück auf das vorausgehende maskuline Substantiv, also auf »die Darbringung« (קרבן ist im Hebräischen maskulin). Im Fokus des Textes und seiner Ritualsprache ist nicht die Ziege (auch im Hebräischen feminin) als lebendiges Tier, sondern die Darbringung: die Opfermaterie.

13 Er schlachte: LXX hat hier wieder den Plural und weist damit die Schlachtungsaufgabe den Priestern zu (*J. W. Wevers,* Notes, xxii). Allerdings hat LXX auch in 3,2.8 den Singular σφάξει, »er schlachte« (*Rendtorff,* 116).

Analyse

Paralleler Aufbau zu Lev 1

Wie bereits oben dargelegt wurde (s. o., Analyse zu Lev 1), sind Lev 1 und Lev 3 weitgehend parallel aufgebaut. Die Einleitung in V 1 mit ואם zeigt an, dass es um einen »Unterfall« geht – der zugehörige »Hauptfall« findet sich in Lev 1,2, wo es grundsätzlich um die »Darbringung« (קרבן) von Tieropfern geht (u. a. *Milgrom*, 203). Auch das Heilsgemeinschaftsopfer (s. das Glossar) von Lev 3 ist eine »Darbringung«. Wie in Lev 1 entspricht der Aufbau von Lev 3 den verschiedenen Tierarten, die dargebracht werden. Der entscheidende Unterschied besteht darin, dass nicht das ganze Tier verbrannt wird, sondern nur bestimmte Teile (s. die Auslegung zu V 3) in Rauch aufgehen. Das erfordert gesonderte Bestimmungen. Durch die Anatomie der Opfertiere ist es auch erforderlich, für Schaf und Ziege jeweils eigene Anordnungen zu erteilen, während es vom Geflügel kein Heilsgemeinschaftsopfer gibt – damit entsteht hier wie in Lev 1 eine Dreiteilung.

Stil und Adressaten

Sowohl der Ritualstil als auch der mögliche Adressatenkreis entsprechen Lev 1 (s. dort die Analyse). Noch mehr als in Lev 1 wird es in Lev 3 plausibel, dass die Texte dazu gedacht sind, Laien zu belehren und ihre Aufgaben bei der Teilhabe am Kult zu erläutern.

Gemeinsamkeiten von Lev 1–3

Alle drei Opferarten haben gemeinsam, dass ein Opferfeuer eine wichtige Rolle spielt (die Opfermaterie wird ganz oder teilweise verbrannt) und dass der Opferaltar der gleiche ist: der Brandopferaltar (s. o., Abb. 1, Seite 164). Weiterhin ist allen drei Opfern gemeinsam, dass sie »freiwillig« sind, also auf die Initiative eines Israeliten, der einen besonderen Anlass hat, zurückgehen. Dieser Anlass wird aber nicht näher spezifiziert. Anders ist es beim Entsündigungs- und Entschuldigungsopfer (Lev 4–5): Diese Opfer sind bei bestimmten Vorkommnissen vorgeschrieben und *müssen* dann dargebracht werden. Dieser Aspekt setzt die Opfer in Lev 1–3 von denen in Lev 4–5 ab (*Milgrom*, 204).

Unterschiede zu Lev 1–2

Es gibt in Lev 3 aber auch Unterschiede zu den Opferarten von Lev 1–2 zu beobachten: In Lev 1–2 ist die ganze Opfermaterie für JHWH bestimmt. So wird in Lev 1 das ganze Tier verbrannt (Ganzopfer/Brandopfer), und bei der Speiseopfergabe in Lev 2 gehört der Idee nach ebenfalls alles JHWH, der dann den Großteil den Priestern als Einkommen überlässt – diese Speise ist »hochheilig« und darf nur von den Priestern am heiligen Ort verzehrt werden. Beim Heilsgemeinschaftsopfer dagegen gehört von vorne herein nur ein Teil (das Fett, s. u.) auf den Brandopferaltar – das meiste Fleisch wird von den Opfernden in einer Mahlzeit gegessen. Es ist nicht »hochheilig«, sondern – nach dem Konzept einer gestuften Heiligkeit (s. die Auslegung zu Lev 1,3) – »heilig«. Diese Abstufung zeigt sich z. B. in Neh 10,34, wo die »heiligen Dinge« (קדשים) zwischen den Festzeiten und den Entsündigungsopfern (חטאות) stehen und möglicherweise Heilsgemeinschaftsopfer meinen; ähnlich ist es in 2 Chr 29,31–33, wo die »heiligen Dinge« nach den Brandopfern stehen. Auch Lev 21,22 kennt bei der Anordnung darüber, was ein Angehöriger einer Priesterfamilie, der ein körperliches Gebrechen hat, essen darf, die Unterscheidung zwischen dem Hochheiligen und dem Heiligen (beides darf der Betreffende essen, aber er darf es nicht darbringen). Ebenso wird in Num 18 zwischen dem Hochheiligen (18,9–10) und den heiligen Gaben (18,11.19) unterschieden. Insofern ist also das Heilsgemeinschaftsopfer von der Stufung der Heiligkeit her ein »heiliges« Opfer, aber kein »hochheiliges«. Weil es aber ein »freiwilliges« und kein geschuldetes Opfer ist, wird es mit dem Brandopfer und der Speiseopfergabe zusammengestellt (s. *Milgrom*, 204).

Motivationen

Die Gründe für die Darbringung eines Heilsgemeinschaftsopfers werden in Lev 3 nicht erörtert, aber in Lev 7,11–20 finden sich Hinweise in den Vorschriften über den Verzehr des Fleisches (s. *N. Kiuchi*, Peace Offering, 25). Dort werden drei Fälle genannt: Danksagung (תודה, *tōdā;* 7,12), Gelübde (נדר, *nædær*) oder freiwillige Opfergabe (נדבה, *n*ᵉ*dābā;* 7,16; s. auch *M. Modéus*, Sacrifice, 90–116). Der Unterschied zwischen den letzten beiden Punkten dürfte darin bestehen, dass beim Gelübde ein formaler Akt der Bedingung gesetzt wird, während die freiwillige Opfergabe spontan und ohne vorherige Bedingungsangabe erfolgt. Bei diesen beiden Arten des Heilsgemeinschaftsopfers kann das Fleisch auch noch am Folgetag verzehrt werden (nicht aber am dritten Tag!); bei der Danksagung ist das Fleisch am Opfertag vollständig zu essen, es darf nichts aufgehoben werden. Von diesen Motivationen her ist die oben genannte »Freiwilligkeit« in gewisser Weise einzuschränken: Wenn jemand eine heilvolle Erfahrung mit JHWH gemacht hat, »gehört es sich«, dass er eine Danksagung darbringt. Beim Gelübde ist das Opfer ohnehin nicht »freiwillig«, sondern obligatorisch, wenn die Bedingung des Gelübdes erfüllt ist. Bei der »freiwilligen Opfergabe« hat der Darbringende auch ein Motiv: Eine bestimmte Erfahrung drängt den Betreffenden dazu, das Opfer darzubringen. Es liegt dem »Gesetzgeber« hier völlig fern zu regeln, was denn sei, wenn das Opfer dann nicht dargebracht wird (s. *N. Kiuchi*, Peace Offering, 29).

Auslegung

Einleitung

Die Formulierung von V 1 entspricht der Einleitung in Lev 1,3 – mit dem auffälligen Unterschied, dass anders als beim Brandopfer jetzt männliche *und* weibliche Tiere als Opfermaterie möglich sind. Fehlerlos, d.h. ohne sichtbare körperliche Gebrechen (s. zu Lev 1,3 bzw. 22,17–25), müssen sie ohnehin sein. Eine mögliche Erklärung für die Zulassung auch weiblicher Opfertiere könnte in folgender Überlegung bestehen: Beim Brandopfer (als Ganzopfer!) werden die männlichen Tiere herangezogen, während die weib- V 1

Auch weibliche Tiere

lichen für die Milchlieferung und das Hervorbringen von Nachkommen gebraucht werden. Das Heilsgemeinschaftsopfer dagegen ist kein Ganzopfer, sondern bringt dem Opfernden und seiner Familie (seiner »Gemeinschaft«) Fleisch als Nahrung – dafür müssen männliche und weibliche Tiere zugelassen sein, damit z. B. auch weibliche Tiere, deren Milchleistung nachlässt, die unfruchtbar sind oder die nicht mehr trächtig werden, noch als Fleisch ihren Wert für den Opfernden bringen. Die zuletzt genannten Eigenschaften mindern zwar den ökonomischen Wert des weiblichen Tieres, das dann nur noch als Schlachtvieh taugt, stellen aber keine körperlichen Fehler im Sinne von Lev 22,17–25 dar. Somit können diese Tiere als Heilsgemeinschaftsopfer dargebracht und ihr Fleisch verzehrt werden (siehe auch *E.-W. Kim,* Peace Offering, 6; *N. J. Ruane,* Sacrifice and Gender, 56–68). Auf der anderen Seite macht es die Viehzucht erforderlich, die meisten männlichen Jungtiere auszusondern und zur Fleischgewinnung zu verwenden, so dass auch beim Heilsgemeinschaftsopfer in der Regel männliche Tiere geopfert werden (*Watts,* 279).

Heilsgemeinschaftsopfer

Zu Begriff und Übersetzung von זבח שלמים, *zæbaḥ š^{e}lāmīm,* als »Heilsgemeinschaftsopfer« s. das Glossar.

Vom Rindvieh

Nachdem V 1a den »Unterfall« des Heilsgemeinschaftsopfers eingeführt hat, wird in V 1b mit einem zweiten אם die erste Variante dieser Opferart eingeleitet: »vom Rindvieh« (מן הבקר, s. o., Auslegung zu Lev 1,3). Dieser Abschnitt erstreckt sich bis V 5.

Erster Akt – Handaufstemmung

V 2 Die ersten drei Akte entsprechen bis auf geringe sprachliche Varianten ganz den ersten Handlungen beim Brandopfer (zur Handaufstemmung s. die Auslegung zu Lev 1,4). Die Hand ist auf den Kopf *seiner* Darbringung zu stemmen: Das Personalsuffix bestätigt die enge, personenbezogene Zuordnung des Opfertieres zum Opfernden. Die rabbinische Literatur betont hier erneut, dass beim Ritus der Handaufstemmung keine Vertretung möglich ist: Zur Herstellung der individuellen Zuordnung (s. *E.-W. Kim,* Peace Offering, 7) muss derjenige, für den/zu dessen Gunsten/um dessentwillen das Opfer dargebracht wird, – und niemand sonst – diese Handaufstemmung vollziehen. Erneut ist zu betonen, dass diese Art der Handaufstemmung nichts mit der Übertragung von Sünden auf das Opfertier zu tun hat (gegen *Gerstenberger,* 44).

Zweiter Akt – Schlachtung

Die Schlachtung als zweiter Akt wird »am Eingang des Zeltes der Begegnung« lokalisiert. Gemeint ist damit wieder der Bereich vor dem Brandopferaltar (s. o., Abb. 1, Seite 164).

Dritter Akt – Blutritus

Der Blutritus ist den Priestern vorbehalten (s. die Auslegung zu Lev 1,5bc). Wieder wird damit sichergestellt, dass das Blut auf kultisch korrekte Weise dem menschlichen Verzehr entzogen wird – und am Ende betont V 17 ausdrücklich das Verbot des Blutgenusses. – Im Blick darauf, dass Blut als Symbol immer auch dazu dient, die Trennung zwischen dem sündigen Menschen und dem heiligen Gott zu überbrücken, mithin die Kommunikation zwischen Gott und Mensch wiederherzustellen, könnte der Blutritus auch dahingehend interpretiert werden, dass so der Opfernde gereinigt und zur kultischen Begegnung mit Gott befähigt wird (so *N. Kiuchi,* Peace Offering, 28; ähnlich *E.-W. Kim,* Peace Offering, 8). – Eine weitere Deutung besteht im Blick auf Lev 17,11 darin, dass das Blut für das Leben des Opfernden Versöhnung erwirkt und eine Kompensation für die Tötung des Tieres aus Eigennutz (Nahrung) darstellt (s. die Auslegung zu 7,14). Die Diskussion um weitere Deutungen wird von *W. K. Gilders,* Blood Ritual, 89–96, zusammengefasst.

Vierter Akt – Darbringung des Fettes

Die Besonderheiten des Heilsgemeinschaftsopfers beginnen beim vierten V 3–4
Akt: Nicht das ganze Opfertier wird verbrannt, sondern nur bestimmte Teile. Daher formuliert V 3: »er bringe *von dem zæbaḥ ha- š^{e}lāmīm* als Feueropfer für JHWH dar«. Die eigentliche Gabe für JHWH, also das »Feueropfer« (s. das Glossar), besteht aus folgenden Teilen (s. o., Zur Übersetzung): (1) Das große Netz *(Omentum majus)*, das die Eingeweide umgibt, (2) das Darmgekröse *(Mesenterium)*, (3) die beiden Nieren mit dem Fettgewebslager *(Capsula adiposa)*, das mit der Lendenmuskulatur im Bindegewebe verwachsen ist, (4) der Leberlappen *(Lobus caudatus)*. Alle diese Teile werden »dargebracht« (Verb קרב *hifil*), also mit dem Fachbegriff für das kultische Opfern verbunden. Die Aussonderung dieser Teile setzt implizit die Akte des Abhäutens (vierter Akt beim Brandopfer) und des Zerteilens des Tieres in seine natürlichen Bestandteile (fünfter Akt, s. o. die Auslegung zu Lev 1,6) voraus. – Eine Begründung wird zwar nicht gegeben, aber es wird sehr deutlich ausgedrückt, dass diese Teile ausschließlich JHWH gehören und möglicherweise in Analogie zum »Gedächtnisanteil« bei der Speiseopfergabe (s. o. zu Lev 2 und das Glossar) das gesamte Opfer(tier) repräsentieren (s. *M. Douglas,* Leviticus as Literature, 82–83). *Watts,* 283, hält im Anschluss an einen Hinweis bei Galen diese Teile für Delikatessen und urteilt: »… the kidneys and part of the liver like the fat were burned to present the best of the animal to God.«

Fünfter Akt – in Rauch aufgehen lassen

Der letzte Akt des Heilsgemeinschaftsopfer, der als Ritual geschildert V 5
wird, ist das bekannte »In-Rauch-Aufgehen-Lassen«: Als Objekt wird dabei mit dem Personalsuffix 3. Person maskulin Singular alles zusammengefasst, was in den V 3–4 genannt ist, also alle Fettteile. Die Handelnden sind »die Söhne Aarons«, die Priester. In den anderen Varianten ist es jeweils ein Priester (Singular; s. V 11 und 16). Auffällig ist die Erwähnung der Schichtung auf dem Altar (s. Lev 1,8): Die genannten Teile werden »auf dem Brandopfer« verbrannt. Daraus schließt *Raschi,* 284, dass das »beständige Ganzopfer« (עולת תמיד, *ʿolat tāmīd;* Ex 29,42; Num 28,6; Esra 3,5), das tägliche, regelmäßige Brandopfer, allen Opfern vorangehen soll. Auch in Lev 6,5 ist die Reihenfolge »Brandopfer – Fett der Heilsgemeinschafts(opfer)« (חלבי השלמים) bei der Beauftragung der Priester für das ständige Brandopfer erwähnt. Das hier genannte Brandopfer ist das allmorgendliche Tamid-

Opfer (*Milgrom*, 208; *E.-W. Kim*, Peace Offering, 10–11, der aber auch beobachtet, dass in den Opferaufzählungen immer das Brandopfer dem Heilsgemeinschaftsopfer vorausgeht). Am Ende von V 5 erfolgt die bekannte Klassifizierung als Feueropfer und die Qualifizierung als »Duft der Beruhigung für JHWH«. Auch dies entspricht wieder Lev 1,9 (s. die Auslegung dort). Bemerkenswert ist, dass die Bezeichnung der »Fettpartien und die Anweisung zu ihrer Verbrennung jeweils mehr als die Hälfte des Ritualtextes ausmachen« (*C. Eberhart*, Studien, 98).

V 1–5 Wieder können im Rückblick auf V 1–5 die Akte der Opferhandlung so zusammengefasst werden: Die Akte der Opferhandlung

V 1	Opferart	Heilsgemeinschaftsopfer vom Rindvieh	
	Opfermaterial	männliches oder weibliches, fehlerloses Tier	
V 2	**Erster Akt:**	**Handaufstemmung**	**(der Opfernde)**
	Zweiter Akt:	**Schlachtung**	**(der Opfernde)**
	Dritter Akt:	**Blutritus**	**(die Priester)**
V 3–4	**Vierter Akt:**	**Darbringung des Fettes**	**(der Opfernde)**
V 5	**Fünfter Akt:**	**in Rauch aufgehen lassen**	**(die Priester)**
	Deklaratorische Schlusswendungen zur Klassifikation:		
	Opfergattung	Feueropfer (Gabe des Menschen für JHWH)	
	Ziel/Effekt	Duft der Beruhigung für JHWH	

Sehr auffällig ist, was nicht gesagt wird: An dieser Stelle wird nicht geregelt, was mit den nicht verbrannten Teilen, also der Fleischmenge des Rindviehs geschehen soll. Aus den Bestimmungen von Lev 7,15–21.28–36 wird deutlich, dass dieses Fleisch von allen gegessen werden soll, wobei den Priestern bestimmte Teile vorbehalten sind. Vielleicht gilt dieses Essen nicht mehr als Bestandteil des Gottesdienstes bzw. des Rituals im engeren Sinne; es wird hier bei der Beschreibung des Opferverlaufs nicht erwähnt, womöglich aber als selbstverständlich vorausgesetzt. Damit ist das Essen auch nicht an einen bestimmten Ort, etwa das Heiligtum gebunden (anders als bei der Speiseopfergabe, die nach Lev 6,9 von den Priestern an einem heiligen Ort, also im Heiligtum gegessen werden soll). Lediglich eine zeitliche Beschränkung von ein bis zwei Tagen wird für den Fleischverzehr aufgestellt (Details bei Lev 7,12–19). – Auch über die Haut wird nichts gesagt; sehr wahrscheinlich darf sie in Analogie zum Fleisch, das von der Gemeinschaft verzehrt wird, von der opfernden Person verwendet werden (*Elliger*, 52).

V 6–16 Als Obersatz zu zwei weiteren Unterfällen steht V 6 in Parallele zu V 1 und führt jetzt das Kleinvieh (צאן) ein. Im Blick auf das Brandopfer entspricht V 6 Lev 1,10, jedoch wird hier ausdrücklich wieder das weibliche Tier als Opfermaterie erlaubt. Vom Kleinvieh

V 7–11 Der erste Unterfall zum Kleinvieh betrifft das Schaf (hier כשב, s.o. Zur Übersetzung) als Heilsgemeinschaftsopfer. Betont wird an dieser Stelle, dass die Darbringung »vor JHWH« (לפני יהוה) erfolgen soll: Diese »Ortsangabe« Schaf

betont einerseits die konkrete Lokalisierung am Heiligtum (s. die Auslegung
zu Lev 1,3), andererseits die klare Zuordnung des Opfervorgangs zu JHWH
(und zu keiner anderen Gottheit). Damit ist eine Verbindung zu Lev 17,5
hergestellt, wo eingeschärft wird, dass jegliche Schlachtopfer (זבחים) als
Heilsgemeinschaftsopfer am Heiligtum (und nirgendwo sonst) für JHWH
(und für niemanden anderen) dargebracht werden sollen. Die ersten drei V 8
Akte entsprechen wieder weitgehend V 2 (Handaufstemmung, Schlachten,
Blutritus). In V 9 wird eine Besonderheit beim Schaf als Opfermaterie ge- V 9–10
nannt: der Fettschwanz (*Raschi*, 284, erklärt die Aufteilung in die zwei Ab-
schnitte über Schaf und Ziege damit, dass der Fettschwanz nur beim Schaf
vorkommt; siehe auch *bPesahim* 96b). Als »Feueropfer« (s. das Glossar) und
damit als Gabe an JHWH werden wieder nur bestimmte Teile des Tiers ver-
brannt. Als Zusammenfassung steht zunächst »*sein* Fett« (חלבו) betont vo-
ran: Die Form mit Personalsuffix (»*sein/ihr* Fett«) hat meist zusammenfas-
sende Funktion (*Rendtorff*, 132; *Levine*, 16; *Milgrom*, 211). Dann wird im
Fettschwanz Einzelnen aufgezählt, was alles zu diesem »Fett« gehört. Der erste Punkt ist
der Fettschwanz des Schafes – dieses Wort (אליה, *'alyā*) kommt nur in den
Opfertexten vor (Ex 29,22; Lev 3,9; 7,3; 8,25; 9,19) und bezeichnet eine
Auffälligkeit bei den vorderasiatischen Schafrassen: Man spricht von »Fett-
schwanzschafen« (eine Unterart von *Ovis ammon arcal*, vorderasiatisches
Steppenschaf). Hier ist der Fettschwanz besonders stark ausgebildet und
dient als Vorratsspeicher wie der Fettbuckel des Kamels. Er wird *vollständig*
(תמימה) verbrannt – daher soll er auch dicht beim Schwanzwirbel abgetrennt
werden. Womöglich deutet dieses Detail darauf hin, dass auch hier vielleicht
gerne getrickst wurde: Wenn man weniger Fettschwanz für das Feueropfer
abschneidet, bleibt mehr für die Mahlzeit übrig – im Grunde ist das aber ein
Betrug an der Gottheit, ähnlich wie das Darbringen fehlerhafter Tiere (s. die
Auslegung zu Lev 1,3, Stichwort »fehlerlos«). Im Übrigen wird das Wort
תמימה (von תמים) normalerweise mit »fehlerlos« übersetzt; hier muss es
dem Kontext entsprechend mit »vollständig« wiedergegeben werden (*Le-
vine*, 17). Die rabbinische Diskussion über die mögliche Erlaubtheit des Ver-
zehrs des Fettschwanzes von Tieren, die nicht Opfer darstellen, referiert
Milgrom, 210–211.

Die übrigen Fettteile entsprechen wörtlich V 3–4. Der Priester (Singular, V 11
anders als in V 5) lässt die Teile in Rauch aufgehen – »als Speise des Feuer-
opfers für JHWH«. In auffälliger Abwandlung der üblichen Klassifikations-
formel, die LXX verwendet (s. o., Zur Übersetzung; *S. Daniel*, Recherches,
138–139), wird hier לחם, »Brot, Speise«, mit dem Feueropfer verbunden.
Diese Verbindung begegnet bezeichnenderweise nur beim Heilsgemein-
schaftsopfer, gerade also bei der Opferart, bei der das gemeinsame Mahl im
Vordergrund steht (wenn es auch nicht Teil des offiziellen Rituals ist). Da-
mit wird subtil angedeutet, dass es das Essen (die Speise) ist, das eine Ge-
meinschaft herstellt: unter den Feiernden, aber auch mit der Gottheit, denn

auch die Gottheit hat Anteil an der gemeinsamen »Speise« (s. auch Lev 21,6.8: die Priester bringen mit den Feueropfern »die Speise ihres Gottes« dar; 22,25: kein fehlerhaftes Tier darf als »Speise für euren Gott« dargebracht werden). Im Vordergrund steht dabei nicht eine anthropomorphe Darstellung Gottes, als habe Gott es nötig, Brot und Fleisch zu essen, sondern vielmehr die sinnenfällig-symbolische (non-verbale) Fassung der Kommunikationsgemeinschaft zwischen Menschen und Gott: Sie teilen sich in symbolhafter Weise die gleiche Speise vom gleichen Tier – und haben so Anteil aneinander (s. u.a. *A. Marx,* Theology, 113; *Gorman,* 32; *Watts,* 286–287). In systematisch-theologischer, christlicher Perspektive könnte man wohl – *mutatis mutandis* – von einem Sakrament sprechen. Sind auch die Zeichen, Inhalte und Deuteworte andere, so bleibt doch die Tiefenstruktur vergleichbar: rituell vermittelte Teilhabe an und Kommunikation mit der Gottheit. »Im hebräischen Wort für Heilsopfer steckt der Begriff ›Schalom‹: Das Opfer war eine sakramentale Erfahrung von Friede, Heil und Wohlergehen in einer solidarischen Gemeinschaft unter Gottes Flügeln« (*Staubli,* 59).

V 12–16 Der zweite Unterfall zu V 6 behandelt die Ziege (עֵז, *ʿēz*) als Opfermaterie. Sowohl der Inhalt als auch die Formulierungen entsprechen weitestgehend den vorausgehenden Abschnitten über die Darbringung des Schafes bzw. des Rindes. Die deklaratorische Klassifizierung am Ende von V 16 ist variiert: Es wird der »Duft der Beruhigung« (s. das Glossar) erwähnt, der wiederum als Chiffre für eine erfolgreiche Kommunikation mit der Gottheit steht. Abschließend wird nochmals betont, dass das ganze Fett JHWH gehört – so wird erneut deutlich, dass beim Heilsgemeinschaftsopfer nur das Fett das Feueropfer, also die Gabe an JHWH darstellt. Es ist also auch nicht wie bei der Speiseopfergabe, bei der die Idee vorherrscht, dass alles JHWH gehört, JHWH aber davon etwas den Priestern als Einkommen überlässt (was dann »hochheilig« ist). Beim Heilsgemeinschaftsopfer ist von vorneherein nur das Fett für JHWH zu opfern – der Rest wird als »normales« Fleisch verzehrt, es ist auch nicht »hochheilig« (s.o., Analyse). Jeder, der sich im Status der kultischen Reinheit befindet (was an sich der Normalfall ist), darf davon essen (Lev 7,19–20). Ziege

V 17 Am Ende von Lev 3 und damit auch am Ende des größeren Abschnittes über Brandopfer, Speiseopfergaben und Heilsgemeinschaftsopfer (Lev 1–3) sowie vor einer neuen Redeeinleitung (Lev 4,1) wechselt der Text noch einmal in die Anrede der 2. Person Plural, die dem Anfang in Lev 1,2 (s. die Auslegung dort) korrespondiert (*Milgrom,* 216). Damit entsteht eine Rahmung, die auf eine bewusste Komposition schließen lässt. Für das Verständnis des Textes ergibt sich, dass nun nach all den vielen wichtigen Details der Blick wieder auf das Grundsätzliche gelenkt wird. Das Grundsatzhafte und Ewig-Gültige wird durch eine mehrstufige Formel erreicht: Kein Blut, kein Fett

(1) חקת עולם, *ḥuqqat ʿōlām*	eine ewige Satzung (zeitliche Entgrenzung)
(2) לדרתיכם, *l*[e]*-dorotē-kæm*	für eure Generationen (verstärkt (1))
(3) בכל מושבתיכם, *b*[e]*kol mōšbotē-kæm*	an allen euren Wohnsitzen (räumliche Entgrenzung)

Diese Formel begegnet in Teilen oder verbalen Variationen (mit תהיה) häufig innerhalb der priesterlichen Texte. Meist steht sie als betonte Abschlusswendung, doch חקת עולם kann auch bei der Einleitung verwendet werden (z. B. Lev 16,29). Häufig bezieht sich חקת עולם, *ḥuqqat ʿōlām*, »ewige Satzung« auf bestimmte Feste wie Pessach (Ex 12,14), Mazzot (Ex 12,17), Jom Kippur (Versöhnungstag: Lev 16,29.31.34; 23,31), Erstlingsdarbringung (Lev 23,14), Wochenfest (Lev 23,21), Laubhüttenfest (Lev 23,41), ferner auch auf das Lärmblasen bei den Versammlungen (Num 10,8) sowie weitere Kultvorgänge (Ex 27,21; 29,9; Num 19,10.21; Ez 46,14) und Kultordnungen (Ex 28,43; Num 15,15; 18,23). Für das Heilsgemeinschaftsopfer ist bemerkenswert, dass auch die wichtige Bestimmung in Lev 17,5–7, dass jegliches Schlachtopfer (זבח) als Heilsgemeinschaftsopfer (זבח שלמים) darzubringen ist, eine »ewige Satzung« ist.

Ewige Satzung

Eine Variante zu חקת עולם, *ḥuqqat ʿōlām*, ist חק עולם, *ḥoq ʿōlām* (im Deutschen auch mit »ewige Satzung« wiedergegeben): חק עולם begegnet fast ausschließlich bei den Bestimmungen, die die Priester und ihre Anteile an den Opfern betreffen (Ex 29,28; 30,21; Lev 6,11.15; 7,34; 10,15; 24,9; Num 18,8.11.19; der Beleg Jer 5,22 steht in einem ganz anderen Kontext). Insofern gibt es eine relativ klare Unterscheidung im Gebrauch der beiden Varianten. Sowohl חקה als auch חק gehen auf die Wurzel חקק zurück, die mit der Vorstellung des Einhauens in einen Felsen (Jes 22,16) bzw. einer Steininschrift und des Einritzens in eine Tontafel verbunden ist (Jes 30,8; Ez 4,1; s. *Milgrom*, 214). Daraus ergibt sich dann die Vorschrift oder Satzung.

Mehrstufige Formel

Die Formel in V 17 ist mehrfach gesteigert: Die »ewige Satzung« wird verstärkt durch den Hinweis auf die »Generationen«, d. h. die Nachkommen der Generation, die am Sinai die Weisungen empfangen hat, sind ausdrücklich mit eingeschlossen – damit natürlich auch jede Generation von Leserinnen und Lesern (bzw. Hörerinnen und Hörern) des Textes (s. das Glossar: »Generationenformel«). Auf diese *zeitliche* Entschränkung folgt eine *räumliche:* »an allen euren Wohnsitzen« schließt bereits den Gedanken der Besiedelung des Landes mit ein, könnte sich aber auch auf das Wohnen im Exil beziehen: Auch dort soll der Grundsatz gelten, kein Blut und kein Fett zu essen! Im Exil können natürlich keine Heilsgemeinschaftsopfer im engen Sinne dargebracht werden, doch das Symbol, dass das Blut und das Fett dem menschlichen Genuss entzogen und (insbesondere das Fett) kultisch dargebracht werden, kann auch fern vom Heiligtum gepflegt und befolgt werden. Insofern geht diese Vorschrift über die reine Kultanordnung hinaus (s. *Levine*, 17). *Gerstenberger*, 47, spricht treffend von einer »Diasporaformel«, stellt fest, dass dann eine Profan-Schlachtung zum Fleischgewinn als erlaubt gedacht wird (s. Dtn 12,15) und fragt mit Recht, was außerhalb von Jerusalem mit dem Fett geschehen soll (nach Dtn 12,16 ist nur der Blutgenuss verboten; offenbar kann dann das genießbare Fett gegessen werden). Das Verbot des Verzehrs von Blut und Fett wird in Lev 7,22–27 sowie 17,10–12 ausführlicher behandelt.

Entstehungsgeschichtliche Fragen

Für die Entstehungsgeschichte des Textes macht *Milgrom*, 216, den Vorschlag, dass es sich bei V 17 um eine redaktionelle Bildung handle, die eine Rahmung zu 1,2 schaffen wollte (s. auch *C. Nihan*, Priestly Torah, 198 [Lit.!]; *Watts*, 289–290). Dabei habe der Redaktor das Thema des Verbotes des Fettgenusses auch in V 16 eingetragen, um seinen Zusatz mit dem vorliegenden Text besser zu verankern: In V 16 habe ursprünglich die normale Abschlussdeklaration »Duft der Beruhigung für JHWH« gestanden, doch der Redaktor habe vor »für JHWH« das Wort »alles Fett« eingefügt, um zu betonen, dass das Fett der Opfertiere JHWH gehöre und daher – siehe V 17 – keinesfalls verzehrt werden dürfe.

Rezeption und Bedeutung

Gemeinschaftsmahl

Jede der drei Opferarten von Lev 1–3 hat ihr Charakteristikum: Beim Brandopfer geht es um die feierliche und vollständige Rückgabe eines Tieres an den Geber als Zeichen von Dankbarkeit; bei der Speiseopfergabe wird deutlich, dass nicht das Töten von Tieren im Zentrum steht, sondern auch pflanzliche Opfermaterien willkommen sind. Beim Heilsgemeinschaftsopfer dominiert der Gedanke des gemeinschaftlichen Mahles, auch wenn dieses selbst nicht ausdrücklich geregelt wird. Es ist aber insofern ganz klar vorausgesetzt, als von vorneherein nur ein Teil des Tieres »als Speise des Feueropfers« verbrannt wird – der überwiegende Rest ist Grundlage der gemeinschaftlichen Mahlzeit. Diese Mahlzeit schafft Gemeinschaft – zwischen den Opfernden und zwischen ihnen und der Gottheit, da auch Gott Anteil an der »Speise« (לחם) hat und gewissermaßen der geehrte Gast bei diesem Mahl ist (*Levine*, 14; *E.-W. Kim*, Peace Offering, 12–13; s. insgesamt dazu *A. Marx*, Tuer, 3–13).

Kommunikation mit Gott

Zu betonen ist auch, dass damit der Kult nicht etwas ist, das als vom Alltag völlig abgehobene Sonderwelt an einem besonderen Ort stattfindet, sondern mit dem täglichen Leben verbunden ist. »Das Essen von Fleisch ist vielleicht nichts Alltägliches, aber doch etwas sehr Reales, mit dem wirklichen Leben und mit den Notwendigkeiten der Lebenserhaltung eng Zusammengehöriges« (*Rendtorff*, 136). In feierlich-kultischer Form wird (hier durch das Verbrennen bestimmter Fettteile) Gott mit einbezogen, so dass Gott und Mensch aneinander Anteil haben bzw. in Kommunikation treten – was für die feiernde Gemeinschaft zum Heil dient. Dass dies allen sozialen Schichten ermöglicht werden soll, ist dadurch gewährleistet, dass das Heilsgemeinschaftsopfer mit unterschiedlichen Tieren, dem wertvolleren Rindvieh genauso wie dem breiteren Bevölkerungsschichten verfügbaren Kleinvieh (Schaf, Ziege), durchgeführt werden kann (*E.-W. Kim*, Peace Offering, 5).

Der priesterliche Kunstbegriff *zæbaḥ šelāmīm*, mit einem ebensolchen Kunstwort übersetzt (»Heilsgemeinschaftsopfer«), vereinigt alle Schlachtopfer, die zur Nahrungsaufnahme durchgeführt werden (*Staubli*, 59). Besonders wichtig wurde das Dankopfer (Lev 7,11–12: זבח התודה; 7,13: זבח תודת שלמיו). Ein solches Dankopfer musste nach rabbinischer Auffassung (*bBerakhot* 54b) in folgenden vier Fällen dargebracht werden: nach einer gelungenen Seereise, nach einer erfolgreichen Durchquerung der Wüste, nach Genesung von einer Krankheit, nach der Entlassung aus dem Gefängnis.

Transformationen

Ansätze für Transformationen der Opfervorstellungen in spiritueller und ethischer Hinsicht finden sich beispielsweise bei Ben Sira (Jesus Sirach). In Sir 35,1–3 werden die Opferbegriffe aus Lev 1–5 aufgegriffen und »in Aspekte tätiger Nächstenliebe umgemünzt« (*Staubli*, 349): »Viele Opfer bringt dar, wer das Gesetz befolgt; Heilsopfer spendet, wer die Gebote hält; Speiseopfer bringt dar, wer Liebe erweist; Dankopfer spendet, wer Almosen gibt: Abkehr vom Bösen findet das Gefallen des Herrn, als Sühne gilt ihm die Abkehr vom Unrecht« (EÜ). Aus dem Kontext wird aber auch deutlich, dass Ben Sira nicht den Opferkult ablehnt, sondern sehr wohl dazu rät, sich großzügig daran zu beteiligen – auch das gehört zum Befolgen des Gesetzes. Aber – und darin ist sich Ben Sira mit vielen biblischen Texten einig – der Kult kann die Ethik und die Solidarität mit den Armen nicht ersetzen, so dass rechter Gottesdienst immer mit gerechtem Handeln einhergehen muss.

1.2 Levitikus 4,1–5,26: Entsündigung und Entschuldigung

Kontext und Komposition

Unterschiede zu Lev 1–3

Anlässe

Die Kapitel 1–3 und 4–5 unterscheiden sich deutlich voneinander. In Lev 1–3 wird dargelegt, auf welche Weise ein Opfer darzubringen ist – der Anlass oder Grund dafür wird nicht behandelt. In Lev 4–5 dagegen sind es gerade die Anlässe für die beschriebenen Opfer, die den Ausgangspunkt und die grundlegende Gliederung liefern. Der Anlass, der Kapitel 4 und 5 zusammenbindet und das Gesamtthema bildet, wird in 4,2 genannt: »wenn jemand unabsichtlich sündigt«. Worin die »Sünde« genau besteht, wer genau »sündigt« und welche Opfer dann darzubringen sind, das sind die Fragen, die Lev 4–5 strukturieren (*B. Janowski*, Sühne, 195).

Kulttheologie

In der theologischen Bewertung der Opfer findet sich eine weitere wesentliche Unterscheidung: In Lev 1–3 sind die Opfer dadurch charakterisiert, dass sie als ריח ניחח, »Duft der Beruhigung«, und als אִשֶּׁה, »Feueropfer« (oder »Gabe«) bezeichnet werden. Es handelt sich um freiwillige Gaben des Menschen an Gott, der wiederum die Zusage gibt, bei korrekter Durchführung mit Wohlwollen zu reagieren (s. das Glossar). Diese Begriffe fehlen in Lev 4–5. Hier übernimmt das Wort כפר *piel* (vereinfachte Umschrift: *kipper*) die kulttheologische Bewertung. Die behelfsmäßige Übersetzung lautet: »Versöhnung erwirken« (s. o., Auslegung zu Lev 1,4; Glossar). Der Begriff begegnet in den abschließenden klassifizierenden Wendungen (s. u., Auslegung). Außer in 5,6 sind die Formeln zweigliedrig, wobei der zweite Teil das Verb סלח *nifal*, »vergeben werden«, enthält: »und es wird ihm/ihnen vergeben werden«.

Gemeinsamkeiten zu Lev 1–3

Trotz der Unterschiede haben Lev 4–5 mit den vorausgehenden Kapiteln auch einiges gemeinsam, so v. a. das Interesse an den einzelnen Schritten des Opfervorgangs, die im »Ritualstil« (s. o., Analyse zu Lev 1–3) beschrieben werden.

Adressaten

Gegenüber Lev 1–3 wird es in 4–5 noch deutlicher, dass die Adressaten zu belehrende Laien sind: Sie erhalten Auskunft nicht nur über die Details des Rituals, sondern vor allem über die verschiedenen Anlässe, die ein entsprechendes Opfer erfordern, um die gestörte oder abgebrochene Kommunikation mit Gott wiederherzustellen. Außerdem wird ihnen gesagt, welche weiteren Akte (z. B. Entschädigung, Rückerstattung) noch zusätzlich zum Opfer notwendig sind. Dabei ist anzunehmen, dass die Priester die entsprechenden Auskunftspersonen sind (*Rendtorff*, 146–147).

Gesamtgliederung

Die Gliederung von Lev 4–5 erschließt sich erst auf den zweiten Blick, da unterschiedliche Gliederungsaspekte zum Teil ineinander wirken. Die erste Grobgliederung lässt sich anhand der Opferarten durchführen: Die Kapitel beschreiben zum einen das Entsündigungsopfer (חטאת, *ḥaṭṭāʾt*) in 4,1–5,13, zum anderen das Entschuldigungsopfer (אשם, *ʾāšām*) in 5,14–26 (zur Übersetzung der Opfertermini s. das Glossar). Dieser Einschnitt wird auch durch die neue Anredeformel »Und JHWH sprach zu Mose« gekennzeichnet. Auffällig ist, dass hier die Weitergabeformel »Sprich zu den Israeliten« (4,2a; s. o. zu Lev 1,2) fehlt. Zwar tritt auch in 5,20 die Anredeformel auf, doch kann dieser Einschnitt als nicht so gravierend gewertet werden, da es sowohl in 5,14–19 als auch in 5,20–26 um das Entschuldigungsopfer geht. Mithin untergliedert die Einleitungswendung von V 20 nur den Abschnitt 5,14–26 (s. u., Analyse zu 5,14–26). Der in 5,6–7 vorkommende Begriff אשם bezeichnet nicht die Opferart, sondern fungiert als Oberbegriff und wird daher anders (mit »Schulddarbringung«) übersetzt (s. u., Zur Übersetzung von 5,6–7). Verbunden werden die beiden Teile durch die gemeinsame kulttheologische Bewertung mit כפר, *kipper,* »Versöhnung erwirken«. Der Abschnitt über das Entsündigungsopfer lässt sich wiederum in zwei Teile untergliedern: Kapitel 4 ist nach betroffenen Personengruppen gegliedert, während 5,1–13 den letzten Fall von Kapitel 4, die Einzelperson, näher spezifiziert und vier konkrete Anlässe für die Darbringung eines Entsündigungsopfers (5,1–6) sowie entsprechende Rituale im Falle von Armut (5,7–13) angibt. Es wird nur das Ritual des Entsündigungsopfers (חטאת) in Kapitel 4 mitgeteilt – die Fälle von 5,1–6 scheinen vorauszusetzen, dass das gleiche Ritual zu vollziehen ist. Für das Entschuldigungsopfer in 5,14–26 wird kein Ritual beschrieben – das wird in Lev 7,1–6 nachgeholt. Genauere Untergliederungen werden unter »Analyse« zu den beiden Teilen geboten (zur Zweiteilung in 4,1–5,13 und 5,14–26 s. auch *B. Janowski,* Sühne, 429).

1.2.1 Levitikus 4,1–5,13: Entsündigungsopfer

Literatur

Anderson, G. A., Intentional and Unintentional Sin in the Dead Sea Scrolls: Wright, D. et al. (ed.), Pomegranates (1995), 49–64. – *Dahm, U.,* Opferkult, 212–215. – *Eberhart, C.,* Studien, 113–173. – *Gane, R. E.,* Cult and Character, 71–90. – *Janowski, B.,* Sühne, 429–430 (Lit.!). – *Jürgens, B.,* Heiligkeit, 303–342. – *Kiuchi, N.,* Purification Offering, 21–38. – *Kiuchi, N.,* Study. – *Levine, B. A.,* Presence, 101–114. – *Knohl, I.,* The Sin Offering Law in the ›Holiness School‹ (Numbers 15.22–31), in: Anderson, G. A./Olyan, S. M. (ed.), Priesthood and Cult in Ancient Israel, Sheffield 1991, 192–203. – *Marx, A.,* Rite de passage. – *Meshel, N. S.,* Toward a Grammar of Sacrifice: Hierarchic Patterns in the Israelite Sacrificial System: JBL 132, 2013, 543–567. – *Rau, M.,* Blut, 121–124. – *Rendtorff, R.,* Studien, 199–234. – *Reynolds III, B. H.,* The Expression ביד רמה in the Hebrew Bible and the Dead Sea Scrolls and the Legacy of the Holiness School in Essene Legal Texts: JBL 132, 2013, 585–605. – *Schenker, A.,* Anlässe, 46–51. – *Schenker, A.,* Welche Verfehlungen und welche Opfer in Lev 5,1–6?, in: Fabry, H.-J./Jüngling, H.-W. (Hg.), Levitikus (1999), 249–261. – *Schenker, A.,* Keine Versöhnung. – *Schenker, A.,* Unterschied. – *Schiffman, L. H.,* *ʿôlâ* and *ḥaṭṭāʾt* in the *Temple Scroll:* Wright, D. et al. (ed.), Pomegranates (1995), 39–48. – *Stamm, J. J.,* Erlösen. – *Utzschneider, H.,* Vergebung im Ritual. Zur Deutung des *ḥaṭṭāʾt*-Rituals (Sündopfer) in Lev 4,1–5,13, in: Riess, R. (Hg.), Abschied von der Schuld. Zur Anthropologie und Theologie von Schuldbekenntnis, Opfer und Versöhnung, Stuttgart/Berlin/Köln 1996, 96–119.250–255. – *Watts, J. W.,* Ritual and Rhetoric, 79–96. – *Zevit, Z.,* Philology, Archaeology, and a Terminus a Quo for P's *ḥaṭṭāʾt* legislation, in: Wright, D. et al. (ed.), Pomegranates (1995), 29–38.

Text

Übersetzung

4[1]Und JHWH sprach zu Mose:
[2]Sprich zu den Israeliten:
Wenn jemand unbeabsichtigt sündigt durch irgendetwas, was nach
den Geboten JHWHs nicht getan werden soll, und er tut eines von
ihnen (den verbotenen Dingen):
[3]Wenn der gesalbte Priester sündigt, so dass sich das Volk der
Schuld bewusst wird, dann bringe er für seine Sünde, die er gesün-
digt hat, einen fehlerlosen Stier für JHWH als Entsündigungsopfer
dar. [4]Und er bringe den Stier zum Eingang des Zeltes der Begeg-
nung vor JHWH, und er stemme seine Hand auf den Kopf des Stie-
res, und er schlachte den Stier vor JHWH. [5]Und der gesalbte Pries-
ter nehme (etwas) vom Blut des Stieres und bringe es zum Zelt der
Begegnung. [6]Und der Priester tauche seinen Finger in das Blut und
sprenge (etwas) von dem Blut sieben Mal vor JHWH an die Vor-
derseite der ›Parochet‹ des Heiligtums. [7]Und der Priester gebe (et-
was) von dem Blut an die Hörner des Rauchopferaltars vor JHWH,
der im Zelt der Begegnung (steht). Das ganze (übrige) Blut des
Stieres aber schütte er an den Fuß des Brandopferaltars, der am
Eingang des Zeltes der Begegnung (steht). [8]Und das ganze Fett
des Stieres des Entsündigungsopfers hebe er von ihm ab: das Fett,
das die Innerei bedeckt, und das ganze Fett, das an der Innerei (ist),
[9]und die beiden Nieren und das Fett, das an ihnen (und) an den
Lenden (ist), und den Lappen an der Leber, den er an den Nieren
abtrenne, [10]genauso wie es vom Rind des Heilsgemeinschaftsopfers
abgehoben wird, und der Priester lasse sie (diese Fettteile) auf dem
Brandopferaltar in Rauch aufgehen. [11]Die Haut des Stieres aber
und sein ganzes Fleisch mit seinem Kopf und mit seinen Beinen
und seiner Innerei und seinem Mageninhalt, [12]den ganzen Stier
bringe man nach draußen vor das Lager an einen reinen Ort, an
den Schuttplatz der Fettasche, und man verbrenne ihn auf Holz-
scheiten im Feuer. Auf dem Schuttplatz der Fettasche werde er ver-
brannt.
[13]Wenn nun die ganze Gemeinde Israels sich unbeabsichtigt falsch
verhält, und die Sache bleibt verborgen vor den Augen der Ver-
sammlung, und sie tun eines von alledem, was nach den Geboten
JHWHs nicht getan werden soll, und sie werden sich ihrer Schuld
bewusst, [14]und es wird die Sünde, die sie gesündigt haben, bekannt,
dann bringe die Versammlung einen Stier für das Entsündigungs-
opfer dar, und sie sollen ihn vor das Zelt der Begegnung bringen.
[15]Und die Ältesten der Gemeinde sollen ihre Hände auf den Kopf
des Stieres stemmen vor JHWH, und man schlachte den Stier vor

JHWH. [16]Und der gesalbte Priester bringe (etwas) von dem Blut des Stieres zum Zelt der Begegnung. [17]Und der Priester tauche seinen Finger in das Blut und sprenge (davon) sieben Mal vor JHWH an die Vorderseite der ›Parochet‹. [18]Und von dem Blut gebe er (etwas) an die Hörner des Altars, der vor JHWH (steht), d.h. im Zelt der Begegnung. Das ganze (übrige) Blut aber schütte er an den Fuß des Brandopferaltars, der am Eingang des Zeltes der Begegnung (steht). [19]Und sein ganzes Fett hebe er von ihm ab und lasse (es) auf dem Altar in Rauch aufgehen. [20]Und er mache es mit (diesem) Stier, wie er es mit dem Stier des Entsündigungsopfers gemacht hat. So mache er es mit ihm. Und der Priester erwirke Versöhnung für sie, und es wird ihnen vergeben werden. [21]Und man bringe den Stier nach draußen vor das Lager und verbrenne ihn, wie man den ersten Stier verbrannt hat. Ein Entsündigungsopfer der Versammlung (ist) das.

[22]Wenn nun ein Fürst sündigt und eines von alledem tut, was nach den Geboten JHWHs, seines Gottes, nicht getan werden soll, – (und zwar) unbeabsichtigt – und sich seiner Schuld bewusst wird, [23]oder (wenn) ihm seine Sünde, die er gesündigt hat, mitgeteilt wird, dann bringe er als seine Darbringung einen Bock von den Ziegen, ein männliches fehlerloses (Tier). [24]Und er stemme seine Hand auf den Kopf des Ziegenbocks, und man schlachte ihn an dem Ort, an dem man das Brandopfer vor JHWH schlachtet. Ein Entsündigungsopfer (ist) es. [25]Und der Priester nehme (etwas) von dem Blut des Entsündigungsopfers mit seinem Finger und gebe es an die Hörner des Brandopferaltars. Und sein (übriges) Blut schütte er an den Fuß des Brandopferaltars. [26]Und sein ganzes Fett lasse er auf dem Altar in Rauch aufgehen wie das Fett des Heilsgemeinschaftsopfers, und der Priester erwirke für ihn (den betroffenen Fürsten) Versöhnung wegen seiner Sünde, und es wird ihm vergeben werden.

[27]Wenn nun einer aus dem Volk des Landes unbeabsichtigt sündigt, indem er eines von dem tut, was nach den Geboten JHWHs nicht getan werden soll, und sich seiner Schuld bewusst wird, [28]oder (wenn) ihm seine Sünde, die er gesündigt hat, mitgeteilt wird, dann bringe er als seine Darbringung eine Ziege, ein fehlerloses weibliches (Tier) für seine Sünde, die er gesündigt hat. [29]Und er stemme seine Hand auf den Kopf des Entsündigungsopfers, und man schlachte das Entsündigungsopfer am Ort des Brandopfers. [30]Und der Priester nehme etwas von dessen Blut mit seinem Finger und gebe (es) an die Hörner des Brandopferaltars, und ihr ganzes (übriges) Blut schütte er an den Fuß des Altars. [31]Und ihr ganzes Fett trenne er ab, genauso wie das Fett vom Heilsgemeinschafts-

opfer abgetrennt worden ist, und der Priester lasse (es) auf dem
Altar in Rauch aufgehen zum Duft der Beruhigung für JHWH.
Und der Priester erwirke Versöhnung für ihn (den Betroffenen),
und es wird ihm vergeben werden.
32Wenn er aber ein Schaf als seine Darbringung für das Entsündi-
gungsopfer bringen möchte, dann bringe er ein weibliches fehler-
loses (Tier). 33Und er stemme seine Hand auf den Kopf des Entsün-
digungsopfers, und man schlachte es als Entsündigungsopfer an
dem Ort, an dem man das Brandopfer schlachtet. 34Und der Priester
nehme (etwas) vom Blut des Entsündigungsopfers mit seinem Fin-
ger und gebe (es) an die Hörner des Brandopferaltars, und sein
ganzes (übriges) Blut schütte er an den Fuß des Altars. 35Und sein
ganzes Fett trenne er ab, genauso wie das Fett des Schafes des Heils-
gemeinschaftsopfers abgetrennt wird. Und der Priester lasse diese
(Fettteile) auf dem Altar in Rauch aufgehen, auf den Feueropfern
JHWHs. Und der Priester erwirke für ihn Versöhnung für seine Sün-
de, die er gesündigt hat, und es wird ihm vergeben werden.

5 1Und wenn jemand sündigt (in einem der folgenden Fälle):
Er hört einen laut gesprochenen Fluch, und er ist Zeuge, entweder
indem er (es) gesehen hat oder darum wusste, und wenn er es dann
nicht anzeigt, trägt er seine Sündenlast;
2oder jemand berührt irgendeine unreine Sache, sei es das Aas
eines unreinen wilden Tieres oder das Aas eines unreinen Viehs
oder das Aas eines unreinen Kleingetiers, und es bleibt ihm (zu-
nächst) verborgen, aber er (ist) unrein und wird sich seiner Schuld
bewusst;
3oder aber wenn er die Unreinheit eines Menschen berührt, irgend-
etwas von seiner Unreinheit, durch die er unrein wird, und es
bleibt ihm (zunächst) verborgen, aber dann erkennt er es und wird
sich seiner Schuld bewusst;
4oder wenn jemand schwört, indem er unbesonnen mit den Lippen
redet, sei es Böses oder Gutes zu tun, bei allem, was der Mensch im
Schwur unbesonnen redet, und es bleibt ihm (zunächst) verborgen,
dann aber erkennt er es und wird sich seiner Schuld bewusst – in
einem von (all) diesen Dingen;
5dann – wenn er sich seiner Schuld bewusst wird in einem von diesen
Dingen – bekenne er, worin er gesündigt hat. 6Und er bringe als seine
Schulddarbringung für JHWH für seine Sünde, die er gesündigt hat:
ein weibliches (Tier) vom Kleinvieh, ein Schaf oder eine Ziege, für das
Entsündigungsopfer. Und der Priester erwirke Versöhnung für ihn
wegen seiner Sünde.
7Wenn nun seine Mittel für die Kosten eines Schafes oder einer Zie-
ge nicht ausreichen, bringe er als seine Schulddarbringung für das,

was er gesündigt hat, zwei Turteltauben oder zwei Haustauben für
JHWH, eine für ein Entsündigungsopfer und eine für ein Brand-
opfer. [8]Und er bringe sie zum Priester, und er bringe die, die für
das Entsündigungsopfer (bestimmt ist), als erste dar, und er knicke
ihren Kopf dicht vom Genick weg, aber er trenne (ihn) nicht (ganz)
ab. [9]Und er sprenge (etwas) von dem Blut des Entsündigungsopfers
gegen die Wand des Altars, alles übrige Blut aber werde am Fuß des
Altars ausgedrückt. Ein Entsündigungsopfer (ist) es. [10]Und mit der
zweiten (Taube) vollziehe er das Brandopfer gemäß der Vorschrift.
Und der Priester erwirke für ihn Versöhnung wegen seiner Sünde,
die er gesündigt hat, und es wird ihm vergeben werden.
[11]Wenn aber seine Mittel für zwei Turteltauben oder zwei Haus-
tauben nicht ausreichen, bringe er als seine Darbringung für das,
was er gesündigt hat, ein Zehntel ›Efa‹ Weizenfeinmehl für ein
Entsündigungsopfer. Er setze kein Öl darauf und gebe keinen
Weihrauch darauf, denn es ist ein Entsündigungsopfer. [12]Und er
bringe es zum Priester, und der Priester nehme davon seine Hand
voll als den Gedächtnisanteil, und er lasse (ihn) auf dem Altar in
Rauch aufgehen – auf den Feueropfern JHWHs. Ein Entsündi-
gungsopfer (ist) es. [13]Und der Priester erwirke für ihn Versöhnung
für seine Sünde, die er gesündigt hat in einem von diesen (Dingen),
und es wird ihm vergeben werden. Und (das Entsündigungsopfer)
gehöre dem Priester wie die Speiseopfergabe.

Zu Text und Übersetzung

Lev 4

2 Das Wort »unbeabsichtigt« ist der Schlüsselbegriff für alles Folgende: Die Sünde geschieht *unbeabsichtigt* (בשגגה, *bi-šᵉgāgā*) – das sind Übertretungen der Gebote Gottes, die ohne Vorsatz begangen werden, aber dennoch gefährliche Störungen des Gottesverhältnisses sind (s. die Auslegung). – Die Grundbedeutung von שגג kann in etwa als »unabsichtlich und unbewusst in die Irre gehen« angesetzt werden: Jemand befindet sich objektiv auf dem falschen Weg, denkt aber subjektiv, auf dem richtigen zu sein (so *N. Kiuchi,* Study, 5–9).

2 Für »sündigt« steht im Hebräischen der Fachbegriff חטא, *ḤṬ'*. Im weitesten Sinne bezeichnet dieser Begriff die »Trennung von Gott«, ohne dass dies allein auf »moralische Verfehlungen« eingeengt werden kann (s. das Glossar zu »Entsündigungsopfer«). »Sündigen« heißt also »etwas tun, das die Beziehung zu Gott stört, gefährdet, abbricht«. »Sünde« ist entsprechend »etwas, das von Gott trennt«. Dieses Substantiv (חטאת, *ḥaṭṭā't*) bezeichnet zugleich das Gegenmittel und wird daher mit der Neuprägung »Entsündigungsopfer« wiederzugeben versucht. S. *R. Rendtorff,* Opfertora, 220–223, und die ausführliche Untersuchung von *N. Kiuchi,* Study.

2 Nach »sündigt« erwähnt LXX hier und in V 4 ein personales Gegenüber: »vor dem Herrn« (ἔναντι κυρίου).

2 Die Wendung מצות יהוה אשר לא תעשינה, *miṣwot YHWH 'ašær lō' tē'āśænā,* kehrt in 4,2.13.22.27 und 5,17 wieder und ist wörtlich so aufzuschlüsseln: »die Gebote JHWHs (Dinge betreffend), die nicht getan werden sollen«. Die Übersetzung umschreibt mit: »was nach den Geboten JHWHs nicht getan werden soll«.

2 Der Oberfall wird in V 2 mit כי eingeleitet, bleibt aber zunächst ohne Sanktion bzw. Folgesatz – dessen Funktion übernehmen die folgenden Unterfall-Spezifizierungen mit differenzierten Sanktionen.

3 So dass sich das Volk der Schuld bewusst wird, wörtlich: »zur Schuld des Volkes« (לאשמת העם). Das Verb אשם und das davon abgeleitete Substantiv אשמה bezeichnen die *bewusst gewordene* Schuld (s. das Glossar unter »Entschuldigungsopfer«), die wie eine Last drückt und das Verhältnis der Menschen untereinander wie die Beziehung zu Gott erheblich stört und die Kommunikation beeinträchtigt oder unmöglich macht. Dieser konnotative Aspekt soll dadurch Berücksichtigung finden, dass im Deutschen nicht nur von »Schuld« und »schuldig werden« gesprochen wird (so die geläufigen Übersetzungen), sondern vom *Bewusstwerden* dieser Schuld (s. *M. J. Boda,* A Severe Mercy, 64; *B. Jürgens,* Heiligkeit, 322; *E. Otto,* Theologische Ethik, 226). Folgende Stellen sind neben V 3 besonders ins Auge zu fassen: Lev 4,13.22.27; 5,2.3.4.5.17.19.23.24.26; 22,16. – Mit dem Bewusstwerden der Schuld ist nicht nur das *Wissen* darum gemeint, dass man etwas Verbotenes tut (oder getan hat), sondern auch das entstehende drückende schlechte Gewissen, das die Einsicht in die Verkehrtheit des Handelns mit sich bringt, und damit letztlich auch die Anerkennung und das Eingeständnis der eigenen Schuld. Insofern trifft sich diese Deutung mit dem, was *Milgrom,* 343 (u.ö.), im Englischen mit »feel guilt« ausdrückt. Er meint mehr als »Schuld*gefühle*«, die im Deutschen bisweilen als »inhaltslos« gelten.

3 Stier, wörtlich: ein fehlerloses männliches (Jung-)Tier vom Rindvieh. פר ist die Bezeichnung für das männliche Tier (sie impliziert nicht notwendig ein Jungtier), בן בקר indiziert die Art des Tieres, also »ein Stück Rindvieh«. *Milgrom,* 232, betont, dass »Rindvieh« das gezähmte Haustier bezeichnet, dass also Opfertiere immer aus domestizierten Tiergattungen stammen. Aus der doppelten Angabe schließt *Raschi,* 285, auf einen »Stier im dritten Jahre« (s. auch *Sifra,* Wajikra, Üs. Winter, 113, wo aber auch eingeräumt wird, dass vier- und fünfjährige Tiere tauglich sind – nur alte Tiere sollte man wegen der Würde des Opfers nicht bringen). An den folgenden Stellen steht nur פר, das mit »Stier« übersetzt wird.

3 Entsündigungsopfer: Der Terminus חטאת steht sowohl für die »Sünde« (das von Gott Trennende) als auch für das Mittel, das die Sünde entfernt und so die Beziehung zu Gott wiederherstellt (s. das Glossar).

5 SAM erwähnt hier den Fachbegriff für die Priesterweihe aus Ex 29,29: der Priester, »dem man seine Hand gefüllt hat« (אשר מלא את ידו); so auch LXX: ὁ τετελειωμένος τὰς χεῖρας (*J. W. Wevers,* Notes, 36).

6 ›Parochet‹ ist der Spezialbegriff für den Vorhang vor dem Allerheiligsten; es ist nicht der Vorhang am Eingang zum Vorhof vor dem Zelt der Begegnung. S. dazu *C. Dohmen,* Exodus 19–40, 238. Zur griechischen Übersetzung mit καταπέτασμα s. *D. M. Gurtner,* Καταπέτασμα, 105–111. Das Wort ist im Altgriechischen sehr selten und wird ausschließlich in kultischen Kontexten verwendet.

7 Rauchopferaltar, wörtlich: Altar des wohlriechenden Räucherwerks, s. Ex 30,1.

10 Beim »Rind des Heilsgemeinschaftsopfers« wird das Wort שור verwendet, das grundsätzlich das männliche und das weibliche Tier bezeichnen kann. Für ein Heilsgemeinschaftsopfer ist nach Lev 3,1 ein männliches wie ein weibliches Tier verwendbar.

11 Hier wird wieder פר für »Stier« gesetzt.

12 man bringe … man verbrenne, wörtlich: »er bringe … er verbrenne«. Es ist jedoch problematisch, an dieser Stelle den gesalbten Priester selbst als Subjekt anzusehen, da er sich durch diese Akte unrein machen würde (*Milgrom,* 239). SAM und LXX setzen hier und in V 21 den Plural (*J. W. Wevers*, Notes, 40); plausibel ist es, die hebräischen Verbalformen als impersonalen Ausdruck aufzufassen.

14 Stier, wörtlich: ein männliches (Jung-)Tier vom Rindvieh (wie in 4,3). – SAM und LXX fügen noch »fehlerlos« (תמים; ἄμωμον) hinzu; der hebräische Text muss aber nicht ergänzt werden, da die Parallelen deutlich sind und die kürzere Ausdrucksweise ab V 14 entsprechend aufgefüllt werden kann.

15 Man schlachte: Es bleibt offen, wer die Schlachtung durchführt. Die hebräische Verbalform (3. Person mask. Sg.) kann als impersonaler Ausdruck gedeutet werden (*Milgrom*, 244). LXX hat mit dem Plural die leichtere Lesart und denkt wohl an »die Priester«.

17 In das Blut: Anders als in 4,6, wo בדם steht, heißt es hier מן הדם.

18 Altar: SAM und LXX ergänzen aus 4,7 die nähere Bestimmung »des wohlriechenden Räucherwerks« (LXX-D: »*der Weihrauchmischung*«). Dies ist eine *lectio facilior*, da der Altar durch die Ortsangabe »im Zelt der Begegnung« hinreichend definiert ist (u.a. *Milgrom*, 244; s. die Skizze zum Heiligtum, Abb. 1, Seite 164).

19 Gegenüber der detaillierten Beschreibung in 4,8–10 ist das geradezu eine Abkürzung. Trotz des handbuchartigen Charakters setzt der Text also hinreichend Signale, dass die Riten von 4,8–10 hier mitklingen und im Lesevorgang ergänzt werden.

21 Und man bringe …: s.o. zu V 12.

22 Dieser Unterfall wird in Abweichung vom üblichen Schema nicht mit אם, sondern mit אשר eingeleitet. Das könnte zum einen eine stilistische Markierung des mittleren von fünf Fällen in Lev 4 sein, zum anderen beginnt hier in der Beschreibung der Rituale der »kleine« Blutritus, der den Brandopferaltar vor dem Heiligtum betrifft – im Unterschied zum »großen« Blutritus von V 3–21, bei dem Blut vom Opfertier ins Heiligtum hineingetragen wird (s. die Auslegung; *H. Gese*, Sühne, 94; *Milgrom*, 246; *B. Janowski*, Sühne, 222–232; *H. Utzschneider*, Vergebung, 115). – In der rabbinischen Tradition wird aus dem Gleichklang zwischen אשר (Relativpronomen) und אשרי (»glücklich«) eine »Seligpreisung« abgeleitet: »אשר = אשרי, Heil dem Zeitalter, dessen Fürst darauf achtet, selbst für sein Versehen eine Sühne zu bringen; umso mehr wird er seine Frevel bereuen« (*Raschi*, 286; *Ramban*, 48). Eine ähnliche Seligpreisung wird von R. Johanan b. Zakkai überliefert (*bHorayot* 10b; *Sifra* z.St.). Dahinter steckt der Gedanke, dass es immer gut ist, wenn die Leitungsperson des Volkes nach den Regeln der Tora lebt – was ja, wie die Geschichte bestätigt, meist nicht der Fall war.

24 Man schlachte: Wieder ist von einem impersonalen Ausdruck auszugehen (*Milgrom*, 248), da nicht angegeben ist, wer genau die Schlachtung durchzuführen hat. Gleiches gilt für V 29 und V 33. LXX hat jeweils an allen Stellen den Plural.

27 Eines von dem: Wenige Hss, SAM und LXX gleichen die Wendung an 4,2.13.22 an: »eines von alledem«.

28 Ziege: Das Opfertier wird begrifflich genauer gefasst: In der Constructus-Verbindung שעירת עזים, *śeʿīrat ʿizzīm*, bezeichnet שעירה das weibliche Tier (eigentlich »die Haarige«), עזים die Gattung »Ziegen«.

30 Dessen Blut: Das enklitische Personalpronomen ist feminin und bezieht sich auf das Entsündigungsopfer (im Hebräischen grammatisch feminin). »Ihr ganzes (übriges) Blut«: Dieses Personalpronomen ist auch feminin, bezieht sich aber auf das Opfertier, die Ziege. Dieser Bezug wird aus der Parallele zu V 25 deutlich: Hier ist zuerst vom »Blut des Entsündigungsopfers« die Rede (Versteil a), dann von »seinem übrigen Blut« (Versteil c). Das Pronomen in V 25c ist maskulin und bezieht sich auf das Opfertier, den Ziegenbock. Nimmt man die Strukturparallele zwischen V 25 und V 30 ernst, so ist jeweils im ersten Versteil das Blut des Entsündigungsopfers gemeint, im zweiten Versteil das Blut des Opfertieres. Da das Geschlecht des Opfertieres wechselt, können im Hebräischen unterschiedliche Pronomina verwendet werden. Der komplizierte Wechsel zeigt aber auch an, dass vom Sinn her – wie schon mehrmals beobachtet – die Opferart und das Opfertier faktisch in eins gesetzt werden. Die Strukturparallele wird im folgenden Vers jeweils fortgesetzt: In V 26 ist es das Fett des Ziegenbocks (»sein ganzes Fett«: חלבו), parallel dazu in V 31 das Fett der Ziege (»ihr ganzes Fett«: חלבה).

35 Im Codex Leningradensis (L), dem Ausgangskodex für die Biblia Hebraica Stuttgartensia, fehlt der Mappiq im ה von חלבה. Es handelt sich wohl um ein Schreiberversehen.

Lev 5 *1* In 5,1a wird mit כי wieder der Oberfall eingeleitet, dann folgen – zunächst unverbunden – mehrere differenzierende Unter- bzw. Beispielfälle. Im weiteren Verlauf wird zunächst ein neutraler Sachverhalt geschildert (»er hört einen Fluch«). Der eigentliche Tatbestand der Sünde beginnt mit אם: »wenn er es nicht anzeigt …«. Die Sanktion bzw. die Fortsetzung erfolgt zunächst in der Feststellung »wird schuldig« – alle Fälle werden zusammengefasst und ab 5,5 geregelt. – LXX und die Targumim gehen bei אלה offenbar nicht von einer öffentlichen Verfluchung des unbekannten Diebs (s. die Auslegung) aus, sondern von einem an sich *gotteslästerlichen* Eid, den der potentielle Zeuge nicht anzeigt (*Milgrom*, 294).

2 Vieh (בהמה) steht hier im Gegensatz zum wilden Tier (חיה).

2 Kleingetier: שרץ ist ein unspezifischer Begriff für in größeren Mengen auftretendes Kleingetier zu Lande und zu Wasser, etwas, das »wimmelt« (Würmer, Mäuse, Reptilien etc.).

2 Anstelle von »er (ist) unrein« (טמא) hat C (Kairoer Genizafragmente) »aber dann erkennt er es« (ידע), wie in 5,3.4.

3 Oder aber wenn: Die Einleitung des nächsten Unterfalls erfolgt mit או כי. Die komplizierte Formulierung betont, dass es keine Rolle spielt, wodurch der berührte Mensch unrein geworden ist.

4 in einem von (all) diesen Dingen: Diese Wendung (לאחת מאלה) schließt die Auflistung der Beispielfälle ab (s. die Auslegung).

5 Das Hebräische greift mit והיה »und es soll geschehen« die Satzkonstruktion von 5,1a wieder auf. Die folgende Wendung knüpft noch einmal an den Abschluss der Beispielreihe an und macht abermals deutlich, dass es um eine Reihe von *Einzel*fällen geht.

6 Die Übersetzung »seine Schulddarbringung« hier und in V 7 (und auch in 5,15c) ist eine Hilfskonstruktion (s. *Rendtorff*, 195): Im Hebräischen steht jeweils der Begriff אשם, der ab Lev 5,15 als Opferbezeichnung fungiert (»Entschuldigungsopfer«, s. u. und das Glossar). Hier jedoch kann nicht dieses Opfer (oder irgendein anderes spezielles Opfer) gemeint sein. Der Begriff ist vielmehr auf einer allgemeinen, höheren Ebene anzusiedeln (als Dachbegriff; *B. A. Levine*, Presence, 109), und erst am Ende des Satzes wird das Opfer in der Klassifikationsformel klassifiziert: Es ist (immer noch) ein Entsündigungsopfer (חטאת). Dass אשם in V 6 und v. a. in V 7 als Oberbegriff fungiert, wird in V 7 noch deutlicher: אשם umfasst hier zwei Opfer, das Entsündigungsopfer und das Brandopfer. Ist man auf der Spur des Oberbegriffs, so fällt dann stärker ins Auge, dass V 6 und 7 syntaktisch sehr parallel zu Lev 4,23.28.32 gebaut sind (jeweils בוא *hifil* »bringen« + »als seine Darbringung«/»als אשמו«). Mithin steht also אשם hier in Parallele zu קרבן, »Darbringung«, und fungiert wie dieser Terminus (s. das Glossar) als übergeordneter Begriff. So wird als Übersetzung »Schulddarbringung« vorgeschlagen (s. dazu auch *B. Jürgens*, Heiligkeit, 317). *B. Janowski*, Sühne, 256–257, bietet als Übersetzung »Schuldableistung/Schuldabgabe« an; *Watts*, 362, spricht von »guilt (payment)«. Diese Hilfskonstruktion macht auch sichtbar, dass Lev 4–5 hinsichtlich der Opferarten in zwei Teile zerfällt: Vom »Entsündigungsopfer« ist in 4,1–5,13 die Rede, vom »Entschuldigungsopfer« in 5,14–26; so ist das Problem einer Vermischung der Opfertermini auch in der Übersetzung vermieden (zur Diskussion s. auch *N. S. Meshel*, Grammar, 543–567). – Etwas anders löst *A. Schenker*, Unterschied, 108–110, das Problem: Dem Ritus nach liege ein Entsündigungsopfer vor, dem Zweck nach ein Entschuldigungsopfer. Lev 5 spreche insgesamt vom Entschuldigungsopfer, doch aufgrund der in 5,1–4 genannten (leichteren) Tatbestände werde es in 5,1–13 in Form eines Entsündigungsopfers dargebracht (s. auch *A. Schenker*, Anlässe, 50; *ders.*, Verfehlungen, 249–261).

6 Ziege: Siehe Lev 4,28.

6 Und der Priester erwirke Versöhnung für ihn wegen seiner Sünde: Mit dieser Wendung ist endgültig der Bogen zu Lev 4 geschlagen, und das dort geregelte Ritual wird hier eingespielt.

6 Sowohl SAM als auch LXX sowie C (Kairoer Genizafragmente) fügen »und es wird ihm vergeben werden« (ונסלח לו; καὶ ἀφεθήσεται αὐτῷ ἡ ἁμαρτία) hinzu. Zum Fehlen der Wendung im hebräischen Text s. die Auslegung.

7 Wieder handelt es sich um ein Schreiberversehen, dass im Codex L bei תגיע das *Patach furtivum* fehlt.

7 Seine Mittel, wörtlich: seine Hand.

7 Schaf oder Ziege: Im Hebräischen steht hier nur ein Wort (שה, *śæ*), das sowohl »Schaf« als auch »Ziege« heißen kann, also ein Stück vom Kleinvieh (צאן) bezeichnet. Hier (und in Lev 22,23.26; 27,26) ist es unerheblich, ob es sich um Schaf oder Ziege handelt, daher wird in der Übersetzung mit beiden Begriffen übersetzt. Der Begriff »Kleinvieh« bleibt für das hebräische Wort צאן reserviert. An anderen Stellen wird durch den Kontext klar, um welches Tier es sich handelt, so z. B. in Lev 12,8, wo vorher in 12,6 ein einjähriges Lamm (כבש) vorgeschrieben wird und daher in 12,8 das Wort שה mit »Schaf« übersetzt werden kann. Ähnlich ist es z. B. auch in Dtn 14,4, wo שה zweimal vorkommt und jeweils durch ein folgendes *nomen rectum* spezifiziert wird: שה כשבים ושה עזים, »Schaf und Ziege«.

7 Schulddarbringung: s. o. zu V 6. Im Hebräischen steht der ab 5,15 mit »Entschuldigungsopfer« übersetzte Begriff אשם. LXX gleicht aus: περὶ τῆς ἁμαρτίας αὐτοῦ, *»für* seine *Sünde«* (LXX-D; *J. W. Wevers*, Notes, xvii).

8 Er knicke ihren Kopf: SAM und LXX klären die Mehrdeutigkeit auf und spezifizieren den Handelnden als den Priester (ebd., 57–58).

11 ›Efa‹: Hohlmaß, ca. 22 Liter (s. *K. Jaroš*, Art. Maße und Gewichte: NBL 2, 1995, 731–735). In V 11 wird der Unterschied zur Speiseopfergabe von 2,15 deutlich ausgedrückt.

13 Diese Bemerkung ist ein Rückbezug auf 2,3.10: Von dem aus Weizenfeinmehl bereiteten Opfer wird nur ein »Gedächtnisanteil« verbrannt, der Rest gehört den Priestern. Das gilt für die Speiseopfergabe wie für das Entsündigungopfer der Armen.

Analyse

Lev 4 Auf die gestufte Redeeinleitung in 4,1–2a folgt in 2b ein mit כי markierter Obersatz, der das Dach für die gesamten Ausführungen in Lev 4–5 bildet. Das Oberthema ist also »jemand, der unbeabsichtigt sündigt« (*Rendtorff*, 144). Die Schlüsselbegriffe sind damit בשגגה, *bi-š^{e}gāgā*, »unbeabsichtigt« und חטא, *ḤṬ'*, »sündigen« (s. die Auslegung zu 4,2). In 4,3–35 folgen dann vier Unterfälle, die eine Abstufung nach den betroffenen Personengruppen darstellen (*P. P. Jenson*, Graded Holiness, 171–181). Aus folgender Tabelle (s. auch *H. Utzschneider*, Vergebung, 110–111) können die Unterschiede, die die Gliederung ergeben, entnommen werden: Aufbau

Verse	*Person(en)*	*Opfertier*	*Ort des Blutritus*
3–12	der gesalbte Priester הכהן המשיח	Stier	Vorderseite der ›Parochet‹, Hörner des Rauchopferaltars
13–21	die ganze Gemeinde Israels כל עדת ישראל	Stier	Vorderseite der ›Parochet‹, Hörner des Rauchopferaltars
22–26	Fürst נשיא	Ziegenbock	Hörner des Brandopferaltars
27–31	einer aus dem Volk des Landes נפש אחת מעם הארץ	Ziege	Hörner des Brandopferaltars
32–35		Schaf (w)	

Der vierte Unterfall ist nochmals unterteilt, da offenbar eine Alternative in der Opfermaterie besteht: Man kann eine Ziege oder ein weibliches Schaf darbringen. Die Einleitung der Unterfälle erfolgt üblicherweise mit אם oder ואם, nur 4,22 fällt mit אשר aus dem Rahmen (*Rendtorff*, 144).

In Num 15,22–29 findet sich eine auffällige Variante hinsichtlich der genannten Personen und der Opfertiere bzw. Opfer: Num 15,22–29

Verse	*Person(en)*	*Opfertier*	*Opfer*
22–26	die ganze Gemeinde (der Israeliten) כל עדת בני ישראל/כל העדה + der Fremde (גר)	Stier + Ziegenbock	Brandopfer + Speiseopfergabe, Trankopfer + Entsündigungsopfer
27	ein Einzelner נפש אחת	einjährige Ziege	Entsündigungsopfer

Die Hauptunterschiede liegen darin, dass nur zwei Personengruppen genannt sind (die ganze Gemeinde, der Einzelne), dass der Fremde mit eingeschlossen, dass bei der Gemeinde eine Kombination von Opfern (mit zwei Tieropfern: Stier und Ziegenbock) angeführt und dass kein Blutritus explizit erwähnt ist. Es könnte sich hier um eine Überarbeitung auf der Basis des Heiligkeitsgesetzes (H) handeln (durch die so genannte »Holiness School«, s. die Einleitung, Entstehungsgeschichtliche Hypothesen). Dabei tritt der Tendenz dieser Verfasserkreise entsprechend das Tun der Priester in den Hintergrund: Daher werden weder die unbeabsichtigte Sünde des gesalbten Priesters noch der nur vom Priester auszuübende Blutritus erwähnt. Stattdessen wird der Fremde hinzugefügt, der erst im Heiligkeitsgesetz und verwandten Passagen einbezogen wird (s. die Auslegung zu Lev 16, 29). Dass als Opfertier, das für das Entsündigungsopfer verwendet wird, ein Ziegenbock genannt ist, stellt eine Anpassung an das Ritual des Versöhnungstags (Jom Kippur) dar: In Lev 16, 5.9.15 ist zum Entsündigungsopfer für das *Volk* ein Ziegenbock vorgesehen (s. auch Lev 9, 3.15). Das Brandopfer (Num 15, 24–25) mit seinem »Duft der Beruhigung« (s. das Glossar) ist als herausragendes Opfer, als Gabe (»Feueropfer«) der Gemeinde und Symbol der Selbsthingabe (s. zu Lev 1, Rezeption und Bedeutung) gerade aus der Sicht der Nicht-Priester besonders angemessen. Außerdem findet sich die Kombination aus Brandopfer, Speiseopfergabe, Trankopfer und Entsündigungsopfer u. a. im »Festkalender« von Num 28–29 und steht damit für das kultische Tun der Gemeinde bei offiziellen Angelegenheiten. Somit erweist es sich *diachron* als plausibel, dass die Überarbeitung von Lev 4 in Num 15 der »Holiness School«, dem Trägerkreis von H, zuzuschreiben ist (zur Problematik s. auch *I. Knohl*, Sin Offering Law, 192–203; *J. Stackert*, Rewriting, 93). *Milgrom*, 264–269, geht von zwei unabhängigen Traditionen des Entsündigungsrituals der Gemeinde aus, wobei Num 15 ursprünglich nur ein Brandopfer eines Stieres vorgeschrieben habe und erst nachträglich das Entsündigungsopfer eines Ziegenbocks dazugekommen sei. – Auf der Ebene der *synchronen* Toralektüre bleiben zwei Möglichkeiten: Man kann für den Entsündigungsvorgang bei der Gemeinde nach Lev 4 und Num 15 jeweils *unterschiedliche* Anlässe bzw. Fälle annehmen (*Milgrom*, 265, mit Verweis auf Ibn Esra, s. *Ibn Ezra's* Commentary, Üs. H. N. Strickman/A. M. Silver, 19). Dafür gibt es aber nur schwache Anhaltspunkte im Text. Aufgrund des sehr ähnlichen Vokabulars hat man schon den Eindruck, dass es um dieselbe Sache geht: um einen unbeabsichtigt begangenen Verstoß gegen ein Gebot Gottes, der erst im Nachhinein zu Bewusstsein kommt und daher eine kultische Entsündigung erforderlich macht (s. u.). Die vielleicht plausiblere Alternative besteht darin, die Stellen *komplementär* oder *fakultativ* zu lesen: Sollte es aus welchen Gründen auch immer das Bedürfnis geben, ein Brandopfer mit seiner sühnenden Kraft (Lev 1, 4: *kipper!*) darzubringen, so kann dies mit einem Stier und zusätzlichen Speiseopfergaben und Trankopfern erfolgen; beim dennoch erforderlichen Entsündigungsopfer mit seinem unverzichtbaren Blutritus ist dann nicht noch ein Stier, sondern nach Num 15, 24 ein Ziegenbock zu verwenden.

Aufbau Lev 5 ist nach anderen Prinzipien als Lev 4 aufgebaut. Zunächst werden die Verse 5, 1–13 ins Auge gefasst, da ab 5, 14 aufgrund der neuen Redeeinleitung auf der Erzählebene ein größerer Einschnitt zu notieren ist (s. u. zu Lev 5, 14–26). Drei Teile sind für 5, 1–13 anzusetzen: Im ersten Teil werden eine Reihe von Beispielfällen genannt, die dazu führen, dass ein Entsündigungsopfer darzubringen ist. Der zweite Teil ist die zentrale Regelung für dieses Opfer (Darbringung eines weiblichen Tieres vom Kleinvieh). Im dritten Teil finden sich zwei Abstufungen für diejenigen Personen, die sich ein Schaf oder eine Ziege nicht leisten können. Die Einzelheiten des Aufbaus ergeben sich aus der Tabelle: Lev 5, 1–

Verse	*Hauptteil*	*Untergliederung*	*Charakteristikum*
1–4	Beispielfälle	1	gehörter Fluch
		2	Berührung einer unreinen Sache
		3	Berührung eines unreinen Menschen
		4	unbesonnener Schwur
5–6	Opfer	5	Bekenntnis der Sünde
		6	Entsündigungsopfer: Schaf oder Ziege
7–13	Arme Leute	7–10	Entsündigungsopfer: zwei Tauben
		11–13	Entsündigungsopfer: ein Zehntel ›Efa‹ Weizenfeinmehl

Die vier Einzelfälle in 5,1–4 werden jeweils durch אוֹ, »oder«, voneinander abgetrennt; das Entsündigungsopfer in 6 wird nur per Stichwort, ohne jegliche Details erwähnt, so dass anzunehmen ist, dass die Ritualvorschriften aus Lev 4 vorausgesetzt werden.

Klassifikationsformel

Gliedernde Funktion hat auch die Klassifikationsformel חטאת הוא, »ein Entsündigungsopfer (ist) das«. Sie begegnet am Ende der Vorschriften für die »ganze Gemeinde Israels« (4,21), mitten in den Vorschriften für den Fürsten (4,24), vor allem aber auch bei den beiden Unterfällen eines abgestuften Opfers armer Leute: Auch mit zwei Tauben (5,9) oder mit einem Zehntel ›Efa‹ Weizenfeinmehl (5,12) ist ein vollgültiges Entsündigungsopfer möglich. In 5,19 lautet die Klassifikationsformel dagegen אשם הוא, »ein Entschuldigungsopfer (ist) es«, so dass klar wird, dass der andere Begriff (אשם) auch eine andere Opferart bezeichnet. Die Unterscheidung wird in Lev 6–7 fortgesetzt, und somit ist die Abtrennung von 5,14–26 aufgrund der unterschiedlichen Opferarten gerechtfertigt.

Auch die Unterteilung von 4,1–35 und 5,1–13 ist insofern naheliegend, als Lev 4 durch die Abstufung nach den betroffenen Personen charakterisiert ist, während Lev 5,1–13 von der Unterscheidung der Opfermaterie hinsichtlich der finanziellen Leistungsfähigkeit geprägt ist. Dabei kann und muss wohl die Frage offen gelassen werden, ob sich die Kompromisse für arme Leute nur auf die in 5,1–4 genannten Einzelfälle erstrecken oder insgesamt für das Entsündigungsopfer an sich gelten (*Rendtorff*, 196.208). Im Zweifelsfall darf wohl angenommen werden, dass es grundsätzlich darum geht, wirtschaftlich schlechter gestellten Menschen den Zugang zum rituellen Aufarbeiten einer vorliegenden Störung des Kommunikationsverhältnisses mit Gott zu ermöglichen.

Entstehungsgeschichtliche Fragen

Wie sind die Texte entstanden und wer steht dahinter? Mit *Watts*, 303, und *Gerstenberger*, 66–67, ist von früheren Vorstellungen, man könne die einzelnen Bearbeitungsschichten und Autoren detailliert herausarbeiten, Abschied zu nehmen. Sicher sind die Vorschriften von Lev 4–5 über einen längeren Zeitraum gewachsen, sicher ist älteres (vorexilisches) Normenmaterial ein- und umgearbeitet worden – entsprechend den sachlichen Erfordernissen des Gebrauchs im Gottesdienst nach der Exilserfahrung: »Die nachexilische Gemeinde, die sich als Israel versteht, als das heilige Volk Jahwes …, steht als verantwortliches Gremium hinter den Texten. Sie hat nach ihren gottesdienstlichen Bedürfnissen auch diese Bestimmungen zu Sündopferfragen zusammengestellt bzw. zusammenstellen lassen« (s. auch ebd., 71–72, über die soziale Situation der nachexilischen Gemeinde und ihre Selbsteinschätzung). »In vorexilischer Zeit läßt sich die Existenz eines Sühnopfers bezeichnenderweise überhaupt nicht nachweisen« (*H. Gese*, Sühne, 90; s. auch *Bailey*, 72–73; *A. Marx*, Art. Opfer, 574; *U. Dahm*, Opferkult, 215.229). – In seinem kompositions- und redaktionsgeschichtlichen Gesamtentwurf weist *C. Nihan*, Priestly Torah, 160–198, die Kapitel 4–7 innerhalb der Komposition Lev 1–9 (»P«, frühnachexilische Zeit) einer späteren Schicht zu, die Lev 1–3; 8–9 und 11–16 bereits voraussetze und etwa in die Mitte des 5. Jh. v. Chr. zu datieren sei.

Auslegung

Anredeformel Die Anrede JHWHs an Mose erweist sich ab 4,1 als formelhaft: In 1,1 be- V 1
gegnet sie in abgewandelter Form, um die Rückbindung an das Zelt der Begegnung vom Ende des Buches Exodus zu ermöglichen. Hier nun tritt die einfachere Form auf, die mehrfach wiederkehrt und als Gliederungssignal anzusehen ist. Die Wendung »Und JHWH sprach zu Mose folgendermaßen« (וידבר יהוה אל משה לאמר, *wa-yiddabēr YHWH ʾæl Mošæ lē-ʾmor*) in genau dieser Form begegnet in Lev 4,1; 5,14.20; 6,1.12.17; 7,22.28; 8,1; 12,1; 14,1; 17,1; 18,1; 19,1; 20,1; 21,16; 22,1.17.26; 23,1.9.23.26.33; 24,1.13; 27,1.

Weitergabeformel Auf die Anredeformel folgt die Weitergabeformel »Sprich zu den Israeli- V 2a
ten folgendermaßen«, so dass sich eine gestufte Redeeinleitung ergibt, die die Mittlerrolle des Mose klar vor Augen treten lässt (s. die Auslegung zu 1,2). In formaler Hinsicht werden durch die weitgehend parallelen Einleitungen die Textgruppen Lev 1–3 und 4–5 eng miteinander verzahnt (*Rendtorff*, 147).

Anlass Im Gegensatz zu Lev 1,2, wo allgemein von einer Darbringung die Rede V 2
ist, erfährt man in 4,2 den Anlass für das im Folgenden beschriebene Opfer: »wenn jemand unbeabsichtigt sündigt«. Das ist das leitende Kriterium für den Textbereich Lev 4–5. Nur in einem solchen Fall wird das folgende Opfer dargebracht.

Zwei Modifikationen Das »Sündigen« wird in zweierlei Hinsicht näher bestimmt: (1) es geschieht »unbeabsichtigt«, und (2) es ist etwas, »was nach den Geboten

Unbeabsichtigt

JHWHs nicht getan werden soll«. (1) Die erste Qualifizierung erfolgt durch die Wendung בשגגה, *bi-šᵉgāgā*, »unbeabsichtigt«. Der Schwerpunkt der Belege dieses Wortes liegt eindeutig in der priesterlichen Literatur (v.a. Lev 4–5 und Num 15,24–29; 35,11.15) und ist somit als Fachbegriff anzusehen. Die Perspektive ist die priesterliche, also die Frage, in welchen Fällen das im Folgenden beschriebene Opfer darzubringen ist. Insofern sind die Qualifizierungen eine Präzisierung und Einschränkung des Gültigkeitsbereiches der kultischen Vorschriften von Lev 4–5: Das »Entsündigungsopfer« (חטאת) gilt *nur* für »unbeabsichtigt« begangene Sünden. Das »Versehen« betrifft (so *Levine*, 19) einerseits die Unkenntnis des Gesetzes, die in der rabbinischen Literatur besonders in kultischen Fragen immer als »mildernder Umstand« gilt, andererseits die Unkenntnis des genauen Tatbestandes, etwa, wenn jemand zum Verzehr unerlaubtes Fleisch für erlaubtes hält und verzehrt. Mit diesem Konzept wird auf die allgemein-menschliche Unzulänglichkeit Rücksicht genommen, denn die menschliche Schwäche führt immer wieder dazu, dass der Mensch in seinem Versuch, Normen, Wollen und Handeln in Einklang zu bringen, scheitert (*H. Utzschneider*, Vergebung, 107).

Gefahr des Missbrauchs

Koh 5,5 Nun birgt diese Vorschrift die Gefahr des Missbrauchs in sich: Um schlimmere Folgen (Ausschluss aus der Gemeinde) zu verhindern oder um günstiger wegzukommen, könnte man auf den Gedanken kommen, eine an sich bewusst (»mit erhobener Hand«, s.u. zu Num 15,30) begangene Verfehlung im Nachhinein als »Versehen« (»unbeabsichtigt«) zu deklarieren. Genau diese Weise des Missbrauchs kritisiert Koh 5,5: »Lass nicht zu, dass dein Mund dein Fleisch in Sünde stürzt, und sage nicht vor dem Boten, dass es ein Versehen war« (Übersetzung: *L. Schwienhorst-Schönberger*, Kohelet [HThKAT], Freiburg i.Br. 2004, 309; s. seine Kommentierung S. 316). Kohelet fordert dazu auf, vor dem »Boten« (damit ist der amtierende Priester gemeint; s. Mal 2,7) keine falsche Erklärung abzugeben und nicht das Entsündigungsopfer für unbeabsichtigt begangene Verfehlungen zu missbrauchen, um von echter Sünde und Schuld abzulenken. So handeln nämlich nur die Toren, die gar nicht wissen, dass sie Böses tun (Koh 4,17). »Kohelet betont demgegenüber, daß die Lüge nicht unbestraft bleiben wird, denn Gott kann durch den Entzug des Wohlstandes (›… das Werk deiner Hände zerstören‹) empfindlich strafend eingreifen« (*T. Hieke*, Wie hast du's mit der Religion? Sprechhandlungen und Wirkintentionen in Kohelet 4,17–5,6, in: A. Schoors [ed.], Qohelet in the Context of Wisdom [BEThL 136], Leuven 1998, 319–338; Zitat: 334; s. auch die dort angeführte Literatur).

Mit erhobener Hand

Num 15,30 Was »unbeabsichtigt« genau heißt, zeigt der Oppositionsbegriff in Num 15,30: »mit erhobener Hand« (ביד רמה, *bᵉ-yād rāmā*), d.h. in vollem Bewusstsein der Sündhaftigkeit der Tat und damit absichtlich und vorsätzlich sowie auch öffentlich und demonstrativ (*A. Schenker*, Keine Versöhnung, 121; *B. Janowski*, Sühne, 254–255; *B. H. Reynolds III*, Expression, 585–605). Wer vorsätzlich sündigt, verdient als Gotteslästerer die Höchststrafe: Er werde »aus der Mitte seines Volkes ausgestoßen bzw. abgeschnitten«

(כרת, *KRT nifal;* s. zu Lev 7,20–21; *Levine,* 18). Eine kultische »Entsündigung« ist dann nicht möglich, d.h. auch, die Vorschriften von Lev 4–5 kommen in diesem Fall nicht zum Tragen (*A. Marx,* Theology, 115; *R. E. Gane,* Cult and Character, 198–213). Eine »Sühne« für mit Absicht und öffentlich begangene Sünden ist nur im Ritual des großen Versöhnungstages (s. zu Lev 16,16.21) möglich. *Milgrom,* 228.1034.1043–1044, verweist dazu z.B. auf *Sifra,* Achare mot, Üs. Winter, 464: »Aber für die Frevel der Unreinigkeit des Heiligtums und seiner Heiligtümer versöhnt der Bock, der im Inneren am Versöhnungstage bereitet wird. Und für die sonstigen Übertretungen, welche in der Tora (genannt sind), die minderwichtigen und die wichtigen, die frevlerischen und die versehentlichen, bekanntgewordene und nicht bekanntgewordene, Gebot und Verbot, ... versöhnt der Bock, der fortgeschickt wird«. Erst das Ritual von Lev 16 (nicht also die Opfer von Lev 4–5) erwirkt Versöhnung und Vergebung auch für die mit voller Absicht begangenen Sünden. – *Gerstenberger,* 58–61, weist darauf hin, dass die Unterscheidung »vorsätzlich« – »nicht vorsätzlich« außerhalb der priesterlichen Literatur kaum eine Rolle spiele und auch die Kriterien für eine Zuordnung von Tatbeständen allein vom biblischen Text her unklar bleiben. Erst in Lev 5,1–4.21–24 werden konkrete Fälle angeführt. Insgesamt betrachtet, erscheint für Gerstenberger die priesterliche Unterscheidung als »künstlich und dogmatisch abstrakt«; insofern sei es ein »Sieg der theologischen Vernunft«, dass auch die Fälle von 5,21–24, die ja gewiss nicht unter »unbeabsichtigt« zu subsumieren seien, »mit in den Sühnopferkatalog aufgenommen« wurden. Für ihn steht als gemeinsames Thema von Lev 4–5 insgesamt im Vordergrund, dass es immer »um die Befreiung von der Sündenverseuchung, die der Täter durch sein Fehlverhalten erzeugt hat«, gehe. Die Rede vom »unbeabsichtigten Sündigen« scheint heutigen Vorstellungen von Ethik, die die individuelle Verantwortlichkeit stark in den Vordergrund stellen, sehr fremd zu sein (s. *A. Cothey,* Ethics and Holiness, 139–140). Andererseits wird dadurch ernst genommen, dass »etwas vorgefallen ist« (eben ein Gebot übertreten wurde oder auch ein Schaden entstanden ist), selbst wenn die betreffende Person die wahren Umstände des Sachverhalts nicht kannte und daher ohne Absicht verbotswidrig handelte. Die Wendung »Ich kann nichts dafür« genügt nicht, um das unbeabsichtigte Fehlverhalten zu rechtfertigen – die durch die Tat (bzw. das Unterlassen) ausgelöste Störung der Gottesbeziehung besteht und muss beseitigt werden. Der priesterlichen Opferweisung für ein »Entsündigungsopfer« bei unbeabsichtigten Gebotsverstößen geht es nicht um Ermahnung, sondern um die Entfernung dessen, was von Gott trennt. Alle Beteiligten sind überzeugt, dass da etwas Trennendes da ist, das die Beziehung zu Gott (und untereinander) stört, doch diejenige Person, die das Problem ausgelöst hat, handelte oder unterließ etwas im Unwissen bzw. ohne böse Absicht. Levitikus lehrt nun, dass es für den oder die Betroffene entlastend ist, ein Ritual (»Ent-Sündigungsopfer«) anzuwenden: So bleibt die Person nicht dauerhaft mit der Störung konfrontiert, und die Ordnung bzw. die Kommunikation mit Gott wird wieder hergestellt.

Watts, 314, zeigt mit seiner rhetorischen Analyse auf, was durch die Betonung der »unbeabsichtigten Sünde« in sozial- und religionsgeschichtlicher Perspektive erreicht wird. Angesichts der nationalen Katastrophe des Untergangs von Stadt und Tempel 587/586 v. Chr. durch die Babylonier könnten Zweifel daran aufgekommen sein, dass kultisches Tun (Opfer) überhaupt irgendeinen Einfluss auf die Gottheit habe und den göttlichen Zorn abwenden könne. Zugleich habe sich das theologische Grundparadigma herausgebildet, dass der Untergang als göttliche Strafe für das sündhafte Fehlverhalten des Volkes, des Königs und der Oberschicht angesehen wird. Die priesterliche Konzeption kann nun beidem gerecht werden: Für *absichtlich* begangene Sünden gibt es nach wie vor keine kultische Sühnemöglichkeit; die mit »erhobener Hand« begangenen Vergehen der vorexilischen Zeit sind demzufolge mit Recht von Gott mit Zerstörung und Exil bestraft worden. Andererseits gibt es einen Ausweg aus der »Sünde« für *unbeabsichtigt* begangene Gebotsverstöße, die selbst dem gewissenhaftesten Israeliten (Priester und Laien) unterkommen können, sowie für Sünden, die man bekennt (Lev 5,5) und für Schuld, deren Schaden man kompensiert (Lev 5,23–24): Hier kann mit Entsündigungs- und Entschuldigungsopfern das von Gott trennende Fehlverhalten beseitigt werden und eine Versöhnung mit Gott erwirkt werden. Die entsprechenden Opfer behalten also ihre Berechtigung. »Leviticus carves out a place for sin and guilt offerings without challenging the dominant narrative of national punishment due to flagrant and unrepentant sins against Israel's covenant with YHWH« (*Watts*, 314).

Alle Gebote

(2) Die zweite Qualifikation (»was nach den Geboten JHWHs nicht getan werden soll«) erfolgt in der syntaktisch schwierig formulierten Erläuterung, die sich an das Wort vom Sündigen anschließt. Zunächst ist festzustellen, dass ab V 2b ein Vordersatz (Protasis) beginnt, der einen allgemeinen Fall formuliert und damit gleichsam die Überschrift über Lev 4–5 insgesamt darstellt. Doch diese Protasis erfährt keine ebenso allgemein gehaltene Fortsetzung. Stattdessen steht in V 3a eine personengebundene Spezifikation des allgemeinen Falls (nämlich der gesalbte Priester als Sündigender), und darauf erst folgt in V 3b eine diesen besonderen Fall betreffende Fortsetzung (Apodosis) mit dem darzubringenden Opfer. Die allgemeine Protasis in V 2b ist kaum wörtlich zu übersetzen, wenngleich deutlich wird, was gemeint und mit der schwierigen Konstruktion beabsichtigt ist. Dieser generelle Vordersatz setzt mit dem Plural »alle Gebote JHWHs« (כל מצות יהוה, *kōl miṣwot YHWH*) ein und erweist sich schon von daher als Grundsatzbestimmung: Im Folgenden soll es um Verstöße gegen *alle* Gebote JHWHs gehen (also nicht nur um Verfehlungen gegen spezielle Vorschriften). Der erste sich anschließende Relativsatz präzisiert: »alle Gebote JHWHs (Dinge betreffend), die nicht getan werden sollen«. Im Deutschen ist das ungrammatisch und kaum nachzuahmen; gemeint ist, dass vor allem diejenigen Vorschriften ins Auge gefasst werden, die ein bestimmtes Tun *untersagen*. Es geht also

primär um *Verbote* (*A. Schenker,* Keine Versöhnung, 115; *H. Utzschneider,* Vergebung, 105) und die Perspektive, dass weniger das Unterlassen eines bestimmten Gebotes als das Tun von etwas Verbotenem die Gottesbeziehung stört (»upset the divine ecology«, *Milgrom,* 229). Dabei bezieht sich der Begriff »Gebote« (»Verbote«), also מצות, nur auf religiöse Gebote *(fas,* nicht die zivilrechtlichen Gesetze: *ius),* die allein durch Gottes Intervention sanktioniert werden können (*Staubli,* 59). Es geht aber nicht nur um kultische Dinge, sondern auch um zahlreiche ethische Fragen, die jenseits der Kompetenz und Möglichkeiten menschlicher Gerichtsbarkeit liegen. Das zeigt sich auch später ab Lev 17, wenn Ethik und Ritual eng miteinander verflochten werden (*Milgrom,* 230).

Der zweite Relativsatz in Lev 4,2 bricht die grundsätzliche Perspektive (»*alle* Gebote«) herunter auf den Einzelfall: Der Sünder tut *eines* von diesen verbotenen Dingen, da ja klar ist, dass nie jemand gegen alle Gebote auf einmal sündigt. Die oben stehende Übersetzung versucht, diese Überlegungen in ein einigermaßen verständliches Deutsch zu bringen: Die verallgemeinernde Perspektive (»*alle* Gebote«) wird mit dem indefiniten »irgendetwas« wiedergegeben. Der unabgeschlossene allgemeine Vordersatz von V 2b kann nur in einen Doppelpunkt münden, da er eben keine ebenso allgemeine Fortsetzung erfährt. Stattdessen beginnt in V 3 ein erster Unterfall (mit אם eingeleitet), der den gesalbten Priester als Sünder betrifft (s. u.).

Bewusstwerdung der Sünde

Die Modifikation des Sündigens als »unbeabsichtigt« (בשגגה) impliziert, dass der Täter im Augenblick seines Handelns sich nicht bewusst ist, dass er gegen das Gebot JHWHs (s. u.) verstößt. Dabei ist es relativ unerheblich, in welcher subjektiven Verfassung er ist, also ob er sich generell über die Qualität seines Tuns nicht im Klaren ist oder ob er nur die Tragweite und die Konsequenzen seines Handelns nicht einschätzen kann (zur Diskussion s. *Rendtorff,* 150). Es wird grundsätzlich unterstellt, dass man die Gebote JHWHs nach allen Kräften halten will. Doch dieser feste Vorsatz kann ungewollt misslingen, so dass früher oder später dem handelnden Israeliten zu Bewusstsein kommt, dass sein Tun trotz grundsätzlicher Sorgfalt und ohne jegliche Absicht dennoch einen Verstoß gegen JHWHs Gebote darstellt. Es entstehen »Schuldgefühl« und »Schuldbewusstsein« (im Hebräischen mit der Wurzel אשם ausgedrückt). Die aufkommende Unsicherheit und die Störung der heilvollen Beziehung zu Gott können durch das חטאת-Ritual beseitigt werden (s. u. a. *Gerstenberger,* 53–54; *Plaut/Bamberger,* 50). V 2–3

Der Begriff »Schuld«

»Schuld« ist eines der Schlüsselwörter in Lev 4–5. Von den hebräischen Begriffen her (s. o., Zur Übersetzung) steht das *Bewusstwerden* der Schuld im Vordergrund, d. h. die Einsicht in eine gravierende Störung der zwischenmenschlichen Beziehungen, mehr aber noch des Verhältnisses zwischen Mensch(en) und Gott. Erst das Bewusstwerden der Kommunikationsstörung (»Schuld«) setzt die Unheil bringende Mächtigkeit der Sünde frei, indem es Erschrecken und Verunsicherung bei den Menschen bewirkt. Da- V 3 bei ist mit zu bedenken, dass »Schuld« trotz des religiösen Kontexts hier nicht notwendigerweise immer die moralische Schuld seitens des Menschen meint, die aus einer wissentlich begangenen Verfehlung kommt. Die Opfer von Lev 4–5 betreffen im Gegenteil primär die Fälle, in denen ein unabsichtliches Handeln des Menschen in gleichsam tragischer Verstrickung zu einem Tatbestand führt, der objektiv gesehen eine massive Störung oder Unterbrechung der heilvollen Kommunikation mit Gott darstellt (ähnlich *Elliger*, 68). Wird sich der Mensch der Sachlage bewusst, wird er einer drückenden Last gewahr, eben der »Schuld«. Damit sind Erschrecken und Verunsicherung verbunden, die zwar im Text nicht ausgedrückt sind, aber wohl als treibende Motivation hinter den kulttechnischen Anordnungen zu vermuten sind. *Milgrom*, 342, spricht von einer »psychological component«. Durch sein unabsichtliches Tun ist der Mensch in einen Unheilszusammenhang geraten, aus dem er aus eigener Kraft nicht mehr herauskommt. Um die »Last«, die »Schuld« zu beseitigen, wird von Seiten Gottes ein entsprechendes kultisches Ritual angeboten und damit die Zusage gegeben, dass bei korrekter Durchführung des Opfers und entsprechendem Wohlwollen Gottes die belastende Schuld (gleich welcher Ursache) beseitigt wird. Der Text drückt dies (z. B. in V 20) mit »Versöhnung erwirken« (כפר, *kipper*) und »es wird vergeben werden« (סלח *nifal*) aus. – Dabei ist zu beachten, dass das persönliche Erkennen der »Schuld« in der Antike weniger ein kognitiv-intellektueller Vorgang im Sinne der Selbstreflexion war, sondern in der Regel durch äußere Umstände (Unglücksfälle aller Art, z. B. Krankheiten, Misserfolge usw.), die als »Zeichen« interpretiert wurden, ausgelöst wurde: »The person may have felt the guilt but in a very physical way. … It is the misfortune that makes a person think he or she is guilty and that prompts the person to seek out a priest in order to perform the necessary ritual involving a purification offering« (*B. Wells*, Law, 68–69). In eine ähnliche Richtung geht der Vorschlag von *J. Sklar*, Sin, 24–41, der für die Wiedergabe mit »to suffer guilt's consequences« optiert. Die *Bewusstwerdung* der Schuld (s. o.) erfolgt eben durch das *Leiden* an den negativen Folgen dieser Schuld.

Der gesalbte Priester

V 3 Wie schon aus der Analyse (s. o.) deutlich wurde, staffeln sich die Unterfälle in Lev 4–5 zunächst nach den betroffenen Personen, und der erste »unabsichtliche Sünder«, der herausgehoben wird, ist der *gesalbte Priester* (הכהן המשיח, *ha-kohēn ha-māšîaḥ*). Diese Bezeichnung begegnet in Levitikus nur hier (4,3.5.16) und in 6,15. Letztere Stelle steht im Kontext der Durchführungsbestimmungen für die Speiseopfergabe, und zwar bei der speziellen Speiseopfergabe anlässlich der Priesterweihe (»am Tag ihrer Salbung«; 6,12–16). Diese Speiseopfergabe wird ausnahmsweise ganz verbrannt, und darbringen soll sie »der Priester, der an (Aarons) Stelle unter seinen Söhnen gesalbt worden ist«. Damit wird *ein* besonderer Priester unter den »Söhnen Aarons« herausgehoben. Das entspricht den Überlegungen über die Nachfolge Aarons, wie sie auch in Ex 29,29–30 angesprochen sind:

»Und die heiligen Kleider Aarons sollen für seine Söhne nach ihm sein, um sie darin zu salben und ihnen darin die Hände zu füllen. [30]Sieben Tage soll der sie anziehen, der von seinen Söhnen an seiner Stelle als Priester das Zelt der Begegnung betritt, um den Dienst im Heiligtum zu verrichten«. Auch hier wird also *ein* besonderer Priester bestimmt, und mit dem »Dienst im Heiligtum« ist das besondere Ritual am Versöhnungstag gemeint (Lev 16,32): »Und es erwirke Versöhnung der Priester, den man salbe und dem man seine Hand fülle, auf dass er Priester sei in der Nachfolge seines Vaters, und der die Kleider aus Leinen anziehe, die heiligen Kleider«. Die Heraushebung *eines* besonderen Priesters begegnet noch einmal in Lev 21,10: »Und der Priester, der unter seinen Brüdern den höchsten Rang einnimmt (הכהן הגדול, *ha-kohēn ha-gādōl*), auf dessen Kopf das Salböl gegossen worden ist und dem man seine Hand gefüllt hat, damit er die Kleider (des Priesteramtes) anziehe, lasse sein Kopfhaar nicht frei hängen und zerreiße seine Kleider nicht«. הכהן הגדול wird in Num 35,25.28 meist mit »der Hohepriester« übersetzt, und auch hier wird er durch die Salbung mit Öl näher qualifiziert. Aus der Zusammenschau der Stellen ergibt sich, dass der »gesalbte Priester« letztlich immer nur einer ist (*Rendtorff*, 151; auch *H. Utzschneider*, Vergebung, 111). Zwar scheint es so, als ob nach manchen Stellen *alle* Priester gesalbt werden, doch bei näherem Hinsehen ergibt es sich, dass mit diesen Passagen immer nur die vier *leiblichen* Söhne Aarons, namentlich Nadab, Abihu, Eleasar und Itamar gemeint sind (so ausdrücklich in Num 3,3–4). *Sie* werden alle gesalbt. Doch schon von Ex 29,29–30 (s. o.) her wird deutlich, dass man letztlich *einen* besonders spezifizierten Nachfolger Aarons braucht, der den Dienst im Heiligtum am Versöhnungstag vollzieht.

Der Priester als Repräsentant des Volkes

Somit wird auch für Lev 4 klar, dass der »gesalbte Priester« in V 3 *eine* ganz bestimmte Person ist. Dieser Priester, der *eine* Nachfolger Aarons, ist der kultische Repräsentant des ganzen Volkes, denn nur unter dieser Voraussetzung ist es verständlich, dass sich bei der Sünde des gesalbten Priesters das *Volk* der Schuld bewusst wird. Wie oben ausgeführt wurde, geht es bei אשם um die *Bewusstwerdung* der Schuld – und hier in V 3 werden der gesalbte Priester und das Volk so identifiziert, dass die unabsichtliche Verfehlung des Priesters das Volk als Ganzes betrifft, das ein entsprechendes Schuldbewusstsein und Schuldgefühl entwickelt (*Rendtorff*, 153). So sagt z. B. auch *Raschi*, 285: »Der einfache Sinn, der Agada entsprechend, ist, wenn der Hohepriester sündigt, ist es eine Verschuldung des Volkes; wenn dieser, von dem sie abhängig sind, daß er für sie sühne und für sie bete, sich vergangen hat«.

Art der Sünde

Auffälligerweise wird – wie im ganzen Kapitel Lev 4 üblich – nichts über die Art der Verfehlung gesagt. Vielleicht geht es im Besonderen um kultische Vorschriften, um Fragen von Rein und Unrein (z. B. *Milgrom*, 232) – wie auch immer, sobald öffentlich (»dem Volk«) bekannt geworden ist, dass der gesalbte Priester den Verstoß begangen hat, muss das Entsündigungsopfer stattfinden. Das besondere Gewicht der Verfehlung des gesalbten Priesters wird nicht nur an der Spitzenstellung im Kapitel, sondern auch am Opfertier sichtbar: Der Priester muss einen Stier (פר בן בקר) darbringen, und der Stier gilt als das kostbarste Opfertier (s. die Auslegung zu Lev 1,3), ist also für diesen Anlass angemessen. Es geht nicht zwingend um ein Jungtier, denn בן בקר bezeichnet nicht das Alter, sondern die Gattung des Tiers: ein Stier, vom Rindvieh (s. o., Zur Übersetzung). Ein Stier als Opfer

In V 3 wird auch das Nebeneinander der Doppelbedeutung von חטאת eindrucksvoll deutlich: Für die »Sünde« (חטאת), die der Priester »gesündigt hat« (חטא als Verb), soll er einen Stier als »Entsündigungsopfer« (wieder חטאת) darbringen. Das gleiche Wort bezeichnet also sowohl die unbeabsichtigte Verfehlung, die das Ritual nötig macht, als auch das Opferritual selbst – in der Übersetzung steckt in beiden Fällen der Stamm »sünd«, doch bei der Bezeichnung des Opfers, die traditionell (und wenig durchsichtig) »Sündopfer« lautet, wird die deutsche Vorsilbe »Ent-« angefügt, um anzudeuten, dass das Ritual zur Aufhebung, Entfernung, des unheilvollen Zustands dient (s. das Glossar und oben zur Übersetzung; *V. Ber*, Social Dimension, 123). Entsündigungsopfer

Die ab V 3b geschilderten Opfervorschriften für das Entsündigungsopfer stehen in vielerlei Hinsicht mit Lev 1–3 in enger Beziehung. Hier wie dort tritt der »Ritualstil« (s. die Analyse zu Lev 1) auf: die regelmäßige Sequenz von *w-qatal*-Formen, die im Deutschen mit dem Konjunktiv I wiedergegeben werden kann. Am Ende des Kapitels wird wieder versucht, systematisierend eine Handlungsabfolge der Opferakte zusammenzufassen. Opfervorschriften

V 4 Bei der Darbringung des Stieres wird zunächst die kulttheologische Ortsangabe, sogar in doppelter Weise, betont: (1) zum Eingang des Zeltes der Begegnung (2) vor JHWH. Damit wird sichergestellt, dass das Opfer im vorgesehenen Bereich des Heiligtums vorgenommen wird und keinerlei Vermischung mit profanen Akten oder gar der Verehrung anderer Götter in Frage kommt (s. auch die Auslegung zu Lev 1,3). Die nächsten Akte sind die Handaufstemmung und die Schlachtung. Durch das Aufstemmen der Hand auf den Kopf wird deutlich gemacht, dass genau *dieser* Priester *diesen* Stier für *diesen* geforderten Anlass als Opfer darbringt (s. die Auslegung zu Lev 1,4). Vom Textzusammenhang her ist anzunehmen, dass der gesalbte Priester die Schlachtung selbst vollzieht. Dennoch wird er in V 5a lexematisch erneut angeführt, was vielleicht andeuten könnte, dass die Schlachtung selbst (V 4c) grundsätzlich auch ein anderer Priester durchführen könnte. Eine Vertretung bei der Handaufstemmung ist jedoch von der Natur der Sache her ausgeschlossen. Darbringung des Stieres

V 5 In den folgenden Versen (V 5–7) wird ein dreiteiliger (oder drei*stufiger*) Blutritus ausführlich beschrieben. Damit unterscheidet sich das Entsündigungsopfer maßgeblich vom Brandopfer. Während bei letzterem das Blut nur kultisch »entsorgt« wurde, erscheint hier das Blut des Stieres als die Hauptsache. Zunächst nimmt der gesalbte Priester einen Teil des Blutes des Stieres und bringt es zum Zelt der Begegnung. Das setzt stillschweigend Blutritus voraus, dass zumindest ein Teil des Blutes bei der Schlachtung in einem Gefäß aufgefangen wurde. Der folgende Ritus findet dann innerhalb des Zeltes der Begegnung statt, also in einem Bereich, der den Laien (den Nicht-Priestern) nicht zugänglich ist.

Subjektwechsel?

Im Folgenden ist auf der Textoberfläche eine auffällige Akzentuierung V 6
des Subjekts zu beachten: War noch in V 5 der »gesalbte Priester« der Handelnde, so wird in V 6 »der Priester« lexematisch erneut eingeführt. Handelt es sich (1) um eine andere Person (Subjektwechsel) oder (2) immer noch um den *gesalbten* Priester? (1) Der gleiche Subjektwechsel ist in V 16 und 17 zu beobachten und könnte somit beabsichtigt sein. Eine Erklärung dafür, warum jetzt ein *anderer* Priester auftritt, könnte folgende Überlegung liefern: Der gesalbte Priester handelt nicht qua Amt, sondern als betroffener Sünder und damit als Opfernder. Mithin braucht er einen anderen Priester, der für ihn (zu seinen Gunsten) den Blutritus durchführt (so *Rendtorff*, 155–156). (2) Das Problem bei dieser Überlegung, dass der (gesalbte) Priester jetzt nicht qua Amt, sondern »nur noch« als Opfernder auftritt, besteht jedoch darin, dass der Opfernde (normalerweise ein Laie, ein Nicht-Priester) sonst nie das Blut des Opfertieres handhabt: Der Umgang mit dem Blut ist ausdrücklich und immer den Priestern vorbehalten. In V 5 ist es aber der *gesalbte Priester als Opfernder*, der das Blut zum Zelt der Begegnung bringt. Schon von daher ist der gesalbte Priester in einer Doppelrolle und benötigt so keinen anderen Priester, um den Ritus zu seinen Gunsten auszuführen. Die bloße Bezeichnung »der Priester« unter Auslassung des Adjektivs »gesalbt« in V 6 reicht nicht aus, um damit einen ausdrücklichen *Unterschied* zum gesalbten Priester anzunehmen – es muss sich also nicht zwangsläufig um einen *anderen* Priester handeln, sondern es könnte eine abgekürzte Bezeichnung vorliegen. Auch wäre es sehr ungewöhnlich, dass ein *untergeordneter* Priester einen Versöhnung erwirkenden Akt zugunsten des *gesalbten* Priesters, der noch dazu das Volk repräsentiert, durchführen sollte. Daher scheint es plausibler, dass auch in V 6 und den folgenden Versen der *gesalbte* Priester der Handelnde ist – er handelt in eigener Sache, die aber aufgrund der Identifikation mit dem Volk und der Repräsentanzfunktion des gesalbten Priesters auch die Sache des Volkes ist (*W. K. Gilders*, Blood Ritual, 113–114; *C. Eberhart*, Studien, 123).

Siebenmaliges Blutspritzen

Der Priester taucht für den Blutritus seinen Finger (nach der rabbinischen Literatur [*Sifra*, Wajikra, Üs. Winter, 117] muss es der rechte Zeigefinger sein) in das Blut und spritzt (נזה, *NZY*) es sieben Mal an die Vorderseite der ›Parochet‹ des Heiligtums. Wieder präzisiert die rabbinische Literatur und betont auch das siebenmalige Eintauchen des Fingers. Für das Spritzen wird ein anderes Verb verwendet als beim Brandopfer (s. die Auslegung zu 1,5): Mit זרק, *ZRQ*, wird dort das Blut auf rituelle Weise dem menschlichen Verzehr entzogen und spielt für das Opfer eigentlich keine Rolle – hier geht es um eine kultische Symbolhandlung, die den eigentlichen Kern des Opfers darstellt (s. die Diskussion bei *Milgrom,* 233). Der Ort der Handlung und das Ziel des Spritzens ist der »Vorhang« (›Parochet‹) im Inneren des Heiligtums, der vor dem Allerheiligsten steht (s. o., Abb. 1: Skizze des Zeltheiligtums, Seite 164). Das Wort für diesen besonderen Vorhang wird aufgrund seiner einzigartigen Bedeutung nicht ins Deutsche übersetzt, sondern nur mit ›Parochet‹ transkribiert. Material und Funktion der ›Parochet‹ werden in Ex 26,31–33 beschrieben: Die ›Parochet‹ trennt das Innere des Heiligtums in zwei aufeinander bezogene Teile: das »Heilige« *vor* der ›Parochet‹ und das »Allerheiligste« *hinter* dem Vorhang (s. *C. Dohmen,* Exodus 19–40, 259–260). Hinter dem Vorhang, im Allerheiligsten, steht nur die Lade mit der ›Kapporet‹, vor der ›Parochet‹ stehen der Räucheraltar, der Schaubrottisch und der Leuchter. Mit dieser Lokalisierung wird das Blut des Entsündigungsopfers bis auf das vorletzte Stadium der Heiligkeit gebracht: »Das Blut wird also im ›Heiligen‹ verspritzt, aber in größter Nähe zum ›Allerheiligsten‹ und in Richtung auf dieses« (*Rendtorff,* 158). Ob dabei die ›Parochet‹ getroffen wurde oder nicht, scheint unerheblich zu sein: »das Blut brauchte nicht den Vorhang zu treffen, und wenn es ihn traf, schadete es nicht« (*Raschi,* 285). Farbe und Material der ›Parochet‹ werden in Ex 26,31 mit »violett und purpur und scharlach (Gefärbtes)« (Üs. *C. Dohmen,* Exodus 19–40, 227) angegeben. ›Parochet‹

V 7 Steht der Priester mit dem Blut vor der ›Parochet‹, so hat er den Rauchopferaltar demnach im Rücken. Die Herstellung und die Hörner dieses Altares werden in Ex 30,1–10 beschrieben (s. *C. Dohmen,* Exodus 19–40, 275). Die Hörner symbolisieren Stärke und Kraft; wenn sie mit Blut bestrichen werden, gilt das als *pars pro toto* für die Reinigung des gesamten Altars (*Milgrom,* 236). Der Hörneraltar gehört zu den häufigsten Altartypen im syrisch-phönikischen Raum. Rauchopferaltar

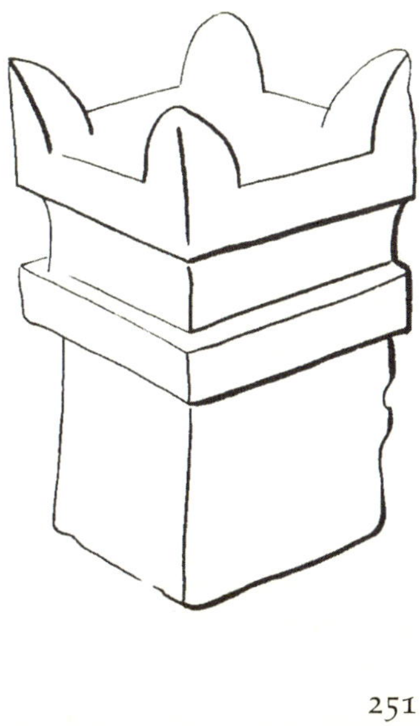

Abb. 4: Hörneraltar, aus: *O. Keel,* Bildsymbolik, 128, Abbildung 195 (s. auch *Milgrom,* 235; zum Hörneraltar der Eisenzeit in Palästina und seinen Abbildungen auf Siegeln s. *W. Zwickel,* Hörneraltar, 269–292).

Auf diesem Altar wird normalerweise das Räucherwerk verbrannt. Beim Entsündigungsopfer für den gesalbten Priester und die ganze Gemeinde Israels (s. Lev 4,18) wird nun im zweiten Teil des Blutritus' das Blut des geopferten Stieres an die vier Hörner angebracht. Das restliche Blut wird dann im dritten Teil am Fuß des Brandopferaltars, der ja *vor* und *außerhalb* des Heiligtums (im Vorhof) steht, ausgeschüttet (שפך, *ŠPK*). Dieser dreistufige Blutritus (›Parochet‹ – Rauchopferaltar – Brandopferaltar) ist nur beim Entsündigungsopfer für den gesalbten Priester und für die »ganze Gemeinde Israels« anzuwenden und kann als der »große« Blutritus bezeichnet werden (*H. Gese*, Sühne, 94; *Rendtorff*, 159; *H. Utzschneider*, Vergebung, 115). Beim »kleinen« Blutritus (für den Fürsten bzw. für einen aus dem Volk) reicht die Applikation des Blutes »nur« bis an die Hörner des Brandopferaltars, so dass durch die Auslassung des Ritus vor der ›Parochet‹ eine klare Abstufung der Heiligkeitsbereiche und des Opferrituals erkennbar wird (zur Handhabung des Blutes in den Opferritualen s. auch grundsätzlich *K. McClymond*, Beyond Sacred Violence, 111–130).

Der »große« Blutritus

Der »große« Blutritus von Lev 4,5–7 steht in enger Beziehung zu einem analogen Blutritus am Versöhnungstag in Lev 16. Nach Lev 16,12–14 nimmt Aaron (faktisch die Chiffre für den späteren Hohepriester) Räucherwerk vom Rauchopferaltar (in Lev 16 ist es der Altar, der vor JHWH steht) und betritt damit den Raum *hinter* der ›Parochet‹, also das Allerheiligste. Die »Wolke des Räucherwerks« dient offenbar zum Schutz Aarons vor der Präsenz des heiligen Gottes, die durch ›Kapporet‹, Lade und ›Zeugnis‹ (s. die Auslegung zu Lev 16 und *C. Dohmen*, Exodus 19–40, 236–237) angezeigt ist. Sodann erfolgt die Applikation des Stierblutes: Aaron soll ja vorher einen Stier als Entsündigungsopfer (חטאת) für sich (und sein Haus) schlachten, und das dabei aufgefangene Blut nimmt Aaron mit ins Allerheiligste. Dort soll Aaron etwas von dem Blut mit seinem Finger auf die Vorderseite der ›Kapporet‹ nach Osten sprengen und dann *sieben Mal* etwas von dem Blut vor die ›Kapporet‹ sprengen. V 5–7

Lev 16 und Lev 4

Gerade dieses siebenmalige Sprengen des Blutes vor die ›Kapporet‹ hat natürlich seine Analogie in Lev 4,6, nur mit dem nicht unerheblichen Unterschied, dass in 4,6 der Ritus noch außerhalb des Allerheiligsten, wohl aber in dessen Richtung (auf die ›Parochet‹, den das Allerheiligste abtrennenden Vorhang) hin stattfindet (zur Gegenüberstellung von Lev 4 und Lev 16 s. auch *M. J. Boda*, A Severe Mercy, 69). Die Beziehung zwischen beiden Kapiteln wird deutlich, wenn man beachtet, dass ausgerechnet das Entsündigungsopfer des gesalbten Priesters in Lev 4,3–12 keinen eigentlichen Abschluss erfährt. Das Ritual endet in 4,8–10 mit der Verbrennung von Fettteilen in Analogie zum Heilsgemeinschaftsopfer (Lev 3) und der Entsorgung der Reste des Tieres (s.u.). Es fehlt die in den folgenden Ausführungen mehrfach wiederkehrende Formel, dass der Priester Versöhnung erwirkt und dass die Verfehlung (von Seiten Gottes) vergeben wird (s.u. zu

4,20.26.31.35). Das in Lev 4,5–12 vermisste *kipper* (»Versöhnung erwirken«, s. das Glossar) steht in Lev 16,11. So liegt es nahe, die Bestimmungen über das Entsündigungsopfer des gesalbten Priesters von Lev 4,3–12 mit dem Ritual des Versöhnungstages, insbesondere des Entsündigungsopfers für Aaron und sein Haus von Lev 16,11 *komplementär* zu lesen. Die Bestimmungen ergänzen einander, oder genauer: In Lev 16 erwirkt Aaron Versöhnung für sich und sein Haus (16,11; in 17 auf die Versammlung Israels und in 24 auf das Volk ausgeweitet), aber nur *im* Allerheiligsten und nur *einmal im Jahr* (am Versöhnungstag) – Lev 4 ist der Vorausverweis darauf. Das Entsündigungsopfer für den gesalbten Priester in Lev 4 bleibt zunächst unvollständig und offen für den *vollen* Ritus am Versöhnungstag in Lev 16 (*Rendtorff*, 160; *ders.*, Opfertora, 223). Lev 16,32 deutet bereits die Nachfolge Aarons an, die aus dem Priester besteht, den man salbt – und hier schließt sich der Kreis zum »gesalbten Priester« von Lev 4,3–12.

Erster Teil: ›Parochet‹

Der erste Teil des großen Blutritus von Lev 4, das siebenmalige Spritzen des Blutes an die ›Parochet‹ ist nicht etwa ein vorbereitender Akt der Konsekration des Blutes (s. die Diskussion bei *Rendtorff*, 160–162), sondern ganz und gar auf das Allerheiligste ausgerichtet, dabei aber betont unvollständig und vorläufig. Dieses Spritzen vollzieht während des Jahres in unvollkommener Weise das, was am Versöhnungstag seine Vollendung findet. Diese Zweistufigkeit (vorläufig während des Jahres und vollständig dann am Versöhnungstag) betrifft nur die Verfehlungen des »gesalbten Priesters« und die der »ganzen Gemeinde Israels«, denn nur diese Personen sind in Lev 16 genannt: »Die Versündigungen des ›gesalbten Priesters‹ und der ›ganzen Gemeinde Israels‹ stellen eine gravierende Verunreinigung des Heiligtums dar, die der vollständigen Beseitigung am Versöhnungstag bedarf« (*Rendtorff*, 162).

Zweiter Teil: Rauchopferaltar

Diese Überlegung gilt auch für den Rauchopferaltar, dessen Hörner im zweiten Teil des Blutritus mit Blut bestrichen werden. In Lev 4 wird für diese Handlung kein Grund angegeben, wohl aber in Lev 16,18: Mit der Applikation des Blutes wird für den Rauchopferaltar »Versöhnung erwirkt« *(kipper)*, wie auch schon vorher für das Heiligtum (16,16). Die Verfehlungen des gesalbten Priesters und der ganzen Gemeinde Israels bewirken eine Verunreinigung des Heiligtums und des Rauchopferaltars. Diese Gegenstände werden hierdurch untauglich für die Vergegenwärtigung Gottes und die heilvolle Kommunikation mit Gott im Zelt der Begegnung – das Blut-Ritual aber beseitigt diese Unreinheiten. *Vorläufig* geschieht dies im Verlauf des Jahres immer wieder durch das in Lev 4 beschriebene Entsündigungsopfer; *endgültig* und vollständig erfolgt die Reinigung am Versöhnungstag einmal im Jahr (Lev 16).

Dritter Teil: Brandopferaltar

Besonders bemerkenswert beim Entsündigungsopfer ist die Bedeutung des Blutes, auf die noch näher einzugehen ist: Der Kern des Rituals ist jetzt das Blut des Opfertieres; das Blut bewirkt durch seine Applikation die »Versöhnung« *(kipper)*, die Reinigung von Heiligtum und Rauchopferaltar, von gesalbtem Priester und der ganzen Gemeinde Israels. Bei den Tieropfern von Lev 1–3 spielt das Blut keine Rolle, es wird nur auf rituell korrekte Weise dem Zugriffsbereich des Menschen entzogen. In Lev 4–5 spielt das Blut die Hauptrolle, allerdings nur eine sehr kleine Menge, so dass ein erheblicher Rest übrig bleibt. In Analogie zu Lev 1–3 wird dieser (große) Rest am Sockel des Brandopferaltares (Ganzopferaltares) weggeschüttet. Dabei muss der amtierende Priester den inneren Bereich des Heiligtums wieder verlassen und in den Vorhof gehen (s. die Skizze des Zeltheiligtums, Abb. 1, Seite 164). In der rabbinischen Literatur wird das an der Südseite des Brandopferaltares lokalisiert – im Jerusalemer Tempel habe sich dort ein Abflusskanal zum Kidronbach befunden (Details bei *Rendtorff*, 165). Auf die rabbinische Debatte, ob das zu entsorgende Blut seine Heiligkeit behält, verweist *Milgrom*, 238, und betont den Konsens, dass eine falsche Behandlung dieser großen Restmenge des Blutes die Gültigkeit des Opfers nicht in Frage stellt (anders *Z. Zevit*, Philology, 33).

Die offene Frage nach dem Blut

Wie es schon bei Lev 1–3 zu beobachten war, bleibt auch hier in Lev 4 (wie letztlich auch in Lev 16) eine große Frage offen, die aber im Rahmen der Beschreibung eines Rituals, der es um den korrekten Ablauf von spezifischen Handlungen geht, nicht erläutert wird: Worin besteht die »Versöhnung erwirkende« Kraft des Blutes? Warum kommt ausgerechnet dem Blut des Opfertieres eine solche herausragende Rolle zu? Eine erste, vorläufige, aber durchaus ernst zu nehmende Antwort besteht darin, dass JHWH es so verfügt hat. Nicht zu vergessen ist die narrative Einbettung dieser Bestimmungen als *Gottesrede* an Mose: JHWH selbst richtet diese Rituale so ein. Mithin ist festzuhalten, dass JHWH selbst einen Weg bereit stellt, mit dem die Menschen (die Israeliten), die durch bestimmte Verhaltensweisen (unbeabsichtigt: בשגגה!) die heilvolle Kommunikation mit JHWH gestört haben und so das Heiligtum verunreinigt haben, so dass der reguläre Kult als Feier der Gottesoffenbarung und Gottesbegegnung nicht mehr möglich ist, eben diese Störung beseitigen, die Verunreinigung aufheben und die Kommunikation wiederherstellen können (z. B. *P. M. Venter*, Atonement, 280). Dieser Weg ist das Blutritual. Dabei ist erneut zu betonen, dass es nicht um einen zwangsläufigen Automatismus geht (»ex opere operato«; *Péter-Contesse*, 35), sondern um die heilvolle Zusage in der Gottesrede, dass JHWH in voller Souveränität und großer Gnade die Verfehlung beseitigen wird und »Versöhnung erwirkt« werden kann (Schlüsselwort: *kipper*), wenn nur das Ritual korrekt (und mit entsprechender Gesinnung) vollzogen wird (s. *Rendtorff*, 179, mit Verweis auf *Stamm*, Erlösen, 128f.). Diese Überlegungen sind zwar im Ritualtext selbst nicht ausgedrückt, ergeben sich aber im Vollzug der Lektüre als sinnstiftende Leistung des Lesers (zu dieser Problematik s. u. a. *H. Utzschneider*, Vergebung, 97–100). Mit *H. Utzschneider*, Vergebung, 116–117, ist zu betonen, dass nicht die Tötung des Tieres das Zentrum des rituellen Aktes ist: Weder die Schlachtung als Kulthandlung noch der Tod des Opfertieres als solcher sind der Schlüssel zur Deutung des Rituals, denn darauf liegt kein besonderer Nachdruck. Entscheidend ist vielmehr, dass das Ritual »vor JHWH« stattfindet. Es geht also um die Nähe zu JHWH, die das eigentliche Heilsmittel ist (so *H. Utzschneider,* Vergebung, 118–119). Das Blut spielt dabei – trotz des Zugeständnisses des Mehlopfers für Arme, s. u. – als »Zeichen« und »Symbol« (nicht als Heilsmittel) eine zentrale Rolle.

Warum Blut?

Auch wenn der Text selbst keine unmittelbare Auskunft gibt, warum es ausgerechnet das Blut ist, das bei seiner Applikation durch den Priester »Versöhnung erwirkt«, so muss dennoch eine Annäherung an diese Frage versucht werden (gegen die Skepsis von *H. Utzschneider,* Vergebung, 118). Vielleicht gelingt dies zunächst über ein theologisches Ausschlussverfahren, das dann seine Bestätigung in anderen, verwandten Texten findet. (1) Eine erste Überlegung ist die Notwendigkeit eines materiell manifestierbaren Zeichens für die Wiederherstellung der heilvollen Kommunikation mit der Gottheit nach einer Störung durch (unbeabsichtigtes!) menschliches Fehlverhalten. Damit scheiden immaterielle Zeichen wie etwa Gesten oder Ähnliches aus, denn sie wären zu missverständlich (etwa in Richtung Magie) oder zu leicht verfügbar (damit auch missbrauchbar). (2) Dieses Material steht symbolisch für die Wiederherstellung der Kommunikation mit dem *lebendigen* Gott. So muss es etwas sein, das »Leben« (im weitesten Sinne des Wortes) repräsentieren kann (*M. Rau,* Blut, 123–124). Damit scheiden »tote« Materialien, die der Mensch vorfindet (z. B. Steine, Erze) oder selbst herstellt (z. B. Textilien), aus. Auf der Suche nach »Lebendigem« stößt man auf Pflanzen und Tiere, wobei in der Stufenfolge der Vitalität das Tier (insbesondere das Wirbeltier) dem Menschen weitaus näher steht als die pflanzliche Welt. (3) Die Alltagserfahrung aus der Tierwelt lehrt durch Anschauung, dass das Leben eines Tieres verloren geht, wenn das Blut aus ihm herausfließt (*W. K. Gilders,* Blood Ritual, 18; *V. Wagner,* Profanität, 165). In einer Welt ohne tiefere naturwissenschaftliche Erkenntnisse über Gehirn, Nervensysteme, Sauerstofftransport, Blutkreislauf usw. liegt der einfache Schluss auf der Hand, dass die Vitalität (»das Leben«) eines Tieres im Blut liegt (s. z. B. *P. M. Venter,* Atonement, 287; *C. Eberhart,* Art. Blood, 206). Der hebräische Begriff für diese Vitalität, für das dynamische, aber von vielen Bedürfnissen (Wasser, Nahrung, Luft usw.) abhängige und damit auch gefährdete Leben ist נפשׁ, *næpæš* (s. *H. W. Wolff,* Anthropologie, 25–48, näherhin 37–40). Tatsächlich finden sich mehrere Texte, die die Identifikation von Blut (דם) und Leben (נפשׁ) vornehmen. Es sind die Sätze, die den Verzehr des tierischen Blutes durch den Menschen verbieten. So wird in Gen 9,3–4 zwar der Verzehr von Fleisch erlaubt, nicht jedoch von »Fleisch mit seinem Leben (בנפשׁו), (nämlich) seinem Blut (דמו)« (*Rendtorff,* 166). Damit ist sowohl das Essen eines Stücks von einem noch lebenden Tier

Etwas materiell Greifbares

Ein Symbol für das Leben

Blut ist Leben

(s. *bPesahim* 22b) als auch der Verzehr des Blutes verboten, wobei die Syntax so zu beschreiben ist, dass das Blut als Apposition zum »Leben« des Fleisches steht und damit »Leben« (נפש) und Blut identifiziert werden. Ähnlich lautet Dtn 12,23: »Doch sei stark darin, kein Blut zu essen, denn das Blut, es ist das Leben (הדם הוא הנפש), und du sollst nicht das Leben zusammen mit dem Fleisch essen«. Nur an drei Stellen, Gen 9,3–4; Dtn 12,23 und Lev 17,11.14, begegnet die Kombination der Substantive »Fleisch« (בשר, *bāśār*), »Lebenskraft« (נפש, *næpæš*) und »Blut« (דם, *dām*) (s. *B. Janowski*, Sühne, 435–436).

Lev 17,10–12 Die dritte Stelle, die mit dieser Terminologie das Verbot des Blutgenusses behandelt, ist Lev 17,10–12 – hier liegt wohl ein Schlüssel zur Lösung der Frage. Als Begründung für das harte und kategorische Verbot des Blutverzehrs (17,10) heißt es zunächst: »Denn das Leben (נפש) des Fleisches ist im Blut« (17,11), doch nach der Identifikation der Vitalität mit dem Blut geht der Text einen Schritt weiter und verschärft das Verbot des Blutgenusses dadurch, dass das Blut der von Gott selbst gewählte Weg zur Entsündigung (Sühne) ist (*R. Rendtorff*, Die sündige *nǽfæš*, 218). Das Blut ist für diesen Zweck der Reinigung, der Entsündigung, der Wiederherstellung der lebendigen Kommunikation mit Gott ausgesondert (geheiligt) und darf daher für nichts anderes und schon gar nicht für den menschlichen Verzehr herangezogen werden. Dabei ergibt sich in 17,11 ein tiefsinniges Wortspiel mit dem vieldeutigen Begriff נפש für »Leben« (s. die Auslegung zu Lev 17,11):

Denn das *Leben* (נפש) des Fleisches ist *im Blut* (בדם) –
und ich habe es euch auf den Altar gegeben, um *Versöhnung zu erwirken* (כפר, *kipper*)
für *euer Leben* (על נפשתיכם) – denn das *Blut* (ist) es,
(das) durch das *Leben* (בנפש) *Versöhnung erwirkt* (כפר).

Weil nun das Blut etwas Lebendiges ist oder das Blut sogar mit dem Leben identifiziert werden kann, kann es für das Leben der Menschen (der Israeliten: *euer Leben*) »Versöhnung erwirken«, also nach der entstandenen Störung die Kommunikation mit dem lebendigen Gott wiederherstellen (u.a. *Gerstenberger*, 56). »Das Blut, das unmittelbar vorher als Träger der *nephesch* qualifiziert worden ist (V 11a), soll für die *nephaschot* der Menschen Sühne schaffen. … Das Blut des Tieres, das als *nephesch* der *nephesch* des Menschen selbständig gegenübersteht und von diesem unter keinen Umständen angeeignet werden darf, ist dem Menschen zum *kipper* gegeben« (*Rendtorff*, 168) – und zwar von JHWH selbst, wie durch die narrative Einbettung als Gottesrede an Mose deutlich wird. Wenn aber JHWH selbst im Blut das Zeichen zur Versöhnung gibt, dann geht allem menschlichem Tun im Kult immer eine Gabe Gottes voraus – Kult ist also keine Selbsterlösung des Menschen, kein zäher Versuch, sich das Heil zu verdienen (wie *B. Janowski*, Sühne, 246–247, mit Recht betont), sondern immer schon Antwort auf die vorausgehende (»indikativische«) Gabe Gottes (s. auch *A. Schenker*, Art. Sühne II, 337).

Kurz gesagt: Kein anderes »Material« kann »Leben« im Sinne von Vitalität und Bedürftigkeit, Dynamik und Angewiesenheit (auf die Schöpfung und den Schöpfer) so repräsentieren wie Blut – es gibt kein plausibleres materielles Zeichen, das geeigneter wäre, die Wiederherstellung der heilvollen Beziehung zum lebendigen Gott symbolisch-greifbar vor Augen zu führen (s. auch *M. Rau*, Blut, 124). Dabei genügen aber – und das ist für die spätere spirituelle Weiterentwicklung entscheidend – kleinste Mengen: wenige Tropfen, vom Zeigefinger appliziert. Insofern steckt schon im Blutritus von Lev 4 (und Lev 16) eine Offenheit für eine spirituelle Überhöhung oder Transformation. Die Tötung des Tieres ist dennoch erforderlich: Erst wenn das Blut so herausfließt, dass das Leben »mitgeht«, das Tier also geschächtet wird, ist das Blut der Träger des Lebens und kann seine Symbolkraft entfalten.

Wie ist die Handhabung von so viel Tierblut bei den Opfern vorstellbar? Stellt das gerinnende Blut keine Verschmutzung dar? Der Text schweigt dazu. Vielleicht ist eine indirekte Antwort möglich: Blutapplikationen an Gegenständen (in Richtung ›Parochet‹, an die Altäre) erfolgen selten und mit sehr geringen Mengen (wenige Tropfen). Das gesamte übrige Blut wird am Sockel des Brandopferaltars weggeschüttet. Dabei ist zu vermuten, dass es entsprechende Abflusseinrichtungen und Möglichkeiten zum Versickern gab. Für den herodianischen Tempel in Jerusalem sind große Wasserreservoirs und entsprechende Leitungssysteme zum Waschen und Spülen archäologisch nachgewiesen (s. die Auslegung zu Lev 1,5 und oben zu 4,5–7). Aufgrund der besonderen Rolle des Blutes ist davon auszugehen, dass keine größeren Mengen ungeschützt an der Oberfläche verblieben.

Dass schon in Lev 4–5 unter bestimmten Gegebenheiten vorgesehen ist, den Blutritus durch einen gänzlich unblutigen Vorgang zu ersetzen, zeigt sich in den Ausführungen zum Mehlopfer der armen Leute in Lev 5,11–13: Niemand soll wegen seiner Armut vom Entsündigungsopfer ausgeschlossen sein, und so kann der, der sich kein Tier (und damit kein Blut!) leisten kann, als Ersatzopfer eine entsprechende Mehlmenge bringen. Die Klassifikation als »Entsündigungsopfer« genügt dann schon, so dass im Sonderfall extremer Armut auch auf die Blutapplikation verzichtet werden kann.

Pessachblut

In diesem Zusammenhang könnte die Frage aufkommen, ob nicht auch das Pessachblut (Ex 12) sühnende (entsündigende) Funktion habe. Dagegen ist zum einen festzuhalten, dass es in der priesterlichen Konzeption *vor* der Errichtung von Heiligtum, Priesterschaft und formellem Gottesdienst (also Ex 25–40; Lev 1–9) keinen Opferkult gibt, also das Pessachlamm kein Opfer im strengen Sinne ist (*I. Willi-Plein*, Opfer und Kult, 111–127), und zum anderen die Applikation von Blut zur Entsündigung von Altar, Geräten und Menschen eine nur von Priestern berechtigterweise auszuführende Tätigkeit ist. Die im Rahmen des Pessach-Festes von Laien durchgeführte Blutapplikation ist daher nicht als sühnender, sondern als apotropäischer

Ritus zur Abwehr von todbringendem Übel zu verstehen (*B. Janowski*, Sühne, 248–249.437: Lit.!; s. auch *C. Eberhart*, Studien, 274–278).

Wie beim Heilsgemeinschaftsopfer

Das weitere Verfahren nach dem großen Blutritus schließt sich ganz eng an das Heilsgemeinschaftsopfer von Lev 3 an, was auch ausdrücklich in V 10a betont wird. Das »Abheben« des Fettes in V 8a und 10a bildet einen Rahmen um den Vorgang, der nahezu wörtlich mit Lev 3,3–4 identisch ist (zu den Details s. die Auslegung zu 3,3–4). Die abgehobenen Fettteile werden verbrannt (»in Rauch aufgehen lassen«, V 10b). Diese Gemeinsamkeit ist zunächst verwunderlich, stellen doch Heilsgemeinschaftsopfer und Entsündigungsopfer zwei grundverschiedene Opferarten dar. Fast hat man den Eindruck, dass es beim Entsündigungsopfer nur um die Gewinnung des für die »Versöhnung« *(kipper)* nötigen Blutes geht – doch dies wäre eine einseitige Sicht. Neben den Blutritus tritt beim »einfachen« Entsündigungsopfer (also nicht dem für den gesalbten Priester und dem für die ganze Gemeinde, dazu s. u. zu V 11–12) wie beim Heilsgemeinschaftsopfer ein Verzehr des Fleisches des Opfertieres durch bestimmte Personen: Beim Heilsgemeinschaftsopfer sind es die Feiernden, beim Entsündigungsopfer ist es der jeweils amtierende Priester (Lev 6,19), wohl als Stellvertreter für den einzelnen Israeliten. Zu dieser »Mahlgemeinschaft« gehört es aber, dass das Fett Gott übereignet wird (durch Verbrennen), so dass auf diese Weise auch eine »Mahlgemeinschaft« mit Gott hergestellt bzw. ausgedrückt wird. Zugleich erfüllen die Priester, die das Opfertier beim Entsündigungsopfer am heiligen Ort verzehren, gewissermaßen eine Art Dienstleistung an den Israeliten, die ihnen von JHWH übertragen wurde: Nach 10,17 ist das Entsündigungsopfer (genauer: das Fleisch des Opfertieres) etwas Hochheiliges, das JHWH den Priestern gegeben hat, »um die Sündenlast der Gemeinde zu tragen, um für sie Versöhnung vor JHWH zu erwirken« – daher müssen die Priester (normalerweise) das hochheilige Fleisch im Heiligtum gleichsam rituell verzehren. Wenn sie so »Versöhnung erwirken«, heißt das letztlich, dass sie durch das Essen des Opferfleisches die (unabsichtlichen) Verfehlungen und Unreinheiten »beseitigen«. – In Lev 10,16–20 geht es allerdings schon wieder um eine Ausnahme aufgrund eines außergewöhnlichen Vorfalls (s. die Auslegung dort). V 8–10

Ein Mahl

Die Besonderheit beim gesalbten Priester

Der übliche Ablauf des Entsündigungsopfers mit dem »Priestermahl«, der aus Lev 6,17–23 ergänzt werden kann, ändert sich jedoch in auffälliger Weise beim gesalbten Priester: Die übrigen Teile des Opferstieres werden *vor* das Lager gebracht, und zwar an den »reinen Ort«, an dem die Fettasche, also die mit den Verbrennungsresten vermischten Holzkohlen des Brandopfers rituell deponiert werden (s. die Auslegung zu Lev 1,16). Dort werden alle Teile verbrannt. Zu beachten ist: Trotz der (aus heutiger Sicht) äußerst schmutzigen Verrichtungen (Hantieren mit Holzkohlen usw.) wird dieser V 11–12

Ort »rein« genannt. »Nichts könnte besser zeigen, daß ›rein‹ ein kultischer Fachbegriff ist, der soviel wie ›Gott genehm‹ bedeutet« (*Staubli*, 61).

Grund

Der Grund für diese Sonderbehandlung des Opfertieres des gesalbten Priesters wird bei Berücksichtigung des Konzeptes der gestuften Heiligkeit deutlich: Wer sollte das Fleisch des Entsündigungsopfers des gesalbten Priesters essen? Die klare Antwort: Niemand darf das Fleisch eines so ungeheuer schwerwiegenden und bedeutsamen Opfers essen. Die gleiche Überlegung gilt für das Entsündigungsopfer der gesamten Gemeinde (V 20–21). In beiden Fällen wird ja auch der »große« Blutritus vollzogen, bei dem ein Teil des Blutes des Opferstieres *in* das Heiligtum hineingebracht und an die ›Parochet‹ vor dem Allerheiligsten gespritzt wird. Die Entsündigungsopfer für den gesalbten Priester und die ganze Gemeinde sind also von einem höheren Heiligkeitsgrad als die ab V 22 geschilderten Normalfälle. In völliger Übereinstimmung mit diesen Überlegungen betont Lev 6,23, dass dasjenige Fleisch, von dem Blut *ins* Heiligtum gebracht wurde (»großer Blutritus«), *nicht gegessen*, sondern im Feuer verbrannt werden soll. Beim Entsündigungsopfer für den gesalbten Priester fehlt noch ein Element, das sonst immer auftaucht: »der Priester erwirke … Versöhnung, und es wird … vergeben werden«. Auch dieses Fehlen ist verständlich: Für jeden anderen kann der amtierende Priester Versöhnung erwirken – nur nicht für sich selbst. Eine Ausnahme aber gibt es: Am Versöhnungstag (und nur da, einmal im Jahr) kann der gesalbte Priester (Aaron) für sich und sein Haus Versöhnung erwirken (Lev 16,6.17). Insofern wird erneut deutlich, wie stark das Entsündigungsopfer des gesalbten Priesters auf den Versöhnungstag (Lev 16) ausgerichtet ist. Auch liegt hier ein wichtiger Unterschied zum Entsündigungsopfer für die ganze Gemeinde, zu dem sonst bereits die wichtigen Gemeinsamkeiten notiert wurden (»großer Blutritus«): Für die Gemeinde kann der Priester Versöhnung erwirken, so dass hier (V 20) die Versöhnungs- und Vergebungsformel stehen kann. Diese Auslegung von *Rendtorff*, 173, verdient den Vorzug gegenüber der Auffassung von *Milgrom*, 241, nach der die Formel von V 20 sich auch auf das Opfer des gesalbten Priesters beziehe und beide Abschnitte zusammengehören. Bei allen Überschneidungen und Gemeinsamkeiten macht der Text doch strukturell zwei getrennte Einheiten daraus und behandelt die Opfer als je eigenständige Angelegenheit – diese Signale des Textes gilt es bei der Auslegung zu berücksichtigen.

Fehlen der Versöhnungsformel

V 13–21

Das Entsündigungsopfer der ganzen Gemeinde

Ganz analog zum »gesalbten Priester« verläuft das Entsündigungsopfer der *ganzen Gemeinde Israels* (כל עדת ישראל, *kol ʿadat Yiśrāʾēl*). Fast synonym steht in V 13 zum Begriff der »Gemeinde« (עדה, *ʿēdā*) die »Versammlung« (קהל, *qāhāl*) (zu diachronen Erklärungen der zwei Begriffe s. *Milgrom*, 242–243; *H. Graf Reventlow*, Rituelle Überlieferungen, 299–300). Vom Befund der Belege her kann vorsichtig geschlossen werden, dass die »Gemeinde« (עדה) in der besonderen priesterlichen Kultterminologie die kultische Gemeinschaft in idealtypischer Weise als *Ganzes* umfasst (z.B. Lev 8,3–5; 9,5; 10,6.17; 16,5). Diese *ganze* Gemeinschaft vertreten die Ältesten (V 15a; in späterer Auslegung kann *Sifra*, Wajikra, Üs. Winter, 121–122, עדה als »das große Synhedrin«, den obersten Gerichtshof der Juden, ansehen; s. auch *Levine*, 203). Liegt der Fokus dagegen stärker auf der Gruppe der konkret Anwesenden und tatsächlich Handelnden, wird eher der Begriff »Versammlung« (קהל) verwendet. Damit lässt sich V 13 detaillierter aufschlüsseln: Israel als Ganzes (die *ganze Gemeinde* als kultisches Subjekt, עדה) verhält sich unbeabsichtigt falsch (שגה), d.h. jede und jeder ist betroffen. Doch die Sache bleibt den konkret und aktuell zum Kult Versammelten, also dem קהל, zunächst unbekannt – dennoch liegt ein Verstoß gegen ein Gebot JHWHs vor. Mit ואשמו, dem letzten Verb in V 13, kommt die Wendung: die Schuld (אשם) wird bewusst, weil die Sünde (חטאת) bekannt wird

Öffentlich bekannt

(V 14a). Es ist nun öffentlich, dass etwas vorgefallen ist, das die Kommunikation mit Gott empfindlich stört, das eine Verunreinigung des Volkes und des Heiligtums darstellt, das eine starke Verunsicherung aller mit sich bringt und damit ein gravierendes Problem von höchster Bedeutung aufdeckt. Die »Sünde« (חטאת) muss durch ein Entsündigungsopfer (gleicher Begriff: חטאת) beseitigt werden. Was diese Störung (die »Sünde«) verursacht hat, wird nicht genannt und ist in diesem Kontext auch nicht von Bedeutung – es genügt die Feststellung, dass der Vorfall stattgefunden hat und alle davon wissen.

Wie beim gesalbten Priester

In Analogie zur Vorschrift über den »gesalbten Priester« wird ein Stier dargebracht und der »große Blutritus« vollzogen (s.o. die Auslegung zu V 5–7). Der gesalbte Priester vertritt dabei das Volk und kann – anders als die Laien – auch das Blut ins Heiligtum bringen. Für die weitere Behandlung des abgehobenen Fettes und der Reste des Stieres wird ausdrücklich auf den vorausgehenden Abschnitt zurückverwiesen (V 21).

Versöhnungs- und Vergebungsformel

Am Ende der Beschreibung des Rituals steht die zweigliedrige Versöh- V 20
nungs- und Vergebungsformel, die (mit geringfügigen Abweichungen) jeweils den Abschluss der folgenden Abschnitte bildet (4,26.31.35; 5,6.10.13.16.18.26) (*B. Janowski*, Sühne, 250–254). Die zwei Teile der Formel bezeichnen das Tun des Priesters (כפר, *kipper*) und das Tun Gottes. (1) Der Priester vollzieht das *kipper*, er »erwirke Versöhnung« (s. das Glossar). Damit ist in ritualtechnischer Hinsicht das ganze Handeln des Priesters bei den Opfern von Lev 4–5 zusammengefasst; *Rendtorff*, 177, wählt daher die Übersetzung: »Der Priester vollzieht die Sühnehandlung«. Das *kipper* bezeichnet ganz offensichtlich »keine zusätzliche, vom Priester zu vollziehende Handlung. Es bringt vielmehr zusammenfassend zum Ausdruck, was der Priester als der an den entscheidenden Punkten des Rituals Handelnde mit dem Vollzug des Opfers getan hat: Er hat das *kipper* vollzogen« (ebd., 176). Die *kipper*-Formel kann auch zusammenfassend für das Ritual als Ganzes stehen. Das Erwirken der Versöhnung *(kipper)* erfolgt immer »für eine« bzw. »zu-

gunsten einer« Person (oder auch eines Gegenstandes), im Hebräischen mit על ausgedrückt. Wer der Begünstigte ist, wird in der Einleitung des jeweiligen Abschnittes genannt; hier ist es »die ganze Gemeinde Israels«.

Gerstenberger, 57–58, betont in diesem Zusammenhang, dass durch die mehrfach wiederkehrende Formel »der Priester erwirke Versöhnung« die zentrale Funktion der Priesterschaft manifestiert wird und ihre unverzichtbare Rolle im Sühnegeschehen ihre gesellschaftliche und religiöse Stellung erheblich stärkt. Nach dem Text sei zwar klar, dass sie »nur« Mittler der von Gott gewirkten und geschenkten Vergebung sind, dennoch besteht hier auch die Gefahr der Erstarrung, des »Klerikalismus« und der »Amtsanmaßung von geistlichen Funktionären jeder Art«, sobald sie sich »autokratisch an Gottes Stelle« setzen.

(2) Das Tun Gottes ist indirekt mit Hilfe einer Passivkonstruktion *(passivum divinum)* ausgedrückt: »und es wird ihm/ihnen vergeben werden« (ונסלח, *w^e-nislaḥ*). Das Verb סלח, *SLḤ*, steht in der hebräischen Bibel nur im Passiv *(nifal)* oder mit Gott als Subjekt – von daher ist es deutlich, dass auch hier Gott die handelnde Person ist (s. *C. Macholz*, Das ›Passivum divinum‹, seine Anfänge im Alten Testament und der ›Hofstil‹, ZNW 81, 1990, 247–253, hier 248). Dabei impliziert das hebräische Wort סלח nicht nur die Vergebung: Durch die Verfehlung ist das Heiligtum verunreinigt worden und damit eine Trennung von Gott eingetreten. Mithin ist das Ziel des Opferaktes auch die Heilung der gebrochenen Gottesbeziehung (*Milgrom*, 245; *A. Marx*, Theology, 117). Zu betonen ist auch, dass zwischen der Sühnehandlung und der tatsächlichen Vergebung ein Unterschied im Subjekt gemacht wird: In der Hand des Priesters liegt die kultische Handlung als eine Vorbedingung der Vergebung – die eigentliche Vergebung erfolgt durch Gott in dessen ungebrochener Souveränität (*Stamm*, Erlösen, 129).

Verbindung der Formeln

Die Verbindung der beiden Formeln findet sich nur hier in Lev 4–5 und in verwandten Texten (Lev 19,22; Num 15,25–26.28; dazu s. *Milgrom*, 264–269; *R. Rendtorff*, Gesetze, 14–17). Formale Analogien sind z.B. die zweigliedrigen Formeln bei den Reinheitsvorschriften und in Num 6,11. Bei den Reinheitsvorschriften folgt auf die Wendung »der Priester vollzieht die Sühnehandlung (= erwirkt Versöhnung; *kipper*)« die Feststellung »und sie/er/das Haus ist rein« (וטהר[ה]; Lev 12,7.8; 14,20.53). Beim Nasiräer, der sich unabsichtlich an einer Leiche verunreinigt hat, vollzieht der Priester ebenfalls die Sühnehandlung und erklärt dann sein (des Nasiräers) Haupt wieder für geheiligt (Num 6,11; Details bei *Milgrom*, 357–358). Aus *diesen* Belegen und Kontexten wird sichtbar, dass *kipper*, »Versöhnung erwirken«, nicht notwendigerweise immer mit Verfehlungen zu tun hat, sondern auch einen Gegenstand oder einen Menschen als »wieder für den Kult geeignet« deklarieren kann (s. das Glossar). Das scheint letztendlich in ritualtechnischer Hinsicht das Hauptziel von *kipper* zu sein: die Wiedereingliederung von Menschen und Gegenständen in den kultischen Bereich und deren Befähigung, grundsätzlich mit dem heiligen Gott im Kult in Kontakt treten zu können.

Klassifikationsformel

Wie schon aus Lev 1–3 bekannt, erfolgt auch hier nach Abschluss der regulären Ritualbeschreibung eine kulttechnische Klassifikation des Ganzen: »ein Entsündigungsopfer der Versammlung (ist) das«. Auch in den folgenden Abschnitten findet sich immer wieder diese Klassifikationsformel (4,24; 5,9.11.12). Hier trägt die Formel die Erweiterung »der Versammlung«, um die Sonderstellung dieses Entsündigungsopfers herauszustellen: Im Unterschied zu den folgenden Opfern wird hier noch der »große« Blutritus durchgeführt sowie das Opfertier ganz verbrannt. Das Entsündigungsopfer des gesalbten Priesters (s.o., V 3–12) hat ohnehin eine deutlich gekennzeichnete Sonderstellung, die auch durch das Fehlen der Klassifikationsformel deutlich wird. V 21

Der kleine Blutritus

Nach den beiden Sonderfällen »gesalbter Priester« und »ganze Gemeinde Israels«, die in sich noch einmal gestuft sind, geht es nun im Grad der Gewichtigkeit und der »Heiligkeit« eine Stufe tiefer. Die Abstufung wird vor allem an zwei Details deutlich: (1) Als Opfertier ist nun nicht mehr ein Stier, sondern ein materiell weniger kostspieliger Ziegenbock vorgesehen. (2) Der Ort des Blutritus ist nicht mehr das Innere des Heiligtums, sondern der Brandopferaltar im Vorhof. Dieser Blutritus kann als »kleiner« Blutritus bezeichnet werden: An die Stelle des Blutspritzens auf die ›Parochet‹ und des Blutauftragens an die Hörner des Rauchopferaltars im Inneren des Heiligtums beim »großen« Blutritus tritt nun das Blutauftragen an die Hörner des Brandopferaltars. Die übrigen Elemente stimmen weitgehend mit den vorausgehenden Abschnitten überein. V 22–26

Hinsichtlich der Entstehungsgeschichte hält *B. Janowski*, Sühne, 227–232, den kleinen Blutritus für »überlieferungs- und kultgeschichtlich ursprünglich«, was auch daran abzulesen sei, dass der Rauchopferaltar, der beim großen Blutritus bestrichen wird, erst spät im offiziellen Tempelkult auftaucht und die Entsündigungsopfer in Lev 8–9 nur den Blutritus am Brandopferaltar erwähnen (Lev 8,15; 9,9). Der große Blutritus zur Entsündigung des Hohepriesters und der ganzen Gemeinde Israels sei in Anlehnung an Lev 16 gebildet und in Lev 4 untergebracht worden – aber aufgrund der einzigartigen Bedeutung des großen Versöhnungstags und wegen des Aaron allein zukommenden Vorrechts, einmal im Jahr das Allerheiligste zu betreten, sei das Sprengen des Blutes an den Außenbereich des Allerheiligsten (vor die ›Parochet‹) verlegt worden. »Vor der ›Parochet‹« ist aber immer noch innerhalb des Zeltes, wo auch der Räucheraltar steht, der nun in den großen Blutritus mit einbezogen werde. Auch die unterschiedliche Behandlung der Reste des Opfertiers – beim großen Blutritus muss der Tierleichnam verbrannt werden, beim kleinen wird das Fleisch vom amtierenden Priester gegessen (Lev 6,17–23) – sei durch die spätere Ausdifferenzierung der Blutriten bedingt. Ursprünglich sei das Entsündigungsopfer ein *Blutritus* am Brandopferaltar mit anschließender Verbrennung der Tierteile gewesen, dann sei durch die Verbrennung von Fettteilen auf dem Altar mehr und mehr ein Tier*opfer* daraus geworden (234–241). Auch wenn diese kultgeschichtliche Skizze einen sehr plausiblen Eindruck macht, muss bedacht werden, dass es sich um eine Hypothese handelt und das Faktenmaterial keine sicheren Schlüsse zulässt.

Der Fürst

Stammesfürst

Der König

Gouverneur, Statthalter

Eine Leitungsperson

Wer ist der נשׂיא, *nāśīʾ*? »Fürst« ist ein möglichst offener Übersetzungsversuch für ein hebräisches Substantiv mit komplexem Befund. Die 130 Belege (nach SESB) verteilen sich auf zwei Schwerpunkte: (1) Vor allem im Buch Numeri ist נשׂיא der Titel für die Repräsentanten der zwölf Stämme Israels (Num 7), so dass von daher die Übersetzung »Stammesfürst« nahe liegt (s. auch Gen 17,20 und 25,16 für Ismael). Daneben kann das Wort aber auch das »Familienoberhaupt« einer Großfamilie bezeichnen (נשׂיא בית אב) oder sehr allgemein den »Anführer« oder »Befehlshaber« einer bestimmten Abteilung. (2) Der zweite Schwerpunkt ist das Buch Ezechiel. In den Unheilsworten werden mit נשׂיא die führenden Leute in Israel bezeichnet, die für ihr verantwortungsloses Handeln gescholten werden (z. B. Ez 21,17; 22,6), vor allem aber *der* Fürst, der *König*, für den schon die Totenklage angestimmt wird (Ez 19,1; s. auch Ez 12,10.12). In der Zukunftsvision von Ez 40–48 ist der נשׂיא der Herrscher der kommenden Heilszeit, der den (unfähigen) irdischen König ablösen wird. Von dieser Perspektive her könnte der נשׂיא in Lev 4,22 auch der *König* sein, wie das auch die rabbinische Tradition betont: Die Mischna legt fest, dass der נשׂיא der König (המלך) ist, denn aus der Wendung »die Gebote JHWHs, seines Gottes« wird gefolgert, dass der נשׂיא niemanden mehr über sich hat außer *JHWH, seinen Gott* (*mHorayot* 3,3). Die Gemara (*bHorayot* 11ab) zieht noch Dtn 17,19 heran, wo es vom König heißt, dass er alle Tage seines Lebens die Weisung JHWHs studieren solle, damit er lerne, *JHWH, seinen Gott*, zu fürchten. In der Auslegungsgeschichte ist es nun umstritten, ob hier in Lev 4,22 ein Stammesfürst oder der König gemeint ist. Das Wort steht ohne Artikel – mit Artikel wäre eindeutig der König angesprochen (»*der* Fürst«), doch wenn einer von mehreren Stammesfürsten angezielt wäre, sollte ein unbestimmter Artikel (»*ein* Stammesfürst«) stehen (wie in V 27: נפש אחת). – In Esra 1,8 wird Scheschbazzar der נשׂיא, *nāśīʾ*, für Juda genannt, in Esra 5,14 wird er als »Statthalter« (פחה, *pæḥā*) eingesetzt. Geht man vorsichtig von dieser Gleichung aus, die auch mit dem *nāśīʾ* von Ez 40–48 zu tun haben könnte, so könnte man eine Vermutung aufstellen, an wen mit dem Begriff *nāśīʾ*, »Fürst«, in Levitikus gedacht sein könnte (s. dazu *B. A. Levine*, Literary History, 20). Eine Entscheidung ist wohl nicht nötig – eher ist die Offenheit der Formulierung anzuerkennen, die sich offensichtlich nicht auf eine bestimmte Staatsform festlegen will und somit für verschiedene Formen der Leitungsstruktur in der Geschichte Israels anwendbar ist. Die Zwischenstellung des Abschnittes zwischen »die ganze Gemeinde Israels« (V 13–21) und »einer aus dem Volk« (V 27–31) macht bereits deutlich, dass mit dem allgemeinen Begriff נשׂיא jegliche Leitungsperson angesprochen ist, die an verantwortlicher Position steht – und auch einmal unbeabsichtigt gegen die Gebote JHWHs verstoßen kann. Aufgrund dieser Überlegungen ist aus dem Begriff kein Argument für eine vorexilische oder sogar vorstaatliche Datierung zu gewinnen (gegen *Y. Feder,* Blood Expiation, 42).

Bewusstwerdung

Der Anfang des Abschnittes stimmt ansonsten weitgehend mit V 2 und V 22–23
V 13 überein, doch da nun nicht mehr eine größere Gemeinschaft, sondern ein Einzelner betroffen ist, gibt es zwei Möglichkeiten, wie die Versündigung ans Tageslicht kommt: Die eine ist, dass dem Betreffenden seine Verfehlung selbst zu Bewusstsein kommt (mit אשם ausgedrückt) – die andere, die mit »oder« (או) in V 23 angedeutet wird, besteht darin, dass ihm der Verstoß mitgeteilt wird (ידע *Hofal*) (s. *Raschbam,* 28).

Der weitere Vorgang

Gegenüber dem bisherigen Ablauf wird das Entsündigungsopfer im Folgenden etwas verkürzt beschrieben. Auch wird nun das Wort »Darbringung« (קרבן) verwendet, das den *Opfer*charakter des Entsündigungsopfers wieder deutlicher hervortreten lässt.

Opfertier

Das Opfertier für den »Fürsten« ist ein Ziegenbock, also ein männliches Tier – das ist ein bemerkenswerter Unterschied zum folgenden Entsündigungsopfer für den »normalen« Israeliten, bei dem es ein weibliches Tier (Ziege oder Schaf) sein soll. Vom Stufendenken dieser Texte her steht also der »Fürst« mit seinem Opfer *zwischen* der ganzen Gemeinde und dem gewöhnlichen Einzelnen.

Schlachtort

Es folgen wieder die üblichen Schritte: Handaufstemmung (s. die Aus- V 24
legung zu Lev 1,4), die markiert, für wen genau dieses Opfer zum Erwirken der Versöhnung *(kipper)* dargebracht wird, und das Schlachten. Zur Bestimmung des Schlachtortes wird auf das Brandopfer (s. zu Lev 1,11) zurückverwiesen: es ist die Nordseite des Brandopferaltares. Darauf folgt die Klassifikationsformel ohne nähere Bestimmung (anders als in V 21), so dass es hier also um das »normale« Entsündigungsopfer geht. In den folgenden Abschnitten fehlt die Formel, weil der Ritus völlig identisch ist – dagegen erscheint sie wieder bei den Opfern der Armen, denn hier gibt es Unterschiede, so dass auch das Opfer der Armen mit weitaus weniger »Materialeinsatz« dennoch als reguläres Entsündigungsopfer klassifiziert werden muss. Dass die Klassifikationsformel hier mitten in der Ritualbeschreibung und nicht am Ende steht, könnte auch darauf zurückzuführen sein, dass man trotz des gleichen Schlachtortes eine klare Unterscheidung zwischen *Brandopfer* und *einfachem Entsündigungsopfer* treffen muss und es zu keinen Verwechslungen kommen darf.

Der kleine Blutritus

Der kleine Blutritus findet am Brand- V 25
opferaltar statt: Etwas vom Blut des Opfertiers wird an die Hörner gegeben; der Rest wird am Fuß des Altars weggeschüttet. Als möglichen Grund dafür, dass die *Hörner* des Altars mit Blut bestrichen werden, führt *Milgrom,* 249, an, dass die Hörner als »Extremitäten« des Altars das erste Ziel des Angriffs feindlicher Mächte (auch der menschlichen »Unreinheiten«) sind und daher des besonderen Schutzes durch das rituelle Reinigungsblut bedürfen: »The physical and spiritual impurity of human beings is capable of polluting the sanctuary altar by attacking it at its extremities, namely, its horns.« – Die

Altarhörner symbolisieren möglicherweise als »rudimentäre Türme« den Schutzcharakter des Tempels (wobei der Altar als »Tempel *en miniature*« gesehen wird; s. dazu *Zwickel, W.*, Art. Altarhörner: Das wissenschaftliche Bibellexikon im Internet [www.wibilex.de], März 2009).

V 26 Sehr verkürzt wird die weitere Verfahrensweise mit dem Tierrest unter Abschluss
Rückverweis auf das Heilsgemeinschaftsopfer erwähnt – diese Knappheit setzt die Bekanntheit der anderen Texte voraus. Den Abschluss bildet wieder die zweigliedrige Versöhnungs- und Vergebungsformel, die hier um מחטאתו, »wegen seiner Sünde«, erweitert ist (s. das Glossar, Versöhnung erwirken, Übersetzung der Präpositionen): Wegen der »Sünde« findet das Ganze ja statt, von ihr, also von der Störung der heilvollen Kommunikation mit Gott durch menschliches Fehlverhalten, soll der Opfernde befreit werden. In den anderen Belegen der Formel finden sich ähnliche Erweiterungen.

V 27–35 In der graduellen Stufenfolge, die für Lev 4–5 typisch ist, wird nun die Einer aus dem
letzte Stufe erreicht: die/der einzelne Israelit/in, »eine Person aus dem Volk Volk
des Landes« (נפש אחת תחטא בשגגה מעם הארץ, *næpæš 'aḥat tæḥætā' bi-š*^{e}*gāgā me-ʿam hā-'āræṣ*). Die Betonung mit dem wie ein »unbestimmter Artikel« fungierenden Zahlwort אחת, *eine* Person, stellt hier den individuellen Aspekt heraus: *Jetzt* geht es um den Einzelnen als Privatperson; auch Frauen sind mit eingeschlossen, aber nicht eigens erwähnt (*M. I. Gruber*, Women, 39). Spätestens aus Lev 12 (Purifikation der Wöchnerin) wird deutlich, dass auch Frauen ein Entsündigungsopfer darbringen müssen, wenn der entsprechende Fall eintritt. Das »Volk des Landes« ist hier wohl nicht in einem institutionellen Sinne zu verstehen, sondern eher wie der Terminus »Laie« in Abgrenzung von jeglichen Amtsträgern und anderen prominenten Per-
sonen (*Rendtorff*, 186). Das dieser Personengruppe zugewiesene Opfertier Opfermaterial
ist ein weibliches Tier vom Kleinvieh, eine Ziege (V 27–31) oder ein Schaf (V 32–35). Die Ziege steht wohl voran, weil vorher von einem Ziegenbock die Rede war. Ansonsten ist aus der Reihenfolge kein tieferer Schluss zu ziehen, denn in 5,6 ist sie umgekehrt – was letztlich wohl anzeigt, dass es keinen Unterschied in der Wertigkeit dieser Tiere gibt. Nach Num 15,27
V 28 soll die Ziege einjährig sein. Wie schon in V 23 (s. o.) gibt es auch hier zwei Arten der Gewahrwerdung der Schuld: eigenes Bewusstwerden oder die
V 29–31 Mitteilung durch andere. Die weiteren Handlungen entsprechen ganz denen Opfer und
des vorausgehenden Abschnittes über den »Fürst« (s. o.), mit geringen Va- Versöhnung
riationen. Auffällig ist insgesamt wieder eine größere Nähe zum Heilsgemeinschaftsopfer von Lev 3; auch die Erwähnung der Wendung »Duft der Beruhigung« (s. das Glossar) verstärkt die Betonung des *Opfer*charakters des Entsündigungsopfers. Diese Wendung vom »Duft der Beruhigung für JHWH« findet sich nicht zufällig beim Entsündigungsopfer des einzelnen Israeliten, »denn hier steht nicht wie in den vorhergehenden Fällen der institutionelle Aspekt Israels als kultischer und nationaler Gemeinschaft im Vordergrund, sondern die Situation des einzelnen, der schuldig geworden

ist und durch seine *chattat* [das Entsündigungsopfer, T. H.] sein gestörtes Gottesverhältnis bereinigen will und kann« (*Rendtorff*, 187–188). Der Doppelcharakter des Entsündigungsopfers als Mittel zur Versöhnung *(kipper)* einerseits und als Darbringung bzw. Opfer *(qorbān)* andererseits wird durch das Nebeneinander der Versöhnungs- und Vergebungsformel und der Wendung vom »Duft der Beruhigung« aus Lev 1–3 sowie die Nähe zum Heilsgemeinschaftsopfer (Fettdarbringung!) deutlich (s. auch *C. Eberhart*, Studien, 133–138).

Alternative: Schaf

V 32–35 Als gleichwertige Alternative kann auch ein (weibliches) Schaf als Opfertier dargebracht werden. Die Einleitung (V 27–28a) gilt für beide Fälle (Ziege und Schaf). Der Hinweis »genauso wie das Fett des Schafes des Heilsgemeinschaftsopfers abgetrennt wird« dürfte sich vor allem auf den Fettschwanz als Besonderheit beim Heilsgemeinschaftsopfer eines Schafes beziehen (*Milgrom*, 252; s. die Auslegung zu Lev 3,7–11). Der Fettschwanz des Schafes muss auch beim Entsündigungsopfer mit dargebracht werden (*Raschi*, 286; *Raschbam*, 28). In V 35 ist von den »Feueropfern JHWHs« die Rede – ein Begriff aus den Opferbeschreibungen von Lev 1–3 (s. das Glossar). Auch dieses Detail zeigt die Nähe des Entsündigungsopfers zu den Opfern von Lev 1–3, die als Gaben an JHWH verstanden werden. Andererseits erfolgt das Entsündigungsopfer »auf« (על) den Feueropfern, also örtlich auf diesen Opfern auf dem Brandopferaltar oder eben quantitativ zu diesen hinzu: einerseits in unmittelbarer Nähe zu Brandopfer und Heilsgemeinschaftsopfer, aber doch deutlich davon unterschieden (*Rendtorff*, 188). Ebenso dürfte die Anordnung eines *weiblichen* Opfertieres der Logik der Abstufung und Unterscheidung der verschiedenen Opferarten und ihrer Unterkategorien zuzuschreiben sein.

Die Akte der Opferhandlung

Lev 4 Im Rückblick auf Lev 4 lassen sich die wesentlichen Elemente der Opferhandlung des *Entsündigungsopfers* in einer Übersicht darstellen:

I	Anlass	unbeabsichtigte Verfehlung gegen ein Gebot JHWHs	
	Bewusstwerdung	eigene Bewusstwerdung oder Mitteilung von außen	
	Opfermaterial	fehlerloses Tier	
		Gesalbter Priester/ganze Gemeinde: Stier	
		Fürst: Ziegenbock	
		Einer aus dem Volk: Ziege oder Schaf (weiblich)	
II	**Erster Akt:**	**Handaufstemmung**	**(der Opfernde)**
III	**Zweiter Akt:**	**Schlachtung vor JHWH**	**(der Opfernde)**
IV	**Dritter Akt:**	**Großer Blutritus (gesalbter Priester/ ganze Gemeinde):**	
		1. Siebenmaliges Spritzen von Blut an die ›Parochet‹	
		2. Bestreichen der Hörner des Rauchopferaltars	
		3. Ausschütten des Blutes am Fuß des Brandopferaltars	

ODER: **Kleiner Blutritus (Fürst/einer aus dem Volk):**
1. Bestreichen der Hörner des Brandopferaltars
2. Ausschütten des Blutes am Fuß des Brandopferaltars

V Vierter Akt: Abheben des Fettes (→ Heilsgemeinschaftsopfer)

VI Fünfter Akt: Weitere Behandlung des Tieres
Gesalbter Priester/ganze Gemeinde:
Verbrennen außerhalb des Lagers
[Fürst/einer aus dem Volk: Essen des Fleisches durch die Priester → nur in 6,17–23 erwähnt, hier nicht.]

VII Deklaratorische Schlusswendungen zur Klassifikation:
Opfername: Entsündigungsopfer *(Klassifikationsformel)*
Ziel/Effekt: Der Priester erwirke Versöhnung für den Betroffenen *(kipper; Versöhnungsformel)*; dem Betroffenen wird (von JHWH) vergeben werden *(Vergebungsformel)*.

Lev 5 — Übergang zu Kapitel 5

Zwar beginnt in der traditionellen Einteilung mit 5,1 ein neues Kapitel, doch die grundsätzliche Thematik geht weiter – allerdings in variierter Form. Auch steht keine neue Redeeinleitung – die folgt erst in 5,14, so dass dort der größere Einschnitt zu suchen ist. Der Teil 5,1–13 wirkt wie ein Anhang zu Lev 4, in dem Spezialfälle diskutiert und gelöst werden. Zwei Unterabschnitte sind zu markieren: (1) V 1–6 listen vier besondere Fälle, die gegenüber den in Lev 4 genannten Gebotsübertretungen einen eigenständigen Tatbestand darstellen. (2) V 7–13 thematisieren ein ausdrückliches Entgegenkommen für denjenigen, der sich aus finanziellen Gründen das geforderte Opfertier nicht leisten kann. Offensichtlich soll niemand aufgrund seiner Armut von der Möglichkeit eines Entsündigungsopfers ausgeschlossen sein – daher werden gestufte Tarife entwickelt. Diese Abstufung scheint der Hintergrund für die rabbinische Tradition zu sein, die für die Opfer von Lev 5,1–13 nicht חטאת, sondern einen eigenen Terminus verwendet: »auf- und absteigendes Opfer« (קרבן עולה ויורד, *qorbān ʿōlæ w^{e}-yōred;* u.a. *mShevuʿot 1,2; bShevuʿot* 4a; *S. R. Hirsch,* 129). Daraus bildet *Milgrom,* 307–311, die Bezeichnung »graduated purification offering« als eigene Opferkategorie. Auch von daher ist es gerechtfertigt, 5,1–13 als Appendix zu Lev 4, dem »regulären« Entsündigungsopfer, zu sehen. Die Bezüge zu Lev 4 bestehen u.a. darin, dass für 5,1–6 nur eine sehr knappe Beschreibung der Opferdarbringung gegeben wird – wohl, weil sie mit den in Lev 4 beschriebenen Vorgängen identisch ist. 5,7–13 hingegen sprechen überhaupt nicht mehr von den Anlässen – setzen sie wohl aus Lev 4,1–5,6 voraus –, sondern nur von *alternativen* Opfern mit gleicher Wirkung, aber geringerem Materialaufwand aufgrund der eingeschränkten wirtschaftlichen Leistungsfähigkeit des Betroffenen.

V 1–6 — Vier Fälle

Der Anlass für die in V 1–6 genannten vier Fälle ist kein unbeabsichtigter Verstoß gegen die Gebote JHWHs – der Begriff בשגגה kommt nicht vor.

Stattdessen wird die Wendung »und es bleibt ihm (zunächst) verborgen« (ונעלם ממנו, *w^e-næ'lam mimmæn-ū*) gebraucht (V 2.3.4) – diese Variation zeigt, dass es um gegenüber Lev 4 qualitativ eigenständige Sachverhalte geht. Thema ist nun, wie damit umzugehen ist, wenn erst *im Nachhinein* das Wissen um die Problematik eines Vorfalls auftaucht, der dazu geeignet ist, das Gottesverhältnis eines Menschen empfindlich zu stören – und dann eben ein Bewusstsein von »Schuld« auftritt.

Interne Gliederung

Die vier Fälle sind durch syntaktische Merkmale intern gegliedert: V 1 schließt mit »und wenn jemand sündigt« an 4, 2 an und signalisiert so einen Neuansatz bei gleichzeitiger Betonung des literarischen Zusammenhangs (*Rendtorff*, 189). V 2 leitet mit »oder jemand« (או נפש אשר) ein, was in V 3 mit »oder aber wenn« (או כי) faktisch fortgesetzt wird, so dass die V 2 und 3 enger miteinander verbunden sind. V 4 steht wieder auf der Ebene von V 1: »oder wenn jemand« (או נפש כי). Für alle vier Fälle werden in V 5–6 die Opfervorschriften genannt.

Erster Fall: ein Fluch

Zwei Fragen springen trotz der an sich klaren Formulierung ins Auge: V 1
(1) Was ist eigentlich genau mit dem Fluch und dem »Nicht-Anzeigen« gemeint? (2) Was bedeutet die eigenartige Fortsetzung »der trägt seine Sündenlast« – eine Wendung, die an anderen Stellen eher die Unmöglichkeit einer Aufhebung der Schuld durch ein Opfer anzeigt? Zu (1): Ein möglicher Schlüssel für diese Frage liegt in Spr 29, 24: »Wer mit einem Dieb teilt, hasst sich selbst. Er hört den Fluch, aber er zeigt es nicht an«. Den Hintergrund erhellt auch die Geschichte in Ri 17, 1–2 (*A. Marx*, Sacrifice de Réparation, 195–198): Offenbar war es üblich, bei Verlust einer Geldmenge oder eines wertvollen Gegenstandes eine laute Verfluchung zu äußern, um den unehrlichen Finder oder den potentiellen Dieb und Hehler abzuschrecken. Besonders verwerflich ist es, wenn man zwar diesen Fluch hört und Zeuge oder Mitwisser des Diebstahls ist, dann aber nichts anzeigt, sondern womöglich sogar noch mit dem Dieb teilt, wie Spr 29, 24 sagt. Nur wer sich selbst hasst, macht so etwas. Es ist aber plausibel anzunehmen, dass so etwas häufiger vorkam, insbesondere in gedrängten Siedlungsverhältnissen, wo es kaum eine Privatsphäre gab (zu Details s. *B. Wells*, Law, 54–72). – Etwas allgemeiner fasst *Raschi*, 287, die Sache: »*Er vernimmt die Stimme eines Eides* in einer Sache, in der er ein Zeuge ist …; es hat ihn jemand beschworen, wenn ihm ein Zeugnis bekannt sei, solle er es für ihn aussagen«. Es geht also um den Fall, dass jemand in einer wichtigen Sache sich einer belastenden oder womöglich sogar entlastenden Zeugenaussage entzieht. *Milgrom*, 294–295, nennt Gründe dafür (z. B. Komplizenschaft oder Gleichgültigkeit) und führt Belege aus dem altorientalischen Weisheitsdenken an, das lehrt, sich nach Möglichkeit vom Zeugenstand vor Gericht fernzuhalten. Vor einem solchen Hintergrund muss die priesterliche Gesetzgebung dem sich sträubenden Zeugen einschärfen, dass die Verfluchung durchaus ihre Wirkung haben wird. Allerdings kann niemand zur Zeugenaussage gezwungen werden,

und es bleibt Gott überlassen, den sich weigernden oder treulosen Zeugen zur Rechenschaft zu ziehen. In rabbinischer Zeit finden sich daher Ermahnungen, die Zeugenschaft wahrzunehmen, insbesondere, wenn es um Kapitalverbrechen geht und jemand durch eine Zeugenaussage vor einer ungerechtfertigten Tötung im Zuge der Blutrache bewahrt werden kann (*mSanhedrin* 4,5; 6,1; zur Diskussion des Falles durch Augustinus s. *Lienhard*, 168).

Zu (2): Normalerweise kommt ein Mitwissertum dem Diebstahl (oder einem anderen Verbrechen) selbst gleich und stellt eine so schwere Verfehlung dar, dass die Sache nicht einfach mit einem Opfer aus der Welt zu schaffen ist, zumal ein solches Tun nicht unbeabsichtigt oder unbemerkt geschieht, sondern mit vollem Wissen. Daher findet sich hier auch die Wendung »er trägt seine Sündenlast«, die an anderen Stellen (Lev 17,16; 19,8; 20,17; 24,15) meist am Ende steht, so dass darüber hinaus nichts gesagt werden kann, vor allem nichts über die Aufhebung dieser Sündenlast, d.h. diese Sündenlast bleibt an dem Betreffenden haften. In der Regel ist der Text dann so zu verstehen, dass die konkrete Bestrafung des Sünders, der seine Sündenlast trägt, Gott überlassen bleibt; es gibt keine menschliche Sanktion, sondern nur die implizite Drohung, dass Gott den, der seine Sündenlast trägt, entsprechend bestrafen wird. Die Wendung ist somit keine Sanktion, sondern eine Metapher für das Fehlverhalten (s. z.B. *B. J. Schwartz*, Bearing of Sin, 12–15: »›sin-bearing‹ is a metaphor for guilt and not punishment«; s. auch *B. Wells*, Law, 73–82; *G. A. Anderson*, Burden, 3–9; *Watts*, 357). So ist das auch hier gedacht. Betrachtet man V 1 vom Kontext losgelöst, ist es ein Drohwort für alle, die von einem Diebstahl wissen, auch den Fluch gehört haben, und dennoch nichts aufdecken: Sie werden Gottes Strafe anheimfallen. Vermutlich war dieser Satz auch ursprünglich einmal ein selbständiges Gesetz (*Milgrom*, 314–315). *Innerhalb* des Zusammenhangs von 5,1–6 jedoch stellt der Satz zunächst ein Problem dar, denn es geht ja um die Beseitigung einer »Schuld« durch ein Entsündigungsopfer, was V 1 mit seiner Formulierung normalerweise ausschließt. Liest man aber V 1 in Verbindung mit V 5, zeigt sich eine Lösung: Für alle vier genannten Fälle ist das öffentliche Bekenntnis der »Sünde« erforderlich. Das ist besonders im Blick auf den ersten Fall (V 1) bedeutsam: Wenn der Mitwisser zunächst schweigt und so Schuld auf sich lädt, dann aber zur Einsicht kommt und doch noch auspackt und seine Sünde bekennt, also auch von der Tat redet und so der Diebstahl aufgedeckt und der Schaden reguliert werden kann – dann, so ist implizit zu schlussfolgern, kann auch eine Entsündigung durch das entsprechende Opfer erfolgen. Die ursprüngliche Apodosis »er trägt seine Sündenlast« (und muss mit der Strafe Gottes rechnen) wird formal in die Protasis in V 1 hereingenommen: *zunächst* trägt er seine Sündenlast – *dann* aber, wenn er bekennt, kann eine Entsündigung erfolgen (V 5) (*Milgrom*, 295.315; ebenso *Rendtorff*, 190–191.194–195; *M. J. Boda*, A Severe Mercy, 65–67).

Zweiter Fall: Berühren von Aas

V 2

Fall 2 und 3 sind inhaltlich verwandt: Es geht um die kultische Verunreinigung durch Berührung des Aases unreiner Tiere (s. die Auslegung zu Lev 11) oder unreiner Menschen, mithin um eine so genannte »sekundäre« Verunreinigung durch den körperlichen Kontakt (Berühren, נגע) mit dem eigentlichen Träger der Unreinheit. Entscheidend ist dabei der Befund, dass die Sachlage dem Betreffenden beim Eintritt des Umstandes nicht bekannt war bzw. zu spät bewusst wurde, um rechtzeitig entsprechende Reinigungsriten (z. B. Lev 13–15) durchführen zu können. Nicht der Kontakt mit Unreinem an sich erfordert das Entsündigungsopfer – normalerweise sind eben nur entsprechende Fristen und Reinigungshandlungen zu beachten –, sondern vielmehr der länger als vorgesehen andauernde Status der Unreinheit, denn je länger sie dauert, umso schwerwiegender wird die Unreinheit als Bedrohung für die Heiligkeit des Heiligtums (*Milgrom*, 310–311; *D. P. Wright*, Spectrum, 159; s. z. B. auch *Raschbam*, 29).

Dritter Fall: Berühren von unreinen Menschen

V 3

Ganz analog zu V 2 wird der Fall der Berührung eines unreinen Menschen behandelt. Ausdrücklich werden *alle* möglichen Formen der Unreinheit sprachlich erfasst. Das Thema »rein« – »unrein« wird im weiteren Verlauf des Buches Levitikus noch eine ganz wesentliche Rolle spielen (s. das Glossar). Bereits hier seien bestimmte moderne Assoziationen und Konnotationen ausgeschlossen: Es geht weder um moralische Implikationen (»ein reines Gewissen haben«), noch um medizinische Phänomene (»unreine Haut«), sondern einzig um die Frage, ob eine Person (oder auch ein Gegenstand) am Kult (und damit an der Begegnung mit dem lebendigen Gott) teilnehmen kann oder nicht. Dahinter steht die Idealvorstellung einer durch und durch »heiligen« (»reinen«) Gemeinschaft der Menschen vor dem lebendigen, heiligen Gott. Temporärer Ausschluss vom Kult aufgrund bestimmter, z. T. rein natürlicher Vorgänge (u. a. Geburt oder Samenerguss) ist offenbar ganz normal und durch entsprechende Riten wieder zu beseitigen. Auffällig ist die Vorstellung von der Kontakt-Kontamination: »Unreinheit«, also die Eigenschaft, die vom Kult (temporär) ausschließt, kann durch Berührung übertragen werden, sowohl von Menschen auf Menschen als auch von Gegenständen auf Menschen und umgekehrt. Dabei kann es vorkommen, dass man einmal nicht aufpasst oder einem eine solche Berührung »entfällt«. Kommt einem dann der Fall wieder zu Bewusstsein, liegt »Schuld« vor und damit auch die Notwendigkeit eines Entsündigungsopfers. Ziel dieser Überlegungen ist letztlich der Schutz des Heiligtums vor kultischer Verunreinigung durch Unachtsamkeit (*Levine*, 28).

Vierter Fall: Unbesonnenes Schwören

V 4

Im vierten Fall geht es um ein unbedachtes Schwören. Der Ausdruck für »unbedacht« ist selten, das Verb בטא, *BṬ'*, ist nur hier und in Ps 106,33 (unbeherrschtes Reden des Mose im Zorn) sowie Spr 12,18 (ein Schwätzer) belegt. Näher zu Lev 5,4 steht Num 30,7.9 mit dem Substantiv מבטא, *mibṭā'*, »voreiliges Wort«: Damit hat sich eine Frau in Form eines Schwurs zu etwas verpflichtet. Tut sie das vor der Eheschließung und schweigt ihr

Mann dazu, bleibt die Verpflichtung gültig; widerspricht aber der Ehemann, sobald er davon hört, ist das Gelübde (נדר) oder eben das voreilige Wort außer Kraft gesetzt und die Frau ist davon frei. Es geht also immer um die Problematik einer in Schwurform geäußerten Selbstverpflichtung, die unbesonnen und schwatzhaft eingegangen wird (s. z. B. *N. Kiuchi,* Study, 13). Der Text versucht nun, den Tatbestand möglichst breit zu fassen: alles, was auch immer man *im Modus des Schwörens* unbesonnen daherredet, להרע או להיטיב, *lᵉ-haraʿ ʾō lᵉ-hēṭīb* (jeweils *lᵉ*- mit Infinitivus constructus der Verben *Rʿʿ* und *YṬB hifil*). Diese Wendung kann einerseits als allgemeine Umschreibung aller denkbaren Möglichkeiten aufgefasst werden (so EÜ: ob zum Schaden oder zum Nutzen; u. a. *Levine,* 28, und *Milgrom,* 300, sehen die Wendung als Merismus an, der »alles« einschließt). Andererseits kann man auch LXX folgen: κακοποιῆσαι ἢ καλῶς ποιῆσαι, »sei es Böses oder Gutes zu tun«. Dabei ist aber der Schwur, *anderen* Böses zu tun, ausgeschlossen, denn dieses Thema wird erst unter V 21–26 behandelt (s. u.). Ansonsten ist es unerheblich, ob man sich selbst Gutes oder Böses oder anderen Gutes tun will. Der entscheidende Punkt ist, dass – wohl aufgrund der Unbedachtheit – das Gelübde *nicht erfüllt* wird und dass dies dem Betreffenden später ins Bewusstsein kommt (*B. Wells,* Law, 71). Dann fällt ihm wieder ein, was er da unbesonnen geredet hatte, und die »Schuld« kommt zu Bewusstsein (אשם). Nun bedarf es eines Rituals, um sich dieses Makels zu entledigen. – Die Ausführungen von *A. Schenker,* Keine Versöhnung, 118–119, zu Lev 5,1–6 erscheinen demgegenüber recht kompliziert.

V 4–5 Die Wendung »in einem von diesen Dingen« (לאחת מאלה) begegnet sowohl am Ende von V 4 als auch am Beginn von V 5. Man könnte an eine Dittographie (überflüssige Doppelschreibung in V 4) denken (*Rendtorff,* 194, in Anschluss an *Milgrom,* 300). Andererseits sind auch in V 4 mehrere Tatbestände aufgeführt, so dass sich die Wendung in V 4 nur auf diese genannten »Dinge« von V 4 (verschiedene Varianten des unbesonnenen Schwörens), die Wendung in V 5 aber auf alle vier Unterfälle der V 1–4 bezieht. An beiden Stellen hat die Phrase die Funktion zu betonen, dass es *nicht* um eine *Verbindung* dieser Tatbestände geht, sondern um je irgendeines der genannten Beispiele. In einem von diesen Dingen

V 5 V 5 beschreibt die Folge (Apodosis) für alle vier in V 1–4 genannten Fälle. Nochmals wird betont, dass es entscheidend ist, dass dem Betreffenden die Schuld zu Bewusstsein kommt. Das ist die tiefere Bedeutung von אשם: Es geht nicht um ein bloßes »schuldig werden«, sondern um die Erkenntnis der Schuld, die erst die Möglichkeit für den folgenden Opferakt bietet. Auf die Erkenntnis muss auch das ausdrückliche Bekenntnis folgen (s. auch *M. J. Boda,* A Severe Mercy, 64–67; *C. Eberhart,* Studien, 118–119; *D. Janzen,* Social Meanings, 111). Das Verb ידה, *YDʿ,* steht im *Hitpael* und bezeichnet das Bekennen von Schuld und Sünden v. a. in »späten« Texten (Dan 9,4.20; Esra 10,1; Neh 1,6; 9,2.3; 2Chr 30,22; *J. C. Hogewood,* Speech Act, 69). In Schuldbewusstsein und Schuldbekenntnis der Tora kommt es noch in Lev 16,21; 26,40 und Num 5,7 vor. In diesen Fällen geht es immer um *bewusst* begangene Verfehlungen – hier ist ein öffentliches Bekenntnis erforderlich. Bei den in Lev 4 behandelten *unbeabsichtigten* Verfehlungen (בשגגה) ist ein solches Bekenntnis nicht nötig. *Milgrom,* 301–302.373–378, sieht hier einen Schachzug der priesterlichen Gesetzgebung, die durch das öffentliche Bekenntnis willentlich begangener Sünden diese Tatbestände mit den unbeabsichtigten Verfehlungen gleichstellt und sie dadurch durch ein Opfer »sühnbar« macht. Im Talmud ist belegt: »Bedeutend ist die Buße, dass durch sie die vorsätzlichen Sünden zu fahrlässigen werden« (*bYoma* 86b). In Bezug auf den Versöhnungstag, an dem der Stier des Hohepriesters auch für dessen absichtlich begangene Sünden Versöhnung erwirken kann, sagt *Sifra,* Achare mot, Üs. Winter, 453: »Allein nachdem er Bekenntnis abgelegt hatte über die mutwilligen Übertretungen und über die Abtrünnigkeiten (war es) als wären sie versehentliche Übertretungen vor ihm«. Das Bekenntnis (und die implizierte Reue) machen es möglich, dass für bewusst und intentional begangene Sünden, für die es an sich nur die Gottesstrafe gibt, durch einen kultischen Akt Versöhnung erwirkt werden kann. Dies sei (nach *Milgrom,* 302) keine israelitische Erfindung, sondern in zahlreichen altorientalischen Texten bezeugt. Vermutlich musste der Opfernde selbst das Bekenntnis ablegen – wo, wie und vor wem, ob allein vor Gott oder öffentlich vor dem geschädigten Menschen, vor einem Gremium o.ä., wird im biblischen Text nicht ausgeführt, aber in nachbiblischer Zeit stark diskutiert (Details bei *Milgrom,* 303; s. ferner *Watts,* 360–361, der auch auf die Entwicklung der christlichen »confession« hinweist).

Schulddarbringung – Entsündigungsopfer

Nun folgt in sehr abgekürzter Form die Opfervorschrift. Der Schlüsselbegriff ist אשמו, der in Parallele zu קרבנו, »seine Darbringung«, in 4,23.28.32 steht und daher als zusammenfassender Oberbegriff (»Schulddarbringung«) aufzufassen ist (s.o., Zur Übersetzung; *Kornfeld,* 24). Klassifiziert wird das Opfer weiterhin als Entsündigungsopfer; es geht noch nicht um V 6

Opfertier

אשם als »Entschuldigungsopfer« (s.u., ab V 14). Das Opfertier ist wieder weiblich, ein Schaf oder eine Ziege (s.o. zu 4,28.32, wobei die Reihenfolge von Ziege und Schaf hier umgedreht ist).

Versöhnungsformel

Wie schon gewohnt schließt der Abschnitt mit der Versöhnungsformel: Der Priester erwirke durch den Vollzug des Opfers Versöhnung für den Betreffenden *(kipper).* Es fehlt jedoch der zweite Teil der sonst üblichen Versöhnungs- und Vergebungsformel im hebräischen Text: »und es wird ihm vergeben werden«. Dies kann auf zweierlei Weise erklärt werden: Entweder wird die zweigliedrige Formel als so bekannt vorausgesetzt, dass der zweite Teil fehlen kann, ohne dass der Sinn sich dabei ändert, gewissermaßen als Abkürzung (Abbreviatur); oder die Auslassung ist versehentlich erfolgt. Dass SAM und LXX sowie C (Kairoer Genizafragmente) den zweiten Teil der Wendung haben (s.o., Zur Übersetzung), »kann sowohl als Bewahrung des ursprünglichen Textes als auch als Hinzufügung des Vermißten erklärt werden« (*Rendtorff,* 196).

V 7–13 **Das Opfer der Armen**

In V 7–13 folgen Sonderbestimmungen, die ausdrücklich den Fall behandeln, dass jemandem die Mittel für ein Entsündigungsopfer fehlen. Diese Bestimmungen sind insofern notwendig, als das Entsündigungsopfer ein verpflichtendes Opfer ist, das dargebracht werden *muss*, wenn eine bestimmte Verfehlung begangen wurde. Der Arme darf von dieser Möglichkeit der Versöhnung nicht ausgeschlossen sein, daher muss ein Weg gefunden werden, wie finanziell schlechter gestellte Menschen im Falle des Falles handeln können. In gestufter Weise folgen zwei Erleichterungen, die bis in die extreme Armut herabreichen. V 7–10 behandelt Vögel (Tauben) als Opfertiere, V 11–13 das Ersatzopfer von Weizenfeinmehl.

Wie weit reicht der Bezug?

Die vieldiskutierte Frage in diesem Zusammenhang ist die nach der Reichweite der Erleichterungen für die Armen. Gelten sie nur für die in 5,1–4 genannten Fälle? So scheint die rabbinische Tradition zu urteilen (*Rendtorff*, 196), auch *Milgrom*, 307–318, optiert dafür, vor allem aufgrund der Unterschiede zwischen den in 5,1–6 und in Lev 4 genannten Anlässen und Fallbeschreibungen: Diese Differenzen machen aus 5,1–6 eine eigenständige Opferkategorie, und nur diese kann nach der wirtschaftlichen Leistungsfähigkeit des Betroffenen abgestuft werden.

Sollte es aber für die »unbeabsichtigt« (בשגגה) begangenen Sünden (Lev 4,27–35) *keine* Erleichterungen im Falle von Armut geben? Zunächst ist festzuhalten, dass die Frage nur ab Lev 4,27 relevant ist. Bei den ersten drei Personengruppen in Lev 4 (der gesalbte Priester, die ganze Gemeinde, der Fürst als König oder Stammesfürst) spielt das Thema »Armut« keine Rolle. Aber ab 4,27 ist von einer beliebigen Person aus dem Volk des Landes die Rede, die ein Entsündigungsopfer darbringen muss, wenn ihr »Schuld« zu Bewusstsein kommt. Wie auch immer man die literarischen Schichten hier scheiden und einander zuordnen mag, vom Endtext her liegt es nahe, im Rückschlussverfahren die Sonderbestimmungen von 5,7–13 analog auf den Fall von 4,27–35 zu beziehen, da es jeweils um das geforderte Entsündigungsopfer geht (*Rendtorff*, 196, lässt die Frage grundsätzlich offen, optiert aber aus Plausibilitätsgründen *für* die Verbindung mit Lev 4,27–35; ähnlich *H. Utzschneider*, Vergebung, 112; *Watts*, 356).

V 7–10 **Tauben**

Die erste Erleichterungsstufe schreibt zwei Tauben als Opfertiere vor (s. die Auslegung zu Lev 1,14). Davon ist eine Taube ein Entsündigungsopfer, die andere ein Brandopfer. Das überrascht zunächst, wird aber im Blick auf den Ablauf des »normalen« Entsündigungsopfers vom Kleinvieh (Schaf oder Ziege) und die Besonderheit des Opfertieres »Taube« durchschaubar: Beim Schaf oder bei der Ziege werden die Fettteile als Gabe an JHWH verbrannt, während das Fleisch dem amtierenden Priester zusteht (Lev 6,19). Eine solche Aufteilung ist bei einem kleinen Tier wie der Taube nicht möglich: Entweder wird sie ganz verbrannt oder ganz verzehrt. Daher müssen es zwei Exemplare sein: Die eine Taube liefert das Blut für den kleinen Blutritus und wird dann vom Priester gegessen; die andere Taube ist die Opfergabe (als

Feueropfer/Brandopfer) für JHWH und wird ganz verbrannt (in Analogie zu
Blutritus den Fettteilen beim Kleinvieh-Entsündigungsopfer; s. z. B. *Watts*, 363). Der V 9
»kleine« Blutritus hat zwei Teile: Mit etwas Blut wird die Seitenwand des Brandopferaltars besprengt, das restliche Blut wird am Fuß des Altars beseitigt – mehr ist mit der geringen Blutmenge, die in einer Taube ist, nicht mög-
Klassifikationsformel lich. Dennoch wird dieses so gering erscheinende Opfer als vollgültiges Entsündigungsopfer klassifiziert – nicht ohne Grund und nicht zufällig steht hier die Klassifikationsformel, um jegliche Missverständnisse oder jedwede Geringschätzigkeit auszuschließen: Auch dieses vergleichsweise armselige Tun
Brandopfer mit der Taube hat seinen Wert. Für die zweite Taube wird nur noch auf die V 10
Vorschrift zum Vogel-Brandopfer in Lev 1, 14–17 zurückverwiesen, und damit werden die dort als Erweiterung oder Nachtrag erscheinenden Ausführungen (s. die Auslegung zu 1, 14–17) als bekannt vorausgesetzt. Die Reihenfolge ist (nach *Levine*, 29, und *Watts*, 363) logisch: Zunächst erfolgt das Entsündigungsopfer, um die gestörte Gottesbeziehung zu heilen, dann das Brandopfer als erste gottesdienstliche Handlung *nach* der Entsündigung im Zuge des Versöhnungsvorgangs. Vermutlich aufgrund dieser Überlegung steht beispielsweise in der Tempelrolle von Qumran das Entsündigungsopfer immer an erster Stelle, unabhängig von der Reihenfolge der Opfer in den zugrundeliegenden Toratexten (*L. H. Schiffman*, *ʿôlâ*, 46). Zudem ist mit *Milgrom*, 304, zu beachten, dass auch dem Brandopfer (s. zu Lev 1, 4) eine »Versöhnung erwirkende« (כפר, *kipper*) Funktion zugeschrieben wird und die Kombination von Brandopfer (עלה) und Entsündigungsopfer (חטאת) häufiger bezeugt ist (u. a. Num 6, 11.14.16; 8, 12; 15, 24; 28, 15; 29).

Versöhnungs- und Vergebungsformel In Korrespondenz zur Klassifikationsformel bestätigt die Versöhnungs- und Vergebungsformel die volle Gültigkeit des Vorgangs zur Entsündigung eines armen Menschen, der sich ein Schaf oder eine Ziege für ein »normales« Entsündigungsopfer nicht leisten kann. Allerdings zeigt die Schlussstellung dieser Formel mit dem *kipper*-Element (Versöhnung), dass die beiden Opfer zusammengehören; ließe man eine Taube weg, wäre der Vorgang unvollständig. Erst durch den kleinen Blutritus *und* das Vogel-Brandopfer werden Versöhnung und Vergebung erreicht (*Rendtorff*, 198).

Weizenfeinmehl Die zweite Erleichterungsstufe verzichtet auf tierisches Blut und erfor- V 11–13
dert stattdessen eine vegetabile Opfermaterie. Wer sich also nicht einmal zwei Tauben leisten kann, soll dann wenigstens ein Zehntel ›Efa‹ Weizenfeinmehl (etwa 2, 2 Liter) bereitstellen. Diese Opfermaterie ist von der Speiseopfergabe (מנחה) her bekannt (Lev 2), doch wird dieses Entsündigungsopfer in mehrfacher Hinsicht von der מנחה unterschieden und abgegrenzt: (1) Es wird – anders als in Lev 2 – eine genaue Mengenangabe genannt. (2) Es wird betont, dass *kein* Öl und *kein* Weihrauch anzuwenden sind. (3) Es wird ausdrücklich gesagt, dass es ein *Entsündigungsopfer* (und damit keine Speiseopfergabe) ist. Diese letztere Wendung ist keine Klassifikationsformel, denn die kommt am Ende von V 12, sondern eine explizite Abgren-

zung von der מנחה. Die Menge des Weizenfeinmehls und ihr Wert sind schwer abzuschätzen – 2,2 Liter werden in den meisten Publikationen genannt. Der Text in Lev 5 geht davon aus, dass die Menge von einem Zehntel ›Efa‹ offenbar leichter als zwei Tauben beschafft werden kann, auch wenn sie nicht gerade wenig erscheint und einen Menschen für einen Tag sättigen kann (*Milgrom*, 306, mit Verweis auf *Ibn Esra* [*Carasik*, 29]).

V 12 Die Darbringungsweise des Weizenfeinmehls erfolgt in Analogie zur Speiseopfergabe (s. die Auslegung zu Lev 2 und das Glossar). Der Priester lässt einen kleinen Teil des Mehls als Gedächtnisanteil, der das *gesamte* Opfer repräsentiert, in Rauch aufgehen. Der große »Rest« des Mehls gehört dann dem Priester, wie es auch bei der Speiseopfergabe der Fall ist (V 13). Noch einmal erfolgen aber zwei Abgrenzungen von der Speiseopfergabe: (1) Das Opfer wird *auf* den Feueropfern JHWHs (s. das Glossar) dargebracht, ist selbst also keine Feueropfergabe (*C. Eberhart*, Studien, 165). (2) Die Klassifikationsformel betont ausdrücklich: Es ist ein Entsündigungsopfer. Das ist eine besonders bedeutsame Feststellung, denn im Unterschied zu allen anderen Entsündigungsopfern fließt hier kein Blut – in klarer Weise wird das vegetabile, unblutige Opfer als *Ersatz* (aus mangelnder wirtschaftlicher Leistungsfähigkeit) für das »normale« Opfer mit Blutritus akzeptiert und eingeführt. Das Mehl ist Grundnahrungsmittel – das könnte der Grund dafür sein, dass es als Ersatzsymbol für das »Leben« fungieren kann.

Wie die Speiseopfergabe …

… und doch etwas Eigenes

Milgrom, 316, der das »Armenopfer« nur auf die Fälle von 5,1–4 anwendbar sieht, begründet die Möglichkeit, das Blut durch Weizenfeinmehl zu ersetzen, u. a. damit, dass die Fälle der Verunreinigung des Heiligtums in 5,1–4 von minder schwerem Charakter seien bzw. als sekundäre (abgeleitete) Analogieschlüsse gebildet worden seien. Der Gesetzgeber sei sich darüber unsicher, ob die »Verunreinigung« überhaupt so schwerwiegend sei, dass das Heiligtum betroffen sein könnte: »Thus it may be the anomalous nature of the impurity and its potency that have, in the long run, been responsible for creating the cultic fiction that semolina can purge the sanctuary«. Anders sei es bei der Wöchnerin (Lev 12) und bei denen, die an ungewöhnlichem Ausfluss oder Blutungen leiden (Lev 15): Ihre »Unreinheit« ist deutlich und primär (nicht abgeleitet), daher ist bei ihrem »Entsündigungsopfer« (= »Reinigungsopfer«) kein unblutiger Ersatz durch Weizenfeinmehl möglich. Zwar sind die Überlegungen Milgroms durchaus logisch und nachvollziehbar, entbehren aber auch nicht eines gewissen Systemzwangs, der die Texte in das Schema von »Unreinheit« bzw. »Reinigung des Heiligtums und seiner heiligen Gegenstände« presst.

V 13 Die Gültigkeit und volle Wertigkeit des unblutigen Armenopfers wird durch die folgende Versöhnungs- und Vergebungsformel unterstrichen: Auch durch das Mehlopfer erwirkt der Priester Versöhnung *(kipper)* und erhält der Opfernde Vergebung. Die Wendung ist u. a. erweitert durch »in einem von diesen Dingen« (מאחת מאלה) – diese Passage wird aus V 5 aufgegriffen, so dass sich eine literarische Klammer um den gesamten Abschnitt 5,1–13 ergibt. Die Zueignung des Opfermaterials des Mehl-Entsündigungsopfers

Versöhnungs- und Vergebungsformel

an den amtierenden Priester zeigt schließlich die enge formale und inhaltliche Bezugnahme des Rituals von 5,11–13 auf die Speiseopfergabe von Lev 2 (s. auch *Watts*, 365–366).

1.2.2 Levitikus 5,14–26: Entschuldigungsopfer

Literatur *Eberhart, C.*, Studien, 174–176. – *Knohl, I.*, The Guilt Offering Law of the Holiness School (Num. V 5–8): VT 54, 2004, 516–526. – *Levine, B. A.*, Presence, 91–101. – *Marx, A.*, Sacrifice de Réparation. – *Milgrom, J.*, The Concept of *ma'al* in the Bible and the Ancient Near East: JAOS 96, 1976, 236–247. – *Rendtorff, R.*, Studien, 199–234. – *Schenker, A.*, Anlässe, 46–55. – *Schenker, A.*, Keine Versöhnung. – *Schenker, A.*, Unterschied.

Text

Übersetzung *5[14]Und JHWH sprach zu Mose:*

[15]Wenn jemand ein Sakrileg begeht und unbeabsichtigt gegen die heiligen Dinge JHWHs sündigt, dann bringe er als seine Schulddarbringung für JHWH einen fehlerlosen Widder vom Kleinvieh nach dem Richtwert in Silberschekeln nach dem Schekelgewicht des Heiligtums für ein Entschuldigungsopfer. [16]Und dafür, worin er an dem Heiligen gesündigt hat, leiste er Ersatz, und ein Fünftel seines (Wertes) füge er hinzu, und er gebe es dem Priester. Und der Priester erwirke für ihn Versöhnung mit dem Widder des Entschuldigungsopfers, und es wird ihm vergeben werden.

[17]Und wenn jemand sündigt und eines von dem tut, was nach den Geboten JHWHs nicht getan werden soll, aber er weiß es nicht (genau) und hat ein Schuldbewusstsein und trägt seine Sündenlast, [18]dann bringe er einen fehlerlosen Widder vom Kleinvieh nach dem Richtwert für ein Entschuldigungsopfer zum Priester, und der Priester erwirke für ihn Versöhnung für die unbeabsichtigte Verfehlung, die er unbeabsichtigt begangen hat und um die er nicht (genau) weiß, und es wird ihm vergeben werden. [19]Ein Entschuldigungsopfer (ist) es; er hat ein Schuldbewusstsein gegenüber JHWH entwickelt.

[20]Und JHWH sprach zu Mose:

[21]Wenn jemand sündigt und ein Sakrileg gegenüber JHWH begeht, indem er seinem Mitbürger gegenüber ein anvertrautes oder hinterlegtes Gut oder eine geraubte Beute verleugnet oder seinen Mitbürger erpresst [22]oder ein verlorenes Gut findet und es verleugnet, und er

leistet einen Meineid hinsichtlich eines von alledem, was der Mensch tun kann, um sich daran zu versündigen, [23]dann – wenn er sündigt und sich seiner Schuld bewusst wird – gebe er das Geraubte, das er geraubt hat, oder das Erpresste, das er erpresst hat, oder das anvertraute Gut, das ihm anvertraut worden ist, oder das verlorene Gut, das er gefunden hat, [24]oder alles das, worüber er einen Meineid geleistet hat, zurück und leiste ihm (dem Geschädigten) nach der vollen Summe Ersatz, und ein Fünftel davon füge er dem hinzu. Wem es gehört, dem gebe er es am Tag, an dem er sich seiner Schuld bewusst wird, (zurück). [25]Und als sein Entschuldigungsopfer bringe er für JHWH einen fehlerlosen Widder vom Kleinvieh nach dem Richtwert für ein Entschuldigungsopfer zum Priester. [26]Und der Priester erwirke für ihn Versöhnung vor JHWH, und es wird ihm jedwede Tat, die er getan hat und für die er sich seiner Schuld bewusst geworden ist, vergeben werden.

Zu Text und Übersetzung

15 »Schulddarbringung«: s. o. zu 5,6.

15 »Wenn jemand ein Sakrileg begeht«: Zur Begründung der Übersetzung s. die Auslegung. – Das hebräische Wort נפש, wörtlich »Seele«, hier: »jemand«, schließt Frauen wie Männer ein. Das zeigt sich auch an der parallelen Formulierung des Falles in Num 5,6, wo איש או אשה, »Mann oder Frau«, steht.

15 »Widder vom Kleinvieh«: von der heimischen Herde, also kein Wildtier.

15 »Richtwert«, wörtlich: nach deiner Schätzung. Das ePP der 2. Person maskulin Singular ist funktionslos geworden, da eine feststehende Wendung entstand: בערכך כסף שקלים בשקל הקדש »nach dem Richtwert in Silberschekeln nach dem Schekelgewicht des Heiligtums« (siehe Lev 5,18; 27,3, in Variationen noch öfter): בערכך, *b^{e}-ʿærk^{e}kā* in Lev 5,15.18.25; Lev 27,2.27; Num 18,16. Der Begriff »Richtwert« ist ein Vorschlag aus der Buber/Rosenzweig-Übersetzung. – Eine andere Herleitung ist die Annahme einer Reduplikation des dritten Radikals zu einer vierradikaligen Wurzel ערכך, so dass das Wort *ʿærkāk* zu vokalisieren und von einer irrtümlichen Punktierung als Personalpronomen durch die Masoreten auszugehen sei (*Milgrom*, 2370, mit Verweisen auf Raschbam und Zorrell).

18 Die Übersetzung gibt die Wurzelparonomasien nach Möglichkeit wieder: על שגגתו אשר שגג, *ʿal šiggāt-ō ʾašær šāgāg*.

19 Die Klassifikationsformel (V 19a) fehlt in LXX (nach *J. W. Wevers*, Notes, 64, ein Versehen des Übersetzers aufgrund eines Homöoteleutons).

19 »Er hat ein Schuldbewusstsein gegenüber JHWH entwickelt« (אשם אשם ליהוה, *ʾāšom ʾāšam la-YHWH*): Hier wird das Verb אשם mit Wurzelparonomasie und Präpositionalobjekt »gegenüber JHWH« (ליהוה) verwendet (s. die Auslegung). – *Watts*, 371, deutet den unvokalisierten hebräischen Text so, dass drei Mal das Wort »Entschuldgungsopfer« wiederholt wird: »It is a guilt (offering), a guilt (offering), a guilt (offering) for YHWH«. Die dreimalige Nennung sei liturgischen Ursprungs: »Perhaps P was quoting a chant from the temple liturgy that accompanied guilt offerings.«

20 Einige Ausgaben der LXX und die Vulgata (gefolgt von vielen englischen Übersetzungen) lassen hier Kapitel 6 beginnen. Die Verszählung innerhalb von Kapitel 6 ändert sich dort entsprechend.

21 »Mitbürger«: עמית, *ʿāmīt*. Das Wort kommt außer in Sach 13,7 nur im Buch Levitikus vor und steht dort mehrfach in Parallele zu רע, »Nächster« (z. B. Lev 19,15–16).

23 Die Konstruktion erfolgt mit והיה, »und es soll geschehen«, wie in 5,5: Die Reihe der möglichen Tatbestände wird so abgeschlossen.

23 Diese drei Sachverhalte sind im Hebräischen jeweils mit Wurzelparonomasie (z. B. את הגזלה אשר גזל, *ʾæt ha-gᵉzēlā ʾašær gāzāl*) ausgedrückt, die im Deutschen nur bedingt nachzuahmen ist.

24 »Alles das, worüber er einen Meineid geleistet hat«: SAM, LXX, Peš, TgJ fügen דבר, »Sache« hinzu (*J. W. Wevers*, Notes, 67) und klären so den Tatbestand: Es geht auch beim Meineid um eine veruntreute Sache.

24 Zur Liste der zurückzugebenden Dinge gehört aufgrund der weiterlaufenden Reihung mit או, »oder«, auch alles das hinzu, worüber der Meineid geleistet wurde. Die folgende Ersatzleistungsbestimmung (שלם) deckt jeglichen durch das Fehlverhalten entstandenen Schaden ab.

24 Gegenüber 5,16 (dort Singular) steht hier der Plural von »Fünftel«, wobei viele Hss, SAM, Peš (auch LXX) den Singular lesen. Sollte sich der Plural auf zwei fünfte Teile beziehen, nämlich ein Fünftel des Wertes des hinterzogenen Gutes und ein Fünftel des durch die Hinterziehung entstanden Schadens?

Analyse

Zusammengehörigkeit von Lev 4–5

In 5,14 wie in 5,20 steht nur die Anredeformel »Und JHWH sprach zu Mose«, so dass jeweils ein gewisser Neueinsatz markiert ist. Allerdings folgt in beiden Fällen nicht die übliche Weitergabeformel »Sprich zu den Israeliten« (o. ä.). Die Vollform der Kombination von Anrede- und Weitergabeformel (s. zu Lev 1,1–2 und 4,1–2) findet sich erst wieder in Lev 6,1–2, wo dann aber speziell Aaron und seine Söhne (also die Priester) angesprochen sind und somit ein neuer bzw. anderer Adressatenkreis. Das Fehlen der Weitergabeformel in V 14 und 20 könnte auf eine formale Zusammengehörigkeit von Lev 5,14–26 mit 4,1–5,13 hinweisen (*Rendtorff*, 199). Diese formale Seite wird terminologisch gestützt, denn eine Reihe von Begriffen aus 4,1–5,13 begegnen jetzt wieder: »unbeabsichtigt« (בשגגה; V 15.18); »sündigen« (חטא; V 15–17.21–23); »sich einer Schuld bewusst werden« (אשם als Verb; V 17.19.23); »Schulddarbringung« (אשם; V 15); »der Priester erwirke Versöhnung« (כפר, *kipper*) »und es wird ihm vergeben werden« (ונסלח, *wᵉ-nisla*ḥ; V 16.18.26). Insofern setzt V 14–26 diese Begrifflichkeit aus den vorausgehenden Kapiteln 4–5 als bekannt voraus und lehnt sich eng an diese Ausführungen an.

Neuer inhaltlicher Akzent

Neuer Opferbegriff

Dennoch wird deutlich, dass trotz der sehr ähnlichen Terminologie in mehrfacher Hinsicht ein neuer inhaltlicher Akzent gesetzt wird. (1) In V 19 findet sich eine Klassifikationsformel, die אשם eindeutig als Opferterminus kennzeichnet: »Entschuldigungsopfer« (s. das Glossar). Schon vorher taucht die Bezeichnung als technischer Fachbegriff auf: am Ende von V 15, in V 16 (»Widder des Entschuldigungsopfers«) und V 18. Es geht also nicht mehr um das »Entsündigungsopfer« (חטאת), sondern um das »Entschuldigungsopfer« (אשם). Dies ist die dritte spezielle Bedeutung der vieldeutigen Wurzel אשם: Als Verb bezeichnet sie den Vorgang der Bewusstwerdung der Schuld, die durch ein unbeabsichtigtes Übertreten eines Gebotes JHWHs entsteht; in V 6–7 und V 15 ist אשם ein übergeordneter Dachbegriff in Parallele zu קרבן, »Darbringung« (s. o., zur Übersetzung von 5,6–7); ab V 15 fungiert אשם als Parallelbegriff zu חטאת, und wie dort bezeichnet das Wort sowohl die »Schuld« als das von Gott Trennende als auch das Mittel, das diese Schuld entfernt und so die Beziehung zu Gott wiederherstellt.

Neuer Anlass

(2) Diesem Unterschied korrespondiert ein anderer Anlass bzw. eine andere Bezeichnung für die zur Diskussion stehende Verfehlung: »wenn jemand ein Sakrileg begeht« (hebräisch מעל, *M'L*). Was dies im Einzelnen bedeutet, wird bei der Auslegung zu V 15 zu diskutieren sein. Bemerkenswert ist noch, dass bei *dieser* Art von Verfehlungen das Opfer allein nicht ausreicht, sondern immer auch eine Ersatzleistung für den entstandenen Schaden (שלם *piel*) und eine zusätzliche »Bußzahlung« (»ein Fünftel«) impliziert ist (zu Einzelheiten s. die Auslegung).

Hier kein Opferritual

Das »Entschuldigungsopfer« wird zwar als Opferterminus eingeführt, aber es wird auffälligerweise kein Opferritual beschrieben – das kommt erst in 7,1–6. Das ist eine gewisse Unstimmigkeit, denn die Vorschriften in Lev 6–7 setzen in aller Regel die Details des Opferrituals aus Lev 1–5 als bekannt voraus. Mit *Rendtorff*, 200, sind wohl entstehungsgeschichtliche Gründe für diese Unebenheit verantwortlich zu machen: Die schon geschilderte terminologische Nähe zwischen 5,14–26 und 4,1–5,13 führte wahrscheinlich dazu, dass die Passagen hintereinander zu stehen kamen; dabei wurde dann vor allem Wert auf den unterschiedlichen Anlass und die verschiedenen Gründe für ein Entschuldigungsopfer gelegt, nicht aber auf die Details des Opferrituals. Da diese Details aber (aufgrund der Analogie zu den anderen Opfern) nötig waren, wurden sie im Kontext von Lev 6–7 nachgetragen. Dabei wurde auch die große Nähe zum Entsündigungsopfer mitbetont (7,7), so dass dies als Erklärung für den Nachtrag der Opferdetails gewertet werden kann. Eine genauere Rekonstruktion der Entstehungsgeschichte der Texte ist nicht möglich, da »uns dazu die nötigen Einsichten in die internen Zusammenhänge der israelitischen Kultgeschichte fehlen« (*Rendtorff*, 200).

Aufbau

Der Abschnitt 5,14–26 ist durch die wiederholte Anredeformel in V 20 zweigeteilt. Im ersten Teil (V 14–19), der durch die Klassifikationsformel auch regulär abgeschlossen wird, geht es um ein unbeabsichtigtes Sakrileg »gegen die heiligen Dinge JHWHs« (V 15–16) und um Fälle, wo zwar ein Schuldbewusstsein vorhanden, aber kein Grund bekannt ist, woher es kommt; sozusagen ein Opfer »im Zweifelsfall« (V 17–19; s. die Auslegung). Im zweiten Teil (V 20–26) steht das unberechtigte oder gar räuberische Vorenthalten des Eigentums eines Mitbürgers in Verbindung mit einem Meineid im Vordergrund. Gerade der Eid (als Meineid), der Gott als dritte Partei anruft, hebt die Problematik aus einem rein zwischenmenschlichen (zivilrechtlichen) Bereich heraus und stellt damit ein kultisches Problem der gestörten Gottesbeziehung dar. Abhilfe ist – wenn die zivilrechtliche Seite geregelt ist – durch das Ritual möglich.

Auslegung

Ein Sakrileg begehen

Eine wesentliche abgrenzende Besonderheit des Abschnittes 5,14–26 be- V 15
steht in der Präzisierung des »unbeabsichtigten Sündigens« (וחטאה בשגגה schließt an den Obersatz von 4,2 an!) durch die Wendung »ein Sakrileg begehen«. Im Hebräischen wird es durch Wurzelparonomasie von Verb und Substantiv ausgedrückt (נפש כי תמעל מעל, *næpæš kī tim'ol ma'al*). Diese Konstruktion *(figura etymologica)* ist für die Belege der Wurzel מעל geradezu typisch. Es geht um Treulosigkeit in mehrerlei Hinsicht, darum, dass ein Mensch einer eingegangenen Verpflichtung nicht nachkommt. In wenigen Fällen betrifft dies primär Ungerechtigkeiten zwischen Menschen, z. B. die Untreue in der Ehe (Num 5,12.27) oder die Veruntreuung von hinterlegtem Gut (Lev 5,21) oder alle möglichen anderen unsolidarischen (und/oder ungesetzlichen) Akte (Raub und Erpressung in Lev 5,21–22; Gräueltaten in Ez 18,24; menschliche Justiz: Spr 16,10). In den weitaus meisten Fällen geht es um Untreue gegenüber JHWH (z. B. Num 31,16; Dtn 32,51; Jos 22,16.22.31; Ez 14,13; 15,8; 17,20; 20,27; 39,23.26; Neh 1,8; Dan 9,7; 1 Chr 5,25; 9,1; 10,13; 2 Chr 12,2; 28,19.22; 29,6; 30,7; 33,19; 36,14). In der Regel besteht diese Untreue in der Verehrung fremder Götter. Nach dem Esra-Nehemia-Buch kann aber auch das Eingehen von Mischehen mit Angehörigen fremder Völker als eine solche Untreue gegenüber JHWH gesehen werden (Esra 9,2.4; 10,2.6.10; Neh 13,27). Zu den besonderen Fällen der Untreue gegenüber JHWH gehört die Unterschlagung von geweihtem Gut, also von Kriegsbeute, die vollständig JHWH übereignet wird und daher vernichtet werden muss (s. Lev 27). Exemplarisch wird dies am Fall von Achan in Jos 7,1 diskutiert (s. auch Jos 22,20; 1 Chr 2,7). Schließlich ist auch der unsachgemäße oder unberechtigte Umgang mit kultischen Angelegenheiten und Geräten ein Fall der »Untreue«: So spricht 2 Chr 26,16.18 vom unberechtigten Rauchopfer des Königs Usija, der als Nicht-Priester in illegaler Weise das Heiligtum betritt und dafür mit Aussatz bestraft wird (s. auch Num 17,5; *Milgrom*, 237.346). Auch König Ahas hat konkrete Gegenstände (Geräte) durch »Treulosigkeit« entweiht, so dass sie später wieder geheiligt werden müssen (2 Chr 29,19). Ganz allgemein spricht Num 5,6 davon, dass Menschen etwas, das JHWH

gehört, unterschlagen und daher schuldig werden (s. auch *A. Schenker,* Anlässe, 64). Der Fachbegriff für diese Form der Untreue gegenüber Gott und seinen heiligen Dingen, also die Verletzung religiöser Vorschriften, die Kult und Reinheit betreffen, ist das »Sakrileg«. Die *figura etymologica* ist im Deutschen nicht nachzuahmen, daher wird sie mit »ein Sakrileg begehen« übersetzt (u.a. *Milgrom,* 320; s. auch *N. Kiuchi,* Study, 18–23). Die beiden Hauptfälle des Sakrilegs in diesem Abschnitt sind der unsachgemäße, Schaden verursachende Umgang mit »heiligen Dingen« (V 15–19) und der wirtschaftlichen Schaden verursachende Meineid im Umgang mit fremdem Eigentum (V 20–26). – Die Mischna kennt dazu ein eigenes Traktat: *mMeʿila,* Veruntreuung (*Plaut/Bamberger,* 60).

Beide Kategorien des »Sakrilegs« (מעל) sind letztlich eine: die Verfehlung gegen die Gottheit (*J. Milgrom,* The Concept of *maʿal,* 238). Mit dem Meineid, der eine unberechtigte Anrufung Gottes darstellt, ist eben nicht nur ein finanzieller Schaden zwischen Menschen geschehen (s.u.), sondern auch das Gottesverhältnis gestört. Das Konzept des »Sakrilegs« hat Israel wohl von seiner Umwelt übernommen. Als Beispiel kann das so genannte zweite Pestgebet König Muršilis II. von Hatti (ca. 3. Viertel des 14. Jh. v.Chr.) genannt werden (RTAT, 191–196; TUAT-NF 7, 117–120): Der König führt eine grassierende Epidemie auf eine strafende Heimsuchung durch den Wettergott von Hatti und andere Götter zurück. Der Grund dafür ist einerseits ein Vertragsbruch durch Muršilis Vater Šuppiluliuma I. gegenüber Ägypten sowie die Vernachlässigung eines Ritus für den Fluss Mala/Eufrat (also Eidbruch und Vergehen gegen »heilige Dinge«).

Unbeabsichtigt

Das Sakrileg gegen die heiligen Dinge JHWHs (קדשי יהוה, *qodšē YHWH*) wird wie in Lev 4 »unbeabsichtigt« (בשגגה) begangen: Das Entdecken des Verstoßes im Nachhinein löst ein entsprechendes Schuldgefühl aus, das die Gottesbeziehung stört und das rituell »beseitigt« werden kann. Damit ist aber auch eine Einschränkung verbunden: Nur unbeabsichtigt begangene Sakrilege können durch ein Entschuldigungsopfer rituell beseitigt werden – das Gegenbeispiel ist Achan in Jos 7, der (sicher mit voller Absicht) etwas aus der JHWH geweihten (und damit zur Zerstörung vorgesehenen) Kriegsbeute gestohlen (veruntreut: מעל in Jos 7,1) hat. Diesem absichtlichen Vergehen kann nur durch die Steinigung Achans angemessen begegnet werden (Jos 7,25), eine kultische »Entschuldigung« ist nicht möglich.

Die heiligen Dinge JHWHs

»Die heiligen Dinge JHWHs« – diese Wendung kommt nur hier vor. In der rabbinischen Tradition wird im System der gestuften Heiligkeit dahinter nur das »Hochheilige« gesehen (*Milgrom,* 322; *Rendtorff,* 200), also das, was ausdrücklich JHWH gehört (und gegebenenfalls von JHWH seinen Priestern zurückgegeben wird). Eine andere Deutung, die vielleicht dem Kontext hier angemessener ist (und der sich Milgrom und Rendtorff letztlich anschließen), zielt auf einen sehr weiten Begriff: »the widest possible meaning of *qodšê YHWH* (5:15), namely, all of the sancta, major and minor, from the time of their dedication until, if they be food, they are eaten or incinerated« (*Milgrom*, 325–326). Es wird also der Fall diskutiert, dass sich jemand unbeabsichtigt etwas angeeignet hat, im Falle von Nahrungsmitteln etwas verzehrt hat, das eigentlich für JHWH, also für ein Opfer bestimmt war. Ein anderer Tatbestand wäre etwa die Verwendung oder gar Beschädigung heiliger Gefäße und Geräte durch Unbefugte oder durch Behandlung in unsachgemäßer Weise. – *Milgrom*, 352–355, stellt hethitische Vorschriften für Tempelbedienstete zusammen, die weitere Fälle des »Sakrilegs«, der Profanierung von »heiligen Dingen«, darbieten (s. auch *J. Milgrom*, The Concept of *ma'al*, 242–247; TUAT Ergänzungslieferung, 73–81). – In späterer Auslegung kann die Vorstellung noch weitere Kreise ziehen: In Esra 9–10 gilt Israel als »heiliger Same« (Esra 9,2) – die Vermischung mit fremden Völkern in Form von Mischehen gilt als Treuebruch oder Sakrileg (מעל) gegenüber JHWH. Daher muss diese Verletzung der Heiligkeit nach der Auflösung der Mischehen auch durch ein Entschuldigungsopfer beseitigt werden. In Esra 10,19 wird von den Betroffenen aus der Familie des Hohepriesters genau das von Lev 5,15 geforderte Opfer dargebracht: ein Widder als Entschuldigungsopfer (zu Details s. u.a. *Milgrom*, 359–360; *A. Schenker*, Anlässe, 59–60). V 15 formuliert offen genug, so dass in späterer Auslegung vielfache Anwendungen möglich sind.

Opfertier: Widder

Das für die Schulddarbringung (אשם als Parallelbegriff zu קרבן, »Darbringung«; s. Zur Übersetzung von 5,6; s. S. 237–238) vorgesehene Opfertier ist ein fehlerloser Widder. Dieses Tier ist wertvoller als die für das »normale« Entsündigungsopfer (חטאת) vorgesehene Ziege bzw. das Schaf – der Widder erscheint nur beim Entschuldigungsopfer, und es gibt keine Alternative, auch keine Abstufung im Falle von Armut. Der Widder ist »vom Kleinvieh«, also von den Haustieren zu nehmen, um sicherzustellen, dass kein wildes Tier herangezogen wird (*Milgrom*, 326).

Nach dem Richtwert in Silberschekeln

Unvermutet wird nun vom finanziellen Wert des Widders gesprochen. Es geht um abgewogenes Silber nach dem Schekelgewicht, wobei die Maßgabe unter möglichen Varianten dieser Gewichtseinheit das Schekelgewicht des Heiligtums ist (s. Ex 30,13; Lev 27,3 u.ö.). Welche Funktion hat die Nennung des »Geldbetrags« hier? Eher unwahrscheinlich ist die Annahme, dass es darum geht, den Wert des Widders festzulegen, denn wenn das Tier fehlerlos ist, dürfte es keine großen Variationsbreiten in der Taxierung geben. Möglich wäre die Annahme, dass der Widder durch eine Geldzahlung *ersetzt* werden könnte (so *Staubli*, 68). Doch der Kontext spricht so deutlich von Tieropfern, dass die Angabe einer Geldersatzleistung hier sehr ungewöhnlich wäre. Daher erscheint die Deutung von *Milgrom*, 326–327, sehr plausibel: Da im Kontext immer auch von einer Reparationsleistung, einem Schadensersatz und einer zusätzlichen Bußzahlung die Rede ist, geht es bei dieser Geldzahlung um den Kaufpreis für einen geeigneten Widder. Der Priester macht eine Rechnung auf: Er gibt den Wert des Widders für das Opfer an, setzt die Schadenssumme fest, und dazu ist ein Fünftel hinzuzufügen (V 16). Die Gesamtsumme gibt der betroffene »Schuldner« dem Priester – dann kann das Entschuldigungsopfer stattfinden, und zugleich wird der Schaden reguliert sowie eine zusätzliche Zahlung (als »Gebühr« oder »Buße« zur Finanzierung des Heiligtumsbetriebs) geleistet. Dies wäre eine plausible Hypothese, allerdings fehlen genauere Einblicke »in die internen Fragen der Kultpraxis am Tempel« (*Rendtorff*, 203).

V 16 Wie schon erwähnt, liegt eine Besonderheit des Entschuldigungsopfers darin, dass zum Tieropfer noch eine Schadensersatzleistung hinzukommen muss. V 16 betont dies mit einem aus der Rechtsliteratur, z. B. dem Bundesbuch (Ex 20,22–23,33; s. *C. Dohmen*, Exodus 19–40, 167), bekannten Terminus: ישלם, *y^{e}šallēm*. Dieser Begriff impliziert, dass es um materielle Gegenstände geht, die auch quantifizierbar sind, so dass der Schadenswert feststellbar ist.

Ersatzleistung

Eine weitere Besonderheit, die nur in priesterlichen Texten vorkommt, ist die Hinzufügung eines Fünftels des Wertes, also ein Aufschlag von 20 % als zusätzliche Zahlung. Lev 22,14 scheint exemplarisch den in 5,14–16 behandelten Fall zu verdeutlichen: Gesetzt den Fall, ein Nicht-Priester (Laie) isst unbeabsichtigt etwas Heiliges, also z. B. das Opferfleisch von einem Entsündigungsopfer, das nur von den Priestern gegessen werden darf, oder etwas von den Priesteranteilen am Heilsgemeinschaftsopfer – dann hat der Laie faktisch dem Priester etwas von dessen Lebensunterhalt weggenommen. Daher muss der Laie den Wert des Fleisches ersetzen und 20 % Aufschlag zahlen. Bei Unterschlagungen verschiedener Arten ist dem Geschädigten ebenfalls ein Aufschlag von einem Fünftel des Streitwertes zu zahlen (Lev 5,20–26, s. u.; ähnlich dazu Num 5,5–8; dort tritt als wesentliches Element noch das Bekenntnis der Schuld hinzu, Num 5,7). Schließlich ist bei der Auslösung (Rückkauf) von Besitz, der JHWH gelobt (geweiht) worden war, vom zusätzlichen Fünftel die Rede (Lev 27,13.15.19.27.31). Hier geht es darum, dass jemand ein Tier, sein Haus oder sein Grundstück aus irgendeinem Grund JHWH gelobt bzw. weiht, dann aber das Gelübde rückgängig machen und seinen Besitz selbst (oder durch einen vermögenden Verwandten) wieder auslösen will. Ein zusätzliches Fünftel des Schätzwertes kommt dabei jeweils als »Gebühr« oder »Buße« dem Tempel zugute (»er gebe es dem Priester«!). – Die relativ geringe Höhe der Buße von 20 % deutet *Milgrom*, 329–330 (mit Verweis auf mehrere altorientalische Paralleltexte), als Motivation, den Schaden freiwillig zu melden bzw. das unterschlagene Gut von sich aus wieder herauszugeben: »There is a tendency in all ancient jurisprudence to encourage the voluntary surrender of illegally acquired goods by reducing the usual penalties« (330). – In der Halacha wird das »Fünftel« als »das ihm fehlende Fünftel« angesehen: Die Schadenssumme wird als »*vier* Fünftel« gerechnet, und das »fehlende Fünftel« ist »zuzulegen« (*S. R. Hirsch*, 151), so dass sich faktisch ein Aufschlag von einem *Viertel* (25 %) der Schadenssumme ergibt.

Ein Fünftel des Wertes

Versöhnungs- und Vergebungsformel

Der Abschluss des Falles erfolgt durch die vom Entsündigungsopfer her geläufige Doppelformel von Versöhnung und Vergebung: *Mit dem Widder des Entschuldigungsopfers* (also nicht durch die Schadensersatzzahlung!) erwirke der Priester Versöhnung *(kipper)*, und es wird ihm vergeben werden. Das Opfertier (Widder) wird ausdrücklich genannt, um den Zusammenhang zwischen dem *kipper* und dem Entschuldigungsopfer zu klären. Der materielle Schaden ist durch die Zahlung und die Zusatzgebühr von einem Fünftel behoben; der religiöse Schaden, also die Verletzung der Heiligkeit Gottes durch das unabsichtliche Sakrileg, wird durch den Opferwidder beseitigt. Beides gehört untrennbar zusammen.

Im Zweifelsfall

Der neue Unterfall wird mit ואם נפש כי eingeleitet. Die Verwendung von כי und אם ist ungewöhnlich, doch sowohl von der Voranstellung des regelmäßig einen Unterfall einleitenden אם als auch vom Inhalt her liegt es nahe, einen *Unter*fall anzunehmen. Erst mit der Redeeinleitung in V 20 beginnt wieder ein neuer Abschnitt (*Rendtorff*, 143; zu diachronen Erklärungsversuchen s. *Milgrom*, 331–332). Es stellt sich die Frage, worum es genau geht, denn nach dem Wortlaut scheint ein Fall für ein Entsündigungsopfer vorzuliegen (s. 4,2.13.22.27). Im Blick auf die Klassifikationsformel in V 19 ist jedoch ein Entschuldigungsopfer angebracht. Der Unterschied zu den Sachverhalten in Lev 4 besteht in der zusätzlichen Wendung ולא ידע, *w^{e}-lō' yāda'*, »und er hat es nicht erkannt = er weiß es nicht (genau)« (zweimal: V 17.18): Der Betreffende ist sich nicht sicher, ob wirklich eine Versündigung im Sinne des Entsündigungsopfers geschehen ist – dennoch liegt אשם vor. Es ist deutlich, dass dieses Wort nicht »Schuld« als objektive Gegebenheit meinen kann, sondern gerade hier das subjektive Empfinden von Schuld bzw. das Schuldbewusstsein bezeichnet. Bis zum Ende des Vorgangs weiß der Betreffende nicht genau, welcher Sachverhalt eigentlich vorliegt, denn die Wendung ולא ידע wird in V 18c wiederholt. Bei der Klassifikation des Opfers als Entschuldigungsopfer wird der Gedanke des Schuldbewusstseins nochmals aufgegriffen (s. u. zu V 19). Die rabbinische Auslegung bezeichnet dieses Entschuldigungsopfer als »hängendes«, »schwebendes«, »bedingtes« oder »Zweifel-Schuldopfer« (*Rendtorff*, 205; *Milgrom*, 331–335; *Levine*, 32, verweist auf *mKeritot;* s. auch *Raschbam*, 32): Es besteht Zweifel darüber, ob eine Übertretung im Sinne von Lev 4 begangen wurde und dann ein Entsündigungsopfer nötig wäre – daher tauchen hier auch die für diese Opferart typischen Wendungen auf (*kipper*-Formel und die Wurzel שגג, »unbeabsichtigt sich verfehlen«, in V 18), aber das Entsündigungsopfer findet nicht statt, weil der Betreffende eben »nicht genau weiß, ob er eine Übertretung begangen hat. Er bringt den *'ascham* [Entschuldigungsopfer] sozusagen ›sicherheitshalber‹ dar« (*Rendtorff*, 205). – Einen möglichen Fall für das »Zweifels-Schuldopfer« stellt die rabbinische Literatur (s. *Milgrom*, 333; *S. R. Hirsch*, 152–153) so dar: Jemand hatte zwei Stücke V 17–19

Fleisch (oder Fett) vor sich, davon war eines »heilig« (d.h. den Priestern vorbehalten), eines »normal«. Nun konnte eine Verwechslung vorliegen, so dass der Betreffende nicht mehr genau wusste, was er gegessen hat (*mKeritot* 5,4–8). Das Ritual fängt nun das entstandene Schuldbewusstsein auf. – Dass für eine nur vermutete Verfehlung das gewichtigere (weil einen wertvolleren Widder anstelle einer Ziege oder eines Lammes erfordernde) Entschuldigungsopfer angeordnet wird, könnte man durch den längeren Zeitraum zwischen der Verfehlung und der Bewusstwerdung erklären: Diese längere Dauer der Sünde ohne ihre Wiedergutmachung erhöht die Schwere des Falles. Das gewichtigere Entschuldigungsopfer erfülle hier aber die Funktion eines Entsündigungsopfers (so *A. Schenker*, Unterschied, 106–107; *ders.*, Keine Versöhnung, 116–117; *ders.*, Anlässe, 53–55). *Ramban*, 57, erklärt das gewichtige Zweifelsfall-Opfer so: »Weil ein Mensch die bloße Möglichkeit, gesündigt zu haben, nicht ernst nehmen würde, wenn die Tora nicht das Gewicht der Sache deutlich machen würde« (zitiert bei *Plaut/Bamberger*, 62). – Zum »Tragen der Sündenlast« s. die Auslegungen zu Lev 7,18 und 17,16.

V 19 Klassifikation

Um noch einmal deutlich zu machen, dass kein Entsündigungsopfer, sondern ein Entschuldigungsopfer vorliegt, führt V 19 die typische Klassifikationsformel an – und begründet sie mit einer Wendung, die aus dem Verb אשם gebildet wird (s. Zur Übersetzung): Das Besondere an diesem Fall besteht eben darin, dass der Betreffende sehr wohl ein »Schuldbewusstsein gegenüber JHWH entwickelt hat«, obwohl er sich über den Tatbestand nicht sicher ist. Was auch immer vorgefallen ist, das Gottesverhältnis ist durch das Schuldbewusstsein (sei es begründet oder unbegründet) des Menschen beeinträchtigt (u.a. *Milgrom*, 333). Durch den Vollzug des Entschuldigungsopfers ist eine »Heilung« der Beziehung zu Gott möglich. Da aber keine Sicherheit über den tatsächlichen Vorfall vorliegt, kann natürlich auch kein Ersatz (zuzüglich 20 %) geleistet werden. – Sollte sich der Fall aufklären und nach der Sachlage ein Entsündigungsopfer angebracht sein, muss ein solches (zusätzlich) dargebracht werden (*bKeritot* 23a; *Raschi*, 288).

V 20–26 Verletzung des Eides

Die Redeeinleitung korrespondiert mit V 14 (s.o.) und führt eine neue Reihe von Fällen ein, die wieder als »Sakrileg« (מעל) und damit als »Verletzung der Heiligkeit Gottes« (*Rendtorff*, 206) bezeichnet werden. Der Gipfelpunkt, der den eigentlichen Tatbestand dieses Abschnittes formuliert, findet sich in V 22c: »und er leistet einen Meineid«. Das *Sakrileg* als solches besteht also nicht darin, dass sich jemand widerrechtlich fremden Besitz aneignet, sondern darin, dass er darüber einen falschen, betrügerischen Eid schwört und so den Namen Gottes in die zwischen Menschen auszutragenden Eigentumsdelikte hineinzieht: »A false oath brings God into the picture directly« (*Levine*, 18; s. auch *Milgrom*, 336, der damit den Fall des normalen

Diebstahls von den Betrachtungen hier ausschließt; *B. Wells,* Law, 138–141). Damit ergibt sich folgende dramatische Struktur des Abschnitts:

(1) Aufzählung von möglichen Eigentumsdelikten (V 21–22ab: Hinterziehen von anvertrautem Gut; Raub; Erpressung; Unterschlagung von Fundstücken);

(2) Manifestierung dieser Vergehen durch einen Meineid, der im Anschluss auf alle möglichen Fälle, die auch über V 21–22ab hinausgehen können, ausgeweitet wird (V 22c);

(3) Einsicht in die Schuld (V 23abc);

(4) *Zivilrechtlicher Teil:* Rückerstattung bzw. Ersatz und Zufügung eines Fünftels als Nutzungsentschädigung (V 23d–24)

(5) *Kultrechtlicher Teil:* Entschuldigungsopfer; Versöhnungs- und Vergebungsformel (V 25–26)

Beispielfälle

Die in V 21–22 aufgezählten Fälle sind nicht als abgeschlossene Liste, sondern als Exempla zu verstehen: Mehrfach wird der Tatbestand des falschen Eides auf alle möglichen Sachverhalte ausgedehnt. In V 22 findet sich eine solche erweiternde Wendung (»eines von alledem, was der Mensch tun kann, um sich daran zu versündigen«), ebenso in V 24a: »oder alles das, worüber er einen Meineid geleistet hat«. Schließlich ist in V 26 die Versöhnungs- und Vergebungsformel ähnlich erweitert: »jedwede Tat, die er getan hat und für die er sich seiner Schuld bewusst geworden ist«. Die Übersetzung »sich seiner Schuld bewusst werden« ist (gegen *Milgrom,* 338) auch hier möglich: Gewiss handeln die Betrüger und Erpresser in vollem Bewusstsein ihrer Tat eines Meineides, aber doch zunächst offensichtlich ohne Gewissensbisse, ohne jegliches Schuldbewusstsein – das stellt sich erst nach einer gewissen Zeit ein. Wenn aber dann die *Schuld* in ihrer vollen Dimension bewusst geworden ist, führt das schlechte Gewissen die Menschen dazu, die Sache vor den betrogenen Mitmenschen *und* vor Gott ins Reine bringen zu wollen. Jetzt kann das Entschuldigungsopfer als Ritual greifen.

Ersatz

Die Ersatzleistung »nach der vollen Summe« impliziert nicht nur die Re- V 24
gulierung des durch die Hinterziehung entstandenen Schadens in Form einer Rückgabe, sondern auch eine volle finanzielle Kompensation, wenn – aus welchen Gründen auch immer – eine Rückgabe des hinterzogenen Gutes nicht mehr möglich ist (*Milgrom,* 338). Der Aufschlag eines Fünftels (20 %) ist vermutlich als Nutzungsentschädigung (compensation for use) für das widerrechtlich erworbene oder zurückgehaltene Gut (Werkzeug, Tier etc.) zu sehen. Die »Strafe« für diesen Übergriff, der in V 21 als »Sakrileg gegenüber JHWH« bezeichnet wird, besteht in dem kultrechtlichen Erfordernis eines Entschuldigungsopfers. (*V. Wagner,* Profanität, 234–235).

Am selben Tag

Am Ende von V 24 wird in einer an sich redundanten, aber dennoch wichtigen zusammenfassenden Wendung betont, dass die Ausgleichsleistung noch am selben Tag, an dem das Bewusstwerden der Schuld auftritt, erfolgen soll. Zivilrechtlicher und kultischer Schadensausgleich sollen Zug um

Zug und ohne Verzögerung durchgeführt werden – das Schuldbewusstsein soll ernst genommen werden, und so wird auch verhindert, dass jemand durch langes Zögern Rationalisierungen entwickelt, die das schändliche Verhalten rechtfertigen und das Schuldbewusstsein wegdiskutieren. Zugleich wird so die enge Beziehung zwischen unsozialem Verhalten (Hinterziehung von anvertrautem Gut etc. mittels Meineid) und dem Sakrileg, der Verletzung der Heiligkeit Gottes, deutlich gemacht. – Bemerkenswert ist auch die Reihenfolge, die der zivilrechtlichen (zwischenmenschlichen) Schadenskompensation die Priorität einräumt (*Milgrom,* 370; *V. Ber,* Social Dimension, 116–117): *Erst* muss der Schaden behoben werden, den man dem Mitbürger angetan hat, *dann* erfolgt das kultische Entschuldigungsopfer aufgrund des Sakrilegs. Diese Reihenfolge findet sich so auch in der Mischna und im Neuen Testament: »Sünden, die sich zwischen Menschen und der höchsten Stelle [Gott] abspielen, sühnt das Sühnfest, aber die, welche sich zwischen jemand und seinem Nächsten abspielen, sühnt das Sühnfest nur, wenn er seinen Nächsten zuvor begütigt hat« (*mYoma* 8,9; *bYoma* 85b). »Wenn du deine Opfergabe zum Altar bringst und dir dabei einfällt, dass dein Bruder etwas gegen dich hat, so lass deine Gabe dort vor dem Altar liegen; geh und versöhne dich zuerst mit deinem Bruder, dann komm und opfere deine Gabe« (Mt 5,23–24). Milgrom schließt: »It marks a startling innovation in jurisprudence: in matters of justice man takes priority over God«.

V 21–22 Die genannten Beispielfälle befassen sich nicht mit gewöhnlichem Diebstahl, sondern mit einer widerrechtlichen Übervorteilung des »Mitbürgers« (עמית; s. o., Zur Übersetzung). Im Einzelnen geht es um folgende Fälle: (a) Jemand verleugnet (כחשׁ, *KḤŠ, piel*) gegenüber seinem Mitbürger etwas, das der ihm zur Aufbewahrung anvertraut hat bzw. bei ihm hinterlegt hat – d. h. er gibt dieses Gut nicht mehr heraus, verbirgt es bei sich und behauptet im Meineid steif und fest, er habe es nie bekommen bzw. es sei in Wirklichkeit sein eigenes. Auch die »geraubte Beute« steht in Verbindung mit dem Verleugnen: Jemand bekommt Diebesgut (Raubgut) in die Hände (er muss es nicht selbst geraubt haben), weiß um den wahren Eigentümer, behält aber die Sache für sich und streitet unter Eid ab, die Beute zu besitzen. (b) Jemand erpresst seinen Mitbürger – das hebräische Wort עשׁק, *ʿŠQ,* hat ein breites Bedeutungsfeld, das jede Art von wirtschaftlich-finanzieller Ausbeutung, Unterdrückung und Übervorteilung einschließt. Der Tatbestand ist also nicht auf eine gewaltsame Erpressung eingeschränkt, sondern umfasst alles, womit jemand aus einer Machtposition heraus einen Mitbürger unterdrückt und sich so in illegaler Weise dessen Eigentum aneignet. Nach *Raschi,* 290, fällt hierunter auch das widerrechtliche Vorenthalten des Lohnes eines Tagelöhners. (c) Jemand findet etwas und unterschlägt (wieder כחשׁ *piel*) das Fundgut, d. h. er behält es heimlich für sich und schwört Stein und Bein, dass er es nicht habe. In allen drei Fällen (a, b, c) kommt dann ein Tatbestände betrügerischer Eid hinzu, der den kultrechtlich relevanten Tatbestand darstellt, um den es hier primär geht (s. u. a. *I. Knohl*, Guilt Offering, 520). Dies präzisiert *Raschi*, 289–290, in folgender Weise: Normalerweise wickelt man Leih- und Aufbewahrungsgeschäfte mit Hilfe von Zeugen und Urkunden ab – wenn dann einer leugnet, leugnet er gegen Dokumente und Menschen. Manchmal will aber jemand, dass kein dritter Mensch von der Sache erfährt, so dass als »Dritter« nur der gegenwärtige Gott in Frage kommt. Wer dann wider besseres Wissen abstreitet, je ein Gut zur Aufbewahrung bekommen zu haben, leugnet gegen Gott.

Diese durch den Meineid ausgelöste gravierende Störung des Gottesverhältnisses kann dann – nach Bewusstwerden der Schuld *und* nach zivilrechtlicher Kompensation des angerichteten Schadens zuzüglich einer Buße von 20 % für den Geschädigten – mit einem Entschuldigungsopfer aus der Welt geschafft werden. Die hier exemplarisch angeführten Fälle haben eine begriffliche und inhaltliche Entsprechung in der Sozialgesetzgebung im Heiligkeitsgesetz (H: Lev 19,11–18; *Milgrom*, 365–367): »Ihr sollt nicht stehlen, ihr sollt nicht lügen, und ihr sollt nicht einander betrügen. Und ihr sollt nicht bei meinem Namen betrügerisch schwören, denn du würdest sonst den Namen deines Gottes entweihen. Ich (bin) JHWH. Du sollst deinen Nächsten nicht erpressen und nicht berauben. Der Lohn des Tagelöhners soll nicht über Nacht bei dir bis zum Morgen bleiben« (Lev 19,11–13). Beide Passagen haben eine Reihe von Begriffen gemeinsam; es sind aber auch Unterschiede zu notieren. Milgrom schließt daraus auf eine unterschiedliche Herkunft der Texte, die vor allem an der Begründung für die Verwerflichkeit des Meineides sichtbar werde: In Lev 5,21 wird der Meineid als ein Sakrileg gegenüber JHWH (מעל ביהוה) bezeichnet, in Lev 19,12 dagegen als Entweihung des Gottesnamens (וחללת את שם אלהיך). Diese unterschiedliche Begrifflichkeit geht auf die verschiedene Verfasserschaft zurück: P (Lev 5) und H (Lev 19). Für P besteht das »Sakrileg gegenüber JHWH« in Lev 5,20–26 nicht eigentlich in den genannten Fällen der illegalen Aneignung fremden Eigentums, sondern im damit verbundenen Meineid, der den Namen Gottes ins Spiel bringt und ihn damit entweiht (*Sifra*, Kedoschim, Üs. Winter, 503). In der Konzeption von H dagegen ist es die unmoralische Tat der Übervorteilung, Ausbeutung etc. an sich (auch ohne Meineid), die das Sakrileg gegenüber JHWH darstellt und ein Entschuldigungsopfer erfordert. Eine ähnliche Auffassung findet sich in der zu Lev 5,20–26 (P) parallelen Stelle in Num 5,5–8, die auch H zugewiesen wird. Somit tendiert H systematisch dazu, die moralisch-soziale Sphäre in die kultischen Strukturen zu integrieren (*I. Knohl*, Guilt Offering, 519–524).

Lev 19,11–18

Prophetische Kritik

Ferner begegnen die in Lev 5,20–26 genannten Fälle auch in der prophetischen Literatur (z. B. Jer 21,12; 22,17; Ez 18,18; 22,12; Am 4,1; Mi 2,2; Sach 7,10; Mal 3,5). Diese Nähe zur Kritik der Propheten am unsozialen Verhalten ihrer Zeitgenossen zeigt an, dass es in Levitikus nicht nur um den Eid im rein kultischen Sinne geht, sondern auch um die Kritik an der »Ausnutzung des falschen Eides zur wirtschaftlichen Ausbeutung und Unterdrückung des Nächsten« (*Rendtorff*, 208). Dennoch liegt der Fokus von Lev 5,20–26 darauf, dass dieser Missbrauch des Eides zur Übervorteilung der Mitbürger *die Heiligkeit Gottes verletzt* (Lev 19,12) und daher – neben dem nie zu vergessenden zivilrechtlichen Ausgleich! – auch eines Entschuldigungsopfers bedarf.

V 26 Die abschließende Wendung, die nicht wörtlich ins Deutsche zu übertragen ist, betont grundsätzlich, dass alle »Schuld« bewirkenden Verfehlungen durch die entsprechenden Handlungen (Rückgabe, Schadenersatz, kultisches Opferritual zur Wiedergutmachung der Verletzung der Heiligkeit Gottes) vergeben werden können. Damit ergibt sich ein wichtiger Doppelaspekt: »Schuld« (im weitesten Sinne) wird einerseits sehr ernst genommen, andererseits ist eine »Entschuldigung« immer möglich, wenn die entsprechenden Voraussetzungen gegeben sind. Dies präzisiert *Levine*, 33, dahingehend, dass eine kultische »Entschuldigung« nur dann möglich ist, wenn der Schuldige von sich aus sein Vergehen bekennt (so auch *Milgrom*, 369–373, mit weiteren Belegen, auch aus Philos Toraauslegung). Wird es ihm hingegen nachgewiesen, ist keine »Entschuldigung« möglich, und es wird ihn die volle Gottesstrafe (aufgrund des Verstoßes gegen das Dekaloggebot Ex 20,7 und Dtn 5,11) treffen.

Grundsätzliche Vergebbarkeit

Rezeption und Bedeutung

Abschluss

Mit Lev 4–5 kommt die große Kultgesetzgebung von Lev 1–5 zu ihrem Abschluss: Nun sind die wichtigsten Opferarten und die dazugehörigen Schlüsselbegriffe, die auch im weiteren Verlauf des Buches immer wieder eine Rolle spielen werden, eingeführt. Die Kapitel 4 und 5 stellen die »Heiligkeit« als ein tiefes Grundanliegen dar, insbesondere die Heiligkeit des Heiligtums, das vor allen Formen der kultischen Verunreinigung durch (unbeabsichtigtes) menschliches Fehlverhalten, vor allem der Priester und der ganzen Gemeinde, geschützt werden muss. Zwischen Fehlverhalten, auch »Sünde« genannt, und Unfähigkeit, am Kult teilzunehmen, auch »Unreinheit« genannt, gibt es einen sehr engen Zusammenhang. Entsprechend ist jemand, dem vergeben wird, auch kultisch (wieder) rein (*Levine*, 19). Insofern kann das »Entsündigungsopfer« mit Recht auch »Reinigungsopfer« (englisch: purification offering; z.B. Milgrom) genannt werden.

Heiligkeit – Reinheit

Neu in Lev 4–5 gegenüber 1–3 sind die Angaben zu Anlässen und Gründen für bestimmte Opfer (1) sowie Aussagen darüber, was diese Opfer für den, der sie darbringt, bewirken (2) (*Rendtorff*, 223).

Anlässe und Gründe

(1) Der grundsätzliche Anlass wird ganz am Anfang von Lev 4 genannt: »Wenn jemand unbeabsichtigt sündigt«. Es geht also darum, dass ein Mensch – sei es der oberste kultische Repräsentant des Volkes, der gesalbte Priester, sei es die ganze Gemeinde, ein Fürst (der König?) oder ein einfacher Mensch – das Verhältnis zu Gott verletzt oder stört. Dabei gilt als wichtige Einschränkung, dass das Handeln des Menschen »unabsichtlich« erfolgte, also »nicht im vollen, trotzigen Bewußtsein des sündhaften Charakters dessen, was man tut« (*Rendtorff*, 223). Ferner ist zu beachten, dass die Begriffe »Sünde« und »Schuld« hier nicht auf moralische Verfehlungen eng geführt werden dürfen – die Opfer von Lev 4–5 werden später auch in Zusammenhängen erwähnt, wo es überhaupt nicht um moralische Fragen und Verfehlungen geht, sondern um andere Störungen der Kommunikation zwischen Mensch und Gott, die sogar durch Vorgänge eintreten können, die der Mensch überhaupt nicht verantworten kann, aber auch nicht muss – dennoch lösen sie Verunsicherung und Schuldbewusstsein aus. Selbst wenn man sich nicht ganz sicher ist, ob man gegen ein Gebot im moralischen oder kultischen Bereich verstoßen hat, kann ein Schuldbewusstsein entstehen (5,17–19).

Opferrituale

Zur Beseitigung der Störung des Gottesverhältnisses dienen die Opferrituale. Diese werden vom Text so präsentiert, dass *JHWH selbst* sie bereitstellt: In der Erzählstruktur des Levitikusbuches werden sie in einer Gottesrede an Mose mitgeteilt – verbunden mit dem Auftrag, das Gehörte weiterzusagen. Damit hat der Mensch im Rahmen der gebotenen Möglichkeiten und Voraussetzungen die Chance, mit Gott wieder »ins Reine« zu kommen. Insofern hat Milgroms Bezeichnung »purification offering« für חטאת, »Entsündigungsopfer«, auch ihre Berechtigung. Dieser Vorgang der Versöhnung und Vergebung ist so wichtig, dass auch die Ärmsten der Armen nicht davon ausgeschlossen sein sollen: 5,7–13 bietet gestufte Erleichterungen hinsichtlich der geforderten Opfermaterie je nach persönlichen finanziellen Möglichkeiten.

Wirkungen

(2) Die Wirkungen der Opfer von Lev 4–5 werden in der Doppelformel von Versöhnung und Vergebung (s. das Glossar) ausgedrückt: (a) Durch den Vollzug des Opfers erwirkt der Priester Versöhnung (כפר *piel, kipper*) – im weitesten Sinne ist dies die Reintegration von Menschen und Gegenständen in den Alltag *und* ihre Befähigung, (wieder) am Kult der Gemeinschaft und an der heilvollen Kommunikation mit Gott teilzuhaben (s. auch *A. Marx*, Rite de passage, 27–48; *B. Jürgens*, Heiligkeit, 342). Dieser Vorgang funktioniert aber nicht automatisch durch das Ritual an sich, also »ex opere operato« (*B. Janowski*, Sühne, 251; *H. Pfeiffer*, Ritualgeschichte, 321; *B. Jürgens*, Heiligkeit, 427), vielmehr muss von Seiten Gottes die frei und souverän gewährte Vergebung hinzukommen: (b) Der zweite Teil der Doppelformel besteht aus einer Passivkonstruktion (»es wird ihm/ihnen vergeben werden«: סלח *nifal*), hinter der als handelnde Person Gott (JHWH) anzunehmen ist. Diese Redeweise ermöglicht es einerseits, Gottes Souverä-

nität und Unverfügbarkeit aufrechtzuerhalten, andererseits kann festgehalten werden, dass der Opferkult dazu da ist, die Gewissheit der Vergebung durch Gott sinnenfällig zum Ausdruck zu bringen.

Materie und Transformationen

Die Greifbarkeit und Begreifbarkeit des religiösen Vollzugs ist für den Menschen sehr wichtig. Von dieser ans Material gebundenen Denkweise des Menschen her ist auch die Verwendung von Blut als Materie und Ausdruck für den Versöhnungs- und Vergebungsvorgang verständlich: Blut ist ein materiell greifbares Symbol für das Leben. Blut »ist« Leben, und so kann das Blut eines Opfertieres, das JHWH dargebracht wird, für das Leben der Menschen Versöhnung erwirken, also die heilvolle Kommunikation mit dem *lebendigen* Gott wiederherstellen. Aber schon die Texte des Levitikusbuches selbst zeigen Ansätze dafür, dass dieser basale Blutritus offen ist für Transformationen. (1) Für den eigentlichen Blutritus genügen kleinste Mengen des Tierblutes. Wenige Spritzer an die ›Parochet‹ im Heiligtum und wenige Finger voll für vier Hörner an den Altären – im Vergleich zu der Fülle, die bei der Schlachtung eines Tieres anfällt, sind diese kultischen Zeichen schon im Blick auf die geringe Quantität vor allem von ihrem Symbolcharakter und nicht von der Menge des Blutes her zu deuten. (2) Eine Variante des Armenopfers kommt ganz ohne Blut aus: Ein Zehntel ›Efa‹ Weizenfeinmehl, von dem eine Handvoll als Gedächtnisanteil verbrannt wird, wird als vollgültiges Entsündigungsopfer klassifiziert (5,11–13). Es zeigt sich, dass unter gewissen Umständen – hier bei großer Armut – der Blutritus durch ein unblutiges Opfer ersetzt werden kann.

Kleinste Mengen

Ohne Blut

Judentum

(3) Dieser grundsätzliche Ansatz ermöglicht es dem Judentum, nach dem endgültigen Verlust des Tempels als Opferort (70 n. Chr.) das religiöse Geschehen um Versöhnung und Vergebung so zu transformieren, dass es auch ohne blutige Tieropfer zu verwirklichen ist. *Sifra,* Achare mot, Üs. Winter, 470, betont: »Die Sünden zwischen dem Menschen und Gott versöhnt der Versöhnungstag, aber die zwischen dem Menschen und seinem Genossen versöhnt der Versöhnungstag nicht, bis er seines Genossen Wohlgefallen erworben hat«. Der Versöhnungstag (Jom Kippur) selbst, nicht mehr das Opfer, ist das Mittel der Versöhnung, und er wird zum höchsten jüdischen Feiertag: Ihm gehen vom Neujahrstag an zehn Tage der Umkehr und Buße voraus; man verbringt den Tag mit Fasten und geht in die Synagoge. Versöhnung untereinander und mit Gott ist das große Thema. – In Reaktion auf den Verlust des Tempels als Ort der Entsündigung wird als ausdrückliches Mittel der »Sühne« im Sinne einer Versöhnung mit Gott die Treue (חסד) im Sinn guter und gerechter Taten betrachtet. So formuliert es ein unter dem Namen des Rabbi Jochanan ben Zakkai (gest. 80 n. Chr.) tradiertes Diktum angesichts des zerstörten Tempels (ARN [A] 4,5, Z. 30–35) in ausdrücklichem Rückgriff auf Hos 6,6: »[30]Ein Mal traf es sich, dass Rabban Jochanan ben Zakkai aus Jerusalem herausging und Rabbi Jehoshua hinter ihm herging und sah [31]das Haus des Heiligtums zerstört. (Da) sagte R. Jehoshua:

Weh uns darüber, dass er zerstört ist, der [32]Ort, an dem man sühnte [33]die Übeltaten *(ʿawōn)* von Israel. Er (R. Jochanan) sagte (= antwortete): Mein Sohn, weißt du nicht, dass wir [34]eine Sühne/Sühnemöglichkeit *(koprā)* haben, die dieser gleichkommt; und was ist diese? *Gmilut ḥasidim* (Verüben guter/treuer Taten)! [35]Es heißt nämlich: ›Ja, Treue (חסד, *ḥæsæd*) liebe/erstrebe ich und nicht Schlachtopfer *(zæbaḥ)*‹ (Hos 6,6)« (Übersetzung: Matthias Ederer; ähnlich ARN [B] 8,2, Z. 5–8; s. *S. Schechter,* Aboth de Rabbi Nathan, Wien/London/Frankfurt a.M. 1887, Ndr. Hildesheim 1979, 21; s. auch *B. Janowski,* Sühne, 138; *S. Schreiner,* Tora, 384; *Plaut/Bamberger,* 35; *D. Instone Brewer,* Traditions, 315). – Auch das Studium der Opferbestimmungen wird zum gleichwertigen Ersatz für die Darbringung der Opfer: »Wer immer sich mit der Weisung für das Entsündigungsopfer befasst, wird angesehen, als ob er ein Entsündigungsopfer dargebracht hätte, und wer immer sich mit der Weisung für das Entschuldigungsopfer befasst, wird angesehen, als ob er ein Entschuldigungsopfer dargebracht hätte« (*bMenahot* 110a; Übersetzung nach *S. Schreiner,* Tora, 382–384; s. auch *Watts,* 315–316). – Weitere Substitute für die kultische Sühne in tempelloser Zeit sind die Umkehr (als unverzichtbare Bedingung), das Lob Gottes (Ps 50,14; die Septuagintafassung Ps 49,14LXX spricht vom »Opfer des Lobes«: θυσίαν αἰνέσεως; s. auch 11Q Ps[a] 18,7–10), das Gebet und das Fasten, das unverschuldete Leiden (Exil, Armut, der eigene Tod), das Land Israel und schließlich die bereits genannten Punkte Torastudium und der Versöhnungstag Jom Kippur (Belege bei *S. Schreiner,* Art. Sühne III, 340; *F. Siegert,* Synagoge, 349) (s. zu Lev 1, Rezeption und Bedeutung).

Qumran

Auch in der Qumranliteratur kommt es zu ähnlichen Transformationen: Das kultische Opfer wird durch den vollkommenen Wandel des Einzelnen und der Gemeinde ersetzt (1QS 9,4–5); nichtkultische Sühnemittel sind z.B. die »Gerechtigkeit Gottes« (1QH 4,37) oder der »heilige Geist Gottes« (1QH 16,12) oder der »Geist des wahrhaftigen Rates Gottes« (1QS 3,6) oder der »Reichtum seiner [Gottes] Güte« (1QS 11,14) (nähere Details bei *B. Janowski,* Sühne, 259–265.438–439: Lit.!; s. auch *Watts,* 323).

Christentum

(4) Das Christentum übernimmt den Grundgedanken, dass das Blut eine Versöhnung stiftende Wirkung hat, transformiert ihn aber (vor allem im Hebräerbrief) dahingehend, dass das blutige Kreuzesopfer Christi die Tieropfer ein für alle Mal ablöst: »Christus aber ist gekommen als Hohepriester der künftigen Güter; und durch das erhabenere und vollkommenere Zelt, das nicht von Menschenhand gemacht, das heißt nicht von dieser Welt ist, ist er ein für alle Mal in das Heiligtum hineingegangen, nicht mit dem Blut von Böcken und jungen Stieren, sondern mit seinem eigenen Blut, und so hat er eine ewige Erlösung bewirkt« (Hebr 9,11–12). Der blutige Tod Jesu Christi wird hier zunächst in völliger Entsprechung zum Entsündigungsopfer von Lev 4 und 16 gesehen (s. zu Lev 16, Rezeption und Bedeutung). Dann aber wird auch die Andersartigkeit betont und schließlich die Über-

bietung hervorgehoben: »ein für alle Mal« – »ewige Erlösung« (s. u.a. *M. Philip*, Leviticus in Hebrews, 72–79; *M.-Z. Petropoulou*, Animal Sacrifice, 274–275). Zu beachten bleibt, dass diese *interpretatio christiana* für die Christen innerhalb ihres Glaubens gilt und damit keine implizite Abwertung des Judentums verbunden ist (auch wenn sich in der Linie des Hebräerbriefes eine abwertende Tendenz aufgrund der zeitbedingten Polemik nicht verschweigen lässt und dies zur schmerzlichen Trennungsgeschichte von Juden und Christen gehört). Die sühnende, Versöhnung mit dem lebendigen Gott schaffende Wirkung des Blutes bleibt im Hintergrund wach, auch wenn die reale Applikation von Blut inzwischen liturgischen Transformationen gewichen ist (zur christlichen Rezeption s. auch *Watts*, 304–305; zur modernen Auslegungsgeschichte s. ebd., 306–316). Im Levitikusbuch ist mit dem unblutigen Armenopfer ein Weg des »Ersatzes« gewiesen, der unter Aufrechterhaltung des Konzeptes den Verzicht auf die faktische Verwendung von Blut ermöglicht. Im Christentum wird das reale, auf Golgota vergossene Blut Christi in der Weise der *memoria* durch den Wein in der Eucharistie repräsentiert. Nach den Lehren von Transsubstantiation und Realpräsenz sind der Erlösung schaffende Leib und das Blut Christi in Brot und Wein der Eucharistie gegenwärtig und stiften neue heilvolle Kommunikation mit Gott und »Kommunion«, Gemeinschaft, untereinander. Die Rede vom *Blut* Christi erhält durch die Hintergrundtexte vom Entsündigungsopfer in Lev 4 eine ungeheure Tiefendimension, und so führen die Überlegungen zu Levitikus zu einem umfassenderen Verständnis der heilenden und Versöhnung stiftenden Kraft der christlichen Eucharistiefeier.

1.3 Levitikus 6,1–7,38: Die Weisungen für die Opfer

Kontext und Komposition

Unterschiede zu Lev 1–5

Mit Lev 6–7 liegt eine zweite Zusammenstellung von Weisungen für die Opfer vor, die sich von den Kapiteln 1–5 zwar deutlich unterscheidet, zugleich aber eng auf sie bezogen ist. Es geht grundsätzlich um die gleichen Opfer, doch schon die Reihenfolge differiert von der ersten Sammlung:

Reihenfolge

So steht in Lev 1–5 das Heilsgemeinschaftsopfer an dritter Stelle, in 6–7 jedoch am Ende. Grob vereinfachend lässt sich die Abfolge so gegenüberstellen:

Lev 1–5	*Lev 6–7*
Brandopfer	Brandopfer
Speiseopfergabe	Speiseopfergabe
Heilsgemeinschaftsopfer	
Entsündigungsopfer	Entsündigungsopfer
Entschuldigungsopfer	Entschuldigungsopfer
	Heilsgemeinschaftsopfer

In Lev 1–5 steht die Nähe zwischen Brandopfer und Heilsgemeinschaftsopfer im Vordergrund, während 6–7 stärker den Aspekt der gestuften Heiligkeit betont: Beim Heilsgemeinschaftsopfer gibt es keine »hochheiligen« Bestandteile, so dass es an das Ende rückt (*Milgrom*, 382; *Rendtorff*, 230).

Adressaten

Der zweite deutliche Unterschied betrifft die Adressaten: Aus den Anrede- und Weitergabeformeln in 1,2 und 4,2 wird deutlich, dass diese Vorschriften für die Israeliten insgesamt (also vornehmlich auch für die »Laien« als Nicht-Priester) ausgesprochen werden, während Lev 6,2.18 »Aaron und seine Söhne« herausgreifen. Erst mit 7,22–23 wird wieder auf die Israeliten zurückgelenkt. Auch vom Inhalt her fällt schnell auf, dass Lev 6–7 die Fragen anspricht, die nur oder vor allem die Priester betreffen.

Rahmenformulierung

Besonders ist an Lev 6–7 auch die Einleitung bzw. Rahmung mit der Formulierung »Dies (ist) die Weisung für …«, wobei dann die Opferarten aus Lev 1–5 genannt werden. Rahmend wirkt diese Formulierung insofern, als sie in 7,37–38 in abschließender Funktion vorkommt und nochmals die Opferarten aufzählt. Dabei wird eine Opferart genannt, die bisher in Levitikus noch nicht besprochen wurde: das »Einsetzungsopfer« (מלאים, *millu'īm*). Dieser Terminus greift auf die Vorschriften von Ex 29 zurück und blickt voraus auf die praktische Durchführung in Lev 8. Ebenfalls neu ist in Lev 6,12–16 die besondere Speiseopfergabe des Hohepriesters (s. Zur Übersetzung und die Auslegung).

Sprache

Sprachlich gesehen sind Lev 6–7 in sich uneinheitlich gestaltet und auch in gewisser Abweichung vom Ritualstil in 1–5. Dies liegt wohl daran, dass Lev 6–7 verschiedenartige Ergänzungen zu Lev 1–3.4–5 formuliert (s. die Einleitung, entstehungsgeschichtliche Hypothesen).

Abfolge

A. F. Rainey, Order, 486–489, sieht hinter der Abfolge der Opfervorschriften in Lev 1–5 »a pedagogical classification for the training of sacerdotal specialists«, mithin »a didactic order«, während die Abfolge in Lev 6–7 eher eine »administrative order« widerspiegele. *J. W. Watts*, Burnt Offerings, 128–129, kritisiert diese Annahmen und stellt eine Reihe von Überlegungen an, die insbesondere die Anfangsstellung des Brandopfers erklären sollen (ebd., 127–132). Zu einem gewissen Teil kann die Abfolge auf eine Konvention zurückgehen, da sie auch an anderen Stellen so vorkommt (z. B. Jos 22,23.26–28; 1 Sam 6,15; Jes 43,23; Jer 6,20; 7,21; Ez 40,42; Ps 66,13–15; 1 Chr 16,1–1; 21,26; 2 Chr 7,1). Möglicherweise bildeten die Brandopfer als Ganzopfer und die Heilsgemeinschaftsopfer zur Fleischbereitung als Nahrung die ursprünglichen Opfer, begleitet durch Speiseopfergaben;

später sind die Entsündigungs- und Entschuldigungsopfer hinzugekommen. In der rituellen Sequenz gilt dann aber insbesondere das Entsündigungsopfer als Voraussetzung zur Entfernung von Störungen der Kommunikation zwischen Mensch und Gott und zur Reinigung von Menschen und Gerätschaften; darauf folgt das Brandopfer als vollständige Gabe an die Gottheit, dann das Heilsgemeinschaftsopfer als Mahlgemeinschaft zwischen Gott und Menschen. In theologischer Hinsicht ist dabei das Brandopfer das exemplarische Opfer des Priesterkults, v.a. weil fast alle regelmäßig vorgeschriebenen Opfer in Num 28–29 Brandopfer sind, die von Speiseopfergaben und Trankopfern begleitet sind. »The implication of its rhetorical prominence then is that the *ʿōlāh* represents the purist form of divine service« (ebd., 132; s. auch *Watts*, 168–172). Die Voranstellung des Brandopfers hat einen programmatischen Grund: Damit wird die selbstlose und nicht auf Gewinn ausgerichtete Gottesverehrung betont. Selbst in einem Abschnitt, der sich mit den Einkünften der Priester befasst, steht das Brandopfer an erster Stelle, um den selbstlosen und demütigen Dienst der Priester zu zeigen. Die Notiz über den gewissen Profit, den die Priester in Form der Tierhaut aus den Brandopfern ziehen, findet sich erst später etwas versteckt (Lev 7,8; s. dazu *Watts*, 390).

Beziehungen zu Lev 1–5

Die Beziehungen zwischen Lev 1–5 und 6–7 lassen sich in folgender Übersicht zusammenfassen (zu den Einzelheiten s. die Auslegung):

Lev 1–5	*Lev 6–7*	*Thema*	*Was ist neu in Lev 6–7?*
1	6,1–6	Brandopfer	Immerwährendes Opferfeuer; Priestertätigkeiten und Priesterbekleidung; Entsorgung von Resten
2	6,7–11	Speiseopfergabe	Darbringung an der »Vorderseite des Altars« als Aufgabe der Priester – entspricht dem »Darreichen« (נגש *hifil*) in Lev 2,8
	6,12–16	beständige Speiseopfergabe des Hohepriesters	Tägliche Speiseopfergabe des Hohepriesters vom Tag seiner Salbung an; vollständige Verbrennung (»Ganzopfer«)
4,1–5,13	6,17–23	Entsündigungsopfer	Verzehr des »Hochheiligen« durch die Priester; Umgang mit Gegenständen, die mit dem »Hochheiligen« in Kontakt gekommen sind
5,14–26	7,1–7	Entschuldigungsopfer	Mitteilung des Ritus in Anlehnung an das Entsündigungsopfer und das Heilsgemeinschaftsopfer; Verzehr des »Hochheiligen« durch die Priester
1	7,8	Brandopfer	Priesteranteil: die Tierhaut

Lev 1–5	*Lev 6–7*	*Thema*	*Was ist neu in Lev 6–7?*
2	7,9–10	Speiseopfergabe	Detailregelungen zu den Priesterantei-len
3	7,11–36	Heilsgemeinschaftsopfer	12–21: Differenzierung der Opfer-anlässe: Dank (12–15); Gelübde oder freiwillige Opfergabe (16–18); Umgang mit dem Fleisch (Verzehrfristen); Zu-lassungsbedingungen (rein/unrein); 22–27: Grundsätze (kein Verzehr von Fett und Blut) 28–36: Priesteranteile (Emporhe-bungsgabe und Erhebungsgabe)
1–5	7,37–38	Zusammenfassung	Abschluss der Opfervorschriften: »Einsetzungsopfer« → Ex 29; Lev 8 »Darbringungen« → Lev 1,2 (Buch-anfang) »Sinai« → Ex 19–40; Lev 26,46; 27,34 (Buchende)

Adressatenwechsel und Funktion

Wie schon beobachtet wurde, werden die Abschnitte 6,1–7,10 ausdrücklich an die Priester (»Aaron und seine Söhne«) adressiert. Mindestens hier liegt keine Laienbelehrung mehr vor, vielmehr geht es deutlich um Anweisungen ausschließlich für das priesterliche Kultpersonal. Ab 7,11, wenn das Heilsgemeinschaftsopfer in den Blick genommen wird, kommen wieder für den Laien relevante Bestimmungen vor, und in 7,23.29 richtet sich die Weitergabeformel an die Israeliten. Dieser Wechsel korrespondiert dem grundsätzlichen Charakter von Lev 6–7: Es handelt sich im Wesentlichen um Ergänzungen und Präzisierungen, die zunächst an die Priester, im zweiten Teil aber auch an die Laien gerichtet sind. Es ist nicht feststellbar, auf welcher zeitlichen Ebene diese Ergänzungen hinzugetreten sind, da in Lev 6–7 kein anderes Setting und keine andere zeitliche Periode vorausgesetzt ist als in Lev 4–5. Man könnte sogar vom selben Autor ausgehen, der Lev 6–7 als das »Kleingedruckte« im Vertragstext nachreichen möchte (so z.B. *Watts*, 409: »contractural fine print«). Es könnte aber auch angenommen werden, dass spätere Schreiber den priesterlichen Stil nachgeahmt haben, um ihre Anmerkungen anzufügen (ebd.).

Entstehungsgeschichtliche Fragen

In seinem kompositions- und redaktionsgeschichtlichen Gesamtentwurf weist *C. Nihan*, Priestly Torah, 160–198, die Kapitel 4–5.6–7 innerhalb der Komposition Lev 1–9 (»P«, frühnachexilische Zeit) späteren Schichten zu, die Lev 1–3; 8–9 und 11–16 bereits voraussetzen und etwa in die Mitte des 5. Jh. v.Chr. zu datieren seien.

Literatur

Dahm, U., Opferkult, 215–218. – *Eberhart, C.*, Studien, 63–64.84–86.98–100.138–140. – *Görg, M.*, *Piggul* und *pilaegaeš* – Experimente zur Etymologie: BN 10, 1979,

7–11. – *Modéus, M.*, Sacrifice. – *Pola, T.*, Der religionsgeschichtliche Hintergrund des Tamidopfers des Hohenpriesters in Lev 6,12–16, in: Lehnert, V. A./Rüsen-Weinhold, U. (Hg.), Logos – Logik – Lyrik. Engagierte exegetische Studien zum biblischen Reden Gottes. Festschrift für Klaus Haacker (Arbeiten zur Bibel und ihrer Geschichte 27), Leipzig 2007, 87–94. – *Swetnam, J., Zebach Tôdâ* [זבח תודה] in Tradition: A Study of ›Sacrifice of Praise‹ in Hebrew, Greek and Latin: Filologia neotestamentaria 15, 2002, 65–86. – *van Leeuwen, J. H.*, The Meaning of תֻפִּין in Lev 6,14: ZAW 100, 1988, 268–269.

Text

Übersetzung

6[1]Und JHWH sprach zu Mose:

[2]Gebiete Aaron und seinen Söhnen (das Folgende):

Dies (ist) die Weisung für das Brandopfer. Dieses Brandopfer (sei) auf der Feuerstelle auf dem Altar die ganze Nacht über bis zum Morgen, und das Feuer des Altars brenne auf ihm. [3]Und der Priester ziehe sein Leinengewand an, und er ziehe die leinene Unterwäsche auf sein Fleisch an, und er hebe die Fettasche ab, zu der das Feuer das Brandopfer auf dem Altar verzehrt hat, und setze sie neben den Altar. [4]Und er ziehe seine Kleider aus und ziehe andere Kleider an und bringe die Fettasche nach draußen vor das Lager an einen reinen Ort. [5]Das Feuer auf dem Altar aber brenne (immer) auf ihm, es verlösche nicht. Und der Priester entzünde auf ihm (dem Feuer) Holz Morgen für Morgen und ordne auf ihm das Brandopfer an und lasse auf ihm die Fettstücke der Heilsgemeinschafts(opfer) in Rauch aufgehen. [6]Ein beständiges Feuer brenne auf dem Altar, es verlösche nicht.

[7]Und dies (ist) die Weisung für die Speiseopfergabe. Die Söhne Aarons sollen sie vor JHWH an der Vorderseite des Altars darbringen. [8]Und er (der einzelne Priester) hebe davon eine Handvoll ab – vom Weizenfeinmehl der Speiseopfergabe und von ihrem Öl – und den ganzen Weihrauch, der auf der Speiseopfergabe (ist), und er lasse (auf) dem Altar als Duft der Beruhigung ihren Gedächtnisanteil für JHWH in Rauch aufgehen. [9]Das Übrige von ihr (der Speiseopfergabe) aber sollen Aaron und seine Söhne essen – als Ungesäuertes soll es an einem heiligen Ort gegessen werden, im Vorhof des Zeltes der Begegnung sollen sie es essen. [10]Es werde nicht gesäuert gebacken – als ihren Anteil habe ich es (ihnen) von meinen Feueropfern gegeben. Ein Hochheiliges ist es wie das Entsündigungsopfer und wie das Entschuldigungsopfer. [11]Jede männliche (Person) von den Söhnen Aarons soll es essen. (Dies sei) eine ewige Satzung für eure Generationen über die Feueropfer JHWHs. Alles, was sie berührt, wird geheiligt.

12 *Und JHWH sprach zu Mose:*

13 *Dies (ist) die Darbringung Aarons und seiner Söhne, die sie für JHWH darbringen sollen von dem Tag an, an dem er gesalbt wird: ein Zehntel ›Efa‹ Weizenfeinmehl als beständige Speiseopfergabe, deren eine Hälfte am Morgen und deren andere Hälfte am Abend.*
14 *Sie werde auf einer Pfanne mit Öl gemacht; vermengt sollst du sie bringen, du sollst die Speiseopfergabe in Brocken zerbröckeln, du sollst (sie) darbringen als einen Duft der Beruhigung für JHWH.*
15 *Und der Priester, der an seiner (Aarons) Stelle unter seinen Söhnen gesalbt worden ist, vollziehe sie (die Speiseopfergabe). (Dies sei) eine ewige Satzung: Für JHWH lasse man (sie) ganz in Rauch aufgehen.*
16 *Und jede Speiseopfergabe eines Priesters sei ein Ganzopfer; sie soll nicht gegessen werden.*

17 *Und JHWH sprach zu Mose:*

18 *Sprich zu Aaron und seinen Söhnen:*

Dies (ist) die Weisung für das Entsündigungsopfer. An dem Ort, an dem das Brandopfer geschlachtet wird, werde das Entsündigungsopfer vor JHWH geschlachtet. Ein Hochheiliges (ist) es.
19 *Der Priester, der das Entsündigungsopfer ausführt, soll es essen; an einem heiligen Ort soll es gegessen werden, im Vorhof des Zeltes der Begegnung.*
20 *Alles, was sein Fleisch berührt, wird geheiligt, und wenn (etwas) von seinem Blut auf die Kleidung spritzt – (die Stelle), auf die es spritzt, sollst du an einem heiligen Ort waschen.*
21 *Ein Tongefäß aber, in dem (es) gekocht wird, werde zerbrochen, und wenn (es) in einem Kupfergefäß gekocht wird, dann werde (dieses) gescheuert und mit Wasser gespült.*
22 *Jede männliche (Person) von den Priestern soll es essen. Ein Hochheiliges (ist) es.*
23 *Jedes Entsündigungsopfer aber, von dem (etwas) Blut zum Zelt der Begegnung gebracht wird, um im Heiligtum Versöhnung zu erwirken, soll nicht gegessen werden. Es werde im Feuer verbrannt.*

7 1 *Und dies (ist) die Weisung für das Entschuldigungsopfer. Ein Hochheiliges (ist) es.*
2 *An dem Ort, wo sie das Brandopfer schlachten, sollen sie das Entschuldigungsopfer schlachten, und er sprenge dessen Blut ringsum an den Altar aus.*
3 *Und sein ganzes Fett bringe er davon dar: den Fettschwanz und das Fett, das die Innerei bedeckt,*
4 *und die beiden Nieren und das Fett, das an ihnen (und) an den Lenden (ist), und den Lappen an der Leber, (den) er an den Nieren abtrenne.*
5 *Und der Priester lasse diese (Fettteile) auf dem Altar in Rauch aufgehen als ein Feueropfer für JHWH. Ein Entschuldigungsopfer ist es.*
6 *Jede männliche (Person) von den Priestern soll davon essen; an einem heiligen Ort werde es gegessen. Ein Hochheiliges (ist) es.*

7 *Wie das Entsündigungsopfer, so auch das Entschuldigungsopfer – eine Weisung (gilt) für sie. Es gehört dem Priester, der damit Versöhnung erwirkt.*

[8]Und dem Priester, der jemandes Brandopfer darbringt, gehört die
Haut des Brandopfers, das er dargebracht hat.
[9]Und jede Speiseopfergabe, die mit dem Ofen gebacken wird, und jede,
die im Topf oder auf einer Pfanne gemacht wird, (ist) für den Priester,
der sie darbringt – ihm soll sie gehören. [10]Und jede Speiseopfergabe,
die mit Öl vermengt ist, und (jede) trockene gehört allen Söhnen Aa-
rons, dem einen wie dem anderen (ohne Unterschied).
[11]Und dies (ist) die Weisung für das Heilsgemeinschaftsopfer, das je-
mand für JHWH darbringen möchte.
[12]Wenn er es als Danksagung darbringt, dann bringe er zum Dank-
opfer hinzu ungesäuerte Kuchen dar, die mit Öl vermischt sind, und
ungesäuerte Brotfladen, die mit Öl bestrichen sind, und Weizenfein-
mehl, das (mit Öl) vermengt ist, Kuchen, vermischt mit Öl. [13]Außer
den Kuchen bringe er noch gesäuertes Brot dar als seine Darbringung
zu seinem Dank-Heilsgemeinschaftsopfer. [14]Und er bringe davon (je)
eines von der ganzen Darbringung als Erhebungsgabe für JHWH dar.
Dem Priester, der das Blut des Heilsgemeinschafts(opfers) aussprengt,
gehört es. [15]Und das Fleisch seines Dank-Heilsgemeinschaftsopfers
werde am Tag seiner Darbringung gegessen. Er lasse davon nichts
übrig bis zum Morgen.
[16]Wenn nun seine Opferdarbringung ein Gelübde oder eine freiwillige
Opfergabe (ist), werde es an dem Tag, an dem er sein Opfer darbringt,
gegessen, und am folgenden Tag werde das, was davon übrig geblie-
ben ist, gegessen. [17]Und was vom Fleisch des Opfers am dritten Tag
übrig geblieben ist, werde im Feuer verbrannt.
[18]Wenn aber tatsächlich vom Fleisch seines Heilsgemeinschaftsopfers
am dritten Tag gegessen wird, wird es nicht wohlgefällig angenom-
men werden; dem, der es dargebracht hat, wird es nicht angerechnet
werden, verfallen wird es sein, und diejenige Person, die davon isst,
wird ihre Sündenlast tragen.
[19]Und das Fleisch, das irgendetwas Unreines berührt hat, werde nicht
gegessen; im Feuer werde es verbrannt.
Und das Fleisch darf jeder Reine essen.
[20]Wenn aber eine Person Fleisch von dem Heilsgemeinschaftsopfer
isst, das für JHWH (ist), und ihre Unreinheit ist an ihr, dann werde
diese Person von ihrer Abstammungslinie abgeschnitten.
[21]Wenn nun eine Person irgendetwas Unreines berührt, (sei es) eine
Unreinheit eines Menschen oder ein unreines Vieh oder irgendeine
unreine Abscheulichkeit, und sie isst vom Fleisch des Heilsgemein-
schaftsopfers, das für JHWH (ist), dann werde diese Person von ihrer
Abstammungslinie abgeschnitten.

[22]*Und JHWH sprach zu Mose:*
[23]*Sprich zu den Israeliten:*
Jegliches Fett von Rind und Schaf und Ziege sollt ihr nicht essen.
[24]*Und Fett von Aas und Fett von einem zerrissenen (Tier) kann zu jeglichem Werk verwendet werden, aber ihr sollt es auf keinen Fall essen.* [25]*Denn jeder, der Fett von einem Vieh, das man als Feueropfer für JHWH darbringt, isst – die Person, die (solches) isst, werde von ihrer Abstammungslinie abgeschnitten.*
[26]*Und keinerlei Blut sollt ihr essen an allen euren Wohnsitzen, weder von Vögeln, noch vom Vieh.* [27]*Jede Person, die irgendwelches Blut isst, diese Person werde von ihrer Abstammungslinie abgeschnitten.*
[28]*Und JHWH sprach zu Mose:*
[29]*Sprich zu den Israeliten:*
Wer sein Heilsgemeinschaftsopfer für JHWH darbringt, bringe (Folgendes) als seine Darbringung für JHWH von seinem Heilsgemeinschaftsopfer: [30]*Seine Hände sollen die Feueropfer(gaben) JHWHs bringen: Er bringe das Fett auf dem Bruststück; das Bruststück, um es als Emporhebungsgabe vor JHWH emporzuheben.* [31]*Und der Priester lasse das Fett auf dem Altar in Rauch aufgehen, und das Bruststück gehöre Aaron und seinen Söhnen.* [32]*Und die rechte Schenkelkeule sollt ihr dem Priester als Erhebungsgabe von euren Heilsgemeinschaftsopfern geben.* [33]*Wer von den Söhnen Aarons das Blut des Heilsgemeinschafts(opfers) und das Fett darbringt, dem gehöre die rechte Schenkelkeule als Anteil.* [34]*Denn das Bruststück der Emporhebungsgabe und die Schenkelkeule der Erhebungsgabe habe ich von den Israeliten, von ihren Heilsgemeinschaftsopfern genommen, und ich habe sie dem Priester Aaron und seinen Söhnen gegeben – als eine ewige Satzung, (die) für die Israeliten (gilt).*
[35]*Dies (ist) der Salbungsanteil Aarons und der Salbungsanteil seiner Söhne von den Feueropfern JHWHs von dem Tag an, an dem man sie herantreten ließ, um als Priester JHWH zu dienen,* [36]*(der Salbungsanteil,) von dem JHWH geboten hat, dass er ihnen gegeben werde, an dem Tag, an dem man sie von den Israeliten (heraus) salbte. Eine ewige Satzung (sei dies) für ihre Generationen.*

[37]*Dies (war) die Weisung für das Brandopfer, für die Speiseopfergabe und für das Entsündigungsopfer und für das Entschuldigungsopfer und für das Einsetzungsopfer und für das Heilsgemeinschaftsopfer,* [38]*(die Weisung,) die JHWH Mose auf dem Berg Sinai geboten hat – am Tag, an dem er den Israeliten geboten hat, ihre Darbringungen für JHWH darzubringen – in der Wüste Sinai.*

Lev 6 *2* Dieses Brandopfer: Das betonte Pronomen הוא ist ungewöhnlich. Eine mögliche Erklärung für dieses etwas überschießende Element könnte darin bestehen, dass einer ursprünglichen Bestimmung zum Brandopfer die Toraformel (s. das Glossar) »Dies (ist) die Weisung für das Brandopfer« vorgeschaltet worden war. Dabei wäre »das Brandopfer« (העלה) zweimal hintereinander gekommen – um dieses Zusammentreffen zu vermeiden, wurde das Pronomen הוא dazwischen gestellt (*Rendtorff*, 234). Im vorliegenden Text kann man es emphatisch verstehen: »das Brandopfer selbst« (*Levine*, 35).

Zu Text und Übersetzung

2 Feuerstelle: Das hebräische Wort מוקדה kommt nur hier vor und wird als Femininum des üblicheren Wortes מוקד, »Brand, Glut« (Jes 33,14; Ps 102,4), gedeutet. Denkbar wäre auch, dass das ה am Ende ein feminines Suffix ist (ohne Mappiq), das sich auf das Brandopfer (עלה ist feminin) bezieht (*Milgrom*, 383): »auf seiner Feuerstelle« (so auch LXX: ἐπὶ τῆς καύσεως αὐτῆς; *J. W. Wevers*, Notes, 69).

2 Gegen HALAT s.v. יקד ist die Verbalform *(hofal)* nicht mit »angezündet werden« wiederzugeben, sondern mit »in Brand gehalten werden« (*Elliger*, 95), also »brennen«. Es geht hier wie in V 5–6 um das beständige Brennen des Feuers auf dem Altar.

2 LXX fügt am Ende des Verses eine klärende Notiz hinzu: οὐ σβεσθήσεται »es werde nicht ausgelöscht«. Damit hat sie diesen Hinweis dreimal, während ihn der hebräische Text nur in V 5 und V 6, also zweimal bringt.

3 leinene Unterwäsche: vgl. Ex 28,42; s. *C. Dohmen*, Exodus 19–40, 265–266; *Bailey*, 84.

5 Heilsgemeinschafts(opfer): Anstelle von זבח שלמים (s. Lev 3,1) steht hier nur השלמים.

7 darbringen: Im masoretischen Text steht hier der Infinitivus absolutus; SAM hat die finite Verbalform הקריבו.

8 Weizenfeinmehl: s. die Auslegung zu Lev 2,1.

8 (auf) dem Altar: Hier fehlt das übliche ה *directionis* (ה *locale*); SAM hat es *(lectio facilior)*.

10 Von *meinen* Feueropfern: Wenige Hss, SAM, LXX, Vg haben anstelle des ePP 1csg (»mein«) die lexikalische Form »JHWH« (מאשי יהוה; »von den Feueropfern JHWHs«; vermutlich eine Anpassung an V 11, *J. W. Wevers*, Notes, 74).

11 Anstelle der »Söhne Aarons« hat LXX »die Priester« (τῶν ἱερέων). – Die auffällige Rede von den »männlichen Söhnen Aarons« (כָּל־זָכָר בִּבְנֵי אַהֲרֹן) kann so gedeutet werden, dass der Begriff בן, »Sohn«, grundsätzlich inklusiv als »Nachkomme« fungieren kann und damit weibliche und männliche Nachkommen in gleicher Weise einschließt. Genau das aber soll hier ausgeschlossen werden, es sind nur die *männlichen* Nachkommen Aarons berechtigt. An anderen Stellen, an denen von den בני ישראל, *b^e^nē Yiśra'el*, die Rede ist, sind »Israelitinnen« grundsätzlich mitgemeint (s. *D. Erbele-Küster*, Dienst, 275–279).

13 Von dem Tag an, wörtlich: an dem Tag. In der wörtlichen Formulierung des Verses sperren sich bestimmte Elemente gegenseitig: Zunächst ist von den Söhnen Aarons im Plural die Rede, dann folgt die Wendung vom Tag, an dem *er* (Singular) gesalbt worden ist. Sodann ist von *einem* Tag die Rede (dem Tag der Salbung), darauf aber von einer *beständigen* Speiseopfergabe. Die Schwierigkeiten lösen sich am plausibelsten auf, wenn man diese bisher nicht ausgeführte Spezialform der Speiseopfergabe als beständiges (tägliches) Opfer des *einen* besonderen Priesters als Nachfolger Aarons (also des »Hohepriesters«) auffasst (s. die Auslegung). Dann müsste man mit der rabbinischen Literatur das ב in ביום המשח als מ auffassen, so *Sifra*, Zaw, Üs. Winter, 193: »am Tage, da man salbt (bedeutet): Von dem Tage an, da er gesalbt wird, bringt er das Zehntel des Efa bis in Ewigkeit« (s. auch *Rendtorff*, 242; *Milgrom*, 397).

14 Der hebräische Text ist an dieser Stelle so gestört, dass eine Konjektur unvermeidlich ist. Die vorgeschlagene Verbesserung orientiert sich an der in Lev 2,6 vorkommenden Wurzelparonomasie »in Brocken zerbröckeln«: 2,6: פתות אתה פתים; 6,14: תפיני מנחת פתים → Konjektur: תפת המנחה פתים. Das unklare Wort תפיני wird als PK 2msg von פתת, »du sollst zerbröckeln« (תְּפַת), gelesen, und die folgende eigenartige Constructus-Verbindung »Speiseopfergabe von Brocken« aufgelöst. Ein alternativer Vorschlag ist die Angleichung an Peš: תפתנה מנחת פתים »du sollst sie zerbröckeln als Speiseopfergabe von Brocken«. *Rendtorff*, 243, nimmt für תפיני einen »unbekannten Terminus technicus« an und lässt das Wort unübersetzt *(tuphînê)*, ebenso *Milgrom*, 400. *Staubli*, 73, rechnet mit einem Fremdwort (sumerische Brotsorte). *J. H. van Leeuwen*, Meaning, 268, schlägt für תפיני »gefaltet« vor: »The folded parts of the meal-offering of pieces«. Die Ableitung von der Wurzel פון, *PûN/PNN* (ein Beleg in Ps 88,16; Bedeutung unklar), und die Übersetzung der LXX (ἑλικτά: gebogen, gedreht, gewunden) sowie die rabbinischen Belege *mMenahot* 7,5/*bMenahot* 75b, die vom »Falten« des Speiseopfers des Hohepriesters sprechen, sollen diese Erklärung stützen. Die Argumentation ist interessant, aber nicht zwingend. Zur Diskussion s. auch *Watts*, 404.

19 Der Priester, der das Entsündigungsopfer ausführt: Damit wird das Partizip *piel* von חטא übersetzt. Die Verwendung des Partizips ist ein deutliches Kennzeichen, dass die Tendenz zur knappen Fachsprache hinführt, etwa: »der entsündigungsopfernde Priester«.

20 Sollst du … waschen: SAM, LXX, Vg haben hier das Passiv: soll gewaschen werden (s. *J. W. Wevers*, Notes, 78).

7,3 Gegenüber Lev 3,3.9 (u.ö.) fehlt die Wendung »und das ganze Fett, das an der Lev 7
Innerei ist«. Sie ist vielleicht aufgrund eines Homöoteleutons ausgefallen; SAM und LXX haben diese Phrase (*Rendtorff*, 230; *Bailey*, 86; *J. W. Wevers*, Notes, 81).

4 Die Formulierungen sind weitgehend identisch mit Lev 3,4.10.15; 4,9; siehe auch 8,16.25; 9,10.19.

8 jemandes Brandopfer: im Hebräischen mit איש (»Mann«) ausgedrückt.

10 dem einen wie dem anderen (ohne Unterschied), wörtlich: dem einen wie seinem Bruder. Diese Formel begegnet nur hier und in Ez 47,14.

11 jemand: Das Subjekt (der Darbringende) ist nicht spezifiziert; SAM und LXX haben den Plural, aber auch der Singular von MT ist unpersönlich zu verstehen (*Rendtorff*, 230).

12 Weizenfeinmehl, das (mit Öl) vermengt ist, Kuchen, vermischt mit Öl: Der Teil »Kuchen, vermischt« fehlt in LXX. Es liegt vermutlich eine Dittographie vor, so dass der ursprüngliche Text wohl lautete: Weizenfeinmehl, das mit Öl vermengt ist.

13 Dank-Heilsgemeinschaftsopfer: Dieser Begriff ergibt sich als Constructus-Kombination der Fachtermini für Danksagung und Heilsgemeinschaftsopfer. An dieser Kombination sieht man schon, dass es sich um Fachbegriffe handelt, die in einer nüchternen Fachsprache bausatzartig zusammengefügt werden können.

14 Erhebungsgabe: s. das Glossar.

16 Der redundant wirkende Schlussteil »werde das, was davon übrig geblieben ist, gegessen« fehlt in LXX (s. *J. W. Wevers*, Notes, 88). Zur Erleichterung der Konstruktion ist das ו bei והנותר zu streichen (*Raschi*, 294). Die Diskussion um die Stelle fasst *Rendtorff*, 230, knapp zusammen. *Milgrom*, 420, schlägt vor, das ו als Personalpronomen an das vorausgehende Wort anzuhängen (wie in 1 Sam 30,17): וממחרתו הנותר, »und an *seinem* folgenden Tag werde das, was davon übrig geblieben ist, gegessen«.

18 verfallen (פגול): s. die Auslegung. *M. Görg, Piggul*, 9, optiert vorsichtig für eine etymologische Ableitung aus dem Ägyptischen (»*p3 grg* ≈ פגול«): »das Unrechte, Abscheuliche, Verkehrte überhaupt«. LXX übersetzt mit μίασμα, »Befleckung« (LXX-D), »einem terminus technicus, der auch in der paganen Religiosität bei der Unterscheidung von Rein und Unrein eine große Rolle spielt« (*M. Vahrenhorst*, Levitikon, 360).

19 Und das Fleisch darf jeder Reine essen: Pendenskonstruktion; wörtlich: Und (was) das Fleisch (betrifft), jeder Reine darf das Fleisch essen.

20 Hier erfolgt wieder die Gestaltung eines Unterfalles mit Pendenskonstruktion und אשר – ähnlich wie in 4,22 (s. Zur Übersetzung von Lev 4,22).

20 Abstammungslinie: Hier handelt es sich um eine feststehende Wendung (נכרתה מעמיה bzw. נכרת מעמיו). עמים ist der Plural von עם, »Vatersbruder, väterliche Verwandtschaft« (HALAT s. v.), einem Homonym zu dem bekannteren עם, »Volk«. Dieses auch in anderen semitischen Sprachen begegnende Wort bezeichnet die Verwandtschaft im allgemeinen Sinne. Es kann »die Vorfahren« meinen, mit denen einer bei seinem Tode vereinigt wird (z. B. Abraham in Gen 25,8). In der genannten Wendung (s. Gen 17,14; Ex 30,33.38; 31,14; Lev 7,20.21.25.27; 17,9; 19,8; 21,4; 23,29; Num 9,13) benennt es die väterliche Verwandtschaft oder Abstammungslinie *(lineage)*, die den Platz einer Person im Volk definiert (s. die Auslegung; *Milgrom*, 381, übersetzt mit »shall be cut off from his kin«).

21 Abscheulichkeit: שקץ ist ein abstrakter Begriff, der als Fachbegriff fast nur in Levitikus belegt ist, und zwar v. a. in Lev 11, dem Kapitel über die »unreinen« Tiere (sonst nur noch Jes 66,17 und Ez 8,10). SAM hat den nahezu synonymen Begriff שרץ (»unreines Kleingetier«) wie in 5,2; s. *Rendtorff*, 230.253f.

25 Die Person, die (solches) isst: Die Verwendung von נפש (feminin!) könnte anzeigen, dass es um Männer wie Frauen geht.

26 Der Verweis auf »alle eure Wohnsitze« (siehe auch Lev 3,17; 7,26; 23,3.14.17.21.31) könnte andeuten, dass *diese* Bestimmungen, die so markiert sind, nicht nur im Gelobten Land gelten, sondern überall, d. h. auch in Exil, Gola und Diaspora.

30 Feueropfer(gaben): Der Fachbegriff für das Opfer kann auch die Opfergabe bezeichnen. Hier muss aufgrund des Zusammenhangs mit »Gabe« übersetzt werden, da es ja um die noch nicht verbrannten Tierteile geht.

30 Viele Hss, LXX, TgJ, Vg setzen vor »das Bruststück« ein »und/auch«; LXX hat anstelle von »das Bruststück« »und den Leberlappen« (aus Lev 3; der Grund hierfür ist unklar, s. *J. W. Wevers*, Notes, 94).

30 Emporhebungsgabe: s. das Glossar.

32 Erhebungsgabe: s. das Glossar.

35 Salbungsanteil: Erneut wird ein Fachbegriff geprägt. Gemeint ist der Anteil, der den Priestern aufgrund ihrer Salbung (Weihe) zusteht.

35 von dem Tag an, an dem man sie herantreten ließ: Im Hebräischen steht »er«, doch es ist nicht deutlich, wer diese handelnde Person sein soll (Mose, Aaron, JHWH?). Am besten ist mit einer unpersönlichen Konstruktion zu übersetzen; *Milgrom*, 381, wählt das Passiv: »once they have been induced to serve the Lord as priests«.

36 Aufgrund der langen Satzkonstruktion muss im Deutschen das Wort, auf das sich der Relativsatz bezieht, wiederholt werden – auch LXX erleichtert die Konstruktion hier wie in 7,38a.

37 Viele Hss, SAM, LXX, Peš fügen vor »für die Speiseopfergabe« das erwartete »und« (wohl mit Recht) ein.

37 Das Einsetzungsopfer (מלואים, *millū'īm*) ist ein neuer Opferbegriff (vgl. Ex 29,22.26.27.31.34). Dahinter steht מלא יד, das »Füllen der Hand« als Zeichen der Einsetzung (Weihe) zum Priester.

Analyse

Thema

Die Sammlung von Opfervorschriften in Lev 6–7 rollt im Wesentlichen die in 1–5 behandelten Themen (die Opferarten) neu auf und ergänzt Details, die um zwei Aspekte kreisen: (1) gezielte Anweisungen für die Tätigkeiten *der Priester* und (2) Festlegung der Anteile der Priester an den einzelnen Opfern. Dass vor allem die Priester im Blick sind, zeigt sich auch an der Dominanz der Weitergabeformel, die sich an die Priester (»Aaron und seine Söhne«) richtet (erst in 7,22 werden wieder die Israeliten, also die Laien, als Adressaten in der Weitergabeformel genannt).

Dreistufiges System

Die Ausführungen über die Priesteranteile lassen ein dreistufiges System erkennen, das im Grunde mit der räumlichen Anordnung des Heiligtums und dem Konzept der gestuften Heiligkeit korrespondiert (*Rendtorff*, 260):

Opferart	*für JHWH (Verbrennung)*	*für die/den Priester*	*für die Nicht-Priester*
Brandopfer	ALLES	(nur die Haut: 7,8)	–
Speiseopfergabe	Gedächtnis-anteil (eine Hand voll)	das »Übrige« – HOCHHEILIG	–
Entsündigungsopfer, Entschuldigungsopfer	das Fett	das Fleisch – HOCHHEILIG	–
Heilsgemeinschafts-opfer	das Fett	Emporhebungsgabe: Bruststück Erhebungsgabe: rechte Schenkelkeule zusätzlich beim Dankopfer: Je ein Stück gesäuertes und ungesäuertes Brot (Kuchen)	die Brote (beim Dankopfer) und das Fleisch

Die höchste Stufe ist das Brandopfer, das durch vollständige Verbrennung ganz an JHWH übereignet wird. Niemand darf davon etwas essen. Lediglich die Haut darf der Priester als seinen Anteil verwerten. Bei der Speiseopfergabe wird die Opfermaterie aufgeteilt: Zwar wird sie zunächst als Ganze JHWH dargebracht, doch faktisch verbrannt (geopfert) wird nur eine Handvoll der Speise als »Gedächtnisanteil«, der das Ganze vor JHWH repräsentiert. JHWH gibt den »Rest« als Einkommen an seine Priester. Weil es Gaben von JHWH sind, sind sie hochheilig und dürfen nur von den Priestern gegessen werden. Von der Stufung der Heiligkeit her analog sind Entsündigungs- und Entschuldigungsopfer: Für JHWH wird das Tierfett verbrannt, das Übrige sollen die Priester als hochheilige Speise verzehren. Das gilt aber nur für den Fall, dass ein Fürst oder ein einzelner Israelit ein Entsündigungsopfer darbringt (»kleiner Blutritus«). Sobald es um den Hohepriester oder die Gemeinde als Ganze geht und Opferblut in das Heiligtum hineingebracht wird (»großer Blutritus«), muss das Opfertier vollständig verbrannt werden (s. zu Lev 4–5).

Heilsgemeinschaftsopfer

Nur beim Heilsgemeinschaftsopfer sind die Israeliten als Nicht-Priester (Laien) beteiligt. Das Fett ist wieder für JHWH, bestimmte Teile für die Priester, das meiste aber von Fleisch und Brot ist für die feiernde Heilsgemeinde. Von »hochheilig« oder »heilig« ist nicht die Rede. Allerdings handelt es sich nicht um eine beliebige, »profane« Mahlzeit, sondern um ein kultisches Ereignis, für das es klare Vorschriften gibt. (1) Zum einen müssen – je nach Opfercharakter – bestimmte Verzehrfristen eingehalten werden: Sie verhindern, dass jemand das Opferfest (die Fleischmahlzeit) über mehrere Tage hinweg »streckt« (und so zum Alltag macht). (2) Zum anderen müssen das Fleisch selbst und die Speisenden im Status der kultischen Reinheit sein – schon die Beobachtung, dass sowohl Gegenstände als auch Menschen »rein« bzw. »unrein« sein können, zeigt, dass es hier nicht um moralische Kategorien geht, sondern allein um die Frage, ob eine Teilnahme am Kult möglich ist oder nicht. Bestimmte Vorfälle wie Menstruation, Samenerguss und andere Körperausflüsse bei Frauen und Männern, Geburt eines Kindes, Aussatz (s. Lev 12–15) stellen Gefährdungen, Verunsicherungen und Abweichungen vom »normalen« Alltag dar, die es geraten sein lassen, sich zeitweilig der Teilnahme am Kult – insbesondere am Heilsgemeinschaftsopfer als »Gottesdienst« – zu enthalten. Ist der Grund für die Unreinheit beseitigt und ein Reinigungsritual erfolgt, ist die erneute Teilhabe an der kultischen Gemeinschaft mit Gott jederzeit wieder möglich. Die Diskussion um die »Reinheit« zeigt auch, dass gerade das Heilsgemeinschaftsopfer eine gottesdienstliche Begehung ist, die an der Grenze zwischen Kult und Alltag, heilig und profan, Priestern und Laien stattfindet und hier auch eine Brücke baut. Die Teilnahme steht grundsätzlich jeder Person offen – der Ausschluss aufgrund bestimmter Vorfälle ist immer zeitlich begrenzt.

Aufbau

Die Gliederung der Kapitel 6 und 7 ergibt sich einerseits aus den verschiedenen angesprochenen Inhalten, die auf die Opferarten von Lev 1–5 Bezug nehmen (s. o., Kontext und Komposition, Tabelle), andererseits aus den damit teilweise korrespondierenden Neueinsätzen durch Anredeformeln (AF) und Weitergabeformeln. Auch die Formulierung »Dies (ist) die Weisung für …« hat die Funktion eines Gliederungssignals.

Verse	*AF*	*Weitergabe-formel*	*Dies (ist) die Weisung für …*	*Inhalt*
6,1–6	AF	Aaron und seine Söhne	das Brandopfer	2: Verbleib des Brandopfers auf dem Feuer 3–4: Entsorgung der Asche 5: immerwährendes Feuer
6,7–11	–	–	die Speiseopfer-gabe	7–8: Ritus der Darbringung 9–11: Priesteranteil
6,12–16	AF	–	–	die Speiseopfergabe des gesalbten Priesters: 12–13: Material, Darbringungsweise 14: Zubereitung 15–16: Satzung, Ganzopfer
6,17–23	AF	Aaron und seine Söhne	das Entsündi-gungsopfer (»hochheilig«)	18: Schlachtort 19.22: Priesteranteil 20.21: Kontamination 23: Spezialfall (»großer Blutritus«)
7,1–7	–	–	das Entschuldi-gungsopfer (»hochheilig«)	2: Schlachtort, Blutritus 3–5: Fettdarbringung; Klassifikation 6–7: Priesteranteil
7,8–10	–	–	–	Priesteranteile beim Brandopfer und bei der Speiseopfergabe
7,11–21	–	–	das Heilsgemein-schaftsopfer	12–15: Dankopfer 16–18: Gelübde, freiwillige Opfergabe 19–21: Zulassungsbedingungen (rein/unrein)
7,22–27	AF	Israeliten	–	kein Verzehr von Fett und Blut
7,28–34	AF	Israeliten	–	Gaben für JHWH und Priesteranteile: Emporhebungsgabe (Brust), Erhebungsgabe (rechte Keule)
7,35–36	–	–	–	Priesteranteile (Grundsatz)
7,37–38	–	–	die sechs Opfer-arten	

Auslegung

Anrede- und Weitergabeformel

Wieder markiert die Anredeformel, die schon aus 4,1; 5,14.20 bekannt ist, das Folgende als Gottesrede an Mose. Die Weitergabeformel fokussiert nun als Adressaten die Priester (»Aaron und seine Söhne« – die Aaroniden), und um diese neue Zielgruppe besonders hervorzuheben, steht eine ungewöhn- V 1–2 liche Verbalform: צו, *ṣaw*, ist der Imperativ *piel* von צוה, der nur sehr selten vorkommt. In kultischem Kontext begegnet er so nur noch in Lev 24,2; Num 5,2; 28,2 und richtet sich dabei nie an die Aaroniden. Die in 6,18 erneut an die Aaronsöhne gerichtete Weitergabeformel verwendet wieder die übliche Formulierung mit dem Imperativ von דבר *piel*. Insofern scheint dem Imperativ צו die Funktion zuzukommen, einen Neuansatz deutlich zu markieren. Auch in Num 28,2 ist dies der Fall: Dort beginnt der große Fest- und Opferkalender. *Raschi*, 290, sieht darin mit *Sifra*, Zaw, Üs. Winter, 181, eine »Mahnung für sogleich und für die ferneren Geschlechter«, also einen versteckten Hinweis auf die überzeitliche Bedeutung der Tora. – Der Imperativ צו (gesprochen: *zaw*) gibt dem zweiten Toraabschnitt des Buches Levitikus (nach Lev 1,1–5,26, der *wajjikra* genannt wird) den Namen (Lev 6,1–8,36).

Die folgende Formulierung (»Dies [ist] die Weisung ...«) wird sich im weiteren Verlauf als gliederndes Element erweisen und in 7,37 wie ein »Summenstrich« unter beide Kapitel erscheinen. Dabei wird das Wort »Tora« (תורה) in einer Spezialbedeutung verwendet. Es geht hier nicht um die alles umfassende göttliche Weisung für den Menschen, wie »Tora« dann letztlich auch für die fünf Bücher des Mose stehen kann, sondern um religionsrechtliche Spezialvorschriften (*U. Dahm*, Opferkult, 224) für die in Lev 1–5 bereits angeführten Ritualanweisungen. In ganz ähnlicher Funktion begegnet »Tora« bei den Reinheitsvorschriften in Lev 11–15 (meist als abschließende Klassifikation: 11,46; 12,7; 13,59; 14,2.32.54.57; 15,32). Nach *Milgrom*, 382, enthält das Buch Levitikus zehn *torot*, so dass sich ein »decalogue of ritual life« ergibt. Im Buch Numeri tritt die Formel vereinzelt auf (Num 5,29–30: Ehebruchsordal; 6,13.21: Nasiräat; 19,14: Tod im Zelt). In Num 19,2 (Asche der roten Kuh) und 31,21 (Reinigung der Beute) lautet die Wendung זאת חקת התורה, *zō't ḥuqqat ha-tōrā*. Man muss eingestehen, dass die Gründe für die Setzung (oder Unterlassung) dieser Formel kaum zu erahnen sind. Lev 1–5 kommt ganz ohne die »Toraformel« aus. Dies könnte daran liegen, dass diese Bestimmungen dezidiert an Laien (Nicht-Priester) gerichtet sind, Lev 6–7 (und letztlich auch 11–15) dagegen ausdrücklich an die Priester. Deren ureigene Aufgabe ist aber die Erteilung von »Tora«: von Weisung über rein und unrein, kulttauglich oder vom Kult auszuschließen (so *Rendtorff*, 233, mit *Milgrom*, 383). Tora

V 2–6 Der erste Abschnitt behandelt Ergänzungen zum Brandopfer. Dreimal ist darin vom Altarfeuer und dessen Beständigkeit die Rede (V 2.5.6). Dabei werden jeweils unterschiedliche Akzente gesetzt. Zunächst geht es um die Verschränkung des Verbleibens des Brandopfers auf dem Altar mit dem unablässigen Brennen des Feuers. Das Ziel dieser Verbindung könnte darin bestehen, dass gewährleistet ist, dass das Opfertier auch wirklich vollständig verbrannt wird und somit das Brandopfer ganz und korrekt abläuft. Jeglicher Missbrauch von unvollständig verbranntem Fleisch (etwa heimlicher Verzehr in der Nacht) wird so ausgeschlossen. Brandopfer Altarfeuer V 2b

Tamid

Ob mit den Begriffen »Abend« und »Morgen« bereits an das zweimalige tägliche Opfer (תמיד; *tāmīd*), das in Ex 29,38–42 angeordnet wird, gedacht ist, kann offen bleiben. Es liegt nahe, den Text auf zwei Ebenen zu lesen: Zum einen geht es um die Erzählsituation, die eine Gottesrede an Mose am Berg Sinai voraussetzt. Auf dieser Ebene hat noch kein Opfer stattgefunden, schon gar kein tägliches. Zum anderen spiegeln die Texte die Verhältnisse am Jerusalemer Tempel wider: Diese Kultpraxis steht unausgesprochen im Hintergrund. Auf dieser zweiten Ebene ist durchaus an das Tamid-Opfer zu denken, zumal in V 5 die Wendung »Morgen für Morgen« ein solches immerwährendes Opfer voraussetzt (Näheres bei *Milgrom*, 456–457).

Entsorgung der Asche

Eine rein priesterliche Aufgabe ist die Bereitung des Brandopferaltars, V 3–4
und dazu gehört ganz wesentlich die Beseitigung der Aschereste. Sie wird in zwei Phasen vorgeschrieben, die durch unterschiedliche Kleidung und dementsprechend unterschiedliche Grade der Heiligkeit gekennzeichnet sind.

Unterschiedliche Gewänder

Für das Abheben der Asche unmittelbar am Altar braucht der Priester sein Amtsgewand (*Milgrom*, 385) und vor allem die leinene Unterwäsche, die sein Fleisch (gemeint ist: seine Geschlechtsteile) verhüllt. Dies ist nach Ex 28,42–43 insbesondere am Heiligtum nötig, damit der Priester nicht Sündenlast (עון) auf sich lädt. Die Entblößung der Scham und das Sehen derselben ist, wie auch Gen 9,21–27 zeigt, mit Tabuvorstellungen belegt. In der zweiten Phase (V 4) verlässt der Priester den heiligen Bereich (»nach draußen vor das Lager«) und braucht dazu andere Kleider. *Raschi*, 291, nennt es eine Sache des Anstands, dass die Priestergewänder nicht beschmutzt werden. Ein anderer Hintergrund wird aus Ez 44,19 deutlich: Der Priester soll zum Hinausgehen andere Kleider anziehen, damit er nicht das Volk durch seine Amtskleider heilig mache (*Elliger*, 96). Der Priester steht ja in »gefährlicher Nähe« zum heiligen Gott, und diese »Heiligkeit« könnte durch sein Gewand gleichsam substanzhaft in den profanen Bereich hinausgetragen werden – ein solches Zusammentreffen von »Heilig« und »Profan« ist aber für die profane, menschliche, grundsätzlich mit Schuld behaftete Seite gefährlich.

Priesterliches Privileg

Es ist ein ganz wesentliches Proprium der Priester, mit dem »Heiligen« (sogar dem »Hochheiligen«) in Kontakt kommen zu dürfen. Insofern ist die Beseitigung der Asche auch keine »schmutzige« Arbeit, wie man auf den ersten Blick meinen möchte, sondern ein priesterliches Privileg, um das man (nach Auskunft des Talmud, *bTamid* 28a) auch gestritten hat, so dass das Los entscheiden musste, wer diesen Dienst tun durfte.

Der Vorgang

Der Vorgang als solcher ist ebenfalls zweigeteilt: (1) Die Fettasche wird zunächst abgehoben und neben dem Altar abgelegt – diese Stelle wird bereits in Lev 1,16 מקום הדשן, »Ort der Fettasche«, genannt, und dort wird deutlich, dass er sich bereits außerhalb des engeren Opferbereichs befindet (s. die Auslegung zu 1,16). Dieses Abheben muss täglich erfolgen, das folgende Hinausbringen muss nicht an jedem Tag durchgeführt werden (*bTamid* 28b; *bYoma* 20a; *Raschi*, 291; *Raschbam*, 36). (2) Nach dem Kleiderwechsel wird die Fettasche von dort nach draußen an einen reinen Ort gebracht. Das ist die Stelle, die für kultische Zwecke ausgewiesen (also »rein«, aber nicht »heilig«) ist und »Schuttplatz der Fettasche« (שפך הדשן) genannt wird. Dort wird nach Lev 4,12 auch der Opferstier des gesalbten Priesters bei dessen Entsündigungsopfer verbrannt. Gemeinsam ist diesen Dingen, dass sie eben kein beliebiger Abfall sind, sondern »Reste« aus heiligen Handlungen. Ihnen kommt selbst keine Heiligkeit mehr zu, die sie übertragen könnten, aber dennoch stammen sie aus der kultischen Sphäre, so dass ihre Entsorgung auf einer »reinen« (kultisch ausgewiesenen) Deponie zu erfolgen hat. *Milgrom*, 385–386, zitiert *mTamid* 1,4–2,2 mit den Details des Vorgangs.

V 5–6 Damit keine Missverständnisse aufkommen, betont V 5, dass das Abräumen der Asche nicht zum Verlöschen des Feuers führen darf. Es ist ein heiliges Feuer, das – wie Lev 9,24 ausführen wird – am Tage der Inauguration des Kultes von Gott selbst entfacht worden ist (*Staubli*, 72). Die Priester müssen dafür sorgen, dass Holz nachgelegt und das glimmende Feuer wieder belebt wird. Dann werden das Brandopfer und die Fettstücke der Heilsgemeinschaftsopfer angeordnet: Das in Verbindung mit der Zeitangabe »Morgen für Morgen« genannte Brandopfer könnte das tägliche Tamid-Opfer sein, das als erstes verbrannt wird. Die Zufügung der Fettteile des Heilsgemeinschaftsopfers korrespondiert mit Lev 3,5, wo ebenfalls festgehalten wird, dass die zur Verbrennung bestimmten Teile des Heilsgemeinschaftsopfers *auf* dem Brandopfer in Rauch aufgehen sollen. Zudem dürften nach dem täglichen Tamid-Opfer die Heilsgemeinschaftsopfer die häufigsten gewesen sein (*Rendtorff*, 238): Sie werden von einzelnen Israeliten unabhängig von Festtagen dargebracht und sind mit einer Fleischmahlzeit verbunden. V 6 fasst den Abschnitt zusammen und betont positiv (»beständiges Feuer«: אש תמיד) wie negativ (»es verlösche nicht«) das Ideal des immerwährenden Altarfeuers. – In der frühchristlichen Auslegung wird das immerwährende Altarfeuer als Allegorie für den Anspruch immerwährender Liebe und Wohltätigkeit gedeutet (s. dazu *Lienhard*, 170). Das immerwährende Feuer

V 5 Ein beständiges Feuer für die Verbrennung von Tierkörpern verbraucht ansehnliche Mengen an Holz. Dafür findet eine eigene Sammlung statt (die »Holzspende«: קרבן העצים, *qurban ha-ʿeṣīm*). Sie wird nach Neh 10,35 unter den Familien der Priester, der Leviten und der Laien (Volk) ausgelost. Nehemia selbst rechnet es sich als Verdienst an, für eine zuverlässige Lieferung von Brennholz gesorgt zu haben (Neh 13,31). In dem paradigmatischen Opfertext der Bindung Isaaks wird mehrfach das Brennholz angeführt (Gen 22,3.6.7.9). Im Blick auf Lev 6,5–6 erwähnt Josephus (*Bell.* 2,425) ein Fest des Holztragens, ebenso die Tempelrolle von Qumran (11Q19, Kol. 43,3–4). Die Versorgung des Tempels mit Brennholz war offensichtlich eine Angelegenheit von größter Wichtigkeit (*T. Hieke*, Esra und Nehemia, 232; Holz

Milgrom, 387–388). Der Vorgang des Holzschichtens wird u.a. in *mTamid* 2,3–5 beschrieben.

Speiseopfergabe Der zweite Abschnitt ergibt sich durch einen inhaltlichen Wechsel zum V 7–11
Thema »Speiseopfergabe« (מנחה) und durch die »Toraformel«. *Milgrom,* 389–391, diskutiert ausführlich die Frage, ob es sich dabei um die Speiseopfergabe handele, die das tägliche Tamid-Opfer (Ex 29,40) begleitet. Er kommt zu dem Ergebnis, dass das Mehlopfer beim Tamid nie als eigenständiges Opfer gewertet wird – somit handelt es sich hier um die eigenständige, unabhängige Speiseopfergabe des Einzelnen.

Der Text markiert den Punkt, an dem die Priester im Ritual aktiv werden: beim Darbringen an der Vorderseite des Altars (hier mit קרב *hifil,* in 2,8 mit נגש *hifil*). Die »Vorderseite des Altars« ist nach *Raschi,* 291, die Südseite, »vor JHWH« ist die »Westseite, die dem Zelt der Offenbarung zugewandt war«, so dass sich insgesamt als Ort die Südwestecke ergibt (*bSota* 14b; s. auch *mMenahot* 5,6). In Präzisierung der Ausführungen von 2,2 beginnt der Part der Priester mit der Übergabe der von Laien zubereiteten Speiseopfergabe. Der amtierende Priester hebt den Gedächtnisanteil (s. das Glossar) ab. V 8 schließt sich weitestgehend an 2,2 an. Die folgenden Ausführungen regeln über Lev 2 hinaus den genauen Umgang der Priester mit dem neben dem verbrannten Gedächtnisanteil übrig gebliebenen (wesentlich größeren) Rest. Vier Aspekte sind zu nennen, die 6,9–10 zu Lev 2 ergänzt
Ungesäuert gegessen (*Rendtorff,* 240–241, im Anschluss an *Ramban,* 67): (1) Die Speiseopferga- V 9
be soll ungesäuert *gegessen* (und demnach auch ungesäuert gebacken, V 10!) werden. 2,11 betont nur, dass nichts mit Sauerteig Gebackenes dargebracht werden soll; 6,9 schließt nun auch das trockene Mehl (2,1–3) ein und legt fest, dass auch nach Abheben des Gedächtnisanteils dieses übrige Mehl nicht mit Sauerteig weiterverarbeitet werden darf (*Gerstenberger,* 78).
Am heiligen Ort (2) Der Verzehr der »hochheiligen« Speise soll an einem heiligen Ort erfolgen, der näher als der Vorhof des Zeltes der Begegnung spezifiziert wird. Gemeint ist wohl (mit *Milgrom,* 392–394) der Bereich zwischen dem Brandopferaltar und der »Decke« als dem äußeren Vorhang des Zeltes der Begegnung (s. die Skizze zum Heiligtum, Abb. 1, Seite 164; zur Topographie des Heiligen und Reinen s. auch *D. P. Wright,* Disposal, 232–247). In der Konzeption des zukünftigen Heiligtums bei Ezechiel sind dafür eigene Räumlichkeiten vorgesehen (Ez 42,13; 46,20). Der Verzehr darf auch nicht zu Hause stattfinden, so dass konsequenterweise die weiblichen Angehörigen
Gabe von JHWH der Priesterfamilien ausgeschlossen sind (*Gerstenberger,* 78; *Kornfeld,* 28). V 10
Der Sprechduktus wird in V 10 durch eine kurze direkte Gottesrede in Ich-Form unterbrochen, während sonst immer JHWH in dritter Person steht. Diese Auffälligkeit macht auf den theologischen Charakter der Speise für die Priester aufmerksam: Die Priester erhalten ihre Speise von JHWH, der ihnen Anteile von den Gaben zurückgibt, die ihm die Israeliten geopfert haben. Der »Rest« der Speiseopfergabe ist der von JHWH den Priestern ge-

gebene Anteil von den Feueropfergaben JHWHs (s. das Glossar zu Feueropfer). V 10 sagt zudem, dass diese Speise den gleichen Rang an Heiligkeit, nämlich den höchsten (»hochheilig«), hat wie das Entsündigungsopfer und das Entschuldigungsopfer.

V 11 (3) Gegenüber Lev 2 wird dann zum Dritten betont, dass jeder männliche Nachkomme Aarons (s. Zur Übersetzung) zum Essen dieser Speise berechtigt ist. Dabei geht es wieder nur um das rohe (trockene) Mehl, das also zu ungesäuertem Brot für alle männlichen Aaroniden verarbeitet werden kann. 7,9 spezifiziert nämlich, dass die bereits fertig gebackene Speiseopfergabe jeweils individuell dem Priester zusteht, der konkret den Ritus vollzieht. Dagegen legt 7,10 fest, dass im Falle von rohem Teig (»mit Öl vermengt«) oder trockenem Mehl die Nahrungsmittel allen Aaronsöhnen ohne Unterschied gehören, also auch auf andere männliche Angehörige aufgeteilt werden können. Insbesondere diejenigen männlichen Angehörigen, die aufgrund einer Körperbehinderung oder Krankheit nicht selbst den Priesterdienst ausführen können, dürfen von diesen Nahrungsmitteln essen (Lev 21,22; *Raschi*, 292). (4) Der vierte Punkt, der über Lev 2 hinausgeht, betrifft den Umgang mit der hochheiligen Speise (Speiseopfergabe, Entsündigungs- und Entschuldigungsopfer): Durch Kontakt entsteht eine Kontamination mit dem Heiligen (s. *Milgrom*, 443–456). Das stellt immer ein Problem dar, denn alles Heilige, sei es ein Gegenstand oder ein Mensch, muss dem alltäglichen Gebrauch und Kontext entzogen werden. Was aber kann durch Kontakt »heilig« werden? Was ist mit dem Begriff »alles« (כל) am Ende von V 11 gemeint? Nach der rabbinischen Auslegung betrifft das nur heilige Geräte (Altar, Gefäße) und heilige Opfergaben (Speisen) (*Milgrom*, 446). Sollte also die hochheilige Speise in irgendeiner Weise mit anderen Nahrungsmitteln in Berührung kommen, müssen auch diese Speisen nach der Vorschrift für das Hochheilige verzehrt werden. – Ganz anders ist das Konzept bei Ezechiel: Demnach können sehr wohl auch Menschen durch Kontakt »heilig« werden. Durch separate Räume wird im ezechielischen Tempelentwurf ein Kontakt des Volkes mit dem Hochheiligen vermieden: Ez 46,20 nennt dafür genau die drei hier auch relevanten Opferarten. Insgesamt erweist sich Ezechiel als die strengere Sicht der Übertragbarkeit von »Heiligkeit« (und damit wohl die ältere): »Alles« schließt auch Menschen mit ein. Die priesterliche Literatur hingegen (also auch Levitikus) schränkt das ursprüngliche »alles« deutlich ein. Der Hintergrund sind womöglich praktische Gründe, die sich aus dem Missbrauch ergeben: Mörder und Diebe könnten sich zum Altar flüchten und sich auf die alte Tradition berufen, dass sie durch Berührung »heilig« und unantastbar geworden seien. Daher wird die Übertragbarkeit von »Heiligkeit« auf Personen abgeschafft, so dass sich kein Krimineller mehr durch Flucht ins Heiligtum seiner Strafe entziehen kann. Als Alternative für das »Tempelasyl« werden die Asylstädte eingerichtet (Num 35), in die sich ein Totschläger vor dem Blut-

Berechtigte

Kontamination

rächer flüchten kann, bis sein Fall gerichtlich untersucht ist (*Milgrom*, 455–456).

Eine andere Deutung von Lev 6,11 vertritt *Levine*, 37–38: Nach Hag 2,11–13 übertrage sich Unreinheit durch Kontakt, aber nicht Heiligkeit. Daher gehe es in Lev 6,11 um den Status der Kontaktperson: Jeder, der sie (die hochheiligen Speisen) berührt, muss im Stand der Heiligkeit sein. Ähnlich sei in V 20 zu übersetzen: Jeder, der das Fleisch des Entsündigungsopfers berührt, muss im Stand der Heiligkeit sein (ebd., 40; so auch *Raschbam*, 37). *Milgrom*, 445, widerlegt diese These u.a. mit dem Hinweis darauf, dass קדש *qal* »heilig sein/werden« heißt, aber nie »muss heilig sein«; ferner gehe es in Hag 2,11–13 um die mittelbare Übertragung von Heiligkeit durch einen Gewandstoff. Derartig indirekt werde »Heiligkeit« nicht übertragen, so die korrekte Antwort der Priester. Das aber impliziere, dass »Heiligkeit« sehr wohl durch *direkten* Kontakt übertragen werde. – Eine ausführliche Diskussion dieses Problems bietet *Watts*, 399–402. Er nimmt an, dass der Sachverhalt innerhalb der priesterlichen Gruppierungen zwischen den Positionen, die das Ezechielbuch einerseits und die Haggaischrift andererseits vertreten, noch umstritten war. P habe daher in V 11 eine offene und mehrdeutige Formulierung gewählt, um die Übertragbarkeit von »Heiligkeit« durch Kontakt weder auszuschließen noch direkt zu behaupten.

Ein Sonderfall der Speiseopfergabe

Der folgende Abschnitt beginnt mit einer Anredeformel, aber ohne Weitergabe- und Toraformel. Schon das ist eigenartig, mehr aber noch, was dann als Spezialfall einer Speiseopfergabe geschildert wird: Davon war bisher (in Lev 1–5) nicht die Rede. Zunächst ist auch unklar, von wem die Rede ist und wie oft das Opfer darzubringen ist (s. Zur Übersetzung). Erst in V 15 wird geklärt, dass es um den Priester geht, der an Aarons Stelle (als dessen Nachfolger) gesalbt worden ist. Das ist in anderer Terminologie der Hohepriester. Wenn es nur um diesen *einen* Priester geht, wird auch V 13 (»an dem *er* [Singular!] gesalbt wird«) verständlich. Dieses Opfer des Hohepriesters ist eine *beständige* Speiseopfergabe (מנחה תמיד, *minḥā tāmīd*), so dass ביום המשח, *b^e-yōm himmāšaḥ*, sich nicht auf einen einmaligen Tag (den der Salbung) bezieht, sondern als Ausgangspunkt zu verstehen ist: Vom Tag der Salbung an ist das Opfer täglich darzubringen (*Milgrom*, 396–399; *Gorman*, 48). Dass es so etwas gibt, zeigt Sir 45,14, wo von Aaron gesagt wird: »Seine Speiseopfergabe wird ganz verbrannt, zweimal täglich, als regelmäßiges Opfer«. Diese besondere Speiseopfergabe ist vermutlich auch in Num 4,16 und Neh 10,34 gemeint. V 12–16

In traditionsgeschichtlicher Perspektive stehe nach *T. Pola*, Hintergrund, 90–92, hinter dieser besonderen Speiseopfergabe das in 1 Kön 18,29.36 und 2 Kön 16,15 angedeutete abendliche vegetabilische Opfer in vorexilischer Zeit. Das in 2 Kön 16,15 angeführte spezielle Opfer des Königs (Brandopfer und Speiseopfergabe) habe in nachexilischer Zeit der Hohepriester übernommen, jedoch nur den vegetabilischen Anteil in Form der Speiseopfergabe, nicht das Brandopfer. In der weiteren Entwicklung und Ausweitung des Opferkults entstehe ein regelmäßiges Morgen- und Abendopferritual, bei dem jeweils ein Brandopfer (Lamm) und eine Speiseopfergabe (vegetabilisch) dargebracht wurden (Ex 29,38–42; Num 28,3–8), wobei nach der Mischna (*mTamid* 6,3) normale Priester *oder* der Hohepriester selbst das Opfer vollziehen (ebd., 93).

Die komplizierte Formulierung in V 12 (»an dem Tag« als »von dem Tag
an«) kann auch so verstanden werden, dass alle Priester dieses Opfer am
Tage ihrer Einsetzung darbringen sollen, nur der Hohepriester muss es ab
da täglich wiederholen (*Raschi*, 292; *Raschbam*, 38; s. auch die Diskussion
V 13 bei *Levine*, 38–39). Als Opfermaterie nennt V 13 eine Mengenangabe von Opfermaterie und Darbringungsweise
Weizenfeinmehl – auffälligerweise stimmt »ein Zehntel ›Efa‹ Weizenfein-
mehl« (2,2 Liter) genau mit der Menge für das Entsündigungsopfer für Ar-
me (Lev 5,11) überein. Es ist also von der Quantität her gesehen ein eher
kleines Opfer, zumal es noch geteilt wird (eine Hälfte am Morgen, die ande-
re am Abend). Aber es wurde schon mehrfach deutlich, dass weder die Men-
ge noch die Art der Opfermaterie entscheidend sind (wohl aber die Qualität:
Tiere müssen fehlerlos sein!): Es handelt sich immer um vollgültige Opfer.
V 14 Die Zubereitung »auf einer Pfanne« entspricht den Angaben von Lev 2,5 (s. Zubereitung
Zur Übersetzung). Ein deutlicher Unterschied zur »normalen« Speiseopfer-
gabe von Lev 2 besteht darin, dass es sich hier eigentlich um ein Speiseopfer
V 15–16 als Ganzopfer handelt: Es wird kein Gedächtnisanteil abgehoben und der Ganzopfer
Rest gegessen, sondern die Nahrungsmittel werden ganz verbrannt. Dies
ist die logische Konsequenz aus der theologischen Deutung der Priester-
anteile bei der Speiseopfergabe in V 10: Normalerweise gibt JHWH den
Priestern Anteile von dem zurück, was ihm von den Israeliten als Feuer-
opfer gegeben wurde. Nun ist es schlechterdings unvorstellbar, dass ein
Priester (der Hohepriester) in *eigener* Sache etwas opfert und dann von
JHWH davon wieder einen Anteil zurückbekommt. Daher muss notwendi-
gerweise das Speiseopfer des Priesters ganz verbrannt werden und darf nicht
gegessen werden (*Rendtorff*, 243–244; s. auch *S. Daniel*, Recherches, 265–
268; *Kornfeld*, 29). – Unter entstehungsgeschichtlicher Perspektive erweist
sich Lev 6,12–16 als redaktionelle Hinzufügung, die bereits Lev 17–26 (das
»Heiligkeitsgesetz«) voraussetzt (s. *C. Nihan*, Priestly Torah, 258–260.615;
T. Pola, Hintergrund, 88–89). Im Codex Alexandrinus der LXX fehlt dieser
Abschnitt (s. *Watts*, 403).
V 17–23 Nach der Unterbrechung durch das besondere (beständige) Speiseopfer Entsündigungsopfer
des Hohepriesters lenkt V 17–18b gezielt auf die in V 1–2b gelegte Spur
zurück: Anrede-, Weitergabe- und Toraformel werden vollständig wieder-
holt, wobei die Weitergabeformel den aus 1,2 bekannten Imperativ von דבר,
nicht wie in V 2a den von צוה (s.o.) verwendet. Das Thema ist nun das Ent-
V 18 sündigungsopfer (חטאת). Vorausgesetzt wird wohl aus Lev 4 der Ritus, wie- Schlachtort
derholt wird aber (aus 4,24.29.33) die Festlegung des Schlachtortes: derselbe
wie beim Brandopfer. Aus 1,11 weiß man, dass er sich »an der Nordseite des
Altars vor JHWH« befindet. Offenbar war es eine wichtige Aufgabe der
Priester, dafür zu sorgen, dass das Opfer auch wirklich an diesem Ort ge-

schlachtet wurde. Die Bedeutung des korrekten Ortes liegt auch darin be-
gründet, dass das Geschlachtete »hochheilig« ist – weil dem so ist, muss die
Schlachtung in unmittelbarer Nähe des Brandopferaltars als Kontaktpunkt
zum lebendigen und heiligen Gott erfolgen bzw. auch umgekehrt: durch die
Schlachtung an diesem Ort werden die Produkte »hochheilig« (*Rendtorff*,
Priesteranteil 244–245). Was in Lev 4 unerwähnt blieb, wird nun nachgetragen: Der Pries- V 19.22
ter, der die in Lev 4,27–35 genannten Riten (Applikation des Tierblutes)
durchführt, ist berechtigt, das Tierfleisch zu verzehren (unter Einhaltung
des wie in V 9 beschriebenen korrekten Ortes). Diese Bestimmung wird
durch V 22 nicht aufgehoben, vielmehr ist V 22 ein allgemeiner kultischer
Grundsatz, dass die männlichen Personen von den (aaronidischen) Priestern
das Tierfleisch des Entsündigungsopfers essen dürfen. V 19 spezifiziert die-
sen Grundsatz dahingehend näher, dass ein unmittelbarer und individueller
Zusammenhang zwischen dem darbringenden Priester und dem dar-
gebrachten Tier hergestellt wird, der dem Gestus des Handaufstemmens
durch den Opfernden entspricht: Somit gibt es eine individuell-personale
Linie vom Opfernden über die Handaufstemmung auf das je einzelne Op-
fertier, das dann von genau dem Priester verzehrt wird, der den Blutritus zur
Versöhnung durchgeführt hat. Ein solches Vorgehen nimmt den Einzelnen
in seiner individuellen und personalen Beziehung zu Gott sehr ernst. Inwie-
weit das Verzehren durch den Priester Symbolcharakter hat (Vernichtung
der »Sünde«; s. *Staubli*, 73), lässt der Text offen, vielmehr legt er eindeutig
den Schwerpunkt auf das Priestereinkommen. Wie *Milgrom*, 402.407, fest-
hält, wird es aus praktischen Gründen so gewesen sein, dass der darbringen-
de Priester nur einen Teil des dargebrachten Fleisches isst, da er nie ein gan-
zes Tier an einem Tag verzehren kann. Was er nicht schafft, gibt er dann an
die weiteren Berechtigten (die männlichen aaronidischen Priester) weiter.
Auch so ist das Verhältnis von V 19 zu V 22 befriedigend erklärt (s. auch
Watts, 407).

Kontamination Da das entsprechende Tierfleisch durch den Ritus zu »Hochheiligem« V 20–21
wird, entsteht die Gefahr, dass diese Eigenschaft der »Heiligkeit« durch
Kontamination weitergegeben wird und sich auf andere Gegenstände über-
trägt. Von Menschen ist hier, anders als in Ez 46,20 (*Milgrom*, 446), nicht
die Rede. Auch Hag 2,12 verhandelt nur die Möglichkeit der Übertragung
der Heiligkeit durch Kontakt auf Gegenstände. Um nun keine Kettenreak-
tion der »Heiligung« zu erzeugen oder unnötige Skrupel zu schüren, wird
klar festgelegt, wie bei der »Kontamination« zu verfahren ist: Kleidung ist
an einem heiligen Ort zu waschen. Metallgefäße sind entsprechend zu
scheuern und zu spülen. Nur Tongefäße, die sich aufgrund ihrer Poren nicht
vollständig reinigen lassen, müssen vernichtet werden, um es nicht zu
einem Vermischen von Heiligem und Profanen kommen zu lassen bzw. dass
nicht in den Poren »Reste« übrig bleiben, die nicht gegessen werden dürfen
(7,17; *Levine*, 40). Die Scherben werden nach rabbinischer Auslegung im

Hof des Heiligtums vergraben (*Milgrom*, 404, mit Hinweis auf *bYoma* 21a
und *bZevahim* 96a, die beide von einem wunderbaren Verschlungenwerden
sprechen; s. auch *Ramban*, 71).

V 23 Hat V 22 noch einmal die Grundsatzregel betont, dass die männlichen Spezialfall:
Aaroniden das hochheilige Opferfleisch der Entsündigungsopfer essen dür- großer Blutritus
fen, so erinnert V 23 an eine wichtige Ausnahme: Wenn von einem Tier
Blut zum Zelt der Begegnung gebracht wird, darf das Fleisch nicht verzehrt
werden. Gemeint ist hier der »große Blutritus«, wie er in Lev 4,3–21 be-
schrieben wird: Er betrifft den gesalbten Priester (den Hohepriester) als Ein-
zelnen und die »ganze Gemeinde Israels« (*Raschbam*, 39, ergänzt noch die
Opfertiere Stier und Ziegenbock beim Ritual des Versöhnungstages, Lev 16,
und die in Num 15,22–29 genannten Ziegenböcke). In diesen Fällen muss
das Tierfleisch vollständig außerhalb des Lagers an einem reinen Ort (s.o.)
verbrannt werden. Mit diesen Bestimmungen wird als wichtige Ergänzung
zum Ritus des Entsündigungsopfers von Lev 4 nachgetragen, was neben
dem Blut und den Fettteilen mit den übrigen Resten des Opfertieres gesche-
hen soll: Beim »großen« Blutritus werden sie außerhalb des Lagers ver-
brannt, beim »kleinen« Blutritus soll der vollziehende Priester das Tier-
opferfleisch verzehren.

7,1–7 Mit einer Toraformel wird der fünfte Abschnitt eingeleitet. Parallel zum Entschuldigungs-
V 2 Entsündigungsopfer (aber in umgekehrter Reihenfolge als 6,18) erfolgt die opfer
Qualifikation als etwas »Hochheiliges« und die Festlegung des Schlachtor-
tes auf den Ort des Brandopfers. Vermutlich ist die Umstellung der Reihen-
folge dadurch bedingt, dass nun mit der Schilderung des Rituals fortgefah-
ren wird, die bei der ersten Beschreibung des Entschuldigungsopfers in
V 3–5 5,14–26 unterblieb. Das Schlachten wird nicht ausdrücklich erwähnt, da es Ritual
durch die Festlegung des Schlachtortes impliziert wird. Der Blutritus (V 2)
und die folgenden Handlungen (V 3–5) gleichen den Vorgängen beim Heils-
gemeinschaftsopfer (Lev 3). Weil beim Entschuldigungsopfer nach 5,15.25
nur ein fehlerloser Widder in Frage kommt, wird die Fassung des Heils-
gemeinschaftsopfers für das Schafopfer (3,9–11) zugrunde gelegt, also die
mit besonderer Berücksichtigung des Fettschwanzes (s. die Auslegung zu
V 5 Lev 3,9). Am Ende steht die – sonst in Lev 6–7 nicht begegnende – Klassifi- Klassifikation
kationsformel »ein Entschuldigungsopfer ist es«. Diese Besonderheit ist
zum einen dadurch bedingt, dass 7,1–7 das Ritual nachträgt, das eigentlich
in Lev 5 zu erwarten war. Zum anderen wird so eine Verwechslungsmög-
lichkeit mit dem Heilsgemeinschaftsopfer vermieden. Die wesentlichsten
Unterschiede bestehen im Anlass (das Entschuldigungsopfer ist ein Pflicht-
Opfer in den vorgesehenen Fällen), in der Qualifizierung der Opfermaterie
als »hochheilig« (so wird das Heilsgemeinschaftsopfer nie bezeichnet) und
demzufolge in der Zuteilung des Tierfleisches des Entschuldigungsopfers
V 6–7 ausschließlich an die Priester (V 6). Letztere Bestimmung entspricht wieder Priesteranteile
dem Entsündigungsopfer von 6,17–23. Ausdrücklich betont V 7, dass hin-

sichtlich der Priesteranteile für das Entsündigungs- wie für das Entschuldigungsopfer die gleiche Weisung (Tora) gilt: Der jeweils amtierende, also den Ritus vollziehende Priester ist der allein berechtigte Empfänger des Fleisches. V 6 hält (wie 6,22) den Grundsatz fest, dass alle Priester von solchem Fleisch essen dürfen, während V 7 (wie 6,19) die individuelle Zuweisung im Einzelfall regelt: Nicht jeder Priester darf alles essen, sondern der einzelne Priester soll genau das Fleisch essen, dessen Opferritual er durchgeführt hat. Ausgedrückt wird die Durchführung des Rituals hier mit dem Fachbegriff כפר, »Versöhnung erwirken« (s. das Glossar).

Allgemeine Bestimmungen zu den Priesteranteilen

Die Rede von den Priesteranteilen beim Entsündigungs- und Entschuldi- V 8–10
gungsopfer hat offenbar dazu geführt, dass nun weitere Bestimmungen hinsichtlich der Priesteranteile bei den anderen Opfern angehängt werden (V 8: Brandopfer; V 9–10: Speiseopfergabe). Vom Prinzip her ist das Brandopfer V 8

Brandopfer

ein Ganzopfer, d.h. eigentlich bleibt nichts übrig, da das Tier ganz verbrannt wird. Doch beim Ritus des Brandopfers wird in 1,6 das Häuten erwähnt – nun wird klargestellt, dass die Tierhaut dem darbringenden Priester (als Einkommen) zusteht. Wichtig ist die Wendung עלת איש, »jemandes Brandopfer«, d.h. das Brandopfer von jemand anderem, der nicht der Priester selbst ist. Das lässt kaum einen anderen Schluss zu als anzunehmen, dass in dem Fall, wenn ein Priester für sich selbst ein Brandopfer darbringt, dieses wirklich vollständig (mit der Haut) verbrannt werden muss. Zwar ist das nirgends erwähnt, doch ist es aus der logischen Analogie zur Speiseopfergabe (6,16!) zu folgern (*Rendtorff*, 248). Die offene Frage, was denn mit den Tierhäuten bei den anderen Opfern sei, insbesondere der Entsündigungs- und Entschuldigungsopfertiere, wird hier nicht, wohl aber in der Mischna beantwortet, und zwar mit einem Schluss vom Größeren auf das Kleinere: Wenn ihnen (den Priestern) das Fell des Brandopfers zusteht, dessen Fleisch ihnen nicht zusteht, um wie viel mehr steht ihnen das Fell der hochheiligen Opfer zu, dessen Fleisch sie essen dürfen (s. *mZevahim* 12,3; *Staubli*, 76; *Milgrom*, 411). In den meisten Fällen kann also der das Ritual ausführende Priester die Tierhaut behalten und ihren Wert als Einkommen haben (*Levine*, 41).

Speiseopfergabe

Bei der Speiseopfergabe wird die Zuteilung der Priesteranteile nach der V 9–10
Weise ihrer Zubereitung (wohl vor allem aus praktischen Gründen) unterschieden. Fertig gebackene Speisen (2,4–7) ergeben ja konkret zuzuordnende Stücke (Brote, Kuchen), so dass sie genau dem Priester gehören, der den Ritus vollzieht. Hier handelt es sich um die Speiseopfergaben der einzelnen Israelitinnen und Israeliten aus ihren privaten Anlässen heraus (s. die Auslegung zu 2,1–10). Bei der öffentlichen Speiseopfergabe auf der Ebene der Gemeinschaft etwa anlässlich von Festen wird anders vorgegangen: Von der Rohware (»mit Öl vermengt«, also Teig, oder »trockene«, also Mehl) wird der Gedächtnisanteil abgehoben, und dann kann der Rest weiterverarbeitet werden. Er gehört allen aaronidischen Priestern gemeinsam und kann auf-

grund des Rohzustandes auch leichter nach den jeweiligen Bedürfnissen aufgeteilt werden.

V 11–21 Nun schließen sich – wieder mit einer Toraformel markiert – die Weisungen für das Heilsgemeinschaftsopfer (vgl. Lev 3) an. Sie stehen am Ende, weil bei dieser Opferart (im Unterschied zu den anderen) keine »hochheiligen« Bestandteile anfallen. Von den Formulierungen her scheinen nun nicht mehr allein die Priester im Blick zu sein, sondern auch und vor allem die darbringenden Laien. Differenziert wird nach den Anlässen: Dank (V 12–15) und Gelübde/freiwillige Opfergabe (V 16–18). Die beiden Abschnitte werden jeweils mit אם bzw. ואם eingeleitet. Daran schließen sich Grundsatzbemerkungen zu rein und unrein bzw. zu den Zulassungsbedingungen an (V 19–21). Damit geht es hier zum ersten Mal um den Blickwinkel, dass jemand aus eigenem Impuls heraus ein Opfer leistet. In Lev 1–3 wurde nie ein Anlass für die drei Opferarten genannt; die Opfer von Lev 4–5 müssen aufgrund eines vorausgehenden Fehlverhaltens dargebracht werden. Jetzt geht es um den eigenen Antrieb und die Absicht des Einzelnen, ein Opfer zu bringen. Möglicherweise ist dies ein Grund dafür, dass gerade hier öfter der Begriff »Schlachtopfer« (זבח) alleine steht, der an anderen Stellen meist das individuelle Opfer bezeichnet (*Rendtorff*, 249). Die Übersetzung »… darbringen möchte« soll wieder die Freiwilligkeit betonen (s. die Auslegung zu 1,2).

Heilsgemeinschaftsopfer

V 12–15 Der erste Anlass ist die Danksagung (תודה, *tōdā*). Der Begriff *tōdā* ist zunächst die Bezeichnung des Anlasses und wird dann Bestandteil der Fachbegriffe für diese spezielle Form des Heilsgemeinschaftsopfers (*J. Swetnam*, Zebach, 67), die in V 12 »Dankopfer« (זבח התודה), in V 13.15 »sein Dank-Heilsgemeinschaftsopfer« (זבח תודת שלמיו) genannt wird. Wie es für Fachsprachen charakteristisch ist, können die einzelnen Fachtermini zu größeren Komplexen kombiniert werden (s. etwa die langen zusammengesetzten Substantive im Deutschen). Was ist nun »Dank« (*tōdā*, Toda) eigentlich? 38 % der Belege stehen in den Psalmen (s. dazu *C. Radebach-Huonker*, Opferterminologie im Psalter, 34–39.219–221). Es zeigen sich zwei Schwerpunkte: Toda als Opferterminus und als Bezeichnung einer besonderen Form des Gotteslobliedes, gleichsam als Begriff für eine Psalmengattung (»Danklied des Einzelnen«). Dabei steht beides in liturgischer Verbindung: Das Dankopfer wurde von der Rezitation eines entsprechenden Dankliedes begleitet, wie dies noch in Ps 116,17 deutlich wird. Der Psalm ist ein Danklied des Einzelnen, das vom Dankopfer (זבח תודה) spricht. Ähnlich klingt Ps 22 mit einem Danklied aus, das ein Sättigungsmahl für die Armen am Tempel erwähnt. Das Zentrale dieser Opferart (bzw. des Heilsgemeinschaftsopfers überhaupt) ist ja das gemeinsame Mahl, das Verzehren des Fleisches des Opfertieres. Der Dank war besonders bei der Rettung aus gefährlichen Situationen angebracht (*bBerakhot* 54b; *Raschbam*, 41; s. zu Lev 3, Rezeption und Bedeutung). Dabei ist festzuhalten, dass der »Dank« nicht

Dank

Toda

nur auf die Vergangenheit gerichtet ist, vielmehr ist das Ziel der Opferfeier der Lobpreis Gottes in Gegenwart und Zukunft (s. die griechische Übersetzung mit θυσία αἰνέσεως, »Lobopfer«; *J. Swetnam*, Zebach, 68: »sacrifice of praise«; *A. Marx*, Les systèmes sacrificiels, 21: »sacrifice de louange«).

Besonderheiten des Dankopfers

V 12–13

Das Charakteristikum des Dankopfers ist die Beigabe von Mehlopfern zusätzlich zum geschlachteten Tier. Zunächst (V 12) werden Brote genannt, die ziemlich genau der Speiseopfergabe (Lev 2,4, s. die Auslegung dort) entsprechen (wobei aber dieser Fachbegriff, מנחה, nicht genannt wird). Nach V 12 scheinen es drei verschiedene ungesäuerte Gebäcksorten zu sein. Dann (V 13) wird aber auch noch gesäuertes Brot angeführt (das ja niemals als Speiseopfergabe verwendet werden darf, Lev 2,11). Dieses gesäuerte Brot

Priesteranteile

V 14

ist ausschließlich zum Essen bestimmt. Von allen Brotsorten (den drei ungesäuerten und der gesäuerten; s. *Levine*, 43) wird je ein Teil als »Erhebungsgabe« (תרומה; s. das Glossar) dem Priester als Anteil gegeben, der den zugehörigen Blutritus vollzieht. Dieser Ritus, das »Aussprengen des Blutes der השלמים *(ha-šᵉlāmīm)*«, wird aus Lev 3,2.8.13 vorausgesetzt. Das übrige Brot wird zusammen mit dem Fleisch des Opfertieres im Gemein-

Blutritus

schaftsmahl verzehrt. Erneut stellt sich die Frage nach der Bedeutung des Blutritus: Warum ist beim Heilsgemeinschaftsopfer, bei dem doch das gemeinsame Mahl im Vordergrund steht, auch ein Blutritus erforderlich? Nach der priesterlichen Konzeption ist der Mensch von der Schöpfung her ein Vegetarier (Gen 1,29), doch nach der Sintflut wird der Fleischgenuss gestattet (9,3–4) – unter der Bedingung, dass man das Blut der getöteten Tiere ausfließen lässt und so dem Schöpfer zurückgibt (Lev 17,13–14). Israel, das zu besonderer Heiligkeit berufen ist (Lev 19,2; 20,26), befolgt zusätzlich einen besonderen Schutzritus für die Menschen, die durch die Schlachtung auf die Tierwelt zugegriffen haben: Das Blut des Opfertieres wird am Altar ausgesprengt, um für die Tötung des Tieres Versöhnung zu erwirken. Für das »Erwirken von Versöhnung« *(kipper)* ist nach Lev 17,11 (s. die Auslegung dort) ausdrücklich das Blut als Sitz des Lebens vorgesehen. So ist auch der Blutritus beim Heilsgemeinschaftsopfer zu verstehen: Der Opfernde hat das Tier aus Eigennutz getötet, um das Fleisch als Nahrung zu bekommen – niemals dürfte das Blut genossen werden, vielmehr muss es als Sühnemittel an den Altar ausgesprengt werden, um für das Leben des Opfernden Versöhnung zu erwirken (*Milgrom*, 417).

Behandlung des Fleisches

V 15

Nach dem Brot als begleitende Nahrung wird noch einmal das Fleisch in den Blick genommen. Das ganze Fleisch des Opfertieres soll an *einem* Tag verzehrt werden, und zwar am Tag des Opfervollzuges, und um dies noch deutlicher einzuschärfen, wird hinzugefügt, dass nichts bis zum nächsten Morgen übrig gelassen werden darf. Offensichtlich ist an eine größere »Heilsgemeinschaft« zu denken. Durch diese besondere, für das *Dankopfer* spezifische Verzehrfrist von einem Tag, die in Lev 22,30 wiederholt wird, erhält diese Opferart eine besondere Note: Auch beim Pessach (Ex 12,8–

10) soll nichts bis zum Morgen übrig gelassen werden (Ex 23,18; 34,25; Num 9,12). Ebenso ist es beim Opfer bei der Priestereinsetzung (המלאים) in Ex 29,34 (Lev 8,32). Vielleicht signalisiert diese Analogie den hohen Stellenwert des Dankopfers. Ein weiterer Grund könnte darin bestehen, dass das Opferfest auch zeitlich »vollständig« sein und nicht über mehrere Tage hinweg »gestreckt« werden soll (so *C. Dohmen*, Exodus 19–40, 250, zu Ex 23,18). Die Begriffskombination »Dank-Heilsgemeinschaftsopfer« wiederum weist das Dankopfer als Unterart des Heilsgemeinschaftsopfers aus (wie das auch das allein stehende Wort *ha-šᵉlāmīm*, »Heilsgemeinschafts[opfer]« in V 14 betont; *Milgrom*, 416; zur Rezeption in den Psalmen s. u., Rezeption und Bedeutung).

V 16–18 Der zweite Anlauf zu den Opferanlässen nennt »Gelübde« (נדר, *nēdær*) und »freiwillige Opfergaben« (נדבה, *nᵉdābā*) als Bezeichnungen für ein Opfer aus eigenem Antrieb. Beide Bezeichnungen begegnen zusammen auch in Lev 22,18.21; 23,38; Num 15,3; Dtn 12,6.17, während Lev 22,23 unterscheidet, dass fehlgebildete Tiere zwar für eine »freiwillige Opfergabe« erlaubt sind, nicht aber für ein »Gelübde«. Bisweilen können auch Dankopfer (תודה, *tōdā*) und Gelübde-Erfüllung in eins gesehen werden (Ps 56,13; auch 50,14; Jona 2,10) – hier ist jedoch die Unterscheidung angebracht, weil beim Dankopfer die Mehldarbringungen hinzukommen, während bei Gelübden und freiwilligen Opfergaben keine Brote erwähnt sind. Ein weiterer Unterschied besteht darin, dass für die beiden letztgenannten Anlässe eine Verzehrfrist von *zwei* Tagen veranschlagt wird (Dankopfer: nur *ein* Tag). Gelübde und freiwillige Opfergaben werden insofern zusammengefasst, als ein Gelübde auch mit völlig freiem Willen und aus innerem Antrieb ohne Zwang abgelegt werden soll. Die Tora schärft die Einhaltung von Gelübden ein, betont aber auch, dass niemand gezwungen ist, ein Gelübde zu leisten (Dtn 23,22–24). Die Weisheitsliteratur, hier Kohelet, greift das auf und transformiert die Vorschrift in den Rat, erst gar keine Gelübde abzulegen (Koh 5,3–5). Der Zwang entsteht erst, wenn die gelobenden Worte ausgesprochen sind: Dann muss das Gelobte auch vollzogen werden. Tora und Weisheitsliteratur stimmen damit in der Mahnung überein, wohlüberlegt und verantwortlich vor Gott zu sprechen und zu handeln. – Dass Gelübde und deren Einlösung mit einem Festmahl eine häufiger vorkommende Sache waren, zeigt auch Spr 7,14: Die verführerische Frau lockt den unerfahrenen jungen Mann in ihre Fänge mit dem wohl plausiblen Vorwand, sie habe ein Gelübde eingelöst und lade ihn zu einer Mahlzeit ein (*Levine*, 44). *C. Radebach-Huonker*, Opferterminologie im Psalter, 39–43.221–222, verweist auf die Bedeutung des Gelübde(opfers) in den Psalmen. Gelübde und freiwillige Opfer

V 17–18 Die Frage des Umgangs mit dem übrigen Fleisch aus V 15 wird fortgesetzt. Was nach der Verzehrfrist von zwei Tagen am dritten Tag übrig ist, soll verbrannt werden (V 17). Möglicherweise ist von hier auf V 15 zurückzuschließen, dass nämlich das Fleisch des Dankopfers ebenfalls verbrannt Umgang mit dem Fleisch werden soll, wenn etwas nach einem Tag noch übrig ist. V 18 sanktioniert dann den Fall, wenn doch jemand aus der »Heilsgemeinschaft« (es muss nicht der Darbringende selbst sein) noch am dritten Tag von dem übrigen Fleisch isst (die Parallelstelle ist Lev 19,5–8; zur Gegenüberstellung s. die Auslegung dort) bzw. wenn von vorneherein die Intention besteht, drei Tage davon zu essen (nach *Sifra*, Zaw, Üs. Winter, 221; *Raschi*, 295; *Milgrom*, 421). Sowohl für den Darbringenden als auch für die essende Person treten bestimmte Folgen ein. Für den Darbringenden bedeutet dieser Verstoß, dass

Nicht wohlgefällig der angezielte Opferzweck nicht erreicht wird: (1) »Es wird nicht wohlgefällig angenommen werden« bedeutet, dass die erhoffte Wiederherstellung der Kommunikation mit Gott nicht erreicht wird (s. die Auslegung zu 1,4); das Opfer wird *im Nachhinein* ungültig. Die rabbinische Auslegung bezweifelt dies allerdings. *Raschi*, 295, schließt aus, »dass es rückwärts wirkend untauglich würde«, vielmehr gilt die Bestimmung dafür, dass das Opfer schon mit der Absicht dargebracht wird, davon drei Tage zu essen: Dann ist es von

Nicht angerechnet vorneherein ungültig und unwirksam. (2) »Es wird ihm nicht angerechnet werden« bedeutet, dass das Gelübde nicht als erfüllt gilt oder dass eben alles, was sich der Darbringende von seiner freiwilligen Opfergabe erhofft hat, hinfällig ist. Das Verb für »anrechnen« (חשב) steht auch in der theologisch aufgeladenen Passage von Gen 15,6: »als Gerechtigkeit anrechnen« (zu den Beziehungen zwischen Gen 15 und Levitikus s. die Auslegung zu Lev 1,17). Das Wort ist auch von daher als Bezeichnung für die Beziehungen zwischen

Verfallen Gott und Mensch ausgewiesen (s. auch Ps 32,2; 40,18; 106,31; 144,3). Zusammengefasst werden beide Sanktionen in dem schwer zu deutenden Wort פגול, *piggūl*. Es ist nur noch im Paralleltext 19,7 sowie in Jes 65,4 und Ez 4,14 belegt (s. *D. P. Wright*, Disposal, 142). An den beiden Prophetenstellen bezeichnet das Wort etwas kultisch Verbotenes bzw. Unreines, das nicht gegessen werden darf und das in priesterlichen Augen (Ezechiel!) Ekel erregend ist. Im Grunde wäre die Übersetzung mit »unrein« möglich, doch sollte dieser Begriff dem hebräischen טמא, *ṭamēʾ*, vorbehalten bleiben. Der Übersetzungsvorschlag »verfallen« spielt auf die »abgelaufene Verzehrfrist« an, denn die Assoziation mit einem abgelaufenen Mindesthaltbarkeitsdatum ist nicht ganz unpassend, auch wenn es hier nicht primär um hygienische Fragen geht: Nach drei Tagen ist das Fleisch »verfallen« und nicht mehr zum Verzehr vorgesehen. Maßgeblich ist die abgelaufene Zeit, nach der Opferfleisch keines mehr ist und damit der ganze Opfervorgang auf dem Spiel steht bzw. die Gefahr aufkommt, dass das heilige Fleisch doch unrein wird. *Milgrom*, 422, schlägt daher »entweiht« (desecrated) vor

Sündenlast (s. auch *D. P. Wright*, Disposal, 142–143). Wer dennoch davon isst – und nun wird die Sanktion für den genannt, der den Verstoß tatsächlich begangen hat –, wird seine Sündenlast tragen (s. zu Lev 5,1.17). Diese Wendung impliziert keine von menschlichen Instanzen zu exekutierende Strafe und nennt nicht einmal eine konkrete, von Gott auszuführende Bestrafung –

aber sie hält die Verantwortlichkeit des Täters fest: Der Betreffende steht mit seiner Sündenlast vor Gott, wie schon einst Kain in Gen 4,13 (erster Beleg von עָוֹן, »Sündenlast«) nach der Bewusstwerdung seiner Tat vor Gott steht und unter der »Sündenlast« schier zusammenbricht. Daraufhin erlässt Gott für Kain eine Schutzbestimmung (Gen 4,15) und hilft ihm so weiter. »Die Sündenlast tragen« ist also Bezeichnung dafür, dass jemand mit dem Bewusstsein seiner Verfehlung verantwortlich vor Gott steht und damit auf Gottes Urteil, Strafe, Barmherzigkeit, Hilfe oder Vergebung zu warten hat. Eine Intervention einer menschlichen Instanz (Gericht, Strafe, Ausschluss etc.) steht nicht zur Debatte (*Milgrom*, 423; *B. J. Schwartz*, Bearing of Sin, 12–15; s. auch die Auslegung zu Lev 17,16).

V 19–21 Die folgenden Verse betreffen wieder das Heilsgemeinschaftsopfer insgesamt und regeln die Fragen der Zulassung zum Mahl und der Unterscheidung von rein (kultisch tauglich) und unrein (untauglich). Zunächst geht es
V 19 um die Verunreinigung des Fleisches. Ähnlich wie die »Heiligkeit« stellt sich der Text die »Unreinheit« fast substanzhaft vor: Sie kann durch Kontakt übertragen werden. Wenn nun das Fleisch mit etwas Unreinem in Kontakt kommt, darf es nicht mehr verzehrt werden; es muss verbrannt werden. Dabei wird hier nicht besprochen, was dieses Unreine ist – dazu werden offenbar die ausführlichen Bestimmungen zu rein und unrein in Lev 11–15 bereits vorausgesetzt. Eine Sanktion für einen Verstoß gegen diese Bestimmung (wenn also jemand trotzdem davon isst) wird nicht ausgesprochen.

Weitere Festlegungen für den Umgang mit dem Fleisch

Verunreinigung des Fleisches

Am Ende von V 19 wird eine Grundsatzbestimmung positiv formuliert, zu der dann Abweichungen bzw. Verstöße in V 20–21 mit Sanktionen belegt werden. Der »Obersatz« legt fest, dass jeder, der sich im Zustand der kultischen Reinheit befindet, von dem Fleisch essen darf. Dies ist auch der »Normalzustand«, und erst wenn eine Irregularität auftritt, die einen Grund bzw. eine Ursache hat, wird die Unreinheit festgestellt und damit der zeitweilige Ausschluss vom Kult. Auch hier (V 19–21) werden wieder die Erörterungen in Lev 12–15, wann eine Person rein bzw. unrein ist, vorausgesetzt: Es geht hauptsächlich um die Unreinheit der Frau, die ein Kind geboren hat (Lev 12), oder um Hautkrankheiten (Aussatz; Lev 13) oder um verschiedene natürliche oder krankhaft bedingte Körperausflüsse (Lev 15). *Raschi*, 295, fügt hinzu, dass »jeder Reine« auch besagt, dass nicht nur diejenigen, für die das Heilsgemeinschaftsopfer konkret dargebracht wurde (denen also das Opfertier gehört), davon essen dürfen, sondern eben jeder im Stande der Reinheit.

Grundsatzbestimmung

V 20–21 Die Verse 20 und 21 behandeln nun den Fall, dass jemand im Stande der Unreinheit, also des temporären Ausschlusses vom Kult, dennoch vom Fleisch des Heilsgemeinschaftsopfers isst. Die Gestaltung der Sätze und die Sanktion ist jeweils gleich; der Unterschied liegt darin, dass in V 20 die Person selbst schon unrein ist, während sie in V 21 diese Unreinheit durch Kontakt mit etwas Unreinem sekundär erworben hat. Diese »sekundäre« Unreinheit kommt von der Berührung von unreinen Menschen oder Tie-

Sanktionen

ren, wobei bei den Tieren nochmals unterschieden wird. (1) Unreines Vieh: Der Begriff בהמה, *b^e^hēmā*, bezeichnet zunächst einmal die für das Opfer geeigneten Haustiere, namentlich Rinder, Schafe und Ziegen (Lev 1, 2); hier jedoch muss der Begriff wohl weiter gefasst werden auf alle größeren Tiere, die als unrein deklariert werden. Implizit geht es dabei um den *Kadaver* eines solchen Tieres, denn lebende unreine Tiere machen nicht unrein (*Milgrom*, 425). (2) Irgendeine unreine Abscheulichkeit: Der Begriff שקץ, *šæqæṣ*, bezeichnet in Lev 11 die unreinen Tiere aller möglichen Gattungen und Arten; in 11, 41 ist er mit שרץ, *šæræṣ*, nahezu austauschbar, und in 22, 5 ist שרץ die einzige Bezeichnung für Tiere, an denen man sich unrein macht. Aufgrund dieses Befundes liegt es nahe, die beiden Begriffe in V 21 auf unrein machende Vierfüßer (בהמה) und alle anderen unrein machenden Tiere (שקץ), insbesondere die in Lev 11, 29–31 genannten, zu beziehen.

Die *karet*-Sanktion

Die in V 20–21 (und dann auch V 25.27) angeführte Sanktion führt in der rabbinischen Literatur den Namen *karet*, der sich vom Verb כרת, *KRT*, ableitet, dessen Grundbedeutung mit »schneiden« anzusetzen ist (zum metaphorischen Hintergrund s. *Levine*, 241–242). Die (heute) übliche Vorstellung von »Strafe« greift hier nicht, was eine genauere Betrachtung der Belege erforderlich macht. Die Überlegungen beginnen bei Lev 7, 20–21: Zweimal wird in V 20–21 festgehalten, dass das Heilsgemeinschaftsopfer »für JHWH« (ליהוה) ist – es stellt also keine normale Mahlzeit, sondern eine kultische Begegnung mit dem lebendigen Gott dar. Dafür ist seitens der Menschen eine bestimmte Disposition erforderlich, die als »Reinheit« bezeichnet wird. Das Essen vom Fleisch des Heilsgemeinschaftsopfers durch eine Person im Status der Unreinheit gilt damit als Sakrileg, eine Verfehlung *gegen JHWH*. Sollte dies unabsichtlich geschehen sein, greifen die Bestimmungen von Lev 4–5, und es muss ein Entsündigungsopfer dargebracht werden (*Milgrom*, 425). Daher ist hier zu subsumieren, dass die folgende Sanktion für Fälle gilt, in denen »volle Absicht« im Spiel ist (*Staubli*, 77) – wobei die Unterscheidung, ob jemand unbeabsichtigt oder mit Absicht handelt, eigentlich nur der einzelne »Täter« selbst treffen kann. Daran wird bereits sichtbar, dass es nicht um vor menschlichen Gerichten und Rechtsinstanzen verhandelbare Dinge geht, sondern um eine Angelegenheit zwischen dem Einzelnen und Gott (zum Folgenden s. u. a. *R. Rendtorff*, Die sündige *nǽfæš*, 213–216). Zunächst ist die *karet*-Sanktion formal zu beschreiben: Es liegt mit dem Verb כרת, *KRT nifal* (»[die Person] werde abgeschnitten«), eine Passivkonstruktion vor, die das handelnde Subjekt unerwähnt lässt. An mehreren Stellen kommt nun das Verb כרת (»schneiden«) im Sinne von »vernichten, ausrotten« vor, wobei das handelnde Subjekt nur Gott sein kann, z. B. Gen 9, 11: »Nie wieder sollen alle Wesen aus Fleisch vom Wasser der Flut ausgerottet werden« (s. z. B. auch Mi 5, 8; Sach 9, 10; Ps 37, 9.22; 37, 34 u. ö.). Auch aus dieser Perspektive liegt es nahe, dass Gott derjenige ist, der die Strafe ausführt (oder eben darauf verzichtet).

Verfehlung gegen JHWH

Formale Beschreibung

Damit muss in den Blick genommen werden, welche Tatbestände mit dieser Sanktion belegt werden. Alle Tatbestände fallen unter *fas*, nicht unter *ius*, betreffen also das Verhältnis zwischen Gott und Mensch, nicht die zwischen Menschen justiziablen Fälle. Von diesem Prinzip her gilt ebenfalls, dass die strafende Instanz allein Gott sein kann (*Milgrom*, 457–458, dort auch eine detaillierte Übersicht der 19 Fälle von *karet;* ebenso *Elliger*, 101; *D. Wold, Kareth*, 1–45). Tatbestände

(1) Die erste Gruppe von Tatbeständen betrifft Handlungen (Verstöße), durch die sich jemand selbst aus der Volks- und Religionsgemeinschaft Israels ausschließt, weil er ein konstitutives Element der Identität dieser Gemeinschaft nicht ausführt (Unterlassen der Beschneidung: Gen 17,14; Essen von Gesäuertem an Pessach: Ex 12,15.19; keine Feier von Pessach: Num 9,13; kein Fasten am Versöhnungstag: Lev 23,29; Arbeit am Schabbat: Ex 31,14). Diese Identitätsmerkmale sind einerseits so konstitutiv, ein Verstoß dagegen andererseits so schwerwiegend, dass sich der Betroffene selbst aus der Heilsgemeinschaft des Gottesvolkes ausgeschlossen hat. Daher muss ihn auch nicht jemand formal ausschließen oder ein menschliches Gericht irgendeine Strafe vollziehen, vielmehr ist der Täter allein durch seine Tat von seiner sozialen Einbettung vollständig »abgeschnitten« (s. u.). (2) Die zweite Gruppe von Tatbeständen betrifft Verstöße gegen kultische Einzelbestimmungen (Herstellung und unbefugte, profane Verwendung der kultischen Salbe bzw. des Räucherwerks: Ex 30,33.38; Essen von Opferfleisch im Stand der Unreinheit: Lev 7,20–21 = 19,8; Teilnahme am Kult im Stand der Unreinheit bzw. ohne sich vorher zu reinigen: Lev 22,3; Num 19,13.20; Verzehr von Blut oder Fett: Lev 7,25.27; 17,14; Tieropfer außerhalb des Tempels: Lev 17,4.9; Verstöße »mit voller Absicht« gegen Weisungen Gottes: Num 15,30.31). Gemeinsam ist diesen Verstößen, dass sie nie zweifelsfrei und objektiv von Außenstehenden festgestellt werden können, sondern eigentlich in der Verantwortung der Einzelperson (נפש, »Seele, Person«) liegen. (3) Das gilt natürlich in besonderer Weise für den sexuellen Bereich: Inzest (Lev 18,29; 20,17) und Verkehr mit einer Menstruierenden (Lev 20,18) finden ja nicht in aller Öffentlichkeit, sondern im Verborgenen (ohne Zeugen) statt. Auch bei der Frage nach Absicht oder Versehen weiß nur der Täter selbst, ob er versehentlich oder in trotziger Frevelhaftigkeit gehandelt hat. Immer ist in diesen Fällen die Verantwortlichkeit des Einzelnen vor Gott gefragt, eine Kontrolle durch die Gemeinschaft ist nicht möglich.

Selbstausschluss

Kultische Verfehlung

Verantwortlichkeit der Einzelperson

Diese Überlegungen lassen nur den Schluss zu, dass hinter der Passivkonstruktion als handelnde Person keine menschliche Instanz steht, sondern letztlich nur Gott als ausführendes Organ (Exekutive) in Frage kommt. Eine Passivkonstruktion mit Gott als handelndem Subjekt kann als *Passivum divinum* bezeichnet werden: Das begegnet auch in der Versöhnungs- und Vergebungsformel (z. B. in Lev 4,20, s. die Auslegung dort): »es wird ihm/ihnen vergeben werden«. Die mit dem Passiv formulierte Sanktion »… werde ab-

Exekutive: Gott

geschnitten« ist damit keine Anweisung an eine menschliche Instanz, sondern *Gott selbst* wird das »Schneiden« realisieren. Aktivisch formuliert mit Gott als Subjekt findet sich die Sanktion in Lev 17,10; 20,3.5.6 (כרת *hifil*): »Ich [Gott] werde ihn/diese Person aus der Mitte seines/ihres Volkes ausstoßen«. »Worin dieses Herausgeschnittenwerden besteht oder zum Ausdruck kommt, wird nirgends ausdrücklich gesagt. Jedenfalls handelt es sich um eine Trennung von der Volksgemeinschaft, die hier als kultische Gemeinschaft betrachtet wird« (*Rendtorff*, 254).

Volksgemeinschaft und Abstammungslinie

Zwei homonyme Begriffe, die in enger Beziehung stehen, werden verwendet: Zum einen das bekannte Wort עם, Singular, »Volk«, zum anderen der Plural עמים, der von einem Homonym gebildet wird, das die Verwandtschaft im allgemeinen Sinne (auch die »Vorfahren«) bezeichnet (s. Zur Übersetzung von 7,20). Es geht damit um die väterliche Abstammungslinie (*lineage;* Genealogie; *Gorman*, 51), die wiederum den Platz des Einzelnen im Volk definiert. Wenn nun jemand von seiner Abstammungslinie abgeschnitten wird, heißt das, ihn aus seiner sozialen Einbettung in Familienstrukturen (und damit Schutz- und Fortpflanzungsstrukturen) zu reißen, ihn für »vogelfrei« zu erklären – und zugleich, dass er selbst die Abstammungslinie nicht fortsetzt, also keine Nachkommen haben wird.

Gottesstrafe

Dabei geht es wiederum nicht um eine Intervention durch eine menschliche Instanz (etwa im Sinne einer Tötung oder gar Hinrichtung), sondern es handelt sich um eine *Gottesstrafe* (»divine penalty«, so *D. Wold, Kareth*, 20; *Gorman*, 51). Weil eben die Tatbestände schwer durchschaubar und nicht objektiv verifizierbar sind, wird die Sanktionierung in die Verantwortung des Einzelnen und in die Hände Gottes gelegt. Es bleibt somit Gott überlassen, worin das »Abgeschnittenwerden« konkret besteht; denkbar wäre z.B. ein früher Tod oder ein Aussterben der folgenden Generation (Ps 109,13; Num 16,33; Dtn 29,19; *Staubli*, 77; *Plaut/Bamberger*, 73.75; *Levine*, 241; *Milgrom*, 459; *D. Wold, Kareth*, 5; *Bailey*, 88). Die rabbinische Diskussion listet die Tatbestände in *mKeritot* 1 auf und erwähnt als Strafe sowohl einen frühen Tod (*bMo'ed Qatan* 28a) als auch Kinderlosigkeit (*bYevamot* 55a). Ebenso denkbar ist die Vorstellung, jemand werde von der Vereinigung mit den Vorfahren im Leben nach dem Tod ausgeschlossen (Details zu *karet* bei *Milgrom*, 457–460; *T. Frymer-Kensky*, Pollution, 337–338; ferner *J. Sklar*, Sin, 15–20).

Grundsatzbestimmungen zu Fett und Blut

Nach den speziellen Anweisungen zum Umgang mit und zur Zugangs- V 22–27
berechtigung zum Fleisch des Heilsgemeinschaftsopfers wird mit einer vollständigen Anrede- und Weitergabeformel zu einem grundsätzlichen Thema zurückgelenkt.

Adressaten

Angesprochen sind jetzt ausdrücklich die »Israeliten«, also vor allem wieder die Laien als Nicht-Priester (wie schon in Lev 1–5).

Inhalt

Schon in 7,11 hatte sich diese Verschiebung der Anredeperspektive angedeutet. Inhaltlich geht es um zu den bisherigen Ausführungen verwandte Fragen, um Ergänzungen von Detailregelungen zum Umgang mit Tieren innerhalb und außerhalb des Heilsgemeinschaftsopfers. – Unter entstehungsgeschichtlicher Perspektive handelt es sich bei Lev 7,22–36 um redaktionelle Zusätze, die nach *C. Nihan*, Priestly Torah, 260–262.615, bereits das »Heiligkeitsgesetz« (Lev 17–26) voraussetzen.

Fett (Grundsatz)

V 23 Von den Tieren, die für das Heilsgemeinschaftsopfer gedacht sind, also Rind, Schaf und Ziege, darf keinerlei Fett gegessen werden. Die plausible Begründung ergibt sich aus V 25: Solche Tiere gehören zu den Feueropfergaben für JHWH, von denen das Fett für JHWH bestimmt ist. Eine anderweitige Verwendung des Fettes oder gar der menschliche Verzehr wären ein Sakrileg; man würde JHWH etwas vorenthalten, was ausschließlich ihm zusteht (s. z.B. *M. Douglas*, Leviticus as Literature, 73; *D. Wold, Kareth*, 10). Der Umkehrschluss lautet: Fett von anderen zum Verzehr erlaubten Tieren (z.B. Wildtiere) kann gegessen werden. Nach Dtn 12,21–22 ist fern vom Heiligtum die Profanschlachtung von allen Tieren zum Fleischverzehr erlaubt (im Gegensatz zu Lev 17,3–7). In Dtn 12,23–25 wird der Blutgenuss ausgeschlossen, vom Fett ist aber keine Rede – Dtn 12,22 scheint die Tiere aus der Profanschlachtung mit dem Wild gleichzustellen, so dass das Fett verzehrt werden kann (*Milgrom*, 427) – es kann ja auch nirgends geopfert werden, weil das kultische Opfer nur am Heiligtum erlaubt ist.

Fett (Detailregelung)

V 24 An sich war der Grundsatz, keinerlei Fett zu verzehren, schon in 3,17 ausgesprochen worden. Dabei blieb aber eine Detailfrage offen, die nun nachgetragen wird: Wie steht es mit Tieren, die nicht regulär geschlachtet werden konnten, weil sie durch ein Raubtier gerissen wurden? V 24 scheint hier eine Konzession zu machen: Der Verzehr des Fettes dieses außerhalb des Kultes getöteten Tieres bleibt ausgeschlossen, aber die Verwendung des Fettes zu anderen Zwecken (z.B. Wagenschmiere, Talg) wird nun erlaubt

Sanktion

V 25 (*Watts*, 419). V 25 betont wieder den kultischen (priesterlichen) Aspekt: Diese Tiere sind regulär nur in Form eines rituellen Opfers zu schlachten – eben als Feueropfergaben für JHWH. Eine nicht-rituelle Schlachtung und Tierverwertung ist hier nicht im Blick. Wer bewusst und mit Absicht anders handelt und das Fett selbst verzehrt, schließt sich aus der Heilsgemeinschaft aus bzw. wird von Gott ausgeschlossen (*karet*-Sanktion, s. zu V 20–21).

Blut

V 26–27 Das Verbot, Fett zu verzehren, zieht ein anderes Speiseverbot nach sich: Auch das Blut ist dem menschlichen Genuss entzogen. Die gleiche Verbindung besteht schon in Lev 3,17 (dort im Blick auf Opfertiere formuliert). Hier wird zur Präzisierung noch die *karet*-Sanktion ergänzt: Wer Blut isst, wird von seiner Abstammungslinie abgeschnitten – er hat keine Zukunft mehr. Diese Regelung gilt »an allen euren Wohnsitzen«, also auch außerhalb und ohne einen von Priestern geleiteten regulären Kult am Heiligtum bzw. am Jerusalemer Tempel (*Staubli*, 78). Die Wendung »an allen euren Wohnsitzen« macht die Weisung zu einer universalen Vorschrift, die für alle Israeliten an jedem Ort und zu jeder Zeit gilt. Darunter fallen neben dem Verbot des Genusses von Fett und Blut (Lev 3,17; 7,27) vor allem das Gebot, an Pessach ungesäuertes Brot zu essen (Ex 12,20), die Vorschriften für die Ruhe am Schabbat (Ex 35,3; Lev 23,3) und an den Festtagen (Lev 23,21.31) sowie die Einrichtung von Asylstädten (Num 35,29) (*Levine*, 45). *Milgrom*, 428, weist noch auf einen feinen Unterschied hin: In bestimmten Fällen ist der Verzehr von Fett erlaubt, nämlich wenn es sich um Wild handelt (Fett von Tierarten, die zum Verzehr erlaubt sind, aber nicht als Opfertiere herangezogen werden) – der Verzehr von Blut ist jedoch in gar keinem Fall gestattet. Von wo auch immer das Blut stammt, es darf nicht gegessen werden, auch nicht das Blut von Wild.

Gaben für JHWH und die Priesteranteile

Erneut weist die Setzung einer Anrede- und Weitergabeformel (bei gleich bleibenden Adressaten) auf einen wichtigen Abschnittswechsel hin. Das große Thema bleibt das Heilsgemeinschaftsopfer, nur werden jetzt die kultischen Aspekte und Details ergänzt. Bisher (Lev 3) wurde nur der Blutritus und die Fettverbrennung geschildert. Nun wird nachgetragen, dass bestimmte Teile als Abgaben an die Priester zu leisten sind, wobei das damit verbundene Fett für JHWH verbrannt werden muss. Diktion und Theologie sind wieder sehr präzise: Zwei bestimmte Teile, nämlich das Bruststück und die rechte Schenkelkeule einschließlich ihres Fettes, sind als »Darbringung« (קרבן) und »Feueropfergaben JHWHs« (אשי יהוה) vor JHWH darzubringen – sie stehen JHWH zu. JHWH nun gibt davon die Fleischteile zurück an die Priester als ihren Anteil und ihr Einkommen (V 34; als ihren »Salbungsanteil«, d.h. als das, was ihnen qua Amt und Salbung zusteht, V 35) – das Fett dagegen verbleibt bei JHWH und wird auf dem Altar verbrannt. Für die Abgabe von Schenkelkeule und Bruststück an die Gottheit (bzw. faktisch an die Priester) gibt es außerisraelitische Parallelen. Eine sabäische Inschrift an einem Tempel im Jemen lautet: »Und es möge dem Gott ausgebreitet werden eine Schenkelkeule und das Bruststück als Sühne und Opfer, damit er mit dem Stamm wohne« (TUAT II, 447). Diese Inschrift dürfte eine verbreitete Sitte wiedergeben (*Staubli*, 79). Dass die Schenkelkeule ein besonderes Fleischstück (Delikatesse) ist, zeigt auch 1 Sam 9,24: Samuel lässt diese Keule eigens für Saul als Zeichen für seine Wertschätzung aufbewahren (*Milgrom*, 432). – Nebenbei sei festgehalten, dass der große Rest des Tieres Eigentum des Opfernden bleibt: Er und seine »Heilsgemeinschaft« (Familie, Gäste) verzehren dieses Fleisch am Heiligtum. V 28–34

Priesteranteile

Die Priesteranteile werden mit den Fachbegriffen »Emporhebungsgabe« (תנופה) und »Erhebungsgabe« (תרומה) bezeichnet (s. das Glossar). Der Unterschied besteht hier darin, dass das Bruststück als Emporhebungsgabe *nach* Vollzug der Fettverbrennung allen Aaroniden als Priestern zusteht (V 31), während die rechte Schenkelkeule als Erhebungsgabe genau dem Priester gehört, der das Fett des Heilsgemeinschaftsopfers verbrennt, also den konkreten Ritus vollzieht (V 33; personale Bindung zwischen Opferndem, Opfertier und Opferpriester, s.o. zu 6,19). Die Reihenfolge ist zu beachten: *Erst* ist die Darbringung des Fettes durchzuführen (die Verbrennung für JHWH), *dann* erhalten die Priester ihre Anteile (*Milgrom*, 478). In

1 Sam 2,13–17 wird die Geschichte der Söhne des Eli erzählt, deren Vergehen darin besteht, dass sie ihre Anteile an sich nehmen, bevor das Fett auf dem Altar geopfert worden ist (s. dazu z. B. *C. Eberhart*, Beobachtungen, 88–93). Eine Hypothese zur geschichtlichen Entwicklung der unterschiedlichen Priesteranteile skizziert *Milgrom*, 480–481. *Watts*, 423, verweist darauf, dass Dtn 18,3 den »levitischen Priestern« als Anteile die »Schulter« (זרוע, *zᵉrōʿa*, so auch Num 6,19 beim Nasiräer), die »Kinnbacken« (לחיים, *lᵉḥāyayim*) und den »Magen« (קבה, *qēbā*) zuspricht. Die Tempelrolle (11QT 21,1–4; 22,8–11) harmonisiert die Levitikus- und Deuteronomiumsstellen und weist alle Teile den Priestern zu.

V 35–36 Die V 35–36 stellen einen ersten Rückblick und damit Abschluss der Sammlung von Opfervorschriften in Lev 6–7 dar: Es geht nochmals um das Thema der Priesteranteile, das sich ja wie ein roter Faden durch die beiden Kapitel zieht. Das Wort משחה, *mišḥā*, kann von zwei homonymen Wurzeln abgeleitet werden und daher »Salbung« ebenso wie »Maß, Anteil« (Num 18,8) heißen (*Levine*, 47; *Milgrom*, 433). Da der Terminus für das steht, was den Priestern gegeben wird, wird die ungewöhnliche Übersetzung »Salbungsanteil« vorgeschlagen: Vom Kontext her ist deutlich, dass es um die Dinge geht, die den Priestern aufgrund ihres Amtes, das sie durch die Salbung übertragen bekommen, zustehen – von dem Tag an, an dem sie ihren Priesterdienst beginnen. Die Abgabe des »Salbungsanteils« an die Priester wird als Gebot JHWHs herausgestellt. Die hier verwendeten Begriffe weisen bereits auf die konkrete Umsetzung der Priesterordination in Lev 8 voraus. Zur »Generationenformel« in V 36 s. das Glossar. – Nach einer anderen Deutung (*Milgrom*, 433) beziehen sich V 35–36 nicht auf die gesamten Kapitel 6 und 7, sondern nur auf das vorausgehende Heilsgemeinschaftsopfer und dessen Priesteranteile. Die Hauptargument dafür sind: (1) Das Entsündigungsopfer werde nie als »Feueropfer JHWHs« bezeichnet und daher passe V 35 nicht zu 6,17–23. (2) Die Wendungen von V 35–36 entsprächen Ex 29,27–28, wo im Rahmen der Priesterordination von den Priesteranteilen an den Heilsgemeinschaftsopfern die Rede ist.

Rückblick auf die Bestimmungen zu den Priesteranteilen

V 37–38 Die beiden letzten Verse von Kapitel 7 sind ein klares Gliederungssignal. Es geht zunächst um den Abschluss der Kapitel 6–7, was daran erkennbar ist, dass die in diesen Kapiteln gliedernd wirkende Toraformel wieder auftaucht und nun die Opferbezeichnungen in der Reihenfolge genannt werden, wie sie in 6–7 behandelt werden. Eine gewisse Unebenheit, die entstehungsgeschichtlich bedingt sein dürfte (*Elliger*, 103), ergibt sich durch die Nennung des Begriffs מלואים, *millūʾīm*, »Einsetzungsopfer«. Diese Opferart wird in Lev 1–7 nicht behandelt. Der Terminus begegnet aber gehäuft in Ex 29 und Lev 8: die Anweisungen für die Einsetzung Aarons und seiner Söhne zu Priestern und die praktische Durchführung dieser Vorschriften. In Lev 8,28 tritt der Begriff in der Klassifikationsformel auf und steht damit auf der gleichen Ebene wie die anderen Opferbezeichnungen. Wenn es nun

Gesamtunterschrift

Einsetzungsopfer

beim Einsetzungsopfer um die Priester geht, könnte man eine gewisse Beziehung zur Speiseopfergabe des Hohepriesters in 6,12–16 vermuten – aber auch dann passt die Reihenfolge der Opfertermini in V 37 nicht (»Einsetzungsopfer« müsste dann nach »für die Speiseopfergabe« stehen). Auch handelt es sich in 6,12–16 um vegetabile Opfer, während das Einsetzungsopfer selbst ein Tieropfer ist. Allerdings ist das Einsetzungsopfer von Speiseopfern begleitet, die nach Lev 8,31 einem Korb entnommen werden, der »Korb des Einsetzungsopfers« genannt wird. Offenbar kann der Terminus »Einsetzungsopfer« so weit gefasst werden, dass auch das besondere Speiseopfer des Hohepriesters (ab dem Tage seiner Einsetzung!) darunter fallen kann – damit wäre das Vorkommen des Begriffs in 7,37 als Einschluss der Bestimmungen von 6,12–16 erklärt (*Rendtorff*, 258).

Abschluss von Lev 1–7

Die Verse 7,37–38 können aber auch als Abschluss der Kapitel Lev 1–7 über die »Darbringungen« gelesen werden. Zum einen verweist die Liste der Fachtermini der Opferarten auf Lev 1–5 zurück, wo ja die eigentlichen Bestimmungen über diese Opfer stehen (während 6–7 »nur« Ergänzungen bietet), zum anderen erfolgt eine Rückerinnerung an den Ort der Weisungsgabe (Sinai). Diese Ortsangabe bewirkt einen großen Bogen vom ersten Hinaufsteigen des Mose auf den Berg in Ex 19,3 bis hin zum Abschluss von Levitikus in 26,46 und 27,34. Der Sinai erscheint als der ideale Ort des Empfangs der göttlichen Weisung, die dann von Mose weitergegeben wird. In der Gesamtlogik des Pentateucherzählfadens steht das Volk (während des ganzen Buches Levitikus!) noch am Sinai: In Lev 1,1 ruft JHWH vom Zelt der Begegnung her die Bestimmungen Mose zu. Durch diese Rückprojektion werden die Bestimmungen aus späterer Zeit, die sich aus der Praxis des priesterlichen Handelns am Tempel als schriftliche Grundlage ergeben haben, an den Idealort der Offenbarung, den Sinai, zurückgebunden und so mit höchster göttlicher und geschichtlicher Autorität versehen.

Darbringung

Es geht, wie der Schlusssatz nochmals deutlich macht, um die Bestimmungen für die »Darbringungen für JHWH«. Der Begriff קרבן, »Darbringung«, schließt den Rahmen zum Anfang der großen Weisungszusammenstellung über die Opfer: »Wenn ein Mensch von euch für JHWH eine Darbringung vom Vieh darbringen möchte …« (1,2). Damit ergibt sich ein abgerundetes Bild der Erzähllogik und der Gültigkeit der Bestimmungen: Das Volk kommt in der Wüste Sinai an und lagert dort (Ex 19). Es errichtet nach göttlicher Weisung das Zeltheiligtum (das Zelt der Begegnung), und von dort aus (Lev 1,1: »JHWH sprach vom Zelt der Begegnung her«) ergehen die Weisungen für den Opferkult – sie gelten überall dort, wo die Wohnstätte Gottes sich befindet. Zur Entstehungszeit der Texte war dies der Tempel in Jerusalem. Damit wird der Spagat der historischen und geographischen Distanz überbrückt: Die am Idealort und zur Idealzeit der göttlichen Offenbarung ergangenen Bestimmungen sind und bleiben gültig an der göttlichen Wohnstätte, die in der Gegenwart der Verfasser im Gelobten

Land im Tempel in Jerusalem ihre Ruhe gefunden hat. Durch die narrative Abrundung wird auch signalisiert, dass nun innerhalb der Erzähllogik des Pentateuchs (das Volk am Sinai) alles dafür vorbereitet ist, dass der Gottesdienst in die Praxis umgesetzt werden kann. Das ist das Thema von Lev 8–10.

Rezeption und Bedeutung

Transparenz der Regelungen

Neben dem speziellen Blick auf die Tätigkeiten der Priester ist der zweite wesentliche Aspekt von Lev 6–7 (s. o., Analyse) die Regelung der Priesteranteile an den einzelnen Opfern als ihr Lebensunterhalt. In heutigen Zeiten, in denen das monatliche Einkommen ein gut gehütetes Geheimnis ist, über das man nicht spricht, und jede Nennung von Gehältern oder Diäten heftige öffentliche Debatten auslöst (*Gerstenberger*, 80), wirken die Vorschriften über die Priesteranteile erstaunlich unaufgeregt und transparent, klar geordnet, durchschaubar und plausibel. Es gelingt dem Text, ein geordnetes Ritual zu konzipieren und darin das Einkommen für die Priester so einzuweben, dass nicht der Eindruck entsteht, es ginge um das Kaufen und Verkaufen religiöser Dienstleistungen oder um eine Bereicherung einer Priesterkaste. Die Priester sind berechtigt und zugleich verpflichtet, die festgelegten Anteile mit Respekt vor den hochheiligen Gaben zu verzehren. Dass jedes System missbraucht und auch diese Kultordnung missverstanden werden kann, steht auf einem anderen Blatt und zeigt sich z. B. in der Erzählung von den Söhnen Elis (1 Sam 2,12–17), die die Opfervorschriften missachten und sich an den Opfergaben schamlos bereichern. Auf der anderen Seite wissen wir aus dem Buch Esra-Nehemia und aus der Maleachischrift, dass in ökonomisch schwierigen Zeiten gerne am finanziellen Unterhalt des Kultes gespart wird (Neh 10,32–39; 13,10–14; Mal 3,8–10; *T. Hieke*, Esra und Nehemia, 246; *Gerstenberger*, 84) und es daher naheliegt, die Versorgungsregelungen für das Kultpersonal in der Tora zu verankern. Das ist besonders in nachexilischer Zeit plausibel, wenn keine zentrale (monarchische) Instanz mehr vorhanden ist, die mit Sanktionen für die Eintreibung der Abgaben sorgen kann. Eine Sachparallele zu den Regelungen über die Priesterversorgung in Levitikus stellen die punischen Opfertarife dar, die man in Karthago und Marseille (Fundort; Herkunft wahrscheinlich aus Karthago) gefunden hat: Auf Kalksteintafeln werden im 4. Jh. v. Chr. durch ein behördliches Gremium von 30 Männern die Vorschriften zur Priesterentlohnung am Tempel des Baʿl Saphon festgehalten (TUAT I, 264–267). Auch hier werden meist Brust und Keulen der Opfertiere den Priestern zugewiesen; in anderen Fällen ist auch eine Bezahlung in Bargeld (Silberschekel) möglich. Die Tarifierung erfolgt gestaffelt nach Opferanlässen und Opfertieren (s. weitere Details zur »history of incomes from offerings« bei *Watts*, 386–390).

Psalmen Schließlich sei noch auf einen Gesichtspunkt der innerbiblischen Rezeption hingewiesen: Das Konzept des »Dankopfers« oder »Lobpreisopfers« *(Toda)* erfährt insbesondere in den Psalmen (Ps 50,14.23; 107,22; 116,17; auch Jona 2,10) eine Spiritualisierung, die den Dank in Form des Lobpreises Gottes vom materiellen Opfer am Tempel löst. Hebr 13,15 greift dies für die christliche Glaubensgemeinschaft auf: »Durch ihn [Christus] also lasst uns Gott allezeit das Opfer des Lobes (θυσίαν αἰνέσεως) darbringen, nämlich die Frucht der Lippen, die seinen Namen preisen« (s. dazu *J. Swetnam*, Zebach, 72–83). *C. Radebach-Huonker*, Opferterminologie im Psalter, 231–237, arbeitet die klare Akzentverschiebung bei der eigenständigen Opferterminologie und -theologie des *Psalters* heraus: Brandopfer spielen kaum eine, Heilsgemeinschafts-, Entsündigungs- und Entschuldigungsopfer ebenso wie die Priester keine Rolle. Stattdessen liegt der Schwerpunkt auf Dank (opfern) und Gelübde(opfern), auf dem persönlichen Grund des Beters, auf dem persönlichen und öffentlichen Gotteslob, das dem materiellen Tempelkult gleichkommt. Damit beginnen hier Entwicklungen, die einen vom zentralen Heiligtum unabhängigen Kult möglich machen, der jedoch zugleich spirituell die Rückbindung an den Tempel aufrechterhält. So wird der Weg offen für einen opferlosen Gottesdienst in tempelloser Zeit: Der Grund ist gelegt für das Überleben des Judentums in der Diaspora und nach der Zerstörung des Tempels.

2. Levitikus 8–10: Die Umsetzung der Opferweisungen

Kontext und Komposition

Die erzählenden Kapitel Lev 8–10 schließen inhaltlich und formal an den Komplex in Ex 25–40 an: Dort geht es um die Anordnungen für den Heiligtumsbau und seine Ausstattung sowie um die Umsetzung dieser Bestimmungen, die mit dem »Einzug« der Herrlichkeit Gottes in das Zelt der Begegnung in Ex 40 abgeschlossen wird. Was noch nicht in die Realität umgesetzt ist, sind die Anweisungen zur Einsetzung der Priester in Ex 29,1–37.

Anschluss an Ex 25–40

Wozu aber drängen sich die Vorschriften für die Opfer in Lev 1–7 in diesen Erzählbogen hinein und unterbrechen so eine harmonische narrative Linie? Diese Linie hat ein gravierendes Problem: Sie erzählt von Tieropfern und setzt sie für die Inbetriebnahme von Heiligtum und Kult (mit dienenden Priestern) voraus, doch eine genaue Beschreibung dieser Opfer fehlt bisher. Insofern bilden Lev 1–7 die notwendige Voraussetzung dafür, dass in Lev 8–9 die vorgeschriebenen Opfer in der Erzählung praktisch durchgeführt werden können. Auf der anderen Seite weisen Lev 1–7 ein Problem auf, das aufgrund des theoretischen Charakters der präskriptiven (normierenden) Texte noch nicht bemerkbar war, jetzt aber in den Vordergrund tritt: Die Opfer von Lev 1–7 erfordern die Mitwirkung und bisweilen dominierende Tätigkeit von Priestern, die aber von der Erzähllogik her noch gar nicht etabliert sind. Dies wird nun in Lev 8 durch die Realisierung der Vorschriften von Ex 29 zur Priesterordination nachgeholt. Insofern ergänzen sich Lev 1–7 und 8–9 gegenseitig und sind komplementär zu lesen (*Milgrom*, 494–495; *Rendtorff*, 268; *C. Nihan*, Priestly Torah, 158 u.ö.).

Notwendige Unterbrechung

Lev 8–10 bilden einen abgerundeten Erzählbogen (s. auch *B. Jürgens*, Heiligkeit, 189–192): Lev 8 berichtet über die Vorbereitung des Kultes durch die Heiligung des Heiligtums, seiner Geräte, der Priestergewänder und der Priester selbst. Schritt für Schritt werden so alles nötige Inventar und Personal bereitgestellt. Lev 9 schließt daran an mit der Durchführung der ersten Opfer – am Ende wird ihr Erfolg dadurch konstatiert, dass die Annahme der Opfer durch JHWH in Form des wunderbaren Feuers vom Himmel erfolgt. Dieses göttliche Feuer darf dann nicht mehr verlöschen, wie schon Lev 6,2.5 deutlich betont. Damit liegt das Idealbild des gelingen-

Erzählbogen

Lev 8

Lev 9

den Gottesdienstes vor. Einmal mehr ist dabei zu betonen, dass es sich hier um idealtypische Beschreibungen handelt, die einer bestimmten Theologie verpflichtet sind und Grundlagentexte für die Identität der religiösen Gemeinschaft Israels schaffen wollen – es geht nicht um historische Ereignisse oder die Archivierung tatsächlicher Praktiken; Dokumentationen des real ablaufenden Geschehens oder Augenzeugenberichte gibt es nicht (s. *W. K.*
Lev 10 *Gilders,* Anthropological Approaches, 236). Die Erzählung des dramatischen Todes von Nadab und Abihu in Lev 10 bildet einen Kontrast zum idealtypischen Kult und dient als warnendes Beispiel dafür, dass der perfekt funktionierende Gottesdienst den Menschen nicht dazu verleiten sollte, Gott durch rituelle Handlungen manipulieren zu wollen. Trotz des gut eingerichteten Rituals bleibt Gott souverän. Auf die erste Störung und Gefährdung des Gottesdienstes durch die Eigenmächtigkeit der Priester Nadab und Abihu und deren drastische Bestrafung durch Gottes Feuer folgen dann weitere präzisierende Anweisungen zum Priesterdienst sowie eine knappe, etwas schwer verständliche Episode über die Kompetenz der Priester, hier verkörpert durch Aaron, in außergewöhnlichen Situationen auch vom vorgeschriebenen Ritual abweichen zu dürfen und insofern mit der Opfer-Tora auch kreativ umzugehen, indem man sie auslegt und auf je neue Situationen eingeht. Nach *Watts,* 429, dient die Rhetorik dieser Ritualerzählungen dazu, die rituelle Autorität der aaronidischen Priester zu legitimieren, die tödliche Gefahr bei illegitimen Kulthandlungen aufzuzeigen und die hohe Kompetenz der Priester zu untermauern, da sich das dramatische Ereignis von Lev 10,1–3 (Nadab und Abihu) nicht wiederholt (s. u. zu Lev 8, Analyse).

A. Ruwe, Reden, 175–176, optiert für einen größeren Einschnitt zwischen Lev 8 und Lev 9; Lev 8 gehöre noch zu den mit Ex 25 beginnenden priester(schrift)lichen Heiligtumstexten, was auch die *inclusio* zwischen Lev 8 und Ex 29 anzeige; Lev 9–26 bilde hingegen den zentralen Teil von Levitikus, so dass die häufig angenommene Zweiteilung des Buches zwischen Lev 8 und Lev 9 verlaufe. Während die Beobachtungen Ruwes zur Erzählstruktur des Buches Levitikus sehr hilfreich sind, dürfte diese letzte Schlussfolgerung zu weit gehen, da sie andere Strukturbeobachtungen (s. die Einleitung) zu wenig berücksichtigt. Für Lev 9–10 zeigt Ruwe überzeugend auf, dass Lev 10,12–20 als *inclusio* die »opferkultische Thematik von Lev 9 zu Ende führt« (ebd., 178).

2.1 Levitikus 8,1–36: Die Vorbereitungen für die ersten Opfer

Literatur

Eberhart, C., Studien, 267–270. – *Fleming, D.*, The Biblical Tradition of Anointing Priests: JBL 117, 1998, 401–414. – *Gilders, W. K.*, Anthropological Approaches. – *Görg, M.*, Zum sogenannten priesterlichen Obergewand: BZ 20, 1976, 242–246. – *Gorman, F. H.*, Ideology, 103–139. – *Jürgens, B.*, Heiligkeit, 192–245. – *Klingbeil, G. A.*, The Syntactic Structure of the Ritual of Ordination (Lev 8): Bib. 77, 1996, 509–519. – *Klingbeil, G. A.*, Ritual time in Leviticus 8 with special reference to the seven day period in the Old Testament: ZAW 109, 1997, 500–513. – *Klingbeil, G. A.*, A Comparative Study of the Ritual of Ordination as found in Leviticus 8 and Emar 369, Lewiston 1998. – *Klingbeil, G. A.*, Bridging, 147–204. – *Milgrom, J.*, The Consecration of the Priests. A Literary Comparison of Leviticus 8 and Exodus 29, in: Daniels, D. R./Gleßmer, U./Rösel, M. (Hg.), Ernten, was man sät. Festschrift für Klaus Koch zu seinem 65. Geburtstag, Neukirchen-Vluyn 1991, 273–286. – *Nihan, C.*, The Institution of the Priesthood and the Beginning of the Sacrificial Cult: Some Comments on the Relationship between Exodus 29 and Leviticus 8, in: Augustin, M./Niemann, H. M. (Hg.), »Basel und Bibel«. Collected Communications to the XVIIth Congress of the International Organization for the Study of the Old Testament, Basel 2001 (BEATAJ 51), Frankfurt a. M. 2004, 39–53. – *Utzschneider, H.*, Das Heiligtum und das Gesetz. Studien zur Bedeutung der sinaitischen Heiligtumstexte (Ex 25–40; Lev 8–9) (OBO 77), Freiburg (CH)/Göttingen 1988. – *Watts, J. W.*, Ritual and Rhetoric, 97–129.

Text

Übersetzung

8[1]Und JHWH sprach zu Mose:
[2]Nimm Aaron und seine Söhne zusammen mit ihm und die Kleider und
Salböl und den Stier des Entsündigungsopfers und die zwei Widder und
den Korb der ungesäuerten Brote! [3]Und versammle die ganze Gemeinde
am Eingang des Zeltes der Begegnung!
[4]Und Mose tat so, wie ihm JHWH geboten hatte, und die Gemeinde versam-
melte sich am Eingang des Zeltes der Begegnung. [5]Und Mose sagte zur Ge-
meinde:
Dies ist es, was JHWH zu tun geboten hat.
[6]Und Mose ließ Aaron und seine Söhne herantreten, und er wusch sie mit
Wasser. [7]Und er legte ihm das Untergewand an und umgürtete ihn mit dem
Gürtel und zog ihm das Obergewand an und legte ihm den ›Efod‹ an und
umgürtete ihn mit dem Band des ›Efod‹ und band ihn ihm damit um. [8]Und
er machte an ihm den ›Choschen‹ fest und gab in den ›Choschen‹ die ›Urim‹
und die ›Tummim‹. [9]Und er setzte den Turban auf seinen Kopf und machte

am Turban dicht an seiner Vorderseite das goldene Blatt fest, das heilige Diadem – so, wie JHWH es dem Mose geboten hatte.

[10]Und Mose nahm das Salböl und salbte die Wohnung und alle (Dinge), die darin (waren), und heiligte sie. [11]Und er sprengte (etwas) davon sieben Mal an den Altar und salbte den Altar und alle seine Geräte und das Becken und sein Gestell, um sie zu heiligen. [12]Und er goss von dem Salböl auf Aarons Kopf und salbte ihn, um ihn zu heiligen. [13]Und Mose ließ die Söhne Aarons herantreten und zog ihnen Untergewänder an und umgürtete sie mit dem Gürtel und band ihnen die Kopfbünde aus Leinen (Byssus) um – so, wie JHWH es dem Mose geboten hatte.

[14]Und er ließ den Stier des Entsündigungsopfers heranbringen, und Aaron und seine Söhne stemmten ihre Hände auf den Kopf des Stieres des Entsündigungsopfers. [15]Und er schlachtete (ihn), und Mose nahm das Blut und gab es ringsum an die Hörner des Altars mit seinem Finger und entsündigte den Altar. Danach goss er das Blut an den Fuß des Altars, und er heiligte ihn, um für ihn Versöhnung zu erwirken. [16]Und er nahm das ganze Fett, das auf der Innerei (ist), und den Lappen der Leber und die beiden Nieren und ihr Fett, und Mose ließ (all das) auf dem Altar in Rauch aufgehen. [17]Und den Stier und seine Haut und sein Fleisch und seinen Mageninhalt verbrannte er im Feuer draußen vor dem Lager – so, wie JHWH es dem Mose geboten hatte.

[18]Und er brachte den Widder des Brandopfers dar, und Aaron und seine Söhne stemmten ihre Hände auf den Kopf des Widders. [19]Und er schlachtete (ihn), und Mose sprengte das Blut ringsum an den Altar aus. [20]Und den Widder zerstückelte er in seine Stücke, und Mose ließ den Kopf und die Stücke und das Nierenfett in Rauch aufgehen. [21]Und die Innerei und die Beine wusch er mit Wasser, und Mose ließ den ganzen Widder auf dem Altar in Rauch aufgehen. Ein Brandopfer (war) es zum Duft der Beruhigung, ein Feueropfer (war) es für JHWH – so, wie JHWH es dem Mose geboten hatte.

[22]Und er brachte den zweiten Widder dar, den Widder des Einsetzungsopfers. Und Aaron und seine Söhne stemmten ihre Hände auf den Kopf des Widders. [23]Und er schlachtete (ihn), und Mose nahm (etwas) von dessen Blut und gab (es) auf das rechte Ohrläppchen Aarons und auf den Daumen seiner rechten Hand und auf die große Zehe seines rechten Fußes. [24]Und er ließ die Söhne Aarons herantreten, und Mose gab (etwas) von dem Blut auf ihr rechtes Ohrläppchen und auf den Daumen ihrer rechten Hand und auf die große Zehe ihres rechten Fußes. Und Mose sprengte das (übrige) Blut ringsum an den Altar aus. [25]Und er nahm das Fett und den Fettschwanz und das ganze Fett, das auf der Innerei (ist), und den Lappen der Leber und die beiden Nieren und ihr Fett und die rechte Schenkelkeule, [26]und aus dem Korb der ungesäuerten Brote, der vor JHWH (stand), nahm er einen ungesäuerten Kuchen und einen Ölbrotkuchen und einen Brotfladen und legte

(all das) auf die Fettstücke und auf die rechte Schenkelkeule. [27]Und er gab
das alles auf die Handflächen Aarons und auf die Handflächen seiner Söh-
ne, und er hob dies (alles) empor als Emporhebungsgabe vor JHWH. [28]Und
Mose nahm diese (Dinge) von ihren Handflächen weg und ließ (sie) auf
dem Altar mit dem Brandopfer in Rauch aufgehen. Ein Einsetzungsopfer
(waren) sie zum Duft der Beruhigung; ein Feueropfer (war) es für JHWH.
[29]Und Mose nahm das Bruststück und erhob es als Emporhebungsgabe vor
JHWH: Vom Widder des Einsetzungsopfers (gehörte es) Mose als Anteil –
so, wie JHWH es dem Mose geboten hatte.
[30]Und Mose nahm (etwas) von dem Salböl und von dem Blut, das auf dem
Altar (war), und sprengte es auf Aaron, auf seine Kleider und auf seine
Söhne und auf die Kleider seiner Söhne, die bei ihm (waren). Und er heiligte
Aaron, seine Kleider und seine Söhne und die Kleider seiner Söhne, die bei
ihm (waren).
[31]Und Mose sagte zu Aaron und zu seinen Söhnen:
Kocht das Fleisch am Eingang des Zeltes der Begegnung, und dort sollt
ihr es essen und (dazu) das Brot, das in dem Korb des Einsetzungsopfers
(ist) – so, wie ich geboten habe: Aaron und seine Söhne sollen es essen.
[32]Und was vom Fleisch und vom Brot übrig geblieben ist, sollt ihr im
Feuer verbrennen.
[33]Und vom Eingang des Zeltes der Begegnung sollt ihr sieben Tage lang
nicht weggehen bis zu dem Tag, an dem die Tage des Einsetzungsopfers
erfüllt sind, denn sieben Tage lang fülle man eure Hand – [34]wie man an
diesem Tag tat, so hat JHWH zu tun geboten, um Versöhnung für euch zu
erwirken. [35]Und am Eingang des Zeltes der Begegnung sollt ihr Tag und
Nacht, sieben Tage lang, bleiben und die Anordnungen JHWHs befolgen,
auf dass ihr nicht sterben werdet – denn so ist es mir geboten worden.
[36]Und Aaron und seine Söhne taten alle diese Dinge, die JHWH durch Mose
geboten hatte.

Zu Text und Übersetzung

4 Und die Gemeinde versammelte sich …: LXX: und er (Mose) versammelte die Gemeinde (ἐξεκκλησίασεν τὴν συναγωγήν). Vermutlich gleicht LXX so an die Anordnung von V 3 an (*J. W. Wevers*, Notes, 100). – Die frühchristliche Auslegung (Cyrill von Jerusalem) weist darauf hin, dass in V 3 (LXX: ἐκκλησίασον, »rufe zusammen!«) zum ersten Mal das später für die Kirche verwendete Wort (ἐκκλησία) in der Heiligen Schrift auftaucht; die folgende Waschung und Salbung des Hohepriesters Aaron wird damit typologisch auf Taufbad und Taufsalbung der Christen gedeutet (s. *Lienhard*, 172–173).

7 Die folgende Ausrüstung des Priesters wird v. a. in Ex 28 beschrieben; s. auch die Auslegung.

9 Zu dieser Beschreibung und Übersetzung s. Ex 28,36; 39,30. Die formelhafte Wendung כאשר צוה יהוה את משה, *ka'ašær ṣiwwā YHWH 'æt Mošæ*, kommt in Ex 39–40 (von *C. Dohmen*, Exodus 19–40, passim, mit »– so, wie JHWH es dem Mose befohlen hatte« übersetzt) und Lev 8–9 sehr häufig vor. Wegen der gemeinsamen

Wurzel von מצוה, »Gebot«, und צוה, »befehlen, gebieten«, wird hier die Übersetzung »geboten« gewählt und die Wendung als »Gebotsformel« bezeichnet (s. das Glossar).

10 S. Ex 30,26.

10 LXX versetzt den Teilsatz »und salbte die Wohnung ... sie« ans Ende von V 11. In MT steht also die Salbung des Heiligtums (»der Wohnung«) am Anfang des Salbungsritus, in LXX am Ende. Der Grund dafür könnte darin bestehen, dass LXX dadurch einen etwas logischeren Ablauf erreichen wollte; die Variante könnte aber auch auf eine unterschiedliche hebräische Vorlage zurückgehen (s. *C. Nihan*, Priesthood, 44).

11 Becken und Gestell: s. Ex 30,18.

13 Gürtel: SAM und die Übersetzungen verwenden hier den Plural; ebenso ist es im korrespondierenden Vers Ex 29,9: MT hat dort ebenfalls den Singular, LXX den Plural.

13 Kopfbünde aus Leinen (Byssus): s. Ex 29,9; 28,40; 39,28 (s. *C. Dohmen*, Exodus 19–40, 231.387); *Watts*, 466: »skull-cap«.

14 Und er ließ ...: LXX fügt hier und V. 16.18.19.22.24.28 jeweils »Mose« hinzu.

15 Und er schlachtete ihn: Das Subjekt des Schlachtvorgangs ist nicht genannt. Dieses Phänomen kommt im Folgenden noch mehrfach vor, dass bei bestimmten Vorgängen das Subjekt nicht ausgedrückt ist, bei anderen hingegen schon (z.B. durch Nennung des Eigennamens »Mose«). *Milgrom*, 520.526 u.ö., macht den Vorschlag, dahinter ein System zu sehen: Wenn den Vorgang eine beliebige Person ausüben kann, ist das Subjekt nicht genannt und man sollte für die Übersetzung ein Passiv wählen (im Deutschen vielleicht eher das unpersönliche »man«); wenn es hingegen um eine priesterliche (amtliche) Funktion geht, sei das Subjekt ausdrücklich genannt. Hier könnte man also auch übersetzen: »Man schlachtete ihn, und Mose nahm das Blut ...«, ebenso in V 16: »Und man nahm das ganze Fett ...«; V 17: »... verbrannte man im Feuer«; V 18: »Und man brachte den Widder des Brandopfers dar«; V 19: »Und man schlachtete ihn«; V 20: »Und der Widder wurde in seine Stücke zerstückelt«; V 21: »... wusch man mit Wasser ...« usw.

15 Er »entsündigte« den Altar: Zur Übersetzung s. die Auslegung. – Die von *C. Bender*, Darstellung, 43–55, vorgeschlagene Interpretation von חטא *piel* mit »Darstellung von Sünde« anstelle von »entsündigen« besagt, dass durch diese Tätigkeit die in dem Gegenstand vorhandene Sünde in Analogie zu einem chemischen Prozess »dargestellt«, d.h. herausgelöst wird, um dann durch כפר, *kipper*, »Versöhnung erwirken«, weiter behandelt bzw. entsorgt zu werden. Der Gedanke ist reizvoll, aber übersetzungstechnisch schwierig; leider findet sich auch bei *C. Bender* kein konkreter Übersetzungsvorschlag für Lev 8,15.

15 Danach: Hier wechselt die Verbformation von wa-PK (wayyiqtol; Narrativ) zu w-x-SK; daher erfolgt in der Übersetzung eine temporale Nuance mit »danach«. Zum Wechsel der Verbformationen s. auch die Überlegungen von *G. A. Klingbeil*, Syntactic Structure, 513–518. Er sieht die in die wayyiqtol-Abfolge eingestreuten SK-Formen (»Perf.«; s. z.B. noch V 17a.20a.21a.26a) als Hinweise auf parallel auszuführende Riten (»parallel performance«) oder auf ein Innehalten im Ritual (»pause in ritual performance«) oder auf eine Kombination aus beidem.

20 Nierenfett: Der Begriff fehlt in den Vorschriften von Ex 29,17 und ist aus Lev 1,8 übernommen worden (s. Zur Übersetzung von 1,8), um eine Verbindung zu den Vorschriften für das »normale« Brandopfer anzuzeigen (*Milgrom*, 526).

26 Ölbrotkuchen: Hier liegt eine constructus-Kette vor (חלת לחם שמן).

29–30 SAM fügt zwischen Ex 28,29 und 28,30 hinzu: »und du sollst die ›Urim und Tummim‹ machen (= herstellen)«. Damit gleicht SAM an den Kontext an.

30 auf Aaron, auf seine Kleider (על אהרן על בגדיו) … Aaron, seine Kleider (את אהרן את בגדיו): Im MT fehlt das erwartete »und«, das in der Vorschrift von Ex 29,21 jeweils zwischen Aaron und seinen Kleidern steht. Viele Handschriften, SAM und die antiken Versionen gleichen die Texte an und lesen in Ex wie in Lev das »und«. Nach einer strengen Auffassung der Regel *lectio difficilior* muss aber am masoretischen Text festgehalten werden. Dieses fehlende »und« deutet *Milgrom*, 532–533, so, dass in Lev 8,30 nur Aarons Kleider gemeint seien, da Aaron ja schon in V 12 gesalbt worden sei (diese Salbung fehlt in der Vorschrift von Ex 29) und daher keiner zweiten Heiligung bedürfe. Er erklärt die Unstimmigkeit entstehungsgeschichtlich: Hier liegen zwei unabhängige Traditionen vor, wobei nach der einen Aaron zusammen mit seinen Söhnen besprengt und geheiligt wird (Ex 29,21), nach der anderen Aarons Salbung eigens herausgehoben wird (Lev 8,12) und nur Aarons Kleider zusammen mit seinen Söhnen mit Salböl besprengt werden (Lev 8,30). Zweifellos ist diese Deutung der Feinheiten des masoretischen Textes sehr ausgefeilt – zu fragen bleibt, ob der Text je so verstanden wurde. Der Befund der Handschriften und Versionen zeigt eher in die einfachere Richtung, und so kann wohl auch der vorliegende MT letztendlich verstanden werden (dass על אהרן על בגדיו ein Hendiadys sei und nur Aarons Kleider bezeichne, erscheint nicht zwingend). Die zweifache Salböl-Applikation auf Aaron ist auch kein großes Problem: In V 12 ist es eine deutliche Salbung des Kopfes, in V 30 ein Besprengen der bekleideten Person – zwei Riten, die letztlich *einen* Vorgang, den der Heiligung Aarons für seinen Dienst, manifest machen (s. z. B. auch *M. B. Hundley*, Heaven, 79). *Levine*, 205, interpretiert das fehlende »und« folgendermaßen: »Aaron *with* his vestments«.

31 am Eingang des Zeltes der Begegnung: LXX hat »im Vorhof« (ἐν τῇ αὐλῇ) und fügt noch »am heiligen Ort« (ἐν τόπῳ ἁγίῳ) wie in 6, 9.19 hinzu (dort steht ἐν τόπῳ ἁγίῳ aber *vor* dem »Vorhof«); s. *M. Vahrenhorst*, Levitikon, 362.

31 Die Wendung »wie ich geboten habe« ist eine auffällige Abwandlung der üblichen Gebotsformel: Jetzt ist Mose derjenige, der die Gebote gegeben hat. *Rendtorff*, 267, hält das für ein Versehen: Anstelle der seltenen Pual-Form (wie in V 35: »so ist es mir geboten worden«) sei die häufigere *piel*-Form (»wie ich geboten habe«) punktiert worden. – LXX, Peš, TgOnq wählen eine Passivkonstruktion (ὃν τρόπον συντέτακταί μοι).

33 Das Füllen der Hände ist die Chiffre bzw. der Fachbegriff für die Priesterweihe (s. u. a. *C. Eberhart*, Opfer als Gabe, 99).

35 Denn so ist es mir geboten worden: LXX^{Gö} hat οὕτως γὰρ ἐνετείλατό μοι κύριος, so *hat es mir der Herr* nämlich *befohlen* (LXX-D; s. auch *J. W. Wevers*, Notes, 116).

Analyse

Unterschied zum Vorausgehenden

Im Unterschied zu Lev 1–7, wo die Erzählung ganz hinter die in Redeform mitgeteilten Opfervorschriften zurücktritt und nur den Rahmen in Form von Redeeinleitungen (Anredeformeln) abgibt, bilden die Kapitel 8 bis 10 einen durchgehenden Erzählpart. Dabei verweist die mehrfach begegnende

Wendung »so, wie JHWH es dem Mose geboten hatte«, die im Folgenden als »Gebotsformel« bezeichnet werden soll, deutlich auf früher ergangene Anweisungen, die sich in Ex 25–40 finden, zurück. »Diese formelhafte Wendung beschließt jeweils einen Abschnitt, der einen bestimmten Akt der ganzen Zeremonie beschreibt, und gliedert damit die Darstellung« (*Rendtorff*, 268; s. auch *Milgrom*, 499–500). Mose, Aaron und seine Söhne erscheinen als gehorsam gegenüber Gottes Weisung – und die Art und Weise der Gottesverehrung, wie sie Israel praktiziert, wird auf diese göttliche Weisung zurückgeführt. Sie geschieht nicht aufgrund von Brauch oder Konvention (*Levine*, 48).

Aufbau Im Zentrum des Kapitels steht das Einsetzungsopfer bei der Priesterordination, und der Schwerpunkt liegt zweifellos auf der Einsetzung der Priester, insbesondere des gesalbten Priesters, der in der Erzähllogik des Textes Aaron ist, doch schon V 34 weist eine Perspektive auf, die auf eine Wiederholbarkeit der Vorgänge schließen lässt. Umrahmt wird die Priestereinsetzung von allerlei vorbereitenden und ausdeutenden Riten, die – parallel zur Weihe/Heiligung und damit zur Aussonderung der Menschen, die Priester werden – auch die damit verbundenen Gegenstände (Altar, Geräte, Gewänder) *heiligen*, also aus ihrem profanen Gebrauch herauslösen und einer ausschließlich kultischen Verwendung zuführen. Insofern geht es nicht nur um die Einrichtung des Priestertums, sondern auch um die Gründung des Heiligtums und des damit verbundenen Kultes (*F. H. Gorman*, Ideology, 103–106). Aus diesen Riten und den verschiedenen Sachverhalten ergibt sich folgende Übersicht:

- 1–5 Exposition
  - 1 Anredeformel (an Mose)
  - 2–3 Gottesrede: Anordnung der Versammlung
  - 4–5 Ausführung: 4b $^{+}$; Versammlung der Gemeinde und Einführung durch Mose
- 6–13 Vorbereitende Riten
  - 6–9 Waschung; die liturgischen Gewänder und Geräte Aarons $^{+}$
  - [10–11 Applikation von Salböl auf das Heiligtum, den Altar und seine Geräte]
  - 12 Salbung Aarons
  - 13 Ausrüstung der Söhne Aarons $^{+}$
- 14–17 Das Entsündigungsopfer (Stier) $^{+}$
- 18–21 Das Brandopfer (Widder) $^{+}$
- 22–29 Das Einsetzungsopfer (Widder) $^{+}$
- 30–35 Ausdeutende Riten
  - [30 Applikation von Salböl und Blut auf die Kleider]
  - 31–32 Das Opfermahl (Fleisch und Brot)
  - 33–35 Verharren am Heiligtum für sieben Tage $^{(+)}$
- 36 Vollzugsformel $^{(+)}$

Gebotsformel

Das ⁺-Zeichen markiert jeweils das Vorkommen der Gebotsformel (כאשר צוה יהוה, *ka-ʾašær ṣiwwā YHWH,* »so, wie JHWH es geboten hatte«) am Ende eines Abschnitts (Varianten in V 35 und V 36). So wird die gliedernde Funktion dieser Formel deutlich (s. u.a. *Milgrom,* 544: »Scheme II«; *J. Milgrom,* Consecration, 276; zur syntaktischen Beschreibung des Aufbaus s. *B. Jürgens,* Heiligkeit, 192–199). Die Formel begegnet auch in Lev 9,6.7.10 und Lev 10,15; damit bindet sie die Kapitel Lev 8–10 rhetorisch zusammen und unterstreicht wie ein *basso continuo* den Gehorsam gegenüber dem göttlichen Gebot, was aus rhetorischer Perspektive den persuasiven Charakter der Texte hervorhebt (*J. W. Watts,* Ritual and Rhetoric, 103–104; *Watts,* 430: »drumbeat of obedience«). Umso auffälliger ist es, wenn Lev 10,1 davon spricht, dass die Aaronsöhne Nadab und Abihu etwas darbringen, »das er [JHWH] ihnen nicht geboten hatte« (אשר לא צוה, *ʾašær lōʾ ṣiwwā,* s. die Auslegung zu Lev 10,1; *J. W. Watts,* Ritual and Rhetoric, 106–107). Zugleich wird mit der Gesamtkonzeption von Lev 8–10 (bzw. 1–10) das aaronidische Priestertum am Jerusalemer Tempel etabliert, legitimiert und stabilisiert – die Alltagsbeobachtung, dass der Fall von Nadab und Abihu die absolute Ausnahme ist und ansonsten die Priester ohne Angriff der göttlichen Macht JHWHs im Tempel den Kult vollziehen, zeigt ja, dass sich die Priester weitestgehend an die Anweisungen Gottes halten und damit auf dem rechten Weg gehen: Der unbeeinträchtigte Gottesdienst der Aaroniden über Jahrhunderte beweist ihre Sorgfalt und Kompetenz (ebd., 108–129).

G. A. Klingbeil, Study, 113, bevorzugt für Lev 8 eine »chiastische« Struktur mit den Opferriten (V 14–29) als Zentrum und den Salbungen (V 6–13; V 30) als innerem Rahmen; Vorbereitung (V 1–5) und Ermahnung (V 31–36) bilden dann den äußeren Rahmen. Klingbeil unternimmt eine detaillierte Strukturanalyse von Lev 8 mit zahlreichen Schaubildern (ebd., 117–323) sowie einen ausführlichen Vergleich mit einem altorientalischen Ordinationsritual (ebd., 325–577; s. auch *G. A. Klingbeil,* Syntactic Structure, 509–519).

Lev 8 als Vollzug von Ex 29

Wie bereits erwähnt, liefert Lev 8 den Vollzug dessen, was in Ex 29 angeordnet wurde: die Einsetzung der Priester (s. *H. Utzschneider,* Heiligtum, 176–180). Eine Übersicht zeigt die einzelnen Elemente, wobei als Leitreihenfolge die Sequenz in Lev 8 herangezogen wird. Ihr werden die in Ex 29 genannten Aspekte zugeordnet.

Ex 29	*Ex 40*	*Lev 8*	*Inhalt*
1–4a		2	Anordnung JHWHs zur Bereitstellung der Materialien und der Personen
–	(35,1)	3–5	Versammlung der Gemeinde (ab V 4 handelt Mose)
4b	40,12	6	Waschung Aarons und seiner Söhne mit Wasser

Ex 29	*Ex 40*	*Lev 8*	*Inhalt*
5–6	13	7–9	Bekleidung Aarons: Untergewand, Gürtel, Obergewand, ›Efod‹; ›Choschen‹, ›Urim‹ und ›Tummim‹; Turban, Diadem
–	9–11	10–11	Salbung der Wohnung, des Altars und der Geräte
7	13	12	Salbung Aarons zu seiner Heiligung
8–9	14	13	Bekleidung der Söhne Aarons
10–14		14–17	Entsündigungsopfer (Stier)
15–18		18–21	Brandopfer (Widder)
19–20		22–24	Einsetzungsopfer (Widder) mit Blutapplikation auf Ohrläppchen, Daumen und Zehe
22–25		25–28	Verbrennung der Fettteile, je eines Brotes und der rechten Schenkelkeule als Feueropfer
26		29	Das Bruststück als Emporhebungsgabe (Anteil) für Mose
21		30	Applikation von Salböl und Blut auf die Kleider Aarons und seiner Söhne
27–29		–	Bestimmungen über die Priesteranteile und die Vererbung der heiligen Kleider
31–34		31–32	Anordnungen für das Opfermahl (kochen); Verbrennen der Reste
33		–	Qualifikation des Fleisches als etwas Heiliges
(30)		33–35	Anordnung zum siebentägigen Verbleib am Eingang des Zeltes der Begegnung
35		36	Abschließende Vollzugswendung

Details aus Ex 40

Die Übersicht zeigt, dass Lev 8 nahezu alle Details aus Ex 29 aufgreift und umsetzt. Damit aber die vollgültige Priestereinsetzung geschehen kann, muss auch das Heiligtum voll funktionsfähig sein – dazu ist die Heiligung der »Wohnung«, des Altares und seiner Geräte erforderlich. Daher wird vor der Salbung Aarons zum Priesterdienst die Salbung dieser Dinge vorgenommen und damit eine Anweisung aus Ex 40,9–11 umgesetzt. Der Ort dieser Ausführung von Ex 40,9–11 in Lev 8,10–11 ergibt sich einerseits aus der logischen Abfolge (erst Heiligung der Gegenstände, dann der Personen), andererseits daraus, dass Ex 40,12–15 mit wiederholenden knappen Anweisungen zur Waschung, Bekleidung und Salbung von Aaron und seinen Söhnen fortfährt. Lev 8,6–9.12–13 setzt damit sowohl die Anweisungen in Ex 29,4b–6.7–9 als auch in Ex 40,12–14 um. Bemerkenswert ist zunächst, dass die Salbung der Söhne (Ex 40,15) in Lev 8 nicht erwähnt ist. Zu Lev 4,3 (s. die Auslegung) wurde erarbeitet, dass der gesalbte Priester letztlich immer nur einer ist. Es ist aber wohl nicht nötig, von unterschiedlichen Konzepten und Widersprüchen auszugehen. So erwähnt Ex 40,13 (wie Ex 29,7) ausdrücklich und separat die Salbung Aarons, und Ex 40,15 kann auch im Sinne eines zeitlichen Nacheinanders gelesen werden: Die Wendungen »wie du ihren Vater gesalbt hast« und »ihre Salbung zu einem ewigen Priestertum für ihre Generationen« lassen an eine Priesterdynastie denken, bei der jeweils nur *einer* die in 40,13 erwähnte aaronidische Salbung als Nachfolger seines Vaters trägt. Die Auslegung von Lev 8 wird noch mehrfach auf diese Thematik eingehen.

Entstehungsgeschichtliche Fragen

Die große Nähe zu Ex 29 lässt sich wohl am besten dadurch erklären, dass dieser Text als Vorlage für Lev 8 diente bzw. Lev 8 die Ausführungserzählung (»compliance report«) zu Ex 29 ist (s. dazu u.a. *G. A. Klingbeil*, Study, 104–107; *C. Nihan*, Priestly Torah, 125–126). Die Salbung der Wohnung, des Altars und der Geräte (Lev 8,10–11; Ex 40,9–11) ist dabei möglicherweise eine spätere Hinzufügung, ebenso die außer der Reihenfolge stehende Applikation von Salböl und Blut auf die Kleider Aarons und seiner Söhne (Lev 8,30; Ex 29,21) (ebd., 128–130; *Y. Feder*, Blood Expiation, 43–53; *J. Milgrom*, Consecration, 276–286). Weitere Details des Vergleichs zwischen Ex 29 und Lev 8 erörtert *C. Nihan*, Priestly Torah, 134–146, und stellt abschließend fest, dass die ursprüngliche Fassung beider Texte (ohne die Zufügungen Ex 29,27–30; 29,36–37 und Lev 8,10–11; 8,30) aus einer Hand stammen (s. auch *ders.*, Priesthood, 39–53).

Es ist klar, dass es nicht um ein bestimmtes geschichtliches Ereignis geht, sei es am Sinai oder am Ersten Tempel. »Bei unserem Text handelt es sich vielmehr um eine literarische Komposition, die vielleicht von vornherein zur Verlesung im Gottesdienst bestimmt war. Sie soll demonstrieren, daß der den Zeitgenossen bekannte Opfergottesdienst im Tempel von Jerusalem am Sinai begründet wurde und noch immer nach demselben Muster abläuft« (*Gerstenberger*, 92). Ein Vergleich mit anderen Weihehandlungen (2 Sam 6; 1 Chr 15–16; 1 Kön 8; 2 Chr 5–7; 2 Chr 29; 35) macht deutlich, dass jeder Text jeweils eine bestimmte Perspektive auf das kultische Geschehen hat (so ist z.B. die chronistische Darstellung von der Betonung der musikalisch-gesanglichen Seite her geprägt). Lev 8–9 ist ebenfalls keine Gesamtdarstellung, sondern eine Schilderung des Wesentlichen am Kult – aus der Sicht der Priester. Sie sind für Erstellung und Tradierung dieses Textes verantwortlich. Eine zeitliche Ansetzung in die frühnachexilische Zeit dürfte am wahrscheinlichsten sein: »Der Text will den Beginn des Tempelkultes in Form eines Ordinationsgottesdienstes am provisorischen Wüstenheiligtum der legendären Urzeit Israels darstellen. Nicht als Protokoll der Ereignisse – dazu fehlen viel zu viele Details –, überhaupt nicht in erzählender Weise, sondern belehrend, ganz bestimmte Einzelheiten der in der Tempelgemeinde des 5. Jh.s gepflegten liturgischen Normen herausstreichend« (*Gerstenberger*, 93–96.98; s. auch *Watts*, 448). *C. Nihan*, Priestly Torah, 231, sieht Ex 25–29 und Lev 8–9 als redaktionellen Rahmen der Opfertora von Lev 1–3, wobei die Komposition insgesamt »P« (erste Jahrzehnte der persischen Zeit, Ende 6., Anfang 5. Jh. v. Chr.) zuzuweisen sei.

Auslegung

Anschluss an die vorherigen Kapitel

Ganz im Stil der vorausgehenden Kapitel schließt V 1 mit der Anredeformel »Und JHWH sprach zu Mose« an. Die daraufhin erwartete kapitellange Gottesrede analog zu Lev 1–7 bleibt jedoch aus. Stattdessen folgt die knappe Aufforderung, die Personen und Materialien für die Einsetzung der Priester bereitzustellen und die Gemeinde als Zeugenschaft zu versammeln (V 2–3). Mose wird nicht mehr zum Vermitteln einer Botschaft aufgefordert (»Sprich zu den Israeliten«; Weitergabeformel), sondern zum Handeln. Auch dieser Wechsel in der Personenkonstellation, der den Fokus nun auf das Tun des Mose richtet, zeigt den deutlichen Unterschied von Lev 8 zum Vorausgehenden an. V 1–3

Die Gemeinde als Zeuge

Die Aufforderungsrede JHWHs greift alle wesentlichen Elemente aus der Anordnung von Ex 29,1–4a auf (s. o., Analyse). Gegenüber Ex 29 neu ist jedoch die Hinzuziehung der Gemeinde: »Die Einsetzung der Priester soll öffentlich vollzogen werden« (*Rendtorff*, 269). Allerdings knüpft diese Betonung der Öffentlichkeit an Ex 35,1 an: Am Beginn der Umsetzung der göttlichen Anordnungen zum Heiligtumsbau versammelt Mose ebenfalls die Gemeinde. Nach der Mitteilung der Opfervorschriften wird darauf wieder Bezug genommen. Die Funktion dieser unscheinbaren Notiz darf für die Auslegung nicht unterschätzt werden: Auch wenn Mose in seiner Mittlerrolle die Offenbarung alleine zugesprochen bekommen hat, so ist deren praktische Umsetzung ein durch und durch öffentliches Geschehen, das buchstäblich mit dem übereinstimmt, was Mose empfangen hat: »Dies sind die Worte/Dinge, die JHWH befohlen hat, dass ihr sie tut« (Ex 35,1); »Dies ist es, was JHWH zu tun geboten hat« (Lev 8,5; nahezu wörtlich gleich mit Ex 35,4). *Elliger*, 116, vermutet hinter V 5b sogar eine »aus dem lebendigen Kult übernommene liturgische Formel«. Die Ausführungsberichte Ex 35–40, an die hier mit Lev 8–9 angeknüpft wird, zeigen, dass es keine Arkandisziplin gibt, keine Geheimlehre, die exklusiv nur für Initiierte und Eingeweihte bestimmt wäre. Auch die Ordination (Einsetzung) der Priester als Experten für den Kult geschieht öffentlich, so dass alle mitverfolgen können, was getan und gesprochen wird. Die Zeugenschaft der Gemeinde impliziert zugleich ein Minimum an Nachvollziehbarkeit durch den »einfachen Israeliten«, ein Minimum an Transparenz dessen, was da geschieht. Auch wenn die Gemeinde nur stummer Zeuge und zunächst nicht direkt beteiligt ist, da die Darbringenden in Lev 8–9 nur Mose und Aaron sind, so setzt doch allein schon ihre Präsenz voraus, dass eine wie auch immer gear- V 4–5

Keine Geheimlehre

tete Belehrung und Unterweisung in all den beschriebenen Handlungen und Anordnungen stattfindet. Genau von dieser Unterweisung ist dann in Lev 10,11 als einer wesentlichen Kernaufgabe der Priester die Rede. V 5 betont daraufhin vor dem unmittelbaren Beginn der Handlungen nochmals deutlich die Übereinstimmung des folgenden Tuns mit den Geboten JHWHs. *Raschi*, 296, sieht dahinter noch mehr: Die Israeliten (die ganze Gemeinde) sollen sehen, dass die Dinge, die Mose und Aaron tun, von Gott befohlen worden sind; »und saget nicht, daß ich sie zu meiner Ehre und zur Ehre meines Bruders tue«, so paraphrasiert Raschi die Gedanken des Mose. Unterweisung vorausgesetzt

V 6–13 Die folgenden Handlungen des Mose können als »vorbereitende Riten« zusammengefasst werden, wenn man in den Tieropfern ab V 14 die eigentlichen Kultakte sieht. Diese Vorbereitungen haben ihre Vorlage in Ex V 6 29,4b–9. Zunächst erfolgt die Waschung des ganzen Körpers mit Wasser (*Raschi*, 250, betont zu Ex 29,4 das vollständige Untertauchen; s. auch *Milgrom*, 501). Sie ist die Voraussetzung für das Anlegen der Priestergewänder, wie dies auch in Lev 16,4 gesagt wird, wenn Aaron seine besonderen Gewänder für das Betreten des Allerheiligsten am Versöhnungstag anzieht. In V 6 liegt der Blick zunächst auf Aaron und allen Söhnen, dann wechselt in V 7 die Perspektive auf eine Person im Singular (»ihm«) – in der Vorlage Ex 29,5 ist Aaron ausdrücklich genannt, der hier natürlich mit dem Pronomen »ihm« auch gemeint ist. Aaron wird also sofort mit den für ihn bestimmten Gewändern bekleidet. Getrennt davon erfolgt erst in V 13 die Bekleidung der Söhne Aarons – damit wird eine klare Heraushebung Aarons und eine Unterordnung der »Söhne Aarons« als die »übrigen Priester« erreicht. Der Text ist kaum chronologisch zu lesen, da die Vorstellung seltsam wäre, die gewaschenen Priester müssten bis nach der Salbung Aarons ausharren (V 13), bis sie endlich bekleidet werden (*Ramban*, 93, nimmt an, dass die Priester erst nach der separaten Waschung und Bekleidung Aarons gewaschen werden). Vielmehr deutet die Reihenfolge der Handlungen ihre Rangfolge an: Vorbereitenden Charakter haben die Waschung (V 6), die für alle gilt, und die Bekleidung Aarons (V 7–9, s. u.). Diese Phase wird mit der Gebotsformel »so, wie JHWH es dem Mose geboten hatte« abgeschlossen. Dann beginnt die engere Bereitstellung in Form der »Heiligung« durch Applikation von Salböl, dessen Herstellung in Ex 30,23–24 beschrieben wird. »Geheiligt« und damit dem profanen Gebrauch entzogen werden zunächst Gegenstände: zuerst die Wohnung und ihre Geräte (V 10), dann der Altar und seine Geräte (V 11). Dieser Akt hat keine Vorlage in Ex 29, wohl aber in Ex 40,9–11 (s. o., Analyse). Die Heiligkeit des Heiligtums ist erforderliche Voraussetzung dafür, dass die Hauptperson, die damit maßgeblich zu tun hat, ebenfalls geheiligt und damit dem Profanbereich entzogen werden kann: Aaron. Er wird in V 12 gesalbt und damit geheiligt. Wäre vorher nicht das Heiligtum geheiligt worden, hätte der geheiligte Aaron keinen angemessenen Aufenthaltsort. Die Reihen- und Rangfolge hat also trotz der

Vorbereitende Riten

Waschung

Rangfolge

Abweichung von Ex 29 ihre klare Logik (*Milgrom*, 501.513–516, sieht dagegen die Salbung des Heiligtums in Ex 40, 9–13 und Lev 8, 10–12 als spätere Einfügung an). Sind nun die Kernbereiche und die Hauptperson in den Status der Heiligkeit übergeführt, sind in V 13 die Söhne Aarons mit der Bekleidung an der Reihe. Sie werden aber weder gesalbt noch geheiligt – dies entspricht von der Rangfolge her ihrem Tun in Lev 9, wo sie Aaron gegenüber (lediglich) assistierende Funktionen wahrnehmen.

Die Bekleidung Aarons

V 7–9

Zurück zur Bekleidung Aarons: Es werden wie in Ex 29 nur die wesentlichen Elemente ohne nähere Beschreibung genannt (die Details finden sich in Ex 28 und im Ausführungsbericht Ex 39). Die Bedeutung der Bekleidung Aarons und seiner Söhne, also der Priester, liegt darin, dass ihr priesterliches Amt und ihr priesterlicher Dienst am Tragen der Gewänder festgemacht werden. Sobald sie diese Gewänder tragen und nur wenn sie diese Gewänder tragen, üben sie ihr Amt rituell korrekt aus (*Milgrom*, 498, mit Verweis auf *bZevahim* 17b; Details über die Materialien und Gewänder u.a. bei *Milgrom*, 502–513; *B. Jürgens*, Heiligkeit, 205–221, Lit.!).

Untergewand

Das erste Gewand, das Aaron angelegt wird, ist die כתנת, *kuttonæt*, das Untergewand (LXX: χιτών, gerne mit »Tunika« übersetzt). Es ist ein langes Gewand, das meist bis auf den Boden reicht, direkt auf der Haut getragen wird und bisweilen das einzige Kleidungsstück ist. Die *kuttonæt* ist das, was die ersten Menschen von Gott aus Fell gemacht bekommen (Gen 3, 21); die besondere *kuttonæt* Josefs bringt ihm in Gen 37 viel Ärger ein, da sie seine Bevorzugung durch den Vater gegenüber seinen Brüdern manifestiert. Mit dem für die Priester bestimmten Untergewand werden auch die Söhne Aarons in V 13 bekleidet. – Zusammengehalten wird das Untergewand mit einem Gürtel (אבנט, *'abnēṭ*). Dieser Begriff begegnet (außer in Jes 22, 21) nur im Kontext der Priesterbekleidung (Ex 28; 29; 39; Lev 8, 7.13; 16, 4). – Auf das gegürtete Untergewand wird das Obergewand (מעיל, *m*ᵉ*'īl*) angezogen. Auch hier zeigen die Belegstellen, dass dieses Gewand seinen Träger als etwas Besonderes oder als einen Amtsinhaber qualifiziert (z.B. Samuel 1 Sam 2, 19; 15, 27; der Königssohn Jonatan 18, 4; König Saul 24, 5.12; Esra 9, 3.5; *Milgrom*, 504). Details zu seiner Anfertigung berichtet Ex 39, 22–26. Für eine Ableitung aus der ägyptischen Sprache und Kultpraxis plädiert *M. Görg*, Obergewand, 244–246: »Priesterkleid, Kultgewand«. – Ganz charakteristisch für die Priesterkleidung ist der ›Efod‹ (אפד, *'ēpod;* s. auch *K. Elliger*, Ephod und Choschen: VT 8, 1958, 19–35). Der Spezialbegriff kann nicht wirklich übersetzt werden und wird daher meist nur transkribiert. LXX wählt ἐπωμίς, die »Schulterhöhe« (der höchste Punkt des Schulterblattes), womöglich sowohl aufgrund des Gleichklangs mit dem Hebräischen als auch wegen der nach Ex 28, 7 (39, 4) mit dem ›Efod‹ verbundenen »Schulterstücke«, an denen der ›Efod‹ hing (sie werden in Ex 29 und Lev 8 nicht erwähnt, wie manches weitere Detail über den ›Efod‹ aus Ex 28 ungesagt bleibt). Zwar berichtet Ex 28, 6–14 von der Herstellung aus besonders

Gürtel

Obergewand

›Efod‹

kostbaren Materialien (Gold, besonderes, gefärbtes Leinen/Byssus), aber eine genaue Beschreibung *der Funktion* dieses Kleidungsteils gelingt bisher
V 8 nicht. – Dies gilt in gleicher Weise vom ›Choschen‹ (חשן, *ḥošæn*): Dieser Begriff ist sehr eng mit dem ›Efod‹ verbunden, begegnet aber ausschließlich in den Heiligtumstexten des Exodusbuches und hier in V 8. Der ›Choschen‹ erscheint als eine aus gefaltetem Stoff hergestellte Tasche, in die nach Ex 28,30 die ›Urim und Tummim‹ gelegt werden sollen; diese Tasche ist von Aaron auf der Brust zu tragen (auf dem »Herzen«) – sie wird auch »›Choschen‹ der Vorschrift« (חשן המשפט, *ḥošæn ha-mišpāṭ*) genannt, so dass Aaron die Vorschrift (das Recht?) der Kinder Israels auf seinem Herzen vor JHWH ständig trägt. Zugleich ist der ›Choschen‹ mit zwölf Edelsteinen besetzt, in die die Namen der zwölf Stämme Israels graviert sind – damit repräsentiert der ›Choschen‹ das ganze Volk Israel vor JHWH, zusammen mit der »Vorschrift«, für die der ›Choschen‹ auch steht. LXX hat den genauen Zusammenhang wohl auch kaum durchleuchten können und wählt als Wiedergabe λογεῖον, eigentlich »der Ort zum Sprechen« *(Speaker's Corner)*, bzw. λογεῖον τῶν κρίσεων, »Orakel des Rechtsentscheids«. Von hierher sieht man gerne die sich in der Tasche befindenden ›Urim und Tummim‹ als Orakelinstrumente für Entscheidungen an (daher: »Lostasche« in EÜ; s. auch die Spekulationen bei *Milgrom*, 508–511). Vom Kontext her scheint es aber gerade nicht um ein solches Losorakel zu gehen, sondern darum, dass ›Urim und Tummim‹ von Aaron auf dem Herzen getragen werden, wenn er vor JHWH tritt. Damit stehen in Ex 28,30 die ›Urim und Tummim‹ parallel zur Vorschrift *(mišpaṭ)* der Kinder Israels, die Aaron ebenfalls auf dem Herzen vor JHWH tragen soll. Insofern scheinen ›Urim und Tummim‹ das Recht/die Vorschrift/die Ordnung Israels zu repräsentieren (*C. Dohmen*, Exodus 19–40, 268). Dafür sprechen drei weitere Aspekte (s. *Rendtorff*, 272–275): (1) Für ›Urim‹ (אורים, *ʾūrīm*) empfiehlt sich eine Ableitung von der Wurzel *ʾWR*, »leuchten«, »Licht«, für ›Tummim‹ (תמים, *tummīm*) von *TMM*, »vollkommen sein« – damit arbeiten sowohl die antiken Wiedergaben (LXX z. B.: δήλωσις, Offenbarung, und ἀλήθεια, Wahrheit; Vg: *doctrina et veritas*) als auch die rabbinische Literatur (*bYoma* 73b). Damit stehen ›Urim und Tummim‹ für etwas Erhellendes, das offenbart und vollkommen ist – repräsentieren sie also Gottes Vorschrift und Weisung oder die Weisheit und Weisungskompetenz des Hohepriesters? *Raschi*, 296, macht den Vorschlag, die ›Urim‹ seien »eine Schrift mit dem unverhüllten Gottesnamen«. (2) In die gleiche Richtung geht die Beobachtung, dass die Begriffe mit dem ersten und dem letzten Buchstaben des Alephbets beginnen – das kann sowohl auf etwas Schriftliches verweisen als auch auf etwas Allumfassendes (»A und O«, von »A bis Z«). (3) Schließlich ist zu bedenken, dass in Ex 28 zwar sehr viele Gegenstände hergestellt werden, nicht aber die ›Urim und Tummim‹: Sie gelten offensichtlich als etwas bereits Vorhandenes, Gegebenes (anders SAM, s. o., Zur Übersetzung). Dieses

›Choschen‹

›Urim und Tummim‹

Gegebene gehört damit zur priesterlichen Stellvertretung des Volkes und seiner (von Gott gegebenen) Ordnung vor Gott. *C. Dohmen*, Exodus 19–40, 268, verweist dazu auf *B. Jacob*, Exodus, 908f., der auch aufgrund der Wortwurzeln (»Licht« und »Vollkommenheit«) in den ›Urim und Tummim‹ ein Korrelat zum »Zeugnis« in der Lade sieht: Sie seien verschriftete Gottesreden, die – im ›Choschen‹ auf der Brust des Hohepriesters – ein vollkommenes Gegenstück zu den Tafeln in der Lade darstellen. Beide Repräsentationen, die Lade mit den Tafeln und die ›Urim und Tummim‹ als gegebene Kultgegenstände aus ferner Vergangenheit, gehen mit dem Untergang des ersten Tempels verloren (*mSota* 9,12) und werden nicht wiederhergestellt: Esra 2,63 und Neh 7,65 klären zwar auch nicht den genauen Hintergrund dessen, was ›Urim und Tummim‹ sind, gehen aber davon aus, dass diese »Institution« (»ein Priester für die ›Urim und Tummim‹«) zu ihrer Zeit nicht verfügbar ist. Damit zeigt sich, dass die ›Urim und Tummim‹ als ein besonders charakteristisches Element der Funktion des Hohepriesters galten – aber eben in nachexilischer Zeit nicht mehr vorhanden waren und auch nicht einfach nachgestaltet werden konnten (was wieder dafür spricht, dass sie etwas »Einmaliges«, »Gegebenes« und nicht etwas kunsthandwerklich Reproduzierbares waren). In rabbinischer Zeit stehen die ›Urim und Tummim‹ als Verweis auf eine sehr ferne Zukunft, wie wenn man sagt »wenn die Toten auferstehen und der Messias, der Sohn Davids, kommt« (*bSota* 48b). – Wann immer man die Abfassungszeit der Vorschriften in Ex 28–29 und Lev 8 ansetzen will, im Blick auf die ›Urim und Tummim‹ haben diese Texte nicht das geringste Interesse daran, irgendeine genauere Beschreibung zu liefern, die für einen »Nachbau« verwendet werden könnte. Man gibt sich mit der Beschreibung der »Einmaligkeit« des Wüstenheiligtums und seiner Details zufrieden (und hofft, wie Esra 2,63 zeigt, auf eine von Gott gewirkte Wiederherstellung der Institution in ferner Zukunft). Zur Rezeptionsgeschichte der ›Urim und Tummim‹ s. die ausführliche Darstellung bei *Watts*, 456–462.

Die Kopfbedeckung Aarons

Die Bezeichnung מצנפת, *miṣnæpæt*, wird ausschließlich für die Kopfbedeckung des Hohepriesters verwendet (Ex 28; 29; 39). Eine Ausnahme ist in Ez 21,31 zu notieren: Dort gehört die מצנפת in Parallele zur עטרה, *ʿaṭārā*, »Krone«, dem »entweihten, verbrecherischen Fürst in Israel« (wahrscheinlich auf König Zidkija gemünzt), und beide Amtsinsignien werden ihm genommen werden. Worin die Kopfbedeckung genau besteht, ist nicht ganz deutlich, die Übersetzung mit »Turban« ist ein Versuch. Nach Ex 28,39 ist der Turban aus kostbarem Leinen (שש, *šēš*, Byssus), allerdings soll nach Lev 16,4 die Kopfbedeckung *am Versöhnungstag* wie die gesamte Gewandung Aarons aus einfachem Leinen (בד, *bad*) sein. Ein weiteres Element des hohepriesterlichen Ornats ist das goldene Blatt, das heilige Diadem (ציץ הזהב נזר הקדש, *ṣīṣ ha-zāhāb nēzær ha-qodæš*). Die Begriffe sind bei einer Zusammenschau der Belege in Ex 28,36; 29,6; 39,30 und Lev 8,9 synonym V 9

(*Milgrom*, 512). Das goldene Blatt trägt nach Ex 28,36 die Gravierung »Heilig für JHWH« und soll die Verantwortung Aarons (bzw. des Hohepriesters) für die heiligen Gaben der Israeliten manifestieren, die zum »Wohlgefallen vor JHWH«, also zur heilvollen Kommunikation mit Gott führen sollen (28,38). Die wörtliche Übersetzung lautet »Aaron soll die Sünde der Heiligtümer/heiligen (Dinge) tragen«; »gemeint ist mit dieser Wendung, dass Aaron Sorge zu tragen hat, dass der Bereich des Heiligen gewahrt, d.h. abgetrennt bleibt« (*C. Dohmen*, Exodus 19–40, 239). Herstellungsweise, Aussehen und Aufgabe dieser Schmuckelemente des Hohepriesters werden in Lev 8 nicht (mehr) thematisiert und daher wohl aus Ex 28 vorausgesetzt. Die Gebotsformel »wie JHWH es dem Mose geboten hatte« bestätigt zusammenfassend die exakte Übereinstimmung der Ausführung mit der Anordnung aus Ex 28–29, schließt den Abschnitt ab und gliedert so den Text.

V 10–11 Nach den Anweisungen von Ex 29 sollte nun die Salbung Aarons folgen, doch dann ergäbe sich das Problem, dass der geheiligte Hohepriester Aaron (noch) keinen heiligen Ort hätte, zu dem er gehört. Daher wird – gewissermaßen aus praktischen Gründen – der eher systematisierende Ablauf von Ex 29 unterbrochen und die Heiligung (in Gestalt der Salbung) der »Wohnung« (משכן, *miškān*) und ihrer Ausstattung, die in Ex 40,9–11 angeordnet wird, eingeschoben. Die Salbung ist der rituelle Akt, mit dem die Gegenstände (und auch die Personen) ihrer profanen Verwendung entzogen und in die Sphäre des Heiligen zur Verwendung im Kult übergeführt werden. In Levitikus war von »Heiligung« bisher nur in Form der Kontamination von Gegenständen durch Berührung mit »Heiligem« (Bestandteile des korrekt vollzogenen Opfers) die Rede (in 6,11.20; s. die Auslegung dort). Hier in Lev 8 geht es nicht um diese »sekundäre« Heiligung durch (oft ungewollte) Kontamination, sondern um einen primären Heiligungsakt (קדש *piel*, »heiligen«, als Handlungsverb). Durch die *siebenmalige* Applikation von Salböl wird der *Altar* besonders hervorgehoben. Er ist ja der zentrale Ort, an dem alle Opfer stattfinden, und damit ein entscheidender Kontaktpunkt mit Gott – in den Anweisungen in Exodus ist zwar nicht von siebenmaligem Sprengen mit Salböl die Rede, wohl aber davon, dass der Altar »hochheilig« (קדש קדשים, *qodæš qodāšīm*) wird (Ex 40,10; nach Ex 29,37 geht die Heiligkeit des Altares durch Kontaktkontamination auf jeden über, der ihn berührt). Das *siebenmalige* Sprengen des Salböls entspricht dem Ritus von Lev 16,19, also der siebenmaligen Applikation des Blutes als Mittel der Versöhnung auf den Altar am großen Versöhnungstag, die ebenfalls dazu dient, den Altar zu heiligen und für rein zu erklären (*Milgrom*, 515).

Salbung der Wohnung

Altar

V 12 Nachdem sein Aktionsort entsprechend eingerichtet und durch die Salbung (Heiligung) der kultischen Bestimmung übergeben ist, kann der Hohepriester Aaron selbst gesalbt und damit geheiligt werden. »In effect, he was the human counterpart of the altar« (*Levine*, 48). Die Funktion der Salbung besteht darin, die Heiligung Aarons manifest zu machen: Es ist der

Salbung Aarons

Übergang einer profanen Person in den Status des Hohepriesters und den Bereich des Heiligen; damit verbunden ist die Befähigung, mit den heiligen Dingen *(sancta)* umzugehen (*Milgrom*, 554). Zugleich wird mit dem Salböl, das sowohl am Heiligtum und seinen Geräten als auch am Hohepriester appliziert wird, eine Verbindung (Beziehung) zwischen der Person des Priesters und den heiligen Gegenständen und Orten, mit denen er umgeht und an denen er handelt, hergestellt und indiziert (*W. K. Gilders*, Anthropological Approaches, 245). Zwar mag der Begriff »Hohepriester« als ein Anachronismus erscheinen, doch ist er insofern berechtigt, als Aaron in klarer Weise eine Sonderstellung erhält: Nur er wird gesalbt (*Rendtorff*, 278; s. auch *Gerstenberger*, 100; *F. H. Gorman*, Ideology, 120; *D. Fleming*, Anointing Priests, 408–414, s. auch dessen Hinweise auf religionsgeschichtliche Parallelen zur Priestersalbung ebd., 401–408). Zwar scheint Ex 40,15 von einer Salbung der Söhne zu sprechen, doch könnte dies auch im Sinne eines zeitlichen Nacheinanders (jeweils *einer* der Söhne als Nachfolger Aarons) gelesen werden (s. o., Analyse: Details aus Ex 40, sowie die Auslegung zu Lev 4,3; *Ramban*, 96).

Die Bekleidung der Söhne Aarons

Hier in V 12–13 ist jedoch deutlich, dass nur Aaron gesalbt wird, während die Söhne Aarons als Priester jeweils das Untergewand und den Gürtel angezogen bekommen, also nur einen Teil des Ornats des Hohepriesters (s. o. zu V 7). Auch der Kopfschmuck wird mit einem anderen Wort bezeichnet (מגבעה, *migbāʿā*), dessen genauere Bedeutung kaum erfasst werden kann, weil es als Spezialbegriff nur in Ex 28,40; 29,9; 39,28 und hier auftritt. Da das Material wieder Stoff (Byssus) ist, muss man wohl erneut an eine Art Turban denken; die Übersetzung verwendet »Kopfbund«, um einen Unterschied zum Turban des Hohepriesters zu markieren. Das Wort für »binden« (חבש, *ḤBŠ*) kann auch »satteln« heißen, so dass vermutet werden kann, die »Kopfbünde« werden mit einem Band unterhalb des Kinns fixiert (so *Milgrom*, 520). Wieder endet der Abschnitt mit der gliedernden Wendung, die die Übereinstimmung des Geschehenen mit der göttlichen Weisung dokumentiert. V 13

Ein besonderes Entsündigungsopfer

V 14–17 Ab V 14 folgt auf die zurüstenden Riten, die Personal und Gerätschaften für den Gottesdienst bereiten, eine Reihe von ganz besonderen Opfern. Sie greifen die bereits bekannten Vorschriften auf, setzen aber in bestimmten Punkten deutliche Akzente, die die Einmaligkeit und Unwiederholbarkeit dieses Ur-Geschehens betonen: Nach der Idealvorstellung des Textes wird hier der Kult inauguriert, der von nun an ununterbrochen stattfinden soll. Eine dieser Besonderheiten ist, dass Mose an dieser Stelle priesterliche Funktionen ausübt (zum einzigen Mal, so *Rendtorff*, 278).

Handaufstemmung

Zu wessen Gunsten dieses besondere Entsündigungsopfer dargebracht wird, zeigt die Handaufstemmung (s. die Auslegung zu Lev 1,4): Aaron und seine Söhne (die Priesterschaft) stemmen ihre Hände auf den Kopf des Stieres (s. aber unten). Dies wiederholt sich bei den beiden Widdern (V 18 und 22), also beim Brandopfer und beim Einsetzungsopfer. Alle drei Opfer sind damit Bestand-

teile der Inauguration des Priesteramtes, das durch die von Gott angeordneten und von Mose durchgeführten Handlungen legitimiert ist.
V 15 Auf die Handaufstemmung und die Schlachtung des Opfertieres folgt dann ein Blutritus ganz besonderer Art, der von den Riten in Lev 4–5 abweicht: Die Entsündigung betrifft jetzt nicht eine Person, die unbeabsichtigt gesündigt hat, sondern den Altar selbst, an dem die Opfer, auch das Entsündigungsopfer, normalerweise dargebracht werden. Gemeint ist der Brandopferaltar als der zentrale Ort für die Tieropfer, was auch aus den entsprechenden Vorschriften für diesen Vorgang in Ex 29,36–42 deutlich wird: »der« Altar schlechthin als der hochheilige Kontaktort mit Gott ist der Brandopferaltar, an dem das tägliche Tamid-Opfer dargebracht werden soll. Das Opfer wird also eigentlich zugunsten des Altares dargebracht – da aber der Altar als unbelebter Gegenstand nicht die Handaufstemmung durchführen kann, tun dies die Priester (Aaron und seine Söhne), die in Ausübung ihres Amtes mit dem Altar, der ihre primäre Wirkungsstätte ist, gewissermaßen eine Einheit bilden. Zu fragen bleibt, was die Entsündigung einer leblosen Sache, wie sie der Altar ist, anzeigen soll. Der Text wird zugänglicher, wenn man eine verengte Bedeutung des deutschen Wortes »Sünde« aufsprengt und unter »sünd-« (im Hebräischen die Wurzel חטא) all das auffasst, was von Gott »sondert«, also trennt bzw. zur Begegnung mit Gott unfähig macht oder eine solche Begegnung verhindert. Das muss nicht immer ein moralischer Makel sein. Durch die »Entsündigung« nimmt Mose alles von dem Altar weg, was ihn für ein Opfer im Sinne einer Kommunikation *(communicatio)* und Gemeinschaft *(communio)* mit Gott unfähig macht – was immer das sein mag: Der Text liefert keine konkreten Vorstellungen. In positiver Terminologie kann man damit auch von einer »Reinigung« oder »Weihe« sprechen: Der Altar wird für die Begegnung mit Gott im Opfervorgang bereitet. Das Folgende macht deutlich, dass es bei חטא, »sünd-«, nicht immer um moralische Makel oder menschliches Fehlverhalten geht, sondern grundsätzlich um alles, was von Gott trennt: Auch für den Altar (ein unbelebtes Ding!) muss durch Heiligung »Versöhnung erwirkt« werden (כפר), d.h. das von Gott Trennende (was immer es ist!) muss durch einen Ritus beseitigt werden (s. u.a. *Levine*, 52). – Eine andere Deutung vertritt *Milgrom*, 522: Die Entsündigung betrifft die »kleineren« Unreinheiten, die bei Aaron und seinen Söhnen während des siebentägigen Prozesses der Priestereinsetzung auftreten (ähnlich *Elliger*, 118). – Das Besondere an dem Blutritus ist die Zweiteilung: Zunächst erfolgt die Applikation einer vergleichsweise kleinen Menge an den Hörnern des Altares (wie beim »kleinen Blutritus« in Lev 4,25.30), dann gießt Mose das übrige Blut an den Fuß des Altars. Das von Lev 4,30 (dort שפך) verschiedene Verb (יצק) macht klar, dass das Ausgießen des Blutes eine andere Funktion hat: Hier dient es dazu, den Altar (nochmals) zu heiligen, nachdem er schon mit dem Öl gesalbt wurde. Sondert die Salbung mit Öl den Gegenstand (und die Person) aus dem pro-

Ein besonderer Blutritus

Entsündigung einer leblosen Sache?

fanen Kontext aus, so zeigt die Heiligung mit dem Blut die besondere Aufgabe des Altares an, Ort der Begegnung mit dem lebendigen Gott zu sein (s. die Auslegung zu Lev 4).

Bezug zu Lev 16

Das »Erwirken von Versöhnung« (כפר, *kipper*) bzw. »Entsündigung« für den Altar begegnet nur hier und in Lev 16,18–19. Die Riten in Lev 8 weichen deutlich von den üblichen Verfahrensweisen nach Lev 4 ab und erweisen sich so als einmalig und auf die Inauguration des Kultes fokussiert: Was hier mit dem Altar geschieht, geht allen Entsündigungsriten voraus, weil so erst der Altar in den Zustand versetzt wird, in dem die Entsündigungshandlungen an ihm vollzogen werden können (*Rendtorff*, 279–280; *Levine*, 52). Das jährlich einmal stattfindende Geschehen von Lev 16 trägt dann aber dem Bewusstsein Rechnung, dass die Verfehlungen und Unreinheiten der Israeliten auch die Hoch-Heiligkeit des Altares in Mitleidenschaft ziehen und kontaminieren. Daher erfolgt hier die Erneuerung der Heiligung und des Erwirkens der Versöhnung zugunsten des Altares. Dabei ist nicht ganz klar, um welchen Altar es sich in Lev 16,18 handelt: Nach Lev 4,18, wo die gleiche Wendung »der Altar, der vor JHWH (ist)« (הַמִּזְבֵּחַ אֲשֶׁר לִפְנֵי־יְהוָה) begegnet, wäre dieser Altar der Rauchopferaltar. Andererseits betont Lev 16,18, dass Aaron »hinausgehen« (יצא) soll, was nach dem Kontext ein Verlassen des Zeltes der Begegnung meint – und dann wäre der betreffende Altar der Brandopfer- bzw. Ganzopferaltar (s. die Skizze zum Heiligtum, Abb. 1, Seite 164), der im Übrigen meistens gemeint ist, wenn allgemein vom »Altar« die Rede ist (zur Diskussion s. *Rendtorff*, 280). Diese Deutung passt auch besser zu dem Bezug zwischen Lev 8 und Lev 16: In Lev 8 wird der Altar zum ersten Mal in einzigartiger Weise geheiligt und für die Kommunikation mit dem lebendigen Gott vorbereitet; in Lev 16 wird diese Funktion und die Eigenschaft der Heiligkeit erneuert (*kipper* als »maintenance of the holy«, so *F. H. Gorman*, Ideology, 123).

Der Abschluss des besonderen Entsündigungsopfers

Das besondere Entsündigungsopfer für die Entsündigung des Altares findet seinen Abschluss in Anlehnung an die Vorschriften von Ex 29,13–14 V 16–17
sowie dem Ritual von Lev 4,8–12.19–21, also dem Entsündigungsopfer des gesalbten Priesters bzw. der ganzen Gemeinde. Das zeigt an, dass die Vorbereitung bzw. Heiligung des Altares auf höchster Ebene anzusiedeln ist. Das Opferfleisch darf nicht gegessen, sondern muss ganz verbrannt werden. Sowohl in Ex 29,13–14 als auch in Lev 4 steht am Ende die Klassifikationsformel des Opfervorgangs als »Entsündigungsopfer« (חטאת הוא, *ḥaṭṭāʾt hūʾ*). Hier (V 17) steht stattdessen die Gebotsformel »so, wie JHWH es dem Mose befohlen hatte«. Da in V 21 beide Formeln begegnen, ist die Gebotsformel kein Ersatz für die Klassifikationsformel, sondern sie kann komplementär auftreten. In V 17 bindet sie das Geschehen an die Anweisungen von Ex 29 und Lev 4 zurück. Dass die Klassifikationsformel als »Entsündigungsopfer« fehlt, kann als weiteres Indiz dafür gewertet werden, dass auf keinen Fall ein »normales« Entsündigungsopfer vorliegt, sondern ein ganz beson-

derer, einmaliger Fall, der mit der Inauguration des Kultes zusammenhängt und nicht auf der Ebene einer regulären חטאת liegt.

V 18–21 Auch das Brandopfer des Widders weist eine ungewöhnliche Rollenverteilung auf (s. zu Lev 1): Mose (oder eine andere Person, s. Zur Übersetzung, V 15) nimmt zunächst die Aufgaben wahr, die dem Darbringer zufallen (Schlachten, Zerteilen, Waschen), doch den Akt der Handaufstemmung vollziehen Aaron und seine Söhne. Dann agiert ausdrücklich Mose in *priesterlicher* Funktion, wenn er das Blut aussprengt und das Tier in Rauch aufgehen lässt. Der Abschnitt schließt mit der Klassifikationsformel (s. die Auslegung zu Lev 1,9), den Wendungen »Duft der Beruhigung« und »Feueropfer« (s. das Glossar) und der die Abschnitte gliedernden Gebotsformel. Offen bleibt die Frage nach dem besonderen Sinn dieses Brandopfers, denn das Entsündigungsopfer von V 14–17 bewirkte die Entsündigung des Altars, das Einsetzungsopfer von V 22–28 betrifft die Priesterinstallation – wofür ist das Brandopfer? Vermutlich weisen die abschließenden Wendungen den Weg: Der »Duft der Beruhigung« signalisiert die wohlgefällige Annahme all dieser Opfer und Installationen durch JHWH. Das »Feueropfer« als Oberkategorie bezeichnet die menschliche Hinwendung in diesen Vorgängen zu JHWH in Form einer Gabe (ähnlich *Milgrom*, 526). Es ist damit angebracht, in dem zwischen Altarweihe und Priesterordination stehenden Brandopfer einen die heilvolle Kommunikation zwischen Mensch und Gott manifest vor Augen führenden Vorgang im Sinne einer Selbstvergewisserung seitens des Menschen zu sehen (s. zu Lev 1,1–17). Ähnlich argumentiert *Levine*, 52: »The function of the *'olah* was to evoke a favorable response from the Deity prior to approaching Him with other sacrifices.« – Die Kombination aus Entsündigungsopfer und Brandopfer sieht *Gerstenberger*, 97, als ein Charakteristikum der nachexilischen Zeit an.

Der Widder des Brandopfers

V 22–28 Der folgende Abschnitt, der die Umsetzung der Anordnungen von Ex 29,19–25 darstellt, ist dem »Einsetzungsopfer« (מלואים, *millū'īm*) gewidmet, das ein Fachbegriff für eine eigene Opferart ist (s. die Auslegung zu Lev 7,37). – Im Grad der Heiligkeit steht es zwischen den »hochheiligen« Opfern (Speiseopfergabe, Entsündigungs- und Entschuldigungsopfer), deren Fleisch nur die Priester essen dürfen, und dem »heiligen« Heilsgemeinschaftsopfer, dessen Fleisch alle, die kultisch rein sind, verzehren. Mit beiden graduell verschiedenen Opferarten teilt das Einsetzungsopfer bestimmte Eigenheiten und darf daher als ein Opfer des Übergangs (transitional offering) bezeichnet werden, zumal es ja auch den Übergang der Kandidaten für den Priesterdienst von der profanen Sphäre in den Bereich des Heiligen markiert (*Milgrom*, 527). – Die Verteilung der Rollen auf die

Der Widder des Einsetzungsopfers

V 23–24 handelnden Personen entspricht den vorausgehenden Abschnitten. Neu hingegen ist der Blutritus, die Applikation geringer Mengen des Widderblutes auf bestimmte Körperteile von Aaron und seinen Söhnen. Das Ritual selbst gibt keine Erklärung für die Bedeutung dieses Vorgangs. Damit muss

Ein besonderer Blutritus

der Leser im Lesevorgang die Identifikation des Blutes mit dem Mittel der Weihe vornehmen (s. *W. K. Gilders,* Blood Ritual, 97). Gilders referiert die unterschiedlichen Bedeutungen, die Interpretatoren diesem Blutritual beimessen: Nach einer Auffassung bezeichnet das Ohrläppchen die Notwendigkeit, auf Gottes Weisung zu hören, während die Markierung von Daumen und Zehe die darauf folgende Ausführung der göttlichen Weisung bezeichne (s. auch *Plaut/Bamberger,* 85). Eine andere Deutung geht vom anatomischen Ort der mit Blut bezeichneten Punkte aus und sieht darin eine Umschreibung des gesamten Körpers »vom Scheitel bis zur Sohle« (wie man heute sagen würde), und damit der gesamten Person (*F. H. Gorman,* Ideology, 135). Dem würde ein weiterer Vorschlag entsprechen, der in der Blutapplikation einen apotropäischen Gestus zur Abwehr schädlicher Kräfte (Dämonen etc.) sieht: Zu diesem Zweck werden die am meisten verletzlichen Teile des Körpers, die zugleich seine Extremitäten sind, mit magischer Substanz versehen. Eine weniger archaisch-magische Auffassung sieht in der Blutumzirkelung des Körpers eine kultisch reinigende Geste. Der Gedanke der Reinigung bzw. der Bestätigung der bestehenden Reinheit liegt auch insofern nahe, als beim Entschuldigungsopfer, das derjenige, der vom Aussatz rein geworden ist, darbringen muss, ebenfalls vom Widderblut geringe Mengen an diese Körperteile appliziert werden (Lev 14,14; beim Armen genügt ein einziges männliches Lamm, 14,21–25). In beiden Fällen geht es um einen »rite de passage« (*A. van Gennep,* Übergangsriten, v.a. 70–113): Der einst Aussätzige geht über in den Status der Normalität, der zu ordinierende Priester geht über in den Status der Abgesondertheit für den Dienst am Heiligtum (*Milgrom,* 529; *Staubli,* 81; *M. B. Hundley,* Heaven, 88; *W. K. Gilders,* Anthropological Approaches, 239–247; *G. A. Klingbeil,* Study, 319; *F. H. Gorman,* Ideology, 103; 131–132; *B. Jürgens,* Wiederherstellung, 136; *Watts,* 446). Bei der Feststellung der Reinheit vom Aussatz wird der Blutritus von einem Ölritus begleitet (Lev 14,17 bzw. 28). Bei der Priestereinsetzung wird das Öl nicht auf den Körper, sondern auf die Kleider der Priester gesprengt, um diese zu »heiligen« (Lev 8,30, s.u.). Der Text gibt nicht mehr her als diese Ritualbeschreibungen – Fragen nach tieferen Bedeutungen und Hintergründen bleiben offen (*Rendtorff,* 282). Warum Aaron (V 23) und seine Söhne (V 24) separat behandelt werden, könnte man damit erklären, dass Aaron durch seine Salbung in V 12 bereits »geheiligt« ist und daher von den »noch profanen« Söhnen getrennt behandelt werden muss (so *Milgrom,* 530).

Der Opfervorgang

V 25–28 Der auf den Blutritus folgende Opfervorgang orientiert sich zunächst an der Ausdifferenzierung der Tierteile beim Schaf des Heilsgemeinschaftsopfers (s. zu Lev 3,7–10; *Raschi,* 297). Besonders erwähnt wird die rechte Schenkelkeule, die normalerweise der Priesteranteil beim Heilsgemeinschaftsopfer ist (s. zu Lev 7,32–33), hier aber (wie V 28 zeigt) zusammen mit den Fettteilen ganz verbrannt wird. Das ist logisch, da es ja nicht um ein Opfer geht, das ein Priester für andere darbringt (wie beim Heilsgemeinschaftsopfer), sondern um das für die aaronidischen Priester selbst dargebrachte Einsetzungsopfer (*Levine*, 53; *Staubli*, 82). Ferner kommen nach V 26 drei verschiedene Brotteile, je eines von einer Sorte, zu den Opfermaterialien hinzu: zunächst ein ungesäuerter Kuchen aus dem in V 2 erwähnten Korb mit ungesäuerten Broten, dann zwei in Lev 8 bisher nicht erwähnte Gebäckteile (»Ölbrotkuchen«, »Brotfladen«), die ihren Hintergrund im Dankopfer von Lev 7,12 haben dürften. Fettteile, Schenkelkeule und Brote werden auf die Handflächen der einzusetzenden Priester gelegt und dann ein der Emporhebungsgabe analoger Ritus durchgeführt (s. das Glossar). Schwierig ist die konkrete Vorstellung beim zweiten Teil von V 27: Was heißt »er hob dies (alles) empor als Emporhebungsgabe vor JHWH« genau? Zwei Möglichkeiten erscheinen plausibel: (1) Man fasst das Verb נוף *hifil* als echtes Kausativ auf, d. h. Mose *ließ* Aaron und seine Söhne den Erhebungsritus durchführen (bzw. *veranlasste* sie dazu; so z. B. EÜ). Eines der beiden Akkusativobjekte (die Opfergaben und die Priester, beides könnte durch das Pronomen אתם vertreten werden, s. V 28) wäre dann nicht ausgedrückt und müsste aus dem Kontext ergänzt werden. (2) Gar nicht abwegig ist die Vorstellung, dass die Opferteile auf den Handflächen der Priester verbleiben und Mose mit seinen Händen deren Hände mit den Opfergaben ergreift und die Elevation durchführt: Dies passt gut zu einem Initiationsritus, d. h. beim ersten Mal, bei dem die einzusetzenden Priester die Elevation durchführen, »unterstützt« oder führt Mose ihre Hände. Opfergaben *und* einzusetzende Priester werden so durch Mose als handelnde Person vor JHWH präsentiert. Nach der besonderen Emporhebung nimmt Mose die Opfergaben (pronominal mit אתם ausgedrückt) wieder an sich und lässt sie in Rauch aufgehen (V 28). Abschließend stellt die Klassifikationsformel klar, dass hier eine besondere Opferart vorliegt: das »Einsetzungsopfer« (מלאים, *millū'īm*). Das Wort leitet sich vom Füllen (מלא, *ML'*) der Hand (יד, *yād*) ab (s. V 33), das als Chiffre für die Priesterordination steht. Wie das zu verstehen ist, wird nicht ausdrücklich gesagt, vielmehr scheinen alle Texte den Fachbegriff als bekannt und fest geprägt vorauszusetzen (s. *Rendtorff*, 283–284; *Elliger*, 119–120). Wahrscheinlich ist auf den besonderen Ritus der Elevation von Opfergaben aus V 27 angespielt: Mose (bzw. derjenige, der Priester einsetzt, in Ri 17,5 Micha, in 1 Kön 13,33 Jerobeam) legt die »Einsetzungsopfergaben« (Teile des »Einsetzungswidders« und die Brote) auf die Handflächen der Weihekandidaten (»füllt die Hände«) und führt zusammen mit ihnen die Elevation *(tᵉnūpā)* durch. Im Ritual des »Einsetzungsopfers« werden göttliches Wohlgefallen und menschliche Opfergabe in den Wendungen »Duft der Beruhigung« und »Feueropfer« zusammengefasst. Sie signalisieren die Zusage gelingender Kommunikation mit dem Göttlichen bei korrekter Durchführung des Opfers.

In der pseudepigraphischen Schrift »Testament des Levi« wird dem Jakobssohn und Stammvater Levi die Erzählung des Traumes von seiner Einkleidung und Weihe als Priester in den Mund gelegt (*TestLevi* 8; s. Ex 28–29). In *TestLevi* 8,10 berichtet Levi, dass weiß gekleidete Männer, die ihn zum Priester weihen, *seine Hände mit Weihrauch füllten,* damit er vor dem Herrn den Priesterdienst versehe (*A. Marx,* Les sacrifices, 47–48).

Der Anteil des Mose

Nach der Klassifikationsformel von V 28 folgt noch ein Wort über die Entlohnung des handelnden Mose (V 29). Das wirkt nicht wie ein Nachtrag (gegen *Rendtorff,* 284), sondern entspricht der Großstruktur von Lev 1–7: Die Aussagen über die Priesteranteile in Lev 6–7 stehen nach den Vorgangsbeschreibungen in Lev 1–5. Mose fungiert als Priester und insofern ist es nicht überraschend, dass er auch einen Anteil erhält. Es ist nicht die rechte Schenkelkeule, die sonst üblicherweise der amtierende Priester erhält (Lev 7,33) – diese ist als Besonderheit des Einsetzungsopfers verbrannt worden. Vielmehr bekommt Mose das bisher nicht erwähnte Bruststück, das sonst allen aaronidischen Priestern zufällt (Lev 7,31). Diese »Zwischenlösung« zeigt den Zwischenzustand des Mose an, der von Haus aus kein Priester ist, hier aber – wenngleich nur vorübergehend – priesterliche Funktionen ausübt (*Milgrom,* 531.555–558). Durch den Ritus der Elevation (»Emporhebungsgabe«, *t^e^nūpā*) wird deutlich, dass Mose seinen Anteil nicht von den Opfernden empfängt, sondern von Gott, dem es durch die Emporhebung dargebracht wurde und der es an seinen Diener als Einkommen zurückgibt (*Milgrom,* 532; so auch *Gerstenberger,* 102). Bemerkenswert ist, dass hier die einzige Stelle vorliegt, an der von einer »Entlohnung« des Mose die Rede ist. Die abschließende Gebotsformel betont die Übereinstimmung der Handlungen mit den Anordnungen Gottes in Ex 29,26. Dort ist allerdings im Folgenden die Formulierung nicht ganz chronologisch, weil Ex 29,27 die Heiligung auch der Schenkelkeule als Erhebungsgabe (תרומה, *t^e^rūmā*) erwähnt, die aber schon vorher verbrannt worden ist. Ex 29,28 geht anschließend zur »ewigen Satzung« der Anteile für die Priester über, die unter »Erhebungsgabe« subsumiert werden. Insofern schreibt Ex 29,26–28 eher allgemein von den Priesteranteilen und vermischt, was Lev 7,34–35 (Priesteranteile bei jedem Heilsgemeinschaftsopfer) und Lev 8,29 (Anteil des Mose beim Einsetzungsopfer) ausdifferenzieren. Insgesamt ist zum Verständnis der Texte wichtig, dass in ihnen »Einmaliges« und »Erstmaliges« (*C. Dohmen,* Exodus 19–40, 271–272) unvermischt und ungetrennt neben- und ineinander stehen: *Erzählt* wird die »geschichtlich« einmalige Inauguration Aarons und seiner Söhne durch den priesterlich handelnden Mose in seiner Sonderrolle – *grundgelegt* wird damit das sich wiederholende Geschehen um Einsetzung und Entlohnung der aaronidischen Priester. Der Text unterscheidet nicht explizit zwischen beiden Aspekten und scheint damit eine Alltagspraxis des Kultes vorauszusetzen, aus der bekannt und ersichtlich ist, welche Riten zu wiederholen und welche unwiederholbar-einmalig sind. V 29

»Einmaliges« und »Erstmaliges«

Ausdeutende Riten

V 30–35 Auf die Tieropfer folgen ausdeutende Riten, die im Umfeld des Einset-
V 30 zungsopfers stehen und bestimmte Aspekte vertiefen. Der erste Punkt ist die Heiligung der Kleider und ihrer Träger (s. Zur Übersetzung) durch Besprengung mit Salböl und Blut vom Altar.

Heiligung der Kleider und ihrer Träger

Sowohl die Kleider als auch die sie tragenden Personen werden dadurch geheiligt, also dem profanen Bereich entzogen und für den ausschließlichen Dienst am Heiligtum ausgesondert. Die Kleider dürfen nur noch für liturgische Zwecke verwendet werden; die sie tragenden Personen dürfen damit keine andere Tätigkeit als die priesterliche ausüben. Eine Aufhebung der in V 12 angedeuteten Vorrangstellung Aarons ist mit der Besprengung und Heiligung *aller* Priester nicht verbunden, denn nur Aaron bekommt das Salböl zur Heiligung *am Kopf* verabreicht (zur Diskussion s. *Rendtorff*, 285). In den Vorschriften von Ex 29,21 steht die Besprengung der Kleider mit Blut und Salböl (in umgekehrter Reihenfolge als in Lev!) unmittelbar nach dem Blutritus der Markierung von Ohrläppchen, Daumen und Zehe (Ex 29,20) – daher erklärt sich die Voranstellung des Blutes. Bei dieser Abfolge wird der Opfervorgang durch einen ausdeutenden Ritus (Heiligung der Kleider) unterbrochen. Bei der praktischen Durchführung in Lev 8 hingegen bleibt der Opfervorgang geschlossen, und der ausdeutende Kleiderritus folgt darauf. Konsequenterweise steht das Salböl in Lev 8,30 an erster Stelle (wie schon vorher die Salbung V 10–12 dem blutigen Tieropfer V 14–24 vorausging), und das Blut stammt nicht mehr direkt vom Einsetzungswidder, der längst verbrannt ist, sondern allgemein von dem Blut, das bei den vorausgehenden Opfern (V 15.19.24) an den Altar gesprengt wurde. Der Altar hat inzwischen auch seine heiligende Kraft erhalten, daher kann er dem Blut, das von ihm genommen wird, eine heiligende Kraft geben (Ex 29,37: »Alles, was den Altar berührt, ist geheiligt«; *Milgrom*, 534).

Öl und Blut

– Eine Vermischung der Substanzen Öl und Blut ist im Text nicht ausdrücklich erwähnt und erscheint wenig plausibel (mit *Elliger*, 119, gegen *Milgrom*, 532, der eine Mischung aufgrund des Singulars »er sprengte« annimmt) – näher liegt eine getrennte, hintereinander folgende Besprengung. Eine abschließende Gebotsformel fehlt, so dass V 30 eher mit dem Folgenden als dem Vorausgehenden zu verbinden ist und so zu den ausdeutenden Riten, nicht mehr zu den eigentlichen Opfern gehört (gegen den ersten Gliederungsvorschlag von *Milgrom*, 543; bei seinem zweiten, 544, räumt er V 30 den Rang eines eigenen Abschnitts als symmetrischer Gegenpart zu V 6–13 [Salbung der Priester] ein).

Opfermahl

V 31–32 Unter die ausdeutenden Riten zählt auch die ordentliche Beendigung des Einsetzungsopfers durch den Verzehr der nicht verbrannten Tierteile. An die Stelle der Erzählung des Vorgangs tritt eine Moserede mit den entsprechenden Anordnungen an Aaron und seine Söhne – V 36 bestätigt dann deren korrekte Ausführung. Für das Opfermahl werden verschiedene Vorschriften aus vorausgehenden Opfervorschriften zusammengestellt: Dass das Fleisch gekocht wird, stimmt mit der Zubereitung des Entsündigungsopfers überein (Lev 6,21); dass Fleisch und Brot noch am selben Tag gegessen werden sollen und der Rest verbrannt werden muss, entspricht der Vorgehensweise beim Dank-Heilsgemeinschaftsopfer (Lev 7,15; *Milgrom*, 534). Der Ort des Geschehens ist der Eingang des Offenbarungszelts, wo sich nach V 4 die ganze Gemeinde versammelt hatte – dass hier darauf zurückverwiesen wird, unterstreicht die Öffentlichkeit des Geschehens und den Aspekt, dass alle Zeugen für die Einsetzung der Priester sind.

Dauer der Priestereinsetzung

V 33–35 Wie viele andere Festlichkeiten auch dauert die Priestereinsetzung sieben Tage. 60 % aller Belege dieser Zeitangabe (שבעת ימים, *šib'at yāmīm*) finden sich in den Büchern Exodus, Levitikus und Numeri (s. auch die Übersicht für die gesamte Hebräische Bibel bei *G. A. Klingbeil*, Ritual time, 502–509; nach ihm sind ca. 84 % aller Belege dem kultischen Bereich zuzuordnen; in den meisten Fällen gehe es um einen Übergang von einem Status zum anderen). Beispiele für das Auftreten einer »Sieben-Tage-Frist« sind das Mazzot-Fest (Ex 12,15.19; 13,6; 23,15; Lev 23,6; Num 28,17) und das Laubhüttenfest (Lev 23,33–44), aber auch die Quarantänezeiten beim Umgang mit Aussatz und anderen Unreinheiten (Lev 13–15) sowie die Zeit, die das Jungtier bei seiner Mutter bleiben darf (Ex 22,29; Lev 22,27). Als weitere Parallele ist die Altarweihe nach der Vision von Ez 43,26 zu nennen. Bei der Priestereinsetzung wird hier in V 33 die Vorschrift aus Ex 29,35 nahezu wörtlich aufgegriffen und durch mehrfache Erwähnung betont (s. *M. Modéus*, Sacrifice, 83–90). Sieben Tage lang sollen die einzusetzenden Priester am gleichen Ort verharren – daher ist zu unterstellen, dass für die Grundbedürfnisse der Körperhygiene entsprechende Vorrichtungen vorhanden sind. Der Text lässt offen, ob das etwa in der in Dtn 23,10–15 geschilderten Weise erledigt wurde (*Milgrom*, 535–536). Sieben Tage lang soll man »die Hand füllen (1) … um für euch Versöhnung zu erwirken (2)« – die Wendung wird verständlich, wenn man unter dem Füllen der Hand (1) das besondere Einsetzungsopfer, näherhin den in V 27 beschriebenen Emporhebungsritus, bei dem Mose die Hand führt, versteht und hinter dem Erwirken der Versöhnung (2) die Blutriten beim Entsündigungsopfer (V 15) und beim Brandopfer vermutet. Dann scheint es wirklich so zu sein, dass die beschriebenen Riten an jedem der sieben Tage zu erfolgen haben (s. die Diskussion bei *Rendtorff*, 287–288; *Milgrom*, 541; *Levine*, 54).

Ernsthaftigkeit

V 35 betont erneut das Verbleiben am Eingang des Zeltes der Begegnung, wobei die Nacht ausdrücklich eingeschlossen ist – das Ganze macht nun den Eindruck »geistlicher Exerzitien«: Durch die rituelle Wiederholung des Geschehens und die Konzentration am gleichen Ort zur gesamten Zeit (Tag und Nacht) soll eine starke Verdichtung und Ernsthaftigkeit der Priesterordination erreicht werden. Zugleich wird so verhindert, dass die angehenden Priester außerhalb des Heiligtums in Kontakt mit »Unreinem« kommen und so kultunfähig würden. Es geht hier um einen »rite de passage« (s. o.): Tag für Tag entfernen sich die geheiligten Personen mehr und mehr von ihrem profanen Status und gehen mehr und mehr über in den Rang des Heiligen, bis sie am Ende der siebentägigen »Passage« (die »Grenzzeit«, lat. *limen;* s. *Staubli,* 82) als voll ausgeprägte Priester ihren heiligen Dienst versehen können (*Milgrom,* 538.566–569). Diese spirituelle Tiefe und Ernsthaftigkeit unterstreicht der Begriff »Anordnungen« (משמרת, *mišmæræt,* »das zu Bewahrende«). Dieser Terminus weist eine gewisse Bandbreite semantischer Funktionen auf: Neben dem konkreten Aufbewahren (z. B. des Pessach-Lammes Ex 12,6) geht es im übertragenen Sinne um die Bewahrung der göttlichen Weisung. So wird in Gen 26,5 von Abraham gesagt, dass er das zu Bewahrende bewahrt hat. Dieses Wortspiel mit der Wurzel שמר, *ŠMR,* findet sich auch hier (s. *Watts,* 477, der für P siebzehn Belege dieses Wortspiels zählt). Dabei fungiert *mišmæræt* als Oberbegriff für Gebote, Satzungen und Weisungen. Die Leviten werden in Num 1,53 als die Bewahrer des zu Bewahrenden vorgestellt und damit zum Dienst am Heiligtum beauftragt (s. mehrfach in Num 3; 4 u. ö.), so dass der Begriff auch den heiligen Dienst selbst bezeichnen kann. Die Ernsthaftigkeit aller Anordnungen wird darüber hinaus durch die mögliche Sanktion »auf dass ihr nicht sterben werdet« unterstrichen: Mehrfach findet sich diese Warnung in den Weisungen für den priesterlichen Dienst. Aufgrund der großen Verschiedenheit zwischen dem Heiligen und dem Profanen, zwischen dem mächtigen, lebendigen Gott und dem schwachen, sündhaften Menschen ist eine Begegnung zwischen beiden nur mit bestimmten Schutzvorkehrungen seitens der Menschen möglich. Dazu dienen z. B. die Glöckchen am Gewand Aarons, deren Ton zu hören sein soll, wenn Aaron das Heiligtum betritt (Ex 28,35); die Waschungen der Priester vor ihrem Dienst im Zelt der Begegnung (Ex 30,20–21); die Salbungen bei der Ordination (Lev 8); der Verzicht auf Trauerriten (Lev 10,6) und auf berauschende Getränke im Dienst (Lev 10,9); die Schutzmaßnahmen Aarons vor seinem Betreten des Allerheiligsten am Versöhnungstag (Lev 16,2.13); weitere Schutzmaßnahmen der Leviten (Num 4,19; 18,3). Gott selbst ist es, der die Regeln gibt, so dass die Priester am Leben bleiben. In ihrem Dienst gehen sie mit dem Heiligen um, sie nahen sich dem heiligen Gott im Kult und sind in ihrer menschlichen Schwachheit immer in der Gefahr, durch einen Regelverstoß aus der Heiligkeit herauszufallen und von der Gewalt des Numinosen vernichtet zu werden (*F. H. Gorman,* Ideology, 134). Diese permanente Gefährdung des Priesterstandes signalisiert unmissverständlich, dass der Mensch durch kultische Riten und Opferpraktiken sich auf keinen Fall der Gottheit auf magische Weise bemächtigen oder durch menschliches Handeln Gott beeinflussen kann: Die Kommunikation mit Gott beruht immer auf Gottes gnadenhafter Zuwendung und nie auf menschlichem Verdienst oder irgendwelchen magischen Manipulationen.

Gefährdung

V 36 Am Ende betont ein abschließender Satz, dass alles genau nach Anweisung ausgeführt wurde – dabei wird in V 36 die geläufige Personenkonstel-

Ausführung

lation nochmals aufgeführt: *Aaron und seine Söhne* (die Priester) tun genau das, was *JHWH* durch die Vermittlung des *Mose* geboten hatte. Mose steht als einzigartiger Offenbarungsmittler zwischen JHWH und den Priestern. Damit kehrt am Ende dieses Kapitels über die Einsetzung der Priester wieder, was sonst für die Eröffnung mit der gestuften Einleitung (Anrede- und Weitergabeformel, s. zu Lev 1,1–2 und 4,1–2) charakteristisch ist: Mose gibt die göttliche Weisung an die Israeliten bzw. die Priester weiter. Nach der Priestereinsetzung aber ist der Weg frei, dass nun Aaron und seine Söhne im folgenden Kapitel über die praktische Durchführung der ersten Opfer selbst handeln: Durch die Wiederholbarkeit des Kultes kann das Einmalige zum Erstmaligen und in den folgenden Generationen fortgesetzt werden, so dass der Offenbarungsmittler Mose nach und nach in den Hintergrund treten kann.

Rezeption und Bedeutung

Das aaronidische Priestertum und sein Zusammenhang mit der Tora

Levitikus 8 legitimiert somit das Monopol der aaronidischen Priester auf das Priesteramt (s. dazu und zum Folgenden *Watts*, 439–441). Faktisch haben die Priester, die sich auf die Abstammung von Aaron berufen können, durchgehend den »Zweiten Tempel« in Jerusalem von seiner Weihe 515 v. Chr. bis zu seiner Zerstörung 70 n. Chr. kontrolliert. Auch die Tempel in Samaria und in Ägypten (Leontopolis) werden von Abkömmlingen aus der Linie Aarons geleitet (Josephus, *Ant.*11,302–303.321–324; 13,62–73; *Bell.* 1,31–33; 7,420–432). Zugleich kommt in dieser Zeit die Tora zu autoritativer (später »kanonisch« genannter) Bedeutung – eben jene Tora, die in ihrer Mitte das aaronidische Priestertum dadurch legitimiert, dass Mose die Anordnungen Gottes weisungsgemäß und detailliert befolgt, was mehrfach durch die so genannte »Gebotsformel« (s. o., Analyse) unterstrichen wird. Die aaronidischen Priester und die Tora scheinen sich gegenseitig zu bedingen bzw. zu stärken. Daher überrascht es (so *Watts*, 440), dass diese enge Verbindung in der späteren Rezeption aufgegeben wird. Während die Autorität der Schrift (Tora) uneingeschränkt in Geltung bleibt, geht das aaronidische Priestertum unter. Das rabbinische Judentum erhebt den Anspruch, dass sich der Hohepriester an die mündliche Tora der Rabbinen halten muss (z. B. *mYoma* 1,3). Nach der Tempelzerstörung geht die religiöse Autorität im Judentum völlig zu den Rabbinen über. Über die Idee einer »mündlichen Tora« legitimiert sich diese Führungselite durch die ideale Abstammung von Josua und Mose und kann so auf die priesterliche Linie Aarons verzichten (*Watts*, 450). Im Christentum gelten die Hohepriester als schuldig an der Hinrichtung Jesu und sind von daher diskreditiert. Das Priestertum Christi »nach der Ordnung Melchisedeks« (Hebr 7,11–24 mit Rückgriff auf Ps 110,4) übertrifft die Linie Aarons und löst sie ab. Auch die Ordinationsriten von Lev 8 werden weder im Judentum noch im Christentum übernommen oder weiterverfolgt. Eher wird auf Mose als idealtypische Figur zurückgegriffen, die das Gebot Gottes hört und getreu erfüllt. Die Ablösung des aaronidischen Priestertums in Judentum und Christentum war aber nicht zwingend oder nur den geschichtlichen Umständen geschuldet. Das zeigt die Religionsgemeinschaft der Samaritaner, die nur die Tora als Heilige Schrift ansieht: Sie hat die religiöse Führung durch die Aaroniden beibehalten und damit die vitale Verbindung zwischen Pentateuch und Priestertum bestätigt. Judentum und Christentum hingegen haben nicht nur das aaronidische Priestertum aufgegeben, sondern zur Tora weitere Werke als »Heilige Schriften« hinzugefügt, so dass das Priestertum der Linie Aarons auch literarisch seine zentrale Stellung verloren hat.

2.2 Levitikus 9,1–24: Die ersten Opfer und ihre Annahme durch Gott

Jürgens, B., Heiligkeit, 246–263. – *Ruwe, A.*, Heiligkeitsgesetz, 45–52. – *Ruwe, A.*, Reden. – *Watts, J. W.*, Ritual and Rhetoric, 97–129. Literatur

Text

9[1]Und es war am achten Tag, da rief Mose Aaron und seine Söhne und die Übersetzung
Ältesten Israels, [2]und er sagte zu Aaron:
Nimm dir ein Kalb für ein Entsündigungsopfer und einen Widder für ein
Brandopfer, (jeweils) fehlerlose (Tiere), und bringe (sie) vor JHWH dar!
[3]Und zu den Israeliten sollst du sprechen:
Nehmt einen Bock von den Ziegen für ein Entsündigungsopfer und
ein Kalb und ein Lamm – (jeweils) einjährige, fehlerlose (Tiere) – für
ein Brandopfer [4]und ein Rind und einen Widder für ein Heilsgemein-
schafts(opfer), um (sie) vor JHWH zu opfern, und eine Speiseopferga-
be, vermischt mit Öl, denn heute wird euch JHWH erscheinen.
[5]Und sie nahmen das, was Mose geboten hatte, (mit) vor das Zelt der Be-
gegnung, und die ganze Gemeinde trat heran, und sie standen vor JHWH.
[6]Und Mose sagte:
Dies ist es, was JHWH geboten hat, dass ihr es tun sollt, auf dass die
Herrlichkeit JHWHs euch erscheinen möge.

[7]Und Mose sagte zu Aaron:
Tritt an den Altar heran und vollziehe dein Entsündigungsopfer und dein
Brandopfer und erwirke Versöhnung zu deinen Gunsten und zugunsten
des Volkes! Und vollziehe die Darbringung des Volkes und erwirke Ver-
söhnung zu ihren Gunsten – so, wie JHWH es geboten hat.
[8]Und Aaron trat an den Altar heran und schlachtete das Kalb des Entsün-
digungsopfers, das für ihn (bestimmt war). [9]Und die Söhne Aarons brach-
ten ihm das Blut, und er tauchte seinen Finger in das Blut, und er gab (et-
was davon) an die Hörner des Altars, und das (übrige) Blut goss er an den
Fuß des Altars. [10]Und das Fett und die Nieren und den Lappen von der Leber
vom Entsündigungsopfer ließ er auf dem Altar in Rauch aufgehen – so, wie
JHWH es dem Mose geboten hatte. [11]Und das Fleisch und die Haut ver-
brannte man im Feuer draußen vor dem Lager.
[12]Dann schlachtete er das Brandopfer, und die Söhne Aarons reichten ihm
das Blut, und er sprengte es ringsum an den Altar aus. [13]Und das Brand-
opfer reichten sie ihm in seinen Stücken und dazu den Kopf, und er ließ (es)
auf dem Altar in Rauch aufgehen. [14]Und er wusch die Innerei und die Beine
und ließ (sie) auf dem Brandopfer auf dem Altar in Rauch aufgehen.
[15]Dann brachte er die Darbringung des Volkes dar und nahm den Bock des
Entsündigungsopfers, der für das Volk (bestimmt war), und schlachtete ihn
und führte mit ihm das Entsündigungsopfer aus wie mit dem vorherigen.
[16]Dann brachte er das Brandopfer dar und vollzog es gemäß der Vorschrift.
[17]Dann brachte er die Speiseopfergabe dar und füllte davon seine Handflä-
che und ließ (das) auf dem Altar in Rauch aufgehen; außerdem das mor-
gendliche Brandopfer.
[18]Dann schlachtete er das Rind und den Widder des Heilsgemeinschafts-
opfers, das für das Volk (bestimmt war), und die Söhne Aarons reichten
ihm das Blut, und er sprengte es ringsum an den Altar aus. [19]Und die Fett-
stücke von dem Rind und von dem Widder, den Fettschwanz und das (die
Innerei) bedeckende (Fett) und die Nieren und den Lappen der Leber – [20]und
sie legten diese Fettstücke auf die Bruststücke, und er ließ die Fettstücke auf
dem Altar in Rauch aufgehen. [21]Und die Bruststücke und die rechte Schen-
kelkeule hob Aaron als Emporhebungsgabe vor JHWH empor – so, wie Mo-
se es geboten hatte.
[22]Dann erhob Aaron seine Hände über das Volk und segnete sie. Dann stieg
er herab nach dem Vollzug des Entsündigungsopfers und des Brandopfers
und des Heilsgemeinschafts(opfers).
[23]Dann gingen Mose und Aaron zum Zelt der Begegnung, und sie kamen
(wieder) heraus und segneten das Volk, und die Herrlichkeit JHWHs er-
schien dem ganzen Volk. [24]Und Feuer ging von JHWH aus und verzehrte
auf dem Altar das Brandopfer und die Fettstücke. Als das ganze Volk (das)
sah, da jubelten sie und fielen auf ihr Angesicht nieder.

Zu Text und Übersetzung

2 Kalb, wörtlich: ein Kalb, ein Stück Rindvieh. בן בקר bezeichnet wieder die Art des Tieres, siehe z. B. Lev 4,3.

3 Israeliten: SAM und LXX haben hier die »Ältesten« aus V. 1, wobei die Frage aufkommt, warum Mose die vor ihm stehenden Ältesten nicht direkt anspricht. Bei »Israeliten« sind sonst immer die Priester mitgemeint, hier soll sich Aaron aber explizit an die Nicht-Priester unter den Israeliten wenden. Dennoch kann der MT beibehalten werden (s. die Diskussion bei *Milgrom*, 572).

4 ... wird euch ... erscheinen: LXX setzt, dem Kontext angemessen, das Futur ὀφθήσεται an (so auch die anderen antiken Versionen). Die hebräische SK (נִרְאָה) kann in diesem Zusammenhang als Ausdruck zukünftiger Handlungen angesehen werden, da es um eine ähnliche Verheißung geht wie in Gen 1,29; 15,18; 17,20; 48,22; Jer 40,4 (s. Ges-K § 106,3; nach *B. K. Waltke/M. O'Connor*, Syntax, 490, sieht der Sprecher in einem solchen Fall die zukünftige Situation bereits als vollendet und sicher eintreffend an. Man könnte es auch als »prophetisches Perfekt« oder »Perfekt der Zuversicht« bezeichnen). – Die Verbalform (נִרְאָה) kann auch ein feminines Partizip Singular sein, das leicht als Futur zu deuten ist. Dann könnte man dahinter einen Hinweis der Masoreten vermuten, dass nicht JHWH selbst, sondern das Feuer (אֵשׁ), ein grammatikalisch feminines Substantiv, erscheinen wird (*Milgrom*, 574).

7 Zugunsten des Volkes: LXX hat »für dein Haus« (τοῦ οἴκου σου). Diese Lesart stellt eine *lectio facilior* dar, weil damit die Doppelung mit dem folgenden Satz vermieden wird. Über den Begriff »zugunsten« (בעד, *ba'ad*) besteht eine enge Beziehung zu Lev 16, wo immer getrennt davon die Rede ist, dass Aaron Versöhnung erwirkt »zu seinen Gunsten und zu Gunsten seines Hauses« einerseits und dann »zu Gunsten der ganzen Versammlung Israels« (16,6.11.17) andererseits. Von daher hat LXX den Text hier in V 7 angepasst. Zur Diskussion s. *Rendtorff*, 296; *M. Vahrenhorst*, Levitikon, 364. – *Milgrom*, 578, bevorzugt »für dein Haus« und spricht von einem »scribe's error« (s. auch *J. W. Wevers*, Notes, 120).

11 verbrannte man im Feuer: Da Aaron sich weiterhin im Bereich des Heiligtums aufhält, um die Opfer zu vollziehen, müssen hier andere Personen die Entsorgung vornehmen. Daher ist mit einer unpersönlichen Satzkonstruktion zu übersetzen.

13 ließ in Rauch aufgehen: LXX hat »und er legte es auf den Altar« (καὶ ἐπέθηκεν ἐπὶ τὸ θυσιαστήριον; so auch in V 14.17.20, nicht aber in V 10!), um den vermeintlichen Widerspruch zu vermeiden, dass nichts mehr für das göttliche Feuer zum Verbrennen da sei, wenn Aaron jetzt schon die Fettteile in Rauch aufgehen lässt (s. aber die Auslegung zu V 23d–24b).

19 LXX ergänzt die Aufzählung der einzelnen Fettteile nach Lev 3,9–10 bzw. 4,9.

20 und *sie* legten ..., und *er* ließ ... in Rauch aufgehen: SAM, LXX^{Gö} und Peš haben in beiden Fällen den Singular, überlassen also alles Aaron (s. *J. W. Wevers*, Notes, 126).

21 Dass die rechte Schenkelkeule (Singular! Bei zwei Tieren müsste hier eigentlich der Plural stehen) als *Emporhebungsgabe* emporgehoben wird, widerspricht Lev 7,32, wo die rechte Schenkelkeule als *Erhebungsgabe* (ohne Ritus!, s. das Glossar) klassifiziert wird. Vielleicht ist »und die rechte Schenkelkeule« hier ein glossenartiger Zusatz, der aufgrund einer geschichtlichen Veränderung der Riten eingebaut wurde (*Milgrom*, 586).

22 Hände: Geschrieben (Ktib) ist der Singular »Hand« (ידו), zu lesen (Qre) ist aber nach der Punktation der Plural »Hände« (ידיו).

Analyse

Unterschiede zum Vorhergehenden

Bei der Inauguration der Priester in Lev 8 ist die Gemeinde nur passiver Zeuge, während Mose in der Funktion eines Priesters handelt. Hier nun, in Lev 9, gibt Mose nur am Anfang eine kurze Anweisung (V 1–7), dann aber handelt Aaron als etablierter Priester. Ähnlich wie in Lev 8 die Inaugurationsopfer besondere Ausprägungen der normalen Opferarten waren, so sind auch die ersten von Aaron durchgeführten Opfer in Lev 9 von besonderem Charakter: Das wird schon am Anfang deutlich, wenn Mose als Funktion oder Ziel der Opfer angibt, dass JHWH bzw. die Herrlichkeit JHWHs dem Volk erscheinen wird. Die Theophanie ist damit der manifeste Erweis, dass JHWH die Opfer angenommen hat und die Kommunikation mit der Gottheit (wieder) hergestellt ist. Das Ziel aller Opfer und Kulthandlungen ist erreicht: der heilvolle Kontakt des Menschen mit Gott. Der Segen am Ende unterstreicht dieses Ziel des Opferhandelns. Und tatsächlich erscheint die Herrlichkeit JHWHs dem ganzen Volk, wie am Ende (V 23 in rahmender Beziehung zu V 4) ausdrücklich festgehalten wird – die Annahme der Opfer wird durch das Feuer »von JHWH her« manifestiert. Mit diesem »Idealfall« ist die Einrichtung des Opferkultes abgeschlossen (s. z. B. *A. Ruwe,* Structure, 64). Das Volk dankt es mit Jubel und Proskynese.

Das Ziel der Opfer

Abschluss der Theophanie

Das Leitwort »Herrlichkeit (JHWHs)« (כבוד) signalisiert ebenfalls einen (vorläufigen) Abschluss eines Erzählbogens. Dieses Themawort beherrscht die zweite Hälfte des Exodusbuches (vorbereitend in Ex 16,7.10, beim Bundesschluss 24,16.17; bei der Planung des Heiligtums 29,43) und tritt markant als Signal der Vergebungsbereitschaft Gottes nach dem Abfall Israels mit dem Goldenen Kalb in der Begegnung des Mose mit Gott auf: Als Zeichen, dass Gott dem Volk vergeben hat, zieht die Herrlichkeit JHWHs an Mose vorüber, und Mose kann Gott »im Nachhinein« sehen (Ex 33,18.22; s. *C. Dohmen,* Exodus 19–40, 347–352). Am Ende des Exodusbuches erfüllt die Herrlichkeit JHWHs die »Wohnung« (das Zelt der Begegnung; Ex 40,34–35). Nach Lev 1–9 ist nun auch der Kult etabliert, so dass die Kraft und Macht der Herrlichkeit JHWHs allen dadurch sichtbar wird, dass das göttliche Feuer selbst die Opfergaben am Altar verzehrt (9,6.23f). So wird »die göttliche Zustimmung zu dem nun voll eingerichteten Opferkult im Heiligtum eindrucksvoll demonstriert« (*Rendtorff,* 292; s. die Auslegung zu 9,23–24). Nur noch in Num 14,10.21.22; 16,19; 17,7; 20,6 und Dtn 5,24 wird im weiteren Verlauf der Tora der Terminus »Herrlichkeit JHWHs« (bzw. »meine/seine Herrlichkeit«) begegnen.

Aufbau

Der Aufbau von Lev 9 (s. auch *B. Jürgens,* Heiligkeit, 246–248) ist durch die entsprechenden Opferarten bzw. den Wechsel von Anordnung und Durchführung gekennzeichnet:

- 1–7 Anordnungen durch Mose, Vorbereitungen
  - 1–4 Anordnung: Bereitung der Opfertiere
  - 5 Durchführung
  - 6–7 Anordnung $^{+}$: Vollzug der Opfer $^{+}$
- 8–21 Der Opfervollzug durch Aaron
  - 8–14 Die Opfer für Aaron (und seine Söhne)
    - 8–11 Das Entsündigungsopfer für Aaron (Kalb) (10: Gebotsformel $^{+}$)
    - 12–14 Das Brandopfer für Aaron (Widder)
  - 15–21 Die Darbringungen für das Volk
    - 15 Entsündigungsopfer (Ziegenbock)
    - 16 Brandopfer (Kalb und Lamm)
    - 17 Speiseopfergabe und morgendliches Brandopfer
    - 18–21 Heilsgemeinschaftsopfer mit Emporhebungsgabe (Rind und Widder)
- 22 Segen durch Aaron als Abschluss der Opferhandlungen
- 23a–c Segen durch Mose und Aaron
- 23d Erscheinung der Herrlichkeit JHWHs
- 24a–b Annahme der Opfer durch JHWH
- 24c–d Lobpreis des Volkes

Das $^{+}$-Zeichen markiert das Vorkommen der Gebotsformel (כאשר צוה יהוה, *ka-ʾašær ṣiwwā YHWH*, »so, wie JHWH es geboten hatte«), die die Übereinstimmung des Ausgeführten mit der göttlichen Anordnung dokumentiert (wie schon in Lev 8,4.5.9.13.17.21.29.34.36 und in Lev 10,15, s. zu Lev 8, Analyse, Aufbau).

Der Schlussteil von Lev 9 (V 22–24) ist durch die jeweils handelnden Personen in drei bzw. vier Teile gegliedert: (Ia) Aaron (Segen vom Altar her); (Ib) Mose und Aaron (Segen vom Zelt der Begegnung her; (II) JHWH (Erscheinung und Annahme); (III) Volk (Jubel und Proskynese).

Entstehungsgeschichtliche Fragen – Adressaten

Für die Frage, warum diese Texte aufgeschrieben wurden und für wen, gibt die narrative Einbettung einige Hinweise: Der Aspekt der Vermittlung spielt eine wichtige Rolle. Mose versammelt die Priester und die Ältesten, wendet sich an Aaron und beauftragt ihn dann, die Israeliten zu instruieren. Mose stiftet damit faktisch das Amt der Toravermittlung: Im Zentrum steht (was auch die wiederholte Nennung der Gebotsformel zeigt) die göttliche Weisung. Damit kann man sagen: Die frühjüdische Gemeinde des 5. Jh. versammelt sich um die Tora des Mose.

Adressat ist die Gemeinde

In der Welt des Textes sind die Israeliten der Adressatenkreis, und das dürfte auch in der realen Welt hinter den Texten so sein: »Die Gemeinde ist also die eigentlich entscheidende Bezugsgröße hinter diesen gottesdienstlichen Texten. Doch im Vordergrund agieren allein Mose und die Priester« (*Gerstenberger*, 102–103). Über die schriftliche Niederlegung der Opferriten und den narrativ verankerten Auftrag der Vermittlung dieser Weisung haben auch diejenigen Anteil am Geschehen, die »nur zusehen« (bzw. »nur lesen oder hören«). Übertragen auf die Realität hinter den Texten heißt das, dass diese Literatur dazu dient, auch diejenigen, die nicht an den konkreten Feierlichkeiten am und im Heiligtum (im Jerusalemer Tempel) teilnehmen können, in die Glaubensgemeinschaft kontinuierlich einzubinden. Die Vermittlung der Instruktionen an alle, die sie verstehen können (Männer, Frauen und Kinder nach Neh 8, 1–2), schafft so etwas wie eine Tele-Vision, die Raum und Zeit überbrückt. Das Wissen darum, was zu geschehen hat, ersetzt unter Umständen die Teilnahme. Das ist der Sinn, wozu diese Riten von Leuten (Priestern) aufgeschrieben werden, die sie auswendig können, und wozu sie an Leute vermittelt werden, die sie nicht ausüben können (Nicht-Priester; Laien): Die gedankliche Imagination schafft Anteilnahme, Gemeinschaft, Identität. In konsequenter Fortsetzung dieser Linie steht dann das rabbinische Denken, in dem das *Studium* der Tora deren konkrete Umsetzung in vollzogene Riten ersetzt.

Identität durch Kenntnis der Riten

Auslegung

Am achten Tag

V 1 Mit der Rede vom achten Tag schließt Lev 9 unmittelbar an Lev 8 an, denn dort war ja von einer siebentägigen »Inaugurationsphase Aarons und seiner Söhne« (*Rendtorff*, 292) die Rede, die nun ausdrücklich abgeschlossen ist. Zum ersten Mal an einem Abschnittsbeginn in Levitikus ist es nicht JHWH, der das Wort ergreift, sondern Mose – er schickt sich an, die Inauguration des Kultes selbst in die Wege zu leiten und für die Umsetzung der von JHWH ergangenen Weisungen zu sorgen. Noch immer sind diese Opfer (wie die bei der Priestereinsetzung) besondere Opfer, doch Lev 9 steht für den »schrittweisen Übergang zur Normalität des Opferkultes« (*Rendtorff*, 292). – Der achte Tag ist im Kult immer etwas Besonderes und auf die vorausgehenden sieben Tage zugeordnet (*Milgrom*, 571): Nach acht Tagen ist der »Erstling« JHWH zu übergeben (Ex 22, 29) bzw. ist ein Tier für ein Opfer tauglich (Lev 22, 27); der männliche Säugling ist zu beschneiden (Lev 12, 3); der vom Aussatz rein Gewordene soll sein Opfer darbringen (Lev 14, 10.23); die von ungewöhnlichen Körperausflüssen Geheilten sollen ihr Opfer darbringen (Lev 15, 14.29), ebenso der Nasiräer, der sich an einer Leiche kultisch verunreinigt hat (Num 6, 10); nach sieben Tagen des Laubhüttenfests ist wieder heilige Versammlung am achten Tag (Lev 23, 36.39; Num 29, 35; Neh 8, 18); am achten Tag wird nach (zweimal?) sieben Tagen das Tempelweihfest Salomos beendet (1 Kön 8, 65–66; 2 Chr 7, 9); sieben Tage währt in Ezechiels Vision die Altarweihe, am achten Tag werden die Opfer wohlgefällig angenommen (Ez 43, 26–27). – Die Ältesten Israels gelten vermutlich als Repräsentanten des gesamten Volkes. Nach *Raschi*, 297, sollen sie sehen, dass Aaron »auf göttlichen Befehl in das Priesteramt eingetreten war und es versah, daß sie nicht sagten, er sei von selbst eingetreten«. – Die Rede vom »achten Tag« (hebräisch: *ba-yōm ha-š*^{e}*mīnī*) gibt dem Toraabschnitt Lev 9,1–11,47 seinen Namen: *Schemini.*

Anweisung an Aaron – für sich

V 2 Die anweisende Rede des Mose in V 2–4 ist zweigeteilt: Zunächst redet Mose Aaron direkt an und befiehlt ihm die Bereitstellung der Opfertiere (Kalb und Widder) für diejenigen Opfer, die Aaron selbst betreffen (קח לך; nimm *dir*). Diese Opfer sind ein Entsündigungsopfer und ein Brandopfer. In genau dieser Reihenfolge werden sie in V 8–11 und V 12–14 umgesetzt. Das »Kalb« (עגל בן בקר) entspricht dabei dem »Stier« (פר בן בקר) von Lev 4,3 als dem vorgeschriebenen Opfertier für das Entsündigungsopfer des gesalbten Priesters. Der Unterschied dürfte nur eine begriffliche Variante sein, macht aber wieder die Besonderheit der Inaugurationsopfer deutlich. *Raschi*, 297, deutet es so: Das Kalb signalisiere, dass durch es die Sünde Aarons, ein goldenes Kalb hergestellt und verehrt zu haben, verziehen wird. Als Brandopfer dient wie in Lev 8,18 ein Widder (איל), wobei keine Entsprechung zu Lev 1 besteht, weil in diesem allgemeinen Kapitel über das Brandopfer kein eigenes Ritual für den (gesalbten) Priester beschrieben wird.

Anweisung an Aaron – für die Israeliten

V 3–4 Der zweite Teil der anweisenden Rede des Mose ist eine Instruktion, die Aaron an die Israeliten weitergeben soll – so wird Aaron, der Priester, zum »Offenbarungsmittler« nach Mose. Die Stufung »Mose – Aaron – Israeliten« entspricht der bisherigen Stufung »JHWH – Mose – Israeliten/Aaron«. Die Offenbarung seitens JHWHs ist (ein für alle Mal) ergangen – sie bedarf nun der praktischen Umsetzung im Kult und der Vermittlung in Form von Instruktion und Belehrung. Das ist eine ureigene Aufgabe der Priester (s. o., Analyse – Entstehungsgeschichtliche Fragen).

Vier Opfer des Volkes

Vier Opfer des Volkes werden genannt, die nun zum ersten Mal durchgeführt werden sollen, und auch sie beginnen – ganz unüblich – mit dem Entsündigungsopfer, das sonst nie am Anfang einer Opferreihe steht. Auch das genannte Tier (ein Ziegenbock) entspricht nicht der Vorschrift von Lev 4,14, wo für das Entsündigungsopfer der ganzen Gemeinde ein Stier vorgesehen ist. Allerdings ist der Ziegenbock in den anderen Vorschriften das am häufigsten genannte Opfertier für ein Entsündigungsopfer (v. a. in Lev 23,19 [Wochenfest]; Num 7; Num 28–29 [Festkalender]; Ez 45,22–23). V 3 folgt damit nicht den Vorschriften für das Entsündigungsopfer bei besonderen (vielleicht außergewöhnlichen und schwerwiegenden) Vorfällen (Lev 4), sondern der üblichen Praxis von regelmäßig (kalendarisch) wiederkehrenden Entsündigungsopfern. Für das Brandopfer sind zwei Tiere (Kalb und Widder) vorgesehen – nach Lev 1 sind dies Alternativen (entweder – oder), nach den Festkalendern (Num 28–29) werden an den regelmäßigen Opferfesten drei Tierarten geopfert (Stiere: פר, Widder: איל; Schafe: כבש). Diese Abweichungen dürften wieder dem Sondercharakter der Inauguration des Opferkultes in Lev 9 geschuldet sein: Vielleicht entspricht die Zweizahl in V 3 der Alternative von Lev 1,2 (Kalb – vom Rindvieh: בקר; Widder – vom

Heilsgemeinschaftsopfer Kleinvieh: צאן). Das dritte Opfer ist ein Heilsgemeinschaftsopfer (nur שלמים; s. das Glossar), das in V 18 umgesetzt wird (dort זבח שלמים). Zum ersten Mal in Levitikus taucht nun das Verb זבח, »opfern« auf – sonst wird für »schlachten« in Lev 1–9 immer שחט gewählt. Allerdings begegnet זבח dann in Lev 17,5.7; 19,5 jeweils beim Heilsgemeinschaftsopfer, in Lev 22,29 bei einem Dankopfer (זבח תודה). In diesen Kontexten bezeichnet daher das Verb זבח nicht nur die Schlachtung beim Opfer, sondern den gesamten Vorgang (»ein Heilsgemeinschaftsopfer opfern«). – Die Speiseopfergabe wird in V 4 *nach* dem Heilsgemeinschaftsopfer erwähnt (wohl, um alle Tieropfer beieinander zu lassen, so *Milgrom*, 573), aber die Beschreibung ihrer Umsetzung erfolgt in V 17 nach dem Brandopfer (entsprechend der Reihenfolge in Lev 1 und Lev 2). Als Zubereitungsart wird »vermischt mit Öl« angegeben (s. die Auslegungen zu Lev 2,5 und 7,10). – Damit sind alle Opfer genannt, die im *öffentlichen* Kult eine Rolle spielen. Es fehlt logischerweise das Entschuldigungsopfer (אשם), das immer ein *persönliches* Opfer ist. Es muss nach einem bestimmten Vorfall, der einen Schaden verursacht hat, dargebracht werden (*Milgrom*, 572). V 4

Speiseopfergabe

Theophanie

Die Besonderheit und der eigentliche Zweck der angeordneten Opfer wird am Ende der Instruktionsrede des Mose deutlich: Es geht nicht nur um den erstmaligen Vollzug vorgeschriebener Opfer, sondern um die ausdrückliche und manifeste Annahme derselben durch Gott, um die Klarstellung, dass der gesamte Aufwand sein Ziel erreicht und die heilvolle Kommunikation mit Gott gelingt: Am Ende wird die machtvolle Herrlichkeit (כבוד) JHWHs erscheinen. In V 6 macht Mose nochmals deutlich, dass es genau darum geht: JHWH hat eine bestimmte Handlung (die Opfer) geboten, damit seine Herrlichkeit erscheinen möge. Das heißt nichts anderes, als dass Gott selbst die Mittel und Wege bereitstellt und in Form einer Offenbarung mitteilt, wie Gott seinem Volk nahe sein will und durch das Erwirken von Versöhnung seitens des Priesters die Vergebung gewährt und so jegliche Trennungen und Störungen überwunden werden. – Zugleich werden mit der Theophanie im gerade errichteten Heiligtum das Zelt der Begegnung und der Berg Sinai, wo ebenfalls Gott erschien, auf die gleiche Ebene gestellt (*Milgrom*, 574): Mit genau diesem Konzept endet das Buch Exodus, denn mit der Inbesitznahme des Heiligtums durch JHWH wird dieses zum »wandernden Sinai« (*C. Dohmen*, Exodus 19–40, 398, unter Rückverweis auf *B. Jacob*, Exodus, 1032; zur »Herrlichkeit JHWHs« als Manifestation der »divine presence« s. *M. B. Hundley*, Heaven, 39–52). V 4.6 V 6

Realisierung der Szenerie

Vorher noch beschreibt V 5 die konkrete Szenerie, die die Vorbereitung der Opfer wiedergibt. V 5–6 entsprechen dabei strukturell ganz dem Anfang von Lev 8: Lev 8,4 realisiert die Versammlung und die Zurüstung der Opfertiere, Lev 8,5 ist eine kurze Moserede, die die Übereinstimmung des folgenden Tuns mit der göttlichen Anweisung betont. Genauso geht V 6 vor, nur dass es anders als in Lev 8,5 nun heißt: »dass *ihr* es tun sollt« – in Lev 8 V 5–6 V 6 handelt ja Mose selbst, in Lev 9 Aaron und seine Söhne als Priester (*Rendtorff*, 295). Das Verb עשה, *'ŚY*, »tun, machen«, ist hier der Fachbegriff für »den jeweiligen Opferritus vollziehen« (*Milgrom*, 576).

V 7 Nochmals ergeht nun von Mose eine Anweisung an Aaron in drei Teilen: (I) Das Herantreten Aarons an den Altar ist nicht nur eine räumliche Bewegung, sondern der Beginn der aktiven Ausübung des Priesteramtes (*Milgrom*, 578; *Levine*, 56; *Rendtorff*, 295). Priester und Altar stehen ja in direkter Beziehung zueinander, die v.a. über das Blut vermittelt ist (s. die Auslegung zu Lev 4): Es ist eine ureigene Aufgabe der Priester, das Blut in verschiedenen Weisen am Altar anzubringen – und dies ist der Kontaktweg zwischen JHWH und seinem Volk. Der Altar repräsentiert die Nähe JHWHs, die Priester nahen ihm (JHWH/dem Altar) mit dem Blut als Mittel der Versöhnung und repräsentieren dabei das Volk:

Zusammenfassende Anweisung an Aaron

Ausübung des Priesteramtes

JHWH – Altar/Blut – Blut/Priester – Opfertier/Volk.

(II) Im zweiten Teil der Anweisung werden die Opfer knapp rekapituliert (zur Unebenheit in V 7 s. Zur Übersetzung). Hält man am masoretischen Text fest, so erwirkt die gesamte Opferhandlung, die Aaron als der gesalbte Priester und damit Repräsentant des Volkes zu seinen Gunsten durchführt, *auch* Versöhnung für das Volk Israel (wie auch in Lev 4,3 das Volk von der Sünde des gesalbten Priesters berührt ist; s. die Auslegung dort). Insofern betrifft das, was Aaron an Versöhnung für sich erwirkt, auch das Volk. Zudem gibt es dann vier eigene Opfer zugunsten des Volkes, die mit dem Dachbegriff »Darbringung« (קרבן) zusammengefasst werden (*Levine*, 56). Der Dienst Aarons besteht im Erwirken der Versöhnung (כפר; s. das Glossar), wobei dies aber kein »Machen« (trotz des entsprechenden Verbs עשה, »tun, machen«, s.o.) ist: Aaron »macht« zwar die Opfer (d.h., er führt den jeweiligen Ritus durch), aber er »macht« nicht die Vergebung durch Gott, denn Gott ist und bleibt souverän und unverfügbar. Der Priester führt lediglich den von Gott selbst angeordneten Ritus durch – als Weg, auf dem Gott in ungeschuldeter Gnade dem Menschen heilvoll und vergebend nahe kommt. Aarons Tun geschieht »zugunsten« (בעד, *ba'ad*) seiner selbst und des Volkes – die Formulierung mit בעד begegnet in Levitikus nur hier und in Lev 16,6.11.17.24. Damit wird die enge Verwandtschaft dieser Texte über die Einsetzung des Opferkults mit dem Hochfest der Versöhnung von Lev 16 betont und das Ziel allen Tuns deutlich: die versöhnte Begegnung mit dem lebendigen Gott.

Erwirken von Versöhnung

Der Begriff בעד taucht auch an prominenter Stelle in Ex 32–34 auf: In Ex 32,30 hat Mose die für das Überleben des Volkes entscheidende Aufgabe, nach dem Abfall des Volkes zum Goldenen Kalb für diese Sünde Versöhnung zu erwirken. In ähnlicher Fürbitterrolle begegnet Mose auch in Num 21,7. Jedes Mal geht es um schwerwiegende Vergehen des Volkes, die einer ausdrücklichen rituellen Entsündigung bedürfen. – Zu grammatikalischen Details s. *Milgrom*, 578.

Übereinstimmung mit der göttlichen Weisung

(III) Die gliedernde Gebotsformel am Ende von V 7 betont die Übereinstimmung mit der göttlichen Weisung. Aarons priesterliches Tun ist keine Erfindung aus ihm selbst heraus, sondern ausschließlich Ausführung des göttlichen Willens. Kultische Handlungen, die aus der Überlegung der Menschen kommen und nicht auf göttlicher Weisung beruhen, führen konsequent in den Untergang – das zeigen die Geschichten vom Goldenen Kalb (Ex 32–34) und von Nadab und Abihu (Lev 10).

Ausführung des Entsündigungsopfers für Aaron

Wenn Aaron nun das Entsündigungsopfer *für sich* durchführt, erscheint V 8–11
er in der Doppelrolle des Darbringers und des Priesters (*Milgrom*, 579). Als Darbringer schlachtet er das Tier, als Priester vollzieht er den zweiteiligen Blutritus (Altarhörner, Fuß des Altars; s. zu Lev 4). Der Altar ist, wie aus V 10 deutlich wird, der Brandopferaltar, der aber nicht mehr eigens entsündigt werden muss, da dies schon in Lev 8,15 erfolgte. Die Söhne Aarons erscheinen in V 9 in assistierender Rolle (*Rendtorff*, 297, spricht nicht unpassend von »Ministranten«). – Dass das sonst übliche »Handaufstemmen« (s. zu Lev 1,4) nicht erwähnt wird, heißt nicht, dass es nicht stattgefunden hat (es gehört zu jedem Opfer integral dazu). Eine mögliche Erklärung dafür, dass der Text hier dieses Detail übergeht, könnte darin bestehen, dass der Fokus auf den Riten liegt, die den Altar unmittelbar und mittelbar betreffen. Dorthin soll die ganze Aufmerksamkeit gerichtet werden (so *Mil-*

Besonderheiten des ersten Entsündigungsopfers Aarons

grom, 579). – V 11 ist in mehrerlei Hinsicht »unüblich«: Die gliedernde Ge- V 11
botsformel (»so, wie JHWH es dem Mose geboten hatte«) taucht bereits in V 10 auf und markiert damit V 11 als nicht ganz der Norm entsprechend. Bei diesem Entsündigungsopfer, das das erste ist, das Aaron als amtierender Priester darbringt, wird das Blut nicht in das Heiligtum hineingebracht. Daher müsste nach Lev 6,18–23 der Fleischanteil vom amtierenden Priester (hier wäre es Aaron) gegessen werden. Andererseits kann Aaron als Priester nicht von seinem eigenen Entsündigungsopfer profitieren, indem er davon isst. Daher bleibt kein anderer Weg als alles außerhalb des Lagers zu verbrennen. Warum aber wird das Blut (gegen die Vorschrift von Lev 4,3–12 zum Entsündigungsopfer für den gesalbten Priester) *nicht* ins Heiligtum gebracht? In diachroner Hinsicht könnte man annehmen, dass hier eine frühere Entwicklungsstufe vorliegt, die noch von einem »offenen« Heiligtum (ohne Zelt, Tempel, Haus) ausgeht, dessen einziger heiliger Punkt der eine Altar ist (*Milgrom*, 580–581). Auf der Ebene des vorliegenden Textes kann man eine andere Antwort geben: Dieses erste »Entsündigungsopfer« ist als ein besonderes Opfer zur Inauguration des Kultes anzusehen, das sich vom »Normalbetrieb« (nach Lev 4) in bestimmten Punkten unterscheidet. Es findet in unmittelbarer zeitlicher Nähe zur Einsetzung und Heiligung (und damit »Entsündigung«) Aarons als »gesalbter Priester« statt, so dass kaum anzunehmen ist, dass Aaron in dieser kurzen Zeit bereits eine Verfehlung begangen hat, die ein Entsündigungsopfer nach der Vorschrift von Lev 4,1–12 erforderlich machen würde. Im Gegenteil: Würde hier Lev 4,1–12 buch-

stabengetreu ausgeführt werden, müsste man im Umkehrschluss eine solche gravierende Verfehlung annehmen – das soll natürlich in dem gesamten Geschehen der Priestereinsetzung und Kultinauguration fernliegen. Daher erklären sich die Abweichungen im Detail. *Mutatis mutandis* gilt diese Überlegung auch für das Entsündigungsopfer des Volkes in V 15.

Ausführung des Brandopfers für Aaron

V 12–14 In ähnlicher Weise wie das Entsündigungsopfer wird nun das Brandopfer in die Tat umgesetzt. Wieder haben die Söhne Aarons dienende Funktionen, sie überreichen Aaron das zerlegte Opfertier, das in V 13 einfach »das Brandopfer« genannt wird (s. die Auslegung zu Lev 1,4). – Es ergibt sich ein gewisser Widerspruch zu V 24, wo gesagt wird, dass erst am Ende das Feuer von JHWH ausging und das Brandopfer und die Fettstücke verzehrte. *Raschbam*, 47, löst diesen Widerspruch so, dass die Tätigkeiten Aarons vorher nur das Vorbereiten der Stücke auf dem Holz und dem Altar, nicht aber das tatsächliche Verbrennen darstellen; erst als das göttliche Feuer kommt, findet die konkrete Verbrennung statt (s. auch unten zu V 23d–24b).

Ausführung der Opfer für das Volk

V 15–21 Die Ausführung der Opfer für das Volk folgt der geläufigen Terminologie
und Verfahrensweise (s. zu V 8–11). Weil dies alles nun schon bekannt ist,
V 16 verwendet der Text verweisende Kurzformulierungen: An Wendungen wie
»gemäß der Vorschrift« merkt man, dass der Text zügiger voranschreiten will
und die fortwährende Wiederholung der Details allmählich aufgibt. Zugleich
betont die Erinnerung an die vorausgehenden Vorschriften, dass diese genau
V 17 eingehalten wurden. Auch die Speiseopfergabe, die wie in Lev 1–2 direkt auf **Speiseopfergabe**
das Brandopfer folgt, wird nur knapp beschrieben: Lediglich das Tun des Priesters, der den »Gedächtnisanteil« (s. das Glossar), eine Handvoll Mehl, auf dem Altar verbrennt, wird erwähnt. Der kurze Ausdruck »außerdem das morgendliche Brandopfer« bleibt rätselhaft, unterbricht den Zusammenhang und darf als in den Text geratene Glosse angesehen werden (*Milgrom*, 584; *Levine*, 57). Diese Glosse erinnert an das regelmäßige morgendliche Brandopfer, von dem auch in Num 28,23 die Rede ist. Dort wird betont, dass die angeordneten Opfer *zusätzlich* zum regelmäßigen Opfer (תמיד, *tāmīd*) darzubringen sind. Hier in V 17 könnte hinter der Zufügung eine ähnliche Absicht stehen: Was immer hier an Besonderem geschieht, es findet zusätzlich zum allmorgendlichen Brandopfer statt. Stellt man mit *Rendtorff*, 298, in Rechnung, dass dieses Brandopfer das erste Brandopfer überhaupt war, dann war es auch das erste Morgenopfer – und insofern stellt die Glosse die Eigenständigkeit der Speiseopfergabe gegenüber diesem Brandopfer heraus. In Ex 29,41–42 steht die zusammenfassende Anordnung für das regelmäßige Brandopfer, das am Morgen wie am Abend in Verbindung mit einer Speiseopfergabe dargebracht wird (s. auch Num 28,1–8; *Watts*, 496).

Heilsgemeinschaftsopfer

V 18–21 Das Heilsgemeinschaftsopfer wird ebenfalls nach Vorschrift bereitet.
»Rind« (שור) und »Widder« (איל) stehen als konkrete Tierexemplare anstelle
der allgemeinen Begriffe »Rindvieh« (בקר) und »Kleinvieh« (צאן) in Lev
V 20 3,1.6. Die Darstellung ist gegenüber Lev 3 etwas verkürzt. Das Legen der

Fettstücke auf die Bruststücke muss wohl als kurze Berührungsgeste verstanden werden, denn verbrannt werden dann nur die Fettstücke, während die Bruststücke als Emporhebungsgabe verwendet werden. Solche kurzen Berührungsgesten stellen aber die Einheit im Opfervorgang sichtbar vor Augen: Auch wenn die Bruststücke nicht verbrannt werden, sondern nach Vorschrift von Lev 7 als Einkommen den Priestern zustehen, gehören sie dennoch (ausgedrückt durch das Legen) integral zum gesamten Opfervorgang und gelten als »vor JHWH« geopfert. Diese Vorschrift und Vorgehensweise stellt klar, dass es nicht darum geht, dass sich die Priester die besten Stücke vor dem Opfer beiseitelegen, sondern es wird (in idealer Anschauung) immer das ganze Tier geopfert, dann aber gibt JHWH seinen Priester davon einen guten Anteil als Lebensunterhalt ab. Lev 7,34 definiert dieses Recht der Priester (s. die Auslegung dort). Es wird hier nicht ausdrücklich thematisiert, aber der Begriff »Emporhebungsgabe« ruft den entsprechenden Kontext in Erinnerung, so dass deutlich wird, wie der Ritus zu Ende geht, nämlich mit dem entsprechenden Opfermahl, wie es beim Heilsgemeinschaftsopfer üblich ist.

Segen als Abschluss

V 22–23c

Zwei Segnungen des Volkes bilden das erste Abschlusselement der Vorgänge um die Einrichtung des Kultes (s. o., Analyse). (Ia) Nach der Darbringung der Opfer des Volkes (V 15a) segnet (ברך *piel*) Aaron das Volk durch Erheben seiner Hände (s. Zur Übersetzung). Wie man sich diese Geste genau vorzustellen hat, bleibt unklar, da die Wendung nur hier vorkommt. Mehrfach ist biblisch-metaphorisch davon die Rede, dass Gott zu einer feierlichen Geste (Schwur) seine Hand (Singular!) erhebt (Ex 6,8; Dtn 32,40; Neh 9,15; Ps 10,12; Ps 106,26 [feindlich]; Jes 49,22; Ez 20,5–6.15.23.28.42; 36,7; 44,12; 47,14) oder dass Menschen in rebellischer Absicht ihre Hand (Singular!) erheben (2 Sam 18,28; 20,21). Das Erheben beider Hände (Plural) wird in Ps 28,2; 134,2 als Gebetsgestus identifiziert. Von dieser Beleglage her kann also über die genaue Handbewegung nichts ausgesagt werden. Mit dem Segen ist zunächst kein Ausspruch verbunden, aber die Kombination »Aaron« und »segnen« ruft dem bibelkundigen Leser den Aaronsegen in Num 6,22–27 ins Gedächtnis (*Sifra*, Schemini, Üs. Winter, 262–263; *Raschi*, 298; *Ramban*, 110). Dort wird mit der üblichen gestuften Anrede- und Weitergabeformel (s. zu Lev 1,1–2) der Wortlaut des Segensgebetes mitgeteilt, das eine lange Tradition hat und bis heute im jüdischen wie im christlichen Segensvollzug verwendet wird. Auffällig ist dabei, wer Subjekt des Segnens ist: Am Anfang (Num 6,23) sind es Aaron und seine Söhne, die segnen sollen, am Ende (Num 6,27) legen die Priester den Namen JHWHs auf die Israeliten und Gott selbst segnet sie. Wieder ist die Konstellation so, dass die Priester zwar einen unerlässlichen Ritus (als »Brücke« zwischen Mensch und Gott) durchführen, doch der eigentlich Handelnde (Segnende, Vergebende) ist Gott selbst. Hier in Lev 9,22 ist von alledem nicht explizit die Rede, doch die intertextuelle Verknüpfung ist in jedem Fall gegeben (für

Aaron

Num 6,22–27

weitere Details s. *Watts*, 499; zu den Kohanim (Priestern) im Judentum s. zu Lev 22,17–33, Rezeption und Bedeutung). – Wenn nun Aaron nach Opferdarbringung und Segen »herabsteigt«, könnte man sich Aarons Position an einem erhöhten Ort denken (ähnlich der Tribüne Salomos in 2 Chr 6,13). Doch der ureigene Ort der Berufs- und Amtsausübung Aarons ist der Brandopferaltar, und das ist auch der Ort des Segnens. Zu diesem Altar muss man »hinaufsteigen«, aber es dürfen keine Stufen zu ihm emporführen (Ex 20,26). Doch wie man sich dies genau vorzustellen hat, wird nicht ganz deutlich, und der Text scheint sich damit auch dagegen zu wehren, die bildliche Imagination allzu konkret werden zu lassen. Das »Hinaufsteigen« in Ex 20,26 ist am besten als Chiffre für den »Beginn der Ausübung des Kultes« zu verstehen, als »eine metaphorische Redeweise für den priesterlichen Dienst« (*C. Dohmen*, Exodus 19–40, 157, mit Verweis auf 1 Sam 2,28). Das passt ausgezeichnet zum »Herabsteigen« in Lev 9,22: Nach Opferdarbringung und Segen »beendet« Aaron seinen priesterlichen Dienst. »Hinaufsteigen« und »Herabsteigen« meinen also nicht Aufstieg zu und Abstieg von einem erhöhten Ort, sondern bezeichnen metaphorisch Beginn und Ende der konkreten priesterlichen Amtsausübung. Herabsteigen

(Ib) Nun übernimmt wieder der Offenbarungsmittler Mose die Szenerie. Wenn er zusammen mit Aaron das Zelt der Begegnung betritt, dann kommen große Erzählbögen zu einem Abschluss (s. auch *A. Ruwe*, Structure, 72): Als das Zelt der Begegnung am Ende des Exodusbuches fertiggestellt ist, erfüllt die Herrlichkeit JHWHs die Wohnung, so dass Mose nicht hinein kann (Ex 40,34–35). Dann aber empfängt Mose (außen stehend!) vom Zelt der Begegnung her die Weisung für die Opfer (s. die Auslegung zu Lev 1,1). Die meisten Handlungen sind dann außerhalb (vor; in unmittelbarer Nähe) des Offenbarungszelts auszuführen. Nur beim Blutritus des Entsündigungsopfers soll der Priester den Raum vor dem Allerheiligsten betreten (Lev 4). Nun sind die ersten Opfer vollzogen und damit der Weg für die heilvolle Kommunikation und Begegnung mit Gott bereitet – Mose und Aaron können in den Ort der Begegnung (mit Gott) hinein, so dass der Name »Zelt der Begegnung« seine volle Erfüllung erhält. Zugleich sind Mose und Aaron die ersten, die das *fertige* (in Lev 8,10 muss Mose die Wohnung erst noch durch Salbung heiligen!) Heiligtum betreten. Es ist nicht die erste Begegnung des Mose mit der göttlichen Herrlichkeit (s. Ex 24,16–17; 33,18–23) – »aber jetzt hat Mose Aaron bei sich, denn bei diesem liegt von nun an die Verantwortung für das Heiligtum und für den darin vollzogenen Kult« (*Rendtorff*, 300). Somit wird Aaron als verantwortlicher Amtsträger in die Begegnung mit Gottes Herrlichkeit initiiert – über die Details dieses Vorgangs schweigt der Text, denn es bedarf nicht der Erläuterung des »wie«, sondern es genügt das »dass«: Die Begegnung zwischen Gott und dem Priester, der das Volk repräsentiert, hat stattgefunden. Das reicht für eine segensreiche Gottesbeziehung des Volkes aus. Manifest wird dies nach außen Mose und Aaron durch die Segensgeste, die Mose und Aaron (nur hier gemeinsam) nach der Gottesbegegnung ausführen.

Theophanie

(II) Nun übernimmt JHWH die Handlung: Seine Herrlichkeit (כבוד) erscheint dem ganzen Volk. Was in Ex 33,18–34,8 dem Mose als Zeichen für die Vergebung Gottes zuteilwurde, geschieht hier *nach* den Opferriten und *aufgrund* der Opferriten (und der Entsündigung, d.h. nach dem Entfernen von allem, was von Gott trennt) dem ganzen Volk: Die Kommunikation (die Begegnung) mit dem lebendigen Gott ist möglich, wenn die Voraussetzungen (v.a. durch die rituellen Opferungen) gegeben sind. – Auch hier ist der Text wieder sehr zurückhaltend mit konkreten Anhaltspunkten für die Vorstellungswelt. Nicht das »wie« der Gotteserscheinung ist entscheidend, sondern das »dass«. Aus Ex 24,16–17 (»wie ein verzehrendes Feuer«) lassen sich Anhaltspunkte gewinnen, da auch hier von Feuer die Rede ist, das von JHWH ausgeht und die Opferteile auf dem Altar verzehrt. Wie kann man sich das vorstellen, wenn doch Aaron schon vorher in V 13.14.17.20 die Teile »in Rauch aufgehen« lässt? Normalerweise dauert es Stunden, bis ein Feuer einen Tierkörper verzehrt – nun aber habe das göttliche Feuer alles in blitzartiger Geschwindigkeit verbrannt (s. *Milgrom,* 590). Neben dieser phantasievollen Erklärung könnte man aus der Lektüreperspektive so argumentieren: Das menschlich entfachte Feuer (Aaron) und das göttliche Feuer verbinden sich auf literarischer Ebene zu einer funktionierenden Kommunikation (s. auch oben zu V 12–14). *Raschbam,* 50–51, verweist noch auf die Geschichte von Elija und den Baalspropheten (1 Kön 18). Dem Text geht es keineswegs darum, ein spektakuläres Flammenwunder zu propagieren. Vielmehr wird eine paradigmatische Ursprungsgeschichte des Kultes in plastischer Weise erzählt, um theologisch zu verdeutlichen, was beim »Gottesdienst« (im Idealfalle immer) geschieht: Der Mensch vollzieht, was Gott als Weg und Mittel der Begegnung geoffenbart hat, und Gott antwortet in Form der Annahme des geoffenbarten Mittels, wie er es zugesagt hat (*H. Lenhard,* Anordnungen, 421). Jedes kleine Gebet, von dem der Mensch spürt, dass es Erhörung gefunden hat, entspricht der gleichen Struktur. Weg und Mittel (hier das Tieropfer) sowie Signal der Annahme durch Gott (hier das Feuer) sind relativ unerheblich und über die Zeitläufe hinweg auch veränderbar; konstant bleibt die genannte Grundstruktur. – Natürlich geht es ein gutes Stück weit auch darum, mit dem göttlichen Feuer das Priestertum Aarons und seiner Söhne zu legitimieren: Aarons Tun (unter Assistenz seiner Söhne) hat letztendlich dazu geführt, dass sich die göttliche Gegenwart in Form des Feuers gezeigt hat. Daher ist zu schließen, dass Aarons Priestertum das wahre und einzig legitime ist (so *Milgrom,* 590 mit Verweis auf rabbinische Deutungen; *Sifra,* Schemini, Üs. Winter, 259–260). V 23d–24b

Gelingende Kommunikation mit JHWH

Aarons Priestertum

Antwort des Volkes

Am Ende von Lev 9 ist ein Höhepunkt erreicht: Das Ziel allen Opferns, aller ritueller Details und aller Vorschriften ist letztendlich die Begegnung mit der Herrlichkeit des lebendigen Gottes. Insofern dürfen die Einzel- V 24c–d bestimmungen nicht separat für sich gelesen, sondern müssen auf dieses Ziel hin verstanden werden. Es ist ein langer Weg, bis die Kommunikation und Begegnung mit Gott möglich ist. Der Jubel und die Proskynese (Anbetung in Form des Niederfallens) des Volkes sind die natürliche Antwort auf die erfahrene und erwiesene Gottesnähe (*B. Janowski*, Sühne, 315–316).

Idealfall und Gefährdungen

Mit Lev 8–9 ist der paradigmatische Idealfall in Form einer Ursprungserzählung beschrieben: Die Priester werden eingesetzt, die Personen, ihre Gewänder und die gottesdienstlichen Geräte werden geheiligt (für den Gottesdienst ausgesondert), die ersten Opfer werden weisungsgemäß durchgeführt (mehrfach durch die Gebotsformel bekräftigt), und die Annahme durch JHWH wird sichtbar bestätigt. So kann und soll das von nun an immer geschehen. Doch schon aus den Opferweisungen zum Entsündigungs- und Entschuldigungsopfer wird deutlich, dass immer wieder Gefährdungen dieses Ideals auftreten: »Der ganze Bereich der Sühne in seinen verschiedenen Ausprägungen dient ja der ständigen Wiederherstellung der gestörten Beziehungen des Einzelnen und der ganzen Gemeinschaft zu Gott« (*Rendtorff*, 301). Daher ist der Kult grundsätzlich auf Wiederholbarkeit angelegt, um dem Ideal immer wieder nahe zu kommen. Um aber nicht in völlige Routine zu verfallen, wird nochmals ein besonderer Tag des Jahres ausgesondert, der einen Höhepunkt des Versöhnungsgeschehens markiert: der Versöhnungstag. Dessen Ritual wird in Lev 16 beschrieben – und dieses Kapitel steht in enger Beziehung zu den Opferweisungen und ihren Realisierungen in Lev 1–9. Zunächst aber werden in einer weiteren paradigmatischen Ursprungsgeschichte sowie weiteren Anweisungen der Dienst und die Gefährdung der Priester näher ausgefaltet.

2.3 Levitikus 10,1–20: Gefahren und Aufgaben des Priesterdienstes

Literatur

Achenbach, R., Das Versagen der Aaroniden. Erwägungen zum literarhistorischen Ort von Leviticus 10, in: Augustin, M./Niemann, H. M. (Hg.), »Basel und Bibel«. Collected Communications to the XVIIth Congress of the International Organization for the Study of the Old Testament, Basel 2001 (BEATAJ 51), Frankfurt a. M. (u. a.) 2004, 55–70. – *Begg, C. T.*, The Death of Nadab and Abihu According to Josephus: Liber annuus. Studium Biblicum Franciscanum 59, 2009, 155–167. – *Bibb, B. D.*, Nadab and Abihu Attempt to Fill a Gap: Law and Narrative in Leviticus 10.1–7: JSOT 96, 2001, 83–99. – *Cohen, J. M.*, Acharei Mot and the Strange Fire: JBQ 34, 2006, 51–54. – *Dubach, M.*, Trunkenheit im Alten Testament. Begrifflichkeit, Zeugnisse, Wertung (BWANT 184), Stuttgart 2009. – *Flusser, D.*, Nadab and Abihu According to Philo and the Rabbis, in: ders., Judaism of the Second Temple Period. Volume 2: The Jewish Sages and Their Literature, Grand Rapids, MI/Jerusalem 2009, 289–296. – *Frevel, C.*, Mose, 114–133. – *Gane, R. E.*, Cult and Character, 91–105. – *Gradwohl, R.*, Das »Fremde Feuer« von Nadab und Abihu: ZAW 75, 1963, 288–296. – *Hess, R. S.*, Leviticus 10:1: Strange Fire and an Odd Name: Bulletin for Biblical Research 12, 2002, 187–198. – *Houston, W.*, Tragedy in the Courts of the Lord. A socio-literary reading of the death of Nadab and Abihu: JSOT 90, 2000, 31–39. – *Jürgens, B.*, Heiligkeit, 263–299. – *Karff, S. E.*, Leviticus 10:1–20. Silence and Weeping before the Song, in: Holmgren, F. C./Schaalman, H. E. (ed.), Preaching Biblical Texts. Expositions by Jewish and Christian Scholars, Grand Rapids 1995, 105–116. – *Kirschner, R.*, The Rabbinic and Philonic Exegesis of the Nadab and Abihu Incident (Lev 10,1–6): JQR 73, 1983, 375–393. – *Kiuchi, N.*, Purification Offering, 67–85. – *Laughlin, J. C. H.*, The »Strange Fire« of Nadab and Abihu: JBL 95, 1976, 559–565. – *Mirguet, F.*, Essai d'interprétation de Lévitique 10. Le bouc brûlé et non mangé, ETR 80, 2005, 261–272. – *Rendtorff, R.*, Nadab and Abihu, in: Exum, J. C. (ed.), Reading from Right to Left: Essays on the Hebrew Bible in Honour of David J. A. Clines, London et al. 2003, 359–363. – *Ruwe, A.*, Heiligkeitsgesetz, 45–52. – *Ruwe, A.*, Reden. – *Watts, J. W.*, Ritual and Rhetoric, 97–129. – *Zwickel, W.*, Räucherkult.

Text

Übersetzung

10 [1]Und die Söhne Aarons, Nadab und Abihu, nahmen jeder seine Feuerpfanne und taten Feuer auf sie und legten Räucherwerk auf sie. Dann brachten sie vor JHWH fremdes Feuer dar, das er ihnen nicht geboten hatte.
[2]Und Feuer ging von JHWH aus und verzehrte sie, und sie starben vor
JHWH. [3]Und Mose sagte zu Aaron:

Das (ist es), was JHWH gesagt hat:

Denen, die mir nahe sind, werde ich mich als heilig erweisen,
und vor dem ganzen Volk werde ich mich als herrlich zeigen.

Aaron aber schwieg.

[4]Und Mose rief Mischaël und Elizafan, die Söhne Usiëls, des Onkels Aarons, und sagte ihnen:

Tretet heran, tragt eure Brüder weg vom Heiligtum nach draußen vor das Lager!

[5]Und sie traten heran und trugen sie in ihren Untergewändern nach draußen vor das Lager – so, wie Mose gesprochen hatte.

[6]Und Mose sagte zu Aaron und zu Eleasar und Itamar, seinen Söhnen:

Ihr sollt euer Kopfhaar nicht frei hängen lassen und eure Kleider nicht zerreißen, damit ihr nicht sterbt und er (JHWH) nicht über die ganze Gemeinde zornig wird. Aber eure Brüder, das ganze Haus Israel, sollen über den Brand, den JHWH entfacht hat, weinen. [7]Und geht nicht vom Eingang des Zeltes der Begegnung weg, sonst werdet ihr sterben, denn das Salböl JHWHs (ist) auf euch.

Und sie machten (es) gemäß dem Wort des Mose.

[8]*Und JHWH sprach zu Aaron:*

[9]*Wein und berauschendes Getränk trinke nicht – du und deine Söhne mit dir –, wenn ihr zum Zelt der Begegnung kommt, damit ihr nicht sterbt – eine ewige Satzung (sei dies) für eure Generationen –* [10]*und auf dass ihr unterscheiden könnt zwischen heilig und profan und zwischen unrein und rein* [11]*und auf dass ihr die Israeliten in allen Satzungen unterweisen könnt, die JHWH zu euch durch Mose gesprochen hat.*

[12]*Und Mose sprach zu Aaron und zu Eleasar und Itamar, seinen übrig gebliebenen Söhnen:*

Nehmt von der Speiseopfergabe, die von den Feueropfern JHWHs übrig bleibt, und esst sie ungesäuert neben dem Altar, denn etwas Hochheiliges (ist) sie. [13]*Und ihr sollt sie an einem heiligen Ort essen, denn sie (ist das, was) dir und deinen Söhnen satzung(sgemäß zusteht) von den Feueropfern JHWHs – denn so ist es mir geboten worden.* [14]*Und das Bruststück der Emporhebungsgabe und die Schenkelkeule der Erhebungsgabe sollt ihr an einem reinen Ort essen, du und deine Söhne und deine Töchter mit dir, denn sie werden dir und deinen Nachkommen satzung(sgemäß) von den Heilsgemeinschaftsopfern der Israeliten gegeben.* [15]*Die Schenkelkeule der Erhebungsgabe und das Bruststück der Emporhebungsgabe sollen sie auf den Feueropfern der Fettstücke bringen, um sie als Emporhebungsgabe vor JHWH emporzuheben. Sie soll dir und deinen Kindern mit dir (gehören) – als ewige Satzung – so, wie JHWH es geboten hat.*

[16]*Und den Bock des Entsündigungsopfers suchte Mose dringend, aber siehe, er war verbrannt. Da wurde er zornig über Eleasar und Itamar, die übrig gebliebenen Söhne Aarons, und sagte:*

[17]*Weshalb habt ihr das Entsündigungsopfer nicht am heiligen Ort gegessen? Es ist doch (etwas) Hochheiliges! Und er (JHWH) hat es euch gegeben, um die Sündenlast der Gemeinde zu tragen, um für sie Versöhnung vor JHWH zu erwirken.* [18]*Siehe, sein (des Opfers) Blut ist nicht in das Innere des Heiligtums gebracht worden! Ihr hättet es (das Opfer) dringend im Heiligtum essen sollen – so, wie ich es geboten habe.*

[19]*Und Aaron sprach zu Mose:*

Siehe, heute haben sie ihr Entsündigungsopfer und ihr Brandopfer vor JHWH dargebracht, und dabei ist mir Derartiges zugestoßen! Hätte ich dann das Entsündigungsopfer heute gegessen – wäre das in den Augen JHWHs gut gewesen?

[20]*Und Mose hörte (das), und es war gut in seinen Augen.*

Zu Text und Übersetzung

1 Zu den Namen »Nadab« und »Abihu« s. *R. S. Hess*, Strange Fire, 191–192: »Nadab« = »noble, willing« als abgekürztes Bekenntnis »DN is noble, willing« ohne theophores Element (»Divine Name«); »Abihu« = »a confessional name meaning ›He is my father‹«. Dieser Name begegnet in der Bibel nur hier (s. auch *Watts*, 526).

1 und taten Feuer auf sie: Gemeint sind wie in Num 17,2 glühende Feuerkohlen als Grundlage für das Verbrennen von Weihrauch (*Levine*, 58). S. z. B. *Gerstenberger*, 104: Glut.

1 Im letzten Satz von V 1 ist im MT das Subjekt nicht genannt: »das er ihnen nicht geboten hatte«. Offenbar empfanden die antiken Versionen Klärungsbedarf: LXX nennt das Subjekt des »Nicht-Gebietens« lexikalisch durch Hinzufügung von κύριος (ὃ οὐ προσέταξεν κύριος αὐτοῖς; *Milgrom*, 599, vermutet, dass möglicherweise im hebräischen Text ein »JHWH« durch Haplographie ausgefallen sei: *ṣ[wh] yh[wh] > ṣwh*); Vg wählt eine Passivkonstruktion *(quod eis praeceptum non erat)*. Aus dem Zusammenhang ist aber wohl sicher, dass Nadab und Abihu etwas tun, das *JHWH* (der Herr) ihnen *nicht* geboten hatte. Der Gesetzgeber ist JHWH, nicht Mose (s. *M. Vahrenhorst*, Levitikon, 365).

9 Wein und berauschendes Getränk: Möglicherweise ist Bier gemeint, das aus fermentiertem Getreide (ohne Hopfen) gebraut wurde. Gebrannte Liköre (Schnaps etc.) waren in der Antike noch nicht bekannt (*Plaut/Bamberger*, 91; *M. Dubach*, Trunkenheit, 201). Weitere Details bei *Milgrom*, 611–612, und *Watts*, 538–539; zur rabbinischen Diskussion über das »berauschende Getränk« s. *Ramban*, 120–121.

13 Was … satzungsgemäß zusteht; wörtlich: deine Satzung und die Satzung deiner Söhne (ist) sie.

14 Reiner Ort; LXX gleicht an V. 13 und 17 an: an einem heiligen Ort.

14 Satzungsgemäß; wörtlich: denn als deine Satzung und die Satzung deiner Söhne werden sie gegeben.

14 und deine Töchter: LXX erwähnt die Töchter nicht, sondern schreibt »und dein ganzes Haus« (καὶ ὁ οἶκός σου).

15 und deinen Kindern, wörtlich: deinen Söhnen. SAM und LXX fügen die Töchter hier hinzu (καὶ ταῖς θυγατράσιν σου). Vom Kontext her sind die weiblichen und die männlichen Nachkommen gemeint (s. ferner *Watts*, 545–546).

15 wie JHWH es geboten hat: LXX hat einen Zusatz: dem Mose.

18 so, wie ich es geboten habe: LXX hat »so, wie der Herr es mir geboten hat« (ὃν τρόπον μοι συνέταξεν κύριος); andere Versionen (Peš, TgJ, Vg) setzen eine Passivkonstruktion wie in Lev 8,31 an.

Analyse

Unterschiede zum Vorausgehenden

Befremdlich und überraschend ist das, was auf die Opferweisungen und die Einrichtung des Kultes und des Priesterdienstes folgt: Nach langen anordnenden Weisungspassagen und knappen Erzählungen, die lediglich die Ausführung bestimmter Weisungen berichten, wird ein dramatischer und einmaliger Zwischenfall erzählt: Die beiden älteren der vier Söhne Aarons, Nadab und Abihu, vollziehen eine nicht in den göttlichen Weisungen vorgesehene Kulthandlung (Stichwort »fremdes Feuer«, s. u. zur Auslegung) und werden unmittelbar durch göttliches Feuer vernichtet. Erstmals geht es also um ein – freilich paradigmatisches – Einzelereignis, während die bisherigen Ausführungen grundsätzlich auf wiederholbare Dinge oder die einmalige Vorbereitung bestimmter Geräte und Orte für wiederholbare Rituale

Einzelereignis

bezogen sind. Vermischt mit diesem Einzelereignis werden Grundsatzbestimmungen zum Priesterdienst eingeschoben. Die Verse 1–7 sowie 16–20 behandeln den dramatischen Tod von Nadab und Abihu sowie die unmittelbaren und mittelbaren Folgen (Beseitigung der Leichen, Trauer, Unterbrechung bzw. Fortsetzung des Kultes nach diesem außergewöhnlichen Ereignis). Hingegen passen die Verse 8–15 von ihrem Weisung gebenden Charakter her eher zum Duktus der vorausgehenden neun Kapitel des Levitikusbuches. Dabei ist jedoch wiederum ein Unterschied zu notieren: Die Weisungen in V 8–11 ergehen von JHWH direkt an Aaron, ohne die Vermittlung des Mose! Dies geschieht in Levitikus hier das einzige Mal, sonst nur noch in Ex 4,27 und Num 18,1.8.20. Allerdings wird in V 11 unmissverständlich deutlich gemacht, dass die Weisungen, die Aaron und seine Söhne das Volk lehren sollen, von Gott *durch Mose* gegeben wurden. Trotz der direkten Anrede Aarons bleibt also die einzigartige Rolle des Mose als Offenbarungsmittler unangetastet. – Weiterhin ist als Differenz zum Vorausgehenden zu notieren, dass sich von nun an die Grundsatzanweisungen nicht mehr von der Geschichte von Nadab und Abihu trennen lassen: V 12 kennzeichnet die beiden jüngeren Aaron-Söhne Eleasar und Itamar deutlich als die übrig gebliebenen und ruft daher auch das Ende von ihren beiden älteren Brüdern wach. Ebenso wird dieses Ereignis am Anfang des Kapitels über den Versöhnungstag in Lev 16 thematisiert, und dies zeigt den ungeheuren Stellenwert dessen, was da in Lev 10,1–2 so knapp berichtet wird: Der Priesterdienst, die gelingende Kommunikation mit Gott, letztlich alles, worum sich Lev 1–9 so aufwändig bemühen, stehen auf dem Spiel.

Direkte Anrede an Aaron

Dass Lev 10 bei aller narrativen und gestalterischen Verschiedenheit an das Vorausgehende anschließt (s. *A. Ruwe*, Heiligkeitsgesetz, 46–47), zeigt sich an der wortidentischen Phrase »Und Feuer ging von JHWH aus und verzehrte« in Lev 9,24 und 10,2. Am Ende von Lev 9 wird damit der gelingende Kontakt mit JHWH dokumentiert: Gott nimmt die korrekt dargebrachten Opfer bereitwillig an und bestätigt damit die Inauguration des Kultes. Die Opferteile werden vom göttlichen Feuer verzehrt. In genau gleicher Weise werden Nadab und Abihu vom göttlichen Feuer vernichtet, sie sterben »vor JHWH«. In der interpretierenden Rede des Mose wird dieses Geschehen als Erweis der Herrlichkeit (Verb כבד, *KBD nifal*) Gottes vor dem ganzen Volk gesehen (Lev 10,3) – entsprechend der Erscheinung der Herrlichkeit (Substantiv כבוד, *kabōd*) Gottes vor dem ganzen Volk in Lev 9,23. *Raschbam*, 51–53, sieht hier (Lev 9,24–10,2) einen einzigen Vorgang. Von der zeitlichen Struktur ist zu beachten, dass das Geschehen am »achten Tag« von Lev 9,1 spielt: Der Inaugurationsvorgang des Kultes ist damit immer noch nicht ganz abgeschlossen, die ersten Opfer sind vollzogen, aber noch nicht verzehrt. Bemerkenswert ist ferner, dass Nadab und Abihu ihre Feuerpfannen »nehmen« (לקח) – mit dem gleichen Verb beginnen Kapitel 8 (8,2) und 9

Anknüpfungen an das Vorausgehende

Feuer

Der achte Tag

Nehmen

(9,2). Dort aber werden Mose und Aaron von JHWH aufgefordert, während Nadab und Abihu ihr Tun ohne Autorisation beginnen (*Milgrom*, 596).

Priesteranteile

Auch die weiteren Anweisungen in Lev 10 schließen an Lev 1–9 an bzw. setzen diese Texte voraus: V 12–13 sprechen vom Verzehren der Speiseopfergabe, die etwas Hochheiliges ist (s. zu Lev 2; 6,7–11; 7,9–10). V 14–15 thematisieren das Bruststück der Emporhebungsgabe und die Schenkelkeule der Erhebungsgabe (s. das Glossar) – diese Priesteranteile werden v.a. in Lev 7,30–36 beschrieben, und diese Ausführungen werden offenbar in 10,14–15 vorausgesetzt. Von diesen Anteilen der Priester, die ihr Einkommen ausmachen, war im Zusammenhang der ersten Opfer in Lev 9 nicht ausdrücklich die Rede. Somit werden durch Lev 10,12–15 die Priesteranteile, deren Theorie und Grundsatz schon in Lev 7 abstrakt beschrieben sind, in Form eines Nachtrags mit den ersten Opfern der Kultinauguration verknüpft. – Sind diese Ausführungen durch ihr Aufgreifen bekannter Termini und Vorgänge noch nachvollziehbar, so bleibt die Begebenheit um Nadab und Abihu hingegen etwas völlig Unerwartetes, das für den Leser eine Herausforderung darstellt.

Keine expliziten Erläuterungen

Die »deutende« Rede des Mose in V 3 macht das ganze Geschehen zunächst nicht wirklich klarer – ausdrückliche Erklärungen für dieses ungeheuerliche Ereignis fehlen. Weder die Beweggründe der beiden Aaron-Söhne noch ihr genaues Tun (und warum es so verwerflich ist und so hart bestraft wird) werden explizit erläutert. Aber die Anknüpfungen der Nadab-und-Abihu-Geschichte an das unmittelbar Vorausgehende zeigen, dass der Ort dieser Erzählung nicht zufällig ist, sondern gezielt gewählt wurde. Somit ist zu hoffen, dass vom Blick auf das Erzählganze her eine Deutung leichter wird.

Der Ort im Erzählganzen

Hier liegt wohl ein möglicher Schlüssel für das Verstehen: Vergegenwärtigt man sich den großen Erzählbogen, so ist nun nach vielen Einzelbestimmungen und Ritualen das komplexe Gefüge des israelitischen Kultes endgültig eingerichtet: Das Heiligtum wurde nach göttlichem Konzept gebaut, die Weisungen, wie die Opfer darzubringen sind, wurden erteilt, die Geräte und der Altar als Opferort konsekriert, die Menschen, die den Kult vollziehen, als Priester eingekleidet, geweiht und ordiniert, schließlich wurden die ersten Opfer weisungsgemäß vollzogen. Alle Handlungen zusammengenommen führten zum Erfolg, da die göttliche Herrlichkeit erschien und durch das verzehrende Feuer die Kommunikation mit Gott manifest wurde: »jetzt könnte und sollte der reguläre Kult beginnen« (*Rendtorff*, 305), jetzt sollte alles wie von selbst und immer genau regelhaft ablaufen. Doch plötzlich begegnet schon die erste Gefährdung dieser Ordnung: der illegitime Opferakt der beiden Aaron-Söhne und ihre höchst dramatische Tötung durch das verzehrende Feuer Gottes. Da genaue Hinweise auf das Tun von Nadab und Abihu fehlen, scheint es nicht um Details, sondern um den Grundsatz zu gehen: Sie tun etwas (wobei relativ unerheblich ist, was es genau ist), das Gott nicht angeordnet hat, und gefährden damit die (offensichtlich labile) Ordnung. Damit versagen sie und verfehlen sich in ihrem priesterlichen Amt. JHWH reagiert sofort, unerwartet, souverän und heftig. Damit fließen mehrere Aspekte der Deutung der Geschichte zusammen:

Gefährdung der Ordnung

Die so detailliert, gegliedert und wohlgeordnet formulierte Institution des Kultes ist eine labile Ordnung, die durch menschliches Versagen schwer in Unordnung geraten kann. Damit zeigt sich, dass alle diese Vorschriften nicht einen Zustand beschreiben, der einmal erreicht wird und damit alles erledigt ist. Vielmehr muss die Kommunikation mit Gott immer wieder neu angestrebt werden, und die Weisungen müssen stets aktuell verwirklicht werden. Es bedarf fortwährender Anstrengung seitens des Menschen, diese von Gott angewiesene Ordnung aufrecht zu erhalten. Die Anstrengung besteht vor allem darin, die Weisung Gottes, die durch Mose vermittelt ist, zu befolgen, ihr gegenüber gehorsam zu sein (s. *D. Janzen,* Social Meanings, 101; *A. Ruwe,* Reden, 186: »Lev 9–10 ist somit insgesamt eine verfassungsrechtliche Abhandlung über die Gebundenheit der Priester an die mosaische Tradition in ihren ureigenen Belangen«).

Gefährdung der Priester

Nicht nur die Ordnung an sich, sondern auch die, die sich um ihre Aufrechterhaltung bemühen, sind extrem gefährdet. Zunächst könnte es ja so aussehen, als hätten sich die Priester mit Lev 1–9 eine wunderbare Welt mit ihrem eigenen Amt als Mittelpunkt zurechtgelegt, in der sie es sich gut gehen lassen können. Lev 10 macht aber deutlich, dass die Priester die gefährliche Aufgabe haben, sich als Vertreter des Volkes immer wieder Gott zu nähern, um die heilvolle Kommunikation zu vermitteln. Diese Aufgabe ist deswegen gefährlich, weil sie mit dem Heiligen zu tun haben, dessen Kraft bei unzulässiger Vermischung mit dem Profanen dieses unabdingbar vernichtet (s. dazu auch *R. A. Kugler,* Holiness, 15; *Watts,* 524–525).

Souveränität Gottes

Gerade weil Gott eben Gott ist, nicht ein Mensch, der Heilige in deiner Mitte (Hos 11,9), wird durch die Nadab-und-Abihu-Geschichte auch deutlich gemacht, dass all das wohlgeordnete kultische Tun nicht dazu da ist, Gott zu manipulieren oder verfügbar zu machen. Diese dramatische Erzählung beseitigt das Missverständnis, man könnte durch menschliches Handeln, genauer durch Rituale, Gott zu einem bestimmten Verhalten zwingen.

Ernsthaftigkeit des Gottesdienstes

Zugleich betont der Text erneut die Ernsthaftigkeit des kultischen Tuns: Es geht nicht um irgendwelche von Menschen ausgedachte magische Aktionen – als solche erscheinen letztlich sowohl das diffuse Ansinnen von Nadab und Abihu als auch das Götterbild, das Goldene Kalb, das Aaron als Gottesersatz in Ex 32,1–6 konstruiert und dessen Verehrung er sich ausdenkt (s. *W. Houston,* Tragedy, 36–37; *F. Mirguet,* Essai, 265; *S. R. Hirsch,* 245; *R. S. Hess,* Strange Fire, 190). Gottesdienst und kultisches Handeln erfolgen in rechter Weise nur und ausschließlich aufgrund *göttlicher* Weisung – das betont auch die gestufte Anrede- und Weitergabeformel (s. zu Lev 1,1–2 und das Glossar), die alle Anweisungen als von Gott ergangen und durch

Mose vermittelt kennzeichnet. JHWH selbst zeigt den Weg, wie Israel JHWH verehren soll und die Kommunikation in heilvoller Weise gelingt. Kult ist letztlich göttliche Offenbarung, nicht menschliches Planen. Dies konvergiert dem Gedanken von der Unverfügbarkeit und Souveränität Gottes. Das Drama von Lev 10 hat genau da seinen Ort, wo nach der vollkommenen Einrichtung des Kultes und seiner Diener das Missverständnis aufkommen könnte, nun habe man Gott im Griff und nun sei das von Gott versprochene Heil durch menschliche Handlungen bestellbar und abrufbar (ähnlich *B. D. Bibb*, Nadab, 95–96; *ders.*, Ritual Words, 116–132). Diese Deutung von Lev 10 erschließt sich erst aus der Gesamtbetrachtung von Lev 1–10. Weitere, zusätzliche Verständnisaspekte ergeben sich aus der Einzelauslegung und durch Lev 16: Das Kapitel über den großen Versöhnungstag beginnt nicht zufällig mit einer Erinnerung an das dramatische Ende von Nadab und Abihu.

Aufbau Nach diesen ersten Überlegungen zur Deutung des Kapitels im Gesamtkontext ist ein detaillierter Blick auf dessen Struktur nötig (*B. Jürgens*, Heiligkeit, 263–267). Der Aufbau von Lev 10 ist nicht einfach zu beschreiben, weil die Erzählung konkreter Ereignisse eng und untrennbar mit grundsätzlichen Anweisungen zum Priesterdienst verknüpft ist. Manches bezieht sich direkt auf das dramatische Geschehen von V 1–2, manches hat eher grundsätzlichen Charakter und wirkt wie nachgetragene Präzisierungen des Priesterdienstes.

- 1–5 Erste Störung: Der Fall von Nadab und Abihu
  - 1 Der Tatbestand: »fremdes Feuer« vor JHWH
  - 2 Die Bestrafung durch Feuer von JHWH
  - 3 Die Interpretation des Mose und die Reaktion Aarons
  - 4–5 Anweisungen des Mose zur Beseitigung der Leichen
- 6–7 Anweisungen des Mose zur Trauer
- 8–11 Anweisungen JHWHs an Aaron zu den Aufgaben der Priester
  - 8 Anredeformel (an Aaron)
  - 9 Keine Rauschgetränke für Priester
  - 10 Unterscheidung von Heilig und Profan, Rein und Unrein
  - 11 Unterweisung der Israeliten
- 12–15 Anweisungen des Mose zum Verzehr der Priesteranteile +
- 16–20 Aarons Entscheidung und Moses' Billigung
  - 16–18 Verweis des Mose auf die Opfervorschrift
  - 19 Aarons Einwand und Hinweis auf das besondere Ereignis
  - 20 Moses' Billigung der Entscheidung Aarons

Das +-Zeichen markiert das Vorkommen der Gebotsformel (כאשר צוה יהוה, *ka-ʾašær ṣiwwā YHWH*, »so, wie JHWH es geboten hatte«), die die Übereinstimmung des Ausgeführten mit der göttlichen Anordnung dokumentiert (wie schon in Lev 8,4.5.9.13.17.21.29.34.36 und in Lev 9,6.7.10, s. zu Lev 8, Analyse, Aufbau).

Ringstruktur

Staubli, 85, sieht in Lev 10 eine Ringstruktur mit einem äußeren Ring (Erzählung von Nadab und Abihu, 1–5; 16–20), einem inneren Ring (Moserede an Aaron, Eleasar und Itamar, 6–7; 12–15) und einem Tabu und Gebot als Zentrum (Alkoholtabu und Unterscheidungsgebot in der Gottesrede an Aaron, 8–11). Den gleichen Vorschlag machen auch *C. Nihan*, Priestly Torah, 579, *B. Jürgens*, Heiligkeit, 266, und *Watts*, 509. *R. Achenbach*, Versagen, 63, sieht hier eine grundlegende Zweigliedrigkeit (1–11: Nadab und Abihu; 12–20: Eleasar und Itamar) vorliegen.

Entstehungsgeschichtliche Fragen

Für eine literarhistorische Verankerung betont *R. Achenbach*, Versagen, v.a. die Bezüge zu Ez 44,15–31. Er sieht Lev 10 als literarisch jünger als die bereits nachpriesterschriftlich anzusetzende Erzählung von den 250 Männern mit ihren Räucherpfannen in Num 16 an. Auch sei das Motiv des »fremden Feuers« erst in spät-persischer Zeit religionsgeschichtlich virulent geworden. Die enge Anlehnung von Lev 10 an die Weisungen (Torot) von Ez 44,20–23 wiederum zeige, dass die Abfassung des gesamten Kapitels unter dem Einfluss zadokidischer Kreise aus der Gola stand. Die Bezüge zu Ez 44 verdeutlicht Achenbach durch eine synoptische Wiedergabe (ebd., 65–66; s. ferner *A. Ruwe*, Structure, 76–77). Für eine nachpriesterschriftliche Ansetzung von Lev 10 auf der Ebene der Buchredaktion tritt auch *C. Nihan*, Priestly Torah, 148–150, ein (zur inhaltlichen Kritik Nihans an Achenbach s. ebd. 606–607). Die große Bedeutung derartiger »später« Texte für die Konstituierung der Tora als normative Instanz (s. die Auslegung zu V 20) betont mit Recht *C. Frevel*, Mose, 130–133 (s. auch *ders.*, Ende, 93–95).

Auslegung

Zwei Söhne Aarons: Nadab und Abihu

V 1 Standen »die Söhne Aarons« in Levitikus bisher als Chiffre für »die Priester (schaft)«, so werden nun zwei von ihnen namentlich genannt. Dies unterstreicht zunächst die Einzigartigkeit des Geschehnisses und grenzt so Lev 10 von den Grundsatzbestimmungen und Wiederholbarkeiten in Lev 1–9 ab. Doch die Nennung der Namen hat noch eine tiefere Dimension: Aus ihren Belegstellen ergibt sich ein auffälliger Bedeutungszusammenhang.

Genealogische Zusammenhänge

Ex 6,16–25 Zunächst begegnen Nadab und Abihu in der Levitengenealogie von Ex 6,16–25 als die ersten beiden der vier Söhne Aarons (s. *T. Hieke*, Genealogien, 214–226). Schon dieser Text zeigt in seiner Anlage subtil an, dass nicht Nadab (der Erstgeborene nach Num 3,2) und Abihu die Linie Aarons fortführen werden, vielmehr werden die Eheschließung und Nachkommenschaft des dritten Sohnes, nämlich *Eleasars*, genannt, die zum Priester Pinhas hinführen (Ex 6,25). Obwohl also zunächst alle vier Söhne Aarons als gleichberechtigt und legitim gelten, wird nur von Eleasar eine Fortsetzung erzählt.

Num 3,2–4 Den genealogischen Gedanken greift Num 3,2–4 wieder auf, wo zunächst betont wird, dass alle vier gesalbte und geheiligte Priester sind, dann aber das Ende von Nadab und Abihu kurz angedeutet und herausgestellt wird, dass Nadab und Abihu keine Söhne hatten, so dass Eleasar und Itamar, die anderen beiden Söhne Aarons, den Priesterdienst versehen (s. auch Num 26,60–61 bei der zweiten Volkszählung nach der Wüstenwanderung; 1 Chr 24,2).

Hier ergibt sich eine auffällige Analogie zwischen Gen 4–5 und Lev 10,1–5 bzw. Num 3,4 sowie ein Vorausblick auf 1 Kön 14–15. Das Schicksal der Brüder Kain und Set einerseits und Nadab, Abihu, Eleasar und Itamar andererseits weist gemeinsame Strukturelemente auf: (1) Auch bei ihnen taucht die im Buch Genesis mehrfach begegnende Zurückweisung oder »Verwerfung« des älteren Bruders und die Bevorzugung des (der) jüngeren (Geschwister) auf: Kain sowie Nadab und Abihu als die Älteren scheiden aus der fokussierten Verheißungslinie aus, die durch die jüngeren Brüder (Set bzw. Eleasar und Itamar) fortgesetzt wird (s. *B. Hensel,* Die Vertauschung des Erstgeburtssegens in der Genesis [BZAW 423], Berlin/New York 2010, 227). (2) In beiden Fällen geht es um Opfer und deren Akzeptanz bzw. Ablehnung durch die Gottheit. (3) Eng damit zusammen hängt das Motiv der »gefährlichen Nähe Gottes« und der rätselhaften Beteiligung Gottes am Untergang eines Abstammungszweiges (Gott nimmt das Opfer Kains nicht an; Gott tötet Nadab und Abihu in verzehrendem Feuer). (4) Das Ergebnis ist jeweils, dass eine bestimmte Abstammungslinie endet: In Gen 4 wird deutlich, dass Kains Genealogie nicht fortgeführt wird – der Neuansatz besteht im Adamssohn Set (4,25–26; 5,3). Num 3,4 betont, dass Nadab und Abihu keine Nachkommen haben, die Aaron-Söhne Eleasar und Itamar versehen künftig den Priesterdienst. Das Ende einer genealogischen Linie einerseits und die Namensähnlichkeiten andererseits führen zu einer weiteren Analogie im biblischen Kontext: zum Ende der Söhne Jerobeams, Nadab und Abija. Jerobeams Kind Abija stirbt an einer schweren Krankheit (1 Kön 14,1–18), der andere Sohn, Nadab, wird für zwei Jahre König und fällt dann einer Verschwörung zum Opfer (1 Kön 15,25–32). Der Usurpator Bascha aus dem Haus Issachar rottet die Dynastie Jerobeams restlos aus. Gedeutet wird dieses Ergehen als Bestrafung für die »Sünde Jerobeams« (1 Kön 15,30), also der aus der Perspektive des Südreiches Juda und der Stadt Jerusalem unkorrekten JHWH-Verehrung in Bet-El und Dan (s. dazu *R. Gradwohl,* Feuer, 292–295; *R. S. Hess,* Strange Fire, 191). Von hier aus entsteht ein weiterer Verweis auf die Geschichte vom Goldenen Kalb in Ex 32. Hinter diesen strukturalen Analogien und gemeinsamen Grundmustern lassen sich weit gesteckte Bögen und Zusammenhänge im Ganzen der Bibel wahrnehmen und aus wiederkehrenden Analogien entsprechende inhaltliche Schlüsse hinsichtlich der Komplexität der Verehrung JHWHs ziehen: Sie ist menschlicher Verfügbarkeit (s. Kain, Nadab, Abihu, Jerobeam und auch Aarons Versuch mit dem Goldenen Kalb) gänzlich entzogen (*T. Hieke,* Genealogien, 231–232; *F. Mirguet,* Essai, 265–271).

Gefährliche Gottesnähe

Neben dem genealogischen Aspekt, der in den Namen Nadab und Abihu steckt, ist im Zusammenhang mit Ex 24 das Thema der (gefährlichen) Gottesnähe zu nennen (s. den Exkurs bei *C. Dohmen,* Exodus 19–40, 331–333). Nadab und Abihu gehören zu den Personen (neben Mose, Aaron und siebzig von den Ältesten Israels), die beim Bundesschluss auf dem Berg Sinai Gott nahen dürfen, Gott sogar schauen dürfen und essen und trinken in Gottes Ex 24

Gegenwart (Ex 24,9–11). Gerade die Erwähnung von Essen und Trinken klingt wie eine Betonung ihrer Unversehrtheit (*Rendtorff*, 307). Ausdrücklich wird herausgestellt, dass der heilige Gott seine Hand nicht gegen die Edlen Israels ausstreckte – denn normalerweise bedeutet die Unmittelbarkeit einer Gottesschau den Tod für den Menschen (Ex 33,20). Nadab und Abihu sind also schon einmal in den Genuss der Nähe Gottes gekommen und haben es überlebt. Das beruht aber einzig und allein auf der besonderen Gnade Gottes. Als die beiden Aaron-Söhne später (also hier in Lev 10) durch ihr eigenmächtiges Handeln aus eigenem Interesse in den Bereich der Nähe Gottes im Heiligtum eindringen, müssen sie das mit dem Leben bezahlen (*C. Dohmen*, Exodus 19–40, 206). Die Verknüpfung von Ex 24 und Lev 10 über die Namen Nadab und Abihu und deren Schicksal macht erneut zweierlei deutlich: einerseits, dass die Feier der Repräsentanten des Volkes in der Gegenwart Gottes in Ex 24 einen ungeheuren Gunsterweis darstellt, den Gott aus freien Stücken gewährt; andererseits, dass die Nähe Gottes und der Kontakt mit Gott aufgrund der abgrundtiefen Differenz zwischen dem Heiligen und dem Profanen eine ambivalente und gefährliche Sache bleiben und daher höchste Ernsthaftigkeit und eine unbedingte Beachtung der göttlichen Weisung nötig sind (*W. Houston*, Tragedy, 34; einen Überblick über die Deutungsvorschläge des Tuns von Nadab und Abihu liefert *B. Jürgens*, Heiligkeit, 267–283).

Die Verfehlung von Nadab und Abihu

V 1 Die intertextuelle Verbindung zu Ex 24 könnte Leser zur Spekulation veranlassen, dass Nadab und Abihu die Berechtigung ihrer Eigenmächtigkeit womöglich aus ihrer außergewöhnlichen Gottesnähe ableiten (*Rendtorff*, 307). V 1 selbst allerdings schweigt sich über die Beweggründe aus. Was tun sie genau? Jeder nimmt seine Feuerpfanne (מחתה, *maḥtā*) – das ist von den bisherigen Belegstellen (Ex 25,38; 27,3; 37,23; 38,3) her ein metallenes Gerät, um Gegenstände (auch Abfälle) zu handhaben, die aufgrund der Hitze nicht mit bloßen Händen angefasst werden können (*Milgrom*, 596; *R. Rendtorff*, Nadab, 360). *W. Zwickel*, Räucherkult, 281–282, identifiziert den Begriff mit den archäologisch belegten »Räucherkästchen« (ebd., 62–109). In Analogie zu V 1 begegnet das Wort in Lev 16,12; Num 16,6.17–18; 17,11 in Verbindung mit Räucherwerk (Weihrauch; קטרת, *qᵉṭoræt*). Ein Ritual des Räucherns mit einer Feuerpfanne wird allerdings nirgends vorgeschrieben. Nur in Lev 16,12 wird im Zuge der Riten des Versöhnungstags angeordnet, dass Aaron mit einer Weihrauchwolke das Allerheiligste betritt – hier geht es aber nicht um ein Räucher*opfer*, sondern um eine Vorsichtsmaßnahme im Umgang mit dem Allerheiligsten zum Schutze des Menschen Aaron (*Rendtorff*, 307–308). Auch der Vorgang in Num 17,11–12 ist kein Opfer, da nichts dargebracht wird, sondern ein besonderer, einmaliger (und wohl nicht zur Wiederholung gedachter) Vorgang, um für das Volk in einer ungewöhnlichen Krisensituation durch priesterliches Tun Versöhnung zu erwirken (כפר, *kipper*). Als Räucher*opfer* ist nur das regelmäßige

Feuerpfanne und Räuchern

Weihrauchopfer (קטרת תמיד) Morgen für Morgen und Abend für Abend vorgeschrieben (Ex 30,7–8). Von diesem Befund her macht schon die Wendung, dass Nadab und Abihu »jeder seine Feuerpfanne« (also jeder je eine Pfanne) nahmen, misstrauisch, da nun wohl etwas kommt, was bisher nicht vorgesehen war.

Fremdes Feuer

Klassifiziert wird das, was Nadab und Abihu darbringen, als »fremdes Feuer« (אש זרה, *ʾēš zārā*). Das kann zunächst heißen, dass sie dieses Feuer, also die Glühkohlen, nicht vom Brandopferaltar nahmen, wo die Glut durch das göttliche Feuer von 9,24a geheiligt worden war, sondern aus einer anderen, möglicherweise profanen Quelle (*Milgrom*, 597–598 mit Verweisen auf die Targumim und rabbinische Texte; *J. C. H. Laughlin*, Strange Fire, 560–561; *R. Gradwohl*, Feuer, 291; *Budd*, 150–151) – schon von diesem Aspekt her wird deutlich, dass sie das Heilige und das Profane in unzulässiger Weise mischen. Sodann aber wird die Chiffre durch den Nachsatz »das er (wohl JHWH; LXX klärt das auf, s. o., Zur Übersetzung) ihnen nicht geboten hatte« näher erläutert. Das ist faktisch die Negation der Gebotsformel »so, wie JHWH es dem Mose geboten hatte« (*A. Ruwe*, Heiligkeitsgesetz, 48), die in Lev 8–10 wie ein Refrain wiederkehrt (s. zu Lev 8, Analyse, Aufbau). »The intrusion of the negative, *lōʾ*, ›not,‹ in the familiar refrain comes like a thunderclap, an aural shock to a listening audience just as YHWH's consuming fire presented a visual shock to the watching Israelites in the story« (*J. W. Watts*, Ritual and Rhetoric, 106–107; *Watts*, 512–513). Nadab und Abihu vollziehen also einen kultischen Akt, der *nicht* von JHWH angeordnet war, wobei der Schwerpunkt eindeutig auf letzterem Aspekt liegt: Unerheblich ist, was die beiden da genau tun – es kommt darauf an, dass es nicht der Weisung JHWHs entspricht (ebd., 528). »Fremd« bedeutet also »von der (göttlichen) Rechtsnorm abweichend« (*Elliger*, 137). Im Übrigen warnt auch Ex 30,9 vor dem Darbringen von fremdem Räucherwerk im Zuge des regelmäßigen Rauchopfers auf dem Altar (*Levine*, 59; *R. S. Hess*, Strange Fire, 189). Hier in V 1 geht es aber um Räuchern mit einer Feuerpfanne. Negativ wird das Räucheropfer in der prophetischen Literatur gesehen (Jes 1,13; Ez 8,11; 16,18; 23,41). All dies zeigt, dass das Verbrennen von Weihrauch und anderen Aromata durch Nadab und Abihu etwas Fremdes und Verbotenes darstellt (»illegitimer Jahwekult«, so *W. Zwickel*, Räucherkult, 281; *J. C. H. Laughlin*, Strange Fire, 564–565: »polemic against … Zoroastrian influence«; *R. S. Hess*, Strange Fire, 193–198: »the ordination of priestly figures in West Semitic cults«).

Aufstand gegen Aaron?

Doch die beiden lehnen sich nicht nur gegen die von JHWH etablierte Ordnung auf. Sie tun nämlich etwas, was nach Lev 16,12–13 nur Aaron als der eine gesalbte Priester am Versöhnungstag tun soll: Aaron nehme mit seiner Feuerpfanne Feuerkohlen vom Altar und gebe wohlriechendes Räucherwerk auf das Feuer *vor JHWH*. Nur Aaron und nur so darf er das Allerheiligste betreten. Diese Sonderstellung Aarons ist auch in den Opferweisungen von Lev 1–9 deutlich geworden. Die Söhne Aarons stehen »in der zweiten Reihe« (*Rendtorff*, 309). Wenn nun Nadab und Abihu tun, was ihrem Vater als dem einen gesalbten Priester vorbehalten ist (nämlich Räucherwerk *vor JHWH* zu bringen), ist das auch ein Verstoß gegen die Ordnung, die gerade eben erst in Lev 8–9 in allen Einzelheiten in-

Num 16 stalliert worden ist. Damit zeigt sich eine Strukturanalogie zu Num 16 (u. a. *Levine*, 59; *R. Rendtorff*, Nadab, 360–361; *Bailey*, 111–112; *B. Jürgens*, Heiligkeit, 280–283; *P. Heger*, Development, 72–79). Die intertextuelle Beziehung zu Num 16 ist auch durch die Stichworte »Feuerpfanne« und »Räucherwerk« angezeigt: Korach (aus dem Stamme Levi!) sowie Datan und Abiram und weitere Leute erheben sich gegen Mose und Aaron mit dem Argument, dass alle heilig seien, die ganze Gemeinde, und JHWH unter ihnen sei. Um eine Entscheidung über diesen Protest gegen die Sonderstellung von Mose und Aaron herbeizuführen, sollen alle Räucherpfannen mit Weihrauch bereithalten für eine unmittelbare Gottesbegegnung. Der Untergang Korachs und der anderen Aufständischen wird in zwei Versionen erzählt: Nach der einen verschlingt sie die Erde, nach der anderen geht von JHWH ein Feuer aus und verzehrt die Männer, die das Räucherwerk dargebracht hatten (Num 16,35). Letztere Fassung entspricht fast wörtlich dem Ende von Nadab und Abihu (Lev 10,2). Die Gottesentscheidung zeigt klar, wer Gott nahen darf und den Weihrauch darbringen kann, ohne umzukommen: nur der von Gott erwählte Aaron als der gesalbte Priester. Lev 10 und Num 16 betonen also in dieser intertextuellen Analogie die Hierarchie innerhalb der Leviten und Priester, die respektiert und eingehalten werden muss. Das Ausscheren von der von Gott gefügten Ordnung, so die Botschaft dieser Texte, hat tödliche Folgen.

Entstehungsgeschichtliche Hintergründe

Hinter diesen Geschichten über die Priesterhierarchie sieht *Gerstenberger*, 107–109, konkrete Auseinandersetzungen zwischen unterschiedlichen Priestergruppierungen in der nachexilischen Zeit, die in die »Gründerzeit« am Sinai zurückprojiziert werden. Möglicherweise werden in Lev 10,1–2 »Ansprüche einer Gruppe zurückgewiesen, die sich auf ihre Abstammung von Aaron beruft« (109). Diese Vermutung über einen möglichen Entstehungshintergrund ist durchaus plausibel. Leider fehlen aber weitere Daten, um Sichereres über Tradentenkreise oder gar Entstehungszeiten ausmachen zu können. Auch *Milgrom*, 628, betont »that the historical background remains a mystery«. Er spekuliert jedoch dann über private Räucheraltäre auf Hausdächern, die in vorexilischer Zeit unter phönizischem und assyrischem Einfluss auch in Israel bezeugt seien, sowie über vom Tempel unabhängige Weihrauchopfer, die auch in Elephantine-Papyri erwähnt und später in rabbinischer Tradition zugestanden werden, wenngleich es auch Vorbehalte gibt (Details bei *Milgrom*, 630). Vor diesem Hintergrund sieht Milgrom die Nadab-und-Abihu-Geschichte als einen weiteren Versuch, private Weihrauchopfer zu diskreditieren: Wenn die beiden Aaronsöhne als Priester mit einer korrekten Weihrauchmischung dennoch vernichtet werden, weil sie die illegitimen Kohlen (»fremdes Feuer«, d. h. nicht vom Brandopferaltar stammende und damit profane Holzkohle) verwendet haben, werden letztlich alle Weihrauchopfer außerhalb des Tempels, die natürlicherweise keine Kohlen vom Brandopferaltar verwenden können und dazu noch von Nicht-Priestern dargebracht werden, als verboten hingestellt und geächtet (s. auch *Watts*, 523). Somit ist die dramatische Geschichte als ein Lösungsvorschlag für ein *religiöses* Problem zu lesen. Die Priester wollen ihre eigenen Interessen verteidigen (für Weihrauchopfer braucht man keine Priester!) und den Kult von heidnischen Einflüssen frei halten.

Feuer von JHWH

Das für Nadab und Abihu tödliche Feuer wird mit exakt der gleichen Formulierung beschrieben, wie vorher in Lev 9, 24 das Gelingen des Opferrituals V 2
manifestiert wurde: Das gleiche Feuer von JHWH, das die Rechtmäßigkeit der ersten Opfer bestätigte, indem es die Tierteile verzehrte, verteidigt nun die etablierte Ordnung gegen aufrührerische Verletzung (*Rendtorff*, 310), indem es diejenigen verzehrt, die die göttliche Weisung dadurch in Frage stellen, dass sie von Menschen erdachte Rituale praktizieren und in Bereiche der Heiligkeit vordringen wollen, die dem gesalbten Priester allein vorbehalten sind. – Der gedachte Ausgangspunkt dieses Feuers ist wohl das Allerheiligste, da nicht erwähnt wird, dass das Feuer vom Himmel fiel (*Milgrom*, 599).

Gefährdete Ordnung

So schön und wohl gefügt in Lev 1–9 alles dargestellt wird, so sehr ist doch dieses System, diese Ordnung gefährdet. Es geht um die heilvolle Kommunikation mit Gott, und das ist letztendlich die entscheidende Grundlage der Religion, Gesellschaft, ja des Lebens Israels überhaupt. Doch menschliches Versagen, Fehlverhalten und anmaßendes Denken führt zu fatalen Störungen. Selbst aus dem Innersten des Systems selbst, also von den für den Kult beauftragten Experten, den Priestern, kann diese Gefährdung ausgehen (daher folgen in Lev 10 auch noch weitere Präzisierungen für den priesterlichen Dienst). Wenn die Geschichte von Nadab und Abihu in Lev 16 wachgerufen wird, dann signalisiert das zum einen, wie tief das Verhalten der beiden die Ordnung erschüttert hat, zum anderen, wie nötig es ist, einmal jährlich eine grundlegende Erneuerung dieser Ordnung kultisch zu etablieren: Die Störung durch die Priester Nadab und Abihu macht letzten Endes einen Neuanfang in der Kontaktnahme mit dem lebendigen Gott nötig – der gesalbte Priester als herausragender Amtsträger betritt das Allerheiligste unter entsprechenden Vorsichtsmaßnahmen am großen Tag der Versöhnung (s. zu Lev 16). Und wenn es schon Priester sind, die Verfehlungen begehen, um wie viel mehr wird dann noch das Volk versagen – diese Überlegungen erfordern geradezu eine Generalamnestie einmal im Jahr (s. auch *B. Jürgens*, Heiligkeit, 299–302). So erklärt sich der Gesamtzusammenhang von Lev 1–10 und Lev 16.

Die interpretierende Rede des Mose

Die folgende Rede des Mose kann kaum etwas anderes sein als eine Inter- V 3
pretation des Geschehenen. Durch Mose spricht JHWH seine Deutung des Ereignisses. Es ist also nicht so, dass Mose hier einen früher ergangenen

Satz JHWHs interpretiert (wie man die EÜ verstehen könnte, die übersetzt: »Das ist es, was der Herr meinte, als er sprach«), sondern das JHWH-Wort ist »ganz in die gegenwärtige Situation hinein gesprochen und muß dementsprechend verstanden werden« (*Rendtorff,* 310, mit Verweis auf eine analoge Konstellation in Ex 16,23; ebenso *Milgrom,* 600, der den Satz als präsentisches Dekret JHWHs auffasst; zum Problem s. auch *C. Frevel,* Mose, 116–118).

Raschi, 299, hingegen fragt danach, wann und wo JHWH solches gesprochen hat – als Antwort verweist er auf die Gottesrede in Ex 29,43: »Ich werde dort [im Zelt der Begegnung] den Israeliten begegnen, ich werde mich in meiner Herrlichkeit als heilig erweisen« (קדשׁ *nifal* wie in Lev 10,3; s. auch *C. Frevel,* Mose, 117). Auch diese intertextuelle Deutung ist plausibel: JHWH hat in Ex 29,43 angekündigt, dass er mit seiner Heiligkeit den Israeliten begegnen wird – und genau das bewahrheitet sich im heilvollen Sinne in Lev 9,23–24 (Segen, Annahme der Opfer, Jubel des Volkes), im katastrophalen Sinne in Lev 10,2. Nur wenn und weil JHWH wirklich mit seiner Heiligkeit im Heiligtum wohnt, kann es zu der tödlichen Gottesbegegnung für Nadab und Abihu kommen. Jeder Kontakt mit dem Heiligen stellt immer auch eine Gefahr dar, weil Verfehlungen und Vergehen erhebliche Störungen bedeuten und ohne reinigende Maßnahmen zur sofortigen Vernichtung führen müssen. Insofern gibt es auch für die Personen, die Gott nahe kommen müssen, insbesondere die Priester, entsprechende Schutzmaßnahmen, z.B. Num 4,17–20; Lev 16,2–4.12–17 (s. *C. Dohmen,* Exodus 19–40, 332). – Andere Vorschläge, wann und wo JHWH diese Worte sprach, listet *Milgrom,* 600, auf. – *Ramban,* 112–113, hält diese Überlegungen für unnötig, denn »was JHWH gesagt hat« beziehe sich auf alle Weisungen, Anordnungen, Gedanken und Handlungen Gottes, also auch auf das, was Gott zu sich im Herzen sagte.

Zweiteiliger Spruch

Das Gotteswort, das Mose in V 3 anführt, ist poetisch gestaltet (zweigliedriger Parallelismus). Die erste Hälfte des Spruches bezieht sich auf die Priester unter der Chiffre »die mir nahe sind« (קְרֹבַי; ähnlich heißt es in Ez 42,13: die Priester, die JHWH nahe sind: הַכֹּהֲנִים אֲשֶׁר־קְרוֹבִים לַיהוָה; s. *Levine,* 59), in der zweiten Hälfte steht ihnen »das ganze Volk« als Pendant gegenüber. JHWH wird sich vor dem Volk als herrlich erweisen (כבד, *KBD nifal*) – und tatsächlich war ja schon die Herrlichkeit JHWHs (כבוד, *kabōd*) in Form des Feuers erschienen (Lev 9,23–24). Da hatte das Volk gejubelt – nun hat dieselbe Herrlichkeit, dasselbe Feuer die Ordnung, die durch das Tun von Nadab und Abihu gestört war, durch deren Vernichtung wiederhergestellt (s. auch *C. Dohmen,* Exodus 19–40, 331–333). Gerade durch sein Gericht erweist sich Gott als heilig – die gleiche seltene Form von »sich als heilig erweisen« (קדשׁ, *QDŠ nifal*) begegnet auch in Jes 5,16b: »durch seine Gerechtigkeit erweist der heilige Gott sich als heilig«. Die Heiligkeit Gottes, die keine Profanierung und Unordnung duldet, ist auch in Lev 22,32 Thema: »Und ihr sollt meinen heiligen Namen nicht entweihen, damit ich inmitten der Israeliten geheiligt werde. Ich (bin) JHWH, der euch heiligt«. Dieses Konzept begegnet auch im Buch Ezechiel (Ez 20,41; 28,22.25; 36,23;

Die Heiligkeit Gottes

38,16; 39,27), wo sich die Heiligkeit Gottes im Schaffen von Gerechtigkeit, die die Vernichtung der Feinde einschließt, erweist, gerade auch dort, wo Israel den Namen Gottes entweiht hat (Ez 36,23). Insbesondere die Priester sollen nicht den Namen Gottes profanieren (Lev 21,6), sondern in ihrer Heiligkeit, die die Israeliten respektieren sollen (Lev 21,8), die Heiligkeit Gottes widerspiegeln. Nadab und Abihu haben dieses Ideal in mehrfacher Hinsicht zerstört: Sie haben sich in unberechtigter Weise (ohne göttliches Mandat und ohne standesgemäße Legitimation) in die Heiligkeit Gottes gedrängt und so auch ihre eigene Heiligkeit profaniert. Die Reaktion des heiligen Gottes ist konsequent: Seine Heiligkeit bleibt aufrechterhalten, indem das Profane, hier in Gestalt von Nadab und Abihu und ihrem Manipulationsversuch, vernichtet wird (*Rendtorff*, 311, mit Verweis auf seine Theologie des Alten Testaments, Bd. 2, 119–121; s. auch *Gerstenberger*, 108).

Das Schweigen Aarons

Aarons Reaktion besteht in Schweigen. Wieder, wie schon in der Episode vom Goldenen Kalb (Ex 32), erscheint Aaron in einer ambivalenten und schwachen Rolle. Wer schweigt, stimmt zu – in der Tat scheint Aaron hier kaum etwas gegen die Worte des Mose, die ja JHWH zitieren, sagen zu können (*Levine*, 60). Wenn Gott der Heilige ist, muss er den Versuch Nadabs und Abihus, sich Gott verfügbar zu machen, in aller Schärfe zurückweisen. Später, in der Auseinandersetzung mit Mose über den Bock des Entsündigungsopfers, behält Aaron sehr wohl seine Sprache; er trifft eine kompetente Entscheidung, der letztlich auch Mose zustimmen muss (s. u. zu V 16–20). Auf das tragische Schicksal Aarons, der am gleichen Tag den Höhepunkt seiner Priesterkarriere (Lev 9,22–24) und den Verlust seiner beiden ältesten Söhne erleben muss, macht *W. Houston*, Tragedy, 32–33, aufmerksam (s. auch *S. E. Karff*, Silence, 105–106).

Die weitere Geschichte der Aaron-Söhne

Mit dem Tod von Nadab und Abihu ist die Hälfte der priesterlichen Nachkommenschaft Aarons umgekommen. Übrig bleiben Eleasar und Itamar, die nach Num 3,4 ihre Priesterfunktion »unter der Aufsicht ihres Vaters Aarons« ausüben. Zwar werden in Num 3,3 alle vier Söhne gleichsam theoretisch als »Gesalbte« (Partizip Passiv Plural) bezeichnet, aber diese Stelle ist die einzige, an der »gesalbt« im Plural auf Menschen angewendet wird. Faktisch läuft die Linie mit Eleasar weiter. Das hat schon die Levi-Genealogie in Ex 6,23–25 angedeutet, wo nur die Eheschließung und Nachkommenschaft Eleasars erwähnt wird. Itamar begegnet als Priester zusammen mit Eleasar nur noch selten in genealogischen Notizen; der priesterliche Hauptakteur bleibt Eleasar (»Eleasar der Priester«, so mehrfach in Num 17,2.4; 19,3–4; 25,7.11; 26,1 u. ö.). Eleasar wird in Num 20,23–29 als Nachfolger Aarons eingesetzt. In klarer Weise ist Eleasar der *eine* gesalbte Priester mit seiner Sonderrolle (insbesondere am Versöhnungstag).

Die Entfernung der Leichen

Wer kann nun die sterblichen Überreste von Nadab und Abihu entfernen? Das Problem ist ein Doppeltes: Zum einen sind die beiden Aaron-Söhne nach V 2 »vor JHWH«, also im Bereich des Heiligtums gestorben. Schon V 4–5 von hierher ergibt sich ein Konflikt zwischen der Reinheit des Ortes und der Unreinheit, die von einer Leiche ausgeht. Zum anderen gilt von den übrig gebliebenen Söhnen Aarons, dass das Salböl auf ihnen ist (V 7) – damit aber dürfen sie weder vom Heiligtum weggehen, noch sich an einer Leiche (und sei es auch ein allernächster Verwandter) verunreinigen (Lev 21,10–12). Somit scheiden sowohl der Vater Aaron als auch seine Söhne Eleasar und Itamar als Bestatter ihrer Brüder aus. Mose löst das Problem dadurch, dass er zwei Cousins Aarons, Mischaël und Elizafan, mit der Aufgabe betraut, die toten Körper zu entfernen. Die beiden Namen tauchen schon in der Levi-Genealogie in Ex 6,22 auf. Warum ausgerechnet diese beiden ausgewählt wurden, ist nicht deutlich. Sie sollen »ihre Brüder« (der Begriff wird hier im weiteren Sinne als »ihre Verwandten« verwendet) nach draußen vor das Lager tragen – genau wie es mehrfach mit den Opfertierteilen beim Entsündigungsopfer geschieht, die nicht von den Priestern gegessen werden sollen (Lev 4,12.21; 8,17; 9,11). Auch die Fettasche als Überrest des Brandopfers soll dorthin gebracht werden (Lev 6,4). Nadabs und Abihus Überreste werden damit wie die Überreste von Opfertieren behandelt – könnte man ihren Tod daher nicht auch wie ein Opfer auffassen? In jedem Fall geschah er im heiligen Bereich »vor JHWH« und hat von daher eine kultische Konnotation. – Die Beseitigung der Leichen erfolgt »in ihren Untergewändern«. Das hinterlässt eine etwas schwierige Vorstellung – warum sind diese Gewänder nicht verbrannt? Es gibt in der Auslegung Spekulationen darüber, dass nur die »Seelen« verbrannt seien (*Raschi*, 299; *Milgrom*, 606). Milgrom selbst bevorzugt aber eine praktischere Deutung: Die Erwähnung der Priestergewänder soll subtil anzeigen, dass diese ihre Heiligkeit, die sie durch den einwöchigen Prozess der Priesterordination und der Besprengung mit Salböl (Lev 8,30) erhalten haben, nicht durch Berührung weitergeben. Die Leviten Mischaël und Elizafan können also die Leichen in den Überresten der heiligen Gewänder beseitigen, ohne in Kontakt mit Heiligem zu geraten (s. auch *B. Jürgens*, Heiligkeit, 285–288). – Mit der Beseitigung der Leichen endet die Geschichte von Nadab und Abihu. Was nun folgt, sind Präzisierungen der Priesteranweisungen, die z.T. in unmittelbarer Beziehung zum gerade Geschehenen stehen, aber zugleich von allgemeiner Bedeutung sind.

Die Kleider

V 6–7 Gewissermaßen »aus gegebenem Anlass« schärft Mose den mit Salböl versehenen Priestern (Aaron, Eleasar und Itamar) ein, keine Trauerriten zu vollziehen. Was hier wie eine »ad hoc«-Vorschrift aussieht, ist jedoch eine allgemein gültige für den Priester, der unter seinen Brüdern den höchsten Rang einnimmt. So ist es in Lev 21,10–12 geregelt. Selbst beim Tod seiner allernächsten Verwandten (Vater und Mutter) ist diesem Priester der Umgang mit der Leiche streng untersagt. Das unterstreicht einmal mehr die Sonderstellung des gesalbten Priesters. Hier in V 6–7 haben alle drei, Aaron, Eleasar und Itamar, diese Sonderstellung; doch es wurde schon fest-

Trauervorschriften für den/die gesalbten Priester

gestellt, dass die eigentliche aaronidische Linie nur mit Eleasar und dessen Sohn Pinhas fortgeführt wird (s. o. zu V 3; s. Ex 6,25), während Itamar nur noch in genealogischen Notizen der Vollständigkeit halber angeführt wird, aber keine priesterliche Sonderrolle mehr spielt. – Das Verbot der Trauerriten wird mit der Sanktion »damit ihr nicht sterbt« versehen: Dieses Wort deutet erneut die Ernsthaftigkeit und Gefährlichkeit des Geschehens an (s. o. Auslegung zu Lev 8,35). Zugleich wird nochmals deutlich, dass ein mögliches Fehlverhalten des gesalbten Priesters den Zorn Gottes über die ganze Gemeinde hervorruft – dieser Zusammenhang wurde schon bei Lev 4,3 (s. die Auslegung dort) angesprochen. Warum aber, so müsste man nun fragen, dürfen die übrigen Priester (»eure Brüder«!) und das ganze Haus Israel sehr wohl trauern (»weinen«)? Eine mögliche Antwort besteht eben in der Sonderstellung des/der geweihten Priester, die sich in ihrer Heiligkeit und damit auch in ihrem Verhalten vom übrigen Volk abgrenzen sollen bzw. die noch im Status ihrer Weihe und Heiligung stehen und daher keine Trauerriten ausüben dürfen (so *Levine*, 60; *Gerstenberger*, 112). Auch symbolisiere die Salbung des Priesters das immerwährende Fest vor JHWH, das nicht durch Trauerriten aufgehoben werden darf (*Staubli*, 86). Eine weitere, ergänzende Überlegung könnte vielleicht so formuliert werden: Den gesalbten Priestern (hier Aaron, Eleasar und Itamar) sollte klar sein, worin der Fehler Nadabs und Abihus bestand. Aarons Schweigen deutet ja eine gewisse Einsicht und Erkenntnis an. Daher ist bei ihnen keinerlei Zeichen des Ausdrucks der Trauer angebracht. Bei den anderen Priestern und den Nicht-Priestern, also bei allen anderen Israeliten, sind Trauergesten möglich – im Hinblick darauf, dass sich Nadab und Abihu für eine dramatische Lektion gleichsam »geopfert« haben. Entsprechend werden ihre Überreste wie die der Opfertiere beim Entsündigungsopfer behandelt (s. o.). Wenn nun die »Experten«, also die gesalbten Priester, *keine* Trauergesten zeigen, dann soll das andeuten, dass sie die Lektion gelernt haben.

Anrede an Aaron

Dass Aaron aufgrund des Fehlverhaltens seiner Söhne nicht verworfen ist, wird dadurch deutlich, dass er im unmittelbaren Anschluss in den Genuss einer direkten Anrede durch JHWH kommt (s. o., Analyse). Das dramatische Ereignis von V 1–5 beeinträchtigt nicht Aarons Priesterrolle. Wenn Aaron in seiner Eigenschaft als Priester direkt von JHWH angesprochen wird (so auch noch in Num 18,1.8.20), geht es immer um spezielle Anweisungen ausschließlich für die Priesterschaft. V 8

Nüchternheit beim Gottesdienst

Wenn die Priester zum Zelt der Begegnung kommen, also ihren heiligen Dienst verrichten, dann sollen sie sich jeglicher berauschender Getränke (Alkoholika in allen Varianten, s. Zur Übersetzung) enthalten (s. Ez 44,21). Sie sollen nüchtern sein, und die Ernsthaftigkeit dieses Nüchternheitsgebots im Blick auf Alkohol wird wieder durch die Todessanktion unterstrichen. »Alkoholische Getränke führen zu Kontrollverlust (Gen 9,20–28; Jes 28,7), das Agieren im Sakralbezirk erfordert aber aus sich heraus ein Höchstmaß V 9 an Kontrolle« (*C. Frevel*, Mose, 120). Ähnliche Vorsichtsmaßnahmen für den Dienst am Heiligtum finden sich in Ex 28,42–43 (die Priester sollen leinene Unterwäsche tragen, die die Schamteile bedeckt bis zu den Schenkeln) und Ex 30,20 (die Priester müssen sich mit Wasser waschen, wenn sie zum Zelt der Begegnung kommen). Warum das Thema des Alkoholverbots bei der Kultausübung ausgerechnet hier angeschnitten wird, kann nur mit Spekulationen begründet werden (*Rendtorff*, 314–315): Vielleicht wurden im Rahmen von Trauerfeierlichkeiten, die ja für die gesalbten Priester verboten waren, alkoholische Rauschgetränke konsumiert. Vielleicht, so vermuten manche (*Milgrom*, 611, verweist auf rabbinische Texte), haben Nadab und Abihu den Mut zu ihrem Tun erst in alkoholisiertem Zustand gefunden (s. auch *Raschi*, 298; *N. Kiuchi*, Purification Offering, 81–82). Aber das, so *Rendtorff*, 315, würde die Bedeutung ihrer Tat doch in erheblichem Maße herabmindern, und dagegen spricht, wie ernst ihr Tun (v.a. in Lev 16,1) genommen wird. Insgesamt steht der grundsätzliche Charakter der Vorschrift – losgelöst von der Nadab-Abihu-Geschichte – im Vordergrund, was auch durch die Generationenformel »eine ewige Satzung für eure Generationen« (s. das Glossar) bestätigt wird: Diese Wendung steht immer dort, wo die Einhaltung gewichtiger kultischer Bestimmungen zur besonderen Pflicht gemacht wird (Lev 3,17; 7,36; 17,7; 23,14.21.31.41; 24,3; s. ferner Ex 12,14.17; 27,21; 28,43; Num 10,8; 15,15; 18,23; s. *Rendtorff*, 315; nur »ewige Satzung« ohne »Generationen«: Lev 16,29.31.34; Num 19,10.21). Das Verbot von Rauschgetränken beim Kult könnte auch eine Polemik gegen heidnische Praktiken sein (*Milgrom*, 612; *Bailey*, 113–114, verweist auf den griechischen Dionysos-Kult). Dass Trunkenheit beim Priesterdienst offensichtlich vorkam, ist nicht nur *via negativa* aus der Vorschrift von V 9 zu schließen, sondern auch aus einer Reihe prophetischer Worte der Kritik an den Priestern und Kultpropheten, so z.B. Jes 28,7 (EÜ): »Priester und Propheten schwanken vom Bier, sind überwältigt vom Wein. Sie taumeln vom Bier, sie schwanken bei ihren Visionen, sie torkeln, wenn sie ihr Urteil verkünden« (s. auch Hos 4,11; 7,5; Spr 20,1). – Das Verbot berauschender Getränke für Priester im Dienst bringt Hieronymus mit dem neutestamentlichen Gebot in 1 Tim 3,3 (»der Bischof … sei kein Trinker«) zusammen und betont damit dessen bleibende Gültigkeit (s. *Lienhard*, 175; *Watts*, 539).

V 10–11 Das Nüchternheitsgebot ist syntaktisch eng mit den folgenden Versen verbunden, die die Kernaufgabe der Priester formulieren. Das Verbot von alkoholischen Rauschgetränken dient also nicht nur dem Status der Heiligkeit, in dem die Priester im Heiligtum Gott nahen sollen, sondern hat auch ganz praktische Gründe: Ein Hauptinhalt des Priesteramtes ist die Unterscheidung zwischen heilig und profan sowie zwischen rein und unrein sowie die lehrende Weitergabe aller göttlichen Satzungen an die Israeliten (s. auch Ez 44,23). Diese wesentlichen Tätigkeiten in trunkenem Zustand aus-

Die Kernaufgabe der Priester

zuüben, ist undenkbar (s. die Missbilligung in Jes 28,7). Ez 22,26 beklagt in prophetischer Kritik, dass die Priester in genau dieser in Lev 10,10–11 beschriebenen Kernaufgabe versagt bzw. ihr bewusst zuwider gehandelt haben und so Gott in ihrer Mitte »entweiht« wurde (s. *J. L'Hour,* L'Impur II, 47).

Unterscheidungen

Die Unterscheidung zwischen heilig und profan, rein und unrein bedeutet auch Abgrenzung und Absonderung – sie betreffen Orte und Dinge, Tiere und Menschen. Es gibt heilige Bereiche, sogar in gestuftem Sinne bis hin zum Allerheiligsten; es gibt heilige Gewänder und Geräte, die ausschließlich für kultische Zwecke bestimmt sind und geheiligt wurden; es gibt reine und unreine Tiere, v.a. im Blick auf die Verwendung als Opfertiere oder auf die Speisevorschriften (Lev 11); und auch Menschen werden für ihren heiligen Dienst ausgesondert und geheiligt (s. z.B. die Priesterordination in Lev 8). *Gerstenberger,* 115, sieht hier sogar eine anthropologische Grundkonstante, »die Menschen zwingt, zwischen sich und den anderen Gräben zu ziehen und den so eingegrenzten eigenen Bereich für ›heilig‹ oder ›den besten‹ zu erklären«. Die Trennungen müssen klar und deutlich sein, denn nur was unterschieden ist, kann sich begegnen: Nur wenn die Grenzen klar sind, kann der Mensch mit dem Heiligen kommunizieren (*C. Dohmen,* Exodus 19–40, 66–67). Sind die Unterscheidungen verwischt oder aufgehoben, ist alles »gleich-gültig«. Das vorausgehende Vorbild für die Absonderung des Heiligen und Reinen ist die Erwählung Israels durch JHWH als »heiliges Volk« (Ex 19,5–6), wie sie auch als Begründung und Motivation für die Einhaltung bestimmter Vorschriften in Lev 20,24–26 formuliert wird: »Ich (bin) JHWH, euer Gott, der ich euch von den (anderen) Völkern unterscheide. [25]Und ihr sollt unterscheiden zwischen dem reinem Vieh und dem unreinen und zwischen den unreinen Vögeln und den reinen, damit ihr euch nicht selbst durch Vieh und Vögel abscheulich macht und durch alles, das sich auf der Erde regt, das ich für euch als unrein unterschieden habe. [26]Und ihr sollt mir heilig sein, denn heilig (bin) ich, JHWH. Und ich habe euch von den (anderen) Völkern unterschieden, damit ihr mir gehört«. Wenn Israel mit Hilfe der Priester somit im alltäglichen und im kultischen Leben strenge Unterscheidungen trifft, so spiegelt dies letztlich die Aussonderung Israels von den Völkern wider (*Rendtorff,* 315–316).

Lehren

Die zweite, eng mit der ersten verbundene Kernaufgabe der Priester ist die Lehre – v.a. die Unterscheidungen von heilig und profan, rein und unrein sind Gegenstand dieser Lehre (Ez 44,23; s. *R. Achenbach,* Versagen, 68; *C. Frevel,* Mose, 121–123). Was die Priester lehren sollen, wird ebenfalls deutlich gesagt: nicht ihre eigenen Ideen oder Forschungen, sondern »alle Satzungen (חקים), die JHWH zu euch durch Mose gesprochen hat«. Das von Mose vermittelte Gotteswort ist Gegenstand und Curriculum der Lehre der Priester. Die Formulierung »auf dass ihr lehren könnt« (להורת, *l*^{e}*-hōrot*) ist im Hebräischen eng mit dem Begriff »Tora« (תורה; *tōrā*) verwandt. Die Erteilung, Vermittlung und Lehre von Tora ist also eine, wenn nicht *die* wesentliche Hauptaufgabe der Priester. Umso schlimmer ist es, wenn die Priester gerade auf diesem Gebiet versagen, wie Mal 2,1–9 beklagen muss (s. *T. Hieke,* Kult und Ethos, 39–40; s. auch Jer 18,18; Hos 4,6). Erneut wird also die hohe Verantwortung der Priester für den Schutz und die Aufrechterhaltung der kultischen Ordnung betont, die die Lebensgrundlage Israels und seines gesellschaftlichen Lebens darstellt (zu diachronen Vermutungen in der Entwicklung der katechetischen Aufgabe der Priester s. *Gerstenberger,* 114). – Besonders bemerkenswert ist in diesem Zusammenhang die Beobachtung, dass sich Israel hier deutlich von seiner Umwelt abhebt: Im Unterschied zu den altägyptischen und altorientalischen Verhältnissen, in denen der Kult ausschließlich der Bereich der Priester ist und dieser als Geheimwelt streng vom gemeinen Volk ferngehalten wird, gibt es in Israel keine Arkandisziplin und keine Geheimlehren; im Gegenteil, die Priester haben die Aufgabe, das Volk (die Nicht-Priester) über die Vorschriften hinsichtlich von Kult und Opfer aufzuklären und sie entsprechend zu instruieren (*Milgrom,* 617 und 143–144; *B. Jürgens,* Heiligkeit, 291).

Keine Geheimlehre

V 12–15 Der folgende Abschnitt behandelt ergänzende und wiederholende Vorschriften zu den Priesteranteilen von den Feueropfergaben JHWHs – man beachte, dass der »achte Tag« mit den ersten Opfern zur Kultinauguration
V 12 immer noch nicht beendet ist. Markiert ist der Absatz durch einen Wechsel der Redeperspektive: Während in V 8–11 JHWH direkt zu Aaron spricht, ist es in V 12–15 Mose, der sich an Aaron, Eleasar und Itamar wendet (*C. Frevel,* Mose, 124). Ab V 16 wird die erzählende Haltung wieder aufgegriffen und nach allgemeinen Bestimmungen wieder zur konkreten Situation von
12b–13 V 1–7 zurückgelenkt. Der erste Teil des Abschnitts V 12–15 betrifft die Speiseopfergabe (s. das Glossar). In den grundsätzlichen Regelungen in Lev 2 wird nur angedeutet, dass das Übrige von der Speiseopfergabe als etwas Hochheiliges Aaron und seinen Söhnen gehört (Lev 2,3.10). Bekanntlich wird von der Speiseopfergabe nur eine Handvoll als »Gedächtnisanteil« verbrannt, während das Übrige (also der überwiegende Teil) als Einkommen den Priestern zusteht. Lev 2 sagt aber noch nichts über die konkrete Verwendung. Erst in Lev 6,7–11 wird genauer geregelt, dass die Speiseopfergabe ungesäuert zubereitet werden soll und der »Rest« von allen männlichen Angehörigen der aaronidischen Priesterschaft gegessen werden darf – und zwar an einem heiligen Ort, wie es in Lev 6,9 und 10,13 nahezu wörtlich identisch heißt. Spezifiziert wird der heilige Ort in 6,9 als »Vorhof des Zeltes der Begegnung«, in 10,12c als »neben dem Altar«. Sowohl in Lev 6 als auch Lev 10 wird festgelegt, dass die »Reste« der Speiseopfergabe den Priestern als Anteil gehören und dass dies eine ewige Satzung für die Generationen Israels sein soll. Lev 10,12–13 scheint also deutlich auf Lev 6 zurückzugehen. Der Grund, warum hier von der Speiseopfergabe gesprochen wird, könnte darin liegen, dass in Lev 9, bei den ersten Opfern, immer genau angegeben wird, was mit den Resten der Opfermaterie zu geschehen hat – nur

Ergänzende Vorschriften zu den Priesteranteilen von den Feueropfern

Speiseopfergabe

nicht bei der Speiseopfergabe von Lev 9,17. Diese Lücke in Lev 9 schließt nun Lev 10,12–13 (*Rendtorff*, 317). – Bestimmte rabbinische Auslegungen (s. *Raschi*, 300) beziehen diese Speiseopfergabe auf die vom achten Tag, von der in Lev 9,17 die Rede ist, und sehen diese als eine einmalige Speiseopfergabe an, die später nicht wiederholt wurde. Daher müsse von Mose gelehrt werden, dass sie wie die »normale« Speiseopfergabe zu behandeln sei.

Emporhebungsgabe und Erhebungsgabe

Ebenso wie bei der Speiseopfergabe von Lev 9,17 wird auch in 9,21 zwar von der Emporhebungsgabe (dem Vollzug des Rituals, s. das Glossar) gesprochen, nicht aber von der weiteren Verwendung dieser Teile des Opfertieres, die ja nicht verbrannt werden. Daher tragen V 14–15 die Bestimmungen nach, dass Bruststück und Schenkelkeule, die von den Heilsgemeinschaftsopfern stammen, von allen Angehörigen der aaronidischen Linie (auch den Töchtern!) an einem reinen Ort verzehrt werden sollen. Diese Bestimmung ist aus Lev 7,34 bereits bekannt. Hier kommt noch ein kleiner, aber sehr wichtiger Aspekt hinzu: Diese Anteile werden von den Heilsgemeinschaftsopfern genommen und sind nicht »hochheilig« (anders die Speiseopfergabe, s. o.). Aufgrund dieses niedrigeren Grades an Heiligkeit ist es möglich, dass auch die weiblichen Familienangehörigen der Aaroniden davon essen dürfen. Hier ist nicht an ein Priesterdasein oder Priesteramt für Töchter gedacht, sondern eher daran, dass die weiblichen Angehörigen der Priester von den Opfergaben der Israeliten essen dürfen – wie sollte auch der Unterhalt der weiblichen Angehörigen der Priester anders zustande kommen, da die Priester als »Leviten« kein Land besitzen? LXX präzisiert die Formulierung und hat anstelle der Töchter »dein Haus (= Familie)« (s. Zur Übersetzung). Als Platz ist ein »reiner« Ort vorgesehen, und das kann zunächst das Lager sein (*bZevahim* 55a; *Raschi*, 300). Da nach Lev 22,11 auch die Sklaven, die ein Priester mit Geld erworben hat, von diesen Speisen essen dürfen, wird es naheliegen, unter dem »reinen Ort« das Haus des Priesters zu verstehen (*Milgrom*, 619). V 15 betont nochmals den Opferhergang und die dahinterstehende Auffassung (die theologische Deutung von Opfer und Priesteranteilen). Die Priesteranteile werden zunächst auf die zu verbrennenden Fettteile der Opfertiere gelegt, um den Kontakt herzustellen: Alles ist die eine Gabe der Israeliten an JHWH, was auch der Emporhebungsritus erneut unterstreicht. Dann aber gibt JHWH von den Gaben der Israeliten den Priestern und ihren Familien ihren Anteil am Fleisch in Form von Bruststück und Schenkelkeule zurück. Beide Ergänzungen, die zur Speiseopfergabe wie die zu Emporhebungsgabe und Erhebungsgabe, werden jeweils mit einer variierten Gebotsformel (V 13 und V 15) abgeschlossen: Auch diese Vorschriften werden ausdrücklich als von JHWH ergangen gekennzeichnet.

V 14–15 · Reiner Ort · V 15

Aarons kompetente Entscheidung

Der Schlussabschnitt des zehnten Kapitels kommt nach den eher allgemein und grundsätzlich orientierten Weisungen in V 8–15 wieder auf die Erzählung vom Anfang zurück. Dabei ist dieser dialogische Teil doppel- V 16–20 bödig und äußerst hintergründig (einen etwas rätselhaften Nachhall findet man in 2 Makk 2,11, wo aber dem Kontext nach das göttliche Feuer im Vordergrund steht). Auf den ersten Blick handelt es sich beim letzten Teil von Lev 10 um ein übellauniges Streitgespräch zwischen Mose, den Aaronsöhnen Eleasar und Itamar sowie ihrem Vater Aaron über ein kultorganisatorisches Detail. Im Gesamtkontext betrachtet geht es aber wieder um das Grundsätzliche, nämlich wie die Priesterschaft in außergewöhnlichen Fällen, die nicht in der Ritualgesetzgebung vorgesehen sind, auf der Basis der göttlichen Weisung kompetent urteilen können (*C. Frevel*, Mose, 124–125).

V 16–18 Der Vorwurf des Mose

Dazu muss man sich die Details genau anschauen. Die Erzählung greift die Szenerie der ersten Opfer auf: Mose will das Nadab-und-Abihu-Ereignis schnellstmöglich hinter sich bringen und sucht nach den Überresten des Bockes des Entsündigungsopfers, von dem in Lev 9,15 nur sehr knapp die Rede war. Dieses Entsündigungsopfer ist in mehrfacher Hinsicht etwas Besonderes, was aus der Situation der Inauguration des Kultes erklärbar ist (s. die Auslegung zu Lev 9,11). Es ist nicht das »normale« Entsündigungsopfer für die ganze Gemeinde Israels, das ja bei unbeabsichtigtem Fehlverhalten der Gemeinde darzubringen ist und als Opfertier einen Stier erfordert, dessen Blut in das Heiligtum hineingebracht wird und dessen Überreste vor dem Lager verbrannt werden (Lev 4,13–21). In Lev 9,15 wird ein Bock als Opfertier genommen, und dessen Blut wird nicht in das Heiligtum gebracht. Aufgrund dieser Konstellation müssen nach Lev 6,17–23 die Priester, die dieses Entsündigungsopfer ausführen, das Fleisch als etwas Hochheiliges an einem heiligen Ort essen (*A. Ruwe*, Reden, 189). Die Ausführung dieser Vorschrift will nun Mose in Fortsetzung von Lev 9,15 durchsetzen, daher sucht er nach dem Fleisch (דרשׁ, *drš*, »fragen, untersuchen« als Fachbegriff für die Untersuchung eines Rechtsfalls, *C. Frevel*, Mose, 125). Mose muss feststellen, dass das Fleisch verbrannt worden ist. So wird er wegen dieses »Fehlers« zornig (*Rendtorff*, 318), aber sein Zorn richtet sich nicht gegen Aaron, sondern gegen dessen übrig gebliebene Söhne Eleasar und Itamar. Nimmt Mose noch auf Aarons Schmerz über den Verlust zweier Söhne Rücksicht? Will er Aarons Ehre schonen? (so *Raschi*, 300) – Die Frage muss offen bleiben. Die Antwort wird dann Aaron für seine Söhne geben (s. u.). Die zornige Rede des Mose in V 17–18 greift die genannten Vorschriften auf (V 17 insbesondere Lev 6,19; V 18 Lev 6,23 im Umkehrschluss). Hinzu kommt aber noch eine theologische Deutung des Entsündigungsopfers und des damit verbundenen Fleischverzehrs: »JHWH hat es euch gegeben, um die Sündenlast der Gemeinde zu tragen, um für sie Versöhnung vor JHWH zu erwirken«. Dieser Satz betont mehrere Aspekte: (1) Das gesamte Ritual in seinen Vorschriften und Nuancen ist von JHWH gegeben worden: Es ist keine menschliche Erfindung, kein von Mose ausgedachtes Schauspiel, sondern eine göttliche Institution als wohlwollende und heilbringende *Gabe*. (2) Sinn und Ziel dieser Gabe, dieses Rituals ist das »Tragen der Sündenlast der Gemeinde«. Das Tragen der Sündenlast (נשא עון) hat mehrere unterschiedliche Bedeutungen, so z. B. auch, dass eine Person Schuld auf sich lädt und diese Schuld tragen muss (z. B. Kain in Gen 4,13). Das kann bedeuten, dass diese Person mit ihrer Schuld vor Gott in der Verantwortung steht und es Gott überlassen wird, das Strafmaß und die Art der Strafe festzusetzen (z. B. Lev 5,1; 7,18; 17,16; 19,8; 20,17.19; Num 5,31; 30,16). In solchen Fällen handelt es sich um eine Strafsanktion außerhalb des von Menschen justiziablen Bereichs. Darum geht es in V 17 nicht: נשא, »tragen«, ist hier im Sinne von »wegtragen, wegschaffen« zu verstehen (*Levine*, 63). Das Ritual des Entsündigungsopfers dient dazu, dass die Priester damit die Sündenlast der Gemeinde (alles, was sie von Gott trennt) wegschaffen. Vielleicht steht dahinter auch die Vorstellung, dass dadurch, dass die Priester das Opferfleisch des Bockes aufessen, die »Sündenlast« vernichtet wird (*Milgrom*, 624, mit mehreren außerbiblischen Parallelen). Das »Tragen der Sündenlast« meint hier das Wegschaffen der durch die kollektive Verfehlung verursachten kultischen Verunreinigung des Heiligtums: Die Sündenlast der Gemeinde wird vom Heiligtum, dem Ort der göttlichen Gegenwart, durch das Handeln der Priester (Essen des Fleisches) entfernt. Dadurch geschieht »Versöhnung« (כפר, *kipper*) im Sinne der Wiederherstellung der heilvollen Kommunikation mit Gott (s. *B. J. Schwartz*, Bearing of Sin, 15–16; *C. Eberhart*, Studien, 166–167; *R. E. Gane*, Cult and Character, 100–104; *J. Sklar*, Sin, 93–95). Mit V 18 erinnert Mose nochmals an die Vorschrift von Lev 6,23. Die abschließende Wendung »so, wie ich es geboten habe« variiert die Gebotsformel (die antiken Versionen glätten die Variation, s. o., Zur Übersetzung) und stellt erzähltechnisch heraus, wie sehr sich Mose mit der göttlichen Weisung identifiziert. Mose schildert den Idealfall, wie er hätte stattfinden sollen, und ist zornig darüber, dass es nicht so wortgetreu durchgeführt wurde.

Die Antwort Aarons

Nun endlich schweigt Aaron nicht mehr. Konnte sein bisheriges Schwei- V 19
gen als Anerkenntnis der Deutung des Mose und als Zustimmung interpretiert werden, so weist nun der Priester Aaron den Gesetzgeber Mose (»wie ich geboten habe«!) in die Schranken. Dass dies der Ton der Unterredung ist, macht der Text formal durch das zweifache »Siehe« (הן, *hēn*) deutlich (*C. Frevel*, Mose, 126): Mose unterstreicht seinen Vorwurf mit dieser Interjektion in V 18, aber Aaron setzt seine Position mit gleichem Gewicht dagegen, wenn er in V 19b seine Rede mit eben diesem »Siehe« beginnt (*Milgrom*, 626). Aaron argumentiert im Kern so: Er weist darauf hin, dass das Ereignis um Nadab und Abihu, das hier nur mit »Derartiges« (כאלה, *kā-ʾēllæ*) umschrieben bzw. angedeutet wird, während der Opferriten eintrat und damit eine neue Situation heraufbeschworen hat. In dieser außergewöhnlichen Situation erscheint ihm – und Mose pflichtet ihm letztlich bei – die normale Fortsetzung der Riten mit dem Opfermahl nicht mehr tragbar. Über die Argumentation Aarons hinaus ist zu berücksichtigen, dass durch

die Leichen von Nadab und Abihu der Ort nicht mehr rein und so ein normaler Vollzug des Verzehrs des Opfers »am heiligen/reinen Ort« nicht mehr möglich ist. Schließlich gibt *Milgrom*, 639, zu bedenken, dass durch das Essen des Fleisches des Opfertieres des Entsündigungsopfers das vernichtet wird, was sich als störend und verunreinigend zwischen Gott und Mensch stellt (s. o.) – doch der Tod von Nadab und Abihu hat das Heiligtum so verunreinigt, dass es wohl gefährlich und unerlaubt wäre, das Fleisch des Entsündigungsopfers, das derart mit Unreinheit beladen ist, zu essen. Das ungewöhnliche Ereignis und die Leichen im Heiligtum lassen aus dem normalen Entsündigungsopfer, dessen Fleisch zu essen ist, ein im Stufensystem von Lev 4–5 höherrangiges Entsündigungsopfer werden, dessen Fleisch entsprechend zu verbrennen ist (auch wenn sein Blut nicht in das Heiligtum gebracht wurde).

Als Formulierung für das zu lösende kultrechtliche Problem wählt Aaron die suggestive rhetorische Frage: »wäre das in den Augen JHWHs gut gewesen?«. Paraphrasiert könnte man sagen: Wäre es vor Gott in Ordnung, nach dem Vorfall einfach so weiter zu machen wie bisher bzw. wie normalerweise vorgeschrieben ist? Dieser Argumentation kann man sich nicht entziehen. Aaron erweist sich als kompetenter Priester, der in einer neuen, bisher nicht vorgekommenen Situation flexibel reagiert und eine entsprechende andere Weisung gibt (s. auch *J. W. Watts*, Ritual Rhetoric, 312–313; *M. Himmelfarb*, Priests, 36–37; *C. Frevel*, Mose, 127).

Das Einverständnis des Mose

V 20 Auch Mose, der Offenbarungsmittler, kann darauf nichts mehr entgegnen, und so ist es an ihm, zustimmend zu schweigen. Mose billigt also im Nachhinein die Entscheidung Aarons, von der üblichen (vorgeschriebenen) Vorgehensweise abzuweichen und auf das Opfermahl zu verzichten, also den Bock ganz zu verbrennen. Das Einverständnis des Mose wird mit der gleichen Formulierung ausgedrückt, die Aaron vorher für JHWH verwendete: Wenn er fragt »wäre das in den Augen JHWHs gut gewesen?«, dann kann man im Umkehrschluss paraphrasieren, dass das, was Aaron getan hat (nämlich von der Vorschrift abzuweichen), in den Augen JHWHs gut war. Und so muss auch Mose, der JHWHs Sprachrohr ist, zugeben, dass es in seinen Augen gut war. Der tiefere Sinn dieses Streitdialogs zwischen Mose und Aaron besteht letztlich darin zu zeigen, dass außergewöhnliche Situationen auch außergewöhnliche Maßnahmen erfordern und dass von daher die Kompetenz der Priester nicht darin erschöpft ist, die Weisungen nur buchstabengetreu auszuführen – das sollen sie tun, wann immer es sinnvoll ist. Wenn neue Situationen und Schwierigkeiten auftreten, sind sie befugt und in der Pflicht, aus der Weisung Gottes eine kompetent angepasste Lösung des Problems abzuleiten. Genau das macht Aaron hier, wenn er unter dem Eindruck des dramatischen Ereignisses um Nadab und Abihu nicht die Regel von Lev 6,19–23 anwendet, die vorsieht, dass der geopferte Bock von den Priestern am heiligen Ort verspeist wird, sondern die Weisung von Lev

4,21 umsetzt, laut der das Opfertier (dort ein Stier, hier transformiert auf einen Bock) als Entsündigungsopfer für die ganze Gemeinde außerhalb des Lagers verbrannt werden muss. So wird schon innerhalb der Tora, ja innerhalb der Opfervorschriften von Levitikus deutlich, dass alle diese Texte, so präzise sie zunächst auch scheinen mögen, dennoch immer der Auslegung bedürfen und zur Auslegung gegeben sind. Von hier her erweist sich Lev 10 insgesamt geradezu als »founding legend of priestly exegesis« (*C. Nihan*, Priestly Torah, 602; zustimmend *Watts*, 517). Der Diskurs zwischen Mose und Aaron und dessen Lösung ist ein Paradebeispiel für das Abwägen unterschiedlicher Interpretationen und das Ringen um die Bedeutungen der Texte: »What emerges here, therefore, is nothing less than the scriptural foundation of midrashic exegesis« (ebd., 604; *C. Frevel*, Mose, 130; ähnlich *A. Ruwe*, Reden, 190: »priesterliche[s] Mitgestaltungsrecht an der mosaischen Tradition«; s. auch *J. W. Watts*, Ritual and Rhetoric, 114–118; *Watts*, 505). Der Endredaktor des Buches Levitikus, der (so Nihan) dieses Kapitel als inhaltlichen Abschluss komponiert hat, hat damit den Weg der priesterlichen Aufgabe der Interpretation und Kommentierung der Heiligen Schrift gewiesen, und so wird »Levitikus« in der jüdischen Tradition als *Torat Kohanim* – »Lehre der Priester« – bezeichnet.

founding legend of priestly exegesis

Rezeption und Bedeutung

Überblick

Die Kapitel Lev 8–10 schildern die praktische Umsetzung der Opferweisungen von Lev 1–7: Die Bereitstellung von Gerätschaften und Personal (Priesterordination) ermöglicht die Inbetriebnahme des Kultes, und das Volk jubelt über die Akzeptanz der ersten Opfer. Dann jedoch entsteht durch die Erzählung des dramatischen Todes von Nadab und Abihu ein starker Kontrast zum idealtypischen Kult. Diese Geschichte hat im Laufe der Rezeption vielfältige Interpretationen erfahren.

Judentum

Die rabbinische Literatur entwickelt einen ganzen Katalog von Punkten des Fehlverhaltens von Nadab und Abihu, um die heftige Strafreaktion Gottes zu erklären (s. z. B. *Levitikus Rabba* 20 [Üs. Wünsche, 134–136]; *Milgrom*, 633–634). Es gibt jedoch auch Stimmen, die die beiden Aaron-Söhne in einem positiven Licht sehen (s. *R. Kirschner*, Exegesis, 381–385; *S. E. Karff*, Silence, 106–109; zur Diskussion in den Targumim, bei Josephus und Philo sowie in der rabbinischen Literatur und der neueren Forschung s. *P. Heger*, Development, 53–88; *D. Flusser*, Nadab, 289–296; *Milgrom*, 634–635). – *Raschi*, 299, verweist auf eine Meinung im Talmud (*bZevahim* 115b), die Nadab und Abihu als die Geehrten Gottes ansieht (durch Änderung der Punktation in Ex 29,43 von בִּכְבֹדִי, »meine Herrlichkeit« auf בִּכְבֻדָי, »meine Geehrten«; s. *D. Flusser*, Nadab, 293). In dieser Sicht wird der Tod von Nadab und Abihu als Aufnahme in die Herrlichkeit Gottes interpretiert bzw. ihr Tod als ein Opfer gesehen, das die Heiligkeit und Herrlichkeit Gottes umso glanzvoller herausstreicht: Wenn der Heilige, gepriesen sei er, die Frommen richtet, wird er gefürchtet, erhoben und gepriesen. Aarons Schweigen anerkennt diese Demonstration der Herrlichkeit Gottes – und dafür bekommt er großen Lohn. Dieser Lohn besteht darin, dass er das Privileg erhält, ab V 8 direkt von JHWH angesprochen zu werden. – Eine ähnlich positive Sicht von Nadab und Abihu vertritt Philo von Alexandria. In seiner allegorischen Toraauslegung (*Legum allegoriarum* 2,57–58; s. auch *De fuga et inventione* 59,2; *De somniis* 2,67,2) führt er aus, dass Nadab und Abihu sich im spirituellen Sinne Gott näherten und dabei die Kleider, die als das Unvernünftige das Vernünftige (den Menschen selbst) in Schatten hüllen, auszogen, um alle irdischen Bindungen hinter sich zu lassen, und in dieser geistlichen Nacktheit traten sie vor Gott und verloren ihr sterbliches Leben, um Anteil an der Unsterblichkeit zu erhalten (s. *R. Kirschner*, Exegesis, 385–391; *D. Flusser*, Nadab, 290–291; *Milgrom*, 604.634–635; *Staubli*, 86; *Plaut/Bamberger*, 94). So erklärt Philo auch, wieso die Kleider der beiden nicht verbrannt sind und man ihre Leichen in ihren eigenen Kleidern hinausbringen konnte. – Die Rezeption der Nadab-Abihu-Geschichte im Frühjudentum, insbesondere bei Josephus (*Ant.* 3,208–211), untersucht auch *C. T. Begg*, Death, 155–167. Josephus konzentriert sich v. a. auf die Figur Aarons, sein Leiden an der Situation und seine angemessene Reaktion (ebd., 162). – Beispiele für eine spirituelle Auslegung im heutigen Judentum gibt *J. M. Cohen*, Acharei Mot, 51–54: Das »fremde Feuer« Nadabs und Abihus sei ihr egoistischer Wunsch nach eigenen spirituellen Erfahrungen gewesen, um sich von der Gemeinde abzusetzen. In Analogie dazu seien esoterische Bewegungen wie ein säkularer Kabbala-Mystizismus und andere privatreligiöse Tendenzen zu sehen.

Christentum

In der frühchristlichen Auslegung wird das »fremde Feuer« auf die Taufe durch die Häretiker (»fremdes Wasser«) gedeutet und demgegenüber betont, an den von Gott geoffenbarten Traditionen festzuhalten und nicht von Menschen erfundenen Lehren zu folgen (Cyprian, s. *Lienhard*, 174–175).

Beseitigung eines Missverständnisses

Die in diesem Kommentar vorgelegte Interpretation der dramatischen Geschichte mit zwei Toten besteht in der Annahme, dass einem möglichen Missverständnis ein Riegel vorgeschoben wird. Dieses Missverständnis könnte gerade durch die Regelhaftigkeit und Detailtreue der Vorschriften von Lev 1–7 und die idealtypische, Schritt für Schritt fortschreitende reibungslose Umsetzung in Lev 8–9, die in der erhofften Konsequenz, nämlich in der wohlgefälligen Annahme der Opfer durch JHWH gipfelt, ausgelöst werden. Es könnte daraus die irrige Meinung aufkeimen, mit diesen Ritualen Gott manipulieren zu können oder vor ihm Ansprüche zu erwerben. Gott kommt mit diesen Vorschriften den Menschen sehr nahe, indem er die Zusage gibt, bei korrekter Durchführung der Opfer (wobei die Korrektheit die innere Gesinnung der Opfernden widerspiegelt) Vergebung zu gewähren und seine heilvolle Nähe spüren zu lassen. So sollen die Priester durch die Rituale »Versöhnung erwirken« *(kipper)*. Nun darf das aber nicht so verstanden werden, als könnten die Priester das immer und zu jeder Zeit einfach »machen« (gleichsam »produzieren«). Es funktioniert nicht nach der Weise eines simplen »do ut des«: Ich, der Mensch, gebe (nämlich mein Opfer), damit du, Gott, mir dafür Heil gibst. Bei aller heilvollen Zusage Gottes bleibt Gott dennoch souverän, unverfügbar, unergründlich. Nadab und Abihu haben einen hohen Preis zahlen müssen, damit die Israeliten (die Menschen insgesamt?) diese Lektion verstehen. Sie opferten ihr Leben, so erzählt es die Geschichte, damit die Lesenden und Hörenden nicht dem Irrglauben verfallen, mit ein paar magischen Riten (Weihrauchschwenken z. B.) und geschlachteten Tieren Gott für sich einnehmen zu können.

Gottes Souveränität

Antijüdische Polemik

Dass es dieses Missverständnis tatsächlich gab und womöglich immer noch gibt, zeigt die bisweilen zu beobachtende Geringschätzigkeit oder Missachtung, mit der insbesondere aus christlicher Sicht auf diese Kapitel geblickt wird. Hat nicht manche antijüdische Polemik den israelitisch-jüdischen Glauben darauf verkürzt, hier würden nur Gesetze befolgt, nur der Buchstabe getreu ausgeführt, ohne jeglichen Geist? Besteht nicht die Gefahr, die Religion der hebräischen Bibel darauf zu reduzieren, sich mit Opfern vor Gott etwas verdienen zu wollen oder sich das Wohlergehen vor Gott/von Gott erkaufen zu wollen?

Gott und Mensch

Gerade die Abfolge von Lev 1–10 mit dem dramatischen Höhepunkt der Nadab-und-Abihu-Geschichte setzt diesen Überlegungen und Missverständnissen ein Ende. Das sorgfältig aufgebaute Gefüge von Opfer, Versöhnung und Vergebung ist eben »kein automatisch wirkendes System« (*Rendtorff*, 320). Vielmehr geht es immer um die Frage des menschlichen Lebens vor dem heiligen Gott, um das grundlegende menschliche Bewusstsein, zu einem verantwortlichen und integren (wenn man so will, »heiligen«) Leben berufen zu sein und dennoch vor diesem Anspruch (und vor dem lebendigen Gott) immer wieder zu scheitern, sowohl durch bewusste Sünden im moralischen Sinne als auch durch unbewusste Verfehlungen, die einem im Nachhinein bewusst werden – so oder so steht die Sündenlast als Störung des Lebens vor Gott im Raum. Doch der lebendige Gott selbst ermöglicht die Beseitigung dieser Störungen und bietet Rituale an, die die Kommunikation wieder ins Lot bringen – die Opferhandlungen der Priester ermöglichen einen ständigen Neuanfang der Gemeinschaft mit Gott. Umso schlimmer ist es, wenn die, die zur Aufrechterhaltung und Wiederherstellung der Kommunikation mit dem heiligen Gott berufen und ausgesondert (geheiligt, geweiht) sind, scheitern und versagen – der Tod Nadabs und Abihus zeigt die tiefe Erschütterung, die solches Versagen mit sich bringt. Das Verhältnis zwischen den profanen Menschen in ihrer Schwachheit und dem

Versöhnung mit Gott

heiligen Gott in seiner Vollkommenheit bleibt ein problematisches und darf im Interesse beider Parteien nicht nivelliert werden: Der Mensch muss seine Verantwortlichkeit behalten und darf nicht generell amnestiert werden, sonst würde alles menschliche Verhalten gleich-gültig und damit wert(e)-los. Gott muss die Macht zum strafenden Schaffen von Gerechtigkeit behalten und darf nicht auf einen aufgrund seiner Liebe ohnmächtigen Gott reduziert werden. Wenn aber die Differenz zwischen Mensch und Gott so wichtig ist, bleibt die Frage ihrer Überbrückung spannend. Diese Überbrückung, die wir auch Versöhnung nennen können, ist möglich und nötig. *Ein* möglicher Ausdruck der bittenden Hinwendung des Menschen zu Gott und Gottes gnädige Vergebung ist der große Versöhnungstag *(yōm hakippurīm)*, wie er in der Mitte der Tora in Lev 16 beschrieben wird. Dieser jährliche Brückenschlag ist nötig, weil trotz aller Rituale und Opfer die Beziehung zwischen Mensch und Gott ständiger Gefährdung unterliegt – auch von innen heraus durch das Versagen derer, die Gott am nächsten stehen, wie die Nadab-und-Abihu-Geschichte zeigt. Daher beginnt das Kapitel vom Versöhnungstag auch mit einer Erinnerung an dieses Ereignis (*Rendtorff*, 321).

3. Levitikus 11–15: Reinheit im Alltag

Kontext und Komposition

Der Ort im Buchganzen

Die Kapitel 11 bis 15 nehmen im Gesamtaufbau des Levitikusbuches eine Zwischenstellung ein: Ihnen geht die komplexe Geschichte der Einrichtung des Kultes mitsamt den Opfervorschriften voraus – und ihnen folgt wieder ein Abschnitt über den Kult am Heiligtum: die rituelle Versöhnung am großen Versöhnungstag, die von der Begrifflichkeit, der Thematik und den Riten deutlich an Lev 4–5 (s. die Auslegung dort zu den Bezügen zu Lev 16) anknüpft. Dazwischen treten nun Vorschriften, die den/die Einzelne/n und den Alltag betreffen – aber auch darin geht es um Reinheit im Sinne von Tauglichkeit (zum Verzehr) und von der Fähigkeit bzw. Berechtigung, am Kult teilzunehmen. Terminologisch wird dies durch »rein« bzw. »unrein« (s. das Glossar) gefasst. Dies zu unterscheiden, wurde in Lev 10,10 als Hauptaufgabe der Priester bestimmt (s. dazu *Ramban*, 128–129). Dabei ist »rein« der Normalzustand. Nur wenn etwas Bestimmtes vorgefallen ist, tritt der Zustand »unrein« im Sinne von »(temporär) vom Kult ausgeschlossen« ein (s. z. B. *M. Douglas*, Leviticus as Literature, 151). Gegenstände, die weiterverwendet werden sollen, und natürlich Personen können durch bestimmte Praktiken (Waschungen und Abwarten von Zeitspannen, seltener Opfer) in den Kult reintegriert werden. Wichtig ist zu betonen, dass der Status »unrein« entgegen landläufiger Meinungen und auch bestimmter Auslegungstraditionen nicht zwingend und von vorneherein mit einem moralischen Makel belegt ist oder impliziert, dass eine moralische Verfehlung (Sünde im engeren Sinn) vorliegt (ebd., 152). Im Gegenteil, es geht in Lev 11–15 in aller Regel um Dinge, die im Alltag einfach geschehen und dennoch von Gott trennen bzw. eine Begegnung mit Gott unmöglich machen (oder nicht ratsam erscheinen lassen). Es wird nicht so getan, als sei nichts vorgefallen, vielmehr wird das Geschehene bzw. das Phänomen aus- und angesprochen sowie ein gangbarer Weg gewiesen, der zur seelischen wie kultischen Bewältigung dient und letztlich zur Wiedereingliederung in die Lebens- und Kultgemeinschaft führt. – Als mögliche psycho-biologische Hintergründe dieser Regelungen führt *T. Kazen*, Issues, 13–40, die Emotionen Ekel/Abscheu, Furcht/Angst und Gerechtigkeitssinn/Rechtsempfinden an (s. auch *T. Kazens* Monographie »Emotions in Biblical Law«).

Die fünf Kapitel sind durch unterschiedliche Inhalte, aber auch durch formale Schlusswendungen gegliedert: (1) Das elfte Kapitel wird durch mehrere Stufen abgeschlossen. V 44 beginnt mit allgemeinen Aussagen zur Heiligkeit Gottes und des Volkes, greift aber in der zweiten Hälfte noch auf das unmittelbar vorher genannte Kleingetier zurück. Dann setzt V 45 noch grundsätzlicher an mit dem Rückverweis auf die Befreiung des Volkes aus Ägypten und dessen Berufung zur Heiligkeit (Ex 19,5–6). V 46–47 schließen das eigentliche Thema des Kapitels mit der Toraformel (s. das Glossar) ab. Die inhaltliche Füllung der Toraformel fasst das Thema und Ziel dieses Kapitels zusammen: die Kategorisierung in reine und unreine bzw. zum Essen bestimmte und nicht zum Essen bestimmte Tiere. (2) Auch das folgende Kapitel, Lev 12, wird durch eine Toraformel (V 7) abgeschlossen, wodurch sich 12,8 als Nachtrag erweist. Inhaltlich sind die acht Verse sowohl gegenüber Lev 11 als auch 13–15 dadurch eigenständig, dass hier der besondere Fall einer Frau, die ein Kind geboren hat, behandelt wird. Gemeinsam mit dem Kontext ist aber das Thema des temporären Ausschlusses vom Kult (Stichwort »Unreinheit«). – Die Reihenfolge »Unreinheit bei den Tieren« (Lev 11) und »Unreinheit bei den Menschen« (Lev 12–15) wird als Bezug zur Reihenfolge bei der Erschaffung nach Gen 1 (Tiere – Menschen) gedeutet (*Raschi*, 307, mit Verweis auf *Levitikus Rabba* 14,1, s. *T. S. Philip*, Menstruation, 112).

Aufbau Lev 11 Lev 12

(3) Das 13. Kapitel wird zwar von einer Toraformel abgeschlossen (13,59), doch diese bezieht sich nur auf den zweiten Hauptfall des Kapitels, nämlich den Fall eines Anzeichens von »Aussatz« an von Menschen hergestellten textilen Geweben bzw. an von Menschen zu verschiedenen Zwecken genutzten Tierhäuten (13,47–58). Diese Oberflächenphänomene werden in Analogie zum ersten Hauptfall, den Hauterkrankungen des Menschen (13,2–46), kultisch beurteilt. Der Abschnitt über die Oberflächenphänomene an Menschen wird durch die Grundsatzbestimmungen zum Verhalten des Aussätzigen begrenzt (13,45–46). Die Toraformel für die Aussatzbestimmungen insgesamt folgt erst nach den Anordnungen über die kultische Reintegration des Geheilten in Lev 14,54–57. (4) Lev 14 ist durch eine Anredeformel in 14,33 sowie durch eine vorausgehende Toraformel in 14,32 in formaler Hinsicht, aber auch inhaltlich deutlich zweigeteilt (*T. Seidl*, Tora, 47): 14,1–32 befasst sich mit der kultischen und gesellschaftlichen Reintegration vom Aussatz geheilter Menschen; 14,33–53 wendet die Vorschriften von 13,1–14,32 in Analogie auf ungewöhnliche Phänomene an Häusern (aus heutiger Sicht: Schimmel- und Schwammbefall) an (in z.T. anderem Stil und anderer Diktion). 14,54–57 ist eine bündelnde Toraformel, die eine literarische Klammer um Lev 13–14 insgesamt bildet und alle wichtigen Stichworte wieder aufgreift (*T. Seidl*, Tora, 25–26). (5) Auch das Kapitel über die Ausflüsse aus den menschlichen Geschlechtsteilen (Lev 15) wird durch eine zusammenfassende Toraformel abgeschlossen (15,32–33).

Lev 13 Lev 14 Lev 15

Übersicht

Daraus ergibt sich folgende Übersicht:

Lev 11: Speisebestimmungen und unreine Tiere
Lev 12: Die kultische Reintegration einer Frau nach der Geburt eines Kindes
Lev 13: Ungewöhnliche Anzeichen an Oberflächen
Lev 14: Kultische Reintegration
  Lev 14,1–32: Kultische Reintegration geheilter Menschen
  Lev 14,33–57: Kultische Reintegration renovierter Häuser
Lev 15: Kultische Beurteilung von Ausflüssen aus den Genitalien

Inhaltlich fehlt hier noch die Reinigung (Reintegration) dessen, der sich an einer Leiche kultisch verunreinigt hat. Sie kommt erst in Num 19 und Lev 21,1–4 zur Sprache (s. die Auslegung zu Lev 21,1–4).

Zusammenhang der Kapitel

Damit steht die kultische Beurteilung der Tiere (Lev 11) vor der Behandlung von Phänomenen bei Menschen (Lev 12–15), wobei zu letzteren Analogiebildungen für Erscheinungen an Dingen (Textilien, Leder, Häuser) an der passenden Stelle integriert sind. Vom Ort des Phänomens (Geschlechtsorgane) würde Lev 15 an sich zu Lev 12 gehören, doch die Anordnung der Kapitel Lev 12–15 richtet sich wahrscheinlich nach der Dauer der kultischen Unreinheit und dem Aufwand der Purifikation in absteigender Reihenfolge (*Milgrom*, 905):

Lev 12	40 oder 80 Tage	2 Opfer
Lev 13–14	8 Tage	Spezieller Ritus, 4 Opfer, Salbung mit Öl
Lev 15	8 Tage	2 Opfer (bei abnormalen Ausflüssen)
	7 Tage	Kein Opfer (bei Menstruation)
	1 Tag	Kein Opfer (bei Samenerguss)

Auch wenn bestimmte geregelte Vorgehensweisen (»Rituale«) beschrieben werden, handelt es sich nicht um aufzuführende Ritualtexte, denn die sprachlichen Vollzüge werden genannt, aber nicht wörtlich zitiert (etwa im Sinne einer Deklaration »Du bist unrein« durch den Priester). Mithin handelt es sich eher um »Lesetexte« (*D. Erbele-Küster*, Körperbestimmungen, 220), die (vor)gelesen und zur Unterweisung verwendet wurden.

In Anlehnung an *J. Cazeaux*, La contre-épopée, 315, könnte man die Abfolge der Kapitel Lev 11 bis Lev 16 auch in folgender Weise veranschaulichen:

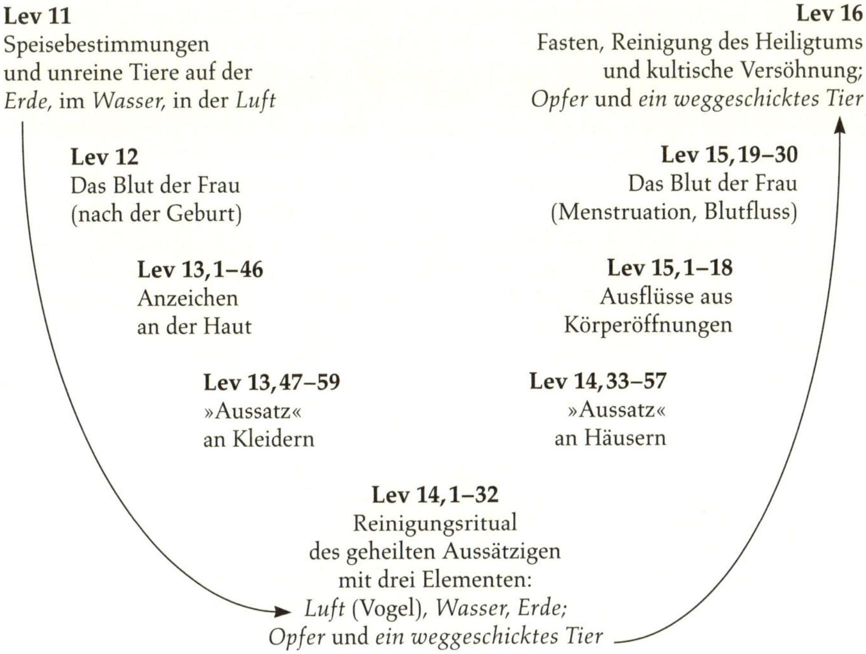

3.1 Levitikus 11,1–47: Speisebestimmungen und unreine Tiere

Literatur

Carroll, M. P., One More Time: Leviticus Revisited, in: Lang, B. (ed.), Anthropological Approaches to the Old Testament, Philadelphia/London 1985, 117–126. – *Douglas, M.*, Reinheit und Gefährdung. – *Douglas, M.*, Forbidden Animals. – *Douglas, M.*, Impurity of Land Animals, in: Poorthuis, M. J. H. M./Schwartz, J. (ed.), Purity and Holiness (2000), 33–45. – *Ego, B.*, Reinheit, 131–144. – *El-Huseny, A. El-Hamid M.*, Die inkonsequente Tabuisierung von Sus scrofa Linnaeus, 1758 im alten Ägypten. Seine ökonomische und religiöse Bedeutung, Berlin 2006. – *Firmage, B. E.*, The Biblical Dietary Laws and the Concept of Holiness, in: Emerton, J. A. (ed.), Studies in the Pentateuch (VT.S 41), Leiden 1990, 177–208. – *Gerstenberger, E. S.*, Speisetabus (Lev 11; Dtn 14). Ängste und Hoffnungen, in: Geiger, M. (Hg.), Essen und Trinken in der Bibel. Ein literarisches Festmahl für Rainer Kessler zum 65. Geburtstag, Gütersloh 2009, 179–195. – *Gies, K.*, Art. Speisegebote (AT): Das wissenschaftliche Bibellexikon im Internet (www.wibilex.de), August 2012. – *Houston, W. J.*, Purity and Monotheism: Clean and Unclean Animals in Biblical Law (JSOT.S 140), Sheffield 1993. – *Houston, W. J.*, Towards an Integrated Reading of the Dietary Laws of Leviticus, in: Rendtorff, R./Kugler, R. A. (ed.), Leviticus (2003), 142–161. – *Hübner, U.*,

Schweine, Schweineknochen und ein Speiseverbot im Alten Israel: VT 39, 1989, 225–236. – *Kazen, T.*, Emotions, 72–81. – *Kunin, S. D.*, We Think What We Eat: Neo-structuralist analysis of Israelite food rules and other cultural and textual practices (JSOT.S 412), London/New York 2004, 29–103. – *Loth, M.*, Aversion und Popularität. Die Ägypter und die Schweine, in: Valeske, V. u. a. (Hg.), Ägypten. Ein Tempel der Tiere, Berlin 2006, 42–44. – *Meshel, N. S.*, Pure, Impure, Permitted, Prohibited: A Study of Classification Systems in P, in: Schwartz, B. J. et al. (ed.), Perspectives on Purity (2008), 32–42. – *Meyer, E. E.*, Respect for Animal Life in the Book of Leviticus. How Green Were the Priestly Authors?: OTEs 24, 2011, 142–158. – *Milgrom, J.*, The Composition of Leviticus, Chapter 11, in: Anderson, G. A./Olyan, S. M. (ed.), Priesthood and Cult in Ancient Israel, Sheffield 1991, 182–191. – *Nihan, C.*, The Laws about Clean and Unclean Animals in Leviticus and Deuteronomy and Their Place in the Formation of the Pentateuch: Dozeman, T. B. et al. (ed.), The Pentateuch (FAT 78), Tübingen 2011, 401–432. – *Radner, K.*, Fressen und gefressen werden. Heuschrecken als Katastrophe und Delikatesse im Alten Vorderen Orient: WO 34, 2004, 7–22. – *Rost, L.*, Ein hethitisches Ritual gegen Familienzwist: Mitteilungen des Instituts für Orientforschung 1, 1953, 345–379. – *Rüterswörden, U.*, Concerning Deut 14, in: Finsterbusch, K./Lange, A. (ed.), What is Bible? (Contributions to Biblical Exegesis and Theology 67), Leuven 2012, 95–103. – *Trevaskis, L. M.*, Holiness, 47–107. – *Warning, W.*, Terminologische Verknüpfungen in Leviticus 11: BZ 46, 2002, 97–102. – *Wenham, G. J.*, The Theology of Unclean Food: EvQ 53, 1981, 6–15. – *Whitekettle, R.*, The Raven as Kind and Kinds of Ravens: A Study in the Zoological Nomenclature of Leviticus 11, 2–23: ZAW 117, 2005, 509–528. – *Whitekettle, R.*, One if by And: Conjunctions, Taxonomic Development, and the Animals of Leviticus 11, 26: ZAW 121, 2009, 481–497. – *Yahalom, G.*, The Pig's Testimony: Antiguo Oriente 5, 2007, 195–204. – Zu den Tiernamen s. auch die einschlägigen Artikel (nach der Lutherübersetzung) von *H. Frey-Anthes* und *P. Riede* in: Das wissenschaftliche Bibellexikon im Internet (www.wibilex.de) sowie die Wörterbücher, v. a. HALAT.

Text

Übersetzung

1 *Und JHWH sprach zu Mose und Aaron:*

2 *Sprecht zu den Israeliten:*

Dies (sind) die Tiere, die ihr von allem Vieh, das auf der Erde (ist), essen dürft.

3 *Alle Wiederkäuer unter dem Vieh mit einem Huf, und zwar mit einem Spalt gespaltenen Hufen, dürft ihr essen. –* 4 *Allerdings dürft ihr diese (Tiere) von den Wiederkäuern und denen mit einem Huf nicht essen:*

das Kamel, denn es ist (zwar) ein Wiederkäuer, hat aber keinen Huf – als unrein (gelte) es euch –

5 *der Klippschliefer, denn er ist (zwar) ein Wiederkäuer, aber er hat keinen Huf – als unrein (gelte) er euch –*

[6]der Hase, denn er ist (zwar) ein Wiederkäuer, aber er hat keinen
Huf – als unrein (gelte) er euch –
[7]das Schwein, denn es (hat zwar) einen Huf, und zwar einen mit
einem Spalt gespaltenen Huf, aber es käut nicht wieder – als un-
rein (gelte) es euch.
[8]Von ihrem Fleisch dürft ihr nicht essen und ihr Aas nicht berühren –
als unrein (sollen) sie euch (gelten).
[9]Und dies dürft ihr essen von allem, was im Wasser (ist): alle (Tiere),
die Flossen und Schuppen haben im Wasser, in den Meeren und in den
Flüssen – sie dürft ihr essen. [10]Aber alle (Tiere), die keine Flossen und
Schuppen haben in den Meeren und Flüssen, von allem Kleingetier
des Wassers und allen Lebewesen, die im Wasser (sind), (sollen) euch
als Abscheulichkeit (gelten). [11]Ja, eine Abscheulichkeit seien sie für
euch; von ihrem Fleisch sollt ihr nicht essen, und ihr Aas sollt ihr ver-
abscheuen. [12]Alles, was im Wasser keine Flossen und Schuppen hat,
(gelte) euch als Abscheulichkeit.
[13]Und diese sollt ihr von den Vögeln verabscheuen, sie sind nicht zum
Essen (bestimmt), als eine Abscheulichkeit (sollen) sie (gelten):
der Gänsegeier und der Bartgeier und der Mönchsgeier
[14]und der Rotmilan und der Schwarzmilan nach seiner Art
[15]und alle Raben nach ihrer Art
[16]und der Strauß und der Steinkauz und die Möwe und der Wan-
derfalke nach seiner Art
[17]und der Uhu und die Fischeule und die Waldohreule
[18]und die Schleiereule und der Waldkauz und der Schmutzgeier
[19]und der Storch und der Reiher nach seiner Art und der Wiede-
hopf und die Fledermaus.
[20]Alles geflügelte Kleingetier, das auf vier (Füßen) geht, (gelte) euch
als Abscheulichkeit. – [21]Allerdings dürft ihr dieses von allem geflügel-
tem Kleingetier, das auf vier (Füßen) geht, essen: das, was Beine (hat)
oberhalb seiner Füße, um mit ihnen auf der Erde zu hüpfen. [22]Und
diese von ihnen dürft ihr essen:
die Wanderheuschrecke nach ihrer Art
und die Solamheuschrecke nach ihrer Art
und die Chargolheuschrecke nach ihrer Art
und die Chagabheuschrecke nach ihrer Art.
[23]Aber alles (übrige) geflügelte Kleingetier, das vier Füße (hat), (gelte)
euch als Abscheulichkeit.

[24]Durch Folgendes macht ihr euch unrein. Jeder, der das Aas davon
berührt, wird unrein bis zum Abend. [25]Und jeder, der (etwas) von des-
sen Aas trägt, wasche seine Kleider und wird unrein bis zum Abend.

26Für jedes Vieh, das einen Huf hat, aber keinen mit einem Spalt gespaltenen, oder das nicht wiederkäut, (gilt:) Als unrein (sollen) sie euch (gelten). Jeder, der sie berührt, wird unrein.
27Und alles, was auf seinen Pfoten geht unter allen Tieren, die auf allen Vieren gehen, (gelte) euch als unrein. Jeder, der ihr Aas berührt, wird unrein bis zum Abend. 28Und wer ihr Aas trägt, wasche seine Kleider und wird unrein bis zum Abend. Als unrein (sollen) sie euch (gelten).
29Und diese (sollen) euch als unrein gelten unter dem Kleingetier, das auf der Erde wimmelt:

> *die Blindmaus und die Feldmaus und die Dornschwanzeidechse nach ihrer Art*
> *30und der Gecko und der Skink und die Mauereidechse und die Erzschleiche und das Chamäleon.*

31Sie (sollen) euch als unrein (gelten) unter allem Kleingetier. Jeder, der sie berührt, wenn sie tot sind, wird unrein bis zum Abend. 32Und jeder (Gegenstand), auf den (eines) von ihnen fällt, wenn sie tot sind, wird unrein, – jedes Holzgefäß oder Kleid oder (jede) Haut oder (jeder) Sack – jedes Gerät, mit dem man eine Arbeit verrichtet. Es werde ins Wasser getaucht, und es wird unrein bis zum Abend, (erst) dann wird es rein. 33Und jedes Tongefäß, in das (eines) von ihnen hineinfällt, (und) alles, was darin ist, wird unrein, und ihr sollt es (das Tongefäß) zerbrechen. 34Von jeder Speise, die zum Essen (bestimmt) ist (und) auf die Wasser aus einem solchen (Gefäß) kommt, (gilt): Sie wird unrein. Und jedes Getränk, das zum Trinken (bestimmt) ist: In einem jeglichen (solchen) Gefäß wird es unrein. 35Und alles, worauf etwas vom Aas dieser (Tiere) fällt, wird unrein. Ofen und Herd sollen niedergerissen werden, als unrein (sollen) sie (gelten), und unrein sollen sie für euch sein. 36Allerdings bleiben Quelle und Zisterne mit einem Wasserreservoir rein. Wer aber Aas von jenen (Tieren) berührt, wird unrein. 37Und wenn (etwas) von dem Aas von jenen (Tieren) auf irgendeinen Samen eines Saatguts, das gesät werden soll, fällt, (bleibt) er rein. 38Wenn aber Wasser auf den Samen gegeben wird und dann (etwas) von ihrem Aas darauf fällt, (gelte) er euch als unrein. 39Und wenn (ein Tier) von dem Vieh, das für euch Nahrung (ist), stirbt, wird derjenige, der sein Aas berührt, unrein bis zum Abend. 40Und wer (etwas) von seinem Aas isst, wasche seine Kleider; und er wird unrein bis zum Abend. Und wer dessen Aas trägt, wasche seine Kleider; und er wird unrein bis zum Abend.

41Und alles Kleingetier, das auf der Erde wimmelt, (ist) eine Abscheulichkeit. Es ist nicht zum Essen (bestimmt). 42Alles, was auf dem Bauch geht, und alles, was auf vier und mehr Füßen geht, kurz, alles

Kleingetier, das auf der Erde wimmelt, sollt ihr nicht essen, denn es ist eine Abscheulichkeit. [43]*Macht euch nicht selbst abscheulich durch irgendwelche (Tiere) von dem wimmelnden Kleingetier; und ihr sollt euch durch sie nicht unrein machen, indem ihr durch sie unrein werdet.*

[44]*Denn ich (bin) JHWH, euer Gott, ihr aber sollt euch heiligen und heilig werden, denn ich (bin) heilig. Und ihr sollt euch selbst nicht unrein machen durch all das Kleingetier, das sich auf der Erde regt.*

[45]*Denn ich (bin) JHWH, der euch aus dem Land Ägypten heraufgeführt hat, um euer Gott zu sein. Und ihr sollt heilig werden, denn ich (bin) heilig.*

[46]*Dies (ist) die Weisung für das Vieh und für die Vögel und für jedes Lebewesen, das sich im Wasser regt, und für jedes Wesen, das auf der Erde wimmelt,* [47]*auf dass unterschieden werde zwischen unrein und rein und zwischen den Tieren, die zum Essen (bestimmt) sind, und Tieren, die nicht zum Essen (bestimmt) sind.*

Zu Text und Übersetzung

1 לאמר אלהם bleibt unübersetzt. *Raschi,* 302, deutet die Eingangswendung so: Gott sprach zu Mose, damit der es Aaron sage, der es wiederum an seine Söhne Eleasar und Itamar (sie sieht *Raschi* hinter dem Pronomen אלהם) weitergeben solle.

3 Mit einem Huf, wörtlich: was einen Huf wachsen lässt. Die Konstruktion מפרסת פרסה ist eine Wurzelparonomasie aus dem Substantiv פרסה, *parsā,* Huf, und dem Partizip des davon abgeleiteten Verbs im H-Stamm. Die Targumim und *Raschi,* 302, sowie LXX (Spezialbegriff διχηλέω, einen gespaltenen Huf haben) scheinen mit der Bedeutung »spalten« auf den Grundstamm פרס (Brot austeilen, brechen?, Jes 58,7; Jer 16,7; s. auch Akkadisch *parāsu,* teilen; s. HALAT s. v.) zurückzugreifen. Die Rede vom »geteilten Huf« entspricht zwar der Fortsetzung, wirft aber im weiteren Verlauf mehrere Probleme auf. Bei Durchsicht der Belege ergibt sich nicht zwingend die Bedeutung »teilen«, und bei פרסה genügt die Bedeutung »Huf«, so dass die genannte Wurzelparonomasie einfach mit »einen Huf haben« wiedergegeben werden kann (*Raschbam,* 58–59). Dies löst im Folgenden mehrere Probleme (s. *Milgrom,* 646–647): (1) Es entfällt die Doppelung des Ausdrucks in V 3 und V 7 (s. z. B. die gezwungene Wiedergabe der ELB: »Alles, was gespaltene Hufe hat, und zwar wirklich aufgespaltene Hufe«). Die auf die fragliche Konstruktion (מפרסת פרסה) folgende Wendung שסעת שסע, mit einem Spalt gespalten, gibt wirklich ein neues Kriterium wieder. (2) In V 26 entfällt der Widerspruch zwischen »gespaltene Hufe, aber nicht wirklich aufgespaltene Hufe« (ELB) und löst sich zu der klaren Aussage, dass die nicht paarzehigen Huftiere (also mit Huf, aber nicht mit einem gespaltenen) gemeint sind. (3) Bei den anderen Tieren in V 4–7 geht es grundsätzlich um das Fehlen eines Hufes (auch beim Kamel!), so dass unerheblich ist, ob er gespalten ist oder nicht.

3 Mit einem Spalt gespaltene Hufe: wenige Hss, SAM, LXX fügen logisch richtig »zwei« (שתי, δύο) hinzu (wie im Parallelvers Dtn 14,6; *J. W. Wevers,* Notes, 143).

4 גמל, *gāmāl*, Kamel, *Camelus Dromedarius*. Das Kamel hat keinen Huf, sondern einen in zwei Zehen gespaltenen Fuß mit kissenartiger Sohle, die von harter Haut umgeben ist.

5 שפן, *šāfān*, Klippschliefer (traditionell: Klippdachs), *Procavia syriaca*. Die Schliefer sind gut kaninchengroße, murmeltierähnliche Pelztiere. Zoologisch sind sie Verwandte der Rüsseltiere und Seekühe; sie sind pflanzenfressende Wiederkäuer, haben aber keine gespaltenen Hufe (*P. Riede*, Art. Klippschliefer). In Palästina begegnet der Klippschliefer in felsigen Landschaften vom Toten Meer (z. B. im Nationalpark von En Gedi zu beobachten) bis zum Hermongebirge (Ps 104, 18; Spr 30, 26). – LXX: δασύπους, »Raufüßiger« (Hase). Die Verwendung dieses Wortes anstelle des geläufigen λαγῶς, »Hase« (auch: »Angsthase«), gilt als Rücksichtnahme der LXX-Übersetzer auf das ptolemäische Herrschergeschlecht (die »Lagiden«) und dessen Ahnherrn Lagos (s. *S. Kreuzer*, Entstehung und Entwicklung der Septuaginta im Kontext alexandrinischer und frühjüdischer Kultur und Bildung, in: Septuaginta Deutsch. Erläuterungen und Kommentare I, 1–39, hier 16; *M. Vahrenhorst*, Levitikon, 372–373).

6 ארנבת, *'arnæbæt*, Hase, *Lepus europaeus syriacus*. – LXX: χοιρογρύλλιος; »Kaninchen, Hase«.

6 In 11, 4–6 wird der nicht vorhandene Huf der Tiere mit drei verschiedenen Konstruktionen von פרס + פרסה *hifil* ausgedrückt: beim Kamel in V 4 mit Partizip und אין, beim Klippschliefer in V 5 mit לא + PK, beim Hasen in 6 mit לא + SK. Handelt es sich um erklärende Glossen? Sollen die unterschiedlichen Verbalformen den sehr unterschiedlichen Tieren gerecht werden?

7 חזיר, *ḥazīr*, Schwein, *Sus scrofa*. – LXX: ὗς, »Schwein«. – Es wird die Übersetzung »Schwein« gewählt, da die Unterscheidung zwischen dem Wildschwein *(Sus scrofa scrofa)* und der domestizierten Form des Schweins *(Sus scrofa forma domestica)* zoosystematisch keine Rolle spielt: Das Hausschwein ist durch Kreuzungen aus der Unterart »Wildschwein« hervorgegangen und stellt genetisch eine eigene Unterart dar. Die Domestikation des Wildschweins begann bereits in der jüngeren Steinzeit (vor ca. 9000 Jahren, s. *A. E. M. El-Huseny*, Sus scrofa, 17.23). Auch für die hier relevanten Texte ist die Unterscheidung zwischen Hausschwein und Wildschwein unerheblich (s. *Levine*, 67). Dass es in Israel domestizierte Schweine gab, illustriert der »Ring im Rüssel« in Spr 11, 22. Auch wenn der archäologische Befund von Tierknochen spärlich dokumentiert ist, lässt sich vermuten, dass in der Eisenzeit in Israel immer auch Hausschweine gehalten wurden, wenngleich in wesentlich geringerem Umfang als Ziegen, Schafe und Rinder, und dass ihr Fleisch wie das bei der Jagd erlegter Wildschweine auch verzehrt wurde. Vom Hausschwein gewann man ferner Fett, Leder und Borsten (s. *U. Hübner*, Schweine, 225–228).

10 Kleingetier: siehe zu Lev 5, 2.

13–30: s. *R. Achenbach*, Systematik, 195–203; *G. R. Driver*, Birds, 5–20.

13 נשר, *næšær*, Gänsegeier, *gyps fulvus*; s. *C. Dohmen*, Ex 19–40, 57; *G. R. Driver*, Birds, 8–9. In Ijob 39, 27–30 wird gesagt, dass die Jungen des Geiers »nach Blut gieren«; als Aasfresser macht bereits ihre Ernährungsweise die Geiervögel *eo ipso* unrein (*R. Achenbach*, Systematik, 196). – LXX: ἀετός; Vg: *aquila*.

13 פרס, *pæræs*, Bartgeier, auch: Lämmergeier, *gypaëtus barbatus*; *G. R. Driver*, Birds, 9–10. – LXX: γρύψ; Vg: *gryps*.

13 עזניה, *'ozniyyā*, Mönchsgeier, auch: Kuttengeier oder Schwarzgeier (black vulture), *aegypius monachus*. Aasfresser. – LXX: ἁλιάετος, »Seeadler, Fischadler«. – Gänsegeier, Bartgeier, Lämmergeier und Mönchsgeier sind Aasfresser.

14 דאה, *da'ā*, Rotmilan, auch Gabelweihe oder Königsweihe, *milvus milvus; P. Riede*, Art. Weihe (Tier). – LXX: γύψ; Vg: *milvum*. – Dtn 14,13 hat anstelle von דאה den Vogelnamen ראה, der genau das gleiche Tier bezeichnet (LXX hat an beiden Stellen γύψ). Der gleiche Vers führt über Lev 11,14 hinaus noch דיה, *dayyā*, als Vogelart an (*G. R. Driver*, Birds, 10: »a hawk or a kite«), doch dieser Begriff fehlt in SAM und ist in LXX nicht übersetzt.

14 איה, *'ayyā*, Schwarzmilan, *milvus migrans; G. R. Driver*, Birds, 11: »falcon«. – LXX: ἰκτίν, »Gabelweihe«, Vg: *vultur*.

15 ערב, *'orēb*, Rabe, *corvus*. Raben ähneln den Krähen, sind aber größer. Krähen und Raben sind Allesfresser, mithin vertilgen sie auch Aas. – LXX: κόραξ, ein ähnlich lautmalerisches Wort wie die hebräische Bezeichnung *'orēb*. – Dass hier von »*allen* (כל) Raben nach ihrer Art« gesprochen wird, könnte ein Hinweis darauf sein, dass sich das Klassifikationssystem weiterentwickelt hat und verschiedene Rabenarten und Unterarten kennt, die es mit einschließen will (s. dazu *R. Whitekettle*, Raven, 509–523).

16 בת היענה, *bat ha-ya'anā*, Strauß: wörtlich »die Tochter des Straußes« (wobei »Tochter« hier für die Zugehörigkeit zur Gattung steht und daher nicht übersetzt wird), *struthio camelus*. Als Bewohner einer für den Menschen mitunter tödlichen Region (Savannen, Wüsten) gilt der Strauß als unrein (Details bei *H. Frey-Anthes*, Art. Strauß). – LXX: στρουθός; Vg: *strutio*. – *Milgrom*, 663, verwirft die traditionelle Übersetzung »Strauß« und schlägt »eagle owl« (Adlereule, so EÜ) vor (s. auch *G. R. Driver*, Birds, 12–13).

16 תחמס, *taḥmās*, Steinkauz: das hebräische Wort ist nicht identifizierbar, vorgeschlagen werden Strauß, Eule, Schwalbe, Kuckuck. Nach LXX (γλαύξ) und Vg (noctua) könnte es der Steinkauz (Unterart *athene noctua glaux*) sein, als dessen Wesensmerkmal der unheimliche Glanz seiner Augen galt.

16 שחף, *šaḥap*, Möwe: unbekanntes hebräisches Wort, nach LXX (λάρος) und Vg ist es die Möwe, *larus*. *Milgrom*, 663, bevorzugt für V 16 immer mit Eulenarten zu übersetzen, daher schlägt er die Langohreule vor (so auch *G. R. Driver*, Birds, 13). Die Lutherübersetzung nennt hier den Kuckuck.

16 נץ, *nēṣ*, Wanderfalke, *falco peregrinus*. – LXX: ἱέραξ, »Habicht, Falke«; Vg: *accipiter*.

17 כוס, *kōs*, Uhu *(bubo bubo)*, so nach LXX (νυκτικόραξ) und Vg *(bubo)*.

17 שלך, *šālāk*, Fischeule, *ketupa [bubo] zeylonensis orientalis* (?). Eine genaue Bestimmung des hebräischen Wortes ist nicht möglich. Von LXX her ist an einen Vogel zu denken, der aus der Höhe herabstürzt, um seine Beute im Wasser zu fangen (καταρράκτης). Alternative: der Kormoran, *phalacrocorax carbo*.

17 ינשוף, *yanšūp*, Waldohreule, *asio otus*. Alternative: der Ibis (LXX: ἶβις), z.B. *bubulcus ibis*, Kuhreiher. – LXX könnte bewusst den Ibis an die Stelle der Waldohreule gesetzt haben, um dem ägyptischen Lokalkolorit eher zu entsprechen. Die Stelle wird gerne herangezogen, um eine Entstehung der LXX in Ägypten anzusetzen. Der Ibis gilt in Ägypten als Symbol des Schreibergottes Thot – ein Grund mehr, dass der Vogel einem frommen Juden als unrein gilt (s. *Rösel, M.*, Die Septuaginta, in: Wendel, H. J. u.a. [Hg.], Brücke zwischen den Kulturen. »Übersetzung« als Mittel und Ausdruck kulturellen Austauschs [Rostocker Studien zur Kulturwissenschaft 7], Rostock 2002, 217–249.222; *M. Vahrenhorst*, Levitikon, 373). – Eher unwahrscheinlich ist in diesem Zusammenhang die Deutung des Wortes als »Bienenfresser« *(merops apiaster)*, der ein kleiner, Insekten fressender Zugvogel ist.

18 תנשמת, *tinšæmæt*, Schleiereule: Dieses Wort begegnet nochmals in 11,30, wo es aber ein anderes Tier (keinen Vogel) bezeichnen muss. Die Wörterbücher (z.B. HALAT, s.v.) nehmen dafür meist zwei Abteilungen (I und II) an. תנשמת II bezeichnet vermutlich eine Eulenart, תנשמת I wird traditionell mit »Chamäleon« wiedergegeben. In der samaritanischen Tradition ist I der Tigeriltis *(vormela peregusna)*, II das Helmperlhuhn *(numida meleagris)*. S. auch *H. Frey-Anthes*, Art. Eule. – LXX: πορφυρίων, Vg: *porphirio* (an dritter Stelle im Vers).

18 קאת, *qā'āt*, Waldkauz, *strix aluco*. – LXX: πελεκάν, Vg: *onocrotalus*. Nach LXX und Vg wäre der Pelikan *(pelecanus onocrotalus)* gemeint. Diese Übersetzung widerspricht aber dem Kontext der Belege von קאת außerhalb der Tora (Ps 102,7; Zef 2,14; Jes 34,11), die diesen Vogel mit »Wüste, Einöde, Ruinen« assoziieren.

18 רחם, *rāḥām*, Schmutzgeier, traditionell auch Aasgeier, *vultur percnopterus*. – LXX: κύκνος, »Schwan«, Vg: *cycnus* (an erster Stelle im Vers).

19 חסידה, *ḥasīdā*, Storch, z.B. der Weißstorch *(ciconia ciconia)*. – LXX[Gö]: ἐρωδιός, »Reiher«, Vg: *erodio*. – Mit LXX ist nach dem ersten Wort das übliche verbindende ואת einzufügen.

19 אנפה, *'anāpā*, Reiher: eine genauere Eingrenzung ist nicht möglich; vielleicht zeigt der Zusatz »nach seiner Art« an, dass es um einen mehrere Arten/Gattungen übergreifenden Begriff geht, etwa »Familie der *Ardeidae*«. – LXX[Gö]: χαραδριός, »Regenpfeifer« (LXX-D), Vg: *charadrios*.

19 דוכיפת, *dūkīpat*, Wiedehopf, *upupa epops*. – LXX: ἔποψ, Vg: *opupa*.

19 עטלף, *'atallēp*, Fledermaus, Ordnung der *Chiropterae*. – LXX: νυκτερίς; Vg: *vespertilio*.

20 Wörtlich: Kleingetier der Vögel. Hier geht es aber nicht mehr um Vögel, sondern um anderes fliegendes Getier mit mehr als einem Beinpaar – die folgenden Ausnahmen machen deutlich, dass es v.a. um Heuschrecken geht.

22 Wanderheuschrecke, *schistocerca gregaria*. Der Begriff ארבה, *'arbæ*, bezeichnet das voll ausgewachsene, geflügelte Tier. Ein Schwarm solcher Insekten kann viele Millionen von Tieren umfassen und eine Fläche von Hunderten Quadratkilometern bedecken, wenn sie sich niederlassen. Die Heuschrecken ernähren sich in allen Entwicklungsstadien (Larve, flügelloses Insekt, geflügelte Heuschrecke) von Gras, Baumfrüchten und Saatgut; große Schwärme können innerhalb kurzer Zeit alles Grün auffressen, so dass für die Menschen die Gefahr der Hungersnot besteht (s. *P. Riede*, Art. Heuschrecken). – Diese Heuschrecke (ארבה) ist auch die in der ägyptischen Plage von Ex 10,4–19 erwähnte. – LXX: βροῦχος, Vg: *brucus*. – S. *A. S. Gilbert*, Native Fauna, 40. *K. Radner*, Fressen, 20, Abb. 7, verweist auf eine Relieffolge aus Sanheribs Südwest-Palast von Ninive, die zwei Höflinge mit Heuschreckenspießen zeigen: Die Tiere wurden offenbar aufgespießt und gegrillt bzw. geröstet (s. auch *P. Riede*, Art. Heuschrecken).

22 סלעם, *sol'ām*, חרגל, *ḥargol*, חגב, *ḥāgāb*: Die Wörterbücher können keine näheren Angaben zu den Namen dieser Heuschreckenarten *(tettigonidae)* machen. Die Übersetzung verwendet Transkriptionen der hebräischen Wörter. »Solam« und »Chargol« kommen nur hier in der Hebräischen Bibel vor; »Chagab« ist noch in Num 13,33; 2 Chr 7,13; Koh 12,5; Jes 40,22 belegt.

24 Zur Übersetzung mit »Folgendes« s. die Auslegung.

26 Für jedes Vieh, das einen Huf hat, … *oder* das nicht wiederkäut: Die (übliche) Übersetzung mit »oder« entspricht der Logik der in V 3 genannten Kriterien. Für die Unrein-Erklärung genügt eines davon: der nicht gespaltene Huf *oder* das Nicht-Wiederkäuen. Dagegen plädiert *R. Whitekettle*, One if by And, 481–485, für die

Wiedergabe der zweiten hebräischen Konjunktion ו mit »und«. Dadurch ergebe sich eine bestimmte Klasse von Tieren: Huftiere, die nicht Paarhufer *und* nicht Wiederkäuer sind, also Equiden (Pferd, Esel, Maultier). Diese Tierarten seien in der frühen Königszeit für Israel wichtig geworden. *Whitekettle* schließt daraus, die Vorschriften hätten in Frühstufen bereits zu dieser Zeit existiert (497).

26 Jeder, der sie berührt: Einige Hss und LXX haben: »ihr Aas« (בנבלתם; ὁ ἁπτόμενος τῶν θνησιμαίων αὐτῶν). Das ist letztlich auch gemeint, so dass anzunehmen ist, die Pronomen הם und בהם, »sie«, beziehen sich auf die in V 24 genannten Leichname (das Aas) der Tiere. Damit kann der MT beibehalten werden (*Milgrom*, 669).

29 חלד, *ḥolæd*, Blindmaus: Traditionell der Maulwurf, eigentlich aber die Blindmaus, *Spalax ehrenbergi*. – LXX: γαλῆ, »Wiesel, Iltis«, Vg: *mustela*.

29 עכבר, *ʿakbār*, Feldmaus, *Microtus arvalis*. – LXX: μῦς, Vg: *mus*.

29 צב, *ṣāb*, Eidechse, mit Dornschwanz, *Uromastix spinipes*. – LXX: ὁ κροκόδειλος ὁ χερσαῖος, Vg: *corcodillus*.

30 אנקה, *ʾanāqā*, Gecko, *Hemidactylus turcicus* (s. *P. Riede*, Art. Gecko). – LXX: μυγάλη, »Feldmaus«, Vg: *migale*.

30 כח, *koaḥ*, Skink, *Chalcides ocellatus*. – LXX: χαμαιλέων, Vg: *cameleon*.

30 לטאה, *lᵉtaʾā*, Mauereidechse, *podarcis muralis*. Alternative: eine weitere Geckoart, z. B. *Sphaerodactylus argus*. – LXX: καλαβώτης, »gefleckte Eidechse«, Vg: *stelio*.

30 חמט, *ḥomæṭ*, Erzschleiche, *chalcides sepsoides*. Alternative: eine weitere Skinkart. – LXX: σαύρα, Eidechsenart. Vg: *lacerta*, lateinischer Name für die Familie der Eidechsen.

30 Siehe zu 11,18, hier: תנשמת, *tinšæmæt* I, traditionell das Chamäleon, *chamaeleo*. – LXX: ἀσπάλαξ, »Blindmaus, Maulwurf«, Vg: *talpa*.

42 »Bauch«, גָּחוֹן: »Hebräisch *gachon*. In den Tora-Handschriften ist der Buchstabe *waw* in diesem Wort groß geschrieben, weil, so heißt es, dieser Buchstabe genau die Mitte der Tora ist. Diese Kleinigkeit weist auf die minutiöse Sorgfalt hin, die die Schreiber dem Text gegenüber hegten« (*Plaut/Bamberger*, 110).

42 »Kurz, alles Kleingetier«: Die Konstruktion mit der Präposition ל in Verbindung mit כל, »alle, alles« kann als »generalisierende Reidentifikation« im Sinne von »kurz, alle …« verstanden werden (ähnlich in Lev 13,12; 16,16.21; s. dazu *E. Jenni*, Lamed, 45–46).

43 Macht euch nicht *selbst* abscheulich: Für »selbst« steht im hebräischen Text נפשתיכם von נפש, »Kehle, Seele, selbst, Person«. *Milgrom*, 684, schlägt vor, das vieldeutige hebräische Wort hier konkret als »Kehle« (throat) aufzufassen, da es beim Konzept der »Abscheulichkeit« um das Verbot bestimmter Speisen geht, die ja durch die Kehle in den Körper gelangen (so auch *D. Erbele-Küster*, Körperbestimmungen, 215–216). Der Gedanke ist interessant, zumal auch Ez 4,14 in analoger Weise so gedeutet werden könnte (ebenso Lev 20,25). Es wird die Übersetzung »selbst« beibehalten, denn auch die konkrete »Kehle« wäre nur als *pars pro toto* für die gesamte betroffene Person zu verstehen (die »Abscheulichkeit« kann nicht auf einzelne Körperteile des Menschen beschränkt werden).

Analyse

Aufbau

Der Aufbau des Kapitels ist nach inhaltlichen Kriterien zu bestimmen, näherhin nach den angesprochenen Tierarten und ihren Lebensräumen:

1–2a Anrede- und Weitergabeformel (s. das Glossar und zu 1, 1–2; 4, 1–2)
3–8 Die vierfüßigen Tiere auf dem Land (»unrein«)
9–12 Die im Wasser lebenden Tiere (»Abscheulichkeit«)
13–23 Die in der Luft sich bewegenden Tiere (»Abscheulichkeit«)
 13–19 Vögel
 20–23 Geflügeltes Kleingetier
24–40 Unreinheit durch Kontamination mit Aas
 24–25 Grundsatz für das Folgende
 26–28 im Blick auf V 3–8 (Vierfüßer)
 29–30 Das Kleingetier auf der Erde (»unrein«)
 31–40 Umgang mit Unreinheit durch Kontamination mit Aas
41–44 Wimmelndes Kleingetier (»Abscheulichkeit«, »unrein«)
45 Grundsatz zur Heiligkeit Gottes und des Volkes
46–47 Kapitelabschluss mit Toraformel (»Dies [ist] die Weisung …«)

Eine detailliert strukturierte englische Übersetzung, die die wiederkehrenden Elemente klar vor Augen treten lässt, legt *W. J. Houston*, Purity, 29–32, vor.

Entstehungsgeschichtliche Fragen

Der Aufbau ist nicht so glatt und logisch, dass man zweifelsfrei davon ausgehen könnte, das Kapitel stamme aus einer Hand. Insbesondere am Ende zeigen sich deutliche Bearbeitungsspuren (s. u., Auslegung zu V 43–44). Nach Milgroms Analyse (691–698; s. auch *J. Milgrom*, Composition, 191), die allerdings eine Reihe von Voraussetzungen annimmt, die über das Kapitel hinausgehen, stellt sich die Komposition im Sinne einer relativen Chronologie der Entstehungsgeschichte des Kapitels so dar:

(1) Eine priesterliche Grundschicht (nach Milgrom »P_1«) regelt ausschließlich die Speisegebote in folgender Reihenfolge: Einleitung (1–2a); verbotene Vierfüßer (2b–8); Wassertiere (9–12); Lufttiere (Vögel: 13–19; Insekten: 20–23); Kleingetier auf dem Land (41–42); korrespondierendes Subskript (46).

(2) Eine zweite Bearbeitungsschicht, die ebenfalls aus dem priesterlichen Umfeld kommt (»P_2«), schiebt das Thema der Reinigung nach Kontakt mit Tieraas ein: Unreinheit durch Berühren des Aases verbotener Vierfüßer (24–28); Unreinheit durch Kontakt mit toten Tieren, die in acht Tierarten (Nagetiere und Reptilien) näher bestimmt werden (29–38); korrespondierendes Subskript (47).

(3) Eine Redaktion, deren Hauptblock im zweiten Teil des Levitikusbuches, der »Heiligkeitsgesetz« (H) genannt wird, zu finden ist, hat in V 43–45 die Berufung Israels zur Heiligkeit eingefügt und so den Konzep-

ten »Speisegebote« und »Reinigung von kultischer Unreinheit« mit Rückgriff auf die Befreiung Israels aus Ägypten eine zusätzliche Motivation und Zielrichtung verschafft (s. die Auslegung). Auch die V 39–40, die Präzisierungen zum Umgang mit dem Aas von Tieren angeben, die zum Essen erlaubt sind, sind »H« zuzurechnen (*Milgrom*, 1857; *C. Nihan*, Priestly Torah, 298–299; zur Kritik an Milgroms Ansatz s. ebd., 283–288). Es wird deutlich, dass H in der relativen Chronologie nach P anzusetzen ist. Dieses Kompositionsmodell hat eine gewisse Plausibilität, die die meisten Unebenheiten im Aufbau erklären kann. Die folgende Auslegung versucht, sich nicht allzu sehr darauf zu stützen und das Kapitel trotz der Brüche als »zusammengesetzte Einheit« zu lesen und zu verstehen. – Der komplexe Entstehungsprozess ist nach *Gerstenberger*, 121, am wahrscheinlichsten in die exilisch-nachexilische Zeit, d.h. im 6. und 5. Jh. v.Chr. anzusetzen. Somit besteht *eine* wichtige Funktion der Sammlung von Speisegeboten darin, der frühjüdischen Gemeinde Stabilität und Ordnung zu geben (ebd., 122) und sie von der Umgebung klar abzusondern. Für diese späte Datierung spricht auch, dass in den meisten biblischen Überlieferungen die Speisegebote kaum eine Rolle spielen und das Thema erst allmählich auch in Erzähltexten auftaucht (ebd., 133). Die Priester als wahrscheinliche Verfasser dieser Aufstellungen wollen damit auch ihren Einfluss und ihre Machtstellung sichern: »Die gekünstelte, alle Abstinenzgebote miteinander verknüpfende Argumentation verrät durch ihr Bemühen um Geschlossenheit den Hang der Verfasser, sich selbst im Schaltraum des Betriebes zu halten« (*E. S. Gerstenberger*, Speisetabus, 190).

Die Beziehungen zu Dtn 14,3–21

Lev 11,1–21 hat einen Paralleltext in Dtn 14,3–21, der über weite Strecken nahezu wörtlich identisch ist, so dass nach der literarischen Beziehung zu fragen ist. Folgende Übersicht (s. auch *Levine*, 64; *C. Nihan*, Laws, 405–406; *R. Achenbach*, Systematik, 166–173) zeigt einige Details:

Lev 11	*Dtn 14*	*Unterschiede*
11,1–2	14,3–5	Dtn 14,3 setzt den Oberbegriff תועבה, *tōʿebā*, »Gräuel«, in den überschriftartigen Einleitungssatz, der die zweite Person *Singular* anspricht (»*du sollst* keinerlei Gräuel essen«). Im Folgenden steht wie in Lev 11 immer der Plural: »Ihr dürft/sollt nicht essen«. Dtn 14,4–5 zählt die zum Essen erlaubten Tiere genau auf: Rind, Schaf und Ziege (Haustiere); Damhirsch, Gazelle, Rehbock, Wildziege, Wisent, Antilope und Wildschaf (Wildtiere).
11,3–6	14,6–7	Die Verse sind fast wörtlich identisch. Dtn 14,6 weist die logische Ergänzung שתי, »zwei«, zu den gespaltenen Hufen auf (s.o., Zur Übersetzung von Lev 11,3). Während Lev 11,4–5 bei jedem der drei Tiere (Kamel, Klippschliefer, Hase) die Kriterien (bestimmter Huf, Wiederkäuer) sowie die Wendung »als unrein gelte es/er euch« wiederholt, hat Dtn 14,7 eine knappe Aufzählung in der abweichenden Reihenfolge Kamel, Hase, Klippschliefer.

Lev 11	*Dtn 14*	*Unterschiede*
		Die in Dtn 14,7 über Lev 11,4 hinausgehende Wendung השסועה, »gespaltene (Hufe)«, entspricht der Wurzelparonomasie ושסע שסע, »ein mit einem Spalt gespaltener (Huf)«, von Lev 11,7.
11,7–8	14,8	Die Verse sind fast wörtlich identisch.
11,9–12	14,9–10	Die Verse 9–10a sind fast wörtlich identisch. Die eindringlichen Wiederholungen in Lev 11,10b–12 finden sich nicht in Dtn 14.
11,13–21	14,11–21	Die Verse sind über weite Strecken wörtlich identisch. Dtn 14,11 bringt einen überschriftartigen Einleitungssatz und verwendet für die zum Essen erlaubten Vögel den Begriff צפור, »Vogel«. Das in Lev 11,13 verwendete Wort עוף, »geflügeltes Tier«, behält sich Dtn 14,19 für die zum Essen bestimmten reinen geflügelten Kleintiere vor, die auch in Lev 11,21 (dort שרץ העוף genannt) gestattet werden.

Das Verhältnis von Lev 11 zu Dtn 14

Das Verhältnis von Lev 11 zu Dtn 14 wird in der Forschung je nach vorausgesetzter entstehungsgeschichtlicher Gesamtthese unterschiedlich bewertet. Ausführlich versucht etwa *Milgrom*, 699–702, zu begründen, dass Dtn 14 eine Kurzfassung von Lev 11 sei, letztlich um seine These eines höheren Alters von P (vorexilisch) aufrechterhalten zu können (s. die Einleitung). Das Problem ist, dass die Beobachtungen auch zu entgegengesetzten Schlussfolgerungen führen können. Bei genauem Vergleich der beiden Fassungen zeigt sich ein grundsätzlicher konzeptioneller Unterschied: Während Lev 11 neben der Frage, welche Tiere *zum Essen* bestimmt sind (und welche nicht), vor allem auch das Problem der *kultischen Unreinheit* durch Berührung von Tieraas thematisiert, stellt Dtn 14 die kultische Frage eher zurück und betont stärker den Aspekt der als Speise verbotenen und erlaubten Tiere. Daher werden die erlaubten Tiere in Dtn 14,4–5 auch explizit aufgeführt. Nun ist aber die Annahme, Dtn 14 hätte die mehrfachen Wiederholungen zur kultischen Unreinheit und den Begriff der »Abscheulichkeit« aus Lev 11 ausgelassen bzw. gekürzt, wenig wahrscheinlich, denn warum hätte dann Dtn 14 das Thema der kultischen Unreinheit nicht gänzlich eliminiert? Wollte man weiterhin davon ausgehen, dass Dtn 14 den Levitikustext zur unmittelbaren Vorlage gehabt habe, so müsste man auch die abweichende Reihenfolge von Kamel, Klippschliefer und Hase in Lev 11,4–6 bzw. Dtn 14,7 erklären. Die umgekehrte Abhängigkeit (Lev 11 von Dtn 14) ist allerdings auch fragwürdig: Warum sollte Lev 11 die explizite Aufzählung der zum Essen erlaubten Tiere in Dtn 14,4–5 weggelassen haben? Blickt man auf den wirklich gemeinsamen Grundbestand an Text und die jeweiligen abweichenden Unterschiede, so zeigt sich in diesen Veränderungen das jeweilige konzeptionelle Interesse von Lev 11 (P) und Dtn 14 (D). Daher erscheint es am wahrscheinlichsten, dass beide Texte auf eine gemeinsame Quelle zurückgehen, die sie unabhängig voneinander redaktionell mit je eigenen Interessen bearbeitet haben (so die Annahme von *C. Nihan*, Priestly Torah, 283–301; *ders.*, Laws, 415; *N. S. Meshel*, Pure, 33–35; s. auch *Elliger*, 143; *T. Kazen*, Emotions, 77). In der Vorlage war die Verbindung von Speisegebot und kultischer Unreinheit durch Berühren des entsprechenden Tieraases bereits vorhanden. Dtn 14 hat demgegenüber den Akzent auf die zum Essen erlaubten bzw. verbotenen Tiere gelegt (und daher die erlaubten Tiere in Dtn 14,4–5 auch ausdrücklich angeführt, dabei in Kauf nehmend, dass die folgenden allgemeinen Kriterien, Wiederkäuer und gespaltener Huf, dadurch eigentlich überflüssig werden). Lev 11 baut durch mehrfache Wiederholungen vor allem den Aspekt der kultischen Unreinheit (auch mit dem Fachbegriff der »Abscheulichkeit«, Wurzel שׁקץ, *ŠQṢ*) aus. Die in Lev 11 folgenden Verse behandeln dieses Thema ausführlich. Dabei scheint, wie *N. S. Meshel*, Pure, 39–41, festhält, eher die theoretisch-prinzipielle Konzeption im Vordergrund zu stehen denn die Absicht einer praktikablen Gesetzgebung; auch ist zu beachten, dass sich die Vorschriften nicht aus der »Natur« ergeben, sondern gemäß der narrativen Einleitung als »göttliches Recht« gelten. – *R. Achenbach*, Systematik, 174–209, nimmt an, dass Dtn 14 als »Laienunterweisung« die Grundschicht von Lev 11* voraussetzt und eine eigene Version gestaltet hat. Die Priestertora von Lev 11* wurde dann nachträglich erweitert. *U. Rüterswörden*, Deut 14, 95–103, sieht Dtn 14,3–21 als späte redaktionelle Umgestaltung von Lev 11 an, wie in seinen Augen überhaupt die Endfassung des Deuteronomiums ein überarbeiteter Tetrateuch (Bundesbuch, P, H) sei.

Die berühmte Vorschrift »Du sollst das Böckchen nicht in der Milch seiner Mutter kochen« (Dtn 14,21) steht im Buch Deuteronomium unter den Speisegeboten, weil hier ohnehin die Schlachtung von Tieren außerhalb des Kultes zur Fleischgewinnung erlaubt und vorgesehen ist. Ursprünglich findet sich diese Vorschrift aber in kultischen Kontexten (Ex 23,19; 34,26) – wenn es sich aber um eine kultische Vorschrift handelt, dann hat sie hier in Lev 11, wo es nicht um den Kult am Heiligtum, sondern um die Speisevorschriften für den Alltag geht, keinen Platz. So erklärt *Milgrom*, 703–704, das Fehlen dieses Satzes in Lev 11.

Bezug zu Gen 1

Die Aufzählung von verschiedenen Tierarten (Land- und Wassertiere) erinnert auch an den Schöpfungsbericht von Gen 1 (s. z. B. *M. Douglas*, Forbidden Animals, 16; *S. D. Kunin*, We Think What We Eat, 43–45). Die Mischna legt entsprechend eine Übersicht an, für welche Schöpfungswerke (hingeordnet auf die Schöpfungstage) die Bestimmungen für rein und unrein zutreffen (*mKelim* 17,14).

Auslegung

Aaron ist mit angesprochen

Ab Lev 11,1 ist Aaron neben Mose von Gott angesprochen (*Raschbam*, 58) V 1
– das ist sehr sinnvoll, denn die folgenden Instruktionen betreffen Reinheit und Unreinheit von Tieren als Speise. Dies ist eine Unterscheidung, die von den Priestern getroffen werden muss und ihre ureigene Aufgabe ist (*Milgrom*, 645).

Begriffe

Die verwendeten Begriffe treffen eine fokussierende Auswahl: »Tiere« V 2
(החיה als kollektiver Singular) ist der Oberbegriff, während »Vieh« (בהמה) den Blickwinkel auf die vierfüßigen Landtiere eingrenzt. Zugleich fungiert dieser Hinweis als Gliederungskriterium: Die Landtiere sind Thema bis einschließlich V 8, dann wird in V 9 der Gegenbegriff »im Wasser« (במים) eingeführt. Der Rahmen um den Abschnitt V 2–8 wird durch die wiederkehrende Rede vom »(nicht) essen dürfen« gebildet. Dies ist zugleich das Thema des ersten großen Teils von Lev 11: Speisegebote und -verbote. Der Text geht dann über zu einem verwandten Bereich (etwa ab V 24): reine und unreine Tiere (unter dem Gesichtspunkt der Kontamination mit ihrem

Inclusio

Aas). – In V 2 und V 3 taucht zweimal das Verb תאכלו, »ihr dürft essen«, auf, und zwar so, dass diese Verbalform genau das Kriterium zur Bestimmung der zum Essen erlaubten Tiere einrahmt.

Die zum Essen bestimmten Landtiere (Grundsatz)

Zunächst geht es um eine Grundsatzbestimmung für die zum Essen er- V 3
laubten Tiere – mehrfach kehrt das Schlüsselwort תאכלו, *tōʾk^{e}lū*/*tōʾkēlū*, »ihr dürft essen«, wieder. Für die zum Essen bestimmten Tiere werden zwei Kriterien genannt, die beide erfüllt werden müssen (LXX setzt wohl aufgrund des doppelten Vorkommens von פרסה, ὁπλή und χήλη, jeweils

Paarzeher und Wiederkäuer

»Huf«, drei Kriterien an, die mit καί verbunden werden): (1) Paarzeher (mit einem Spalt gespaltener Huf) und (2) Wiederkäuer. Im Folgenden werden Ausnahmen aufgeführt, die in der Argumentation vielleicht immer wieder als mögliche Nahrungstiere in Betracht gezogen wurden, jedoch unter Hinweis auf das Fehlen eines der beiden Kriterien ausgeschlossen werden. – Im Unterschied zu Dtn 14,4–5 (s.o., Analyse) werden die zum Essen bestimmten Tiere nicht ausdrücklich genannt. Auch dadurch erhält das entscheidende Grundsatzkriterium als Universalformel (s. *Gerstenberger*, 124) stärkeres Gewicht. Außerdem ist für Levitikus klar, dass die für kultische Zwecke vorgesehenen Opfertiere (Rind, Schaf, Ziege) als Haustiere ohnehin zum Essen bestimmt sind (s. das Heilsgemeinschaftsopfer Lev 3; *E. Firmage*, Dietary Laws, 193), so dass nur noch für die Wildtiere ein Unterscheidungskriterium dargelegt werden muss. Auch bei den Vögeln werden nur die »unreinen« Arten genannt, während implizit vorausgesetzt wird, dass man die für das Opfer geeigneten Tiere (Tauben, s. zu Lev 1,14–17) auch essen darf (Dtn 14,11 muss das ausdrücklich festhalten). Die enge Verbindung mit dem kultischen Opfer ist jedoch in Dtn 14 nicht gegeben, da im Kontext von Deuteronomium auch die profane Schlachtung zur Fleischgewinnung außerhalb des Kultes im Blick ist (Dtn 12,15.21–22) – daher muss Dtn 14,4–5 die zum Essen bestimmten Tiere (einschließlich von Rind, Schaf und Ziege) explizit erwähnen.

V 4–6 Ab V 4 werden Tiere ausdrücklich von der Bestimmung als menschliche Nahrung ausgeschlossen, die unter Umständen unter den in V 3 genannten Grundsatz fallen könnten (Grenzfälle, *Levine*, 66). Für die ersten drei Tiere gilt als Ausschlusskriterium, dass sie keinen Huf haben (s. Zur Übersetzung, dort auch Genaueres zu den Tiernamen). Das Kamel ist das einhöckrige Dromedar. Zoologisch gesehen ist es kein Wiederkäuer, ebenso wie der Klippschliefer und der Hase. Die mümmelnden Kaubewegungen dieser Tiere könnten aber an Wiederkäuer erinnern. Das Kamel frisst dornige und salzhaltige Pflanzen, die nach Gen 3,18a zum Fluch über den Ackerboden gehören. Klippschliefer und Hasen haben in ihren unterirdischen Gängen Kontakt zu totem Kleingetier (s. u.). Derartige Lebensweisen könnten Anlass gegeben haben, diese Tiere als unrein zu empfinden (*R. Achenbach*, Systematik, 182–184; *Kornfeld*, 44). Kamel, Klippschliefer, Hase

V 7 Beim vierten Tier, dem Schwein (s. Zur Übersetzung), das ja ein Paarhufer ist, gilt als Ausschlusskriterium, dass es kein Wiederkäuer ist. Die Notwendigkeit, das Schwein als Nahrung zu disqualifizieren, bewirkte, dass neben den »Paarhufern« als zweites Kriterium das »Wiederkäuen« eingeführt wurde – in der Tat gilt auch in rabbinischer Auslegung der Ausschluss des Schweins als einziger Zweck des Doppelkriteriums (*bHullin* 59a). Schwein

(1) Die Ablehnung des Schweins als abscheulich ist im Alten Orient weit verbreitet. Stellvertretend sei eine Keilschrifttafel aus Assur (aus der Zeit Sargons II., ca. 716 v. Chr.) zitiert: »Das Schwein gehört nicht in den Tempel, ist kein verständiger Mensch, kein Pflastergänger, ein Greuel für alle Götter; [seine] Begrüß[ungen] sind eine Beschimpfung für Schamasch [Sonnengott, T. H.]« (TUAT III, 187). Die Ablehnung des Schweins

(2) Die Rolle des Schweins in Ägypten ist differenziert zu sehen. Aufgrund von Knochenfunden ist zu erschließen, dass es als Fleischlieferant, Abfallverwerter und landwirtschaftliches Nutztier eine wichtige wirtschaftliche Rolle spielte. Allerdings erscheint das Schwein bei der Aufzählung der Haustiere immer an letzter Stelle (*M. Loth*, Aversion und Popularität, 42–43). Aus mythologischen Texten wird erkennbar, dass das Schwein zunächst auch Opfertier war, dann aber davon ausgeschlossen wurde: Die Verfemung des Schweins erfolgt durch den Mythos, dass Seth in Gestalt eines schwarzen Schweins das Auge des Horus (den Mond) verletzt hat (abnehmender Mond) – es wird nicht der Gott Seth selbst geächtet (obwohl er das Prinzip des Bösen verkörpert), sondern nur das Schwein als eine seiner Erscheinungsformen (einschlägige Belege sind der Pyramidentext § 1268 sowie das Totenbuch Kapitel 112; s. *A. E. M. El-Huseny*, Sus scrofa, 240–280 mit weiteren Texten, die die Unreinheit und das Abstoßende des Schweins ausdrücken). Das Schwein symbolisiert die Gefährdung des Toten durch die Bande des Seth, dessen Erscheinungsform als Schwein auch im Gott Ibka personifiziert wird. Schweineopfer kommen dann so gut wie nicht vor (ebd., 280–291; *El-Huseny* nennt wenige Ausnahmen im Zusammenhang mit Vollmondfesten; möglicherweise wird das Schwein als Verkörperung des Feindes betrachtet und getötet). Auf Amuletten soll die Schwei-

nedarstellung vermutlich die Kraft des Seth zu apotropäischen Zwecken aktivieren. Die Tabuisierung des Schweinefleisches als Nahrungsmittel ist insofern inkonsequent, als Schweine eine wichtige Nahrungsquelle in den von Armen besiedelten Gebieten waren, aber die Eliten, insbesondere die Priester, das Tier und sein Fleisch verabscheuten. Dies ist für Ägypten wie Mesopotamien zu beobachten (ebd., 430).

(3) Warum das Schwein derart in Misskredit geraten ist, mag vielerlei Gründe haben: (a) Ein Grund könnte die abstoßende Ernährungsweise sein: Das Schwein frisst einerseits Schmutziges, auch Aas, bis hin zu menschlichen Exkrementen, und dies allein schon ruft Ekel hervor. Andererseits vertilgt das Schwein vieles, was auch dem Menschen als Nahrung dient (Nüsse, Früchte, Knollengewächse, Getreide) – und ist insofern ein Nahrungskonkurrent. Bei seiner Nahrungssuche verwüstet und zertrampelt das Schwein die mühsam bestellten Felder – »ein weiterer schon rationalerer Hassfaktor« (ebd., 33). (b) Das Schwein könnte als ein Symbol für die sesshafte Viehzucht gelten und insofern von nomadisierenden Bevölkerungselementen, die in konfliktreichen Spannungen zu den sesshaften Bauern standen, abgelehnt worden sein (zumal sich auch das Schwein nicht für die nomadische Lebensweise eignet, ebd., 26; *G. Yahalom*, Testimony, 199). Die aus dem Leben in der Wüste kommenden Israeliten haben ihre Essgewohnheiten, u.a. den Verzicht auf Schweinefleisch und den Verzehr bestimmter Heuschreckenarten bei der Sesshaftwerdung im Kulturland beibehalten (ebd., 202). (c) *Milgrom*, 649–650, der diese Ansichten mit gewisser Skepsis vorstellt, bevorzugt eine dritte Deutung: Das Schwein steht in Verbindung mit chthonischen Gottheiten (chthonisch: Gottheiten, deren Wirkungsbereich im Erdinneren bzw. in der Unterwelt liegt, oft in Konkurrenz zu solaren Gottheiten). Ein Beispiel aus dem hethitischen Bereich ist das »Ritual gegen Familienzwist«, bei dem eine »weise Frau« als Vermittlerin zwischen den Streithähnen neben vielen anderen Riten auch ein Ferkel zwischen den Opfermandanten schwenkt, dann tötet und begräbt. Die erklärenden Worte, die dazu gesprochen werden, besagen, dass so, wie das Ferkel nie mehr den Himmel und seine Artgenossen sehen wird, ebenso die Streithähne nie mehr ihre bösen Flüche, die sie im Konflikt geäußert haben, sehen sollen (*L. Rost*, Ritual, 357; Neubearbeitung durch *J. L. Miller* in TUAT-NF 4, 217–223; ANET, 351; *V. Haas*, Geschichte, 647). Im Alten Orient bringt man das Schwein mit der Krankheitsdämonin Lamaschtu in Verbindung: Auf einer Alabasterplakette (um 580 v. Chr.) wird die löwenköpfige Gestalt dargestellt, wie sie mit ihren Brüsten ein Schwein und einen Hund säugt (*O. Keel*, Bildsymbolik, 71, Abbildung 94). Beide Tiere gelten in Mesopotamien und Palästina/Israel als unrein (*Staubli*, 98.384).

Auch in griechischen Kulten (z. B. Demeter und Dionysos) spielt das Schwein insbesondere unter dem Gesichtspunkt der Fruchtbarkeit eine wichtige Rolle. So opfert Xenophon Ganzopfer von Schweinen nach den Sitten der Vorfahren für Zeus Meilichios, den besänftigenden Zeus, und erhält dafür positive Orakel (Xenophon, *Anabasis*, 7.8.4–5).

Spuren der kultischen Bedeutung von Schweinen finden sich (natürlich in heftig ablehnender Form) auch in der Bibel: Jes 66,3 und 66,17 erwähnen eine Reihe von fremden Kultpraktiken, darunter das Opfern von Schweineblut und das Essen von Schweinefleisch, Kleingetier und Mäusen, die alle ein Ende haben werden, wenn das Gericht JHWHs kommt (s. *W. J. Houston*, Purity, 251–253; *V. Wagner*, Profanität, 135–141). In die gleiche Richtung geht Jes 65,4–5: Schlachtopfer in Gärten, Rauchopfer auf Ziegeln, das Sitzen in Grabkammern, nächtliche Feiern in Höhlen, Verzehr von Schweinefleisch und Brühe aus unreinen Tieren usw. – all dieses Tun scheint sich auf die kultische Verehrung chthonischer Gottheiten zu beziehen. Dagegen wenden sich Priester und Propheten in Israel und bauen entsprechende Tabus gegen Schweine (und den Verzehr von Schweinefleisch) auf. Dies geschieht aller Wahrscheinlichkeit nach erst in der exilisch-nachexilischen Zeit, denn die archäologischen Befunde aus der Spätbronze- und der Eisenzeit (vorexilisch) weisen auf eine (wenngleich begrenzte) Schweinehaltung hin, so dass das Verzehrverbot von Schweinefleisch kaum »uralt« ist (*U. Hübner*, Schweine, 229). Im weiteren Verlauf der Geschichte wird das Nicht-Essen von Schweinefleisch zum Identitätsmerkmal für das Judentum und zum Testfall der Loyalität gegenüber der toragemäßen Lebensweise. Das zeigen die Märtyrerlegenden des 2. Makkabäerbuches: Der betagte und hochangesehene Schriftgelehrte Eleasar widersetzt sich standhaft dem Zwang durch die Anordnung des Seleukidenkönigs Antiochus IV. Epiphanes (1 Makk 1,47), Schweinefleisch zu essen, und zieht einen grausamen Hinrichtungstod vor (2 Makk 6,18–31), ebenso die sieben Söhne und ihre Mutter (2 Makk 7) – es wird klar, dass es hier nicht um die Einhaltung eines einzelnen Speisegebotes allein geht, sondern um die eigene (jüdische) Identität und die Treue zur Tora insgesamt.

V 8 Die Wendung לא תאכלו, *lōʾ tōʾkelū*, »Ihr dürft nicht essen«, bildet mit V 4 eine *inclusio*, so dass die vier nicht zum Essen bestimmten Tiere auf diese Weise eingerahmt werden. Es stellt sich noch die Frage, was mit Tieren ist, die keines der beiden Kriterien (Paarhufer und Wiederkäuer) erfüllen – dass sie nicht zum Essen bestimmt sind, lässt sich durch ein *argumentum a fortiori* (s. *Raschi*, 302: ein קל וחומר, *qal wa-chomer*) ableiten: Wenn schon Tiere nicht erlaubt sind, die nur eines der beiden Kriterien nicht erfüllen, sind umso mehr Tiere nicht erlaubt, die keines der beiden erfüllen. *Ramban*, 129–131, sieht keine Notwendigkeit für einen solchen *qal wa-chomer*-Schluss, da Tiere, die beide Kriterien nicht erfüllen, auf jeden Fall auch eines der beiden nicht erfüllen und damit von vorne herein ausgeschlossen sind. V 8 nimmt ferner die Verse 26–27 vorweg: Dort werden Huftiere, die keine Paarhufer und keine Wiederkäuer sind, als unrein bezeichnet, ebenso alle vierfüßigen Tiere, die auf Pfoten laufen. Das Berühren ihres Aases (womöglich zur Essenszubereitung) führt zur kultischen Verunreinigung; damit ist ihr Verzehr natürlich erst recht ausgeschlossen. So ist das Berührungsverbot ein Schutzmechanismus, der vor dem Übertreten des Verzehrverbots bewahrt (*Levine*, 67).

Ihr dürft nicht essen

Das »Fleisch« (בשר, *bāśār*) in V 8 bezeichnet die Teile eines von Menschenhand geschlachteten Tieres (z. B. eines Schweins), während das Aas (נבלה, *n^ebelā*) die Überreste eines Tieres bezeichnet, das eines »natürlichen« Todes gestorben ist. Die Vorschrift, nicht einmal das Aas zu *berühren*, könn-

Fleisch und Aas

te eine Art »Zaun« sein, der davon abhält, an einen Verzehr auch nur zu

Sanktion

denken (*Milgrom*, 653; *W. J. Houston*, Purity, 40). Es gibt keine Sanktion (Strafe), wenn ein Israelit ein unreines Tier isst oder sein Aas berührt (Ausnahme: die Priester, Lev 22,8–9; Ez 44,31). Ein Problem entsteht nur, wenn der Betreffende, der vorübergehend kultisch unrein geworden ist, die Reinigungsriten unterlässt und in Kontakt mit dem Heiligtum oder mit heiligen Dingen kommt (*Ramban*, 134–135): Wenn er etwa vom Fleisch des Heilsgemeinschaftsopfers isst, tritt die Gottesstrafe des Abgeschnittenwerdens von der Abstammungslinie ein (s. zu Lev 7,20–21). Wenn die Kontamination und damit der Status der kultischen Unreinheit erst später aufgedeckt wird, ist ein Entsündigungsopfer darzubringen (s. zu Lev 5,2). Wenn jemand Verbotenes (נבלה, Aas, oder טרפה, *t^{e}refā*, Zerrissenes, also ein von einem Raubtier angefallenes Tier) isst, ist er einen Tag unrein und muss seine Kleider waschen – unterlässt er diese Reinigungsriten, wird ihn Gott zur Verantwortung ziehen (s. die Auslegung zu Lev 17,15–16).

Wassertiere

Der Rahmen um den Abschnitt V 9–12, der sich mit Tieren, die im Wasser leben, beschäftigt, wird durch die Begriffe סנפיר וקשקשת, *s^{e}napīr w^{e}-qaśqæśæt*, Flossen und Schuppen, gebildet. Analog zur V 2b–3 bildet V 9 wieder das allgemeine unterscheidende Kriterium. Der Lebensraum der betroffenen Tiere ist das Wasser, wobei die Hinzufügung von »Meeren und Flüssen« Salz- und Süßwassertiere einschließt. Die Wiederholung des Grundsatzkriteriums in V 12 dürfte der Vollständigkeit dienen und *alle* Wasserbereiche über Meere und Flüsse hinaus, also auch Seen und Teiche (stehende Gewässer) einschließen: Daher steht in V 12 nur »im Wasser« (*Milgrom*, 659). V 9–12

Flossen und Schuppen

Die Mischna betont bereits, dass alles, was Schuppen hat, auch Flossen hat (*mNidda* 6,9). Mithin ist das Kriterium »Flossen« überflüssig, möglicherweise aber als Analogie zur Fortbewegungsweise der Landtiere (Paarhufer!) aufgenommen worden. Mit diesem Grundsatz werden weite Bereiche der Meerestiere vom Verzehr ausgeschlossen. Auch ist auffällig, dass die Hebräische Bibel keine Fische benennt (schon Adam gibt den Fischen keine Namen, Gen 2,19–20; *E. Firmage*, Dietary Laws, 190). Wenn Lev 20,25 die in Lev 11 genannten reinen und unreinen Tiere anführt, werden die Fische übergangen. Vermutlich ist die spärliche Behandlung des Themas »Fische« und »Fischerei« auf den eingeschränkten Zugang Israels zu Gewässern und die in der Antike möglicherweise fischarme Levanteküste zurückzuführen (Details bei *Milgrom*, 660–661). Festzuhalten bleibt, dass auf diese Weise der Zugriff Israels auf die Welt der Tiere (wie schon durch V 2–8) erheblich begrenzt wird – ein Gesichtspunkt, der unter heutigen ökologischen Überlegungen von erheblicher Relevanz ist.

Ausdrücklicher Ausschluss

In aufwändiger Formulierung werden alle Wassertiere ohne Flossen und Schuppen als »abscheulich« vom Verzehr ausgeschlossen. Der Begriff »Kleingetier« (שרץ, *šæræṣ*) in Verbindung mit »Lebewesen« (נפש החיה) ver- V 10–11 weist auf die am fünften Tag geschaffenen Tiere des Wassers zurück (Gen 1,20–21).

Abscheulichkeit

Der Begriff »Abscheulichkeit« (שקץ, *šæqæṣ*) bezieht sich in anderen Kontexten auf die Verehrung fremder Götter (Dtn 7,26; Jes 66,17; Ez 8,10), hat im Levitikusbuch aber eine engere, technische Bedeutung in Abgrenzung vom Terminus טמא, »unrein«: Beides bezeichnet Tiere, die nicht zum Essen bestimmt sind; dabei führt die Berührung des Aases unreiner Tiere (טמא) zu kultischer Unreinheit, während dies bei als »abscheulich« bezeichneten Lebewesen (שקץ) nicht der Fall ist (*Milgrom*, 656; *N. S. Meshel*, Pure, 35–36). Trotz der im Deutschen hart klingenden Übersetzung »verabscheuen« bewirkt die Berührung toter Meerestiere offenbar keine kultische Unreinheit. *Gerstenberger*, 125, wählt die Übersetzung »gefährlich«, weil des Menschen Umgang mit diesen Tieren die Gottesbeziehung (zer)stört, was für den Menschen eben gefährlich sei. Das ist es, was hinter »abscheulich« steht, nicht eine spontane und subjektive Empfindung von Ekel allgemeiner Art. – Ein Widerspruch zu Genesis 1, wo Gott alle Tiere als »gut« geschaffen hat, besteht nicht: Hier geht es nicht wie im Schöpfungsbericht um eine Aussage über die Tiere »an sich«, sondern darum, den Zugriff des Menschen auf bestimmte Bereiche der Tierwelt einzuschränken. Die Tiere dieser Bereiche seien eine »Abscheulichkeit *für euch*« (und damit sind auch nur die Israeliten angesprochen; es handelt sich nicht um eine Aussage über die Menschheit). Gemeint ist vom Kontext her vor allem das Verbot (für Israel), diese Tiere als Nahrung zu verwenden; damit ist nicht gesagt, dass an diesen Tieren irgendetwas »schlecht« sei (s. *M. Douglas*, Leviticus as Literature, 157–158). »Abscheulichkeit« ist insofern eine problematische Übersetzung; man müsste freier paraphrasieren, etwa mit »ihr sollt euch davon unbedingt fernhalten« (s. ebd., 167).

Zwei Bereiche von Kleingetier

Damit gibt es zwei Bereiche von Kleingetier (שרץ): solches, dessen Aas durch Berührung kultisch unrein macht (V 23–38), und solches, das im Wasser lebt und keine Unreinheit verursacht. Möglicherweise steckt dahinter das Schöpfungsschema von Gen 1, nach dem das Kleingetier im Wasser am fünften, das am Land lebende am sechsten Schöpfungstag erschaffen wurde. So klassifiziert die Mischna: »Und manches von dem, was am ersten Tag erschaffen wurde, ist eine Unreinheit. Bei dem, was am zweiten [Tag erschaffen wurde], gibt es keine Unreinheit. Bei dem, was am dritten [Tag erschaffen wurde], gibt es Unreinheit. Bei dem, was am vierten und fünften [Tag erschaffen wurde], gibt es keine Unreinheit, außer dem Gefieder des Mönchsgeiers und dem Straußenei, das überzogen ist. Rabbi Joḥanan ben Nuri sagt: Warum sollte das Gefieder des Fischadlers von allen Gefiedern unterschieden sein? Und alles, was am sechsten [Tag erschaffen wurde], ist verunreinigungsfähig« (*mKelim* 17,14). Das Unterscheidungskriterium ist dabei offensichtlich »Wasser« vs. »Land« als Lebensraum bzw. Ort des Erschaffenwerdens. V 36 betont außerdem, dass Quelle und Zisterne als Wasserreservoir rein bleiben, auch wenn Aas von unreinen Tieren hineinfällt. Ein tieferer Grund für diese Unterscheidung wird nicht angegeben, möglicherweise stecken mythologische (Wasser als reiner Urstoff) oder praktische Gründe dahinter: Wasser ist ein unentbehrliches Lebensmittel, dessen Quellen nicht einfach für unrein erklärt werden können.

Lufttiere – Vögel

Anders als bei den Wassertieren werden die Lufttiere viel detaillierter behandelt. V 13–19
Das ist geologisch-biologisch bedingt: Das Jordantal ist für die Zugvögel und auch viele andere Vögel ein wichtiger Orientierungspunkt und Feuchtgebiet, so dass Palästina insgesamt ein vogelreiches Gebiet ist (*Staubli,* 99). Bei den Lufttieren unterbleibt die Angabe eines Grundsatzkriteriums, stattdessen werden 20 nicht zum Essen bestimmte Vogelarten einzeln aufgezählt. Im Umkehrschluss gilt, dass damit alle anderen Vögel, auch wenn sie nicht als Opfertiere verwendbar sind, als Nahrung für den Menschen zur Verfügung stehen, ähnlich wie es unter den vierfüßigen Tieren solche gibt, die zwar nicht als Opfertiere, wohl aber als Nahrung geeignet sind (Wildtiere). Es ist in der Forschung und in der Auslegung umstritten, was allen genannten Vögeln gemeinsam ist – nimmt man aber den Text ernst, so ist ein solches gemeinsames Kriterium unerheblich (sonst hätte man es nennen und sich die Aufzählung sparen können – analog zu den Wassertieren). Dennoch gibt es Vorschläge (zur rabbinischen Literatur s. *Milgrom,* 661–662). Bei näherem Hinsehen handelt es sich überwiegend um fleischfressende Raubvögel bzw. um Aasfresser oder um Vögel, die wegen ihrer abstoßenden Lebensweise oder ihres ungenießbaren Fleisches als »unrein« angesehen werden (*G. R. Driver,* Birds, 19; *E. Firmage,* Dietary Laws, 190; s. ferner *Ramban,* 139–142).

Lufttiere – geflügeltes Kleingetier

Neben dem im Wasser lebenden Kleingetier (V 9–12) und dem auf dem V 20–23
Land sich regenden (V 41–42) ist das »geflügelte« die dritte Art »Kleingetier« (שרץ העוף). Generell gilt das als nicht zum Essen bestimmt, jedoch werden ausdrücklich vier Heuschreckenarten als erlaubt ausgenommen. Dtn 14,19 verbietet zunächst alles geflügelte Kleingetier, sagt aber im folgenden Vers, dass alle reinen geflügelten Tiere (עוף טהור) zu essen erlaubt sind (עוף steht im Gegensatz zu צפור, Vogel [Dtn 14,11], in Dtn 14,20 für geflügelte Insekten), und diese Erlaubnis setzt offenbar die Ausnahmen von Lev 11,21–22 voraus. Es gibt keinen klar erkennbaren Grund dafür, dass diese Heuschrecken zu essen erlaubt sind. V 23 macht deutlich, dass nur die genannten Heuschreckenarten erlaubt sind, alles andere geflügelte Kleingetier aber nicht (*Milgrom,* 667). Der Abschnitt V 20–23 wird durch eine klare *inclusio* (V 20/23) als zusammengehörig gerahmt (*Levine,* 68).

Unreinheit durch Kontamination mit Aas

Mit V 24 ist ein tieferer Einschnitt in der Struktur des Kapitels erreicht: Es V 24–40
geht nicht mehr um das Essen von Tieren, sondern um die Frage der durch Berührung erworbenen kultischen Unreinheit und ihrer Beseitigung (*Gerstenberger,* 129). Mit den Stichworten »unrein« (טמא) und »Aas« (נבלה) wird

ein neues Thema begonnen, das in V 8 bereits kurz angeschnitten worden war. Als »unrein« wurden bisher nur die vier vom Verzehr ausgenommenen Tiere von V 3–8 (Kamel, Klippschliefer, Hase, Schwein) angesprochen. Alle ab V 9 genannten und vom menschlichen Speiseplan ausgeschlossenen Tiere werden als »Abscheulichkeit« eingestuft. Mit V 24 kehrt der Text zur in V 8 bereits angedeuteten Thematik der kultischen Unreinheit durch Berühren von Aas zurück. Aus diesen Überlegungen heraus bezieht sich das sPP אלה, »diese Dinge«, auf das Folgende (daher »Folgendes«), nicht auf das unmittelbar Vorausgehende (mit *Milgrom*, 667; *Levine*, 69). Auf diese Weise ergibt sich eine klarere Struktur des Kapitels. Somit beginnt mit dem in
V 24–25 V 24–25 angesprochenen Grundsatz ein neuer Abschnitt. Es wird dabei vo- Grundsatz
rausgeschickt, dass es um das Berühren von Tieraas geht – damit ist impliziert, dass ein lebendes Tier niemals kultische Unreinheit bewirkt, sondern immer nur das tote Tier (*Raschbam*, 62). Dies wird klar in der Mischna bestätigt: »Ein Mensch verunreinigt erst, nachdem ihn sein Leben verlassen hat. … Und ebenso verunreinigen Vieh und Wild erst, nachdem ihr Leben sie verlassen hat« (*mOhalot* 1,6). Die Verunreinigung erfolgt durch bloße
Berührung (V 24) oder durch Tragen (V 25). Sind durch das Tragen die Klei- Waschungen
der in Kontakt mit dem toten Tier gekommen, sind sie zu waschen. Auch Geräte und Gefäße sind bei Kontamination zu waschen bzw. in Wasser zu tauchen (V 32). Daraus ergibt sich ein Schluss vom Kleineren auf das Größere: Wenn schon Kleider und Geräte zu waschen sind, um wie viel mehr dann der Mensch, der sich kultisch verunreinigt hat! Diese rituelle Waschung der betroffenen Person wird hier implizit vorausgesetzt (*Ramban*, 145); ausdrücklich genannt ist das Waschen mit Wasser beim Verzehr von Aas und Zerrissenem in Lev 17,15–16 sowie bei einem Nachkommen Aarons, der sich durch Kontamination mit unreinen Dingen verunreinigt hat, in Lev 22,6. Aus diesen Stellen ist zu schließen, dass zum Waschen der Kleider auch das Waschen des Körpers hinzukommt, wenn ein entspre-
chender Kontakt mit der Quelle der Unreinheit erfolgt war. Doch die Wa- Zeitdauer
schung von Kleidung, Geräten und Körper allein bewirkt noch nicht die Wiederherstellung der Kultfähigkeit: Es muss eine vorgeschriebene Zeitdauer verstreichen. Stereotyp wird hier der Rest des Tages »bis zum Abend« genannt. Damit wird impliziert, dass mit dem Sonnenuntergang der neue Tag beginnt.

Die Zeit zwischen dem Waschen des Körpers (vollständiges Eintauchen in Wasser) Ṭebul jom
und dem »Abend« wird in der rabbinischen Literatur *Ṭebul jom*, »Tag des Tauchbads« genannt; das gleichnamige Mischnatraktat diskutiert diesen Zwischenzustand und was eventuell durch die Berührung »eines am selben Tage Untergetauchten« (der zwar gebadet hat, aber bei dem die Zeit »bis zum Abend« noch nicht verstrichen ist) noch unrein wird (s. dazu z.B. auch *H. Harrington*, Rabbinic Reception, 385–386). Nach Auffassung der Rabbinen kann die Person nach dem Tauchbad sofort allen ihren Beschäftigungen nachgehen (»rein«), sie darf jedoch vor Ablauf der War-

tezeit (bis zum Abend) nicht mit »heiligen Dingen« in Berührung kommen. Während dies eine erleichternde Auslegung ist, tendiert etwa die Tempelrolle von Qumran dazu, die Person so lange als vollständig unrein zu betrachten, bis die Reinigungsriten einschließlich der Wartefristen abgeschlossen sind (11Q19 49,20; 50,9–16) (s. ebd., 396). – *H. K. Harrington,* Interpreting Leviticus, 214–229, liefert eine Reihe weiterer Beispiele für Fragen, die der Levitikustext offen lässt (»ambiguities«). Die Ausleger der Zeit des Zweiten Tempels lösen diese Probleme auf unterschiedliche Weise: Die Gemeinschaft der Qumranliteratur hat einen deutlich priesterlichen Fokus und tendiert dazu, die Vorstellungen und Vorschriften der kultischen Reinheit strenger und umfassender zu interpretieren. Die pharisäisch-rabbinische Interpretationsrichtung, eher eine Laienbewegung, versucht dagegen, die Befolgung der Levitikus-Vorschriften im Alltag möglich zu machen, so dass viele Entscheidungen in Richtung einer Erleichterung gehen. – Die Vieldeutigkeit der Heiligen Schrift ist positiv zu sehen: Sie erfordert anstelle eines blinden Gehorsams gegenüber dem Buchstaben die behutsame Aktualisierung durch aufmerksame Interpretation und eigenes Denken.

Haustiere

V 26

Ab V 26 werden nun die Fälle des Tieraases, dessen Berührung oder dessen Tragen kultisch verunreinigt, näher spezifiziert. V 26 selbst betrifft die Haustiere (das domestizierte Tier: בהמה, im Unterschied zum Wildtier von V 27: חיה; zu dieser Unterscheidung s. auch Lev 5,2), die nicht die Kriterien von V 3 erfüllen, die also nicht Paarzeher oder Wiederkäuer sind. Die Nicht-Erfüllung eines der beiden Kriterien genügt, daher kann das ו in וגרה, »wiedergekäutes Futter«, mit »oder« übersetzt werden. »Jeder, der sie berührt« bezieht sich auf das Berühren des Aases der Tiere (s. o., Zur Übersetzung), nicht auf den Kontakt mit den lebenden Tieren (s. o., Grundsatz zu V 24–25). Der knappe Hinweis »wird unrein« verweist ebenso auf den Grundsatz zurück und deutet implizit die Folgen an: Ausschluss vom Kult bis zum Abend, Verpflichtung auf die erforderlichen Waschungen.

Vierfüßige Tiere

V 27–28

Die folgenden Verse wiederholen das Ganze mit leichten Variationen für die vierfüßigen Wildtiere, die auf Pfoten laufen. Dass diese Tiere auch nicht zum Essen erlaubt sind, wenn schon das Berühren ihres Aases Unreinheit verursacht, ergibt ein Schluss *a fortiori* (s. o. zu V 8; *Milgrom,* 669).

Struktur von V 24–28

Die folgende Übersicht zeigt die differenzierte Feinstruktur der Verse 24 bis 28, die als *inclusio* und chiastisch um den zentralen Vers 26c »Jeder, der sie [die toten Tiere] berührt, wird unrein« herum angeordnet sind (nach *Milgrom,* 670; s. auch *Levine,* 69):

24Durch Folgendes macht ihr euch unrein.

Jeder, der das Aas davon berührt, wird unrein bis zum Abend. 25Und jeder, der (etwas) von dessen Aas trägt, wasche seine Kleider und wird unrein bis zum Abend.

26Für jedes Vieh, das einen Huf hat, aber keinen mit einem Spalt gespaltenen, oder das nicht wiederkäut, (gilt:)

Als unrein (sollen) sie euch (gelten).

Jeder, der sie berührt, wird unrein.

[27]Und alles, was auf seinen Pfoten geht unter allen Tieren, die auf allen Vieren gehen,
(gelte) euch als unrein.
Jeder, der ihr Aas berührt, wird unrein bis zum Abend. [28]Und wer ihr Aas trägt, wasche seine Kleider und wird unrein bis zum Abend.
Als unrein (sollen) sie euch (gelten).

Durch diese Gestaltung steht die Übertragung der Unreinheit durch Kontakt mit dem Aas im Mittelpunkt; zugleich wird betont, dass dies die vierfüßigen Landtiere betrifft. Für die Wasser- und Lufttiere (V 9–23) wird dergleichen nicht ausgesagt.

V 29–44 Die folgenden Verse behandeln die Kontamination durch Tieraas unter dem Gesichtspunkt praktischer Alltagsfragen: Es werden bestimmte Tierarten genannt, die man als »Ungeziefer« bezeichnen könnte, und es wird genauestens angegeben, was mit Gegenständen und Gefäßen (und deren Inhalt) zu geschehen hat, wenn sie in Kontakt mit einem toten Exemplar
V 29–30 dieser Tiere kommen. Es geht nun um das auf dem Land lebende Kleingetier (als dritte Kategorie von שרץ nach dem Kleingetier im Wasser, V 10, und dem geflügelten Kleingetier, V 20). Diese Fälle werden am ausführlichsten behandelt, wohl, weil sie in der Praxis am häufigsten vorkommen. Der Abschnitt erstreckt sich bis V 44, der nach Art einer *inclusio* mit dem Ausdruck von V 29 schließt (mit einer Variation im Verb/Partizip, s. *Milgrom*, 687, zu V 44):

Unreines Kleingetier auf der Erde

Tierarten

V 29: בשרץ השרץ על הארץ das Kleingetier, das auf der Erde wimmelt
V 44: השרץ הרמש על הארץ das Kleingetier, das sich auf der Erde regt

Acht Tierarten werden genannt (zu Details s. o., Zur Übersetzung), darunter vornehmlich Nagetiere und Kleinreptilien. Wieder ist die exakte Zuordnung zu heutigen zoologischen Bezeichnungen schwierig; vermutlich muss man jeweils den umfassenderen Artbegriff unterstellen, was auch die Wendung
V 31 למינהו, »nach ihrer Art«, impliziert. Wenn V 31 nochmals auf V 29 zurückgreift, impliziert das: »diese und nur diese Tiere« sind gemeint, also nur diese acht Tierarten (*Milgrom*, 672). V 31 präzisiert in einer weiteren Hinsicht: Mit dem Zusatz »wenn sie tot sind« wird deutlich, dass eine kultische Verunreinigung nur durch tote Tiere erfolgt, nicht durch lebende (auch wenn sie womöglich schon in lebendigem Zustand Abscheu und Ekel hervorrufen). Die Konsequenz aus einem Kontakt »wird unrein bis zum Abend« steht erneut als Abkürzung für die erforderlichen Waschungen: Die Wiedererlangung der Reinheit erfolgt zweistufig, durch Waschung und durch Abwarten der Zeitdauer des restlichen Tages (»bis zum Abend«). Erst wenn dieser Zeitpunkt eintritt, ist die Reinigung abgeschlossen. Daher genügt es, diesen Endpunkt anzugeben. Die Sanktion für die Berührung des toten Tieres ist damit vergleichsweise gering (*M. Douglas*, Impurity, 40).

Präzisierungen

V 32–38 Die folgenden Verse behandeln im Allgemeinen und im Detail, wie vor-

Gegenstände und anderes

zugehen ist, wenn ein totes unreines Tier in Kontakt mit einem Gegenstand kommt: Die Unreinheit überträgt sich, und für diesen Gegenstand muss eine Vorgehensweise zu dessen Reinigung gesucht werden. V 32 will alle Gegenstände und Gelegenheiten durch umfassende Beispiele erfassen. Zwar ist Metall als Material nicht ausdrücklich erwähnt, dürfte aber unter das »Gerät, mit dem man eine Arbeit verrichtet« zu subsumieren sein. Auch ist Metall nicht so problematisch, denn da es nicht sichtbar porös ist, kann es abgewaschen werden und die Unreinheit nicht irreversibel eindringen. Das ist bei Holz, Keramik und Textil anders: Hier ist es grundsätzlich zweifelhaft, ob die durch Kontakt erworbene Unreinheit mit Wasser abzuwaschen ist. Holz und Textil (Kleidung, Säcke oder Stoffüberzüge) können gewaschen werden; Keramik (Tongefäß) muss vernichtet werden (s. dazu *D. P. Wright,* Disposal, 93–113). Auch für die Gegenstände gilt die zweistufige Reinigung: durch Waschen und durch Verstreichen des restlichen Tages
Speisen und Getränke (»bis zum Abend«, so ausdrücklich in V 32 festgehalten). Wenn es sich um V 34
Gefäße handelt, die Speisen und Getränke enthalten, überträgt sich die Un-
Alles andere reinheit vom Gefäß auf den Inhalt. V 35 erstreckt die Reinigungsvorschrift V 35
auf alle anderen Gerätschaften; als Beispiele werden Ofen (s. zu Lev 2,4)
Wasser und Herd genannt. Von der Kontamination durch Kontakt mit Aas aus- V 36
genommen sind natürliche Wasserquellen und von Menschen errichtete
Wasserreservoirs (Zisternen). Die Gründe hierfür dürften praktischer Na-
tur sein: Man kann keine Quelle wegen einer toten Maus für unrein erklä-
ren, ebenso wenig eine Zisterne voll kostbarem Wassers. Auch wäre der Ge-
danke absurd, wie Wasser, das zur kultischen Reinigung verwendet wird,
Saatgut selbst unrein (und dann auch noch wieder gereinigt) werden könnte. Beim V 37–38
Saatgut wird zwischen trockenem und feuchtem Zustand unterschieden, wobei beide Male das noch aufgespeicherte, nicht das bereits gesäte Saatgut gemeint ist. Das Wasser scheint offenbar eine Art Leitfähigkeit für Unreinheit zu haben (*Gerstenberger,* 131). Die diffizilen Unterscheidungen sind heute nur mehr schwer nachvollziehbar. Ein mögliches Grundprinzip ist nach *Milgrom,* 680–681, dass die Erde und alles, was in ihr ist (so auch Zisternen und gesätes Saatgut), nicht mehr unrein werden können (eine andere Annahme würde zu absurden Vorstellungen führen).

Aas von zum Essen erlaubten Tieren In V 39–40 ist der Fall angesprochen, dass ein zum Essen erlaubtes Tier V 39–40
eines natürlichen Todes stirbt, also nicht geschlachtet wird. Wenn es korrekt (rituell am Heiligtum, Lev 17,3–9) geschlachtet oder als Wild erlegt wurde (Lev 17,13–14), gilt das tote Tier nicht als Aas und bewirkt keine Unreinheit (*Raschbam,* 67). In allen anderen Fällen erfolgt nach V 40 die eintägige kultische Unreinheit: sei es, dass jemand von dem Aas isst (womöglich, weil er irrtümlich von einer korrekten Schlachtung ausgeht) oder dass es jemand trägt (was mehr ist als »berührt«, denn beim Tragen werden auch die Kleider unrein, s. *Raschi,* 306, der auch betont, dass es um das *Aas* geht, also nicht um Knochen, Sehnen, Hörner, Klauen oder Haut; s. auch *mHullin*

9,1). – Mithin führt auch das Essen eines als Speise erlaubten Tieres, das nicht geschlachtet, sondern verendet aufgefunden wurde, zur kultischen Unreinheit von einem Tag – eine vergleichsweise leichte »Buße« (s. *Gerstenberger*, 130). Der Unterabschnitt V 39–40 unterbricht den Teil über das Kleingetier auf der Erde (V 29–38.41–44) und hätte seinen besseren Platz nach V 28. – Im Blick auf Lev 5,2; 7,21.24, nach denen das Berühren eines (verendeten oder von Wildtieren zerrissenen) reinen Tieres keine Unreinheit verursacht, zeigen diese eingeschobenen Verse (V 39–40, »H«, s.o., Analyse) einen rigideren Umgang mit Unreinheit, da hier eine Kontamination durch Berühren verendeter Tiere, die grundsätzlich zum Essen erlaubt sind, eintritt (*Staubli*, 102).

V 41–42 Verbotener Verzehr von Kleingetier

V 41–42 verbindet das Konzept von »Abscheulichkeit« (שׁקץ) mit dem Verbot, von diesen Tieren zu essen. Es ergibt sich eine rahmenartige *inclusio* (u.a. *Milgrom*, 683) um das Zentrum, das die verbotenen Kategorien näher klassifiziert: was auf dem Bauch geht (wohl Schlangen und Würmer) und was vier oder mehr Beine hat (z.B. Ameisen und andere Insekten, Spinnen, Asseln, Hundertfüßler usw.).

41 Und *alles* Kleingetier, das auf der Erde wimmelt, (ist) eine *Abscheulichkeit.*
  Es ist *nicht zum Essen* (bestimmt).
    42 *Alles,* was auf dem Bauch geht, und *alles,* was auf vier und mehr Füßen geht, kurz, *alles* Kleingetier, das auf der Erde wimmelt,
  sollt ihr *nicht essen,*
denn es ist eine *Abscheulichkeit.*

Die Eindrücklichkeit dieser Struktur hebt auch heraus, dass vom auf dem Land lebenden Kleingetier *keine* Art zum Essen bestimmt/erlaubt ist: *Alle* sind als Abscheulichkeit disqualifiziert (auffällige Häufung des Wortes כל, »alle/s«, »jede/r/s«).

V 43–44 Unreinheit durch Kleingetier

Die Behandlung des auf dem Land lebenden Kleingetiers geht noch weiter: Auf die Qualifikation als »Abscheulichkeit« (שׁקץ), die ja noch keine kultische Unreinheit impliziert, sondern nur das Verbot des Verzehrs ausdrückt, folgt nun noch die Beurteilung als »unrein«, die wiederum als Gegensatz zur Heiligkeit Gottes dargestellt wird. Erneut zeigt sich eine fast poetisch anmutende Mikrostruktur:

43 Macht euch nicht selbst abscheulich durch irgendwelche (Tiere)
von dem wimmelnden *Kleingetier;*
  und ihr sollt euch durch sie *nicht unrein machen,* indem ihr durch sie unrein werdet.
    44 Denn ich (bin) JHWH, euer Gott,
      ihr aber sollt euch heiligen und heilig werden,
    denn ich (bin) heilig.
  Und ihr sollt euch selbst *nicht unrein machen*
durch all das *Kleingetier,* das sich auf der Erde regt.

Kleingetier – abscheulich und unrein

Die ursprünglich voneinander unterschiedenen Konzepte von »abscheulich« (שקץ) und »unrein« (טמא) werden hier, beim Kleingetier auf der Erde, miteinander verbunden. Damit ist bei diesem weiten Feld des Tierreichs der Gipfel der Ablehnung erreicht. Der Grund dafür, dass ausgerechnet diese Tiere derart geächtet werden, liegt womöglich darin, dass es bei ihnen keine Ausnahmen gibt: Bei allen anderen Tiergruppen (vierfüßige Landtiere, Wassertiere, geflügeltes Kleingetier) gibt es wenige zum Verzehr erlaubte Arten. Hingegen sind *alle* (s. o.) auf der Erde sich fortbewegenden Kleintiere (שרץ) verboten. Möglicherweise steckt hinter dem Kriechen und Krabbeln auf der Erde und dem typischen Verschwinden dieses Kleingetiers in Erdlöchern, Ritzen und Spalten eine Assoziation mit der Unterwelt (›Scheol‹), dem Reich der Toten, so dass diese Tiere mit dem Tod und seinen Kräften in Verbindung gebracht werden. Davon soll sich Israel fernhalten und vielmehr die Kräfte des Lebens suchen, die mit dem Begriff der »Heiligkeit« verbunden werden: Der lebendige Gott, der die Welt ins Dasein gerufen hat und die Quelle des Lebens ist, ist der Heilige, und zu dieser Heiligkeit, die für die Kräfte des Lebens steht, ist Israel in Form der *imitatio Dei* berufen (*Milgrom*, 686–687).

Klassifikation der Tiere (Übersicht)

Die Klassifizierung der Tiere in Lev 11 geht auf mindestens zwei verschiedene Konzeptionen zurück. Sie kann in folgender Übersicht zusammengefasst werden:

<table>
<tr><td>Für den Verzehr erlaubt</td><td>Wiederkäuende Paarhufer (2–3)</td><td>Wassertiere mit Flossen und Schuppen (9)
Vier Heuschreckenarten (21–22)</td></tr>
<tr><td rowspan="5">Nicht für den Verzehr erlaubt</td><td>»unrein« (טמא)</td><td>»abscheulich« (שקץ)</td></tr>
<tr><td>Kamel, Klippschliefer, Hase, Schwein (4–8)</td><td rowspan="2">Wassertiere ohne Flossen und Schuppen (10–12)
Vögel (20 Arten: 13–19)
Geflügeltes Kleingetier (20.23)</td></tr>
<tr><td>Huftiere, die nicht Paarzeher sind; Nicht-Wiederkäuer; Vierfüßler auf Pfoten (26–28);</td></tr>
<tr><td>Kleingetier (8 Arten: 29–38)
Aas von verendeten Nahrungstieren (39–40)</td><td>Alles Kleingetier auf der Erde (ohne Füße oder mit vier und mehr Füßen: 41–43a)</td></tr>
<tr><td colspan="2">Alles Kleingetier auf der Erde (43b–44)</td></tr>
</table>

Es wird deutlich, dass das gesamte Kapitel 11 gewachsen ist und nicht aus einem Guss gestaltet wurde (s. o., Analyse, Entstehungsgeschichtliche Fragen). Zwei oder drei Konzepte wirken hier ineinander: Zunächst ist wohl als Kernunterscheidung zwischen den zum Essen bestimmten (erlaubten) Tieren und den verbotenen Tieren zu differenzieren. Die vom Verzehr ausgeschlossenen Tiere werden wiederum in zwei Kategorien unterschieden:

einerseits diejenigen, deren Aas bei Berührung kultische Unreinheit bewirkt (»unrein«, טמא), andererseits diejenigen, bei denen das nicht der Fall ist (»abscheulich«, שקץ). Beim Kleingetier auf der Erde (auf dem Bauch kriechend oder mit vier oder mehr Füßen) wird die Differenzierung wieder aufgegeben: Diese Tierarten werden sowohl als »abscheulich« als auch als »unrein« klassifiziert. *Dieses* Konzept, das die Begriffe שקץ und טמא mehr oder weniger als synonym ansieht (s. *T. Kazen*, Emotions, 76), begegnet auch in Lev 20,25–26
Lev 20,25–26 (H): »[25]Und ihr sollt unterscheiden zwischen dem reinem Vieh und dem unreinen und zwischen den unreinen Vögeln und den reinen, damit ihr euch nicht selbst durch Vieh und Vögel abscheulich macht und durch alles, das sich auf der Erde regt, das ich für euch als unrein unterschieden habe. [26]Und ihr sollt mir heilig sein, denn heilig (bin) ich, JHWH. Und ich habe euch von den (anderen) Völkern unterschieden, damit ihr mir gehört« (s. dazu u.a. *B. Ego*, Reinheit, 135–143). Die Vögel, die in Lev 11 nur nach dem Gesichtspunkt der »Abscheulichkeit« (= nicht als Speise erlaubt) differenziert werden, werden in Lev 20,25 nach »rein« und »unrein« unterschieden, und die Rede vom »sich abscheulich machen« im gleichen Atemzug zeigt an, dass in diesen Versen zwischen den Begriffen »unrein« und »abscheulich« nicht unterschieden wird. Zugleich wird die Scheidung von »rein« und »unrein« als Symbol für die Absonderung Israels als »heiliges Volk« von den anderen Völkern verstanden: Israel ist heilig für den heiligen JHWH – ein Konzept, das auch in Lev 11,44–45 (aber nur in diesen Versen!) greifbar wird. Insofern sind am Ende von Lev 11 Bearbeitungsspuren erkennbar: Das (spätere) Konzept der Synonymität von »unrein« und »abscheulich« wurde nachgetragen, wobei zugleich als Motivation für die Einhaltung der Speise- und Reinheitsvorschriften die Heiligkeit JHWHs und die Berufung Israels zur Realisation dieser Heiligkeit auf Erden (unter den Völkern) eingebracht wurde. Eine derartige Begründung oder gewinnende Argumentation war bisher in der bisweilen sehr technischen Sprache der Priesteranweisungen und Laieninstruktionen nicht zu finden.

Milgrom, 684–685, macht ähnliche Beobachtungen und kommt zu weitreichenden entstehungsgeschichtlichen Schlussfolgerungen. Der vorliegende Kommentar schließt sich daran nicht direkt an, weil Milgrom den Texten eine »fertige« literarhistorische Theorie überstülpt, die eine ganze Reihe von Zusatzannahmen voraussetzt. Die Diskussion zur literarischen Analyse von V 43–45 fasst *B. Ego*, Reinheit, 132–135, knapp zusammen. Sie optiert dafür, sowohl in Lev 11 als auch in Lev 20,22–26 Fortschreibungen durch die Pentateuchredaktion am Werk zu sehen, die mehrere Konzepte verbinden will: die Differenzierung von zur Nahrung bestimmten bzw. zu essen verbotenen Tieren; die Heiligkeit Gottes und des Volkes; die Absonderung von den Völkern. Insbesondere Lev 20,25 ist der verbindende Schlüsselvers: »Damit erfolgte eine Nebeneinanderstellung der Speisegebote und der Absonderungsforderung, so daß die Speisegebote integraler Bestandteil eines symbolischen Verweissystems werden: Israels Beachtung der Speisegebote wird zum Zeichen der von Gott intendierten Unterscheidung zwischen Israel und den Völkern, die Ausdruck des göttlichen Erwählungshandelns ist« (ebd., 143). – Geht man mit C. Nihan davon aus, dass das »Heiligkeitsgesetz« H (Lev 17–26) kein selbständiges Gesetzeskorpus war, sondern eine Ergänzung von P, dann kann man die Zufügungen in Lev 11,43–45 auf der Ebene von Lev 20,22–26 ansiedeln und damit der redaktionellen Aktivität der »Holiness School« zuschreiben (s. die Einleitung; *C. Nihan*, Priestly Torah, 459; s. ferner die Auslegung zu Lev 19,2).

Die Heiligkeit JHWHs

Die schon angesprochene Heiligkeit JHWHs in Verbindung mit der Berufung Israels zur *imitatio Dei*, also zur Realisation dieser Heiligkeit auf Erden unter den Völkern wird in V 45 nochmals in der Form eines Grundsatzes ausgesprochen. Ähnlich programmatische Sätze begegnen in Lev 19,2 und 20,26, so dass es wahrscheinlich ist, dass auch V 45 auf eine Erweiterung durch die »Holiness School«, die für H (Lev 17–26) verantwortlich ist und den P-Bestand erweitert hat, zurückgeht. Zugleich ist V 45 ein Rückblick auf den gesamten Exodus aus Ägypten und die Berufung und Erwählung des Volkes (»um euer Gott zu sein«; s. Ex 19,5–6). Das Stichwort »Ägypten« verweist ebenfalls auf die zweite Hälfte des Levitikusbuches (H) – ab Lev 18 wird mehrfach an die Befreiung aus Ägypten als Motivation zur Einhaltung der Weisungen erinnert (s. die Auslegung zu Lev 18,2c). Die Verbindung beider Konzepte (»Exodus« und »Heiligkeit«) lässt sich mit *B. Ego*, Reinheit, 135, so formulieren: »Weil Gott seine Heiligkeit im Exodus erwiesen hat und damit sein Volk geheiligt hat, deshalb soll auch Israel heilig sein« (s. auch *A. A. Diesel*, Ich bin Jahwe, 243–245). V 45

V 45 zeigt eine Reihe von erwähnenswerten »terminologischen Verknüpfungen« (s. dazu *W. Warning*, Verknüpfungen, 97–102): (1) Die Rede von der »*Heraufführung* aus Ägypten« wird in ungewöhnlicher Weise mit dem Partizip *hifil* von עלה, *ʿLY*, ausgedrückt. Genau dieses Partizip wird sechs Mal vorher (in V 3.4bis.5.6.26) für das Kriterium des Wiederkäuens verwendet. Womöglich ist die Wahl des Partizips kein Zufall, denn auf diese Weise ist es der *siebte* Beleg innerhalb des Kapitels, der die theologisch bedeutsame Aussage der Heraufführung aus Ägypten trifft. So wird nicht nur das geschichtsmächtige Handeln JHWHs betont, sondern auch die Befreiung aus Ägypten mit den Speisevorschriften verknüpft: Für die Identität Israels sind beide Aspekte grundlegend. (2) Ferner ist in Lev 11 sechsmal von der »Erde« (ארץ, *ʾæræṣ*) die Rede (V 2.21.29.41.42.44), und zwar immer im Zusammenhang mit den Tieren, die sich auf der Erde regen. Der *siebte* Beleg von ארץ in V 45 bezeichnet das *Land* Ägypten, aus dem JHWH Israel heraufgeführt hat. Wieder betont der *siebte* Beleg eines Allerweltswortes das theologische Bekenntnis der *Herauf*führungsformel und damit das Exodusereignis. (3) In der ersten Hälfte von Levitikus (P) ist von der Heraufführung aus Ägypten sonst nie die Rede, doch als *Heraus*führungsformel (mit יצא, *YṢʾ*, s. zu Lev 19,36 und das Glossar) begegnet diese Wendung noch acht Mal in der zweiten Hälfte (H): Lev 19,36; 22,33; 23,43; 25,38.42.55; 26,13.45.

Gesamtunterschrift
Grobgliederung nach Lebensräumen

Ähnlich wie in Lev 7,37–38 bei den Opferweisungen beginnt der Abschluss des gesamten Kapitels Lev 11 in V 46–47 mit der Toraformel: Die V 46–47 klassifizieren das Vorausgehende als Weisung (תורה, *tōrā*) und fassen den Inhalt bzw. das Thema stichpunktartig zusammen. Zunächst werden in V 46–47

V 46 in Anlehnung an die Grobgliederung des Kapitels die Tiere nach ihren Lebensräumen geordnet: »Vieh« als Haustiere, »Vögel« als Lufttiere, Wassertiere und auf der Erde (an Land) wimmelndes Kleingetier. Die Reihenfolge von Luft- und Wassertieren ist vertauscht, »probably for aesthetic, literary reasons« (*Milgrom*, 688). Sodann formuliert V 47 als zentrales Konzept das »Unterscheiden« (בדל *hifil*). Schon die Schöpfung ist zum großen Teil ein Werk der Unterscheidungen Gottes (Gen 1,4.18: Licht und Dunkel; 1,6–7: Wasser oberhalb und unterhalb des Gewölbes; 1,14: Tag und Nacht) – an dieses Tun Gottes wird nun angeknüpft. Die Priester haben die Aufgabe, zwischen »heilig« und »profan« sowie zwischen »rein« und »unrein« zu unterscheiden und darüber Israel zu belehren (s. zu Lev 10,10). Genau auf dieser Linie liegt auch das Subskript von Lev 11 (V 47) – und im weiteren Verlauf wird das Unterscheiden zu einem Identitätsmerkmal Israels, das als heiliges Volk von JHWH von den anderen Völkern unterschieden (ausgesondert) wurde (Lev 20,24–26). Insofern kann *Milgrom*, 689, im Blick auf das »Tierkapitel« Lev 11 sagen: »The animal world mirrors the human. The separation of the animals into the pure and the impure is both a model and a lesson for Israel to separate itself from the nations«. Aus anderen Aussagen im Levitikusbuch wird deutlich, dass die anderen Völker sich durch Fremdgötterverehrung und moralische Zügellosigkeit verunreinigt haben, so dass sich Israel davon distanzieren muss, um ein Leben in gottgefälliger Heiligkeit zu führen (s. u. a. *L. M. Trevaskis*, Holiness, 106).

Unterscheiden

Neben der Unterscheidung von »rein« und »unrein«, die die zweite Hälfte des Kapitels deutlich dominiert, geht es aber auch um die Unterscheidung von Tieren, die zum Essen bestimmt sind, und solchen, die zu essen verboten sind. Diese Speisegebote spiegeln ebenfalls das Grundkonzept des Unterscheidens und Absonderns; ihre Befolgung soll symbolisieren, inwieweit Israel die Berufung zur Heiligkeit im Alltag konkret werden lässt.

Speisegebote

Rezeption und Bedeutung

Die Speisegebote von Lev 11 sind in einem größeren Kontext zu sehen. Nur so kann entdeckt werden, was hinter der so technisch wirkenden Sprache und den nüchternen Klassifikationen und Vorschriften steckt (zur kulturanthropologischen Diskussion s. u.a. *W. J. Houston*, Purity, 13–25). Das Grundanliegen ist möglicherweise eine ethisch motivierte Zugriffsbeschränkung für den Menschen auf die Tierwelt. Blickt man auf die anthropologischen Grundaussagen in der so genannten »Urgeschichte«, so ist bemerkenswert, dass der Mensch in Gen 1,29–30 als Vegetarier konzipiert ist. Der Verzehr von Tierfleisch wird als Zugeständnis nach der Sintflut eingeführt (Gen 9,3), wobei ausdrücklich das Essen von Blut ausgeschlossen

Beschränkung des menschlichen Zugriffs auf die Tierwelt

Gen 1–9

(verboten) wird (Gen 9,4). Das Blut als Sitz des Lebens wird als Mittel zur Entsündigung (Sühne) vorbehalten (Lev 17,11; s. die Auslegung zu Lev 4–5, »Warum Blut?«). Diese Konzeption des Menschen als ursprünglicher Vegetarier zeigt das Unbehagen der priesterlichen Autoren, das sie gegenüber einem unkontrollierten Machtzugriff des Menschen auf die Tiere hegen (*Milgrom*, 712; zu Milgroms Position s. *W. J. Houston*, Dietary Laws, 147–150; *E. E. Meyer*, Respect, 145–149). Das mehrfach eingeschärfte Verbot des Blutgenusses, das schon in enger Verbindung mit der urgeschichtlichen Erlaubnis des Fleischverzehrs steht (Gen 9,3–4), schränkt diese Machtausübung entsprechend ein: Das Blut darf nicht verzehrt werden, auch beim Wild muss es dem Schöpfer zurückgegeben werden, indem man es bei der Schlachtung ausfließen lässt und mit Erde bedeckt (Lev 17,12–14; s. dazu u.a. *B. Jürgens*, Wiederherstellung, 134).

Der anthropologische Hintergrund

Was anthropologisch hinter diesem Bluttabu steckt, kann plausibel in folgender Weise vermutet werden: Das Tier als Lebewesen (insbesondere das Säugetier) steht in enger Verwandtschaft mit dem Menschen, so dass eine grundsätzliche Scheu besteht, ein Tier zu töten bzw. ein Schuldgefühl bei einer solchen Tat aufkommt (s. *Gerstenberger*, 121). Um mit dieser Schuld fertig zu werden, sind Rituale nötig, die die menschliche Verunsicherung kompensieren. Die priesterliche Konzeption des Menschen und des Kultes in der Tora hat daraus einen ethischen Imperativ gemacht, der sich im Verbot des Blutgenusses und in den Speisebeschränkungen zeigt. Dahinter steckt letztlich der Blick auf die Gestaltung einer lebensfähigen humanen Gesellschaft ohne lebensbedrohliche Gewaltexzesse (s. auch *Levine*, 248). Dazu gehört als Wert die Hochschätzung des Lebens an sich, auch des tierischen Lebens: Das Leben ist unverletzlich, man darf damit nicht leichtfertig umgehen (*A. Marx*, Les recherches, 421). Der Mensch hat ein Recht auf Nahrung, aber nicht das Recht, sich fremdes Leben (tierisches Leben) willkürlich anzueignen. Daher muss das Blut als Sitz des Lebens bei der Tierschlachtung an den Schöpfer zurückgegeben werden (*Milgrom*, 713).

Schlachtung

Die Schlachtung eines Tieres ist über weite Strecken der Tora eine ausdrücklich und ausschließlich kultische Angelegenheit. Lev 17,3–9 legt fest, dass jegliche Schlachtung für den Fleischverzehr am Heiligtum im Rahmen einer Opferfeier stattzufinden hat. Mit dieser Konzeption ist durch priesterliche Kontrolle sowohl einer willkürlichen Tiertötung als auch der Ausübung fremder Kultpraktiken Einhalt geboten. Die Zentralisation des Heiligtums nach Dtn 12 auf einen einzigen Ort macht dann die Erlaubnis der profanen Schlachtung notwendig (Dtn 12,15.21). Aber auch an diesen Stellen wird das sonst ausschließlich für kultisch konnotierte Schlachtungen verwendete Verb זבח (s. das Glossar zu »Heilsgemeinschaftsopfer«; ferner *Milgrom*, 714) eingesetzt – verbunden mit der Wendung »wie ich dir geboten habe« (כַּאֲשֶׁר צִוִּיתִךָ). Letztere Formulierung scheint ein typischer Hinweis auf Vorschriften zu sein, die dem Deuteronomium vorausliegen – das

»Gebot« Gottes bezieht sich dabei nicht auf den Fleischverzehr (solcher kann nur erlaubt, aber nicht geboten werden), sondern auf die Art und Weise des Schlachtvorgangs. Somit kann gefolgert werden, dass bei der Erlaubnis der Profanschlachtung durch Dtn 12,21 der Hinweis »wie ich dir geboten habe« so zu deuten ist, dass das außerhalb des Heiligtums und des Kultes zur Fleischgewinnung getötete Tier auf die Weise zu schlachten ist, wie es normalerweise im Kult geschieht.

Schnitt durch den Hals

Genauere Angaben über diesen Vorgang finden sich in den Texten nicht, sind aber aus dem Gebrauch des Verbs שחט zu erschließen (s. die Auslegung zu Lev 1,5). Vermutlich besteht die korrekte Schlachtweise in einem schnellen Schnitt durch den Hals, der Luftröhre, Speiseröhre und Halsschlagader durchtrennt und so zu einem schnellen Tod des Tieres führt (s. *Milgrom*, 716–718; *Levine*, 226; *A. Eggebrecht*, Schlachtungsbräuche, 34–37). Milgrom verweist auf im Talmud genauer spezifizierte Details der Schlachttechniken: Die Schlachtung muss schnell, in einer zügigen Bewegung (ohne Hauen, Stechen und Reißen), mit einem äußerst scharfen Messer ohne Scharten durchgeführt werden – diese Vorschriften laufen letztlich darauf hinaus, dem Tier unnötige Schmerzen zu ersparen. Es ist zu unterstellen, dass die Rabbinen diese Überlegungen nicht erfunden, sondern auf ältere Überlieferungen zurückgegriffen haben.

Respekt vor dem Leben

Von daher ist zu vermuten, dass schon in den biblischen Texten das leitende ethische Prinzip darin bestanden hat, bei der unumgänglichen Tötung des Tieres doch den Respekt vor dem Leben zu bewahren und dies durch möglichst schmerzfreies Schlachten und durch Verzicht auf den Verzehr des Blutes zum Ausdruck zu bringen.

Vor diesem Hintergrund erklären sich auch die Speisegebote als massive Einschränkungen eines (willkürlichen und gewaltsamen) Eingriffs des Menschen in die Tierwelt (*M. Douglas*, Sacred Contagion, 104–106).

Die Kriterien

Dazu werden zunächst die Kriterien für die erlaubten Tiere aufgestellt: Es ist klar, dass die bereits als Haustiere geltenden Tierarten in Frage kommen, also Rind, Schaf und Ziege. Dafür würde als Unterscheidungskriterium der »gespaltene Huf« (also Paarzeher) ausreichen. Dabei aber ist auch das aus verschiedenen Gründen (s.o., Auslegung zu Lev 11,7) verfemte Schwein eingeschlossen, so dass ein zweites Kriterium hinzutritt, das das Schwein verbietet: das Wiederkäuen (*Milgrom*, 733; zur Diskussion um diese Kriterien s.u.a. *W. J. Houston*, Purity, 124–258). Zu diesen beiden Ausschlusskriterien gibt es dann Grenzfälle, also Tiere, die eines der beiden Kriterien erfüllen, so dass die Frage aufkommen könnte, ob sie nicht vielleicht doch erlaubt wären – daher kommt die Nennung einzelner vom Verzehr dezidiert ausgeschlossener Tiere (*Levine*, 246). Auch die Erlaubnis von Heuschrecken, deren Verzehr möglicherweise eine alte und geehrte Tradition des Lebens in der Wüste darstellt (*G. Yahalom*, Testimony, 201), passt in dieses Schema, ebenso die Beschränkung der Wassertiere, die – im eingeschränkten Blick Israels auf das maritime Leben – letztendlich nur wenige Fischarten zum Essen erlaubt. Nimmt man die Vorschriften von Lev 11 zusammen, bleiben unter dem Strich (vom Wild abgesehen) nur wenige Spezies übrig. Gemeinsam mit den Vorschriften für eine möglichst schnelle und schmerzfreie Schlachtung sowie dem Bluttabu, das das Töten eines Tieres durch einen Menschen als göttliches Zugeständnis und nicht als menschliches Herrscherprivileg kennzeichnet, ergibt sich als Gesamtbild, dass diese Speisegebote dazu da sind, Israel den Respekt vor dem Leben einzuschärfen (*Milgrom*, 735; *R. Achenbach*, Systematik, 209; zur Kritik an dieser Position s. *E. E. Meyer*, Respect, 153–156). Warum dazu Rituale (das »Heilsgemeinschaftsopfer«, die rituelle »Entsorgung« des Blutes am Altar, s. Lev 3 und 17) erforderlich sind, liegt in der Natur des Menschen: Selbstbeschränkung und Achtung vor dem Leben sind Einstellungen, die gerne zu Lippenbekenntnissen werden und im Alltag aus dem Bewusstsein geraten – daher erinnert ein Ritual bei jeder Schlachtung, auch bei der profanen Schlachtung (Blut ausfließen lassen!), an diese Grundsätze.

Rituale

Hintergründe für die Speisegebote

Für das Verständnis von Lev 11 kann noch weiter nach Hintergründen und Ansatzpunkten gesucht werden (s. z. B. *W. J. Houston*, Purity, 68–123, Lit.!; *H. Graf Reventlow*, Speisevorschriften, 219–226; *J. L'Hour*, L'Impur I, 528–531). Ein Vorschlag besteht darin, die Speisegebote als Ausdruck des Wissens um durch bestimmte Tiere übertragene Krankheiten zu deuten. So überträgt beispielsweise das Schwein für den Menschen gefährliche Parasiten wie den Schweinebandwurm oder die Trichinen (*Bailey*, 130–131). Doch die hygienische Argumentation greift zu kurz, da das Kamel offenbar nicht schädlich ist, aber dennoch verboten, während schädliche (giftige) Pflanzen überhaupt nicht in den Blick kommen (s. auch *Staubli*, 103–104, der entsprechende Ansätze von Maimonides [Rambam] bis W. F. Albright zurückweist; ähnlich *M. Douglas*, Reinheit, 45; *W. J. Houston*, Purity, 69–70; *Bailey*, 131). *Raschbam*, 59, hält die zu essen verbotenen Tiere schlicht für schädlich: Sie beeinträchtigen und erhitzen den Körper. Dazu verweist er auf den Talmud (*bShabbat* 86b; *bNidda* 34b; *b'Avoda Zara* 31b) und sogar auf ärztliche Stellungnahmen.

Hygiene?

Schädlich?

Speisegebote als Symbole

Ein ganz anderer Ansatz betrifft die Symbolik, die in der Tierwelt ein Abbild (Spiegelbild) der menschlichen Ordnung sieht (z. B. *M. Douglas*, Reinheit, 53–59.69; zur Position von *M. Douglas* s. u. a. *E. E. Meyer*, Respect, 149–152; *S. D. Kunin*, We Think What We Eat, 29–66; *W. J. Houston*, Dietary Laws, 150–157). *W. D. Houston* selbst deutet die Speisevorschriften als Teil eines kosmologisch orientierten ethischen Gesamtsystems, so dass deren Einhaltung die Aufrechterhaltung von Ordnung und Gerechtigkeit symbolisiere (ebd., 160–161; s. auch *Bailey*, 135–139). – Ein weiterer Ansatz dieser Art versucht die These von M. Douglas, dass Unreinheit durch Abweichung von der Norm bedingt ist, differenziert auf Levitikus anzuwenden. Die Gründe für die Zuordnungen zum Bereich »Unrein« bestehen demnach in der Gefährdung der Grenze zwischen *Natur* und *Kultur:*

Natur/Kultur?

Fleischfressende Tiere (v.a. Greifvögel) widersprechen dem Konzept von Gen 9,3, das den Fleischgenuss nur den Menschen *(Kultur)* zuspricht (während offenbar die Tiere nach Gen 1,30 weiterhin Pflanzenfresser bleiben sollen); Ungeziefer (Kriechtiere), Flechten und Schimmelpilze (Lev 13,47–59; 14,33–57) dringen als gefährliche *Natur* in den Bereich des Menschen, in Kleider und Häuser *(Kultur)* ein; von schweren Hautkrankheiten befallene Menschen müssen außerhalb des Lagers leben und durch Zerreißen der Kleider und ungepflegte Haare (Lev 13,45–46) ihre Distanz zur *Kultur* symbolisieren (s. dazu *M. P. Carroll*, One More Time, 124–125). – *S. D. Kunin*, We Think What We Eat, 73–77, bewertet den Ansatz von *Carroll* und präsentiert sowie evaluiert darüber hinaus eine Reihe weiterer Erklärungsansätze und -versuche aus den 1970er und 1980er Jahren (also etwa zeitgleich mit *M. Douglas*), die hier nicht im Einzelnen nachgezeichnet werden können (ebd., 68–83).

Vorbilder für ein tugendhaftes Leben?

Der Aristeasbrief (§§143–147; ca. 2. Hälfte des 2. Jh. v.Chr.) versucht eine Deutung, die in den reinen (zum Essen erlaubten) Tieren das Vorbild für ein friedliches, reines und gerechtes Leben sieht, während die unreinen Tiere, v.a. die Raubvögel und Aasfresser, Symbole für frevelhafte Gewalt und Ungerechtigkeit darstellen (s. einen ähnlichen Ansatz bei *M. Douglas*, Forbidden Animals, 20–23). Diese etwas gezwungen wirkende Auslegung zeigt, wie stark das Bedürfnis danach war, hinter den Speisegeboten einen tieferen Sinn zu finden. Vergleichbar ist die Auslegung durch Philo von Alexandria: Die erlaubten Tiere stehen als Allegorien für Selbstbeherrschung und Ausdauer, die unerlaubten, etwa die auf dem Bauch kriechenden Reptilien, für diejenigen, die sich nur ihren gierigen Wünschen und Leidenschaften hingeben (Philo, *De specialibus legibus* 4,110–118; s. *W. J. Houston*, Dietary Laws, 144–147). Origenes deutet die Anordnung, dass die reinen Tiere Wiederkäuer sein müssen, in allegorischer Weise auf diejenigen Gläubigen, die Tag und Nacht über das Wort Gottes nachdenken (Ps 1,2). Derjenige also ist »rein«, der als »Wiederkäuer« vom wörtlichen Sinn zum geistlichen Sinn der Schrift aufsteigt. Wer dies aber tut, ohne dass seine Lebensweise und seine Taten zwischen diesem irdischen Leben und dem kommenden Zeitalter zu unterscheiden verstehen, ist ein verwirrtes Kamel *(camelus es tortuosus)*, das trotz der Meditation über das göttliche Gesetz nicht zwischen Gegenwart und Zukunft und den engen Pfad nicht von dem breiten Pfad zu unterscheiden vermag (Origenes, *Hom. in Lev* VII, 6 [SC 286, 343–344]; *P. Buis*, Le Lévitique, 46; *M. Sheridan*, From the Nile to the Rhone and Beyond. Studies in Early Monastic Literature and Scriptural Interpretation, Rom 2012, 124–125; *A. Tzvetkova-Glaser*, Pentateuchauslegung, 368–379; zu weiteren frühchristlichen Deutungen von Lev 11 s. *Lienhard*, 176–178).

Ökologische Gegebenheiten

Damit wird symbolisch-allegorisch etwas gedeutet, was ursprünglich vielleicht aus ökologisch naheliegenden Sachzwängen entstanden ist: »Der

Speisezettel ist das Ergebnis einer über Jahrtausende gereiften Kultur, die den ökologischen Gegebenheiten einer Region entspricht« (*Staubli*, 104; s. auch *H. Graf Reventlow*, Speisevorschriften, 226; *W. J. Houston*, Purity, 176–177.234–235; *E. E. Meyer*, Respect, 157). Möglicherweise liegt hier einer der realen Gründe für die Entstehung von Speisetabus, doch ist der Vorgang bemerkenswert, wie daraus religiöse Identitätsmerkmale, Repräsentationen einer Kultur und Lebensweise umfassenden Religion, äußere Zeichen und Teil eines ganzen Weltbildes und Symbole von Heiligkeit und Auserwählung werden (s. dazu u.a. *G. Yahalom*, Testimony, 202–203; *K. Gies*, Art. Speisegebote, 2.3.; *V. Wagner*, Profanität, 124–135). Daher ist der Auffassung der Bibel noch etwas näher nachzuspüren.

Gestufte Heiligkeit

Die biblischen Texte gehen von einem gestuften System der Heiligkeit aus, in dessen Zentrum das Allerheiligste im Heiligtum sowie die Priester stehen. Israel als Land und Volk bilden den nächsten Kreis in diesem konzentrischen System, dann folgen die Völker (also die Menschheit) und die ganze Erde. Israel ist das erwählte Volk, das als heiliges Volk JHWH gehört. Genau dieser Gedanke rahmt in Dtn 14,2 und 14,21 die Liste der Speisegebote im Buch Deuteronomium ein (den Paralleltext zu Lev 11, s.o., Analyse). Die Heiligkeit Israels hängt aber davon ab, dass sich Israel von den anderen Völkern und ebenso vom Verzehr bestimmter Tiere fernhält: »The dietary system is thus a reflection and reinforcement of Israel's election« (*Milgrom*, 725). Die Absonderung von den Völkern ist eng mit sexuellen Vorschriften verbunden: Dazu gehören das Mischehenverbot (Ex 34,15–16; Dtn 7,1–4) ebenso wie die Verbote bestimmter sexueller Beziehungen (Lev 20,11–21) zu Verwandten, zu Tieren und zum gleichen Geschlecht, wie sie in Lev 20,23 den Vorbewohnern des Landes unterstellt werden. Und genau diese Liste in Lev 20 wird mit einer Einschärfung der Speisegebote in Verbindung mit der Mahnung zur Heiligkeit, die Abbild der Heiligkeit Gottes ist (Lev 20,25–26), ganz in Analogie zum Ende von Lev 11, abgeschlossen. Von dieser Konzeption her symbolisieren die Speisegebote bis in den täglich wiederkehrenden Alltag hinein den besonderen Status des Volkes Israel als zur Heiligkeit berufenem Volk (s. auch *Levine*, 243–248; *C. Nihan*, Laws, 427–430; *E. S. Gerstenberger*, Speisetabus, 189; *K. Gies*, Art. Speisegebote, 2.2.2.7.; *E. E. Meyer*, Respect, 155–156). Die Speisegesetze sind »wie Zeichen, die in jedem Moment zum Nachdenken über die Einheit, Reinheit und Vollkommenheit Gottes anregten. Die Meidungsvorschriften verliehen der Heiligkeit bei jeder Begegnung mit dem Tierreich und bei jeder Mahlzeit einen physischen Ausdruck. So gesehen, erscheint die Einhaltung der Speisegesetze als bedeutungsvoller Teil des großen liturgischen Aktes der Anerkennung und Anbetung, der im Tempelopfer kulminierte« (*M. Douglas*, Reinheit, 78; s. auch *G. J. Wenham*, Theology, 11). Gerade bei den Speisegeboten wird die Rede von der Heiligkeit JHWHs, zu der das Volk berufen ist, in Form einer ungewöhnlichen Häufung der Wurzel קדש, *QDŠ*, »heilig

Absonderung und Heiligkeit

(sein)«, am Ende von Lev 11 besonders eingeschärft. Dabei steht »Heiligkeit« für »Absonderung«, aber im positiven Sinne: Es geht nicht nur um die Absonderung von etwas, sondern für jemanden, nämlich für JHWH. »It is a positive concept, an inspiration and a goal associated with God's nature and his desire for man« (*Milgrom*, 731). Natürlich kann der Mensch nie die Heiligkeit Gottes erreichen, aber er ist aufgerufen, sich ihr anzunähern: Heiligkeit meint *imitatio Dei*. – Diese Sichtweise konnte unabhängig vom Tempelkult entstehen und daher auch die Zerstörung des Tempels überleben. So bleiben die Speisevorschriften von Lev 11 mit einer Reihe von Präzisierungen und Transformationen in der rabbinischen Literatur im Judentum bis heute weitgehend gültig: Sie beeinflussen je nach konfessioneller Ausrichtung mehr oder weniger stark das alltägliche Leben von Jüdinnen und Juden und sind damit ein Beispiel dafür, wie das Konzept der Reinheit im Alltag umgesetzt wird und wie die Tora in die profane Welt hineinwirkt (s. *Levine*, 220.224–228; *Plaut/Bamberger*, 97–101.286–287: »Kaschrutgesetze«; *K. Gies*, Art. Speisegebote, 4.1.).

Christliche Positionen

Im frühen Christentum wird die Entscheidung getroffen, dass die u. a. aus dem Buch Levitikus abgeleiteten Speisegebote des Judentums nicht mehr für die aufstrebende christliche Gemeinschaft gelten. Zeugnisse dafür sind etwa die Ausführungen über rein und unrein im Munde Jesu in Mk 7,15–19 (s. z. B. *T. Kazen*, Issues, 113–135; *W. Paschen*, Rein und Unrein, 153–194), die Vision des Petrus in Joppe/Jaffa (Apg 10,9–16) und die Diskussion auf dem Aposteltreffen in Jerusalem (Apg 15,19–20) (s. *Wenham*, 181–185; *ders.*, Theology, 11–14). Diese Grundentscheidung ermöglicht letztlich die Ausbreitung des Christentums *in* der Welt, da es nicht mehr um eine Absonderung *von* den übrigen Völkern geht. Damit ist die Gestaltung vieler Einzelheiten des Alltags den Christinnen und Christen selbst überlassen. Menschen jüdischen Glaubens, die die Vorschriften praktizieren, werden bei jeder Mahlzeit an ihre Religion und ihre Berufung zur Heiligkeit erinnert. Das Christentum muss analoge Strukturen und Symbole der religiösen Gemeinschaft zur Erinnerung an die eigene Glaubensidentität selbst entwickeln und pflegen (*W. J. Houston*, Purity, 259–282). Paulus mahnt aber in Röm 14,13–15 dazu, bei der Überwindung der Speisegebote behutsam vorzugehen und »dem Bruder« keinen Anstoß zu geben: »Wenn wegen einer Speise, die du isst, dein Bruder verwirrt und betrübt wird, dann handelst du nicht mehr nach dem Gebot der Liebe«. Aufgrund der genannten Überlegungen über die ernsthaften Hintergründe der Speisegebote von Lev 11 besteht für das Christentum keinerlei Anlass zur Überheblichkeit (gegen die problematischen Ausführungen bei *Kornfeld*, 9), aber auch keine Notwendigkeit, den Speisevorschriften einen aktuellen Sinn zu geben (*Gerstenberger*, 132.134). Gleichwohl sind die angeführten theologischen Tiefendimensionen durchaus lehrreich für die christlichen Gemeinschaften: die Achtung vor dem Tier und dem Leben überhaupt, die Rücksichtnahme auf alle Lebewesen, die Begrenzung des menschlichen Zugriffs auf die Schöpfung Gottes – und nicht zuletzt auch die Aufforderung zur *imitatio Dei*, zu einem Leben in Heiligkeit nach den Weisungen Gottes, die sich ja nicht in den Speisegeboten erschöpfen, sondern – wie das Buch Levitikus auch zeigen wird – die kultischen Vorschriften eng mit sozialen Regelungen für ein gelingendes zwischenmenschliches Zusammenleben verknüpfen.

3.2 Levitikus 12,1–8: Die kultische Reintegration der Frau nach der Geburt eines Kindes

Literatur *Arx, W. von,* Die Segnung der Mutter nach der Geburt. Geschichte und Bedeutung: Concilium 14, 1978, 106–111. – *Blaschke, A.,* Beschneidung. – *Brunner-Traut, E.,* Die Wochenlaube: Mitteilungen des Instituts für Orientforschung 3, 1955, 11–30. – *Caspers, C.,* Leviticus 12, Mary and Wax: Purification and Churching in Late Medieval Christianity, in: Poorthuis, M. J. H. M./Schwartz, J. (ed.), Purity and Holiness (2000), 295–309. – *Cressy, D.,* Purification, Thanksgiving and the Churching of Women in Post-Reformation England: Past and Present 141, 1993, 106–146. – *Deusel, A. Y.,* Mein Bund, den ihr bewahren sollt: Religionsgesetzliche und medizinische Aspekte der Beschneidung, Freiburg i. Br. 2012. – *Dresen, G.,* The Better Blood. On Sacrifice and the Churching of New Mothers in the Roman Catholic Tradition, in: de Troyer, K. et al. (ed.), Wholly Woman (2003), 143–164. – *Erbele-Küster, D.,* Hat dieser Körper ein Geschlecht? Die Bestimmungen über die Wöchnerin in Lev 12, in: Oeming, M. (Hg.), Theologie des Alten Testaments aus der Perspektive von Frauen (Beiträge zum Verstehen der Bibel 1), Münster 2003, 101–108. – *Erbele-Küster, D.,* Körper und Geschlecht. – *Gies, K.,* Geburt – ein Übergang. Rituelle Vollzüge, Rollenträger und Geschlechterverhältnisse. Eine alttestamentliche Textstudie (ATSAT 88), St. Ottilien 2009. – *Glick, L. B.,* Marked in Your Flesh: Circumcision from Ancient Judea to Modern America, Oxford 2005. – *Kazen, T.,* Discrepancies, 348–371. – *Knödel, N.,* The Thanksgiving of Women after Childbirth, commonly called The Churching of Women, http://users.ox.ac.uk/~mikef/church.html#intro (zuletzt aufgerufen am 10. 09. 2013). – *Maciejewski, F.,* Das biblische Archiv der Beschneidung: BN 117, 2003, 33–39. – *Maciejewski, F.,* Der Ritus der Beschneidung und der Geist des Monotheismus. Ein ethnopsychoanalytischer Blick auf die Religionsentwicklung im antiken Israel, in: Oeming, M./Schmid, K. (Hg.), Der eine Gott und die Götter. Polytheismus und Monotheismus im antiken Israel (AThANT 82), Zürich 2003, 249–270. – *Meens, R.,* »A Relic of Superstition«: Bodily Impurity and the Church from Gregory the Great to the Twelfth Century Decretists, in: Poorthuis, M. J. H. M./Schwartz, J. (ed.), Purity and Holiness (2000), 281–293. – *Neuenfeldt, E. G.,* Menstruação. – *Philip, T. S.,* Menstruation, 81–125. – *Rapp, U.,* Weibliche Unreinheit und die Verwerfung der Gleichgültigkeit. Religionskritik an, in und mit der Geburtstora in Lev 12, in: Kügler, J./Bechmann, U. (Hg.), Biblische Religionskritik. Kritik in an und mit biblischen Texten, Berlin/Münster 2009, 182–199. – *Roll, S. K.,*

The Old Rite of the Churching of Women after Childbirth, in: de Troyer, K. et al. (ed.), Wholly Woman (2003), 117–141. – *Ruane, N. J.*, Sacrifice and Gender, 184–193. – *Schearing, L. S.*, Double Time … Double Trouble? Gender, Sin, and Leviticus 12, in: Rendtorff, R./Kugler, R. A. (ed.), Leviticus (2003), 429–450. – *Thiessen, M.*, Luke 2:22, Leviticus 12, and Parturient Impurity: NT 54, 2012, 16–29. – *Wachowski, J.*, »Die Leviten lesen«: Untersuchungen zur liturgischen Präsenz des Buches Leviticus im Judentum und Christentum. Erwägungen zu einem Torahjahr der Kirche (Arbeiten zur praktischen Theologie 36), Leipzig 2008. – *Whitekettle, R.*, Leviticus 12 and the Israelite Woman: Ritual Process, Liminality and the Womb: ZAW 107, 3, 1995, 393–408. – *Whitekettle, R.*, Levitical Thought, 376–391. – *Zimmermann, U.*, Art. Beschneidung (AT): Das wissenschaftliche Bibellexikon im Internet (www.wibilex.de), Juni 2009.

Text

Übersetzung

1 Und JHWH sprach zu Mose:

2 Sprich zu den Israeliten:

Wenn eine Frau ein Kind bekommt und einen Jungen gebiert, dann wird sie für sieben Tage unrein, wie sie in den Tagen der Periode ihrer Menstruation unrein wird.

3 Und am achten Tag werde das Fleisch seiner Vorhaut beschnitten.

4 Und dreiunddreißig Tage bleibe sie wegen des (vergossenen) Blutes (im Status) der Purifikation. Sie soll nichts Heiliges berühren und nicht zum Heiligtum kommen, bis die Tage ihrer Purifikation erfüllt sind.

5 Wenn sie aber ein Mädchen gebiert, dann wird sie für zwei Wochen unrein wie bei ihrer Menstruation. Und sechsundsechzig Tage bleibe sie wegen des (vergossenen) Blutes (im Status) der Purifikation.

6 Wenn aber die Tage ihrer Purifikation für einen Sohn oder eine Tochter erfüllt sind, bringe sie ein einjähriges Lamm für ein Brandopfer und eine Haustaube oder eine Turteltaube für ein Entsündigungsopfer zum Eingang des Zeltes der Begegnung zum Priester.
7 Und er bringe es vor JHWH dar und erwirke für sie Versöhnung, und sie wird rein von der Quelle ihres (vergossenen) Blutes.

Dies (ist) die Weisung für diejenige, die einen Jungen oder ein Mädchen gebiert.

8 Wenn aber ihre Mittel für die Kosten eines Schafes nicht hinreichen, nehme sie zwei Turteltauben oder zwei Haustauben, eine für ein Brandopfer und eine für ein Entsündigungsopfer. Und der Priester erwirke Versöhnung für sie, und sie wird rein.

Zu Text und Übersetzung

2 Wenn eine Frau ein Kind bekommt: Das hebräische Wort (תזריע, *tazrīʿa*) leitet sich von זרע, *zæraʿ*, »Same, Nachkommenschaft«, ab und bedeutet daher wörtlich »Nachkommenschaft hervorbringen« (s. Gen 1,11–12: Pflanzen, die Samen hervorbringen). Es ist also der Geburtsvorgang gemeint, der in heutiger Sprache mit »ein Kind bekommen« (und nicht mehr mit dem veralteten »niederkommen«) ausgedrückt wird. Die antiken Versionen denken aber eher an den männlichen Samen und sprechen von der Empfängnis. – Man kann in der aktivischen Formulierung auch einen »schöpferischen Akt« der Frau sehen, die damit nicht nur empfangendes Objekt ist; ihre Gebärmutter wird mit der Mutter Erde assoziiert. Die Bezeichnung der weiblichen Scham als »Quelle« in V 7 und die Rede vom Hervorbringen von »Samen« bzw. Nachkommenschaft beschreiben die Fortpflanzung nicht im binären Geschlechtersystem, sondern betonen allein die lebensschaffende Eigenaktivität der Frau (s. *D. Erbele-Küster*, Wöchnerin, 107–108; *M. Grohmann*, Female Semen, 43–45; *U. Rapp*, Unreinheit, 192). – Die hebräische Bezeichnung תזריע *(Tasria)* gibt dem Toraabschnitt Lev 12,1–13,59 seinen Namen. Er kann mit dem folgenden Abschnitt *Mezora* (14,1–15,33) zusammengefasst werden.

2 Periode ihrer Menstruation: Wörtlich: Absonderung ihres Unwohlseins. Das hebräische Wort נדה, *niddā*, wird sehr unterschiedlich verwendet, so dass eine einheitliche (konkordante) Übersetzung kaum möglich ist (s. die Auslegung zu V 2). Hier geht es um den Ausschluss vom Kult aufgrund der Menstruation bzw. des bei der Geburt auftretenden Blutverlusts (s. die Auslegung zu V 4). Der Ausdruck »Periode« soll auch auf den *zeitlich befristeten* Ausschluss vom Kult anspielen (s. u. a. *D. Erbele-Küster*, Körper und Geschlecht, 121).

4 Im Status der Purifikation: Wörtlich: wegen des Blutes/in dem Blut (Plural!) der Reinigung (s. die Auslegung). Die Übersetzung der LXX mit »unreinem« Blut führt zu Wertungen, die im hebräischen Text nicht vorhanden sind (s. *U. Rapp*, Unreinheit, 193). – Zur LXX-Übersetzung von V 2 und V 4 s. die Studie von *K. de Troyer*, Blood, 57–64.

6 Einjähriges Lamm: Die hebräische Bezeichnung für »einjährig« trägt ein Personalsuffix (wörtlich also: »in seinem Jahr«) – möglicherweise wird damit angezeigt, dass das Lamm das erste Jahr noch nicht vollendet haben darf, also weniger als ein Jahr alt sein soll (*Milgrom*, 757).

8 Ihre Mittel, wörtlich: ihre Hand (so auch Lev 5,7, dort mit geringfügig anderer Terminologie, s. u., Analyse, Entstehungsgeschichtliche Fragen).

Analyse

Thema

Das kurze Kapitel behandelt die Reintegration der Frau in die Kultgemeinschaft nach der Geburt eines Kindes. Unmittelbar nach der Geburt gilt die Wöchnerin als »unrein« (in Analogie zur Menstruation, s. Lev 15,19–24) bzw. in einer Art »Reinigungsphase«. In dieser Zeit muss sie sich von kultischen Dingen fernhalten (zu den Details s. u.). Nach dem Ablauf der festgesetzten Frist markiert ein Opfer die Wiederherstellung der Fähigkeit zur

Rite de passage

Kultteilnahme. Man kann den Gedanken der kultischen Reintegration auch im Anschluss an das dreistufige Schema von *A. van Gennep*, Übergangsriten, betrachten: Während der Schwangerschaft ist die Frau im »Normalzustand« der kultischen Reinheit. Nach der Geburt, der die »Absonderung« bei den »rites de passage« entspricht, unterliegt sie für eine festgelegte Zeit den Beschränkungen der Unreinheit (Phase des Übergangs, liminality). Danach markieren Riten (hier die angeordneten Opfer, s. u.) die Rückkehr in den »Normalzustand« (s. dazu *R. Whitekettle,* Leviticus 12, 399–404).

Aufbau

Lev 12 besteht aus zwei analogen Fällen, die nach dem Geschlecht des geborenen Kindes unterschieden werden, einem gemeinsamen Abschluss für beide Fälle sowie einem Nachtrag, der eine Abstufung im Falle von großer Armut vorsieht.

1–2a Anrede- und Weitergabeformel (s. das Glossar und zu 1,1–2; 4,1–2)
2b–4 Erster Fall: Geburt eines Jungen
- 2bc Konstatierung des Falles
- 2de Entscheidung über die Phase der Unreinheit (7 Tage)
- 3 Einschub über die Beschneidung des Jungen
- 4 Entscheidung über den Status der Purifikation (33 Tage)

5 Zweiter Fall: Geburt eines Mädchens
- 5a Konstatierung des Falles
- 5b Entscheidung über die Phase der Unreinheit (14 Tage)
- 5c Entscheidung über den Status der Purifikation (66 Tage)

6–7 Abschluss des Status der Purifikation
- 6 Vorbereitung von Brand- und Entsündigungsopfer
- 7a Durchführung der Opfer
- 7b Versöhnungsformel
- 7c Reinheitsformel
- 7d Toraformel (Abschluss des Themas)

8 Nachtrag: Abstufung im Falle von Armut
- 8a Konstatierung des Falles
- 8b Brand- und Entsündigungsopfer mit Vögeln
- 8c Versöhnungsformel
- 8d Reinheitsformel

Entstehungsgeschichtliche Fragen

Aus produktionsorientierter Sicht erweist sich V 8 deutlich als Nachtrag (*Gerstenberger,* 137; *K. Gies,* Geburt, 128; *T. S. Philip,* Menstruation, 112): Der Vers steht *nach* der abschließenden Toraformel von V 7 und weist eine vom Kontext abweichende Begrifflichkeit auf (*Elliger,* 156). Für »Lamm« (כבש) in V 6 steht in V 8 »Schaf« (שה), anstelle von »bringen« (בוא *hifil*) steht »nehmen« (לקח). Die Reihenfolge von Turteltauben und Haustauben ist wieder die sonst auch gebräuchliche (s. 1,14; 5,7.11; 14,22.30; 15,14.29; anders V 6: Haustaube – Turteltaube). Beim ganz ähnlich gelagerten Fall der extremen Armut in 5,7 wird als Verb für »ausreichen« נגע *hifil* verwendet, hier in V 8 מצא (übersetzt mit »hinreichen«). Dieser Sprachgebrauch begegnet auch in Lev 25,28. Daraus schließt *Milgrom,* 761, dass V 8 eine in den P-

Text eingetragene Ergänzung durch H sei (ähnlich wie 11,43–45, s. o.). Auch *C. Nihan*, Priestly Torah, 281, hält Lev 12,8 für eine spätere Zufügung; ansonsten sei das Kapitel jedoch eine »coherent instruction« durch P. – Dass mit Lev 12 eine junge Mutter nach 40 bzw. 80 Tagen mit dem Säugling zum Heiligtum reisen muss, ist kein zwingender Hinweis auf dezentrale, lokale Heiligtümer in vorexilischer Zeit (gegen *Y. Feder*, Blood Expiation, 135); vielmehr ergibt sich daraus ein weiteres Argument für eine Entstehung der Vorschrift in der überschaubaren frühnachexilischen Gemeinde in und um Jerusalem und seinem bescheidenen Tempel (5. Jh. v. Chr.), der für die umliegenden Dörfer und Gehöfte in erreichbarer Nähe liegt.

Auslegung

Die Problematik

Lev 12 ist ein problematisches Kapitel, das zu Missverständnissen Anlass gibt und daher die Emotionen hochkochen lässt, insbesondere in einer Zeit, die für Genderfragen hoch sensibel ist (zur Auslegungsgeschichte s. *L. S. Schearing*, Double Time, sowie unten, Rezeption und Bedeutung; zur Auslegungsproblematik s. u. a. *U. Rapp*, Unreinheit, 182–199). Die Gründe dafür liegen auf mehreren Ebenen: Es wird ein eigenartiger, nicht begründeter Unterschied zwischen der Geburt eines Jungen und der eines Mädchens gemacht. Sodann wird die Darbringung eines Entsündigungsopfers (חטאת) verlangt (V 6–7), das in Lev 4–5 als Reinigungsopfer bei unbeabsichtigt begangenen Sünden (bei Verstößen gegen JHWHs Gebote oder Verbote) eingeführt wird – hier aber geht es um die Umstände bei der Geburt eines Kindes, für die der Mensch (und insbesondere die gebärende Frau) in keiner Weise verurteilt werden kann. Und schließlich geht es um Dinge, die einerseits völlig alltäglich sind, weil sie ständig wiederkehren, aber andererseits doch – insbesondere unter den medizinischen und hygienischen Gegebenheiten der Antike – im Einzelfall immer eine gesundheitliche Gefährdung von Frau und Kind, die mitunter tödlich sein kann, darstellen. Von daher ist die Geburt, genauer: der Geburtsvorgang und dessen Begleiterscheinungen, mit starken Emotionen, uralten Tabuvorstellungen und heftigen Unsicherheitspotenzialen für die menschliche Psyche verbunden (*Levine*, 249). Das gilt im Prinzip bis heute, auch der moderne Mensch muss diese Unsicherheiten irgendwie verarbeiten. Ein Weg, mit verunsichernden Vorgängen umzugehen, ist das Ritual. Die Opfervorschriften von Lev 1–10 sind zu einem guten Teil als solche Wege zu verstehen, die die Menschen aus ihrer Verunsicherung herausführen und ihre gestörte Gottesbeziehung heilen wollen. Wenn *diese* Rituale abgelehnt bzw. heute nicht mehr praktiziert werden, stellt sich die Frage, auf welche andere Weise menschliche Verunsicherung und die Suche nach der Begegnung mit Gott bewältigt werden. Vor dem Hintergrund dieser allgemeinen Überlegungen ist auch Lev 12 zu verstehen. Einfache Antworten gehen an der Komplexität des Problems vorbei, aber eine gründliche Lektüre unter Einbeziehung der zu den vorausgehenden Kapiteln angestellten Überlegungen (insbesondere zu Lev 4–5) wird weiterführende Erkenntnisse bringen.

V 1–2a Begrenzter Fokus Nach den durch Tiere verursachten Unreinheiten (Lev 11) eröffnet Lev 12 mit einer weiteren Kombination aus Anrede- und Weitergabeformel (V 1–2a) die Reihe der von Menschen ausgehenden »Unreinheiten«. Ein Ordnungsprinzip mag man in den Kapiteln 12 bis 15 in der abnehmenden Dauer des temporären Ausschlusses vom Kult sehen: von maximal 80 bis zu sieben Tagen oder nur einem Tag (*Milgrom*, 743). Wie schon in Lev 11 zu beobachten war, geht es auch nicht um die angesprochenen Dinge und Sachverhalte an sich: Das Thema in Lev 11 sind nicht die verschiedenen Tiere und ihre zoologische Einordnung, und so trägt auch in Lev 12 nicht der Geburtsvorgang den Fokus des Interesses. Alles wird vielmehr unter der Frage der möglichen Teilnahme am gottesdienstlichen (kultischen) Leben betrachtet: Welche Umstände führen zu einer temporären Indisposition? Wie lange ist der Ausschluss anzusetzen? Wie erfolgt die Reintegration in das kultische Geschehen? (Zum Begriff »Reintegration« s. auch *K. Gies*, Geburt, 334.) Alle anderen Fragen, die gerade auch moderne Leserinnen und Leser interessieren würden, sind Nebensache oder werden überhaupt nicht berührt. Diese Tatsache, also das Genre des Textes als priesterliche Weisung (Tora, s. die Toraformel in V 7d!) über rein (Teilnahme am Kult möglich) und unrein (nicht möglich) muss berücksichtigt werden, um ein angemessenes Verständnis zu finden und die begrenzte Aussage-Reichweite einzubeziehen. Von daher liegt es nicht in der Intention des Textes, grundsätzliche Aussagen über die Rolle von »männlich« und »weiblich« oder über den »Wert« des einen Geschlechts im Verhältnis zum anderen zu treffen, auch wenn die genannten Zahlen zu einer gestuften Wertung verführen.

V 2a Adressaten und Betroffene Als Adressaten sind nach der Weitergabeformel von V 2 wieder die Israeliten insgesamt genannt – faktisch betroffen scheint jedoch zunächst allein die junge Mutter, der das Zählen von Tagen und am Ende das Darbringen bestimmter Opfer obliegt. Die Formulierungsweise macht aber bei näherem Hinsehen deutlich, dass nicht die junge Mutter allein verantwortlich ist, sondern alle in ihrem Umfeld, Frauen und Männer, sollen und müssen um ihren jeweiligen kultischen Status wissen. Daher ist die Bestimmung an alle Israeliten gerichtet.

V 2 Phase der Unreinheit Der erste Satz (V 2b) markiert die Szenerie: »wenn eine Frau ein Kind bekommt« (s. o., Zur Übersetzung). Dieser allgemeine Fall wird im zweiten Satz sofort spezifiziert auf die Geburt eines Jungen, so dass damit die Erwartung weiterer Bestimmungen zum Mädchen geweckt werden. Dass hier nicht die Begriffe »Sohn« (בן) und »Tochter« (בת) verwendet werden, sondern die allgemeinen Begriffe »ein Männliches« (זכר) bzw. »ein Weibliches«

(נקבה), wie sie aus Gen 1,27 (»als Mann und Frau«) bekannt sind, hat nach rabbinischer Auslegung seinen Grund darin, dass »Sohn/Tochter« ein lebendes Kind implizieren würden, die Bestimmung aber auch im Fall einer Totgeburt anzuwenden ist (*Sifra*, Tasria, Üs. Winter, 321). Sonst wird aber im Kapitel auch von Sohn und Tochter gesprochen, daher kann mit den allgemeinen Begriffen auch impliziert sein, dass das Geschlecht eines Neugeborenen nur durch das entsprechende Organ identifiziert werden kann (so *Milgrom*, 744). Die kultrechtliche Beurteilung des Geburtsvorgangs erfolgt nun in Analogie zur Behandlung der Menstruation. Damit wird die Bestimmung von Lev 15,19–24 über die Verhaltensweise der Menstruierenden als bekannt vorausgesetzt (s. die Auslegung dort). In Lev 15,19 wird – wohl im Sinne einer vereinfachenden Pauschalierung – eine Frist von sieben Tagen angesetzt. Diese zeitliche Regelung nimmt Rücksicht auf die Intimsphäre und vermeidet somit den absurden Gedanken, irgendeinen Beweis für das Ende der Regelblutung einzufordern (anders als bei den Hautkrankheiten, bei denen eine Beschau durch den Priester vorgesehen ist). Fragt man nun, was Geburt und Menstruation gemeinsam haben, so sind zwei verbindende Elemente zu nennen: das Anzeigen einer (vorübergehenden) Disfunktionalität der weiblichen Geschlechtsorgane (als Symbol für »Nicht-Leben«) und der Verlust von Blut (als verunsicherndes Anzeichen für die Nähe der Todessphäre, s. auch unten zu V 4).

Analogie zur Menstruation

Anzeige für »Nicht-Leben«

Bei der Frage nach den Gründen für die Unreinheit durch Menstruation (s. die Auslegung zu Lev 15,19–24) erweist es sich, dass es in Lev 15 immer um das Funktionieren oder Nicht-Funktionieren der Fortpflanzung geht. Zeigen Ausflüsse aus den Geschlechtsorganen von Mann oder Frau an, dass eine Fortpflanzung nicht möglich ist (sei dies krankhaft oder periodisch-regulär wie bei der Menstruation), so sind diese Phänomene ein Indikator für »Nicht-Leben«: Fortpflanzung ist (vorübergehend) nicht möglich. In diesem Zustand ist der Mensch nicht im Vollbesitz seiner Lebenskraft und daher – so das priesterliche Denken – nicht disponiert, im Kult dem Gott des Lebens gegenüberzutreten (s. u.). Um den geschwächten Menschen zu schützen, wird er (hier die Wöchnerin) für »unrein« erklärt, d. h. von der Teilnahme am Kult ausgeschlossen oder dispensiert. Die Frau nach der Geburt ist für eine gewisse Zeit nicht empfängnisfähig; das Austreten von Blut signalisiert die (vorübergehend) gestörte Funktionsfähigkeit der Fortpflanzung. In diesem Zustand ist die Kultteilnahme nicht möglich: »Because the dysfunctional condition of her womb was antithetical to the vivific character of the divine realm, the menstruous or postpartal woman was declared to be impure« (*R. Whitekettle*, Levitical Thought, 390; *F. Klopper*, Rhetoric, 683). Erst nach Ablauf einer festgesetzten Frist, die im Übrigen nicht mit dem Ende der konkreten Blutung zusammenhängt, sondern nur das Verstreichen einer Zeit bedeutet, ist die Wiederherstellung des Normalzustandes (kultische Reintegration) möglich (zu diesen Überlegungen s. *R. Whitekettle,* Leviticus 12, 402–408; *ders.,* Levitical Thought, 377–383).

Das zweite analoge Element zur Menstruation ist der Blutverlust. Schon bei der Geburt tritt vergleichsweise viel Blut aus, dann aber auch im Verlauf der Rückbildung der Gebärmutter: Der so genannte »Wochenfluss« *(Lochia)* ist zunächst stärker als die Regelblutung und geht dann im Verlauf von zwei bis sechs Wochen zurück. Ursache der Absonderung von Blut, weißen Blutkörperchen, Serum und Vaginalsekret ist die Wunde, die die abgelöste Plazenta an der Gebärmutterinnenwand hinterlassen hat. Bei mangelnder Hygiene besteht Infektionsgefahr. Da Konsistenz und Aussehen des Wochenflusses am Anfang der Menstruationsblutung ähneln, könnte von daher die analoge kultische Behandlung der Frau bei Menstruation und Geburt erklärbar sein. Hier liegt auch möglicherweise die etymologische Wurzel für das mit mehreren Bedeutungen versehene Wort נדה, *niddā.* Vielleicht ist die Grundbedeutung eben »Ausstoßung, Absonderung, Ausscheidung« – das Wort wird dann für die Ausscheidung der Regelblutung verwendet, aber auch für die Menstruierende selbst (s. u.a. *K. O'Grady,* Semantics, 15–17; *T. S. Philip,* Menstruation, 32–33). Da dieser Vorgang mit »Unreinheit«, also einem temporären Ausschluss vom Kult, verbunden wird, weitet sich im metaphorischen Sprachgebrauch das Bedeutungsspektrum hin zu jeder Art von »Unreinheit«, »Gräuel«, »Abscheulichkeit«: In 2 Chr 29,5 entfernt Hiskija das »Unreine«, *ha-niddā,* aus dem Tempel, also die Götzenbilder; in Klgl 1,17 ist das von JHWH gestrafte Jerusalem der »Schandfleck« der Region; in Esra 9,11 gilt das Land als »befleckt« durch die fremden Völker (s. *I. J. Batmartha,* Geburt und Monatsblutung, 55–56); in Ez 7,19–20 lässt JHWH das Edelmetall, aus dem Israel die Götzenbilder geformt hat, zur *niddā* werden, zum Abscheu für die Menschen, und in Ez 36,17 wird das Fehlverhalten Israels (Fremdgötterverehrung) von JHWH »wie die Unreinheit der *niddā*« angesehen (s. *T. S. Philip,* Menstruation, 64–66). Ähnlich wie bei חטאת, *ḥaṭṭā't,* kann auch bei נדה, *niddā,* das gleiche Wort die »Ent-Sündigung« bezeichnen. Beide Begriffe stehen in Sach 13,1 in synonymer Parallelität und implizieren die Beseitigung: »eine Quelle [*zur Reinigung von*] Sünde (לחטאת) und Unreinheit (לנדה)«. Die Bedeutungsentwicklung von נדה, *niddā,* hin zu »Unreinheit« und »Abscheulichkeit« im Sinne einer metaphorischen Disqualifikation der Verehrung fremder Götter schlägt nun bitter auf das Verständnis von Lev 15,19–24 und Lev 12 zurück. Gegen diese semantische Verquickung muss Einspruch erhoben werden: Der metaphorische (und androzentrisch formulierte) »Missbrauch« der Vokabel *niddā* für das Verächtlichmachen von Götzendienst, der so »ekelhaft« wie die Menstruation dargestellt wird, darf nicht auf die Menstruation selbst zurückprojiziert werden. Man mag diese Bedeutungsentwicklung bedauern, kann sie aber nicht ungeschehen machen: Das natürliche Zurückschrecken sowie die Unsicherheit, die Beschwerlichkeit und

Blutverlust

Wochenfluss

Nidda

Ein problematischer Sprachgebrauch

jegliche negative Gefühle, die mit der Menstruation verbunden sind, werden instrumentalisiert, um ein analoges Zurückschrecken vor der Verehrung fremder Götter hervorzurufen (s. z. B. *T. Kazen*, Emotions, 84.93). Aus theologischer Sicht mag dies vielleicht effektvoll sein, aus feministischer Sicht ist es allerdings problematisch – eine Verteufelung, Verachtung oder auch sonst irgendeine religiöse Konnotation der Menstruation sind abzuwenden und zu verhindern. Nicht von der Hand zu weisen ist jedoch die mit der Blutung verbundene Verunsicherung, die immer schon die menschliche Psyche belastete. Auf diese Unsicherheit will die Regelung des temporären Ausschlusses vom Kult Rücksicht nehmen: Der »Gottesdienst« im Sinne der Tora ist die Begegnung mit dem heiligen und lebendigen Gott, deren Dramatik exemplarisch in der Theophanieszene von Ex 19 und 20,18–21 beschrieben wird. Diese Begegnung ist nicht selbstverständlich und erfordert seitens des Menschen eine entsprechende Disposition, ausgedrückt in der Chiffre der »kultischen Reinheit« (s. *U. Rapp*, Unreinheit, 189; *M. Douglas*, Leviticus as Literature, 146). Dieses Thema ist in Lev 1–11 schon mehrfach angesprochen worden. Eine durch die Regelblutung oder gar durch den Blutverlust bei der Geburt körperlich und seelisch geschwächte Frau ist von diesen Anstrengungen für eine festgesetzte Zeitspanne (sieben Tage bei der Menstruation; 40 bzw. 80 Tage nach der Geburt) freigestellt (zur Zahlensymbolik von »sieben« und »vierzig« s. u. zu V 7). Auch der deutsche Begriff »Wöchnerin« impliziert die Wochen nach der Geburt, die der körperlichen und seelischen Wiederherstellung der Frau dienen. An sich geht es um eine Schutzbestimmung für die Mutter, die keine Abwertung des weiblichen Geschlechts bedeutet (s. u. a. *K. Gies*, Geburt, 334; *M. Douglas*, Leviticus as Literature, 181). Allerdings wehrt sich der Text nicht ausdrücklich gegen misogyne Interpretationen (s. dazu *Gerstenberger*, 138–139).

Unsicherheit

Begegnung mit Gott

Gegen heutige Vorstellungen muss ausdrücklich betont werden, dass der temporäre Ausschluss vom Kult keine Strafe ist und damit auch keinerlei moralisches Fehlverhalten impliziert. Im Gegenteil: Er berücksichtigt die vielfältigen Situationen im alltäglichen Leben der Menschen, die mit emotionalen Schwankungen und seelischen Unsicherheiten aufgrund von körperlichen Phänomenen verbunden sind (und das ist nicht nur die Menstruation, sondern auch Geschlechtsverkehr, Samenerguss sowie viele harmlose und schwere Krankheitsanzeichen) und den Menschen so in eine unterlegene Position der Schwäche versetzen, die die Begegnung mit Gott im kultischen Vollzug unmöglich macht. Schon im zwischenmenschlichen Bereich kann man dem anderen und insbesondere einem Höhergestellten nicht in jeder Lage und nicht ohne vorherige Disposition (Aussehen, Reinigung, Kleidung usw.) entgegentreten – um wie viel mehr benötigt der Kontakt mit Gott im *offiziellen und öffentlichen* Kult (!) eine entsprechende Vorbereitung. Wie Gott den Mose in eine schützende Felsspalte stellte (Ex 33,20–22), um ihn vor dem direkten Anblick der göttlichen Herrlichkeit, der für den Menschen tödlich ist, zu bewahren, so schützt der zeitweilige Abstand vom öffentlichen Gottesdienst die Menschen – und macht nach ritueller Reintegration eine neue Begegnung umso fruchtbarer und hilfreicher gegen die eigene Unsicherheit.

Kein moralischer Makel

Die »Unreinheit« der Menstruierenden und der Wöchnerin impliziert im System der gestuften Heiligkeit und der klaren Regeln für die Kommunikation und den Kontakt mit Gott keinerlei moralischen Makel und keine Abwertung. Das muss ausdrücklich festgehalten werden, denn mit »unrein« werden ja auch andere Dinge und Umstände bezeichnet, die man sehr wohl spontan mit »abscheulich« oder »schrecklich« assoziiert (z. B. das in Lev 11 erwähnte Kleingetier oder die Berührung einer Leiche, Num 5,2; 6,11). Von daher wirken entsprechende Assoziationen aufgrund der gleichen Begrifflichkeit (»unrein«) auf die Situation der Frauen zurück; dieses Problem ist aber nicht durch sprachliche Kniffe oder Übersetzungen zu lösen, sondern nur durch aufklärende Überlegungen.

Waschungen

Die Phase der Unreinheit wird also analog zur Menstruation mit sieben Tagen angesetzt. Weder hier noch in Lev 15,19–24 wird ausgeführt, wie diese Phase beendet wird. Da jedoch bei anderen Fällen in Lev 11–15 sowohl bei Personen als auch bei Gegenständen neben einer festgesetzten Zeitdauer auch eine Waschung mit Wasser angesetzt wird, kann durch den Schluss vom Kleineren auf das Größere angenommen werden, dass auch im Falle der Menstruation und bei der Geburt eines Kindes die Phase der »Unreinheit« durch eine Waschung beendet wird (s. die Auslegung zu Lev 11,24; *Raschi*, 308; *Plaut/Bamberger*, 142). Dass sich die Notwendigkeit einer Waschung stillschweigend von selbst ergibt, kann auch aus folgender Überlegung geschlossen werden: Wenn ein vergleichsweise geringer Ausfluss von Samenflüssigkeit aus dem Geschlechtsteil des Mannes eine Waschung nach sich zieht (Lev 15,16–18), ist natürlich auch eine Waschung erforderlich, wenn eine größere Menge Blut aus dem Geschlechtsteil der Frau austritt (*Milgrom*, 746). Im Falle der Menstruation ist mit der Waschung der Status der Nichtteilnahme am Kult beendet, und die Frau befindet sich wieder im Status der »Reinheit«, der der »Normalzustand« ist (s. auch die Auslegung zu Lev 15,19–24). Bei einer Geburt ist die Sache nicht so leicht beendet, und es schließt sich eine zweite Phase der Reinigung an, die in V 4 besprochen wird.

Beschneidung

V 3 Da es aber in diesem ersten Anlauf um die Geburt eines Jungen geht, vergisst der Text nicht, eines der wesentlichsten Identitätsmerkmale der Israeliten und des beginnenden Judentums zu erwähnen: die Beschneidung am achten Tag. Diese Bemerkung unterbricht die Vorschriften für die Mutter. Trotz des Kontextes von »rein« und »unrein« darf die Beschneidung nicht als Reinigungsritus angesehen werden (s. *D. A. Bernat*, Sign, 63–66; *A. Blaschke*, Beschneidung, 96), denn es gibt nichts Vergleichbares beim neugeborenen Mädchen. Die Beschneidung an sich, darauf weist *Milgrom*,

746–747, hin, ist nichts typisch Israelitisches, sondern ein im Vorderen Orient weit verbreitetes Ritual (s. Jer 9,24–25). Allerdings ist es in aller Regel ein Pubertätsritus, der die beginnende Mannbarkeit und Ehefähigkeit dokumentieren soll. Nur in Israel liegt der Zeitpunkt der Beschneidung im Säuglingsalter (»am achten Tag«). So wird die Beschneidung zum Bundeszeichen, ein Akt der Initiation in den religiösen Bund zwischen Israel und Gott (Gen 17,1–27), zugleich aber auch eine Besiegelung des männlichen Geschlechts (act of male gendering, s. *D. Erbele-Küster,* Wöchnerin, 104; *T. S. Philip,* Menstruation, 116). Die Beschneidung ist aber im gesamten Levitikusbuch kein Thema und hier nur eine beiläufig angesprochene Erinnerung (an Gen 17). Daher sei für das weite Feld dieses Symbols auf die einschlägige Literatur verwiesen (z. B. *A. Blaschke,* Beschneidung; *F. Maciejewski,* Archiv; *ders.,* Ritus; *L. B. Glick,* Marked, 13–34; *U. Zimmermann,* Art. Beschneidung (AT); *A. Y. Deusel,* Beschneidung).

Status der Purifikation

Nach dem Einschub von V 3 setzt V 4 unmittelbar das Thema von V 2 V 4
fort und spricht neben der zur Menstruation analogen Phase der Unreinheit von sieben Tagen eine zweite Phase der Reinigung an, deren Dauer mit 33 Tagen festgelegt wird. Bei dieser Phase wird der logische Hintergrund der Bestimmungen deutlicher greifbar, denn mit dem Stichwort »Blut«, das im Hebräischen im Plural steht, wird angesprochen, worin das eigentliche Problem besteht.

Vergossenes Blut

Der Plural von Blut (דמים) wird sehr häufig für gewaltsam vergossenes Blut und auch für Blutschuld verwendet. Im Kontext einer Geburt ist daher an das beim Geburtsvorgang fließende Blut zu denken. In einer Vorstellungswelt, die im Blut das Leben bzw. die Lebenskraft sieht (s. die Auslegung zu Lev 4–5, insbesondere die Ausführungen zu »Warum Blut?« unter Lev 4,5–7) und in der der Verzehr von Tierblut streng untersagt ist, muss das bei der Geburt eines Kindes zwangsläufig ausfließende Blut heftiges Unbehagen oder Erschrecken hervorrufen. Ein solcher Vorgang macht – auf befristete Zeit! – »unrein«, d. h. unfähig für die Begegnung mit dem lebendigen Gott im Kult. Obwohl also der Vorgang »natürlich« ist und sich das Vergießen des Blutes bei der Geburt nicht vermeiden lässt, ist eine kultische »Reinigung« erforderlich. Dabei ist in keiner Weise an irgendeine moralische Verfehlung oder eine Schuld gedacht. Dennoch ist das Bewusstsein da, dass mit dem bei der Geburt auftretenden Blut, das vergossen wird, etwas verbunden ist, das von Gott trennt – ohne dass der Mensch irgendetwas dafür kann. Es tritt also etwas Ähnliches auf wie bei den unabsichtlich begangenen Sünden in Lev 4–5: Der Mensch wird durch einen von ihm moralisch nicht zu verantwortenden Vorgang von Gott getrennt und bedarf einer »Versöhnung«, einer kultischen Wiederherstellung

Purifikation

des Gottesverhältnisses (*T. Frymer-Kensky,* Pollution, 331). Daher ist auch hier, bei der Purifikation der Wöchnerin, ein »Entsündigungsopfer« angebracht (V 6–7). Wieder geht es nicht um »Sünde« als moralische Verfehlung, sondern um einen von Gott trennenden Vorgang. Das Entsündigungsopfer stellt den Ritus dar, mit dem die Trennung aufgehoben wird. Für die »Reinigung« der Wöchnerin verwendet Levitikus den Spezialbegriff טָהֳרָה, *ṭohorā*, ein Abstraktnomen, das von dem Substantiv טֹהַר, *ṭohar*, »Reinheit, Reinigung« in Analogie zu חכמה, *ḥokmā*, »Weisheit«, gebildet ist. Weil es hier speziell um die *kultische* Reinigung geht, wird im Deutschen ein Spezialbegriff verwendet: »Purifikation«. Dieser Begriff wird auch benutzt, wenn die masoretische Punktation die Konsonanten טהרה vom Substantiv טהר, *ṭohar*, ableitet und mit einem Mappiq im letzten He zur Markierung des Pronomens der 3. Person feminin Singular die Betonung auf *ihre* Reinigung (= Purifikation) legt. So wird auch durch Feinheiten hervorgehoben, dass es hier um eine für den Spezialfall der Frau nach der Geburt zugeschnittene Vorschrift geht (s. auch *K. de Troyer*, Blood, 49–50).

Blut der Reinigung

Die Constructus-Verbindung »Blut der Reinigung« (so die wörtliche Wiedergabe von דמי טהרה), die nur hier vorkommt, ist eine stehende Wendung *(frozen idiom)*, die sich ausschließlich auf diesen besonderen Status der Frau nach der Geburt bezieht und diese zweite Phase von 33 (bzw. 66) Tagen nach dem Zustand der Unreinheit von sieben (bzw. vierzehn) Tagen bezeichnet (*Milgrom*, 749; es geht hier nicht mehr um die Analogie zur Menstruation, so *Levine*, 73). Die Wendung bereitet in allen Übersetzungen erhebliche Schwierigkeiten. LXX geht offenbar von einer fortgesetzten Unreinheit aus (»in ihrem unreinen Blut«) und ignoriert damit, dass es eigentlich um eine Reinigung geht (s. Zur Übersetzung). Außerdem ist der eigentliche Status der Unreinheit mit den ersten sieben (bzw. 14) Tagen klar abgeschlossen. Der Nachsatz in V 4 macht deutlich, worum es eigentlich geht: Die Wöchnerin ist lediglich von den heiligen Dingen und vom Heiligtum ausgeschlossen. Anders als in den sieben (14) Tagen, die in Analogie zur Menstruation zu sehen sind, hat sie vollen Zugang zur Gemeinschaft (und v.a. zu ihrem Ehemann; *Ramban*, 162), weil sie keine »Unreinheit« mehr über Kontakt zu Gegenständen und Personen weitergibt (s. dagegen Lev 15,19–24: Die Menstruierende macht alles und jeden, das/den sie berührt, unrein). Die Weitergabe von Unreinheit durch Kontakt (»sekundäre« Unreinheit) wird durch die implizierte Waschung am Ende der sieben (14) Tage beendet; von daher ist nach dem »Status der Purifikation« (den 33/66 Tagen) keine Waschung erwähnt, vorgesehen oder zu erschließen. Allerdings ist die Wöchnerin in den 33/66 Tagen nach wie vor vom Heiligtum (und von der Kultteilnahme) ausgeschlossen und damit von den dafür nötigen Heiligungen und Reinigungen dispensiert. Durch ihre Distanz vom Heiligtum hat sie in der Regel auch keinen Kontakt mit »heiligen Dingen«. Das einzige Heilige, womit sie in Berührung kommen könnte und was ihr daher verweigert ist, ist das Essen vom Fleisch des Heilsgemeinschaftsopfers. Dieser Fall ist jedoch nicht genauer spezifiziert, um sicherzustellen, dass keinerlei Heiliges mit der Wöchnerin in Berührung kommt (s. *Milgrom*, 751–752). Ein weiterer, seltener Fall ist die Frau eines Priesters, die in der festgesetzten Zeit nach der Geburt nicht von der Erhebungsgabe, die dem Priester und seiner Familie zusteht und als »heilig« gilt (Lev 22,10–11), essen darf (*Levine*, 73). Auf den konkreten Alltag bezogen, stellt damit diese Vorschrift keine wirkliche Einschränkung für die Wöchnerin dar. Dies ist etwas anders bei der Menstruationsunreinheit und den ersten 7/14 Tagen nach der Geburt, die eine Art Quarantäne bedeuten und den Aktionsradius der Frau stark einschränken (s. die Auslegung zu Lev 15,19–24). Damit bleibt die mit der Wendung »Blut der Reinigung« bezeichnete Phase ein ganz eigentümlicher Zwischenzustand: Die Frau ist nicht wirklich unrein (und damit frei beweglich, bis auf den Gang zum Heiligtum, somit darf sie auch frei in Kontakt zu allen Leuten treten, insbesondere ist sexueller Kontakt mit dem Ehemann erlaubt), und doch ist sie vom Kult und den heiligen Dingen (insbesondere dem Fleisch des Heilsgemeinschaftsopfers) ausgeschlossen (*Levine*, 74). Ähnlich allen, die für einen Tag unrein sind (s. die Wendung »unrein bis zum Abend«, s. o. die Auslegung zu Lev 11,24–25), muss die Frau einen »langen Tag« abwarten: Der »Abend«, der ihr die Reinigung bringt, ist erst am vierzigsten (achtzigsten) Tag (*Raschi*, 308). – Die Bewegungsfreiheit der Wöchnerin ist – abgesehen vom Heiligtum – in keiner Weise eingeschränkt. Insofern gehen geläufige deutsche Übersetzungen (»daheimbleiben«, so Lutherbibel und ELB; »zu Hause bleiben«, so EÜ) an der Sache vorbei. Die hier vorgeschlagene Paraphrasierung der Wendung »Blut der Reinigung« durch »sie bleibe wegen des vergossenen Blutes im Status der Purifikation« will die genannte Interpretation der Begriffe deutlich machen: Das bei der Geburt vergossene Blut (Plural) stellt einen vom Menschen nicht zu vermeidenden, aber dennoch von Gott trennenden Vorgang dar, für den die Frau zu ihrer eigenen Wiederherstellung ihres Gottesverhältnisses und zu ihrem und dem Schutz der Gemeinschaft einer Phase der Reinigung (»Purifikation«) bedarf. Eine eigene Waschung ist nicht vorgesehen; es geht primär um das Verstreichen der Zeit. Aber auch diese Phase wird rituell abgeschlossen, nämlich durch das ab V 6 beschriebene Opfer (s. u. zu V 6).

Zwischenzustand

Geburt eines Mädchens

Der bereits ab V 2 erwartete Fall der Geburt eines Mädchens wird knap- V 5
per und in nahezu völliger Analogie, auch im Wortlaut, zur Geburt eines Jungen behandelt – mit einer bemerkenswerten Ausnahme: Die Zahlenwerte für die beiden Phasen (»Unreinheit wie bei der Menstruation« und »Status der Purifikation«) sind verdoppelt. *Milgrom*, 750, bringt einiges religionsgeschichtliches Vergleichsmaterial aus den unterschiedlichsten Kultur- und Zeiträumen (von den Hethitern bis nach Malaysia), doch das einzig Gemeinsame ist, dass es eine gewisse (je unterschiedlich angesetzte) Zeit der kultischen Reinigung der Frau nach der Geburt eines Kindes gibt und dass in eigentümlicher Weise diese Zeit je nach dem Geschlecht des Kindes unterschiedlich lang ist, wobei die längere Phase nicht immer nur bei der Geburt eines Mädchens angesetzt wird, sondern bisweilen auch bei Jungen. Aus

dem religionsgeschichtlichen Vergleich also ist kein Grund dafür zu gewinnen, warum nach der Vorschrift des Buches Levitikus in V 5 beim Mädchen die Zeit der Purifikation verdoppelt ist. Beim Jungen ergibt sich aus den beiden Phasen die Summe von 40 Tagen – eine begreifliche Symbolzahl, die für die Tora an vielen Stellen einschlägig ist. Auch in anderen Kulturen ist dieser Zeitraum symbolträchtig und wird für die kultische Reinigung der Wöchnerin angesetzt (für Ägypten z. B. s. *E. Brunner-Traut,* Wochenlaube, 21). Warum aber beim Mädchen dieser Zahlenwert verdoppelt wird, bleibt zunächst unklar. Der Text selbst gibt überhaupt keine Auskunft darüber, warum dies so ist oder welche Logik hinter diesem Rechenspiel liegt. Damit ist der Spekulation Tür und Tor geöffnet. Es seien nur einige Beispiele für Antwortversuche auf diese Frage, die der Text weder stellt noch beantwortet, die aber im Lektürevorgang zweifellos aufbricht, genannt. Im Jubiläenbuch werden bei der legendarischen Nacherzählung der Erschaffung von Adam und Eva (Gen 2–3) die Zahlen aus Lev 12 gespiegelt (*Jub* 3,8–14): In der ersten Woche seien Adam und aus seiner Rippe seine Frau erschaffen worden, in der zweiten Woche sei Eva ihm von Gott gezeigt worden – daher komme das Gebot über die Phase der Unreinheit nach der Geburt (und so erklären sich die unterschiedlichen Zahlenwerte bei der Geburt eines Jungen, sieben Tage, und bei der Geburt eines Mädchens, zwei mal sieben Tage). Nach vierzig Tagen wiederum sei Adam in den Garten Eden eingeführt worden, was die Zeit des Status der Purifikation erkläre (*Jub* zitiert ausdrücklich aus Lev 12,4–5). Bei einer weiblichen Nachkommenschaft betrage diese Zeit 80 Tage, daher sei Eva erst nach 80 Tagen in den Garten Eden gebracht worden, der heiliger sei als die Erde ringsum, und jeder Baum darin sei heilig. Das Jubiläenbuch schafft damit eine ätiologische Ursprungserzählung für die Vorschriften von Lev 12 und verbindet das Konzept der gestuften Heiligkeit hinsichtlich des Tempels mit den Gegebenheiten der Urzeit, dem Garten Eden. Damit setzt *Jub* eine biblische Tradition fort, kultrechtliche und andere Vorschriften durch ätiologische Erzählungen in eine ferne, aber paradigmatische Ur- und Gründungszeit zurückzuverlegen und so im kulturellen Gedächtnis zu verankern. Allerdings erklärt *Jub* damit nicht den Unterschied in der Behandlung der Geschlechter. Man muss aber festhalten, dass in dieser Legende kein Grund unterstellt wird, der eine Unterordnung oder Geringschätzung des weiblichen Geschlechts rechtfertigen würde (*L. S. Schearing,* Double Time, 432; *M. Himmelfarb,* Sexual Relations, 25–27; *T. S. Philip,* Menstruation, 116–117; *H. K. Harrington,* Purity Texts, 100). In der Mischna wird eine biologische Spekulation versucht: Rabbi Jischma῾el begründet in *mNidda* 3,7 die Vorschrift von Lev 12,4–5 damit, dass der männliche Embryo am einundvierzigsten Tag nach der Empfängnis vollendet sei, der weibliche erst am einundachtzigsten Tag. Doch diese Ansicht wird von den Gelehrten abgelehnt: Beides, Männliches wie Weibliches, sei am einundvierzigsten Tag fertig gebildet. In dieser Diskussion (s. auch

Spekulationen

Jubiläenbuch

Mischna

bNidda 30b) spiegeln sich spätantike Vermutungen über die Entwicklung des ungeborenen Kindes, die sich auch in griechischer Literatur, insbesondere bei Aristoteles, finden (s. dazu *Milgrom,* 751; *Staubli,* 107; *H. Lutterbach,* Sexualität, 205–206; *M. Morgenstern,* Nachwort, 194–195; *T. Hack,* Der Streit um die Beseelung des Menschen, Freiburg i. Br. 2011, 240–252). Ähnlich spekulativ geht *Ramban,* 163, vor: Die Natur der Frau sei grundsätzlich kalt und feucht; ist der Mutterschoß besonders kühl und feucht, werde daher ein weibliches Kind geboren. Wie nun Erkrankte, die eher kühl sind, länger zur Erholung ihrer Kräfte brauchen als solche, die heiß temperiert sind, brauche die Frau, die ein Mädchen gebiert, aufgrund des höheren Maßes an kühler Feuchtigkeit länger zu ihrer Reinigung. – Ein Vorschlag aus neuerer Zeit (*R. M. Davidson,* Flame, 246, mit Rückgriff auf *J. Magonet,* Girl, 151–152; s. ferner *T. Kazen,* Discrepancies, 369) verweist auf die Rede von der Vagina als der Quelle der durch Menstruation bzw. Blutungen verursachten kultischen Unreinheit (s. Lev 20,18: Und wenn ein Mann bei einer menstruierenden Frau liegt und mit ihr Geschlechtsverkehr hat, hat er ihre Quelle der Blutungen entblößt, und sie hat die Quelle ihrer Blutungen entblößt). Ist das Neugeborene ein Mädchen, liegen damit zwei »Quellen« vor, so dass die Zeitspanne der Purifikation zu verdoppeln sei. Dahinter stehe auch die Beobachtung, dass es aufgrund des Abbaus der mütterlichen Hormone im Blut des neugeborenen Mädchens in Einzelfällen zu Vaginalblutungen des Kindes kommen könne – eine diskrete vaginale Blutung beim Neugeborenen gilt als normal, s. *H. Schmidt-Matthiesen/D. Wallwiener* (Hg.), Gynäkologie und Geburtshilfe. Lehrbuch für Studium und Praxis, Stuttgart/New York [6]2004, 316. Wenn ein derartiges Phänomen immer wieder beobachtet wurde, kann das zu einer entsprechenden Verunsicherung geführt haben, die eine rituelle Behandlung dieser kultischen Unreinheit erforderlich machte. Dabei wäre dann zu veranschlagen, dass die Mutter die für das neugeborene Mädchen angesetzte Zeit symbolisch auf sich nimmt. Vom Text her ist jedoch klar, dass das weibliche Neugeborene nicht als kultisch unrein gilt, denn bis auf die Zeitspannen sind die Formulierungen bei männlichen und weiblichen Neugeborenen weitgehend identisch. Eine symbolische Übertragung einer Unreinheit des Kindes auf die Mutter ist im Text nicht wirklich greifbar und auch schwer nachzuvollziehen. Die Frage nach einer durchschlagenden und überzeugenden Logik der unterschiedlichen Zahlen muss wohl nach wie vor offen bleiben (s. auch *I. J. Batmartha,* Geburt und Monatsblutung, 55; *D. L. Ellens,* Women, 68–70). – Mithin zeigt sich, dass in diesem Zusammenhang Körper und Geschlecht nicht als rein biologische, naturgegebene Kategorien zu verstehen sind, sondern »sozio-religiöse Konstruktionen« darstellen: »Reinheit und Unreinheit werden im Text über das Geschlecht definiert *(gender pollution)*. Sie sind damit eine Metapher für die sozio-religiöse Rollenzuweisung von Mann und Frau« (*D. Erbele-Küster,* Wöchnerin, 108; s. auch *N. J. Ruane,* Sacrifice

Zwei Quellen des Blutes

and Gender, 186–188). Ähnlich urteilt *L. L. Grabbe*, Book, 102: »The longer purification time after bearing a daughter would be a symbol that women had an appropriate place in society different from that of men.«

Für das alte Ägypten hat E. Brunner-Traut herausgearbeitet, dass es in der Zeit der Hochschwangerschaft, Geburt und der Zeit nach der Geburt eine Trennung der Ehefrau vom gemeinsamen Haushalt mit dem Ehemann gab. Es wurde für die Frau ein eigener Platz bereitet, die »Wochenlaube«, die im Garten, auf dem Dach oder im Wohnraum selbst errichtet wurde. Darin blieb die Frau auch 14 bzw. 40 Tage nach der Geburt für die Zeit ihrer »Reinigung« (*E. Brunner-Traut*, Wochenlaube, 21–22; *Staubli*, 109). Diese Zeit der Separierung vom Hauswesen hat wohl auch den Zweck des Schutzes der Frau vor schwerer Arbeit, Beunruhigung, Verschmutzung usw. Die Zeit von 14 Tagen der Reinigung ist im Papyrus Westcar belegt: In einer Erzählung wird berichtet, dass Ruddedet, die Frau eines Priesters des Re, mit Hilfe von Göttinnen und Göttern von männlichen Drillingen entbunden wird, denen das Königtum über Ägypten bestimmt ist, da sie Kinder des Re sind. Nach der schweren Geburt reinigt sich Ruddedet in einer Reinigung von 14 Tagen; in dieser Zeit ist sie vom sonstigen Geschehen abgetrennt, denn sie muss ihre Dienerin danach fragen, ob das Hauswesen gut versorgt ist (*E. Brunner-Traut*, Altägyptische Märchen. Mythen und andere volkstümliche Erzählungen, 8. Aufl., München 1989, 53; *C. Leitz*, Zwischen Zauber und Vernunft: Der Beginn des Lebens im Alten Ägypten, in: Karenberg, A. [Hg.], Geburt, Seuche und Traumdeutung in den antiken Zivilisationen des Mittelmeerraumes [Naturwissenschaft – Philosophie – Geschichte 14], Münster 2000, 133–150, hier 140–141).

Rezeptionsprobleme

In heutiger Zeit, die für Fragen der Gleichberechtigung hoch sensibel ist, lösen die durch das Geschlecht des Neugeborenen definierten Unterschiede gleichsam automatisch Protest aus. Eine wirklich schlüssige Erklärung dieser Differenzierungen scheint derzeit nicht möglich zu sein. Bei den Auslegungen muss beachtet werden, dass man »kultische Unreinheit« (Kultausschluss für eine bestimmte Zeit) nicht insgeheim doch mit einer Herabsetzung oder gar Bestrafung assoziiert. So schreibt etwa *Noth*, 82: »Die kultische Zurücksetzung des weiblichen Geschlechts kommt darin zum Ausdruck, dass eine Mädchengeburt eine doppelte Wirkung der ›Verunreinigung‹ hatte«. Diese Vermutung einer Unterordnung des weiblichen Geschlechts aufgrund »doppelter Verunreinigung« kann man nur äußern, wenn man sich zu sehr von den Vorstellungen von Lev 11 sowie 13–15 über den Begriff der kultischen Unreinheit leiten lässt und »unrein« mit »abscheulich, ekelerregend« assoziiert. Eine solche Assoziation ist – wie Lev 11 zeigt – in bestimmten Fällen durchaus berechtigt, und genau von daher kommt die Problematik des Sprachgebrauchs. Diese feste Assoziation, die auch im alltäglichen Sprachgebrauch des deutschen Wortes »unrein« (z. B. »unreine Haut«) mitschwingt, muss jedoch unbedingt aufgebrochen werden, um die volle Dimension der biblischen Gedankengänge zu erfassen: Eine kultische Verunreinigung ist nicht notwendig ein Anzeichen für gesellschaftliche Verachtung, für einen niedrigeren sozialen Status, für eine

»unrein« ist nicht gleich »verachtet«

Strafe. Es geht hier nicht um Rang und Ansehen, sondern um Nähe und Distanz zum Heiligen und zu Gott, wobei wiederum größere Nähe zu Gott nicht automatisch höheren sozialen Status impliziert, sondern zunächst einmal das Erfordernis bestimmter Vorbereitungen und das Einhalten von Vorschriften zum Schutz des sich Gott nahenden Menschen. Eine Diskussion in der Mischna kann dies erläutern: »Es sagten die Sadduzäer: Wir beanstanden an euch, Pharisäern, dass ihr sagt, die heiligen Schriften machten die Hände unrein, aber die Bücher Homeros [wahrscheinlich ist das Werk Homers stellvertretend für die gesamte profane Literatur gemeint] machten die Hände nicht unrein. Es sagte Rabban Joḥanan ben Zaḳḳai: Haben wir [im Streit] gegen die Pharisäer nichts anderes außer diesem? So sagen sie: Gebeine eines Esels sind rein, aber die Gebeine Joḥanans, des Hohenpriesters, sind unrein. Sie sagten zu ihm: Wegen ihrer Verehrung halten sie sie für unrein; damit nicht jemand aus den Gebeinen seines Vaters oder seiner Mutter [z. B.] Löffel herstellt. Er sagte zu ihnen: Auch heilige Schriften sind wegen Verehrung unrein, aber die Bücher Homers machen, weil sie nicht verehrt werden, die Hände nicht unrein« (*mYadayim* 4,6; Üs. Correns).

Schutzbestimmungen

Aus diesem Beispiel wird deutlich, dass die kultische Unreinheit weder eine Unterordnung im gesellschaftlichen Status noch eine Bestrafung impliziert. Somit ist keine Diffamierung der Frau und ihrer Sexualität gemeint, ebenso wenig kann behauptet werden, dass die Vorgänge um Geburt und Menstruation der tiefere Grund für den Ausschluss der Frauen vom Kultpersonal seien (*I. J. Batmartha,* Geburt und Monatsblutung, 45). Es geht allein um den Schutz der heiligen Dinge und den Schutz der Menschen, es geht gegen Nachlässigkeit, Unseriosität und Gleichgültigkeit im religiösen Bereich (s. auch *K. O'Grady,* Semantics, 27; *K. de Troyer,* Blood, 50–53). Wenn in der Mischna gesagt wird, dass das Berühren der heiligen Schriften die Hände verunreinigt, werden damit weder die heiligen Bücher noch die Hände herabgesetzt oder untergeordnet, vielmehr werden damit eine besondere Sorgfalt und ein waches Bewusstsein dafür eingefordert, womit man umgeht. Dass eine menschliche Leiche und menschliche Gebeine unrein machen, hat nichts mit Ekel zu tun, sondern soll sicherstellen, dass mit diesen »Dingen«, den menschlichen Überresten, respektvoll und mit Verehrung umgegangen wird. Von hier aus erscheint die kultische Unreinheit der Frau bei Menstruation und Geburt in einem anderen, wahrscheinlich dem Text und seiner Intention näher stehendem Licht: In dieser Phase der Verunsicherung durch Blutverlust und durch die Nähe zum Tod (bis heute liegt in jeder Geburt ein gewisses Risiko) sind der Frau und Mutter die Strapazen der Reinigung und der Vorbereitung auf die Begegnung mit Gott im offiziellen Kult nicht zuzumuten. Es geht in Lev 12 wie auch in Lev 16,1–4, den Bestimmungen über die Vorbereitungen Aarons für das Eintreten in das Allerheiligste am Versöhnungstag, um Schutzbestimmungen für den Menschen (*Levine,* 249), um mit angemessener Disposition dem heiligen und lebendigen Gott nahen zu können. Die Restriktion der Gottesbegegnung schützt auch wiederum das religiöse Tun und die Gottesbeziehung vor der Profanierung, davor, dass sie (bzw. Gott selbst) alltäglich, stets verfügbar und damit gleichgültig wird – eine Gefahr, die jeder Religion droht. – Damit ist freilich nur erklärt, dass das Erfordernis einer kultischen Reinigung der Mutter nach der Geburt keine Herabsetzung der Frau darstellt. Warum die Zeitspanne der Purifikation durch das Geschlecht des geborenen Kindes bestimmt wird, bleibt nach wie vor offen.

Möglicherweise ist auch daran zu denken, dass hinter den »Reinheitsvorschriften« in diesem Punkt auch Aspekte urtümlicher Vorstellungen von »Mächtigkeit« stehen (s. dazu *Gerstenberger*, 139–140). Die Geburt als ein Vorgang, der neues menschliches Leben in die Welt bringt, ist schon als solche ein Ausdruck menschlicher (weiblicher) kreativer Kraft und Macht. Alles, was damit in Verbindung steht, insbesondere Menstruationsblut und Wochenfluss, erfahren eine ähnliche Machtaufladung – hier geschehen Dinge, die der antike Mensch ebenso wenig kontrollieren kann wie den Umgang mit Gott und dem Heiligen. Vielleicht erklärt sich auch von daher die Sorge dafür, dass diese »machtbeladenen« Körperphänomene und -substanzen, die der menschlichen Verfügungsgewalt entzogen sind, nicht mit dem Heiligen (Reinen) in Berührung kommen dürfen. Das weibliche Neugeborene als potentielle Quelle späteren Menstruationsblutes und Blutaustritts bei der Geburt sei damit eine »doppelte Antikraft zum (männlichen?) Heiligen« (*Gerstenberger*, 140), daher sei eine doppelte Reinigungszeit angebracht. »Angst und Vorsicht vor dieser weiblichen Mächtigkeit regieren die Bestimmungen, nicht Verachtung und Diskriminierung« (ebd.; s. auch *K. de Troyer*, Blood, 55–57; *D. Erbele-Küster*, Körperbestimmungen, 212). Diese grundsätzlichen, religionsgeschichtlich ansetzenden Überlegungen sind an sich plausibel, ob dies jedoch als Erklärungsversuch für die Verdoppelung der Purifikationszeit bei Geburt eines Mädchens ausreicht, sei dahingestellt. In jedem Fall ist die »Unreinheit« der Frau nicht sexistisch zu interpretieren: »Von Ressentiments gegen die weibliche Körperlichkeit kann ernsthaft keine Rede sein« (*I. J. Batmartha*, Geburt und Monatsblutung, 58). Die Wurzeln der Vorstellungen stecken in der menschlichen Psyche und ihrem Umgang mit Verunsicherungen und Ängsten, der zu Tabubildungen und magischen Konzepten, zu Restriktionen und Schutzbestimmungen führt. Dass damit in späterer Rezeption eine mehr oder weniger starke kultische Entmündigung der Frau einhergeht, ist nicht dem Text anzulasten, sondern dem kulturell bedingten Umgang damit.

V 6–7 Der Unterschied, der hinsichtlich des Geschlechts des Neugeborenen in V 4–5 gemacht wird, betrifft nur den zeitlichen Ablauf. Alle weiteren Bestimmungen ab V 6 sind ausdrücklich unabhängig vom Geschlecht des Kindes. Es erfolgt nun – *nach* Ablauf des Status der Purifikation – ein Opfer, das aus zwei Teilen besteht, aber als Einheit aufgefasst werden muss, wie V 7a Das Opfer durch das singularische Pronomen (im Deutschen »es«) deutlich macht: Das Brandopfer (ein Lamm, kein ganzes Jahr alt, s. Zur Übersetzung) und das Entsündigungsopfer (Vögel) (s. das Glossar) sind zwei zusammengehörige Handlungen. Dass dieser Opfervorgang in einem klar markierten zeitlichen Abstand von der Geburt stattfindet, zeigt, dass er weder apotropäischen noch therapeutischen Charakter hat: Es geht nicht darum, dass mit einem Opfer irgendwelche Dämonen, die die Geburt negativ beeinflussen könnten, vertrieben werden sollen. Auch werden von dem Opfer keine heilsamen Kräfte oder dergleichen erwartet. Worin besteht dann die Funktion des Opfers? Beim Brandopfer könnte man daran denken, dass das Opfer den Dank für die gut überstandene Geburt darstellen könnte, doch das würde einen leichten Widerspruch zum Entsündigungsopfer darstellen, dessen Funktion dann unerklärt bliebe. Da beide Opferteile zu einem gemeinsamen Opfervorgang zusammengehören, ist eine gemeinsame Funktion anzunehmen. Diese Funktion kann sich nur vom Entsündigungsopfer herleiten, dessen Ziel es ist, Versöhnung zu erwirken *(kipper)*. Diese Funktion kann auch das Brandopfer haben (s. die Auslegung zu Lev 1,4). Von der Reihenfolge her ist im konkreten Vorgang zunächst das Entsündigungsopfer darzubringen: Damit erst ist überhaupt der Zugang zum Heiligtum wieder möglich. Darauf folgt das Brandopfer als erster Akt des »Gottesdienstes« nach der kultischen Reintegration, die durch die Annahme des Brandopfers besiegelt ist (*Levine*, 74; *A. F. Rainey*, Order, 498).

Funktion des Opfers

Lamm

Warum hier ein Lamm zu opfern ist, kann nur vermutet werden: Ein so wertvolles Geschenk Gottes wie ein neugeborenes Kind erfordert eine angemessene Gegengabe, und ein junges Lamm kann diese wohl am ehesten repräsentieren (s. auch *T. S. Philip*, Menstruation, 120). V 8 allerdings trägt den realen wirtschaftlichen Verhältnissen Rechnung und erlaubt eine einfachere Gabe in Form von Tauben, wenn die Mutter sehr arm ist. Noch immer ist aber die Frage offen, warum dieses kombinierte Opfer die Funktion hat, Versöhnung zu erwirken. Wer muss hier mit wem warum versöhnt werden? Der Text selbst gibt keine ausdrückliche Antwort, so dass auch hier wieder viele Spekulationen geäußert werden.

Warum Versöhnung?

Im Babylonischen Talmud finden sich folgende Diskussionen: Die »Sünde« der Frau könnte z. B. darin bestehen, dass sie in ihren Geburtswehen einen unbedachten Eid geschworen hat, nie wieder mit ihrem Mann sexuell zu verkehren – dagegen wird eingewendet, dass dann die Regelungen für einen unbedachten Eid angewendet werden müssten (*bNidda* 31b; s. ferner *Ramban*, 163–164). An einer anderen Stelle wird gesagt, dass es nicht um eine Sünde gehe, sondern das Opfer bewirke einfach, dass die Frau wieder heilige Speise (vom Heilsgemeinschaftsopfer) essen darf; daher müsse sie dieses Opfer auch darbringen, wenn der große Versöhnungstag (Jom Kippur) in die Zeit ihrer Purifikation fällt (*bKeritot* 26b).

Verunsicherung – und ihre Beseitigung

Der mögliche Schlüssel zu einem angemessenen Verständnis liegt im vergossenen Blut, wie schon zu V 4 festgestellt wurde: Das beim Geburtsvorgang natürlicherweise austretende Blut führt zu einer Verunsicherung, die vom Menschen als Trennung von Gott empfunden wird und damit als »Verunreinigung« des Heiligtums, das für den Kontakt mit Gott steht. Diese Verunsicherung muss auf rituelle Weise aufgehoben werden – auf dieser Ebene ähneln sich die unbeabsichtigt begangenen Sünden von Lev 4–5 mit der Geburt eines Kindes: Der Blutverlust ist ja auch »unbeabsichtigt« bzw. unvermeidbar. Auch wenn keine Absicht dahintersteht, ist dennoch etwas geschehen, das von Gott trennt (aus Sicht der Menschen). Um hier die Kommunikation wiederherzustellen, ist das Ritual da – in diesem Sinne ist *kipper*, Versöhnung erwirken, zu verstehen. In V 7 wird also festgestellt, dass der Priester das Opfer (Brand- und Entsündigungsopfer als Einheit) vollzieht und damit die Kommunikation mit Gott wiederherstellt. So kann die Frau auch wieder an der heiligen Speise des Heilsgemeinschaftsopfers teilhaben. Wichtig ist aber der Satz *nach* der Versöhnungsformel (s. das Glossar): In Lev 4–5 folgt immer die Passivkonstruktion »ihm/ihr wird vergeben werden« (Vergebungsformel). Das Subjekt dahinter ist Gott, der die unbeabsichtigte Verfehlung (Sünde) vergibt. Gerade diese Formel steht hier *nicht*, so dass »kristallklar« (s. *Milgrom*, 760) ist, dass es in Lev 12 *nicht* um irgendeine (wenn auch unbeabsichtigte) *Verfehlung* geht. Der Geburtsvorgang stellt keinen moralischen Makel dar, daher ist auch keine Vergebung durch Gott erforderlich. Hier liegt ein nicht zu unterschätzender Unterschied zu Lev 4–5 vor. Anstelle der Vergebungsformel, die unnötig ist, steht die Reinheitsformel (s. das Glossar): »... und sie wird rein«. Diese Reinheitsformel steht dann auch bei den anderen körperlichen Symptomen in Lev 14,20.53. Durch diesen Wechsel der Begrifflichkeit wird deutlich, dass körperlich bedingte Unreinheit (Blutverlust bei Menstruation und Geburt, Hautkrankheiten, Ausflüsse gesunder und kranker Art aus Körperöffnungen) keine moralischen Fehler darstellen, die der Vergebung durch Gott bedürfen. Daher impliziert die Reinheitsformel auch keine göttliche Intervention (kein *passivum divinum*), sondern ist eine bloße Feststellung: Die erforderlichen Voraussetzungen sind gegeben (Ablauf der Zeit in Form der beiden Fristen, eine nicht erwähnte, aber implizierte Waschung und das kombinierte Opfer) – damit kann konstatiert werden, dass die Reinheit (der »Normalzustand«) erneut hergestellt und somit eine volle Teilnahme am Kult (v.a. das Essen des Heilsgemeinschaftsopfer) wieder möglich ist (*Raschbam*, 71).

Keine Vergebung nötig

Reinheitsformel

Quelle

Die Rede von der »Quelle des Blutes« am Ende von V 7 bestätigt die Angemessenheit, den Schlüssel für das Verstehen im Vergießen des Blutes zu sehen. Die Quelle meint das weibliche Geschlechtsorgan als Austrittsort des Blutes (wie in Lev 20,18). In Spr 5,18 steht »Quelle/Brunnen« als Metapher für die Ehefrau (*D. Erbele-Küster*, Wöchnerin, 108). Das Hohelied (Hld 4,12–15) verwendet »Quelle« als Metapher für die weibliche Sexualität und die damit verbundene Lebensfreude (*F. Klopper*, Rhetoric, 677–682).

Die Rede vom Mutterschoß als »Quelle« symbolisiert Fruchtbarkeit und Fortpflanzung, und diese Bildwelt steht in Verbindung mit der Urgeschichte im Alten Orient und in der Bibel. Daraus könnte sich auch die Zahlensymbolik »sieben« und »vierzig« als Symbole für Ganzheit und Vollständigkeit (auch Vollendung) ableiten: Nach sieben Tagen ist die Schöpfung vollendet (Gen 1, 1–2, 3); nach vierzig Tagen schließen sich die Quellen der Urflut (Gen 8, 2). Nach sieben bzw. vierzig Tagen ist die Welt (wieder) bewohnbar und die Fortpflanzung (wieder) möglich – dies ist eine bemerkenswerte Analogie innerhalb des priesterlichen Denkens zu den Vorgängen um Geburt und Menstruation und damit zwischen dem Makrokosmos und der Frau als Mikrokosmos (s. dazu *R. Whitekettle,* Levitical Thought, 382–391; *F. Klopper,* Rhetoric, 683–685).

Sieben/Vierzig

Toraformel

Die Toraformel schließt den Abschnitt ab (s. das Glossar) und wiederholt den Sachverhalt, der hier geregelt werden soll: Die Mutter eines neugeborenen Kindes, sei es männlich oder weiblich, muss diese Weisung befolgen.

Erleichterungen für Arme

Arme Menschen sollen von der Möglichkeit der Reinigung nicht ausgeschlossen werden. Nicht jede Mutter, die ein Kind zur Welt gebracht hat, kann sich aber ein Lamm als Opfertier leisten – daher wird ähnlich wie in Lev 5, 7–10 beim Entsündigungsopfer eine Regelung für wirtschaftlich schwache Bevölkerungsschichten nachgetragen (s. o., Analyse, Entstehungsgeschichtliche Fragen). Auch dieses Opfer, das ebenfalls eine Kombination aus Brand- und Entsündigungsopfer ist (je eine Taube), erhält als Abschluss die Versöhnungs- und die Reinheitsformel (wie in V 7b-c). Damit wird klargestellt, dass dieser »Ersatz« ein vollgültiges Reinigungsopfer für die Wöchnerin ist. V 8

Rezeption in Lk 2, 22–24

Diese Regelung wird vom Verfasser des Lukasevangeliums bei der Beschreibung der Geburt Jesu aufgegriffen (Lk 2, 22–24): Die Rede von den beiden Taubensorten spiegelt die Vorschrift von Lev 12, 8 – so wird erreicht, dass das Tun von Maria und Josef als völlig gesetzeskonform und in Übereinstimmung mit dem Gesetz des Mose erscheint (s. auch Lk 2, 23 und Ex 13, 2.12). Problematisch ist die Einleitung des Geschehens in Lk 2, 22: Der Text spricht von den Tagen *ihrer* (3. Person *Plural*) Reinigung (αἱ ἡμέραι τοῦ καθαρισμοῦ αὐτῶν). Andere Zeugen der Textüberlieferung haben ein Pronomen der 3. Person feminin Singular oder lassen das Pronomen weg – diese Lesarten scheinen Versuche zu sein, den Lk-Text mit Lev 12 zu harmonisieren. Die überwiegende Mehrheit der Textzeugen enthält jedoch in Lk 2, 22 das Plural-Pronomen αὐτῶν, so dass diese Version als *lectio difficilior* und damit als ursprünglich zu gelten hat (s. *M. Thiessen,* Luke 2:22, 18–19). Wer aber ist mit dem Plural gemeint? Der Levitikustext spricht nur davon, dass die Mutter der Reinigung bedarf. Von anderen Personen ist nicht die Rede. Sollten Josef und Maria gemeint sein? Oder Maria und Jesus? Möglicherweise war der Verfasser des Lukasevangeliums nicht genau über die jüdischen Bräuche und Vorschriften informiert – für ihn spielt das jüdische Ritualgesetz längst keine Rolle mehr. Diese Haltung ist klar durch die Darstellung des Jerusalemer Apostelttreffens in Apg 15 erkennbar. Auch ist möglich, dass er von analogen Ritualen in Anatolien und in Griechenland, die meist eine rituelle Reinigung von Mutter *und* Kind vorsahen, beeinflusst war (*Milgrom*, 762).

M. Thiessen, Luke 2:22, 19–29, vermutet, dass es in der Zeit des Zweiten Tempels in Teilen des Judentums die Auffassung gegeben habe, das neugeborene Kind habe sich die kultische Unreinheit der Mutter über den Kontakt zugezogen und bedürfe daher auch der Purifikation. Gründe für diese Annahme seien die kulturellen Parallelen, die eine rituelle Reinigung auch des Neugeborenen ansetzten sowie die oben genannten Passagen im Jubiläenbuch. Wenn, so die Argumentation Thiessens, Adam nach dem Jubiläenbuch erst nach 40 Tagen in den Garten Eden, der die Züge des Heiligtums trägt, eingeführt worden sei, so setze dies implizit voraus, dass diese Zeit als kultische Reinigung Adams zu gelten habe. Dies sei ein Hinweis auf die genannte Auffassung, der auch Lukas gefolgt sei. Daher beziehe sich das Plural-Pronomen in Lk 2,22 auf Maria *und* das Jesuskind. Allerdings bauen hier mehrere stillschweigende Vermutungen aufeinander auf. Eine kultische Unreinheit des neugeborenen Kindes ist zwar durch Lev 12 nicht explizit ausgeschlossen, aber auch mit keinem Wort und keiner Andeutung erwähnt. Da ein Neugeborenes weder in den Tempel gehen noch Fleisch vom Heilsgemeinschaftsopfer essen kann, könnte seine mögliche kultische Unreinheit als irrelevant und damit unerheblich angesehen worden sein. Aber auch dieser Gedanke ist eine unbewiesene Vermutung. Es bleibt vorerst offen, ob Lukas mit dem Plural-Pronomen in Lk 2,22 (»die Tage *ihrer* [Plural!] Reinigung«) Maria *und* Jesus (und/oder Josef) meinte, weil er mit der genauen Bedeutung von Lev 12 nicht vertraut war oder weil er einer bestimmten, aber nur schwach bezeugten Auslegungsrichtung folgte, die auch für das neugeborene Kind eine kultische Unreinheit annahm.

Kein Mehlopfer

Es stellt sich noch die Frage, warum in Lev 12,8 anders als in Lev 5,11–13 kein Ersatz durch ein Mehlopfer vorgesehen ist. Eine denkbare Antwort könnte darin bestehen, dass die durch die Geburtsvorgänge bewirkten Unreinheiten und Störungen so gravierend sind, dass sie nur durch ein Opfer mit Tierblut wieder aufgehoben werden können. Letztlich ist diese Überlegung aber unbefriedigend. Vielleicht liegt ein anderer Gedanke näher: Wer so arm ist, dass er nicht einmal zwei Tauben für ein wichtiges Opfer erübrigen kann, hat in der Regel nicht die für die Ernährung eines Kindes ausreichende Wirtschaftskraft, so dass der Fall einer so bettelarmen Mutter in der Praxis möglicherweise nie vorkam.

Rezeption und Bedeutung

In religionsgeschichtlicher Hinsicht ist der Gedanke einer »Reinigung« der Frau nach einer Geburt sehr weit verbreitet. *Milgrom*, 764, z.B. stellt der biblischen Praxis ein ähnliches Ritual bei den Hethitern gegenüber (s. auch

Keine Magie

Y. Feder, Blood Expiation, 134–143) – der signifikante Unterschied besteht nicht nur darin, dass die biblische Vorschrift viel einfacher ist, sondern vor allem darin, dass die hethitische Vorgehensweise klare Anzeichen eines magischen Verständnisses zeigt (s. *V. Haas,* Geschichte, 179.387.662.881). Der Aspekt der Magie oder des Vertreibens von schädlichen Dämonen ist jedoch dem biblischen Gebot völlig fremd: Aufgrund seiner zeitlichen Erstreckung – das eigentliche Ritual findet 40 bzw. 80 Tage nach der Geburt statt – kann nicht an Schutzzauber gedacht werden. Der dominierende Aspekt ist die kultische Reinheit – und zwar die des Heiligtums und der heiligen Dinge, die nicht mit der Sphäre des Unreinen, hinter der möglicherweise (aufgrund des Risikos und des Blutverlustes) das Reich des Todes steht, in Berührung

Tempelrolle

kommen dürfen (*Levine,* 249). In der Tempelrolle von Qumran wird für das zukünftige Leben in völliger kultischer Reinheit vorgeschrieben, dass die Gemeinschaft in jeder Stadt eigene Stellen ausweisen soll, wo sich die Frauen während ihrer Menstruation und nach der Geburt aufzuhalten haben – durch diese Separierung soll verhindert werden, dass andere Personen durch sie unrein werden und nicht am Kult teilnehmen können (11Q19 48,14–17; s. auch *K. de Troyer,* Blood, 63; *H. K. Harrington,* Purity Texts, 99–100; *I. C.*

Mischna

Werrett, Ritual Purity, 153–154). Auch die Mischna spricht möglicherweise von einem eigenen Zimmer bzw. Haus für Menstruierende (*mNidda* 7,4; s.

Josephus

auch *bNidda* 56b). Josephus bezeugt es als praktizierte Anordnung des Mose, dass sich die Frauen bei ihrer (monatlichen) natürlichen (κατὰ φύσιν) Absonderung (ἔκκρισις) bis zum siebten Tag fernhielten und danach wie-

Hilfe für den Menschen

der als rein erachtet wurden und mit den anderen verkehrten (*Ant.* 3,261). – Es erscheint müßig, hier nach kulturellen, religiösen Gründen oder bestimmten Überzeugungen zu suchen, die eine Erklärung für dieses menschliche Verhalten abgeben könnten. Die sehr unterschiedlichen kulturell-rituellen Ausprägungen der an sich gleichen bzw. gemeinsamen Vorstellung (kultische Unreinheit aufgrund von Körperausflüssen, insbesondere aus den Geschlechtsteilen) erklären sich am plausibelsten als eine Konstante der menschlichen Psyche (*Milgrom,* 765). Derartige Anzeichen, insbesondere der Verlust von Blut, signalisieren Gefahr und Schwäche, Zerstörung und Tod. Die Nähe des Todes wird hier gleichsam als Substanz greifbar – wenn Blut, das Symbol des Lebens schlechthin (s. die Auslegung zu Lev 4–5), bei Menstruation und Geburt austritt, ist das ein wesentlicher Grund zur Beunruhigung und Verunsicherung (insbesondere ohne tiefere Kenntnisse der medizinischen Zusammenhänge; s. *Gerstenberger,* 135). Eine zentrale Aufgabe des Rituals wiederum ist es, derartige Verunsicherung aufzufangen

Leben statt Tod

und so den/die einzelne/n und die Gemeinschaft zu stabilisieren. Der Gott des Lebens stellt ein Ritual zur Verfügung, das die Frau, die aufgrund ihrer Natur in die Nähe des Todes geraten ist, nach angemessener Zeit und einem einfachen Vorgang (Waschen; bei der Geburt, die mit größerem Blutverlust einhergeht, mit einem einfachen Entsündigungsopfer) völlig wiederherstellt und wieder in die Kultgemeinschaft eingliedert. So siegt das Leben über die immer präsente Gefährdung durch den Tod: »Und ihr sollt meine Satzungen und meine Vorschriften befolgen: durch sie wird der Mensch, der nach ihnen handelt, leben« (Lev 18,5).

Rezeption im Judentum

In der rabbinischen Diskussion spielt Lev 12 in mehrerlei Hinsicht eine Rolle (Details bei *L. S. Schearing,* Double Time). So wird z. B. der Punkt der Gültigkeit der Vorschriften im Falle einer Fehlgeburt (eines Aborts) so festgelegt: Bis zum vierzigsten Tag nach der Empfängnis wird der Abgang nicht als Geburt gewertet und Lev 12 trifft nicht zu. Ab dem 41. Tag jedoch soll die betroffene Frau nach den Vorschriften für Männliches und Weibliches verfahren (*mNidda* 3,7). Ein weiterer heftig umstrittener Punkt ist die Frage, inwieweit Reinheitsvorschriften für den Tempel auf die Synagoge übertragen werden können. Von daher wird (außerhalb des Talmud, also meist in späterer Zeit) diskutiert, ob eine Menstruierende bzw. eine Frau nach der Geburt in die Synagoge gehen darf. Die mehrheitliche Tendenz (z. B. auch im *Schulchan Aruch*) geht dahin, hier keine Beschränkungen nach Lev 12 zu fordern. Wohl wird aber deutlich, dass einzelne Gruppen restriktivere Bräuche pflegten. – Die kurze Kommentierung von Lev 12 durch *B. Tsedaka,* Israelite Samaritan Version, 254–256, berichtet von dem bis heute unter den Samaritanerinnen und Samaritanern bestehenden Brauch, dass sich die menstruierende Frau für sieben Tage in einen besonderen Raum des Hauses zurückzieht und dort – ohne dass es zu direkten Berührungen kommt – von den übrigen Mitgliedern des Haushalts versorgt wird. Nachbarfrauen kümmern sich in dieser Zeit um die Kinder, und nach sieben Tagen nimmt die Frau ein Bad in fließendem Wasser. Ähnlich wird es für die Wöchnerin praktiziert: Für 41 Tage (beim Jungen, einschließlich des Beschneidungstages) bzw. 80 Tage (beim Mädchen) kann sich die Mutter ganz dem neugeborenen Kind widmen, während die anderen Personen im Haushalt die üblichen mütterlichen Aufgaben und Pflichten übernehmen.

Rezeption im Christentum

Für das Christentum stellt sich die vielschichtige Grundsatzproblematik der normativen Relevanz des biblischen Ritualgesetzes (s. dazu grundsätzlich *D. Wendebourg,* Reinheitsgesetze; *G. Rouwhorst,* Leviticus 12–15). So ergibt sich auch eine Debatte um die Gültigkeit von Lev 12. Origenes beispielsweise legt in seiner achten Homilie über Levitikus das Kapitel 12 so aus, dass es um die Geheimnisse des »Zur-Welt-Kommens« gehe. Dabei zeigt er eine aus heutiger Sicht als frauenfeindlich zu kennzeichnende Perspektive, fokussiert aber nicht die Unreinheit der Frau, sondern das Problem, dass jeder Mensch schon durch die Geburt in einen Status der Sündhaftigkeit gerät (*S. K. Roll,* Churching, 118; *A. Tzvetkova-Glaser,* Pentateuchauslegung, 395). Selbst Jesus wurde durch eine Art Schmutz verunreinigt und bedurfte daher nach Lk 2,22 einer Reinigung (s. *G. Rouwhorst,* Leviticus 12–15, 187–188; *D. Wendebourg,* Reinheitsgesetze, 160). Eine andere Auslegung vertritt Theodoret von Cyrus, der die Reinigungsvorschrift von Lev 12 als Ruhephase der Frau nach Schwangerschaft und Geburt interpretiert. Die doppelt so lange Zeit nach der Geburt eines Mädchens ergebe sich dadurch, dass die Geburt eines weiblichen Wesens anstrengender sei (*Quaestiones in Leviticum* XIV, s. *D. Wendebourg*, Reinheitsgesetze, 191–192). – Ein weiteres Beispiel aus dieser Diskussion ist eine Anfrage von Augustinus von Canterbury (597–604) an Papst Gregor den Großen (590–604) in pastoralen Zweifelsfällen, darin u. a. das Problem: Wie lange muss eine Frau nach der Geburt ihres Kindes warten, bis sie wieder zur Kirche kommen darf? Offenbar applizierten zu Augustinus' Zeit zumindest in der britisch-irischen Kirche einige Christen die Reinheitsvorschriften von Lev 12 auf den christlichen Gottesdienst. Gregors Antwort ist deutlich: Sowohl die schwangere Frau als auch die Wöchnerin kann getauft werden, sie darf die Kirche betreten und auch die Kommunion empfangen (s. *W. von Arx*, Segnung, 106; *S. K. Roll*, Churching, 121–122; *H. Lutterbach*, Sexualität, 88–91; *F. Kohlschein*, Vorstellung, 276–277.282). Möglicherweise ist das *responsum beati Gregorii ad Augustinum episcopum* nicht direkt von Gregor dem Großen, sondern als Pseudepigraphie um das Jahr 731 vom Erzbischof Nothelm von Canterbury gestaltet worden, der die Autorität eines großen Papstes für seine Position in einer Kontroverse in Anspruch nimmt (*G. Dresen*, Blood, 150–151; anders *H. Lutterbach*, Sexualität, 87). Ein Vorgänger Nothelms als Erzbischof von Canterbury, Theodor (668–690), nimmt eine andere Position ein: Er schließt Menstruierende vom Betreten der Kirche und vom Empfang der Heiligen Kommunion aus, ebenso die Wöchnerin; letztere ist für 40 Tage ausgeschlossen (*L. S. Schearing*, Double Time, 439; *H. Lutterbach*, Sexualität, 80; *R. Meens*, Relic, 281–293). Zwischen diesen beiden gegensätzlichen Polen bewegt sich die folgende Diskussion. Lev 12 und seine Rezeption in Lk 2,22–24 wird auch zum Problem für die Mariologie: Aufgrund der Sündlosigkeit Marias und der fortwährenden Jungfräulichkeit wäre es unnötig gewesen, dass Maria das vorgeschriebene Entsündigungsopfer darbringt. Die Antwort des Thomas von Aquin auf dieses Problem besteht in dem Hinweis auf den Gehorsam Marias und dem Gedanken der völligen Unterwerfung Marias und Jesu unter den Willen Gottes. Natürlich sind der Sohn Gottes und die Mutter Gottes nicht dem Gesetz der Tora unterworfen – da aber durch sie alles erfüllt werden soll, unterzieht sich die Heilige Familie den entsprechenden Vorschriften (Reinigung, Beschneidung usw.). Diese Ausführungen des Thomas von Aquin (s. dazu *L. S. Schearing*, Double Time, 441–442) decken sich mit einer Grundtendenz in der lukanischen Kindheitsgeschichte: Alle Figuren in Lk 1–2 und ihre Äußerungen dienen der vollständigen Anknüpfung der Jesus-Geschichte an die Bibel Israels – die Kindheitsgeschichte bei Lukas fungiert als Brücke zwischen dem »Alten Testament« und dem Evangelium von Jesus.

Danksagung für die Geburt

In der christlichen Kirche ist seit dem 11. Jh. ein sehr unterschiedlich akzentuierter Ritus zur Reintegration der Wöchnerin in die Kirche belegt. Er wird im Deutschen meist »Aussegnung« genannt (*W. von Arx*, Segnung, 107), im Englischen »Churching« (*D. Cressy*, Purification; *N. Knödel*, Thanksgiving; *S. K. Roll*, Churching; *G. Dresen*, Blood; *J. Wachowski*, Leviten, 124–131; *F. Kohlschein*, Vorstellung, 283–284; *C. Caspers*, Leviticus 12, 295–309). Die Hauptelemente bestanden darin, dass die Frau nach einer gewissen Zeit nach der Geburt ihres Kindes mit einer brennenden Kerze vor der Kirche wartete und dann vom Priester nach Besprengung mit Weihwasser in die Kirche geführt wurde, wobei die Frau das Ende der Stola des Priesters festhielt. Psalmgesang, z. B. Ps 121 (120) oder Ps 24 (23), und das Kyrie sowie weitere Gebete und Segenssprüche folgten bei der Ankunft vor dem Altar. Die Gründe für diesen Ritus schwankten zwischen der Vorstellung einer erforderlichen Reinigung von Sündenschuld (aufgrund des ausgetretenen Blutes oder des Sexualverkehrs) und einer Danksagung, eines Segens und einer Feierlichkeit. Im kirchlichen Brauchtum vermischen sich (in bisweilen misogyner, die Frau abwertender Weise) urmenschliche Ängste und Unsicherheiten im Umfeld der Geburt, heidnische Bräuche und biblische Reinheitsvorstellungen (s. den Exkurs bei *Staubli*, 111–114). Das Konzil von Trient betont den Aspekt des Segens über die Mutter und dass es sich um einen freiwilligen Akt (keine Vorschrift) handelt (so auch im Rituale Romanum ab 1614; zu den Details in den Ritualbüchern s. *W. von Arx*, Segnung, 107–109; *S. K. Roll*, Churching, 130–132). In bestimmten liturgischen Büchern wurde eine Verbindung des Ritus zu Lev 12 ausdrücklich abgelehnt (*Liturgisch Woordenboek* 1967, s. *G. Dresen*, Blood, 152; *S. K. Roll*, Churching, 136). Die Liturgiereform des Zweiten Vatikanischen Konzils ersetzt diesen speziellen Muttersegen durch einen Segen für beide Elternteile als Abschluss des Taufritus (s. *W. von Arx*, Segnung, 109–110).

3.3 Levitikus 13,1–59: Ungewöhnliche Anzeichen an Oberflächen

Literatur

Baum, W., Yuhanna (Johannes) ibn Masawaih (Masojah): BBKL 22, 2003, 1579–1582. – *Braun-Falco, O.* (et al.), Dermatologie und Venerologie, 5. Aufl., Heidelberg 2005. – *Greeff, C. J./Boshoff, W. S.*, *Tsāra'ath* in die Hebreeuse Bybel. Vertalingsvoorstelle om die Stigma wat aan Melaatsheid Kleef te Besweer: OTEs 19, 2006, 1193–1214. – *Harrington, H. K.*, Purity Texts, 86–93. – *Heller, R. M./Heller, T. W./Sasson, J. M.*, Mold. – *Herrmann, S.*, Eine medizingeschichtliche Anmerkung zur demotischen »Geschichte des Bes«: Göttinger Miszellen 222, 2009, 19–25. – *Hulse, E. V.*, The Nature of Biblical »Leprosy« and the Use of Alternative Medical Terms in

Modern Translations of the Bible: PEQ 107, 1975, 87–105. – *Kahle, E.*, Dermatologie im Alten Testament: Berichte der physikalisch-medizinischen Gesellschaft Würzburg 88, 1981/83, 187–194. – *Kaplan, D. L.*, Biblical Leprosy: An Anachronism Whose Time Has Come: Journal of the American Academy of Dermatology 28 (3), 1993, 507–510. – *Kiuchi, N.*, A Paradox of Skin Disease: ZAW 113, 2001, 505–514. – *Lieber, E.*, Skin Diseases: Contagion and Sin in the Old Testament: International Journal of Dermatology 33, 1994, 593–595. – *Lieber, E.*, Old Testament »Leprosy«. – *Monot, M.* (et al.), On the Origin of Leprosy: Science 308, 2005, 1040–1042. – *Lloyd Davies, M./Lloyd Davies, T. A.*, Biblical Leprosy: A Comedy of Errors: Journal of the Royal Society of Medicine 82, 1989, 622–623. – *Reventlow, H. Graf*, Krankheit – ein Makel an Vollkommenheit. Das Urteil altisraelitischer Priester in Leviticus 13 in seinem Kontext, in: Kämmerer, T. R. (Hg.), Studien zu Ritual und Sozialgeschichte im Alten Orient. Studies on Ritual and Society in the Ancient Near East. Tartuer Symposien 1998–2004 (BZAW 374), Berlin/New York 2007, 275–290. – *Seidl, T.*, Tora. – *Sullivan, R.*, Thales to Galen: A Brief Journey Through Rational Medical Philosophy in Ancient Greece: Proceedings of the Royal College of Physicians of Edinburgh 26, 1996, 487–499. – *L. M. Trevaskis*, Holiness, 108–160. – *Westendorf, W.*, Handbuch der altägyptischen Medizin (HdO 36), 2 Bde., Leiden 1999. – *Wolf, J. H.* (Hg.), Aussatz, Lepra, Hansen-Krankheit. Ein Menschheitsproblem im Wandel, Würzburg 1986. – www.dermis.net (Bildmaterial). – Für die dermatologische Beratung zu diesem Kapitel danke ich dem Direktor der Hautklinik der Universitätsmedizin Mainz, Herrn Univ.-Prof. Dr. Stephan Grabbe. Für alle eventuell verbliebenen medizinischen Unzulänglichkeiten bin ich allein verantwortlich.

Text

Übersetzung

[1]*Und JHWH sprach zu Mose und Aaron:*

[2]*Wenn ein Mensch in der Haut seines Fleisches eine Verfärbung oder einen Schorf oder einen Fleck bekommt und es wird in der Haut seines Fleisches zu einem Anzeichen von Aussatz, dann werde er zu Aaron, dem Priester, oder zu einem von seinen Söhnen, den Priestern, gebracht.* [3]*Und der Priester sehe sich das Anzeichen in der Haut des Fleisches an, und wenn das Haar in dem Anzeichen weiß geworden ist und das Anzeichen erscheint tiefer als die (übrige) Haut seines Fleisches, dann (ist) es ein Anzeichen von Aussatz. Und sieht es der Priester, dann erkläre er ihn für unrein.*

[4]*Wenn aber der Fleck in der Haut seines Fleisches weiß ist und nicht tiefer erscheint als die (übrige) Haut und sein Haar nicht weiß geworden ist, dann sondere der Priester (den, der) das Anzeichen (hat,) für sieben Tage ab.* [5]*Und der Priester sehe sich ihn am siebten Tag an, und siehe, das Anzeichen ist unverändert in seinen Augen, das Anzeichen hat sich nicht in der Haut ausgebreitet, dann sondere ihn der Priester zum zweiten Mal für sieben Tage ab.* [6]*Und der Priester sehe sich ihn*

am siebten Tag zum zweiten Mal an, und siehe, das Anzeichen (ist) blass (geworden), und das Anzeichen hat sich nicht in der Haut ausgebreitet, dann erkläre ihn der Priester für rein. Es ist Grindflechte. Und er wasche seine Kleider und wird rein.

[7]Wenn nun die Grindflechte sich in der Haut weiter ausbreitet, nachdem er sich dem Priester zu seiner Purifikation gezeigt hat, dann zeige er sich dem Priester zum zweiten Mal. [8]Und der Priester sehe (sich ihn an), und siehe, die Grindflechte hat sich in der Haut ausgebreitet, dann erkläre ihn der Priester für unrein. Sie ist Aussatz.

*[9]Wenn ein Anzeichen von Aussatz an einem Menschen entsteht, dann
werde er zum Priester gebracht. [10]Und der Priester sehe (sich ihn an), und siehe, eine weiße Verfärbung (ist) in der Haut, und sie hat das Haar weiß werden lassen, und eine Wucherung von wildem Fleisch (ist) in der
Verfärbung, [11](dann ist) sie ein chronischer Aussatz auf der Haut seines Fleisches. Und der Priester erkläre ihn für unrein, ohne dass er ihn absondere, denn er ist unrein.*

*[12]Wenn aber der Aussatz in der Haut weiter ausbricht und der Aussatz die ganze Haut (dessen, der) das Anzeichen (hat,) bedeckt – von seinem Kopf bis zu seinen Füßen, wohin auch die Augen des Priesters
sehen –, [13]dann sehe (sich) der Priester (ihn an), und siehe, der Aussatz hat sein ganzes Fleisch bedeckt, dann erkläre er (den, der) das Anzeichen (hat,) für rein: Es ist ganz weiß geworden, (so ist) er rein.*

*[14]Aber an dem Tag, an dem sich an ihm wildes Fleisch zeigt, wird er
unrein. [15]Und der Priester sehe sich das wilde Fleisch an und erkläre ihn für unrein. Das wilde Fleisch ist unrein; es ist Aussatz.*

[16]Wenn aber das wilde Fleisch zurückgeht und (die betroffene Stelle wieder) weiß wird, dann komme er zum Priester, [17]und der Priester sehe sich ihn an, und siehe, das Anzeichen ist weiß geworden, dann erkläre der Priester (den, der) das Anzeichen (hat), für rein. Er ist rein.

*[18]Und wenn (bei jemandem) in der Haut des Fleisches ein Geschwür ent-
steht und (wieder) abheilt, [19]und es entsteht an der Stelle des Geschwürs eine weiße Verfärbung oder ein weiß-rötlicher Fleck, dann zeige er sich
dem Priester. [20]Und der Priester sehe (ihn sich an), und siehe, er (der Fleck) erscheint niedriger als die (übrige) Haut, und sein Haar ist weiß geworden, dann erkläre ihn der Priester für unrein. Er (der Fleck) ist Anzeichen von Aussatz, der an dem Geschwür ausgebrochen ist.*

[21]Wenn aber der Priester sich ihn ansieht, und siehe, an ihm (ist) kein weißes Haar, und er (der Fleck) (ist) nicht niedriger als die (übrige) Haut, und er ist blass, dann sondere ihn der Priester für sieben Tage ab.

[22]Wenn er sich nun weiter ausbreitet in der Haut, dann erkläre ihn der Priester für unrein. Ein Anzeichen ist er.

23 Wenn der Fleck aber an seiner Stelle bleibt (und) sich nicht aus-
gebreitet hat, dann (ist) er die Narbe des Geschwürs, und der Pries-
ter erkläre ihn für rein.
24 Oder wenn (im) Fleisch, in seiner Haut, eine Brandwunde von Feuer
entsteht, und die Wucherung der Brandwunde wird ein weiß-rötlicher
oder weißer Fleck, 25 und der Priester sieht ihn sich an, und siehe, das
Haar in dem Fleck ist weiß geworden, und er erscheint tiefer als die (üb-
rige) Haut, (dann ist) es Aussatz, der an der Wunde ausgebrochen ist.
Und der Priester erkläre ihn für unrein. Anzeichen von Aussatz ist er.
26 Wenn aber der Priester sich ihn (den Fleck) ansieht, und siehe, in
dem Fleck (ist) kein weißes Haar, und er ist nicht niedriger als die
(übrige) Haut, und er ist blass, dann sondere ihn der Priester für sie-
ben Tage ab. 27 Und der Priester sehe sich ihn am siebten Tag an:
Wenn er sich in der Haut weiter ausbreitet, dann erkläre ihn der
Priester für unrein. Anzeichen von Aussatz ist er.
28 Wenn der Fleck aber an seiner Stelle bleibt (und) sich in der Haut
nicht ausgebreitet hat, und er (ist) blass, dann (ist) er die Verfär-
bung der Brandwunde, und der Priester erkläre ihn für rein, denn
er (der Fleck) ist die Narbe der Brandwunde.
29 Und wenn ein Mann oder eine Frau ein Anzeichen am Kopf oder am
Kinn bekommt, 30 dann sehe sich der Priester das Anzeichen an, und sie-
he, es erscheint tiefer als die (übrige) Haut, und an ihm (ist) goldglän-
zendes, dünnes Haar, dann erkläre ihn der Priester für unrein. Eine
Hautpilzerkrankung (Tinea) ist es, Aussatz des Kopfes oder Kinns ist es.
31 Wenn nun der Priester sich das Anzeichen der Tinea ansieht, und
siehe, es erscheint nicht tiefer als die (übrige) Haut, und darin (ist)
kein schwarzes Haar, dann sondere der Priester (den, der) das Anzei-
chen der Tinea (hat,) für sieben Tage ab. 32 Und der Priester sehe sich
das Anzeichen am siebten Tag an, und siehe, die Tinea hat sich nicht
ausgebreitet, und an ihm (dem Anzeichen) ist kein goldglänzendes
Haar, und die Tinea erscheint nicht tiefer als die (übrige) Haut,
33 dann rasiere er sich, aber die Tinea soll er nicht rasieren, und der
Priester sondere (den, der) die Tinea (hat,) zum zweiten Mal für sie-
ben Tage ab. 34 Und der Priester sehe sich die Tinea am siebten Tag an,
und siehe, die Tinea hat sich nicht in der Haut ausgebreitet, und sie
erscheint nicht tiefer als die (übrige) Haut, dann erkläre ihn der Pries-
ter für rein. Und er wasche seine Kleider, und er wird rein.
35 Wenn aber sich die Tinea in seiner Haut nach seiner Purifikation
weiter ausbreitet, 36 und der Priester sieht ihn sich an, und siehe, die
Tinea hat sich in der Haut ausgebreitet, (dann) soll der Priester
nicht nach dem goldglänzenden Haar suchen – unrein ist er.
37 Wenn aber die Tinea in seinen (des Priesters) Augen stehen ge-

blieben ist und schwarzes Haar darin gewachsen ist, dann ist die Tinea abgeheilt. Rein ist er, und der Priester erkläre ihn für rein.

[38]*Und wenn ein Mann oder eine Frau in der Haut ihres Fleisches Flecken, weiße Flecken bekommt,* [39]*dann sehe sich der Priester (das) an, und siehe, in der Haut ihres Fleisches sind blasse, weiße Flecken: Die Weißfleckenerkrankung (Vitiligo) ist es, die in der Haut ausgebrochen ist. Er (die betroffene Person) ist rein.*

[40]*Und wenn bei einem Mann sein Kopf kahl wird, ist er glatzköpfig (am Hinterkopf). Er ist rein.* [41]*Und wenn von der Seite seines Gesichtes her sein Kopf kahl wird, ist es eine Stirnglatze. Er ist rein.*

[42]*Und wenn in der Hinterkopfglatze oder in der Stirnglatze ein weißrötliches Anzeichen entsteht, dann ist es Aussatz, der in seiner Hinterkopfglatze oder in seiner Stirnglatze ausgebrochen ist.* [43]*Und der Priester sehe sich ihn an, und siehe, die Verfärbung des Anzeichens (ist) weißrötlich in seiner Hinterkopfglatze oder in seiner Stirnglatze, gleichwie der Aussatz der Haut des Fleisches erscheint,* [44]*dann (ist) er ein aussätziger Mann. Er (ist) unrein. Der Priester erkläre ihn deutlich für unrein. An seinem Kopf (ist) sein Anzeichen.*

[45]*Und der Aussätzige, an dem das Anzeichen (ist): Seine Kleider seien zerrissen, und sein Kopfhaar soll frei hängen gelassen werden, und er soll den Bart verhüllen, und er rufe »unrein, unrein«.* [46]*Alle Tage, an denen das Anzeichen an ihm ist, sei er unrein. Er (ist) unrein. Allein wohne er, außerhalb des Lagers (sei) sein Wohnsitz.*

[47]*Und wenn an einem Kleid ein Anzeichen von Aussatz entsteht, in einem Kleid von Wolle oder in einem Kleid von Leinen* [48]*oder in einem Gewebe oder in einem Gewirke aus Leinen oder Wolle oder in einer (Tier-)Haut oder in irgendeiner Arbeit aus (Tier-)Haut,* [49]*und das Anzeichen ist grünlich oder rötlich in dem Kleid oder in der Haut oder in dem Gewebe oder in dem Gewirke oder in irgendeinem Gerät aus (Tier-)Haut, dann (ist) es Anzeichen von Aussatz. Und es werde dem Priester gezeigt.* [50]*Und der Priester sehe sich das Anzeichen an, und er sondere (das, woran) das Anzeichen (ist,) für sieben Tage ab.* [51]*Und sieht er an dem Anzeichen am siebten Tag, dass sich das Anzeichen in dem Kleid oder in dem Gewebe oder in dem Gewirke oder in der (Tier-)Haut bei jeglichem Werk, zu dem die (Tier-)Haut verarbeitet wurde, ausgebreitet hat, dann (ist) das Anzeichen ein schädlicher Aussatz. Unrein (ist) es.* [52]*Und man verbrenne das Kleid oder das Gewebe oder Gewirke von Wolle oder Leinen oder jegliches Gerät aus (Tier-)Haut, an denen das Anzeichen ist. Denn schädlicher Aussatz ist es, im Feuer werde es verbrannt.*

[53]*Wenn aber der Priester sich (das) ansieht, und siehe, das Anzeichen in dem Kleid oder in dem Gewebe oder in dem Gewirke oder in jeglichem Gerät aus (Tier-)Haut hat sich nicht ausgebreitet,* [54]*dann gebiete der Priester, dass sie das, woran das Anzeichen (ist), waschen.*

Und er sondere es zum zweiten Mal für sieben Tage ab. [55]*Und der Priester sehe sich das Anzeichen nach dem Waschen an, und siehe, das Anzeichen hat sein Aussehen nicht geändert, und das Anzeichen hat sich nicht ausgebreitet, dann (ist) es unrein. Im Feuer sollst du es verbrennen. Es ist eine eingefressene Vertiefung in seiner Rückseite oder Vorderseite.*

[56]*Wenn nun der Priester sich (es) ansieht, und siehe, das Anzeichen (ist) blass nach dem Waschen, dann reiße er es ab von dem Kleid oder von der (Tier-)Haut oder von dem Gewebe oder von dem Gewirke.*

[57]*Wenn (es) sich aber wieder zeigt in dem Kleid oder in dem Gewebe oder in dem Gewirke oder in jeglichem Gerät aus (Tier-)Haut, dann bricht es aus. Im Feuer sollst du das, woran das Anzeichen ist, verbrennen.*

[58]*Und das Kleid oder das Gewebe oder das Gewirke oder jegliches Gerät aus (Tier-)Haut, das du gewaschen hast und aus dem das Anzeichen verschwunden ist, werde ein zweites Mal gewaschen. Dann wird es rein.*

[59]*Dies (ist) die Weisung für Anzeichen von Aussatz an einem Kleid aus Wolle oder Leinen oder an einem Gewebe oder Gewirke oder jeglichem Gerät aus (Tier-)Haut, auf dass es für rein oder unrein erklärt werde.*

Zu Text und Übersetzung

2 Das Kapitel weist mehrere schwer wiederzugebende Fachbegriffe auf. Dazu gehört שאת, *śᵉʾet*. Die übliche Ableitung von *NŚʾ*, »erheben« (»Schwellung«), bereitet interpretatorische Schwierigkeiten, da im folgenden Vers von einer Haut*vertiefung* die Rede ist. Somit müsste man eher von einem »Fleck« sprechen. Damit aber ist der Begriff kaum mehr zu unterscheiden von den beiden folgenden Termini ספחת (»Schorf«) und בהרת (»Fleck«). LXX vereinigt alle Wörter in die plerophore Wendung οὐλὴ σημασίας τηλαυγής, »heller Fleck eines Anzeichens«. Die Targumim (TgJ; TgNeofI) optieren für »Fleck, Zeichen«. Mit *Milgrom*, 773, ist daher die Übersetzung »Verfärbung« als neutraler Begriff zu bevorzugen, der auch an den anderen Stellen (V 10.19.28.43; 14,56) viel besser als »Schwellung« passt. »Schorf« steht für hebr. ספחת, *sappaḥat*, ein Wort, das nur hier und in Lev 14,56 auftritt. Auch das Wort für »Fleck« (בהרת, *bahæræt*) begegnet nur in diesem Kontext. – Schon die mittelalterliche jüdische Exegese ringt mit der Frage nach den Bedeutungen dieser Begriffe, s. z. B. *Raschbam*, 73–74; *Ramban*, 165–170.

2 Das Wort צרעת, *ṣāraʿat*, wird in verschiedenen Kontexten und nicht nur für Hauterkrankungen verwendet. Daher wird hier mit dem unspezifischen Begriff »Aussatz« übersetzt (s. die Analyse, Schlüsselwörter). Auch das hebräische Wort ist nicht als Fachbegriff für eine bestimmte Hautkrankheit intendiert. *E. V. Hulse*, Nature, 103–104, der die Problematik ausführlich diskutiert, schlägt ebenfalls keinen spezifischen Terminus vor, sondern eine Umschreibung: »repulsive scaly skin disease« (abstoßende, schuppige Hautkrankheit). *C. J. Greeff/W. S. Boshoff, Tsāraʿath* (2006), 1211, plädieren für eine vereinfachte Umschrift (tsaraat oder zaraath) als Ersatz für eine Übersetzung. Die meisten in Lev 13 genannten Symptome für die als den jeweils »schwereren« (und zu kultischer Unreinheit führenden) Fall zu klassifizierende Hauterkrankung passen nach *E. V. Hulse*, Nature, 99, auf Psoria-

sis (Schuppenflechte). Ihm schließt sich *Milgrom*, 774 u.ö., an, ohne sich aber genauer festzulegen. – Nach *E. Lieber*, Old Testament »Leprosy«, 100, sei die Etymologie des Begriffs *ṣāra ʿat* unklar, es könnte aber ein Bezug zum akkadischen Wort *saḫaršubbū* bestehen, das wohl eine chronische Psoriasis bezeichne. – *R. M. Heller/T. W. Heller/J. M. Sasson*, Mold, 590, gehen von der Verwendung des Begriffs auch für Häuser aus und schlagen vor, hinter צרעת, *ṣāra ʿat*, einen Menschen wie Häuser befallenden Schimmelpilz *(Stachybotrys)* zu vermuten.

4 Sein Haar: Das Haar des Flecks. Zwar fehlt der Mappiq im ה von שערה, doch ist hier mit einem enklitischen Personalpronomen der 3. Person feminin Singular zu rechnen, das sich auf den Fleck bezieht (*Milgrom*, 779). Auch die Septuaginta liest ein Personalpronomen.

4 (den, der) das Anzeichen (hat,): Das »Anzeichen« kann auch – gleichsam als *pars pro toto* – für die Person stehen, die das Anzeichen aufweist. Diese Metonymie (*Levine*, 77) kann im Deutschen nicht nachgeahmt werden, daher stehen die Klammern, um diese Besonderheit des hebräischen Textes anzuzeigen.

6 Grindflechte (מספחת, *mispaḥat*): Vielleicht ist an Impetigo contagiosa gedacht (*O. Braun-Falco* et al., Dermatologie, 94–96), eine bakterielle Hauterkrankung, die nach einigen Tagen abheilt, in der Regel ohne Narben; für einige Zeit bleiben rote oder etwas dunklere Hautflecken zurück (s. auch die Auslegung zu V3).

8 In gleichsam abkürzender Fachsprache steht hier nur »der Priester sehe«. Gemeint ist damit jeweils die Untersuchung des Aussehens durch den Priester. Der Befund wird in dieser stereotypen Sprache jeweils mit »und siehe« angeschlossen.

10 »Wildes Fleisch« sieht nur auf den ersten Blick so ähnlich aus wie wirkliches Fleisch. Man bezeichnet damit das Neugebilde (Granulationsgewebe), das bei eiternden Wunden und Geschwüren entsteht, schwammiges Aussehen aufweist und stark wuchernd über die Hautoberfläche hinauswächst.

11 »Chronischer« Aussatz: Im Hebräischen handelt es sich um das Nifal-Partizip der Wurzel *YŠN*, »alt sein«. Gemeint ist wohl, dass die Krankheit schon länger andauert (s. Dtn 4,25) und womöglich immer wieder ausbricht. Daher empfiehlt sich die Übersetzung »chronisch« anstelle von (wörtlich) »veraltet« (so *Milgrom*, 785; *Levine*, 78; anders *Raschi*, 309, der von einer »Beule« ausgeht, die gesund aussehe, darunter aber voller Eiter sei, daher sei es ein altes Leiden unter der gesunden Stelle).

18 Geschwür (שחין, *šᵉḥīn*): Die Mischna (*mNega'im* 9,1) versteht darunter auch Verletzungen durch Holz, Stein, Trester[1] oder heißes Wasser (der Quellen von Tiberias). Dies dürfte als Ergänzung zu den Geschwüren aufzufassen sein, die durch innere Hauterkrankungen (Furunkel, Karbunkel) bedingt sind. Man wollte so alle Arten von Verletzungen durch innere und äußere Einflüsse erfassen, konnte die hier genannten Verwundungen aber nicht unter der Brandwunde von V 24–28 subsumieren.

19 weiß-rötlicher Fleck: Im Hebräischen stehen die beiden Farbangaben »weiß« (לבנה) und »leuchtend rot« (אדמדמת, Intensivierung von אדם, »rot«, durch Radikalverdopplung) nebeneinander. Damit könnte eine krankhafte Hautveränderung in Form eines kontrastreichen Nebeneinanders von tiefroter und weißer Färbung indiziert sein.

[1] Trester: Reste von ausgepressten Oliven (Olivenschalen), die durch Gärung Hitze erzeugen und auf der Haut Entzündungen bewirken können. Für die Auskunft danke ich Prof. Dr. Günter Stemberger.

22 Ein Anzeichen ist er: Wieder wird in »Abbreviatur« gesprochen: Es wird vorausgesetzt, dass der Priester nach sieben Tagen den Betroffenen erneut untersucht, und bei »Anzeichen« ist durch die vorausgehenden Belege dieses Wortes klar, dass es sich um Anzeichen von kultisch unrein machendem Aussatz handelt (s. die Auslegung). Mit »er« ist der Fleck gemeint (sPP 3. Person feminin sg).

24 Brandwunde (מכות אש, *mikwat ʾēš*). Es geht um jegliche Verbrennung durch Feuer oder heiße Asche oder Holzkohle.

30 Tinea (Übersetzungsversuch für נתק, *nætæq*): Durch die Lokalisierung am Kopf oder Kinn könnte bei נתק an Trichophytia (Tinea) capitits bzw. barbae gedacht sein, eine durch Dermatophyten (Hautpilze) ausgelöste Hauterkrankung, die vor allem in ländlichen Gebieten auftritt, da sie vornehmlich durch infizierte Tiere (insbesondere Rinder) übertragen wird. – Es handelt sich wahrscheinlich nicht um die Krätze (Scabies), die durch Milben ausgelöst wird und ein anderes Krankheitsbild hat. – Da es für dic Tinca capitis oder Tinea barbae keinen geläufigen deutschen Namen gibt und die allgemeine Bezeichnung »Hautpilzerkrankung« etwas sperrig ist, zumal der Terminus in den folgenden Versen auffallend häufig vorkommt, verwendet die Übersetzung den Begriff »Tinea« (s. www.dermis.net; *O. Braun-Falco* et al., Dermatologie, 180–208). – Ein Grundsatzproblem hinsichtlich der Übersetzung der biblischen Termini mit modernen medizinischen Begriffen formuliert *E. V. Hulse*, Nature, 102: »Modern medical terms, and indeed other modern technical terms, usually have very precise and exact meanings and they should not be used in translations of important ancient documents unless the context makes it plain that the full technical meaning is implied in the text«.

35 Purifikation: Kultische Für-Rein-Erklärung – es geht nicht um Heilung oder »Reinheit« im medizinischen Sinne.

39 Weißfleckenerkrankung (Vitiligo): בהק, *bohaq*, ein Hapaxlegomenon, das aber im rabbinischen Hebräisch belegt ist (*Milgrom*, 799). Die Übersetzung »Vitiligo« befürwortet auch *E. V. Hulse*, Nature, 103. S. die Auslegung.

45 Der Aussätzige: Partizip Passiv des vom Nomen »Aussatz« (צרעת) abgeleiteten Verbs.

48 Gewebe (שתי, *šeti*): Spezialbegriff, nur in Lev 13,48–59.

48 Gewirke (ערב, *ʿeræb*): Spezialbegriff, nur in Lev 13,48–59. Gemeint ist mit diesem besonderen Sprachgebrauch vermutlich eine unspezifische Entschränkung des Begriffs »Kleid«: Es geht somit nicht nur um Bekleidung, sondern um jegliche Art von Stoff, also auch um Decken, Tücher, Bezüge etc. *Milgrom*, 809, vermutet, dass es sich um vertikale Kettfäden (שתי, LXX: στήμων) und horizontale Schussfäden (ערב, LXX: κρόκη) für den Webstuhl handelt. Dann würde sich die Vorschrift auch auf die verschiedenen Garne beziehen, die noch vor dem Einspannen in den Webstuhl von Schimmel befallen sind (so auch *Levine*, 83). – »Leinen oder Wolle«: Die Verbindungspartikel ו ist hier nicht mit »und« wiederzugeben, denn ein Gewebe aus Leinen *und* Wolle stellt eine nach Lev 19,19; Dtn 22,11 verbotene Mischung dar.

48 Haut: Der Begriff »Haut« (עור, *ʿōr*) hat ein breites semantisches Spektrum. In Lev 13,2–46 geht es um die menschliche Haut. In den Opfervorschriften ist es die abgezogene Tierhaut, die z. T. den Priestern zusteht. Hier geht es um die noch rohe oder schon verarbeitete (מלאכה) Tierhaut, also Fell bzw. Leder (*Milgrom*, 810).

55 Es ist eine eingefressene Vertiefung in seiner Rückseite oder Vorderseite (wörtlich: Hinterkopfglatze oder Stirnglatze): Womöglich liegt hier eine irrtümliche Wiederholung aus 13,42 vor, die vielleicht sehr früh erfolgte, weil sie in allen Handschriften bezeugt ist und durch das seltene Wort »eingefressene Vertiefung« (פחתת,

p^e ḥætæt; Hapaxlegomenon) vermutlich irgendwie sinnvoll integriert werden sollte. LXX verbessert ebenfalls und wiederholt die auffällig wiederkehrende Phrase dieses Abschnittes: ἐστήρισται ἐν τῷ ἱματίῳ ἢ ἐν τῷ στήμονι ἢ ἐν τῇ κρόκῃ »*Er sitzt fest in dem Kleidungsstück,* dem *Kettenfaden* oder dem *Schussfaden*« (LXX-D). – Will man den Text nicht streichen, so muss für Hinterkopfglatze und Stirnglatze jeweils eine zusätzliche Bedeutung wie »(kahle Stelle auf) Rückseite und Vorderseite« bzw. eine bildliche Übertragung von den menschlichen Körperteilen auf Stoffe und Gerätschaften angenommen werden (z. B. *Raschi,* 312; *Levine,* 84).

55.57 Auffällig ist die Verwendung der zweiten Person »im Feuer sollst du [es] verbrennen«. Morphologisch könnte es sich auch um eine dritte Person Femininum handeln (»im Feuer soll sie [es] verbrennen«), wenn man annehmen will, dass hier speziell von Frauen als Textilproduzentinnen die Rede sei (so der Vorschlag von *D. T. Stewart,* Women, 70).

Analyse

Schlüsselwörter

Ein zentrales Schlüsselwort des Kapitels Lev 13 ist נגע, *nægaʿ*, das »Anzeichen« (47 Belege allein in Lev 13). Hier liegt der Fokus des Geschehens: Das »Anzeichen« an einer Oberfläche, sei es die menschliche Haut, eine Textilie oder ein Ledergegenstand, macht die Untersuchung durch einen Priester erforderlich. Dessen abschließendes Urteil bestimmt das weitere Verfahren. Daran wird sichtbar, dass das »Anzeichen« selbst nicht schon automatisch zum Ausschluss vom Kult führt, sondern nur der Auslöser für eine differenzierte Beurteilung ist. Es empfiehlt sich daher eine neutrale Übersetzung mit »Anzeichen«. Vom etymologischen Hintergrund her ist es ein »Schlag«, d. h. die Gottheit »schlägt« den Menschen mit einer Krankheit. In dieser Weise schlägt der unbekannte Kämpfer Jakob auf das Hüftgelenk, und Jakob trägt einen bleibenden Schaden davon (Gen 32,26; *Levine,* 76).

Das zweite Schlüsselwort ist צרעת, *ṣāraʿat,* hier mit »Aussatz« wiedergegeben (s. auch Zur Übersetzung). Aufgrund der Verschiedenheit der Symptome, die in Lev 13 alle mit »Aussatz« bezeichnet werden, steht dieses Wort *nicht* für eine bestimmte Hautkrankheit.

Lepra

Eine Gleichsetzung von *ṣāraʿat* mit »Lepra« ist nicht möglich. Es wird vermutet, dass die durch das *mycobacterium leprae* ausgelöste »Hansen-Krankheit« (nach G. A. Hansen, dem Entdecker des Bakteriums 1873) erst von den Truppen Alexanders des Großen aus Indien in den Vorderen Orient eingeschleppt wurde (*M. + T. L. Lloyd Davies,* Biblical leprosy, 622; *R. M. Heller/T. W. Heller/J. M. Sasson,* Mold, 590; *V. Nutton,* Ancient Medicine, 29; *H. Graf Reventlow,* Krankheit, 278–279, Lit.!; *M. Monot,* Leprosy, 1041–1042; *Péter-Contesse,* 197). Sie passt von ihrem Krankheitsbild eher nicht zu den Befunden von Lev 13 (*Gerstenberger,* 143; *D. L. Kaplan,* Leprosy, 507; *O. Braun-Falco* et al., Dermatologie, 163–170; *E. Lieber,* Old Testament »Leprosy«, 101–104). Im 8. Jh. n. Chr. gebrauchte der arabische Arzt Yuhanna (Johannes) ibn Masawaih (Masojah), dessen Werke teilweise dem Johannes von Damaskus zugeschrieben wurden (*W. Baum,* Yuhanna; *E. V. Hulse,* Nature, 89), das griechische Wort λέπρα, das Hippokrates noch für eine ganze Bandbreite von Hautkrankheiten verwendete und das in LXX und im NT für das hebräische צרעת steht, für die Hansen-Krankheit (*R. Sullivan,* Thales to Galen, 493). Lepra wird in der Antike z. B. von Plinius dem Älteren (*Naturalis historia* 26,5) und Galen als *Elephantiasis Graecorum* (auch *Elephas; E. Kahle,* Dermatologie, 191; *E. V. Hulse,* Nature, 88) bezeichnet (in heutiger Zeit ist »Elephantiasis« der Begriff für eine zu extremer Anschwellung von Körperteilen führende Erkrankung der Lymphgefäße, ebd., 89). Die Termini können so unterschieden werden:

Hebräisch	LXX/NT	Lateinisch	Englisch	Deutsch
צרעת, *ṣāraʿat*	λέπρα	*lepra* (Vulgata)	scale disease	div. Hautkrankheiten
–	–	*Elephantiasis graecorum*	leprosy	Lepra (Hansen-Krankheit)

Neuere Untersuchungen sehen den Ursprung der Lepra (*mycobacterium leprae;* Hansen-Krankheit) in Ostafrika (*M. Monot,* Leprosy, 1042), so dass mit einem Auftreten der Lepra in Ägypten, in der Levante und im Alten Orient durchaus auch vor der hellenistischen Zeit zu rechnen sei (*S. Herrmann,* Anmerkung, 23; *E. Lieber,* Skin Diseases, 593). Als ein möglicher Beleg für die Beschreibung von Lepra im alten Ägypten wird der Papyrus Ebers 874 (ca. 1550 v. Chr.) angesehen, der die Erscheinung »Chons-Geschwulst« (bzw. »Schwellung des Chons-Gemetzels«, 877) nennt und anordnet, nichts zu unternehmen (*W. Westendorf,* Handbuch, Bd. 1, 311; Bd. 2, 707.709). Die Symptomatik der Lepra entspricht teilweise auch anderen Krankheitsbildern, so dass nicht genau zu bestimmen ist, welche Krankheit die antiken Texte jeweils meinen. Damit steht fest, dass *ṣāraʿat* nicht mit Lepra identifiziert werden kann (*E. V. Hulse,* Nature, 91; *D. L. Kaplan,* Leprosy, 510; *S. Herrmann,* Anmerkung, 25), sondern eine unbestimmte Bandbreite von Hautkrankheiten bezeichnet (Impetigo, Psoriasis, Favus/Tinea, Leukoderma/Vitiligo u. a.; *Kornfeld,* 50). – Literaturhinweise auf die ältere Diskussion liefert *T. Seidl,* Tora, 86–88.

Der Schlüssel liegt nicht bei der Dermatologie, sondern beim priesterlichen System von »rein und unrein« (s. das Glossar). Von Heilung ist nur zu einem sehr geringen Teil die Rede, und es geht auch nicht um die Krankheiten an sich, sondern um deren Erscheinungsbilder, die im Analogieschluss auch auf andere Oberflächen (Textilien, Leder) übertragen werden können (V 47–59). Die ungewöhnlichen Phänomene führen zu entsprechenden Verunsicherungen, die einen Ausschluss vom Kult (»unrein«) nahelegen. Ein Grund für die Verunsicherung ist das Gefühl der Todesnähe, das dadurch ausgelöst wird, dass die Erscheinungsformen der Hautkrankheiten, insbesondere Erosionen und Abschuppungen, an die Verwesung eines Körpers erinnern. Tatsächlich wird der »Aussätzige« wie eine Leiche behandelt. Man vergleiche dazu Aarons Fürbitte für Mirjam in Num 12,12: Mirjam soll nicht wie eine Totgeburt sein, die eine charakteristische Hautabschuppung zeigt (s. *E. V. Hulse,* Nature, 93; *T. Kazen,* Issues, 20–21; *E. Lieber,* Old Testament »Leprosy«, 107–111). Auch ähneln sich die Reinigungsriten für einen Aussätzigen (Lev 14,4–7) und für den, der sich an einer Leiche verunreinigt hat (Num 19,1–13). Ijob 18,13 parallelisiert Aussatz und Tod (*Milgrom*, 817–820).

Ein drittes Schlüsselwort des Kapitels ist das »Sehen«: Das einfache und häufig vorkommende Verb ראה, *R'Y*, »sehen«, steht hier mit dem Subjekt »Priester« für die genaue Untersuchung der beobachteten Phänomene. Die Kompetenz sowohl für die Untersuchung als auch die Entscheidung über Rein und Unrein steht allein den Priestern zu; daher wird auch ausdrücklich die Überstellung an den Priester immer wieder betont.

Syntax

Die Verbalformen werden von *w*-SK-x *(w-qatal-x)* dominiert (s. dazu *T. Seidl*, Tora, 99–100); diese Formation mit »auslösender« Funktion (»Injunktiv«) wird in der Übersetzung mit Konjunktiv I als Ausdruck des Wunsches und der Aufforderung wiedergegeben (»der Priester sehe sich das Anzeichen an; er erkläre ihn für rein/unrein; er sondere ihn ab«; usw.). Durch die Häufung dieser Ausdrucksweise, die betont, dass bestimmte Handlungen immer wieder und immer wieder genau so auszuführen sind, wirkt der Text monoton und »technisch« (s. auch zu Lev 1, Analyse, Verbalstil). Die Entsprechung zu *w-qatal* im Inversionspaar für Injunktiv ist *(w-)x-yiqtol* (Langform). Diese Formation, die genauso wie *w-qatal* übersetzt wird, tritt gehäuft in V 40–46 auf, wenn die direkten Anweisungen nicht an die Priester, sondern an die Betroffenen (an den »Aussätzigen«) selbst ergehen. Die appellative Verbalform des Imperativs hingegen fehlt in Lev 13 und 14 völlig. – Auffällig ist auch die hohe Zahl der Nominalsätze (in der Übersetzung meist durch »X ist es« erkennbar). Sie haben im Diagnoseverfahren identifizierende oder qualifizierende Funktionen; eine bestimmte Erscheinung wird mit einem Begriff benannt oder die Reinheit bzw. Unreinheit wird konstatiert (zur Syntax s. ausführlicher *T. Seidl*, Tora, 109–116).

Aufbau

Lev 13 ist in zwei Hauptabschnitte gegliedert, die sich mit ungewöhnlichen Phänomenen (eben »Anzeichen«) an der Haut des Menschen (13,2–46) und an Textilien bzw. Leder (13,47–59) befassen. Innerhalb dieser beiden Teile werden wiederkehrende Vorgänge sehr stereotyp und mit für Fachsprachen typischen Ersparungskonstruktionen aufgelistet. Der Ablauf kann in folgende Punkte schematisiert werden:

Schematischer Ablauf

1. Feststellung und Beschreibung eines »Anzeichens«
2. Überstellung des Betroffenen an den/die Priester
3. Untersuchung durch den Priester und Beschreibung des Anzeichens
4. Urteil des Priesters
   4.1 Abschließendes Urteil: Erklärung des Betroffenen für »rein« oder »unrein«
   Oder:
   4.2 Vorläufiges Urteil: Quarantäne für sieben Tage
   4.3 Erneute Untersuchung durch den Priester mit Beschreibung des Fortschritts

4.4 Abschließendes Urteil: Erklärung des Betroffenen für »rein« oder »unrein«

Die Vorgänge 4.2 bis 4.3 können auch ein zweites Mal durchgeführt werden.

5. Weiteres Verfahren

Das weitere Verfahren besteht beim Menschen im Falle der Rein-Erklärung durch den Priester im Waschen (des Körpers und) der Kleider. Wird der Betroffene für unrein und aussätzig erklärt, gelten die summarischen Angaben zum Verhalten des Aussätzigen in 13,45–46. Bei Textilien und Leder sind mehrere Vorgehensweisen möglich: Waschen, Abreißen, Verbrennen im Feuer.

Der Aufbau im Detail

Die Struktur des Kapitels im Einzelnen orientiert sich an den jeweiligen Fällen, die nach spezifischen Phänomenen differenziert werden und eine algorithmische »Wenn«-»dann«-Entscheidungsprozedur aufweisen. In der Übersicht wird so vorgegangen, dass der jeweils benannte Fall, der zur Rein-Erklärung führt, als Bezeichnung des Abschnittes dient. Bei der Auslegung (s. u.) werden diese Versgruppen feiner untergliedert, indem die zwischen rein und unrein differenzierenden Phänomene unterschieden werden:

1	Anredeformel
2–8	Erster Fall: Aussatz (»unrein«) und Grindflechte (»rein«)
9–17	Zweiter Fall: Aussatz (»unrein«) und Pigmentstörung (»rein«)
18–23	Dritter Fall: Geschwür
24–28	Vierter Fall: Brandwunde
29–37	Fünfter Fall: Hautpilzerkrankung (Tinea)
38–39	Sechster Fall: Weißfleckenerkrankung (Vitiligo)
40–44	Siebter Fall: Kahlköpfigkeit
45–46	Grundsatzbestimmungen für Aussätzige
47–58	Analoger Fall: Oberflächenphänomene an Textilien und Leder
59	Abschließende Toraformel für 47–58.

Die gleiche Grob-Segmentierung findet sich auch bei *T. Seidl*, Tora, 29, sowie bei *Milgrom*, 768–770. *Milgrom*, 802, schlägt folgende Aufbaulogik vor: Der Abschnitt V 2–44 ist zunächst zweigeteilt: V 2–28 beschäftigen sich mit den Hauterkrankungen am menschlichen Körper, V 29–44 betreffen den Kopf. Die Weißfleckenerkrankung (Vitiligo), die ja den gesamten Körper betrifft, sitzt dabei an ungeahnter Stelle. Ihre Platzierung könnte auf folgende Überlegung zurückgehen: Erst werden alle Erkrankungen geschildert, die Männer und Frauen in gleicher Weise in Mitleidenschaft ziehen; dann am Ende kommt mit der Kahlköpfigkeit ein Symptom, das in aller Regel nur Männer betrifft.

Symptome und Diagnosen

Eine detaillierte tabellarische Aufstellung der Symptome und ihrer Diagnosen von D. P. Wright findet sich bei *Milgrom*, 825–826; modifiziert bei *Staubli*, 116; zum Diagnosevorgang s. *Kleinig*, 283–284. – Aus dermatologischer Sicht ist bemerkenswert, dass etwa nur ein halbes Dutzend Krankheitsbilder genannt werden, es jedoch Tausende von Hauterkrankungen gibt. Eine große Zahl davon jedoch scheiden aus: Das Kapitel behandelt keine der üblichen mit Hauterscheinungen einhergehenden Kinderkrankheiten (Masern, Röteln etc.), da Kinder keine Kultteilnehmer sind und die Phänomene vergleichsweise rasch abheilen (oder in schlimmeren Fällen zum Tod führen). Epidemisch auftretende Krankheiten befallen über kurz oder lang die gesamte Kultgemeinschaft; sporadisch auftretende Erscheinungen sind zu selten, um sie zu besprechen. Übrig bleiben vergleichsweise wenige endemische Erkrankungen, die immer wieder ein paar Leute haben. Heute weiß man um Bakterien oder Pilze, auch Viren und Parasiten als Auslöser für Hauterkrankungen. Hier hilft oft nur die konsequente Isolierung des meist hoch ansteckenden Krankheitsherds, um das Phänomen einzudämmen – eine uralte Erfahrung, die sich auch in Lev 13 niedergeschlagen hat (zeitweise Isolierung: Quarantäne; völlige Absonderung von der Gemeinschaft: »Aussatz«; s. u.a. *E. Lieber*, Skin Diseases, 594; *dies.*, Old Testament »Leprosy«, 136). Im Übrigen sind die Beschreibungen der Erscheinungen auf und in der Haut zu unspezifisch, um sie gezielt bestimmten, heute ausdifferenzierten Erkrankungen zuzuordnen. Ein und dieselbe Deskription kann auf unterschiedliche Ursachen und damit Krankheiten zurückgehen. Insbesondere das »weiße« (depigmentierte?) Haar ist nur schwer einzuordnen (s. u. zu V 3). Die folgenden Ausführungen und Übersetzungen sind daher nur als Vorschläge und Versuche zu verstehen. Es reichte den Priestern aus, ernste (ansteckende bzw. tödlich verlaufende) Fälle von harmlosen, schnell abheilenden Erscheinungen zu unterscheiden, um ihre Entscheidung über Kultteilnahme oder Absonderung (»Aussatz«) zu treffen. – *D. L. Kaplan*, Leprosy, 508–509, liefert eine tabellarische Übersicht über die Bezeichnungen und Anzeichen für »unreine« und »reine« Hauterscheinungen. Die Phänomene seien nur schwer bis heute bekannten Hautkrankheiten zuzuordnen; gerade die Farbveränderung beim Haar (»weiß gewordenes Haar«) sperrt sich gegen eindeutige Diagnosen. Für diese Beobachtung legt Kaplan eine ebenso mutige wie sympathische Deutung vor: Die Phänomene sollen gar nicht diagnostiziert werden, damit die Mitglieder der Gemeinde mit Hautkrankheiten gerade nicht ausgeschlossen werden. Das nicht vorkommende »weiße Haar« soll dem Priester ein hartes Kriterium an die Hand geben, eine unter einer mitunter abstoßend wirkenden Hautveränderung leidende Person für »rein« zu erklären und die Maßnahmen des Ausschlusses von Lev 13,45–46 *nicht* anzuordnen: »By establishing rigid criteria, almost everyone who was examined was destined to fail to meet the criteria for diagnosis. Therefore this passage was designed to integrate persons with disfiguring skin diseases back into society, not to excommunicate them as was the practice in the neighboring societies« (*D. L. Kaplan*, Leprosy, 510).

Entstehungsgeschichtliche Fragen

Auch wenn klar ist, dass für die Kapitel 13–14 priesterliche Kreise verantwortlich sind, so ist doch die Entstehung im Einzelnen umstritten. *T. Seidl*, Tora, 64–72, geht von vier »Kerntexten« von vier verschiedenen Verfassern aus (13,2–8*; 13,18–23*; 13,40–46*; 14,3b–8d). An diese seien sukzessive weitere Schichten angefügt worden. *Milgrom*, 886–887 (ihm folgt *Staubli*, 114–115) nimmt an, dass der Kern (»P_1«) in den Vorschriften für den Aussatz (»scale disease«) und die Rituale im Falle einer Heilung (13,1–46; 14,1–32) bestehe. Der Analogieschluss auf Textilien und Lederoberflächen (13,47–59) sowie das Reinigungsritual für arme Aussätzige (14,21–32) seien jeweils auf einer zweiten Stufe (»P_2«) – immer in vorexilischer Zeit – hinzugekommen. Der Abschnitt über die Häuser (Lev 14,33–53) sei aufgrund der Stilunterschiede (z. B. spricht Gott in erster Person; die bisweilen umständlich anmutenden Formulierungen) der Redaktion »H« zuzuschreiben. *Elliger*, 159–180, nimmt eine ähnliche Schichtung an, sieht jedoch den Beginn des stufenweisen literarischen Wachstums in der Exilszeit. – Eine vorexilische Datierung der Gesamtkomposition ist tatsächlich nicht zu halten, doch geht z. B. auch *C. Nihan*, Priestly Torah, 276–278, davon aus, dass der priesterliche Verfasser (P) Traditionsmaterial (möglicherweise auch aus vorexilischer Zeit) als Ausgangsbasis für die Komposition im 5. Jh. v. Chr. verwendet hat: drei *tôrôt* (Weisungen) für Personen (13,2–46), Textilien (13,47–59) und Häuser (14,33–53), wobei die letzteren beiden sukzessive zu 13,2–46 dazugekommen seien. Auch die erste Stufe der Reintegration des geheilten Aussätzigen (14,2–8a) stammt möglicherweise aus der Tradition (u. U. in Verbindung mit 13,2–46). Aus diesem Material hat P eine Offenbarung an Mose am Berg Sinai gestaltet und dazu neben entsprechenden Einleitungswendungen (z. B. 14,33–34) die Reintegration des Geheilten in sein Zelt bzw. Haus und in die Gemeinde (14,8b–20) formuliert. Letztere Bestimmungen erinnern stark an die Opfertora in Lev 1–3 sowie an die Priestereinsetzung in Ex 29 und Lev 8. Die Vorschriften für sozial Schwache in 14,21–32 dürften ähnlich wie Lev 1,14–17 und 5,7–13 spätere Hinzufügungen zum ursprünglichen P-Bestand sein (s. die Einleitung; *C. Nihan*, Priestly Torah, 280). Dies wird auch daran erkennbar, dass 14,21–32 mit einer eigenen Toraformel abgeschlossen wird (s. die Auslegung zu 14,32).

Auslegung

Keine Weitergabeformel

Das Kapitel Lev 13 beginnt nur mit einer Anredeformel und hat keine Weitergabeformel (»sag den Israeliten«). Eine allzu genaue Unterrichtung der Israeliten könnte zur Folge haben, dass sich das Volk seine eigenen Interpretationen und Fehldiagnosen leistet, statt sich – und das ist das oberste Gebot des Kapitels – an die priesterlichen Experten zu wenden (*Raschi*, 308). Anders ist es bei den Ausflüssen aus Körperöffnungen in Lev 15: Da hier der nicht öffentlich sichtbare, private Bereich betroffen ist, muss jede/r Israelit/in in diesen Dingen Bescheid wissen – daher steht in Lev 15,2a eine Weitergabeformel (*Milgrom*, 772). V 1

V 2–8 Die Verse 2 bis 8 unterscheiden die in V 6 erwähnte Grindflechte (מִסְפַּחַת: möglicherweise Impetigo contagiosa, s. Zur Übersetzung), die *keinen* Anlass zum Ausschluss vom Kult gibt, von anderen Erscheinungen, die als »Aussatz« (צָרַעַת) zu kultischer Unreinheit führen. Die Struktur des Abschnitts lässt sich wie folgt näher beschreiben: Erster Fall: Aussatz (»unrein«) und Grindflechte (»rein«)

2 Wahrnehmung eines Phänomens und Überstellung an den Priester
3 Untersuchung durch den Priester
Beschreibung des Phänomens A → Feststellung von Aussatz
Unrein-Erklärung durch den Priester
4 Beschreibung eines alternativen Phänomens B
→ siebentägige Quarantäne
5 Zweite Untersuchung: unverändertes Phänomen B
→ erneute Quarantäne
6 Dritte Untersuchung: Verblassen des Phänomens B
Rein-Erklärung durch den Priester; Diagnose: Grindflechte;
Weiteres Vorgehen: Waschen (Körper und Kleider),
kultische Reintegration
7 Alternative: Ausbreitung von Phänomen B
8 Untersuchung durch den Priester; Feststellung der Ausbreitung
Unrein-Erklärung durch den Priester; Diagnose: Aussatz
(Weiteres Vorgehen: siehe V 45–46)

V 2 Die Wendung »Wenn ein Mensch (אדם) …« bezieht sich auf den »Menschen« als Gattungsexemplar und impliziert keine Geschlechterspezifizierung. Es sind also Männer und Frauen in gleicher Weise gemeint. Das eigentliche Hautphänomen wird mit drei schwer wiederzugebenden Fachbegriffen umschrieben (s. Zur Übersetzung), die möglicherweise die verschiedenen Farbabstufungen eines hellen Flecks auf der Haut umschreiben. Als Grundsatz wird eingeschärft, dass in einem solchen Fall die Vorstellung vor einem Priester erforderlich ist. Die Rede vom »Anzeichen von Aussatz« impliziert die öffentliche Sichtbarkeit des Phänomens, so dass ein autoritatives Urteil der Priester über die Kultfähigkeit des/der Betroffenen erforderlich ist. Das Phänomen

V 3 Das Untersuchen des Phänomens durch den Priester wird mit dem einfachen Verb »sehen« (ראה) ausgedrückt. Genauere Umstände der Art und Weise oder des Zeitpunkts der Untersuchung nennt der Text nicht. Die rabbinische Literatur macht sich darüber Gedanken und betont, dass die Lichtverhältnisse günstig sein müssen (also nicht am Morgen oder Abend, auch nicht im gleißenden Mittagslicht) und welche Körperhaltungen des Betroffenen angemessen sind (s. die Diskussion bei *Milgrom*, 777). Auf die Vorschrift der Untersuchung folgen mögliche Beobachtungen: ein Ausbleichen der Haare sowie eine Vertiefung des verfärbten Flecks. Tritt dies ein, so wird auf Aussatz erkannt. Allerdings, so betont die Wiederaufnahme des Prädi- Die Untersuchung kats »der Priester sieht es«, muss dies durch die entsprechende Autorität, also den Priester, erfolgen, der dann auch den Betroffenen als »unrein« deklariert. Die genaue Spezifikation der zu beobachtenden Phänomene soll die nicht-priesterliche Bevölkerung nicht dazu verführen, selbst Diagnosen abzugeben und jemanden aufgrund fadenscheiniger Evidenz auszuschließen. Es ist allein Recht und Aufgabe der Priester, die Unrein-Erklärung als deklarativen Sprechakt abzugeben (*H. Graf Reventlow*, Krankheit, 280).

Für das in V 3 geschilderte Phänomen des »Aussatzes«, der zur Unrein-Erklärung durch den Priester führt, schlägt *E. Lieber*, Old Testament »Leprosy«, 123–126, das Krankheitsbild der endemischen Syphilis oder »Bejel« (s. auch *O. Braun-Falco* et al, Dermatologie, 245) vor. Diese Infektionskrankheit (Erreger: *Treponema pallidum*) wird nicht sexuell, sondern durch Küsse oder gemeinsame Benutzung von Trinkgefäßen übertragen und führt u. a. zu ulzerierenden Hautläsionen und größeren Hautdefekten. Auch das Haar, so E. Lieber, tendiere dazu, weiß zu werden (125). Der in den folgenden Versen (V 4–6) beschriebene »harmlosere« Fall, der sich von den Erscheinungen von V 3 unterscheidet und nicht zur Unrein-Erklärung führt, könnte (neben der hier angenommenen Grindflechte) nach E. Lieber (126) auch eine durch den Stich einer (von Nagetieren und Hunden herkommenden) Sandfliege übertragene kutane Leishmaniase sein (Erreger: Protozoen, einzellige eukaryontische Organismen; s. *O. Braun-Falco* et al., Dermatologie, 283–285). Sie beginnt mit einer Papel (Beule) an der Stichstelle, die langsam wächst; in der Regel tendieren die Hautveränderungen zum spontanen Abheilen. Es kann sich aber auch eine diffuse kutane Leishmaniase mit ausgedehnten Hautveränderungen entwickeln, die an eine Lepra lepromatosa erinnert (was wiederum zu V 7–8 passen könnte; s. auch die Übersicht bei *E. Lieber*, Old Testament »Leprosy«, 134).

Ein alternatives Phänomen

In den V 4–6 wird beschrieben, wie die Untersuchung zu einem anderen Ergebnis führt. Als alternatives Phänomen wird ein weißer Fleck ohne Hautvertiefung und ohne Weißfärbung der Behaarung genannt. Dann ist kein abschließendes Urteil möglich, so dass eine siebentätige Quarantänezeit für die betroffene Person eintritt. Der Begriff »Quarantäne« soll hier nur die Zeit der Absonderung markieren und nicht unterstellen, dass diese Isolierung primär der Vermeidung von Ansteckung (Seuchenschutz) dienen soll. Derartige Überlegungen sind aufgrund fehlender Kenntnisse über medizinische Zusammenhänge nicht zu unterstellen (s. *E. V. Hulse*, Nature, 103), wenngleich natürlich die Erfahrung, dass Isolierung die Ausbreitung von »Anzeichen« verhindert, uralt sein dürfte. Unklar ist, wo diese Quarantäne stattfindet. Es handelt sich sicher nicht um eine Art Hausarrest (im *eigenen* Haus), denn dann würde, falls die betroffene Person für unrein befunden wird, alles in ihrem Haus nachträglich durch den Kontakt unrein. Miriam in Num 12,14–15 wird für sieben Tage aus dem Lager ausgeschlossen. König Asarja/Usija wird von Gott mit Aussatz geschlagen und muss daher in einem abgesonderten Haus wohnen (2 Kön 15,5//2 Chr 26,21). Möglicherweise gab es für derartige Fälle eigens eingerichtete Wohnbereiche außerhalb der Stadt. Die Quarantäne ist erforderlich, um eine sichere V 4–6

Beurteilung des Phänomens zu erreichen: eine schwerwiegende (bakterielle) Infektion wird sich in dieser Zeit sichtbar ausbreiten, so dass der »Aussatz« entsprechend festzustellen ist. Wenn es um eine harmlose Pigmentstörung geht, die wesentlich langsamer verläuft, wird sich innerhalb von sieben (oder 14) Tagen keine Veränderung ergeben. Die Dauer der Frist ist möglicherweise der Symbolzahl sieben geschuldet.

Wiederholung der Untersuchung

V 5 Die Untersuchung durch den Priester wird am siebten Tag wiederholt. Ab jetzt wird zur Einleitung der möglichen Beobachtungen die Markierung »und siehe« (וְהִנֵּה) verwendet, so dass sich ein Schema ergibt: »der Priester sieht (sich das Phänomen an) – und siehe: (es sieht so und so aus) – dann …«. Diese stereotype Phrase kehrt nun in Lev 13–14 25 Mal wieder. Im konkreten Fall von V 5 geht es um zwei Beobachtungen: Das Anzeichen ist (1.) farblich unverändert und (2.) hat sich nicht ausgebreitet. Ist dies gegeben, so wird eine zweite Woche Quarantäne angeordnet.

Eine dritte Untersuchung

V 6 Wenn es nun im folgenden Vers heißt, »am siebten Tag zum zweiten Mal«, dann ist damit der zweite »siebte Tag«, also das Ende der *zweiten* Quarantänezeit, gemeint. Faktisch handelt es sich um die *dritte* Untersuchung durch den Priester. Für eine Rein-Erklärung ist erforderlich, dass die Größe stagniert (Kriterium 2 von V 5) und dass die Färbung verblasst. Unter diesen Umständen ist durch eine entsprechende Deklaration des Priesters nach einer Waschung des Körpers (nicht erwähnt, aber vorausgesetzt, s. die Auslegung zu Lev 11,24–25 und *Raschi,* 308) und der Kleider die kultische Reintegration der betroffenen Person möglich. Dies setzt implizit voraus, dass die Person während der Quarantänezeit als »unrein« gilt. Als Diagnose wird »Grindflechte« angegeben. Zu dem geschilderten Verlauf passt möglicherweise das Krankheitsbild der Impetigo contagiosa (s. Zur Übersetzung): Sie heilt nach gewisser Zeit ohne Narben zu hinterlassen ab (s. auch zu V 3).

Ein alternativer Verlauf

V 7–8 Der Krankheitsverlauf kann jedoch auch anders aussehen, und von dieser Alternative handeln V 7 und 8: Die Grindflechte breitet sich aus. Die farbliche Entwicklung ist nun unerheblich. Die betroffene Person muss sich dem Priester »zum zweiten Mal«, gemeint ist »ein weiteres Mal« und damit faktisch zur dritten Untersuchung, zeigen. In V 8 wird der Befund noch einmal im bekannten Schema geschildert – und zwar in Anwesenheit des Priesters. Erneut wird deutlich, dass das Wahrnehmen von Oberflächenphänomenen durch den Nicht-Priester ausschließlich zur Hinzuziehung des Kultexperten führen soll und zu keinen eigenmächtigen Aktionen. Der Priester allein entscheidet über rein und unrein. Die Konsequenz ist der mit der Diagnose »Aussatz« verbundene deklarative Sprechakt der Unrein-Erklärung durch den Priester. Das Stichwort »Aussatz« wiederum verweist auf die Grundsatzbestimmungen von V 45–46. Der Priester hat, da keine normale Abheilung erfolgte, generell einen »schwereren Fall« zu diagnostizieren, der wieder mit dem unspezifischen Begriff »Aussatz« und der kultischen Unrein-Erklärung verbunden ist. Zu beachten ist auch, dass hier keine klar abgegrenzte medizinische Terminologie verwendet wird und nicht an eine Therapie oder dergleichen gedacht wird. Die Fragestellung zielt allein auf die mögliche oder nicht mögliche Kultteilnahme. Die geschilderten Phänomene, insbesondere die an anderen Stellen (Ex 4,6; Num 12,10; 2 Kön 5,27: »wie Schnee«, d.h. so flockig) mit dem Begriff »Aussatz/aussätzig sein« (צרע) verbundenen charakteristischen Hautschuppen, könnten auf die in unterschiedlichen Schweregraden verlaufende Schuppenflechte (Psoriasis) hinweisen (so v.a. *E. V. Hulse,* Nature, 99; zu Alternativen s.o. V 3).

Zweiter Fall: Aussatz (»unrein«) und Pigmentstörung (»rein«)

Nach den spezielleren Unterfällen leichter (möglicherweise Grindflechte, Impetigo?) und schwererer Hauterkrankungen (»Aussatz«, möglicherweise Psoriasis?) in V 4–8 wird nochmals der Grundsatz eingeschärft, dass bei einem Anzeichen von Aussatz der Betroffene zum Priester gebracht werden muss. Damit wird zu 13,2 zurückgelenkt und ein neuer Fall begonnen, was auch durch die beiordnende Konjunktion כי (so in V 2.9.18.24.29.38.40.42.47 am Versanfang) bestätigt ist. Der Aufbau ist ähnlich wie in V 2–8 zu beschreiben: V 9–17

9 Wahrnehmung eines Anzeichens und Überstellung an den Priester
10–11 Untersuchung durch den Priester
Beschreibung des Phänomens C → Feststellung von Aussatz
Unrein-Erklärung durch den Priester
- 12 Beschreibung eines alternativen Phänomens D (Pigmentstörung)
- 13 Rein-Erklärung durch den Priester
- 14–15 Einschränkung: Auftreten von wildem Fleisch
  Untersuchung und Unrein-Erklärung durch den Priester; Diagnose: Aussatz
  (Weiteres Vorgehen: siehe V 45–46)
- 16–17 Rückgang des wilden Fleisches
  Untersuchung und Rein-Erklärung durch den Priester

Es ist aufgrund dieser Ähnlichkeit anzunehmen, dass V 9–17 in Anlehnung an V 2–8 gestaltet wurden. Gegenüber V 2a wird dabei das Syntagma »in der Haut seines Fleisches« erspart, d.h. es wird vorausgesetzt, dass man bereits das Thema »Hautkrankheiten« assoziiert. In V 10 werden drei Beobachtungen diagnostiziert: Weißfärbung (s. Zur Übersetzung von V 2), weißes Haar, Wucherung von wildem Fleisch (s. Zur Übersetzung von V 10). Als Diagnose wird ein »chronischer« (s. Zur Übersetzung) Aussatz festgestellt (s. zu V 3). Dabei ist man sich wohl sicher, dass keine Veränderung zum Positiven mehr zu erwarten ist, so dass sofort die Unrein-Erklärung durch den Priester erfolgt. Ausdrücklich wird die Quarantäne abgelehnt. LXX übergeht dagegen die Negationspartikel und ordnet die Absonderung an (*J. W. Wevers,* Notes, xxiii, 175). V 12–13 sprechen die Möglichkeit eines alternativen Verlaufs an: Die weißen Flecken breiten sich

V 10 · V 11 · V 12–13

über die ganze Haut aus. Vielleicht ist hier eine Pigmenterkrankung gemeint, die nicht weiter als gefährlich angesehen wird und auch nicht kultisch unrein macht – »ein Ideal optischer Ganzheit, die nach den priesterlichen Grundsätzen als Reinheit zu beurteilen ist« (*H. Graf Reventlow*, Krankheit, 282). Möglicherweise ist an die Weißfleckenerkrankung (Vitili-
V14–17 go) gedacht (s. u. zu V 38–39). Sobald sich jedoch andere Symptome (»wildes Fleisch«) zeigen, wird auf einen »schwereren Fall« geschlossen. »Wildes Fleisch« (Granulationsgewebe) ist eine Begleiterscheinung von Geschwüren und so für den Priester ein Indiz für kultische Unreinheit. Geht aber das wilde Fleisch wieder zurück, dann tritt ein Heilungsprozess ein, so dass eine kultische Reintegration möglich wird. Die Formulierung von Untersuchung, Diagnose und Deklaration erfolgt sehr stereotyp. Auffällig ist, dass in V 15 mit dem »wilden Fleisch« ein Krankheitsphänomen und nicht der Erkrankte für unrein erklärt wird (*T. Seidl*, Tora, 141).

V 18–23 Der Begriff »Geschwür« (s. Zur Übersetzung) dürfte alle möglichen Schwellungen mit erhöhter Hauttemperatur umfassen. Im biblischen Kontext gilt es als von Gott geschickte Plage (Ex 9,9–11: gegen die Ägypter; Dtn 28,27.35: als Warnung an Israel vor dem Bundesbruch; 2 Kön 20,7 par. Jes 38,21: König Hiskija droht daran zu sterben und wird durch göttliche Intervention über Jesaja davon geheilt; Ijob 2,7: Satan schlägt Ijob mit Geschwüren). Hier beginnt nun der Heilungsprozess (V 18), doch zeigt sich eine weißliche oder weiß-rötliche Verfärbung, die einen unnormalen Verlauf indiziert (V 19). Die Farbmöglichkeiten werden in rabbinischer Literatur (z. B. *mNega'im* 1,2) variantenreich diskutiert (s. auch Zur Übersetzung). Als weitere Präzisierung des Symptoms kommt in V 20 die Beobachtung des Priesters hinzu: eine Hautvertiefung (Erosion?) und weißes Haar. In diesem Fall wird sofort auf Aussatz erkannt. Dann folgen weitere Alternativen, so dass sich die Struktur der vorausgehenden Abschnitte sehr ähnlich wiederholt: Dritter Fall: Geschwür

18–19 Wahrnehmung eines Phänomens und Überstellung an den Priester
20 Untersuchung durch den Priester
Beschreibung des Phänomens E → Unrein-Erklärung durch den Priester
Feststellung von Aussatz
- 21 Beschreibung eines alternativen Phänomens F → siebentägige Quarantäne
- 22 Zweite Untersuchung: Ausbreitung von Phänomen F → Unrein-Erklärung, Feststellung: ein »Anzeichen« (gemeint ist: von Aussatz)
- 23 Zweite Untersuchung: unverändertes Phänomen F → Diagnose: Narbe, Rein-Erklärung durch den Priester

In V 22 begegnet das Wort »Anzeichen« in ungewöhnlicher Verwendung – es ist hier nicht in neutralem Sinne, sondern als »Anzeichen für Aussatz« gewertet. Möglicherweise stehen dahinter stilistische Gründe: Wollte man hier das übliche »Es ist Aussatz« (צרעת הוא) einsetzen, wäre dies der achte Beleg dieser Wendung im Kapitel (s. V 3.8.15.25bis.27.49). Um die symbolträchtige Siebenzahl beizubehalten, steht hier »Anzeichen« (נגע) im Sinne von »Anzeichen für Aussatz« (so *Milgrom*, 789). Die Narbe in V 23 (צָרֶבֶת) gilt als Zeichen der Heilung bzw. als etwas, das verschwinden wird, daher kann die Rein-Erklärung erfolgen.

Es geht – wie in dem gesamten Kapitel über die Hauterkrankungen – um die Unterscheidung zwischen »gefährlichen« bzw. »schwereren Fällen« und harmlosen Auffälligkeiten in der Haut. Bei Verwundungen und Narben muss geklärt werden, ob die Verfärbungen und anderen Beobachtungen zum normalen Vernarbungs- und Abheilungsprozess gehören, oder ob Komplikationen, also Infektionen, Mykosen, Milbenbefall usw., vorliegen, die eine Teilnahme am Kult unmöglich machen (»unrein«).

Vierter Fall: Brandwunde

V 24–28 Der vierte Fall, die Brandwunde, ist nahezu völlig identisch zu V 18–23 gestaltet. Es gehört zum priesterlichen Stil, die Dinge dennoch getrennt zu behandeln und nicht in eine gemeinsame Formulierung zu verschmelzen (*Milgrom*, 790, verweist auf das Paradebeispiel Num 7,12–83). Es gibt wenige feine Unterschiede, so ist z. B. bei der Brandwunde nicht von Heilung die Rede (s. V 18); anders als V 23 erwähnt V 28 das Verblassen des Flecks.

Fünfter Fall: Hautpilzerkrankung (Tinea)

V 29–37 Der fünfte Fall, die Hautpilzerkrankung (Tinea), unterscheidet sich von den vorausgehenden in folgenden Punkten: Die Ausbreitung betrifft nun nicht mehr den ganzen Körper, sondern nur die Kopf- und Kinnregion. Als wesentliches Identifikationssymptom gilt dünnes, goldglänzendes Haar an der Stelle des »Anzeichens«. Die Formulierung verwendet die bisher geläufigen Bausteine und Vorgehensweisen, unter anderem die zweimalige Quarantäne von sieben Tagen. Auffallend häufig kommt das identifizierende Leitwort des Abschnittes, die Hautpilzerkrankung נתק (s. Zur Übersetzung), vor, die mit dem einfacher zu handhabenden Begriff Tinea übersetzt wird.

Übersicht

Die Struktur kann in der Übersicht in folgender Weise dargestellt werden und ähnelt sehr stark den Vorgängen in V 2–8:

29 Wahrnehmung eines Phänomens
30 Untersuchung durch den Priester
Beschreibung des Phänomens G
→ Unrein-Erklärung durch den Priester
Feststellung von Tinea, Aussatz an Kopf oder Kinn
31 Beschreibung eines alternativen Phänomens H
→ siebentägige Quarantäne
32–33 Zweite Untersuchung: unverändertes Phänomen H
→ Rasur der Umgebung der Tinea, erneute siebentägige Quarantäne

34 Dritte Untersuchung: unverändertes Phänomen H
Rein-Erklärung durch den Priester; Weiteres Vorgehen:
Waschen von Körper und Kleidern, kultische Reintegration
(»rein«)
35 Alternative: Ausbreitung von Phänomen H
36 Untersuchung durch den Priester; Feststellung der
Ausbreitung
→ Unrein-Erklärung durch den Priester
37 Untersuchung durch den Priester; Feststellung des Stillstands
der Tinea und von schwarzem Haar
→ Rein-Erklärung durch den Priester

Die geschilderten Phänomene, insbesondere die Lokalisierung am Kinn (Ort
des Bartes) bzw. am Kopf (Ort des Kopfhaares) und die Haarveränderung,
lassen auf eine Hautpilzerkrankung schließen (*favus* bei *Milgrom*, 793;
E. Kahle, Dermatologie, 192; hier wird *Tinea barbae* bzw. *capitis* vorgeschla-
V 31 gen). Wenn nun, wie V 31 einschränkt, keine Hautvertiefung (Erosion) und
keine Behaarung feststellbar ist, so ist eine siebentägige Quarantäne zur Be-
obachtung des weiteren Verlaufs angesagt. LXX fasst den Vorgang leicht
anders, denn sie liest in V 31 »kein *gelbliches* Haar«: Die Quarantäne dient
V 32 hier dazu abzuwarten, ob nicht doch ein gelbliches Haar wächst. Die zweite
Untersuchung nach der ersten Quarantäne muss die vorher für die Unrein-
heit ausschlaggebenden Phänomene ausschließen: Ausbreitung, goldglän-
zendes Haar, Hautvertiefung. Tritt eines der drei Phänomene auf, muss es
zur Unrein-Erklärung kommen (insbesondere im Fall der Ausbreitung,
V 36). Wächst schwarzes Haar, so ist auf Reinheit zu erkennen (V 37). Sta-
gniert aber alles, so ist vor einer zweiten Quarantäne eine Rasur um die
betroffene Hautstelle erforderlich (V 33). Die Rasur kann jeder vornehmen;
ihre Funktion besteht wohl darin, besser beobachten zu können, ob sich die
Hautpilzerkrankung ausbreitet. Die zweite Quarantäne ist deswegen nötig,
weil bisher keine Veränderung (weder in Richtung eines Abklingens noch
einer Ausbreitung des Phänomens) wahrgenommen wurde: Die weitere
V 34 Entwicklung muss erst einwandfrei festgestellt werden. Für die Rein-Erklä-
rung ist die Erfüllung von zwei Kriterien erforderlich: keine weitere Aus-
breitung und keine Hautvertiefung. Die übliche Waschung von Körper
(nicht ausgedrückt, aber impliziert) und Kleidung manifestiert die kultische
Reintegration. Das Erfordernis der Waschung zeigt zweierlei an (*Milgrom*,
797): Zum einen ist damit angedeutet, dass sich der Betroffene so den Rei-
nigungsritus erspart, dem er sich hätte unterziehen müssen, wenn ihn der
Priester für unrein erklärt hätte. Dieser Reinigungsritus wird in Lev 14,1–
32 erläutert. Zum anderen aber bedeutet die Waschung, dass der Betroffene
dennoch eine Form von Unreinheit erworben hat, wenn auch eine von ge-
V 35–36 ringerem Gewicht. Sie erfordert keine offiziellen Riten und Opfer. – Ein be-

sonders bedeutsames Kriterium ist die Ausbreitung. Sollte es sich um die genannte Hautpilzerkrankung handeln, so werden sich die Dermatophyten bei mangelnder Hygiene und »günstigen« Bedingungen entsprechend vermehren und weitere Hautbereiche befallen. Damit verschlimmert sich der medizinische Befund, aber das ist nicht der priesterliche Blickwinkel. Dem Priester genügt die Feststellung eines »schwereren Falles«, der durch die sichtbare Ausbreitung gegeben ist, um die Unrein-Deklaration auszusprechen. Das Kriterium des Haares ist dann ausdrücklich nicht mehr relevant. –
Über die Stufen von V 2–8 hinaus bildet V 37 ein neues, weiteres Struktur- V 37
element: Falls der Priester bei seiner dritten Untersuchung nach der zweiten Quarantäne doch einen Stillstand sowie schwarzes Haar feststellt, ist von einer Heilung auszugehen. Die Verbalform in V 37c *(qatal-x)* fungiert dabei nicht als Appell, sondern als »Tatsachenfeststellung im Perfekt der Gegenwart« aufgrund des lexikalischen Sonderfalls der Wurzel *RP' nifal*, »geheilt sein« (*T. Seidl*, Tora, 108–109). Dabei stehen aber nicht so sehr die Heilung im Interesse des priesterlichen Blickwinkels, sondern das Verschwinden der Symptome und die Normalisierung des Haarwuchses. Auf dieser Basis ist eine Rein-Erklärung angebracht, der temporäre Unrein-Status während der Quarantäne ist beendet.

Sechster Fall: Weißfleckenerkrankung (Vitiligo)

In V 38–39 ist eine wohl grundsätzlich heilbare Hauterkrankung an- V 38–39
gesprochen, z. B. Vitiligo u. ä. (*Levine*, 81; Leukoderma: *E. V. Hulse*, Nature, 95). Bei der Vitiligo (*O. Braun-Falco* et al., Dermatologie, 869–872) handelt es sich um eine Depigmentierung der Haut, bei der die Betroffenen typische weiße, scharf umschriebene Flecken bekommen. Die Krankheitsherde können zahlreich werden, dicht beieinander stehen, ineinander übergehen und bizarre Formen annehmen. Die Krankheit ist – wie wir heute wissen – nicht ansteckend. In den Überlegungen von Lev 13, insbesondere auch von V 9–17, geht es vornehmlich darum, zwischen den nicht von einem Menschen auf den anderen übergehenden (und daher für die Gemeinschaft ungefährlichen) Weißfleckenerkrankungen (Vitiligo) verschiedenster Art einerseits und »schwereren Fällen« (meist mit dem unspezifischen Begriff »Aussatz« bezeichnet) andererseits zu unterscheiden. Die Vitiligo breitet sich auf der Haut der erkrankten Person nur sehr langsam aus, daher ist die Sieben-Tage-Quarantänezeit ein probates Kriterium. Durch Bakterien (bzw. diverse Einzeller), Pilze oder Parasiten ausgelöste andere Erkrankungen, die entsprechend ansteckend (und in der damaligen Zeit mitunter lebensbedrohlich) sind, nehmen einen schnelleren Verlauf, so dass nach sieben bis vierzehn Tagen eine genauere Diagnose gestellt werden kann. Immer wieder ist zu betonen, dass das Urteil »rein« nicht mit »gesund« oder »harmlos« oder dergleichen gleichgesetzt werden darf. Es geht nicht um medizinische Qualifizierungen, sondern nur um die Entscheidung, ob die betroffene Person am Kult teilnehmen darf oder nicht. An eine detaillierte Diagnose oder gar an eine Therapie ist im geschichtlichen Kontext der Entstehung des Leviti-

kusbuches nicht zu denken. Die Entscheidung des Priesters ist jedoch insofern äußerst relevant, da die Teilnahme am Kult zur gesamten Identität des Israeliten dazugehört und der Ausschluss vom Kult aufgrund der Hautauffälligkeiten gravierende soziale Folgen hat (Ausschluss von der Gemeinde, vom täglichen Gemeinschaftsleben usw.). Daher muss von Seiten der Priester sehr sorgfältig untersucht (»sich ansehen«) und der Befund deutlich erhoben werden (»und siehe«).

V 40–44 Haarausfall und Glatzköpfigkeit waren offenbar auch ein Grund zur Beunruhigung, doch V 40–41 stellen klar, dass ein kahler Kopf nicht zum Ausschluss vom Kult führt. V 40 spricht dabei die am Hinterkopf (»Tonsur«) beginnende Glatze an, V 41 die »hohe Stirn«. Nur an dieser Stelle sind Frauen in aller Regel naturgemäß nicht betroffen, daher wird in V 40 und V 44 ausdrücklich vom »Mann« (איש) gesprochen. Da sonst genderrelevante Termini fehlen, ist zu unterstellen, dass immer Männer *und* Frauen in gleicher Weise gemeint und betroffen sind (s. dazu aber *D. T. Stewart*, Women, 66–68). Ab V 42 werden an der Glatze auftretende, anders zu beurteilende Phänomene geschildert, die als »Aussatz« anzusprechen sind. Die Struktur entspricht den vorausgehenden Fällen:

Siebter Fall: Kahlköpfigkeit

42 Wahrnehmung eines Phänomens I
43 Untersuchung durch den Priester; Beschreibung des Phänomens I
44 Feststellung von Aussatz, Beurteilung als unrein
→ Unrein-Erklärung durch den Priester (mit Intensivierung)
Wiederholung der Lokalisierung des Indikators: am Kopf

Im Falle einer weiß-rötlichen Verfärbung des Anzeichens am kahlen Kopf des betroffenen Mannes tritt Unreinheit ein. Die Unrein-Deklaration erfolgt in V 44 mit Wiederholung der Wurzel *ṬM'* (Wurzelparonomasie) und PK mit *Nūn energicum* zur Intensivierung des Vorgangs (טמא יטמאנו, *ṭammē' y^{e}ṭamm^{e}'-æn-nū*). Insgesamt begegnet die Wurzel für »unrein« *(ṬM')* in diesem Vers drei Mal, um die Bedeutung des Geschehens zu unterstreichen und die Sorgfaltspflicht der Priester zu betonen.

V 45–46 Die in V 45–46 erteilte Grundsatzbestimmung für das Verhalten des Aussätzigen bezieht sich nicht nur auf den an Glatzen auftretenden Aussatz, sondern auf alle vorausgehenden Bestimmungen. Dies wird durch die Wendung »an dem das Anzeichen (נגע) ist« deutlich: Das Schlüsselstichwort des Kapitels vernetzt alle Verse. Wann immer also vorher das Urteil lautete: »Es ist Aussatz« (צרעת), wird auf die Verse 45–46 verwiesen, denn sie beginnen mit dem Partizip Passiv des vom Nomen »Aussatz« abgeleiteten Verbs (צרע, Partizip mit Artikel: הַצָּרוּעַ). Die vorgeschriebenen Gesten sind Trauergesten (*Staubli*, 117), wie sie in Lev 10,6 Aaron und seinen verbliebenen Söhnen Eleasar und Itamar nach dem Tod von Nadab und Abihu verboten werden (s. die Auslegung dort). Das Verhüllen des Bartes soll möglicherweise eine Kontamination durch den Atem des Aussätzigen verhindern (*Milgrom*,

Grundsatzbestimmung für das Verhalten des Aussätzigen

803–804). Auch der Warnruf »unrein, unrein« soll die Menschen vom Betroffenen fernhalten und so eine Übertragung der Unreinheit verhindern. Der Betroffene selbst wiederum ist »unrein«, d. h. auf unbestimmte Dauer V 46 (bis zum Abklingen des Anzeichens) vom Kult ausgeschlossen. Um ganz sicher eine Teilnahme auszuschließen, soll der unter Aussatz leidende Mensch außerhalb des Lagers wohnen (so auch Num 5, 2). Die Rede vom »Lager« ist der Erzählsituation (Israel am Sinai) geschuldet, reflektiert wird damit die Verbannung der Aussätzigen in den Bereich außerhalb der Stadtmauern (z. B. 2 Kön 7, 3). Dahinter steckt implizit, was die Mischna ausdrückt: Die Aussätzigkeit eines Bewohners einer Hausgemeinschaft macht alle Mitbewohner unrein, und dieser Status wird durch Berührung bzw. sogar durch den gemeinsamen Aufenthalt unter einem Dach oder einer Baumkrone weitergegeben (*mKelim* 1, 4; *mNega'im* 13, 7; s. auch Josephus, *CAp* 1, 281). Damit hat der Aussätzige das gleiche Unreinheitspotential wie eine Leiche (Josephus, *Ant.* 3, 264). Im Falle des Aussatzes hat damit der Ausschluss vom Kult (»unrein«) auch den Ausschluss aus der Lebens- und Wohngemeinschaft (und damit aus der Ordnung der Gesellschaft, s. *F. H. Gorman*, Ideology, 157) zur Folge; demonstriert wird dies durch zerrissene Kleidung und frei hängende Haare, die Zeichen der Totentrauer und der Anwesenheit lebensfeindlicher Mächte. Umgekehrt wird damit die Wohngemeinschaft *innerhalb* des Lagers bzw. der Stadt »rein« gehalten, also frei von Menschen, die von Hautaussatz gezeichnet sind und damit nach allgemeiner Auffassung als von Gott geschlagen und verurteilt gelten. Die Beschreibungen sind gut allgemeinverständlich gehalten, damit jede/r mitarbeiten kann, entsprechende Symptome der endgültigen Beurteilung durch die Priester zu überstellen und so für die Rein-Erhaltung der Gemeinschaft mit zu sorgen. Eine Reintegration der Kranken ist nicht im Blick, wohl aber der Geheilten (s. Lev 14). Vor diesem Hintergrund sind die Aussätzigen-Heilungen Jesu im Neuen Testament als eschatologische Zeichen der anbrechenden Gottesherrschaft, die alle Menschen ungeachtet ihrer seelischen, moralischen und körperlichen Gebrechen integrieren wird, von herausragender Bedeutung. Das gilt auch für die Bemühungen der christlichen Kirche von Anfang an, sich den Kranken in besonderer Weise zuzuwenden (*Gerstenberger*, 153–155).

Asarja/Usija von Juda

Ein prominenter Aussätziger ist König Asarja/Usija von Juda (779–738 v. Chr.): In 2 Kön 15, 5 wird knapp berichtet, dass er von JHWH mit Aussatz geschlagen wurde. 2 Chr 26, 16–21 erzählt den Grund dafür: Auf dem Höhepunkt seiner Macht will Usija selbst ein Rauchopfer darbringen. Als die Priester, denen diese Tätigkeit vorbehalten war, sich ihm entgegenstellen und er zornig wird, tritt der Aussatz an seiner Stirn hervor, und so bleibt Usija aussätzig bis zu seinem Tod. So ereilt ihn die Gottesstrafe für sein Sakrileg (*Milgrom*, 821). Er muss in einem abgesonderten Haus wohnen und ist vom Tempel (dem »Haus JHWHs«), aber nicht aus der Stadt, ausgeschlossen. Sein Sohn Jotam führt als Koregent die Regierungsgeschäfte.

V 47–59 An Textilien und Leder können Phänomene auftreten, die denen an der Haut des Menschen ähneln. Daher werden nun in den Versen 47–59 Stockflecken, Schimmelpilze, Flechten (*Kornfeld*, 53) und ähnliches an Stoffen, Kleidern und Utensilien aus Wolle, Leinen, Fell oder Leder in Analogie zu den Hautkrankheiten beim Menschen (V 1–46) behandelt. Der Abschlusssatz in V 59 bezieht sich nur auf den Abschnitt V 47–58. Die Toraformel für das Thema »Aussatz« im Allgemeinen findet sich erst in Lev 14,54–57, nach den Vorschriften über die Reinigung des Geheilten und den Vorschriften über Häuser. Der eigene Abschluss (Toraformel) für 13,47–58 verrät, dass es sich wohl um einen redaktionellen Zusatz zu den Bestimmungen über den Aussatz handelt (*Milgrom*, 808; *T. Seidl*, Tora, 46). Die analoge Struktur zeigt die Gestaltungsweise in Anlehnung an V 2–8:

Oberflächenphänomene an Textilien und Leder

47–49 Wahrnehmung eines Anzeichens und Überstellung an den Priester
50 Untersuchung durch den Priester → siebentägige Quarantäne des Gegenstandes
51 Zweite Untersuchung → Ausbreitung des Anzeichens → Feststellung von Aussatz = Unreinheit
52 Vorgehensweise: Verbrennen des Gegenstandes
- 53 Zweite Untersuchung: unverändertes Phänomen
- 54 → Waschung und erneute Quarantäne
- 55 Dritte Untersuchung: keine Veränderung, keine Ausbreitung → Unreinheit, Verbrennen des Gegenstandes
- 56 Dritte Untersuchung: Verblassen des Phänomens → Abreißen der betroffenen Stelle …
- 57 Alternative: Erneutes Auftreten → Unreinheit → Verbrennen des Gegenstandes
- 58 … erneutes Waschen → Reinheit des Gegenstandes

59 Toraformel zum Abschluss von V 47–58

Die Grundelemente bei den Hautphänomenen (Feststellung eines Anzeichens, Überstellung an den Priester, Untersuchung, Quarantäne, differenziertes weiteres Vorgehen, Waschungen) kehren also bei den Textilien und Lederoberflächen wieder. Dahinter dürfte kein tieferer Grund stecken als die Analogie der Phänomene (ungewöhnliche Anzeichen an Oberflächen). Auch gibt es keinerlei Indikation einer Verbindung des Auftretens eines Oberflächenphänomens mit einem möglichen Fehlverhalten des Eigentümers des Gegenstandes – es sind keine Entsündigungsopfer oder andere Rei-
V 47–48 nigungsriten für den erwähnt, dem der Gegenstand gehört. Die etwas umständliche Ausdrucksweise (z. T. mit Hapaxlegomena, s. Zur Übersetzung) in der Beschreibung des Gegenstandes soll wohl versuchen, alle denkbaren textilen Oberflächen sowie Dinge aus Tierhaut in die Vorschrift einzubezie-
V 49 hen. Auch hier werden in der rabbinischen Literatur wieder die Farbschat-
V 50 tierungen von »grünlich« und »rötlich« diskutiert (s. *Milgrom*, 811). Zur

weiteren Beobachtung der Entwicklung kommt der Gegenstand für sieben
Tag in »Quarantäne« (ganz in Analogie zu den Hauterkrankungen), d. h. der
Priester entzieht den Gegenstand prophylaktisch seiner normalen Verwen-
dung. Danach wird überprüft, ob sich der Schimmel ausgebreitet hat. Wenn V 51
ja, tritt die erste Alternative ein: Zum ersten (und einzigen Mal, s. V 52 und
14,44) wird der Aussatz als »schädlich« (מַמְאֶרֶת, Partizip *hifil*, s. auch Ez
28,24) bezeichnet. Eine Analogie dazu ist der »chronische« Aussatz von
V 11. LXX übersetzt dort mit »veraltet«, hier mit »dauerhaft«. Wie auch
immer, das Ergebnis bleibt sich gleich: »unrein«, nicht kultfähig und – was
die folgende Zerstörung rechtfertigt – diese Unreinheit auch durch Kontakt
weitergebend. Um eine Ausbreitung der Unreinheit durch Berührung und V 52
damit auch ein Ausgreifen auf Personen zu verhindern, muss der betreffen-
de Gegenstand durch Feuer vernichtet werden. Die zweite Alternative wäre, V 53–54
dass der Priester nach der Untersuchung keine Ausbreitung feststellt. Dann
wird nach einer Waschung weiter beobachtet. Die rabbinische Literatur
zählt sieben Waschsubstanzen auf (*mNidda* 9,6; *bSanhedrin* 49b). Anders V 55
als bei Personen (s. V 4.6.23.28.37) ist der Gegenstand auch dann unrein
(und muss vernichtet werden), wenn sich das Anzeichen nicht verändert
und nicht ausbreitet. Unvermittelt wird ein »Du« angesprochen und mit
der Verbrennung beauftragt – von der Logik her kann nur der Priester ge-
meint sein, denn es wäre kaum verständlich, dass der Priester die Szene vor-
her verlassen hat, ohne die Angelegenheit zu klären. Ebenso unlogisch wäre
es, dass der Besitzer des Gegenstandes denselben ohne priesterliche Aufsicht
bzw. Anweisung verbrennt (die Versuchung wäre zu groß, die Vernichtung
zu unterlassen und den Gegenstand zu behalten). Die »eingefressene Ver-
tiefung an Rückseite oder Vorderseite« ist eine analoge Begrifflichkeit zu
Weiter- den Hautkrankheiten (s. Zur Übersetzung). Führt das Waschen und das Ver- V 56–58
verwendung streichen der zweiten Wartezeit zu einem Verblassen des Anzeichens, kann
die betroffene Stelle abgerissen (oder auch mit einem Messer abgeschnitten,
s. Jer 36,23) werden, so dass das Kleid, die Decke oder der Ledergegenstand
weiter benutzt werden kann. Möglicherweise spielen hier wirtschaftliche
Gründe eine Rolle oder dass die Textilie sogar der einzige Besitz eines armen
Menschen ist (*Milgrom*, 814). V 57 schränkt dieses Zugeständnis sofort
wieder ein für den Fall, dass der Schimmelfleck wiederkehrt und sich aus-
breitet – dann führt an der vollständigen Vernichtung des Gegenstandes
kein Weg vorbei. V 58 setzt V 56 fort, indem eine zweite Waschung des
Gegenstandes, aus dem die betroffene Stelle ausgeschnitten wurde, vor-
geschrieben wird. Darauf folgt dann die kultische Beurteilung als »rein«.
Eine Alternative wäre es, in V 58 einen dritten Fall (nach dem Gleichbleiben,
V 55, und Verblassen, V 56) anzunehmen: Das Anzeichen verschwindet
ganz (so die Deutung von *Milgrom*, 815). Gegen diese Auffassung spricht,
dass dann für den Fall, dass aus einem Textil oder Leder die betroffene Stelle
herausgeschnitten wird (V 56), keine Rein-Erklärung des betroffenen Ge-

genstandes erfolgen würde. Die zweite Waschung von V 58 ist ein kultischer Akt der Reintegration des Gegenstandes (ähnlich der Waschung der Person mit einer abgeheilten Hautkrankheit, die für rein erklärt wird). – Eine gewisse Künstlichkeit und Gespreiztheit der Vorschriften ist nicht ganz
V 59 von der Hand zu weisen (s. die Ausführungen bei *Gerstenberger*, 158). – Die Toraformel
Toraformel schließt den Abschnitt über die Textilien und Lederoberflächen ab. Damit ist gewährleistet, dass der folgende Abschnitt über die kultische Reintegration (Lev 14,1–32) nur auf Menschen, nicht auf Gegenstände bezogen werden kann. Für die Hautkrankheiten bei Menschen (V 2–46) konnte noch keine Abschlusswendung gesetzt werden, da das Thema in Lev 14 weitergeht. Dass in Lev 13 nichts darüber gesagt wird, dass aussätzige Personen und (analog gesprochen) »aussätzige« Gegenstände Unreinheit durch Kontakt übertragen, hat seinen Grund darin, dass hier eine sehr weitreichende kultische Unreinheit festgestellt wird: »Aussatz« führt zu völligem Ausschluss, sowohl aus dem Kult als auch aus der Lebensgemeinschaft im Lager bzw. in der Stadt. Wenn nun schon bei weniger gewichtigen Unreinheiten (Lev 11; 12; 15) vor dem Kontakt gewarnt wird, kann dies durch einen Schluss »a fortiori« (vom weniger Gewichtigen auf das Gewichtigere) auch auf die Aussätzigen übertragen werden (*Milgrom*, 816). Darüber hinaus hat auch der Warnruf der Aussätzigen in V 45 nur dann Sinn, wenn davon ausgegangen wird, dass sich die kultische Unreinheit durch Kontakt überträgt.

Rezeption und Bedeutung

Medizin oder Religion

Das Faszinierende und Frustrierende zugleich an Lev 13 ist die relativ präzise und differenziert erscheinende Beschreibung dermatologischer Befunde, die bei näherem Hinsehen aber keine sind. Es geht nicht um Medizin und Therapie, denn diese Aufgabe übernahmen eher die Propheten und Gottesmänner (z. B. im Fall des Syrers Naaman, des Feldherrn des Königs von Aram: In 2 Kön 5,1–27 wird dessen Heilung durch Elischa erzählt). In den Kompetenzbereich der Priester (und damit in ihr Interessengebiet) fällt allein die Beurteilung, ob ein Mensch, an dem bestimmte Phänomene zu *sehen* (ein weiteres wichtiges Schlüsselwort des Kapitels!) sind, am Kult teilnehmen darf (rein) oder nicht (unrein). Die Entscheidung des Priesters hat deklaratorischen Charakter: Er *erklärt* für rein bzw. unrein und schafft damit für den/die Betroffene/n eine neue Wirklichkeit der Existenz innerhalb oder eben außerhalb der Kult-Gemeinschaft. Es geht also vornehmlich um Religion: Die gesamte Perspektive ist eine ausschließlich rituelle, es »geht darum, den geschützten Lebensraum der Gemeinde (im Sinne der Stadtbevölkerung) vor Störungen der Harmonie … zu bewahren« (*H. Graf*

Reventlow, Krankheit, 283). Das wird auch dadurch bestätigt, dass sich das heutige und das damalige Verständnis von Krankheiten fundamental unterscheidet (zum Folgenden s. *Gerstenberger*, 143–144): Heute gilt eine Krankheit als identifiziert, wenn man den Erreger (Virus, Bakterium, Pilz etc.) kennt. Dann ist es in der Regel möglich, den fortschreitenden Prozess von Infektion, Ausbreitung und Schädigung durch pharmazeutische Mittel einzudämmen bzw. zu unterbrechen. Der antike Mensch musste die Ursachen von Krankheiten anderweitig suchen, und er fand sie in bösen Mächten und Dämonen, in Gottes Zorn oder Willkür, in der eigenen Schuld des Kranken, der von Gott dafür bestraft wird. Mehrfach wird im Alten Testament angedeutet, dass Aussatz eine Strafe Gottes für ein Sakrileg ist, also dafür, dass der Täter sich an Gottes Eigentum vergangen oder in Gottes Kompetenzbereich eingegriffen hat (z. B. Mirjam in Num 12 oder Usija/Asarja in 2 Kön 15,1–7; 2 Chr 26,16–23; s. auch Gehasi in 2 Kön 5,20–27). Das Buch Ijob protestiert gegen eine allzu eindeutige Zuordnung von Krankheit als Strafe für moralisches Fehlverhalten, vor allem gegen das Rückschlussverfahren: Ijobs moralische Integrität steht außer Zweifel; sein Aussatz ist von Satan als Prüfung verursacht worden (s. *Staubli*, 118). Das Buch Levitikus behauptet allerdings an keiner Stelle, dass »Aussatz« eine Strafe Gottes sei (*M. Douglas*, Sacred Contagion, 97; *J. S. Baden/C. R. Moss*, Origin, 643. 661); von den Ursachen für die »Anzeichen« ist nirgends die Rede. Wenn in der Antike an »Therapie« gedacht wurde, dann versuchte man in erster Linie herauszufinden, welche Macht den Betroffenen gefangen hielt, um dann Mittel und Wege zu finden, den Kranken auszulösen (*Gerstenberger*, 144). Die Untersuchungsmöglichkeiten beschränkten sich auf feine Beobachtungen der sichtbaren Phänomene: Veränderungen der Farbe von Haut und Haar, Aufbrüche (Beulen) oder Erosionen (Vertiefungen) in der Epidermis, Abschuppungen, Auftreten von wildem Fleisch waren entsprechende Signale. Eine genaue Zuordnung zu heute katalogisierten dermatologischen Befunden ist nicht möglich (s. die Analyse).

Texte zur Heilkunde

Aus dem Alten Orient sind eine ganze Reihe von »Texten zur Heilkunde« überliefert, die sich auch mit dermatologischen Befunden befassen (s. z. B. *B. Böck*, »Hautkrankheiten«, in: Janowski, B./Schwemer, D. (Hg.), Texte zur Heilkunde [TUAT-NF 5], Gütersloh 2010, 84–90). Dabei findet sich in diesen neuassyrischen und neubabylonischen Darlegungen eine ähnliche »wenn-dann«-Struktur wie bei den priesterlichen Texten der Bibel, doch der »dann«-Teil enthält keine Unrein-Deklaration, sondern eine Anweisung zur Therapie, meist zur Herstellung eines medizinischen Präparats. Ein Beispiel: »Wenn ein Mensch unter *ibāru*-Hautveränderung leidet, zerstößt du Knoblauch, der aus einer Zehe besteht, zusammen mit Rinde (und) Blatt der *ildakku*-Pappel, legst es ihm an; drei Tage lang sollst du es nicht abnehmen, dann zerstößt du Leinsamen, streust es auf die Oberfläche der Wunde« (ebd., 85). Hier geht es also eindeutig um Heilung, um Therapie, nicht um Fragen des Kultes. Der »wenn«-Teil umfasst dazu bisweilen sehr differenzierte anamnetische Beschreibungen von Krankheitsphänomenen hinsichtlich der Behaarung, der Farbe, des Geruchs etc. Es ist durchaus denkbar, dass die priesterlichen Autoren mit der Grundstruktur dieser medizinischen Texte vertraut waren und um die Bedeutung einer gründlichen Untersuchung wussten. Sie verstanden sich jedoch nicht als Ärzte, sondern beschränkten ihre Weisungsbefugnis allein auf die Frage, ob eine Kultteilnahme der betroffenen Person möglich war oder nicht.

Aspekte der Rezeption

Josephus referiert die Bestimmungen über die Absonderung der Aussätzigen (*Ant.* 3, 264), fügt aber die Möglichkeit hinzu, dass jemand *durch Gebet* von Gott die Befreiung von seiner Krankheit erreicht und daraufhin durch Opfer Gott dankt. – Philo präsentiert in *Quod Deus sit immutabilis* 127–130 eine komplexe symbolische Auslegung von Lev 13, 11–13 (weitere Beispiele jüdischer Interpretation bei *J. S. Baden/C. R. Moss,* Origin, 653–655). – Die Qumran-Literatur greift die Vorschriften aus Levitikus auf und intensiviert sie: »Aussätzige« werden isoliert und dürfen nicht am Mahl der Gemeinschaft teilhaben; sie gelten als von Gott mit einer Strafe geschlagen. Mit Buße und Umkehr gilt eine Heilung als möglich; dabei ist die »Krankheit« eben nicht die Abwesenheit physischer Gesundheit, sondern ein religiöses Phänomen. Allein Gottes Gnade führt zu ihrer Heilung; die religiösen Rituale bestätigen dann nur noch die Vergebung durch Gott (s. dazu u. a. *H. K. Harrington,* Purity Texts, 91–92; *L. H. Schiffman,* Exclusion, 312–313; zu Details s. *I. C. Werrett,* Ritual Purity, 24–31 [CD]; 112–121 [11Q19: Tempelrolle]; 183–187 [4QMMT]; 219–222 [weitere Handschriften]; 265–268 [Überblick]). – In der rabbinischen Literatur findet sich in den entsprechenden Rechtssammlungen ein eigener Traktat (*Nega'im,* »Anzeichen«, s. o., Analyse, Schlüsselwörter). In der Tendenz werden dabei in der rabbinischen Argumentation die Fälle von Aussatz (Lev 13) und Ausfluss (Lev 15) sehr restriktiv gehandhabt: Die Bedingungen für eine Aussatz-Diagnose werden so eng gefasst, dass ein entsprechender Ausschluss so gut wie nicht mehr vorkommt (s. dazu *H. Harrington,* Rabbinic Reception, 398–399).

Auch im frühen Christentum steht die Religion im Vordergrund, nicht die Medizin. Die Tendenz geht zur allegorischen Auslegung, d. h. »unter der Unreinheit der Aussätzigen seien ethische Fehler zu verstehen, die der Mensch meiden müsse« (*D. Wendebourg,* Reinheitsgesetze, 156). So unterscheidet z. B. Origenes in seiner achten Homilie über Levitikus sechs verschiedene Arten des Aussatzes, die er mit sechs verschiedenen Arten der Sünde identifiziert; die Reinigungsriten von Lev 14 werden dann als Buße und als Kampf gegen Laster und böse Neigungen interpretiert (*A. Tzvetkova-Glaser,* Pentateuchauslegung, 379–387). Ähnlich argumentiert z. B. auch Theodoret von Cyrus in seinen *Quaestiones in Leviticum* XV–XXI (*G. Rouwhorst,* Leviticus 12–15, 185–186.190).

3.4 Levitikus 14,1–57: Kultische Reintegration

Literatur *Destro, A./Pesce, M.*, Sacrifice: The Ritual for the Leper in Leviticus 14, in: Esler, P. F. (ed.), Ancient Israel: The Old Testament in Its Social Context, Minneapolis 2005, 66–77. – *Eberhart, C.*, Studien, 278–286. – *Gilders, W. K.*, Blood as Purificant. – *Jürgens, B.*, Heiligkeit, 343–366. – *Gorman, F. H.*, Ideology, 151–179. – *Haas, V.*, Ein hurritischer Blutritus und die Deponierung der Ritualrückstände nach hethitischen Quellen, in: Janowski, B./Koch, K./Wilhelm, G. (Hg.), Beziehungen (1993), 67–85. – *Haas, V.*, Materia Magica et Medica Hethitica, Vol. I, Berlin/New York 2003. – *Lemardelé, C.*, Une solution pour le *'āšām* du lépreux: VT 54, 2004, 208–215. – *Lieber, E.*, Old Testament »Leprosy«. – *Ostrer, B. S.*, Birds of Leper: Statistical Assessment of Two Commentaries: ZAW 115, 2003, 348–361. – *Schwartz, J.*, On Birds, Rabbis and Skin Disease, in: Poorthuis, M. J. H. M./Schwartz, J. (ed.), Purity and Holiness (2000), 207–222. – *Seidl, T.*, Tora. – *Staubli, T.*, Die Symbolik des Vogelrituals bei der Reinigung von Aussätzigen (Lev 14,4–7): Biblica 83, 2002, 230–237. – *Torri, G.*, La similitudine nelle magia analogica ittita (Studia Asiana 2), Rom 2003. – *Wilhelm, G.*, Reinheit, 197–217. – *Wright, D. P.*, Disposal, 75–91.

3.4.1 Levitikus 14,1–32: Kultische Reintegration geheilter Menschen

Text

Übersetzung 1*Und JHWH sprach zu Mose:*

2*Dies sei die Weisung für den Aussätzigen am Tag seiner Purifikation: Er werde zum Priester gebracht,*
3*und der Priester gehe vor das Lager hinaus, und der Priester sehe (sich ihn an), und siehe, das Anzeichen des Aussatzes ist an dem Aussätzigen abgeheilt,*
4*dann gebiete der Priester, dass man für den, der sich der Purifikation unterzieht, zwei lebende, reine Vögel und Zedernholz und scharlach (Gefärbtes) und Ysop nehme.*
5*Und der Priester gebiete, dass man den einen Vogel in einem Tongefäß über lebendigem Wasser schlachte.*
6*Den lebenden Vogel und das Zedernholz und das scharlach (Gefärbte) und den Ysop nehme er und tauche dies (alles) und den lebenden Vogel in das Blut des Vogels, der über dem lebendigen Wasser geschlachtet worden ist.*
7*Und er sprenge (davon etwas) sieben Mal auf den, der sich der Purifikation vom Aussatz unterzieht. Und er erkläre ihn für rein. Und den lebenden Vogel schicke er ins freie Feld.*
8*Und der, der sich der Purifikation unterzieht, wasche seine Kleider und rasiere sein ganzes Haar und wasche (sich) mit Wasser, und er wird rein. Und danach komme er ins Lager (zurück) und wohne (noch) sieben Tage außerhalb seines Zeltes.*

9*Und es geschehe am siebten Tag, dass er sein ganzes Haar rasiere, sei-*

nen Kopf und sein Kinn und seine Augenbrauen; ja, sein ganzes Haar rasiere er, und er wasche seine Kleider, und er wasche sein Fleisch mit Wasser, und er wird rein.

[10]Und am achten Tag nehme er zwei fehlerlose männliche Lämmer und ein einjähriges, fehlerloses (weibliches) Schaflamm und drei Zehntel Weizenfeinmehl als Speiseopfergabe vermischt mit Öl und ein ›Log‹ Öl. [11]Und der Priester, der für rein erklärt, stelle den Mann, der sich der Purifikation unterzieht, und (alle) diese (Dinge) vor JHWH an den Eingang des Zeltes der Begegnung. [12]Und der Priester nehme das eine männliche Lamm und bringe es als Entschuldigungsopfer zusammen mit dem ›Log‹ Öl dar, und er erhebe diese (Dinge) als Emporhebungsgabe vor JHWH empor. [13]Und er schlachte das Lamm an dem Ort, an dem man das Entsündigungsopfer und das Brandopfer schlachtet, am heiligen Ort, denn wie das Entsündigungsopfer gehört das Entschuldigungsopfer dem Priester. Ein Hochheiliges (ist) es. [14]Und der Priester nehme (etwas) von dem Blut des Entschuldigungsopfers, und der Priester gebe (es) auf das rechte Ohrläppchen dessen, der sich der Purifikation unterzieht, und auf den Daumen seiner rechten Hand und auf die große Zehe seines rechten Fußes. [15]Und der Priester nehme (etwas) von dem ›Log‹ Öl und gieße (es) auf seine eigene linke Handfläche. [16]Und der Priester tauche seinen rechten Finger in das Öl, das auf seiner linken Handfläche (ist), und sprenge (etwas) von dem Öl mit seinem Finger sieben Mal vor JHWH. [17]Und von dem Rest des Öls auf seiner Handfläche gebe der Priester (etwas) auf das rechte Ohrläppchen dessen, der sich der Purifikation unterzieht, und auf den Daumen seiner rechten Hand und auf die große Zehe seines rechten Fußes, auf das Blut des Entschuldigungsopfers. [18]Und den Rest des Öls, das auf der Handfläche des Priesters ist, gebe er auf den Kopf dessen, der sich der Purifikation unterzieht. Und der Priester erwirke für ihn Versöhnung vor JHWH. [19]Dann vollziehe der Priester das Entsündigungsopfer und erwirke für den, der sich der Purifikation unterzieht, Versöhnung wegen seiner Unreinheit. Und danach schlachte er das Brandopfer. [20]Und der Priester lasse das Brandopfer und die Speiseopfergabe auf dem Altar aufsteigen, und der Priester erwirke Versöhnung für ihn, und er wird rein.

> *[21]Wenn er aber ein (sozial) Schwacher ist und seine Mittel nicht ausreichen, dann nehme er ein männliches Lamm als Entschuldigungsopfer für die Emporhebungsgabe, auf dass Versöhnung für ihn erwirkt werde, und ein Zehntel Weizenfeinmehl vermischt mit Öl als Speiseopfergabe und ein ›Log‹ Öl [22]und zwei Turteltauben oder zwei Haustauben, für die seine Mittel ausreichen, und eine sei ein Entsündigungsopfer und eine ein Brandopfer. [23]Und er bringe sie am achten Tag für seine Purifikation zum Priester, zum Eingang des Zeltes der Begegnung vor JHWH. [24]Und der Priester nehme das Lamm des Ent-*

schuldigungsopfers und das ›Log‹ Öl, und der Priester hebe dies (alles) als Emporhebungsgabe vor JHWH empor. [25]Und er schlachte das Lamm des Entschuldigungsopfers, und der Priester nehme (etwas) von dem Blut des Entschuldigungsopfers und gebe es auf das rechte Ohrläppchen dessen, der sich der Purifikation unterzieht, und auf den Daumen seiner rechten Hand und auf die große Zehe seines rechten Fußes. [26]Und der Priester gieße (etwas) von dem Öl auf seine eigene linke Handfläche. [27]Und der Priester sprenge mit seinem rechten Finger (etwas) von dem Öl, das auf seiner linken Handfläche (ist), sieben Mal vor JHWH. [28]Und der Priester gebe (etwas) von dem Öl, das auf seiner Handfläche ist, auf das rechte Ohrläppchen dessen, der sich der Purifikation unterzieht, und auf den Daumen seiner rechten Hand und auf die große Zehe seines rechten Fußes an den Ort des Blutes des Entschuldigungsopfers. [29]Und den Rest des Öls, das auf der Handfläche des Priesters (ist), gebe er auf den Kopf dessen, der sich der Purifikation unterzieht, um Versöhnung für ihn vor JHWH zu erwirken. [30]Und er vollziehe mit einer von den Turteltauben oder den zwei Haustauben, je nach dem, wofür seine Mittel ausreichen, [31]das, wofür seine Mittel ausreichen: mit der einen ein Entsündigungsopfer, mit der anderen ein Brandopfer mit der Speiseopfergabe. Und der Priester erwirke Versöhnung vor JHWH für den, der sich der Purifikation unterzieht. [32]Dies (ist) die Weisung für den, an dem ein Anzeichen von Aussatz (ist), dessen Mittel bei seiner Purifikation nicht ausreichen.

Zu Text und Übersetzung

2 Für den Aussätzigen: Hier wird nicht wie in 13,44–45 (s. o., Zur Übersetzung) das Partizip *qal* passiv, sondern das Partizip *pual* (המצרע, *ha-meṣorāʿ*) verwendet. Diese Bezeichnung ist die geläufigere (Ex 4,6; Lev 14,2; Num 12,10bis; 2 Sam 3,29; 2 Kön 5,1.11.27; 7,3.8; 15,5; 2 Chr 26,20.21bis.23). Die hebräische Bezeichnung מצרע *(Mezora)* gibt dem Toraabschnitt Lev 14,1–15,33 seinen Namen. Er kann mit dem vorausgehenden Abschnitt *Tasria* (12,1–13,59) zusammengefasst werden.

2–3 »Er werde zum Priester gebracht, [3]und der Priester gehe vor das Lager hinaus«: Hier ergibt sich ein scheinbarer Widerspruch – soll nun der Aussätzige zum Priester gebracht werden, oder soll der Priester vor das Lager kommen? *Milgrom*, 827, schlägt daher für das Ende von V 2 vor »when it is reported to the priest« (so auch *F. H. Gorman*, Ideology, 161–162). Warum aber soll hier anders als in Lev 13,2.9 sowie Ex 27,7 übersetzt werden? Durch die Logik des Textes lässt sich das auflösen: Aufgrund der Anordnungen von Lev 13,45–46 ist es gänzlich undenkbar, dass der Aussätzige von sich aus in das Lager geht oder von anderen hereingebracht wird; daher ist das »und« am Anfang von V 3 im Sinne eines »das heißt« aufzufassen *(waw explicativum)*. Der Leser stößt auf die übliche Wendung, dass bei allen Fragen, die Aussatz betreffen, der Priester zu Rate zu ziehen ist – *das heißt* aber *hier*, dass der Priester vor das Lager gehen muss und dort den angeblich geheilten Aussätzigen begutachten muss (s. auch *Levine*, 85).

3 An dem Aussätzigen: jetzt wieder Partizip *qal* passiv (הצרוע, *ha-ṣārûaʿ*, Lev 13,44f; 14,3; 22,4; Num 5,2).

4 Vögel: Hier nicht wie bisher עוף, sondern צפור.

4 Scharlach (Gefärbtes), שְׁנִי תוֹלַעַת: s. dazu Ex 25,4; 26,1 u.ö. und *C. Dohmen*, Exodus 19–40, 236. Wörtlich bedeutet die Wendung »das Rote des Wurmes«. Dahinter steckt wohl die Gewinnung des roten Farbstoffes aus einem Insekt *(Kermes biblicus)*: eine Schildlausart, die auf Bäumen lebt (Spezies: *Kermes nahalali* und *Kermes greeni*). Im Frühjahr sind die Weibchen mit roten Eiern gefüllt; der Farbstoff kann dann herausgepresst werden (*J. Feliks*, Art. »Crimson worm«: EJ² 5, 2007, 304). Es ist nicht genau spezifiziert, was da gefärbt ist; *Milgrom*, 830 u.ö., geht von Garn (»yarn«) aus; es könnte grundsätzlich aber auch ein Stück Stoff sein. Offensichtlich kommt es auf die rote Färbung an. Außerdem ergibt sich so ein Bezug zur Ausstattung des Heiligtums, das mit entsprechenden kostbaren Stoffen hergestellt wird (Ex 25,4 u.ö.), und damit eine symbolische Verbindung zwischen dem einst vom Kult am Heiligtum ausgeschlossenen Aussätzigen und dem Heiligtum selbst (s. die Auslegung).

4 Ysop (אֵזוֹב), nach der Beschreibung in der Mischna (*mPara* 11,8–9) vermutlich *Origanum majorana syriaca*, eine kleine Pflanze, die in Felsennischen und aus Steinwänden wächst, mit holzigem Stängel (*J. Feliks*, Art. »Hyssop«: EJ² 7, 2007, 654; *Kornfeld*, 55).

5 Lebendiges Wasser: EÜ interpretiert mit »Quellwasser« (s. die Auslegung).

7 Schicke er: Im Kontext von Vögeln wäre die elegantere Übersetzung »lasse er fliegen«. Das hebräische Verb ist jedoch das sehr allgemeine »schicken« (שלח *piel*), das auch beim Ritual des Versöhnungstages vorkommt, in dem der Bock in die Wüste geschickt wird.

9 Gemeint ist: er bade seinen Leib in/mit Wasser; die Übersetzung versucht konkordant zu arbeiten.

10 Fehlerlose männliche Lämmer: LXX und SAM fügen »einjährige« hinzu, was Lev 12,6 und Num 6,12–14 sowie dem weiblichen Tier entspricht.

10 Drei Zehntel: gemeint ist das Hohlmaß ›Efa‹, das ca. 22 Liter umfasst, mithin geht es also um 6,6 Liter. – Ein ›Log‹: ca. 0,31 Liter nach dem rabbinischen Wüstenmaß (s. *K. Jaroš*, Art. Maße und Gewichte: NBL 2, 1995, 732).

14 Und der Priester … und der Priester: Wenige Hss, SAM und einige LXX-Minuskeln sparen sich diese Wiederholung.

15 Seine eigene … Handfläche, wörtlich: auf die Handfläche des Priesters. Die wiederholte Nennung des Priesters soll das Missverständnis verhindern, das Öl werde auf die linke Handfläche der zu reinigenden Person gegossen (*Gerstenberger*, 166). S. auch V 26.

17 Auf das Blut des Entschuldigungsopfers: Gemeint ist, dass das Öl auf eben die gleichen Stellen gegeben wird, wo im vorherigen Schritt etwas von dem Blut des Entschuldigungsopfers angebracht wurde. Das Öl wird auf das Blut gestrichen. LXX, Peš, TgJ vereinfachen nach der Parallelstelle in 14,28, z.B. LXX: ἐπὶ τὸν τόπον τοῦ αἵματος …, »auf die Stelle des Blutes …«. S. auch V 28.

20 Auf dem Altar: SAM und LXX haben dazu noch »vor JHWH« (לפני יהוה/ἔναντι κυρίου).

26 S. zu V 15.

28 S. V 17. Wieder ist gemeint, dass Blut und Öl übereinander an die gleichen Stellen (Ohrläppchen, Daumen, Zehe) gestrichen werden.

31 Möglicherweise geht der Anfang des Verses auf eine Dittographie zurück. Er fehlt in LXX.

32 Es folgen zwei Relativsätze jeweils mit dem Relativpronomen אשר aufeinander (»… für den, …, dessen …«). LXX verbindet sie mit καί und ändert so die Syntax: Während im masoretischen Text die Toraformel nur auf 14,21–31 bezogen ist, führt die Verbindung der Relativsätze mit »und« dazu, dass sich der erste Relativsatz auf 14,2–20 und der zweite auf 14,21–31 bezieht (s. die Auslegung).

Analyse

Thema

Der Abschnitt, der am Ende durch eine Toraformel vom folgenden Teil, der mit einer neuen Anredeformel beginnt, deutlich abgegrenzt ist, befasst sich mit einem mehrstufigen, relativ detailliert beschriebenen, aufwändigen Ritus für die Reintegration in die Wohn- und Kultgemeinschaft eines Menschen, der von den in Lev 13 beschriebenen Phänomenen heimgesucht und vom Priester für unrein erklärt und aus der Gemeinschaft ausgeschlossen wurde, bei dem dann aber aufgrund von nicht näher beschriebenen Heilungsprozessen die Phänomene abgeklungen sind. Die kultische Reinheit (Kultfähigkeit) erreicht er aber nicht durch die Heilung, sondern allein durch das Wort des Priesters, der ihn für rein erklärt (*Ramban*, 186). Das Ritual lässt sich als Übergang (»rite de passage«) von der Todessphäre in die Gesellschaft der Lebenden verstehen (s. z. B. *F. H. Gorman*, Ideology, 168).

Aufbau

Der Grobaufbau von Lev 14,1–32 ist zunächst durch die Rituale an den einzelnen, zeitlich markierten Tagen, gekennzeichnet, dann durch den (parallel gestalteten) Sonderfall des Rituals für eine arme Person. In der Übersicht kann das so dargestellt werden:

1 Anredeformel
2a Toraformel (futurisch)
2b–8 Der Ritus am ersten Tag (Vögel etc.) – 1. Stufe
9 Das Vorgehen am siebten Tag (Totalrasur und Waschung) – 2. Stufe
10–32 Der Ritus am achten Tag (Applikation von Blut und Öl, Opfer) – 3. Stufe
 10–20 Der Normalfall
 21–32 Der Ritus am achten Tag für die arme Person mit eigener Toraformel

Die Untergliederung der einzelnen Riten erfolgt bei der Auslegung. Die wiederkehrende Wendung »und er wird rein« (וְטָהֵר) in V 8.9.20 kennzeichnet die drei Stufen des Gesamtrituals (s. die Auslegung; *A. Destro/M. Pesce*, Sacrifice, 73).

Entstehungsgeschichtliche Fragen

Ein Vorschlag zur literarischen Stufung der Komposition von Lev 13–14 wird bei Lev 13, Analyse, unterbreitet. Zur Syntax s. ebenfalls Lev 13, Analyse, sowie *T. Seidl*, Tora, 115–122.

Auslegung

V 1 Es ist auffällig, dass in der Anredeformel hier nur Mose genannt ist, nicht Aaron, obwohl doch das Folgende eine ureigene Aufgabe der Priester umschreibt. Daher ist auch das Fehlen der »Israeliten« (bzw. der Weitergabeformel) verständlich. Dtn 24,8 schärft ein, bei einem Anzeichen von Aussatz (בְּנֶגַע־הַצָּרַעַת) alle Anweisungen der »levitischen Priester« zu befolgen. Dieser Hinweis könnte auch der Grund dafür sein, dass die Priesterinstruktionen von Lev 13–14 in das Levitikusbuch, das ja tendenziell eher an »alle« (also an die Laien) gerichtet ist, aufgenommen wurden. – Bei der nächsten Anredeformel in V 33 ist Aaron wieder erwähnt, daher sollte man wohl das Fehlen hier nicht überbewerten. Adressat

V 2 Der Abschnitt beginnt ausnahmsweise mit einer Toraformel, die sonst immer nur Passagen zusammenfassend abschließt. Daher steht auch nur hier die auf etwas Zukünftiges hinweisende Verbalform תִּהְיֶה, »sei«. Möglicherweise soll diese Variante des Gewohnten ebenso wie die Variation der Bezeichnung für den Aussätzigen (*m^e ṣorāʿ* statt *ṣārûaʿ*, s. Zur Übersetzung) darauf hinweisen, dass es nun, *nach* der Beschreibung des Verfahrens zur Feststellung von Aussatz und zum Ausschluss der Betroffenen, um das Ritual zur *Wiedereingliederung* (Reintegration) im Falle der Heilung eines Aussätzigen geht. Diese kultische Reintegration ist durch den Fachbegriff »Purifikation« (טָהֳרָה von טהר, »rein sein«, s. das Glossar und die Auslegung zu Lev 12,4) ausgedrückt. Es ist also nicht der »Tag seiner Heilung« gemeint, sondern der Tag, an dem das Ritual seiner kultischen Wiedereingliederung stattfindet. Die Konzepte von »medizinischer Heilung« und »kultischer Reinheit« sind strikt getrennt, es geht hier nie um Therapie oder dergleichen. – Der Übergang von V 2 zu V 3 ist oben (Zur Übersetzung) erläutert: Der Purifikationsritus des ersten Tages findet *außerhalb* des Lagers statt. Toraformel – Weisung für die Reintegration

V 3 Ganz in Anlehnung an die Diktion von Lev 13 wird die Untersuchung durch den Priester, der vor das Lager (die Stadt) hinausgeht, beschrieben: Auf das »Sehen« im Sinne von Untersuchen folgt mit הנה, »siehe«, der (neue) Befund (»*wĕhinnēh* always introduces a new fact«, so *Milgrom*, 831, im Anschluss an Raschbam). Der hebräische Wortlaut impliziert, dass das »Anzeichen von Aussatz« an dem »Aussätzigen« geheilt (im Sinne von »verschwunden«) ist. Das zeigt wieder die Perspektive an: Es geht nicht um die Person in ihrem Gesundheitszustand an sich, sondern darum, ob ein auffälliges Merkmal, das (womöglich aufgrund seiner Nähe zur Todessphäre) den Kultausschluss bewirkt hat, wieder verschwunden ist. Die betroffene Person wird von nun an auch nicht mehr als »aussätzig« apostrophiert, sondern als »der, der sich der Purifikation unterzieht« (הַמִּטַּהֵר; Partizip von טהר *hitpael*). Untersuchung

V 4 Für den Ritus am ersten Tag sind auf Anweisung des Priesters zwei Vögel und symbolhafte Gegenstände bereitzustellen. Es ist nicht Aufgabe und Pflicht des Priesters, diese Dinge mitzubringen oder zu besorgen, vielmehr Vögel und Symbole

muss der Betroffene selbst bzw. müssen dessen Angehörige oder Freunde
das Entsprechende bereitstellen. Um das Missverständnis, der Priester sei
hier in der Pflicht, zu vermeiden, setzt z. B. LXX das Verb in den Plural
(λήμψονται; s. auch *Milgrom*, 832). Die Vögel sollen »lebend« sein, doch
das hebräische Wort חי, *ḥay*, hat hier zwei Konnotationen, die beide herein-
spielen: חי kann auch »wild« bedeuten, und das wird für den folgenden Ritus
Wildvögel sehr bedeutsam sein. Am Ende von V 7 soll einer der beiden Vögel ins »freie V 4.7
Feld« geschickt werden. Dies ist so zu deuten, dass der Vogel den letzten
Rest Unreinheit davonträgt. Dieses Symbol funktioniert aber nur, wenn es
sich nicht um einen von der Gemeinschaft des Ortes domestizierten Vogel,
etwa eine Taube, handelt. Ein solches Tier würde wohl postwendend zu sei-
nem Heimatort zurückkehren – und dann die »Unreinheit« mitbringen, die
man loswerden wollte. Ein nicht domestizierter, »wilder« Vogel wird aber in
der »freien Wildbahn« verschwinden, was in der Absicht des Symbols liegt.
Lebendige Vögel – Zugleich heißt חי aber eben auch »lebendig«, und damit kommt das Leit- V 4
motiv des Abschnittes zum Klingen: Immer wieder geht es um das Leben,
denn hier wird durch einen Ritus bestätigt, dass jemand aus dem Reich des
Todes – und dazu gehört in einem erweiterten Verständnis auch das Dasein
als Aussätziger – in den Bereich des Lebens zurückkehrt, weil die Symptome
seiner Krankheit abgeklungen sind. Auch die anderen Symbole gehen mehr
oder weniger deutlich in die Richtung der Versinnbildlichung des »Lebens«
(s. u.). Dass die Vögel, die hier für eine Deklaration der kultischen Reinheit
Verwendung finden, selbst »reine« Tiere (nach den Maßgaben von Lev 11)
sein müssen, versteht sich fast von selbst, wird aber eigens ausgedrückt. Die
reinen Wildvögel sind aber auch die, die zum Essen bestimmt sind. Sie ste-
hen für den Ritus zur Verfügung. Der Ritus selbst aber ist trotz der Schlach-
tung (V 5) *kein* Opfer: Zum einen sind als Opfertiere nur *domestizierte* Tie-
re erlaubt (Tauben, s. zu Lev 1,14 und Lev 11), zum anderen kann *vor dem
Lager* kein gültiges JHWH-Opfer stattfinden (s. zu Lev 17,1–14; anders
A. Destro/M. Pesce, Sacrifice, 70, die von einem »non-Levitical sacrifice per-
formed outside the camp« sprechen). Nach V 5 wird ein Vogel geschlachtet, V 4.5
um sein Blut zu gewinnen – Blut wiederum steht als Symbol für das Leben
(s. die Auslegung zu Lev 4–5, Warum Blut, sowie zu Lev 17,11).

Zedernholz und scharlach Gefärbtes
Von den neben den Vögeln mitzubringenden Gegenständen stellen zwei V 4
durch intertextuelle Bezüge eine symbolische Verbindung zum Heiligtum
her: (1) Das Zedernholz findet nach 1 Kön 6,9–10.15–16.18.20 beim Bau
des Salomonischen Tempels und eines Altars Verwendung. Hier in V 4
dürfte es sich um einen Stock oder Stab aus Zedernholz handeln. (2) Das
scharlach (Gefärbte), ein Garn oder ein Stoff, erinnert an die entsprechend
gefärbten Planen, aus denen das Zelt der Begegnung gebaut werden soll (Ex
Ysop 26,1 u. ö.; s. Zur Übersetzung). – Der Ysop (*Origanum majorana syriaca*,
s. Zur Übersetzung) kommt biblisch immer als »Werkzeug« zur Bespren-
gung mit Flüssigkeiten vor. Ein wichtiger intertextueller Bezug führt zu Ex

12,22: Das Bestreichen der Türpfosten mit dem Blut des Pessach-Lammes erfolgt mit Ysop, auf dass JHWH an den Häusern der Israeliten vorübergehe und nur die Ägypter mit Unheil schlage. Von daher steht der Ysop auch symbolisch für das apotropäische Fernhalten der Todesmacht. In Ps 51,9 wird der Ysop als konkretes Symbol der Entsündigung durch Gott genannt.

Schlachten des einen Vogels

V 5 Der Priester weist nun an, den einen Vogel in ein Gefäß über »lebendigem« Wasser hinein zu schlachten (LXX hat wieder den Plural). Dafür wird ein anderes Verb verwendet als beim Vogel-Brandopfer in Lev 1,15 (dort: Abkneifen des Kopfes), was ein weiterer Hinweis dafür ist, dass dies *kein* Opfer darstellt (*Milgrom*, 836; *Plaut/Bamberger*, 131.135). Das tote Tier wird nach der Tradition der Mischna an Ort und Stelle vergraben (*mTemura* 7,4; *mNega'im* 14,1) – so kann niemand dadurch unrein werden. Das Blut des Vogels vermischt sich mit dem »lebendigen« Wasser (u.a. *mNega'im* 14,1; *Raschi*, 312; anders *Gerstenberger*, 161, der von zwei getrennten Flüssigkeiten ausgeht – warum aber ist dann nur ein Gefäß erwähnt?). Gemeint ist mit dem »lebendigen Wasser« wahrscheinlich Quellwasser oder frisches Wasser. Es soll kein altes, abgestandenes, für alles andere unbrauchbares Wasser sein – dieses Detail unterstreicht, dass die Rituale sorgfältig und mit entsprechender Mühe, die z.B. das Herbeibringen von Quellwasser kostet, durchgeführt werden sollen. Auch die anderen Dinge, das Zedernholz und das scharlach Gefärbte, markieren Kostbarkeiten, die die Bedeutung des Rituals unterstreichen. Hinzu kommt erneut die Lebenssymbolik: Die rote Farbe des Zedernholzes und des scharlach Gefärbten symbolisiert das Blut, das Quellwasser wird als »lebendig« apostrophiert (s. auch *F. H. Gorman*, Ideology, 171). Damit durchdringen sich zwei Symbolbereiche in diesem Vorgang:

	Heiligtumssymbolik	*Lebenssymbolik*
Zwei Vögel	Wegtragen von Unreinheit	»lebendig« (חי); *Blut*
Zedernholz	Baumaterial des Tempels (1 Kön 6)	Rote Farbe → *Blut*
Scharlach Gefärbtes	Baumaterial des Zeltheiligtums (Ex 26,1)	Rote Farbe → *Blut*
Ysop		Applikation des *Blutes* des Pessach-Lammes, um die Todesmacht fernzuhalten (Ex 12,22)
Quellwasser	(lebendiges Wasser aus Jerusalem Sach 14,8)	»Lebendiges« Wasser

Besprengen

Die Botschaft dieses hintergründigen Symbolsystems ist damit relativ klar: V 6
Durch den Ritus erhält der zu Reinigende wieder Zugang zum Heiligtum und zum Leben (*T. Frymer-Kensky*, Pollution, 331; *Staubli*, 120). Konkret sieht das so aus, dass der Priester aus dem Zedernholz, dem scharlach gefärbten Garn oder Stoff und dem Ysop eine Art Aspergill herstellt, das Bündel in das Blut-Wasser-Gemisch im Tongefäß taucht und dann die betroffe- V 7
ne Person besprengt. Dies geschieht sieben Mal. Das siebenmalige Spritzen ist schon aus Lev 4,6.17; 8,11 bekannt und steht dort im Kontext der Entsündigung bzw. der Reinigung, so dass eine thematische Verbindung entsteht. Die Symbolzahl Sieben begegnet auch bei der Quarantäne in Lev 13.

Schicken des Vogels

Wenn nun der Priester den zweiten, noch lebenden Vogel fliegen lässt, so ist die Bedeutung dieser Handlung augenscheinlich: Der Vogel transportiert in symbolhafter Weise die möglicherweise noch vorhandene Rest-Unreinheit in eine ferne Gegend (s.o.). Das erklärt auch die Wahl der *Vögel* als Symboltiere für diesen Ritus. Die Verbindung zum analogen Ziegenbock-Ritus von Lev 16,10–26 wird durch das gemeinsame Verb »schicken« (שלח *piel*) deutlich (s. Zur Übersetzung; zu weiteren Analogien und Unterschieden zwischen Lev 14 und Lev 16 s. *D. P. Wright*, Disposal, 78–80; *W. K. Gilders*, Blood as Purificant, 78–79; *C. Eberhart*, Studien, 211–212; *B. Jürgens*, Heiligkeit, 364–366; auch *Raschbam*, 90, macht auf die Gemeinsamkeit aufmerksam). In Lev 16,21 wird ein Übertragungsgestus geschildert, dem hier das Eintauchen des lebenden Vogels in das Blut-Wasser-Gemisch entspricht. Die Symbolik ist verständlich: Das Blut des geschlachteten Vogels absorbiert die Unreinheit der vom Aussatz geheilten Person und gibt sie an das Wasser weiter; der lebende Vogel, der darin eingetaucht wird, übernimmt die Unreinheit und trägt sie davon (*Milgrom*, 838). Die Notwendigkeit für das Eliminationsritual ergibt sich aus der Vorstellung von der Unreinheit als Nähe der Todessphäre: Der Geheilte muss »from death contagion« gereinigt werden (*F. H. Gorman*, Ideology, 170). Wahrscheinlich stehen dahinter pagane Zeremonien zur Heilung Erkrankter (*Milgrom*, 834), jedoch ist der Vorgang im priesterlichen System von jeglicher Vorstellung einer Therapie gelöst und allein als Dokumentation der Reinigung *nach völliger Genesung* verständlich (*H. Liss*, TANACH, 115; *Y. Kaufmann*, Religion, 107). Es ist auch nicht so, dass das Besprengen die Reinigung *bewirkt:* Die eigentliche Wirkung geht von der deklaratorischen Formulierung des Priesters aus, der den Betreffenden für rein erklärt. Insofern ist der Besprengungsakt ein begleitender Ritus, der womöglich einer Art »Volksfrömmigkeit« geschuldet ist und eigentlich aus anderen Kulturen stammt.

Mögliche religionsgeschichtliche Ähnlichkeiten in mesopotamischen und anatolischen Ritualen erwähnt *D. P. Wright*, Disposal, 80–86. *Y. Feder*, Blood Expiation, 125–134, verweist auf bemerkenswerte Parallelen hinsichtlich der verwendeten Materialien und Tierriten zum hethitischen Geburtshilferitual KUB 9.22+. In diesem Ritual werden eine Gans und zwei Enten geopfert; mit dem Entenblut wird das Gebärgestell bestrichen. Ferner finden Zedernholz, Tamariskenholz und Olivenholz, die mit roter Wolle umwickelt werden, Verwendung. Der Priester schüttet Feinöl auf den Kopf der Frau und bindet rote Wolle an ihre Hand (s. *V. Haas*, Blutritus, 69–77; *ders*, Geschichte, 665–666). Haas vermutet in dem »Ritus des Blutes« eine kathartische Funktion zur Besänftigung des göttlichen Zornes. *G. Wilhelm*, Reinheit, 213, erwähnt als weiteres Beispiel KUB 30,33 IV 5f., s. dazu *G. Torri*, La similitudine, 81. In diesem hethitischen Ritual zur Abwehr eines Meineids und einer Verleumdung werden ein Adler und ein Falke freigelassen, [während ein Ziegenbock getötet und wohl vergraben wird]. Der deutende Spruch besagt: [Wie der Ziegenbock hinabsteigt] in die schwarze Erde, so soll auch der Meineid, die Verleumdung [(in der schwarzen Erde) verschwinden] (die eingeklammerten Passagen sind vermutete Rekonstruktionen). Die Freilassung der Vögel, die als »Vehikel« dienen (*V. Haas*, Materia, 481), ist vermutlich ein Eliminationsritus, während das (rekonstruierte) Vergraben des Ziegenbocks einen Analogieritus darstellt.

Zur Deutung der Vogel-Symbolik in V 7 schlägt *T. Staubli*, Symbolik, 236–237, Folgendes vor: Im Unterschied zu Lev 16 (und Sach 5,5–11) handle es sich hier nicht um einen Eliminationsritus, sondern um ein Analogieritual. Der geschlachtete Vogel symbolisiere den Tod der aussätzigen Existenz des geheilten Menschen; das Fortfliegen des lebenden Vogels ist *»Symbol der wiedererlangten Vitalität des Geheilten«* (H.i.O.). Diese Deutung hat den Vorteil, dass dabei das Blut nicht als Träger von zu eliminierendem Übel dienen muss (was ungewöhnlich wäre), sondern der üblichen Lebens- und Sühnemetaphorik entspricht. Auch ist damit das Ritual kein volkstümlich-archaisches Relikt, sondern es hat »eine wichtige Aufgabe als Signal für die Gemeinschaft, in die die geheilte Person als eine lebendige zurückkehrt« (ebd.; s. auch *Gorman*, 86). – *B. S. Ostrer*, Birds, 349, führt an, dass sich beide Deutungen in der Tradition finden: der Vogel als Träger von Unreinheit (Eliminationsritual) und der Vogel als Repräsentant des Geheilten (Analogieritual). *Ostrer* führt insbesondere Passagen aus der rabbinischen Literatur auf, die die Sicht auf das Vogelritual als »analogue of sympathetic magic« unterstützen. Da das »Feld« eher zur geordneten Siedlung als zur Wildnis gehöre und »Vögel« mehr mit einem »Nest« als mit Wüste assoziiert seien, spreche mehr für die Auffassung als Analogieritual (ebd., 355). Analogieritual

V 8 Mit der Deklaration (der Rein-Erklärung) des Priesters ist der Vorgang noch nicht beendet, vielmehr sind nach V 8 noch eine Reihe von Maßnahmen zu ergreifen (Waschung von Kleidern und Körper, Rasur) sowie eine siebentägige Quarantäne einzuhalten. Die Reihenfolge der Tätigkeiten, die der zu Reinigende selbst ausführt, erfolgt in der priesterlichen Reinheitsperspektive: Am Ende steht die Waschung des eigenen Körpers, damit nicht der reine Körper durch unreine Kleidung oder das unreine Haar wieder kontaminiert werde (*Milgrom*, 840). Die Rasur hat wohl vollständig zu erfolgen (»das ganze Haar«). Diese Maßnahmen führen dazu, dass die Person rein ist und sich damit im Lager (in der Stadt) aufhalten darf. Die Unreinheit ist so weit entfernt worden, dass die Person niemanden durch Aufenthalt unter Weitere Maßnahmen der gleichen Überdachung unrein machen kann. Aber die Reinheit ist doch noch nicht völlig hergestellt, daher ist eine Rückkehr ins eigene Haus noch nicht möglich. Die Person könnte Gefäße oder Personen durch Berührung unrein machen. (*Raschi*, 313, erwähnt die rabbinische Deutung, dass ihm der eheliche Verkehr damit verboten ist.) Daher wird ein siebentägiger Aufenthalt im Lager, aber außerhalb des eigenen Zelts vorgeschrieben.

Das Vorgehen am siebten Tag

Am siebten Tag erfolgt eine totale Rasur der Körperbehaarung. Die V 9
scheinbare Redundanz »ja, sein ganzes Haar rasiere er« ist ein indirektes Ausdrucksmittel dafür, dass auch die Schambehaarung eingeschlossen ist (*Milgrom*, 843). Die üblichen Waschungen von Kleidern und Körper schließen sich an (in dieser Reihenfolge: damit der reine Körper in reine Kleider gehüllt werden kann). Diese Waschung führt dazu, dass die Unreinheit um einen weiteren Schritt reduziert wird: Implizit ist vorausgesetzt, dass die betroffene Person nun in ihr Eigentum (Zelt, Haus) zurückkehren kann, um die Vorbereitungen für den letzten Schritt zu treffen. Die deklaratorische Wendung »und er wird rein« (וְטָהֵר) markiert in V 8.9.20 die drei Stufen der kultischen Reintegration (s. o., Analyse). Erst wenn die erforderlichen Opfer am achten Tag dargebracht worden sind, ist die Reinigung vollständig abgeschlossen. – Hinter den drei Stufen vermutet *Gerstenberger*, 160–162, mehrere ursprünglich eigenständige Reinigungsriten, die verbunden wurden. Das ist denkbar, aber nicht zwingend.

Der Ritus am achten Tag

Der Ritus am achten Tag beginnt mit der Zurüstung der Opfermaterie. V 10–20
Dabei wird die Kenntnis der Opfervorschriften von Lev 1–5 offenbar vorausgesetzt. Von Lev 4,27–35 weiß man daher, dass das weibliche Tier ein Entsündigungsopfer werden wird, denn nur bei dieser Opferart verwendet der/die normale Israelit/in ein weibliches Schaf bzw. eine Ziege (zu den Opfertermini s. das Glossar). In der Aufzählung der Bereitstellung steht dieses Tier nach den männlichen Tieren (die ein Entschuldigungs- und ein Brandopfer werden) – in der Schilderung des Opfervorgangs selbst gehen Entschuldigungs- und Entsündigungsopfer dem Brandopfer natürlicherweise voran (s. auch *A. F. Rainey*, Order, 494–495: »procedural order«). Zu den Tieren kommen vegetabile Materialien hinzu: Weizenfeinmehl (s. zu Lev 2) und Öl. Dass es *drei* Zehntel ›Efa‹ Mehl sind, könnte auf die *drei* Opfertiere zurückgehen, so dass jedes Tieropfer von einem Zehntel Mehl als Speiseopfergabe begleitet wird, die aber dennoch ein eigenständiges Opfer darstellt (darüber gibt es eine breite Diskussion im Talmud, *bMenahot* 90b–91b; zur weiteren Rezeption in Qumran usw. s. *Milgrom*, 845–846). Die Ausführungen zur Speiseopfergabe von Lev 2 werden hier als bekannt vorausgesetzt.

Ringstruktur

Die V 11–20 sind nach einer Ringstruktur aufgebaut: Im Zentrum steht V 11–20
das Sprengen des Öls sieben Mal vor JHWH in V 16 – um diesen Vers herum sind die signifikanten Elemente und Stichwörter spiegelbildlich angeordnet (*Milgrom*, 846–847; *Y. Feder*, Blood Expiation, 63–67; *D. Luciani*, Sainteté, 380–381).

Am besten lässt sich dieses Phänomen durch eine grafisch angeordnete Übersetzung mit den *markierten Stichwörtern* darstellen:

A [11]Und der *Priester*, der für *rein* erklärt, stelle den Mann, der sich der Purifikation unterzieht, und (alle) diese (Dinge) vor JHWH an den Eingang des Zeltes der Begegnung. [12]Und der Priester nehme das eine männliche Lamm und bringe es als Entschuldigungsopfer

B zusammen mit dem ›Log‹ *Öl* dar, und er erhebe (alle) diese (Dinge) als Emporhebungsgabe *vor JHWH* empor. [13]Und er schlachte das Lamm an dem Ort, an dem man das *Entsündigungsopfer* und das *Brandopfer* schlachtet, am heiligen Ort, denn wie das Entsündigungsopfer gehört das Entschuldigungsopfer dem Priester. Ein Hochheiliges (ist) es.

C [14]Und der Priester nehme (etwas) von dem *Blut des Entschuldigungsopfers,*

D und der Priester gebe (es) auf das *rechte Ohrläppchen* dessen, der sich der Purifikation unterzieht, und auf den *Daumen seiner rechten Hand* und auf *die große Zehe seines rechten Fußes.*

E [15]Und der Priester nehme (etwas) von dem ›Log‹ *Öl* und gieße (es) auf seine eigene linke *Handfläche.*

[16]Und der Priester tauche seinen rechten Finger in das *Öl*, das auf seiner linken *Handfläche* (ist), und sprenge (etwas) von dem Öl mit seinem Finger sieben Mal *vor JHWH.*

E′ [17]Und von dem Rest des *Öls* auf seiner *Handfläche*

D′ gebe der Priester (etwas) auf das *rechte Ohrläppchen* dessen, der sich der Purifikation unterzieht, und auf den *Daumen seiner rechten Hand* und *auf die große Zehe seines rechten Fußes,*

C′ auf das *Blut des Entschuldigungsopfers.*

B′ [18]Und den Rest des *Öls*, das auf der Handfläche des Priesters ist, gebe er auf den Kopf dessen, der sich der Purifikation unterzieht. Und der Priester erwirke für ihn Versöhnung *vor JHWH.* [19]Dann vollziehe der Priester das *Entsündigungsopfer* und erwirke für den, der sich der Purifikation unterzieht, Versöhnung wegen seiner Unreinheit. Und danach schlachte er das *Brandopfer.* [20]Und der Priester lasse das Brandopfer und die Speiseopfergabe auf dem Altar aufsteigen

A′ und der *Priester* erwirke Versöhnung für ihn, und er wird *rein.*

Am Anfang und am Ende stehen der Priester und die betroffene Person (A – A′) – schon aus dieser Konstellation wird deutlich, dass es sich erneut (wie auch bei den freiwilligen Opfern, s. die Auslegung zur Handaufstemmung in Lev 1,4) um ein *personales* und *individuelles* Geschehen zwischen der einzelnen Person, dem Priester als körperlich anwesenden Vermittler und Gott handelt. – Der zweite Rahmen wird durch die Erwähnung der Opfer gebildet: Zunächst werden das Entsündigungs- und das Brandopfer nur als Ortsangaben erwähnt (B), erst am Ende (B′) werden diese Opfer konkret durchgeführt und bilden den Abschluss des Rituals. – Das erste Opfer ist ein Entschuldigungsopfer, von dem das Blut genommen wird (C), das nach einem bestimmten Ritus nochmals als Ortsangabe erwähnt wird (C′). – Der Ort der Blutapplikation sind ausgewiesene Körperteile (D), auf die nach dem Blut auch etwas Öl gegeben wird (D′). – Der innerste Rahmen schließlich ist die Handfläche des Priesters voller Öl (E – E′), und im Zentrum steht das Sprengen des Öls »*vor JHWH*« (s. auch B – B′).

Aus dieser Strukturierung wird die Botschaft des Textes deutlich: Es geht um die Wiederherstellung der Kommunikation zwischen der betroffenen Person und JHWH – es ist entscheidend, dass diese Riten »vor JHWH« geschehen. Das Sprengen des Öls »vor JHWH« im Zentrum der Komposition ist das Symbol und Zeichen für die Verbindung der Person mit Gott (s. z. B. *Y. Feder,* Blood Expiation, 66). Das Blut hingegen ist die Verbindung zwischen der Person und dem Opfertier bzw. dem Altar als Medium der Kommunikation. Beide symbolischen Flüssigkeiten werden an die gleichen Körperextremitäten der betroffenen Person appliziert: Ohrläppchen, rechter Daumen und rechte große Zehe markieren als Punkte eine Kreislinie, die die gesamte Person umfasst und einschließt. Heilung und Reintegration in die Kultgemeinschaft betreffen also nicht Teile einer Person, sondern den ganzen Menschen. Das bringt der Ritus der Blutapplikation zum Ausdruck.

Entschuldigungsopfer

Das Schlüsselopfer für den gesamten Ritus ist das Entschuldigungsopfer (אשׁם; s. das Glossar; zur Problematik *C. Lemardelé,* solution; *A. Destro/M. Pesce,* Sacrifice, 74): (a) Dieses Opfertier (männliches Lamm) kann auch im Fall von Armut nicht durch eine weniger wertvolle Materie ersetzt werden. (b) Mit dem Blut dieses Opfertieres wird die zu reinigende Person bestrichen. (c) Es ist das erste von allen Opfern, die im Laufe des Rituals dargebracht werden, und findet sogar *vor* dem Entsündigungsopfer statt. (d) Nur mit dem Opfertier des Entschuldigungsopfers und dem zugehörigen Öl wird der Ritus der Emporhebungsgabe (s. das Glossar) *vor JHWH* durchgeführt (וְהֵנִיף אֹתָם תְּנוּפָה לִפְנֵי יְהוָה) – und zwar mit dem ganzen Tier, nicht wie sonst üblich nur mit bestimmten Teilen (Brust, Schenkelkeule, Fett, s. zu Lev 7,30; 8,26–29; 9,21). Durch die Emporhebung wird auch das Öl, das später symbolisch appliziert wird, geheiligt. V 12

Schlachtung mit Ortsangabe

Sodann erfolgt die Schlachtung, wobei die Verbalform »er schlachte« nicht zwingend auf den Priester weist; vielmehr kann die Schlachtung durch eine beliebige Person erfolgen (»man schlachte«). Den Ort der Schlachtung des Entschuldigungsopfers (»wo man das Entsündigungsopfer und das Brandopfer schlachtet«) kennt man an sich aus Lev 7,2 – dass er hier ausdrücklich erwähnt wird, dürfte der ästhetischen Palindrom-Struktur (s. o., als Gegengewicht zu V 19, wo ebenfalls Entsündigungs- und Brandopfer erwähnt werden) geschuldet sein (*Milgrom,* 852). – In entstehungsgeschichtlicher Perspektive kann die Rede vom »heiligen Ort« und die Bestimmung, dass die Opfermaterie dem Priester gehört (V 13bc), als durch Lev 7,7 inspirierte spätere Glosse angesehen werden (so *C. Nihan,* Priestly Torah, 280; s. auch *T. Seidl,* Tora, 53). V 13

Körperstellen

Die Körperstellen, an denen das Blut (und später das Öl) appliziert wird, umfassen die gesamte Person, die als ganze auch betroffen ist (nicht etwa nur befallene Körperteile!). Zugleich kann darin auch ein apotropäischer Gestus zum ganzheitlichen Schutz vor bösen Einflüssen während dieses V 14

Übergangs (»rite de passage«) gesehen werden – analog zum ähnlichen Ritus bei der Priestereinsetzung (s. die Auslegung zu 8,23–24).

V 15–17 Das Blut markiert die Verbindung der betroffenen Person mit dem Opfertier, das Öl die Verbindung zwischen ihr und dem Heiligtum bzw. JHWH: Zunächst indiziert dies der Priester durch das Sprengen des Öls mit dem Zeigefinger »vor JHWH«, also in Richtung auf das Heiligtum hin, dann appliziert er dasselbe Öl an den vorher schon mit dem Blut indizierten Körperstellen der zu reinigenden Person. Blut und Öl symbolisieren so ein Beziehungsgeflecht zwischen der Person, dem Priester, dem Opfertier und JHWH,
V 18 die zu einem Gesamtgeschehen vernetzt werden. Der Rest des Öls auf der Handfläche des Priesters wird auf den Kopf (Stirn?) der Person gegeben – das ist der normale Ort einer Salbung (s. *Milgrom*, 855, mit Beispielen aus ägyptischen, mesopotamischen und ugaritischen Riten). »Das Öl versinnbildlicht Leben, Wohlergehen, Gesundheit (s. Ps 23,5; Spr 27,9)« (*Gerstenberger*, 163).

Ölritus

Der gesamte Ritus (Blut- und Ölapplikation) dient dazu, »Versöhnung zu erwirken« (כפר, *kipper;* s. das Glossar). Dieser Fachterminus steht hier wieder in seiner weitesten Bedeutung, d.h. für die Aufhebung eines Unheilszusammenhangs und für die Entfernung von allem, was von Gott trennt (was auch immer es ist) sowie für die Wiedererrichtung der Kommunikation mit Gott (*A. Destro/M. Pesce*, Sacrifice, 74: »The sacrifice therefore *has an exorcistic function* on the body of the man« [H.i.O.]; ebd., 77). Das erklärt, warum überhaupt ein Entschuldigungsopfer angebracht ist: Normalerweise ist ein solches Opfer notwendig, wenn eine Person ein Sakrileg begangen hat (s. zu Lev 5,15–26). Hier jedoch, in Lev 13–14, ist nirgends ausdrücklich davon die Rede, dass die Hautkrankheit eine Strafe Gottes sei (*J. S. Baden/C. R. Moss*, Origin, 645) – ist sie also ganz einfach ein natürliches Phänomen? Gemäß biblischer Vorstellungswelt kommt auch die »Natur« von Gott (ebd., 652), daher ist die erschreckende Erscheinung auf der Haut, wenn sie denn keine direkte Strafe ist, so doch von JHWH verursacht und ein Anzeichen für eine gestörte Beziehung zu Gott. Man kennt die Ursache für die Hautkrankheit der betroffenen Person nicht, aber irgendeine Ursache muss die Störung ja haben – *möglicherweise* steckt doch ein unerkanntes Sakrileg dahinter (wie im Fall von König Usija, der für sein unerlaubtes Räucheropfer mit Aussatz bestraft wird, 2 Chr 26,16–21; *C. Lemardelé*, solution, 212). Um völlig sicher zu gehen (wie im Fall des »Zweifelsfalls« von Lev 5,17–19, s. die Auslegung dort), bringt man ein Entschuldigungsopfer dar (*Milgrom*, 856; *C. Lemardelé*, solution, 214: »le sang du sacrifice de purification était *apotropaïque* alors que celui du sacrifice de réparation, dans le cas de l'ancien lépreux, était probablement *prophylactique*« [H.i.O.]; s. auch *B. A. Levine*, Presence, 111; *F. H. Gorman*,
V 19 Ideology, 176–177). Ob andere »unbeabsichtigte Sünden« dahinter stehen, wird weder unterstellt noch definitiv ausgeschlossen. Daher werden sicher-

Versöhnung und Reinigung

heitshalber noch weitere Opfer hinzugefügt: zunächst das Entsündigungsopfer und dann, als Zeichen der endgültigen Wiederherstellung der Kommunikation mit Gott, das Brandopfer (*Levine*, 88; *A. Destro/M. Pesce*, Sacrifice, 75). Die Hauptfunktion dieser Opfer liegt (mit *Milgrom*, 857) in dem Aspekt der Reinigung (»purification offering« für חטאת, Entsündigungsopfer). Damit wird die Reinigung der von einer Hautkrankheit genesenen Person von ihrer physischen Unreinheit angezeigt (so auch *J. S. Baden/C. R. Moss*, Origin, 649). Um letztlich jeglichen Rest von möglichen unbewussten V 20
Verletzungen der Weisungen Gottes zu beseitigen, folgt auf das Brandopfer auch noch die Speiseopfergabe, so dass letztlich alle Opferarten, für die *kipper*, »Versöhnung erwirken«, als Funktion angegeben wird, durchgeführt werden – mehr kann von Seiten des Menschen nicht getan werden. Die letzte Erwähnung von *kipper* und der Wendung »er wird rein« fasst die gesamten Riten des achten Tages zusammen (s. *W. K. Gilders*, Blood as Purificant, 79), und damit ist auch die dritte Stufe des Reinigungsvorgangs (s. die Analyse) abgeschlossen: Nach der ersten Stufe darf die betroffene Person das Lager wieder betreten, nach der zweiten ihr eigenes Zelt, nach der dritten kann sie auch wieder im Kult ihrem Gott gegenübertreten. Auf diese Weise ist die Reintegration in die Wohn- und Kultgemeinschaft vollendet.

Sonderbestimmungen für Arme

Es folgen nun Sonderbestimmungen für den Ritus am achten Tag für die V 21–32
Situation, dass ein sozial Schwacher betroffen ist, der nicht genug Mittel aufbringen kann, um die geforderten Opfer darzubringen. Dieser besondere Fall wird eigens von einer Toraformel (V 32) abgeschlossen. Die innere Struktur weist die gleiche palindromische Ringstruktur auf wie V 11–20 (*D. Luciani*, Sainteté, 380–381). Der äußere Rahmen ist hier die Nennung des Sonderfalles (»seine Mittel reichen nicht aus«: V 21 und V 32). Auch die weiteren Elemente, die Opfermaterien, die Opferbezeichnungen, die Handlungen (Blut- und Ölapplikationen an den üblichen Körperstellen) sind spiegelbildlich (palindromisch) um das Zentrum, das Sprengen des Öls »vor JHWH«, angeordnet. – Als Opfermaterie für das Entschuldigungsopfer V 21
kommt nur ein männliches Lamm in Frage, hier gibt es keine Reduktion. Die positive Konsequenz ist, dass es beim Entschuldigungsopfer keine Staffelung nach der Schwere des Vergehens oder nach dem sozialen Rang der betroffenen Person gibt – es geht ja um das mögliche Sakrileg gegen die heiligen Dinge, gegen das, was JHWH gehört. »Vor JHWH« sind damit »alle gleich«. Ein Sakrileg ist ein Sakrileg – da gibt es keine Stufungen. Daher ist konsequenterweise auch das entsprechende Opfertier immer das gleiche. Die für die anderen Opfer benötigten Materien werden aber reduziert: nur ein, nicht drei Zehntel ›Efa‹ Weizenfeinmehl, zwei Vögel (Tauben) für Entsündigungs- und Brandopfer, nicht mehr Lämmer. – Die relativ präzise und detaillierte Wiederholung des Ritus soll wohl zum Ausdruck bringen, dass nur bei der Opfermaterie Abstriche gemacht werden, sonst aber alles in genau der gleichen Weise durchgeführt wird und der gesamte Vollzug damit

gültig und vollständig ist. Das ganze Ritual wird wieder zusammengefasst als *kipper,* »Versöhnung erwirken« (s. o.).

V 32 Die abschließende Toraformel bezieht sich im masoretischen Text nur auf 14,21–31, also auf die Sonderbestimmung für den Armen (s. *C. Nihan,* Priestly Torah, 280). Die eigentliche Toraformel für den Aussatz allgemein begegnet erst in 14,54–57, wo alle Fälle ab Lev 13 zusammengefasst werden. LXX verbindet die beiden Relativsätze in V 32 (»… für den, an dem ein Anzeichen von Aussatz (ist), dessen Mittel … nicht ausreichen«) mit *καί,* was einem hebräischen ואשׁר entsprechen würde. Dann könnte der erste Relativsatz auf den ersten Teil der Perikope, 14,2–20, bezogen werden, der zweite auf 14,21–31, den Sonderfall des Armen, so dass V 32 als Toraformel für 14,2–31 insgesamt gelten würde (*M. Vahrenhorst,* Levitikon, 380; s. auch *J. W. Wevers,* Notes, 211–212). *Milgrom,* 863, will letztere Leseweise auch für den hebräischen Text übernehmen und sieht in der Toraformel von V 32 eine »perfekte« Rahmung mit 14,2, wobei die Schlusswendung בטהרתו, *b^e-ṭohorāt-ō,* »bei seiner Purifikation« dem eröffnenden Satz der gesamten Perikope »am Tag seiner Purifikation« korrespondiere, so dass auch in V 32 mit »(am Tag) seiner Purifikation« übersetzt werden könne. Die angebliche Rahmung wirkt jedoch gezwungen und muss von zu vielen Annahmen ausgehen, so dass es wahrscheinlicher ist, dass sich die Toraformel von V 32 nur auf die Sonderbestimmung über den Armen (14,21–31) bezieht. Wenn dem so ist, hat die entstehungsgeschichtliche Vermutung, dass es sich bei 14,21–32 um einen späteren Zusatz zum ursprünglichen P-Bestand handelt (*C. Nihan,* Priestly Torah, 280), einige Wahrscheinlichkeit für sich.

Toraformel

Rezeption und Bedeutung

Praktikabilität

Über die tatsächliche Anwendung des Rituals kann man nur Spekulationen anstellen; der Aufwand ist nicht unbeträchtlich, und viele Detailfragen hinsichtlich der konkreten Praktikabilität sind offen. Sie werden in der rabbinischen Literatur diskutiert (s. die zahlreichen Hinweise im Kommentar von Milgrom; ferner *J. Schwartz,* Birds, 209–222). Zeugnisse über die tatsächliche Anwendung gibt es nicht; auch über die sozialen Hintergründe kann man nur Vermutungen anstellen (s. *Gerstenberger,* 168–170). Vom Text selbst her kommt den Priestern die völlige Entscheidungshoheit zu: Der Priester diagnostiziert Unreinheit bzw. Reinheit und entscheidet endgültig über Ausschluss oder Reintegration (*E. Lieber,* Old Testament »Leprosy«, 121). Zugleich bezieht er aus dem Reinigungsritual seine Einkünfte. Missbrauch dieser Machtfülle ist denkbar und kam wohl auch vor (was z. B. an der heftigen Priesterkritik in Mal 2,1–9 abzulesen ist). Eine gewisse soziale Kontrolle erfolgte durch andere Gruppen (Leviten, Schreiber, Älteste, Propheten). Die konkrete Lokalisierung der Vorgänge ist auf Jerusalem begrenzt: In der idealen Textwelt des Volkes am Offenbarungsort des Sinai stehen »Lager« und »Zelt der Begegnung« für die Stadt und den Tempel. Damit ist die örtliche Perspektive der Texte sehr beschränkt – hier wird für eine frühjüdische Gemeinschaft in der Stadt Jerusalem und ihrer unmittelbaren Umgebung formuliert. An die Diaspora und Siedlungen fern vom Tempel ist nicht gedacht. Der Fokus der Priester liegt klar auf der Heiligkeit des Heiligtums, die um jeden Preis gewahrt bleiben muss. Treten Probleme in Form von Abweichungen von der vertrauten Normalität auf, sind die Störungen durch konstruierte Riten, die zweifellos ältere Traditionen magischer Volksbräuche aufgreifen und integrieren, zu beseitigen. Andere theologische Fragestellungen, etwa wie sich die doch stark an Magie erinnernden Bräuche mit dem Glauben an den einen JHWH vertragen, sind nicht im Blick (s. *Gerstenberger*, 171–172; s. auch die Ausführungen zu Lev 14,33–57, Rezeption und Bedeutung).

3.4.2 Levitikus 14,33–57: Kultische Reintegration renovierter Häuser

Literatur

Gilders, W. K., Blood as Purificant. – *R. M. Heller/T. W. Heller/J. M. Sasson*, Mold. – *Koch, H. A.*, Zum Nachweis einiger mikrobiologischer Probleme im Buch Levitikus (3. Buch Mose) des Alten Testamentes: mykosen 26 (3), 1983, 159–162. – *Seidl, T.*, Tora. – *Wilhelm, G.*, Reinheit, 197–217.

Text

Übersetzung

33 *Und JHWH sprach zu Mose und Aaron:*

34 *Wenn ihr zum Land Kanaan kommt, das ich euch zum Besitz gebe, und ich gebe ein Anzeichen von Aussatz an ein Haus des Landes eures Besitzes,* 35 *dann komme der, dem das Haus gehört, und zeige es dem Priester an mit den Worten: Es erscheint mir wie ein Anzeichen im Haus.* 36 *Und der Priester gebiete, dass sie das Haus ausräumen, bevor der Priester hineingeht, um sich das Anzeichen anzusehen, damit nicht alles, was in dem Haus (ist), unrein werde. Und danach komme der Priester, um sich das Haus anzusehen.*

37 *Und sieht er sich das Anzeichen an, und siehe, das Anzeichen an den Wänden des Hauses (sind) grünliche oder rötliche Vertiefungen, die niedriger als die (übrige) Wand erscheinen,* 38 *dann gehe der Priester aus dem Haus hinaus zum Eingang des Hauses und sperre das Haus für sieben Tage.* 39 *Und der Priester kehre am siebten Tag zurück und*

sehe (es sich an), und siehe, das Anzeichen hat sich an den Wänden des Hauses ausgebreitet, [40]dann gebiete der Priester, dass sie die Steine, an denen das Anzeichen (ist), herausreißen und nach draußen vor die Stadt an einen unreinen Ort werfen. [41]Und man kratze das Haus innen ringsum ab, und sie sollen den Mörtel, den sie abgekratzt haben, nach draußen vor die Stadt an einen unreinen Ort schütten. [42]Und sie sollen andere Steine nehmen und an die Stelle der (herausgerissenen) Steine bringen, und man nehme anderen Mörtel und verputze (damit) das Haus.

[43]Wenn aber das Anzeichen zurückkehrt und im Haus ausbricht, nachdem die Steine herausgerissen worden sind und nachdem das Haus abgekratzt und verputzt worden ist, [44]dann komme der Priester und sehe (es sich an), und siehe, das Anzeichen hat sich im Haus ausgebreitet, dann (ist) es ein schädlicher Aussatz im Haus. Es (ist) unrein. [45]Und man reiße das Haus nieder, seine Steine und sein Holz und den ganzen Mörtel des Hauses, und bringe (all das) nach draußen vor die Stadt an einen unreinen Ort.

[46]Und wer in das Haus an allen Tagen, an denen es gesperrt ist, kommt, wird unrein bis zum Abend. [47]Und wer in dem Haus schläft, wasche seine Kleider, und wer in dem Haus isst, wasche seine Kleider.

[48]Wenn nun der Priester erneut kommt und (es sich) ansieht, und siehe, das Anzeichen hat sich in dem Haus nicht ausgebreitet, nachdem das Haus verputzt worden ist, dann erkläre der Priester das Haus für rein, denn das Anzeichen ist abgeheilt. [49]Und er nehme, um das Haus zu entsündigen, zwei Vögel und Zedernholz und scharlach (Gefärbtes) und Ysop. [50]Und er schlachte den einen Vogel über einem Tongefäß mit lebendigem Wasser. [51]Und er nehme das Zedernholz und den Ysop und das scharlach (Gefärbte) und den lebenden Vogel, und er tauche (alle) diese (Dinge) in das Blut des geschlachteten Vogels und in das lebendige Wasser und besprenge (damit) das Haus sieben Mal. [52]Und er entsündige das Haus mit dem Blut des Vogels und mit dem lebendigen Wasser und mit dem lebenden Vogel und mit dem Zedernholz und mit dem Ysop und mit dem scharlach (Gefärbtem). [53]Und den lebenden Vogel schicke er nach draußen vor die Stadt ins freie Feld. Und er erwirke Versöhnung für das Haus, und es wird rein.

[54]Dies (ist) die Weisung für jedes Anzeichen des Aussatzes und der Hautpilzerkrankung (Tinea), [55]für den Aussatz der Kleidung und des Hauses, [56]für die Verfärbung und für den Schorf und für den Fleck, [57]um zu unterweisen, wann (etwas) unrein und wann (etwas) rein (ist). Dies (ist) die Weisung für den Aussatz.

Zu Text und Übersetzung

38 Und sperre das Haus: Hier wird im Hebräischen das gleiche Wort verwendet, das beim Hautausschlag des Menschen in Lev 13 mit »absondern« übersetzt wird. Die unterschiedliche Übersetzung wird gewählt, weil man einerseits ein Haus nicht absondern kann, andererseits das Ab- oder Einschließen eines Menschen falsche Assoziationen wecken würde (die von Hautausschlag Betroffenen wurden nicht in ein Gefängnis gesteckt, sondern unter Quarantäne gestellt, also »abgesondert«!).

41 Man kratze: SAM, LXX u.a. haben hier den Plural wie im zweiten Satz dieses Verses.

41 Mörtel, wörtlich: Staub. – Im masoretischen Text fehlt der dritte Wurzelkonsonant des Verbs קצע *hifil*, »abkratzen« (s. auch V 43). Will man den Text nicht emendieren, muss eine Nebenform קצה zu קצע angenommen werden, die in 2 Kön 10,32 bezeugt ist (*Milgrom*, 873, mit Verweis auf *Seidl*, Tora, 22).

43 S. V 41.

45 Die singularischen Verbalformen im Aktiv sind als unpersönliche Formulierungen (»man«) wiederzugeben; SAM, LXX u.a. haben wieder den Plural.

47 LXX hat darüber hinaus die Standardbemerkung »und wird unrein bis zum Abend«.

49.52 Zu »entsündigen« s. Lev 8,15, Zur Übersetzung.

50 Lebendiges Wasser: EÜ interpretiert mit »Quellwasser« (s. zu Lev 14,5).

51 SAM und LXX haben die mit dem vorausgehenden V 49 identische Reihenfolge der Dinge.

Analyse

Eigene Anredeformel

Der Beginn dieses Abschnittes mit einer eigenen Anredeformel, die noch dazu in Abweichung von Lev 14,1 nun den Adressaten Aaron wieder hinzunimmt, rechtfertigt es, hier einen tieferen Einschnitt als zwischen 13,1–46 (Ungewöhnliche Anzeichen an der menschlichen Haut) und 13,47–59 (Ungewöhnliche Anzeichen an Textilien und Leder) anzunehmen.

Thema

Der Abschnitt Lev 14,33–53 befasst sich mit unklaren Phänomenen an der Oberfläche von Häusern, die in Analogie zu den in Lev 13 behandelten Hauterkrankungen gesehen werden. Daher wird auch ein analoges Ritual zur Reintegration des betroffenen Hauses eingerichtet. Beim Haus geht es nicht um die Frage der Kultteilnahme, sondern um die »Kontamination« von Personen: Ein für unrein erklärtes Haus gibt durch Kontakt und Aufenthalt im Haus seine Unreinheit an Personen weiter. Diese Kontaminierung muss unterbrochen werden. Aus heutiger Sicht sind die beschriebenen Phänomene wohl als Pilzbefall in Form von Schimmel oder Hausschwamm (z.B. *R. M. Heller/T. W. Heller/J. M. Sasson*, Mold; *H. A. Koch*, Nachweis, 161) anzusehen.

Die Sperrung des betroffenen Hauses ist dem grundsätzlichen priesterlichen Konzept geschuldet, dass Unreinheit »ansteckend« ist bzw. durch Kontakt weitergegeben wird. Ob hier vage Erkenntnisse über die gesundheitsschädliche Wirkung von Hausschwamm dokumentiert sind, muss Spekulation bleiben.

Aufbau

Der Aufbau kann in folgender Übersicht dargestellt werden:

33 Anredeformel
34–36 Symptome an einem *Haus;* Vorbereitungen
- 34 Gottesrede in 1. Person (Verursachung eines »Anzeichens« durch Gott)
- 35 Heranziehung des Priesters
- 36 Vorbereitungen (Ausräumen des Hauses)

37–42 Der Normalfall
- 37 Untersuchung des Hauses durch den Priester (Phänomenbeschreibung)
- 38 Sperrung des Hauses für sieben Tage
- 39 Erneute Untersuchung am siebten Tag (Feststellung der Ausbreitung)
- 40–42 Renovierung und Entsorgung des kontaminierten Bauschutts

43–45 Der schwere Fall
- 43 Erneuter Ausbruch des Anzeichens nach der Renovierung
- 44 Feststellung durch den Priester; Unrein-Erklärung
- 45 Kompletter Abriss des Hauses und Entsorgung des kontaminierten Bauschutts

46–47 Reinigungsvorschriften für kontaminierte *Personen* während der Sperrung

48–53 Der Reinigungsritus für das *Haus*
- 48 Feststellung der Reinheit durch den Priester
- 49–53 Reinigungsritus (entsprechend der 1. Stufe beim Aussätzigen)

54–57 Zusammenfassende Toraformel für Lev 13–14

Gemeinsamkeiten mit 14,1–32

Die Behandlung von Hausschwamm erfolgt in mehrerlei Hinsicht in Analogie zur Purifikation der vom Aussatz genesenen Person. (1) Die Farbe des Phänomens spielt jeweils eine Rolle, (2) ebenso, wie die Oberflächenstruktur (erodiert, eingefallen) aussieht. (3) Die Sperrfrist (Quarantäne) dauert sieben Tage. (4) Die weitere Beurteilung hängt davon ab, ob sich das Phänomen ausbreitet oder nicht. (5) Schließlich ist noch das Entfernen der befallenen Steine zu nennen, das seine Analogie im Abreißen des schimmeligen Stoffbereichs in Lev 13,56 hat. (6) Der Purifikationsritus für das befallene Haus entspricht detailgetreu der Purifikation von Personen (1. Stufe). – Anordnung – Eine interne Chrono-Logik erzwingt die Anordnung der angesprochenen Punkte so, wie sie vorliegt: Aus sachlichen Kriterien könnte man die Behandlung der Häuser vorziehen und auf die Oberflächenphänomene an Textilien und Leder anschließen. Würde darauf aber die Purifikation der Personen folgen, könnte das Missverständnis aufkommen, dieser Ritus würde nur im Land, noch nicht beim Wüstenzug gelten. So aber ist die Chronologie ungestört: Erst am Ende des gesamten Abschnitts ist von Häusern die Rede und damit aus der Erzählperspektive des Lagerns am Sinai der Blick in die Zukunft des Lebens im Gelobten Land gerichtet. – Riten zur Anwendung bei Hausschwamm gibt es auch in Mesopotamien und bei den Hethitern (Details bei *Milgrom*, 864–865; s. auch *Levine*, 206; *Gerstenberger*, 173; *G. Wilhelm*, Reinheit, 212–213; s. auch das »Ritual zur Reinigung eines Hauswesens« in TUAT-NF 4, 206–217 [*J. L. Miller*]). Allerdings ist dieses Phänomen in Israels Umwelt meist ein Vorbote von persönlichem Unheil, so dass auch der Hausbesitzer bzw. die Hausbewohner mit exorzistischen Riten bedacht werden. In Israel ist dagegen keine Rede davon, dass Schimmel und dergleichen ein böses Omen sei, und der Reinigungsritus betrifft auch nur das Haus. Offensichtlich hat Israels Priesterschaft aus dem Ritenschatz seiner Umwelt nur das übernommen, was vollständig von magischen und dämonischen Auffassungen befreit werden konnte. Die übrig bleibenden Praktiken sind in einem Symbolsystem aufgehoben, das von folgender Grundüberzeugung dominiert wird: Die Kräfte des Lebens tragen den Sieg über die Kräfte des Todes davon. Der komplexe Reinigungsritus für die von der Hautkrankheit genesene Person ist ein Ritus des Übergangs (»rite de passage«; s. die Auslegung zu V 14) aus dem Bereich des Todes in den Bereich des Lebens – wenn beim Haus die gleichen Handlungen durchgeführt werden, ist anzunehmen, dass auch das gleiche Konzept dahintersteht: Die Phänomene von Schimmel und Hausschwamm sind Anzeichen des Verfalls und damit Analogien zum Tod – werden sie beseitigt, so entspricht das dem Übergang in die Sphäre des Lebens, und die Feststellung der Reinheit wird rituell begangen.

Hintergrund

Auslegung

Anrede

Angeredet sind jetzt wieder Mose *und* Aaron (anders als in V 1, wo nur Mose angesprochen ist). Bemerkenswert ist daran für die Erzähllogik, dass beide nicht das Land betreten werden – wäre es da nicht angemessen, eine Weitergabeformel (»sagt den Israeliten«) zu setzen? Dagegen spricht aber die Besonderheit des Inhalts, der sich nur an die priesterlich gebildeten Experten richtet: Die Entscheidung über rein und unrein, Renovierung oder Abriss, obliegt allein dem Priester. Nur die Priester haben die volle Verfügungsgewalt über die Diagnose und Beurteilung der Phänomene; ihre Entscheidung ist unbedingt zu respektieren (Dtn 24,8). Daher ist die Anrede an Aaron als Stellvertreter für die gesamte Priesterschaft gerechtfertigt. V 33

Eine Anrede an Aaron allein (ohne Mose) findet sich nur als Ausnahme in Lev 10,8; sonst ist Aaron immer mit seinem Bruder Mose angesprochen.

Ausblick auf das Wohnen im Land

V 34 Die Behandlung eines Phänomens, das an einem Haus auftritt, erfordert in der Erzähllogik der Textwelt, die ja immer noch im idealen Lager der Israeliten am Urort der Offenbarung, am Sinai, spielt, einen entsprechenden Vorgriff auf das Leben im Gelobten Land (*Gerstenberger*, 174). Dies wird durch die geprägte Wendung »Wenn ihr in das Land kommt …« (כִּי תָבֹאוּ אֶל־הָאָרֶץ) angezeigt, in der das Land näher spezifiziert ist (meist als Gabe Gottes; hier mit dem Eigennamen Kanaan). Diese Wendung begegnet in der Tora an folgenden Stellen: Ex 12,25 (Pessach-Feier); Lev 14,34 (Kultische Reintegration renovierter Häuser); Lev 19,23 (Behandlung neu gepflanzter Bäume); Lev 23,10 (Darbringung der ersten Garbe der Ernte); Lev 25,2 (Das Schabbatjahr des Landes); Num 10,9 (Verhalten beim Angriff von Feinden); Num 15,2 (Zusatzopfer zu den Tieropfern). Vergleichbar sind folgende Stellen: Num 33,51; 34,2 (Besitznahme des Landes); Num 35,10 (Einrichtung von Asylstädten). Die meisten dieser Bestimmungen sind direkt an das Land gebunden. Die Anordnung zur Behandlung von Hausschwamm wirkt in dieser Zusammenstellung etwas eigenartig.

Stil der Formulierung

Auffallend ist außerdem der Stil der Formulierung: Im Unterschied zu den bisherigen Darstellungen kommt hier in sehr breiter Weise Gott selbst in erster Person zu Wort. Gott bezeichnet sich selbst als Geber des Landes und als Verursacher des »Anzeichens von Aussatz« – derartige Aussagen, insbesondere die Angabe einer Ursache für die behandelten Phänomene, sind bisher in Lev 1–14 nicht begegnet. Wahrscheinlich liegt hier eine Bearbeitung einer nicht mehr rekonstruierbaren älteren Fassung durch den priesterlichen Verfasser (P) vor, wobei die unübliche Formulierung der Einzigartigkeit des Sachverhalts geschuldet ist (s. *C. Nihan*, Priestly Torah, 276; s. auch zu Lev 13, Analyse, Entstehungsgeschichtliche Fragen).

Keine moralische Schuld

Wenn nun schon Gott der Verursacher des Phänomens ist, so stellt sich die Frage nach dem Grund. Doch in der Perikope findet sich keinerlei Andeutung dafür, dass es sich dabei um eine Strafe für irgendeine Verfehlung handelt. Der Hausbesitzer muss zwar für den Reinigungsritus Sorge tragen, jedoch keine Handlungen für seine Person unternehmen. Es finden auch keinerlei Opfer statt. Wahrscheinlich ist die Formulierung von Gott als dem Verursacher eine versteckte Polemik gegen den Hintergrund vergleichbarer Riten aus Israels Umwelt: Dort werden Dämonen oder dergleichen für die beobachteten Phänomene verantwortlich gemacht. Für Israel ist aber JHWH der eine und einzige Gott, so muss JHWH auch Ursache und Grund für alles, was in der Natur geschieht, sein (*Milgrom*, 867; *J. S. Baden/C. R. Moss*, Origin, 652–653). Der Umgang mit dem Vorkommnis ist vergleichsweise unaufgeregt und rational. In rabbinischer Diskussion werden dann doch die unterschiedlichen Stufen von Oberflächenphänomenen (Hausschwamm, Schimmel an Leder und Textilien, Hautkrankheiten) als Zeichen

gedeutet, mit denen Gott einen unbußfertigen Sünder immer heftiger
schlägt (*PesR* 17,6 [Üs. Braude, 373]; *Milgrom*, 868).

Anzeige Der Hausbesitzer zeigt dem Priester den Schaden an. Dabei wird bewusst V 35
distanziert und vorsichtig formuliert: »Es erscheint mir wie ein Anzei-
chen …« – so wird angedeutet, dass sich der Laie kein Urteil erlauben kann
(u.a. *Raschi*, 314). Erst und allein der Priester erteilt einen endgültigen Be-
scheid. Die Wendung »im Haus« ist auf die Innenwände zu beziehen, denn
an den Außenwänden dürfte sich beim trockenen Sonnenklima Palästinas
Deklarierte Unreinheit kein Hausschwamm gehalten haben. Dass es hier nicht um Fragen der Ge- V 36
sundheit geht, sondern um kultrechtliche Deklarationen, macht V 36 deut-
lich: Gegenstände in einem Haus, das vom Priester für »unrein« erklärt
wurde, sind selbst unrein. Räumt man aber die Gegenstände vor der pries-
terlichen Untersuchung und dem anschließenden Urteil aus dem Haus, so
werden sie nicht unrein. Auch Personen, die *vor* der Unrein-Erklärung im
Haus waren, sind nicht betroffen, ebenso wenig der amtierende Priester.
Erst, wenn der Priester die Deklaration ausspricht, tritt die Unreinheit ein.
Sie ist also symbolisch zu verstehen und hängt faktisch nicht an den Er-
scheinungsformen von Hausschwamm, sondern an der Erklärung des Pries-
ters (*H. Graf Reventlow*, Krankheit, 283; *M. Himmelfarb*, Priests, 34–35).
Auch die Weitergabe der Unreinheit des Hauses an Gegenstände und Per-
sonen in ihm erfolgt nur, wenn der Priester eine entsprechende Deklaration
für das Haus abgibt. Damit also möglichst wenige oder keine Gegenstände
vom Verdikt des Priesters betroffen sind, ordnet er vor der offiziellen Unter-
suchung die Räumung an. Der erklärende Tonfall in V 36 ist auffällig anders
als in den bisherigen Anordnungen von Lev 1–14, die nur sehr knapp die
nötigsten Dinge festhielten, ohne irgendwelche Erklärungen abzugeben.

Die Phänomene V 37 schildert die Phänomene mit z.T. schwer verständlichen Begriffen V 37
(zu Details s. *Milgrom*, 871; *Levine*, 90). Von der Sache her kann es sich
nur um Erosionen, also Vertiefungen im Putz bzw. Mauerwerk handeln,
denen möglicherweise Blasenbildungen, die dann aufplatzen und abblättern,
vorausgehen. Die Farbnuancen »grünlich oder rötlich« decken ein breites
Spektrum ab, und es dürfte unmöglich sein, eine bestimmte Art des Befalls
mit Pilzen zu identifizieren. Es geht hier auch überhaupt nicht um differen-
zierte Unterscheidungen, sondern lediglich um die Schwere des Falles und
Sperrung durch Deklaration die Stufung der einzuleitenden Maßnahmen, die der Priester festlegt. Der V 38
Priester verlässt das Haus, und wenn er vorher die genannten Phänomene
festgestellt hat, spricht er als Urteil die Meidung (Sperrung) des Hauses aus
(s. Zur Übersetzung). Eine erneute Untersuchung erfolgt dann am siebten V 39
Tag. Als entscheidendes Kriterium wird nun die Ausbreitung in der Qua-
rantänezeit herangezogen. Nicht gesagt wird, was zu tun ist, wenn keine
Ausbreitung festzustellen ist. Aus dem Fehlen entsprechender Aussagen
kann nur geschlossen werden, dass keine weiteren Veranlassungen nötig
sind und das Haus als rein zu gelten hat und sich also im Normalzustand

Renovierung

befindet. Wenn der Priester eine Ausbreitung feststellt, sind Renovierungs-
V 40–42 maßnahmen zu treffen. Bei diesen Maßnahmen wird abwechselnd im Plural und im Singular formuliert; möglicherweise sind mit dem Plural Arbeiten angedeutet, zu denen man mindestens zu zweit sein muss (*Milgrom*, 872–873). Die Rede von einem »unreinen Ort« (מקום טמא) als Abfallhaufen für den vom Pilz befallenen Bauschutt findet sich nur hier. Dass es einen solchen allgemein bekannten Platz gegeben haben muss, ist aus praktischen Gründen plausibel: Würde man den Schutt einfach irgendwo deponieren, bestünde die Gefahr, dass andere Personen das kontaminierte Material versehentlich wieder verwenden (s. dazu auch *D. P. Wright*, Disposal, 87–89). Ein gegenteiliges Pendant zu diesem Ausdruck ist der »reine Ort« (מקום טהור), der als Deponie für die Abfälle von den Opfern dient (z. B. Lev 4,12; 6,4).

Der schwere Fall

V 43–45 In einer nicht näher definierten Zeit (sind es wieder die üblichen sieben Tage?) kann es geschehen, dass das Anzeichen erneut ausbricht. Wenn also eine zeitliche Nähe zur Renovierung auftritt, wird kein unabhängiger, neuer Fall angenommen, sondern ein Zusammenhang mit dem ersten Pilzbefall. Dann wird eine radikale Lösung vertreten: der Abbruch des gesamten Hauses. – In der frühchristlichen Auslegung wird dieser Fall typologisch auf die erneute Sünde nach der Taufe gedeutet (Tertullian, *De pudicitia* 20, s. *Lienhard*, 183).

Reinigungsvorschriften für Personen

V 46–47 In V 46–47 ändert sich der Fokus, und es sind wieder Personen betroffen: Es geht nun um die, die während der siebentägigen Sperrung (»Quarantäne«) des Hauses sich in selbigem aufhalten oder sogar übernachten bzw. essen. Das kontaminierte Haus macht dabei diese Personen für einen Tag unrein. Die Formulierung ist knapp gehalten, und mehrere nicht ausdrücklich genannte Punkte sind mit gemeint: Die Vorschrift erstreckt sich natürlich nicht nur auf ein zeitweise gesperrtes Haus, sondern auch auf ein explizit für unrein erklärtes Gebäude. Der (als kurz vorausgesetzte) Aufenthalt verursacht einen Kultausschluss bis zum Abend; es ist kein weiterer Reinigungsritus nötig (bis auf die nicht erwähnte, aber übliche Waschung, s. Lev 15). Ist der Aufenthalt länger, was durch das Schlafen bzw. Essen angedeutet ist, verdichtet sich die Unreinheit. Neben dem Warten auf den Abend (nicht ausgedrückt, aber mitgemeint) ist auch das Waschen der Kleider erforderlich, dem wiederum ein nicht ausgedrücktes, aber mitgemeintes Waschen des Körpers vorausgeht. Möglicherweise ist auch zu schließen, dass der Priester, der die Untersuchung am siebten Tag durchführt, sich ebenfalls dieser Prozedur unterziehen muss.

Der Reinigungsritus für das Haus

V 48–53 Nach dem Intermezzo über Personen, die sich durch kürzeren oder längeren Aufenthalt in dem betroffenen Haus verunreinigt haben, lenkt der Text wieder auf das Haus selbst zurück. Offenbar ist nach einer gewissen Zeit (womöglich wieder nach sieben Tagen) im Anschluss an die Renovierung eine erneute Untersuchung durch den Priester vorgesehen – jetzt aber stellt

der Priester fest, dass kein Anzeichen mehr vorhanden ist. So kann der Priester das Haus in den Normalzustand zurückversetzen, also für »rein« erklären. Der Reinigungsritus entspricht nun ganz der ersten Stufe bei der kultischen Reintegration der von einer Hautkrankheit genesenen Person. Auch die palindromische Ringstruktur wird in den V 51 und 52 nachgeahmt: Im Zentrum steht wiederum das siebenmalige Sprengen mit dem Blut-Wasser-Gemisch (s. o. zu 14,4–7; *Staubli*, 122). Dass es sich doch um ein Gemisch handelt, kann daraus vermutet werden, dass nur *ein* Vorgang des Eintauchens von Zedernholz, Ysop, Karmesin und dem Vogel erwähnt ist. Wäre an zwei verschiedene Flüssigkeiten gedacht, so müssten zwei Ge-
Entsündigung fäße erwähnt und das Eintauchen zweimal angeordnet werden. Die »Ent- V 52
sündigung« in V 52 ist im breitesten Wortsinn von »entsündigen« bzw. als Reinigung aufzufassen (s. *W. K. Gilders*, Blood as Purificant, 78): Es ist natürlich an keinerlei moralische Schuld oder dergleichen gedacht; dennoch ist objektiv eine Verunsicherung und damit eine Störung des Gottesverhältnisses eingetreten. Der Ritus beseitigt das, was trennend zwischen Gott und das Haus getreten ist und die sich darin aufhaltenden Personen unrein gemacht hat. Was immer das gewesen sein mag – es wird nie näher umschrieben –, es wird entfernt und vom lebenden Vogel symbolisch in die Ferne getragen. Hier, beim Haus, stehen die Begriffe »entsündigen« *(ḥiṭṭēʾ)* und »Versöhnung erwirken« *(kipper)* beim Vogelritus, denn es folgen keine weiteren Opfer; beim befallenen und renovierten Haus genügt für die kultische Reintegration der einfache Ritus. Bei der Purifikation der von einer Hautkrankheit genesenen Person stehen diese Begriffe beim Vogelritus (1. Stufe) noch nicht, denn die eigentliche Entsündigung erfolgt bei Personen durch die entsprechenden Tieropfer, und erst am Ende des komplizierten und länger dauernden Vorgangs steht *kipper*, »Versöhnung erwirken« im Sinne von »wegnehmen, was von Gott trennt«. – Die nochmalige Erwähnung der Materialien für den Ritus wirkt möglicherweise redundant, erzeugt aber erst die palindromische Ringstruktur und unterstreicht so die Bedeutung jedes einzelnen Elements: Jede Einzelheit ist für die korrekte und erfolgreiche Durchführung des Ritus notwendig. Das Ergebnis ist der »Normalzustand«, d. h. die kultische Reinheit des Hauses, die sich v. a. dahingehend auswirkt, dass es für seine Bewohner und Besucher kein Hindernis in Form von Unreinheit mehr gibt, am Kult teilzunehmen.

Toraformel Die Wendung »Dies (ist) die Weisung für …« fasst wieder eine Reihe von V 54–57
Bestimmungen zusammen (s. das Glossar: Toraformel), wobei »Weisung« im engeren Sinne als kultrechtliche Ritualvorschrift(en) gedeutet werden kann. Die Gestaltung der Verse 54 bis 57 ist sehr durchdacht und erschließt sich im Rückblick auf die beiden Kapitel 13 und 14. Zunächst geht es in V 54–55 um eine Zusammenfassung der angesprochenen Weisungen, dann werden in V 56–57 durch bestimmte Stichwortanknüpfungen mehrere Inklusionen geschaffen: Die drei Begriffe in V 56 scheinen zunächst völlig au-

ßerhalb der Reihenfolge zu sein, da sie *nach* dem »Aussatz« von Kleidung und Haus genannt, aber weit *vor* diesen Ausführungen behandelt werden. Möglicherweise handelt es sich um einen Zusatz, der jedoch kein »Unfall«, sondern stilistisch verstehbar und erklärbar ist: Hier sollen Stichwortbezüge geschaffen werden. Tatsächlich greifen die drei Begriffe von V 56 in exakt gleicher Reihenfolge die gleichen seltenen Termini von Lev 13,2 auf (s. 13,2, Zur Übersetzung) und schaffen so eine terminologische Klammer um beide Kapitel. V 57 fasst noch einmal den Zweck der Bestimmungen – das Unterscheiden von Rein und Unrein (s. zu Lev 10,10–11) – zusammen und verwendet dabei die Wendung »am Tag, da« bzw. »wann« (בְּיוֹם) – diese besondere Verwendung von »Tag« (יוֹם) begegnet auch in Lev 14,2, so dass mit V 57 eine »mini-inclusion« (*Milgrom*, 885) für Kapitel 14 geschaffen wird. Das doppelte Vorkommen der Toraformel in V 54a und V 57 wiederum rahmt den gesamten Abschlussteil. Eine Übersicht zeigt die Bezüge:

Bezugstexte in Lev 13–14	*Abschließende Toraformel Lev 14,54–57*
	[54]Dies (ist) die Weisung
13,2–17.18–23.24–28	für jedes Anzeichen des Aussatzes
13,29–37.42–44	und der Hautpilzerkrankung (Tinea),
13,47–58	[55]für den Aussatz der Kleidung
14,33–53	und des Hauses,
13,2: eine Verfärbung oder ein Schorf oder ein Fleck	[56]für die Verfärbung und für den Schorf und für den Fleck,
14,2: die Weisung für den Aussätzigen am Tag (בְּיוֹם) seiner Purifikation	[57]um zu unterweisen, wann (בְּיוֹם) (etwas) unrein und wann (וּבְיוֹם) (etwas) rein (ist).
14,54a: Dies (ist) die Weisung …	Dies (ist) die Weisung für den Aussatz.

Auffälligerweise fehlen in der Toraformel Anspielungen auf die Ausführungen zur Weißfleckenerkrankung (Vitiligo) in 13,38–39 und zur Kahlköpfigkeit 13,40–41. Dies ist leicht dadurch erklärbar, dass bei diesen Vorkommnissen keinerlei Maßnahmen erforderlich sind, weil diese Phänomene keine kultische Unreinheit anzeigen: die betroffene Person ist rein.

Textsicherung

Diese Gestaltungsweise kann nur als sehr kunstvoll angesehen werden: »Thereby, the subscript has skillfully and effectively locked in and enveloped chaps. 13–14, the entire unit on scale disease« (*Milgrom*, 885). Die Funktion einer solchen Technik kann möglicherweise auch darin bestehen, den Textbestand zu sichern und den Komplex gleichsam »kanonisch« abzuschließen – ganz im Sinne der Textsicherungsformel »nichts hinzufügen, nichts wegnehmen« (z. B. Dtn 4,2; 13,1). Man kann tatsächlich nichts mehr hinzufügen oder weglassen, ohne nicht auch zugleich in die Schlussformel einzugreifen. Ein Abschreiber wird ferner gemahnt und erinnert, ob er auch alle Abschnitte wiedergegeben hat. Gleichsam nach französischer Gepflogenheit bei Büchern steht die »table des matières« am Ende.

Rezeption und Bedeutung

Die Rolle der Priester

Schon zu Lev 14,1–32 (Rezeption und Bedeutung) wurde festgestellt, dass den Priestern eine wichtige Schlüsselstellung zukommt. In ihrer Hand allein liegt die Entscheidung über den Umgang mit ungewöhnlichen Oberflächenphänomenen, die aus heutiger Sicht als diverse Hautkrankheiten und Pilzbefall von Haut, Leder, Textilien und Hauswänden anzusehen sind. Die sorgfältige Gestaltung der Texte (s. die palindromischen Ringstrukturen und die ausgefeilte Schluss-Toraformel) verrät die hohe Bedeutung, die man diesen Dingen – zumindest in den priesterlichen Kreisen – zumaß. Das ist nur gerechtfertigt, denn von der Entscheidung des Priesters hängt sehr viel ab: der Ausschluss im Falle von »Aussatz« bedroht die gesamte Existenz von Individuen und Familien; »Aussatz« an Textilien, Leder und Häusern hat mitunter die Zerstörung wertvoller Besitztümer zur Folge. Daher sind auch die Prozeduren und Riten so gestaltet, dass hohe Sorgfalt erkennbar wird. Inwieweit die Anordnungen buchstabengetreu durchgeführt wurden, ist – wie schon so oft – fraglich und durch keine externen Zeugnisse belegt. Es könnte sich auch um theoretisch-theologische Spekulationen handeln (so *Gerstenberger*, 176). – Zur Rolle der Priester ist nochmals ausdrücklich festzuhalten, dass ihnen *nicht* die Funktion von Ärzten oder Therapeuten zukommt, wie es in vergleichbaren Strukturen der Nachbarkulturen durchaus der Fall ist. Die Aufgabe der Priester ist nicht die Interzession (Fürbitte) bei Gott um Heilung; die ausgeführten Handlungen sind keine magischen Beschwörungen zur Bannung der Krankheiten und Phänomene, sondern dokumentieren lediglich das bereits eingetretene Verschwinden der verunsichernden Anzeichen. Heilung kommt von Gott allein, sei es direkt (Ex 15,26) oder indirekt durch einen Propheten (Mose, Ex 15,25; Elija, 1 Kön 17,22; Elischa, 2 Kön 2,21; Jesaja, 2 Kön 20,7–8). Die Krankheit ist auch nicht auf von Gott unabhängige Dämonen zurückzuführen, die durch gewisse Praktiken durch menschliche Zauberkraft in Schranken gewiesen werden könnten – sowohl die Krankheit als auch die Heilung stammen vom einen und einzigen Gott JHWH. Das Ritual ist (nur noch) symbolische Purifikation, es ist ein rein religiöser, kein therapeutischer Akt mehr (*Milgrom*, 888; *F. H. Gorman*, Ideology, 164). Damit sind die Priester keine Quarantäne-Wächter und Wahrer der Volksgesundheit im Sinne eines »Seuchenschutzgesetzes«. Die medizinische und hygienische Sicht der Dinge drängt sich heutigen Leserinnen und Lesern auf und darf daher auch mit Fug und Recht diskutiert werden, aber es ist zu bedenken, dass derartige Fragen bei der Erstellung und Erstrezeption der Texte nicht im Blick waren. Ein ganz anderes Problem sahen die für die Heiligkeit und die Gottesbegegnung zuständigen Priester: Derartige Anzeichen lösen Verunsicherungen aus, die Menschen und Gegenstände – aus priesterlicher Sicht – so disponieren, dass sie zur Begegnung mit dem lebendigen, heiligen und vollkommenen Gott nicht in der Lage sind. Die betroffenen Personen sind nicht in ihrem Normalzustand (»rein«), daher sind sie temporär vom Kult ausgeschlossen (»unrein«). Die besondere Sichtbarkeit der Oberflächenphänomene und das mehr oder weniger instinktive Zurückschrecken des Menschen davor (»Verunsicherung«) führen zu einer besonderen Schwere der kultischen Unreinheit, die sich z. B. darin zeigt, dass nicht nur der Kontakt, sondern schon der gemeinsame Aufenthalt unter einem Dach oder einem Baum (»Überhang«) die Unreinheit auf die reine Person überträgt (s. z. B. *mNega'im* 13,7) – daher ist auch der Ausschluss der aussätzigen Person aus der Lebens- und Wohngemeinschaft erforderlich (Lev 13,45–46). Dieser Einschnitt ist so gravierend, dass die Entscheidung darüber nicht dem Gutdünken der einzelnen Betroffenen oder ihrer Nachbarn überlassen bleiben kann (hier wären der Willkür und der sozialen Ächtung aus Neid und Missgunst Tür und Tor geöffnet). Eine grundsätzlich unabhängige (wenngleich vor Korruption nicht gefeite, s. Mal 2,1–9) Institution, die Priesterschaft, fällt die entscheidenden Urteile. Der tiefere Hintergrund für die Einstufung der einschlägigen »Anzeichen« als »unrein« jenseits der bloßen »Verunsicherung« ist ihre Nähe zum Tod. Alle Phänomene erinnern an Verfall und Verwesung – sie stehen in Opposition zum Leben und zum lebendigen und heiligen Gott (s. z. B. *H. Eilberg-Schwartz,* Savage, 184–185). In dieser Polarität funktioniert das priesterliche Ordnungsdenken. Weil nun aber gerade das Vogelritual mit seinen Symbolen und Zeichen so stark die Lebenskraft (Blut, rote Farbe) und zugleich den Bezug zum Heiligtum (Zedernholz und scharlach Gefärbtes als Baumaterial) ausdrückt (s. die Auslegung zu Lev 14,5), wurde es trotz seiner Nähe zu magischen Praktiken beibehalten und nicht in das Opfersystem übergeführt (*Milgrom,* 889). Der gesamte Purifikationsprozess ist als »rite de passage« Übergang vom Tod zum Leben: Wenn die Phänomene, die den Tod repräsentieren (Hautschuppungen, Erosionen, Verfall an Hauswänden), verschwunden sind, behalten die Kräfte des Lebens die Oberhand – das bringt das Ritual deutlich zum Ausdruck: »Thus the entire purification process is nothing but a ritual, a rite of passage, marking the transition from death to life. As the celebrant moves from the realm of impurity outside the camp, restored first to his community, then to his home, and finally to his sanctuary, he has passed from impurity to holiness, from death to life, is reinstated with his family, and is reconciled with his God« (*Milgrom,* 889).

Tod und Leben

3.5 Levitikus 15,1–33: Kultische Beurteilung von Ausflüssen aus den Genitalien

Literatur

Brakke, D., The Problematization of Nocturnal Emissions in Early Christian Syria, Egypt and Gaul: Journal of Early Christian Studies 3, 1995, 419–460. – *Cohen, S. J. D.*, Menstruants and the Sacred in Judaism and Christianity, in: Pomeroy, S. B. (ed.), Women's History and Ancient History, Chapel Hill 1991, 273–299. – *Demsky, A.*, The Three-Day Period of Purification before Entering the Temple, in: Cohen, C. et al. (ed.), Birkat Shalom. Studies in the Bible, Ancient Near Eastern Literature, and Postbiblical Judaism Presented to Shalom M. Paul on the Occasion of His Seventieth Birthday, Winona Lake, IN 2008, 775–785. – *Ellens, D.*, Menstrual Impurity and Innovation in Leviticus 15, in: de Troyer, K. et al. (ed.), Wholly Woman (2003), 29–43. – *Ellens, D.*, Women, 47–72. – *Erbele-Küster, D.*, Körper und Geschlecht. – *Feld, G.*, Art. Menstruation: Das wissenschaftliche Bibellexikon im Internet (www.wibilex.de), Januar 2009. – *Feucht, E.*, Noch einmal zu *ʿmʿ* auf der Pianchistele. Ein Beitrag zu Reinheitsvorschriften, in: Moers, G. u.a (Hg.), *jn.t ḏr.w* – Festschrift für Friedrich Junge. Band I, Göttingen 2006, 189–194. – *Fonrobert, C. E.*, Menstrual Purity. Rabbinic and Christian Reconstructions of Biblical Gender, Stanford 2000. – *Grmek, M. D.*, Diseases in the Ancient Greek World, Baltimore 1989. – *Harrington, H. K.*, Purity Texts, 94–110. – *Kazen, T.*, Discrepancies, 348–371. – *Koltun-Fromm, N.*, Hermeneutics of Holiness. Ancient Jewish and Christian Notions of Sexuality and Religious Community, Oxford 2010. – *Meacham, T.*, The Elimination of *Niddah* in Favor of *Ziva*, in: Wasserfall, R. R. (ed.), Women and Water (1999), 255–256. – *Neuenfeldt, E. G.*, Menstruação. – *O'Grady, K.*, Semantics. – *Philip, T. S.*, Menstruation, 1–80. – *Regev, E.*, Non-Priestly Purity and Its Religious Aspects According to Historical Sources and Archaeological Findings, in: Poorthuis, M. J. H. M./Schwartz, J. (ed.), Purity and Holiness (2000), 223–244. – *Ruane, N. J.*, Bathing, Status and Gender in Priestly Ritual, in: Rooke, D. W. (ed.), A Question of Sex? Gender and Difference in the Hebrew Bible and Beyond (Hebrew Bible Monographs 14), Sheffield 2007, 66–81. – *Ruane, N. J.*, Sacrifice and Gender, 175–184. – *Ta-Shma, I. M./Baskin, J. R.*, Art. Niddah: EJ² 15, 2007, 253–258. – *Wegner, J. Romney*, Chattel or Person? The Status of Women in the Mishnah, New York 1988. – *Whitekettle, R.*, Leviticus 15.18 Reconsidered. Chiasm, Spatial Structure, and the Body: JSOT 49, 1991, 31–45. – *Whitekettle, R.*, Levitical Thought, 376–391. – *Zangenberg, J. K.*, Pure Stone: Archaeological Evidence for Jewish Purity Practices in Late Second Temple Judaism (Miqwa'ot and Stone Vessels), in: Frevel, C./Nihan, C. (ed.), Purity (2012), 537–572.

Text

Übersetzung

1 *Und JHWH sprach zu Mose und Aaron:*
2 *Sprecht zu den Israeliten und sagt ihnen:*
Wenn irgendjemand an Ausfluss von seinem Fleisch leidet, (ist) sein Ausfluss unrein. 3 *Und dies sei seine Unreinheit in seinem Ausfluss:*

(Ob nun) sein Fleisch seinen Ausfluss fließen lässt oder (ob) sein Fleisch seinen Ausfluss zurückhält, seine Unreinheit (ist) es.
[4]Jedes Lager, auf dem der an Ausfluss Leidende liegt, wird unrein, und jedes Gerät, auf dem er sitzt, wird unrein. [5]Und wer sein Lager berührt, wasche seine Kleider und wasche sich mit Wasser, und er wird unrein bis zum Abend. [6]Und wer sich auf das Gerät setzt, auf dem der an Ausfluss Leidende (normalerweise) sitzt, wasche seine Kleider und wasche sich mit Wasser, und er wird unrein bis zum Abend. [7]Und wer das Fleisch des an Ausfluss Leidenden berührt, wasche seine Kleider und wasche sich mit Wasser, und er wird unrein bis zum Abend. [8]Und wenn ein an Ausfluss Leidender einen Reinen anspuckt, dann wasche der seine Kleider und wasche sich mit Wasser, und er wird unrein bis zum Abend. [9]Und jeder Reitsattel, auf dem der an Ausfluss Leidende reitet, wird unrein. [10]Und jeder, der etwas berührt, was unter ihm (dem Leidenden) ist, wird unrein bis zum Abend. Und wer diese (Dinge) trägt, wasche seine Kleider und wasche sich mit Wasser, und er wird unrein bis zum Abend. [11]Und jeder, den der an Ausfluss Leidende berührt, ohne dass dieser (zuvor) seine (beiden) Hände mit Wasser abgespült hat, wasche seine Kleider und wasche sich mit Wasser, unrein (wird er sein) bis zum Abend. [12]Und ein Tongefäß, das der an Ausfluss Leidende berührt, werde zerbrochen, und ein jegliches Holzgerät werde mit Wasser gespült.
[13]Und wenn der an Ausfluss Leidende von seinem Ausfluss rein wird, dann zähle er für sich sieben Tage für seine Purifikation und wasche seine Kleider und wasche sich mit lebendigem Wasser, und er wird rein. [14]Und am achten Tag nehme er für sich zwei Turteltauben oder zwei Haustauben und komme vor JHWH zum Eingang des Zeltes der Begegnung und gebe sie dem Priester. [15]Und der Priester vollziehe mit der einen ein Entsündigungsopfer und mit der anderen ein Brandopfer, und der Priester erwirke für ihn Versöhnung vor JHWH wegen seines Ausflusses.
[16]Und wenn aus einem Mann ein Samenerguss ausgeht, dann wasche er sein ganzes Fleisch mit Wasser, und er wird unrein bis zum Abend. [17]Und jedes Kleid und jede (Tier-)Haut, worauf Samenerguss kommt, werde mit Wasser gewaschen und wird unrein bis zum Abend.

[18]Und eine Frau, bei der ein Mann mit Samenerguss liegt: Sie sollen sich mit Wasser waschen und werden unrein bis zum Abend.

[19]Und wenn eine Frau an Ausfluss leidet, (also) Blut ihr Ausfluss an ihrem Fleisch ist, dann sei sie sieben Tage in ihrer Periode. Und jeder, der sie berührt, wird unrein bis zum Abend. [20]Und alles, worauf sie in ihrer Periode liegt, wird unrein, und alles, worauf sie sitzt, wird un-

rein. [21]Und jeder, der ihr Lager berührt, wasche seine Kleider und wasche sich mit Wasser, und er wird unrein bis zum Abend. [22]Und jeder, der irgendein Gerät, auf dem sie (normalerweise) sitzt, berührt, wasche seine Kleider und wasche sich mit Wasser, und er wird unrein bis zum Abend.

[23]Wenn aber etwas auf dem Lager (ist) oder auf dem Gerät, auf dem sie sitzt, wird er, wenn er es berührt, unrein bis zum Abend.

[24]Wenn nun ein Mann mit ihr schläft und (die Blutung als Grund für) ihre Periode kommt auf ihn, dann wird er für sieben Tage unrein. Und jedes Lager, auf dem er liegt, wird unrein.

[25]Und wenn bei einer Frau viele Tage lang außerhalb ihrer Periode der Ausfluss ihres Blutes ausfließt oder wenn sie an Ausfluss über ihre Periode hinaus leidet, dann sei sie an allen Tagen des Ausflusses ihrer Unreinheit wie an den Tagen ihrer Periode. Unrein ist sie. [26]Jedes Lager, auf dem sie in den Tagen ihres Ausflusses liegt, sei ihr wie das Lager ihrer Periode. Und jedes Gerät, auf dem sie sitzt, gelte als unrein wie bei der Unreinheit ihrer Periode. [27]Und jeder, der diese (Dinge) berührt, wird unrein. Und er wasche seine Kleider und wasche sich mit Wasser, und er wird unrein bis zum Abend.

[28]Wenn sie aber rein wird von ihrem Ausfluss, dann zähle sie für sich sieben Tage, und danach wird sie rein. [29]Und am achten Tag nehme sie für sich zwei Turteltauben oder zwei Haustauben und bringe sie zum Priester, zum Eingang des Zeltes der Begegnung. [30]Und der Priester vollziehe mit der einen ein Entsündigungsopfer und mit der anderen ein Brandopfer, und der Priester erwirke für sie Versöhnung vor JHWH wegen des Ausflusses ihrer Unreinheit.

[31]Und ihr sollt die Israeliten zurückhalten von ihrer (eigenen) Unreinheit, damit sie nicht an ihrer (eigenen) Unreinheit sterben, indem sie meine Wohnung, die in ihrer Mitte ist, unrein machen.

[32]Dies (ist) die Weisung für den, der an Ausfluss leidet, und für den, aus dem ein Samenerguss ausgeht, der ihn unrein werden lässt, [33]und für die Frau in ihrer Periode der Menstruation und für den, der an seinem Ausfluss leidet, sei es ein Mann oder eine Frau, und für den Mann, der mit einer Unreinen schläft.

Zu Text und Übersetzung

2 Wenn irgendjemand … leidet: Auffällige Konstruktion mit היה, *HYY*, und Partizip *qal* von זוב, *ZūB;* das Partizip זב, *zāb*, ist der Fachbegriff für die betroffene Person (feminin ab V 19: *zābā*) mit den Ausflusserscheinungen (s. die Auslegung).

2 … ist sein Ausfluss unrein: Zu dieser Pendens-Konstruktion s. *B. K. Waltke/ M. O'Connor*, Syntax, 299. LXX vertritt ebenfalls diese Übersetzung. *Milgrom*, 906–907, schlägt dagegen eine andere Zuordnung der Satzglieder vor (unter Änderung der masoretischen Akzentuierung): Wenn irgendjemand an Ausfluss leidet, und sein Ausfluss (ist) von seinem Fleisch, (ist) er unrein. Für diese Übersetzung könnte die analoge Formulierung über die Frau in V 25 sprechen: »unrein ist sie«.

3 LXX beginnt den Vers mit einer Toraformel: καὶ οὗτος ὁ νόμος τῆς ἀκαθαρσίας αὐτοῦ (»Und dies [ist] die Weisung für seine Unreinheit«) und schafft so in Analogie zu den Ringkompositionen von Kapitel 14 eine *inclusio* zur Toraformel in V 32 (*M. Vahrenhorst,* Levitikon, 381).

5 Für »waschen« werden je nach Objekt unterschiedliche Verben verwendet: כבס, *KBS,* »waschen (von Kleidern)« bzw. רחץ, *RḤṢ,* »waschen (von Tieren bzw. Menschen)«. Das »(sich) Waschen« steht ohne Objekt, doch vom Kontext her ist klar, dass der ganze Körper gemeint ist. Aus der Geschichte von Naaman, dem Syrer, wird deutlich, dass es um das Untertauchen geht: In 2 Kön 5,10–13 ist vom »Waschen« (רחץ, *RḤṢ*) die Rede, was Naaman nach 2 Kön 5,14 richtig als »Untertauchen« (טבל, *ṬBL*) auffasst (*Levine,* 94).

14 Komme vor JHWH, anders LXX, die präzisiert: »er bringe sie (die Tauben)« (καὶ οἴσει αὐτά); s. *M. Vahrenhorst,* Levitikon, 382.

19 Periode: s. Lev 12,2, Zur Übersetzung.

23 Wenn aber *etwas* …: Die Diskussion darüber, was das hebräische Pronomen הוא in V 23 bezeichnen kann, referiert *Milgrom,* 938–939. Am wahrscheinlichsten ist sein eigener Vorschlag, dass damit »irgendein Gerät« (s. V 22) gemeint ist (s. die Auslegung).

24 Periode: Wieder bereitet die Vieldeutigkeit von נדה, *niddā,* Probleme (s. Lev 12,2, Zur Übersetzung und die Auslegung dort). Hier ist wohl der Kontakt des Mannes mit den Blutungen gemeint. – Eine Alternative wäre, den zweiten Satz nicht zur Protasis, sondern zur Apodosis zu rechnen: Wenn nun ein Mann mit ihr schläft, dann kommt (die Blutung als Grund für) ihre Periode auf ihn. Er wird für sieben Tage unrein (so *Milgrom,* 941).

26 Gelte als unrein: Hier wird nicht wie sonst üblich mit der Verbalform des Verbs טמא, »unrein sein, werden«, formuliert, sondern mit der Kombination des Adjektivs »unrein« mit einer Verbalform von היה, »sein«.

27 Und jeder, der diese (Dinge) berührt: Der hebräische Text bezieht sich mit בָּם (Pronomen in 3. Person Plural) auf die vorher genannten Gegenstände (Lager/Bettzeug, Sitzgelegenheit) zurück. Damit bleibt aber der Fall ungenannt, was denn zu tun sei, wenn jemand die an Blutungen leidende Frau selbst berührt. Wenige Hss und LXX setzten daher ein Pronomen der 3. Person feminin Singular an: בה, αὐτῆς, und jeder, der sie (die Frau) berührt, wird unrein. Dann würde V 27 analog zu V 7 die Berührung der leidenden Person behandeln (s. *J. W. Wevers,* Notes, 236). *Milgrom,* 943, plädiert für diese Lesart (übersetzt aber in seinem Text die hebräische Version); s. auch *T. Kazen,* Discrepancies, 357. Es lässt sich aber auch der hebräische Text gut verstehen (s. die Auslegung).

28 Anders als beim Mann in V 13 wird der Fall der Reinwerdung nicht mit כי, sondern mit אם eingeleitet.

31 Die Verbalform ist vom Verb נזר, *NZR nifal:* »weihen«; *hifil:* »zurückhalten, absondern« (im kultischen Sinne), abgeleitet. SAM und Peš gehen vom Verb זהר, *ZHR hifil,* »warnen« (so EÜ, ELB, anders Luther 1984: »absondern«), aus. LXX interpretiert: καὶ εὐλαβεῖς ποιήσετε τοὺς υἱοὺς Ισραηλ, »und ihr sollt die Israeliten ihren Unreinheiten gegenüber *achtsam machen*« (LXX-D; s. *J. W. Wevers,* Notes, 238).

32 Samenerguss …, der ihn unrein werden lässt (לְטָמְאָה־בָהּ) – dieser Nachsatz ist an sich überflüssig. *Milgrom,* 947, schlägt vor, das Verb als *piel* zu vokalisieren (לְטַמְּאָה־בָהּ): »mit dem er sie (die Frau) unrein macht«. Dann würde sich die Erwähnung des Samenergusses auf V 16–17 beziehen, die Kontamination der Frau auf den Geschlechtsverkehr in V 18.

33 Die Frau in ihrer Periode der Menstruation: Der Ausdruck kommt schon in Lev 12,2 vor (und dann wieder in 20,18). Aus diesen Belegen ist deutlich, dass es in Levitikus um die normale Menstruation geht, nicht um eine Krankheit (s. aber *D. Ellens,* Menstrual Impurity, 29–32).

33 Der mit einer Unreinen schläft, wörtlich: der mit einer Unreinen liegt.

Analyse

Thema Das 15. Kapitel beurteilt den Grad an kultischer Verunreinigung, der durch Absonderung von Flüssigkeiten aus den menschlichen Geschlechtsorganen entsteht. Männer und Frauen sind in gleicher Weise betroffen, werden aber differenziert behandelt. Unterschieden wird auch zwischen regelmäßigen, normalen und damit temporären Ausflüssen einerseits und dauerhaften krankhaften Phänomenen andererseits. Wieder ist die auftretende Unsicherheit der Schlüssel zum Verständnis des Kapitels (ähnlich bei Lev 12): Die Geschlechtskräfte an sich sind schon Gegenstand der Scheu und ein Ort von Verunsicherungen aufgrund der Nähe der Vorgänge um Verlangen, Liebe, Zeugung, Schwangerschaft und Geburt zur göttlichen Schöpfermacht – umso problematischer ist es, wenn in diesem Kontext abnorme Phänomene des Ausflusses auftreten. Es geht nicht um die Ablehnung des Geschlechtlichen an sich, sondern darum, gegenüber dieser bisweilen gefährlichen Mächtigkeit große Vorsicht walten zu lassen (*Gerstenberger,* 181–182). Die Reinheitsvorschriften von Mann und Frau sind nicht als Instrumente der Unterdrückung erfunden worden, sondern als Vorsichtsmaßnahmen aufzufassen, die (aus heutiger Sicht möglicherweise irrationale) Ängste abbauen wollen und durch die Ordnung des Alltags Übersichtlichkeit und Stabilität zu vermitteln versuchen (*J. Romney Wegner,* Exclusion, 452–453; *D. L. Ellens,* Women, 72). Die deutliche Trennung der Machtsphären (die Bereiche des Geschlechtlichen mit seinen Ausflüssen einerseits und der Bereich der Begegnung mit dem lebendigen Gott im Kult andererseits) sowie die klaren und einfachen Anweisungen für die Vorgehensweise in den störenden Einzelfällen überwinden die Unsicherheit und kommen der Sehnsucht des Menschen nach Reinheit im Sinne von Ordnung und Stabilität entgegen (ebd., 190–191). Auffällig bleibt aber, dass viele andere denkbare Phänomene, die möglicherweise ähnliche Unsicherheiten auslösten, nicht behandelt werden.

Aufbau Aus der Unterscheidung des Geschlechts der betroffenen Person ergibt sich die Zweiteilung des Kapitels – und der Fall, bei dem sich Mann und Frau intim begegnen (Geschlechtsverkehr), steht bezeichnenderweise als Schaltstelle in der Mitte (V 18). Darum herum sind die Elemente in palindromischer Ringstruktur angeordnet (ABC – C'B'A', *Milgrom,* 904–905; *Staubli,* 123; *R. Whitekettle,* Leviticus 15.18, 36; *K. O'Grady,* Semantics, 4; *D. Luciani,* Sainteté, 384–385; *T. S. Philip,* Menstruation, 45–47; *I. J. Batmartha,* Geburt und Monatsblutung, 46).

1–2b			Anrede- und Weitergabeformel	A
2c–17			Ausflüsse beim Mann	
	2c–15		Abnormale (krankhafte) Ausflüsse	B
		2c–3	Beschreibung des Phänomens	
		4–12	Übertragung der Unreinheit durch Kontakt und der Umgang damit	
		13–15	Maßnahmen bei der Purifikation im Fall der Heilung	
	16–17		Normaler Samenerguss	C
18			Geschlechtsverkehr zwischen Mann und Frau	X
19–30			Ausflüsse bei der Frau	
	19–24		Normale Menstruation	C'
		19a–c	Beschreibung des Phänomens	
		19d–23	Übertragung der Unreinheit durch Kontakt und der Umgang damit	
		24	Geschlechtsverkehr mit einer Menstruierenden	
	25–30		Abnormale (krankhafte) Blutungen	B'
		25	Beschreibung des Phänomens	
		26–27	Übertragung der Unreinheit durch Kontakt	
		28–30	Maßnahmen bei der Purifikation im Fall der Heilung	
31			Begründung, Hintergrunderläuterung, Motivation	
32–33			Toraformel als Abschluss und Zusammenfassung	A'

Die ebenmäßige Struktur bewirkt in innovativer Weise eine Gleichbehandlung von Männern und Frauen: So wird die Menstruation der Frau als »normales« Phänomen in Analogie zum Samenerguss des Mannes behandelt (C – C'); beide »Ausflüsse« gelten gerade *nicht* als krankhaft bzw. werden den abnormal-krankhaften Ausflüssen gegenübergestellt. *D. Ellens,* Menstrual Impurity, 32–35, formuliert es so: »structural symmetry constitutes gender symmetry«. Sie plädiert daher dafür, V 18 nicht als eigenständige zentrale Einheit anzusehen, sondern als Pendant zu V 24, so dass das obige »X« in der Struktur unter »C« zu subsumieren wäre. Doch auch ohne diese alternative Sicht der Struktur und mit V 18 als Mittelteil wird deutlich, dass Männer und Frauen in diesem Kapitel unter dem Gesichtspunkt von Ausflüssen aus den Genitalien als gleich angesehen werden (s. *S. J. D. Cohen,* Menstruants, 276: »there is no evidence that the intent or immediate effect of these laws was to discriminate against women«; ähnlich *Hartley,* 213).

Literarische Einheitlichkeit

Der kunstvolle Aufbau sowie die auffallend parallele Behandlung von Männern und Frauen lassen darauf schließen, dass die Komposition (15,2c–30.32–33) wahrscheinlich aus einer Hand stammt (so auch *T. S. Philip,* Menstruation, 47). Sie ist in entstehungsgeschichtlicher Perspektive nach *C. Nihan,* Priestly Torah, 282, dem priesterlichen Verfasser P vorgegeben; P selbst fügte wohl nur die Einleitung (V 1–2b) und die Erwähnung des Eingangs des Zeltes der Begegnung in V 14 und V 29 hinzu. V 31, der sich mit dem Anredestil in 2. Person Plural und dem Verweis auf das Heiligtum sowie seinem erläuternden Charakter sowohl stilistisch wie inhaltlich und pragmatisch von seiner Umgebung unterscheidet, ist ein Zusatz auf der Ebene der Buchredaktion im Stil von H (s. die Auslegung). Zum Ort des Kapitels im Gesamtzusammenhang s. o., Lev 11–15, Kontext und Komposition.

Auslegung

Anrede- und Weitergabeformel

In der Anredeformel ist Aaron wieder erwähnt – anders als in Lev 12,1 und 14,1. Warum dort Aaron fehlt, bleibt trotz spekulativer Diskussion in der rabbinischen Auslegung (s. *Milgrom,* 905–906) ein Rätsel. Die Adressaten sind die Israeliten. Da es sich nun um Phänomene handelt, die – anders als die offen ersichtlichen Hautkrankheiten – an den Geschlechtsteilen vorkommen, die nicht öffentlich sichtbar sind (im Englischen bezeichnenderweise *private parts*), muss jede/r Einzelne, jede Frau und jeder Mann, informiert sein, damit sie im entsprechenden Fall ihre eigene Diagnose stellen können. V 1–2b

Das Phänomen

Das Phänomen wird mit der Präfixkonjugation von *HYY* (»sein«) und dem Partizip von *ZūB* (»fließen«) formuliert – diese Konstruktion dient zum Ausdruck einer in der Zukunft andauernden Handlung (*B. K. Waltke/M. O'Connor,* Syntax, 628–629). Damit wird betont, dass es sich um Erscheinungen von längerer Dauer handelt. Zugleich markiert das Partizip den Fachbegriff für »den, der an Ausfluss leidet«: *zāb* (זָב) bzw. analog dazu die betroffene Frau: *zābā* (זָבָה). Dieser Terminus kommt in den folgenden Versen mehrfach vor. Die Bedeutung von *ZūB,* »fließen«, wird auch aus der Verwendung in der stehenden Phrase »ein Land, in dem Milch und Honig fließen *(zābat)*« (z. B. Lev 20,24; Num 13,27 u. ö.) deutlich. Der Text ist sehr offen gehalten, da nicht spezifiziert wird, von welcher Art der Ausfluss ist. Der Ort des Ausflusses ist mit dem Begriff »Fleisch« (בשר, *bāśār*) benannt, der euphemistisch für den Penis steht (s. z. B. Ez 16,26; 23,20; *Levine,* 93; *Gerstenberger,* 182). Dass es um diese und um keine andere Körperöffnung geht, wird auch aus der Parallele zu V 19 deutlich (s. zu V 19): Dort steht »Fleisch« für den Ort der Menstruationsblutung der Frau und damit für die Scheide als weibliches Geschlechtsorgan. Daher ist in V 2 an V 2c–d das männliche Geschlechtsorgan zu denken (*Raschi*, 316) und dabei an jeglichen abnormalen Flüssigkeitsaustritt, der beim damaligen medizinischen Kenntnisstand nicht differenziert werden konnte. Wohl konnte man differenzieren, dass es weder Samen noch Urin war. Es geht damit um irregulären Schleimfluss aus dem Penis des Mannes, der auf verschiedene Ursachen zurückgeführt werden kann. Ein Beispiel wäre die Gonorrhöe (Tripper), eine bakterielle Infektion (Bakterium *Neisseria gonorrhoeae*) der Schleimhäute des Geschlechtsteils, die beim Mann mit eitrigen Absonderungen aus der Harnröhre verbunden ist. Es ist umstritten, ob die heutige Form der Gonorrhöe bereits in der Antike vorhanden war, denn sie kann osteoarchäologisch (durch die Untersuchung antiker Skelettfunde) nicht nachgewiesen werden (*M. D. Grmek*, Diseases, 144, mit Verweis auf weitere Literatur). Bisweilen wird die Vermutung geäußert, diese Krankheit sei erst viel später in der Geschichte aufgetreten (Mittelalter/Neuzeit; s. *Milgrom*, 907), doch möglicherweise ist sie viel älter (*D. P. Wright/R. N. Jones*, Art. Discharge: Anchor Bible Dictionary 2, 1992, 204–207). Auch wenn die Gonorrhöe die Hauptursache für abnormalen Ausfluss aus der Harnröhre ist, so ist sie nicht die einzige, daher muss man bei der offenen Bezeichnung »Ausfluss« bleiben. »The critical examination of literary evidence does not make it possible to resolve the debate. On the one hand, the diagnosis of gonorrhea is compatible with certain ancient descriptions, and on the other, for none of those descriptions is it the sole interpretation possible« (*M. D. Grmek*, Diseases, 144; s. auch *V. Nutton*, Ancient Medicine, 30). Erneut ist zu bedenken, dass es nicht um medizinische Diagnostik oder gar Therapie geht, sondern allein um die Beurteilung von Anomalitäten unter der Fragestellung, ob eine Teilnahme am Kult möglich ist (»rein«) oder nicht (»unrein«). Sodann werden Vorgehensweisen vorgestellt, wie mit den Symptomen umzugehen ist, aber wiederum nicht unter der Maßgabe einer Therapie, sondern um weitere »Verunreinigung« (durch Kontakt-Kontamination) zu verhindern und um festzustellen, wann das Symptom abgeklungen ist, so dass kultische Reinheit wieder gegeben ist und durch ein entsprechendes Ritual dokumentiert werden kann. Zunächst aber wird das kultische Urteil gesprochen, dass der Ausfluss (und damit natürlich auch der damit Behaftete) unrein ist (s. Zur Übersetzung). Dabei steht hier das Adjektiv טמא, *ṭāmēʾ*, um anzudeuten, dass es sich um eine Unreinheit von unbestimmter Dauer handelt. Eine temporäre Unreinheit, d.h. der Ausschluss von der Kultteilnahme für eine festgelegte Zeitspanne, wird dagegen mit der Präfixkonjugation des Verbs (יטמא, *yiṭmāʾ*) ausgedrückt (s. V 4.9.10.19 u.ö.).

V 3 V 3 präzisiert die Festlegung des zur Unreinheit führenden Phänomens in folgender Weise: Die kultische Unreinheit bei auffälligem Ausfluss aus den natürlichen Körperöffnungen ist in jedem Fall gegeben, ob nun aktuell die Flüssigkeit fließt oder ob der Ort gerade »trocken« ist. – LXX, SAM und 11QpaleoLev[a] haben an dieser Stelle einen mehr oder weniger gleich lauten- Akut oder chronisch den Zusatz, der betont, dass die Unreinheit so lange anhält, wie der Ausfluss auftritt (Details bei *Milgrom*, 908–909; *J. W. Wevers*, Notes, 225; *S. Metso/E. Ulrich*, Old Greek Translation, 259).

Übertragung durch Kontakt und der Umgang damit

Die folgenden Verse (V 4–12) befassen sich in detaillierter und stereo- V 4–12
typer Sprache mit der Frage, wie sich die Unreinheit der an Ausfluss leiden-
den Person durch Kontakt überträgt und wie damit umzugehen ist. Mit dem V 4–5
»Lager« ist das Schlaflager gemeint, normalerweise eine Matte, eine Decke
Lager
zum Drauflegen, etwas zum Zudecken (s. z.B. Jes 28,20; Ex 22,25–26). Es gibt aber auch aufwendigere Betten (z.B. Am 6,4; Spr 7,16–17; Est 1,6). Dieses Bettzeug wird durch das Liegen des an Ausfluss Leidenden unrein, und zwar, wie die hebräische Verbalform (Präfixkonjugation, »Imperfekt«) andeutet, »unabgeschlossen«. Das bedeutet, dass die betroffenen Lager, Geräte und Sitzgelegenheiten durch den permanenten Kontakt mit dem Leidenden unrein bleiben – was aber auch impliziert, dass er nicht aus dem Wohnbereich verbannt ist, sondern zu Hause bleiben kann (*Gerstenberger*, 183). Das steht im Widerspruch zu Num 5,2–4: Dort werden alle an Aussatz und Ausfluss Leidende sowie alle, die eine Leiche berührt haben, aus dem Wohnbereich ausgeschlossen. Möglicherweise betont Num 5,2–4 die Erzähllogik der bevorstehenden Wüstenwanderung oder eine strengere Auslegungstradition, während Lev 15 mehr der Alltagsrealität späterer Zeiten entspricht. Das gesamte Kapitel geht davon aus, dass der an Ausfluss Leidende *nicht* ausgeschlossen wird, da eben ausführlich über den Umgang mit der Verunreinigung durch Kontakt gesprochen wird. Das wäre nicht nötig, wenn der Betroffene isoliert wäre (s. auch die Diskussion bei *T. Kazen*, Discrepancies, 365–369). – Die Imperfektform (Präfixkonjugation) des Verbs »unrein sein« (יִטְמָא) deutet ferner eine zeitlich begrenzte Unreinheit (s.o. zu V 2) an. Das Schlaflager kann durch Untertauchen in Wasser (s. V 12) und durch Waschen des Bettzeugs wieder rein werden – diese Prozedur, die in der Mischna (*mKelim* 19,1) geschildert wird, ist hier allerdings nicht erwähnt, weil der Betroffene ja immer noch darauf schläft. Eine kultische Reinigung des Bettes ist erst sinnvoll, wenn die Person geheilt und selbst kultisch gereinigt ist. – Analoges gilt für jedes Gerät (כְּלִי, *k*^{e}*lī*), auf das sich der

Weitergabe der Unreinheit

Betroffene setzt. Die Berührung des Lagers (Bett und Bettzeug) führt zur V 5
temporären kultischen Unreinheit des Berührenden, der damit schon das dritte Glied in der Kette der »ansteckenden« Unreinen darstellt. Dass das Bett (und nach V 10 alles, was sich *unter* dem Leidenden befindet) mit derart starker Unreinheit behaftet ist, dass es eine weitere Person unrein machen kann, liegt an der Vorstellung, dass das Bett (und eben alles, was *unter* dem Leidenden ist) in direkten Kontakt mit den Ausflüssen aus dem Geschlechtsorgan kommt – man trug weder Unterwäsche noch kannte man Slipeinlagen oder andere Arten heutiger Hygieneartikel (*T. Kazen*, Discrepancies, 363). Kommt nun eine Person mit den Gegenständen *unter* dem Menschen mit Ausfluss in Kontakt, so tritt der einfache Fall der eintägigen

Unreinheit ein, der in diesem Kapitel mehrfach erwähnt ist. Folgende drei
Maßnahmen beendigen diesen Status: Waschen der Kleider, Waschen des
eigenen Körpers, Warten bis zum Abend (in dieser Reihenfolge; s. dazu auch
die Auslegung zu Lev 11,24–25). Bisher sind in Levitikus drei Quellen der-
artiger Unreinheit genannt worden: das Tieraas (Lev 11), das von Schimmel
V 6 befallene Haus (Lev 14,46) und der an Ausfluss Leidende (Lev 15). Analoges
gilt nun für jegliches Gerät (also nicht nur für Stühle), auf das sich die be-
troffene Person setzt – wer sich danach darauf setzt, wird für einen Tag un-
rein. Wieder ist vorausgesetzt, dass der Leidende zu Hause wohnt, er muss
nicht außerhalb von Lager oder Siedlung sein Dasein fristen (anders als der
V 7 Aussätzige, Lev 13,45–46). V 7 holt nach, was man vorher schon erwartet Berühren des Körpers
hätte, nämlich dass die Berührung des Leidenden selbst ebenfalls die übliche
eintägige Unreinheit auslöst. Mit »Fleisch« sind hier nicht wie in V 2 die
Genitalien, sondern der ganze Körper gemeint, andernfalls würde sofort
die Frage aufkommen, was bei Berührung des übrigen Körpers zu tun sei
V 8–12 (s. auch *T. Kazen*, Discrepancies, 358). Einen gewissen Einschnitt (markiert Aktivität des Leidenden
durch das normalerweise einen Hauptfall einleitende כִּי, *kī*) stellt V 8 dar:
Ab hier steht stärker die Aktivität des Leidenden im Vordergrund. Zunächst
geht es um das Spucken, wobei offen bleibt, ob es ein bewusstes Anspucken
als Zeichen der Verachtung (wie in Num 12,14; Dtn 25,9) ist oder ein ver-
V 9 sehentlicher Auswurf des Kranken. Dann ist der Reitsattel (jegliches zum
Reiten geeignete Gerät) erwähnt, den der Leidende besteigt: Dieser ist dann
unrein, und zwar, wie LXX hinzufügt, »bis zum Abend« (ἕως ἑσπέρας) –
natürlich nur unter der Voraussetzung, dass der Unreine abgestiegen und
der Sattel gesäubert worden ist. Die Feststellung der Unreinheit des Sattels
impliziert in Analogie zu V 4–5, dass eine Berührung desselben (wie bei
V 10 Berührung des Bettes) zu eintägiger Unreinheit führt. Damit dies klar ist,
generalisiert V 10 die Unreinheit durch Kontakt auf *alle* Dinge, die *unter*
dem Leidenden sind. Möglicherweise ist das bloße Berühren von Dingen
unterhalb des Leidenden (außer Bett, Sitzgelegenheit, Reitsattel) aufgrund
des nur kurzen Kontakts nicht so gravierend, so dass das Waschen des Kör-
pers (implizit, s. *Milgrom*, 919) und das Abwarten bis zum Abend für die
Reinwerdung genügen (V 10a). Damit würde es sich um eine Ausnahme
handeln. Aber schon das Tragen dieser Dinge (nicht nur des Reitsattels, son-
dern aller in V 9 erwähnten Gegenstände *unter* dem Leidenden) macht der-
art unrein, dass man die üblichen drei Maßnahmen (Waschen der Kleider,
Waschen des Körpers, Warten bis zum Abend) durchzuführen hat. Die V 4–
6 und 9–10 sind sehr ähnlich gestaltet und damit komplementär zu lesen,
wie folgende Übersicht (s. *Milgrom*, 917) zeigt:

4	Jedes Lager, auf dem der an Ausfluss Leidende liegt, wird unrein, und jedes Gerät, auf dem er sitzt, wird unrein.	9	Und jeder Reitsattel, auf dem der an Ausfluss Leidende reitet, wird unrein.
5	Und wer sein Lager berührt, wasche seine Kleider und wasche sich mit Wasser, und er wird unrein bis zum Abend.	10	Und jeder, der etwas berührt, was unter ihm (dem Leidenden) ist, wird unrein bis zum Abend. Und wer diese (Dinge) trägt,
6	Und wer sich auf das Gerät setzt, auf dem der an Ausfluss Leidende (normalerweise) sitzt, wasche seine Kleider und wasche sich mit Wasser, und er wird unrein bis zum Abend.		wasche seine Kleider und wasche sich mit Wasser, und er wird unrein bis zum Abend.

Neben dem Spucken ist das bloße Berühren durch die Hände des Leidenden V 11–12
ein Übertragungsweg für kultische Unreinheit – es sei denn, der Betroffene hat seine Hände gewaschen. Das Händewaschen unterbricht die Kette der Weitergabe von Unreinheit (im kultischen Sinne), so dass der Betroffene normalen Umgang haben und zu Hause wohnen kann. Wenn Bett, Stuhl und Reitsitz (und alles, was sich *unter* dem Leidenden befindet) ausdrücklich als Gegenstände erwähnt werden, die Unreinheit weitergeben, so geben implizit andere Gegenstände des Alltagsgebrauchs diese nicht weiter, so dass die betroffene Person auch problemlos Besuch empfangen kann. Dieser Besuch bleibt rein, wenn er nicht die explizit genannten Gegenstände berührt. Und der Leidende muss sich immer wieder die Hände waschen (s. *Elliger,* 198). Möglicherweise steht dahinter ebenfalls die Vorstellung des unmittelbaren Kontakts mit der austretenden Flüssigkeit, die der Betroffene durch Berühren seiner Genitalien (z. B. beim Wasserlassen) an den Händen hat und so weitergeben würde, wenn er sich nicht die Hände gewaschen hat (*T. Kazen,* Discrepancies, 363; *H. K. Harrington,* Purity Texts, 96).

Mithin hieße das, dass der Leidende seine Unreinheit nicht weitergibt, wenn er sich die Hände wäscht. Die Halacha ist jedoch strenger und fordert in jedem Fall das Untertauchen in der Mikwe. Daher interpretiert z. B. *Raschi,* 317, das »Händewaschen« als »Untertauchen«, während *Raschbam,* 80–82, das Abspülen der Hände als Euphemismus für das gründliche Waschen des männlichen Glieds (als Quelle des unreinen Ausflusses) deutet (s. ferner *Ramban,* 206–207).

Die ungewaschenen Hände übertragen die Unreinheit auf Personen (V 11) und Gegenstände (V 12). Letztere werden nach ihrem Material unterschieden: Die poröse Keramik nimmt die Unreinheit so auf, dass sie nicht abgewaschen werden kann. Daher sind diese Gefäße zu zerbrechen. Holzgegenstände sind kostbarer, da sie aufwändiger herzustellen sind. Daher sind es möglicherweise ökonomische Gründe, die das Untertauchen im Wasser und die anschließende Weiterverwendung anstelle der Zerstörung gestatten (*Milgrom*, 921; *D. P. Wright*, Disposal, 112; s. auch zu Lev 11,32f.; *Bailey*, 182). Die Nicht-Erwähnung von Metallgegenständen führt Milgrom zu der Schlussfolgerung, derartige Gegenstände seien im normalen Haushalt nicht vorhanden gewesen. Falls man doch nach einer Antwort auf die Frage nach dem Verfahren mit kontaminierten Metallgegenständen sucht, darf aus Lev 6,21 geschlossen werden, dass ein gründliches Abspülen mit Wasser die kultische Reinheit wiederherstellt.

Nach der Halacha nehmen auch Steingefäße (aus Kalkstein) die Unreinheit nicht auf (*mOhalot* 5,5). In der Zeit vom 2. Jh. v. Chr. bis zum 2. Jh. n. Chr. zeigen archäologische Befunde in Palästina, insbesondere Judäa, ein vermehrtes Vorkommen solcher Steingefäße. Dies könnte möglicherweise ein Hinweis darauf sein, dass in dieser Zeit die Befolgung der Reinheitsvorschriften auch außerhalb priesterlicher Kreise und fern vom Heiligtum zugenommen hat, zumal in dieser Zeit auch die ersten Ritualbäder (Mikwaot) nachweisbar sind (s. dazu *E. Regev*, Non-Priestly Purity, 223–244; vorsichtiger ist dazu *J. K. Zangenberg*, Pure Stone, 537–572).

V 13–15 Die Rede davon, dass der an Ausfluss Leidende von seinem Ausfluss rein wird (יִטְהַר), impliziert eine Heilung des Leidens. Bemerkenswerterweise fehlt aber der Begriff für »Heilung«, was wieder anzeigt, dass es nicht um medizinische oder hygienische Fragen geht, sondern allein um das Problem der Kultteilnahme. Das »Rein-werden« (die Heilung) wird sichtbar durch das Verschwinden der die Unreinheit bewirkenden Phänomene – sind die abnormalen Erscheinungen weg, steht der Kultteilnahme nichts mehr im Wege. »Heilung« ist also nicht das explizite Thema. Zur Sicherstellung des Verschwindens der beunruhigenden Phänomene ist eine Beobachtungsfrist von sieben Tagen (eine aus den bisherigen Vorschriften von Lev 13–14 bekannte Zeitspanne) einzuhalten. Diese Zeit muss der Betroffene selbst für sich zählen, da sein Zustand (an seinen »private parts«) ja nur ihm bekannt ist. Während dieser Zeit gilt er noch offiziell als »unrein«. Erst am Ende der Zeitspanne erfolgen die üblichen Maßnahmen (Waschen der Kleider und des Körpers). Für Körper steht wörtlich »Fleisch« – damit sind aber nicht nur die Genitalien gemeint. Das lässt sich logisch so erschließen: Wenn schon die eintägige Unreinheit durch Samenerguss das Eintauchen des *ganzen* Körpers (»Fleisches«) erfordert (so nach V 16), um wie viel mehr dann auch die schwerer wiegende Unreinheit durch abnormalen Ausfluss, die eine siebentägige Beobachtungszeit erfordert (*Milgrom*, 923). Das Waschen des Körpers muss ausdrücklich »in lebendigem Wasser« erfolgen – wahrscheinlich ist an fließendes Wasser gedacht, so dass auch hier das Symbol des Abtransports der Unreinheit greifbar wird: Wie beim geheilten Aussätzigen der eine Vogel die auf ihn symbolisch übertragene Unreinheit davonträgt, wenn er ins freie Feld geschickt wird (Lev 14,7), so könnte auch hier

Heilung und Purifikation

das fließende Wasser die Unreinheit des an Ausfluss Leidenden bzw. daran Genesenen wegspülen. Hinzu kommt – wie schon im Kapitel über den Aussatz (Lev 14) – die Lebenssymbolik: Auch beim Ausfluss ist latent die Todessphäre im Blick, so dass ein Lebenssymbol wie »lebendiges Wasser« als »antidote« die Reintegration in das Land der Lebenden gewährt (*Milgrom*, 924). Die Mischna (*mMiqwa'ot* 1,1–8) unterscheidet sechs Grade von Wasser nach der Güte (von Wasser aus Zisternen und Teichen bis hin zu natürlich

Opfer

fließendem Wasser). Die kultische Dokumentation der Reinigung erfolgt V 14–15
durch ein einfaches Tieropfer von Vögeln am achten Tag. Die beiden Tauben werden für ein Entsündigungsopfer zur Beseitigung von allem, was einer kultischen Begegnung mit Gott im Wege steht, und für ein Brandopfer zur Manifestation des göttlichen Wohlgefallens und der Wiederherstellung der Kommunikation (s. das Glossar zu Entsündigungsopfer und Brandopfer sowie die Auslegung zu Lev 1,4) herangezogen (*Levine*, 96). Beide Opfer gehören zusammen, ihr gemeinsamer Ritus wird als »Versöhnung erwirken« nach der üblichen Begrifflichkeit (s. das Glossar) bezeichnet. – Dass es sich um die einfachste (am wenigsten wertvolle) Opfermaterie handelt, liegt möglicherweise an der Parallelität mit dem weiblichen Ausfluss: Während das Phänomen bei Männern seltener auftreten mag, kommt es bei Frauen häufiger zu unregelmäßigen Blutungen, so dass aus ökonomischen Gründen ein wenig aufwändiges Opfer ausreichen muss (so *Milgrom*, 926). – Ferner muss betont werden, dass hier trotz der Terminologie »Entsündigungsopfer« nicht von irgendwelchen Sünden befreit wird: Die »Versöhnung« wird im Blick auf den Ausfluss des Mannes, nicht hinsichtlich seiner Sünden erwirkt. Es geht also nicht um irgendwelche Spekulationen über mögliche Ursachen des Ausflusses (etwa als Bestrafung für verborgene Sünden oder dergleichen; anders 2 Sam 3,29), sondern allein um das außergewöhnliche, entsprechende Verunsicherung bewirkende Phänomen. Diese abnorme Erscheinung erfordert Aufmerksamkeit und Vorsicht im Umgang mit den heiligen Dingen (also auch mit der Kultteilnahme), so dass eine Enthaltsamkeit vom Kult verordnet wird. Ist das Phänomen verschwunden, erfolgt eine Reintegration ohne großen Aufwand.

Samenerguss (Pollution)

Nach den abnormalen Ausflüssen aus dem männlichen Geschlechtsteil V 16–17
befassen sich die V 16–18 mit dem natürlichen Ausfluss des Samenergusses. Dabei nehmen die V 16–17 zunächst das Phänomen an sich in den Blick, während V 18 den Erguss beim Geschlechtsverkehr näher betrachtet. V 16 ist also der weitere Bereich, der auch Pollution (und möglicherweise auch Masturbation) mit einschließt und nicht spezifiziert, wodurch der Samenerguss verursacht wurde, ob er absichtlich herbeigeführt wurde oder sich nächtlich unwillkürlich ereignet hat (Dtn 23,11: מִקְרֵה לָיְלָה, *mi-q^e^rē lāylā*). Die Sache wird unspektakulär behandelt, und der Kultausschluss, und damit auch der Ausschluss von der kultischen Mahlzeit des Heilsgemeinschaftsopfers, gilt nicht als anstößig, sondern als normal. So z. B. erklärt sich Saul

das Fernbleiben Davids beim Festmahl in 1 Sam 20,26 mit kultischer Unreinheit aufgrund eines »Vorfalls« (מִקְרֶה, *miqræ*, euphemistisch für den Samenerguss und möglicherweise klangliche Anspielung an Dtn 23,11). Da die Unreinheit aber auf einen Tag beschränkt ist, schöpft Saul folgerichtig am nächsten Tag Verdacht und entdeckt die Flucht Davids. – Die üblichen Maßnahmen sind das Waschen des gesamten Körpers sowie all dessen, worauf der Samen gefallen ist. Von Personen ist nicht die Rede, denn es gibt nur einen vorstellbaren Fall der Anwesenheit einer zweiten Person, und das ist der Geschlechtsverkehr mit einer Frau, der in V 18 behandelt wird. Andere Formen der Sexualität sind außerhalb des Vorstellungsbereiches, etwa homosexuelle Handlungen, die einfach nicht vorkommen dürfen (Lev 20,13; s. die Auslegung dort). – Wenn das Waschen der betroffenen Kleidungsstücke ausbleibt, verstärkt sich die Unreinheit, und wenn es unabsichtlich war, dann aber diese Nachlässigkeit bewusst wird, ist ein Entsündigungsopfer für unbeabsichtigt begangene Gebotsverstöße nach Lev 5,1–6 erforderlich. Unterlässt aber jemand mit Absicht das Waschen, so ist dies eine bewusste Sünde gegen Gott, die ihn nach V 31 in die Nähe des Todes bringt (*Milgrom*, 928) und so ganz von Gott trennt.

Rezeption im Judentum

Als Beispiele der Rezeption im Judentum seien die Mischna und die Tempelrolle genannt. In der Mischna wird der Hohepriester vor dem großen Versöhnungstag von den anderen Priestern wach gehalten, damit ihm nachts keine Verunreinigung durch unwillkürlichen Samenerguss passiert (*mYoma* 1,17). – Die Tempelrolle von Qumran steigert die Strenge der Vorschrift: Bei Pollution muss der Mann drei Tage warten, bis er wieder das Heiligtum betreten darf, und er muss am ersten und dritten Tag sich und seine Kleider waschen (11QT 45,7–10). Nach dem Geschlechtsverkehr mit seiner Frau (s. Lev 15,18) muss der Mann für drei Tage außerhalb der »Stadt des Heiligtums« bleiben (11QT 45,11–12). Die Periode von drei Tagen könnte durch Ex 19,10–15 veranlasst sein (s. *A. Demsky*, Three-Day Period, 777; ferner *H. K. Harrington*, Purity Texts, 103–106). Die »Stadt des Heiligtums« ist vermutlich der äußere Bereich des Heiligtums, der *temenos* (*L. H. Schiffman*, Exclusion, 307; anders *I. C. Werrett*, Ritual Purity, 156–162, der die Heiligkeit der Stadt Jerusalem mit der Heiligkeit des Kriegslagers [Dtn 23,11–14] gleichsetzt).

Geschlechtsverkehr

V 18 V 18 behandelt den Geschlechtsverkehr. Seine auffällige Syntax kennzeichnet den Vers als ein Scharnier: Er beginnt mit der Frau – sie ist das Thema des nächsten Abschnitts (15,19–32). Doch dann geht es noch einmal um den Mann und seinen Samenerguss, was das Thema des vorausgehenden Abschnitts ist (15,2–17). Im Nachsatz sind beide betroffen. Anstelle einer Konjunktion (כִּי) steht das Relativpronomen אשׁר, was eine zusätzliche Markierung für eine Mittelstellung eines Absatzes ist (s. zu Lev 4,22: Zur Übersetzung; *Milgrom*, 930–931). Damit markiert V 18 einen eigenen Fall, der aber mit seinem Kontext fest vernetzt ist und auch entsprechende Informationen daraus voraussetzt (zur alternativen Struktursicht von *D. Ellens*, Menstrual Impurity, 33–43; *dies.*, Women, 49–60, s.o., Analyse, Aufbau).

Beim Geschlechtsverkehr fällt Samenflüssigkeit nicht nur auf den Mann und auf Textilien (s. V 16–17), sondern auch auf die Frau (die ab V 19 Thema ist): Daher wird betont, dass sich *beide*, Mann und Frau, waschen müssen. Das Waschen der Textilien kann aus V 17 subsumiert werden. *Milgrom*, 932–933, führt eine Reihe von Beispielen aus Ägypten, Arabien, Griechenland, Persien und Indien (aus antiker Zeit) dafür an, dass auch die Umwelt Israels von einer kultischen Verunreinigung durch Samenerguss beim Geschlechtsverkehr ausgeht (s. z. B. auch *E. Feucht*, *ʿmʿ* auf der Pianchistele, 192–194.). Nach dem Sexualakt bzw. dem Samenerguss ist eine Waschung für beide Sexualpartner erforderlich (s. auch TUAT I, 280). Wenn immer ein Mensch (z. B. ein Priester) zum Dienst am Heiligtum antritt, muss er im Status der Reinheit sein, d. h. eben auch, dass er in der Nacht davor keinen Geschlechtsverkehr gehabt haben darf. Auch die hethitische Instruktion für Tempelbedienstete führt entsprechende Weisungen an. So darf etwa der für die Bewachung der Tempeltore eingeteilte Priester nicht mit seiner Frau schlafen (TUAT-Ergänzungslieferung, 77–78). Wenn ein Priester mit seiner Frau schläft, muss er sich danach sofort waschen; wenn er es versäumt, wird es zur Sünde für ihn (ebd., 79; *B. Christiansen*, Reinheitsvorstellungen, 136–137). In der gesamten Antike führt (nach *Milgrom*, 933) der Samenerguss zu einer kultischen Verunreinigung, die die betroffenen Menschen temporär vom Kult, insbesondere vom Heilsgemeinschaftsmahl, ausschließt. Die Zeitdauer in Levitikus ist die kürzest mögliche: »bis zum Abend«.

Lebenssymbolik

Der tiefere Grund für die Verunreinigung durch Samenerguss (auch beim Geschlechtsverkehr) dürfte wieder in der »Todesnähe« liegen: Im Samen liegt Lebenskraft – so viel hat man durchschaut, auch wenn genaue Kenntnisse über den Zeugungsvorgang (Sperma und Eizelle) nicht bekannt waren (erst 1877 wurde die weibliche Eizelle entdeckt; s. *D. Erbele-Küster*, Körper und Geschlecht, 104; nach der Vorstellung der alten Ägypter »war das Kind bereits fertig ausgeformt im Samen des Vaters enthalten«, *E. Feucht*, *ʿmʿ* auf der Pianchistele, 194; dies dürfte eine geläufige Annahme in der gesamten Antike gewesen sein). Wird nun dieser Samen verstreut, geht Lebenskraft verloren, die Todessphäre ist nahe (*D. L. Ellens*, Women, 67). Auch beim Fortpflanzungsakt geht Samen letztendlich verloren. Wenn aber so Mann und Frau in die Nähe der Todessphäre gelangen, sollten sie nicht im Kult ihrem lebendigen Gott begegnen – wenigstens nicht für eine kurze Dauer. Die Waschung und die verstreichende Zeit eines (halben) Tages (»bis zum Abend«) schaffen eine klärende Distanz zwischen dem verstreuten Samen als Todessymbol und der kultischen Begegnung mit Gott.

Keine Mystifizierung der Sexualität

– Ein anderer Aspekt ergibt sich möglicherweise aus folgender Überlegung: Das Gebot impliziert auch, dass im Bereich des Heiligtums kein Geschlechtsverkehr ausgeübt werden darf. So wird eine klare Distanz geschaffen zwischen dem Akt der Fortpflanzung und dem Kult. Manche Ausleger sagen, dass sich damit Israel von seiner Umwelt abgrenzt, in der die Fruchtbarkeit von Menschen, Tieren und Feldern auch im Kult durch Geschlechtsverkehr gefeiert wurde, etwa indem Menschen als Repräsentanten die sexuelle Vereinigung von Gottheiten zur Aufrechterhaltung der allgemeinen Fruchtbarkeit symbolisierten (*Levine*, 96; *Hartley*, 214). Andere Exegeten sind hier vorsichtiger und bezweifeln nicht zu Unrecht, dass es in der kanaanäischen Umwelt Israels sexuell ausschweifende Kulte gegeben habe. Vielmehr teile das antike Israel mit seiner Umwelt die Scheu vor der Macht des Geschlechtlichen. Durch Ordnung gilt es, diese Macht in Schranken zu weisen und vom Ort der Gottesbegegnung fernzuhalten, um Vermischung oder Eskalation zu vermeiden. »Das Geschlechtsleben unterliegt im kultischen Bereich überall Beschränkungen« (*Gerstenberger*, 181–182; im ägyptischen Totenbuch findet sich das negative Bekenntnis »Ich habe nicht geschlechtlich verkehrt und keine Unzucht getrieben an der reinen Stätte meines Gottes«, Tb 125, s. *E. Feucht*, *ˁmˁ* auf der Pianchistele, 192). Nochmals ist jedoch festzuhalten, dass nicht der Geschlechtsverkehr, sondern der Samenerguss den temporären Kultausschluss bewirkt (*D. Ellens*, Menstrual Impurity, 41; zu weiteren Überlegungen s. *R. Whitekettle*, Leviticus 15.18, 37–45).

V 16–18 Man könnte noch fragen, warum das Ejakulieren des männlichen Samens nur bis zum Abend unrein macht, das Urinieren dagegen gar nicht, das Austreten von anderen Flüssigkeiten (und auch das Menstruationsblut) jedoch weitaus längere Phasen der Unreinheit hervorruft. Ein Schlüssel dafür könnte der Grad der Kontrollierbarkeit sein: Fäkalausscheidungen kann der Mensch in aller Regel willentlich steuern, auch die Ejakulation von Samen ist ein weitestgehend willentlicher Akt – alle anderen Körperflüssigkeiten aus den Geschlechtsteilen bei Mann und Frau treten jedoch unwillkürlich und unkontrollierbar aus. Diese Stufung könnte den Grad bzw. die Dauer der folgenden Unreinheit (des Kultausschlusses) beeinflussen (s. z. B. *H. Eilberg-Schwartz*, Savage, 187; *T. S. Philip*, Menstruation, 10; zur Kritik an *H. Eilberg-Schwartz* und der Idee der Kontrollierbarkeit s. *D. L. Ellens*, Women, 64, die eine Reihe anderer unkontrollierbarer Substanzen erwähnt, z. B. Tränen, die jedoch nicht genannt werden).

Kontrollierbarkeit

V 19–30 Die zweite Hälfte des Kapitels befasst sich mit den normalen (V 19–24) und
V 19 krankhaften (V 25–30) Ausflüssen bei der Frau in Form von Blutungen. Die syntaktische Konstruktion ist mit der Einleitung beim Mann parallel gestaltet:

Ausflüsse bei der Frau

Einleitung

V 2 אִישׁ אִישׁ כִּי יִהְיֶה זָב מִבְּשָׂרוֹ זובו

Wenn irgendjemand (irgendein Mann) an Ausfluss von seinem Fleisch leidet, …

V 19 וְאִשָּׁה כִּי־תִהְיֶה זָבָה דָּם יִהְיֶה זֹבָהּ בִּבְשָׂרָהּ

Und wenn eine Frau an Ausfluss leidet, also Blut ihr Ausfluss an ihrem Fleisch ist, …

Die Parallelität besteht darin, dass auf die Nennung von »Mann« oder »Frau« die Konjunktion כִּי, »wenn«, die entsprechende maskuline oder feminine Verbalform von *HYY* (היה), »sein«, und dann das maskuline oder feminine Partizip von *ZūB*, »fließen«, als Fachbegriff für »an Ausfluss leiden« folgen. Bei der Frau wird in einem asyndetischen Modalsatz (»wobei«) präzisiert, dass es sich bei dem Ausfluss um Blut (דם) handelt. Aus dem folgenden Kontext wird deutlich, dass es weder um Fleischwunden noch um Nasenbluten geht, so dass das »Fleisch« hier wie in dem analogen V 2 das Geschlechtsteil bezeichnet (*Milgrom*, 934; *T. S. Philip*, Menstruation, 48).

Menstruation

Das Schlüsselwort für den Abschnitt V 19–24 ist das hebräische Wort נדה, *niddā*. Im Kontext von Lev 12 bezeichnet es den temporären Ausschluss der Frau vom Kult aufgrund des Blutverlusts bei der Geburt, wobei deutlich auf die Analogie zur Regelblutung verwiesen wird (s. die Auslegung zu Lev 12,2). Die zeitliche Befristung des Phänomens ebenso wie seine Regelmäßigkeit drückt das deutsche Wort »Periode« aus, das hier als Übersetzung für *niddā* verwendet wird, um damit auch den *temporären* Kultausschluss möglichst ohne negative (pejorative) Konnotationen, die der Text nicht beinhaltet, zu betonen (s. *D. Erbele-Küster*, Körper und Geschlecht, 121–135). Die Grundbedeutung von *niddā* ist möglicherweise »Ausstoßung, Ausscheidung« – sie kann sich auf die Ausscheidung der Regelblutung beziehen, aber auch auf die Isolation der Menstruierenden selbst (*H. K. Harrington*, Purity Texts, 101; *I. J. Batmartha*, Geburt und Monatsblutung, 49–50). Die Problematik des Sprachgebrauchs, insbesondere hinsichtlich der metaphorischen Verwendung im Sinne von »Abscheulichkeit«, und die Betonung, dass es sich um keinen moralischen Makel handelt, sind bereits bei der Auslegung zu Lev 12,2 festgehalten worden. Geburtsblutung, Wochenfluss *(Lochia)* und Regelblutung werden ganz analog behandelt (zu den Gründen für die Unreinheit durch Menstruation s. u. zu V 24). Die zeitliche Befristung wird pauschal auf sieben Tage festgelegt – damit wird auch auf die Intimsphäre der Frau Rücksicht genommen. Es gibt keine Untersuchungen durch Priester (wie bei den Hautkrankheiten); Zählung und Ansatz von Beginn und Ende liegt in der Verantwortlichkeit der Frau (allerdings wird das in der rabbinischen Literatur ausführlich diskutiert, z. B. *bNidda* 69a). Sie kann diese Zeit auch als Rückzugsbereich und Schutzzone auffassen und verwenden (*Gerstenberger*, 189–190; *Plaut/Bamberger*, 142). Dementsprechend handelt z. B. Rahel in Gen 31,35: Ihr Verweis auf ihre (angebliche!) Monatsblutung wird von ihrem Vater unhinterfragt akzeptiert (zum Thema Menstruation in der nicht-priesterlichen biblischen Literatur s. z. B. *T. S. Philip*, Menstruation, 19–42; zur Symbolik der Siebenzahl s. o. die Auslegung zu Lev 12,7; *I. J. Batmartha*, Geburt und Monatsblutung, 48).

V 19–24

V 19

Waschungen

Nicht erwähnt, aber wohl vorauszusetzen (s. *Milgrom*, 934–935; *Levine*, 97; *T. Kazen*, Discrepancies, 355; *Plaut/Bamberger*, 142; *H. K. Harrington*,

Purity Texts, 103) sind das Waschen von Körper und Kleidern. Man kann dies mit dem Schluss vom Kleineren auf das Größere ableiten: Wenn schon bei der *ein*tägigen Unreinheit des Mannes die Waschungen erforderlich sind (V 16–17), um wie viel mehr bei der *sieben*tägigen »Periode« der Frau! Die Anordnung von Waschungen fehlt bei den drei großen Fällen von Unreinheit bei Frauen (die Wöchnerin in Lev 12, die menstruierende Frau und diejenige mit krankhaften Blutungen in Lev 15), weil sie stillschweigend als selbstverständlich vorausgesetzt werden. Wenn die Waschungen für den Erzählverlauf nötig sind, werden sie erwähnt (z. B. Batseba in 2 Sam 11,2–4; *Milgrom,* 935). Die Auslassung der Erwähnung der Waschung kann mit *D. Ellens,* Menstrual Impurity, 141; *dies.,* Women, 60–62, als »shorthand technique« bezeichnet werden, also als eine Form der Abkürzung: Dadurch, dass zwei Abschnitte strukturell eng aufeinander bezogen werden, wie das bei den beiden Hälften von Lev 15 der Fall ist (s. Analyse, Aufbau), ergänzen sie sich gegenseitig, so dass eine einzelne Aussage mehr bedeuten kann, als sie auf den ersten Blick sagt (so auch *Ramban,* 208–209). – Dagegen argumentiert etwa *T. S. Philip,* Menstruation, 50–51, dass die nicht erwähnten Waschungen bei der Frau eine bewusste Markierung zur Unterscheidung der Geschlechter sei und demzufolge die Frauen nicht der Pflicht zur Waschung unterliegen (ebenso *N. J. Ruane,* Bathing, 74–80). *Philip* zeigt aber auch, dass die halachische Tradition des Judentums den Text im erstgenannten Sinne interpretiert und sehr deutlich die Waschungen der Frau einfordert (z. B. *mMiqwa'ot* 8,1.5). In diese Richtung optiert ferner L. A. Cook: »the ritual systems of Bible and Mishnah are profound statements of belief and the foundation of positive self-identity for the human being in general and the Israelite/Jew in particular, regardless of gender« (*L. A. Cook,* Body Language: Women's Rituals of Purification in the Bible and Mishnah, in: Wasserfall, R. R. [ed.], Women and Water [1999], 40–59, hier 42–43).

Die Unreinheit der Frau während der Periode überträgt sich durch Berührung (wie beim Mann, der an Ausfluss leidet, s. V 7). Für die erworbene Unreinheit wird die Terminierung »bis zum Abend« gebraucht, die normalerweise die Waschung des Körpers impliziert, nicht aber der Kleider (s. die Auslegung zu Lev 11,24–25; 11,31). Das Waschen der Kleider wird eigens erwähnt, wenn es gefordert ist. Nun entsteht das Problem, dass das Berühren einer menstruierenden Frau »nur« die Waschung des Körpers erfordert, das Berühren ihres Lagers und ihrer Sitzgelegenheit jedoch auch das Waschen der Kleider (V 21–22). Geht also vom Berühren der menstruierenden Frau eine geringere Unreinheit aus als vom Berühren ihres Lagers? Das ist zwar auf den ersten Blick problematisch, durch folgende Überlegung aber plausibel: Beim Mann, der an Ausfluss leidet, wurde betont, dass er die schwerere Stufe der Unreinheit (mit dem Erfordernis des Kleiderwaschens) dann weitergibt, wenn er sich nicht die Hände gewaschen hat (V 11). Die Erklärung dafür war (s. o.), dass der Mann Spuren seines kontaminierenden Kontakt

Ausflusses an den Händen hat, da er sein Geschlechtsteil beim Urinieren angefasst hat. Der entscheidende Impuls für die schwerere Unreinheit ist also der mögliche direkte Kontakt mit dem Ausfluss (Schleim, Sperma, Blut) selbst. Bei der menstruierenden Frau ist ihr Bett und ihre Sitzgelegenheit potentiell direkt mit ihrem Menstruationsblut kontaminiert, so dass die Berührung dieser Gegenstände eine stärkere Unreinheit bewirkt. Im Normalfall kommen aber die meisten Körperteile der Frau nicht mit dem Geschlechtsteil und der Monatsblutung in Kontakt, so dass keine unmittelbare Kontamination mit dem Ausfluss erfolgt. »Therefore, anyone who touches her (v 19b) contracts a lesser impurity than one who touches anything beneath her (vv 21–22)« (*Milgrom*, 936. Milgrom führt auch andere, weniger plausible Lösungsmöglichkeiten des angeblichen Widerspruchs auf.). Der Grund für diese Überlegung könnte möglicherweise darin liegen, dass die priesterliche Gesetzgebung die aus der Umwelt Israels und der »Volksfrömmigkeit« (im pejorativen Sinne) bekannten Tabuvorstellungen von dem Belastetsein der menstruierenden Frau mit Dämonen und dergleichen aufbrechen will: Es ist der konkrete Ausfluss von Blut als Symbol des Verlusts der Lebenskraft, der eine Kultteilnahme verunmöglicht – es geht nicht um die Vorstellung, die geschwächte Frau sei Opfer dämonischer Mächte und von daher zu meiden. Die Frau wird auch nicht ausgestoßen, sondern lebt normal in ihrem Haushalt und geht ihren Tätigkeiten nach (*I. J. Batmartha*, Geburt und Monatsblutung, 50). Nur dürfen die Mitbewohner ihr Bett und ihre Sitzgelegenheit sowie sie selbst nicht berühren (*Bailey*, 183). Vergleicht man damit das Aufhebens, das in anderen Kulturen bis in heutige Zusammenhänge hinein um die Menstruation gemacht wird (von der Zaubermacht des Menstruationsblutes bis hin zu heutiger Hygieneversessen-
Gegenstände heit), muten die Vorschriften geradezu nüchtern an. Es wird auch genau V 20
spezifiziert, welche Gegenstände von der Unreinheit der menstruierenden Frau betroffen sind: das, worauf sie liegt, und das, worauf sie sitzt. Der beim Mann eigens erwähnte Reitsattel (V 9) ist implizit mitgemeint. Aus dem bisher Ausgeführten ist zu schließen, dass diese verunreinigten Gegenstände ebenfalls nach Ablauf der Periode gereinigt werden müssen. Zugleich wird deutlich, dass nur die erwähnten (bzw. logisch implizierten) Dinge kontaminiert werden – auf andere Geräte usw. überträgt sich die Unreinheit nicht. Auch das gewährleistet ein weitgehend normales Leben in ihrem
Haushalt. Die betreffenden Gegenstände, Bettzeug und Sitzgelegenheit, V 21–22
sind allerdings durch den unmittelbaren Kontakt mit dem Ausfluss (dem Menstruationsblut) so mit Unreinheit »aufgeladen«, dass sie diese durch Kontakt an jede Person weitergeben, die sie berührt. Diese erworbene Unreinheit ist so schwerwiegend, dass die drei Maßnahmen (Waschen des Körpers und der Kleider, Warten bis zum Abend) gefordert sind, um wieder rein
Tertiäre Unreinheit zu werden (s.o. zu V 5 usw.). Aber nicht nur Personen, die Bettzeug oder V 23
Sitzgelegenheit der menstruierenden Frau berühren, werden unrein, son-

dern auch Gegenstände, die auf ihnen liegen. So wird eine Dreierkette gebildet: die menstruierende Frau – das Bett/der Stuhl – etwas auf dem Bett/dem Stuhl. Auch die tertiäre Unreinheit macht den, der den betreffenden Gegenstand berührt, unrein – bis zum Abend, d.h. es ist die übliche Waschung des Körpers (nicht aber der Kleider) erforderlich. *Milgrom*, 939, betont, dass es sich um eine Kette simultanen Kontakts handeln muss, d.h. das Sitzen der Frau (mit Partizip formuliert, s. *B. K. Waltke/M. O'Connor*, Syntax, 625) muss gerade stattfinden. Gemeint ist also: Wenn die Frau auf ihrem Bettzeug sitzt und es liegt ein Gegenstand darauf und jemand berührt diesen Gegenstand, ist der Berührende unrein bis zum Abend. Ist die Frau nicht anwesend, gibt es keine tertiäre Unreinheit.

V 24 Die Unreinheit der Menstruierenden, die sieben Tage dauert, überträgt sich auf den Mann, der mit dieser Frau schläft (s. u.a. *K. O'Grady*, Semantics, 9–13; *J. Magonet*, Girl, 150–151, verweist auf Gen 2,24: »sie werden *ein* Fleisch«). Es ist unerheblich, an welchem Tag der Periode der Frau der Geschlechtsverkehr stattgefunden hat, der Mann ist in jedem Fall sieben Tage unrein (*Raschi*, 318). Dabei sind die kultische und die »strafrelevante« Seite zu unterscheiden. Zwei Fälle sind zu diskutieren: (1) Das Paar bemerkt die Menstruation der Frau erst während des Geschlechtsverkehrs. Damit verstoßen beide unbeabsichtigt gegen das Gebot Gottes von Lev 20,18 (s. die Auslegung dort). Aus der strafrelevanten Sicht müssen sie ein Entsündigungsopfer darbringen (s. zu Lev 4, insbesondere 4,27ff). Ein entsprechender Hinweis findet sich auch in der Mischna (*mNidda* 2,2). (2) Der Mann verkehrt mit der Frau im beiderseitigen Wissen um die Monatsblutung. Damit handelt es sich um einen bewussten Verstoß gegen Lev 20,18; als Strafe ist die *karet*-Sanktion (s. zu Lev 7,20) vorgesehen. In den Sündenkatalogen von Ez 18 gehört das Vermeiden des Geschlechtsverkehrs mit einer menstruierenden Frau neben der Verweigerung der Fremdgötterverehrung und des Ehebruchs zu den Kennzeichen des gerechten Menschen (Ez 18,6). Wenn Schandtaten aufgezählt werden, wird nach der Verehrung fremder Götter und dem Verkehr mit der Frau des Vaters der Missbrauch der menstruierenden Frau genannt (Ez 22,10) (s. dazu u.a. *T. S. Philip*, Menstruation, 61–64). Diese strafrelevanten Überlegungen sind hier in Lev 15 nicht im Blick – die priesterlichen Gesetzgeber behandeln nur die kultische Seite des Ereignisses. Kultisch gesehen – und dieses Denken ist innerhalb des Systems konsequent – ist es unerheblich, ob der Verkehr mit der menstruierenden Frau absichtlich oder unabsichtlich erfolgte. Fakt ist, dass das Menstruationsblut auf den Mann gekommen ist – und das macht ihn für sieben Tage unrein. Seine Unreinheit überträgt er auch auf sein Lager (Bettzeug). Nach Ablauf dieser Zeit sind die üblichen Waschungen (der Kleider, des Körpers und natürlich des Bettzeugs) erforderlich. – Auf die Frage, warum der Geschlechtsverkehr mit einer menstruierenden Frau eine vergleichsweise lange Ausschlussfrist nach sich zieht, während jeder andere

Geschlechtsverkehr

Kontakt nur eine eintägige Unreinheit bedeutet, kann die gleiche Antwort gegeben werden wie auf die Frage, warum aus strafrelevanter Sicht der Verkehr mit einer Frau während ihrer Monatsblutung so kategorisch verurteilt wird: In diesem Fall treten gleich zwei Leben spendende Körperflüssigkeiten aus und gehen verloren, Samen und Blut. Schon zu V 16–17 ist festzustellen, dass das *Sperma* als eine Quelle des Lebens angesehen wird, dessen Verlust (Samenerguss bei Pollution, Masturbation und Geschlechtsverkehr) die Todessphäre heraufbeschwört und damit kultunfähig macht. *Blut* wiederum ist, wie zu Lev 4 (s. die Ausführungen zu »Warum Blut?«) gezeigt werden kann, das Symbol des Lebens schlechthin; wird es vergossen oder tritt es unkontrolliert aus, ist die Todessphäre nahe, so dass eine Begegnung mit dem lebendigen Gott im Kult zu einem Risiko wird.

Gründe für die Unreinheit durch Menstruation

Das Austreten von Blut allein kann aber noch nicht Grund genug für den temporären Kultausschluss (die Unreinheit) der menstruierenden Frau sein, denn blutende Wunden, die bisweilen viel lebensgefährlicher sind, werden in Lev 15 nicht berücksichtigt (s. *R. Whitekettle*, Levitical Thought, 377); das Kapitel ist ausschließlich auf Ausflüsse aus den Genitalien beschränkt: »Nur im Kontext der Reproduktion ist Blut verunreinigend bzw. … wird es in Zusammenhang mit Kultunfähigkeit gebracht« (*D. Erbele-Küster*, Körper und Geschlecht, 159). Zum Austritt von Blut als Anzeiger der Nähe der Todessphäre kommt somit noch folgender Gegensatz hinzu: Gefährdungen der menschlichen Reproduktionsorgane bzw. eine eingeschränkte Funktionalität der Geschlechtsorgane stehen im Widerspruch zur lebendigen und lebensspendenden Sphäre Gottes (s. *R. Whitekettle*, Levitical Thought, 380). Dies gilt auf den ersten Blick für die krankhaften Ausflüsse aus den Genitalien bei Männern und Frauen, so dass hier eine Begegnung mit der Gottheit im Kult nicht ratsam erscheint. Auf den zweiten Blick ist aber – in konsequenter Fortsetzung des Gedankens – jedes Austreten von Samen und Blut aus den Genitalien ein Zeichen dafür, dass Fortpflanzung nicht stattfindet, neues Leben nicht entsteht. Da die menstruierende Frau nicht empfangen kann und die Weitergabe des Lebens so nicht gelingt, bildet sie im priesterlichen Denken ein Symbol, das im Gegensatz zur lebendigen Gottheit im Heiligtum steht (*F. Klopper*, Rhetoric, 683). Daher wird der zeitweilige Ausschluss von der Kultteilnahme (»unrein«) angeordnet. Sobald die gesetzte Frist vorbei ist, keine dauernde Blutung auftritt (s. u.) und die rituelle Waschung als Zeichen der Reintegration erfolgt, ist die Frau wieder im Normalzustand der kultischen Reinheit. Nach der Menopause entfällt mit den nicht mehr auftretenden Blutungen der Indikator für eine kultische Unreinheit. Für das priesterliche Denken ist also weder austretendes Blut (z. B. eine blutende Wunde) noch eine Unfruchtbarkeit je für sich das Problem. Das aus den Genitalien der Frau austretende Menstruationsblut jedoch gilt als ein Indikator für »Nicht-Leben« (keine Empfängnis möglich; s. z. B. *H. Eilberg-Schwartz*, Savage, 183–184; *M. Douglas*, Leviticus as Literature,

V 19–24

178). Das Phänomen wird als symbolischer Gegensatz zum mit dem Heiligtum assoziierten »Leben« angesehen (s. z. B. *R. R. Wasserfall,* Women and Water, 11), so dass jeglicher Kontakt zu vermeiden ist.

Im rabbinischen Denken begegnet die Vorstellung, dass drei Personen am Zustandekommen eines Menschen beteiligt sind: Vom weißen Samen des *Mannes* kommen Knochen, Sehnen, Nägel, das Gehirn und das Weiße des Auges; die *Frau* sät Rotes, und daher kommen Haut, Fleisch, Haar und das Schwarze im Auge; *Gott* gibt Geist, Seele, Gesicht, Sehen, Hören, Reden, Gehen, Verstand und Erkenntnis (*bNidda* 31a; *Ramban,* 157). Damit bringt also auch die Frau »roten Samen« hervor (s. Lev 12,2, Zur Übersetzung), der mit dem weißen Samen des Mannes gemischt wird (s. *M. Grohmann,* Female Semen, 48). Jegliches Austreten des weißen oder roten »Samens« (bei Ejakulation, Geschlechtsverkehr, Menstruation oder Geburt) ist somit ein potentieller Lebensverlust und ein Zeichen der Todessphäre, sodass eine temporäre kultische Abstinenz (Unreinheit) angesetzt wird. Da die Menstruation länger dauert als die Ejakulation des Mannes, misst die Zeit der Unreinheit bei der Frau sieben Tage. Innerhalb der antiken Vorstellungen von der menschlichen Physiologie sind die Vorschriften verstehbar; zugleich zeigt sich ihre Zeitbedingtheit.

V 25–30 In Analogie zur Monatsblutung wird in V 25–30 der Fall behandelt, dass der Blutfluss in abnormaler (krankhafter) Weise andauert. Es wird nicht die Formulierungsweise wie beim Mann in V 2 verwendet, zum einen, weil diese Wendung schon bei der Menstruation in V 19 aufgegriffen wurde, zum anderen, weil es sich nicht um einen Schleimfluss handelt, sondern um Blut. Das ist auch der Grund dafür, dass der krankhafte Ausfluss bei der Frau nicht in Analogie zum Ausfluss beim Mann, sondern zur Menstruation be- Krankhafte Blutungen
V 25 handelt wird. Die Zeitdauer, die das Phänomen anhalten muss, um relevant zu sein, wird nicht näher spezifiziert; die rabbinische Literatur denkt an mindestens drei Tage über die normale Zeit der Periode hinaus (*Sifra,* Mezora, Üs. Winter, 441; *Raschbam,* 85). Die Formulierung von V 25 soll gewährleisten, dass es nun *ausschließlich* um die von der Regelblutung *abweichenden* Fälle geht, auch wenn die dafür angewandten Bestimmungen den Anordnungen für die Menstruation entsprechen. Um dies zu unterstreichen, wird nach dem Verweis auf die Analogie zur Menstruation (»wie an den Tagen ihrer Periode«) festgestellt: »unrein ist sie« – das wiederum entspricht der Aussage über den *krankhaften* Ausfluss des Mannes in V 2 (»unrein ist er«, gemeint ist der Ausfluss wie der damit Behaftete; s. auch Zur Übersetzung von V 2). Es geht also nicht um den »normalen« temporären Ausschluss der Frau vom Kult aufgrund der Monatsblutung, sondern um einen permanenten Ausschluss (daher das Adjektiv טמאה), der so lange andauert, solange das Phänomen auftritt. Verschwindet es, sind eine Wartezeit von sieben Tagen und weitere Maßnahmen (s. u., V 28–30) anzusetzen. Erneut ist zu beachten, dass es nicht um therapeutische oder medizinische Fragen geht, sondern allein um die kultische Perspektive. Weder konnten die Ursachen der Krankheit durchschaut werden, noch waren heilende Maß-

Wie bei der Menstruation

nahmen bekannt. – Die weiteren Umstände werden in V 26 durch mehrfachen Rückverweis auf die vorausgehenden Verse in Analogie zum Verhalten bei der Menstruation geregelt. Damit funktioniert V 26 wie eine Abkürzung: Es ist all das gemeint, was die V 20–23 ansprechen. Das gilt auch für V 27 in der hebräischen Fassung (s. Zur Übersetzung): Ähnlich wie bei Bettzeug und Sitzgelegenheit der menstruierenden Frau machen diese Dinge auch bei der an Blutungen leidenden Frau unrein. Zum Erreichen der kultischen Reinheit sind die üblichen drei Maßnahmen erforderlich. Unerwähnt bleibt die *Berührung* der *Frau* mit Blutfluss. LXX erfasst diesen Fall durch ihre andere Lesart: »Jeder, der *sie* (die Frau) berührt«. Wie kann im hebräischen Text das geforderte Verhalten erschlossen werden? Aufgrund der zahlreichen Analogien zur Menstruation kann hier zunächst auf V 19 verwiesen werden: Auch das Berühren der an Blutungen leidenden Frau macht wie im Fall der menstruierenden Frau unrein bis zum Abend (d. h. die Waschung des Körpers und das Warten sind erforderlich). Wäre dann – wie bei der Menstruation – das Waschen der Kleider nicht nötig? Da es sich aber nicht um die regelmäßige Monatsblutung handelt, sondern um eine abnormale (krankhafte) Ausscheidung von Blut, ist zusätzlich die Analogie zum an krankhaftem Ausfluss leidenden Mann heranzuziehen (V 7): Wer dessen »Fleisch« (also dessen Körper, s. o.) berührt, muss auch seine Kleider waschen. Damit kann der hier nicht erwähnte Fall der Berührung einer an Blutungen leidenden Frau aus der Verbindung von V 7 und V 19 abgeleitet werden: Es sind die drei Maßnahmen (Waschung der Kleider und des Körpers, Warten bis zum Abend) erforderlich.

V 26

V 27

Purifikation

V 28–30

Der Purifikationsritus für die von ihren Blutungen genesene Frau entspricht genau dem Ritus beim vom Ausfluss geheilten Mann (V 13–15; *K. O'Grady*, Semantics, 5). Warum hier nicht mit כי (*kī*, neuer Hauptfall), sondern mit ואם (*w^e-'īm*, Nebenfall) eingeleitet wird, könnte zwei Ursachen haben: Da die Riten identisch sind, könnte man annehmen, es handle sich nicht um einen neuen Hauptfall, sondern um einen Unterfall zu V 13–15. Zudem könnte ein gewisser Stilwille darin bestehen, in Kapitel 15 die Konjunktion כי, *kī*, genau sieben Mal vorkommen zu lassen. Ansonsten ist die Vorgehensweise identisch, wobei V 28–30 als Abkürzung zu betrachten sind – das Waschen der Kleider und des eigenen Körpers in »lebendigem« Wasser ist weggelassen, muss aber wohl aus V 13 vorausgesetzt werden (*Milgrom*, 944). Auch V 29 kürzt ab und lässt »vor JHWH« weg. Dass hingegen V 30 über V 15 hinaus vom Ausfluss *ihrer Unreinheit* spricht, könnte andeuten, dass die Purifikation bei der Frau nur bei abnormalen (krankhaften), also länger andauernden Blutungen erforderlich ist, wenn diese wieder aufhören, nicht aber bei der normalen Menstruation.

Hinter der erwähnten »Abkürzung« in V 29 könnte natürlich auch mehr stecken: Vergleicht man die V 14–15 (Mann) und V 29–30 (Frau), so fehlt gerade bei der Frau die für den kultisch-religiösen Vorgang wichtige Lokalisierung »vor JHWH« (לפני יהוה) in V 29 – es heißt nur beim *Mann*, dass er »vor JHWH« komme. Dies könnte ein subtiler Hinweis darauf sein, dass die priesterlichen Verfasser den vollständigen Ausschluss der Frauen von kultischen Akten für selbstverständlich halten (so *J. Romney Wegner*, Exclusion, 456–457: »the omission of a phrase as significant as לפני יהוה in the woman's case can hardly be due to ›condensation‹ or even mere inadvertence, but undoubtedly *reflects* the priestly view of women's ineligibility to enter, still more participate in, the public domain of the cult«; H.i.O.). In diesem Sinne könnte auch das Waschen von Kleidern und Körper bei der Frau bewusst ausgelassen worden sein: Da die Frau ohnehin nicht am Kult teilnehme, sei ihr Reinheitsstatus irrelevant. Hier jedoch muss bedacht werden, dass die kultische Reinheit auch für die Teilnahme am Heilsgemeinschaftsopfer (Lev 3; Glossar) gegeben sein muss, und daran sind ohne Zweifel auch Frauen beteiligt; daher ist doch anzunehmen, dass die Waschung implizit vorauszusetzen ist, auch wenn sie nicht ausgedrückt wird.

Die Heilung der »blutflüssigen Frau« durch Jesus in Mk 5,24b–34 (par. Mt 9,20–22; Lk 8,42c–48) scheint sprachlich bewusst an Lev 15 anzuspielen (v.a. ῥύσις αἵματος in Mk 5,25 und Lev 15,19.25). Die Erzählung baut die Thematik der Reinheit/Unreinheit jedoch nicht aus, sondern konzentriert sich auf den Punkt der Heilung und der damit verbundenen christologischen Aussage (s. *T. Kazen*, Issues, 106–109). Mk 5,24b–34

V 31 In mehrerlei Hinsicht sticht V 31 aus dem Gesamtkontext heraus: Eine Gruppe ist in zweiter Person Plural direkt angesprochen (»ihr«); Gott spricht von sich in erster Person (»meine Wohnung«); es wird eine motivierende Begründung gegeben, die in den Weisungen vorher meist vermisst wird; die Verunreinigung des Heiligtums wird mit der Todessphäre in Verbindung gebracht. Es liegt nahe, in entstehungsgeschichtlicher Perspektive in diesem Vers einen redaktionellen Zusatz auf der Ebene der Buchgestaltung zu sehen, der Lev 11–15 mit Lev 10 und Lev 16 verbinden will und sich sprachlich an H (s. die Einleitung) orientiert (s. *C. Nihan*, Priestly Torah, 282–283; ähnlich *Elliger*, 196; *T. S. Philip*, Menstruation, 47; *R. A. Kugler*, Holiness, 17). Dieser Zusatz bringt eine Reihe neuer Gedanken in den Zusammenhang ein. Angesprochen in dem »ihr« sind in der Textwelt zwar Mose und Aaron (in Entsprechung zur Anredeformel von V 1), in textpragmatischer Hinsicht aber die Priester als Stand. Es ist ihre ureigene Aufgabe, zwischen rein und unrein zu unterscheiden und die Israeliten Entsprechendes zu lehren (Lev 10,10–11; s. die Auslegung dort). Die Priester sollen also die Israeliten (die Nicht-Priester) über das System der kultischen Reinheit aufklären und damit davon abhalten, im unreinen Zustand das Heiligtum aufzusuchen, oder anders ausgedrückt: in einem verunsicherten, gleichsam geschwächten Zustand oder auch gedankenlos und ohne Reflexion auf das eigene Tun und den eigenen Zustand vor den lebendigen und heiligen Gott hinzutreten. Hier wird das so formuliert, dass die Priester die Israeliten von ihrer eigenen Unreinheit abhalten sollen – somit entsteht die Frage, welche Grundsatz

Unreinheit/en damit gemeint ist/sind, also wie weit sich dieses Grundsatzprogramm von V 31 erstreckt. (1) Zum einen könnte sich die genannte Unreinheit auf die gesamten vorausgehenden Kapitel beziehen, die von rein und unrein sprechen, also Lev 11–15. Die Nennung des Heiligtums stellt die Brücke zu Lev 16 her; störend ist dann nur die Toraformel in V 32–33, die lediglich auf Lev 15 referiert. Diese Unebenheit ist dadurch zu erklären, dass V 31 ein späterer Zusatz (im Stil von H) ist. (2) Zum anderen könnte V 31 auch nur die durch Ausflüsse aus den Genitalien verursachten Unreinheiten bezeichnen und würde so die Vorschriften von Lev 15 erläutern und motivieren. Der Ort unmittelbar vor der abschließenden (rahmenden) Toraformel wäre dazu angebracht. Eine Entscheidung für eine der beiden Möglichkeiten ist schwer; vielleicht oszilliert die Reichweite nicht ohne Grund und provoziert unterschiedliche Perspektiven des Lesers, der aufgerufen ist, den Begriff »Unreinheit« mit Inhalt zu füllen. – Eine Beschränkung von V 31 auf die vorausgehende Menstruation ist unzutreffend und wäre unverständlich (gegen *Staubli*, 129). – Die Rede vom Sterben betrifft nun Israel als ganzes Volk und auch nur dann, wenn die Unreinheit bewusst aufrechterhalten bleibt und der Kontakt mit dem heiligen Gott trotz des Wissens um die Unreinheit im Kult gesucht wird. Alle anderen Fälle sind als »unbeabsichtigt« (בשגגה) einzustufen und werden durch Entsündigungs- und Entschuldigungsopfer (s. zu Lev 4–5) geregelt. Es geht auch nicht um den Einzelfall, denn wenn ein Einzelner mit Absicht gegen die Reinheitsvorschriften verstößt, trifft ihn die *karet*-Sanktion (s. zu Lev 7,20–21): Gott selbst wird für die Bestrafung sorgen, die z. B. in einem frühen Tod und dem Abbruch der Abstammungslinie (keine Nachkommen) besteht. Hier in Lev 15,31 ist jedoch Israel als Ganzes im Blick, so dass es um den »Tod der Nation« geht (*Milgrom*, 946; *J. D. Lawrence*, Washing, 29). Dabei ist nicht an eine direkte Todessanktion (oder gar eine »Todesstrafe«) zu denken, sondern an eine emphatische Verstärkung der Warnung, die den Ernst der kultischen Unreinheit unterstreicht und davor warnt, hier nachlässig zu werden. In den Reinheitsvorschriften von Lev 11–15 ist immer wieder durchgeklungen, dass »Unreinheit« die Nähe der Todessphäre meint (s. auch das Glossar »rein« und »unrein«): aasfressende Tiere sind unrein, ebenso Tierkadaver (Lev 11), austretendes Blut als Symbol für Verlust von Lebenskraft (Lev 12 und 15), sich krankhaft verändernde und abschuppende Haut (Lev 13–14), krankhafter Ausfluss aus den Genitalien sowie Austreten (also Verlust) von Sperma (Lev 15). Hier lässt sich ein gemeinsamer Nenner all der unterschiedlichen Tatbestände und Vorkommnisse finden (s. z. B. *H. Eilberg-Schwartz*, Savage, 184). Im priesterlichen Vorstellungssystem ist es undenkbar, dass das Unreine und damit die Todessphäre dem heiligen und lebendigen Gott im Kult gegenübertritt (s. die Skizze im Glossar Seite 125). Daraus resultieren die detaillierten Vorschriften, die eine Vielzahl von Phänomenen nur unter einer Perspektive sortieren: »rein« = Kultteil-

Todessphäre

Rein und unrein

nahme möglich – oder »unrein« = Kultteilnahme nicht möglich. Dabei ist der Normalzustand »rein« – nur wenn Phänomene auftreten, die die Todessphäre wachrufen, sind Maßnahmen erforderlich. Der Zustand »unrein« ist grundsätzlich temporär, also vorübergehend – Waschungen mit Wasser sowie das Abwarten bestimmter Zeitspannen, in schwereren Fällen das Darbringen von einem Entsündigungs- und einem Brandopfer dokumentieren die Reintegration und die Rückführung in den Normalzustand »rein«. – Als Alternative zum Gedanken der Nähe der Todessphäre schlägt *C. Nihan*, Forms, 326–338, vor, den Verlust der sozialen Kontrolle über den Körper, Häuser oder Gegenstände durch das Eindringen des »Biologischen« in die Welt der Menschen als gemeinsamen Nenner der Quellen der Unreinheit zu sehen (s. das Glossar zu »rein« und »unrein«). Die Reinigungsmaßnahmen seien dann dazu da, diese soziale Kontrolle wieder zu gewinnen.

V 32–33 Innerhalb des Komplexes über rein und unrein ist die Toraformel zum Abschluss von Kapitel 15 die siebte (Lev 11,46; 12,7; 13,59; 14,2.32.57; 15,32). Möglicherweise ist hier eine gewisse Absicht erkennbar, die Symbolzahl »7« zum Tragen kommen zu lassen. Das Wort »Tora« (Weisung) steht im Status constructus, von dem eine Kette von Begriffen abhängig ist (im Deutschen: »für den …, für die …« usw., in der folgenden Tabelle *kursiv*). Der erste Satz (V 32a) ist als Überschrift anzusehen: Es geht generell um Ausflüsse. »Der an Ausfluss leidet« (Hebräisch: הזב, *ha-zāb*) ist ein Fachbegriff, der geschlechtsneutral bzw. inklusiv ist, denn in V 33 wird betont »sei es ein Mann oder eine Frau« (לַזָּכָר וְלַנְּקֵבָה). Es ist erkennbar, dass die weiteren Sätze bestimmte Abschnitte von Kapitel 15 zusammenfassen: Toraformel

Überschrift	[32]Dies (ist) die Weisung für *den, der an Ausfluss leidet,*
V 16–18: Samenerguss	und für *den, aus dem ein Samenerguss ausgeht,* der ihn unrein werden lässt,
V 19–23: Menstruation	[33]und für *die Frau in ihrer Periode der Menstruation*
V 2–15 und V 25–30: krankhafte Ausflüsse	und für *den, der an seinem Ausfluss leidet,* sei es ein Mann oder eine Frau,
V 24	und für *den Mann, der mit einer Unreinen schläft.*

Die Anordnung in der Toraformel folgt nicht der Versreihenfolge im Kapitel, zeigt aber dennoch einen logischen Aufbau in Form einer gewissen Steigerung: Zunächst geht es um die »normalen« Ausflüsse aus den Genitalien (Sperma und Menstruationsblut), dann um die krankhaften Ausflüsse (Schleim, Blutungen). Am Ende steht der (an anderen Stellen verpönte und unter strengen Strafen stehende) Fall des Geschlechtsverkehrs mit einer menstruierenden Frau.

Rezeption und Bedeutung

Aspekte der Rezeption

Die Rezeption von Lev 15 (bzw. der gesamten Kapitel über Rein und Unrein von 12 bis 15) verläuft in Judentum und Christentum sehr unterschiedlich.

Judentum

Im Judentum werden diese Fragen Gegenstand umfangreicher Diskussionen in der Mischna (VI. Seder: Ṭoharot, »Reinheiten« mit 12 Traktaten) und im Talmud (s. dazu z. B. die Studien von *J. Romney Wegner,* Chattel; *C. E. Fonrobert,* Menstrual Purity; *M. Morgenstern,* Nachwort, 173–202) sowie in der frühjüdischen Literatur (s. u. a. *J. Neusner,* Idea, 32–130; *B. Ego,* Purity Concepts, 477–492).

Mischna

So behandelt z. B. das Mischna-Traktat *mNidda* Fragen zur Menstruation: wie ist sie zu erkennen, wie werden Zweifelsfälle behandelt, wie ist bei einer Geburt zu verfahren (3, 1–4, 7 zu Lev 12), wie wirken die Verunreinigungen bei Frauen und bei Männern, wie sind Blutflecken zu beurteilen (s. u. a. *A. Destro,* Witness, 124–138; s. auch *Bailey,* 160–162). Auch zu den »Ausflussbehafteten« (Männer) gibt es ein Traktat: *mZavim.* Es behandelt die Untersuchung und Prüfung des Ausflusses sowie die Arten, wie man sich und andere durch Ausfluss kultisch verunreinigt, wie sich also die Verunreinigung durch Kontakt überträgt. Am Beginn des VI. Seder regelt *mKelim* 1, 1–9 die Grade (Stufungen) der Unreinheit und der Heiligkeit. Auch die Vorgehensweise bei den erwähnten Waschungen, deren Ablauf in der Tora selbst nicht bestimmt ist, beschreibt die rabbinische Literatur als »Tauchbäder« im entsprechenden Traktat *mMiqwa'ot:* Es geht um die Wasserarten und die Wassermenge sowie um das korrekte Untertauchen. Diese Vorgänge sind – wie das Einhalten der Speisegebote von Lev 11 – unabhängig vom Tempel und werden daher auch nach dessen Zerstörung praktiziert. Ein Unterschied ergibt sich aber zwischen Männern und Frauen: Die Unreinheit der Männer ist nur auf den Tempelkult bezogen und verliert mit dessen Untergang seine drängende Relevanz. Die Unreinheit anlässlich der Menstruation der Frau dagegen beeinflusst auch das geschlechtliche Eheleben; daher wird letztere Form der Unreinheit in den Reinheitsvorschriften des späteren Judentums viel intensiver behandelt (*Levine,* 223).

Mikwe

Das Frühjudentum entwickelt in der Hasmonäerzeit (Mitte bis Ende 2. Jh. v. Chr.) für die rituelle Reinigung eigene Ritualbäder (»Mikwe«, »Mikwaot«); s. z. B. *J. Baskin/S. Gibson/D. Kotlar,* Art. »Mikveh«, 225–230; *S. Hoss,* Baths; *J. D. Lawrence,* Washing, 155–183; *J. K. Zangenberg,* Pure Stone, 541–545; *E. Regev,* Non-Priestly Purity, 223–244; zur Bedeutung der Menstruation und der »Reinigung« für jüdische Frauen in Geschichte und Gegenwart s. *R. R. Wasserfall,* Women and Water (1999).

Ṭebul jom

– Die Zeit zwischen dem Tauchbad und dem »Abend« (gemäß der in Lev 11–15 vielfach begegnenden Wendung »bis zum Abend«) behandelt das Mischnatraktat *Ṭebul jom (mTevul Yom)* und diskutiert, inwieweit eine Person in dem Zwischenzustand zwischen Bad und Abend »Unreinheit« weitergeben kann (s. zu Lev 11, 24–25).

Qumran

Ähnliche Überlegungen zu einer gestuften Unreinheit und entsprechend gestuften Reinigungsriten, insbesondere einer Waschung am ersten Tag, finden sich in 4Q274 (4QTohorot A; ca. 1. Jh. v. Chr.); darin geht es nach *T. Kazen,* Issues, 63–89, um Personen im Reinigungsprozess und ihren Kontakt zu Reinem und Unreinem. Menschen, die schon einen niedrigeren Grad an Unreinheit erreicht haben, sollen Kontakt mit anderen vermeiden, die auf der Skala der Unreinheit auf einer höheren Stufe stehen. Hier zeigt sich, dass sich in der Spätzeit des Zweiten Tempels Rangfolgen von Unreinheit und korrespondierenden Reinigungsriten entwickeln, die die biblischen Bestimmungen in mehrerlei Hinsicht ausweiten (ebd., 87–88; *I. C. Werrett,* Ritual Purity, 245–252; zu weiteren Details in der Qumran-Literatur s. ebd., 46–60 [CD]; 153–159 [11Q19: Tempelrolle]; 236–252 [weitere Handschriften]; 277–283 [Überblick]; *H. K. Harrington,* Purity Texts, 95–99; *J. D. Lawrence,* Washing, 81–154).

Christentum

Im Christentum werden Lev 12–15 nur sporadisch behandelt, auch im Gottesdienst kommen diese Kapitel so gut wie nie vor (s. dazu u. a. *G. Rouwhorst,* Leviticus 12–15, 181–184; *S. J. D. Cohen,* Menstruants, 287–290). Origenes z. B. übergeht Lev 15 in seinen Homilien über Levitikus völlig, da er nur die »erbaulichen Blumen von den Wiesen der Schriften« pflücken will (*Hom. in Lev* VII, 1 [SC 286, 298]; s. dazu auch *C. E. Fonrobert,* Menstrual Purity, 198–203). Nach Clemens von Alexandria ersetzt die eine christliche Taufe alle von Mose vorgeschriebenen Waschungen, insbesondere die nach dem ehelichen Geschlechtsverkehr (*Stromateis* 3.82.6; *Lienhard,* 184). Theodoret von Cyrus tendiert dazu, die »Unreinheit« in ihrer Schwere zu relativieren, betont dann aber die moralische Lehre aus dem Kapitel: Wenn schon ein rein physischer Ausfluss Unreinheit bewirkt, um wie viel mehr unerlaubter Lustgenuss! Theodoret spielt auf Lev 15,16 (Pollution) an, und zum ehelichen Geschlechtsverkehr (15,18) betont er, dass hier natürlich keine Unreinheit vorliege, doch könne auch hier rasch die Sünde Einzug halten, wenn er nicht auf das Zeugen von Kindern ausgerichtet sei, sondern aus unkontrollierter Lust erfolge (*Quaestiones in Leviticum* XX). – An diesen Beispielen wird u. a. deutlich, wie eine traditionelle Lust- und Leibfeindlichkeit, gepaart mit aus der Zeit bedingten Unsicherheiten und Ängsten über die Körpervorgänge, auch die Bibelauslegung beeinflusst und sich die Rezeption mehr und mehr vom Bibeltext entfernt. Die negative Sicht der Menstruation bei Aristoteles und Plinius dem Älteren (s. u.) sowie Beispiele frauenfeindlicher Auslegungen zu Lev 15 vom Midrasch Genesis Rabba bis hin zu Thomas von Aquin stellt *K. O'Grady,* Semantics, 5–9, dar; die »menstrual politics in early Christian literature« (u. a. in der Didaskalia) diskutiert *C. E. Fonrobert,* Menstrual Purity, 160–209 (s. u.).

Rezeptionsprobleme aus heutiger Sicht

Das Kapitel über die Ausflüsse aus den menschlichen Genitalien (Lev 15) wirft für das heutige Verständnis große Probleme auf. Der Grund dafür ist die völlig andere Sichtweise der Phänomene, und diesen »garstigen Graben« gilt es zunächst respektvoll wahrzunehmen und anzuerkennen. Der Verlust von Körperflüssigkeiten, die eng mit dem Leben verbunden sind, versetzte den antiken Menschen als von der Normalität abweichende Erscheinung in tiefe Unsicherheit (s. *J. Romney Wegner*, Exclusion, 452). Für heutige Menschen ist das alles jedoch längst nicht mehr mit der »Nähe der Todessphäre« behaftet. Wenn aber jemandem die heutigen medizinischen Erkenntnisse über Gonorrhöe (und harmlosere Varianten der Schleimabsonderung) und Sperma, über Menstruation, den Zyklus der Frau, über pathologische Blutungen und andere Inhalte modernen Biologie- und Sexualkundeunterrichts nicht geläufig sind und noch dazu weitere physiologische Zusammenhänge fremd sind, wird er vielleicht auch zu anderen Einstellungen gelangen und Tabuvorstellungen entwickeln, die möglicherweise denen des biblischen Kapitels ähneln. Die Reinheitsvorstellungen von Lev 15 sind ja kein einzigartiges Spezifikum, das ausschließlich für Bibel oder gar Judentum typisch sei, sondern eine Spielart einer ganzen Bandbreite von Anschauungen, die sich in nahezu allen menschlichen Kulturen in der einen oder anderen Weise nachweisen lassen (s. dazu *Milgrom*, 949–950, mit Hinweisen auf Literatur; *J. M. Kimuhu*, Leviticus, 291–387). Aus dieser Perspektive sollten heutige Bibelleserinnen und -leser zumindest Verständnis für die Vorschriften aufbringen. Zugleich sollte anerkannt werden, dass die Texte darauf zielen, Ängste und Unsicherheiten durch klare Regeln abzubauen sowie magische und abergläubische Verständnisweisen der Körpervorgänge und Substanzen zurückzuweisen. Durch ein transparentes Ritual und verständliche Anweisungen soll Sicherheit und Orientierung vermittelt werden. Bis heute sind die geschilderten Vorgänge je nach Altersstufe und Aufklärungsgrad mehr oder weniger emotional belastet und erfordern stabilisierende Rationalisierungen etwa durch medizinisch-psychologische Aufklärung. Zur Entstehungszeit der Texte (und lange danach) griff man zum stützenden Ritual.

Menstruation

Die kultrechtliche Beurteilung der *Menstruation* der Frau in Lev 15 ist aus heutiger Sicht der vermutlich anstößigste Teil des Kapitels. Auch hier gilt, dass sich die Ausführungen im kulturellen Rahmen ihrer Zeit bewegen. *Milgrom*, 950–952, zeigt, dass aus Ägypten (ptolemäische Zeit), Mesopotamien und dem Hethiterreich nur wenige Hinweise auf die Erforderlichkeit ritueller Waschungen (Übergießungen mit Wasser aus einem Gefäß) erhalten sind, wenn Frauen nach der Menstruation einen Tempel betreten wollen. Aus der hellenistischen Welt gebe es Belege dafür, dass man dem Menstruationsblut böse magische Kräfte zuschrieb (z. B. Plinius der Ältere, s. u.); die Vorschrift von ritueller Waschung bestehe nur für das Eintreten in ein Heiligtum (in späten Texten). – Philo versucht, dem Verbot des Geschlechtsverkehrs während der Menstruation eine vernünftige Erklärung abzugewinnen: Ausgehend von der stoischen Sexualethik, nach der menschliche Sexualität nur ein Ziel und eine Rechtfertigung habe, nämlich die Fortpflanzung, rät Philo (*De specialibus legibus* 3,32–33) dem Mann, seine Kraft (seinen Samen) nicht in einem barbarischen Akt der Lust zu verschwenden, wenn die Frau aufgrund ihrer Natur (der Menstruation) nicht zur Empfängnis bereit ist. Philo verwendet dazu das Bild des betrunkenen oder verrückt gewordenen Bauern, der sein Getreide in Seen oder Bächen verstreut; vielmehr solle der Mann einem klugen Landwirt gleichen, der genau weiß, wann die günstigste Zeit zur Aussaat sei. Daher solle sich der Mann während der Menstruation seiner Frau enthalten, damit nicht der Samen durch die Flüssigkeit hinweggespült werde. – Auch in den *Koran* hat das an die Männer gerichtete Gebot Eingang gefunden, sich von der menstruierenden Frau fernzuhalten (*Sure* 2,222; s. auch *Gerstenberger*, 274; zur mündlichen Überlieferung s. *Staubli*, 128).

Talmud

Im Verlauf der Rezeption im Judentum wurden die biblischen Bestimmungen im Detail verschärft. Nach dem babylonischen Talmud kann eine menstruierende Frau alle Dinge im Haushalt für ihren Ehemann durchführen, die sie sonst erledigt, mit Ausnahme des Einschenkens seines Getränks, des Bereitens des Betts und des Waschens seines Gesichts, seiner Füße und seiner Hände (*bKetubbot* 61a). Für das Land Israel selbst galten wohl schärfere Vorschriften (in Anlehnung an Num 5,2), so gibt etwa Flavius Josephus die Bestimmungen von Lev 15 dergestalt wieder, dass die Frauen während ihrer monatlichen Periode nur abgesondert wohnen durften (*Ant.* 3,261; weitere Belege aus Qumran und der rabbinischen Literatur bei *Milgrom*, 949; *H. K. Harrington*, Purity Texts, 100–103; *I. C. Werrett*, Ritual Purity, 52–60). Mit der Menstruierenden bzw. dem Menstruationsblut waren bisweilen irrationale männliche Ängste und Magievorstellungen verbunden (*bPesahim* 111a; *bShabbat* 110a; *Ramban*, 160; s. auch Plinius der Ältere, *Naturalis historia* 7,13; 28,23; *Plaut/Bamberger*, 141). Zugleich gibt es eine Stelle im Talmud, die das Verbot des Geschlechtsverkehrs mit einer menstruierenden Frau als jüdisches Identitätsmerkmal auf die gleiche Stufe wie die Befolgung des Schabbat und die Beschneidung der Jungen stellt (*bMeilah* 17a; s. *C. E. Fonrobert*, Menstrual Purity, 39). In talmudischer Zeit erfolgt auch eine gravierende Veränderung in der halachischen Fassung des Umgangs mit der Menstruation durch die Hinzufügung von sieben »reinen« oder »weißen« Tagen; in der Mitte der amoräischen Epoche galt es bereits als axiomatisch, dass sieben »weiße« Tage *nach* der Menstruation zu zählen seien (*bNidda* 66a), d.h. nach dem letzten Tag, an dem die Frau an sich Menstruationsblut feststellt, müssen sieben Tage ohne Blutung folgen. Setzt man ein Minimum von fünf Tagen für die Menses selbst fest, ergibt sich insgesamt eine Zahl von mindestens zwölf Tagen, an denen kein Geschlechtsverkehr stattfinden darf. Am Abend des siebten »weißen« Tages ohne ein Zeichen von Blut geht die Frau zur Mikwe (s. o.), und die ehelichen Beziehungen können wieder aufgenommen werden (*I. M. Ta-Shma/J. R. Baskin*, Art. Niddah, 254–255; *T. Meacham*, Elimination, 255–256). Damit ist der im Bibeltext vorhandene Unterschied zwischen der menstruierenden Frau *(niddā)* und der Frau mit abnormalen Blutungen *(zābā)* faktisch verschwunden (*S. J. D. Cohen,* Menstruants, 277).

Alltag

Die biblischen Bestimmungen selbst halten die Einschränkungen für die menstruierende Frau vergleichsweise gering. Die Gegenstände, die sie kultisch unrein macht (und die diese Unreinheit durch Kontakt an andere weitergeben), sind nur die Dinge »unter« ihr (auf die also möglicherweise Menstruationsblut gerät). Auch wer sie berührt, wird unrein. Aber der Text sagt nichts darüber aus, was geschieht, wenn sie jemanden oder etwas berührt. Leidet ein Mann an Ausfluss, so gibt er durch Berührung die Unreinheit nicht weiter, wenn er sich die Hände gewaschen hat (V 11). Daraus ist in Analogie zu schließen, dass die menstruierende Frau, solange auch sie ihre Hände gewaschen hat, jemanden und etwas berühren kann, ohne die Person oder den Gegenstand unrein zu machen. Damit ist ein vergleichsweise »normales« Alltagsleben möglich, doch die Praxis war wohl (wie z. B. aus der Bemerkung von Josephus, s. o., anklingt) aufgrund irrationaler Furcht rigider. – Auf einen letzten Gedanken macht *Milgrom,* 953, nicht zu Unrecht aufmerksam: Menstruation war in früheren Zeiten ein viel selteneres Phänomen als heute. Die veränderten Hygiene- und Ernährungsbedingungen sowie weitere medizinische Fortschritte haben dazu geführt, dass die Geschlechtsreife früher und die Menopause später eintreten. In der Antike war die fruchtbare Zeit der Frau kürzer (etwa zwischen 14 und 35 Jahren), und in diesen Jahren fielen viele Monate auf Schwangerschaft und Stillzeit (bis zu drei Jahre je Kind), in denen normalerweise keine Menstruation auftritt. Damit erfolgte auch der Kultausschluss aufgrund der Monatsblutung entsprechend selten (s. auch *Wenham,* 224).

Rezeption im Christentum

Die Vorschriften über Menstruation, Samenerguss und Geschlechtsverkehr finden im Christentum der Spätantike und des Mittelalters eine bemerkenswerte Rezeption. Wie schon Philo (s. o.) die Reinheitsvorschriften hinsichtlich der Sexualität im Wortsinne versteht, so werden sie auch von den drei nordafrikanischen Theologen Tertullian, Laktanz und Clemens von Alexandria interpretiert: »Gott wolle dadurch die Christen zu einem vernünftigen, lustfreien Sexualleben erziehen« (*D. Wendebourg,* Reinheitsgesetze, 158). Auch Origenes verbindet die Sexualgesetze des Buches Levitikus mit einer neuplatonischen Abwertung des Körperlichen und unterstellt, der Heilige Geist entferne sich von den Christen, wenn sie Geschlechtsverkehr ausüben (ebd., 159–160). Dagegen betont etwa die syrische Didaskalia Apostolorum, dass der Heilige Geist in keiner Weise an seiner Wirksamkeit durch geschlechtliche Vorgänge gehindert sei. Dies sagt sie gegenüber zum Christentum konvertierten Juden, die weiterhin die Reinheitsgesetze einhalten und sich nach ehelichem Verkehr, bei einer Samenpollution oder während der Menstruation für unrein halten und annehmen, deshalb nicht beten, nicht am Abendmahl teilnehmen oder die Bibel lesen zu können. Die Didaskalia fragt nun, ob sie etwa den Heiligen Geist verloren hätten, den sie durch die Taufe empfangen haben und der bei denen, die Gerechtigkeit üben, immer da ist und nicht von ihnen weicht aufgrund der genannten Vorgänge. Wer glaube, dadurch unrein zu sein, müsse sich dem Tauchbad unterziehen; damit aber werde die vollkommene Taufe Gottes aufgelöst (ebd., 164–165). Noch in vorkonstantinischer Zeit entsteht eine Gegenbewegung, die im Umfeld des Abendmahls die kultische Reinheit wieder in den Vordergrund rückt. Einzelne Quellen, v.a. aus Alexandria, verbieten nun den Kommunionempfang für menstruierende Frauen und Wöchnerinnen, den ehelichen Verkehr am Wochenende und die Taufe während der Menstruation. Kanon 33 der Synode von Elvira (um 300 n. Chr.) gebietet Bischöfen, Priestern und Diakonen, in ihrer Ehe sexuell enthaltsam zu leben. Noch ist nicht klar, ob dies mit der kultischen Reinheit vor der Abendmahlsfeier zu tun hat. Im weiteren Verlauf treffen jedoch das Aufkommen der täglichen Eucharistiefeier und die Forderung nach der Ehelosigkeit der Kleriker zusammen. Die römische Kirche bindet die Vorschrift der Enthaltsamkeit an das Amt. Im Osten, wo es den Brauch der täglichen Abendmahlsfeier nicht gab, wurde die Enthaltsamkeit den Zelebranten nur für die Tage ihres liturgischen Dienstes geboten; man achtete aber verstärkt auf die Reinheit der Empfänger der Kommunion, insbesondere bei den Frauen (ebd., 166–168).

In den so genannten »Bußbüchern« des Mittelalters wird mehrfach vorgeschrieben, dass menstruierende Frauen die Kirche nicht betreten und nicht die Kommunion empfangen dürfen (Zuwiderhandlungen führen zu entsprechenden Kirchenbußen). Diese Haltung ist jedoch nicht eindeutig und unumstritten, vielmehr finden sich auch Schriften, die dieses Verbot (meist mit Verweis auf die Praxis Jesu im Neuen Testament) zurückweisen. Auch der Samenerguss des Mannes wird als »kultisch verunreinigend« *(pollutio)* angesehen; ein temporärer Ausschluss von der Kommunion wird diskutiert (aber z. B. von der Didaskalia, den Apostolischen Konstitutionen und Athanasius abgelehnt). Auch nach ehelichem Beischlaf wird zur Waschung und zu zeitweiliger Distanz von Liturgie und Kommunion aufgerufen (zu Details und Belegen s. *H. Lutterbach,* Sexualität, 80–96; *D. Brakke,* Nocturnal Emissions, 419–460; ferner *F. Kohlschein,* Vorstellung, 275–280; *J. Schultz,* Doctors, Philosophers, and Christian Fathers on Menstrual Blood, in: de Troyer, K. et al. [ed.], Wholly Woman [2003], 97–116). Die Rezeption des Gedankens der kultischen Reinheit und die Wiederbelebung der Vorschriften insbesondere von Lev 15 und Passagen des Heiligkeitsgesetzes haben die liturgische Praxis und die Moraltheologie des Christentums über Jahrhunderte hinweg in bemerkenswerter Weise beeinflusst (*H. Lutterbach,* Sexualität, 267; *K. de Troyer,* Blood, 45–48.63–64; s. dazu auch *N. Koltun-Fromm,* Hermeneutics).

Waschungen *Waschungen* spielen in den meisten Religionen und Kulten eine zentrale Rolle. Das Eintauchen in das Wasser und das erneute Auftauchen symbolisieren die Regeneration und den Neuanfang (z.B. *H. K. Harrington*, Ritual Ablutions, 8–10), wie auch das Wasser überhaupt als Symbol der Quelle allen Lebens gilt. Dabei ist zu beachten, dass die biblischen Texte dem Wasser im Kontext ritueller Waschungen keine regenerative oder gar heilende Kraft zuschreiben, und auch unter dem Aspekt der Reinigung geht es nicht um magische Praktiken. Die Waschung folgt immer auf die Heilung, näherhin das Abklingen der abnormalen Phänomene, und bestätigt sie – bewirkt sie aber nicht. Das ist das Entscheidende: Die priesterliche Gesetzgebung hat viele Praktiken aus der kulturellen und religiösen Umwelt übernommen, dabei aber diese Rituale völlig ihres magischen, die Gottheit manipulierenden Charakters entkleidet (*Milgrom*, 963). Dies gilt für die gesamte Bibel.
2 Kön 5 Auch in der Erzählung vom Syrer Naaman (2 Kön 5), der an Aussatz leidet, geht es um die Zurückweisung magischer Praktiken: Die Aufforderung des Propheten Elischa, Naaman solle sich sieben Mal im Jordan waschen, widerspricht völlig der Erwartungshaltung des Syrers. Elischa praktiziert keine geheimnisvollen Gesten, und die Waschung soll auch nicht in einem besonderen Gewässer, sondern im normalen Jordanfluss stattfinden. Auch ist es offensichtlich nicht so, dass die Waschung die Heilung *bewirkt*, vielmehr dokumentiert sie lediglich die (wenn auch widerstrebende) Gehorsamsbereitschaft des syrischen Feldherrn gegenüber der Weisung von Elischas Gott – und dieses Zutrauen zum Gott Israels bewirkt die Heilung. Das folgende Bekenntnis Naamans zu JHWH als dem einzigen Gott (2 Kön 5,15) zeigt den Zielpunkt der Geschichte: Es geht nicht um das Bad im Jordan, sondern um die Erkenntnis des wahren Gottes. – In anderen biblischen Texten ist die Waschung von Kleidern und Körper ein Indikator für die Vorbereitung auf die Begegnung mit Gott (JHWH) und zusammen mit dem Abwarten auf den nächsten Tag eine Trennung des Alltags vom Festtag der Gottesbegegnung (s. u.a. *H. K. Harrington*, Ritual Ablutions, 13–16; *J. D. Lawrence*, Washing, 31–32). Zusammengefasst werden diese Praktiken unter dem Begriff des »Sich-Heiligens«. Beispiele sind Ex 19,10–15 (Theophanie auf dem Sinai); Jos 3,5 (Durchzug durch den Jordan unter Gottes Gegenwart); Jos 7,13–14 (die Offenbarung der Gegenwart Gottes im Loswerfen zur Aufdeckung von Achans Unterschlagung); Gen 35,2–3 (Gottes Gegenwart in Bet-El); Num 11,18.31 (die »Theophanie« in Gestalt der Wachteln als Speise). Gemeinsam ist diesen Belegen, dass die Gottesbegegnung das Waschen von Körper und Kleidern am Vortag (also Waschung und Zeitdifferenz) erfordert (zahlreiche weitere Belege bei *Milgrom*, 966). Die Waschung allein reicht für die kultische Heiligung nicht aus; es muss eine Zeitspanne hinzukommen, um die Unreinheit ganz zu verlieren und für die Begegnung mit Gott bereitet zu sein. Dieses Konzept macht auch deutlich, dass die rituelle Waschung im Gegensatz zur Umwelt Israels, aus der sie

Heiligung zur Gottesbegegnung

übernommen wurde, keinen magischen Charakter mehr hat, sondern auf verschiedenen Stufen das Verschwinden von Unreinheit, die die Begegnung mit dem lebendigen Gott unmöglich macht, dokumentiert: So wird die betroffene Person in die Heilsgemeinschaft mit seinen Mitmenschen und seinem Gott reintegriert. Möglicherweise können die beiden »Akte« so aufgeteilt werden: Die Waschung beseitigt die Form von Unreinheit, die sich durch Kontakt auf andere reine Personen und Gegenstände überträgt; das Abwarten der Zeitspanne und das in bestimmten Fällen erforderliche Opfer hingegen eliminieren den Anteil der Unreinheit, der das Heilige (bzw. das Heiligtum) und damit die Gottesbeziehung betrifft – beide Aspekte und Beziehungswelten gehören untrennbar zusammen (s. auch *Milgrom*, 1000).

Zwischen Gott und Mensch

In diesem Beziehungsgeflecht haben mindestens seit der Exilszeit zwischen Gott und Mensch keine anderen Mächte (Götter, Dämonen) mehr Platz (die Aussagen über »Gott« und »Mensch« beziehen sich hier primär auf die Beziehung JHWH – Israel). In polytheistischen Konzeptionen können bestimmte den Menschen verunsichernde, weil von der Normalität abweichende und/oder mit der Nähe der Todessphäre behaftete Phänomene durch den Einfluss von feindlich gesinnten Gottheiten oder Dämonen erklärt werden. Magie und Beschwörung versuchen dann, diese Mächte durch bestimmte Praktiken zu bannen. Im sich in Israel durchsetzenden Monotheismus fallen diese Dinge weg oder werden explizit ausgeschlossen; übernommene Rituale und Praktiken werden ihres magischen Verständnisses entkleidet. Was kann nun noch trennend zwischen Gott und Mensch treten? Was beeinträchtigt die vermittelnde Funktion und Wirkweise des Heiligtums durch »Verunreinigung«? Zwei Bereiche bleiben übrig: (1) Die vom Menschen nicht zu verantwortende und doch überall erfahrbare Nähe der Todessphäre – die detaillierten Vorschriften von Lev 11–15 lassen sich im Großen und Ganzen auf diesen gemeinsamen Nenner bringen (hinzu kommt die Verunreinigung durch Berühren eines toten Menschen in Num 19). Für die Unsicherheit auslösenden Phänomene werden gestufte Diagnosen und vollziehbare Rituale zur Überwindung bereitgestellt. Auch die Opfer gehören letztendlich dazu: Wie die Auslegungen zu den einzelnen Kapiteln gezeigt haben, steht hier nicht die Tötung des Tieres im Vordergrund, sondern die Lebenssymbolik des Blutes, das den Kontakt mit dem lebendigen Gott wiederherstellt, sowie die Gabe an Gott als Rückgabe des Lebens an den Schöpfer. (2) Der zweite große Bereich, der zwischen Gott und den Menschen tritt, ist das bewusste und absichtliche Verstoßen des Menschen gegen die Weisung Gottes, der Ungehorsam gegenüber dem Gebot – ein Verhalten, das den Menschen ebenfalls in die Nähe des Todes stellt. Das bringt paradigmatisch die Paradiesgeschichte in Gen 2–3 zum Ausdruck: Das »erste« Gebot Gottes an den eben geschaffenen Menschen betrifft keinen spezifischen Einzelfall oder Lebensbereich, sondern ist eine allgemeine Chiffre: Das Verbot, vom Baum der Erkenntnis von Gut und Böse zu essen, ist nur ein Platzhalter für die gesamte lebensförderliche Weisung (Tora) Gottes. Wer dagegen verstößt, verabschiedet sich aus der Nähe des lebendigen Gottes und begibt sich in die Todessphäre (»wirst du sterben« – Gen 2,17). So drückt schon diese »Ur-Geschichte« programmatisch aus, was sich als Thema durch die gesamte Tora zieht: Gehorsam gegenüber Gottes Weisung führt zum Leben, Ungehorsam zum Tod. Das spitzt sich am Ende in Dtn 30,15–20 explizit zu: »Leben und Tod lege ich dir vor, Segen und Fluch. Wähle also das Leben, damit du lebst, du und deine Nachkommen«. Doch im Falle des Verstoßes (Ex 34,6–7) tritt der Tod nicht sofort ein, denn Gott ist »langsam zum Zorn«, barmherzig und gnädig. Es gibt einen Ausweg für den Menschen und das Volk aus der durch die absichtliche Sünde und den bewussten Ungehorsam verursachten Trennung vom lebendigen Gott, es gibt einen Weg zur Versöhnung: Die Chance des Neubeginns in jedem Jahr ist der große Versöhnungstag (Lev 16).